EUROPA LEHRMITTEL

EUROPA-FACHBUCHREIHE
für Metallberufe

METALLBAUTECHNIK

Fachbildung

nach Lernfeldern

9. neubearbeitete und erweiterte Auflage

Bearbeitet von
Lehrern an beruflichen Schulen und Ingenieuren

Leiter des Arbeitskreises: Gerhard Lämmlin

VERLAG EUROPA-LEHRMITTEL · Nourney, Vollmer GmbH & Co. KG
Düsselberger Straße 23 · 42781 Haan-Gruiten

Europa-Nr.: 11311

Autoren

Ignatowitz, Eckhard	Dr. Ing., Studienrat	Waldbronn
Kluge, Manfred	Dipl.-Ing., Oberstudiendirektor	Schorndorf
Lämmlin, Gerhard	Dipl.-Ing., Studiendirektor	Neustadt/Weinstraße
Noack, Sven	Dipl.-Ing.	Hamburg
Pahl, Hans-J.	Dipl.-Ing., Oberstudienrat	Hamburg
Thiele, Eckhard	Dipl.-Ing., Studiendirektor	Wildau
Steinmüller, Armin	Dipl.-Ing.	Hamburg
Weinstock, Hans-Martin	Dipl.-Ing., Oberstudienrat	Heilbronn

Lektor und Leiter des Arbeitskreises:
Gerhard Lämmlin

Autoren und Lektor danken Herrn Erwin Aldinger für die Mitarbeit an der 1. und 2., Herrn Michael Gressmann für die Mitarbeit an der 3. Auflage sowie Herrn Baumann für die Mitarbeit bis zur 4. Auflage und Frau Jaschinski bis zur 7. Auflage dieses Buches. Ein besonderer Dank gilt Herrn Steinmüller für die Leitung des Arbeitskreises bis zur 4. Auflage.

Bildentwürfe und Fotos:
Die Autoren sowie Leihgaben von Firmen und Autoren anderer Werke (s. Anhang).

Bildbearbeitung:
Zeichenbüro des Verlags Europa-Lehrmittel, Nourney, Vollmer GmbH & Co. KG, Ostfildern.
Grafische Produktionen Neumann, Rimpar

9. Auflage 2017, korrigierter Nachdruck 2018
Druck 5 4 3 2

Alle Drucke derselben Auflage sind parallel einsetzbar, da sie bis auf die Korrektur von Druckfehlern unverändert sind.

Diesem Buch wurden die aktuellen Ausgaben der Normen nach DIN, EN und ISO und der VDI/VDE-Richtlinien zugrunde gelegt. Verbindlich sind jedoch nur die DIN-Blätter und die VDI/VDE-Richtlinien selbst.
Verlag für die Normen: Beuth-Verlag GmbH, Burggrafenstraße 6, 10787 Berlin.

Verlag für die VDE-Bestimmungen: VDE-Verlag GmbH, Bismarckstraße 33, 10625 Berlin

ISBN 978-3-8085-1425-2

Satz: Jürgen Neumann, Grafische Produktionen, 97222 Rimpar
Umschlag: Blick Kick Creativ KG, 42653 Solingen
Umschlagfoto: SAAGE, Nettetal-Leuth, „SAAGE TREPPEN, www.saage.com"
Druck: M. P. Media-Print Informationstechnologie GmbH, 33100 Paderborn

Vorwort

Das vorliegende Buch umfasst alle wesentlichen Unterrichtsinhalte für **Konstruktionsmechaniker** und **Metallbauer** sowie größtenteils auch für Anlagenmechaniker. Dabei wurden diejenigen Fachrichtungen besonders berücksichtigt, die von der überwiegenden Zahl der Auszubildenden gewählt werden.

Ab der 5. Auflage wurden die Lerninhalte konsequent den Lernfeldern des Rahmenlehrplanes für Metallbauer zugeordnet. Auf eine sachlogische Strukturierung wurde dennoch größter Wert gelegt. Auch mit der vorliegenden **9. Auflage** wurde den zwischenzeitlich erfolgten, umfangreichen Änderungen im Normenwerk Rechnung getragen. Darüberhinaus wurden die Kapitel „Umformen", „Stoffschlüssige Verbindungen", „Heben und Bewegen vom Lasten", „Fenster" und „Steuern und Regeln" aktualisiert und angepasst. Das Buch ist somit eine umfassende Quelle für alle in der Ausbildung vorkommenden Inhalte und Themen. Die berufliche Praxis der meisten Auszubildenden, für die dieses Lehrbuch bestimmt ist, kommt in den umfangreichen Kapiteln über Stahlbau, Treppen, Geländer, Schlösser, Fassaden sowie Fenster, Türen und Tore zum Ausdruck.

Einen bedeutenden Raum nehmen darüber hinaus die Grundlagenthemen der Werkstoffkunde und des Fügens ein, sodass dieses Buch auch unabhängig von den Lehrbüchern des ersten Berufsschuljahres verwendet werden kann.

In erster Linie soll dieses Lehrbuch dem Unterricht in der Berufsschule dienen, jedoch wurde bei allen dafür geeigneten Themen großer Wert auf die Verbindung zur praktischen Erfahrung des Auszubildenden im Betrieb gelegt. Durch die vertiefte Darstellung vieler Fachstufenthemen ist es daneben zur Verwendung in Meister- und Technikerschulen geeignet. Bauingenieuren und Architekten kann es als eine leicht verständliche Einführung in die Theorie und Praxis der Metall- und Stahlbautechnik von Nutzen sein.

Am Ende jeder größeren thematischen Einheit befinden sich Wiederholungs- und Verständnisfragen sowie am Ende der Lernfeldabschnitte umfassende **Arbeitsaufträge**. Dort, wo es notwendig und sinnvoll ist, findet der Lernende Arbeitsregeln und Hinweise zum Schutz vor Unfällen. Über 1.600 Bilder und Tabellen unterstützen die Aussagen der Texte.

Die Autoren und der Verlag sind jedem Leser dankbar, der mit Fehlerhinweisen und Verbesserungsvorschlägen zur Weiterentwicklung dieses Buches beigetragen hat und bitten auch für die Zukunft um ihre kritische Anteilnahme an der Verbesserung dieses Lehrbuchs an:

lektorat@europa-lehrmittel.de.

Frühjahr 2017 Autoren und Verlag

Inhaltsverzeichnis

Inhaltsverzeichnis

Lernfeld: Herstellen von Stahl- und Metallbaukonstruktionen

Lernfeld: Herstellen von Türen, Toren und Gittern

Kurz-Inhaltsverzeichnis englisch

Lernfelder: Herstellen von Blechteilen, Umformteilen und Konstruktionen aus Profilen

1 Umformen

Die Fertigungsverfahren des Umformens werden häufig zusammen mit dem Zerteilen „spanlose Formgebung" genannt, weil bei ihnen keine Späne abfallen.

Merke

Umformen ist Fertigen durch bildsames (plastisches) Ändern der Form eines festen Körpers.

Bei den Umformverfahren wird die Formänderung durch äußere Kräfte oder Momente bewirkt. Spannt man z. B. einen Blechstreifen in den Schraubstock und biegt ihn etwas, so federt er nach Entlastung zurück. Mit größerer Kraft kann man ihn bleibend verformen. Durch häufiges Hin- und Herbiegen wird der Zusammenhalt an der Biegestelle zerstört.

Das erinnert an den Zugversuch bei der Werkstoffprüfung (Bild 1). Auch hier kann man den Bereich der elastischen Dehnung von dem der plastischen Dehnung unterscheiden. Erhöht man die Spannung im plastischen Bereich über die Zugfestigkeit hinaus, wird der Zusammenhalt der Werkstoffteilchen zerstört. Deshalb darf beim Umformen eine bestimmte Spannung nicht überschritten werden.

Als **Werkstoffe** zum Umformen verwendet man Metalle, deren Verformungswiderstand verhältnismäßig niedrig ist. Der plastische Bereich muss ausreichend groß sein (Bild 1). Das sind verschiedene Stähle sowie Kupfer, Aluminium, Zink und ihre Legierungen (z. B. Titanzinkblech, s. S. 482).

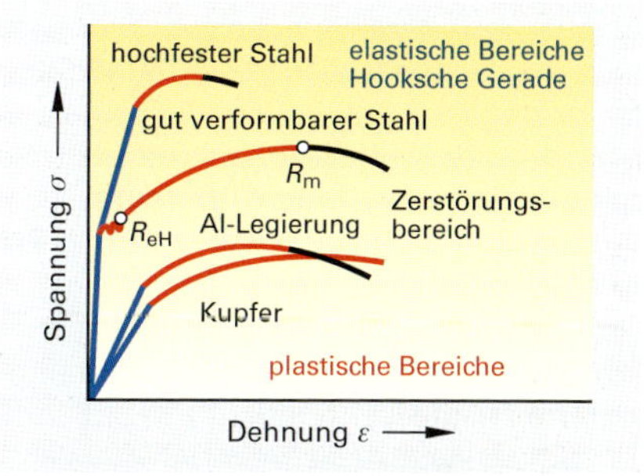

1 Spannung-Dehnung-Diagramme metallischer Werkstoffe mit ausgeprägtem elastischem und plastischem Bereich

1.1 Einteilung der Umformverfahren

Mit steigender Temperatur verändert sich die Plastizität der Werkstoffe, weshalb man zwischen **Kaltumformen** und **Warmumformen** unterscheidet. Nach der geometrischen Form des Werkstücks wird in **Massivumformen** und **Blechumformen** unterteilt.

Die genormte Einteilung der Fertigungsverfahren des Umformens unterscheidet nach der im Werkstückquerschnitt auftretenden Spannung fünf Gruppen (Bild 2).

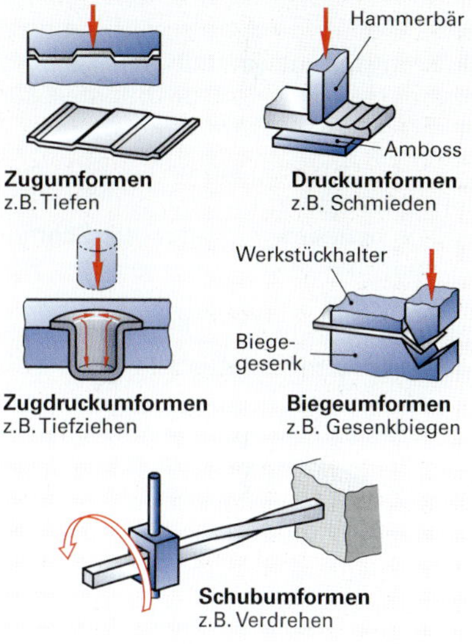

2 Einteilung der Umformverfahren in fünf Gruppen

1.2 Schmieden

Schmieden ist eine spanlose Formänderung meist erwärmter metallischer Werkstücke durch Druckumformen zwischen zwei Werkzeugen.

1.2.1 Technologische Grundlagen

Beim Schmieden wird das in der Regel erwärmte Werkstück auf Druck beansprucht, wodurch Querschnittsveränderungen ohne Materialverlust entstehen. Die auftretenden Druck- bzw. Schubspannungen im Werkstück bewirken ein langsames Fließen der Stoffteilchen parallel zueinander. Dabei ist an den Rändern die Verformung nicht so stark wie im Inneren des Werkstücks (Bild 3). Gleichzeitig wird der Werkstoff auch durchgeknetet und verdichtet, wodurch sich die Festigkeit erhöht.

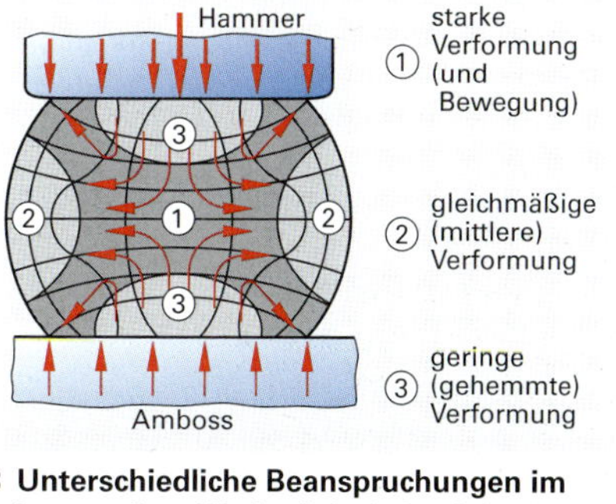

3 Unterschiedliche Beanspruchungen im Innern eines Werkstücks beim Schmieden

Schmiedbarkeit der Werkstoffe

Fast alle Metalle und Metalllegierungen lassen sich schmieden. Werkstoffe mit großer Festigkeit müssen zur Verbesserung der Bildsamkeit auf eine höhere Temperatur gebracht werden. Besonders gut sind die geeignet, die zwischen der festen und der flüssigen Phase einen großen plastischen Bereich besitzen. Sie haben oft ein kubisch-flächenzentriertes Kristallgitter (S. 466). Es ermöglicht ein besonders gutes Gleiten der Kristalle des Werkstoffs aneinander. Neben Stahl gilt das für Kupfer und Aluminium. Den stärksten Einfluss auf die Schmiedbarkeit von **Stahl** hat der **Kohlenstoffgehalt** (Bild 1).

Merke

Mit steigendem Kohlenstoffgehalt nimmt die Härte zu, die Dehnbarkeit ab und damit wird der Stahl schlechter schmiedbar.

Schmiedetemperatur

Die Schmiedbarkeit nimmt mit steigender Temperatur zu. Sie liegt für Stahl innerhalb des Temperaturbereichs, in welchem das Gefüge sein Gitter von kubisch-raumzentriert in kubisch-flächenzentriert gewandelt hat. Beim Stahl hängt dies neben dem Kohlenstoffanteil auch von den anderen Legierungsbestandteilen ab.

Der Schmiedevorgang beginnt bei der **Schmiedeanfangstemperatur** (Tabelle). Die niedrigste mögliche Schmiedetemperatur, die **Schmiedeendtemperatur**, liegt etwas oberhalb der **Rekristallisationstemperatur.** Dort bilden sich wie bei der Wärmebehandlung (s. S. 470 ff.) die durch Kaltverformung verspannten Kristalle eines Werkstoffs neu.

Merke

Je geringer der Kohlenstoffgehalt eines Stahls ist, desto höher kann die Schmiedeanfangstemperatur sein und desto größer ist der Temperaturbereich des Schmiedens.

Beim Erwärmen von Stahl lassen sich die Temperaturstufen ziemlich genau an den **Glühfarben** erkennen (nebenstehende Tabelle und Bild 1).

Vorteile des Schmiedens

Kleine und mittelgroße Schmiedeteile werden aus gewalztem Material hergestellt. Es besitzt eine faserähnliche Gefügestruktur (Textur), wodurch die **Festigkeit** gegenüber dem Gussgefüge erhöht wird (Bild 2). Beim Schmieden bleibt diese **Faserstruktur** grundsätzlich erhalten, das Gefüge wird gleichmäßig feinkörnig und dadurch noch fester. Bei spanenden Verfahren wird durch die Formgebung dieser Faserverlauf unterbrochen und die Festigkeit verringert (Bild 3).

Außerdem erhalten die Werkstücke beim Schmieden annähernd ihre Fertigform, wodurch im Vergleich zum Spanen eine Werkstoffersparnis erreicht wird.

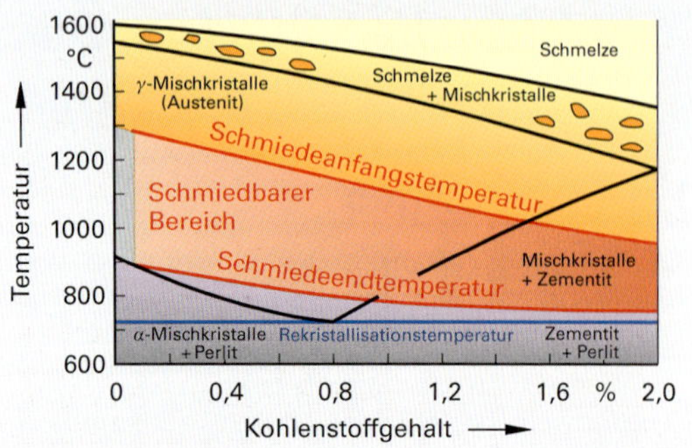

1 Abhängigkeit des Schmiedebereichs bei unlegiertem Stahl vom Kohlenstoffgehalt, dargestellt im Eisen-Kohlenstoff-Diagramm

Schmiedetemperaturen und Glühfarben

Werkstoff	Anfangs-temperatur	End-temperatur
Baustahl Fe 360 B	1250 °C	780 °C
unlegierter Werkzeugstahl	1000 °C	800 °C
Schnellarbeitsstahl	1150 °C	900 °C
Messing, Kupfer, Bronze	700 °C	500 °C
Aluminium	500 °C	300 °C
dunkelrot 650 °C kirschrot 750 °C hellkirschrot 800 °C hellrot 850 °C	gelbrot 900 °C dunkelgelb 1050 °C hellgelb 1150 °C weißgelb 1300 °C	

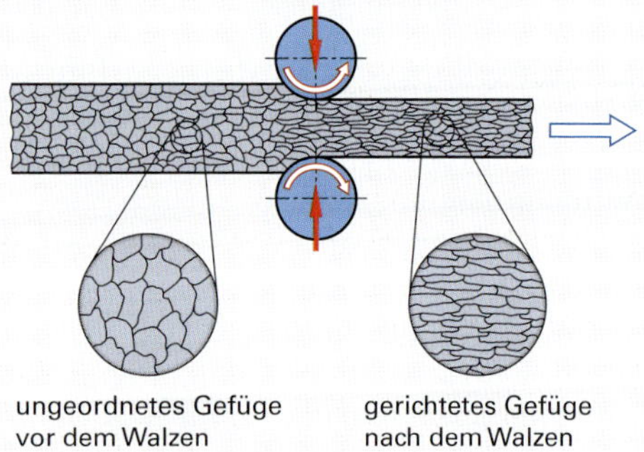

2 Entstehung einer Faserstruktur im Gefüge von vorgewalztem Stabstahl und Knüppeln

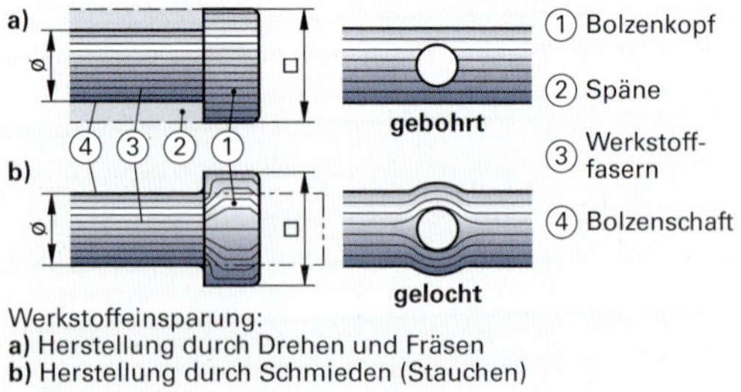

3 Vergleich des Walzfaserverlaufs von geschmiedeten und spanend hergestellten Werkstücken

Erwärmung der Schmiedestücke

Beim Erwärmen dehnt sich der Werkstoff aus und mit steigender Temperatur verringern sich die Zusammenhaltskräfte der Stoffteilchen, das Material wird bildsam (plastisch). Eine „Wärme" (gelegendlich auch „Hitze" genannt) ist die zugeführte Energiemenge, die bis zur nächsten Erwärmung die Schmiedbarkeit gewährleistet.

Dünne Bereiche von Schmiedestücken werden schneller warm als dicke. Bei massiven Teilen besteht die Gefahr, dass die Randzonen schon erwärmt sind, während der Kern noch kalt ist. Zu starke Temperaturunterschiede zwischen den Teilen eines Schmiedestücks sind zu vermeiden, um Spannungsrisse zu verhindern.

Merke

Schmiedestücke müssen langsam und gleichmäßig erwärmt und gegebenfalls auch so abgekühlt werden.

Der **Schmiedeherd** mit offenem Feuer ist die einfachste Möglichkeit, Werkstücke auf Schmiedetemperatur zu bringen (Bild 1). Verbrannt werden Schmiedekohle, Koks und in besonderen Fällen auch Holzkohle. Oft werden auch gasbefeuerte und damit temperaturgeregelte Öfen genutzt.

Merke

Das Erwärmen des kohlenstoffhaltigen Stahls führt zur **Verzunderung** der Oberfläche.

Der beim Erwärmen des Werkstücks im Feuer entstehende **Abbrand** (Zunder) vermindert das Volumen des Werkstücks.

- Ab 300 °C entsteht eine dünne Anlaufschicht.
- Zwischen 500 °C und 700 °C bildet sich eine dicke, feste Korrosionsschicht, die Zunderschicht (Hammerschlag). Sie bleibt bis 900 °C fest.
- Von 900 °C ... 1000 °C fällt die Zunderschicht ab und entsteht sofort wieder neu.
- Ab ungefähr 1200 °C verbrennt der Stahl.
- Beim Überhitzen oder zu langem Erwärmen des Stahls vergröbert sich das Gefüge.

Maschinen zum Schmieden

Schmiedepressen oder **Maschinenhämmer** (Bild 2) ersetzen die Muskelkraft. Der Hammer wird hier **Bär** genannt. Seine Masse beginnt bei ca. 30 kg. Die Kraft des Bären entsteht durch die Fallbeschleunigung. Zusätzliche Kräfte auf den Bären werden durch pneumatische und für besonders leistungsfähige Maschinen durch hydraulische Systeme aufgebracht. Dadurch kann die erforderliche Schlagkraft sowie die Hubzahl genau eingestellt werden. Beim **Lufthammer** wird der Kolben des Verdichters durch einen Motor über einen Kurbeltrieb auf und ab bewegt (Bild 3). Dabei wird der Bär gehoben oder die Luft verdichtet. Durch Wegeventile wird die Bewegung des Bären gesteuert.

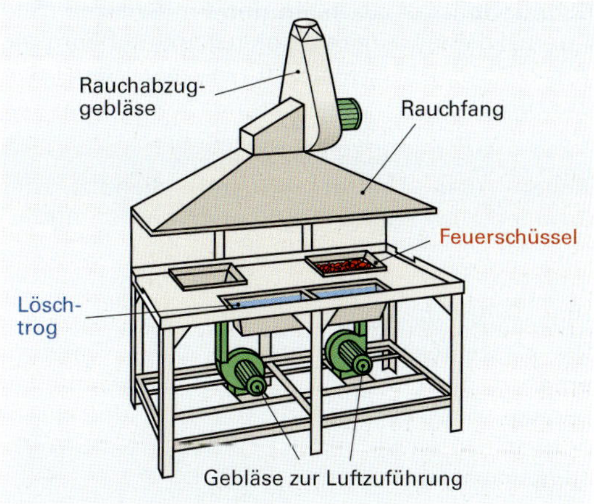

1 Doppel-Schmiedeherd

2 Luft-Schmiedehammer

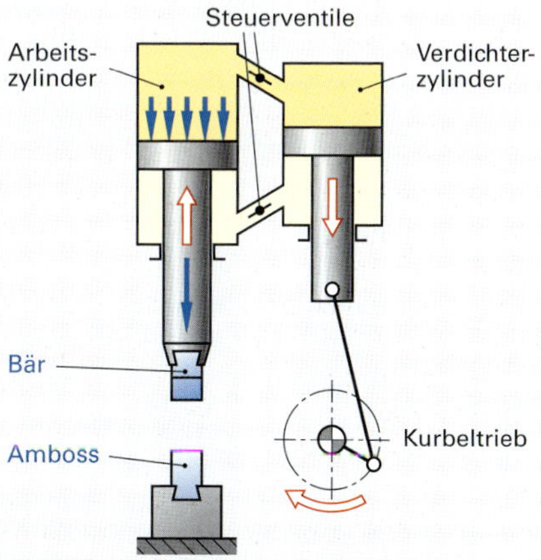

3 Prinzipdarstellung eines Lufthammers

Kunstschmiedemaschinen und **Profilwalzen** (Bild 1 und 2) dienen zum Fertigen bestimmter Formen, wie z. B. Oberflächenstrukturen oder Stabenden (Bild 3).

1.2.2 Schmiedeverfahren

Neben den Umformverfahren benutzt der Schmied auch solche, die zu anderen Hauptgruppen der Fertigungsverfahren gehören (z. B. Abschroten zum „Trennen" oder Feuerschweißen zum „Fügen").

Die Vielseitigkeit der Formen beim **Freiformschmieden** im Vergleich zum Gesenkschmieden bedingt, dass eine scharfe Trennung der einzelnen Verfahren während der Fertigung eines Werkstücks nicht sinnvoll ist.

Grundsätzlich bestimmt die Hammerführung und die verwendete Seite des Hammerkopfes die Wirkung. Die Eindringtiefe der **Hammerbahn** ist gering. Die Aufschlagkraft des Hammers verteilt sich als Druck auf die gesamte getroffene Fläche. Es entsteht Flächenpressung und der Werkstoff fließt gleichmäßig nach allen Seiten (Bild 4).

Beim Schlag mit der **Hammerfinne** sind die Flächenpressung und die Eindringtiefe größer. Der Werkstoff fließt vorwiegend nach zwei Seiten (Bild 4). Werden die Schläge aneinander gereiht, vergrößert sich die Länge des Werkstücks.

Beim **Strecken** eines Werkstücks wird vor allem die Länge vergrößert und die Höhe verringert. Neben der Hammerfinne können auch die Ambosskante und der **Kehlhammer** zum Strecken benutzt werden (Bild 5).

Breiten

Der Werkstoff wird quer zur Richtung der Walzfaser vorangetrieben, die Höhe des Werkstücks nimmt ab (Bild 6).

Spitzen

Der Querschnitt verringert sich gleichmäßig von allen Seiten bis zu einer Spitze (Bild 1, Seite 15).

Absetzen

Beim Absetzen wird ein Teil der Oberfläche heruntergeschmiedet, sodass am Werkstück ein Absatz entsteht. Vor dem Absetzen wird die Übergangsstelle eingekehlt (Bild 2, Seite 15).

Stauchen

Beim Stauchen eines Werkstücks wird der Querschnitt vergrößert und die Länge verringert. Häufig werden Wülste angestaucht (Bild 3, Seite 15).

Gestaucht werden größere Werkstücke auf dem Stauchamboss, der etwas tiefer liegt als die Ambossbahn. Aus Sicherheitsgründen steht dann der Schmied so, dass sich der Amboss zwischen ihm und dem Stauchamboss befindet. Seitlich steht der Zuschläger.

1 **Schmiedegerät für Stabenden**

2 **Profilwalzen für angeschmiedete Stabenden**

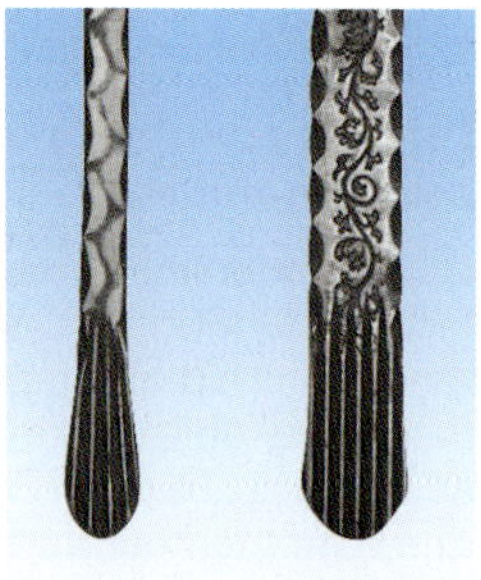

3 **angeschmiedete Stabenden und geprägte Oberflächen**

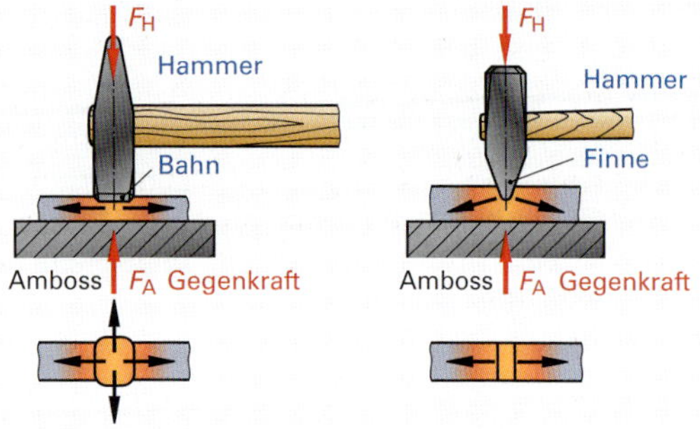

4 **Wirkung von Hammerbahn und -finne**

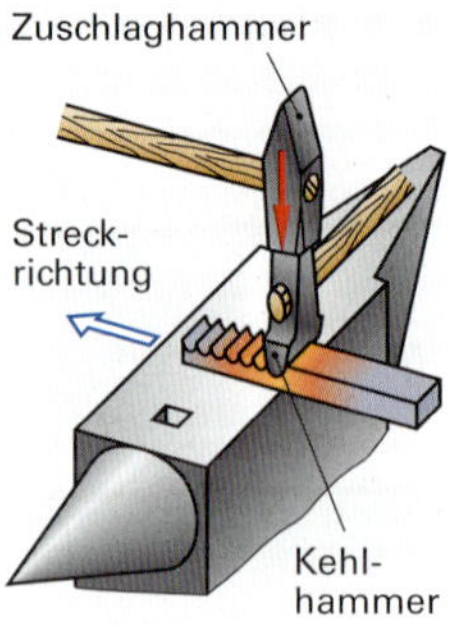

5 **Strecken**

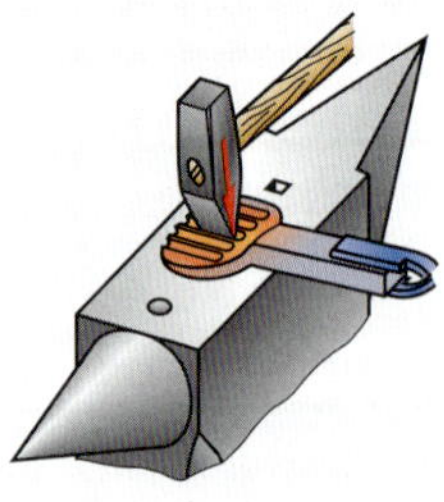

6 **Breiten**

Kehlen

Damit werden Kerben und rinnenartige Vertiefungen im Werkstück hergestellt. Es kann entweder einseitig mit dem **Kehlhammer** alleine oder zweiseitig mit einem zusätzlichen Kehlschrot gearbeitet werden. Beim Kunstschmieden dient Kehlen auch dem Verzieren (Bild 4).

Abschroten

Dieses Schmiedeverfahren wird zum Abtrennen von Teilen des Werkstücks angewandt. Neben dem **Schrothammer** wird der in den Amboss einsteckbare **Abschrot** verwendet (Bild 5). Beim einschneidigen Abschroten von kleinen Teilen wird nur eines dieser Werkzeuge benutzt.

Spalten

Hiermit trennt man Schmiedestücke vom Ende her in Längsrichtung auf (Bild 6). Bei Kunstschmiedearbeiten wird häufig gespalten. Auch Widerhaken an Mauerankern werden durch Spalten geformt. Als Werkzeug dient der **Schlitzhammer,** der auch beim **Schlitzen** (Bild 7b) verwendet wird.

Lochen

Dadurch werden beliebig geformte Durchbrüche, meist runde Löcher, in Schmiedestücke eingeformt. Als Werkzeuge dienen **Lochhämmer** und **Dorne** mit verschieden geformten Querschnitten (Bild 7). Vorgearbeitet wird mit dem Schlitzhammer. Das Fertiglochen mit dem Dorn geschieht häufig auf der Lochplatte.

Torsieren

Es ist die am meisten verbreitete Methode zur Verzierung von Stäben (Bild 8). Zum Verdrehen von Stäben um ihre Längsachse müssen diese in erwärmtem Zustand an einem Ende eingespannt werden. Als Werkzeuge zum Verdrehen dienen Dreh- oder Torsiereisen.

Feuerschweißen

Zuerst müssen möglichst große Flächen an der Verbindungsstelle geschaffen werden. Dann werden die Teile auf eine Temperatur knapp unterhalb des Schmelzpunktes erwärmt, mit Flussmittel (Sand) von Oxiden befreit und durch Hammerschläge zusammengepresst. Dadurch verschweißen die Teile miteinander

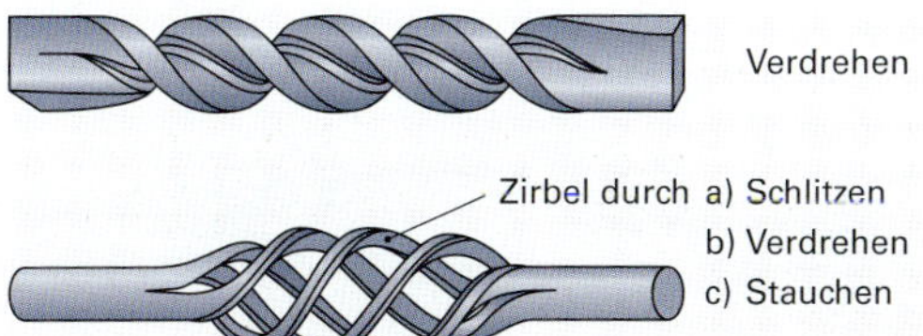

8 Torsieren

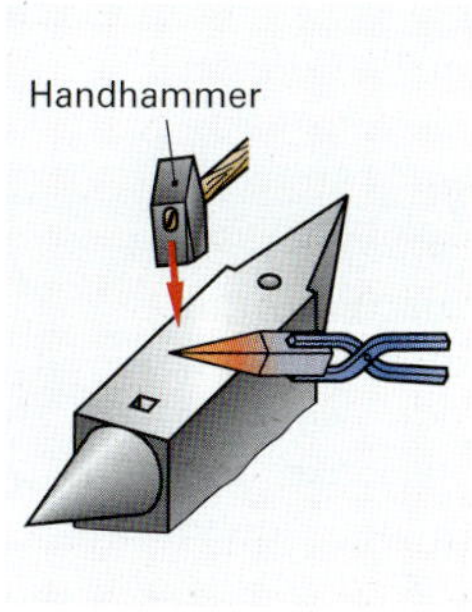

1 Spitzen

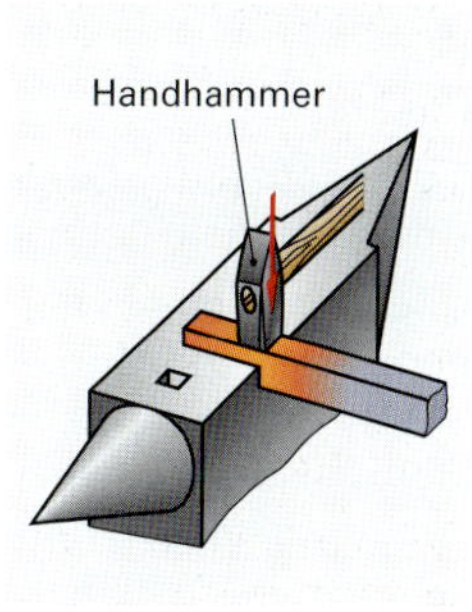

2 Absetzen

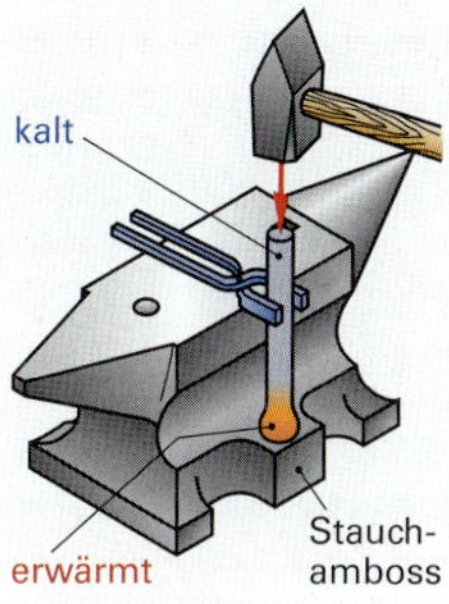

3 Stauchen

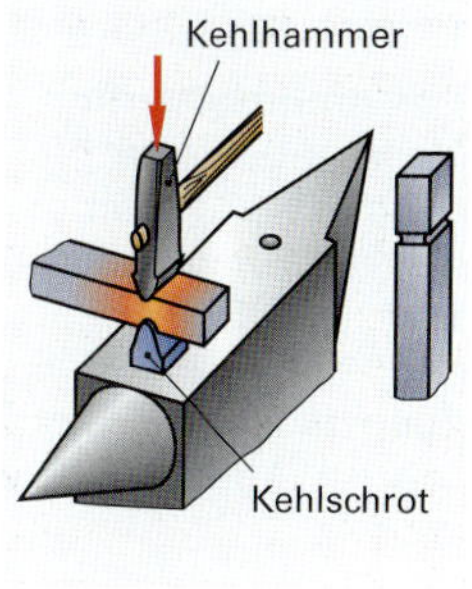

4 Kehlen

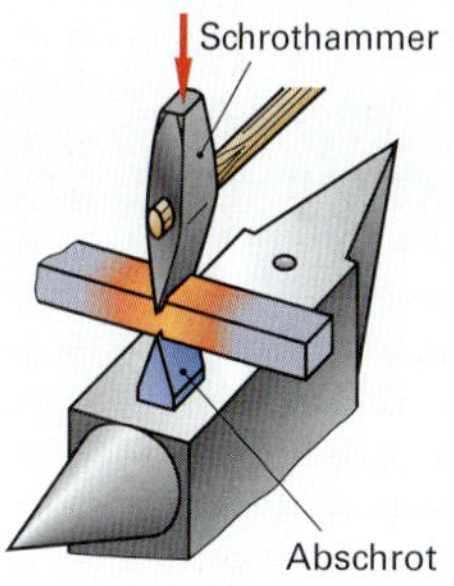

5 Abschroten

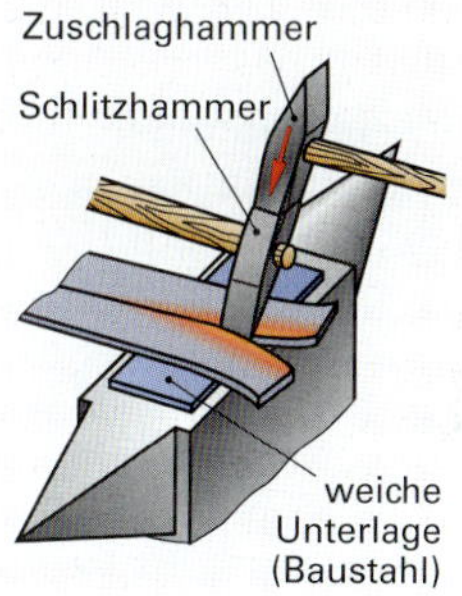

6 Spalten

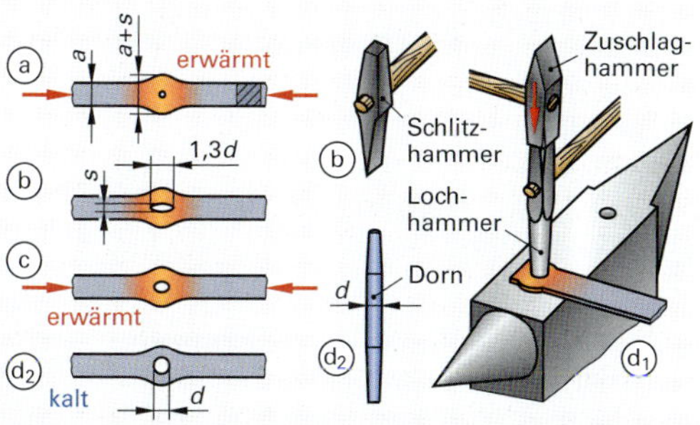

7 Lochen mit Dorn und Schlitzhammer a) Körnen und Stauchen, b) Schlitzen, c) Vorlochen und Stauchen, d) Fertiglochen

Gesenkschmieden

Merke

Beim Gesenkschmieden sind die Formen der Fertigteile negativ in den Werkzeugen enthalten. Der Werkstoff kann sich nur innerhalb der Wirkflächen bewegen.

Gesenkschmieden ist ein Verfahren der industriellen Massenfertigung. Beim Schmieden von Hand in der Werkstatt gibt es nur wenige **Hilfsgesenke** mit entsprechenden Hämmern, in denen einfache Formen schneller und genauer geschmiedet werden können als durch das auf den vorigen Seiten beschriebene Freiformschmieden (Bilder 1 und 2).

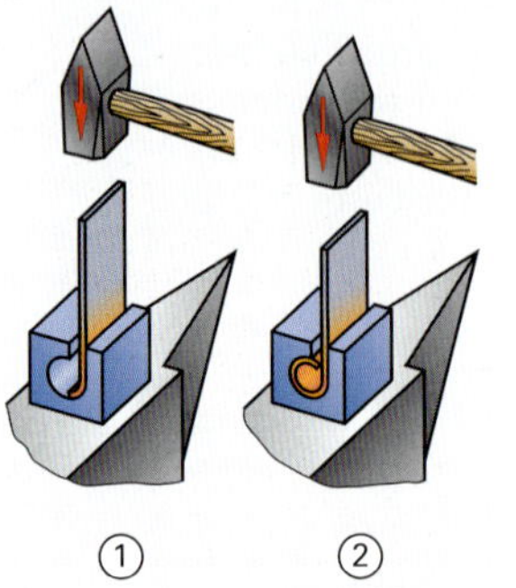

1 Einrollen eines Gelenkauges für ein Torband im Gesenk

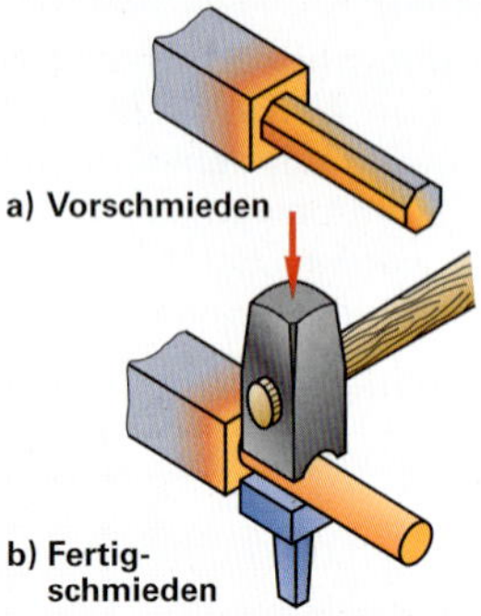

2 Schmieden eines Rundzapfens im Gesenk

1.2.3 Werkzeuge zum Schmieden

Der **Amboss** verfügt durch seine große Masse über eine hohe Trägheit, d. h. er nimmt die Hammerschläge auf, ohne sich zu bewegen. Er übt somit die **Gegenkraft** aus. Die Ambossbahn ist gehärtet und mit dem Ambosskörper verbunden (Bild 3). Die Löcher auf der Bahn dienen der Aufnahme von **Hilfswerkzeugen** (Bild 4).

Schmiedehämmer haben eine leicht gewölbte Bahn und eine abgerundete Finne. **Handhämmer** werden einhändig geführt. Ihre Masse beträgt 1 kg bis 2 kg (Bild 5).

Zuschlaghämmer werden beidhändig geführt. Sie haben die Masse von 3 kg bis 15 kg. Ihre Form entspricht dem Handhammer oder wird als Kreuzschlaghammer (Finne in Stielrichtung) gestaltet. **Hilfshämmer** (Bild 6, Seite 15) werden vom **„Vorschmied“** gehalten und vom **„Zuschläger“** vorgetrieben. Ihre Stiele sitzen lose, um Prellschläge zu vermeiden.

Kleine Schmiedestücke lassen sich nur mit **Zangen** sicher halten. Deshalb muss für die verschiedenen Formen der Werkstücke die geeignete Zange vorhanden sein (Bild 6). Um die Hand nicht zu ermüden, kann ein Spannring über die Schenkel der Zange geschoben werden.

Zu den Werkzeugen des Schmiedens gehört auch ein geschmiedeter **Schraubstock,** der stabiler ist als der gegossene des Mechanikers.

Ein spezielles Prüfmittel ist die **Schmiedelehre** (Bild 7). Da die erforderliche Genauigkeit beim Freiformschmieden von Hand gering ist, genügt für andere Längenmaße die Übertragung durch den Taster oder ein Stahl-Bandmaß.

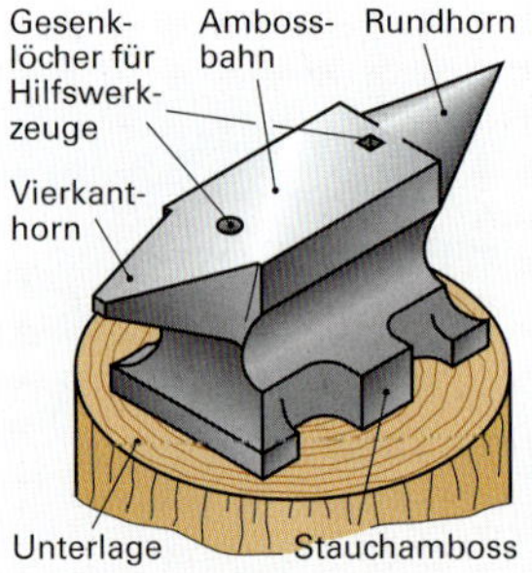

3 Amboss

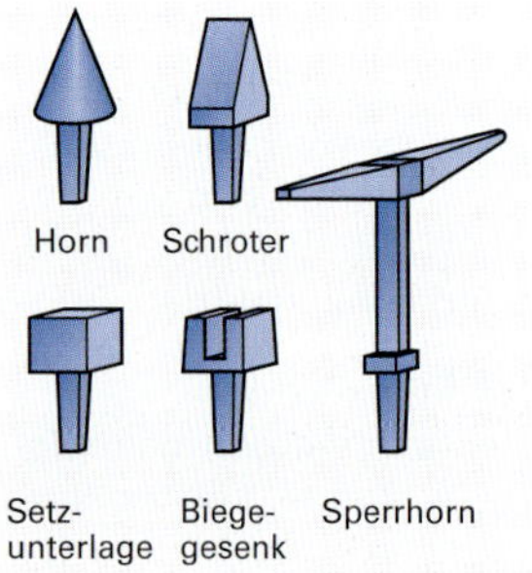

4 Hilfswerkzeuge zum Amboss

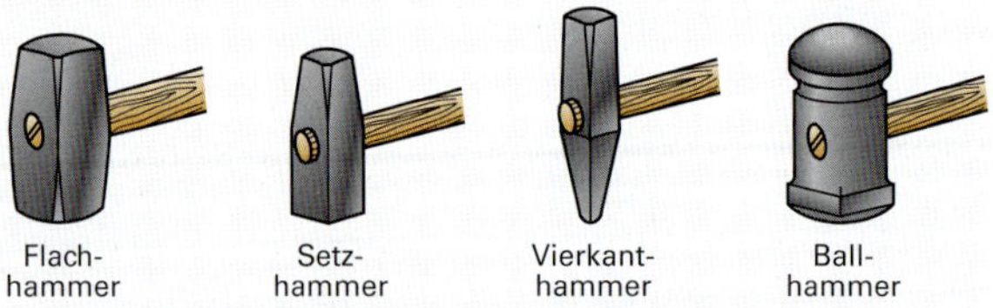

5 Schmiedehämmer (kleine Auswahl)

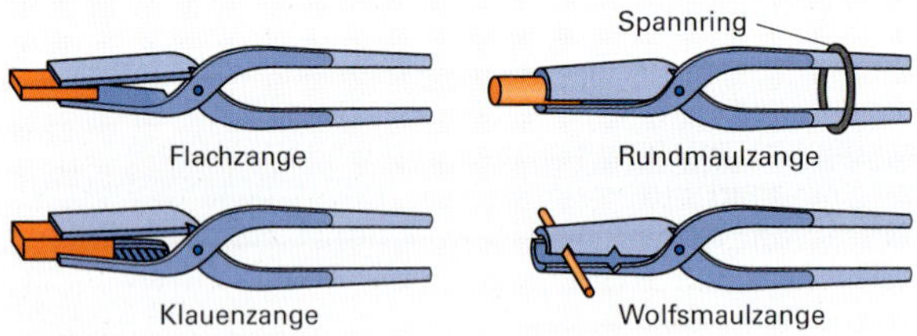

6 Zangen (kleine Auswahl)

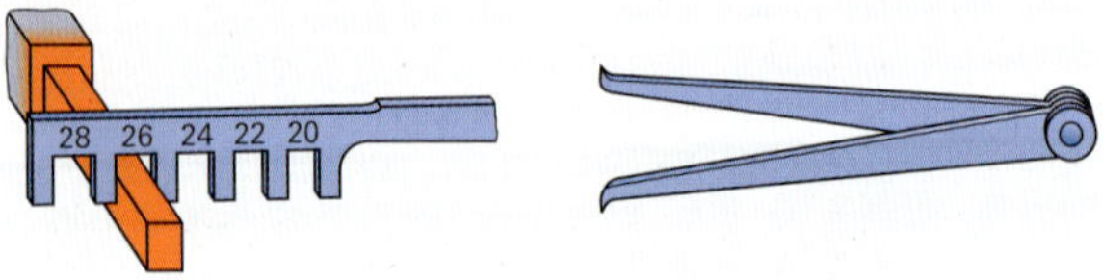

7 Schmiedelehre und Taster

1.2.4 Kunstschmieden und Gestaltung

An vielen historischen Erzeugnissen des Schmiedehandwerks ist erkennbar, dass bei ihrer Gestaltung nicht nur der Gesichtspunkt der Zweckmäßigkeit entscheidend war. Oft wird auch ein ästhetischer Gestaltungswille deutlich, in dem der vom jeweiligen Stil der Zeit geprägte Sinn für Schönheit zum Ausdruck kommt. Neben rein technisch-funktional bestimmten Werkstücken, wie z. B. Maueranker, oder Torbeschlägen, muss der Metallbauer häufig auch Arbeiten ausführen, die neben der Beherrschung der traditionellen Schmiedetechnik ein gewisses Gestaltungsvermögen voraussetzen.

Merke

Metallgestaltung ist das Verarbeiten von Stahl und anderen schmiedbaren Metallen durch Metallbauer und Schmiede unter hauptsächlich künstlerisch-gestalterischen Gesichtspunkten.

Dazu gehört z. B. die Fertigung von Gittern, Geländern und Toren, aber auch die Anfertigung von Grabzeichen, Beschlägen und verschiedenen Geräten.

Sollen diese Arbeiten vom Entwurf bis zur Aufstellung individuell und nur in Handarbeit ausgeführt werden, wie es dem traditionellen Selbstverständnis der Kunstschmiede entspricht, so erfordert dies viel Zeit und die Stücke werden sehr teuer. Sie erfüllen dann meistens repräsentative Funktionen oder entstehen bei der Wiederherstellung historischer Gebäude oder Anlagen (Bild 1).

Um die Wünsche nach künstlerischer Ausgestaltung von z. B. Geländern in Wohnhäusern zu erschwinglichen Preisen zu erfüllen, bieten Industriebetriebe eine große Auswahl von Einzelteilen und ganzen Baugruppen an. Sie sehen wie traditionelle Kunst-Schmiedearbeiten aus, werden aber maschinell gefertigt und können vom Metallbauer mit einfachen Techniken montiert werden (Bild 2). Auch hier sollte sich die Auswahl der Elemente am Stil der Gesamtanlage orientieren. Selbst die Einzelarbeit eines Kunstschmieds ist als Kundenwunsch abgestimmt (Bild 3). Ein Auftrag ohne gestalterische Vorgaben, eine sogenannte „freie Arbeit" wie z. B. die Fertigung eines Grabkreuzes, muss im Ergebnis ebenso in das Gesamtbild passen.

Merke

Die bei der Metallgestaltung gewählten Formen gehören zum künstlerischen Stil bestimmter Epochen und sollten zum Bauwerk passen.

Einflüsse auf die Gestaltung haben außerdem:

- die Umgebung, deren Teil das Schmiedestück ist;
- der mögliche finanzielle und zeitliche Aufwand;
- die Fähigkeiten des Schmiedes, seine Arbeitsverfahren und Einrichtungen;
- die Bau- und Sicherheitsvorschriften.

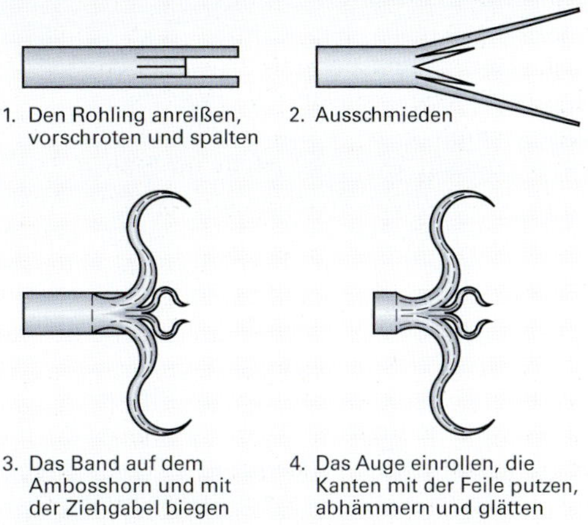

1 Schmieden eines Zierbandes

2 Industrielle Schmiedeteile

3 Bogen mit Geschäftshinweis

Gestaltungselemente

Einzelne Bauteile an Gittern und ähnlichen Schmiedeerzeugnissen kehren immer wieder und prägen damit das Gesamtbild der Anlage.

Bunde waren ursprünglich reine Befestigungselemente, dienen jetzt aber meist zur Zierde. Bundprofile werden aus Flach- oder Rundstahl in Gesenken geschmiedet. Mithilfe des Bundschließers werden sie nach erfolgter Montage der Gitterstäbe dauerhaft geschlossen (Bild 1).

Rosetten dienen zur Bildung von ornamental aufgelockerten Flächen. Kennzeichnend ist ein Ziernet in der Mitte. Durch Kehlen, Stauchen und Hämmern wird die Fläche gestaltet (Bild 2).

Stabkreuzungen stabilisieren das Gitter, können ihm aber gleichzeitig eine stilistische Ausprägung geben (z. B. symmetrisch oder asymmetrisch). Die Stäbe können übereinanderlaufen oder werden durchgesteckt wie in Bild 3.

Stabenden werden besonders bei Zäunen genutzt, um die Oberkante zu betonen, aber auch, um unbefugtes Übersteigen zu erschweren (Bild 3).

Stilepochen

Die charakteristischen Gestaltungselemente der einzelnen Stilepochen sind vor allem bei Restaurierungsarbeiten zu beachten. Die mittelalterlichen Stile **Romanik** (1000-1250) und **Gotik** (1200-1500) greifen vielfach auf Naturformen zurück (Bild 4). Der **Renaissancestil** (1500-1650) greift antike Formen auf, während der **Barock** (1650-1750) und das **Rokoko** (1725-1780) üppiges bzw. verschnörkeltes Rankenwerk vorziehen (Bild 5). Der **Klassizismus** (1779-1850) lehnt an den griechischen Tempelbau an (Bild 6). Der **Historismus** (1850-1900) ist ein „Best of" vergangener Stile und wurde vom **Jugendstil** (um 1900) mit seinen gebogenen Linien abgelöst (Bild 7). In der **Moderne** (seit 1900) gibt es keinen einheitlichen Stil mehr. Von der freien Gestaltung bis zu streng geometrischen Formen reicht die Skala der Möglichkeiten (Bild 8).

Überprüfen Sie Ihre Kenntnisse

1 Beschreiben Sie die Eigenschaft Schmiedbarkeit.
2 Welche Metalle sind gut schmiedbar und warum?
3 Warum ist ein großer Abstand zwischen Anfangs- und Endtemperatur beim Schmieden vorteilhaft?
4 Warum ist Gusseisen nicht schmiedbar?
5 Beschreiben Sie vier Schmiedeverfahren und die dazugehörigen Werkzeuge.
6 Unterscheiden Sie die Arbeit eines Schmiedes von der eines Metallbauers bei der Fertigung eines Gitters.
7 Erläutern Sie anhand der Stabenden von Bild 3 die erkennbaren Arbeitstechniken und ihre Abfolge.

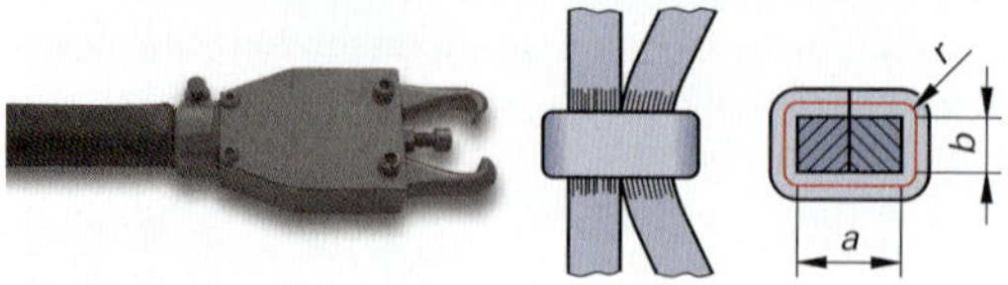

1 Bundschließer und Bund

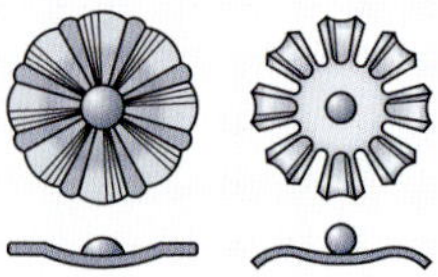
2 Beispiele für Rosetten

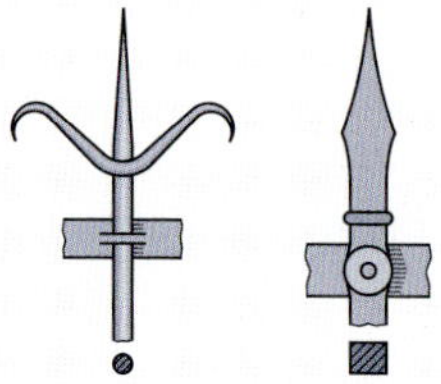
3 Stabkreuzungen und -enden

4 Gotisches Gitter

5 Barockes Schmuckgitter

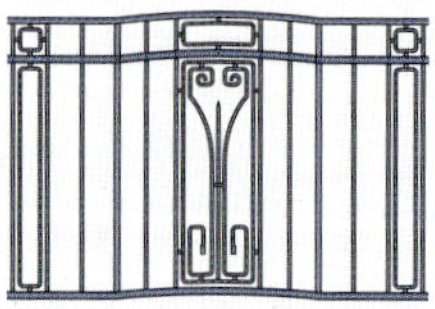
6 Klassizismus-Gitter

7 Jugendstil-Gitter

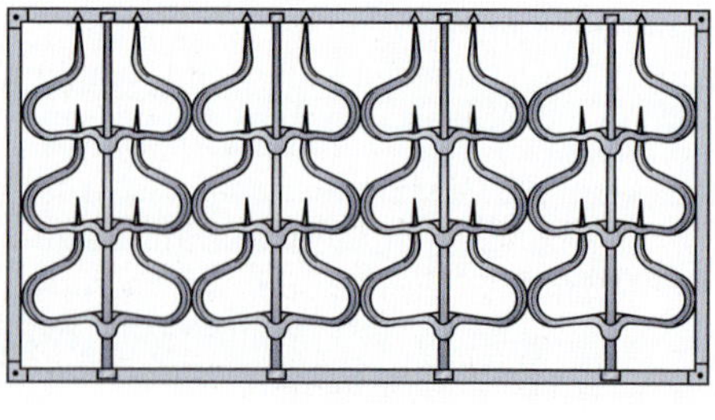
8 Gitter in moderner Gestaltung

1.3 Richten

Die Voraussetzung für den Zusammenbau von Einzelteilen zu Baugruppen ist in der Regel, dass sie gerade und eben sind. Nur so können sie an den Verbindungsstellen passgenau und fest aneinander gefügt werden.

Halbzeuge wie Rohre, Bleche oder Profilstähle sind oft verzogen, gewellt oder ausgebeult. Ursache der Verformung sind die ungleichmäßige Abkühlung nach dem Warmwalzen oder ein unsachgemäßer Transport. Auch die Schweißspannungen bei fertigen Werkstücken bewirken bleibende Verformungen. Vor der Weiterverarbeitung oder dem Zusammenbau müssen Flächen und Kanten wieder gerade und eben gerichtet werden.

Merke

Richten ist das Beseitigen unerwünschter Verformungen, die durch mechanische Beanspruchungen oder Wärmeeinwirkung an Halbzeugen oder Bauteilen entstanden sind.

1.3.1 Kaltrichten

Der Richteffekt entsteht durch das Strecken kurzer sowie das Stauchen langer Partien. Voraussetzung für den Einsatz dieses Verfahrens ist die Zugänglichkeit an der zu richtenden Stelle sowie die Eignung des Werkstoffes.

Merke

Das Kaltrichten erfolgt ohne Erwärmung mithilfe äußerer Kräfte.

Das Beispiel des Gerade-Richtens eines verbogenen T-Stahls durch Strecken zeigt, dass infolge der Verformung die Werkstofffasern an der konvexen Seite gestreckt, die auf der konkaven Seite gestaucht worden sind (Bild 2). Deshalb muss hier durch sorgfältig geführte Hammerschläge mit der Finne der Werkstoff auf der konkaven Seite gestreckt werden, bis die Krümmung beseitigt ist und der Profilstahl wieder seine ordnungsgemäße gerade Form erhalten hat.

Beim Flachstahl dagegen geschieht das Richten durch Schläge mit der Bahn des Hammers auf die konvex gewölbte Seite, die zur Streckung der gegenüberliegenden konkaven Seite führt (Bild 3).

Das Richten stärkerer Stäbe oder Profile kann auch durch den Druck der Biegebeilagen im Schraubstock geschehen. Auch verbogene dünnere Rohre lassen sich im Schraubstock gerade biegen (Bild 4a). Verzogene Stahlstäbe müssen vorher noch mithilfe einer Ziehgabel oder größerer Werkzeuge gedreht werden (Bild 4b).

Richten von Blech, auch **Spannen** genannt, kann in der Werkstatt auf der Richtplatte durch gezieltes örtliches Strecken und Stauchen erfolgen (Bild 1).

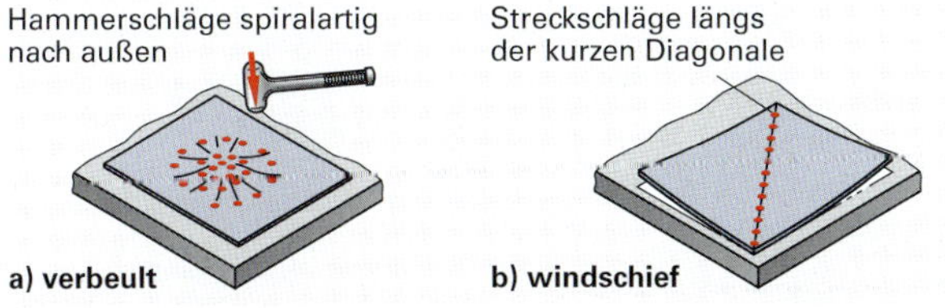

1 Spannen von Blech

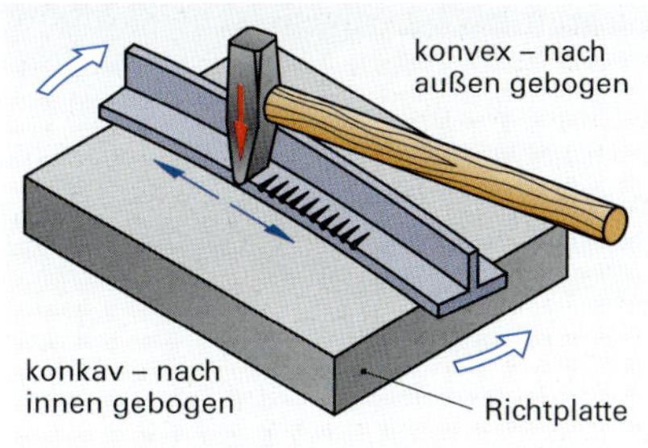

2 Richten eines verbogenen Winkelprofils durch Strecken

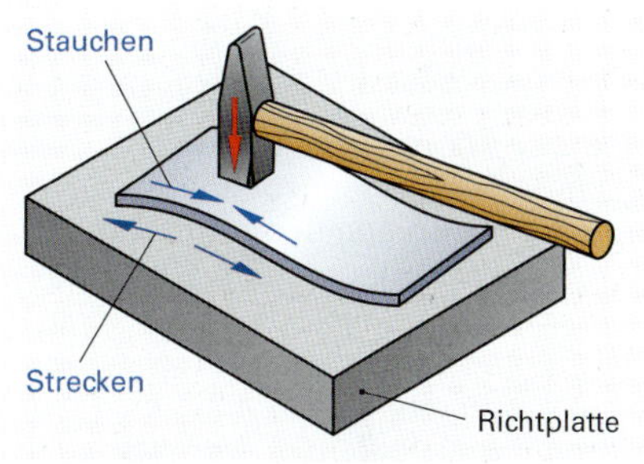

3 Richten von verbogenem Flachstahl

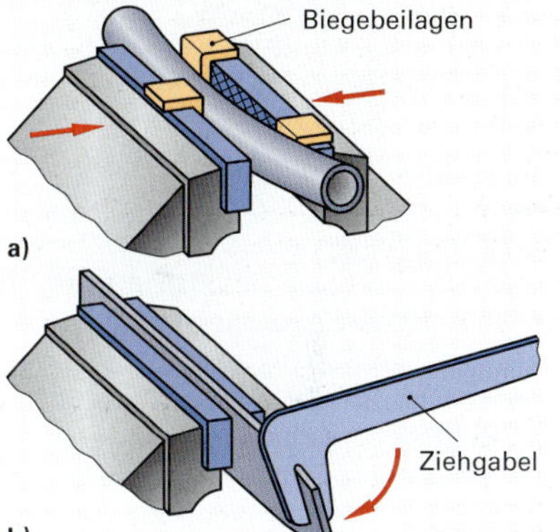

4 Richten im Schraubstock

5 Richtmaschine mit Richtbalken

Richten mit Maschinen ist bei größeren Abmessungen der Werkstücke nötig. Stäbe, Profile, Träger und auch Rohre werden auf speziellen Pressen meist hydraulisch über die Verformungsrichtung hinaus gebogen (Bild 5 der vorherigen Seite). Größere und dickere Bleche oder Stäbe werden durch Walzen auf Rollenrichtmaschinen in den planen Zustand zurückversetzt (Bild 1).

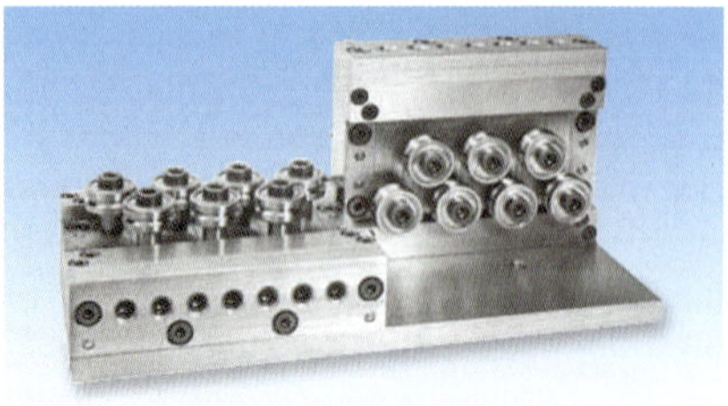

1 Doppelrichtapparat mit einzeln anstellbaren Richtrollen

1.3.2 Warmrichten

Metalle dehnen sich beim Erwärmen aus. Werden die Wärmedehnung und die anschließende Schrumpfung beim Abkühlen gezielt behindert, entstehen Schrumpfspannungen, die das Teil in gewünschter Weise verziehen können.

Merke

Beim Warmrichten werden durch örtliche Erwärmung Schrumpfspannungen erzeugt, um ein Bauteil zu richten.

Aus der Wärmelehre ist bekannt, dass jedes Metall eine bestimmte Wärmeausdehnungszahl besitzt. 1 m unlegierter oder nichtrostender ferritischer Stahl dehnt sich je Grad Temperaturerhöhung um 0,012 mm aus, nichtrostender austenitischer Stahl dehnt sich sogar 1,5 mal so stark aus. Bei Behinderung dieser Ausdehnung entstehen beträchtliche Kräfte, die das Bauteil verziehen oder auch stauchen können, wie folgender **Versuch** zeigt (Bild 2). Ein Stahlstab wird zwischen zwei Schraubstockbacken fest eingespannt und dann in der Mitte auf 700 °C erwärmt. Da die Wärmeausdehnung durch die Schraubstockbacken behindert wird, staucht sich der Stab. Lässt man ihn anschließend abkühlen, zieht er sich zusammen und fällt aus dem Schraubstock heraus.

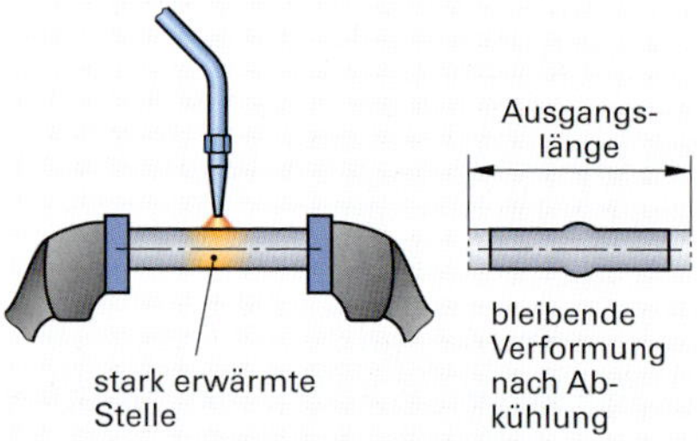

2 Versuch zur Wärmedehnung

Der in diesem Versuch beobachtete Effekt ist auch die Grundlage des **Flammrichtens** (Bild 3). Verbogene Profile werden durch das Setzen eines oder mehrerer **Wärmekeile** gerade gerichtet. Die Basis des dreieckigen Keils muss an der äußeren, langen Seite der stärksten Krümmung, also außerhalb der Neutralen Faser, liegen. Begonnen wird mit der Erwärmung an der Spitze. Während der Erwärmung führt die Ausdehnung des Metalls zuerst zu einer noch stärkeren Krümmung des Profils. Ist der Werkstoff innerhalb des Keils teigig geworden, staucht die im Werkstück entstandene Spannung das stark erwärmte Gebiet zusammen. Nach der einsetzenden Abkühlung und Verfestigung des Werkstoffs im Keil zieht dieser sich zusammen und verkürzt die lange Seite des Werkstücks. Die Größe und Anzahl der Wärmekeile wird so gewählt, dass die Krümmung gerade beseitigt wird.

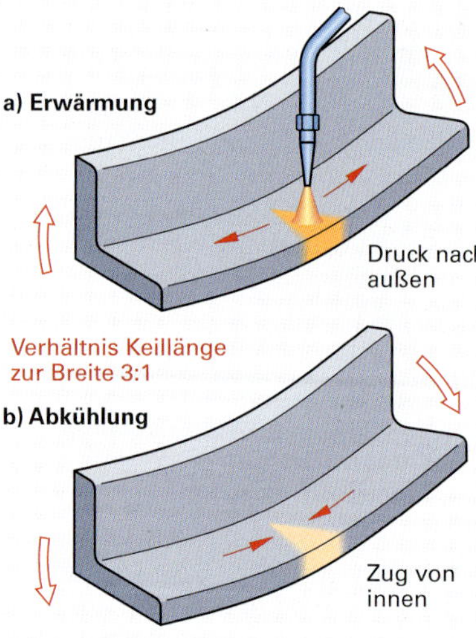

3 Richten eines verbogenen Winkelstahls mit einem Wärmekeil

Diese Regeln sollten beachtet werden:

- Nichtrostenden Stahl vorher entfetten, Brenner mit leichtem O_2-Überschuss gegen Aufkohlung einstellen;
- Flammrichtfigur mit Kreide anzeichnen;
- **Behinderung der Wärmeausdehnung** durch Festspannen mit Zwingen oder schweren Gewichten;
- Brennergröße: 2,5 bis 3 mal Blechdicke, Cr-Ni-Stahl etwa eine Größe kleiner, Aluminium eine Größe mehr als bei unlegiertem Stahl wählen;
- Nichtrostende Rohre innen mit H_2 formieren;
- feuerverzinkten Stahl mit Flussmittel FH 10 abdecken und höchstens auf 700 °C erwärmen;

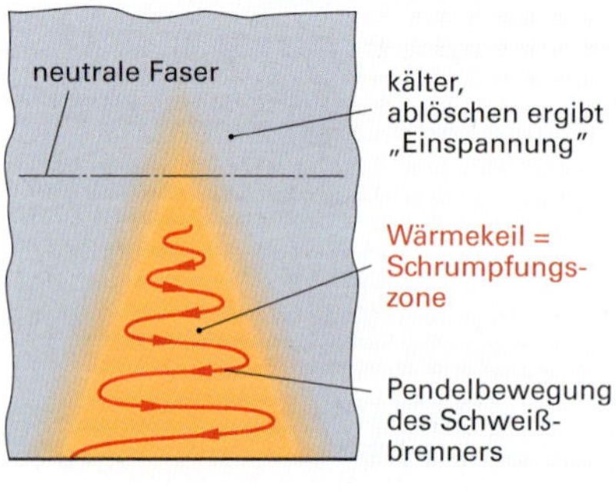

4 Setzen eines Wärmekeils

- örtlich scharf abgegrenzt und schnell von innen her (Bild 4 vorherige Seite) **dunkelrot erwärmen,** evtl. auch mit WIG-Brenner, dann schnell abkühlen;
- Anlauffarben bei Cr-Ni-Stahl anschließend abbeizen;
- Grauguss ist nicht flammrichtbar.

Wärmepunkte genügen, um kleine unerwünschte Dellen zu beseitigen. Je größer die Punkte sind, desto stärker ist ihre Wirkung (Bild 1). Wellige Bleche können auch mithilfe von Wärmefeldern gerichtet werden. Eine Aluminiumplatte mit Bohrungen dient zum Platzieren der Punkte und zum Einspannen des Bleches (Bild 2). Bei windschiefen Blechtafeln werden die Wärmepunkte entlang der längsten Diagonalen gesetzt (Bild 3).

Wärmeovale werden dann eingesetzt, wenn die Schrumpfung in einer Richtung stärker als in der anderen sein soll, wie z. B. beim Richten von Rohrverbindungen, die sich nach Abkühlung der Schweißnähte verzogen haben (Bild 2).

Wärmestraße wird ein erwärmter Streifen genannt. Beim Richten eines verbogenen *I*-Trägers sind neben Wärmestraßen im Flansch auch Wärmekeile im Steg nötig (Bild 5).

Die Temperatur des erwärmten Gebietes muss genügend weit unterhalb des Schmelzpunktes liegen, damit das Werkstück Form und Festigkeit behält.

Temperaturbereiche beim Richten

Werkstoff	Festigkeitsminderung bei etwa	Bereich des Flammrichtens
Stahl	400 °C ... 500 °C	600 °C ... 800 °C
Kupfer	450 °C	600 °C ... 800 °C
Aluminium	200 °C	200 °C ... 400 °C

Merke

Ist nach dem ersten Richtdurchgang die erzielte Wirkung ungenügend, muss der Vorgang wiederholt werden. Genaues und schnelles Richten verlangt viel Erfahrung und eine gute Werkstoffkenntnis.

Überprüfen Sie Ihre Kenntnisse

1 Geben Sie die Gründe an, warum sich Werkstücke verziehen und weshalb sie gerichtet werden müssen.
2 Warum werden dickere Werkstücke zweckmäßigerweise durch Erwärmung und nicht durch Hämmern gerichtet?
3 Welche Veränderungen im Werkstück bewirken Hämmern und Biegen mit der Presse einerseits und Erwärmen und Abkühlen andererseits?
4 Was geschieht im Werkstück beim Richten durch Erwärmung?
5 Welche Unterschiede ergeben sich beim Richten eines verbeulten Blechs durch Hämmern anstatt durch Wärmepunkte?
6 Welche Regeln sollten beim Flammrichten beachtet werden?

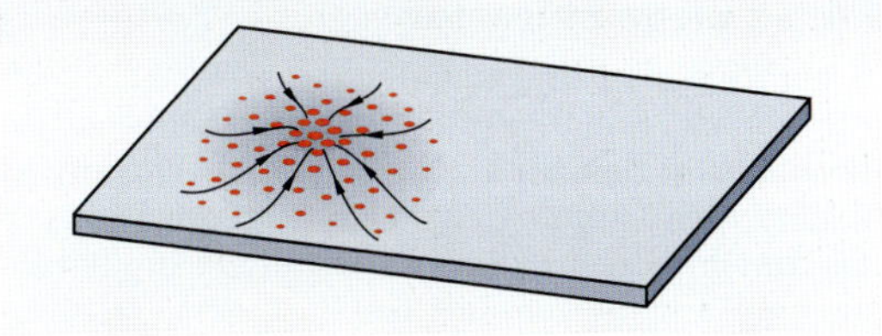

1 Wirkung von Wärmepunkten und Wärmeovalen

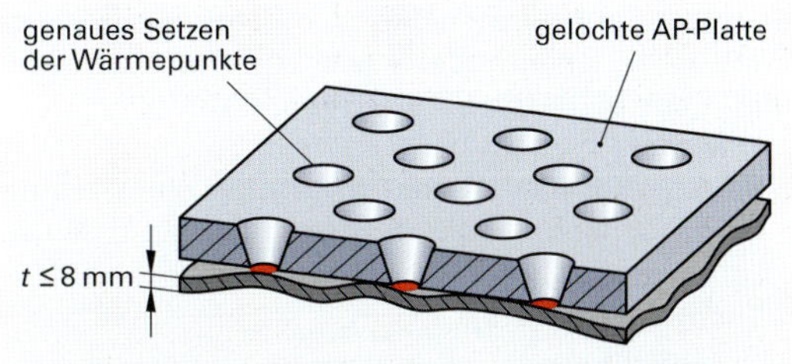

2 Richten eines verbeulten Blechs durch Ansetzen von Wärmepunkten

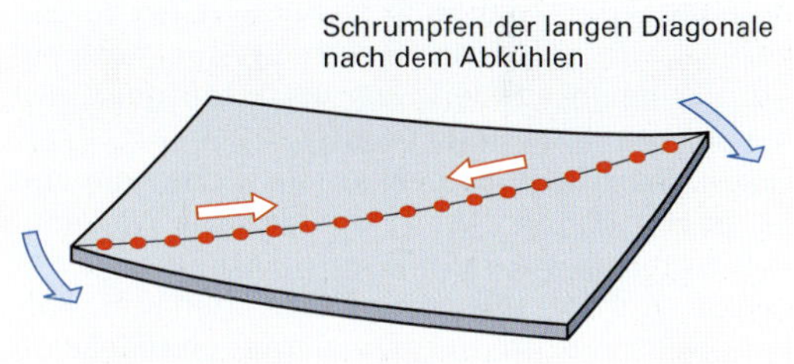

3 Richten eines windschiefen Blechs durch eine Reihe von Wärmepunkten

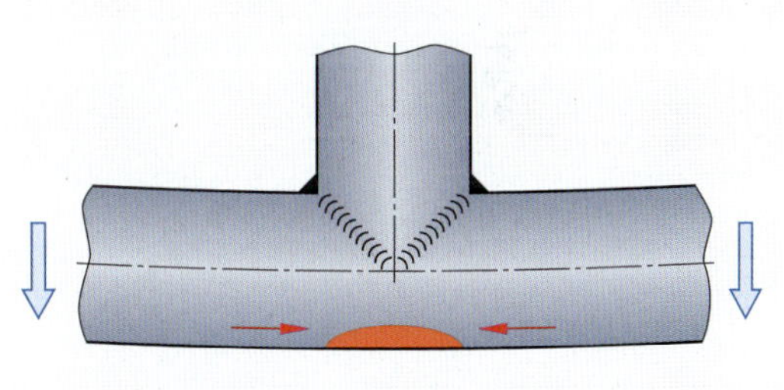

4 Richten eines verbogenen Rohrstutzens mit einem Wärmeoval

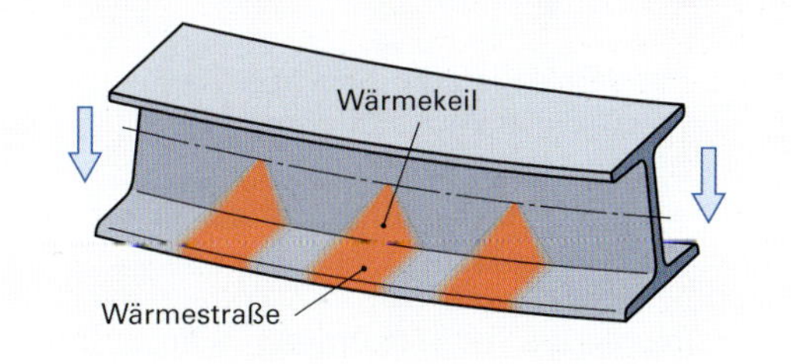

5 Richten eines verbogenen T-Profils mit Wärmekeilen und Wärmestraßen

1.4 Biegeumformen

In der Werkstatt und auf der Baustelle ist es oft erforderlich, Rohre, Profil- und Flachstahl sowie Blechteile in den unterschiedlichsten Winkeln zu biegen. Aus einem einzigen Stück gebogene Teile besitzen im Allgemeinen eine höhere Festigkeit als aus unterschiedlichen Teilen z. B. durch Verschrauben gefügte. Beim Biegen entsteht kein Abfall.

1.4.1 Technologische Grundlagen

Beim Biegeumformen bleibt der größte Teil des Werkstücks unverändert. Die Verformung findet nur in der **Biegezone** statt (Bilder 1 und 2).

Merke

Biegeumformen ist das Umformen eines festen Körpers, wobei der plastische Zustand in der Umformzone im Wesentlichen durch Biegekräfte hervorgerufen wird.

Das **Modellbeispiel** zeigt, dass im Gegensatz zum Schmieden (Seite 11 ff.), wo der gesamte Querschnitt des Werkstücks auf Druck beansprucht wird, hier räumlich unterschiedliche Beanspruchungen auftreten (Bild 2). Der äußere Teil der Biegezone wird gestreckt, dort treten Zugkräfte auf. Auf der Innenseite wird der Werkstoff gestaucht, hier wirken Druckkräfte (Bild 2).

Dazwischen liegt eine Neutrale Zone, die ihre Länge nicht ändert. Weil man sich das Werkstück aus einzelnen Werkstofffasern zusammengesetzt denkt, wird sie **„Neutrale Faser"** genannt. Falls das Werkstück in der Druckzone aufliegt, der Werkstoff sich dort nicht frei ausdehnen kann, verschiebt sich die Neutrale Zone. Da sie ihre Länge beim Biegen nicht ändert, entspricht sie der „gestreckten Länge" des ungebogenen Teils (Bild 1).

Der **Biegewinkel** und der **Biegeradius** sind von den Werkstoffeigenschaften und den Abmessungen des Werkstücks abhängig. Bei zu kleinem Radius und zu großem Winkel wird in der äußeren Zone die Bruchgrenze überschritten und es entstehen Biegerisse. Innen bewirkt eine zu starke Stauchung Quetschfalten (Bild 3). Die Bruchgrenze ist von der Dehnbarkeit abhängig, Kupfer ist z. B. plastischer als Stahl. Auch bei einem stärkeren Werkstückquerschnitt muss der Biegeradius größer gewählt werden (Bild 4).

Für die wichtigsten Halbzeuge wurde deshalb ein **Mindestbiegeradius** festgelegt (Tabellenbuch).

Merke

Der Mindestbiegeradius ist abhängig von der Dehnbarkeit des Werkstoffs und der Dicke des Werkstücks.

Eine elastische Rückfederung tritt bei allen Biegevorgängen auf, weil in einer Zone entlang der Neutralen Faser während der Kräfteeinwirkung nur eine elastische Verformung eintritt. Diese Rückfederung wird durch „Überbiegen" um den **Rückfederungswinkel** vermieden (Bild 1).

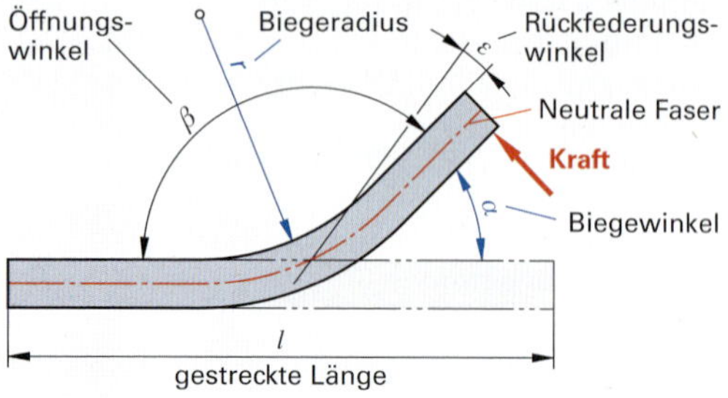

1 Begriffe beim Biegen

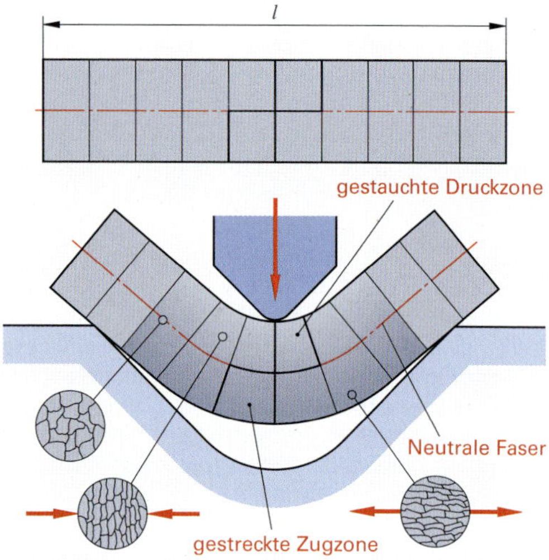

2 Modell eines Biegevorganges

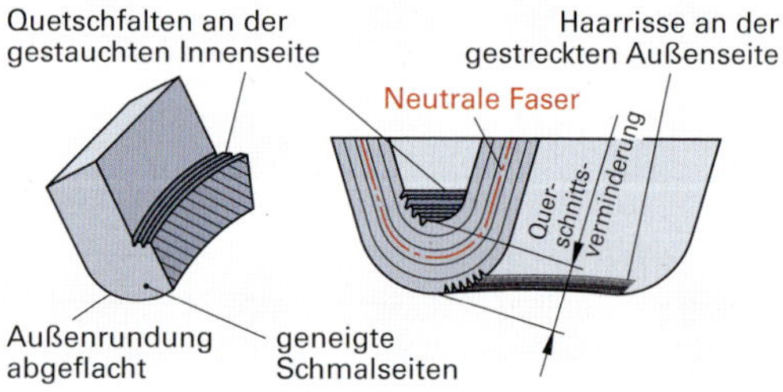

3 Fehler beim Biegen

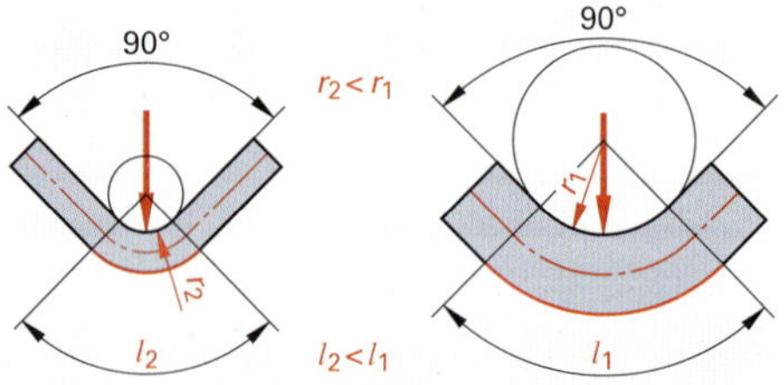

4 Einflüsse der Werkstückstärke auf die Biegeradien

1.4.2 Biegen von Rohren und Profilen

Rohre sind schwierig zu biegen, weil es zur Faltenbildung an der Innenseite der Krümmung kommen kann oder die dünnen Wandungen unter der Biegebeanspruchung ausweichen und das Rohr oval wird oder sogar knickt. Diese unerwünschten Erscheinungen werden verhindert durch Erwärmung der Biegestelle, Füllen des Rohres mit Biegefeder oder Sand sowie durch Benutzen eines Biegegesenkes. (Bild 2).

Der **Biegeradius** ist die wichtigste Kenngröße beim Rohrbiegen (Bild 1). Er hängt ab von Wanddicke und Rohrdurchmesser, dem Biegewinkel, dem Werkstoff und dem Biegeverfahren.

Grundsätzlich gilt, dass immer der größtmögliche Biegeradius zu wählen ist.

Beim Biegen von **Profilen** mit rechteckigem Querschnitt, z. B. Flachstahl, werden die Druck- und Zugzone gleichmäßig beansprucht. Unsymmetrische Profile erfahren dagegen eine ungleichmäßige Beanspruchung (Bild 3). Um dabei das Einreißen oder Quetschen der Außenzonen zu verhindern, muss entweder geschweift oder eingezogen werden, oder es ist ein größerer Biegeradius nötig.

Weil sich der rechte Winkel zwischen den Profil-Schenkeln vergrößert, muss er vorher leicht zusammengedrückt werden (Bild 4). Der Verkleinerung des Winkels wirkt man durch Auseinanderdrücken vor dem Biegen entgegen. Bei vielen gleichartigen Biegearbeiten sichern **Biegeschablonen** die genaue Form des Profils.

Ausklinken ist dann nötig, wenn bei scharfkantigem Biegen der übrigbleibende Werkstoff nicht mehr einzuarbeiten ist (Bild 5). Nach dem Biegen werden die Schnittkanten verschweißt.

Biegevorrichtungen gibt es mit auswechselbaren Rollen für verschiedene Radien und Profile (Bild 6). Die **Exzenter-Winkelbieger** ermöglichen das genaue Biegen durch einstellbare Winkel (Bild 7).

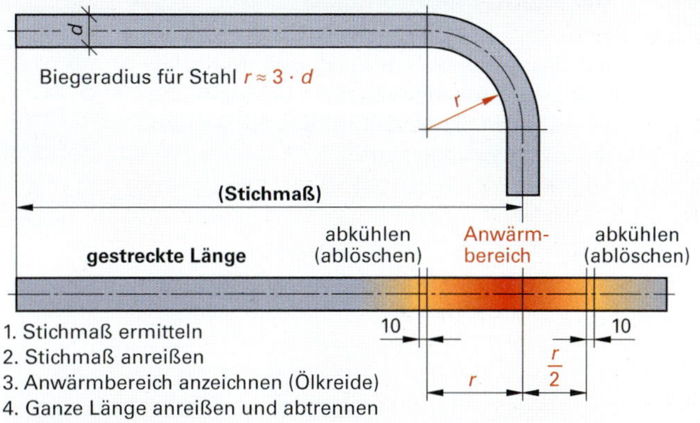

1. Stichmaß ermitteln
2. Stichmaß anreißen
3. Anwärmbereich anzeichnen (Ölkreide)
4. Ganze Länge anreißen und abtrennen
5. Mit trockenem Sand füllen, mit Holzpfropfen schließen
6. Anwärmen und biegen, ablöschen und prüfen

1 Warmbiegen von Rohren

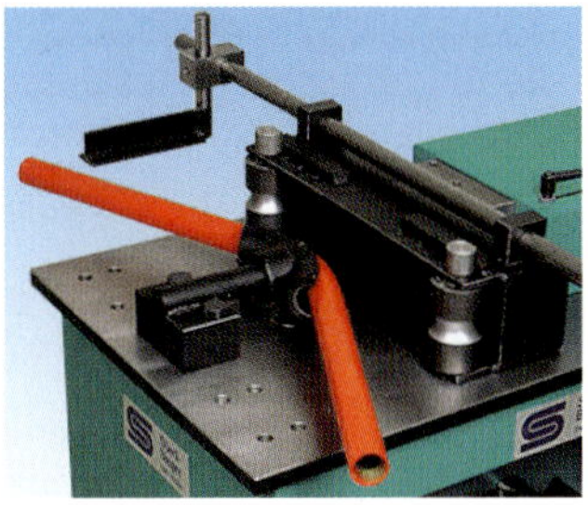

2 Biegegesenk

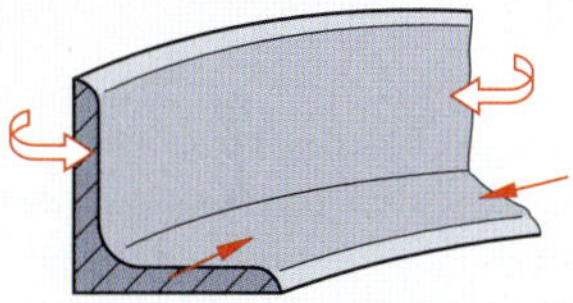

3 Ausgeprägte Druckzone beim Biegen eines L-Profils

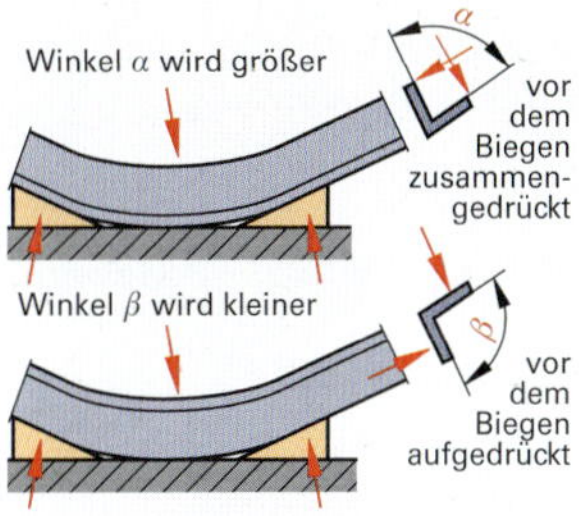

4 Sicherung der Rechtwinkligkeit beim Biegen

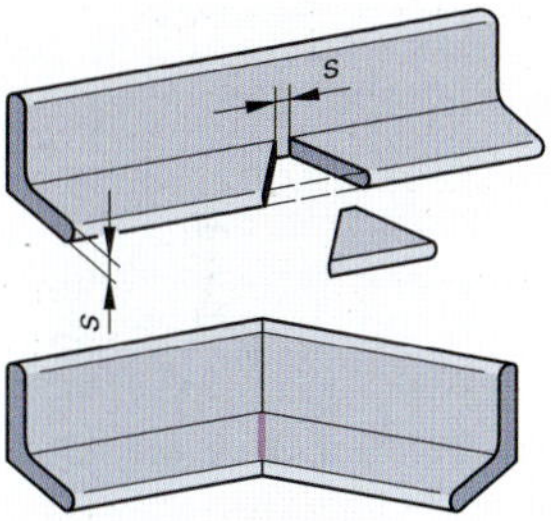

5 Ausklinken von L-Profilen vor dem Biegen

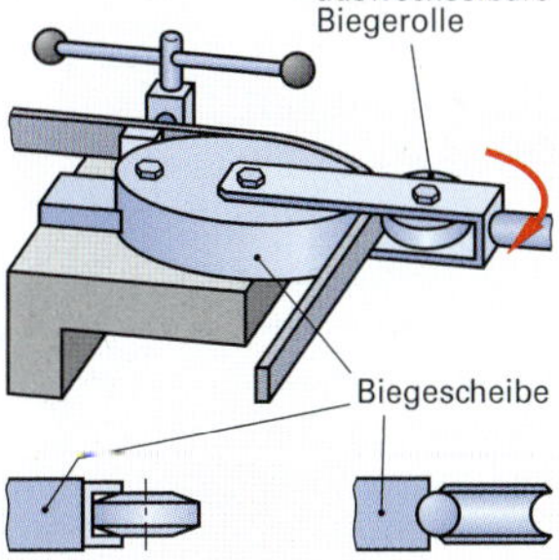

6 Prinzipskizze einer Biegevorrichtung mit auswechselbaren Rollen

7 Exzenter-Winkelbieger mit Schnellspannvorrichtung

1.4.3 Biegeumformen von Blech

Blech ist ein Flacherzeugnis mit einer großen Oberfläche im Vergleich zur geringen Materialdicke. Die Biegekanten werden hoch beansprucht, besonders wenn zur Vorbereitung des Falzens bis um 180° gebogen werden muss.

Deshalb werden möglichst dehnbare Bleche mit geringen Mindestbiegeradien benutzt. Dabei ist auf die Angaben der Hersteller zu achten.

Wichtig ist die Berücksichtigung der **Walzrichtung** (Bild 1). Bei der Herstellung des Blechs im Walzwerk werden die Kristallite des Rohmaterials durch den Walzendruck in der Bewegungsrichtung des Stranges gestreckt (Bild 2, Seite 12). In dieser Richtung besitzen die Bleche die größte Festigkeit. Besonders ausgeprägt ist dies bei Zinkblech, aber auch bei Stahlblech sind die Festigkeit und Dehnbarkeit richtungsabhängig.

Merke

Beim Biegen von Blechen sollte die Biegekante möglichst senkrecht zur Walzrichtung liegen.

Ist dies nicht möglich, muss der Mindestbiegeradius vergrößert werden (Bild 1). Bei genauen Biegungen und etwas dickeren Blechen ist außerdem das Herausdrücken des Werkstoffs an der Kante durch eine eingeschnittene Ecke zu berücksichtigen. Moderne Werkstofftechnologie und Fertigungsverfahren haben die Problematik der Walzrichtung verringert, aber noch nicht beseitigt.

Kanten

Zur Herstellung von z. B. rechteckigen Blechkanälen oder von Falzen müssen Bleche gekantet werden (Bild 2).

Merke

Abkanten ist das Biegen von Blechen längs einer geraden Linie mit kleinem Radius.

Einfache Kantungen können von Hand im Schraubstock mit Einlagen oder in einer einfachen Biegevorrichtung erfolgen.

Das schnelle und maßgenaue Kanten von Blechen auch größerer Abmessungen ist mithilfe der **Abkantpresse** bzw. **Gesenkbiegemaschine** möglich. Das Werkstück wird zwischen das aus Oberwerkzeug **(Stempel)** und Unterwerkzeug **(Matrize)** bestehende Gesenk geführt. Wird der Stempel gesenkt, nimmt das Werkstück die Form des Gesenkes an (Bild 3).

Die Ober- und Unterwerkzeuge sind auswechselbar. Sie sind in verschiedenen Formen und Abmessungen erhältlich. Zur Herstellung der meisten Fertigteile benötigt man mehrere Arbeitsgänge, die oft mit demselben Werkzeug durchführbar sind (Bild 3). Wird für jeden Arbeitsgang ein anderes Werkzeug erforderlich, lohnt sich dies nur bei Serienfabrikation. Mit entsprechenden Werkzeugen ist auch das Rundbiegen von Rohren möglich.

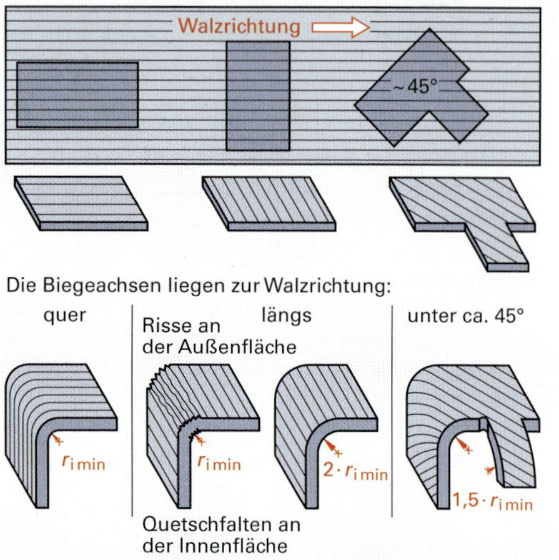

1 Abhängigkeit des Mindestbiegeradius von der Walzrichtung beim Biegen von Blech

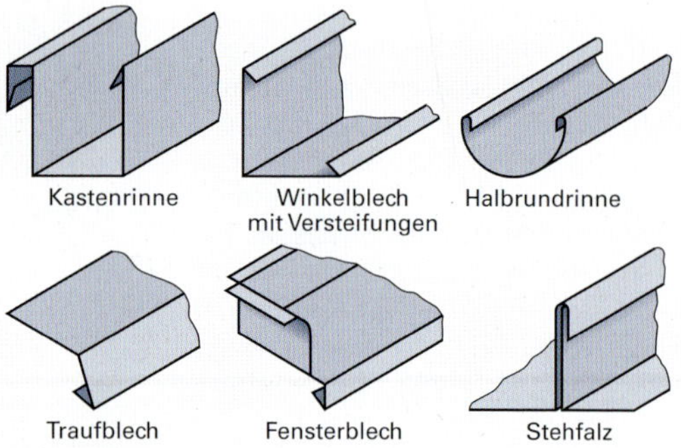

2 Gekantete Blechteile

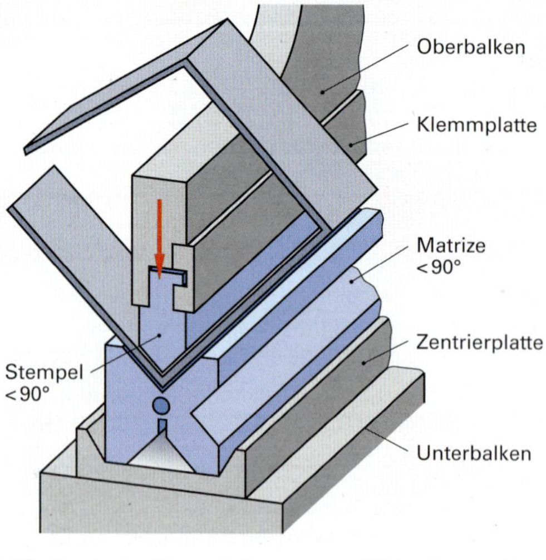

3 Mechanische Gesenkbiegepresse (Abkantpresse)

Schwenkbiegen

Mit der **Schwenkbiegemaschine** (Bild 1) sind die gleichen Profile herstellbar wie mit der Abkantpresse, wobei das Schwenkbiegen vor allem bei flächigen Blechtafeln Anwendung findet.

Das Blech wird zwischen der Ober- und Unterwange durch Absenken der Oberwange gespannt. Dies erfolgt mittels Spindeln, Exzenter oder hydraulisch. Ein Tiefenanschlag gewährleistet die genaue Länge des zu biegenden Blechschenkels. Typisch ist, dass das flächige Blech fixiert wird und die Biegung am Rand erfolgt. Der beabsichtigte **Biegewinkel** wird mit einem Winkelanschlag eingestellt. Der Biegevorgang wird durch das Schwenken des Biegebalkens mit der Biegewange um eine gedachte Scharnierachse ausgeführt. Die Biegewange kann von Hand oder durch Motorkraft bewegt werden. Wegen der Hebelwirkung können auch mit einer handbedienten Schwenkbiegemaschine große Biegemomente erbracht werden.

Eine große Zahl unterschiedlicher Biegeschienen ermöglicht die Herstellung auch komplizierter Formen; Bild 2 zeigt nur eine kleine Auswahl.

Walzbiegen

Zum bogenartigen Formen von Blechen werden **Rundmaschinen** genutzt. Das Runden wird in der Regel durch drei Walzen realisiert (Bild 3). Das Blech wird durch die beiden Zuführwalzen zur schwenkbaren Biegewalze transportiert und beim Weiterlaufen von dieser entsprechend ihrer Lage gebogen. Die obere Zuführwalze kann zum Abziehen der Bleche ausgeschwenkt werden. Zur Herstellung von trichterförmigen Rundungen kann die Biegewalze in Richtung ihrer Achse geneigt werden. Vierwalzen-Rundbiegemaschinen besorgen auch das Anbiegen der Blechenden. Auch die Schwenkbiegemaschine mit Rundschienen und die Abkantpresse werden zum Runden verwendet.

Versteifen von Blech

Blech ist infolge seiner geringen Dicke sehr leicht zu biegen. Um Teile aus Blech gegen unbeabsichtigtes Verbiegen zu schützen, wird der Biegewiderstand durch angebrachte Versteifungen erhöht.

Umschläge sind die einfachste Methode, um die Kante einer Blechkonstruktion gegen Verbiegen zu sichern und dabei gleichzeitig scharfe Ränder zu vermeiden (Bild 4).

Sicken sind rinnenartige Vertiefungen (Bild 5) zur Erhöhung der Gestaltfestigkeit größerer Blechflächen, wie z. B. von Fassaden-Elementen oder Behältern. Je ungleichmäßiger der Sickenverlauf ist, desto höher ist die erreichte Versteifung. Sicken werden mithilfe von Formwalzen (Bild 6) gefertigt. Je nach Tiefe der Sicke muss das Blech mehrmals durch die gegenläufig angetriebenen Walzen laufen.

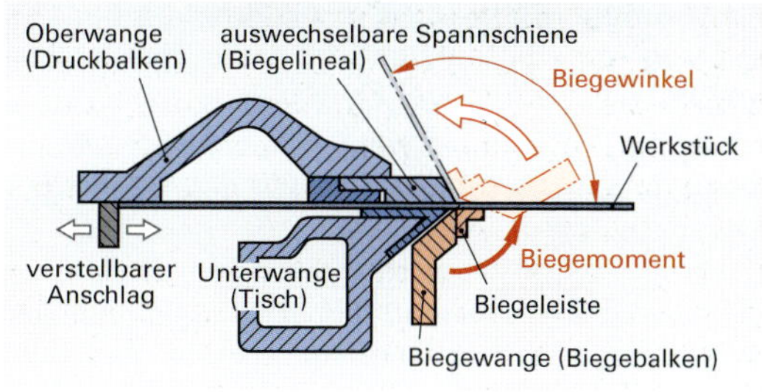

1 Wirkungsweise einer Schwenkbiegemaschine

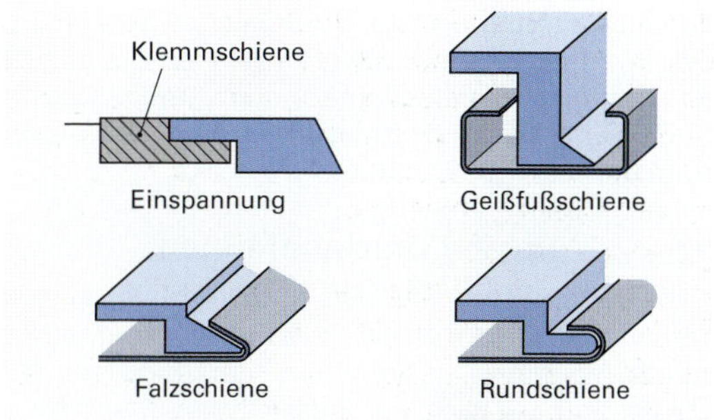

2 Form und Einspannung von Biegeschienen

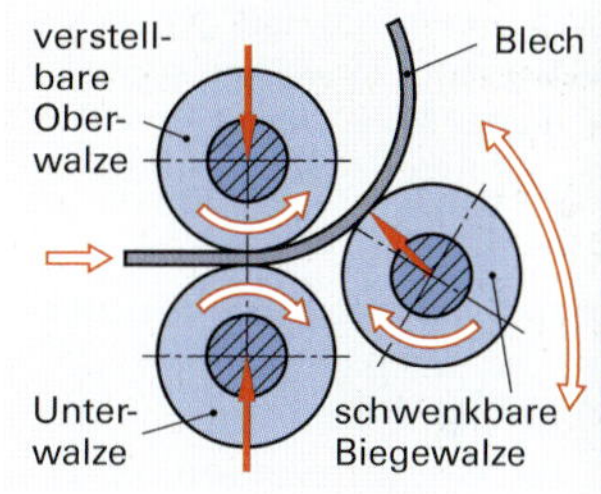

3 Wirkungsweise einer Dreiwalzen-Rundmaschine

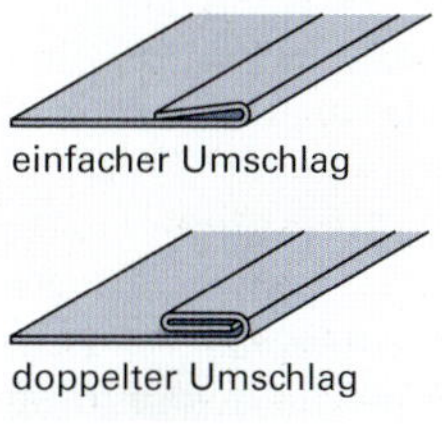

4 Umschläge

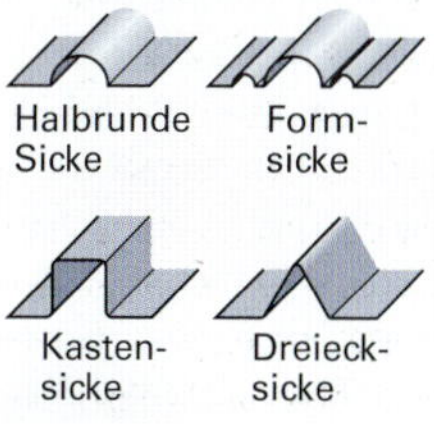

5 Sickenformen

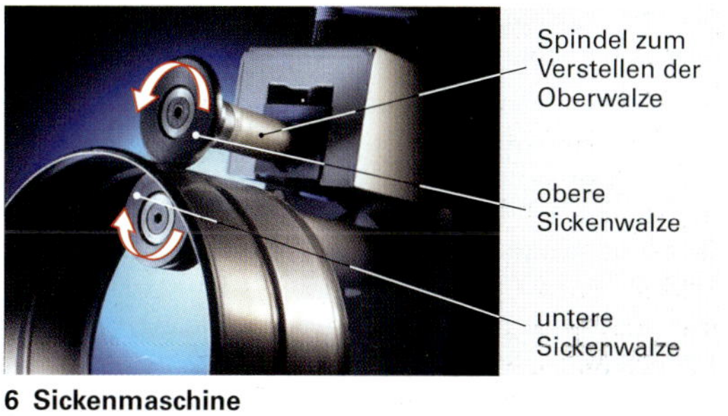

6 Sickenmaschine

Das **Bördeln** (Bilder 1 bis 3) dient neben der Versteifung von Blechplatten auch der Herstellung von Behälterböden oder Flanschen.

Merke

Unter Bördeln versteht man das Aufrichten schmaler Ränder.

Dabei wird der Werkstoff auf der Radiusinnenseite gestaucht und auf der Außenseite gestreckt. Bördel werden in der Regel durch Kraftformmaschinen (Bild 1) oder Sickenmaschinen mit Spezialwalzen geformt (Bild 3). Sie lassen sich auch von Hand mithilfe eines Bördeleisens herstellen. Das Herstellen von Außenbördeln erfolgt durch **Schweifen.** Innenbördel können durch Einziehen oder auch durch **Drücken** hergestellt werden (Bild 4a).

1.5 Zug- und Druckumformen

Das **Drücken** ist ein Zug-Druck-Umformverfahren. Durch Drücken werden rotationssymmetrische Körper gefertigt (Bild 4). In der industriellen Produktion wird es auf besonderen Maschinen durchgeführt, ansonsten werden Drehmaschinen genutzt. Das Werkstück, die Platine, ist auf der Drückform befestigt und dreht sich. Der Drückstab wird in Richtung des Werkstücks geführt, wobei er allmählich die geometrische Form erzeugt.

1.6 Fügen durch Umformen

Unter dieser Überschrift werden alle Verfahren zusammengefasst, bei denen die Fügeteile durch umformen, d. h. im Allgemeinen nur durch Formschluss, miteinander verbunden werden. Dieses Fügen erfordert günstige Werkstoffeigenschaften bezüglich des Umformens. Gute Halbzeuge dafür sind dünne Bleche, die in der Regel **Feinblech** genannt werden. Warmgewalzt sind sie bei Stahl 1,5 mm bis 3 mm dick, kaltgewalzt 0,3 mm bis 3 mm. Die Vorteile des Fügens durch Umformen im Vergleich zum Verbinden durch Kleben, Löten oder Punktschweißen sind:

- keine Wärmezuführung (beim Kleben eventuelle Mindesttemperatur für die Aushärtung),
- Verbindung unterschiedlicher Werkstoffe,
- Fügen von beschichteten Werkstoffen,
- keine Vorbereitung der Oberfläche erforderlich,
- kurze Fertigungszeiten,
- geringe Betriebskosten,
- geringer Aufwand für Arbeitssicherheit,
- keine Arbeitsplatz- und Umweltbelastungen.

Wenn so gefügte Feinblecherzeugnisse z. B. durch Kleben zusätzlich gesichert oder auch abgedichtet werden, spricht man von Hybridfügetechniken.

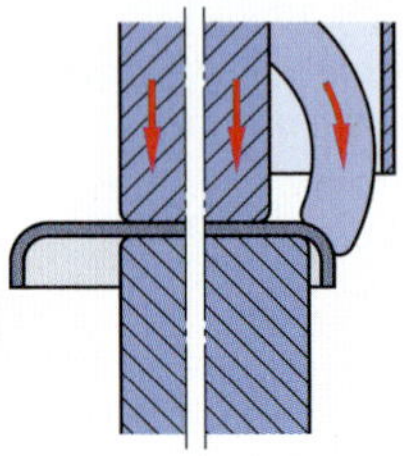

1 Aufrichten eines Innenbördels

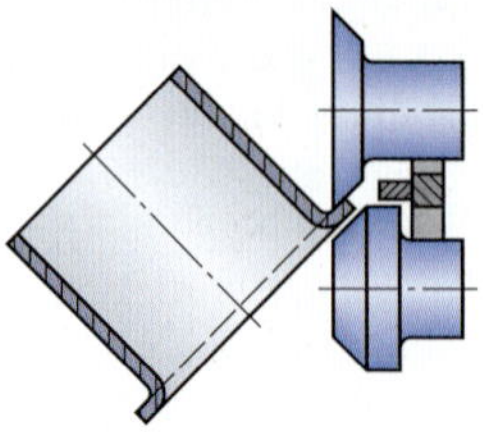

2 Fertigen eines Außenbördels durch Schweifen

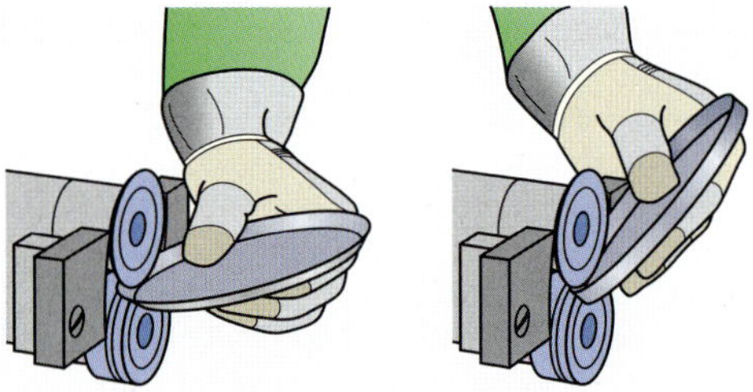

3 Bördeln eines Behälterbodens mithilfe von Spezialwalzen auf einer Sickenmaschine

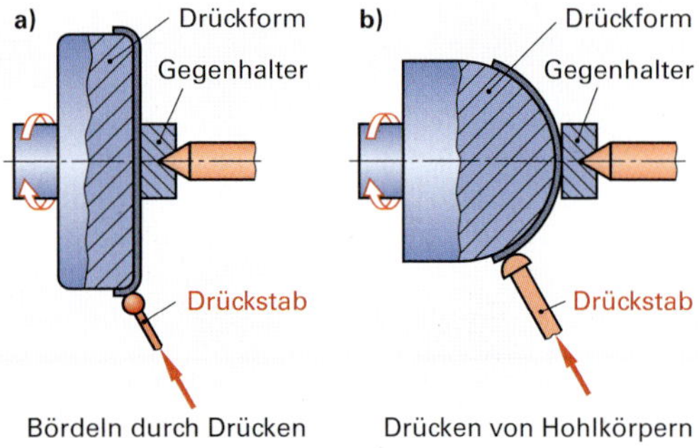

4 Drücken von Hohlkörpern
a) mit Innenbördel b) mit großem Radius

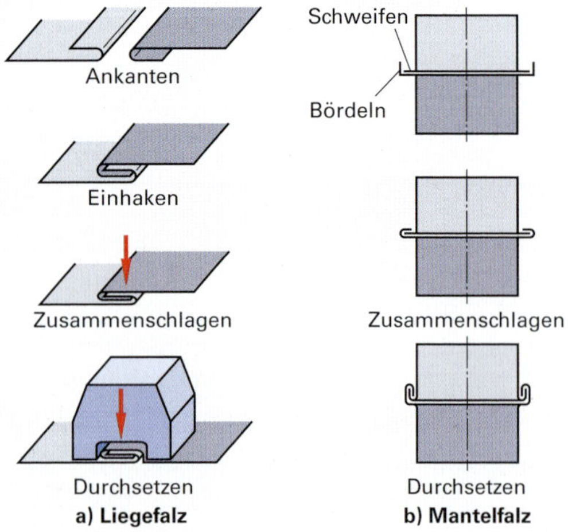

5 Abfolge beim Herstellen eines Falzes

1.6.1 Falzen

Unter Falzen wird das Verbinden von dünnen Blechteilen durch Zusammenhaken und Zusammendrücken (Durchsetzen) ihrer umgebogenen Ränder verstanden. Dafür werden diese Ränder einfach oder mehrfach in kaltem Zustand abgekantet, geschweift oder gebördelt. Für die unterschiedlichen Anwendungsfälle wurden verschiedene **Falzarten** entwickelt (Bild 1).

Merke

Falzen ist formschlüssiges Verbinden vorher umgeformter Bleche.

Wesentliche Anwendungsgebiete sind die Herstellung von Rohren, Behältern und Lüftungskanälen sowie die Montage von Dächern und Fassaden aus Blech.

Die Beanspruchung des Blechs beim Kanten und Zusammenschlagen ist stark, die notwendigen Mindestbiegeradien für den jeweiligen Werkstoff und die Blechdicke dürfen nicht unterschritten werden. Außerdem muss die Walzrichtung des Blechs berücksichtigt werden. Beim Durchsetzen ist auf die passende Größe des Falzmeißels zu achten (Bild 2). Ein richtig durchgesetzter Falz kann sich nicht mehr lösen.

Nur in Einzelfällen werden Falze heute mit Hammer und Falzmeißel geformt. Große Behälter und Lüftungskanäle werden fabrikmäßig auf Spezialmaschinen gefertigt. In Werkstätten und auf Baustellen finden zahlreiche Bauarten von Hand-Falzwerkzeugen mit Kleinmotoren oder als Hand-Falzschließer (Handzangen) Anwendung (Bild 4).

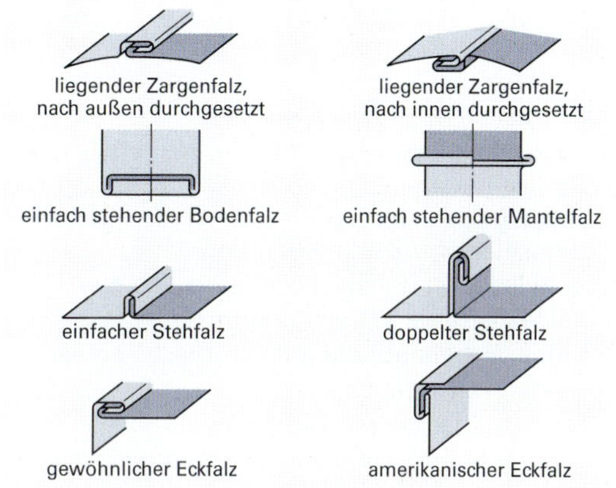

1 Falzarten

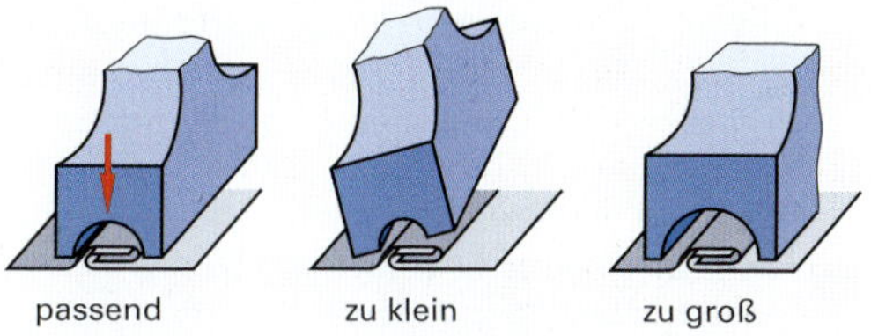

2 Auswahl des richtigen Falzmeißels

1.6.2 Clinchen – Durchsetzfügen

Beim Clinchen entsteht die Verbindung nur durch die Umformung der Fügeteile. Es ist kein Vorlochen erforderlich und es wird kein zusätzliches Element montiert. Einzige Voraussetzung ist die Zugänglichkeit von beiden Blechseiten. Mittels eines **Stempels** wird das Material durchgesetzt, d. h. in der Druckzone wird der Werkstoff zum Fließen gebracht. Die Gegenform, die **Matrize,** ist so gestaltet, dass die Blechteile durch die erfolgte Stauchung sich ineinander verhaken (Bild 3 und 5, Bild 1, Seite 28). Ist der seitliche Abstand zwischen Stempel und Matrize so klein, dass ein teilweises Trennen des Werkstoffes stattfindet, handelt es sich um das schneidende Clinchen. Durch die spezielle Gestaltung der Matrize entsteht beim Clinchen eine **form-** und **kraftschlüssige Verbindung,** welche teilweise das Punktschweißen ersetzt oder die Lage der Fügeteile während des Aushärtens des Klebers sichert.

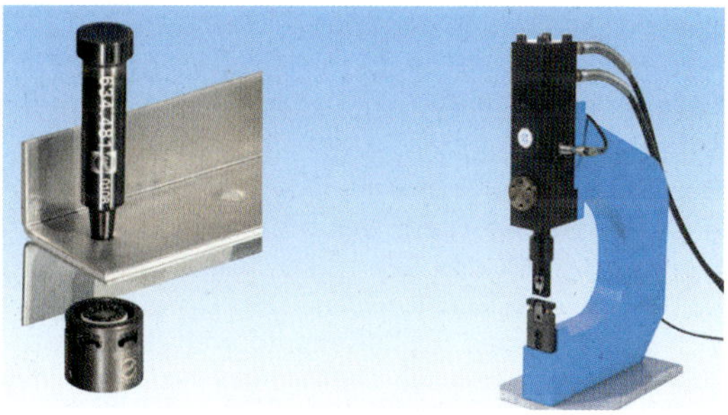

3 Clinch-Werkzeuge

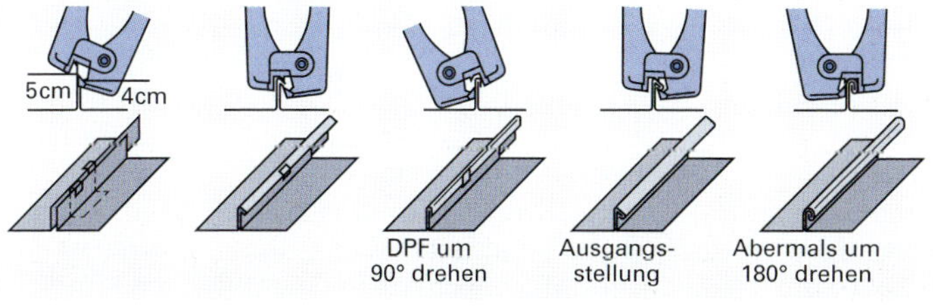

4 Falzschließer und Abfolge des Schließvorgangs

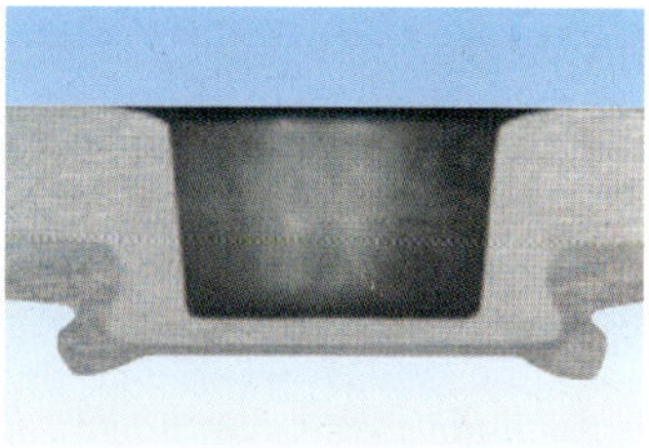

5 Schnitt einer Clinchverbindung

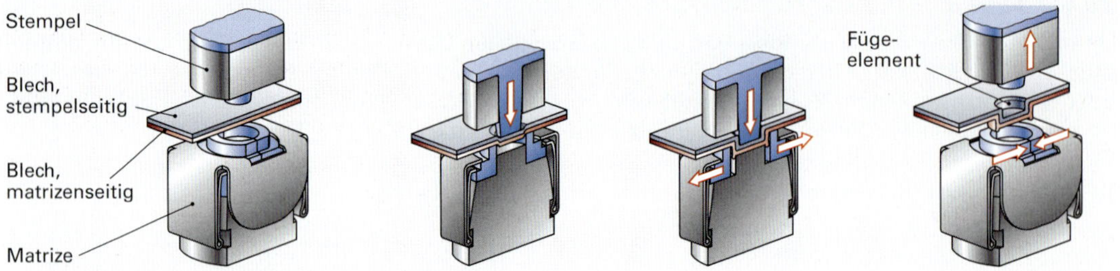

1 Schritte bei der Herstellung einer Clinch-Verbindung

Die Vorteile dieses Verfahrens sind

- keine Zusatzwerkstoffe und Hilfsfügeteile erforderlich
- zum Fügen unterschiedlicher Werkstoffe sowie verschiedener Blechdicken geeignet
- zum Fügen beschichteter Bleche geeignet
- keine thermische Beeinflussung an der Fügestelle
- keine Vorbehandlung der Oberfläche sowie
- keine Verschmutzung
- kostengünstiger als Punktschweißen
- umweltfreundlich, da energiesparend, sauber und leise
- geringer Zeitaufwand

Während bei anderen Werkzeugen von Standzeit gesprochen wird, haben Clinch-Werkzeuge eine Standmenge. Diese ist von den Einsatzbedingungen sowie von dem gefügten Material abhängig. Standmengen von mindestens 200 000 Fügungen sind nach Herstellerangaben die untere Grenze. Nach dem Erreichen der Verschleißgrenze werden Stempel und Matrize getauscht.

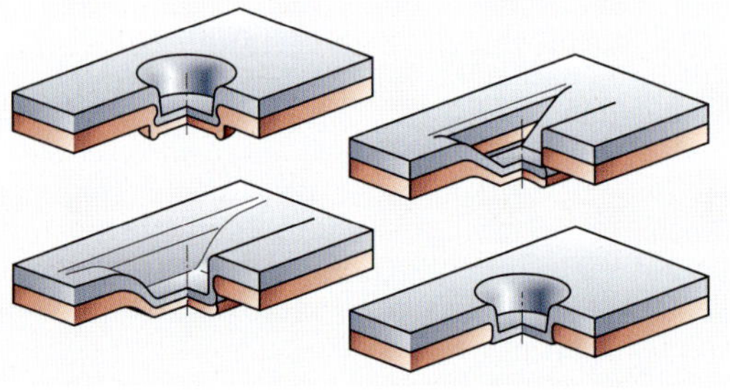

2 Verschiedene Ausführungen der Clinchverbindung

1.6.3 Blindnieten

Mit **Blindnieten** werden Bauteile unabhängig von deren Werkstoffen verbunden. So können auch Materialien unterschiedlicher Stärken sowie Festigkeiten, z. B. Stahl und Kunststoff, miteinander gefügt werden.

Das Fügen erfolgt durch einen Zugdornniet, einer besonderen Form des Hohlniets. Das Setzwerkzeug greift den Dorn und drückt gleichzeitig den Kopf des Niets nieder. Der Dorn verformt sich während des Schließens so weit, bis er aufgrund der steigenden Verformungskraft an der Sollbruchstelle reißt. Blindnieten ist ein Fügeverfahren, welches das Vorlochen aber auch nur die Zugänglichkeit von einer Seite erfordert (Bild 3).

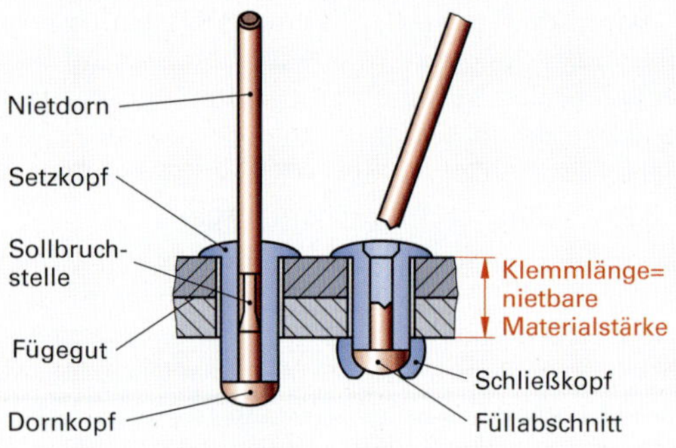

3 Prinzip des Blindniets

Als Werkzeuge werden Zangen sowie pneumatische Setzpistolen verwendet. Entscheidend für die Wahl des Werkzeuges sind die Werkstückgeometrie, der Montageplatz sowie die Anzahl der zu fertigenden Verbindungen.

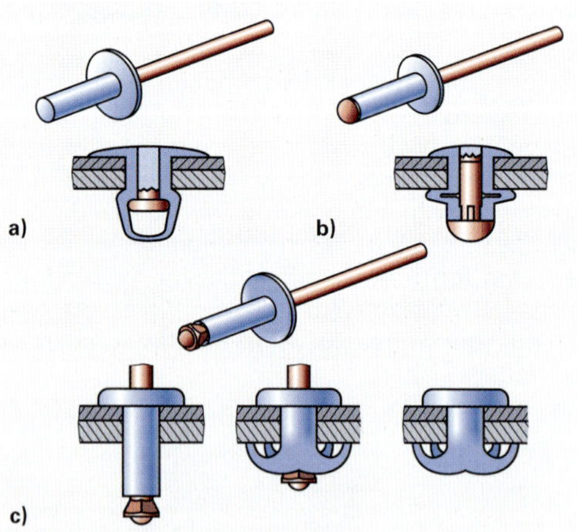

4 Auswahl an Blindnieten

Bild 4a zeigt einen Becherniet in geschlossener Ausführung, welcher für wasserfeste Anwendungen geeignet ist. Der im Bild 4b dargestellte Niet weist einen bereiten Schließkopf aus und erreicht sehr hohe Klemmkräfte. Im Bild 4c ist ein Peel-Spreiz-Niet dargestellt, welcher einen sehr flachen Rundkopf besitzt.

1.6.4 Fügeverfahren mit Funktionselementen

Die Besonderheit dieser Fügeverfahren liegt darin, dass durch die Funktionselemente weitere Verbindungsmöglichkeiten zu anderen Bauteilen durch das am Element vorhandene Gewinde oder die Geometrie entstehen. Bezüglich der Zugänglichkeit an der Verbindungsstelle wird zwischen **ein-** und **beidseitig** sowie zwischen Verfahren **mit** und **ohne** Vorlochen der Fügestelle unterschieden. Die Funktionselemente werden außerdem wie folgt geordnet:

- Loch- und gewindefurchende Schrauben (Bild 4)
- Blindnietmuttern und -gewindebolzen (Bild 3)
- Nietmuttern und -bolzen (Seite 30, Bild 1)
- Stanzmuttern und -bolzen
- Einpressmuttern und -bolzen (Seite 30, Bild 4)

Ein wichtiger Anwendungsbereich der Funktionselemente ist die Verarbeitung von dünnen Blechen. Hier reicht die vorhandene Materialdicke der zu fügenden Teile nicht für das Schneiden eines tragfähigen Gewindes.

Loch- und gewindefurchende Schrauben sind die Elemente des **Fließbohrens.** Unter Drehung und Druck dringt ein hartes Werkzeug aus Keramik in den Werkstoff ein, erwärmt ihn auf Rotglut und bildet ein Loch. Der Werkstoff wird nur verdrängt und bildet eine Bohrung mit aufgestelltem Wulst, in der eine gewindefurchende Schraube Halt finden kann.

Blindnietmuttern (Bilder 2 und 3) **und -gewindebolzen** verbinden wie Blindniete durch den Setzvorgang zwei Bauteile und es können zusätzlich durch das jeweilige Gewinde weitere Bauteile angeschraubt werden. Weitere Vorteile sind das Anbringen von Gewinden in Hohlprofilen und anderen, nicht beidseitig zugänglichen Bauteilen sowie das Einbringen von Gewinden in bereits oberflächenbeschichteten Werkstücken.

Die Montage einer Blindnietmutter im Spindelhubverfahren verläuft in 4 Schritten (Bild 6)

1. Aufspindeln Blindnietmutter wird auf das Werkzeug (Spindel) geschraubt
2. Einführen der Blindnietmutter in das Werkstück und Aufsetzen des Niederhalters der Spindel auf der Werkstückoberfläche
3. Spindel dreht weiter und zieht dadurch das Gewinde von der abgewandten Seite an das Blech, wobei sich die Wulst ausbildet
4 Abspindeln – Spindel wird aus der montierten Mutter gedreht.

1 Funktionselemente

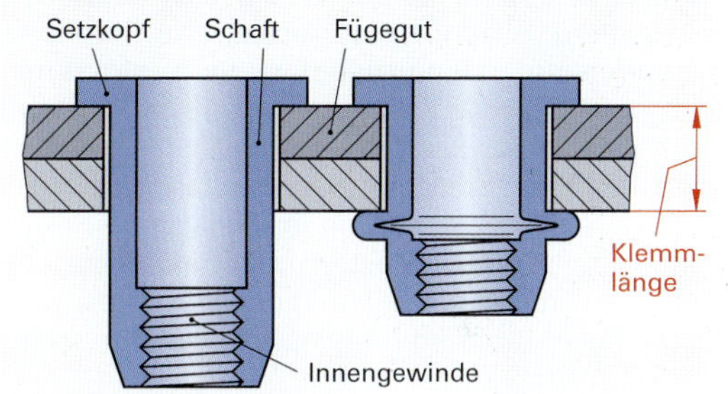

2 Prinzip der Blindnietmutter

3 Blindnietmutter

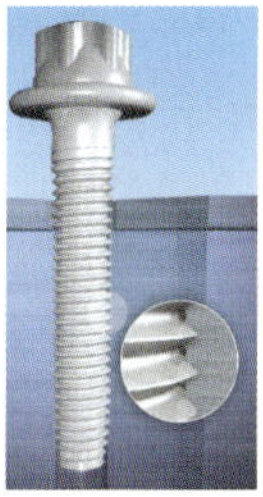
4 Gewindefurchende Schraube

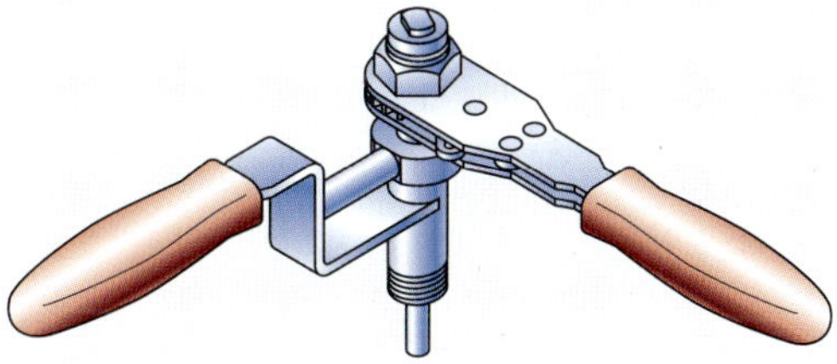
5 Setzwerkzeug – manuell bis zum Gewinde M12

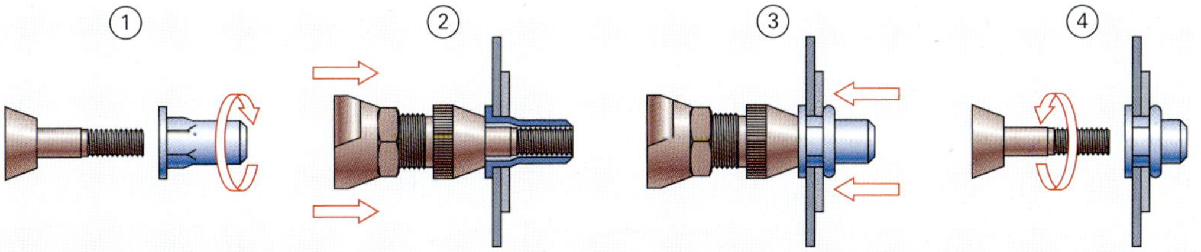

6 Montage einer Blindnietmutter

Nietbolzen werden durch Umformung im sogenannten Funktionsbereich montiert (Bild 1). Beim Nieten des Bolzens in das vorgefertigte Loch fließt das Material des Bleches und im Nietabschnitt wird eine hochbelastbare Verbindung erzeugt.

Beim Nietbolzen mit Rock (Bild 2) findet die Umformung von Material im Wesentlichen nur am Niet statt und das Blech wird nicht geschwächt. Das Blechteil wird durch das Nieten zwischen den Bolzenkopf und dem vor dem Gewinde angeordneten Nietabschnitt kraft- und formschlüssig verbunden. Nietbolzen ohne Gewinde werden bei der Montage auch zur Positionierung von Bauteilen genutzt.

Einpress-Funktionselemente werden für dünne und leichte Bauteile genutzt. Sie verbinden dauerhaft Werkstücke bei hoher Ausdrehsicherheit bzw. mit hohem Anzugsdrehmoment. Die Montage der sogenannten **Einpressbefestiger** erfolgt durch „Einsetzen" in das Aufnahmeloch (Bild 3). Dabei verdrängt das Funktionselement den Werkstoff im Bereich der Bohrung. Das verdrängte Material fließt in eine Aussparung im Schaftbereich des Einpressteils und verfestigt das Bauteil zusätzlich. Das Verdrehen des Funktionselementes wird durch die Verzahnung im Schaft sowie eine spezielle Kopfform verhindert.

Einpressbolzen für Durchgangslöcher haben den Vorteil, dass sie nach ihrer Montage kopfseitig mit dem der Werkstückoberfläche bündig sind. Damit entfällt das zusätzliche Anschweißen. Bei besonders starker Beanspruchung werden aber auch Bolzen mit Kopfüberstand genutzt. Diese bieten eine noch höhere Sicherheit bei der Kraftaufnahme. Einpressbolzen werden ohne und mit Gewinde ausgeführt (Bild 4).

1 Nietbolzen

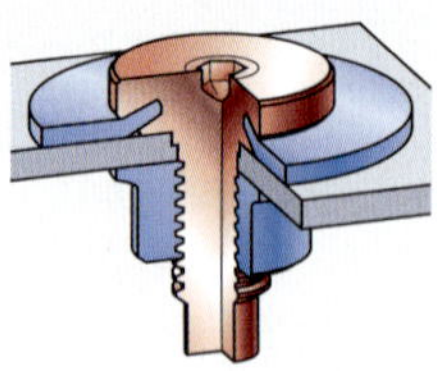

2 Nietbolzen mit Rock

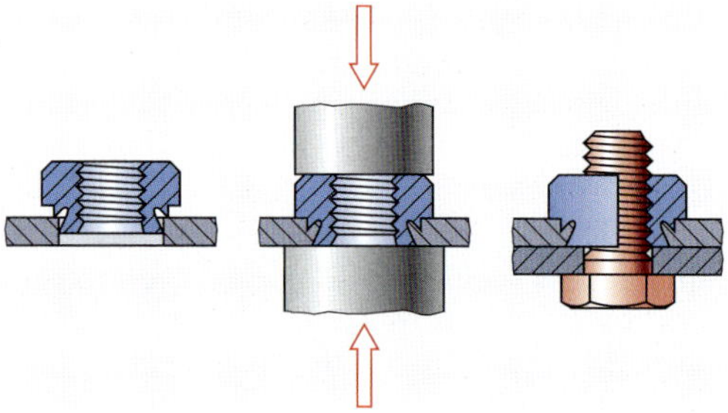

3 Montage einer Einpressmutter

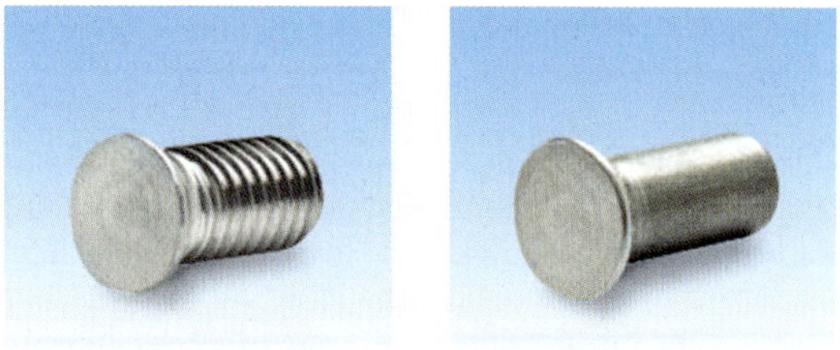

4 Einpressbolzen – mit und ohne Gewinde

Überprüfen Sie Ihre Kenntnisse

1 Welchen Einfluss hat die Walzrichtung auf die Umformung von Blech?

2 Welche Bedeutung hat der Mindestbiegeradius, wovon ist er abhängig?

3 Was ist beim Biegen von Blech bezüglich der elastischen Rückfederung zu beachten?

4 Kennzeichen Sie die Unterschiede zwischen Schwenkbiegen und Gesenkbiegen.

5 Welche Funktionen erfüllen Sicken in Blechkonstruktionen?

6 Erläutern Sie die Arbeitsweise der Sickenmaschine.

7 Beschreiben Sie die Arbeitsweise der Walzen einer Rundmaschine.

8 Warum ist es nötig, bei der Herstellung von abgekanteten Profilen die Reihenfolge der Biegungen vorher zu überlegen?

9 Beschreiben Sie den Unterschied in Herstellung und Funktion von Außenbördeln und Innenbördeln.

10 Erläutern Sie die Unterschiede von Zugumformen, Druckumformen sowie Zugdruckumformen und nennen Sie dazu Einzelverfahren.

11 Am Beispiel von verzinktem Stahlblech sollen die Vorzüge des Falzens gegenüber dem Löten gezeigt werden.

12 Welche Vorteile hat das Druckfügen gegenüber dem Punktschweißen bei beschichtetem Feinblech?

13 Beschreiben Sie die Arbeitsschritte beim Setzen eines Blindniets.

14 Welche Vorteile bietet das Fügen mit Funktionselementen? Nennen Sie zwei geeignete Beispiele.

15 Erklären Sie, durch welche Maßnahmen Einpressbefestiger während ihrer Montage dauerhaft im Werkstück betestigt werden.

2 Spanen

Die Form des Fertigteils entsteht beim Spanen aus dem Rohteil durch das Abtrennen von Stoffteilchen, den Spänen. Da der Werkstoffrest zerspant wird, spricht man auch von **Zerspantechnik.** Die Werkzeuge haben entweder geometrisch bestimmte Schneiden (beim Drehen, Fräsen oder Bohren) oder geometrisch unbestimmte Schneiden (beim Schleifen, Polieren und Strahlspanen).

2.1 Werkzeugschneide

Merke

Die Grundform jeder Werkzeugschneide ist ein Keil, der in das Werkstück eindringt und Werkstoffteilchen abtrennt.

Die **Hauptschneide** leistet die wesentliche Trennarbeit. An ihrer **Spanfläche** läuft der Span ab (Bild 1). Mit der **Freifläche** bildet sie den **Keilwinkel** β. Der **Spanwinkel** γ wird von der Spanfläche und einer Senkrechten auf der **Bearbeitungsfläche** gebildet (Bild 2). Der **Freiwinkel** α muss groß genug sein, um die Reibung des Werkzeugs auf der Bearbeitungsfläche möglichst klein zu halten.

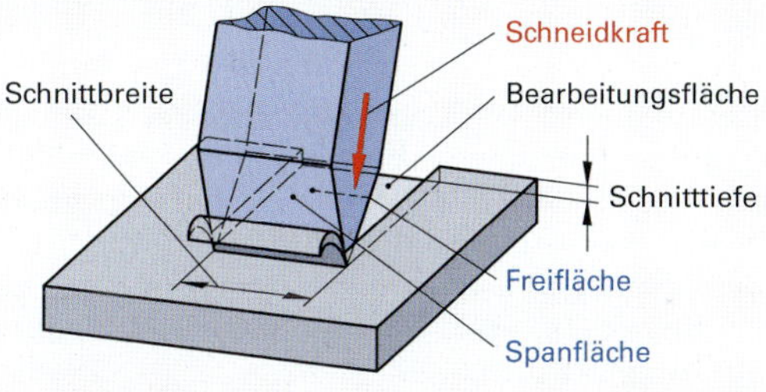

1 Flächen und Spanungsgrößen an der Werkzeugschneide

2.2 Einflussgrößen der Zerspanung

Die Werkzeugschneide wird mit Hand- oder Maschinenkraft, der Schneidkraft, in den Werkstoff hineingedrückt. Das Zusammenwirken mit der Schnittbewegung bewirkt dann die Spanbildung, indem die eindringende Schneide den Werkstoff anfangs staucht und verfestigt, dann nach weiterem Eindringen als Span abtrennt.

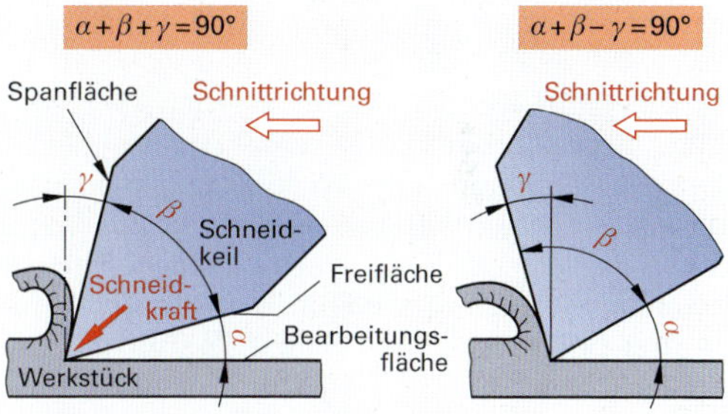

2 Winkel an der Werkzeugschneide

Ist der Spanwinkel positiv, entsteht eine **schneidende Wirkung** (Bild 2 links). Wenn die Spanfläche über die Senkrechte auf der Bearbeitungsfläche hinausragt, erzeugt dies eine **schabende Wirkung** (Bild 2 rechts). So arbeiten die kleinen Körner der sehr harten Schneidstoffe beim Schleifen und Polieren.

Die **Schnittbewegung** bewirkt, dass bei jeder Umdrehung oder bei jedem Hub ein Span abgehoben wird.

Um den **Vorschub *f*** wird das Werkzeug bei jeder Umdrehung oder bei jedem Hub verschoben.

Durch die **Zustellbewegung** wird die **Schnitttiefe *a*** eingestellt (Bild 1 und 3).

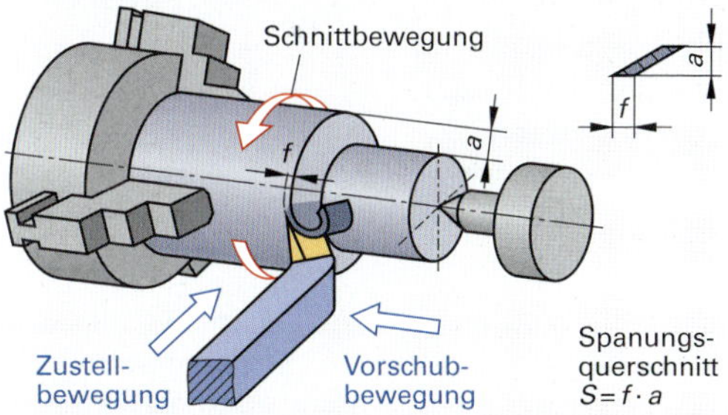

3 Arbeitsbewegungen beim Langrunddrehen

Durch diese Werte und die **Schnittgeschwindigkeit** v_c wird das **Zeitspanungsvolumen** Q bestimmt, das ein Maß für die Leistungsfähigkeit der Maschine darstellt.

Die Wahl der **Zerspanungsgrößen** bestimmen Oberflächengüte und Maßhaltigkeit des Fertigteils.

Einflussgrößen der Zerspanung	
vorgegeben sind:	gewählt werden können:
■ das **Werkstück** ■ der Werkstoff, ■ Maschinen, Werkzeuge, die Fertigkeiten der Mitarbeiter	■ das **Fertigungsverfahren** ■ der Schneidstoff ■ Schnittgeschwindigkeit, Schnitttiefe (Zustellung), Vorschub

- Je weicher der Werkstoff ist, desto kleiner kann der Keilwinkel und desto größer der Spanwinkel gewählt werden.
- Hohe Schnittgeschwindigkeit und kleiner Vorschub erzeugen kleine Späne und ebenmäßige Oberflächen.
- Niedrige Schnittgeschwindigkeit und großer Vorschub erbringen große Späne und raue Oberflächen.

2.3 Bohren

Zur Herstellung zylindrischer Löcher sowohl aus dem vollen Werkstoff als auch durch Nachbearbeitung dient das Bohren.

Merke

Bohren ist Spanen mit kreisförmiger Schnittbewegung und gerader Vorschubbewegung in Richtung der Drehachse.

Der gebräuchlichste Bohrertyp ist ein zweischneidiger Wendelbohrer, der in der Praxis **Spiralbohrer** genannt wird (Bild 1). An der Bohrerspitze liegen die **Hauptschneiden**. Sie dringen durch den Vorschub in den Werkstoff ein, der dann durch die Schnittkraft der kreisförmigen **Schnittbewegung** abgetrennt wird.

Die **Querschneide** liegt zwischen den beiden Hauptschneiden im Bereich des Bohrerkerns (Bild 1). Da sie den Werkstoff nicht schneidet, erschwert sie den Bohrvorgang. Durch Hinterschliff oder Kreuzschliff versucht man sie zu verkleinern. Als Werkstoff für die Bohrer werden Werkzeugstahl, Schnellarbeitsstahl oder Hartmetall verwendet. Bei vielen Bohrern für harte Werkstoffe werden auch Hartmetallschneiden eingesetzt. Je härter der Werkstoff ist, desto kleiner wird der Seitenspanwinkel γ_f gewählt. Man unterscheidet die drei Bohrertypen **W** (weich), **N** (normal) und **H** (hart).

Entscheidend für das gute Arbeiten mit Bohrwerkzeugen ist der richtige **Anschliff**, der den Verschleiß an Haupt- und Querschneide sowie an der Führungsfase verringert.

Bohrmaschinen

Die Größe der Bohrungen und der Werkstücke sowie der Umfang der Bohrarbeiten bestimmt die Auswahl der geeigneten Maschine.

Handbohrmaschinen benutzt man vor allem für Montagearbeiten, weil sie nicht ortsgebunden sind. Vorwiegend werden sie elektrisch angetrieben, ist kein Netzstrom vorhanden auch über Akkumulatoren. Drehzahlen lassen sich über eine elektronische Regelung stufenlos einstellen. Auch Druckluftantrieb wird häufig verwendet.

Zum Bohren in Mauerwerk sind die Handbohrmaschinen zu Schlagbohrmaschinen und Bohrhämmern weiterentwickelt worden (Bild 2).

Die Bohrlochtiefe wird durch einen Tiefenanschlag begrenzt.

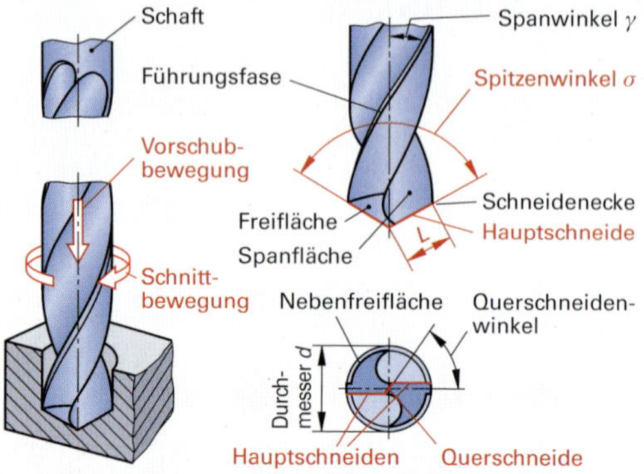

1 Schneiden, Winkel und Flächen am Spiralbohrer

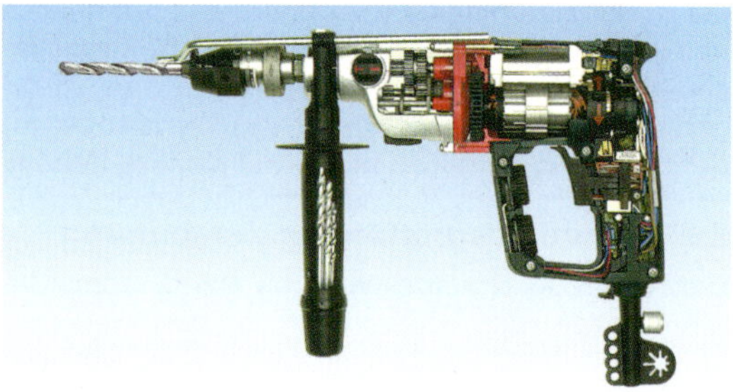
2 Bohrhammer

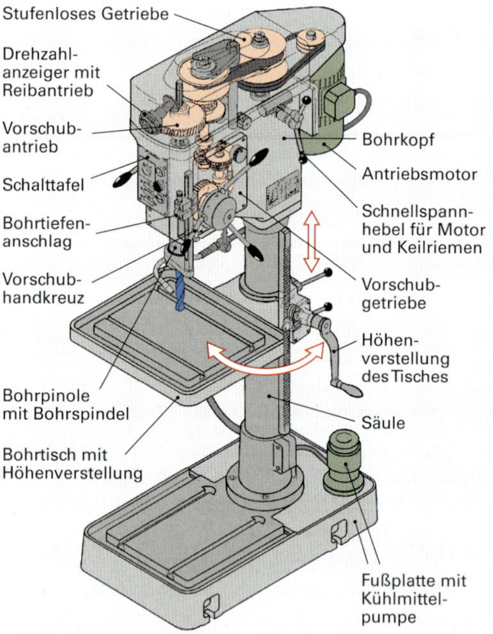

3 Säulenbohrmaschine

In der Metallbauwerkstatt verwendet man **Tischbohrmaschinen, Säulen-** und **Ständerbohrmaschinen** (Bild 3). Mithilfe eines Bohrständers können auch Handbohrmaschinen in eine Art Tischbohrmaschine umgerüstet werden. So ist es auch auf der Baustelle möglich genauer zu bohren, als es mit einer Führung von Hand möglich ist.

2.4 Sägen

Zum Trennen von Rohren und Profilen von Hand wird auf der Baustelle die **Bügelsäge** (Bild 1) verwendet. Müssen viele Trennvorgänge durchgeführt werden oder können die Arbeiten in der Werkstatt ausgeführt werden, kommen **Maschinensägen** zum Einsatz.

Mit der **Maschinenbügelsäge** (Bild 2), der **horizontalen Maschinenbandsäge** (Bild 3) und der **Maschinenkreissäge** (Bild 4) werden Profile, Rohre, Träger und Stangenmaterial auf die entsprechende Länge zugeschnitten. Sie eignen sich für Einzel- und Serienfertigung. Die Maschinenbügelsäge muss nach jedem Arbeitshub wieder zurücksetzen.

Die **Kreissäge** hat eine hohe Umfangsgeschwindigkeit und keinen Leerhub und erreicht daher hohe Zerspanleistungen. Allerdings können größere Werkstücke nur mit sehr großen Sägeblattdurchmessern auf entsprechenden Maschinen bearbeitet werden.

Formschnitte und Einzelarbeiten werden mit der **vertikalen Maschinenbandsäge** (Bild 5) ausgeführt. Ein endlos verschweißtes Sägeband ermöglicht wie bei der Kreissäge einen kontinuierlichen Schnitt.

1 Handbügelsäge

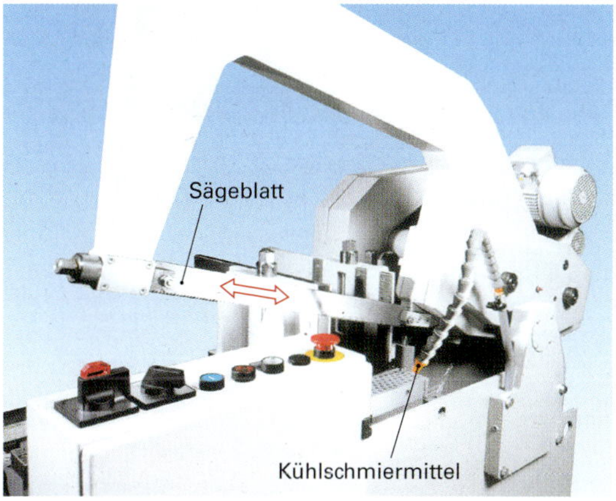

2 Maschinenbügelsäge

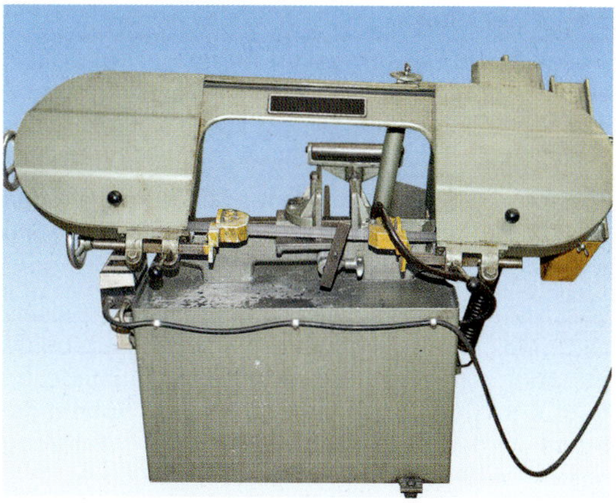

3 horizontale Maschinenbandsäge

4 Kreissäge

5 vertikale Maschinenbandsäge

2.5 Fräsen

Fräsen ist ein Fertigungsverfahren zur Herstellung ebener und gekrümmter Flächen und Aussparungen sowie von Nuten.

Merke

Fräsen ist Spanen mit einem mehrschneidigen Werkzeug mit kreisförmiger Schnittbewegung und geradlinigem Vorschub.

Weil die Schneiden nacheinander zum Einsatz kommen, findet eine gleichmäßige Spanabnahme statt. Die Einstellung der Spanungstiefe erfolgt durch die Zustellbewegung, die **Spanungsbreite** wird vom Werkstück oder vom Werkzeug bestimmt (Bild 1).

Der Vorschub geschieht entweder im **Gleichlauf** oder im **Gegenlauf** zur Vorschubrichtung durch die Bewegung des Werkstücks.

Die **Schnittbewegung** führt das Werkzeug, der Fräser, aus.

Je nach Art des Eingriffs der Schneiden unterscheidet man drei Verfahren.

Beim **Stirnfräsen** steht die Achse des Fräsers senkrecht zur Bearbeitungsfläche. Die an seiner Stirnseite liegenden Schneiden erzeugen die Werkstückoberfläche (Bild 2).

Das **Umfangfräsen** arbeitet mit parallel oder in einem Winkel zur Fräserachse liegenden Schneiden. Die Achse des Fräsers liegt parallel zur bearbeiteten Fläche (Bild 1).

Beim **Stirn-Umfangfräsen** wird die Werkstückoberfläche gleichzeitig von den Haupt- und Nebenschneiden hergestellt. Es ist das wirtschaftlichste Fräsverfahren. Die Hauptschneiden nehmen den Werkstoff ab, während die Nebenschneiden die Oberfläche glätten. Dadurch wird die Maschine gleichmäßig belastet (Bild 2).

Die **Universalfräsmaschine** ist der am weitesten verbreitete Maschinentyp (Bild 3). Auch kleinere Fräsmaschinen werden heute mit numerischen Steuerungen ausgerüstet.

Um sowohl Walz- als auch Stirnfräsen ohne Werkstückumspannung durchführen zu können, besitzt die Universalfräsmaschine eine Horizontalspindel und eine Vertikalspindel, die über ein Winkelgetriebe miteinander verbunden sind. Sie befinden sich zusammen auf dem schwenkbaren **Spindelkopf**.

Die Konsole gleitet in einer senkrechten Führung an der Vorderseite des Gestells auf und ab. Auf ihr bewegt sich der Arbeitstisch in waagerechter Längsbewegung. Die Querbewegung wird durch die Horizontalspindeleinheit durchgeführt. Häufig kann der Tisch auch bis um 45° geschwenkt und gekippt werden.

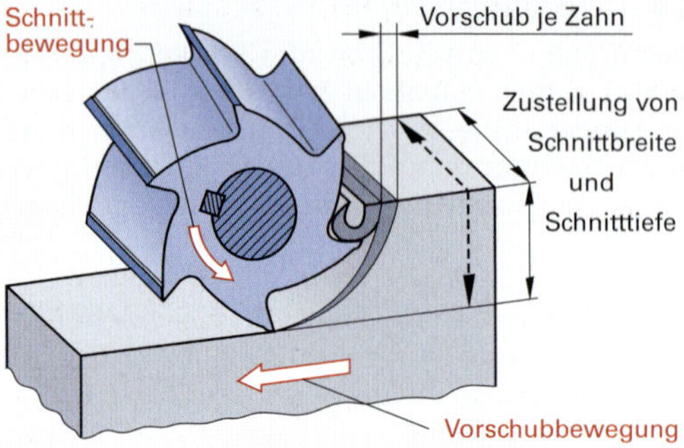

1 Arbeitsbewegungen und Werkzeugwinkel beim Umfangfräsen im Gegenlauf

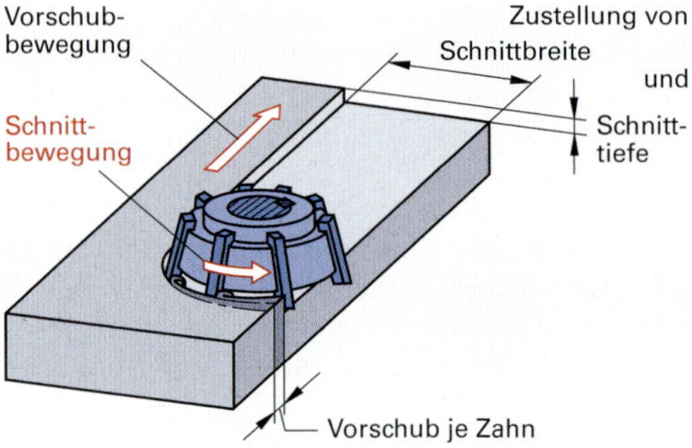

2 Stirn-Umfangfräsen (Walzstirnfräsen)

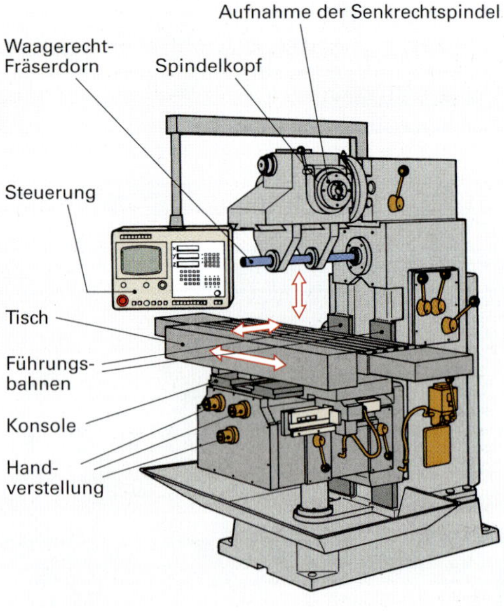

3 Universalfräsmaschine

2.6 Herstellung von Gewinden

Schrauben und Muttern werden in genormten Abmessungen von der Industrie geliefert. Sowohl bei Bohrungen als auch an Bolzen und Rohrenden ist es aber auch notwendig, in der Werkstatt oder auf der Baustelle Gewinde anzubringen (Bilder 1 und 2).

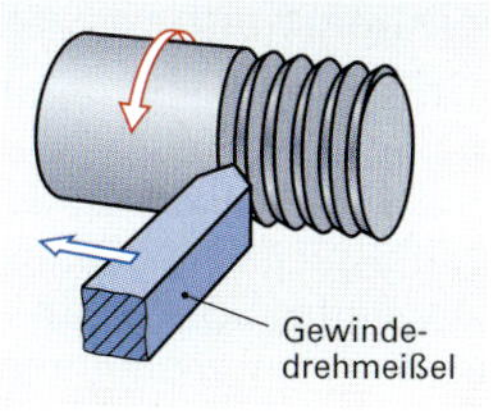

1 **Gewindedrehen**

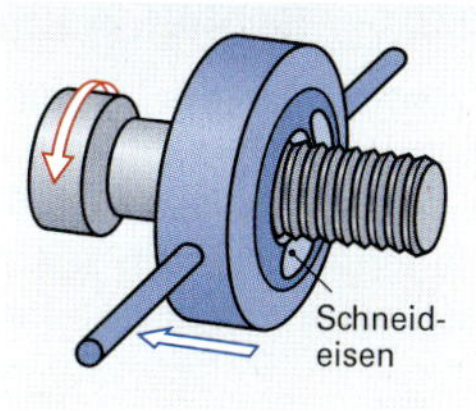

2 **Gewindeschneiden**

2.6.1 Schneiden von Außengewinden

Gewinde auf Bolzen werden mithilfe des Schneideisens geschnitten. Sein Querschnitt entspricht der Mutter. Für jeden Gewindedurchmesser benötigt man ein anderes **Schneideisen**.

Für Rohrgewinde werden **Gewindeschneidkluppen** benutzt. Sie schneiden in einem Schnitt auf Fertigmaß. Die verstellbaren Schneidbacken lassen sich auf verschiedene Gewindedurchmesser einstellen. Elektrische Handschneidkluppen haben auswechselbare Schneideinsätze für die genormten Rohrgewindegrößen (Bild 3).

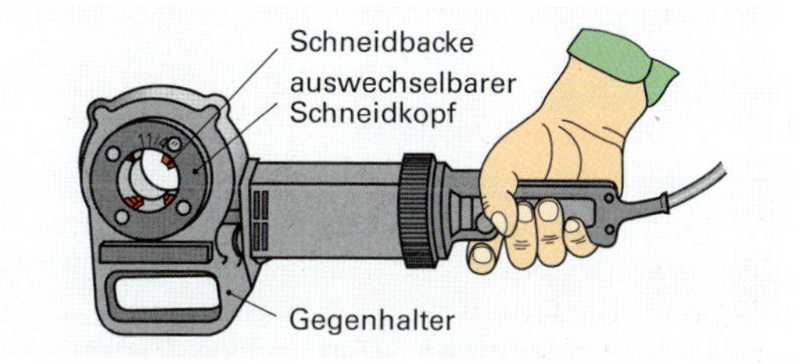

3 **Elektrische Handschneidkluppe**

2.6.2 Bohren von Innengewinden

Innengewinde sind zur Aufnahme von Schrauben bestimmt, die Teile von Baugruppen miteinander verbinden.

> ***Merke***
>
> Beim Gewindebohren werden Gewindegänge in Bohrungen mithilfe mehrschneidiger Werkzeuge geschnitten.

Diese Werkzeuge, die **Gewindebohrer,** entsprechen in ihrem Querschnitt den Schrauben. Zum Gewindebohren von Hand werden **Satzgewindebohrer** benutzt, die das Gewinde in zwei oder drei Arbeitsgängen schneiden (Bild 4). Bei kurzen Durchgangslöchern (bis 1,5-mal Gewindedurchmesser) nimmt man **Muttergewindebohrer** und schneidet das Gewinde in einem Arbeitsgang.

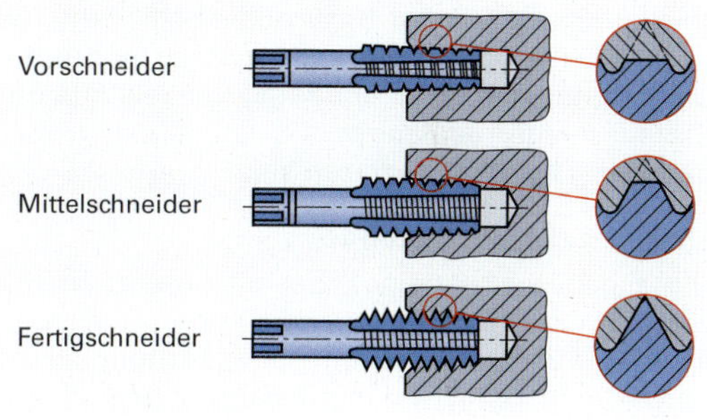

4 **Satzgewindebohrer**

Mithilfe eines **Gewindeschneidapparates** lassen sich Gewinde auf Bohrmaschinen herstellen. Er wird in der Spindel der Bohrmaschine befestigt und schaltet den Rücklauf ein, sobald die erforderliche Gewindetiefe erreicht ist (Bild 5).

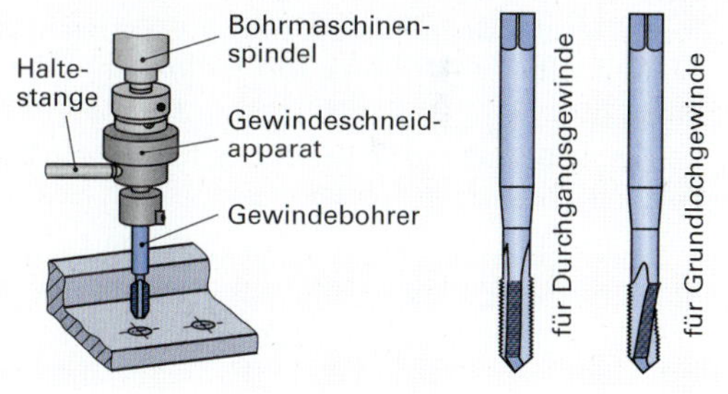

5 **Maschinengewindebohrer**

Überprüfen Sie Ihre Kenntnisse

1 Welchen Einfluss hat die Härte des Werkstoffs auf die Gestalt des spanenden Werkzeugs?

2 Nennen Sie die wichtigsten Einflussfaktoren auf die Güte einer spanend hergestellten Oberfläche.

3 Für welche Arbeiten braucht der Metallbauer eine Fräsmaschine?

4 Früher wurden ebene Flächen und gerade Nuten durch Hobeln und Stoßen gefertigt. Erklären Sie, warum diese Verfahren weitgehend vom Fräsen verdrängt wurden.

5 Weshalb ist beim Bohren keine Zustellbewegung nötig?

6 Wie wird der Bohrer in der Bohrung geführt?

7 Warum lassen sich mit der Handbohrmaschine nicht so genaue Bohrungen erzielen wie mit einer Ständerbohrmaschine?

8 Weshalb müssen beim Gewindebohren von Hand mehrere unterschiedliche Bohrer verwendet werden?

2.7 Schleifen und Feinbearbeitungsverfahren

Durch Schleifen lassen sich ebene und gekrümmte Flächen auf Maß schleifen, verputzen oder glätten. Schweißnähte werden eingeebnet, Wurzeln ausgearbeitet oder Schweißspritzer entfernt. Kanten lassen sich mit Schleifwerkzeugen entgraten und Werkzeugschneiden scharf schleifen. Beim **Trennschleifen** dagegen arbeiten sehr dünne Schleifscheiben ähnlich wie Kreissägen. Jedes Schleifwerkzeug besteht aus einer Vielzahl kleiner, sehr harter Schleifkörner. Sie haben eine unregelmäßige Gestalt und werden durch ein Trägermaterial, die Bindung, zusammengehalten. Noch feinere Oberflächenstrukturen erzielt man durch Läppen, Polieren und ähnliche Verfahren mit ungebundenen Schleifkörnern.

Merke

Schleifen ist ein spanendes Fertigungsverfahren mit vielschneidigen Werkzeugen und geometrisch unbestimmten Schneiden zur Erzeugung genauer Werkstückoberflächen.

2.7.1 Spanungsvorgang

Die **Schnittbewegung** wird durch das Werkzeug, im Allgemeinen **Schleifscheibe** genannt, ausgeführt. Die Vorschub- und Zustellbewegung können beim Schleifen durch das Werkstück oder das Werkzeug erfolgen (Bild 1). Die **Zustellung** entspricht der **Eindringtiefe** der Schleifscheibe in das Werkstück. Soll durch Schleifen die Oberfläche verbessert werden, braucht die Schleifscheibe die Werkstückoberfläche nur leicht zu berühren. Die **Eingriffsstrecke** ist abhängig vom Radius der Schleifscheibe. Je länger sie ist, desto größer muss die Gesamtschnittkraft sein.

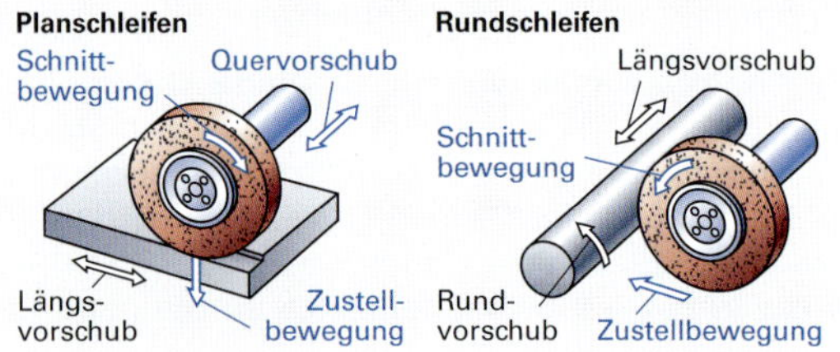

1 Schleifverfahren

2.7.2 Schleifwerkzeuge

Die Eigenschaften eines Schleifkörpers, häufig eine Scheibe mit gebundenen Körnern, werden durch das **Schleifmittel** und seine **Körnung** sowie durch die **Bindung** und ihre Festigkeit **(Härte)** und das **Gefüge** bestimmt (Bild 2).

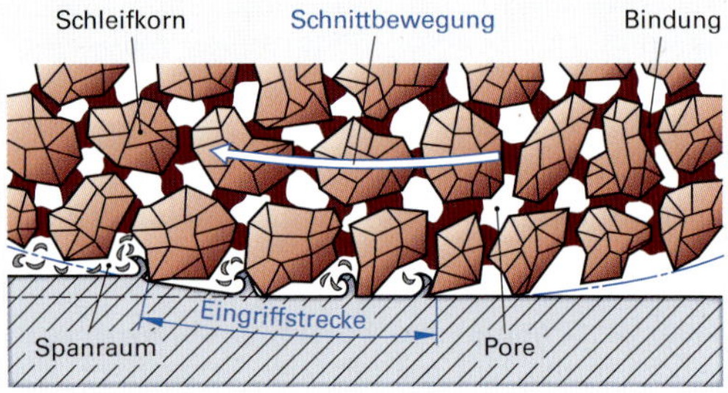

2 Bestandteile des Gefüges von Schleifkörpern

Schleifmittel

Der eigentliche **Schneidstoff** sind die Körner des Schleifmittels, die den Werkstoff zerspanen.

Merke

Das Schleifmittel muss wesentlich härter sein als der zu zerspanende Werkstoff.

Die **Spanabnahme** erfolgt durch viele kleine unregelmäßig geformte Schneiden dieser Körner. Bei Vergrößerung kann man auch hier keilförmige Schneiden erkennen (Bild 3). In der Regel sind der **Keilwinkel** β und der **Freiwinkel** α größer als ein rechter Winkel ($\alpha + \beta > 90°$) und der **Spanwinkel** γ ist negativ, sodass sich eine **schabende Wirkung** einstellt. Zusammen mit den winzigen Spänen bewirkt dies die geringen Rauheiten der erzeugten Oberflächen.

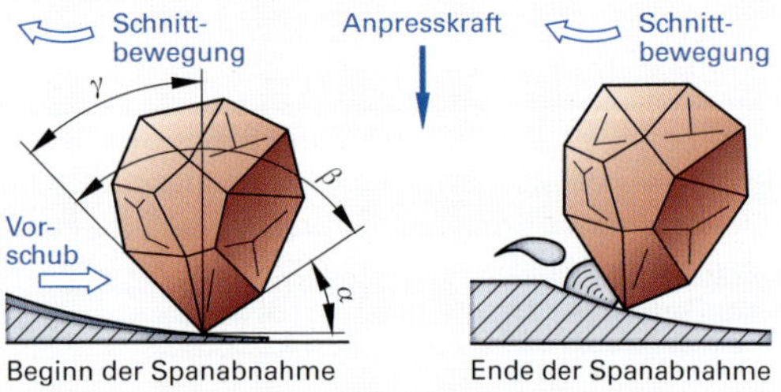

3 Winkel am Schleifkorn bei Spanabnahme

Für moderne Schleifmittel werden nur noch synthetische Schleifkornmaterialien eingesetzt. Der Elektrokorund (A), das Siliziumkarbid (C), das Bornitrid (B) und der Diamant (D). Die Verteilung der Korngröße ist durch eine FEPA-Norm festgesetzt (Verband Europäischer Schleifmittelhersteller), die in der DIN und ISO berücksichtigt sind (Tabelle rechts).

Verteilung der Korngrößen	
Grob	F4, F5, ... F8, F10, ..., F22, F24
Mittel	F30, F36, F46, ... F60
Fein	F70, F80, ... F180, F220
Sehr fein	F230, F240, ... F1200, F1500, F2000

Gefüge

Die räumliche Verteilung von Schleifkörnern, Bindemittel und Poren bildet das Gefüge (die Struktur) des Schleifkörpers (Tabelle 1 und Bild 1). Die Kennziffern zeigen die **Porösität,** also ob der Schleifkörper ein geschlossenes oder offenes Gefüge besitzt.

Die **Auswahl des Gefüges** muss die anfallende Spanmenge berücksichtigen. Je mehr Späne anfallen, desto größer müssen die Poren sein.

Dichte Scheiben haben eine größere Härte und nutzen sich nicht so schnell ab. Jedoch können sie sich leichter mit Spänen zusetzen und müssen öfter abgerichtet werden (Bild 1).

Beim Nassschliff kann durch größere Poren mehr Kühlflüssigkeit an die Eingriffstelle transportiert werden. Das erhöht die Zerspanungsleistung.

Die Bindung

Die Bindung hält die Schleifkörner zusammen. Organische Bindemittel sind elastisch, aber wenig hitzebeständig. Anorganische Bindungen sind zwar spröde, halten aber höhere Temperaturen aus. Wenn die Schleifkörner zu schnell ausbrechen, nutzt sich die Schleifscheibe rasch ab. Ist die Bindung zu fest, werden die Körner zu stumpf und die Temperaturen zu hoch.

Merke

Die **Härte** eines Schleifkörpers ist ein Maß für die Kraft, mit der die Schleifkörner durch das Bindemittel festgehalten werden.

Der Härtegrad muss bei der Auswahl der Schleifscheibe dem Werkstoff angepasst werden (Tabelle 2). Harte und spröde Werkstoffe stumpfen die Schleifkörner schneller ab, deshalb müssen sie leichter aus der Bindung herausbrechen können. Bei weichen und zähen Werkstoffen bleiben die Körner länger scharf. Eine harte Bindung hält sie entsprechend länger fest. Bei der Auswahl von Schleifscheiben gilt die Grundregel:

Merke

Harte Werkstoffe – weiche Schleifscheiben.

Weiche Werkstoffe – harte Schleifscheiben.

Schleifscheiben besitzen wegen ihrer Struktur eine verhältnismäßig geringe Zugfestigkeit. Damit sie durch die **Fliehkräfte** nicht auseinander gerissen werden, muss die Umfangsgeschwindigkeit begrenzt werden (Tabelle 3). Wenn man bedenkt, dass bei einer Verdopplung der Drehzahl die Fliehkraft sich vervierfacht, kann man die vielen **Unfälle** wegen **zu hoher Betriebsdrehzahlen** begreifen und verhindern.

Die **Kennzeichnung der Schleifscheiben** erfolgt vom Hersteller durch runde oder rechteckige Aufkleber mit den vorgeschriebenen Angaben (Bild 2).

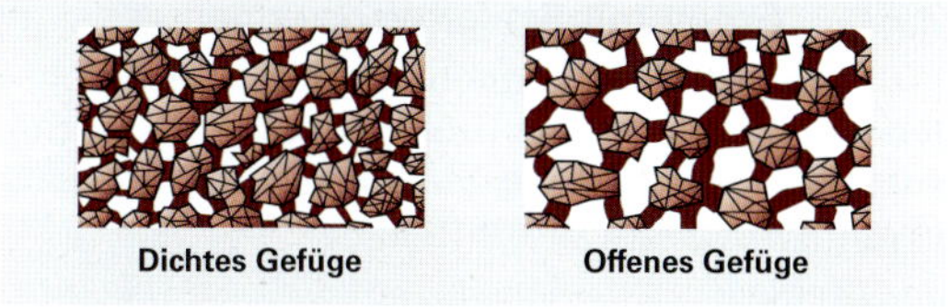

1 Gefügearten bei Schleifkörpern

Tabelle 1: Kennziffern für das Gefüge von Schleifkörpern

0	1	2	3	4	5	6	7	8	9	10	11	12	13	14

dichtes geschlossenes Gefüge .... offenes Gefüge
kleine Poren .... große Poren

Tabelle 2: Kennziffern für die Härte von Schleifscheiben

A B C D....... M N......... W X Y Z
äußerst weich....... mittel .... äußerst hart

Tabelle 3: Arbeitshöchstgeschwindigkeiten von Schleifscheiben

Farbstreifen	blau	gelb	rot	grün
v in m/s	50	63	80	100
Farbstreifen	blau/gelb	blau/rot	blau/grün	gelb/rot
v in m/s	125	140	160	180
Farbstreifen	gelb/grün	rot/grün	2 × blau	2 × gelb
v in m/s	200	225	250	280
Farbstreifen	2 × rot	2 × grün		
v in m/s	320	360		

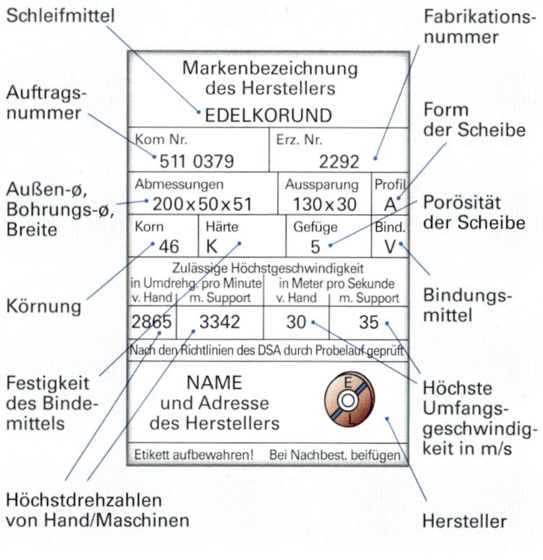

2 Kennzeichnung eines Schleifkörpers für erhöhte Umfangsgeschwindigkeiten – Muster eines Aufklebers

2.7.3 Arbeit mit Schleifwerkzeugen

In der Eingriffszone können bei hohen Schnittgeschwindigkeiten Temperaturen bis über 1000 °C auftreten die die Späne zum Glühen bringen. Die Erhitzung kann sowohl die Eigenschaften des Werkstücks verändern als auch die Standzeiten der Schleifscheiben herabsetzen. Deshalb müssen Reibung und Erwärmung begrenzt werden.

Merke

Beim Schleifen ist unbedingt auf ausreichende Kühlung durch Wasser oder Schleiföl zu achten.

Falls dies nicht möglich ist, z. B. bei Handschleifgeräten, wählt man eine geringere Geschwindigkeit oder unterbricht den Schleifvorgang zeitweise.

Aufspannen und Prüfen der Schleifscheiben

Wegen der Gefährlichkeit der Schleifarbeiten gibt es **Regeln der Berufsgenossenschaften** und des Deutschen Schleifscheibenausschusses (DSA), in denen die Aufspannung, die Größe der Flansche und die Prüfung festgelegt sind (Bild 1).

Daneben besteht ein Zusammenhang zwischen der Haltekraft der Bindung und der **zulässigen Umfangsgeschwindigkeit,** die auch bei der Prüfung zu berücksichtigen ist. Unbedingt nötig ist die Prüfung auf Gleichlauf, denn eine **Unwucht** kann bei den hohen Drehzahlen zu Schwingungen führen. Dadurch wird der Verschleiß des Schleifkörpers verstärkt, die Arbeitsqualität verschlechtert und auch die Maschine stärker beansprucht. Das Auswuchten der Schleifscheibe sollte nicht nur vor dem ersten Aufspannen, sondern auch nach längerem Betrieb erfolgen, wenn eine ungleichmäßige Abnutzung eingetreten ist (Bild 3).

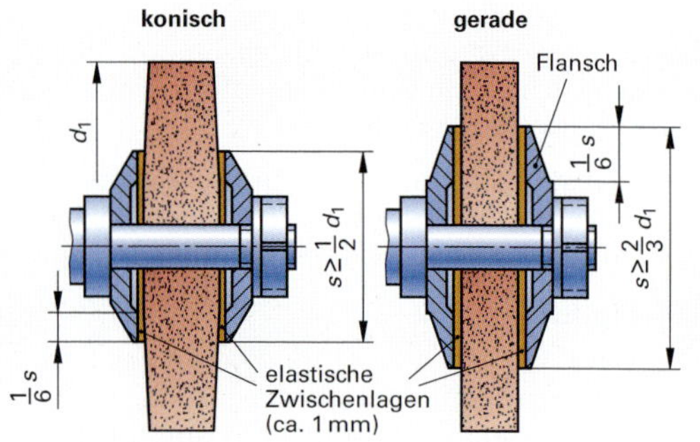

1 Spannen der Schleifscheiben

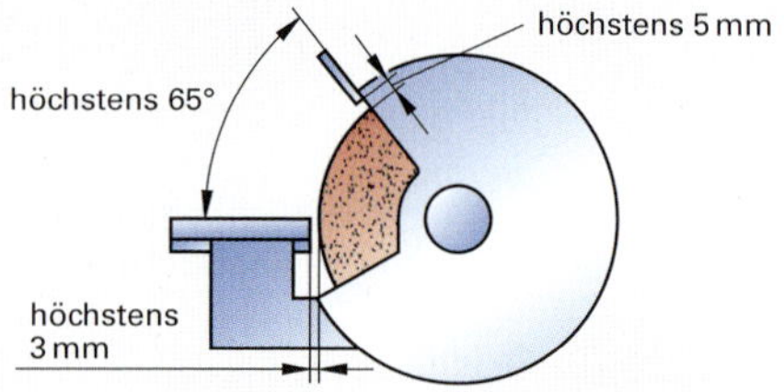

2 Ordnungsgemäß aufgespannte Schleifscheibe

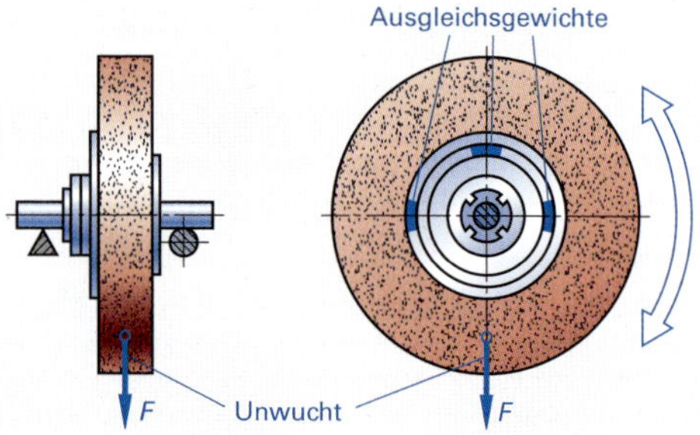

3 Statisches Auswuchten

Unfallverhütung

Wenn man bedenkt, dass schon bei einer zulässigen Umfangsgeschwindigkeit von 45 m/s ein abgesprungenes Stück einer Schleifscheibe mit ca. 160 km/h fortfliegt, wird die Gefährlichkeit des Schleifens ersichtlich. Deshalb ist zu beachten:

- Vor dem Aufspannen müssen Schleifkörper durch eine Klangprobe überprüft werden. Nur bei klarem Klang sind sie rissfrei.
- Zum Aufspannen nur gleich große, zur Maschine gehörende Spannflansche verwenden und mit einem Spezialschlüssel aufspannen. Die Muttern sind nach einiger Zeit nachzuziehen.
- Ein neu aufgespannter Schleifkörper muss bei der höchstzulässigen Drehzahl mindestens 5 Minuten Probe laufen.
- Die Werkstückauflage und die Schutzhaube müssen regelmäßig nachgestellt werden (Bild 2).
- Die Werkstücke vor dem Bearbeiten gegen Wegreißen sichern. Beim Arbeiten einen sicheren Standplatz einnehmen.
- Beim Schleifen muss immer eine Schutzbrille getragen werden.
- Eine Hand-Trennschleifmaschine muss stets mit zwei Händen gehalten werden, sonst besteht Lebensgefahr.
- Trennscheiben nicht zum Seitenschleifen verwenden.
- Beim Trennschleifen Gehörschutz benutzen.
- Wenn gesundheitsgefährende Stäube entstehen, Atemschutz verwenden.

Abrichten der Schleifscheiben

Nach einer gewissen Betriebszeit werden Schleifscheiben stumpf. Die Porenräume sind mit Abrieb gefüllt und die Scheibe ist wegen ungleichmäßiger Abnutzung nicht mehr genau kreisförmig. Mit einem Abrichtwerkzeug wird dann die stumpfe Schicht abgetragen und neue scharfe Körner werden freigelegt (Bild 1). Außerdem werden Rillen beseitigt und die vollständige Rundheit der Schleifscheibe wird wiederhergestellt.

Als **Abrichtwerkzeuge dienen** Hand-Abrichtapparate, Abrichtplatten, Mehrkorn-Abrichter oder rotierende Diamant-Abrichtscheiben (Bild 1).

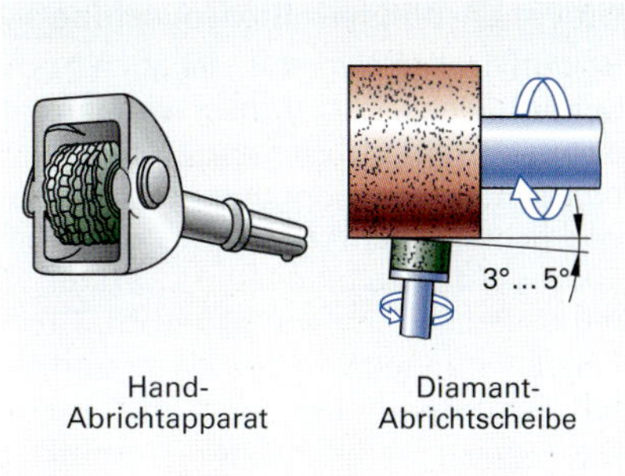

1 Abrichtwerkzeuge

2.7.4 Schleifverfahren und Schleifmaschinen

In der industriellen Fertigung werden sowohl Universalschleifmaschinen als auch Spezialschleifmaschinen eingesetzt. Je nach Gestalt der Werkstückoberfläche unterscheidet man **Rundschleifen, Planschleifen** und **Profilschleifen**.

Im Metallbau ist die Werkstatt in der Regel nur mit einem Schleifbock (Bild 2) und mit Winkelschleifern ausgerüstet. Eventuell kommen Sichtschleifmaschine und Bandschleifer dazu, besonders wenn Edelstahl Rostfrei verarbeitet wird. Seine Oberflächen werden nach dem Schweißen gebeizt und anschließend geschliffen. Dazu sind stets spezielle Scheiben zu verwenden, weil Ferrit-Partikel eines unlegierten Stahls den Edelstahl rosten lassen. Es sind Schleifscheiben mit weicher Gummi-Bindung bei geringem Anpressdruck zu verwenden, um starke Erhitzung und Anlauffarben zu verhindern. Anlauffarben sind stets abzubeizen.

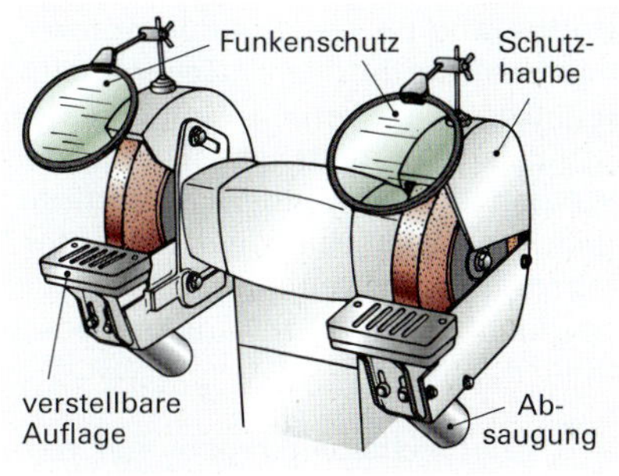

2 Schleifblock

Schleifen von Werkzeugen

Geometrisch einfach gestaltete Werkzeuge wie Bohrer oder Drehmeißel können bei genügender Geschicklichkeit von Hand auf dem Schleifbock oder der Sichtschleifmaschine nachgeschliffen werden (Bild 2). Damit die Schneiden nicht zu heiß werden, muss mit Wasser gekühlt werden. Sonst würden sie „weich geglüht".

3 Bohrerschleifmaschine

Genaue Winkel an den Werkzeugen lassen sich durch **Scharfschleifen auf Werkzeugschleifmaschinen,** z. B. einer **Bohrerschleifmaschine,** erzielen (Bild 3). Dabei ist auch Nassschliff möglich. Die Keilwinkel der Werkzeuge können genau eingestellt werden. Zur Nachprüfung dienen **Schleiflehren** (Bild 4), die auch beim Schleifen von Hand benutzt werden müssen.

Spitzgezahnte Fräser werden mit Topfscheiben an der Freifläche geschliffen. Geometrische Form und Durchmesser des Fräsers ändern sich dadurch etwas.

Hinterdrehte Fräser sind Formfräser (Profilfräser). Ihr Spanwinkel ist $\gamma = 0$. Sie können nur mit besonderen Schleifscheiben an der Spanfläche nachgeschliffen werden.

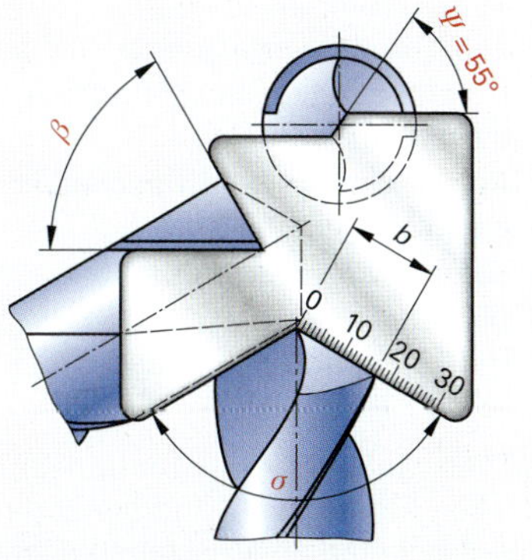

4 Bohrerschleiflehre

Universal-Winkelschleifmaschine

Sowohl in der Werkstatt als auch bei der Montage gehört dieses, kurz **Winkelschleifer** genannte mechanische Handwerkzeug zu den wichtigsten Arbeitsmitteln des Metallbauers. Das Nacharbeiten von Schweißnähten und die Oberflächenbearbeitung werden mit kleineren Geräten durchgeführt (ab einer Leistung von 500 Watt). Größere Maschinen (Leistungen von 2000 Watt und mehr) werden für Schrupparbeiten und das Trennen dickerer Werkstücke benötigt (Bilder 1 und 2).

Die **Arbeit mit dem Winkelschleifer** ist mit einem hohen Verletzungs- und Gesundheitsrisiko verbunden. Die Vibrationen, die bei Elektromotoren stärker sind als bei Druckluftmotoren, können bei dauerhaftem Einsatz zu Gesundheitsschäden führen. Gemildert werden kann diese Wirkung durch gepolsterte **Arbeitshandschuhe**. Eine optimale Haltung des Anwenders ermöglicht ein **Seitengriff,** der an verschiedenen Teilen der Maschine zu montieren ist. Ebenfalls notwendig ist eine richtige Handhaltung ohne Knicken des Handgelenks (Bilder 3 und 4).

➔ Die **Sicherheitsregeln** bei der Arbeit mit Winkelschleifern sind unbedingt einzuhalten, weil die hohen Drehzahlen der Schleifscheiben (Umfangsgeschwindigkeiten bis 80 m/s) beim Blockieren zu starken Rückdrehmomenten führen.

- Immer Arbeitshandschuhe tragen.
- Gehörschutz und Schutzbrille tragen.
- Immer beidhändig arbeiten, damit beim Blockieren das Gerät nicht herumfliegt.
- Keine Stöße auf die Scheibe.
- Der Betrieb eines Winkelschleifers ist ohne Schutzhaube nicht erlaubt und lebensgefährlich.
- Auf Funkenflug achten – Brandgefahr.
- Das Gerät nicht zu stark andrücken.
- Auch bei den sogenannten Einhandwinkelschleifern muss der Seitengriff verwendet werden, um das Verletzungsrisiko zu vermindern.
- Scheiben mit Unwucht und Schäden sofort austauschen.
- Ausgefranste Schruppscheiben am Umfang glatt schleifen.
- Vorsicht an scharfen Kanten.
- Die Maschine erst ablegen, wenn die Scheibe steht. So ablegen, dass die Maschine nicht fallen kann.

Die Verwendung von vibrationsdämpfenden Materialien für die Griffe und der sogenannten Sanftanlauf bei starken Maschinen schützen die Handgelenke.

1 Oberflächenbearbeitung mit einer Schleifscheibe

2 Trennarbeiten mit einer Trennscheibe

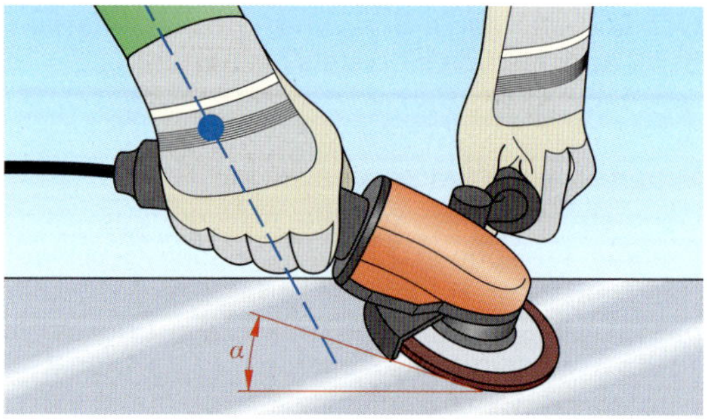

3 Richtige Handhaltung bei optimalem Anstellwinkel

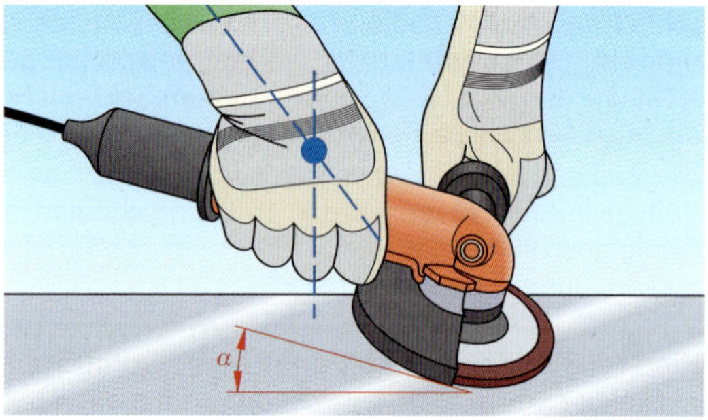

4 Falsche Handhaltung – Abknicken des Gelenks

2.8 Trennschleifen

Weit über den professionellen Bereich hinaus wurden die Universal-Winkelschleifmaschinen als **Trennschleifer** bekannt, nach einer Marke oft kurz „Flex" genannt. Wegen ihrer vielseitigen Anwendbarkeit haben sie teilweise das Sägen verdrängt (Bild 1). Bei Montagearbeiten, wenn nachträglich Aussparungen benötigt werden, ersetzen sie oft den Schneidbrenner.

Die Entwicklung geht zu immer dünneren **Trennscheiben,** weil sich mit ihnen die Trennzeiten (s. Diagramm Bild 2), die Wärmeentwicklung und der Kraftaufwand beim Trennen verringern. Sie sind aber empfindlich, weshalb beim Schleifen folgende Vorschriften und Vorsichtsmaßnahmen **für den professionellen Umgang** mit Trennschleifmaschinen beachtet werden müssen:

- Nur unbeschädigte Scheiben verwenden;
- Montage nur mit Original-Werkzeug;
- Festen Sitz von Schutzhaube und Zusatzhandgriff überprüfen;
- Das Werkstück soll sicher liegen oder eingespannt sein;
- Auf sicheren Standplatz achten: Keine Leiter bei Überkopfarbeit verwenden;
- Nicht mit einer Trennscheibe putzen, sonst klemmt und bricht sie beim Trennen;
- Trennscheibe immer oszillierend hin- und herbewegen;
- Keinen Kurvenschnitt versuchen;
- Trennscheibe nicht verkanten, möglichst Trennschleifständer verwenden;
- Klemmende Scheiben sind äußerst gefährlich wegen des Kreiselmoments!

1 **Anwendung des Trennschleifens**

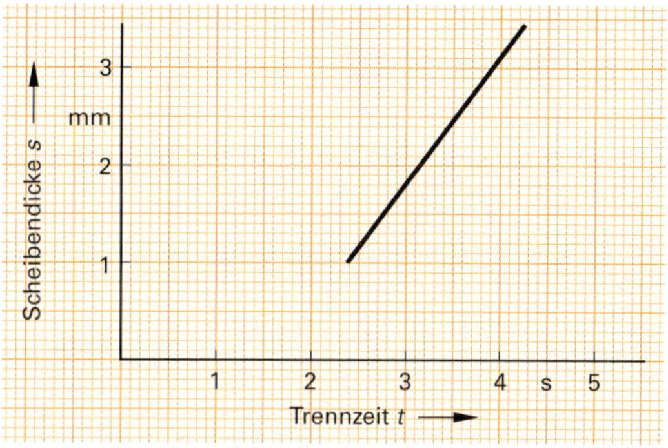

2 **Abhängigkeit der Schnittzeit *t* von der Trennscheibendicke *s* (Herstellerangaben)**

2.9 Polieren und Bürsten

Trotz feiner Schleifmittelkörnung und hoher Schnittgeschwindigkeiten reicht die durch **Feinschleifen** erzielbare Oberflächengüte für manche Anwendungen nicht aus (Diagramm, Bild 3).

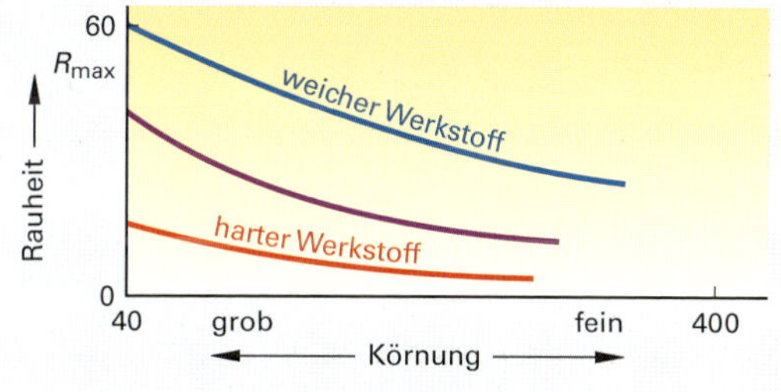

3 **Abhängigkeit der Oberflächengüte von der Schleifmittelkörnung beim Trennschleifen**

Noch geringere Oberflächen-Rauheiten lassen sich durch verschiedene Feinstbearbeitungen wie **Bandschleifen** erzielen (Bild 4). Den industriellen Verfahren des Honens und Läppens entsprechen in der handwerklichen Feinstbearbeitung von Metallbauteilen das Polieren und das Bürsten. Da die Materialabtragung bei diesen Verfahren sehr gering ist, müssen noch zwei Feinschleif-Arbeitsgänge vorgeschaltet werden. Beim zweiten **Feinschleifen** werden Schleifscheiben oder Schleifbänder mit der geringsten Korngröße gewählt.

Polierscheiben lassen sich durch Winkelschleifer betreiben, Bürsten und Polierkörper werden auf Köpfen befestigt, die über elastische Wellen angetrieben werden (Bild 1 der folgenden Seite).

4 **Bandschleifer**

Wenn Bauteiloberflächen in besonderem Maße vor Korrosion geschützt werden müssen, Beschichtungen aber unvorteilhaft sind und das Bauteil außerdem höheren Festigkeitsanforderungen entsprechen soll, wählt man **rostfreien Edelstahl**. Im Metallbaubereich spricht außerdem das dekorative Aussehen für diesen Werkstoff.

1 Polieren mit Polierschwamm auf einem Winkelschleifer

Nichtrostende Stähle sind hochlegiert und enthalten auf die jeweiligen Eigenschaften abgestimmte Legierungselemente (s. Seite 459 und 460). Schon in kleinsten Vertiefungen können sich infolge von Feuchtigkeit in Verbindung mit anderen Verunreinigungen Lokalelemente bilden, die zur Zerstörung der Oberfläche durch Korrosion führen.

Polieren vermindert die Rautiefe bis auf 1 µm. Je glatter die Oberfläche ist, desto weniger ist sie durch korrodierende Angriffe gefährdet.

Beim Polieren entsteht durch zu hohen Druck und Reibung zwischen dem Polierkörper, den Polierkörnern und der Oberfläche des Werkstücks Wärme, die zu Anlauffarben führen kann. Sie müssen abgebeizt werden.

Merke

Durch Polieren werden kleine Unebenheiten von Oberflächen durch reibende Bewegung und Flächenpressung so weit eingeebnet, dass eine feste, glänzende Oberfläche entsteht.

Die **Polierkörper** sind aus Filz, Sisal, Baumwolle und verschiedenen Kunstfasern. Sie werden entsprechend dem Verwendungszweck ausgewählt.

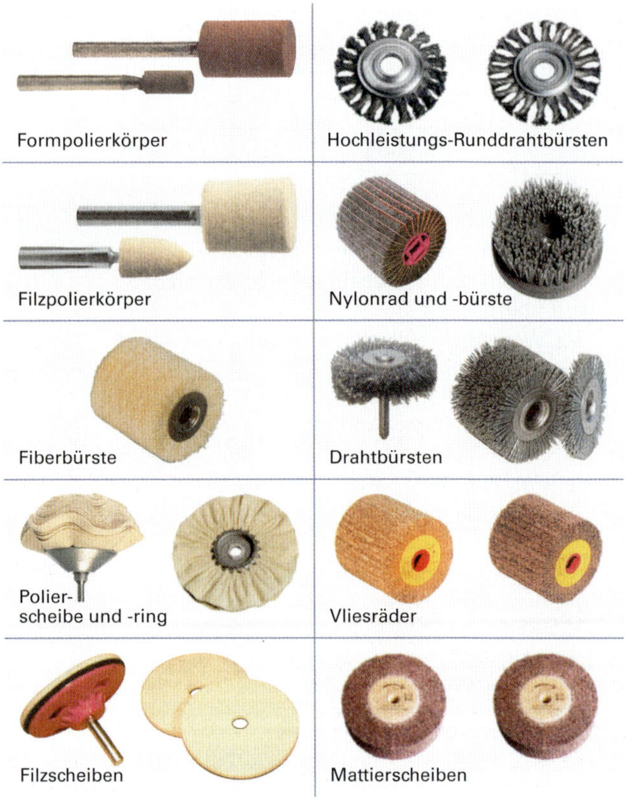

2 Verschiedene Aufsatzkörper zum Polieren, Bürsten und Marmorieren

Als **Poliermittel** verwendet man hauptsächlich geschmolzene Tonerde und Chromoxid zusammen mit Zusatzstoffen als feste oder flüssige Pasten.

Überprüfen Sie Ihre Kenntnisse

1 Nennen Sie die verschiedenen Anwendungsmöglichkeiten des Schleifens.
2 Beschreiben Sie den Aufbau des Gefüges einer Schleifscheibe und den Zweck seiner Bestandteile.
3 Begründen Sie die Sicherheitsanforderungen beim Schleifen und Trennschleifen.
4 Wann ist Trennschleifen vorteilhafter als Sägen oder Brennschneiden?
5 Reiben Sie eine Metalloberfläche mit einem Wolltuch und messen Sie vorher und nachher die Temperatur. Was besagt das Ergebnis in Bezug auf das Polieren?
6 Warum ist es nicht sinnvoll, mit dem Bürsten oder Polieren gleich nach dem normalen Fertigschleifen zu beginnen?
7 Begründen Sie, warum durch Polieren der Korrosionsschutz von Edelstahl-Oberflächen verbessert wird.

3 Mechanisches Zerteilen und Thermisches Trennen

Das spanlose Trennen von Rohteilen geschieht durch die Verfahren des Zerteilens, Keilschneidens und Scherschneidens, sowie durch die Verfahren des Thermischen Trennens (Übersicht).

3.1 Keilschneiden

Merke

Beim Keilschneiden dringen eine oder mehrere keilförmige Schneiden in den Werkstoff ein, bewegen sich aufeinander zu und schieben die Werkstoffteilchen auseinander.

Werkzeuge zum **einschneidigen Keilschneiden** sind der Flachmeißel, der Aushaumeißel, das Locheisen und das Rundmesser (Bild 1). Beim einschneidigen Keilschneiden, auch Messerschneiden genannt, wird der Werkstoff von einer Seite aus zerteilt. Das Werkstück muss auf einer festen, nicht zu harten Unterlage z. B. aus Hartholz, Pressspan oder Kunststoff liegen, damit die Werkzeugschneiden eine möglichst hohe Standzeit erreichen.

Der Keilwinkel beträgt für Gummi und ähnliche Werkstoffe 8° bis 18°. Um rechtwinklige Schnittflächen zu erhalten, werden die Schneidkanten des Messers zur nutzbaren Seite hin senkrecht gestellt. Dadurch erhält man für Innen- und Außenformen jeweils anders geformte Werkzeuge (Bild 2).

Beim **zweischneidigen Keilschneiden,** auch Beißschneiden genannt, wird der Werkstoff von zwei gegeneinander laufenden Keilschneiden zerteilt. Bekannte Beißschneidwerkzeuge sind die **Kneifzange,** der **Seitenschneider** und der **Hebelvornschneider** (Bild 3).

3.2 Scherschneiden

Ist der Verlauf der Schnittlinie bei einem Schneidvorgang offen, spricht man von **Offen-Schneiden,** die Werkzeuge sind Hand- oder Maschinenscheren. Werkstücke mit geschlossener Schnittlinie, wie z. B. Kreise, werden durch **Geschlossen-Schneiden** hergestellt (Bild 4).

3.2.1 Prinzip des Scherschneidens

Merke

Beim Scherschneiden bewegen sich die Schneiden dicht aneinander vorbei und drängen die Werkstoffteilchen auseinander.

Tabelle 1: Trennen

Keilschneiden	Scherschneiden	Thermisches Trennen
Einschneidig Messerschneiden z. B. Meißel	Offen-Schneiden z. B. Blechschere	Brennschneiden
Zweischneidig Beißschneiden z. B. Kneifzange	Geschlossen-Schneiden z. B. Schneidwerkzeug	Schmelzschneiden
		Laserstrahlschneiden

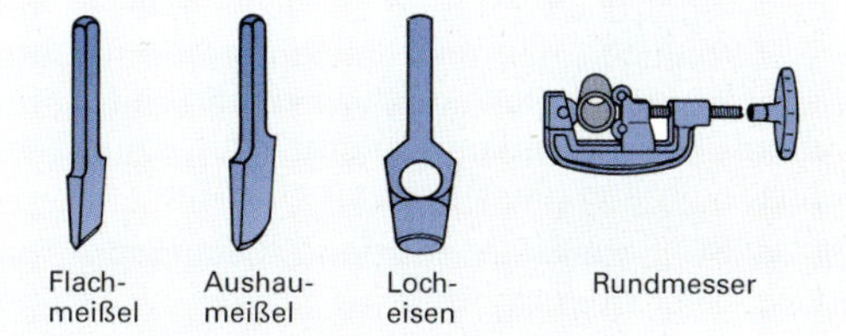

1 Einschneidige Keilschneidwerkzeuge

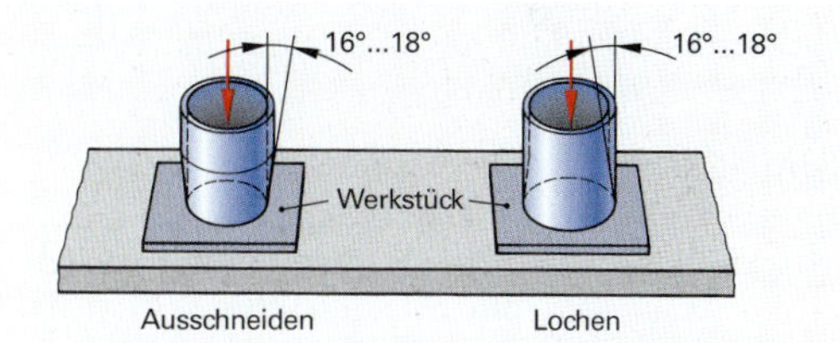

2 Messerschneidwerkzeuge für Innen- und Außenformen

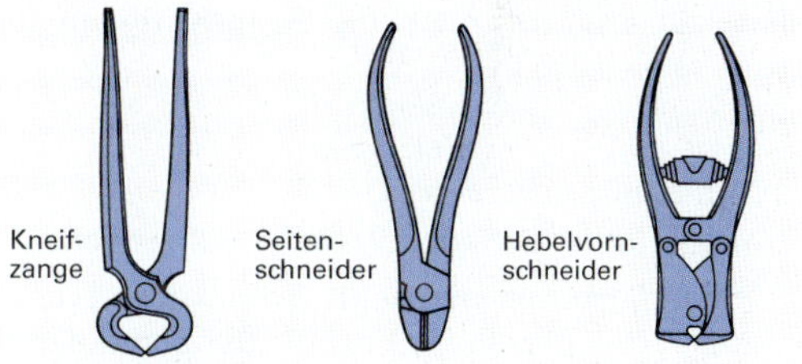

3 Beißschneidwerkzeuge

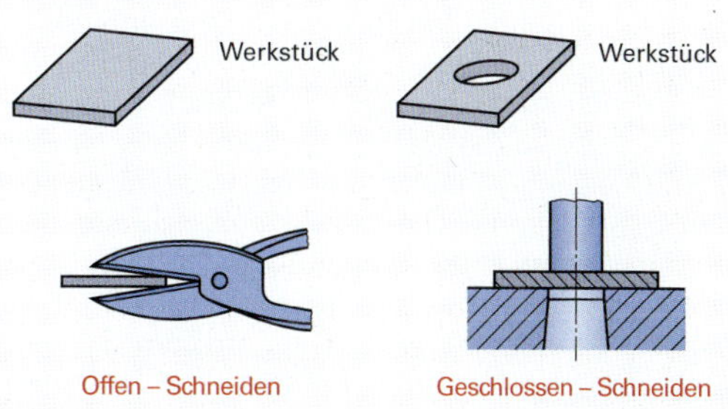

4 Scherschneiden

Schneidvorgang

Da sich beim Scherschneiden die Schneiden dicht aneinander vorbeibewegen, verlaufen die Schnittkräfte nicht auf einer Linie (Bild 2). Dadurch entsteht zwischen den Schneiden ein Drehmoment. Um das Kippen des Werkstücks zu verhindern, muss ein Niederhalter es auf dem feststehenden Messer festhalten (Bild 1). Bei Handscheren geschieht dies mit der Hand.

Da eine rechtwinklige Schneide nur mit großem Kraftaufwand in das Werkstück eindringen kann, hat das Schneidwerkzeug einen Freiwinkel von etwa 2° bis 3° und einen Spanwinkel von etwa 2° bis 15° zwischen Schneide und Werkstück. Dadurch dringt das Werkzeug zunächst wie ein Keil in das Werkstück ein und verdrängt in einer ersten Verformungsphase den Werkstoff (Bild 2). Bei weiterer Krafteinwirkung beginnt der eigentliche Schneidvorgang, der Werkstoff wird getrennt.

Die Werkstoffteilchen werden auseinander gedrückt. Der Querschnitt wird immer weiter geschwächt. Ist die verbleibende Festigkeit geringer als die aufgebrachte Kraft, kommt es in der 3. Phase zum Bruch. An der Schnittfläche des Werkstücks sind die drei Phasen des Schneidvorgangs deutlich zu sehen (Bild 3).

Schneidkraft

Um ein Werkstück zu schneiden, muss die Scherfestigkeit des Werkstoffes überwunden werden. Daraus lässt sich die erforderliche Schneidkraft bzw. Scherkraft berechnen. Die Scherfestigkeit τ_B ist im Allgemeinen niedriger als die Zugfestigkeit R_m. Man rechnet für die Scherfestigkeit mit dem Wert $0{,}8 \cdot R_m$. Entsprechend der Definition für die Festigkeit ergibt sich für die **Scherfestigkeit** folgende Gleichung.

$$\text{Scherfestigkeit} = \frac{\text{Schneidkraft}}{\text{Scherfläche}} \qquad \tau_B = \frac{F}{A}$$

Daraus ergibt sich: $\boldsymbol{F = \tau_B \cdot A}$

Schneidkraft = Scherfestigkeit · Scherfläche

Die Scherfläche ist die beim Schnitt neu entstehende Fläche. Sie ist das Produkt der Schnittlänge und der Werkstückdicke: $A = l \cdot s$ (Bild 4).

Schneidspalt

Die beiden Schneiden müssen knapp aneinander vorbeilaufen. Dazu ist zwischen den Schneiden ein Schneidspalt erforderlich (Bild 5). Er beträgt etwa $^1/_{20}$ (≙ 5 %) der Blechdicke. Eine saubere Schnittfläche ergibt sich nur bei richtig eingestelltem Schneidspalt. Die Größe des Schneidspalts ist vom Werkstoff des Werkstückes, von der Blechdicke s und von der gewünschten Standzeit des Werkzeuges abhängig. Bei zu großem Schneidspalt wird das Werkstück zwischen die Schneiden gezogen; dadurch entstehen ein großer Grat sowie eine unsaubere und raue Schnittfläche.

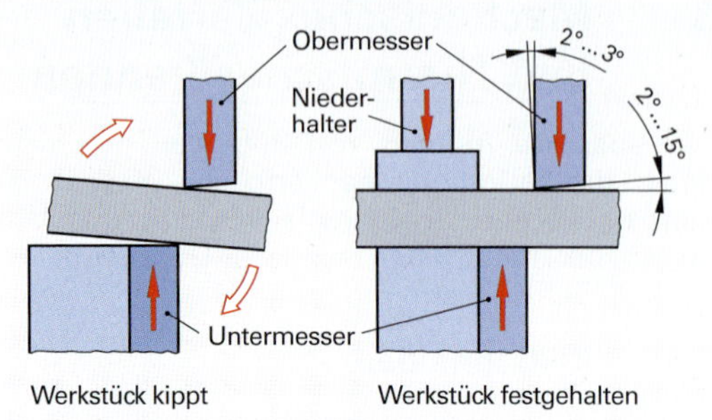

1 **Niederhalter**

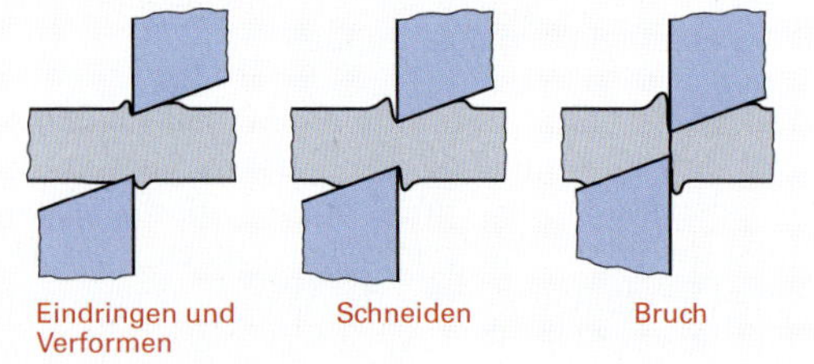

2 **Schneidvorgang**

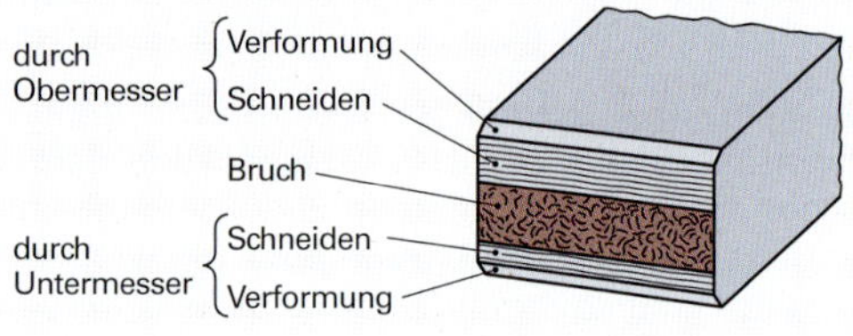

3 **Schnittbild**

Beispiel:
Berechnung der Scherkraft

$F = \tau_B \cdot A = \tau_B \cdot l \cdot s$

$R_m = 370\ \text{N/mm}^2$

$\tau_B = 0{,}8 \cdot R_m$

$= 0{,}8 \cdot 370\ \text{N/mm}^2$

$= 296\ \text{N/mm}^2$

$F = 296 \frac{\text{N}}{\text{mm}^2} \cdot 50\,\text{mm} \cdot 5\,\text{mm}$

$= 74000\ \text{N} = 74\ \text{kN}$

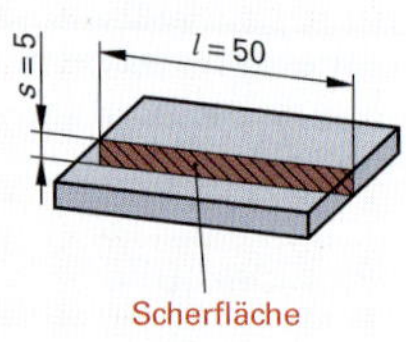

4 **Scherfläche und Schneidkraft**

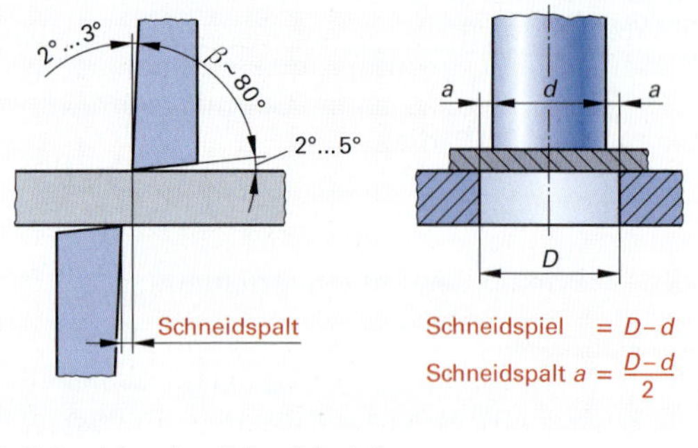

5 **Schneidspalt – Schneidspiel**

Schneidspiel

Auch beim Geschlossen-Schneiden muss zwischen Schneidplatte und Schneidstempel ein entsprechender Schneidspalt vorhanden sein (Bild 5 der vorigen Seite). Da bei den Werkzeugen zum Geschlossen-Schneiden der Durchmesser bzw. Länge und Breite für die Fertigung maßgebend sind, wird die Differenz zwischen dem Durchmesser der Schneidplatte und dem Durchmesser des Schneidstempels als Schneidspiel angegeben. Das Schneidspiel entspricht dem doppelten Schneidspalt und beträgt 4 % bis 8 % der Blechdicke.

3.2.2 Offen-Schneiden

Handscheren, Hebelscheren und Maschinenscheren werden zum Offen-Schneiden verwendet.

Handscheren

Sie werden von Hand entlang der Schnittlinie geführt. Die Schneidkraft wird, außer bei der Elektrohandschere, ebenfalls von Hand aufgebracht und durch die Hebelwirkung verstärkt. Je länger die Hebelarme, an denen die Kraft aufgebracht wird, sind und je näher die Schnittstelle am Drehpunkt ist, desto größer ist die Schneidkraft F_s (Bild 1). Daher wird zum Schneiden vorwiegend das innere Drittel der Schneiden genutzt. Diese Gesetzmäßigkeit ergibt sich für die Handschere aus der Drehmomentgleichung:

Drehmoment = Kraft · Hebellänge: $M = F \cdot l$

$\Sigma \overset{\frown}{M}$ links $= \Sigma \overset{\frown}{M}$ rechts $\longrightarrow F_s \cdot l_s = F_H \cdot l_H$

und für die **Schneidkraft:**

$$F_S = \frac{F_H \cdot l_H}{l_S}$$

Bei zu weit geöffneter Schere wird der Kraftanteil längs der Schnittlinie so groß, dass das Werkstück aus der Schere herausgedrückt wird (Bild 1). Günstig sind Öffnungswinkel von 10° bis 20°.

Mit Handscheren schneidet man in der Regel Stahlbleche bis zu 1 mm Dicke. Diese Scheren haben kein Schneidspiel. Sonst würde das Blech zwischen die Schneiden gezogen und es könnte sich ein großer Grat bilden. Um zu vermeiden, dass im Laufe der Zeit ein Spiel entsteht, sind die Schneiden gegeneinander gebogen und unter Vorspannung am Drehpunkt miteinander verbunden. Dadurch gleiten die Schneiden immer spielfrei aneinander vorbei. Es ist zu jedem Zeitpunkt immer nur ein Berührpunkt vorhanden. Im geöffneten Zustand sind die Schneidspitzen sogar übereinander angeordnet (Bild 2). Rechte Scheren haben die Unterschneide rechts; mit ihnen lassen sich Geraden und Linksbögen schneiden (Bild 3).

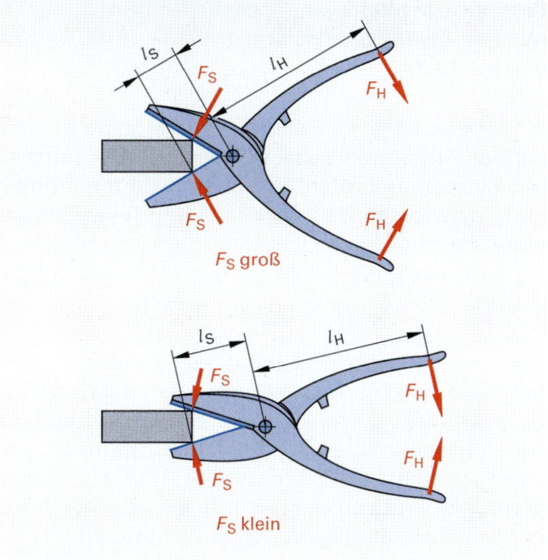

1 Stellung der Schneiden bei Handscheren

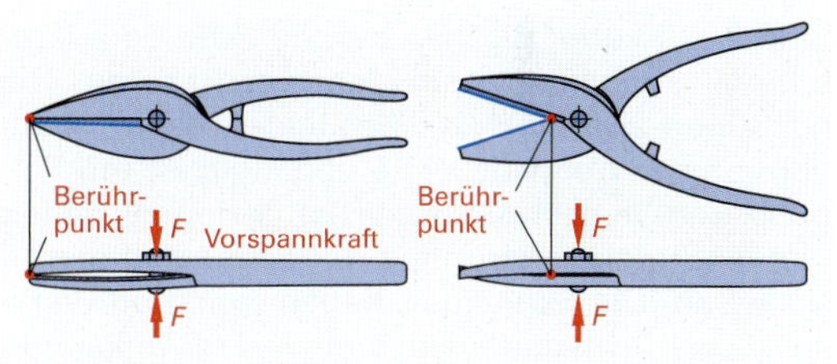

2 Schneidenform und Vorspannung bei Handscheren

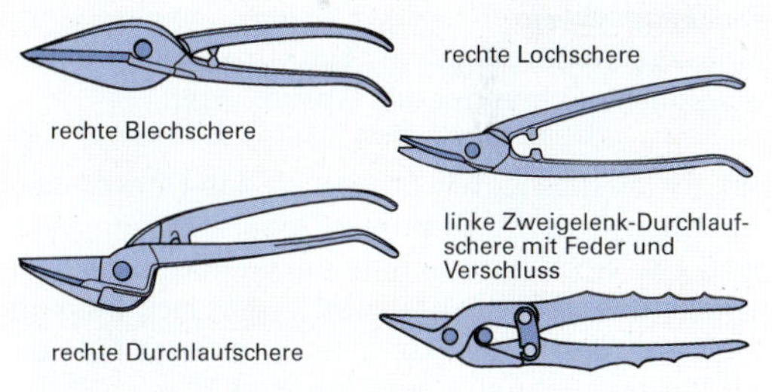

3 Handscheren

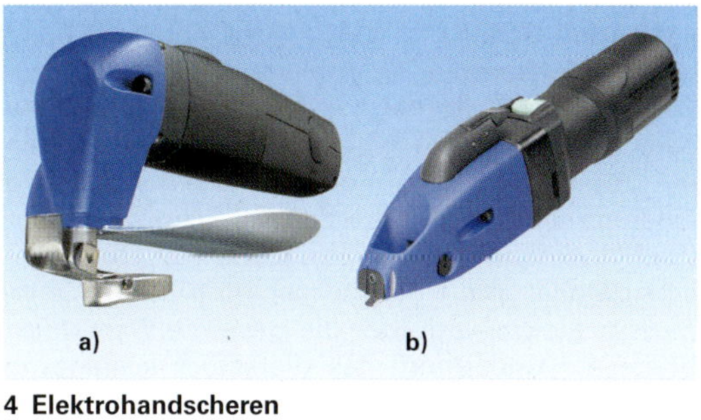

4 Elektrohandscheren

Fast ohne Kraftaufwand lassen sich dünne Bleche mit der **Elektrohandschere** trennen (Bild 4a der vorigen Seite).

Eine besondere Elektrohandschere zeigt Bild 4b auf der vorherigen Seite. Während bei der normalen Elektrohandschere die Schnittkanten immer verbogen werden, erhält man mit dieser Schere glatte Kanten. Sie macht 2 Schnitte, dazwischen entsteht ein etwa 5 mm breiter streifenförmiger Abfall.

Auch der **Elektrohandknabber** (Nibbler) verbiegt das Blech nicht, erzeugt aber leicht wellige Schnittkanten. Er hat wie die Schneidwerkzeuge zum Geschlossen-Schneiden einen Stempel und eine Schneidplatte. Bei jedem Arbeitshub des Stempels wird aus dem Blech ein kleines Stück herausgeschnitten (gestanzt, Bild 1 und 2).

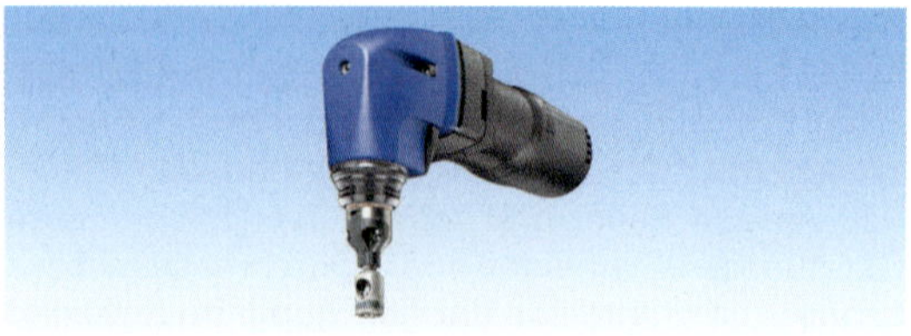

1 Elektrohandknabber (Nibbler)

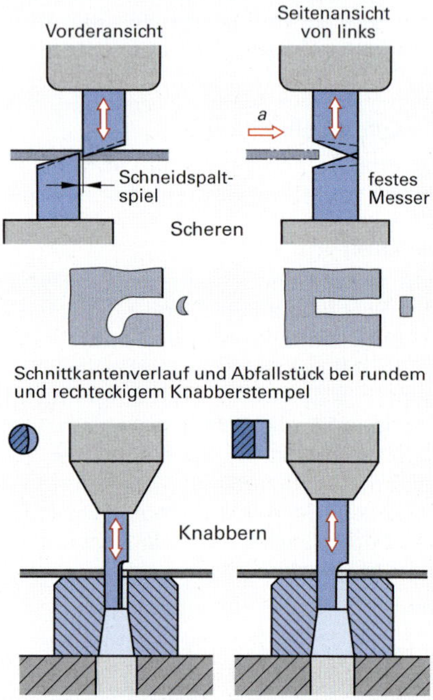

2 Arbeitsprinzip von Scheren und Knabbermaschinen

Maschinenscheren

Sind an dickeren Blechen gerade Schnitte auszuführen, verwendet man **Maschinenscheren.** Sie benötigen zwischen den Schneiden einen Spalt, der von der Werkstückdicke abhängig ist um Reibung und Verschleiß möglichst gering zu halten und ein Aufeinandertreffen der Schneiden auszuschließen. Die Schneiden haben zwischen Werkstück und Schneide einen kleinen Freiwinkel von 2° bis 3°, um die Reibung zu verringern, und einen Keilwinkel von 75° bis 85°.

Maschinenscheren haben eine feststehende Schneide, in der Regel das Untermesser, und eine bewegliche Schneide, das Obermesser.

Bei den Hebelscheren dreht sich das Obermesser um einen festen Drehpunkt. Dabei verändert sich auch die Schnittkraft. Eine in weiten Bereichen nahezu konstante Schnittkraft ergibt sich bei konstantem Öffnungswinkel. Dies wird durch eine bogenförmige Schneide erreicht (Bild 3).

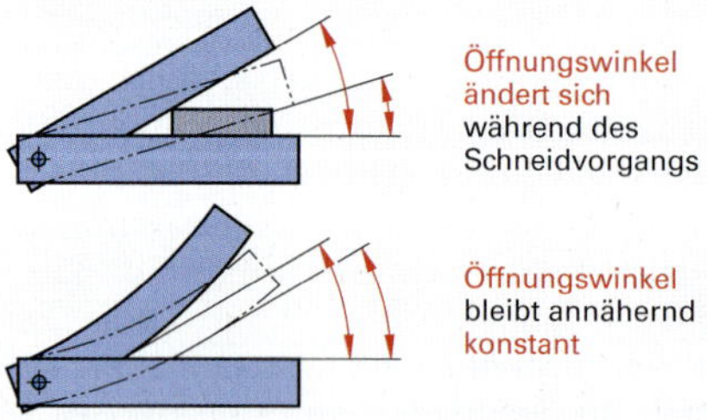

3 Schneidmesserformen bei Hebelscheren

Hebelscheren, bei denen sich das Obermesser um einen festen Drehpunkt bewegt, haben einen **ziehenden Schnitt,** d. h. die Schneide trifft nicht auf der gesamten Schnittlinie gleichzeitig am Werkstück auf, sondern „zieht sich" nach und nach in das Werkstück hinein. Maschinenscheren mit Parallelführung können je nach Ausführung einen trennenden oder ziehenden Schnitt ergeben (Bild 4). Verläuft die Schneidkante des Obermessers parallel zum Untermesser, so trifft das Obermesser gleichzeitig über die gesamte Werkstückbreite auf und trennt das Werkstück schlagartig ab. Man erhält einen **trennenden Schnitt.**

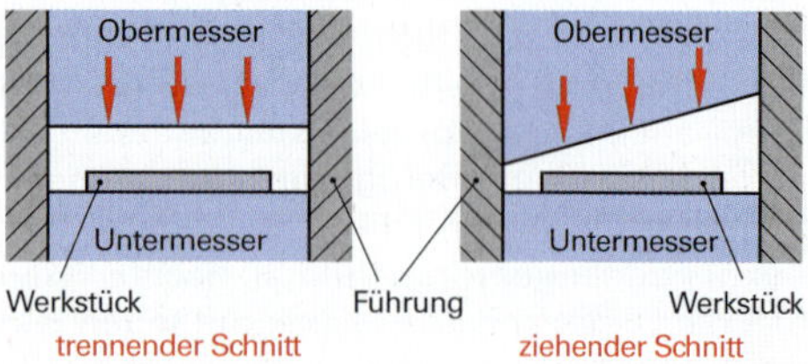

4 Parallel-Führungen

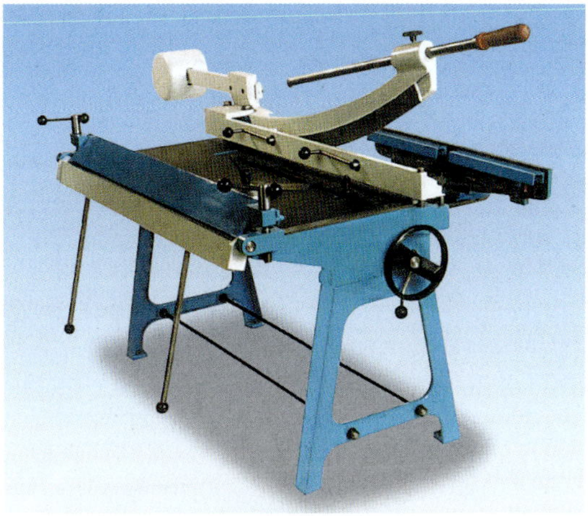

1 Hebeltafelschere (Schlagschere)

2 Hebelschere mit Doppelhebel

Verläuft die Schneidkante des Obermessers schräg zum Untermesser, so ergibt sich auch bei Parallelführungen ein ziehender Schnitt. Bei gleichen Werkstückabmessungen ist die Schneidkraft beim ziehenden Schnitt wesentlich geringer. Beim trennenden Schnitt werden die Werkstückteile nicht verformt. Maschinenscheren mit Parallelführung haben zum Teil zusätzliche Schneiden, mit denen Rund-, Rechteck- oder anderes Profilmaterial geschnitten werden kann. Dazu hat das Obermesser entsprechende Aussparungen (Bild 4).

Bauarten

Die **Hebeltafelschere** oder **Schlagschere** besitzt nur eine einfache Hebelübersetzung (Bild 1). Sie eignet sich nur für Feinbleche. Damit das Obermesser nicht herabfällt und ohne Schwierigkeiten von Hand angehoben werden kann, sind ein Gegengewicht oder eine Feder notwendig.

Bei anderen Hebelscheren wird die Hebelwirkung des Messers durch eine weitere Übersetzung verstärkt. Dadurch können Bleche bis etwa 10 mm Dicke geschnitten werden.

Bei der **Hebelschere mit Doppelhebel** (Bild 2) erfolgt die weitere Übersetzung mit einem zweiten Hebel, bei der **Hebelschere mit Zahnradübersetzung** ist am Handhebel ein Zahnsegment befestigt. Dieses Zahnsegment wälzt sich an einer Gegenverzahnung, die fest mit dem Gestell verbunden ist, ab. Dadurch wird eine sehr große Übersetzung erreicht und somit entstehen große Schnittkräfte (Bild 3).

Bei **Hebelscheren mit Parallelführung** ist das Obermesser so mit dem Hebel verbunden, dass es in Führungen parallel nach unten läuft (Bild 4). Das Messer zum Trennen von Profilen arbeitet dabei mit trennendem Schnitt, während das schräge Obermesser die Bleche mit ziehendem Schnitt schneidet.

3 Hebelschere mit Zahnradübersetzung

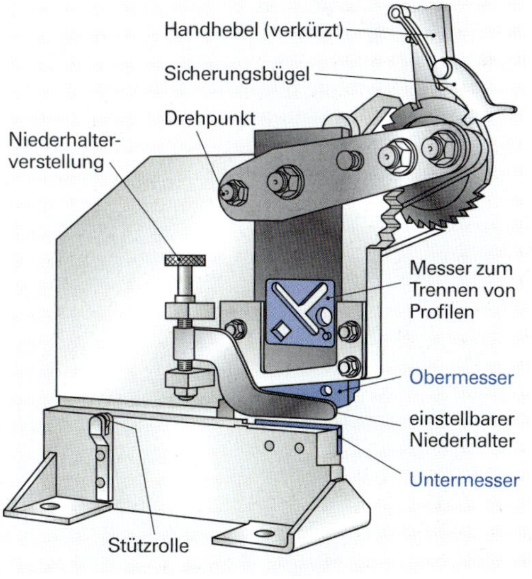

4 Hebelschere mit Parallelführung und Einrichtung zum Trennen von Profilen

1 Hydraulische Tafelschere mit CNC-Steuerung

Motorgetriebene Maschinenscheren eignen sich zum Abschneiden von großen Blechtafeln. Je nach Maschinenausführung können Bleche bis zu einer Länge von 4000 mm und einer Dicke bis zu 30 mm geschnitten werden. Diese Maschinentafelscheren können einen elektromechanischen oder einen hydraulischen Antrieb haben (Bild 1). Sie können mit NC-gesteuerten Anschlägen, Vorschubeinrichtungen und Blechrückführungen ausgerüstet sein.

Aus Sicherheitsgründen sind die Schneidmesser durch ein Schutzgitter, durch Zweihandbedienung oder durch Lichtschranken gesichert. Diese Sicherheitseinrichtungen dürfen niemals entfernt oder außer Betrieb gesetzt werden.

Bei der Blechverarbeitung und in Schlosserbetrieben müssen häufig Ecken oder ähnliche Formen ausgeklinkt werden (Bild 3). Dazu verwendet man **Ausklinkscheren.** Sie haben entsprechend geformte auswechselbare Schneidmesser. Bild 4 zeigt eine Ecken- und Ausklinkschere mit hydraulischem Antrieb.

Die **Kreismesserschere** ermöglicht durch die endlose Schneide des kreisförmigen Messers sehr lange, beliebig geformte Schnitte. Mit entsprechenden Vorrichtungen können auf einfache Weise runde Teile (Ronden) hergestellt werden (Bilder 5 und 6).

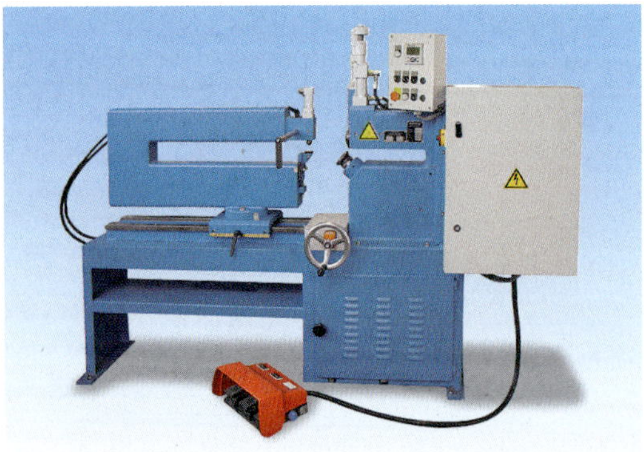

6 Kreismesserschere

2 Hydraulische Profilstahlschere

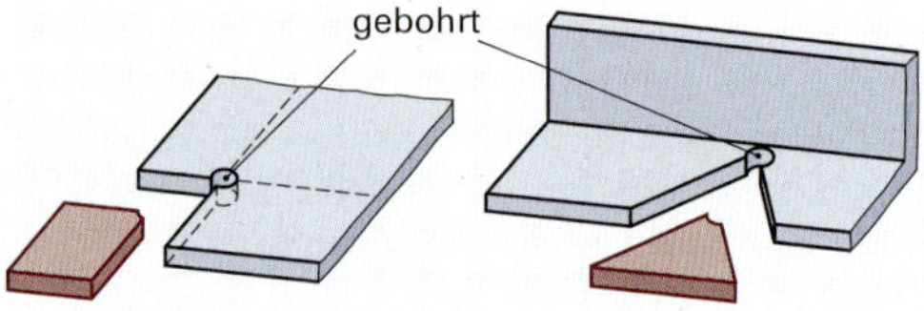

3 Ausklinkungen an Blechen und Profilen

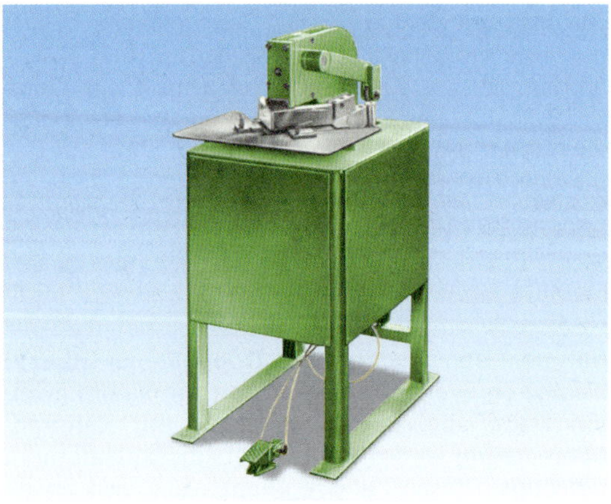

4 Hydraulische Ausklinkmaschine

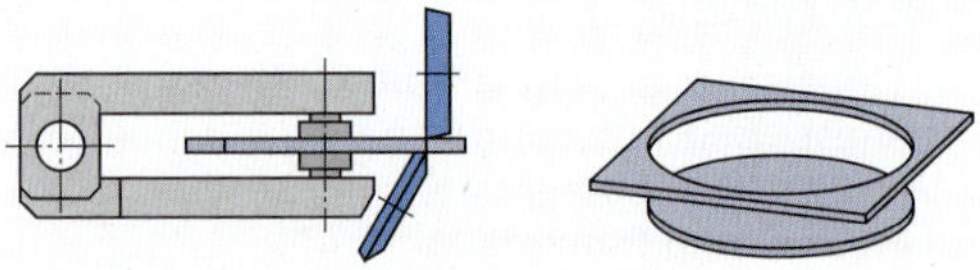

5 Funktionsbild einer Kreismesserschere zum Schneiden von Ronden und Ringen

Die **Nibbelmaschine** (Knabbermaschine) reiht kurze Schnitte schnell aneinander (Bild 2). Es werden kleine, meist halbmondförmige Blechstücke ausgeschnitten. Durch Verfahren oder Verschieben des Werkstücks lassen sich beliebige Formen herstellen. Wie bei den Kreismesserscheren können mit entsprechenden Vorrichtungen runde oder frei geformte Blechtafeln gefertigt werden.

3.2.3 Geschlossen-Schneiden

Serienteile werden mit speziellen Schneidwerkzeugen auf Pressen hergestellt. Die Schneidwerkzeuge bestehen aus einem Oberteil mit Einspannzapfen, Stempelplatte, Stempel und Abstreifer sowie einem Unterteil mit Schneidplatte und Grundplatte (Bilder 3 und 4).

Soll aus einem Werkstück ein Teil entfernt werden, spricht man vom **Lochen.** Im umgekehrten Fall, wenn das Werkstück ausgeschnitten wird, spricht man von **Schneiden.** Beim Schneiden, auch Ausschneiden genannt, erhält die Schneidplatte (Matrize) das Werkstücknennmaß, beim Lochen der Schneidstempel. Beim jeweils anderen Bauteil muss das Schneidspiel berücksichtigt werden. Schneidwerkzeuge werden häufig nach der Führungsart eingeteilt:

Schneidwerkzeuge ohne Führung werden zum Ausschneiden von einfachen Blechteilen mit geringer Dicke oder bei geringer Stückzahl verwendet. Der Schneidstempel ist am Stößel der Presse befestigt, die Schneidplatte (Matrize) am Maschinengestell bzw. am Tisch. Die Führung des Werkzeugs erfolgt ausschließlich über den Pressenstößel. Er muss deshalb von der Maschine exakt geführt werden (Bild 5).

Reicht die Genauigkeit der Pressenführung für die Schnittgenauigkeit nicht aus, verwendet man **Schneidwerkzeuge mit Plattenführung** (Bild 1).

Die genaueste Führung wird durch **Schneidwerkzeuge mit Säulenführung** erreicht (Bild 6). Schneidplatte und Schneidstempel sind in einem besonderen Führungsbauteil eingebaut, das aus einem Oberteil, einem Unterteil und den Führungssäulen besteht. Diese teuren Werkzeuge können nur bei entsprechend hoher Stückzahl eingesetzt werden.

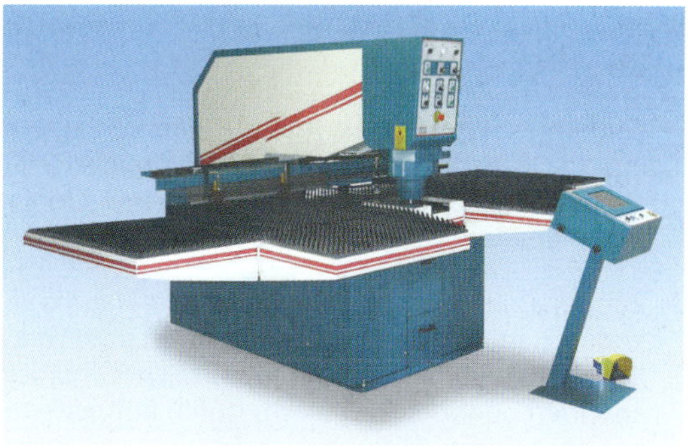

2 **CNC-Stanz- und Nibbelmaschine**

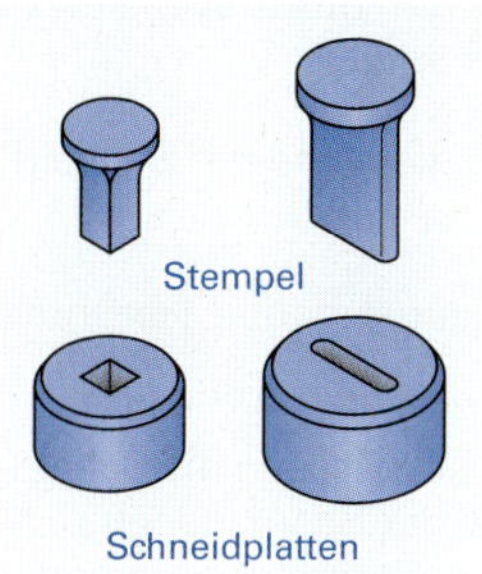

3 **Schneidwerkzeuge**

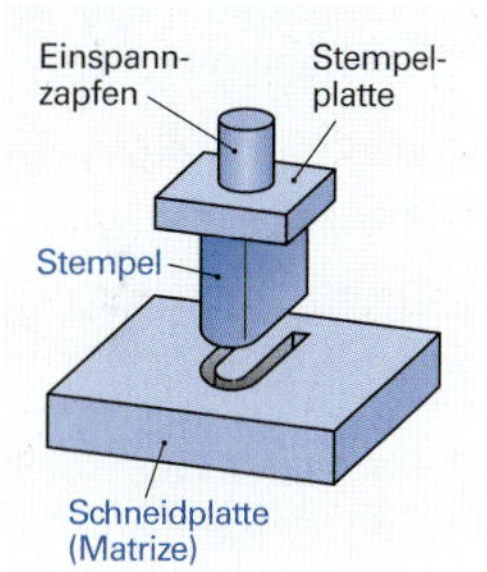

4 **Lochwerkzeuge: Stempel und Matrize**

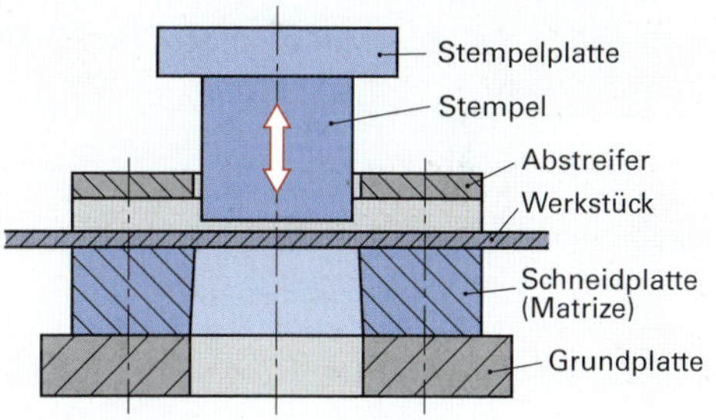

5 **Schneidwerkzeug ohne Führung**

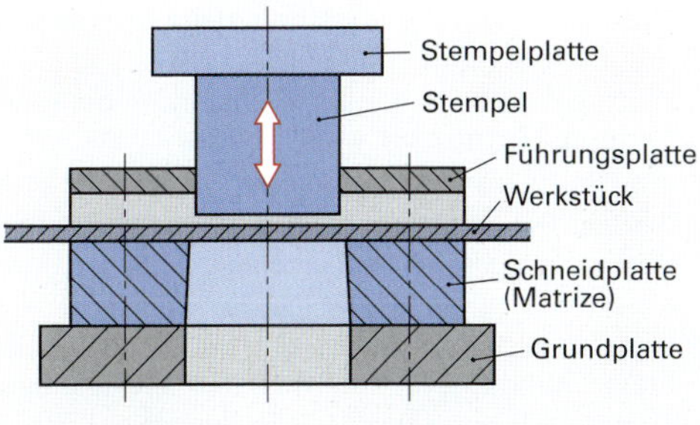

1 **Schneidwerkzeug mit Plattenführung**

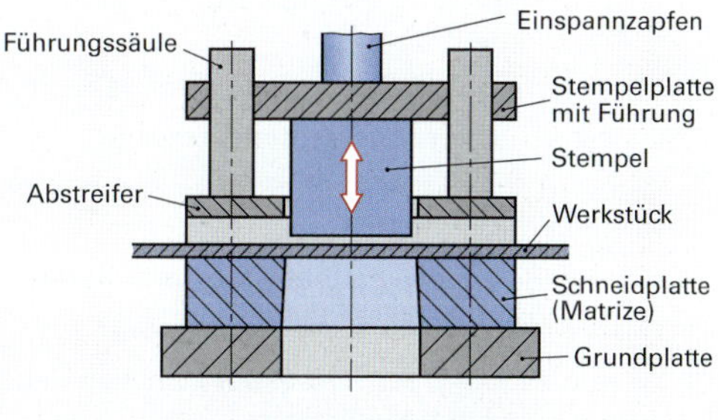

6 **Schneidwerkzeug mit Säulenführung**

Unfallverhütung

- Beim Zerteilen von Blechen entstehen scharfe Kanten und Grate. Deshalb nie ohne Handschuhe arbeiten und die Werkstücke entgraten.
- Nur einwandfreie Meißel und Schneideisen ohne Bart verwenden.
- Gehärtete Unterlagen haben Rückschlagwirkung. Deshalb darf beim Keilschneiden mit einer Schneide nur auf relativ weichen Unterlagen gearbeitet werden.
- Zangen und Handscheren sind für die Handkraft konstruiert. Größere Kräfte zerstören das Werkzeug. Deshalb nie Zangen in den Schraubstock spannen oder den Hebelarm durch aufgesteckte Rohre vergrößern.
- Maschinen nicht durch zu dicke Werkstücke überlasten (siehe Typenschild).
- Niemals mit der Hand in die Nähe der Schneidmesser kommen.
- Bei Hebelscheren den Hebel gegen Herunterfallen sichern.
- Damit das Werkstück nicht zwischen die Schneiden gezogen wird, muss der Schneidspalt richtig eingestellt und der Niederhalter verwendet werden.
- Bei langen Werkstücken geeignete Auflagen unterstellen, um ein Hochschnellen oder Herunterfallen des Werkstückes nach dem Schnitt zu verhindern.

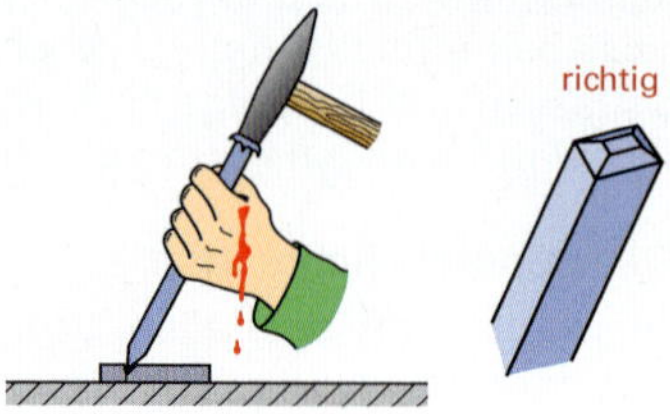

1 Unfallgefahr durch Bartbildung

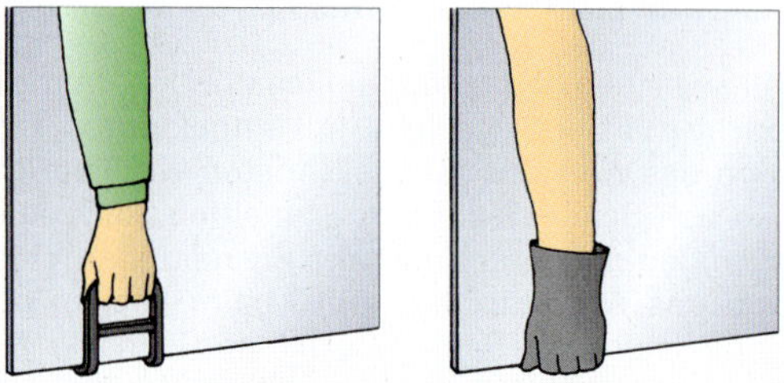

2 Unfallgefahr durch scharfe Kanten

3 Unfallgefahr beim Bedienen von Maschinenscheren

Überprüfen Sie Ihre Kenntnisse

1 Erklären Sie den Trennvorgang mit einer Keilschneide.
2 Welche Kräfte wirken beim Trennen am Schneidkeil?
3 Von welchen Einflussgrößen ist die Trennkraft abhängig?
4 Welche Werkstoffe werden mit großem Keilwinkel bearbeitet?
5 Nennen Sie vier Keilschneidwerkzeuge.
6 Erklären Sie den Scherschneidvorgang.
7 Wie wird die erforderliche Kraft für den Abschervorgang berechnet?
8 Nennen Sie drei Bauarten von Handscheren.
9 Welche Maschinenscheren kennen Sie?
10 Warum hat das Obermesser bei manchen Hebelscheren eine gebogene Form?
11 Welche Gefahr besteht, wenn bei einer Hebelschere der Hebel mit einem Rohr verlängert wird?
12 Welche Aufgabe hat der Sicherungshaken bei Hebelscheren?
13 Warum dürfen Rohre nicht durch Scheren abgetrennt werden?
14 Unterscheiden Sie zwischen dem trennenden und dem ziehenden Schnitt.
15 Welche Vorteile haben Schneidwerkzeuge in der Serienfertigung?
16 Warum werden Stempel und Schneidplatten häufig über Führungen miteinander verbunden?
17 Wie wirkt sich das Weglassen des Niederhalters aus?
18 Unterscheiden Sie die Funktionsweise der Elektrohandschere von der des Elektrohandknabbers.

3.3 Thermisches Trennen

Merke

Beim thermischen Trennen wird das Werkstück durch Wärmeeinbringung getrennt.

Man unterscheidet beim thermischen Trennen zwischen Brennschneiden, Schmelzschneiden und Sublimierschneiden.

Beim **Brennschneiden** wird der Werkstoff auf Entzündungstemperatur erwärmt. Durch Zugabe von Sauerstoff an die Schnittstelle verbrennt er. Um eine saubere Schnittfläche zu erzielen, muss die Entzündungstemperatur des Werkstoffes unter seiner Schmelztemperatur liegen (Bild 1).

Beim **Schmelzschneiden** wird an der Schnittstelle soviel Energie zugeführt, dass der Werkstoff vom festen in den flüssigen Zustand übergeht. Der flüssige Werkstoff wird dann aus der Schnittfuge geblasen (Bild 2).

Beim **Sublimierschneiden** wird der Werkstoff an der Schnittfuge durch einen Laserstrahl so stark erwärmt, dass er direkt vom festen in den gasförmigen Zustand übergeführt wird und verdampft. Dazu ist eine hohe Energiekonzentration notwendig, die bei Metallen nur durch einen Laserstrahl aufgebracht werden kann.

3.3.1 Autogenes Brennschneiden

Bei diesem thermischen Trennverfahren wird als Brenngas eine Acetylen-Sauerstoffflamme verwendet, die den Werkstoff auf die örtliche Zündtemperatur erhitzt. Reiner Sauerstoff wird dann zugeführt, der den Werkstoff in der Schnittfuge verbrennt. Die entstehende flüssige Schlacke und Restschmelze wird aus der Schnittfuge geblasen (Bild 3).

Unlegierter Baustahl mit einem Kohlenstoffgehalt von unter 1 % hat eine Entzündungstemperatur von 1200 °C, die unter der Schmelztemperatur liegt. Bei steigendem Kohlenstoffgehalt sinkt die Schmelztemperatur des Stahls, wie aus dem Eisen-Kohlenstoff-Diagramm ersichtlich ist. Weiter ist es wichtig, dass die Schmelztemperatur der entstehenden Oxide niedriger ist als die des Werkstoffes.

Während des Brennvorgangs entsteht ein hoher Energieverlust durch die Wärmeableitung im Werkstoff, über die flüssige Schlacke und die Wärmestrahlung an die Umgebung. Daher muss die Heizflamme während des Brennprozesses die Entzündungstemperatur dauerhaft aufrecht erhalten.

Die Düsen des Schneidbrenners werden je nach ihrer Bauart in Ringdüsen, Blockdüsen und hintereinander angeordnete Düsen unterteilt. Die Ring-

1 Brennschneiden

2 Schmelzschneiden mit Laserstrahl

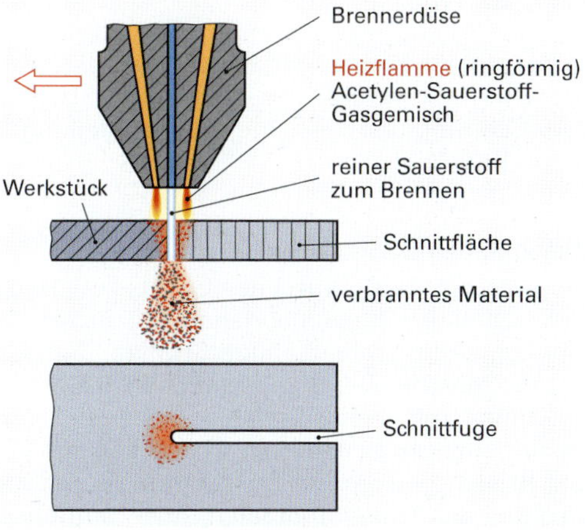

3 Brennschneiden mit Acetylengas

düsen und die Blockdüsen ergeben einen etwas breiteren Brennschnitt als die getrennten Düsen (Bild 1). Mit der Ring- und der Blockdüse lässt sich in jeder Richtung schneiden. Mit den getrennten Düsen ergeben sich saubere, scharfkantige und gerade Schnittflächen.

Als Heizgase können alle brennbaren Gase verwendet werden, jedoch wird meistens Acetylengas mit der höchsten Flammenleistung verwendet.

Während des Brennschneidens erhöht sich der Kohlenstoffanteil in der Schneidfläche und verursacht bei hoher Abkühlgeschwindigkeit eine Aushärtung.

Die hohe thermische Beeinflussung des Werkstoffes führt bei dünnen Blechen zu einem starken Verzug, sodass der Einsatzbereich erst bei Blechdicken ab etwa 5 mm bis über 2000 mm möglich ist.

Während des Schneidens kann durch Zugabe von Eisenpulver an der Schnittstelle die Energiezufuhr erhöht werden. So ist es möglich, höher legierte Stähle und Grauguss zu trennen. Zu beachten ist die sich daraus ergebende verringerte Schnittqualität.

Arbeitstechnik beim Brennschneiden von Hand

Die Materialdicke bestimmt die Schneiddüsengröße und den Gasdruck der Heiz- und Schneidgase. Der Flammenkegel sollte sich je nach der Materialdicke etwa 2 mm bis 6 mm über dem Werkstück befinden. Es ist vorteilhaft, auch diesen Abstand eher etwas zu groß als zu klein zu wählen. Für gerade Schnitte kann der Brenner zur Erzielung einer größeren Genauigkeit auf einem Wagen und für Kreisschnitte auf einem Zirkel montiert werden (Bild 2).

Um fehlerhafte Brennschnitte zu vermeiden, ist auf die richtige Schneidgeschwindigkeit, die richtige Schnittführung und die richtige Gaseinstellung zu achten (Bild 3).

Maschinelles Brennschneiden

Das maschinelle Brennschneiden ist dem Handbrennschneiden hoch überlegen. Es liefert genaue, glatte und scharfkantige Schnitte. Zur Ausführung maschineller Brennschnitte sind einfache Maschinen mit mechanischem Vorschub bis zu vollautomatisch gesteuerten Maschinen im Einsatz. Brennschneidmaschinen werden heute überwiegend als Kopierautomaten oder numerisch gesteuerte Brennschneidanlagen gebaut (Bild 4).

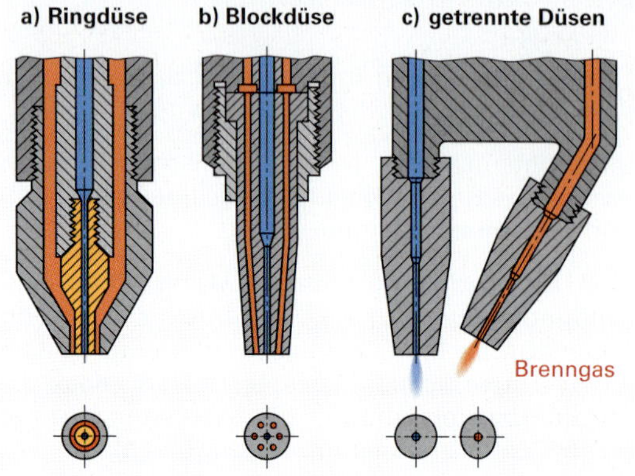

1 Bauarten von Brennschneiddüsen

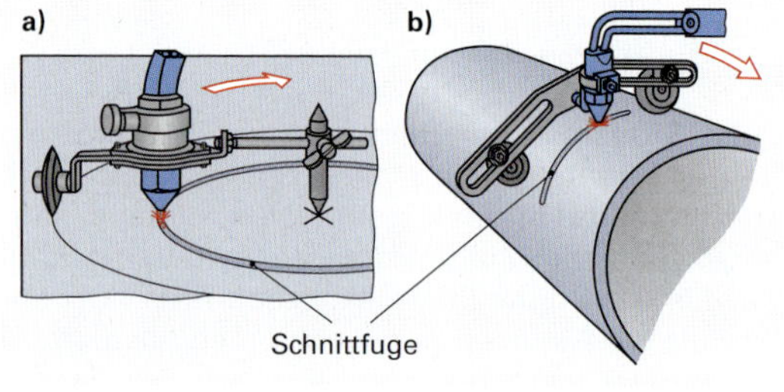

2 Handschneidbrenner: a) mit Zirkel, b) mit Wagen

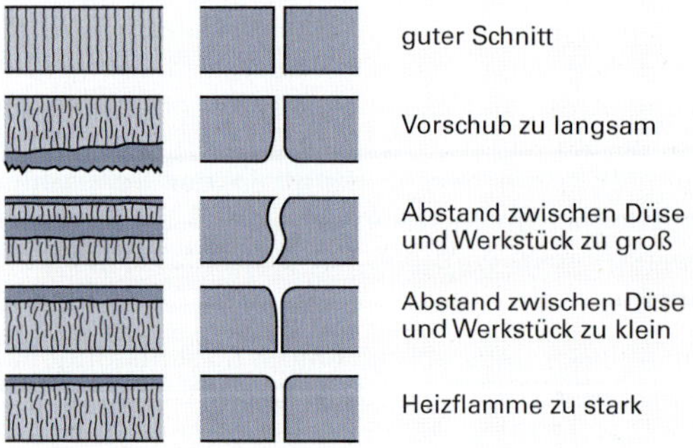

3 Fehlerhafte Brennschnitte

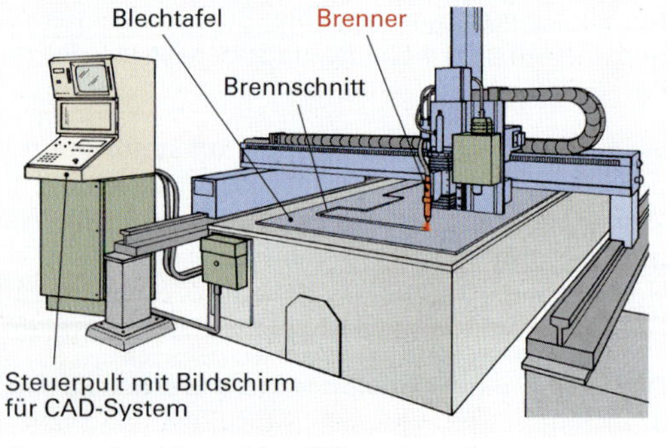

4 Brennschneidmaschine, NC-gesteuert

Fugenhobeln

Mit einem Schneidbrenner und Spezialdüsen werden Vertiefungen in das Werkstück gebrannt. Dieses Verfahren wird angewendet zum Entfernen von Schweißnähten, zum Beseitigen von Schweißfehlern und Rissen oder auch zum wurzelseitigen Aushobeln von Schweißnähten (Bild 1).

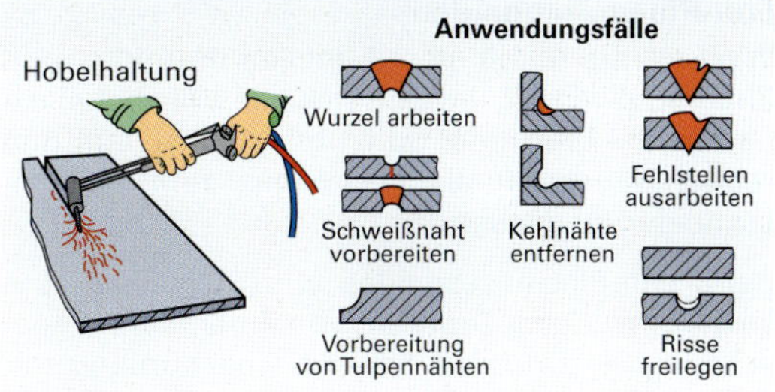

1 Fugenhobeln

Brennbohren

Stahl wird unter Zufuhr von Sauerstoff verbrannt. Dabei entstehen Temperaturen um 2000 °C. Bei dieser hohen Temperatur können Werkstoffe durch Schmelzen getrennt werden. Dieses Verfahren wird bei der Verschrottung von Maschinenanlagen, großen Schiffen oder auch zum Bohren und Trennen von Beton angewendet.

In ein Stahlrohr, üblicherweise als Lanze bezeichnet, werden Stahldrähte eingelegt und dann wird reiner Sauerstoff durch den Hohlraum geblasen. Mithilfe eines Schweißbrenners wird das aktive Ende der Lanze dann gezündet und die brennende Lanze an die zu trennende Stelle geführt. Der Werkstoff wird durch die hohe Verbrennungstemperatur der brennenden Stahldrähte geschmolzen und getrennt (Bild 2).

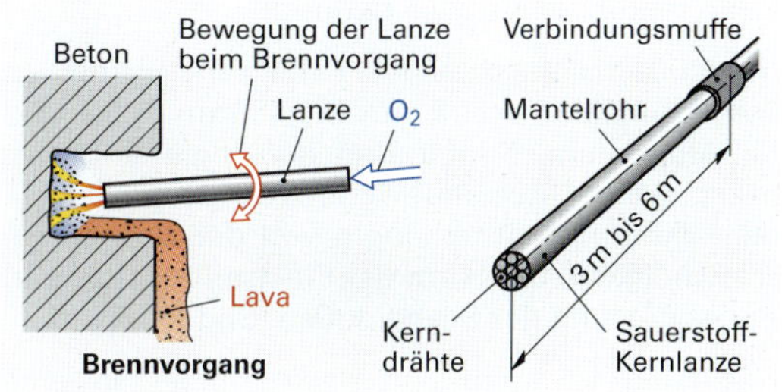

2 Brennbohren

3.3.2 Schmelzschneiden

Merke

Der Werkstoff wird durch eine Schnittfuge getrennt, indem er geschmolzen oder so stark erwärmt wird, dass er sofort verdampft. Als Wärmequelle verwendet man einen Plasmalichtbogen oder einen Laserstrahl.

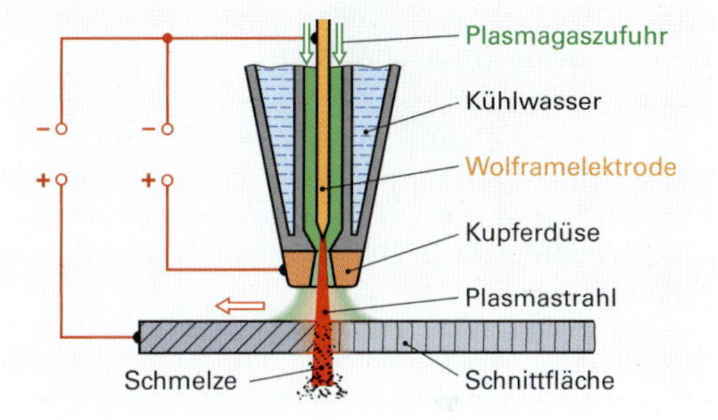

3 Plasmaschneiden

Plasmaschneiden

Ein Plasma entsteht durch einen eingeschnürten WIG-Lichtbogen, der sich im Kern bis zu 20 000 K erhitzt. Durch diese hohe Temperatur wird der Werkstoff in einer Schnittfuge geschmolzen und durch den Plasmastrahl aus der Schnittfuge geblasen (Bild 3).

Bei allen Verfahren des Plasmaschneidens wird ein Pilotlichtbogen gezündet. Dieser Pilotlichtbogen brennt zwischen Kupferdüse und Wolframelektrode und bewirkt beim Schneiden den Hauptlichtbogen. Für elektrisch nichtleitende Werkstoffe wird nur der Pilotlichtbogen zum Schneiden eingesetzt.

Die Schnittqualität wird wesentlich durch die Zusammensetzung des Plasmagases beeinflusst. Als **Schneidgase** werden meistens Gasgemische verwendet. **Argon** erleichtert das Zünden und stabilisiert den Lichtbogen, daher wird es auch vorwiegend als Mischgasanteil im Gasgemisch verwendet. Das Zumischen von **Wasserstoff** und **Stickstoff** hilft größere Wärmemengen an die Schneidstelle zu übertragen, als dies mit Argon möglich ist.

Eine Mischung aus Argon und Wasserstoff ermöglicht eine saubere Schnittqualität bei nichtbrennschneidbaren Werkstoffen, wobei ein Stickstoffanteil die Bartbildung reduziert. Zum Plasmaschneiden von Baustählen sind Argon und Wasserstoff ungeeignet.

Luft-Plasmaschneiden

Wird Wolfram mit den Metallen Hafnium und Zirkonium legiert, erhöht sich die Wärmebelastbarkeit der Elektrode. So ist es möglich, Luft und reinen Sauerstoff als Plasmagas zum Plasmaschneiden zu verwenden.

Beim Luft-Plasmaschneiden wird der elektrische Lichtbogen durch Druckluft von 4 bar stark eingeschnürt. Die Druckluft bewirkt eine Kühlung der Schneiddüsen und bläst das geschmolzene Material aus der Schnittfuge (Bild 1). Die Anwendung dieses Verfahrens ist einfach und dabei werden keine teuren Schutzgase benötigt.

Das Luft-Plasmaschneiden kann zum Schneiden von Baustählen von 3 mm bis 15 mm Dicke und für Aluminium, Kupfer und hochlegierte Stähle bis ca. 6 mm Dicke angewendet werden. Dabei ist die Schnittqualität abhängig von der Schneidgeschwindigkeit, der Form der Elektrodenspitze und der Abnützung der Schneiddüse (Bild 2).

Nachteilig ist beim Luft-Plasmaschneiden eine hohe Staubentwicklung durch die entstehenden Metalldämpfe und die kurze Einsatzzeit der Schneiddüse.

3.3.3 Laserstrahlschneiden

Merke

Der Laserstrahl kann örtlich eine sehr große Leistung konzentrieren, die hohe Temperaturen auf kleiner Fläche ergibt. Dies ermöglicht eine Werkstofftrennung durch Schmelzen in sehr schmalen Schnittfugen.

Das Laserstrahlschneiden ist ein Schneidverfahren, mit dem ähnliche Maßtoleranzen erzielt werden wie mit mechanischen Bearbeitungsverfahren.

Die Laseranlage zum Schweißen und Schneiden unterscheidet sich in der Steuerung des Laserstrahls und in der Steuerung der Werkstückbewegung. Die hohe Leistungsdichte von $10^6 \cdot W/cm^2$ wird zum Schmelzen des Werkstoffs in einer schmalen Schnittfuge angewendet (Bild 3). Die genaue Lage des Laserstrahls wird durch Fokussierung bestimmt. Die Fokussieroptik bündelt den aus dem Resonator austretenden und über ein Spiegelsystem zum Schneidkopf geführten Laserstrahl. Je nach Linsenbrennweite kann ein Brennfleck von etwa 0,1 mm bis 0,3 mm Durchmesser fokussiert werden.

Die Geometrie des Fokus ist dabei entscheidend für die Intensität des Strahls an der Bearbeitungsstelle. Der Brennfleck ist umso kleiner, je kleiner die Brennweite der Linse ist (Bild 4). Die Tiefenschärfe (ZR) nimmt jedoch mit abnehmender Brennweite ab, der Strahl weitet also schnell wieder auf.

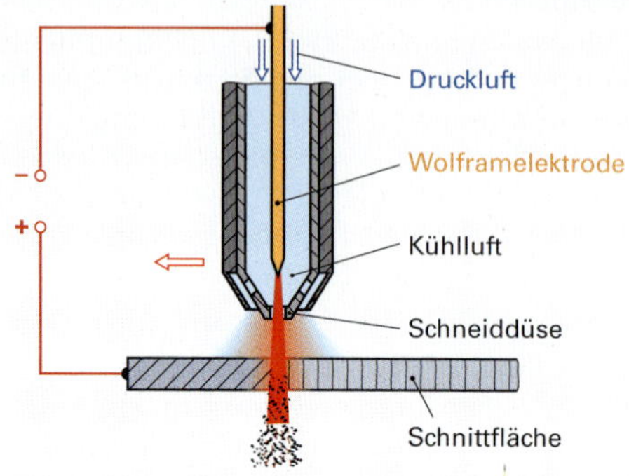

1 Luft-Plasma-Schneidbrenner

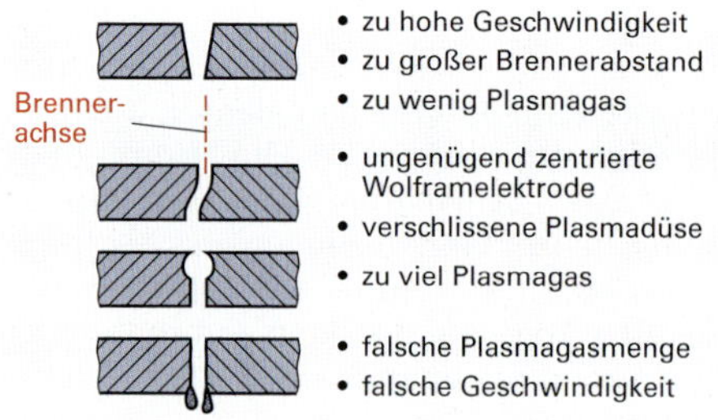

2 Einflüsse auf die Schnittqualität

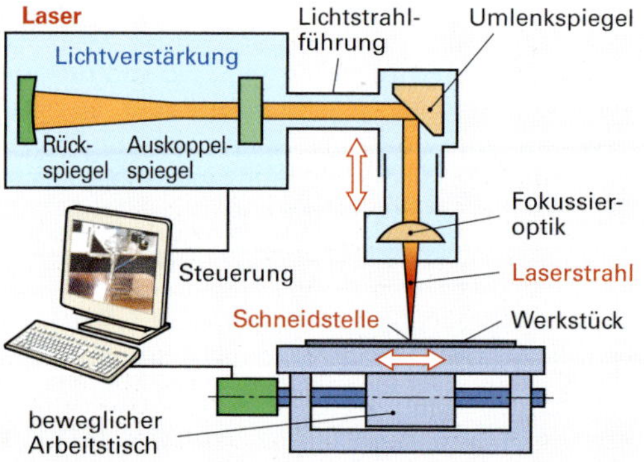

3 Schematischer Aufbau einer Laserstrahlschneidanlage

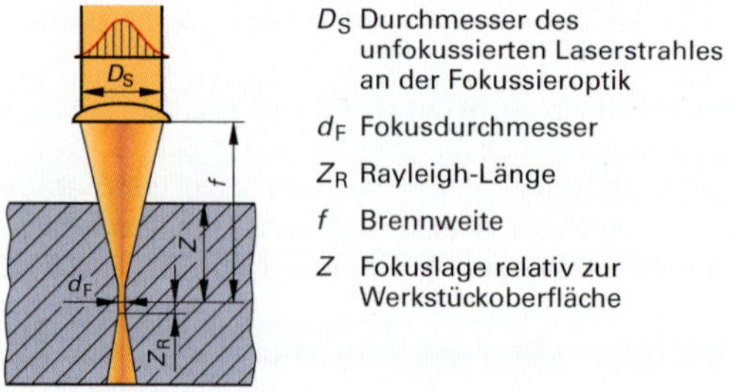

4 Kenngrößen fokussierter Laserstrahlung

Die Leistung eines Lasers ist ausreichend, um alle bekannten Materialien zu schmelzen und zu verdampfen. Durch die Bündelung der Energie ist es möglich, eine sehr genau begrenzte Erwärmung zu erzielen mit Schnittfugen von 0,1 mm bis 0,5 mm. Durch entsprechende Steuerung des Laserstrahls können genaue Schnitte und Beschriftungen ausgeführt werden (Bild 1).

Beim **Laserstrahl-Schmelzschneiden** ist die Schnittfuge auf Schmelztemperatur zu erwärmen. Der Fokus ist in der Mitte der Werkstückdicke zu positionieren. Es können mit diesem Verfahren genaue Konturen und kleine Werkstückdicken ausgeschnitten werden (Bild 2).

Beim **Laserstrahl-Sublimierschneiden** wird der Werkstoff durch die Einwirkung des Laserstrahls im Bereich der Schnittfuge verdampft. Als Schneidgase werden inerte oder reaktionsträge Gase verwendet, wie zum Beispiel Stickstoff, Helium oder Argon. Dieses Schneidverfahren wird sowohl für Metalle als auch für Werkstoffe verwendet, die einen geringen oder keinen ausgeprägten flüssigen Zustand besitzen. Solche Stoffe sind zum Beispiel Holz, Papier, Keramik und Kunststoffe.

Bei Nichtmetallen muss das Werkstück durch einen Schutzgasstrom vor einer exothermen Reaktion (Verbrennen) geschützt werden.

Auf Grund der hohen Verdampfungsenergie von Metallen ist nur eine relativ geringe Schnittgeschwindigkeit möglich. Die Materialdicke liegt bei Metallen unter 1 mm. An den Schneidkanten tritt wegen der verwendeten Schutzgase keine Oxidation auf.

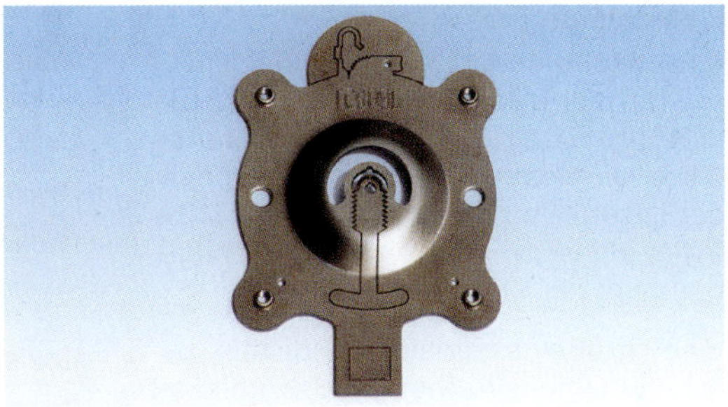

1 Werkstück durch Laserstrahlschneiden hergestellt, bei einer Schnittbreite von 0,2 mm, mit Beschriftung

2 Fahrradsymbol aus Edelstahl Rostfrei, 0,3 mm Werkstoffschnittbreite, durch Laserstrahlschneiden hergestellt

3 Werkstück aus niedriglegiertem Baustahl, Blechdicke 20 mm, durch Brennschneiden mit einem Laserstrahl hergestellt

Beim **Laserstrahl-Brennschneiden** wird der Fokus in der Regel auf der Werkstückoberfläche positioniert. Der Laserstrahl wirkt als Wärmequelle nur in einem engen Raum von ± 0,5 mm, in dem eine optimale Schnittqualität möglich ist. Außerhalb dieses Bereiches werden die Schnittfugen deutlich breiter. Bei unebenen Werkstücken muss daher die Fokussierposition mithilfe von Sensoren korrigiert werden.

Blanke Metalloberflächen reflektieren den gebündelten Lichtstrahl des Lasers. Daher sind matte Oberflächen deutlich günstiger mit einem Laserstrahl zu schneiden. So ist es möglich, autogenbrennschneidgeeignete Stähle wie S235JR (St37-2) bis zu einer Blechdicke von 25 mm mit sehr hoher Schnittqualität zu schneiden (Bild 3).

Einflussgrößen beim Laserschneiden

Auf der Schnittfläche bildet sich beim Brennschneiden immer eine fest haftende Oxidschicht. Beim Laserstrahl-Schmelzschneiden hochlegierter Stähle entstehen hochschmelzende Oxide, die den Schmelz- bzw. Schlackenabgang behindern. Auch kann sich durch die Oxidbildung die Legierung an der Schnittfläche verändern, sodass die Rostfreiheit verringert wird.

Die an der Oberfläche glänzenden Metalle wie Aluminium, Kupfer oder Messing reflektieren einen hohen Teil der Laserstrahlung (Wärmestrahlung) und besitzen eine große Wärmeleitfähigkeit, dadurch ist die Bearbeitung eingeschränkt.

Laserleistung

Mit zunehmender Materialdicke steigt die für das Trennen notwendige Laserleistung. So ist die maximale Materialdicke, die bearbeitet werden kann, von der Laserleistung abhängig (Bild 1). Die Schneidgeschwindigkeit nimmt allgemein mit der Materialdicke ab.

Eine große Laserleistungsdichte bewirkt eine hohe Aufheizgeschwindigkeit der Werkstückoberfläche. Diese Aufheizgeschwindigkeit ist so groß, dass durch entsprechende Steuerung des Laserstrahls dünne Schichten durch Schmelzen von der Werkstoffoberfläche ohne thermische Belastung des Grundwerkstoffes abgetragen werden können. Dadurch entsteht kein Verzug des Werkstücks (Bild 1, Seite 55). So kann der Laserstrahl zum Oberflächenhärten und zum Beschriften von Werkstücken angewendet werden. Zum Beispiel wird die Tastatur für Computer mit einem Laserstrahl beschriftet.

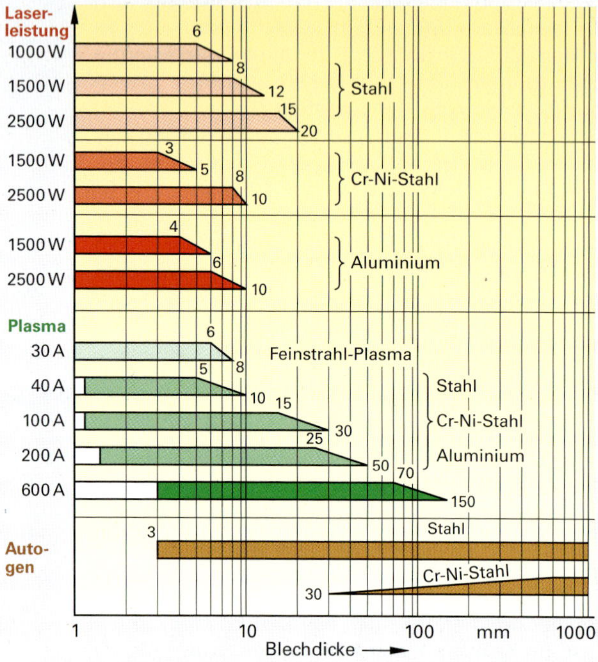

1 Anwendungsbereich vom thermischen Schneidverfahren

Unfallverhütung

- Vorsicht vor Strahlen durch Lichtbogen oder Laserstrahlen, sie führen zu Verbrennungen der Haut und Blenden der Augen!
- Vorsicht vor Metalldämpfen und Gasen, die beim Schneiden von Kunststoffen entstehen können, sie müssen abgesaugt werden!
- Beim Arbeiten am Laser sind die elektrotechnischen Unfallverhütungsvorschriften zu beachten!

Überprüfen Sie Ihre Kenntnisse

1 Erklären Sie den Vorgang des Brennschneidens von Stahl.

2 Aus welchem Grund sind nicht alle Stähle brennschneidbar?

3 Welcher Unterschied besteht zwischen dem Autogenen Brennschneiden und dem Plasmaschneiden?

4 Welche Arbeitsregeln sind beim Brennschneiden zu beachten?

5 Was versteht man unter dem Begriff Fugenhobeln beim Brennschneiden?

6 Wie entsteht die hohe Temperatur im Plasmalichtbogen?

7 Erklären Sie die Arbeitsweise und die Anwendung des Brennbohrens?

8 Welche verschiedenen Gase werden zum Plasmaschneiden verwendet?

9 Was versteht man unter einem Laserstrahl?

10 Welche Vorteile hat das Laserstrahlschneiden gegenüber anderen thermischen Trennverfahren?

11 Bei welchen Arbeiten ist das autogene Brennschneiden gegenüber dem Laserstrahlschneiden bevorzugt anzuwenden?

12 Weshalb entstehen beim thermischen Trennen Metalldämpfe in der umgebenden Luft?

4 Schraub-, Niet- und Klemmverbindungen

Mithilfe des Fertigungsverfahrens Fügen werden Bauteile zu Fertigteilen oder Baugruppen verbunden.

Merke

Das Fügen der Werkstücke oder Bauteile kann entweder lösbar oder unlösbar erfolgen.

4.1 Fügeverfahren im Metall- und Stahlbau (Übersicht)

Zu den **lösbaren** Verbindungen zählen Schraub-, Stift-, Bolzen- und Klemmverbindungen.

Niet-, Kleb-, Löt- und Schweißverbindungen gelten als **unlösbar,** weil die Einzelteile nur durch Zerstören des Verbindungsmittels wieder voneinander getrennt werden können.

Merke

Nach der Wirkungsweise der Fügeverbindungen unterscheidet man den Kraftschluss, den Formschluss und den Stoffschluss.

Beim **Kraftschluss** erfolgt das Fügen durch Zusammenpressen der Werkstücke und Bauteile (Bild 1a). Verbindungen dieser Art sind Klemm-, Press-, Schrumpf- und Dehnverbindungen, vorgespannte Schraubverbindungen, Warmnietverbindungen sowie der Sitz des Morsekegels in der Bohrmaschine.

Beim **Formschluss** besitzen die Werkstücke oder Bauteile ineinanderpassende Formen. Beispiele hierfür sind Stift-, Bolzen- und Kaltnietverbindungen, sowie nicht vorgespannte Schraubverbindungen (Bild 1b) und die Verbindungen von Blechen durch Falze.

Beim **Stoffschluss** wird der Zusammenhalt der Bauteile durch Stoffbrücken erreicht. Zu dieser Verbindungsart zählen Schweiß-, Löt- und Klebverbindungen (Bild 1c).

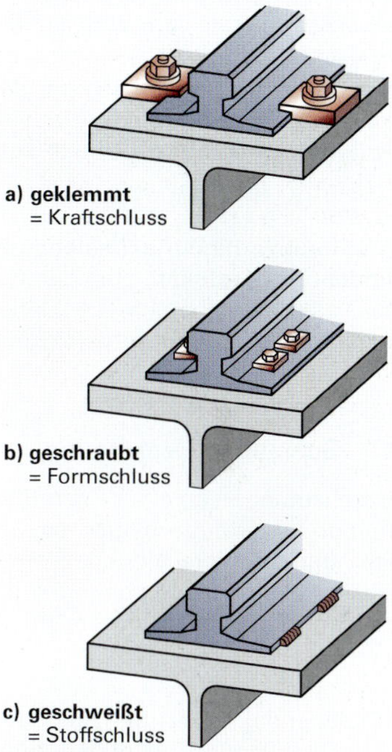

1 Verbindungsarten nach ihrer Wirkungsweise

Die Auswahl einer geeigneten Fügeverbindung erfolgt nach verschiedenen Gesichtspunkten:

- Festigkeit
- Sicherheit
- Korrosionsbeständigkeit
- Lösbarkeit
- Dichtheit
- konstruktive Durchführbarkeit
- Wirtschaftlichkeit und
- dekoratives Aussehen

Beispiel:

Bei diesem Edelstahl-Geländer steht vor allem das dekorative Aussehen im Vordergrund. Deshalb hat es keine sichtbaren Schweißnähte. Die Glashalter wurden in das geschlitzte Rohr gesteckt und von der Gegenseite geschweißt und verschliffen. Durch die geschraubten Klemmen lässt sich das Glas ein- und ausbauen. Die Gläser benötigen keine Bohrungen. Der Anschluss des Handlaufs an den Pfosten wurde als geklebte Steckverbindung ausgeführt, sodass auch hier eine schlecht zu verschleifende Schweißnaht vermieden wurde.

2 Fügeverbindungen an einem Geländer

4.2 Schraubverbindungen

Schraubverbindungen sind sicher, weil sie aus industriell vorgefertigten Elementen, den Schrauben, Muttern und Unterlegscheiben bestehen. Sie können gegen Lockern gesichert werden, bleiben aber jederzeit lösbar. Besonders wenn feuerverzinkte Schrauben verwendet wurden, bleibt die Lösbarkeit über viele Jahre erhalten. Durch automatisiertes Bohren der Schraubenlöcher, die schnelle Montage und durch ihre Wiederverwendbarkeit sind sie sehr wirtschaftlich.

Es gibt hochfeste Schrauben, mit denen die Teilstücke einer Stahlkonstruktion auf der Baustelle zu großen Bauwerken verbunden werden können (Bild 1).

Eine Schraubverbindung besteht neben den zu verbindenden Bauteilen aus der Schraube, der Mutter, einer oder mehreren Unterlegscheiben und eventuell einer Schraubensicherung (Bild 2).

1 Schraubverbindungen an einer transportablen Brücke

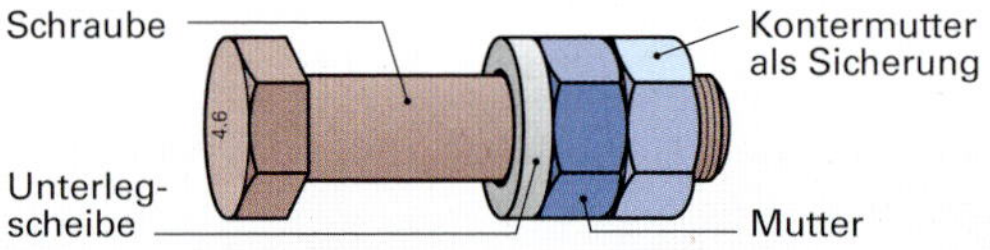

2 Elemente einer Schraubverbindung

4.2.1 Schraubenbezeichnung

Die Bezeichnungen an einer Schraube zeigt Bild 3. Schrauben und Muttern gibt es in sehr vielen Formen und aus verschiedenen Werkstoffen. Am häufigsten bestehen sie aus legiertem oder unlegiertem Vergütungsstahl unterschiedlicher Festigkeit.

Es ist notwendig, Schrauben eindeutig zu bezeichnen. Die Bezeichnung besteht aus dem Schraubennamen, der Normblattnummer, der Gewindeart, den Abmessungen, eventuell der Oberflächenbeschaffenheit und der Festigkeitsklasse bzw. dem Werkstoff bei Nichteisenmetallen (siehe nebenstehendes Bezeichnungsbeispiel, Bild 3).

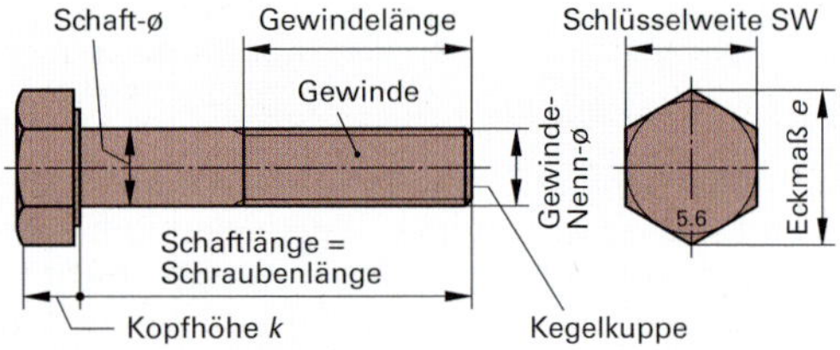

Bezeichnungsbeispiel:

Sechskantschraube ISO 4014 – M 10 × 40 – 5.6

- Benennung
- Normblatt-Nummer
- metrisches Gewinde
- Gewindeaußendurchmesser 10 mm
- Schaftlänge 40 mm
- Festigkeitsklasse (fünf Punkt sechs)

3 Bezeichnung an einer Schraube

Schraubenlänge

Unter der Länge einer Sechskantschraube versteht man die Schaftlänge (Bild 4). Nur bei Senkschrauben gehört der Kopf zur Länge. Sie ergibt sich aus:

  Klemmlänge l_k (Werkstückdicke)
\+ Scheibendicke s
\+ Mutterdicke m (0,8 · Gewindedurchmesser)
\+ Überstand $ü$ (2 Gewindegänge)
= Schraubenlänge l

Summe aufrunden auf Normlänge!

Die Schraubenlänge kann auch mit einer Klemmlängentabelle (Tabellenbuch) bestimmt werden.

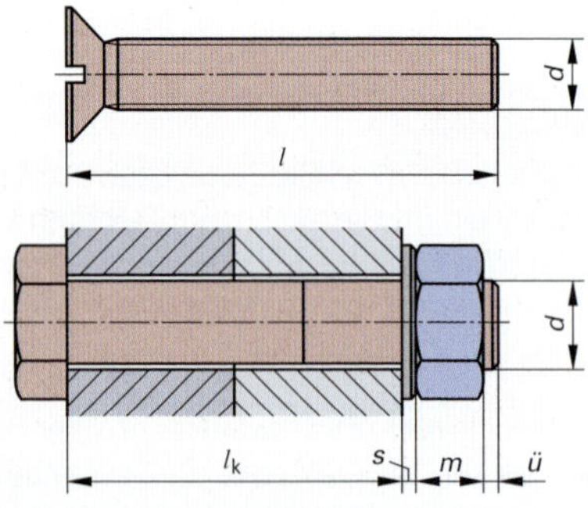

$l = l_k + s + m + ü$

4 Bestimmung der Schraubenlänge

Festigkeitsklassen und mechanische Kennwerte der Schraubenwerkstoffe

Merke

Die Schraubenstähle sind in **Festigkeitsklassen** eingeteilt, die auf dem Kopf der Schrauben angegeben werden.

Aus der Festigkeitsklasse (z. B. 5.6 Bild 3, Seite 58) können die mechanischen Kennwerte des Schraubenstahls ermittelt werden.

- Die erste Zahl (z. B. 5) multipliziert mit 100 ergibt die Zugfestigkeit R_m, z. B. $100 \cdot 5 = 500$ N/mm²
- Die zweite Zahl (z. B. 6) geteilt durch 10 ergibt das **Streckgrenzenverhältnis** $= \frac{\text{Streckgrenze}}{\text{Zugfestigkeit}}$ z. B. $\frac{6}{10} = 0{,}6$. Die Streckgrenze R_e des Schraubenstahls erhält man durch Multiplizieren des Streckgrenzenverhältnisses mit der Zugfestigkeit, z. B. $R_e = 0{,}6 \cdot 500$ N/mm² $= 300$ N/mm². Man kann auch $5 \cdot 6 \cdot 10 = 300$ N/mm² rechnen. Übliche Festigkeitsklassen im Metallbau sind 4.6, 5.6, 8.8, 10.9.

4.2.2 Handelsformen und Verwendung der Schrauben

Je nach Verwendungszweck benötigt der Metallbauer verschiedene Schrauben. Die wichtigsten Unterscheidungsmerkmale einer Schraube sind die Kopfform, die Gewindeart und der Werkstoff.

Die am häufigsten angewendeten Schrauben haben einen Sechskantkopf und ein metrisches Gewinde. Entweder ist es nur kurz wie in Bild 1 oder es geht annähernd bis zum Kopf.

Rohe Sechskantschrauben für Stahlkonstruktionen nach DIN 7990 (Bild 1) haben Gewinde-Nenndurchmesser M 12 bis M 30. Es gibt sie in den Festigkeitsklassen 4.6 und 5.6. Das Nenn-Lochspiel zwischen Schaft und Bohrung darf $\Delta d_L = 2$ mm nicht überschreiten. In Anschlüssen und Stößen von Rahmen muss $\Delta d_L \leq 1$ mm eingehalten werden.

Bei **Sechskant-Pass-Schrauben** nach DIN 7968 ist der Schaft 1 mm dicker als der Gewinde-Nenndurchmesser (Bild 2). Sie werden verwendet, wenn die Stahlkonstruktion passgenau verschraubt werden muss, wie z. B. bei biegesteifen Stößen und Stützen-Stößen. Die Bohrungen müssen kleiner vorgebohrt und nach dem Zusammenbau aufgerieben werden, sodass $\Delta d_L \leq 0{,}3$ mm bleibt.

Sechskantschrauben mit großen Schlüsselweiten (HV-Schrauben) mit der Festigkeitsklasse 10.9 werden anstelle der Rohen Sechskantschrauben eingesetzt, wenn große Kräfte übertragen werden müssen. (Näheres dazu ab Seite 64).

Senkschrauben DIN 7969 gibt es mit Schlitz (Bild 4a), Kreuzschlitz oder mit Innensechskant. Mit ihnen werden begehbare Bleche wie Tränenbleche, Riffelbleche und Treppenstufen verschraubt. Das Spiel zwischen Schaft und Bohrung muss $\Delta d_L \leq 1$ mm betragen. Zylinderschrauben mit Innensechskant (Bild 4b) gibt es mit normal hohem oder niedrigem Kopf. Sie werden an schwer zugänglichen Stellen eingesetzt, weil sie zum Anziehen oder Lösen wenig Platz benötigen.

Flachrundschrauben (Bild 4c) mit Vierkantansatz dienen zum Verbinden von Holz- mit Stahlteilen.

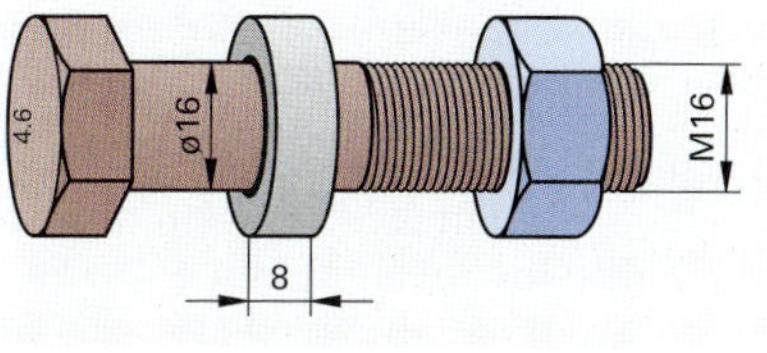

1 Rohe Sechskantschraube DIN 7990 – M 16 x 60 – Mu – 4.6 mit Scheibe DIN 7989 – A 18 – St

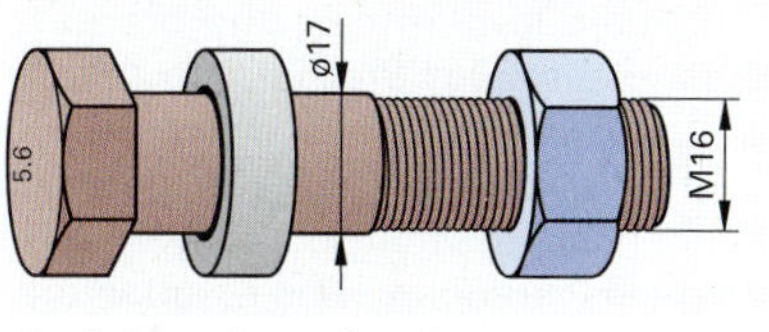

2 Sechskant-Passschraube DIN 7968 – M 16 x 60 – Mu – 5.6 mit Scheibe DIN 7989 – B 18 – St

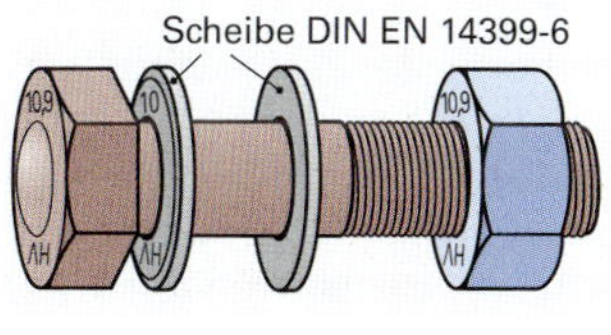

3 HV-Schraubengarnitur DIN EN 14399-4

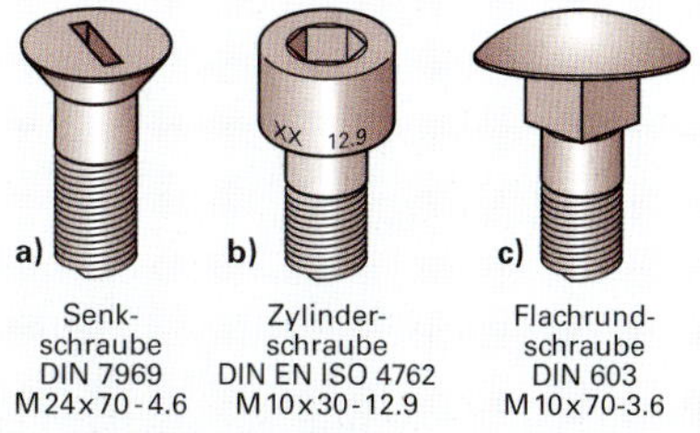

4 Weitere Kopfformen

Hammerschrauben mit großem Kopf werden für die biegesteife Verankerung von Stützen verwendet (Bild 1a). Ebenso lassen sich **Ankerschrauben** mit beidseitigem Gewinde und Ankermuttern einsetzen (Bild 1b). Beide Schraubenarten sind bis zum Durchmesser M100 genormt.

Steinschrauben werden einbetoniert, um Torbänder zu befestigen (Bild 1c). Inzwischen werden dazu meistens Klebeanker verwendet.

Schweißbolzen werden durch Bolzenschweißen an die Stahlkonstruktion von Glasfassaden und Wintergärten geschweißt, um die Druckleisten zum Einbau der Gläser befestigen zu können (Bild 2).

Stabanker aus Gusseisen mit Kugelgraphit dienen zum Verankern von Rundstäben an Knotenblechen mit Bolzen (Bild 3).

Sechskantholzschrauben sind für die Befestigung leichter Teile mit Nylondübeln ohne bauaufsichtliche Zulassung geeignet (Bild 4). Die **Stockschraube** wird verwendet, wenn statt des Sechskantkopfes ein metrisches Bolzengewinde erforderlich ist.

Schrauben für Sonderzwecke

Blechschrauben sind gehärtet und formen ihr Gewinde im Blech selbst (Bild 5). Sie haben verschiedene Kopfformen und bis zu 6,3 mm Nenndurchmesser für Blechdicken bis zu 2,5 mm. Die Bohrung im Blech soll nur wenig größer als der Schraubenkerndurchmesser sein. Dickere Bleche können arbeitssparend entweder mit **Gewinde-Schneidschrauben** (Bild 6) oder mit **gewindefurchenden Schrauben** verbunden werden.

Merke

Schneidschrauben stellen das Gewinde spanend her, gewindefurchende Blechschrauben verdrängen den Werkstoff spanlos.

In so hergestellte Gewindelöcher dürfen auch andere passende Schrauben eingedreht werden. **Kombi-Schrauben** nach DIN 6900 sind Kombinationen von Schrauben und Scheiben, die unverlierbar aber drehbar mit der Schraube verbunden sind.

Für die Befestigung von Stahltrapezprofilen kann z. B. eine **Gewindefurchende Schraube** DIN 7500 mit einer Unterlegscheibe verwendet werden, auf deren Unterseite sich eine aufvulkanisierte Elastomer-Dichtung befindet (Bild 7a). Sind die zu verbindenden Teile dünner als 10 mm, kann auch eine **Bohrschraube** DIN 7504 verwendet werden (Bild 7b), die ihr Loch selbst bohrt und das Gewinde schneidet. Neben den genormten Schrauben gibt es eine Vielzahl von Schrauben mit **bauaufsichtlicher Zulassung** für Kaltprofile aus Stahlblech.

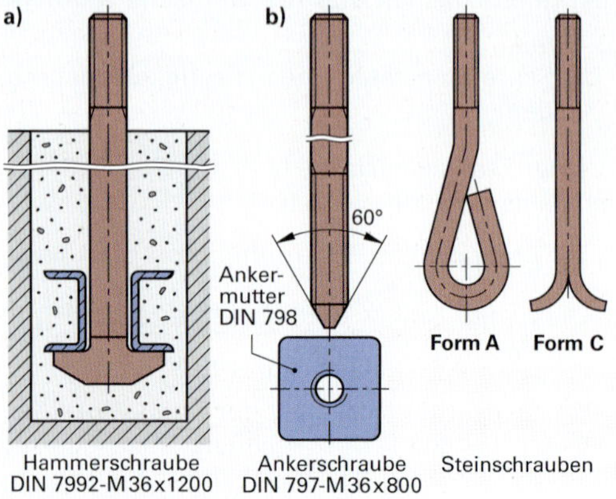

1 Schrauben zum Verankern

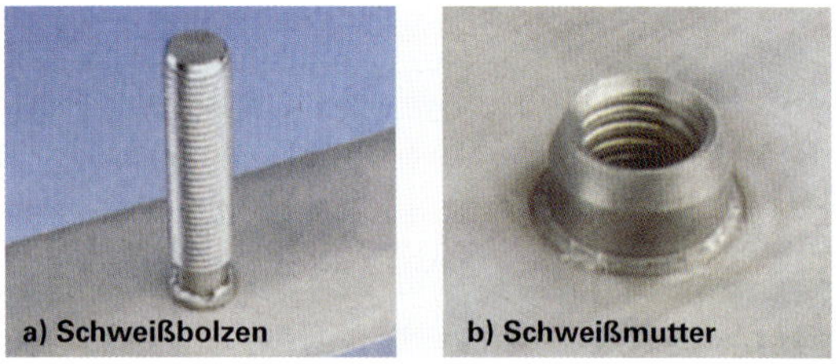

2 Schweißbolzen und -mutter

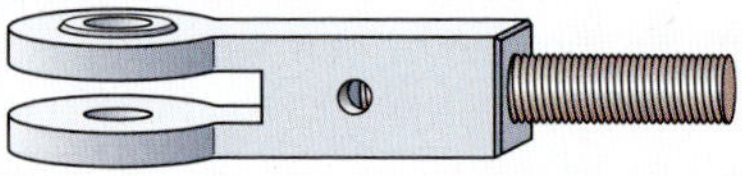

3 Stabanker

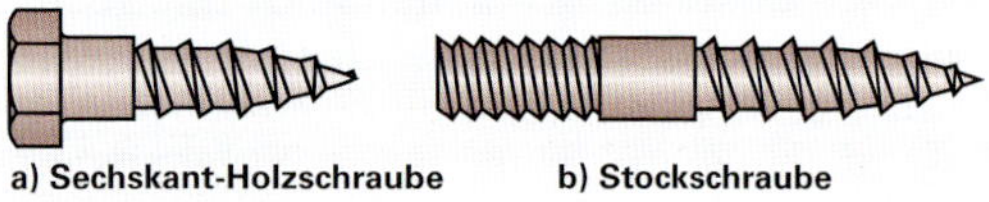

4 Holzschrauben

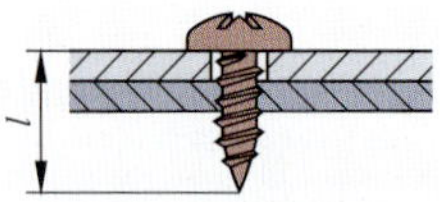

5 Linsenkopf Blechschraube DIN EN ISO 7049 – St 2,9 x 13 – C – H

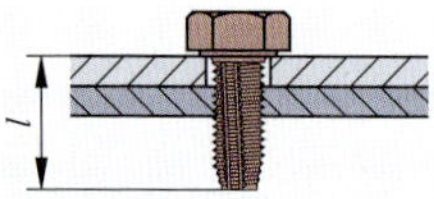

6 Gewinde-Schneidschraube DIN 7513 – AM 5 x 15

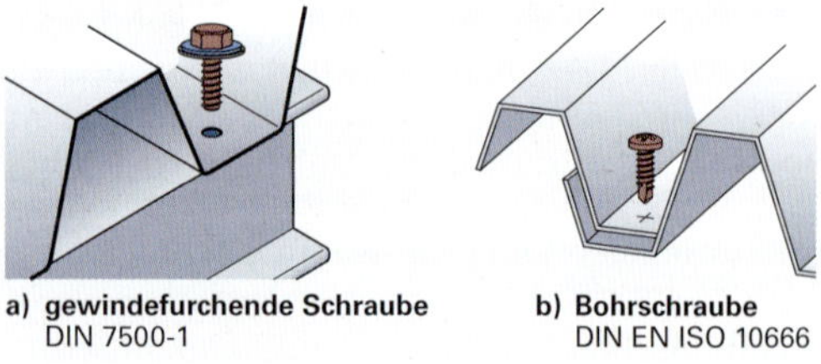

7 Kombi-Schrauben

Weil erst nach abgeschlossenem Bohrvorgang das Gewinde geschnitten werden darf, ist für jede Bohrschraube die „maximale Durchdringung *t*" zu beachten, die sich aus der Länge der Bohrspitze bestimmt. **Kombi-Schrauben** aus nichtrostendem Stahl sind nicht so hart, deshalb besteht ihre Bohrspitze aus gehärtetem Stahl (Bild 1).

Ankerschienen-Schrauben haben einen rechteckigen Kopf (Bild 2). Er gestattet es, den Schraubenkopf mit der Schmalseite in die Schiene einzuführen, um 90° zu verdrehen und dann festzuschrauben. Die Ankerschienen werden angeschweißt oder beim Herstellen der Wand oder Decke mit einbetoniert. Sie bieten einen zuverlässigen, verstellbaren Halt.

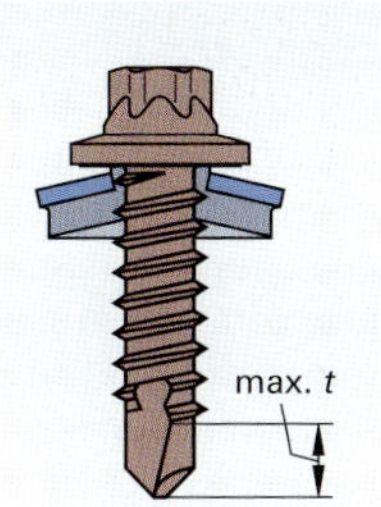

1 Kombi-Schraube mit unverlierbarer Scheibe, bohrt, schneidet Gewinde, dichtet

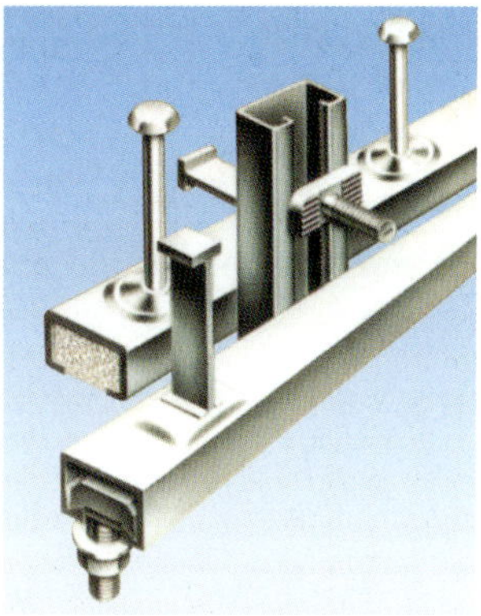

2 Ankerschienen-Schrauben

4.2.3 Muttern

Mit der Mutter wird die Schraubenverbindung festgedreht. Es gibt eine Vielzahl von Mutterarten. Der Metallbauer verwendet vor allem **Sechskantmuttern** (Bild 3a).

Vierkantmuttern haben eine größere Ansatzstelle für den Gabelschlüssel, sie sind aber für beengte Platzverhältnisse ungünstig (Bild 3b). Sie werden für Flachrundschrauben und als Ankermuttern (DIN 798) für Ankerschrauben verwendet. **Hutmuttern** dienen zur Abdeckung von Gewindeenden (Bild 3c).

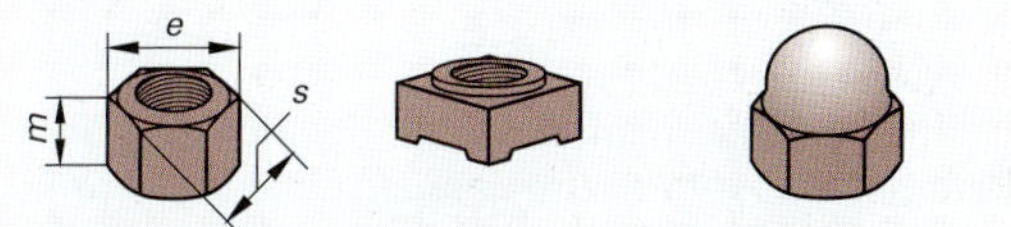

a) Sechskantmutter DIN EN ISO 4034-M16-4.6
b) Vierkant-Schweißmutter DIN 928-M16-St
c) Sechskant-Hutmutter DIN 1587-M16-6

3 Muttern

4.2.4 Unterlegscheiben

Sie haben die Aufgabe, die Oberfläche der Bauteile zu schützen, die Anpresskraft der Mutter oder des Schraubenkopfes besser zu verteilen und die Flanken von Langlöchern zu überbrücken. Dazu sind besonders die 8 mm dicken **Scheiben DIN 7989** geeignet (Bild 4a). Außerdem verhindern diese Scheiben, dass das Schraubengewinde in das Bauteil hineinreicht. Typ A (roh) wird für Rohe Schrauben, Typ B (blank) wird für Passschrauben verwendet. **Scheiben DIN EN 14399-6** (Bild 4b) sind dünner und gehärtet, sie liegen unter Kopf und Mutter von HV-Schrauben. Keilförmige Vierkantscheiben gleichen Flanschneigungen aus. Für Schmale I-Träger gibt es I-Scheiben mit 14 % Neigung, erkennbar an einer Rille (Bild 4c). Für U-Träger gibt es U-Scheiben mit 8 % Neigung, sie sind an zwei Rillen zu erkennen (Bild 4d).

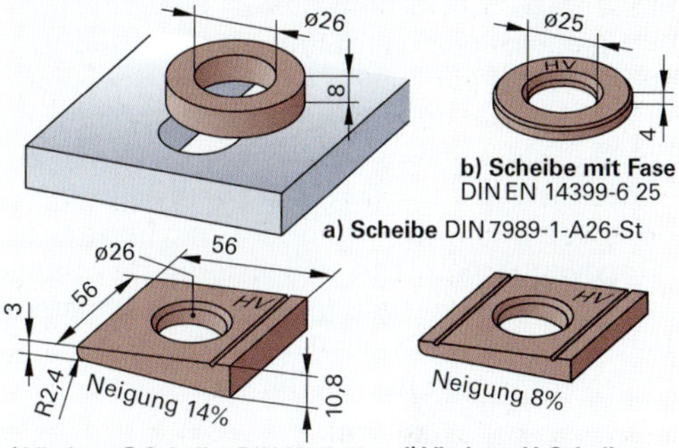

b) Scheibe mit Fase DIN EN 14399-6 25
a) Scheibe DIN 7989-1-A26-St
c) Vierkant-I-Scheibe DIN 6917-26 bzw. für Rohe Schrauben DIN 435
d) Vierkant-U-Scheibe DIN 6918-26 bzw. DIN 434

4 Stahlbau-Unterlegscheiben

Merke

Unterlegscheiben sind keine Schraubensicherung. Sie schützen nicht vor ungewolltem Lösen der Mutter!

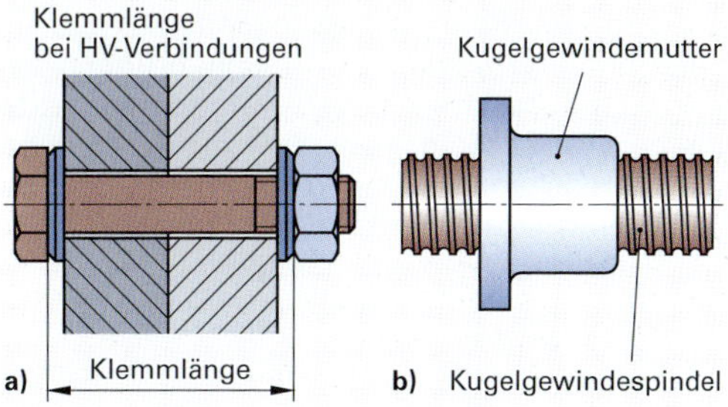

5 Befestigungs- und Bewegungsgewinde

4.2.5 Selbsthemmung von Gewinden

Selbsthemmung eines Gewindes liegt vor, wenn eine Mutter sich von einer Schraube nicht von selbst abdreht, sondern stehen bleibt (Bild 5a). Befestigungsgewinde für Schrauben sind deshalb eingängige Spitzgewinde mit kleiner Steigung. Für Antriebe von Werkzeugmaschinentischen werden Trapezgewinde oder Kugelgewindespindeln mit großer Steigung und geringer Reibung ohne Selbsthemmung verwendet (Bild 5b).

Die Haftreibungszahl μ_H zwischen zwei Werkstoffen kann durch einen Versuch ermittelt werden (Bild 1). Auf einer beweglichen schiefen Ebene aus Stahl liegt ein Stahlkörper. Die schiefe Ebene wird nun so lange angehoben, bis der Körper anfängt abzurutschen. Bis kurz vor dem Abrutschen sind die Hangabtriebskraft F_H und die Haftreibungskraft F_{RH} gleich groß. Nach geometrischen Gesetzen gilt: $\alpha_H = \gamma_H$. Die Haftreibungszahl μ_H ist definiert als

$$\mu_H = \frac{F_{RH}}{F_N} = \frac{F_H}{F_N} = \tan \gamma_H = \tan \alpha_H.$$

F_N = Normalkraft, α_H = Haftreibungswinkel. Bei glatten trockenen Stahlflächen erhält man etwa $\alpha_H \leq 11°$ und daraus $\mu_H = \tan 11° \leq 0{,}19$.

Merke

Befestigungsgewinde haben Steigungswinkel kleiner als 11° und sind deshalb selbsthemmend.

4.2.6 Spannschlösser

Spannschlösser gestatten das Nachspannen der Windverbände aus Rundstahl oder von Seilen im Stahlbau. Ein Spannschloss besteht aus einer Spannschlossmutter mit Rechts- und einer mit Linksgewinde, sowie einem Anschweißende mit Rechtsgewinde und einem mit Linksgewinde (Bild 2). Das Ende mit Linksgewinde hat eine Kennzeichnung durch „LH" oder eine Rille über die Sechskantecken. Kontermuttern mit Rechts- und Linksgewinde nach DIN 555 fixieren das Spannschloss. Spannschlösser gibt es in verschiedenen Ausführungen: Geschmiedet, aus Sechskantstahl, aus Stahlrohr oder Rundstahl.

4.2.7 Schraubensicherungen

Durch fest angezogene Muttern wird im Schraubenschaft eine Vorspannkraft erzeugt, die die Normalkraft im Gewinde erhöht. Trotz der Selbsthemmung der Befestigungsgewinde können sich Schrauben lösen, wenn sie Erschütterungen ausgesetzt sind. Durch sie kann die Mutter momentan abheben. Außerdem kann sich durch Einebnen der Oberflächenrauheiten die Verbindung etwas setzen. Normalkraft und Reibung werden kleiner oder verschwinden ganz – die Mutter löst sich.

Merke

Wenn in verschraubten Bauteilen wechselnde Lasten oder Schwingungen auftreten können, müssen die Schrauben gesichert werden.

Eine Ausnahme bildet eine mit vorgeschriebenem Drehmoment angezogenen HV-Schraube und eine Dehnschraube. Ihr hochfester, federnder Schaft ist elastisch und gleicht Setzungen aus.

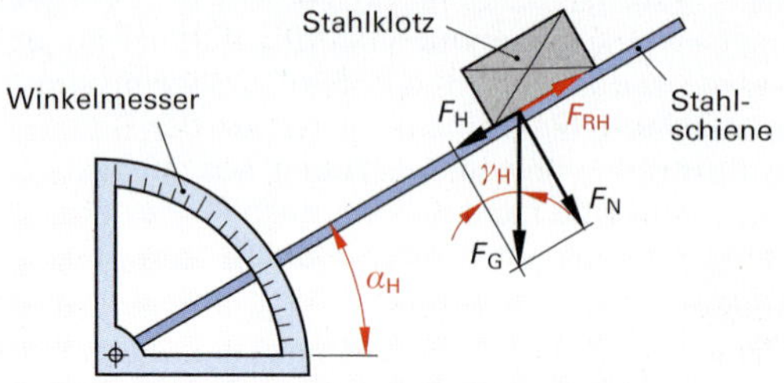

1 Versuch zur Ermittlung des Haftreibungswinkels

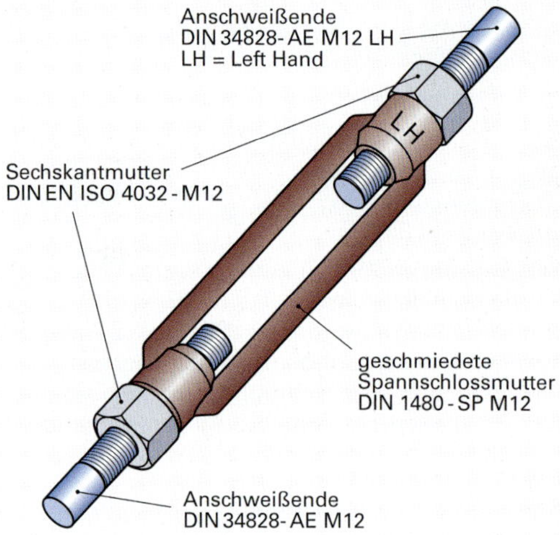

2 Spannschloss

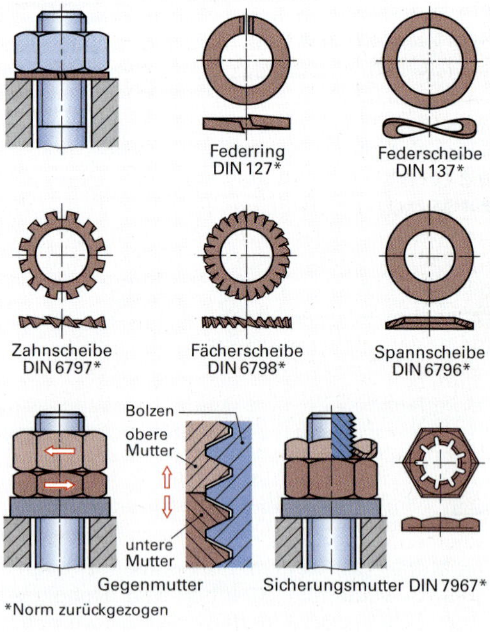

3 Setzsicherungen

Setzsicherungen enthalten ein federndes Element, das die Vorspannung der Schrauben weitgehend erhält. Dadurch bleiben Normalkraft und Reibung im Gewinde erhalten. Als federndes Element dienen Federring, Federscheibe, Zahnscheibe, Fächerscheibe und Spannscheibe (Bild 3, vorhergehende Seite). Kontermuttern werden gegeneinander verdreht und erzeugen in ihrem Bereich eine höhere Vorspannung und dadurch eine höhere Reibung. Sicherungsmuttern bestehen aus Federstahl und werden wie Kontermuttern verwendet. Setzsicherungen werden auch als **kraftschlüssige Schraubensicherungen** bezeichnet. Da sie heute als unwirksam gelten, wurden ihre Normblätter zurückgezogen.

Merke

Setzsicherungen sind wieder verwendbar und bieten bei vorwiegend ruhender Beanspruchung gute Sicherheit gegen Lösen, falls die Schraubengüte niedriger als 8.8 ist.

Für dynamische Beanspruchungen sind Setzsicherungen unzureichend!

Verliersicherungen, die ein Element enthalten, das zerstört bzw. verbogen werden muss, bevor die Verbindung auseinander fällt, werden auch als **formschlüssige Schraubensicherung** bezeichnet. Als Verliersicherung werden das Sicherungsblech, die Drahtsicherung, die Kronenmutter mit Splint und Muttern mit Kunststoffringen eingebaut (Bild 1).

Merke

Verliersicherungen verhindern in der Regel auch bei dynamischer Beanspruchung den Verlust der Schrauben. Ein teilweises Lockern und den Verlust an Vorspannung können sie nicht verhindern.

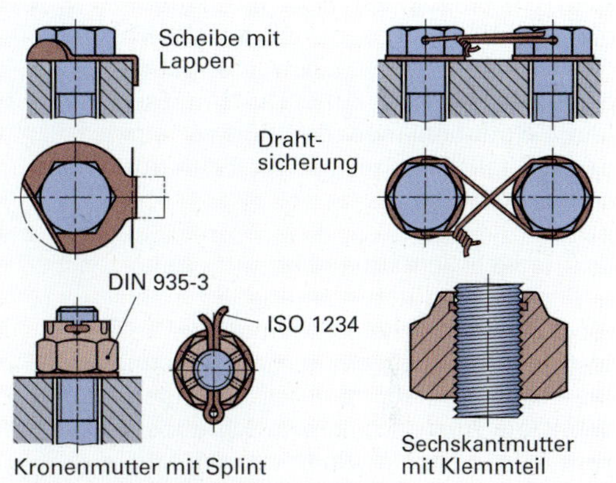

1 Verliersicherungen

Losdrehsicherungen können durch Verkleben von Schrauben- und Muttergewinde mittels Einkomponentenklebstoffen hergestellt werden. Diese Sicherung wird auch als **stoffschlüssige Schraubensicherung** bezeichnet. Es gibt dickflüssige Sicherungsmittel für die Beschichtung vor dem Verschrauben (Bild 2a), dünnflüssige für das nachträgliche Sichern und Mittel mit verschiedenen Losbrechfestigkeiten. Außerdem werden mit mikroverkapseltem Klebstoff vorbeschichtete Schrauben (Bild 2b) angeboten. Auch Sperrzahnmuttern und -schrauben (Bild 2c) werden als Losdrehsicherung eingesetzt. Sie besitzen gehärtete Verriegelungszähne, die sich in das Werkstück eingraben. Auf gehärteten Werkstücken finden sie allerdings keinen Halt.

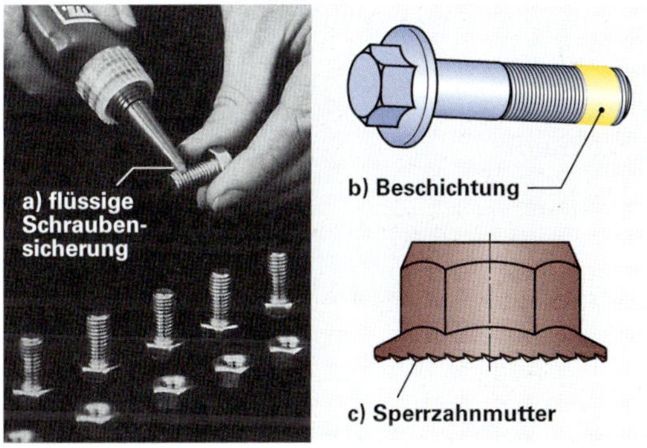

2 Losdrehsicherungen

Merke

Losdrehsicherungen verhindern zuverlässig das Losdrehen von Mutter- und Bolzengewinde auch bei dynamischer Belastung. Sie sind mit normalem Werkzeug lösbar.

Überprüfen Sie Ihre Kenntnisse

1 Welche 5 Eigenschaften sind bei Schraubverbindungen besonders wichtig?

2 Welche Schraubenlänge ist für eine Rohe Sechskantschraube DIN 7990-M16 erforderlich, wenn die Klemmlänge 30 mm beträgt?

3 Welche Zugfestigkeit und welche Streckgrenze hat eine Schraube der Festigkeitsklasse 8.8?

4 Warum werden Schrauben mit verschiedenen Kopfformen hergestellt?

5 Welche Vorteile bieten Kombi-Schrauben?

6 Wozu benötigt man Vierkant-Unterlegscheiben?

7 Was geschieht, wenn die maximale Durchdringung einer Bohrschraube für die vorliegende Klemmlänge nicht ausreicht?

8 Nennen und beurteilen Sie Beispiele für jede der 3 Arten von Schraubensicherungen!

9 Welche Schraubensicherungen lösen sich nicht, auch bei dynamischer Beanspruchung?

4.2.8 HV-Schrauben

Sie werden in DIN EN 14399-4 „Schrauben mit großen Schlüsselweiten" genannt, weil Kopf und Mutter eine Stufe größer als bei normalen Schrauben sind. Im Umgangsdeutsch heißen sie HV-Schrauben. H für hochfest, V für vorgespannt, weil sie häufig vorgespannt werden (Bild 1). Sie tragen auf dem Kopf den Herstellernamen, die Bezeichnung HV, das Jahr der Fertigung als Buchstabe, hier z. B. K, die Festigkeitsklasse 10.9 und in der Mitte die Losnummer, hier das 13. Los. Daraus ergibt sich die Seriennummer 13K. Diese Angaben dienen zusammen mit Durchmesser und Schraubenlänge der Rückverfolgbarkeit, falls Mängel an der Schraube aufgetreten sind.

Zu jeder Schraubengarnitur gehören zwei vergütete Unterlegscheiben (Bild 2) oder U- bzw. I-Scheiben, die unter Kopf und Mutter angeordnet werden. Die Fase soll stets nach außen zeigen, damit die Ausrundung am Schraubenkopf aufgenommen werden kann. Muttern und Scheiben sind durch HV und 10 gekennzeichnet. Neben schwarzen gibt es feuerverzinkte HV-Garnituren.

Beachte: Zur Klemmlänge von HV-Schrauben gehören auch beide Scheibendicken!

Merke

Es dürfen nur komplette HV Schraubengarnituren vom selben Hersteller verwendet werden!

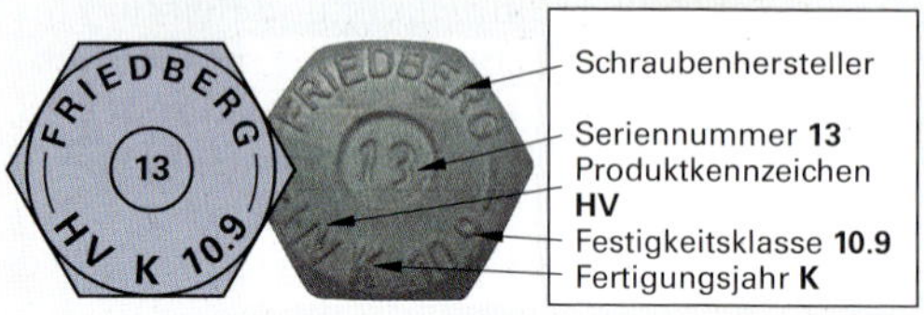

1 HV Schraubenkopf mit Rückverfolgbarkeitsangaben

2 HV-Schraubengarnituren, schwarz

3 Geschraubte Rahmenstöße

4.2.9 Vorteile von HV-Schraubverbindungen im Stahlbau

Durch höhere Festigkeit braucht man weniger HV- Schrauben. Baugruppen sollen groß sein, damit der Montageaufwand auf der Baustelle klein bleibt. Gegen zu große Baugruppen sprechen folgende Gründe:

Fertigungstechnik: Tragkraft der Kräne, Werkstatt-Torgröße

Transport: Überlängen und Überbreiten nur mit Polizeibegleitung, Durchfahrtshöhen und Brückenlasten nicht überschreiten.

Montage: Platzverhältnisse und verfügbare Kräne. Schweißen vermeiden. Für die Wahl der Trennstellen ist die Statik maßgebend. Deshalb bei Durchlaufträgern neben das Innen-Auflager. Bei Rahmen wie in Bild 3. Stützen-Stöße an beliebiger Stelle.

4.2.10 Schraubenabstände

Schrauben müssen genügend Abstand voneinander haben, damit der Schraubenschlüssel angesetzt werden kann. Außerdem muss ein ausreichend großer Werkstoffquerschnitt zur Übertragung der Kräfte zur Verfügung stehen. Ein zu kleiner Randabstand könnte bewirken, dass die Bleche ausreißen. Zu große Abstände bedeuten Werkstoffverschwendung und sie führen zu Klaffungen, in die Wasser eindringen kann. Es gibt zugelassene minimale, maximale und optimale Loch- und Randabstände (Tabelle 1).

Tabelle 1: Rand- und Lochabstände für Schrauben und Niete gemäß Eurocode 3

Lochabstand	Zeichen	minimal	maximal nutzbar	optimal	früher üblich
In Kraftrichtung *gestanzte Löcher*	p_1	2,2 d_0 *3,0 d_0*	3,75 d_0 od. 12 t	**3,5 d_0**	**3,0 d_0**
Vom Rand in Kraftrichtung	e_1	1,2 d_0 *1,5 d_0*	3,0 d_0 od. 6 t	**3,0 d_0**	**2,0 d_0**
Vom Rand quer zur Kraftrichtung	e_2	1,2 d_0 *1,5 d_0*	3,0 d_0 od. 6 t	**1,5 d_0**	**1,5 d_0**
Quer zur Kraftrichtung	p_2	2,4 d_0 *3,0 d_0*	3,75 d_0 od. 12 t	**3,0 d_0**	**3,0 d_0**

Es bedeuten: d_0 = Lochdurchmesser, *kursiv*: gestanzt
t = Dicke des dünnsten der außenliegenden Bleche

Merke

Nur bei Einhaltung der optimalen Rand- und Lochabstände werden die höchsten Grenzlochleibungskräfte erreicht!

Die zugelassenen minimalen Abstände ergeben nur etwa die halbe Tragfähigkeit, da die Grenzlochleibungskraft abgemindert wird. Gestanzte Löcher benötigen gegenüber gebohrten Löchern größere minimale Abstände, sie sind in die Tabelle *kursiv* eingetragen.

Minimale und optimale Abstände können auf das nächste durch 5 teilbare Maß aufgerundet werden. Maximale Abstände werden entsprechend abgerundet. Bei Stab- und Formstählen sind die Wurzelmaße w einzuhalten. Alle Abstände sind auch bei versetzten Schraubenreihen von Lochmitte zu Lochmitte zu messen (Bild 1).

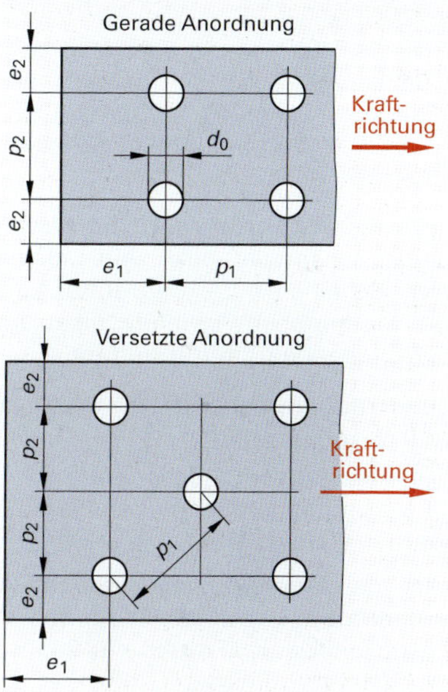

1 Lochabstände in Blechen und Profilen

4.2.11 Scher-Lochleibungs-Schraubverbindung (SL-Verbindung)

Scher-Lochleibungs-Verbindungen, kurz SL-Verbindungen genannt, werden von Hand angezogen. Die Kräfte V_a werden über die **Lochleibung** des einen Blechs auf den Schraubenschaft und von dort auf die Lochleibung des anderen Blechs übertragen (Bild 2). Im Schaft entstehen dabei Scherspannungen. Die Reibungskräfte werden rechnerisch vernachlässigt.

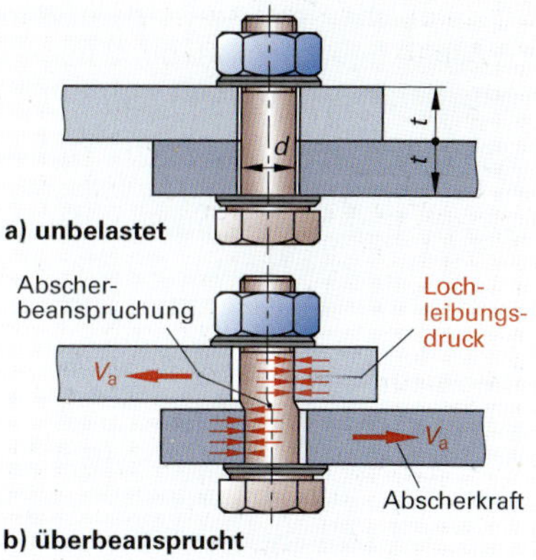

2 Scher-Lochleibungsverbindung

Die Schrauben sind in Bohrungen eingesetzt, die 0,3 mm bis 2 mm größer als der Schraubenschaft sein dürfen. Dadurch kommt es vor, dass die Verbindung zunächst etwas nachgibt, bevor die Lochwandungen anliegen.

Alle formschlüssigen Verbindungen mit Stiften, Bolzen, Nieten und Schrauben sind Scher-Lochleibungsverbindungen. Auch 90 % aller HV-Schraubenverbindungen im Stahlbau sind SL-Verbindungen. Die SL-Verbindung mit HV-Schrauben darf nur bei vorwiegend **ruhender Belastung,** z. B. bei Gebäuden verwendet werden.

Merke

Bei Bauwerken, die auch einer **dynamischen Belastung** unterliegen, wie z. B. Kräne und Brücken, sind die Verbindungen als Sicherung der Mutter gegen Lösen planmäßig vorzuspannen. Dann liegt eine **SLV-Verbindung** vor.

Scher-Lochleibungs-Pass-Schraubenverbindung (SLP-Verbindung)

Die SLP-Verbindung ist eine Verbindung mit Sechskant-Pass-Schrauben DIN 7968 oder HV-Pass-Schrauben DIN 7999 (Aufschrift HVP) Bild 1. Der Schaft der Pass-Schrauben ist 1 mm dicker als ihr Gewindedurchmesser. Sie werden mit einem Lochspiel von höchstens 0,3 mm in aufgeriebene Bohrungen eingepasst und sind für stabilere und exaktere Verbindungen bestimmt.

Große Kräfte werden über die Lochleibung und Scherkräfte im Schraubenschaft übertragen.

Merke

Die SLP-Verbindung darf auch bei dynamischer Belastung, z. B. im Brückenbau, verwendet werden, wenn die Muttern durch Vorspannen (als SLVP-Verbindung) gegen Setzen gesichert werden.

Falls die maximale zulässige Klemmlänge nicht ganz beansprucht wird, sind bei HVP-Schrauben *zwei* Scheiben unter die Mutter zu legen, damit die Mutter beim Anziehen nicht auf das innere Gewindeende trifft und klemmt.

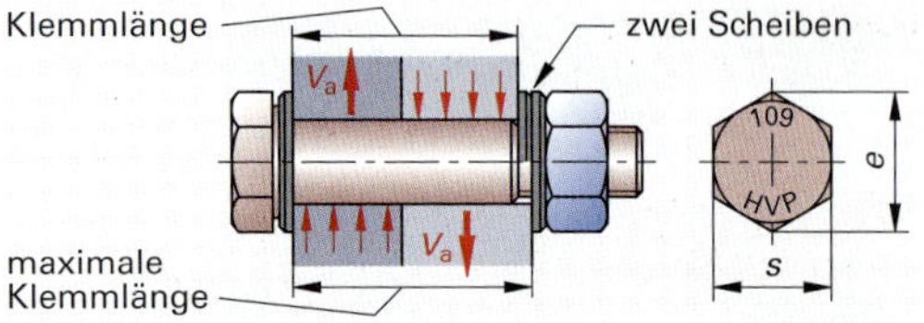

1 SLP-Verbindung

Übertragbare Scherkräfte von SL- und SLP-Verbindungen

Die übertragbaren Scherkräfte je Schraube für SL-Verbindungen können aus Tabellen abgelesen werden (Tabelle 1).

Wie die Tabelle 1 zeigt, beträgt die **Grenzabscherkraft** $V_{a, R, d}$ einer Rohen Schraube M12 der Festigkeitsklasse (FK) 4.6 nur 24,68 kN, bei einer HV-Schraube gleicher Größe beträgt sie jedoch 56,55 kN. Das ist mehr als doppelt so viel! Dadurch müssen nur halb so viele HV-Schrauben eingebaut werden wie Rohe Schrauben. Das ist wirtschaftlicher, weil außerdem weniger Schraubenlöcher gebohrt und nur kleinere Anschlussbleche hergestellt werden müssen.

Beachte: Um die Grenzabscherkraft von 4 Schrauben zu erhalten, wird der Tabellenwert mit 4 multipliziert. Eine zweischnittige Schrauben-Verbindung (vergleiche Niete S. 70 Bild 4) trägt doppelt so viel wie eine einschnittige Verbindung. Im Normalfall greifen die Scherkräfte nicht am Gewinde, sondern am Schaft an.

Ablesebeispiel: Welche Grenzabscherkraft haben vier zweischnittige HV-Schrauben M16 einer SL-Verbindung, wenn die Scherkräfte am Schaft angreifen?

Lösung: $V_{a, R, d}$ = 100,53 kN × 4 × 2 = 804,24 kN

Tabelle 1: Grenzabscherkräfte nach EC3

$V_{a, R, d}$ in kN je Scherfuge für ein- und mehrschnittige gestützte SL-Schraubenverbindungen mit Schrauben DIN 7969, DIN 7990 und DIN EN 14399-4.

Schaft in der Scherfuge					
FK	M12	M16	M20	M22	M24
4.6	21,7	38,6	60,3	73	86,9
5.6	27,1	48,3	75,4	91,2	108
8.8	43,4	77,2	120	146	173
10.9	54,3	96,5	150	182	217
Gewinde in der Scherfuge					
FK	M12	M16	M20	M22	M24
4.6	16,1	30,1	47	58,1	67,7
5.6	20,2	37,6	58,8	72,7	84,7
8.8	32,3	60,2	94	116	135
10.9	33,7	62,8	98	121	141

Anwendung von SL- und SLP-Verbindungen

Typische Anwendungsbeispiele sind alle Bauwerke mit vorwiegend ruhender Belastung wie Sendemaste, Kesselgerüste, Fabrik- und Sporthallen, Bürogebäude und Hochhäuser (Bild 2). Diese turmartige Rahmenkonstruktion ist geschweißt, alle lösbaren Anschlüsse wurden mit HV-Schrauben in SLV-Verbindungen hergestellt.

2 Praktische Ausführung von SLV-Verbindungen

4.2.12 Gleitfest vorgespannte Verbindung (GV-Verbindung)

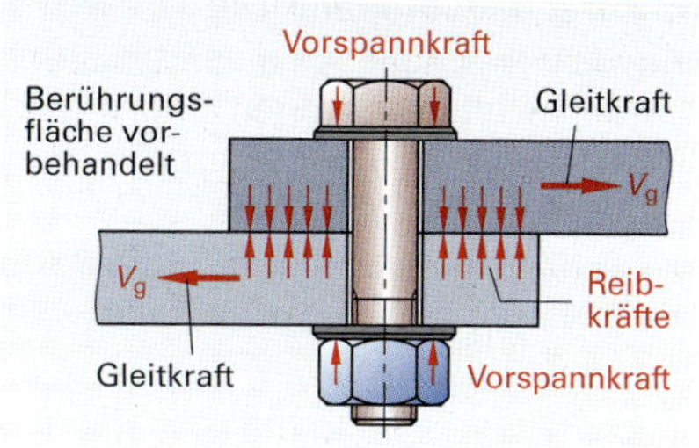

1 Gleitfest vorgespannte Verbindung (GV-Verbindung)

Bei einer gleitfest vorgespannten Verbindung werden die HV-Schrauben fest angezogen und pressen die zu verbindenden Teile so fest zusammen, dass sie trotz Belastung nicht verrutschen können (Bild 1). Die HV-Schrauben werden nicht auf Abscheren beansprucht, sondern vorwiegend auf Zug und durch das Anziehen auch etwas auf Torsion. Lochleibungsdruck entsteht nicht. Die Kraft wird durch Reibung übertragen. **Gleitfest** wird die Verbindung dadurch, dass die im Stoß sich berührenden Flächen aufgeraut werden. Das geschieht durch **Sandstrahlen** oder **Flammstrahlen** und Auftragen eines **gleitfesten Anstrichs.** Dabei entsteht die erforderliche Reibungszahl von $\mu = 0{,}5$ bei S235 JR. Sonstige Farbe, Fett, Öl oder Flugrost sind nicht erlaubt. Klaffungen, die durch Walztoleranzen oder Schweißverzug entstehen können, müssen ab 2 mm Spaltbreite durch beidseitig aufgeraute Futterbleche ausgeglichen werden.

Die erforderlichen Vorspannkräfte bzw. die Anziehmomente sind aus der folgenden Tabelle zu entnehmen.

Beispiel: Eine feuerverzinkte HV-Schraube M 12 ist MoS_2 geschmiert und benötigt lt. Tabelle ein Anziehmoment von 100 Nm um 50 kN Vorspannkraft zu erreichen. Die Grenzgleitkraft beträgt 21,74 kN wenn keine Zugkraft N wirkt.

Tabelle 1: Anziehmomente, Drehwinkel und Grenzgleitkräfte in GV/GVP Verbindungen

1	2	3	4	5	6	7	8	9	10
Gewindebezeichnung	erforderliche Vorspannkraft F_v in der Schraube	Planmäßiges Vorspannen der Schraube nach dem a) Drehmoment-Verfahren: Aufzubringendes Anziehmoment M_A, MoS_2 geschmiert	leicht geölt	b) Drehimpulsverfahren: Aufzubringende Vorspannkraft F_v	c) Drehwinkel-Verfahren: Aufzubringendes Voranziehmoment M_v	Klemmlänge l_K	Drehwinkel bzw. Umdrehungsmaß je nach Klemmlänge φ	U	Grenzgleitkraft $V_{g,R,d}$ je Scherfuge für $N = 0$ und $\mu = 0{,}5$ mit Schraube DIN 6914 (HV) DIN 7999 (HVP)
mm	kN	Nm	Nm	kN	Nm	mm			kN
M12	50	100	120	60	10	0 bis 50	180°	$\frac{1}{2}$	21,74
M16	100	250	350	110	50				43,48
M20	160	450	600	175		51 bis 100	240°	$\frac{2}{3}$	69,57
M22	190	650	900	210	100				82,61
M24	220	800	1100	240					95,65

Für das **Vorspannen** gibt es drei zugelassene Anziehverfahren:

- **Drehmomentverfahren:** Beim Anziehen mit dem Drehmomentschlüssel (Bild 2a) wird die erforderliche Vorspannkraft (Spalte 2 der Tabelle) durch das gemessene Drehmoment erzeugt.
- **Drehimpulsverfahren:** Dazu wird ein typengeprüfter Schlagschrauber verwendet, der auf das vorgeschriebene Drehmoment eingestellt wird.
- **Drehwinkelverfahren:** Bei ihm wird nach dem Aufbringen eines Voranziehmoments nach Tabelle die Mutter oder der Kopf um einen Drehwinkel nach Spalte 8 weiter angezogen. Für dieses Verfahren gibt es einen Drehmomentschlüssel mit elektronischer Kontrolle des Drehwinkel und des Drehmoments (Bild 2b).

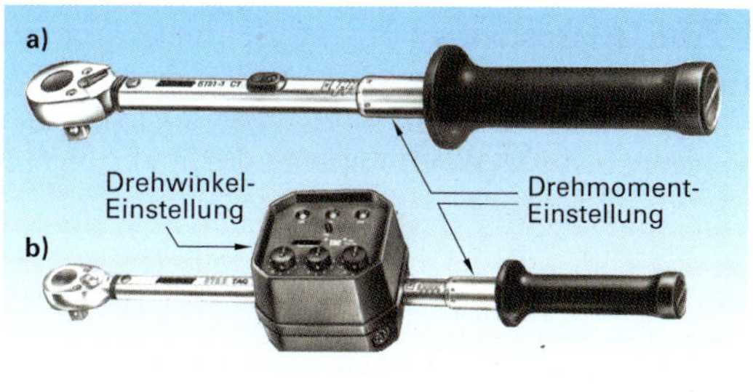

2 Drehmomentschlüssel

Bei größerer Schraubenzahl sollen die Schrauben in überspringender Reihenfolge zunächst auf 60 % des Sollwertes angezogen werden. Die endgültige Vorspannung erfolgt in einem zweiten Arbeitsgang. Die an den Anschlussenden liegenden Schrauben werden jeweils zuletzt angezogen, weil sie am stärksten belastet werden.

- Löcher müssen aufeinander passen – notfalls sind sie gemeinsam aufzubohren oder aufzureiben!
- Schrauben stets rechtwinklig einbauen – eine Schiefstellung mindert die Vorspannung erheblich!

Prüfung der Vorspannung

Um sicherzustellen, dass die Schrauben in gleitfesten Verbindungen richtig angezogen sind, muss jede 20. Schraube (5 %) durch Weiteranziehen überprüft werden. Ausgangsstellung markieren (Bild 1)!

- Drehmomentverfahren: Zur Prüfung das Drehmoment 10 % höher einstellen als bei der Montage.
- Drehimpulsverfahren: Den mit gleicher Vorspannkraft eingestellten Schlagschrauber wieder ansetzen.
- Beim Drehwinkelverfahren ist je nach dem verwendeten Anziehgerät eine der obigen Prüfmethoden anzuwenden.

Bei einem Weiterdrehwinkel von bis zu 60° ist die Vorspannung ausreichend, jedoch müssen zwei weitere Schrauben im gleichen Stoß geprüft werden, falls 30° überschritten werden. Bei über 60° Weiterdrehwinkel müssen die Schrauben ausgewechselt werden.

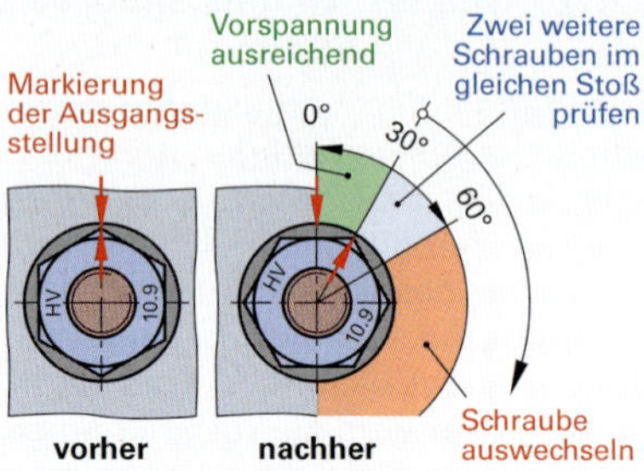

1 Prüfung der Vorspannung

Gleitfeste Verbindungen mit Pass-Schrauben (GVP-Verbindungen)

In gleitfesten Verbindungen können auch hochfeste Pass-Schrauben verwendet werden. Die zu verbindenden Teile können dadurch sehr genau und fest gefügt werden (Bild 2). Zusätzlich zu den Reibkräften wird die Verbindung dabei durch Scher- und Lochleibungskräfte aufrecht erhalten.

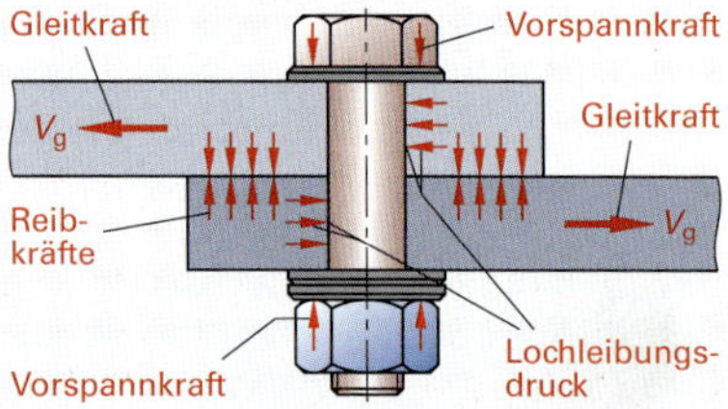

2 GVP-Verbindung

Vorteile, Nachteile, Verwendung

GV- und GVP-Verbindungen sind sowohl für statische als auch für dynamische Belastung geeignet und können deshalb für Brücken, Krane und Bagger verwendet werden. Wegen der hohen Vorspannung erübrigt sich eine Schraubensicherung. Der durch sie gebildete feste Kraftschluss ist weniger nachgiebig als der Formschluss der SL-Verbindung. Allerdings sind die Grenzgleitkräfte $V_{g,\,R,\,d}$ kleiner als die Grenzabscherkräfte der SL- und SLP-Verbindungen. Außerdem sind GV- und GVP-Verbindungen teuer. Solche passgenauen Verbindungen waren bei dem größten voll beweglichen 100 m-Radioteleskop in Effelsberg (Bild 3) erforderlich.

3 Radioteleskop mit GVP-Verbindungen

4.2.13 Korrosionsschutz der Schraubverbindungen

Der Schutzanstrich sollte unmittelbar nach der Montage der Schraubverbindung erfolgen, noch bevor Wasser in die Fugen eindringen konnte. Der Grundanstrich sollte so dickflüssig sein, dass er die Fugen verschließt, ohne durch Kapillarwirkung in sie einzudringen.

Für feuerverzinkte Stahlkonstruktionen werden feuerverzinkte hochfeste Schrauben verwendet. Da feuerverzinkte Reibflächen nur eine Reibungszahl von 0,1 bis 0,2 haben, müssen sie mit einem gleitfesten Anstrich, z. B. Silikat-Zinkstaubfarbe versehen werden. Die Oberfläche muss vorher gereinigt und entfettet werden.

Überprüfen Sie Ihre Kenntnisse

1 Woran erkennen Sie HV-Schrauben?

2 Warum werden nicht alle Verbindungen geschweißt?

3 Berechnen Sie den optimalen Rand- und Lochabstand für HV-Schrauben M 16 (d_L = 18 mm).

4 Erläutern Sie, was man unter einer SL-Verbindung versteht!

5 Welchen Vorteil hat die SLV-Verbindung gegenüber der SL-Verbindung?

6 Warum werden im Stahlbau zunehmend HV-Schrauben eingesetzt, obwohl sie teurer als Rohe Schrauben sind?

7 Welche zusätzlichen Arbeitsgänge sind bei einer GV- gegenüber einer SL-Verbindung erforderlich?

4.3 Trägerklemmverbindungen

Trägerklemmverbindungen ermöglichen, sich kreuzende Träger ohne Bohren oder Schweißen miteinander zu verbinden (Bild 1). Die Verbindung besteht aus einer Zwischenplatte und vier Schrauben-Klemmeinheiten an den Ecken (Bild 2). Die Zwischenplatte ragt über die Trägerflansche hinaus und hat an den vier überstehenden Ecken jeweils eine Bohrung. Sie nimmt eine Schraube der Festigkeitsklasse 8.8 mit einem unteren Klemmteil (Typ A) und einem oberen Klemmteil (Typ B) auf.

Diese Klemmteile sind aus weißem Temperguss und gezahnt um die Reibung zu erhöhen. Typ A hat eine Aussparung die verhindert, dass sich der Schraubenkopf drehen kann. Gegenüber der Verzahnung ist eine Nocke angeordnet, mit der sich das Klemmteil auf der Zwischenplatte abstützt. Je nach Dicke des Trägerflansches, der geklemmt werden soll, gibt es Klemmteile mit verschieden dicken Nocken. Für dickere Flansche werden Ausgleichsscheiben Typ CW oder P unterlegt.

Das Klemmteil Typ B ist an der Oberseite glatt, damit sich die Mutter anziehen lässt. Es wird eine Unterlegscheibe ISO 7090 verwendet. Zum Vorspannen der Schrauben muss ein Drehmomentschlüssel verwendet werden, damit das vorgeschriebene Anzugsmoment aufgebracht werden kann.

Die Tabelle 1 zeigt die erforderlichen Anzugsmomente und die zulässige Zugkraft einer Trägerklemmverbindung mit vier Schrauben. Die Klemmverbindung ist für ruhende und für vorwiegend nicht ruhende Belastung, z. B. eine angehängte Kranbahn, bauaufsichtlich zugelassen. Sie muss bei nicht ruhender Belastung aber alle 2 Jahre kontrolliert werden.

Vorteile von Klemmverbindungen:

- kein Bohren auf der Baustelle
- keine Querschnittsschwächung
- kein Schweißen – keine Oberflächenbeschädigung
- justierbar – kann angepasst werden
- wieder verwendbar – falls sie vorher ruhend belastet war.

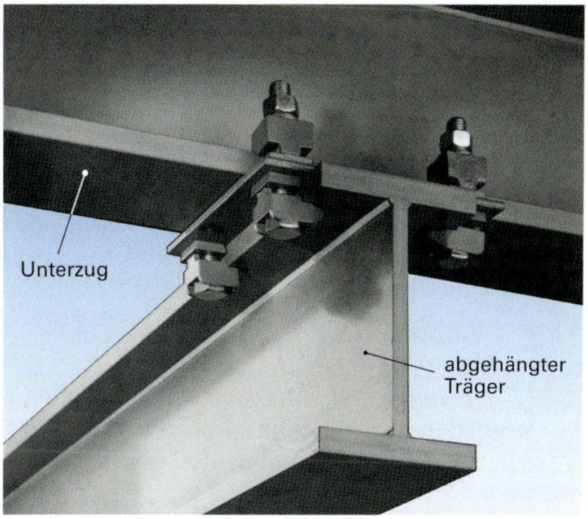

1 Trägerklemmverbindung

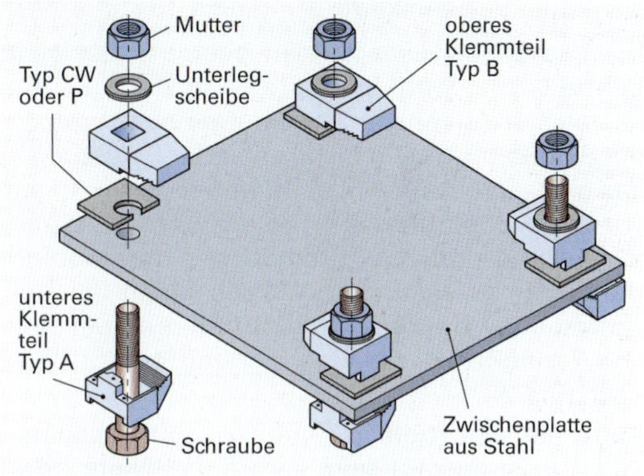

2 Elemente der Trägerklemmverbindung

Tabelle 1: Tragkraft Klemmverbindung

Schraube	Dicke der Platte	Anzugs-moment (Nm)	Zug-Kraft (kN)
M 12	8 mm	69	18,2
M 16	10 mm	147	33,9
M 20	12 mm	285	52,9
M 24	15 mm	491	76,2

Überprüfen Sie Ihre Kenntnisse

1 Was bedeutet SLP-Verbindung und was GVP-Verbindung?

2 Welchen Durchmesser soll die Bohrung für eine HVP-Schraube M 16 haben?

3 Nennen Sie je zwei Vorteile und zwei Nachteile von GV-Verbindung!

4 Beschreiben Sie ein Vorspannverfahren für GV-Verbindungen!

5 Wie muss die Vorspannung der GV-Verbindungen überprüft werden?

6 Bestimmen Sie den Schraubendurchmesser und zeichnen Sie die Zwischenplatte, wenn an einen HEB 200 ein kreuzender HEB 140 angehängt werden soll, der den Aufhängepunkt mit 30 kN belastet. Die Schraubenlöcher tangieren die Flansche der Träger. Wählen Sie den optimalen Randabstand!

4.4 Nietverbindungen

Die früher im Schiffbau und im Stahlbau herausragende Bedeutung des Nietens hat in den letzten Jahrzehnten stark abgenommen.

Merke

Durch das Nieten entstehen unlösbare Verbindungen.

Man unterscheidet die **Kaltnietung** für Niete aus Stahl und Nichteisenmetallen bis 9 mm Durchmesser und die **Warmnietung** für dickere Niete aus Stahl. Letztere wird heute nur noch für LKW-Chassis und Reparaturen ausgeführt.

4.4.1 Warmnietung

Warmnieten wird mit hellrot-warmen Nieten (ca. 1000 °C) durchgeführt. Der handelsübliche Niet hat einen Schaft mit einem **Setzkopf.** Der **Schließkopf** wird beim Nieten gebildet (Bild 1). Der Lochdurchmesser d_L wird stets 1 mm größer als der Rohnietdurchmesser d gebohrt. Die Nietlänge l berechnet man mit der Klemmlänge l_k und dem Durchmesser d (Bild 1):

Nietlänge für Halbrundkopf: $l = 1{,}1 \times l_k + 1{,}5 \times d$

Nietlänge für Senkkopf: $l = 1{,}1 \times l_k + 0{,}7 \times d$

Die Löcher für Niete können gebohrt oder gestanzt werden. Gebohrte Löcher werden entgratet, gestanzte Löcher müssen kleiner gestanzt und dann um 2 mm aufgerieben werden, wenn es sich um ein Stahlbauwerk mit nicht ruhender Belastung handelt oder wenn das gestanzte Bauteil über 16 mm dick ist und auf Zug beansprucht wird. Die Berührungsflächen der Bauteile erhalten einen Anstrich aus Eisenoxidrot, Zinkchromat oder Zinkstaubfarbe, um das Rosten der Fugen zu verhindern. Versetzungen der Bohrungen beim Zusammenbau werden durch Aufbohren oder Reiben ausgeglichen. Das Schließen der Nietverbindung erfolgt in vier Arbeitsgängen nach Bild 2.

Kontrolle: Die Nietköpfe müssen gut anliegen, mittig sitzen und voll ausgeschlagen sein. Verbrannte Niete oder Niete mit Rissen sind zu ersetzen. Mit dem Hammer angeschlagen sollen Niete klingen, nicht scheppern.

In Warmnietverbindungen steht der abgekühlte Niet unter hoher Zugspannung, deshalb dürfen diese Niete nicht auf Zug belastet werden. Im Gegensatz zur Schweißverbindung bleibt das Bauteil jedoch fast spannungsfrei.

Einschnittige Nietverbindungen liegen vor, wenn der Nietschaft nur an einer Stelle auf Abscheren beansprucht wird (Bild 3).

Zweischnittige Nietverbindungen entstehen durch die Doppellaschennietung (Bild 4). Sie trägt doppelt so viel, da die Kraft auf zwei Nietquerschnitte verteilt wird.

Jede Nietverbindung kann außerdem einreihig oder mehrreihig (Bild 5) sein. Dabei sind die Nietabstände wie die Schraubenabstände zu berechnen.

4.4.2 Kaltnietung

Während für die Warmnietung nur Niete aus Stahl verwendet werden, gibt es für die Kaltnietung auch Niete aus nichtrostendem Stahl sowie aus Kupfer und Aluminiumwerkstoffen. Die Nietlöcher sind etwa 5 % größer als der Schaftdurchmesser zu bohren. Die Kaltnietung wird meist mit Nietmaschinen durchgeführt, die hämmernd, quetschend, rollend, taumelnd oder in einer Kombination dieser Bewegungen arbeiten. Die Niete können beim Taumelnieten durch unterschiedliche Döpper mit verschiedenen Nietköpfen versehen werden (Bild 1, nächste Seite).

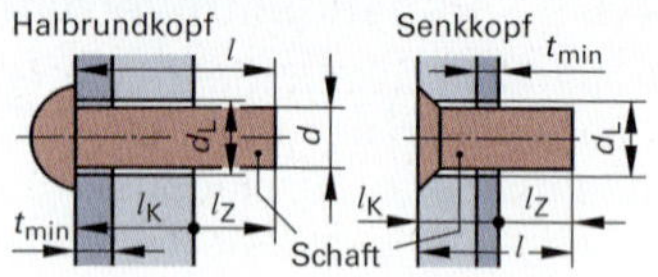

1 Setzkopfformen der Niete

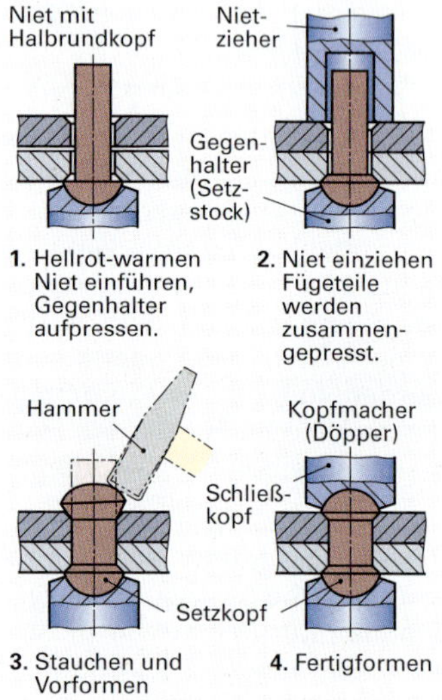

2 Herstellung der Nietverbindung

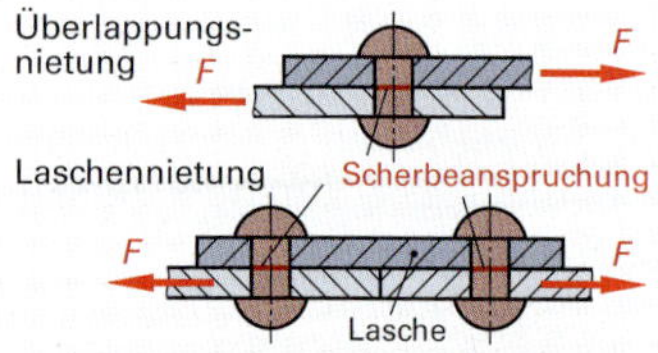

3 Einschnittige Nietverbindungen

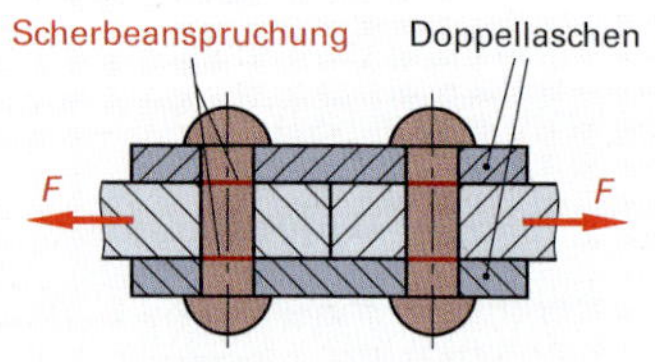

4 Zweischnittige Nietverbindung

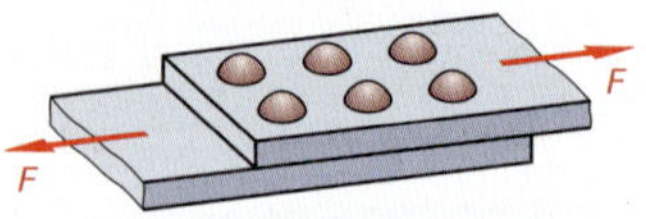

5 Zweireihige einschnittige Nietverbindung

Merke

Um Kontaktkorrosion zu vermeiden, sollten die Niete aus dem gleichen Werkstoff sein wie die zu verbindenden Bauteile.

4.4.3 Blindniete

Sie bieten den besonderen Vorteil, dass sie nur von einer Seite her – der Setzkopfseite – gesetzt und geschlossen werden. Blindniete bestehen aus der **Niethülse** mit dem Setzkopf und dem **Nietdorn,** der in der Form einem Nagel gleicht (Bild 2). Blindniete werden aus Baustahl, nichtrostendem Stahl, Aluminium oder Kunststoff, sowie aus Aluminium mit verzinktem oder rostfreiem Stahldorn hergestellt. Sie werden mit hand- oder druckluftbetriebenen Werkzeugen (Bild 3) gesetzt:

1. Das Nietloch wird 0,1 mm größer als der Blindniet gebohrt. Der Zugdorn des Blindniets mit passender Länge wird in die Nietzange geklemmt.
2. Der Blindniet wird bis zum Anschlag in das Nietloch eingesteckt (Bild 4a).
3. Vom Werkzeug wird der Zugdorn angezogen, er staucht den Schaft und bildet den Schließkopf (Bild 4b).
4. Der Zugdorn reißt an der Sollbruchstelle, (Bild 4c) die Teile sind vernietet. Der Zugdornrest wird ausgestoßen.

Merke

Bei allen Blindnieten reißt der Kopf relativ leicht ab. Zugbeanspruchung sollte deshalb möglichst vermieden werden.

Anwendung:

Für Fensterbau, Flachdach-Isolierungen und für Grundlochnietungen sind Schaftlängen bis 80 mm lieferbar. Übliche Nietdurchmesser reichen von 2,4 mm bis 6 mm.

Für den Längsstoß von Stahltrapezprofilen gibt es bauaufsichtlich zugelassene wasserdichte Blindniete. **Blind-Einnietschrauben** ermöglichen das Anbringen eines Schraubenbolzens an Hohlkörpern oder an rückwärtig nicht zugänglichen Teilen (Bild 5a). Das überstehende, verzinkte Schraubengewinde mit Nenndurchmessern M 4 bis M 8 gestattet die Befestigung weiterer Teile. **Blind-Einnietmuttern** verbinden zwei Teile und ermöglichen ein Innengewinde auch an dünnwandigen Profilen und Blechen (Bild 5b). Die Verarbeitung erfolgt mit einem einfachen Handwerkzeug. Blindnietmuttern gibt es aus cadmiertem Stahl, Aluminium und Kupfer-Zink-Legierung. Das entstandene Innengewinde M 4, M 5 oder M 8 gestattet die lösbare Befestigung weiterer Bauteile mit normalen Gewindeschrauben.

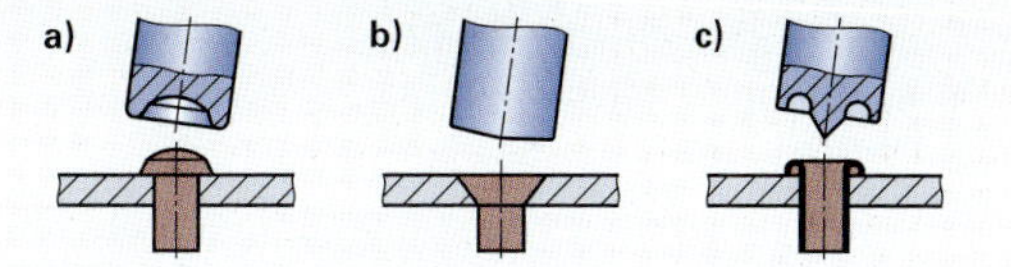

1 Kopfformen und Döpper beim Taumelnieten

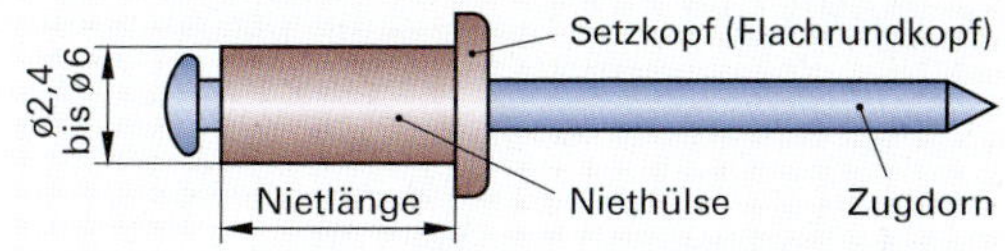

2 Blindniet

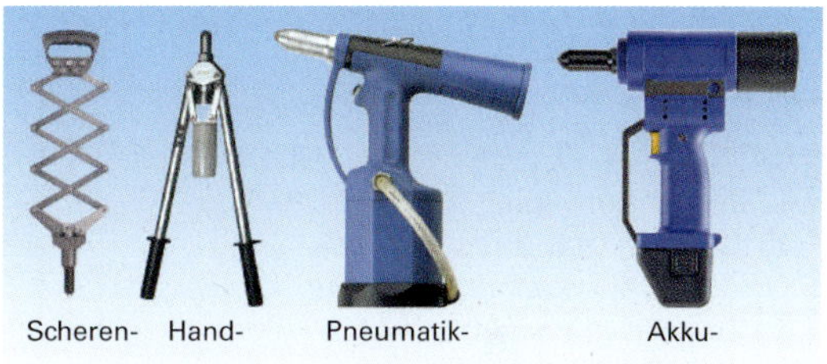

3 Blindnietwerkzeuge

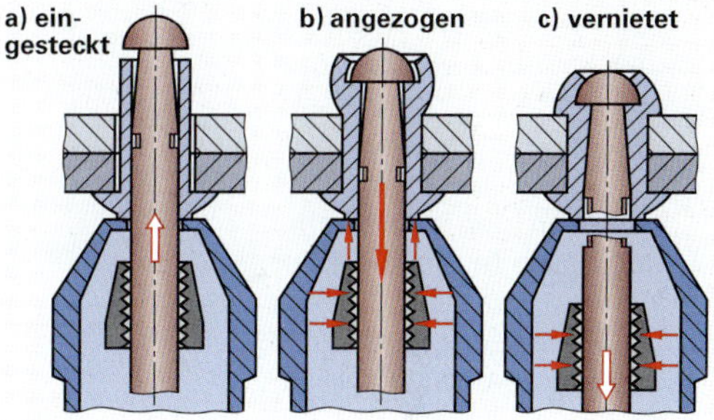

4 Herstellung einer Blindnietverbindung

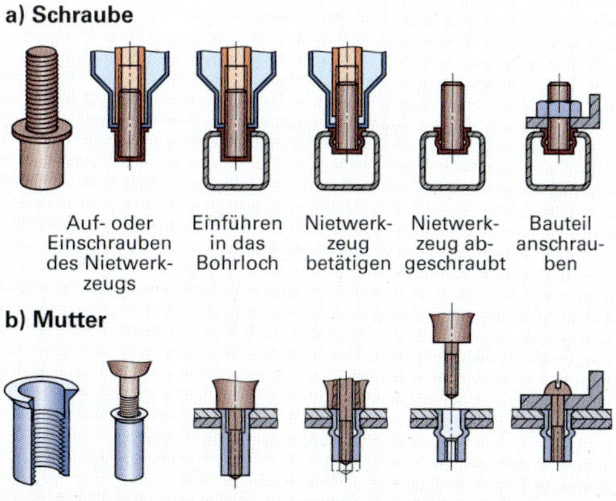

5 Verarbeiten einer Blind-Einnietschraube und der Mutter

Überprüfen Sie Ihre Kenntnisse

1 Beschreiben Sie die Herstellung einer Warmnietverbindung!

2 Warum trägt eine zweischnittige Nietverbindung doppelt so viel wie eine einschnittige?

3 Warum werden Baustellen-LKWs genietet und nicht geschweißt?

4 Welches ist der wichtigste Vorteil der Blindniete?

5 Für welche Anwendungen können Blindniete eingesetzt werden?

6 Nach welchen drei Gesichtspunkten ist ein Blindniet auszuwählen?

7 Wonach richtet sich die Länge eines Blindniets?

8 Welche zwei besonderen Blindniete kennen Sie?

Projekt: Windverband aus S235 JR

Aufgaben

1 Stellen Sie fest, welche beiden Wurzelmaße w_1 und w_2 (Anreißmaße) der Winkel 120 x 12 hat!

2 Berechnen Sie den optimalen Randabstand e_1 und den Lochabstand e für die Schrauben M16 und den Lochdurchmesser 18 mm.

3 Lochabstände werden bei versetzten Bohrungen schräg zwischen den Lochmitten gemessen. Berechnen Sie, wie groß die 3 gleichen Abstände zwischen den Schrauben, gemessen in Richtung der Winkelachse mindestens sein müssen, um den optimalen Abstand einzuhalten.

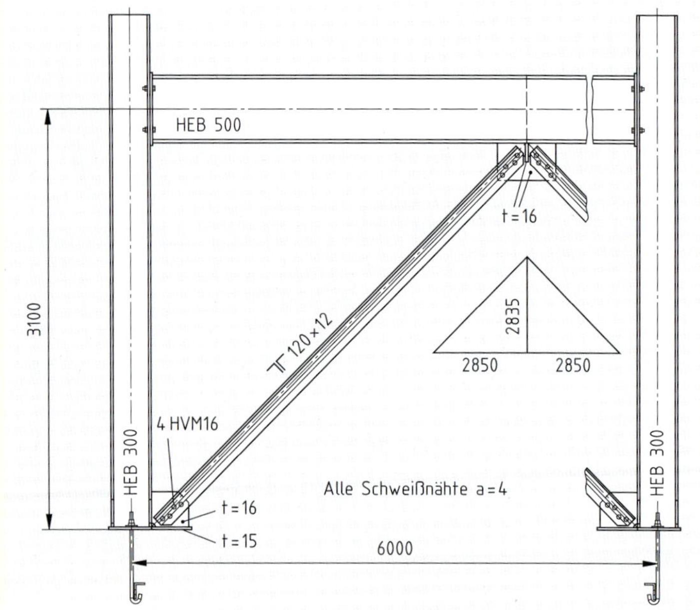

4 Ermitteln Sie die Grenzabscherkraft $V_{a,R,d}$ und die Grenzlochleibungskraft $V_{l,R,d}$ für eine Schraube.

5 Berechnen Sie die Grenznormalkraft $N_{R,d}$ im Blech, wenn es bei der letzten Schraube 160 mm breit ist und die Grenznormalspannung $\sigma_{R,d} = 218$ N/mm^2 beträgt.

6 Berechnen Sie die Grenznormalkraft im Winkelstahl. Beachten Sie dabei, dass durch den unsymmetrischen Anschluss die Grenznormalspannung nur zu 80 % ausgenutzt werden darf. Wie groß ist dann die Beanspruchbarkeit R_d? Darf eine Beanspruchung von S_d = 400 kN auftreten?

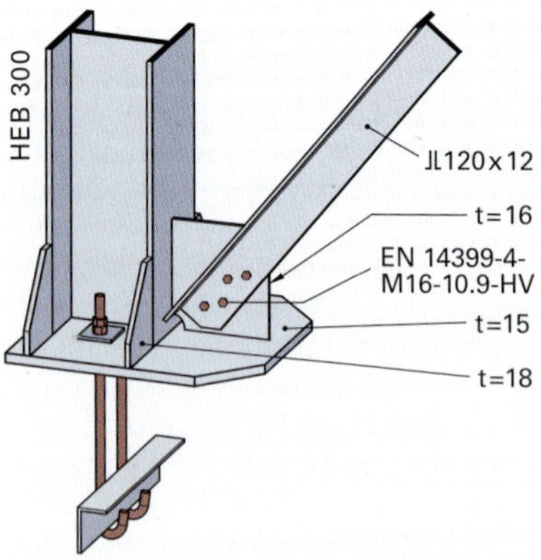

7 Durch welche Maßnahmen könnte die Beanspruchbarkeit auf 500 kN gesteigert werden?

8 Zeichnen Sie die beiden Knotenbleche im Maßstab 1:2 und berechnen Sie die Masse der Bleche und der Winkel.

5 Stoffschlüssige Verbindungen

Zur Herstellung von stoffschlüssigen Verbindungen von Werkstücken werden drei Fertigungsverfahren angewendet: das **Schweißen,** das **Löten** und das **Kleben.**

Merke

Die stoffschlüssigen Verbindungen werden als unlösbare Verbindungen bezeichnet.

Die Anwendung dieser drei Verfahren wird bestimmt durch die Höhe der Belastung der Fügeverbindung bzw. des Bauteils, von den zu verbindenden Werkstoffen, der elektrischen Leitfähigkeit und von wirtschaftlichen Gesichtspunkten.

Beim **Schweißen** erfolgt das Fügen durch thermische Einwirkung bis zum Schmelzpunkt der Werkstoffe. Die Verbindungsstelle und die Schweißfuge bestehen aus einem gemeinsamen schmelzflüssigen Bereich. Werkstoffe müssen beim Erwärmen in der Schweißfuge einen zähflüssigen Zustand mit plastischem Verhalten bilden (Bild 1).

Durch das **Löten** entsteht eine Verbindung zwischen gleichen oder verschiedenen Metallen, bei denen der Werkstoff nicht aufgeschmolzen wird. Zum Verbinden wird ein Zusatzwerkstoff, das sogenannte Lot, mit einem niedrigeren Schmelzpunkt als dem der zu verbindenden Metalle verwendet (Bild 2).

Das **Kleben** erfolgt durch einen nichtmetallischen Zusatzwerkstoff an der Verbindungsstelle. Dadurch können verschiedenartige Werkstoffe unlösbar miteinander verbunden werden. Die Klebeverbindung hat eine geringere Festigkeit, ist wärmeempfindlicher als Löt- und Schweißverbindungen und elektrisch nicht leitfähig (Bild 3).

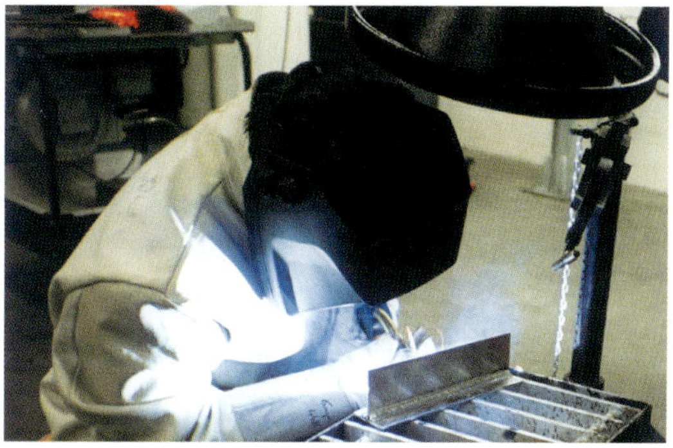

1 Schweißen von Aluminium

2 Löten einer Kupferrohrverbindung

3 Geklebte Kunststoff-Rohrverbindungen

5.1 Schweißverfahren

Durch die Wärmeeinbringung verändert sich der Aggregatzustand des Werkstoffes vom festen Zustand über den plastischen bis zum flüssigen Bereich. Im flüssigen Zustand kann sich eine homogene Schmelze bilden, die im abgekühlten festen Zustand eine unlösbare und dichte Verbindung ergibt.

Da Metalle sehr gute Wärmeleiter sind, bestimmt überwiegend der zur Erwärmung nötige Energiebedarf das Schweißverfahren.

Wird nur bis zum plastischen Bereich des Werkstoffes erwärmt, ist eine Druckkraft für die Verbindung der Werkstücke erforderlich. Aus diesem Grund wird bei der Einteilung der Schweißverfahren zwischen **Schmelzschweißen** und **Pressschweißen** unterschieden.

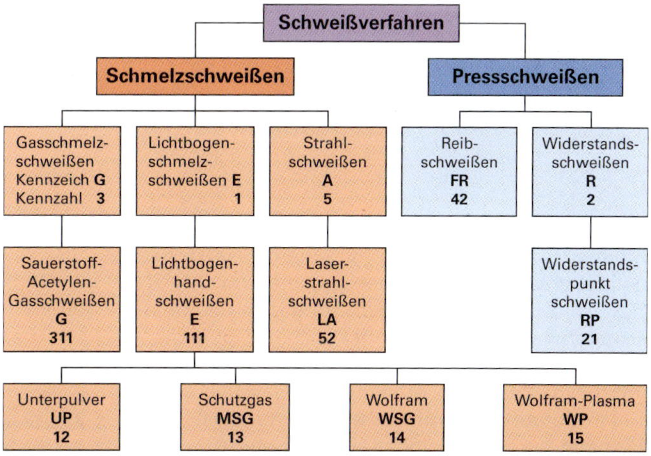

5.1.1 Gasschmelzschweißen

Das Gasschmelzschweißen wird auch **Autogenschweißen** genannt. Mit einem Gasgemisch aus **Brenngas** und **Sauerstoff** wird die Schweißstelle mit einer Flamme erwärmt. Als Brenngas können alle brennbaren Gase, wie Acetylen, Propan, Methan und Wasserstoff verwendet werden (Bild 1). Zum Gasschweißen wird praktisch nur Acetylen verwendet, da es die höchste Flammentemperatur von 3180 °C erreicht.

Acetylen

Acetylengas wird durch die Zersetzung von Kalciumkarbid und Wasser hergestellt. Aus 1 kg Kalciumkarbid werden ca. 280 Liter Acetylengas erzeugt. Das Acetylen ($C_2 H_2$) ist ungiftig, leichter als Luft, brennbar und riecht stechend. Wird es mit Sauerstoff oder Luft vermischt, entsteht ein hochexplosives Gemisch, das die Eigenschaft hat, bei Temperatur- und Druckeinfluss explosionsartig zu zerfallen. Aus Sicherheitsgründen ist es notwendig den Gasdruck auf 2 bar zu begrenzen. Je größer der freie Raum ist, in dem das Acetylengas gespeichert wird, desto größer ist die Gefahr der Selbstentzündung. Mit abnehmendem Speichervolumen wird die Gefahr der Selbstentzündung verringert. Daher wird das Acetylen in Stahlflaschen mit einer (hoch-)porösen Masse gefüllt (Bild 2).

Diese Gefahr der Selbstentzündung besteht auch, wenn Rohre oder Armaturen aus reinem Kupfer verwendet werden. Daher können nur Legierungen mit einem max. Kupferanteil von 60 % verwendet werden. Die Selbstentzündung des Acetylen wird verringert, wenn Acetylen in Aceton gelöst wird. 1 Liter Aceton kann 25 Liter Acetylen bei 1 bar Druck lösen. In diesem Zustand kann der Flaschendruck bis auf ca. 19 bar erhöht werden. Bei abnehmendem Flaschendruck löst sich das Acetylen wieder vom Aceton, ähnlich wie die Kohlensäure im Mineralwasser.

Eine Acetylengasflasche mit einem Rauminhalt von 40 Liter enthält 16 Liter Aceton bei einem Druck von 19 bar, so ergibt sich ein **Acetylenvolumen bei Normaldruck:**

$$\text{Acetylengas} = \frac{\text{Acetonvol} \cdot \text{Lösungsvol} \cdot \text{Flaschendruck}}{\text{Normaldruck}}$$

$$\frac{16\,\text{l} \cdot 25\,\text{l} \cdot 19\,\text{bar}}{1\,\text{bar} \cdot 1\,\text{l}} = 7600\,\text{l Acetylen}$$

Die **Acetylengasflasche** ist aus Stahl, mit kastanienbrauner Farbe lackiert und mit einem zusätzlichen Großbuchstaben N versehen (neue Norm DIN EN 1089-3). Diese Farbkennzeichnung der Flaschenschulter weist auf die grundsätzlichen Eigenschaften des Gasinhaltes (giftig, brennbar, oxidierend, inert) hin. Zusätzlich erhalten die Flaschen einen Gefahrgutaufkleber mit weiteren verbindlichen Informationen zum Gasinhalt (Bild 1, Seite 76).

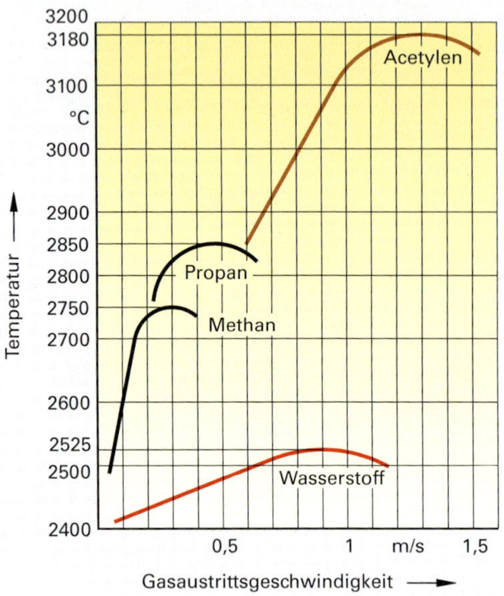

1 Flammentemperaturverlauf von Brenngasen

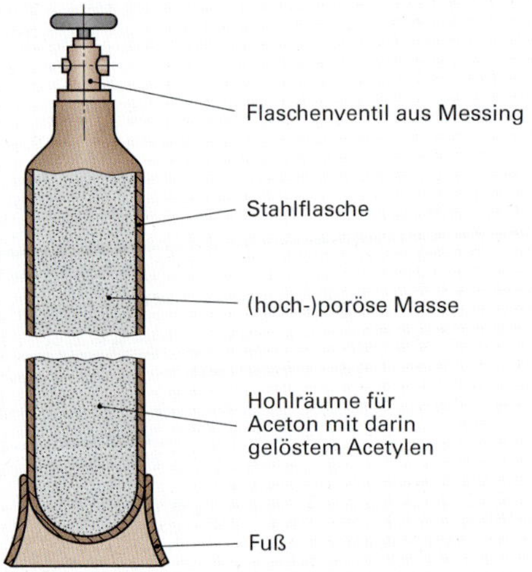

2 Acetylenflasche

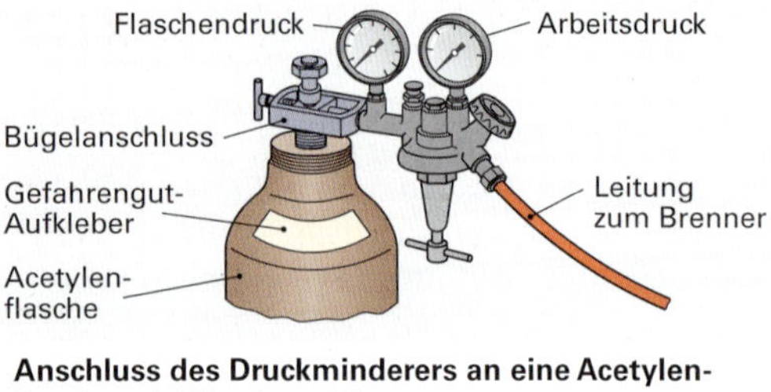

3 Anschluss des Druckminderers an eine Acetylenflasche mit Bügelanschluss

Der hohe Überdruck in der Acetylengasflasche wird zum Schweißen durch einen **Druckminderer** auf max. 1,5 bar herabgesetzt. Der Gasflaschenanschluss erfolgt aus Sicherheitsgründen mit einem Bügelanschluss, um Verwechslungen beim Druckminderer mit höherer Druckeinstellung zu vermeiden (Bild 3, Seite 74).

Die Gasentnahme einer Acetylenflasche mit hochporöser Füllmasse kann heute in der Regel bei waagerechter Lagerung (liegend) erfolgen. Gängige Praxis ist es, die Ventilseite min. 40 cm hoch zu legen, um ein Auslaufen des Acetons zu vermeiden (Bild 1).

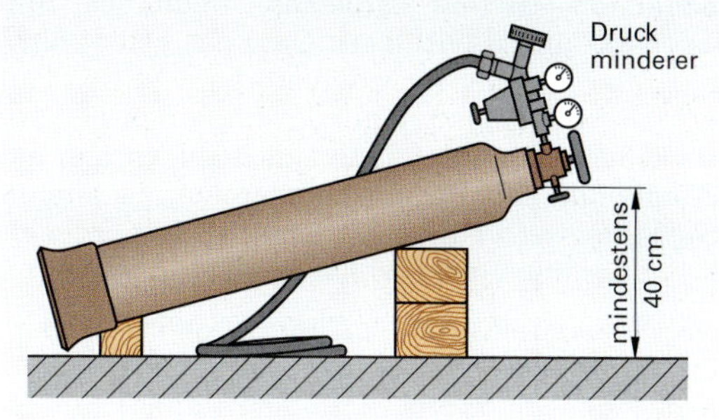

1 Acetylenflasche in Schräglage

Damit während der Acetylenentnahme kein Aceton mitgerissen wird, sollte der Verbrauch aus einer Einzelgasflasche 500 Liter Acetylen je Stunde bei Dauerbetrieb und kurzzeitig bis etwa 1000 Liter je Stunde nicht übersteigen. Daher sind bei größerem Acetylenbedarf mehrere Flaschen parallel geschaltet und mit einem zentralen Druckminderer gekoppelt (Bild 2).

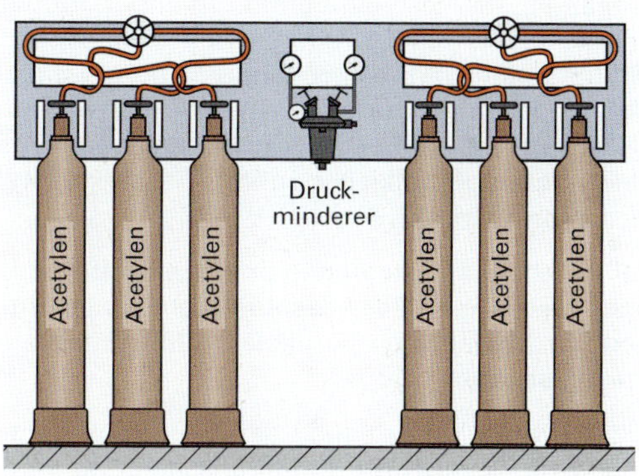

2 Flaschenbatterie mit Druckminderer

Sicherheitsregeln beim Umgang mit Acetylengasflaschen

- Der höchste Druck darf nie mehr als 1,5 bar betragen.
- Erwärmt sich eine Acetylengasflasche (Handwärme) ist sofort mit viel Wasser zu kühlen, bis die normale Außentemperatur wieder erreicht wird!
- Nur Flaschen mit rotem Ring dürfen liegend entleert werden, bei anderen muss das Flaschenventil mindestens 40 cm höher liegen als der Flaschenfuß.
- Die Acetylengasentnahme sollte bei einer Einzelflasche im Dauerbetrieb nicht über 500 Liter je Stunde liegen.
- Wegen der Explosionsgefahr darf für Dichtungen, Leitungen und Armaturen, die mit Acetylen in Berührung kommen, kein reines Kupfer verwendet werden.

Sauerstoff

Die Luft besteht aus ungefähr 78 % Stickstoff und 21 % Sauerstoff, der Rest sind Edelgase und Kohlendioxid. Zur Herstellung von reinem Sauerstoff wird die Luft auf – 200 °C abgekühlt und dabei verflüssigt. Beim Wiedererwärmen verdampft zuerst bei – 196 °C der Stickstoff. Zurück bleibt der Sauerstoff, der entweder flüssig in Kühlbehälter oder gasförmig stark verdichtet in Stahlflaschen gefüllt wird (Bild 3).

Das **Sauerstoffvolumen** in einer Stahlflasche mit 40 Liter Inhalt und mit einem Überdruck von 200 bar beträgt bei Normaldruck:

$$\text{Gasvolumen } V_2 = \frac{\text{Flaschen } V_1 \cdot \text{Fülldruck } p_1}{\text{Umgebungsdruck } p_2}$$

$$= \frac{40\,\text{l} \cdot 200\,\text{bar}}{1\,\text{bar}} = 8000\,\text{l Sauerstoff}$$

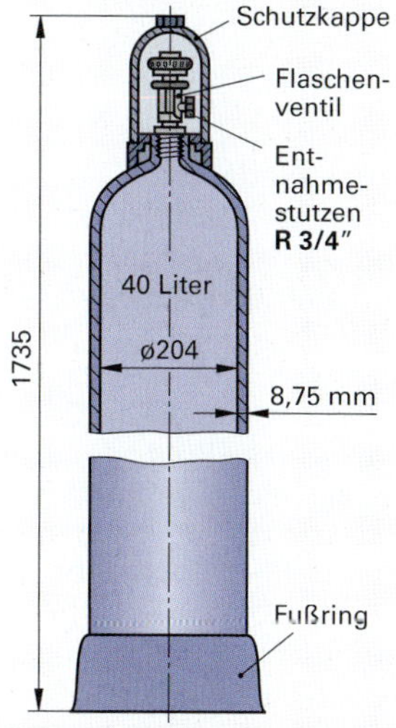

3 Sauerstoff-Flasche

Sauerstoff ist ein farbloses, ungiftiges, geschmack- und geruchloses Gas, das selbst nicht brennbar ist, aber für jede Verbrennung benötigt wird. Besonders in reiner Form fördert der Sauerstoff die Verbrennung. So kann Stahl, wird er auf Zündtemperatur erwärmt und reiner Sauerstoff zugeführt, verbrennen. Dadurch ist es z. B. möglich, Baustahl durch Brennschneiden zu trennen.

Das Sauerstoffventil darf nicht geölt werden, denn sonst kann eine Selbstentzündung und eine explosionsartige Verbrennung entstehen.

Um Verwechslungen beim Umgang mit Gasflaschen, die brennbare und nichtbrennbare Gase enthalten, auszuschließen, hat die Sauerstoffgasflasche als Anschluss ein $^{3}/_{4}$ Zoll Rohrgewinde (Bild 3, Seite 75). Die Farbkennzeichnung ist blau (Tabelle 1) und hat nach der neuen Farbkennzeichnung noch zusätzlich den Großbuchstaben N und einen Gefahrgutaufkleber auf der Flasche für weitere Informationen (Bild 1).

Bei zu schneller Entnahme von Sauerstoff aus der Stahlflasche kann der Anschluss vereisen. Verhindert wird dies durch Parallelschaltung mehrerer Stahlflaschen.

Großverbraucher beziehen den Sauerstoff tiefgekühlt in flüssiger Form. 1 Liter flüssiger Sauerstoff ergibt ca. 700 Liter gasförmigen Sauerstoff. Der flüssige Sauerstoff, der in Isolierbehältern mit bis zu 25000 Litern Inhalt aufbewahrt wird, ist kostengünstiger (Bild 2).

Sauerstoff hat eine Dichte von 1,43 kg/m^3 und Luft von 1,293 kg/m^3, dadurch sinkt ausströmender Sauerstoff nach unten und fließt wie Wasser auf dem Boden entlang. Vorsicht ist geboten, wenn der Schweißer in einer Grube arbeitet. Der kleinste Funken kann unter Mitwirkung des ausgeströmten Sauerstoffs zu einer explosionsartigen Verbrennung seiner Arbeitsschutzkleidung und seines Körpers führen.

Druckminderer

Zum Schweißen wird ein Druck des Sauerstoffs von 2,5 bar benötigt. Deshalb muss ein Druckminderer verwendet werden. Er hat die Aufgabe, den hohen Druck des Gases in der Flasche auf den niedrigen Arbeitsdruck zu reduzieren und konstant zu halten. Beim Öffnen des Flaschenventils strömt das Gas bis zum Inhaltsmanometer. Die Anzeige des Manometers steigt bis zu dem in der Gasflasche herrschenden Druck an. Durch Verstellen der Einstellschraube drückt eine Einstellfeder die Membran nach oben und öffnet dabei das Ventil. Je nach Einstellung der Druckfeder wird ein entsprechender Druck in der Zwischenkammer erreicht. Nach Öffnen des Absperrventils kann das Gas unter reduziertem Druck zum Schweißbrenner

Tabelle 1: Reingase/Gasgemische für industriellen Einsatz

Darstellung der bestehenden und neuen Flaschenfarben an Beispielen

Gas	Ist-Zustand (überwiegend)	Neu	Gas	Ist-Zustand (überwiegend)	Neu
Sauerstoff techn.	blau / blau	N weiß / blau	Xenon, Krypton, Neon	grau / grau (schwarz)	N leuchtend-grün / grau
Acetylen	gelb / gelb (schwarz)	N kastanien-braun / kastanien-braun	Wasserstoff	rot / rot	rot / rot
Argon	grau / grau	N dunkel-grün / grau	Formiergas (Gemisch Stickstoff/Wasserstoff)	rot / rot (dunkelgrün)	N rot / grau
Stickstoff	dunkel-grün / dunkel-grün	N schwarz / grau	Gemisch Argon/Kohlendioxid	grau / grau	N leuchtend-grün / grau
Kohlendioxid	grau / grau	grau / grau	Druckluft	grau / grau	N leuchtend-grün / grau
Helium	grau / grau	N braun / grau	Anmerkungen: Der zylindrische Flaschenmantel kann verschiedene Farben aufweisen, von denen eine farblich dargestellt ist und die andere(n) in Klammern erwähnt ist (sind).		

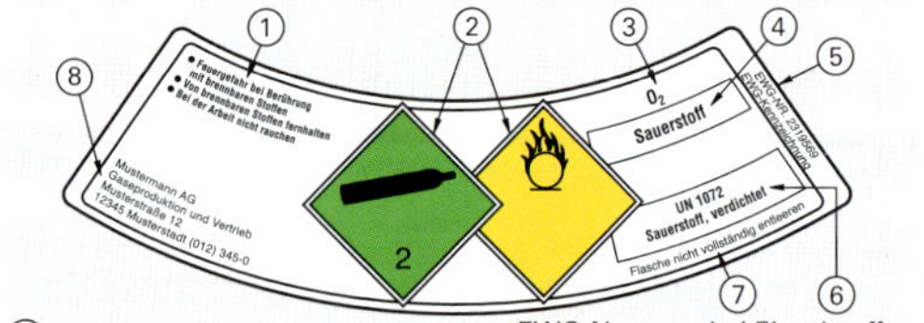

① Risiko und Sicherheitssätze
② Gefahrzettel
③ Zusammensetzung des Gases bzw. des Gasgemisches
④ Produktbezeichnung des Herstellers
⑤ EWG-Nummer bei Einzelstoffen oder das Wort „Gasgemisch"
⑥ Vollständige Gasbenennung nach GGVS
⑦ Herstellerhinweis
⑧ Name, Anschrift und Tel.-Nr. des Herstellers

1 Gefahrgutaufkleber für Gasflaschen

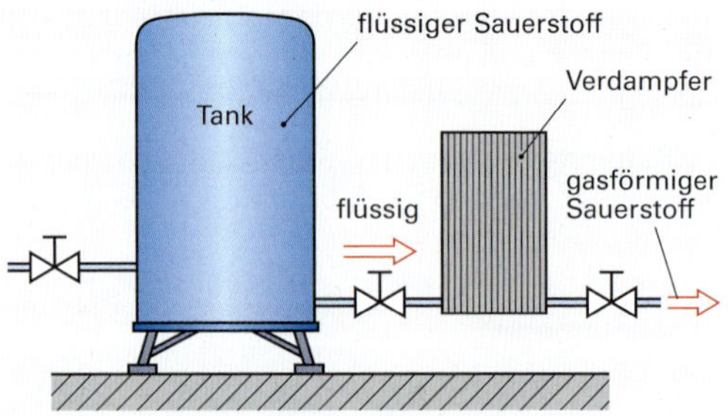

2 Großbehälter für Flüssigsauerstoff

strömen. Nach Beendigung der Schweißarbeiten muss der Druckminderer entleert werden (Bild 1).

Arbeitstechnik beim Gasschweißen

Zur Verbindung beim Schweißen wird der Werkstoff mit einem Schweißbrenner bis zum schmelzflüssigen Zustand erwärmt. Um die Schweißnahtfuge zu füllen wird ein Schweißstab als Zusatzwerkstoff abgeschmolzen (Bild 2).

Der **Schweißbrenner** erzeugt mit einer Flamme die zum Schweißen nötige Temperatur bzw. den erforderlichen Wärmeeintrag. Er arbeitet nach dem Injektorprinzip (Bild 3). Der Sauerstoff kommt mit dem eingestellten Druck vom Druckminderer zur verengten Druckdüse. Die Acetylenzuführung erfolgt ringförmig um die Sauerstoffdruckdüse. Durch die Verengung am Ende dieser Düse wird die Geschwindigkeit des austretenden Sauerstoffs erhöht. Diese Geschwindigkeitserhöhung bewirkt beim Austritt des Sauerstoffs aus der Druckdüse einen Unterdruck in der Acetylenzuführung, saugt das Acetylengas mit dem niederen Druck an und vermischt sich mit dem Sauerstoff zu einem brennbaren Gasgemisch. Durch Ventile (Bild 2) kann die Durchflussmenge der beiden Gase reguliert werden.

Das brennbare Gasgemisch muss mit einer solchen Geschwindigkeit aus der Schweißdüse austreten, dass sich kein Flammenrückschlag bilden kann. Um die Schweißflamme an die zu schweißende Blechdicke besser anpassen zu können, ist der Schweißeinsatz auswechselbar (Tabelle 1).

Das **Anzünden der Schweißflamme** muss in folgender Reihenfolge durchgeführt werden (Bild 2):

1. Sauerstoffventil öffnen,
2. Acetylenventil öffnen,
3. Gasgemisch zünden,
4. Schweißflammengröße mit beiden Ventilen einstellen.

Das **Löschen der Flamme** muss umgekehrt erfolgen:

1. Acetylenventil schließen,
2. Sauerstoffventil schließen.

Die **Verbrennung** des Acetylen-Sauerstoff-Gemisches erfolgt in zwei Stufen (Bild 1, Seite 78).

Erste Stufe: Im Innern der Flamme verbindet sich das Acetylen mit dem ausströmenden Sauerstoff aus der Sauerstoff-Flasche zu Kohlenstoffmonoxid (CO).

Zweite Stufe: Für eine vollständige Verbrennung zu Kohlendioxid (CO_2) wird aus der Umgebung noch Sauerstoff benötigt. Der Sauerstoffmangel wirkt reduzierend, sodass auch angerosteter Stahl mit Acetylengas geschweißt werden kann.

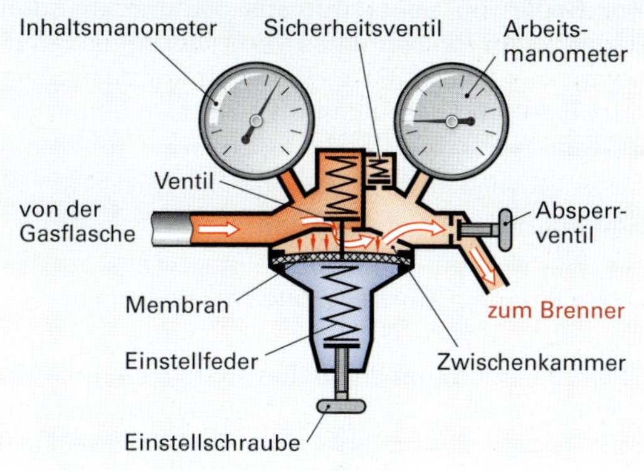

1 Schema eines Druckminderers

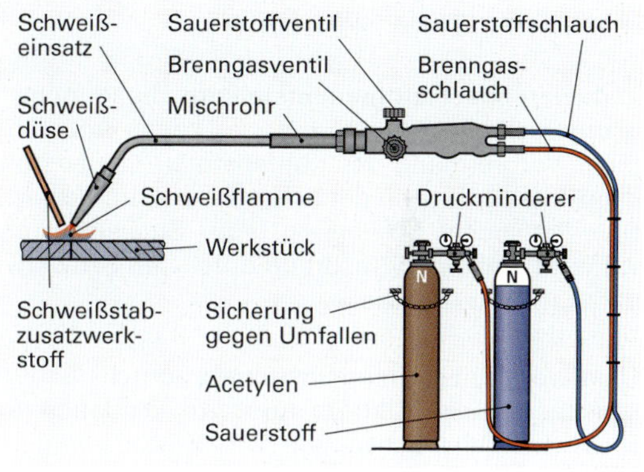

2 Acetylen-Gasschweißanlage

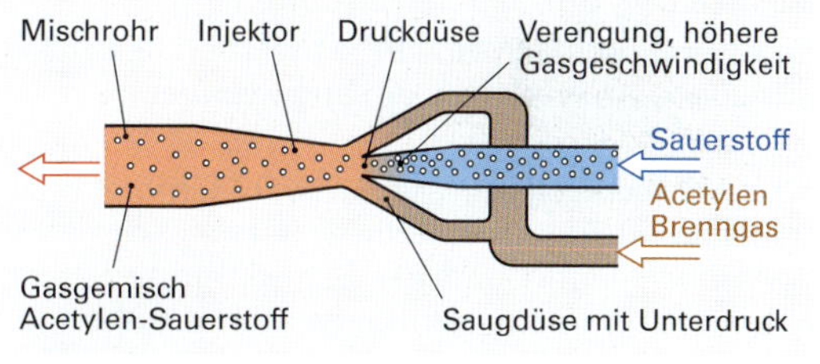

3 Injektorwirkung

Tabelle 1: Zuordnung der Schweißeinsätze

Blechdicke in mm	Schweißstabdurchmesser in mm	Schweißeinsatz Nr.
bis 0,5	1	0
1	1	1
2	2	2
4	3	3
6	4	4
8	5	5

Der Bedarf an Sauerstoff aus der umgebenden Raumluft zur vollständigen Verbrennung des Acetylengases beträgt 60 %. Daher ist auf besonders gute Belüftung der Räume zu achten, in denen geschweißt wird (Bild 1).

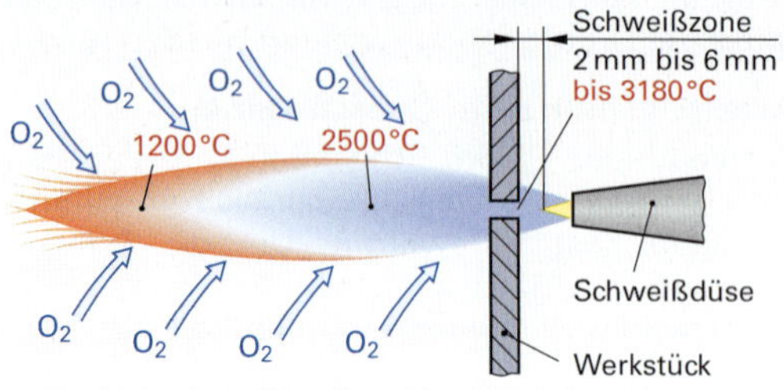

1 Acetylen-Sauerstoff-Flamme

Einstellung der Schweißflamme

Die Flammeneinstellung erfolgt je nach zu verschweißendem Werkstoff und Anwendung.

Neutrale Flammeneinstellung bei einem Mischungsverhältnis von 1 : 1 zwischen Acetylen und Sauerstoff (Bild 2b) ergibt die höchste Flammentemperatur und Flammenleistung. Da der fehlende Sauerstoff der umgebenden Luft entzogen wird, kann er nicht mit dem Werkstoff reagieren. Diese Flammeneinstellung ist geeignet zum Schweißen von Stahl und Kupfer.

Reduzierende Flammeneinstellung durch Acetylenüberschuss (Bild 2a) führt zu keiner vollständigen Verbrennung des Kohlenstoffs. Kohlenstoff kann sich dadurch in der Schmelzzone anreichern. Dies ist beim Schweißen von Gusseisen erwünscht, um einen Ausbrand durch den Schweißvorgang auszugleichen.

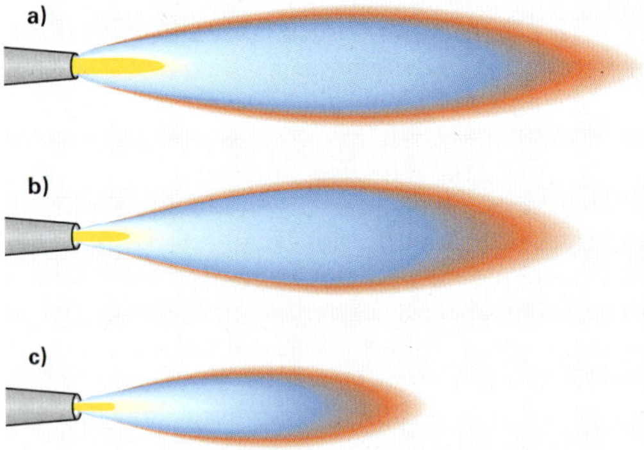

2 Flammeneinstellung:
a) reduzierend b) neutral c) oxidierend

Oxidierende Flammeneinstellung durch Sauerstoffüberschuss (Bild 2c) führt zur Oxidation des Grundwerkstoffs. Dies wird beim Schweißen von Messing angewendet, um ein Ausdampfen des Zinks zu vermindern. Zink verdampft bei 900 °C und ist sehr giftig!

Ausführung der Schweißarbeiten

Je nach Dicke des Werkstoffes werden beim Gasschweißen zwei verschiedene Arbeitstechniken angewendet.

Nachlinksschweißen: Die Schweißflamme wird in Schweißrichtung gehalten und wirkt nicht direkt auf das Schmelzbad. Der Brenner wird pendelnd geführt und der Schweißdraht taucht gleichmäßig in das Schmelzbad. Durch verringerte Wärmeeinbringung ist die Gefahr des Lochbrennens bei dünnen Blechen geringer (Bild 3). Nachlinksschweißen ist daher für I-Nähte bis zu 3 mm Dicke geeignet.

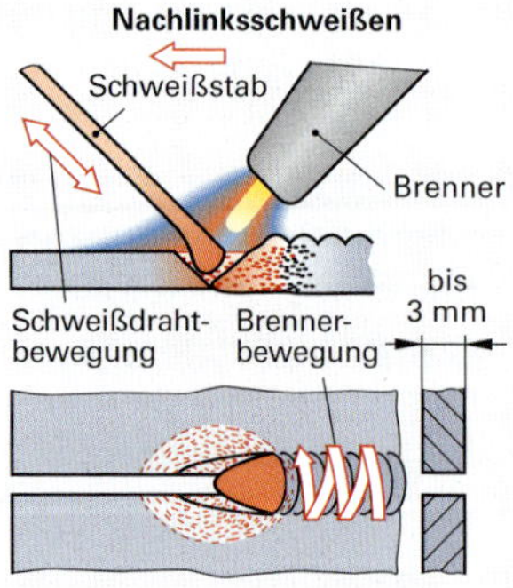

3 Nachlinksschweißung

Nachrechtsschweißen: Die Schweißflamme wird gegen die Schweißnahtrichtung gehalten und wirkt direkt auf das Schmelzbad ein. Die Fugenränder werden vorgewärmt und das Schweißbad stärker erwärmt. Mit dem Schweißdraht wird eine kreisende Bewegung ausgeführt und der Brenner wird ruhig gehalten (Bild 4). Nachrechtsschweißen wird bei Blechdicken über 3 mm Dicke angewendet.

Der **Zusatzwerkstoff** wird zum Füllen der Schweißfuge verwendet. Er sollte ähnliche Eigenschaften wie das zu schweißende Material besitzen. Die Schweißstäbe zum Gasschweißen sind in DIN EN 12536 genormt, werden gegen Korrosion verkupfert und in 1 Meter Länge geliefert.

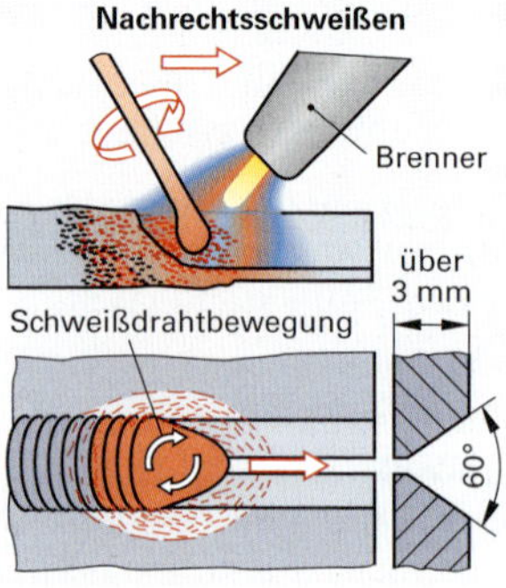

4 Nachrechtsschweißung

Wärmeeinwirkung beim Gasschweißen

Beim Gasschweißen entsteht örtlich eine starke Erwärmung des Werkstücks, wobei es zu unterschiedlichen Wärmeausdehnungen und zu ungleichen Schrumpfungen beim Abkühlen kommen kann. Dies verursacht im Werkstoff Spannungen, die z. B. bei Blechen zu Verwerfungen führen können. Beim Gasschweißen ist daher auf besonders gleichmäßige Erwärmung während des Schweißens zu achten!

Sicherheitsregeln beim Gasschweißen

- Gasflaschen nur mit Schutzkappe transportieren!
- Gasflaschen gegen Umfallen schützen!
- Gasflaschen keiner Erwärmung aussetzen!
- Nur in gut belüfteten Räumen schweißen!
- Schutzbrille und geeignete Schutzkleidung tragen!
- Armaturen und Dichtungen für Sauerstoff frei von Fetten und Ölen halten!
- Keine Verbindungen aus reinem Kupfer einsetzen.

Überprüfen Sie Ihre Kenntnisse

1 Erklären Sie, was man unter Schweißen versteht?

2 Welche Aufgaben haben das Acetylen und der Sauerstoff?

3 Wie ist es möglich, eine Acetylengasflasche mit 18 bar Druck zu füllen, ohne dass es zu einer Selbstentzündung kommt?

4 Wodurch unterscheidet sich eine Acetylengasflasche von einer Sauerstoffgasflasche?

5 Wie hoch ist die Schweißtemperatur beim Acetylengasschweißen?

6 Bei welchen Blechstärken kommt die Nachlinks- und wann die Nachrechtsschweißung zur Anwendung?

5.1.2 Lichtbogenschmelzschweißen

Als Wärmequelle wird ein **Lichtbogen** verwendet, der durch elektrischen Strom erzeugt wird. Die elektrische Energie wird im Lichtbogen in Wärme umgesetzt, wobei Temperaturen bis 4200 °C erreicht werden. Im Vergleich zum Gasschmelzschweißen ist die eingebrachte Wärmemenge örtlich stärker konzentriert. Die zu verbindenden Werkstoffe werden schneller erwärmt. Die Wärmeeinflusszone ist schmal, der Verzug geringer, die Abschmelzleistung größer und die Schweißgeschwindigkeit höher (Bild 1).

1 Lichtbogenschmelzschweißen

Erzeugung des Lichtbogens

Um einen elektrischen Lichtbogen zu erzeugen, muss die Luft den elektrischen Strom leiten. Dies wird bewirkt durch einen elektrischen Kurzschluss, der die umgebende Luft durch Erwärmen ionisiert und elektrisch leitfähig macht. Die Moleküle werden dadurch in Ionen und Elektronen aufgespalten. Die positiv geladenen Ionen werden durch die magnetischen Kräfte vom negativen Pol, der Kathode, und die negativ geladenen Elektronen von der positiven Anode angezogen (Bild 2). Die so entstehende Lichtbogensäule leitet den elektrischen Strom.

Die Kathode hat beim Lichtbogenschweißen eine Temperatur von ungefähr 3600 °C und die Anode von ca. 4200 °C. Dieser Unterschied entsteht durch den Aufprall der Elektronen auf dem Werkstück. Dabei sind im Lichtbogenkern, der Lichtbogensäule, die Temperaturen wesentlich höher. Die hohe Temperatur wird sichtbar durch das Leuchten der Luft.

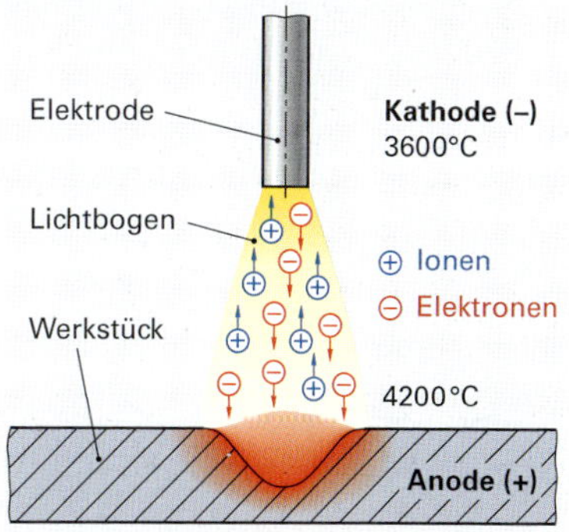

2 Stromfluss im Lichtbogen

Werkstoffübergang im Lichtbogen

Der Lichtbogen schmilzt den Werkstoff der Elektrode und bildet Werkstofftropfen. Die Bewegung des abgeschmolzenen Werkstoffes wird durch das konzentrisch wirkende Magnetfeld beeinflusst. Die Größe der Tropfen wird durch die Oberflächenspannung und durch die Einschnürkraft des Magnetfeldes bestimmt (Bild 1).

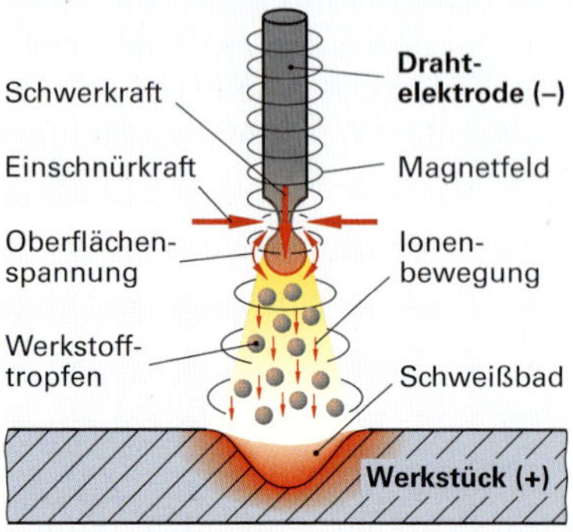

1 Vorgänge beim Tropfenübergang

Zünden des Lichtbogens

Zum Lichtbogenhandschweißen kann Gleichstrom oder Wechselstrom verwendet werden. Für die Zündung des Lichtbogens wird eine relativ hohe Spannung gegenüber der Arbeitspannung benötigt.

Wenn Menschen zwischen die Pole eines elektrischen Stromkreises kommen, können die Folgen tödlich sein! Für Menschen sind bereits geringe Ströme, die bei 0,05 A bis 0,1 A liegen, lebensgefährlich. Im ungünstigsten Fall ist der gesamte Körperwiderstand geringer als 1000 Ω.

Nach dem Ohm'schen Gesetz kann bei einer Spannung von 48 V die Stromstärke von

$$I = \frac{U}{R} = \frac{48\,\text{V}}{1000\,\Omega} = 0{,}048\,\text{A fließen.}$$

Damit die für den Menschen gefährlichen 0,048 A Stromstärke nicht erreicht werden, sind nach den Unfallverhütungsvorschriften höchstzulässige **Leerlaufspannungen** festgelegt (Tabelle 1). Wobei hier unterschieden wird zwischen **normalem Betrieb** und dem in einer Umgebung mit **erhöhter** elektrischer **Gefährdung,** die in engen Räumen mit einem Abstand von weniger als 2 m zu elektrisch leitfähigen Wänden besteht.

Tabelle 1: Darstellung der Gerätekennzeichen

Schweißstromquelle	normaler Betrieb	in Umgebung mit erhöhter elektrisher Gefährdung[1]	Gerätekennzeichnung alt	Gerätekennzeichnung neu
Schweißstromtransformator	80 V effektiv	48 V effektiv	42 V	S
Begrenzter Betrieb (Kleinschweißtransformator)	55 V effektiv	48 V effektiv		
Schweißgleichrichter	100 V	100 V[2]	K	
Schweißumformer	100 V	100 V		

[1] Eine Umgebung mit erhöhter elektrischer Gefährdung besteht in engen Räumen mit elektrisch leitfähigen Wandungen, zum Beispiel Kesseln, unter beengten Verhältnissen zwischen oder an elektrisch leitfähigen Teilen, bei begrenzter Bewegungsfreiheit auf elektrisch leitfähigen Teilen und in nassen oder heißen Räumen.

[2] Im Falle eines Gerätefehlers darf die Wechselspannung den Effektivwert von 48 V nicht übersteigen.

Die Zündung des Lichtbogens wird eingeleitet durch Antippen der unter Spannung stehenden Elektrode auf dem Werkstück. An der Kontaktfläche entsteht ein Kurzschlussstrom, der die umgebende Luft beziehungsweise Gase erwärmt und ionisiert. Durch Anheben der Elektrode bildet sich der Lichtbogen. Dieser Lichtbogen ist ein beweglicher, vom Strom durchflossener schlauchartiger Bereich, der sich mit einem konzentrischen Magnetfeld umgibt.

Kennlinie einer Schweißstromquelle

Die **Arbeitsspannung** beim brennenden Lichtbogen liegt bei 20 V bis 30 V (Bild 2). Beim Lichtbogenschweißen mit der Stabelektrode stellt der Schweißer an der Stromquelle durch Wahl einer anderen Kennlinie nur die **Stromstärke** ein. Diese Einstellung erfolgt nach Errechnung eines Näherungswertes aus:

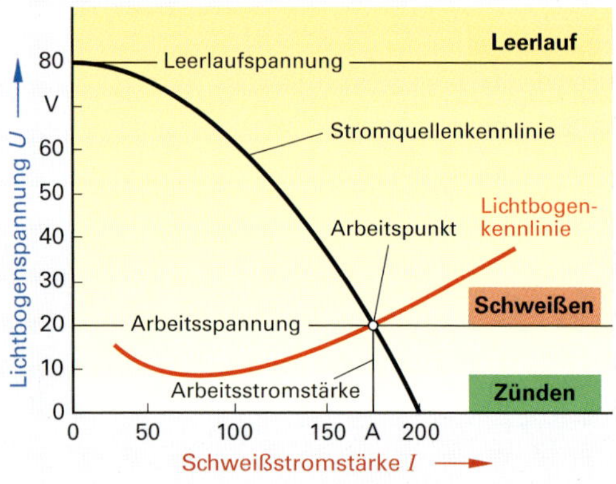

2 Kennlinien einer Schweißstromquelle

Merke

Stromstärke I = 40 A/mm · Elektrodendurchmesser in mm

Beispiel: Bei einem Elektrodendurchmesser von 4 mm beträgt die einzustellende Stromstärke I = 40 A/mm · 4 mm = 160 A

Die **Lichtbogenkennlinie** gibt das Verhältnis von Lichtbogenspannung zu Lichtbogenstromstärke an. Im Schnittpunkt mit der Stromquellenkennlinie ergibt sich der Arbeitspunkt (Bild 2).

Gefährdung durch Strahlung des Lichtbogens

Der Lichtbogen strahlt außer dem sichtbaren Licht auch ultraviolettes und infrarotes Licht aus. Die Infrarotstrahlung macht sich durch Wärmestrahlung bemerkbar.

Die Ultraviolettstrahlung führt zu Verletzung der Augen, man spricht von Verblitzen und auf der Haut kann es zu sonnenbrandähnlichen Verbrennungen kommen. Diese Ultraviolettstrahlung ist besonders beim Schutzgasschweißen intensiv und kann auch an hellen Wänden reflektieren.

Daher sollte man beim Schweißen alle Hautoberflächen abdecken, speziell für den Schutz des Kopfes ist ein Kopfschutz zu benutzen, der auch den seitlichen und hinteren Teil des Kopfes vor Strahlung schützt. Für die Augen sind besondere Schutzgläser zu verwenden (Bild 1).

1 Lichtbogenhandschweißen

Stromversorgung beim Schweißen

Die Stromversorgung aus dem öffentlichen Stromnetz erfolgt mit Wechselstrom bei einer Spannung von 230 Volt und bei Drehstrom mit einer Spannung von 400 Volt. Diese hohen elektrischen Spannungen sind beim Schweißen lebensgefährlich und werden deshalb auf eine niedere Spannung bei höherer Stromstärke umgeformt. Dies kann durch Schweißtransformatoren, Schweißgleichrichter, Inverter-Gleichrichter und Schweißgeneratoren erfolgen.

Zum Schweißen kann **Gleichstrom** oder **Wechselstrom** verwendet werden.

Beim Gleichstrom fließen die Ladungsträger stets mit gleicher Stromstärke und in gleicher Richtung (Bild 2). Die Leistung ist gleichbleibend und ändert sich nicht im Zeitverlauf.

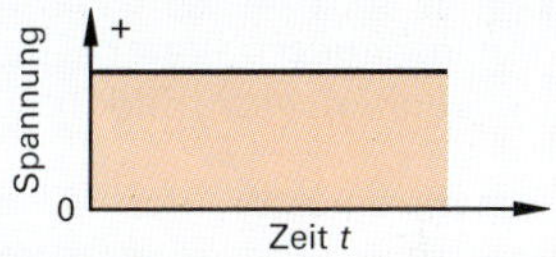

2 Zeitlicher Verlauf eines Gleichstroms

Beim Wechselstrom ändern die Ladungsträger ständig ihre Stärke und Richtung (Bild 3). Die Änderung der Stromstärke in Abhängigkeit von der Zeit kann sinusförmig oder auch rechteckförmig verlaufen.

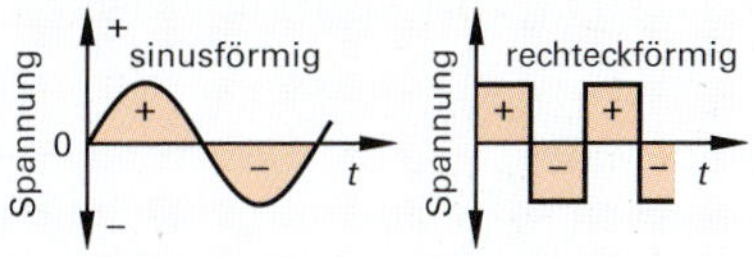

3 Zeitlicher Verlauf von Wechselströmen

Es besteht auch die Möglichkeit, dass die Ladungsträger in einer Mischform fließen (Bild 4). Diese Mischform besteht aus einem Gleichstrom- und einem Wechselstromanteil. Diese Sonderform wird auch als pulsierender Strom bezeichnet und ist für besondere Schweißsituationen geeignet.

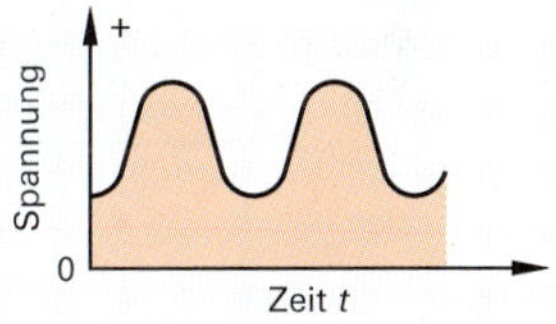

4 Zeitlicher Verlauf eines Mischstromes

Der **Schweißtransformator** wird verwendet, um den Wechselstrom aus dem öffentlichen Netz in Schweißstrom mit niederer Spannung und hoher Stromstärke umzuwandeln. Durch Verstellung des Streukerns kann die Stromstärke stufenlos verstellt werden (Bild 5).

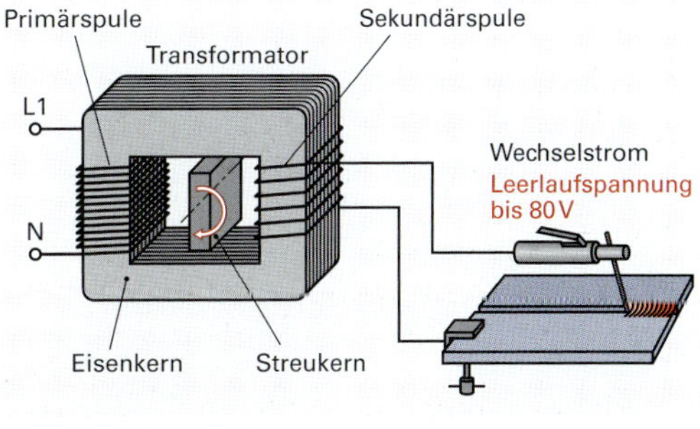

5 Schweißtransformator

Der **Schweißgleichrichter** besteht aus einem Schweißtransformator, der die Spannung des Netzstroms verringert und aus einem nachgeschalteten Gleichrichter, der den Wechselstrom in Gleichstrom umwandelt (Bild 1).

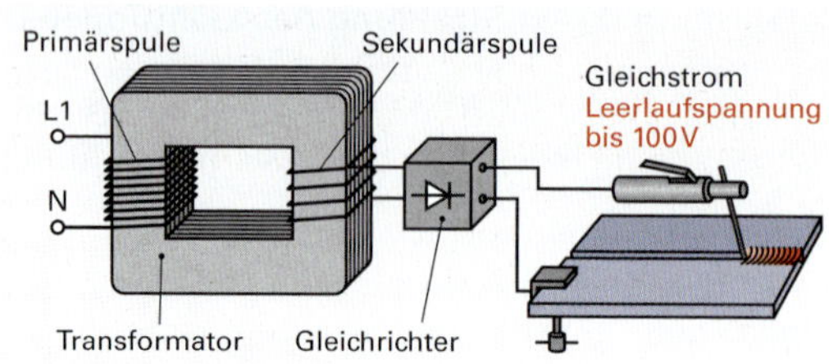

1 Schweißgleichrichter

Der **Schweißgenerator,** auch Umformer genannt, besteht aus einem Antriebsmotor und einem Gleichstromgenerator (Bild 3). Der Antriebsmotor kann ein Drehstrommotor, ein Ottomotor oder ein Dieselmotor sein. Die Verbrennungsmotoren werden dann eingesetzt, wenn kein elektrischer Strom zur Verfügung steht.

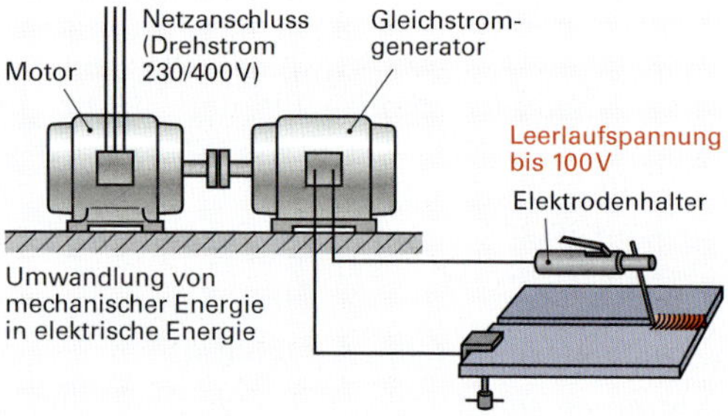

2 Schweißgenerator

Der **Schweißinverter** ist eine neue Bauart von Geräten zur Umwandlung der Parameter des elektrischen Stroms zum Schweißen. Er unterscheidet sich von den anderen Schweißstromquellen dadurch, dass ein Primärgleichrichter die Netzspannung von 50 Hz zuerst in Gleichspannung umwandelt mit nachgeschalteter Glättung durch einen Zwischenkondensator (Bild 3).

Durch den Schalttransistor, der nur mit Gleichstrom arbeiten kann, wird wieder Wechselstrom mit einer Frequenz bis zu 100 000 Hz gegenüber dem Netzstrom von 50 Hz erzeugt. Dadurch kann zum Umspannen auf Schweißstrom ein sehr kleiner, leichter Trafo verwendet werden. Der Schalttransistor wirkt wie ein steuerbarer Ein-Aus-Schalter. Durch diese Arbeitsweise wird der Wirkungsgrad wesentlich verbessert und die Abschmelzleistung von 0,10 kg/kWh bei den Inverter-Geräten auf 0,21 kg/kWh gesteigert.

Die hohe Frequenz, die der Schalttransistor erzeugt, wird über einen Mikroprozessor gesteuert. Die Geräte arbeiten so präzise, dass bei jedem Stromimpuls ein einzelner geschmolzener Tropfen Zusatzwerkstoff abgelöst wird.

Die Lichtbogenzündung ist so gesteuert, dass sich ein kurzschlussfreier Werkstoffübergang ergibt. Es bilden sich dadurch keine Spritzer und eine glatte Schweißnahtoberfläche entsteht.

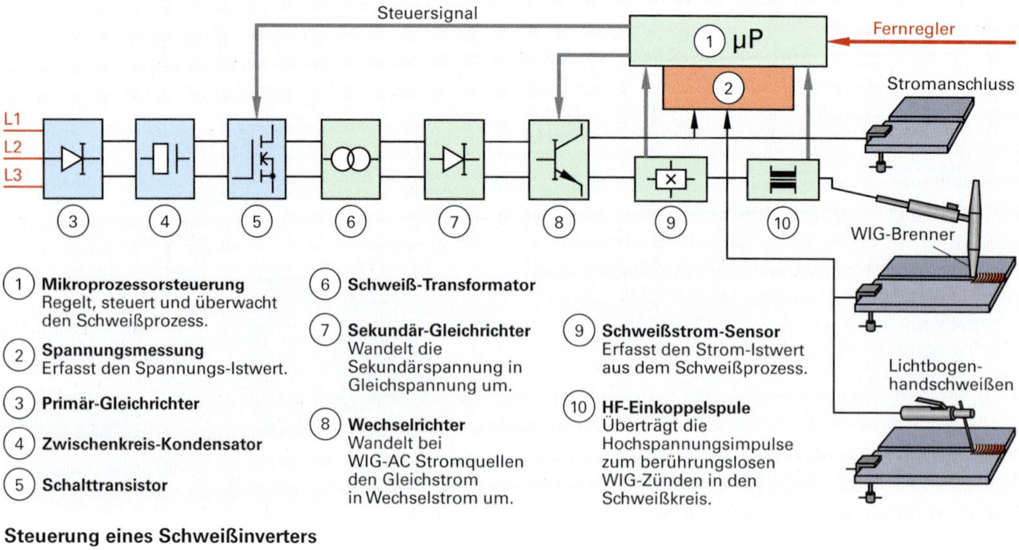

3 Steuerung eines Schweißinverters

Über den Wechselrichter kann die Stromquelle von Gleich- auf Wechselstrom umgestellt werden. So ist es möglich, mit einem Inverter-Schweißgerät verschiedene Schweißverfahren wie MAG-, MIG-, WIG- und Lichtbogenhandschweißen auszuführen, wenn die entsprechenden Schweißbrenner verwendet werden. Der Wirkungsgrad wird dadurch wesentlich verbessert.

Zur **Bedienung der Inverter-Schweißgeräte** werden symbolische Bezeichnungen angewendet (Bild 1):

Es bedeuten die Nr. 2 die digitale Anzeige für die elektrische Stromstärke in Ampere und die Nr. 3 die elektrische Spannung in Volt. Die Nr. 4 steht für die Wahl der Stromart.

Die Nr. 5 bewirkt die Istwert-Speicherung der beiden Anzeigen. Die Nr. 6 steht für die Einstellung des Schweißstroms und Nr. 7 für die Einstellung des Endkraterstroms.

Nr. 8 gilt für die Halbwellenverschiebung und Nr. 18 regelt automatisch die Kugelbildung an der Wolframelektrode.

Nr. 19 ist der Funktionswahlschalter für die verschiedenen Schweißverfahren (Nr. 14 bis 17).

Nr. 9 bis 12 steuern den Programmablauf und die Nr. 13 regelt die automatische Stromabsenkung.

Direkt am Brennerhandgriff mit einer als „Jobmaster" bezeichneten Einrichtung können der Schweißstrom und die Funktion der automatischen Stromabsenkung für Endkrater eingestellt werden (Bild 2). Weiter ist es möglich mit dem Jobmaster alle Parameter am Schweißgerät abzurufen, zu beobachten und stufenlos zu verstellen.

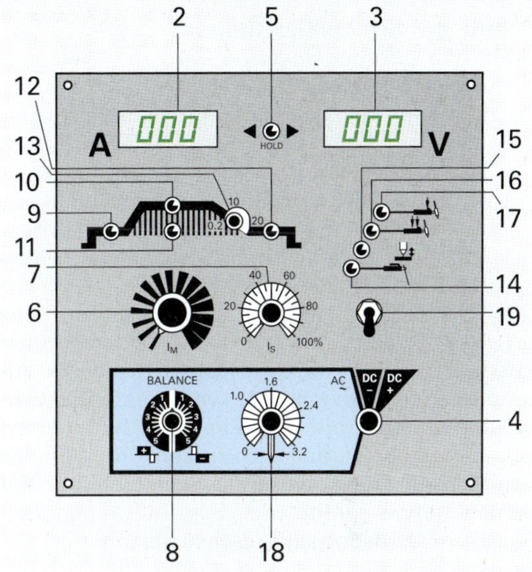

1 Beispiel einer Bedienungsanzeige

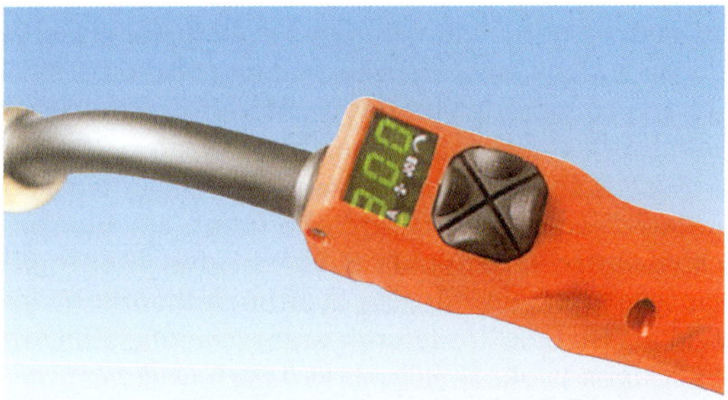

2 „Jobmaster" – Brennerhandgriff mit Fernsteuerung

Ablenkung des Lichtbogens

Der Lichtbogen ist ein ionisiertes Gasfeld, das durch einen elektrischen Stromfluss entsteht und von einem Magnetfeld umgeben wird. Dieses Magnetfeld wird symbolisch durch Ringe dargestellt (Bild 3).

Durch den bogenförmigen Stromverlauf des Lichtbogens beim Übergang in das Werkstück werden die innenliegenden Teile des Magnetfeldes verdichtet und die äußeren aufgeweitet. Die Verdichtung der Kraftlinien hat eine Verstärkung des Magnetfeldes auf dieser Seite zur Folge, sodass der Lichtbogen durch die unterschiedlichen Magnetkräfte abgelenkt wird. Diese Ablenkung wird als **Blaswirkung** bezeichnet, da es so aussieht, als blase ein Luftstrom den Lichtbogen weg.

Die magnetische Blaswirkung tritt nur beim Schweißen mit Gleichstrom auf. Beim Wechselstromschweißen ist durch das mit 50 Hz wechselnde Magnetfeld keine Blaswirkung zu beobachten.

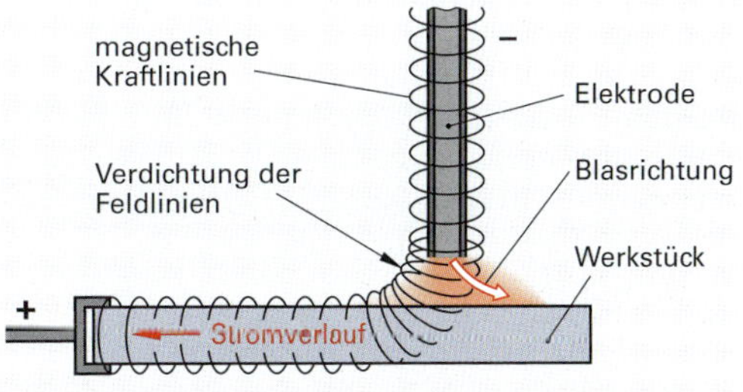

3 Ablenkung des Lichtbogens durch ein magnetisches Kraftfeld – „Blaswirkung"

Beeinflussung der Blaswirkung

Die Blaswirkung kann entweder durch Schrägstellung der Elektrode aufgehoben werden oder der Stromanschluss am Werkstück wird so gelegt, dass er der magnetischen Wirkung der Masse entgegenwirkt. Auch eine zusätzliche Masse kann gegen das „Blasen" wirken (Bild 1).

Schutz des Schweißlichtbogens

Durch die Lichtbogenwärme wird der Werkstoff verflüssigt und zum Teil verdampft. In diesem Zustand kann der Werkstoff mit den Gasen der umgebenden Luft, dem Sauerstoff, Stickstoff und Wasserstoff eine chemische Verbindung eingehen, die die Schweißnaht negativ beeinflusst. Weiterhin können in diesem Zustand Legierungsbestandteile aus dem flüssigen Schweißgut verdampfen und oxidieren (Bild 2).
Das Schweißgut muss daher während des Schweißvorgangs vor äußeren Einwirkungen geschützt werden. Dies geschieht durch die abschmelzende und teilweise verdampfende Umhüllung der Elektrode. Der Gasdampf bildet einen Schutzmantel um den Lichtbogen und um das Schmelzbad. Die erstarrende Schlacke über der Schweißraupe schützt die Schweißraupenoberfläche vor Oxidation und rascher Abkühlung.

Elektroden

Die Elektroden enthalten die Schweißzusatzwerkstoffe. Während des Schweißens leiten sie den elektrischen Strom, bilden den Lichtbogen und schmelzen ab, um sich mit dem Grundwerkstoff zu vermischen und erzeugen so die Schweißnaht. Je nach Schweißverfahren (Tabelle 1) unterscheidet man Elektroden für das Verbindungsschweißen und für das Auftragsschweißen. Abhängig von der Anwendung bzw. dem Schweißverfahren werden unterschiedliche Elektroden benötigt. Für die mechanisierten Verfahren (z. B. MAG-Schweißen) sind diese aufgespult, für das Lichtbogenhandschweißen als Stabelektroden mit unterschiedlichen Umhüllungen (siehe Tabellenbuch) verfügbar.
Stabelektroden sind gezogene abgelängte Metallstäbe mit einer Umhüllung aus mineralischen oder organischen Bestandteilen. Die Anforderungen an die Elektroden und ihre Anwendung sind vielseitig. Deshalb ist eine ausführliche und genaue Bezeichnung jeder Elektrode notwendig (Bild 3).

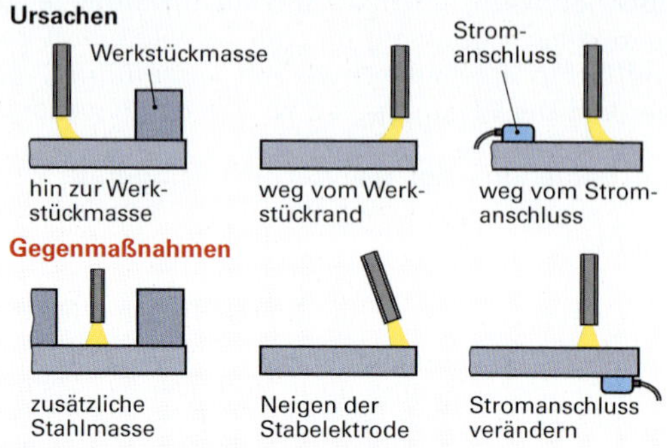

1 Maßnahmen gegen die Blaswirkung

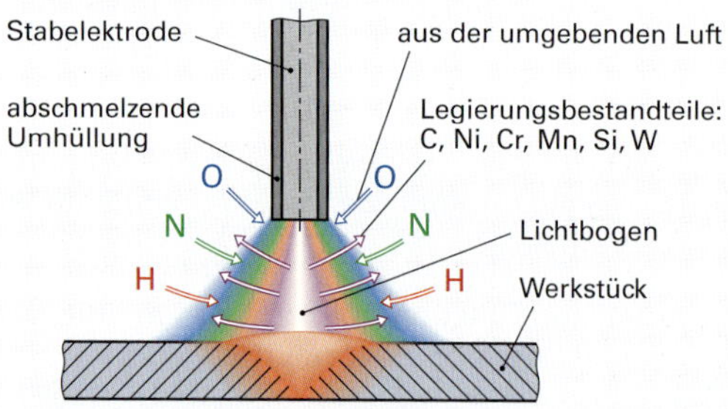

2 Abschirmung des Lichtbogens

Tabelle 1: Norm für Schweißzusätze verschiedener Schweißverfahren

DIN EN ISO	Kurzz.	Benennung
14175	I, R, M	Gase und Mischgase
14341	G	Drahtelektroden und Schweißgut
2560	E	Lichtbogenhandschweißen
17632	T	Schweißen mit Fülldrahtelektroden
636	W	Wolfram-Inert-Gasschweißen
14171	S	Unterpulverschweißen
14174	A	Schweißpulver

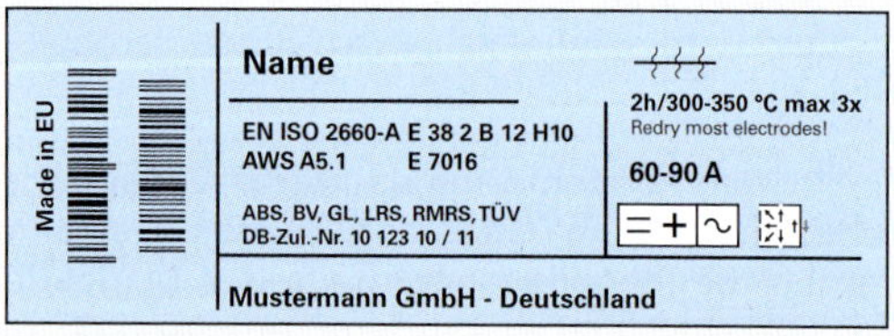

3 Packungsbezeichnung Stabelektrode (Beispiel)

Beispiel einer Schweißnahtangabe für eine Kehlnaht mit einem a-Maß von 4 mm und der Bezeichnung für eine zu verwendende umhüllte Stabelektrode zum Lichtbogenhandschweißen nach der internationalen Norm für den Schweißzusatzwerkstoff.

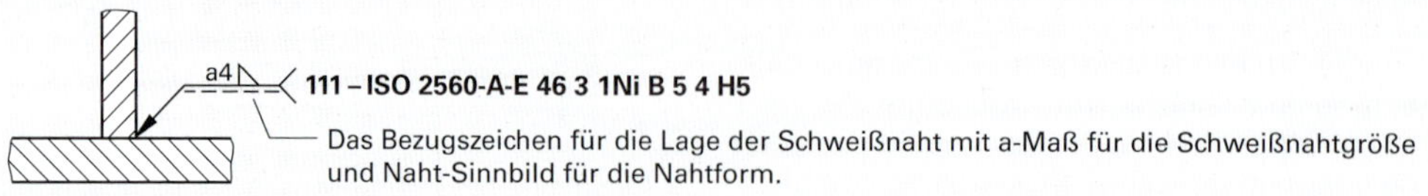

Aufschlüsselung einer Schweißnahtangabe (s. Seite 84 unten)

111: Kennzahl für das Lichtbogenhandschweißen von Metallen.

ISO 2560: Diese internationale Norm ersetzt die alte DIN EN 499 und ist seit März 2006 gültig. Sie legt die Bezeichnung der umhüllten Stabelektroden fest,

A: Einteilung nach Streckgrenze und Kerbschlagarbeit von 47 J.

E: Kurzzeichen einer umhüllten Stabelektrode für das Lichtbogenhandschweißen mit mineralischer Pressummantelung. Die chemische Zusammensetzung des Kernstabes sollte dem Grundwerkstoff entsprechen.

46 ist die Kennzahl für die Kennzeichnung der mechanischen Eigenschaften. In diesem Fall wurde die Streckgrenze von 460 N/mm^2 des Schweißgutes als Basis für die Festigkeitseigenschaften festgelegt.

3: Bezeichnet die Kerbschlageigenschaften des Schweißgutes. Die Kennziffer bezeichnet die Kerbschlagarbeit von mindestens 47 J (1J = 1 Nm = 1 Ws) bei – 30 °C.

1Ni Ist das Legierungssymbol für die chemische Zusammensetzung mit ca. 0,6 % bis 1,2 % Nickel.

B: Bezeichnet die Umhüllung der Stabelektroden. B ist eine basische Umhüllung.

Basische Elektrode, erzielt besonders hohe Anforderungen an die Kerbschlagarbeit bei niederen Temperaturen und ist ungünstig mit Wechselstrom zu schweißen. Eine Trocknung der Elektroden vor dem Schweißen ist unbedingt notwendig, da durch Wasserstoffaufnahme Rissgefahr an der Schweißnaht besteht.

andere:

A: **Sauerumhüllte Elektrode** für feinen Tropfenübergang, erzeugt eine flache und glatte Schweißnaht.

R: **Rutilumhüllte Elektrode**, ist eine Universalelektrode und für alle Positionen außer einer Fallnaht geeignet.

RA, RB und RC (C für Zellulose) sind Mischtypen, werden zur Einsatzerweiterung angewendet.

5: Die Ausbringung und die Stromart werden in Kennziffern von 1 bis 8 eingeteilt. Die Ausbringung von über 100 % bezeichnet man als Hochleistungselektroden.

4: Steht für alle empfohlenen Schweißpositionen.

H5: Kennzeichnung für den diffusiblen Wasserstoffgehalt von 5 ml/100 g Schweißgut.

Bei der Auswahl einer Elektrode sind folgende Gesichtspunkte zu beachten:

- Der zu verschweißende Werkstoff bestimmt den Elektrodenwerkstoff.
- Die Blechdicke, die Lage der Schweißraupe und die Schweißposition sowie das Schweißgerät mit dem Schweißstromstärkebereich bestimmen den Elektrodendurchmesser.
- Die Gebrauchseigenschaften und die geforderte Zähigkeit ergeben den Umhüllungstyp.

5.1.3 Unterpulverschweißen

Merke

Das Unterpulverschweißen (Kurzzeichen UP) ist ein mechanisiertes Lichtbogen-Schmelzschweißverfahren, bei dem der Lichtbogen durch eine Pulverschicht abgedeckt wird.

Bei diesem Schweißverfahren hat der stromführende Teil der Elektrode einen großen Querschnitt und wird kurz gehalten. So ist es möglich, durch große Energiezuführung eine große Abschmelzleistung zu erzielen. Das Schweißpulver deckt den Lichtbogen ab (Bild 1).

Merke

Beim UP-Schweißen wird in der Regel in horizontaler, in Wannen- oder in Querposition geschweißt.

Das UP-Verfahren hat besondere Vorteile:

- Für den Schweißer und die Umgebung entsteht keine Strahlenbelastung.
- Der Schweißer kann ohne Schutzbrille arbeiten.
- Es kann mit hohen Schweißstromstärken gearbeitet werden, wodurch eine große Abschmelzleistung erzielt wird.
- Durch die vollkommene Abschirmung der Schmelze und des Lichtbogens gegen die Atmosphäre entsteht ein besserer thermischer Wirkungsgrad gegenüber dem Lichtbogenhandschweißen.
- Es entstehen kaum Schlackeneinschlüsse und Bindefehler, aber eine hohe Oberflächengüte.

Die einzelnen Verfahren des UP-Schweißens unterscheiden sich durch die Form der Elektroden:

Beim **Eindrahtschweißen** wird ein einzelner Draht bei Stromstärken von 150 A bis 2000 A verwendet (Bild 2a). Wegen der hohen Stromstärken kann mit materialsparenden Nahtfugen wie bei einer I-Naht oder Y-Naht ohne Spalt geschweißt werden (Bild 3).

Das **Doppeldrahtschweißen** (Bild 2b) erzielt eine noch größere Abschmelzleistung. Dabei wird mit zwei Drähten geschweißt. Dieses Verfahren wird auch zum Auftragschweißen angewendet.

Beim **Bandelektrodenschweißen** werden anstelle von Draht bandförmige Elektroden verwendet. Es wird hauptsächlich zur Auftragschweißung von korrosionsbeständigen und verschleißfesten Schichten an großen Stahlflächen angewendet (Bild 2c).

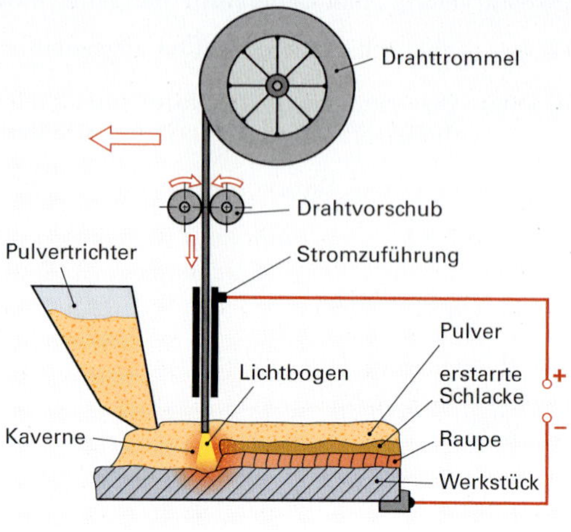

1 Prinzip des UP-Schweißens

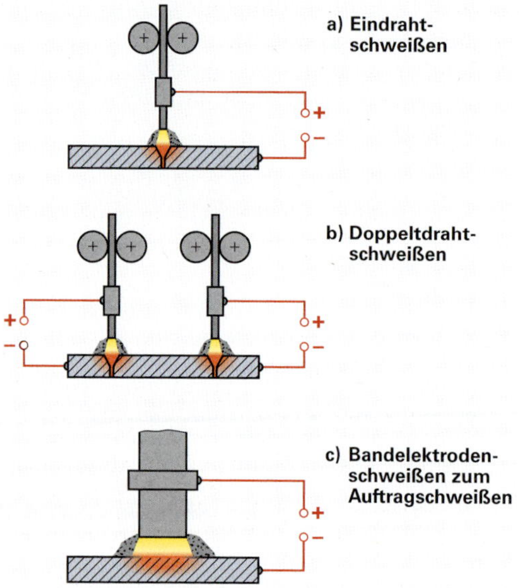

2 UP-Schweißverfahren

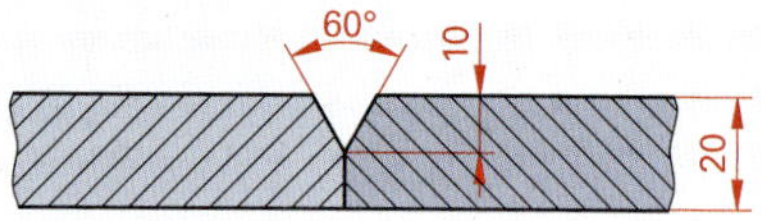

3 Fugenform ohne Spalt

Schweißpulver

Der Einfluss des Schweißpulvers auf das Schweißgut ist groß. Es gleicht Abbrände von Legierungsbestandteilen aus. Außerdem vermindert das Pulver die Entstehung von Einschlüssen im Schweißgefüge. Ähnlich der Umhüllung von Elektroden unterscheidet man nach sauerer, (hoch-) basischer oder neutraler Zusammensetzung des Schweißpulvers. Hauptbestandteile des Schweißpulvers sind Mangansilikat, Quarz, Magnesium und Calcium. Das Schweißpulver ist feuchtigkeitsempfindlich und sollte deshalb trocken gelagert werden.

Anwendung des UP-Schweißens

Das UP-Schweißen ist vor allem anzuwenden bei hoher Abschmelzleistung für lange, voluminöse Schweißnähte. Es werden Wanddicken von 4 mm bis 600 mm geschweißt. Es kann praktisch in allen Stahlbaubereichen angewendet werden. Die Wirtschaftlichkeit hängt von der Stückzahl, der Nahtlänge und von der Umrüstzeit ab. Alle UP-Schweißverfahren werden maschinell durchgeführt.

Unfallverhütung beim Lichtbogenschweißen

Für den Schweißer entstehen Gefahren aus dem Umgang mit dem Schweißstrom, aus dem Lichtbogen, durch Schweißgase, aus dem Schweißbad und dem erstarrten Schweißgut. Zu beachten ist:

- Begrenzung der Leerlaufspannung auf 48 Volt, wenn in engen oder feuchten Räumen geschweißt wird.
- Schweißelektroden nur bei abgeschalteter Stromquelle an- und umklemmen.
- Isolationsfehler an Stromleitungen sofort beheben.
- Blendungen durch den Lichtbogen verhindern, ultraviolette Strahlen verursachen Bindehautentzündungen (Augenverblitzen).
- Infrarote Strahlen sind Wärmestrahlen, die zu Hautverbrennungen führen können.
- Es sind dem Schweißverfahren entsprechende Augenschutzfilter und Schutzkleidung zu verwenden.
- Durch ausreichende Belüftung und Schweißrauchabzug werden die Schweißgase vom Schweißer fern gehalten.
- Für Schutz gegen Spritzer entsprechende Arbeitskleidung, Lederschürze, Stulpenhandschuhe und Sicherheitsschuhe tragen.

Überprüfen Sie Ihre Kenntnisse

1 Wie wird der Lichtbogen gezündet?

2 Wie entsteht der elektrische Lichtbogen?

3 Wovon hängt die einzustellende Schweißstromstärke ab?

4 Wie hoch ist die Temperatur beim Lichtbogenhandschweißen?

5 Welcher Unterschied besteht zwischen einem durch Wechselstrom und einem durch Gleichstrom erzeugten Lichtbogen?

6 Wie entsteht die Blaswirkung beim Lichtbogenschweißen?

7 Welche verschiedenen Aufgaben hat die Umhüllung einer Elektrode?

8 Auf welche Unfallgefahren ist beim Lichtbogenschweißen zu achten?

9 Welche Schutzkleidung ist beim Lichtbogenschweißen zu tragen?

10 Bestimmen Sie eine Schweißelektrode für einen Werkstoff S235J2 + N zum Lichtbogenschweißen einer Steignaht.

11 Welche besonderen Vorteile hat ein Schweißgerät mit Invertersteuerung?

12 Wie verhält sich die Schweißspannung zur Stromstärke beim Schweißen?

13 Welche Vorteile hat das Unterpulverschweißen?

14 Wo wird das Unterpulverschweißen angewendet?

5.1.4 Schutzgasschweißen

Merke

Beim Schutzgasschweißen werden Schmelzbad, Lichtbogen und der Zusatzwerkstoff während des Schweißens durch einen Schutzgasmantel vor der oxidierenden Wirkung der umgebenden Luft abgeschirmt. Die Schutzgaszusammensetzung übt einen erheblichen Einfluss auf das Schweißergebnis aus.

Schutzgasschweißverfahren

Die Einteilung der verschiedenen Schutzgasschweißverfahren erfolgt nach den Elektrodenarten und nach den verwendeten Schutzgasen.

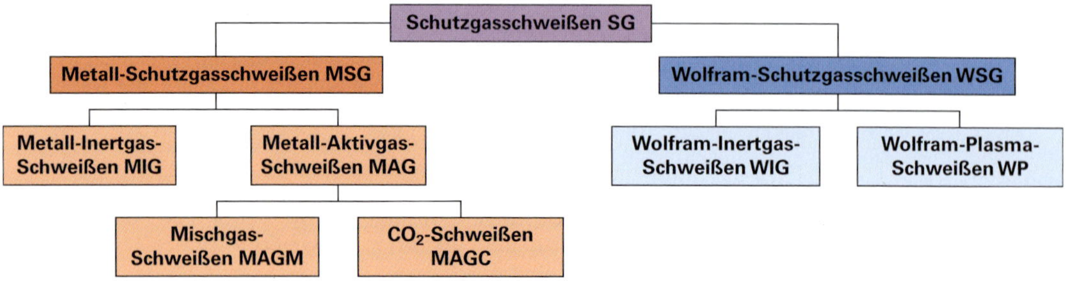

Schutzgase

Allgemein sind die Schutzgase zum Schweißen nach DIN EN ISO 14175 (alt EN 439) genormt. Durch entsprechende Mischung der Schutzgase können die chemische Reaktion, der Werkstoffübergang zum Schmelzbad, die Einbrandtiefe, das Aussehen der Nahtoberfläche, das Lichtbogenverhalten und die Eigenschaften des Schweißgutes beeinflusst werden. Daher erfolgt ihre Einteilung nach der oxidierenden Wirkung. Man unterscheidet dabei:

- **inerte** Gase, das sind **reaktionsträge** Gase, wie Helium (He) und Argon (Ar), die als Edelgase bezeichnet werden,
- **aktive** Gase, das sind **oxidierende** Gase, wie Kohlendioxid (CO_2) und Sauerstoff (O_2),
- **reduzierende** Gase, wie Wasserstoff (H_2).

Tabelle 1: Eigenschaften der Gase

Gasart	Chemisches Zeichen	Spezifische Eigenschaften bei 0 °C und 1,013 bar (0,101 MPa): Dichte (Luft = 1,293) kg/m³	Spezifische Eigenschaften bei 0 °C und 1,013 bar (0,101 MPa): Relative Dichte zu Luft	Siedetemperatur bei 1,013 bar	Reaktionsverhalten während des Schweißens
Argon	Ar	1,784	1,380	– 185,9	inert
Helium	He	0,178	0,138	– 268,9	inert
Kohlendioxid	CO_2	1,977	1,529	– 78,5[1]	oxidierend
Sauerstoff	O_2	1,429	1,105	– 183,0	oxidierend
Stickstoff	N_2	1,251	0,968	– 195,8	reaktionsträge[2]
Wasserstoff	H_2	0,090	0,070	– 252,8	reduzierend

[1] Sublimationstemperatur (Übergangstemperatur vom festen in den gasförmigen Zustand).
[2] Das Verhalten von Stickstoff verändert sich je nach Werkstoff. Mögliche negative Einflüsse sind zu beachten.

Wirkung der Schutzgaskomponenten

Die Wirkungen der einzelnen Gase sind unterschiedlich. Bei Gasgemischen können sich einzelne Eigenschaften und Wirkungen überlagern (Bild 1).

Inerte Gase eignen sich für alle Schweißverfahren und Werkstoffe, sie sind aber teurer als **Aktivgase** und werden daher überwiegend als Hauptbestandteile in **Mischgasen** eingesetzt.

Argon ist gut ionisierbar und ermöglicht einen ruhig brennenden Lichtbogen mit einem heißeren Lichtbogenkern. Die Naht wird breit, mit einem tiefen fingerförmigen Einbrand und einem flachen Rand (Bild 1).

Helium hat eine höhere Wärmeleitfähigkeit (Bild 1), somit eine höhere Ionisation und ermöglicht eine höhere Lichtbogenspannung gegenüber Argon, was eine größere Wärmeeinbringung im Schmelzbad bewirkt. Dadurch eignet sich Helium zum Schweißen von Metallen mit hoher Wärmeleitfähigkeit wie Kupfer und Aluminium. Infolge der geringen Dichte von Helium ist ein größerer Gasverbrauch zu berücksichtigen (Tabelle 1).

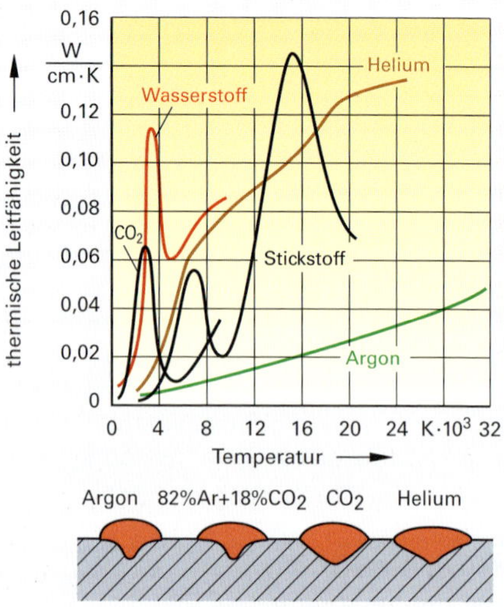

1 Schutzgaseinfluss auf die Nahtgeometrie

Wasserstoff hat eine hohe Wärmeleitfähigkeit. Wegen der Gefahr der Porenbildung wird Wasserstoff bei Aluminium nur bis ca. 5 % als Mischgas und bei Formiergas bis zu 50 % als Mischgas verwendet.

Sauerstoff wird nur als Mischgaskomponente bis ca. 10 % verwendet. Er verringert die Oberflächenspannung bei flüssigem Stahl, bewirkt einen feintropfigen Werkstoffübergang und ergibt dadurch eine feinschuppige Schweißnaht.

Kohlendioxid hat eine ebenso hohe Oxidationswirkung wie Sauerstoff und bewirkt einen tiefen runden Einbrand mit geringer Porenbildung (Bild 1, Seite 88). Die Spritzerbildung ist sehr hoch. Reines CO_2 wird nur bei unlegierten und niedriglegierten Stählen angewendet. Für weitere Anwendungen eignet es sich als Mischgas mit Argon und Sauerstoff (Tabelle 1).

Tabelle 1: Schutzgase für Lichtbogenschweißen gemäß DIN EN ISO 14175 (Auswahl)

Symbol		Komponenten in Volumen-Prozent						Übliche Anwendung	Bemerkung
		oxidierend		inert		reduzierend	reaktionsträge		
Hauptgruppe	Untergruppe	CO_2	O_2	Ar	He	H_2	N_2		
R	1			Rest[2]		> 0,5 bis 15		WIG, Plasmaschweißen, Plasmaschneiden, Wurzelschutz	reduzierend
	2			Rest[2]		> 15 bis 50			
I	1			100				MIG, WIG, Plasmaschweißen, Wurzelschutz	inert
	2				100				
	3			Rest	> 0,5 bis 95				
M1	1	> 0,5 bis 5		Rest[1]		> 0,5 bis 5		MAG	schwach oxidierend
	2	> 0,5 bis 5		Rest[1]					
	3		> 0,5 bis 3	Rest[1]					
	4	> 0,5 bis 5	> 0,5 bis 3	Rest[1]					
M2	1	> 15 bis 25		Rest[1]					Mischgase
	2		> 3 bis 10	Rest[1]					
	3	> 0,5 bis 5	> 3 bis 10	Rest[1]					
	4	> 5 bis 15	> 0,5 bis 3	Rest[1]					
M3	1	> 25 bis 50		Rest[1]					
	2		> 10 bis 15	Rest[1]					
	3	> 25 bis 50	> 2 bis 10	Rest[1]					
C	1	100							stark oxidierend
	2	Rest	> 0,5 bis 30						
Z		Mischgase mit Komponenten, die nicht in der Tabelle aufgeführt sind oder Mischgase mit anderer Zusammensetzung außerhalb der angegebenen Bereiche[2]							

[1] Für diese Einteilung darf Argon teilweise oder vollständig durch Helium ersetzt werden.
[2] Zwei Mischgase mit derselben Z-Einteilung dürfen nicht gegeneinander ausgetauscht werden.

Stickstoff wird meist nur als Formiergas zum Wurzelschutz beim Rohrschweißen verwendet.

Einteilung der Schutzgase

Die Tabelle 1 enthält die Einteilung der verschiedenen Schutzgase und Schutzgasmischungen in den Gruppen nach ihrem Reaktionsverhalten. Die Kurzbezeichnung für die Gruppen sind:

R = Reduzierende Mischgase
I = Inerte Gase und inerte Mischgase
M = Oxidierende Mischgase mit Sauerstoff und/oder Kohlenstoff
C = Stärker oxidierende Gase
Z = Mischgase anderer Zusammensetzung

Bezeichnung der Schutzgase

Schutzgase werden mit der Benennung der Normnummer, der Angabe der Haupt- und der Untergruppe nach Tabelle 1 eingeteilt. Dem Symbol für das Basis-Gas müssen die Symbole für die Komponenten in abnehmender Folge ihres Prozentgehaltes und danach, getrennt durch einen Spiegelstrich, die Werte für die Zusammensetzung in Volumenprozent folgen. Der Buchstabe Z muss verwendet werden, falls das Mischgas eine andere als in der Tabelle 1 aufgeführte Zusammensetzung aufweist. Verfügt das Mischgas über Komponenten, die in der Tabelle 1 nicht aufgeführt sind, so muss der Buchstabe Z der Bezeichnung vorangestellt werden und das nicht aufgeführte Gas muss mit einem Plus-Zeichen getrennt aufgeführt werden.

Beispiele:
Mischgas mit 30 % Helium und Rest Argon: **ISO 14175 – I3 – ArHe – 30**
Mischgas mit 5 % Wasserstoff und Rest Argon: **ISO 14175 – R1 – ArH – 5**
Mischgas mit 0,05 % Sauerstoff und Rest Argon: **ISO 14175 – Z – ArO – 0,05**
Mischgas mit 0,05 % Xenon und Rest Argon: **ISO 14175 – Z – Ar + Xe – 0,05**

Lichtbogenarten

Je nach Schutzgas, Stromstärke, Stromfrequenz und verwendetem Drahtelektroden-Durchmesser verändern sich der Lichtbogen in Form und Größe sowie die Art des Abschmelzens und der Werkstoffübergang zum Schmelzbad. Dies wird bei den einzelnen Schutzgasschweißverfahren gezielt angewendet, um eine höhere oder niedrigere Abschmelzleistung, tieferen Einbrand oder eine bessere Spaltüberbrückung zu erzielen.

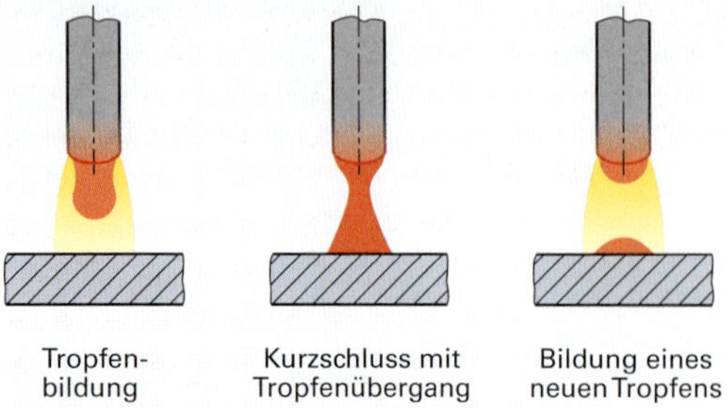

1 Kurzschluss beim Tropfenübergang

Den **Kurzlichtbogen** erreicht man bei einer niedrigen Lichtbogenspannung und kleineren Stromstärken (Bild 1). Es kommt zu einem regelmäßigen Wechsel zwischen frei brennendem Lichtbogen und Kurzschlüssen, wobei in der Kurzschlussphase der Werkstofftropfen ins Schmelzbad übergeht. Der Kurzlichtbogen wird zum Schweißen von Dünnblechen und bei Wurzelschweißungen angewendet.

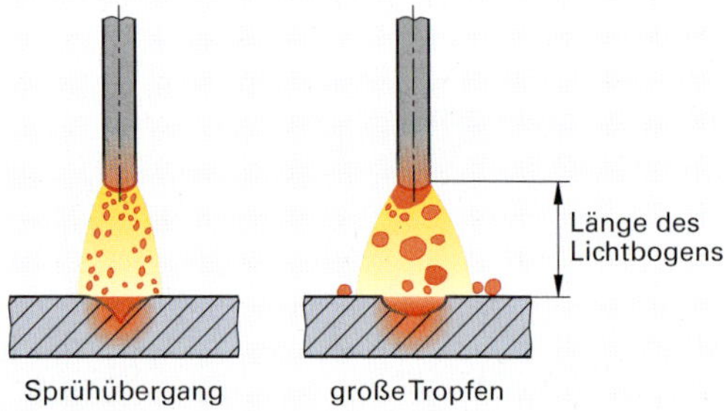

2 Verschiedene Formen des Tropfenübergangs

Der **Sprühlichtbogen** bewirkt einen Werkstoffübergang in kleinen Einzeltropfen, der ohne Kurzschlussbildung erfolgt. Er entsteht bei höherer Schweißspannung und unter argonreichen Schutzgasen. Erreicht wird eine hohe Abschmelzleistung und ein spritzerarmer Tropfenübergang (Bild 2). Er eignet sich für Füll- und Decklagen bei glatter Schweißnahtoberfläche.

Der **Langlichtbogen** bildet große Tropfen (Bild 1 und 2). Dabei kommt es gelegentlich zu Kurzschlüssen, wobei Spritzer entstehen. Ein Langlichtbogen bildet sich mit steigendem CO_2-Gehalt bei Mischgasen.

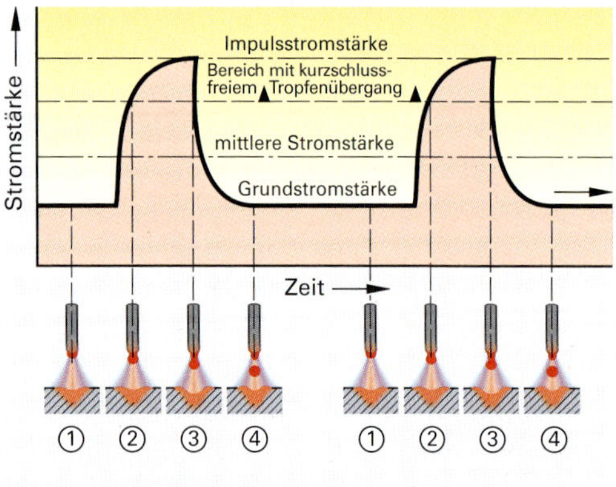

3 Stromverlauf beim Impulslichtbogen mit Werkstoffübergang

Der **Impulslichtbogen** wird durch einen Grundstrom und einen über dem Grundstrom pulsierenden Strom erzeugt (Bild 3). Der Grundstrom hat die Aufgabe, die Ionisation der Lichtbogenstrecke aufrecht zu erhalten, um mit dem Lichtbogen das Drahtelektrodenende und die Werkstückoberfläche vorzuwärmen. Der Impulsstrom löst die Schweißtropfen ab.

Das Impuls-Schweißen ist beim Dünnblechschweißen und bei der Zwangslagenschweißung besonders vorteilhaft. Durch den gleichmäßigen Werkstoffübergang ergibt sich eine glatte und saubere Nahtoberfläche.

Neue Prozessregelvarianten für Lichtbogenarten

Neben den klassischen genannten Lichtbogenarten treten immer häufiger leistungselektronisch geregelte, digital gesteuerte Schweißanlagen in Erscheinung, die **neue Prozessregelvarianten** für Lichtbogenarten beinhalten.

Beim Kurzlichtbogen ist dabei vor allem der modifizierte, spritzerarme, energiereduzierte oder leistungsgesteigerte Lichtbogen zu nennen. Die Modifizierung des traditionellen Sprühlichtbogens wie auch die des Impulslichtbogens führen zur Ausprägung besonderer Eigenschaften bezüglich des Tropfenübergangs, der Einschnürung des Lichtbogens oder der Veränderung der Lichtbogenlänge, um einige Charaktereigenschaften der modifizierten Lichtbogenarten zu beschreiben. In Kombination der genannten Prozessvarianten ergeben sich Modifikationen der Steuerung und Regelung von Schweißprozessen beim MSG-Schweißen auf der Ebene des Werkstoffübergangs der Tropfen. Effekte dieser Prozesskombinationen können ein verbessertes Erstarrungsverhalten des Schmelzbades, eine verbesserte Oberflächenstruktur der Schweißnaht, idealeres Einbrandverhalten ins Bauteil, ein günstiger Aufmischungsgrad der Grund- und Zusatzwerkstoffe oder schlichtweg ein geringerer Energieeintrag in die Schweißnaht bzw. das zu schweißende Bauteil bedeuten (Bild 1).

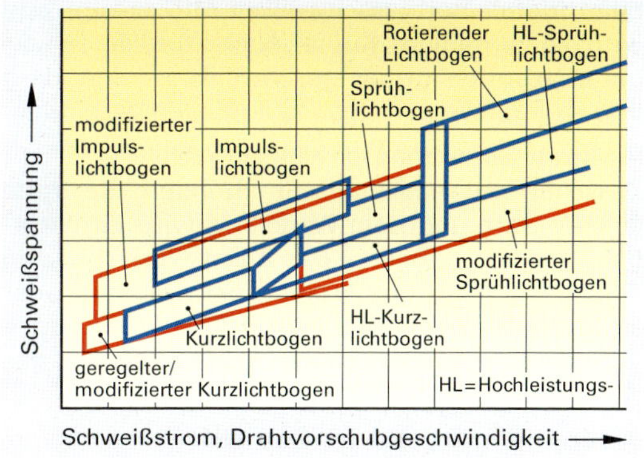

1 Neue Prozessregelvarianten der Lichtbogenarten

Bei **Inverter-Stromquellen** (Bild 3, Seite 82) können die Stromimpulse durch die hohe Frequenz sehr genau gesteuert werden, sodass sie sich an den Werkstoffübergang für jeden Werkstoff anpassen lassen. Je nach eingestellter Impulsfrequenz lösen sich je Impuls ein oder mehrere Tropfen ab, wobei die Ablösung von einem Tropfen je Impuls den stabilsten und spritzerärmsten Schweißprozess ermöglicht.

Am Anfang einer Schweißnaht, im Zündbereich, erfolgt das Zünden mit wesentlich höherer Energie und das Grundmetall wird stärker aufgeschmolzen, das vermeidet Bindefehler am Nahtanfang. Am Schweißende kann die Energiezufuhr verringert werden, um die Endkraterbildung zu vermeiden.

Metall-Schutzgasschweißen MSG

Bei diesem Verfahren wird eine abschmelzende Drahtelektrode verwendet. Der Schweißdraht wird von einer Drahtspule automatisch über eine Drahtfördereinrichtung zugeführt. Die Stromzuführung erfolgt durch einen Zwangskontakt.

Der Schweißbrenner ist gas- oder wassergekühlt. Dabei kann die Gaskühlung nur bei kleineren Stromstärken angewendet werden. Schweißstrom, Drahtelektrode, Schutzgas, wenn nötig auch Kühlwasser, werden dem Schweißbrenner durch ein Schlauchpaket zugeführt (Bild 2).

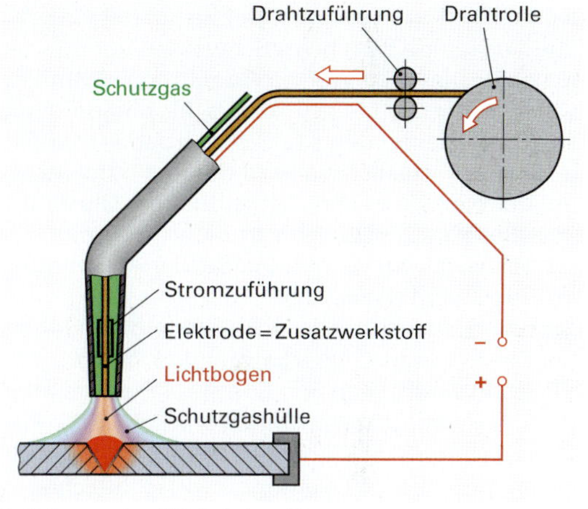

2 Schema des MSG-Schweißens

Das Metall-Schutzgasschweißen eignet sich für das Handschweißen und für maschinelles Schweißen in der Werkstatt. Es ist in der Regel ungeeignet für Baustellenschweißungen, da äußere Umgebungseinflüsse die Schutzgasabdeckung beeinflussen (Bsp. Wind). Je nach verwendetem Schutzgas unterscheidet man Metall-Inertgasschweißen MIG und Metall-Aktivgasschweißen MAG.

Beim **Metall-Aktivgasschweißen MAG** verwendet man **Aktivgase.** Es ist geeignet zum Schweißen von unlegierten und niedriglegierten Stählen. Dieses Verfahren hat wegen seiner Wirtschaftlichkeit einen großen Anwendungsbereich gefunden.

Als **Aktivgase** werden verwendet: Kohlendioxid (CO_2), ein Zweikomponentengas aus Argon (Ar) und Sauerstoff (O_2) oder aus Ar und CO_2 und ein Dreikomponentengas aus Ar, CO_2 und O_2 (Tabelle 1, Seite 89).

Das aktive Schutzgas bewirkt bei diesem Verfahren eine chemische Reaktion. Während des Schweißens zerfällt Kohlendioxid (CO_2) in Kohlenoxid (CO) und Sauerstoff (O). Der Sauerstoff oxidiert im Schmelzbad das Mangan (Mn) und das Silizium (Si) des Stahls und schützt den Grundwerkstoff. Dies muss im Schweißdraht durch vermehrte Zugabe von Mangan und Silizium ausgeglichen werden.

Durch die Oxidation bilden sich während des Schweißens große Tropfen, die sich als Spritzer an der Schweißnaht bemerkbar machen. Aus den Mangan- und Siliziumoxiden entsteht eine dünne gelbliche Silikatschicht, die die weitere Bearbeitung beeinflussen kann. Idealerweise wird die Silikatschicht vor der weiteren Behandlung entfernt.

Beim MAG-Schweißen werden hohe Abschmelzleistungen und ein tiefer Nahteinbrand erzielt. Die einfache Handhabung und die Verwendung von CO_2-Gasen machen dieses Verfahren besonders wirtschaftlich (Bild 1, Seite 88).

Beim **Metall-Inertgasschweißen MIG** erfolgt keine Reaktion des Schweißgases mit der Schmelze. Es wird bei Aluminium, Kupfer, Nickel und deren Legierungen angewendet. Diese Werkstoffe können nicht mit aktivem Schutzgas geschweißt werden, da dessen Sauerstoffanteile sich mit Aluminium, Kupfer und anderen Legierungsbestandteilen verbinden und Oxide bilden.

Wolfram-Schutzgasschweißen WSG

Zwischen einer nichtabschmelzenden Elektrode aus Wolfram und dem Werkstück wird ein Lichtbogen gebildet (Bild 1). Der Zusatzwerkstoff wird dabei von Hand durch einen Schweißstab oder automatisch als Draht zugeführt. Der Lichtbogen und das Schmelzbad werden durch ein Schutzgas vor der Umgebungsluft geschützt.

Wolfram-Inertgasschweißen WIG

Bei der Verwendung einer Wolframelektrode darf als Schutzgas nur ein Inertgas verwendet werden, da sonst die Wolframelektrode bei der hohen Temperatur durch Oxidation zu schnell zerstört würde und dabei giftige Wolframoxide entstehen könnten. Zum WIG-Schweißen wird in der Regel Gleichstrom verwendet, wobei der Minuspol an die Wolframelektrode angeschlossen wird. Durch die niedrigere Temperatur am Minuspol von 3600 °C gegenüber der Temperatur am Pluspol mit 4200 °C wird die Haltbarkeit der Wolframelektrode vergrößert. Eine Ausnahme wird beim Schweißen von Aluminium, Aluminiumlegierungen und Kupferlegierungen gemacht. Dies sind Werkstoffe mit hochschmelzenden Oxiden. Aluminium schmilzt schon bei 658 °C, während der Schmelzpunkt des Aluminiumoxides bei 2050 °C liegt. Eine feste Oxidhaut verhindert ein Zusammenfließen des Schmelzbades und dadurch das Verbinden des Werkstoffes. Bei der Verwendung von Wechselstrom wird durch die negative Halbwelle (Bild 3, Seite 81) die Oxidhaut aufgerissen und der Werkstoff kann sich verbinden. Die Wolframelektrode wird dabei aber stärker belastet. Um ein schnelles Verschleißen zu verhindern, werden Elektroden mit größerem Durchmesser beim Schweißen mit Wechselstrom verwendet. Bei der Anwendung von Gleichstrom muss der Anschluss des Minuspols am Werkstück liegen.

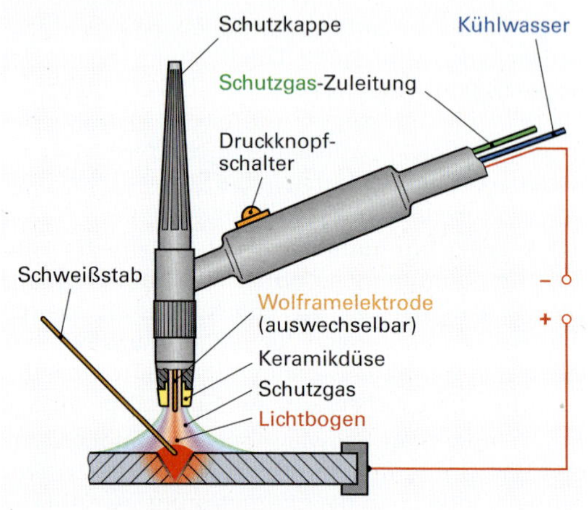

1 Schema des WIG-Schweißverfahrens

Das WIG-Schweißverfahren findet dann Anwendung, wenn der Qualität der Schweißverbindung, durch Einbrandverhalten, Oberflächengüte, ansprechender Optik und Fehlerfreiheit der Schweißnaht, wie z. B. beim Verarbeiten von Edelstahl Rostfrei oder Aluminium, besondere Bedeutung zukommt.

Aus Wirtschaftlichkeitsgründen wird das WIG-Schweißen in einem Blechdickenbereich unter 4 mm angewendet und allgemein die Schweißnaht als I-Stoß ausgeführt. Bei größeren Dicken sind Schweißverfahren mit höheren Leistungen wirtschaftlicher.

Orbitalschweißen

Das Orbitalschweißen ist ein vollmechanisierter oder automatisierter Schutzgasschweißprozess, bei dem der Lichtbogen maschinell ohne Unterbrechung um Rohre oder sonstige Rundkörper geführt wird. Das Orbitalschweißen wird meist als MSG- oder WSG-Schweißprozess ausgeführt. Der Schweißprozess wird mithilfe eines Orbitalkopfes gesteuert. Das Orbitalschweißen kommt weit verbreitet im Rohrleitungsbau als Schweißsystem zum Einsatz. Anwendungsbeispiele reichen von der Medizin- und Lebensmittelbranche bis hin zum Kessel- und Anlagenbau. Vorteile dieses Schweißverfahrens sind eine hohe Schweißgeschwindigkeit, hohe Reproduzierbarkeit der sehr guten Schweißnahtqualität und folglich der Wirtschaftlichkeit bei der Herstellung von Schweißverbindungen angemessener Rohrabmessungen (Bild 2).

2 Orbitalschweißkopf im Einsatz

5.1.5 Wolfram-Plasmaschweißen WP

Merke

Als Plasma wird ein Gas bezeichnet, das durch hohe Energiezufuhr in einen elektrisch leitenden Zustand gebracht wurde. Je höher die Temperatur des Plasmagases ist, desto höher ist die elektrische Leitfähigkeit und die Wärmeleitfähigkeit.

Der Schweißlichtbogen ist ein solches Plasmagas. Im Gegensatz zu den Lichtbogenschweißverfahren, bei denen der Lichtbogen frei brennt, wird von Plasmaschweißverfahren gesprochen, wenn der Lichtbogen eingeschnürt ist (Bild 1). Die Einschnürung erfolgt mechanisch und erfordert eine Kühlung der Einschnürdüse (Bild 2).

Die Einschnürdüse bewirkt eine hohe Leistungsdichte, dadurch ist die Temperatur des Plasmastrahls höher als die des freibrennenden Lichtbogens. Je nach verwendetem Plasmagas kann die Temperatur von 5000 °C bis zu 25000 °C erhöht werden. Als Plasmagase verwendet man Argon oder Gemische aus Argon, Helium und Wasserstoff.

Das allgemeine Plasmaschweißen wird gemäß DIN EN 14610 in drei Verfahrens- bzw. Lichtbogenvarianten unterschieden.

Beim **Plasmalichtbogenschweißen mit nicht übertragenem Lichtbogen** wird die elektrische Energiequelle zwischen Elektrode und Düse angeschlossen, so dass ein Plasmastrahl entsteht (Bild 3a). Der Wärmeeintrag kann bei dieser Anordnung auch auf Werkstücke gewährleistet werden, die nicht elektrisch leitend sind.

Vom **Plasmalichtbogenschweißen mit übertragenem Lichtbogen** spricht man dann, wenn die elektrische Energiequelle zwischen Elektrode und Werkstück angeschlossen ist (Bild 3b).

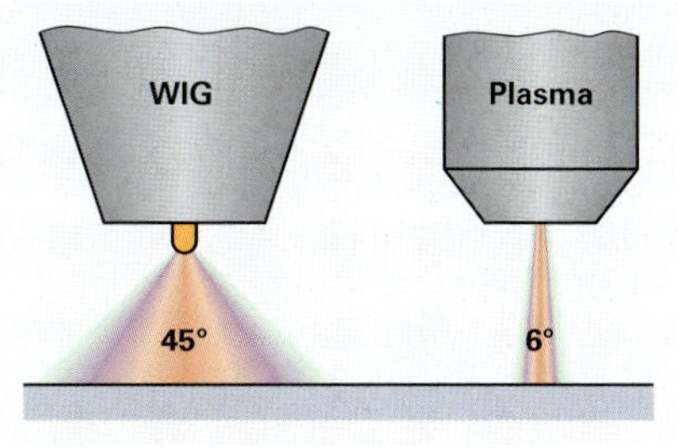

1 Lichtbogeneinschnürung im Vergleich WIG- und Plasmaschweißen

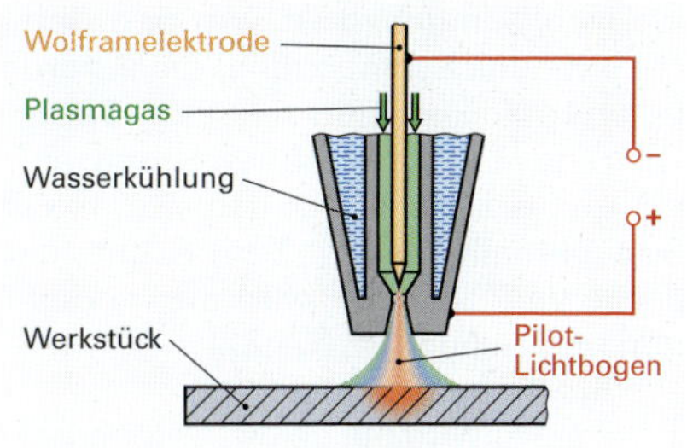

2 Kühlung der Einschnürdüse

Die dritte Verfahrensvariante **Plasmastrahl-Plasmalichtbogenschweißen** liegt vor, wenn der Lichtbogen zwischen übertragener und nicht übertragener Art wechselt (Bild 3c). Infolge der hohen Temperatur und der Bündelung des Plasmastrahls wird für den Schutz der Schweißstelle vor der Atmosphäre i.d.R. ein zusätzliches Schutzgas verwendet. Das Schutzgas ist abhängig vom zu verschweißenden Werkstoff verbunden mit weiteren Einflussfaktoren, wie z. B. Schweißgeschwindigkeit oder Porenbildung. Als Schutzgase werden bei Baustählen meist Argon, bei CrNi-Stählen Argon/Wasserstoffgemische und bei Aluminium Argon oder Argon/Heliumgemische eingesetzt.

Einsatzmöglichkeiten der Plasmaverfahren

Der eingeschnürte Lichtbogen zeichnet sich durch hohe Stabilität aus. Der Stromstärkebereich liegt zwischen 0,2 A und 400 A. Die hohe Energiedichte ergibt gegenüber dem WIG-Schweißen einen tieferen Einbrand und die Schweißgeschwindigkeit ist höher, dadurch ist der Wärmeeinfluss im Grundwerkstoff geringer und der Verzug vermindert sich.

Das Plasmaverfahren wird zum Verbindungsschweißen von dünnen Werkstücken (0,05 mm bis 3 mm), als Stichlochschweißen bis 10 mm Dicke, zum Auftragschweißen und zum Trennen von Werkstücken verwendet. Es wird im Allgemeinen nur für hochlegierte Stähle und Nichteisenmetalle angewendet.

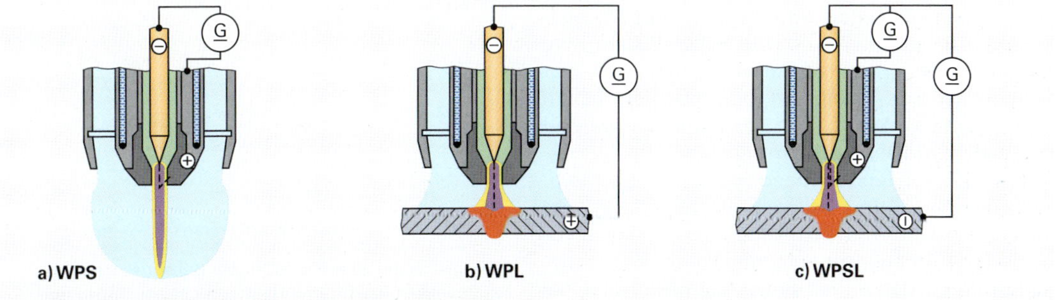

3 Verfahrens- und Lichtbogenvarianten beim Plasmaschweißen

5.1.6 Laserstrahlschweißen

Merke

Durch die Bündelung eines Lichtstrahls kann eine sehr hohe Energie konzentriert werden.

Die Energiebündelung erfolgt über eine Spiegeloptik zum Werkstück (Bild 1). Als Spiegelwerkstoff wird Kupfer eingesetzt, da es ein hochreflektierendes Metall mit hoher Wärmeleitfähigkeit ist. Durch die Bündelung des Laserstrahls bis zu einem Durchmesser von 0,2 mm kann die Leistung von ca. 10000 Watt pro mm^2 erreicht werden. Diese hohe Leistung im Brennpunkt des Strahls führt im Schmelzpunkt an der Schweißstelle zur Verdampfung des Werkstoffs. Es entsteht eine enge Kapillare von 0,2 mm, die von flüssigem Werkstoff umgeben ist. Um den Dampfkanal bildet sich eine Schmelzzone, die aufgrund des Temperaturgefälles heftig zirkuliert. Dieser Kanal wird während der Vorschubbewegung aufrecht erhalten und erzeugt hinter dem Strahl eine schlanke Schweißnaht (Bild 2). Zum Schutz der Nahtoberfläche vor Oxidation wird ein inertes Gas wie Argon und Helium verwendet.

Merke

Der Laser wird bei der Metallbearbeitung für das Schweißen, Schneiden, Beschichten, Härten und Beschriften von Oberflächen eingesetzt.

So sind die wesentlichen Vorteile des Lasers beim Schweißen, dass je nach Werkstoffart bis zu 20 mm Blechdicke mit einer I-Naht geschweißt werden kann (Bild 3). Die Schweißgeschwindigkeit ist wesentlich höher als bei konventionellen Schweißverfahren. Dadurch entsteht nur eine schmale Wärmeeinflusszone und eine Nacharbeit wird vermieden.

Im Vergleich zu anderen Schweißverfahren kann durch die hohe Energiedichte mit sehr großer Vorschubgeschwindigkeit von bis zu 8 m pro Minute bei geringer Werkstoffdicke geschweißt werden (Bild 3). Die dadurch eingebrachte Energie ist gering. Das Werkstück erwärmt sich kaum und die Wärmeeinflusszone ist klein, sodass der Verzug minimal bleibt.

Da die Schweißfugen eng sind, ist die Voraussetzung für eine einwandfreie Schweißnaht eine genaue Passung der zu verbindenden Teile. Der Schweißprozess erfolgt in den meisten Fällen ohne Zusatzwerkstoff. Der Spalt zum Schweißen sollte nicht größer als 0,1 mm sein.

Wegen der notwendigen geometrischen Genauigkeit und der hohen Schweißgeschwindigkeit ist es erforderlich, den Schweißprozess über CNC-gesteuerte Anlagen zu automatisieren. Durch diesen hohen Aufwand ist dieses Verfahren erst bei großen Stückzahlen wirtschaftlich.

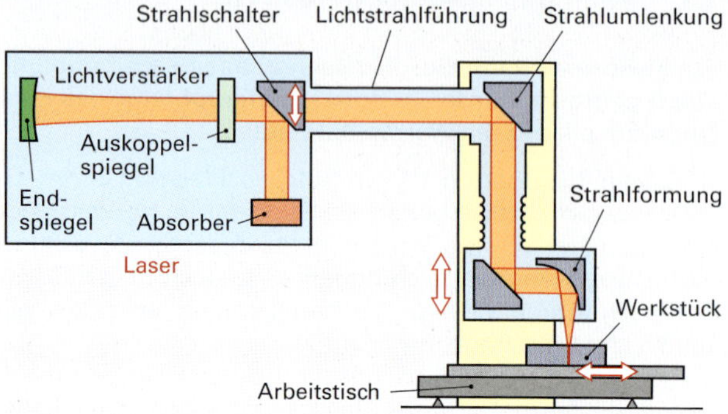

1 Schematischer Aufbau einer Laserstrahlschweißanlage

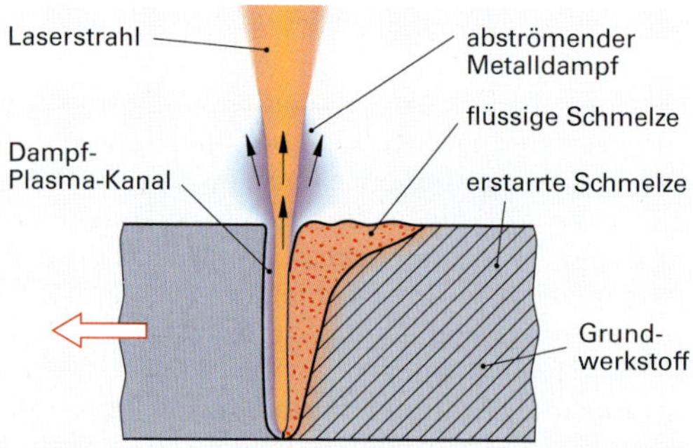

2 Prinzip des Laserstrahlschweißens

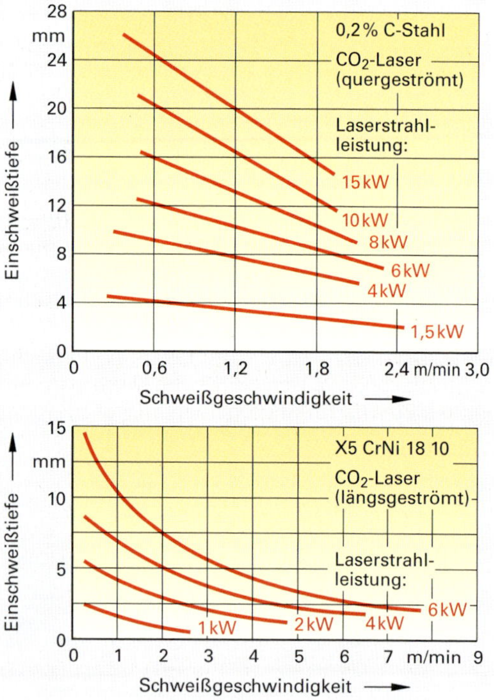

3 Vergleich der Einschweißtiefen beim Laserstrahlschweißen in Abhängigkeit von Laserleistung und Schweißgeschwindigkeit

5.1.7 Hybridschweißverfahren

Einzelne manuelle, mechanisierte und automatisierte Schweißverfahren lassen sich je nach Anwendungsfall kombinieren. Man nennt diese „Kreuzung" verschiedener Schweißverfahren Hybridschweißverfahren (Bild 1).

Die Vorteile liegen dabei in der Kombination der Schweißverfahren. Die meist verbreiteten Hybridkombinationen sind dabei das Laser-MSG-Schweißen, Laser-WSG-Schweißen und Plasma-Laser-Schweißen. Auch Punktschweißprozesse in Kombination mit MSG- oder Laserschweißen sind vorstellbar.

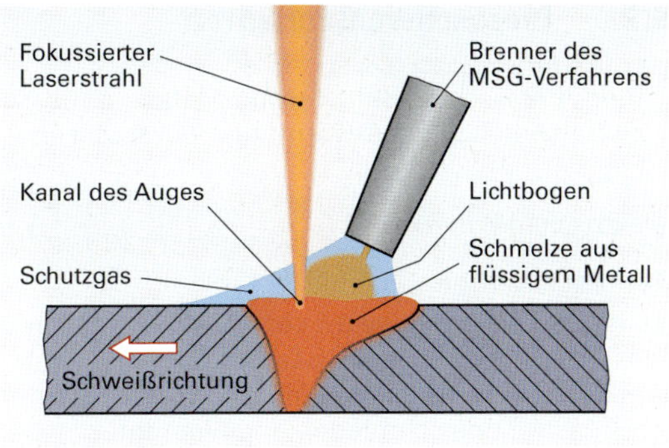

1 Hybridschweißen

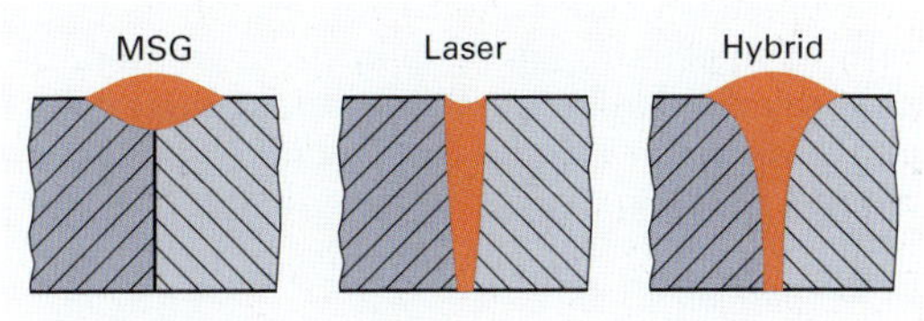

2 Schweißnahtvergleich

Je nach Schweißverfahrenskombination ist es das Ziel, die negativen Eigenschaften des einzelnen Schweißverfahrens zu reduzieren, bestenfalls zu eliminieren. Am Beispiel des Laser-MSG-Schweißens wird dies deutlich, wenn man sich die jeweiligen Nachteile der Schweißverfahren betrachtet (Bild 2). Das Laserschweißen erfordert je nach Blechdicke einen kleinen Fügespalt, der wenig Bauteiltoleranz zulässt. Oft ist dies im schweren Stahlbau (neben dem hohen Investitionsvolumen) ein nachteiliges Kriterium. Das MSG-Schweißen allein hat im Vergleich zum Laserschweißen deutlich geringere Schweißgeschwindigkeiten bei im Vergleich sehr hohem Wärmeeintrag und Verzug ins Bauteil. Fügt man die Vorteile der beiden Schweißverfahren zusammen, ergibt sich ein wirtschaftlicher und qualitativ hochwertiger Schweißprozess.

Bei der Ausführung der „hybriden" Schweißnaht wird der auftretende Fügespalt durch den Zusatzwerkstoff des MSG-Schweißens deutlich besser überbrückt und der Tiefenschweißeffekt durch die Energiedichte des Lasers genutzt. Insgesamt ist das Hybridschweißen dadurch schneller als das konventionelle MSG-Schweißen allein und führt zu einem robusteren und effektiveren Schweißprozess.

Das Hybridschweißen erfreut sich in verschiedenen Branchen des Stahlbaus, Schiffbaus, Schienenfahrzeugbaus, im Kranbau, im LKW-Bau oder der Schwerindustrie steigender Beliebtheit im Rahmen des Trends der stärkeren Automatisierung und Wirtschaftlichkeit der Herstellungsprozesse.

Überprüfen Sie Ihre Kenntnisse

1 Erklären Sie den Unterschied zwischen dem Lichtbogenhandschweißen und dem Schutzgasschweißen?

2 Was versteht man unter einem Edelgas?

3 Was versteht man unter einem Aktivgas beim Schutzgasschweißen?

4 Es soll einmal Aluminium und einmal unlegierter Baustahl geschweißt werden. Welche Schutzgase eignen sich jeweils?

5 Wann wird beim WIG-Schweißen Gleichstrom und wann wird Wechselstrom verwendet?

6 Wie unterscheidet sich Plasmaschweißen vom WIG-Schweißen?

7 Welche Vorteile hat ein impulsgesteuerter Lichtbogen?

8 Welche Eigenschaften hat das Kohlendioxidgas als Schutzgas?

9 Für welche Stähle ist CO_2 als Schutzgas beim Schweißen geeignet?

10 Wie wird der Lichtbogen bei der Verwendung von Argon als Schutzgas beeinflusst?

11 Wie entsteht ein Plasmalichtbogen?

12 Wo wird das Plasmaverfahren angewendet?

13 Wie entsteht ein Laserstrahl?

14 Aus welchem Grund ist ein Laserstrahl besonders geeignet für die Metallbearbeitung?

15 Welche besonderen Vorteile hat eine Schweißverbindung, die durch einen Laserstrahl hergestellt wurde?

16 Aus welchem Grund ist beim Laserstrahlschweißen ein Nahtspalt von max. 0,1 mm ausreichend?

17 Warum ist es möglich, mit einem Laserstrahl wesentlich schneller zu schweißen als mit den herkömmlichen Verfahren?

18 Welche Vorteile bieten Hybridschweißverfahren gegenüber konventionellen Schweißverfahren?

5.2 Pressschweißverfahren

Merke

Beim Pressschweißen werden Metalle ohne Zusatzwerkstoff an der Verbindungsstelle kurzzeitig bis zum Schmelzpunkt erwärmt und durch Zusammenpressen verschweißt.

Die Einteilung der Verfahren erfolgt nach der Art der Wärmeeinbringung durch Feuer, Reibung oder elektrischen Widerstand.

Feuerschweißen

Es ist das älteste Schweißverfahren. Es entstand bei der handwerklichen Bearbeitung von Stahlwerkstoffen durch Schmieden und wird heute nur noch beim Kunstschmieden angewendet.

Die Metallverbindung erfolgt durch Erhitzen der Schweißstelle. Zum Schutze vor Oxiden muss die Verbindungsfläche mit Sand bestreut werden. Die zu verbindenden Teile werden aufeinander gelegt und dann durch kräftige Schläge miteinander verbunden (Bild 1).

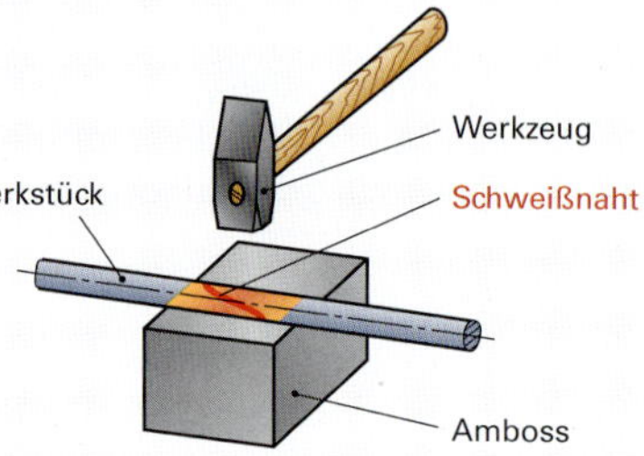

1 Feuerschweißen

Reibschweißen

Die Wärme wird durch Reibung erzeugt. Ein rundes Werkstück dreht sich mit hoher Drehzahl und wird auf ein anderes stillstehendes Werkstück gedrückt (Bild 2). Die Drehbewegung bewirkt durch die Reibung Erwärmung bis auf Schweißtemperatur. Der Antriebsmotor wird dann abgeschaltet und durch weiteres Zusammendrücken verschweißen die Teile miteinander.

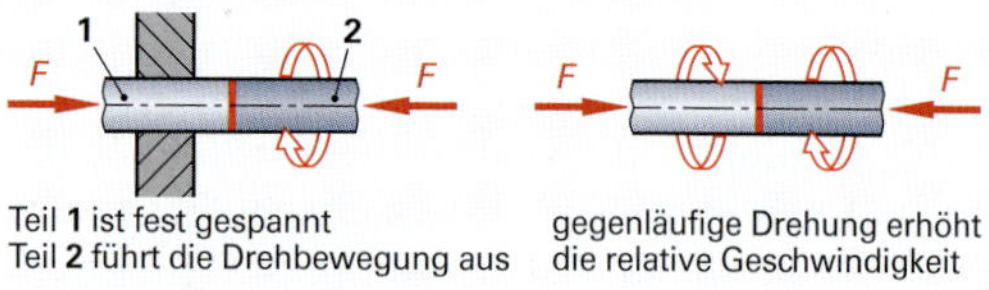

2 Reibschweißen

Rührreibschweißen

Nach DIN EN 14610: 2004 ist das Rührreibschweißen zu den Reibschweißverfahren zugehörig. Beim Rührreibschweißen wird Wärme durch Reibung zwischen einer verschleißfesten rotierenden Werkzeugspindel und den Werkstücken erzeugt. Die Werkzeugspindel wird i. d. R. längs des Stoßes bewegt und eine Stumpfnaht erzeugt. Vorrangig werden niedrig schmelzende Werkstoffe wie beispielsweise Aluminium, Kupfer, Magnesium oder deren Legierungen mit diesem Verfahren verschweißt. Zum Einsatz kommt das Verfahren u. a. bei der Herstellung von Aluminiumpaneelen aus Blechen und Trägersonderprofilen (Bild 3).

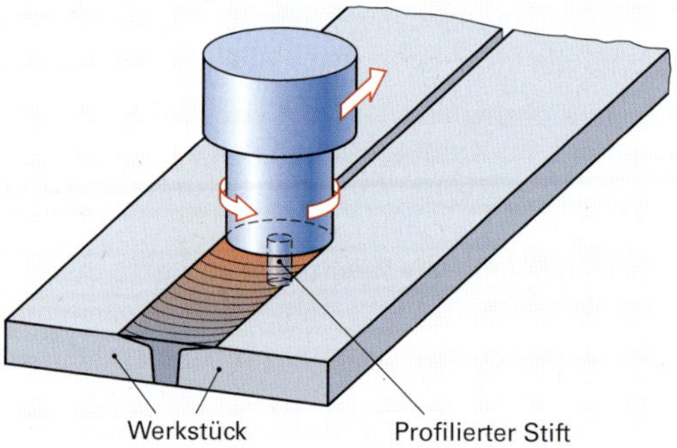

3 Prinzip Rührreibschweißen (schematisch)

Ultraschallschweißen

An einem kleinen Werkstück werden Schwingungen bis über 20 kHz erzeugt. Es entsteht dadurch zwischen den Werkstücken eine punktförmige Erwärmung, die unter Druck zur Verschweißung führt. Auf diese Art können kleine dünne Teile mit größeren Werkstücken verbunden werden (Bild 4).

Anwendung findet dieses Verfahren in der Feinwerktechnik, wobei vor allem auch verschiedene Werkstoffpaarungen, wie Aluminium und Kupfer oder Kunststoff und Metall oder Metall und Keramik miteinander verschweißt werden können.

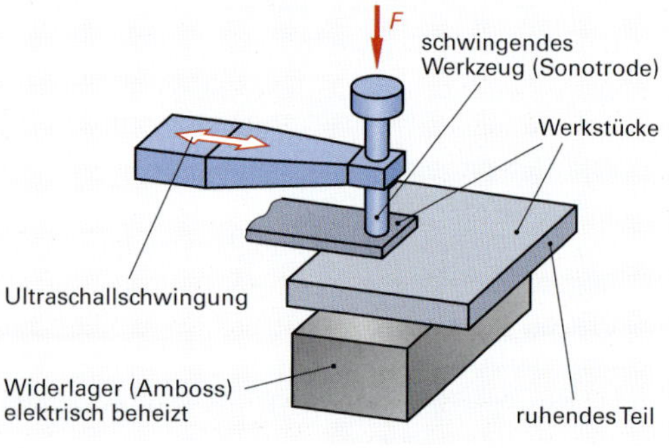

4 Schema einer Ultraschallschweißung

Elektrisches Widerstandsschweißen

Beim elektrischen Widerstandsschweißen von Metallen wird die Verbindungsstelle durch kurzzeitigen Stromfluss erwärmt und durch Zusammendrücken verschweißt (Bilder 1 u. 2).

An der Verbindungsstelle bewirkt der elektrische Stromfluss durch den Kontaktwiderstand eine örtliche linsenförmige Erwärmung, die den metallischen Werkstoff bis zum plastischen Bereich erwärmt und durch Druck über die Elektrode verschweißt. Durch diesen Vorgang entsteht kein Lichtbogen und ein Zusatzwerkstoff wird nicht benötigt.

Die elektrische Leistung für die Widerstandserwärmung an der Verbindungsstelle wird durch eine niedrige elektrische Spannung bei einer hohen Stromstärke erzeugt. Je nach Schweißquerschnitt wird eine Spannung von 1 Volt bis 15 Volt und eine Stromstärke von bis zu 100 000 A angewendet. Die niedrige elektrische Spannung ist relativ ungefährlich.

Punktschweißen

Zum Verbinden von dünnen Blechen eignet sich ein punktförmiges Nahtschweißen. Der Schweißstrom wird mit zwei stiftförmigen Elektroden aus einer Kupferlegierung, die zum Teil gekühlt ist, auf das zu schweißende Blech übertragen.

Bei Stromfluss ist ein Kontaktwiderstand zwischen den zu verbindenden Blechen zu überwinden, der eine Erwärmung bewirkt und die Schweißlinse bildet. Der Kontaktwiderstand zwischen Kupferelektrode und Blechwerkstoff führt zu Schmorstellen auf der Blechoberfläche und an der Elektrode (Bild 3).

Die Schweißdauer liegt je nach Werkstoff, Werkstoffdicke und Schweißlinsendurchmesser bei 2 bis 30 Perioden. Bei 50 Hz Wechselstromfrequenz ergeben sich zwischen 20 bis 600 Millisekunden (ms) Schweißzeit je Schweißpunkt.

In der Regel werden gleichdicke Bleche miteinander verschweißt. Der Anhaltswert für den Schweißlinsendurchmesser d bei einer gegebenen Blechdicke s beträgt: $\boldsymbol{d = 5 \cdot s}$.

Die Punktabstände (Teilung t, Bild 3) richten sich nach der Beanspruchung. In der Regel wird bis zu 3 mm Blechdicke ein Verhältnis gewählt von: $\boldsymbol{t = d \cdot < 3}$.

Neben dem Setzen einzelner Schweißpunkte ist es auch möglich, dieses Schweißverfahren durch die Kombination mehrerer Punktschweißeinrichtungen nebeneinander, für die automatisierte Herstellung von z. B. Punktschweißgittern (Bild 4) einzusetzen.

Merke

Das Widerstandspunktschweißen eignet sich für alle Stähle und Nichteisenmetalle und kann vielfältig angewendet werden.

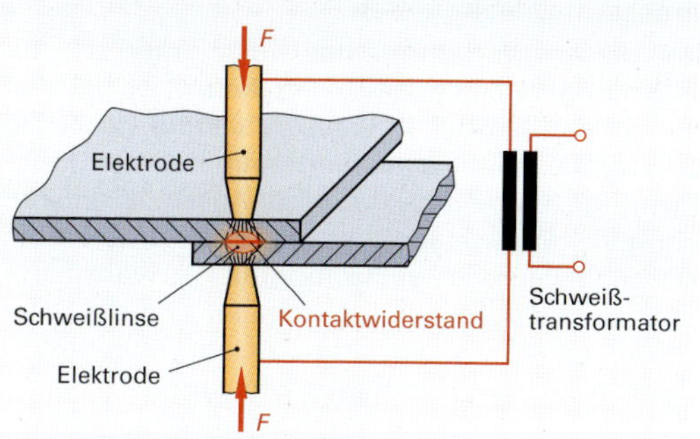

1 Widerstandspressschweißen

2 Elektrisches Widerstandsschweißen

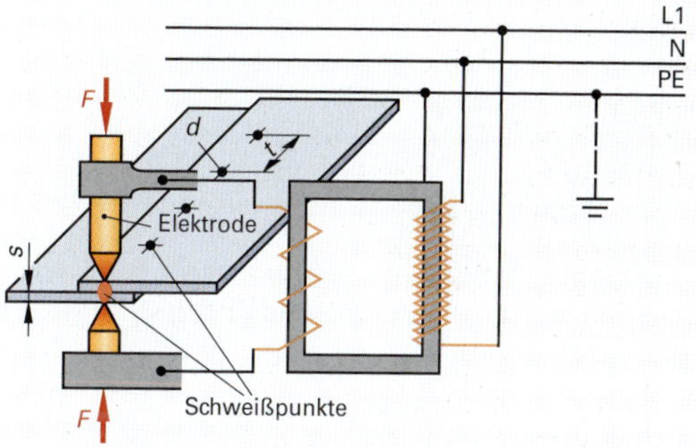

3 Schema einer Punktschweißung

4 Punktschweißgitter

Pressstumpfschweißen

Bei diesem Verfahren, das auch unter der Bezeichnung Wulstschweißen bekannt ist, werden die Schweißstücke in wassergekühlte Kupferbacken eingespannt, aneinandergepresst und unter Strom gesetzt. An der Verbindungsstelle entsteht ein hoher Widerstand, der die Werkstücke an dieser Stelle auf Schweißtemperatur erwärmt. Danach wird der Strom abgeschaltet und die Werkstücke, bis sie verschweißen, zusammengedrückt. Es entsteht dabei ein Stauchwulst (Bild 1).

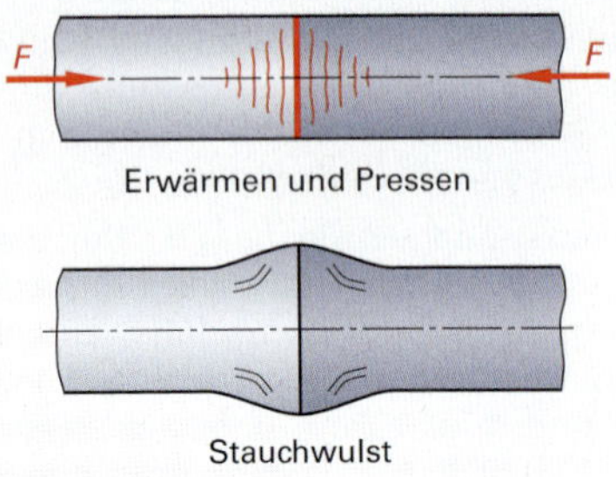

1 Pressstumpfschweißen

Abbrennstumpfschweißen

Beim Abbrennstumpfschweißen werden die Werkstücke während des Erwärmens nicht zusammengedrückt, sie befinden sich nur im leichten Kontakt zueinander (Bild 2). Der Werkstoff wird an der Verbindungsstelle durch den Widerstand beim Stromdurchgang bis zum Schmelzbereich erwärmt. Dabei entsteht ein Metalldampfdruck, durch den geschmolzenes Metall bei starker Funkenentwicklung aus der Schweißfuge geschleudert wird. Das Werkstück wird erst danach zusammengedrückt. Man erhält dadurch eine gleichmäßige und reine Schweißverbindung ohne Einschlüsse.

Dieses Verfahren ist geeignet für dünne Werkstückanschlüsse, z. B. bei Rohrverbindungen, beim Verbinden von hochwertigen Stählen mit billigem unlegiertem Stahl, z. B. bei Werkzeugen wie Bohrern, und zum Verschweißen von Nichteisenmetallen.

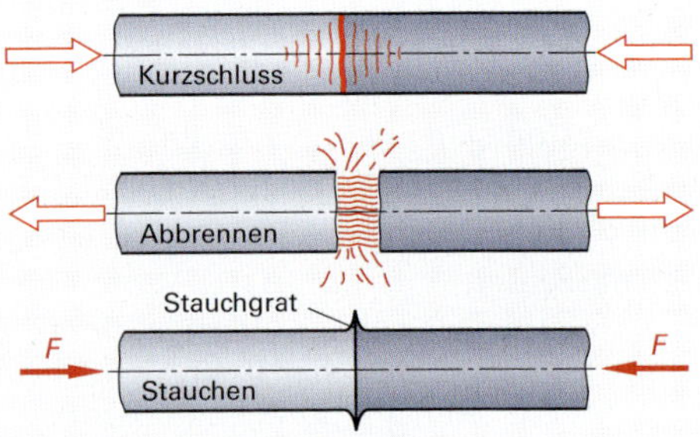

2 Abbrennstumpfschweißen

Bolzenschweißen

Mithilfe des elektrischen Lichtbogens werden Stifte, Gewindebolzen, Drähte und Flacheisen an Metallflächen stirnseitig angeschweißt (Bilder 3 u. 4). Entsprechend dem Zündvorgang unterscheidet man Bolzenschweißen mit Hubzündung oder mit Spitzenzündung.

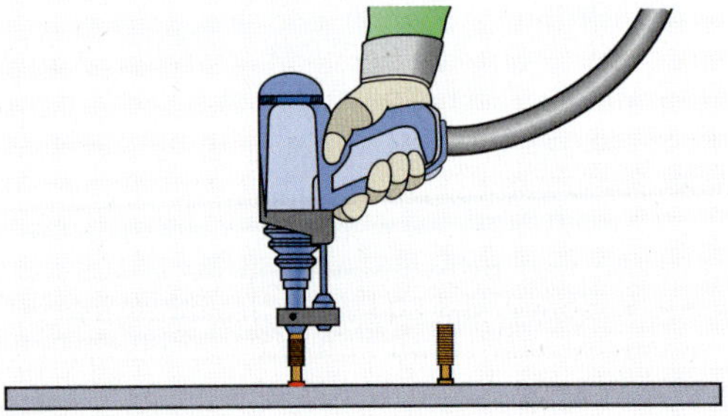
3 Bolzenschweißen

4 Stahlkonstruktion mit angeschweißten Bolzen

Beim **Bolzenschweißen mit Hubzündung** umschließt ein Keramikring den Bolzen an dem zu verbindenden Ende und schirmt die Schweißstelle ab. Bei Verwendung von Schutzgas kann auch ohne Keramikring gearbeitet werden. Der Bolzen wird aufgesetzt (Bild 1a) und erzeugt einen Kurzschluss (Bild 1b). Durch Anheben mit einem Elektromagneten entsteht ein Lichtbogen (Bild 1c), der das Bolzenende und den Grundwerkstoff schmilzt. Anschließend wird der Bolzen in das flüssige Schweißbad getaucht (Bild 1d) und verschweißt beim Abkühlen mit dem Grundwerkstoff (Bild 1e).

a) Bolzen aufsetzen b) Bolzen anheben c) Erzeugen des Lichtbogens d) flüssiges Schweißbad e) fertige Verschweißung

1 Bolzenschweißen mit Hubzündung

Die kegelige Bolzenstirnseite ist bei Stahlbolzen mit einer dünnen Aluminiumschicht überzogen. Bei planer Bolzenstirnseite wird eine Aluminiumkugel eingesetzt. Das Aluminium erleichtert die Ionisierung des Lichtbogens, bewirkt ein beruhigtes Erstarren des Schmelzbades und vermindert die Porenbildung.

Merke

Beim Bolzensetzen mit Hubzündung können Bolzen bis 30 mm Durchmesser verschweißt werden.

Zum **Bolzenschweißen mit Spitzenzündung** wird die Zündspitze auf das Werkstück gedrückt (Bild 2a). Durch Widerstandswärme schmilzt die Spitze und es bildet sich kurzzeitig ein Lichtbogen (Bild 2b), der die ganze Fläche des Bolzens und des Grundwerkstoffes zum Schmelzen bringt. Der Bolzen taucht in das Schweißbad ein (Bild 2c). Beim Erstarren verschweißt der Bolzen mit dem Werkstück (Bild 2d). Der Strom für das Schweißen wird über eine Kondensatorentladungsbatterie entnommen. Die Energieeinwirkung ist so kurzzeitig, dass auch bei dünnen Blechen die Aufschweißung des Bolzens auf der Rückseite nicht sichtbar wird.

Merke

Das Bolzenschweißen mit Spitzenzündung ist für Teile bis 10 mm Durchmesser geeignet.

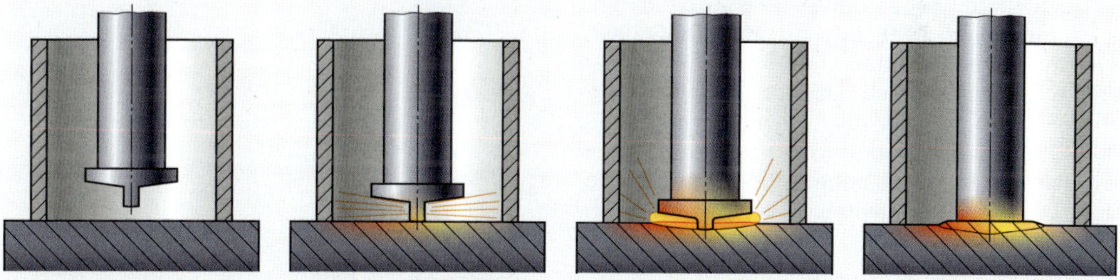

a) Start b) Lichtbogen brennt c) Eintauchen d) Fertige Schweißung

2 Bolzenschweißen mit Spitzenzündung

Überprüfen Sie Ihre Kenntnisse

1 Welcher Unterschied besteht zwischen dem Lichtbogenschweißen und dem Widerstandsschweißen?

2 Wo findet die Ultraschallschweißung ihre Anwendung?

3 Wie entsteht beim Punktschweißen die linsenförmige Schweißverbindung?

4 Welche Anwendung findet das Pressstumpfschweißen und welche das Abbrennstumpfschweißen?

5 Beschreiben Sie die Anwendung des Bolzenschweißens mit Hubzündung oder mit Spitzenzündung?

5.3 Schweißverbindung

Die Verbindung der Werkstücke erfolgt beim Schweißen durch eine Schweißnaht. Die Fügestelle wird als Stoß bezeichnet. Die Stoßart wird nach der Lage der Teile zueinander angegeben (Tabelle 1).

5.3.1 Schweißnaht

Die Schweißverbindung entsteht durch die Schweißnaht, die durch einen Zusatzwerkstoff (Schweißdraht, Schweißelektrode) gebildet wird. Die Schweißnahtgröße ist von der Werkstückdicke und vom Schweißverfahren abhängig (Bild 1).

Die **Einbrandtiefe** der Schweißnaht bestimmt die Qualität der Verbindungsstelle. Die Bildung von **Einbrandkerben** durch unsachgemäßes Schweißen vermindert die Festigkeit einer Schweißverbindung (Bild 1).

Bei großem Nahtvolumen wird auch in mehreren Lagen geschweißt, wobei die **Wurzellage** besonders sorgfältig auszuführen ist, da sie durch Wärmespannungen beim Schweißen der Gegenlagen stark belastet wird (Bild 1).

Die **Fugen-** und die **Nahtform** werden durch die Stoßverbindung bestimmt. Daraus ergibt sich die Schweißnahtvorbereitung. Die verschiedenen möglichen Fugenformen für einen Stoß werden in Tabelle 2 gezeigt.

Die **Schweißposition** wird durch die Werkstückgröße und die Lage der Schweißnaht bestimmt. Die bevorzugten Lagen der Schweißposition sind die Wannenlage oder das horizontale Schweißen. In diesen Positionen ist das Schweißen vergleichsweise einfach. Dagegen werden beim Schweißen in Zwangslage, wie bei einer Steig-, Fall-, Quer- oder Überkopfnaht, an das Können des Schweißers sehr hohe Anforderungen gestellt. Die Schweißpositionen werden mit Buchstaben bezeichnet (Bild 2).

Die **zeichnerische Darstellung** der Schweißnaht in einer technischen Zeichnung geschieht in der Regel nur sinnbildlich durch Symbole, Bezugslinien und Ergänzungssymbole (Bild 1, Seite 101).

Die **Symbole** stellen die verschiedenen Fugenformen dar. Bei Kehlnähten wird noch die Maßgröße „*a*" angegeben. Die Angaben und Hinweise durch Symbole können erweitert werden bezüglich einer ringsumlaufenden Naht oder die Ausführung der Schweißnaht erst auf der Baustelle bzw. bei der Montage. Weiter kann die Form der Nahtoberfläche angegeben werden.

Tabelle 1: Stoßarten nach DIN EN ISO 17659

Stumpfstoß	Parallelstoß	Überlappstoß

T-Stoß	**Doppel-T-Stoß**	**Schrägstoß**
	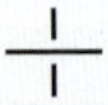	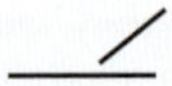
Eckstoß	**Mehrfachstoß**	

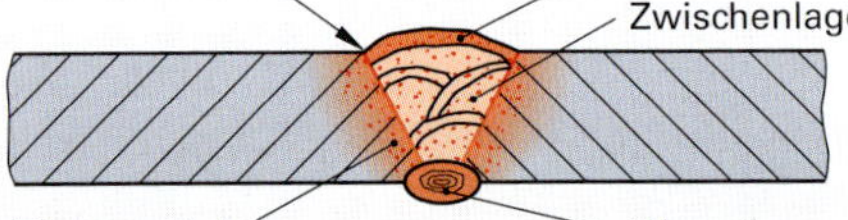

1 Schweißnaht

Tabelle 2: Fugenformen nach DIN EN 22553

Fugenformen	Benennung	Werkstückdicke *s* in mm	Spaltbreite *b* in mm	Symbol
	Bördelnaht	bis 2		)(
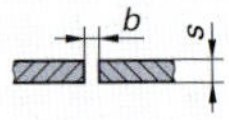	I-Naht	2 bis 8	0 bis $\frac{s}{2}$	‖
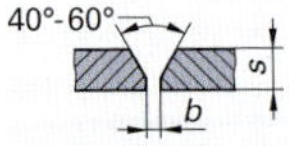	V-Naht	3 bis 10	0 bis 3	V
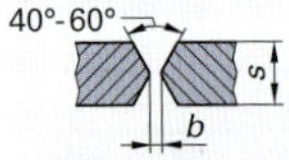	X-Naht	über 10	0 bis 4	X
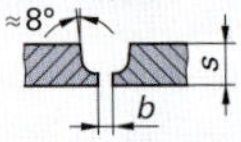	U-Naht	über 30	0 bis 3	Y
	Kehlnaht			◺

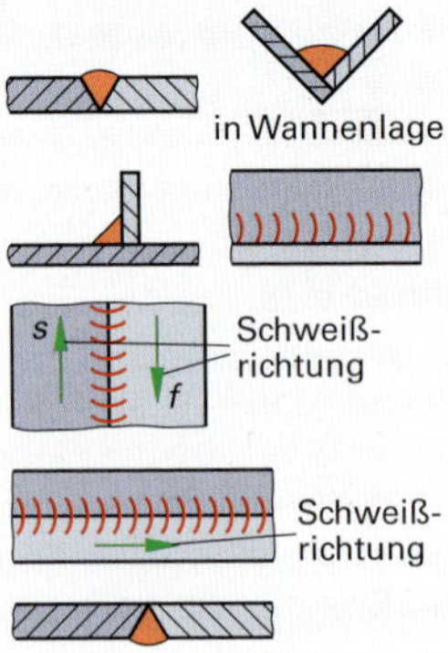

2 Schweißpositionen

Beim **Bezugszeichen** führt eine schräge Pfeillinie zum Stoß. Die Bezugslinie wird am Ende durch eine Gabel für weitere Angaben ergänzt. Das Nahtsinnbild muss senkrecht zur Bezugslinie stehen (Bild 1).

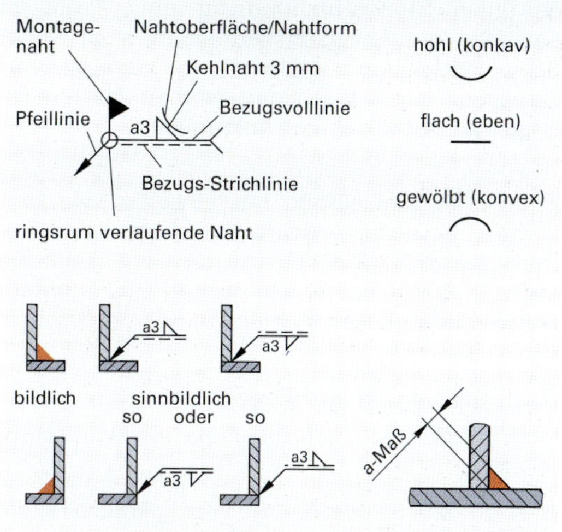

1 Symbole und Zeichen nach DIN EN 22553

5.3.2 Schweißspannungen

Die beim Schweißen örtlich eingebrachte Wärme verursacht zunächst eine Dehnung im Werkstoff, die aber durch das kalte Material um die Schweißzone behindert wird. Dies führt zwangsläufig zu einer Stauchung bei Erwärmung bis zum plastischen Bereich im Werkstoff. Bei Abkühlung der Naht bleibt die Stauchung durch die Erstarrung des Werkstoffes bestehen. So kommt es bei Raumtemperatur zu Schrumpfspannungen (Schweißeigenspannungen) und Verzug (Bild 2).

Einseitige Kehlnähte und V-Nähte führen zu großem Verzug durch die Schrumpfung der Schweißnaht. Dies ist bei großen V-Nähten besonders zu beachten, da die Wurzellage durch den Verzug stark belastet wird. Längsnähte, besonders bei dünnen Werkstücken, werden durch Längsschrumpfung der Schweißnaht verformt (Bild 3).

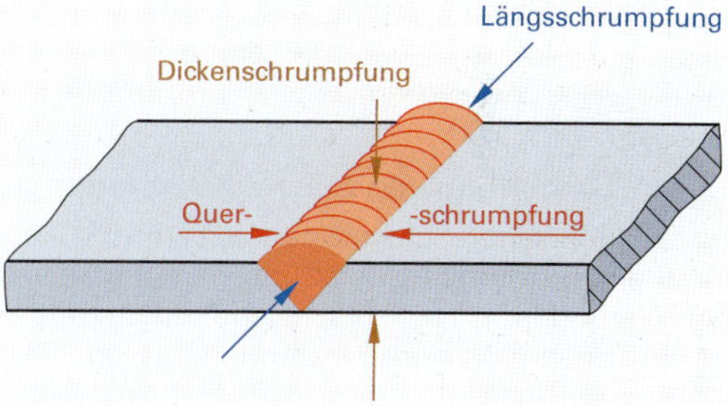

2 Schrumpfrichtungen

5.3.3 Schweißfolgeplan

Um geschweißte Werkstücke in der beabsichtigten geometrischen Form genau herzustellen, ist Verzug zu vermeiden. Der Verzug entsteht durch Schrumpfung während des Schweißens. Um die Schrumpfung auf ein Minimum zu begrenzen, ist es günstiger, in verschiedenen Schritten zu schweißen. Durch wechselnde, schrittweise Schweißung können durch unterschiedliche Wärmedehnung entstehende Spannungen ausgeglichen werden. So ist bei der Herstellung langer Schweißnähte nach dem Heften (Bild 4) immer von der Mitte aus mit den Schweißschritten zu beginnen und im Seitenwechsel entsprechend der Nummernfolge und Pfeilrichtung fertig zu schweißen.

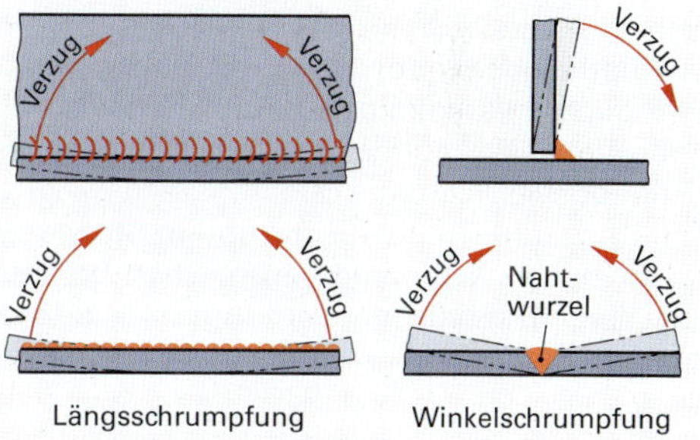

3 Verzug durch einseitige Nähte

Beim Schweißen eines Profilrahmens, zum Beispiel für ein Tor (Bild 5), ist mit den Gehrungen auf beiden Seiten (1 – 4) im Wechsel in Pfeilrichtung zu beginnen. Danach erst außen (5, 6) und anschließend innen (7, 8) fertig schweißen. Erst wenn der Rahmen fertig zusammengeschweißt ist, dürfen die inneren Gitterstäbe angeschweißt werden (9).

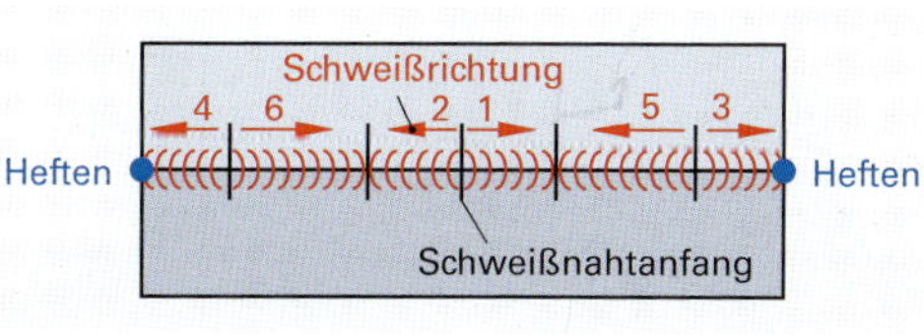

4 Schweißfolge bei langen Nähten

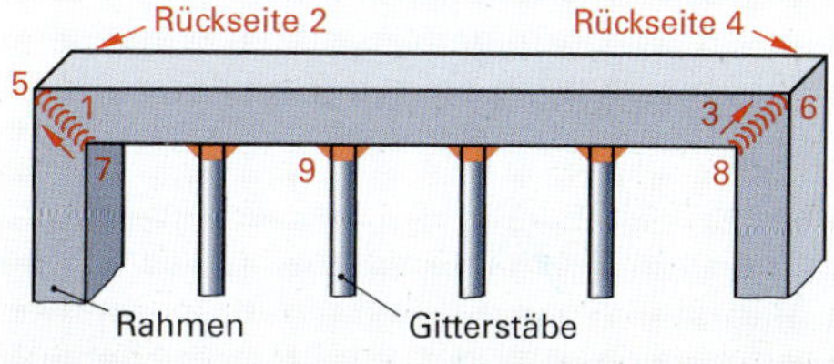

5 Schweißfolge bei der Herstellung eines Torrahmens

Bei einer Stoßverbindung für ein I-Profil ist ebenfalls, um Verzug zu vermeiden, nach einem **Schweißfolgeplan** zu schweißen. Dabei ist, entsprechend der in Bild 1 dargestellten Nummernfolge und in Pfeilrichtung vorzugehen.

Erfolgt die Schweißung nur einseitig, wie zum Beispiel bei einer Anschweißung von Lagerblechen (Bild 2), ergibt sich auf der Gegenseite ein Verzug, der in der Regel nur durch Flammenrichten ausgeglichen werden kann.

Beim Schweißen ist zu beachten:

- Schweißen in wechselseitigen Schweißschritten.
- Nach dem Schweißen auf Verzug kontrollieren.
- Verzug durch Flammenrichten beseitigen.
- Schrumpfspannungen im Werkstück durch Nachglühen beseitigen.

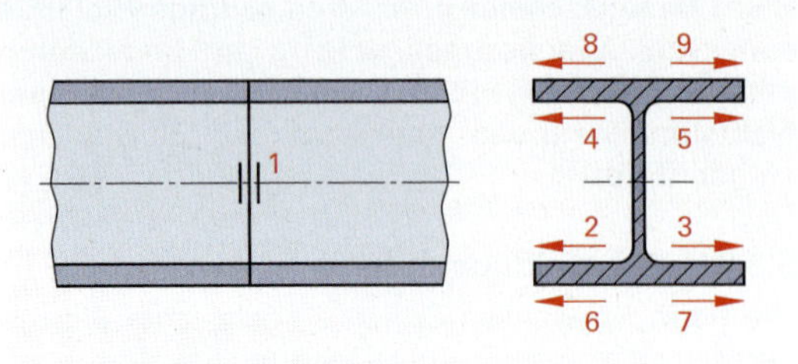

1 Schweißfolge zur Verbindung eines I-Profils

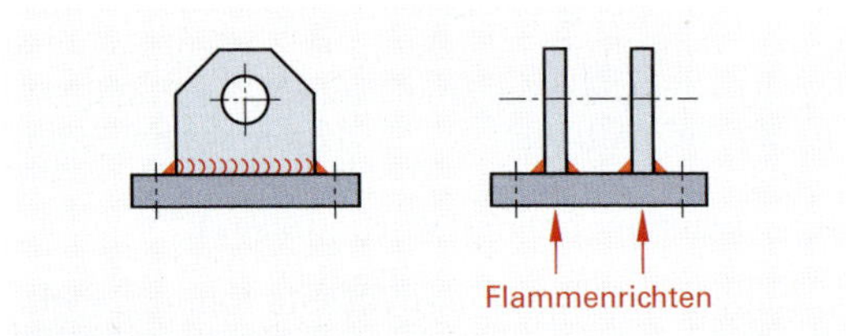

2 Geschweißter Lagerbock

5.3.4 Gestaltung von Schweißverbindungen

Die Qualität einer Schweißnahtausführung kann durch entsprechende Gestaltung beeinflusst werden. Besonders ist auf thermische Einwirkung zu achten, die zu Wärmespannungen bis zur Rissbildung führen kann. Ungünstiger Kräfteverlauf durch die mechanische Belastung kann Kerbspannungen ausbilden, die eine erhöhte Rissgefahr bewirken.

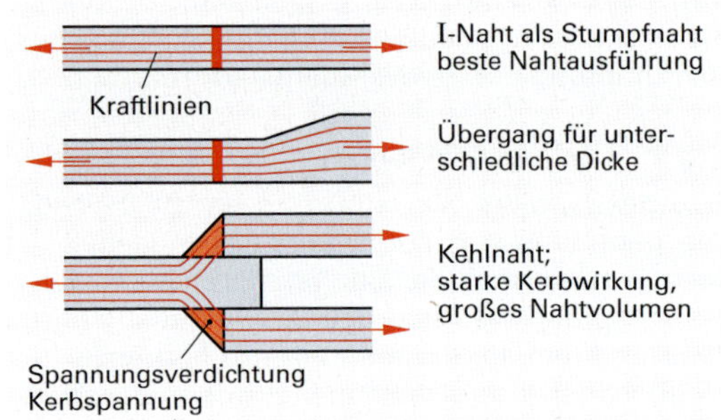

3 Kraftlinienverlauf

Der **Kraftlinienverlauf** infolge der Belastung sollte möglichst geradlinig verlaufen. Eine schroffe Änderung des Kraftlinienverlaufs führt zu einer Spannungsverdichtung (Bild 3). Um dies zu vermindern, sind I-Nähte mit stumpfem Stoß besonders geeignet. Kehlnähte verursachen bei Belastung eine Kraftlinienverdichtung und bewirken eine Kerbspannung.

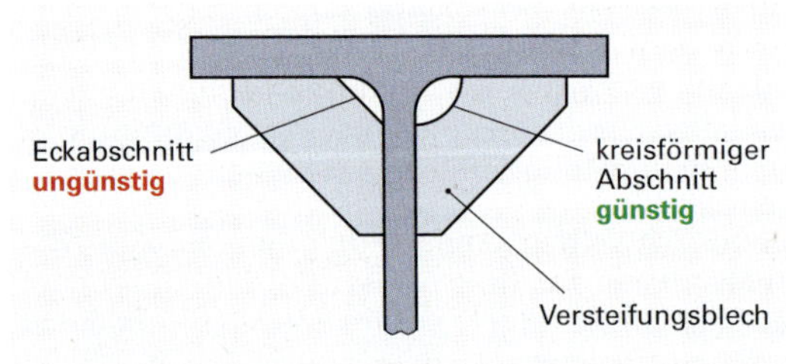

4 Aussteifungen

Aussteifungen für einen T-Träger sollten nicht bis zum innen liegenden Radius am T-Träger ausgeschweißt werden. Die Ecken der Aussteifungen werden daher abgeschnitten. Bei hoher Belastung ist hier ein kreisförmiger Ausschnitt günstiger, da er die Kerbwirkung verringert (Bild 4).

An einem **T-Stoß** (Bild 5) ist es zweckmäßig, die erforderlichen Kehlnähte beidseitig auszuführen. Um Einbrandkerben zu vermeiden, ist die hohle Kehlnaht der gewölbten Kehlnaht vorzuziehen.

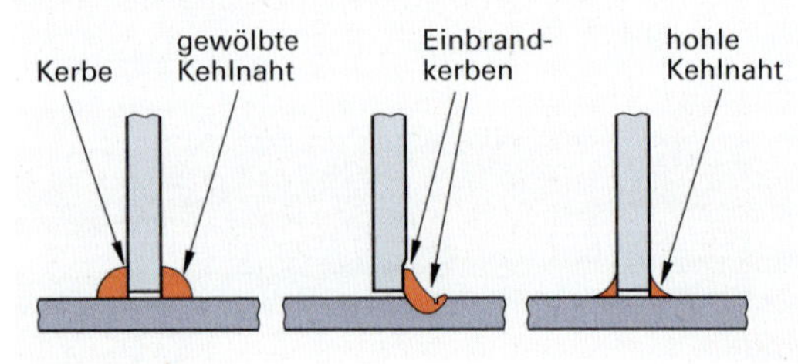

5 T-Stoß

Schweißnähte sollten immer in weniger beanspruchten Zonen liegen. Sie sind dadurch sicherer, auch zum Teil einfacher auszuführen und billiger (Bild 1).

Große Nähte und Nahtanhäufungen bewirken eine starke Erwärmung, was zu hohen Spannungen im Werkstück führt. Dies kann durch entsprechende Anordnung verbessert werden (Bild 2).

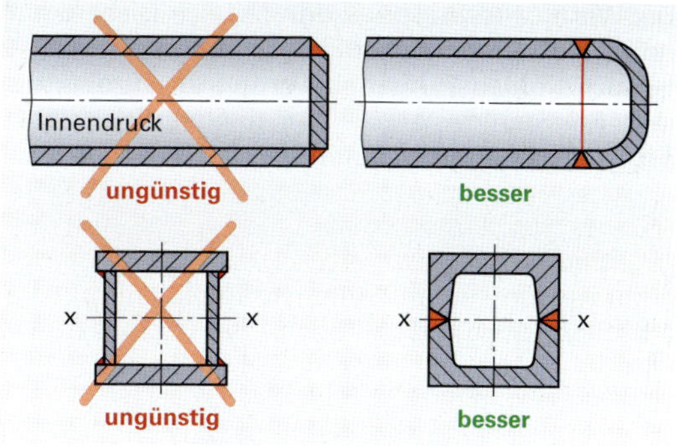

1 Verlegung von Schweißnähten in wenig beanspruchte Zonen

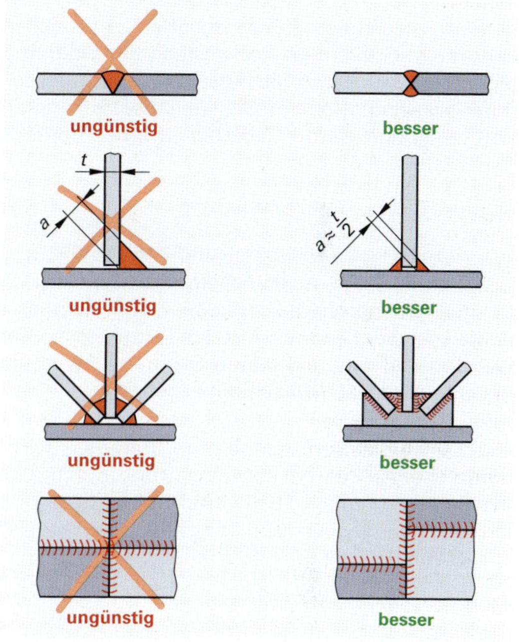

2 Nahtanhäufungen

Überprüfen Sie Ihre Kenntnisse

1. Welche Lage der Schweißnahtposition ist zu bevorzugen?
2. Wie werden Schweißnähte in einer technischen Zeichnung dargestellt?
3. Wodurch entstehen beim Schweißen im Werkstoff Spannungen?
4. Ordnen Sie ausgewählten Schweißaufgaben die geeigneten Schweißnahtformen zu.
5. Warum ist eine einzelne Kehlnaht für eine Schweißverbindung besonders ungeeignet?
6. Welche verschiedenen Möglichkeiten gibt es, um während des Schweißens einen Verzug des Werkstückes zu vermeiden?
7. Welche Möglichkeit besteht, um Spannungen im Werkstück zu beseitigen?
8. Wie kann der Verzug eines Werkstücks durch das Schweißen beseitigt werden?

5.4 Schweißbarkeit von Metallwerkstoffen

Das Verhalten eines Werkstoffs beim Schweißen wird von vielen Faktoren beeinflusst. Außer dem Schweißverfahren bestimmen auch chemische und physikalische Eigenschaften des Werkstoffes weitgehend die Schweißbarkeit.

Wahl des Werkstoffes

In der Schweißzone wird der Werkstoff geschmolzen und verflüssigt. Im flüssigen Zustand bilden sich Gase, die zu Blasen führen. Dies hat zur Folge, dass sich beim Übergang vom flüssigen in den festen Zustand Poren und Seigerungen bilden. Um dies zu vermeiden, werden bei schweißgeeigneten Stählen Silizium, Mangan und Aluminium zugegeben, die die Gase binden und der Stahl erstarrt dadurch ruhig. Ein solcher Stahl ist zum Beispiel S235J2 (alte Bezeichnung St 37–3).

Merke

Beruhigt vergossene Stähle besitzen eine bessere Schweißeignung als unberuhigt vergossene Stähle.

Einfluss des Kohlenstoffs

Der Kohlenstoffgehalt im Stahl bestimmt in hohem Maße die Eigenschaften wie Härte, Festigkeit und Dehnbarkeit. Beim Schweißen von Stählen bildet sich durch eine rasche Abkühlung Martensit. Martensit steigert in kaltem Zustand die Härte des Stahls, die Spannungen durch Wärmedehnung können nicht mehr ausgeglichen werden und somit können Risse im Werkstoff entstehen. Bei höherem Kohlenstoffgehalt ist daher ein rascher Wärmeentzug nach dem Schweißen zu vermeiden. Bei großen Teilen mit großen Schweißnähten kommt es aufgrund der Wärmeableitung auch zu Veränderungen des Werkstoffgefüges neben der Schweißnaht.

Die Wärmeeinflusszone kann je nach Dicke des Werkstücks, eingebrachter Wärmemenge und Temperaturgefälle unterschiedlich schnell abkühlen. Die Abkühlgeschwindigkeit kann durch Vorwärmen je nach Kohlenstoffgehalt verringert werden, um so die kritische Abkühlgeschwindigkeit zu vermeiden. Bei Stahl bis zu 0,2 % Kohlenstoffgehalt ist nur eine geringe Martensitbildung möglich, die die Schweißbarkeit nicht beeinflusst.

Merke

Mit zunehmendem Kohlenstoffgehalt nimmt die Schweißeignung des Stahls ab. Stähle mit über 0,2 % Kohlenstoffgehalt sollten vor dem Schweißen vorgewärmt werden.

Schweißen von Feinkornbaustahl

Um die günstigen Eigenschaften moderner hochfester Feinkornbaustähle (S. 452) zu nutzen, ist es zwingend notwendig, dass deren Schweißverbindung die gleichen mechanischen Eigenschaften aufweist wie der Grundwerkstoff. Durch ein geeignetes Abkühlzeitkonzept ist es heute möglich, gezielt bestimmte mechanische Eigenschaften zu erreichen. Auch das Auftreten von Kaltrissen (Kaltrissgefahr) kann beim Schweißen hochfester Stähle durch geeignetes Vorwärmen und Einhalten der Zwischenlagentemperatur mit Sicherheit ausgeschlossen werden. Die Gefahr einer Querrissbildung bedingt durch wasserstoffhaltige Schweißzusätze kann durch ein Nachwärmen unmittelbar nach dem Schweißen verhindert werden. Hierbei wird das Bauteil mindestens 4 Stunden auf etwa 250 ... 300 °C warm gehalten.

Schweißen von Gusseisen und Stahlguss

Der Stand des Wissens und die praktischen Erfahrungen beim Schweißen von Gusseisenwerkstoffen (S. 464) haben sich im letzten Jahrzehnt deutlich erhöht. Das Schweißen von Gusseisenwerkstoffen ist heute Stand der Technik. Mit den Technologien **Kaltschweißen**[1] und **Warmschweißen**[2] stehen für viele Anwendungsfälle, bei denen Schmelzschweißungen durchgeführt werden, Techniken zur Verfügung, die eine gute Schweißqualität ergeben.

Das Schweißen von unlegiertem Stahlguss wird ähnlich wie bei Baustählen aufgrund der vergleichbaren chemischen Zusammensetzung durchgeführt. Eine uneingeschränkte Eignung der Stahlsorten für die verschiedenen Schweißprozesse besteht dennoch nicht, denn das Verhalten eines Stahls beim und nach dem Schweißen hängt nicht nur vom Werkstoff, sondern auch von den Maßen und der Form sowie den Fertigungs- und Betriebsbedingungen des Bauteils ab.

Schweißen von Aluminium

Das Verhalten des Reinaluminiums (S. 478 ff.) beim Schweißen wird von seinem niedrigen Schmelzpunkt (658 °C), seiner hohen Sauerstoffaffinität (Oxidbildung) und seiner guten Wärmeleitfähigkeit bestimmt. Durch die hohe Wärmeausdehnung treten hohe Schrumpfspannungen auf.

Aluminiumlegierungen (S. 476 ff.) werden in **nicht aushärtbare** und **aushärtbare** Legierungen unterteilt. Durch die Wärmeeinbringung beim Schweißen kommt es bei beiden Legierungsgruppen zu einer Entfestigung in der Wärmeeinflusszone. Die Bauteile aus aushärtbaren Aluminiumlegierungen können, sofern es die Größe des Bauteils zulässt, nach dem Schweißen einem nochmaligen Aushärtvorgang unterzogen werden, um die ursprünglichen Festigkeitswerte wieder zu erzielen.

Beim Schweißen von Aluminium wird das Schutzgasschweißen mit Inertgas angewandt.

---

[1] Kaltschweißen: Schweißen mit artfremdem Schweißgut, Bauteile werden bei 100 – 150 °C vorgewärmt.

[2] Warmschweißen: Schweißen mit artgleichem Schweißgut, Bauteile werden bei 500 – 700 °C vorgewärmt.

Trotz einer niedrigen Schmelztemperatur von 658 °C wird beim Aluminium durch seine hohe Wärmeleitfähigkeit relativ viel Wärme benötigt.

Die Oxidschicht, die zu Bindefehlern führen kann, bereitet mit ihrem hohen Schmelzpunkt von 2050 °C besondere Schwierigkeiten. Die Zerstörung der Oxidschicht ist möglich durch die Verwendung von Gleichstrom mit dem Anschluss der Elektrode am Pluspol oder durch die Verwendung von Wechselstrom.

Bei stärkeren Werkstoffquerschnitten wird als Schutzgas anstelle von Argon oder Argon-Helium-Gemischen reines Helium verwendet, um die Energieeinbringung zu erhöhen.

1 Aluminiumkonstruktion

Die Aluminiumschmelze nimmt gerne vorhandene Gase auf, speziell vorliegenden Wasserstoff aus der Umgebung. Dies führt zu Porenbildung in der Schweißnaht. Die Wasserstoffaufnahme macht sich vor allem beim MIG-Schweißen bemerkbar. Beim WIG-Schweißen ist mit der geringsten Porenbildung zu rechnen. Die Ursachen hierfür liegen in dem Herstellungsprozess des Zusatzwerkstoffs.

Beim Aluminiumschweißen ist zu beachten, dass eine verstärkte Ozonbildung (O_3) auftreten kann, die durch eine entsprechende Absaugeinrichtung beseitigt werden muss.

Schweißen von Kupfer

Reinkupfer

Zum Schweißen von Reinkupfer (S. 479 ff.) sind nur sauerstofffreie Sorten geeignet, da sauerstoffhaltige Sorten zur Versprödung bzw. Rissbildung neigen (Wasserstoffkrankheit). Reinkupfer hat einen Schmelzpunkt und keinen Schmelzbereich. Die hieraus resultierende plötzliche Verflüssigung bzw. Erstarrung bereitet handwerkliche Probleme mit Wurzeldurchhang und Bindefehlern. Die verwendeten Schweißzusätze sind daher leicht legiert, um einen Erstarrungsbereich zu erhalten.

Kupfer hat neben der guten elektrischen Leitfähigkeit auch eine sehr hohe Wärmeleitfähigkeit. Die aus diesem Grunde notwendige höhere Energieeinbringung kann durch eine Erhöhung des Schweißstromes, durch eine größere Brennerspitze oder bei stärkeren Wanddicken durch Vorwärmen erzielt werden. Beim Schutzgasschweißen (MIG/WIG) kann durch einen Heliumanteil von 30 – 70 % (intensiverer Lichtbogen) auch eine höhere Energieeinbringung erfolgen.

Zum Schweißen von Reinkupfer sind grundsätzlich WIG, MIG, Plasmaschweißen, Gasschmelzschweißen (nur noch auf Baustellen), Widerstandsschweißen, Laserschweißen und Elektronenstrahlschweißen geeignet.

Kupferlegierungen

Kupfer-Aluminium-Legierungen (Aluminiumbronzen) und Kupfer-Nickel-Legierungen (Kupfer-Nickel-Bronzen) sind vielfältig verwendete Legierungen. Beide Legierungsgruppen sind gut schweißgeeignet und können ohne Vorwärmen mit MIG, WIG, Lichtbogenhandschweißen geschweißt werden.

Kupfer-Zinn-Legierungen (S. 480) (Zinnbronzen) als Knetlegierungen sind ohne Probleme mit MIG/WIG oder auch Lichtbogenhandschweißen schweißbar.

Kupfer-Zink-Legierungen (Messing) sind meistens nicht oder nur bedingt schweißbar. Es kommt hier ab 900 °C zur Zinkverdampfung. Dies führt dazu, dass das Schweißbad schlecht beobachtet werden kann. Um eine Zinkvergiftung zu vermeiden, müssen zudem die Zinkdämpfe durch geeignete Absaugeinrichtungen abgesaugt werden. Kupfer-Zink-Legierungen sind mit WIG-Schweißen oder mit Gasschmelzschweißen schweißbar.

Schweißen von Stahlwerkstoffen

Baustahl

Uneingeschränkt zum Schweißen geeignet sind unlegierte Baustähle (S. 454) bis zu einem Kohlenstoffgehalt von 0,2 %, z. B. die Baustähle S235J0.

Die Festigkeit ihrer Schweißnähte entspricht annäherungsweise der Festigkeit des Grundwerkstoffs. Weniger geeignete Stähle, wie z. B. S185 ergeben Schweißnähte mit geringerer Festigkeit. Nur unter Anwendung besonderer Maßnahmen sind Stähle mit einem Kohlenstoffgehalt über 0,2 % Kohlenstoffgehalt schweißbar.

Geeignete Schweißprozesse sind Lichtbogenhandschweißen, Schutzgasschweißverfahren wie MIG/MAG und das Gasschmelzschweißen (geringere Bedeutung).

1 Geschweißte Baustahlkonstruktion

Chrom-Nickel-Stähle

Die Bezeichnung „Nichtrostender Stahl" ist ein Sammelbegriff für Stähle mit einem hohen Legierungsgehalt von Chrom und Nickel. Je nach Gefügeart werden die Chrom-Nickel-Stähle in drei Stahlgruppen unterteilt:

Ferritische Stähle sind schweißgeeignet. Dabei sollte ab einer Materialstärke von 3 mm vorgewärmt werden. Während des Schweißens sollte die Wärmeeinbringung so gering wie möglich gehalten werden. Nach dem Schweißen ist grundsätzlich ein Lösungsglühen durchzuführen.

Austenitische Stähle sind unproblematisch mit geeigneten Schweißverfahren wie WIG und MIG und sauberen Schweißkanten schweißbar. Diese Stähle sind unmagnetisch und daher leicht von anderen Stählen zu unterscheiden. Die Gefahr der Aushärtung und des Aufbaus von Spannungen ist gering.

2 Geschweißte Edelstahlkonstruktion

Martensitische Stähle sind wegen des stark aufgehärteten und spröden Werkstoffs nur stark eingeschränkt schweißbar.

Wärmebehandlung nach dem Schweißen

Beim Schweißen treten im Werkstoff Spannungen infolge unterschiedlicher Wärmedehnung auf. Ein rasches Abkühlen nach dem Schweißen kann zur Aufhärtung und zu inneren Spannungen führen. Um dies zu vermeiden oder einzuschränken, kann ein Nachwärmen erforderlich sein. Die Temperatur richtet sich dann nach der Größe des Werkstücks. Eine Wärmebehandlung kann mehrere Stunden andauern.

Überprüfen Sie Ihre Kenntnisse

1 Welchen Einfluss hat der Kohlenstoff von Stahl beim Schweißen?

2 Wie kann man beim Schweißen von Feinkornbaustahl in der Schweißnaht die gleichen gewünschten mechanischen Eigenschaften erreichen wie beim Grundwerkstoff?

3 Welche Schweißverfahren werden beim Schweißen von Gusseisen eingesetzt?

4 Welche mechanische Eigenschaft verringert sich in der Wärmeeinflusszone beim Schweißen von Aluminiumlegierungen?

5 Welche Kupfersorten sind nicht schweißgeeignet?

6 Erläutern Sie welche Chrom-Nickel-Stähle unproblematisch geschweißt werden können!

5.5 Kunststoffschweißen

In seltenen Fällen müssen auch im Metallbau Kunststoffe geschweißt werden. Zum Schweißen sind nur die Thermoplaste geeignet. Geschweißt wird bei Temperaturen von 120 °C bis 350 °C. Die jeweilige Schweißtemperatur ist abhängig von der Art der zu verschweißenden Kunststoffe. Die Fügeflächen müssen durch die Erwärmung soweit erweicht (plastifiziert) werden, dass sie sich stoffschlüssig verbinden.

Merke

Thermoplaste werden im plastischen Zustand durch Zusammendrücken geschweißt.

Die einzelnen Kunststoffschweißverfahren unterscheiden sich durch die Art der Wärmezufuhr.

Warmgasschweißen

Dabei werden mit der Warmluft die Schweißfuge und der Zusatzwerkstoff erwärmt. Im Schweißgerät wird die Luft in der Regel durch eine beheizte Spule, selten durch eine Gasflamme erwärmt (Bild 2).

Geschweißt wird der thermoplastische Kunststoff im plastischen Zustand. Dabei wird während des Schweißens der Schweißstab meist senkrecht in die Schweißfuge gedrückt (Bild 3).

Eine gute Schweißverbindung entsteht, wenn sich beim Eindrücken des Schweißstabes in die Fuge ein Wulst bildet (Bild 1).

Gebräuchliche Schweißnahtformen werden als I-, V-, X-, U- und Kehlnaht ausgeführt. Der Wärmeverzug infolge Wärmeeinbringung ist wesentlich geringer als bei Stahl und braucht im Allgemeinen nicht berücksichtigt zu werden.

Heizelementstumpfschweißen

Heizelemente werden als Wärmeträger eingesetzt und der jeweiligen Nahtart und Verbindungsform angepasst. Das Heizelement wird zwischen die Fügeteile eingebracht. Der thermoplastische Kunststoff wird an der angelegten Heizelementenfläche bis zur Plastifizierung erwärmt. Das Heizelement wird dann entfernt und die Fügeflächen werden zusammengedrückt, wodurch sie miteinander verschweißen (Bild 4). Als Nahtarten verwendet man vor allem Stumpf- und Überlappnähte.

Reibschweißen

Das Aufschmelzen erfolgt durch Gegeneinanderreiben der Verbindungsflächen. Dadurch wird eine Oxidation während des Schweißvorgangs verhindert, da keine Luft an die Schweißstelle gelangen kann. Verunreinigungen und Blasen werden durch Verdrängen des plastischen Werkstoffs aus der Fügezone in den Schweißwulst gedrückt (Bild 5). Bei diesem Verfahren können unterschiedliche Kunststoffe miteinander verschweißt werden.

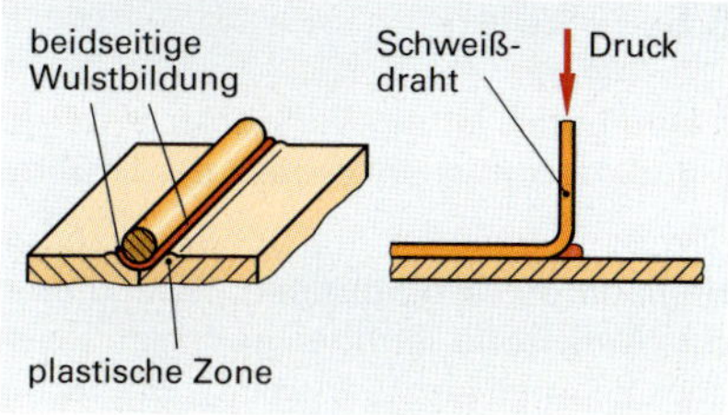

1 Wulstbildung beim Schweißen

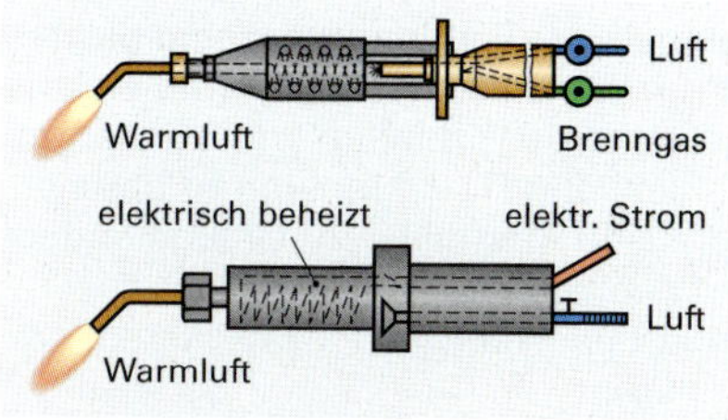

2 Warmschweißgeräte

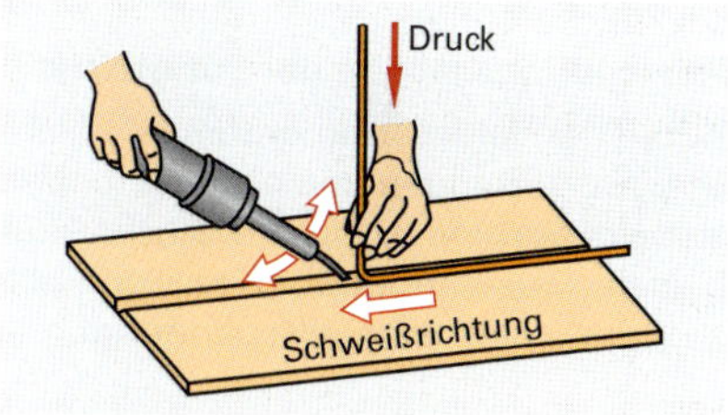

3 Warmgasschweißen

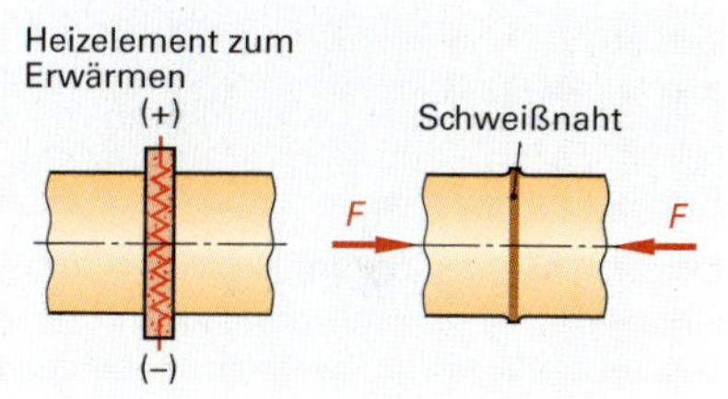

4 Heizelementschweißen

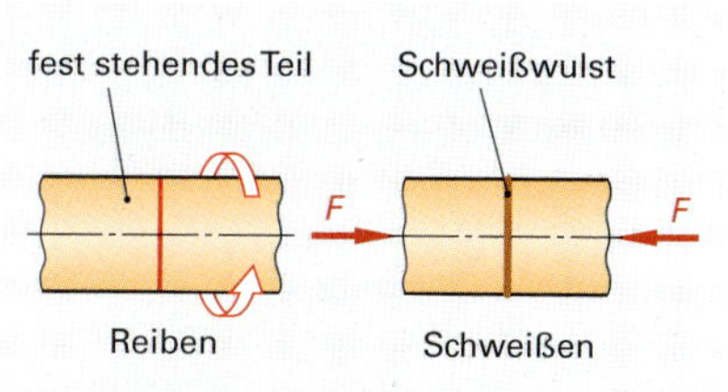

5 Reibschweißen

Überprüfen Sie Ihre Kenntnisse

1 Welche Kunststoffe sind schweißbar?
2 Wie wird beim Warmgasschweißen die Schweißstelle erwärmt?
3 Wie hoch sind die Temperaturen beim Kunststoffschweißen?
4 Wo wird das Heizelementschweißen angewendet?

5.6 Löten

Merke

Das Löten ist ein Verfahren zum stoffschlüssigen Verbinden metallischer Werkstücke mithilfe eines Zusatzstoffes, ohne dass der Grundwerkstoff aufgeschmolzen wird.

Dieses Fügeverfahren gehört zusammen mit dem Kleben und dem Schweißen zur Herstellung von **unlösbaren Verbindungen.** Das Löten ergibt festere Verbindungen als das Kleben, die Wärmebelastung der Werkstoffe ist aber geringer als beim Schweißen. Die zu verbindenden Metalle werden nicht bis zum Schmelzpunkt erwärmt. Die Verbindung erfolgt durch Legierungsbildung und Diffusion, wobei das Lot einen niedrigeren Schmelzpunkt hat als die zu verbindenden Metalle.

Vorteile der Löttechnik

- gelötete Verbindungen sind dicht und fest;
- gelötete Verbindungen sind elektrisch leitend;
- sicheres Verbinden von dünnen mit dicken Teilen, ohne die dünneren zu beschädigen;
- keine nachteiligen Gefügeveränderungen an den Grundwerkstoffen;
- es sind verschiedene Werkstoffpaarungen möglich;
- in den Werkstücken treten keine Wärmespannungen auf.

Nachteile der Löttechnik

- geringe Festigkeit von Weichlötverbindungen von 50 N/mm^2 (MPa) bis 100 N/mm^2 (MPa);
- die Gestaltung und Fixierung des optimalen Lötspalts erfordert genaues Arbeiten;
- Lötflächen müssen sauber, fettfrei und mechanisch blank sein, was z. T. einen großen Aufwand erfordert;
- Flussmittelreste und Einschlüsse können zu chemischer Korrosion führen;
- Korrosionsgefahr durch elektrochemische Korrosion besteht bei unterschiedlichen Werkstoffen.

Anwendungsgebiete der Löttechnik

- bei der Verbindung unterschiedlicher Werkstoffe;
- beim Verbinden von elektrisch leitenden Anschlüssen;
- beim Verbinden dünner Bleche zu dichten Behältern;
- beim Zusammenfügen nichtmetallischer Werkstoffe;
- wenn keine Schweißspannungen auftreten dürfen.

5.6.1 Lötvorgang

Weil das Lot einen niedrigeren Schmelzpunkt hat als die zu verbindenden Werkstoffe, die nicht wie beim Schweißen angeschmolzen werden, dringt es nur in die Randschicht ein. Einzelne Moleküle diffundieren in die durch Erwärmung durchlässiger gewordenen oberen Molekülschichten und bilden dort Legierungen mit dem Grundmetall (Bild 1).

Der Lötvorgang beginnt mit der Benetzung, das ist die flache Ausbreitung des dünnflüssigen Lots auf der Werkstückoberfläche. Sollen die Oberflächen zweier Werkstücke vollständig, dicht und fest miteinander verbunden werden, ist eine sorgfältige Vorbereitung der Fügeflächen notwendig.

Als erstes ist die mechanische Reinigung der zu verbindenden Oberflächen und danach die Behandlung mit einem Flussmittel erforderlich. So entstehen metallisch blanke Oberflächen und eine erneute Oxidation wird verhindert, denn die Oxideinschlüsse schwächen die Verbindung.

Das Lot dringt infolge der Kapillarwirkung in den Spalt zwischen die zu verbindenden Teile. Das gelingt nur dann vollständig, wenn die Spaltbreite klein ist und das Lot dünnflüssig bleibt. Bei einer Spaltbreite von 0,1 mm bis 0,2 mm wird das Lot am besten in den Spalt gezogen (Bild 2). Die notwendige Breite und Tiefe des Lötspaltes hängen von der Festigkeit des Lotes ab. Wegen der Gefahr einer ungenügenden Füllung soll die Tiefe aber 15 mm nicht überschreiten.

Merke

Die richtigen Abmessungen des Lötspalts sind entscheidend für die Güte der Verbindung.

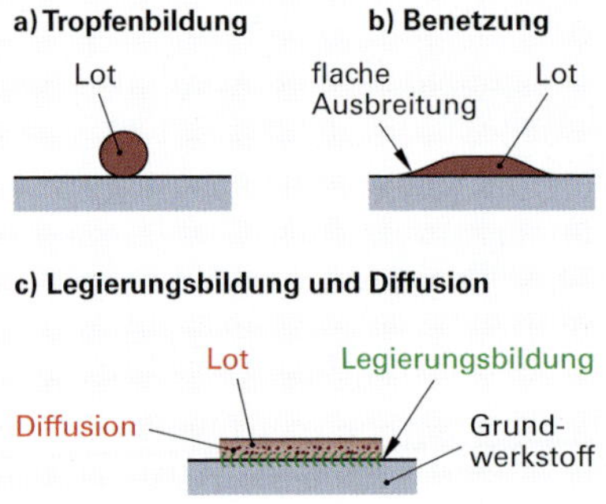

1 Lötvorgang

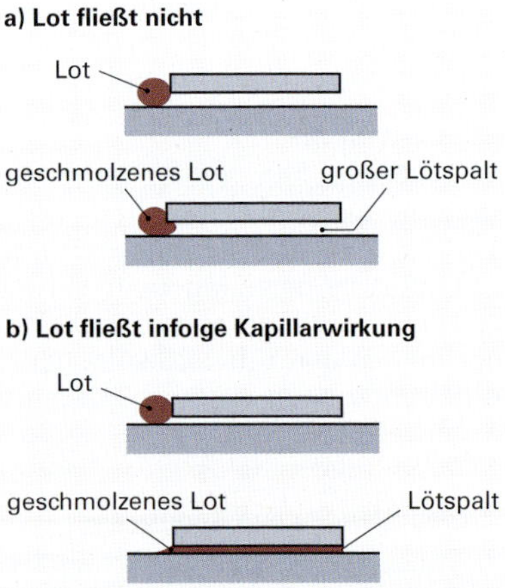

2 Einfluss der Breite des Lötspalts auf das Fließen des Lots

Lötarbeiten

Beim Löten können dieselben **Stoßarten** (Seite 96) wie beim Schweißen angewendet werden. Die Festigkeit einer Lötnaht ist geringer als die einer Schweißnaht. Bei Blechteilen und Rohren wird deshalb immer eine **große Überlappung** der Lötnaht bevorzugt (Bild 1).

Die Wärmeausdehnung während des Lötvorganges ist zu beachten. Das Lot kann vor dem Erwärmen oder während der Erwärmung als Formteil, z. B. als Blech, Scheibe, Ring usw. eingelegt oder während der Erwärmung in flüssiger Form zugegeben werden.

Merke

Das Erstarren des Lots muss erschütterungsfrei erfolgen.

Dadurch erhält man eine Naht ohne Risse und Spannungen. Nach dem Löten wird die Lötnaht von Flussmittelresten gereinigt, um ein nachträgliches Korrodieren zu vermeiden. Bei einer sorgfältigen Lötung ist ein Nacharbeiten der Lötstelle im Allgemeinen nicht erforderlich.

5.6.2 Lötverfahren

Die Lötverfahren werden eingeteilt nach:

- der **Schmelztemperatur der Lote** in
  - **Weichlöten** mit Loten, die unterhalb 450 °C schmelzen,
  - **Hartlöten** mit Loten, die oberhalb 450 °C schmelzen,
  - **Hochtemperaturlöten** mit Loten, die oberhalb 900 °C schmelzen;
- der **Lötmethode**, wobei es folgende Arbeitsverfahren gibt, die sich nach der Art der Wärmezufuhr unterscheiden:

Kolbenlöten

Es wird nur zum Weichlöten verwendet. Der Lötkolben besteht aus einem massiven Kupferstück, mit dem die Wärme der Lötstelle zugeführt wird. Der Kolben wird i. d. R. von innen her elektrisch beheizt (Bilder 2 u. 3). Für eine anspruchsvolle Lötung eignen sich temperaturgeregelte Kolben am besten, die auf die jeweilige Schmelztemperatur eingestellt werden können.

Beim Erwärmen oxidiert die Kupferoberfläche, die durch Reiben an einem Salmiakstein blankgebeizt werden kann. Das Weichlot wird dann gleichmäßig auf dem Kupfer verteilt. Die zu verbindenden Teile und das Lot werden mit dem Lötkolben erwärmt, bis das Lot zu schmelzen anfängt. Mit dem Flussmittel wird die Lötstelle vorher gereinigt.

Flammenlöten

Die Wärme wird beim Flammenlöten mit dem Gasbrenner zugeführt. Es kann ein Schweißbrenner oder eine spezielle Lötlampe verwendet werden. Die Flammenlötung wird für das Weich- und Hartlöten verwendet (Bild 4).

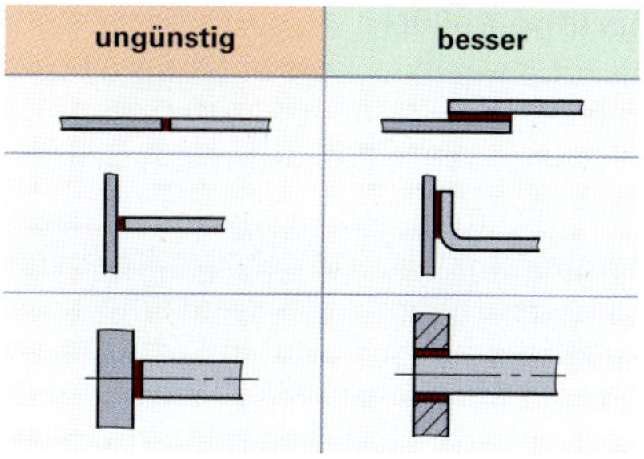

1 Lötgerechte Konstruktion

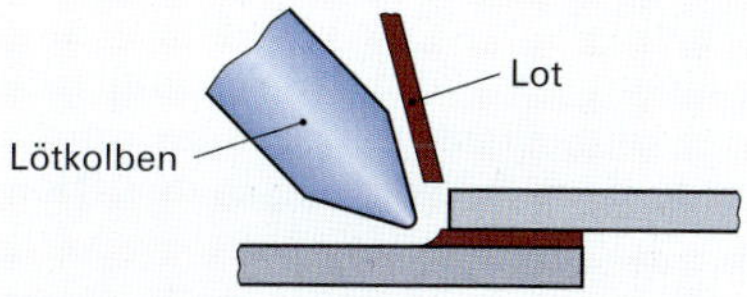

2 Kolbenlötung

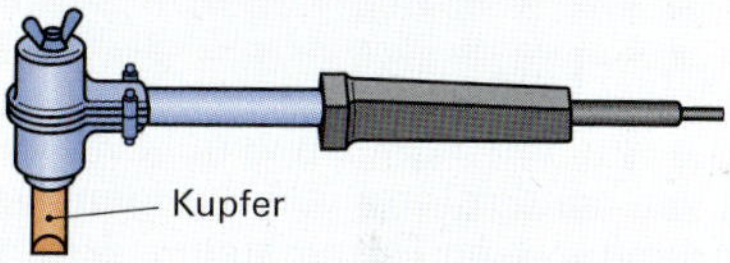

3 Elektrisch beheizter Handlötkolben

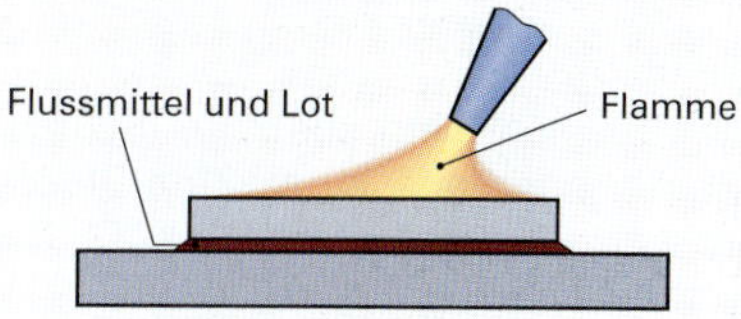

4 Flammenlöten

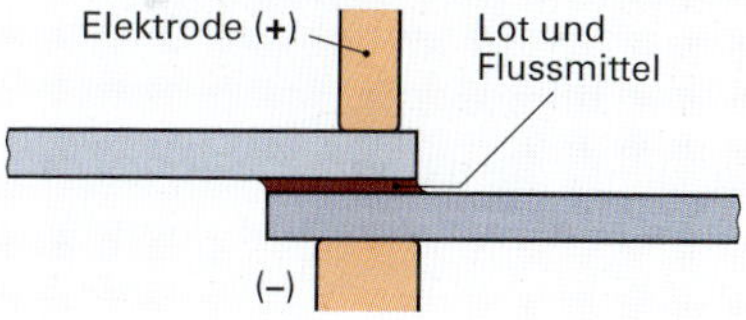

5 Widerstandslöten

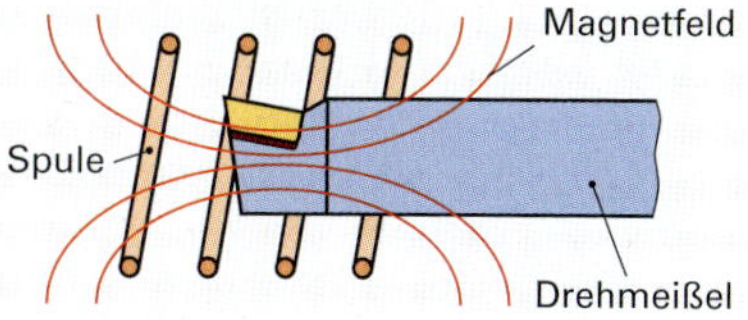

6 Induktionslöten

Widerstandslöten

Dieses Verfahren wird vor allem in der industriellen Massenfertigung angewendet. Zur Wärmeerzeugung wird die elektrische Energie genutzt. Dazu sind eine niedrige Spannung und eine hohe Stromstärke erforderlich, ähnlich wie beim elektrischen Widerstandsschweißen. Die zu verbindenden Teile und das dazwischen liegende Lot werden durch den zwischen zwei Elektroden fließenden elektrischen Strom erwärmt (Bild 5).

Induktionslöten

Beim Induktionslöten (Bild 6) wird die Lötstelle mithilfe von Wechselstrom erwärmt. Dazu wird die Lötstelle in eine Spule eingeführt, durch die Wechselstrom fließt. Hierdurch wird die Lötstelle schnell auf die notwendige Arbeitstemperatur erwärmt.

Lichtbogenlöten

Lichtbogenlöten wird in Metallschutzgaslöten und Wolframschutzgaslöten unterschieden. Das Durchführungsprinzip des Lichtbogenlötens ist gerätetechnisch nahezu identisch mit den vergleichbaren MSG- und WSG-Schweißprozessen.

Zum Lichtbogenlöten werden Zusatzwerkstoffe aus Kupferbasiswerkstoffen eingesetzt, deren Schmelztemperatur (ca. 910 - 1040 °C) deutlich niedriger als die des Grundwerkstoffes ist. Somit erfolgt eine geringere thermische Belastung des Grundwerkstoffs und folglich eine geringere Schädigung einer möglichen Beschichtung. Lötzusätze werden meist als Drahtlote im Durchmesser 0,8 bis 1,2 mm auf Spulen ähnlich des MSG-Schweißens eingesetzt. Als Schutzgas kommt meist 100 % Argon zum Einsatz. Mit den Lichtbogenlötprozessen können Bleche und Bauteile als Stumpf-, Kehl-, Bördel- oder I-Naht verbunden werden.

Ofenlöten

In einem Ofen wird das Werkstück bis zur Löttemperatur erwärmt. Bei der Verwendung von Schutzgas kann ohne Flussmittel gelötet werden. Bei großen Serien von Kleinteilen lässt man die Teile durch ein Förderband langsam durch den Ofen wandern und sich dabei erwärmen.

Tauchlöten

Bei Massenfertigung werden Bauteile mit vielen Lötstellen in ein Bad aus flüssigem, gut abtropfbarem Lot getaucht.

5.6.3 Lote

Lote sind das Zusatzmaterial zum Verbinden der Werkstücke. Sie sind reine Metalle oder Legierungen in der Handelsform von Stangen, Drähten, Blechen, Ringen, Körnern und Pulver. Sie werden auch in Verbindung mit Flussmitteln als umhüllte- oder Seelendrähte hergestellt. Die Lote werden eingeteilt in Weichlote unter 450 °C Arbeitstemperatur und in Hartlote über 450 °C Arbeitstemperatur, sowie nach ihrer Werkstoffzusammensetzung in Zinn-, Kupfer-, Messing-, Aluminium- und Silberlote.

Weichlote

Die Weichlote sind aus Zinn (Schmelztemperatur 232 °C) oder aus einer Zinn-Bleilegierung (der Schmelzpunkt von Blei ist 327 °C). Die Zinn-Bleilegierung mit einem Anteil von 63 % Zinn und dem Rest Blei schmilzt bei 183 °C. Wird der Anteil von Blei oder Zinn verändert, so verändert sich die Schmelztemperatur und es entsteht ein Schmelzbereich (Bild 1).

Weichlote mit über 63 % Zinnanteil werden meistens als Überzugsmetall auf Kupfer oder Messing verwendet. Sind Weichlote überwiegend mit Blei legiert, werden sie für Stahlblecharbeiten verwendet. Aus gesundheitlichen Gründen dürfen für Wasserleitungen keine bleihaltigen Weichlote verwendet werden. Für das Löten mit Temperaturen unter 183 °C werden dem Zinn und Blei als weitere Legierungsbestandteile Wismut, Cadmium und Indium zugegeben, die die Schmelztemperatur unter 183 °C senken (Beispiele in Tabelle 1).

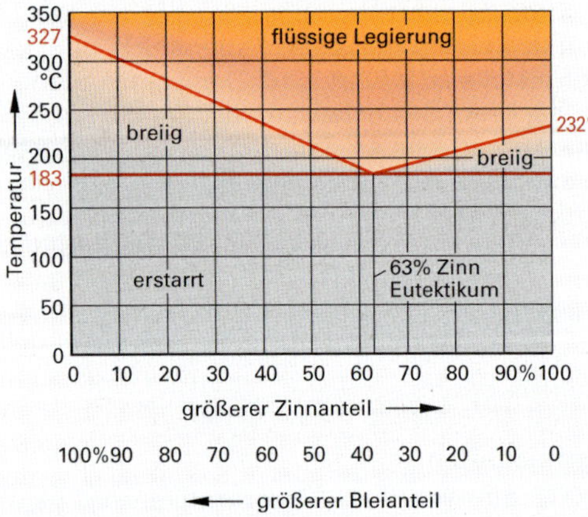

1 **Zustandsschaubild für Zinn und Blei**

Tabelle 1: Weichlote – Auswahl nach DIN EN ISO 9453

Gruppe	Kurzzeichen neue DIN 9453	Kurzzeichen alte DIN 1707	Schmelzbereich	Anwendung
Zinn-Blei-Legierung	S-Pb60Sn40	L-PbSn40	183 ... 235 °C	Karosseriebau, Feinblech, Kühlerbau
Zinn-Blei-Legierung mit Antimon	S-Pb69Sn30Sb1	L-PbSn30Sb	185 ... 250 °C	Klempnerarbeiten
Zinn-Kupfer-Legierung	S-Sn97Cu3	L-SnPbCu3	230 ... 250 °C	Kupferrohrinstallation

Hartlote

Die Basis der meisten Hartlote ist Kupfer, für besondere Anwendungsfälle sind auch Lote auf der Basis von Nickel, Silber oder Aluminium erforderlich (Beispiele in der untenstehenden Tabelle 1).
Kupferhartlote sind zusammengesetzt aus Kupfer oder Kupferlegierungen. Der Gehalt an Zink, Zinn bzw. Phosphor bestimmt im Wesentlichen die Löttemperatur, die zwischen 845 °C und 1040 °C liegt. Für Eisen- und Nickelwerkstoffe sind phosphorhaltige Hartlote nicht geeignet.

Silberhaltige Lote enthalten Silber und Kupfer, teils mit Zusätzen von Zink, Zinn, Nickel, Mangan, Cadmium und Phosphat. Die Arbeitstemperaturen liegen im Bereich von 800 °C bis 860 °C. Hartlote mit Phosphoranteilen werden im Allgemeinen nur für Kupfer verwendet. Bei cadmiumhaltigen Hartloten können durch zu hohe Temperaturen **gesundheitsschädliche Cadmiumoxid-Dämpfe entstehen.** Dann ist auf eine gute Entlüftung von Werkstatt und Arbeitsplatz zu achten. Silberhaltige Lote werden für korrosionsbeständige Lötverbindungen verwendet. Bei einem Silbergehalt über 60 % dienen sie zum Löten von Silbererzeugnissen.

Nickelbasislote sind zum **Hochtemperaturlöten** von Stahl und Sondermetallen erforderlich. Ihr Anwendungsbereich liegt bei einer Löttemperatur zwischen 880 °C und 1135 °C.

Tabelle 1: Hartlote – Auswahl nach DIN EN ISO 17672

Gruppe	Kurzzeichen neue DIN 1044	Kurzzeichen alte DIN 17672	Schmelzbereich	Anwendung
Kupferhartlot	CU 104	Cu 141	1085 °C	Stähle
Silberhartlot	AG 205	AG 225	700 ... 790 °C	Stähle, Kupfer-Werkstoffe, Nickel-Werkstoffe
Aluminiumhartlot	AL 104	AL 112	575 ... 585 °C	Aluminium-Werkstoffe

5.6.4 Flussmittel

Die Benetzung des Grundwerkstoffes durch das flüssige Lot erfordert eine metallisch reine Oberfläche. Während des Lötvorganges muss die Lötstelle vor der Umgebungsluft geschützt werden, um eine neue Oxidbildung zu verhindern. Dies ist vor allem die Aufgabe des Flussmittels. Weiter soll es das Fließen des geschmolzenen Lotes fördern, um die Kapillarwirkung zu verbessern.

Das Flussmittel muss auf die jeweilige Arbeitstemperatur des Lotes abgestimmt werden. Man unterscheidet Flussmittel zum Hart- und Weichlöten. Es handelt sich um aggressive, z. T. korrodierende Verbindungen; beim Hartlöten auch mit Bor- und Fluorbestandteilen.

Arbeitsschutz bei der Verwendung von Flussmitteln

Der Anwendungszweck erfordert, dass Flussmittel häufig sehr aggressive Chemikalien sind. Deshalb:

- Jede Berührung des Flussmittels mit der Haut ist zu vermeiden.
- Für ausreichende Belüftung des Arbeitsplatzes oder der Werkstatt ist zu sorgen.

Überprüfen Sie Ihre Kenntnisse

1 Erklären Sie den Begriff Löten.
2 Welcher Unterschied besteht zwischen Löten und Schweißen?
3 Welche Vorteile hat das Löten?
4 Wie verläuft der Lötvorgang?
5 Was bedeuten Fließen, Diffusion und Legierungsbildung?
6 Wie werden die Lötverfahren bezüglich der Arbeitstemperatur unterteilt?
7 Wo wird die Kolbenlötung angewendet?
8 Welche Aufgaben hat das Flussmittel beim Löten?
9 Welche Flussmittel werden für die Weichlötung und welche für die Hartlötung angewendet?
10 Warum müssen Flussmittel nach dem Löten beseitigt werden?
11 Welchen Einfluss hat der Lötspalt auf die Qualität der Lötverbindung?
12 Welche Vorteile haben Silberlote?
13 Welche Werkstoffe werden als Lote verwendet?

5.7 Kleben

Beim Kleben werden Bauteile und Werkstücke aus gleichen oder unterschiedlichen Werkstoffen mithilfe von Klebstoffen auf Kunststoffbasis miteinander verbunden. Es entsteht eine stoffschlüssige, unlösbare Verbindung.

5.7.1 Kleben im Metallbau

Das Kleben erfüllt im Metallbau mehrere Aufgaben:

- **Befestigen:** Häufig werden an Bauteile aus Metallteile aus Nichtmetallen durch Kleben befestigt: Steintreppenstufen auf Treppenholmen aus Stahl, Isolierplatten in Türfüllungen, Klebedübel in Beton, Hartschaumkerne in Sandwichplatten, PTFE-Gleitschichten auf Trägerauflagerplatten und Metall-Beschlagteile an Ganzglastüren (Bild 1).

  Aber auch das Kleben von Metallteilen miteinander hat seine Bedeutung: Kugellager, Bolzen und Stifte sowie andere Kleinteile werden durch Kleben befestigt. Selbst ein großflächiges Bauteil, wie die Trapezblech-Beplankung eines Garagentors, kann durch eine dicke elastische Polyurethan-Schicht geklebt werden.

- **Sichern:** Schrauben und Muttern lassen sich durch geeignete Klebstoffe schnell und kostengünstig gegen unbeabsichtigtes Lösen sichern (Bild 2). Trotzdem können sie bei Bedarf mit normalem Werkzeug wieder gelöst werden. Das erlaubt ein Justieren nach der Montage ohne ernsthafte Beeinträchtigung der Vibrationsbeständigkeit. Es gibt auch besonders dünnflüssige Klebstoffe, mit denen sich Schraubverbindungen nachträglich sichern lassen, weil sich der Klebstoff durch Kapillarwirkung in das Gewinde einsaugt.

- **Abdichten:** Aluminiumfenster-Eckverbindungen, Gehäusedeckel, Hydraulik- und Pneumatik-Verschraubungen können durch Klebstoffe gesichert und abgedichtet werden. Im Fassadenbau werden Dehnungsfugen und Spalte durch dauerelastische Dichtungsmassen geschlossen, Dichtfolien werden mit Dichtstoffpasten angeklebt (Bild 3).

5.7.2 Wirkungsweise der Klebstoffe

Klebstoffe verbinden über die Klebefuge die beiden Fügeteile miteinander (Bild 4).

Sie bestehen aus Kunststoffen und damit in ihrem inneren Aufbau aus fadenförmigen, miteinander vernetzten Makromolekülen (Seiten 496 und 497). Die Festigkeit der Klebeverbindung hängt von der **Adhäsionskraft** (Anhangskraft) des Klebstoffs an den Fügeflächen und von der **Kohäsionskraft** (Zusammenhangskraft) im Innern des Klebstoffs ab (Bild 4).

Der Klebstoff wird flüssig aufgebracht. Je sauberer die Fügeflächen sind, desto besser kann der Klebstoff die Fügeteile benetzen und eine hohe Adhäsion erreichen. Durch das Ablüften, Erstarren oder Aushärten des Klebstoffs wird dieser fest und erlangt eine hohe Kohäsion. Die chemische Reaktion, nach der die Aushärtung verläuft, kann eine Polyaddition, eine Polymerisation oder eine Polykondensation sein.

1 Kleben von Beschlägen

2 gesicherte Mutter

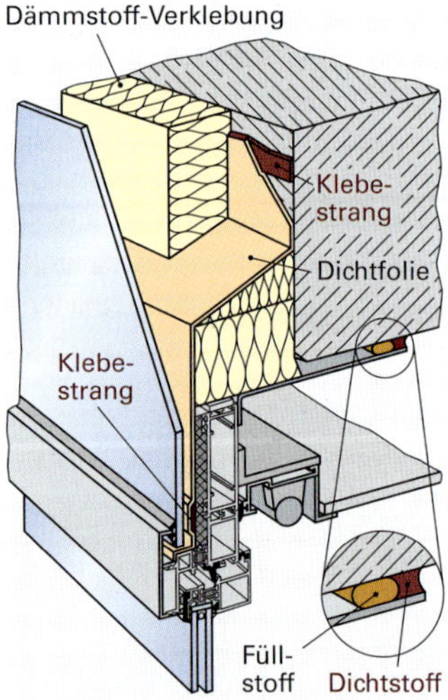

Fassadenanschluss an Rohbausturz

3 Abdichten von Fassaden

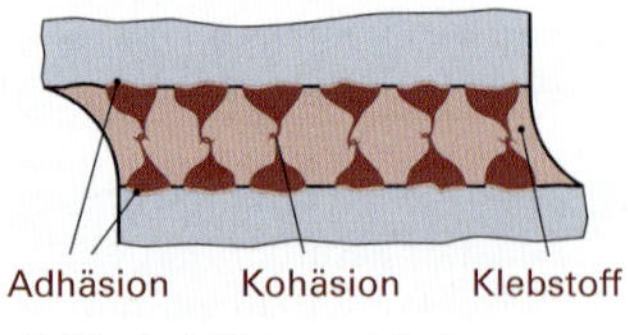

4 Kräfte bei Klebeverbindungen

5.7.3 Arten der Klebstoffe

Am häufigsten verwendet man Duroplaste, aber auch Thermoplaste oder Elastomere werden eingesetzt. Ein wichtiges Ordnungsmerkmal der vielen Klebstoffe ist, ob der Klebstoff in Form von Polymeren oder von Monomeren verarbeitet wird.

Polymere werden vor dem Auftragen (meist mit einem Lösungsmittel) in einen flüssigen Zustand gebracht und müssen in der Klebstofffuge abdunsten oder erstarren. Weil das ein physikalischer Vorgang ist, nennt man sie **physikalisch abbindende Klebstoffe.**

Monomere müssen in der Klebstofffuge durch eine chemische Reaktion aushärten, man nennt sie deshalb **Reaktionsklebstoffe.**

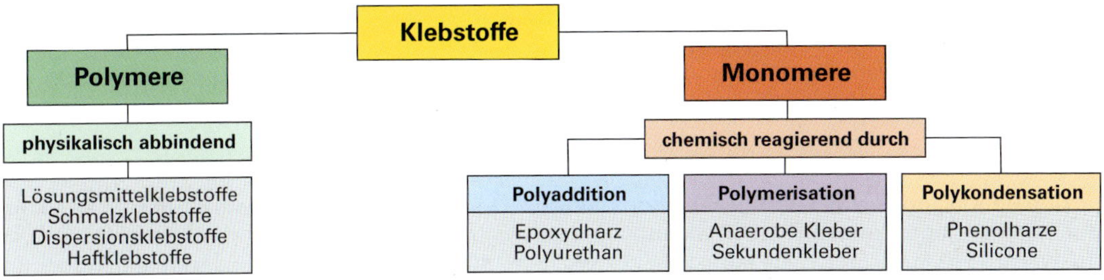

Physikalisch abbindende Klebstoffe

Sie sind besonders einfach zu verarbeiten, weil sie alle aus nur einer Komponente bestehen, d. h. man muss keinen Klebstoff anrühren. Der ungebrauchte Klebstoff bleibt verarbeitungsfähig.

Lösungsmittelklebstoffe sind Polymere mit kautschukartigem Kunststoffanteil (z. B. Butadienkautschuk, Nitrocellulose, Polyurethan). Sie werden als „Alleskleber" verwendet. Als **Kontaktklebstoffe** sind sie nach dem Abdunsten des Lösungsmittels als scheinbar trockene Klebstofffilme auf den Fügeteilen vorhanden. Durch Aneinanderfügen und kräftigen Druck lässt sich jedoch in kurzer Zeit eine relativ feste Klebschicht erzeugen. Sie haben geringe Wärmebeständigkeit, sind aber sehr elastisch und werden für flächige Verklebungen von Isoliermaterial wie Hartschäumen aus Polyurethan und für Glas- und Steinwolle in Türen verwendet.

Schmelzklebstoffe sind thermoplastische Polymere mit geringer Festigkeit für die Verklebung von Kartons. Der Klebstoff wird mit einer elektrisch beheizten Pistole flüssig aufgetragen. Er härtet sofort durch Erstarren und besteht z. B. aus Polyamidharzen oder gesättigten Polyestern. Zu den physikalisch abbindenden Klebstoffen gehören auch die **Dispersionen,** das sind in Wasser verrührte Polymertröpfchen. **Haftklebstoffe** finden sich auf Klebebändern und Etiketten.

Chemisch reagierende Klebstoffe

Sie lassen sich besonders leicht verarbeiten, wenn sie einkomponentig sind wie z. B. der **Polyurethan (PUR)-Schaum,** der sich aus der Spraydose spritzen lässt. Mit diesem Hartschaum können breite Fugen beim Einbau von Türen und Fenstern geschlossen werden. Es gibt aber auch **Polyurethan-(PUR)-Klebstoffe,** die pastös und hochviskos sind und aus der Kartusche verarbeitet werden. Sie reagieren chemisch mit der Luftfeuchtigkeit und härten durch Polyaddition aus. Da sie mit einer Schichtdicke von bis zu 4 mm verarbeitet werden (Bild 1), können sie Fertigungstoleranzen ausgleichen, kleben und gleichzeitig dichten. Weil sie hochelastisch bleiben, können sie Schwingungen und Wärmedehnungen absorbieren, trotzdem sind sie überlackierbar und geruchsneutral mit langer offener Zeit, d. h. man kann sich beim Kleben Zeit lassen.

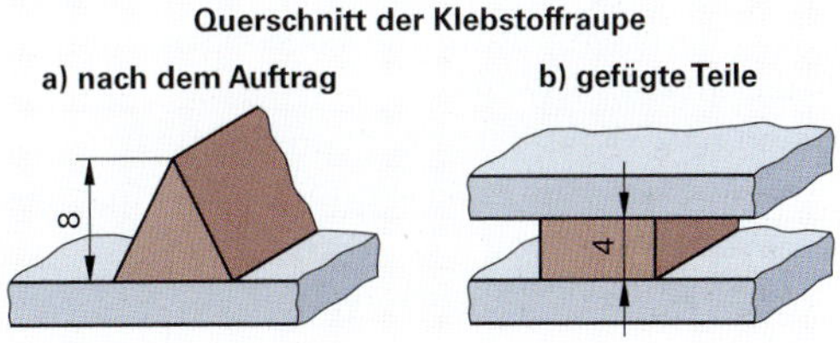

1 Klebstoffraupe für elastisches PUR

- **Kalthärtende Sorten** haben eine Durchhärtegeschwindigkeit von 4 mm/24 Stunden, die Zugfestigkeit beträgt etwa 4 N/mm^2 bei über 300 % Reißdehnung.
- **Warmhärtende Sorten** werden bei 120 °C verarbeitet, sind in 7 Minuten ausgehärtet und haben eine Zugfestigkeit von 10 N/mm^2 bei 250 % Reißdehnung.

Beide PUR-Klebstoffe werden zum Einkleben von Scheiben und zur Beplankung von Stahlkonstruktionen mit Kunststoff- und Sandwichplatten, Holz oder Aluminium-Riffelblech (Bild 1) verwendet. Wenn Klebstoffe **zweikomponentig** sind, befinden sie sich in zwei verschiedenen Tuben oder Dosen und werden als **Harz** und **Härter** bezeichnet. Sie müssen direkt vor der Verarbeitung nach Vorschrift des Herstellers gemischt werden, damit der Klebstoff ganz aushärten kann. Angerührte 2-K-Reaktionsklebstoffe müssen während der sogenannten **„Topfzeit"**, die je nach Klebstoff und Temperatur einige Minuten oder Stunden beträgt, verwendet werden. Wenn die Mischung geliert, ist sie nicht mehr verwendbar.

1 Beplankung mit Aluminium-Riffelblech und PUR

Merke

Hohe Umgebungstemperatur, alte Klebstoffreste und große Klebstoffmengen verkürzen die Topfzeit!

Epoxidharz-Klebstoffe sind wichtige Reaktionsklebstoffe für Industrie und Handwerk. Sie sind zweikomponentig, benötigen keinen Pressdruck und härten durch Polyaddition. Sie können kalt (ab etwa 0 °C) oder warm aushärten. Ihr Einsatzbereich liegt zwischen – 40 °C und + 90 °C. Sie besitzen gegenüber fast allen Werkstoffen ausgezeichnete Haftungs- und Festigkeitseigenschaften. Je nach Zusatz lässt sich ihr Verformungsverhalten auf hart und spröde, elastisch oder zäh einstellen. Bei jeder Klebung muss auf eine ausreichend große Klebfläche geachtet werden, da selbst bei Warmaushärtung nur eine Scherfestigkeit von etwa 30 N/mm^2 erreicht wird. Trotzdem lassen sich damit Dübel in Beton kleben (Klebeanker) und Metallverklebungen herstellen.

Anaerobe Kleber

- polymerisieren unter Luftabschluss bei Metallkontakt,
- sind handfest nach 10 bis 30 Minuten,
- Endfestigkeit bis zu 12 N/mm^2, sie wird nach 3 Stunden erreicht,
- Sie bestehen aus **Methacrylaten** und werden als „flüssige Schraubensicherung" (Bild 2) zum Abddichten von Gewinden und Spalten bis 0,05 mm sowie zur Befestigung von Kugellagern und Zahnrädern verwendet,
- Der Einsatzbereich reicht von – 55 °C bis +150 °C.

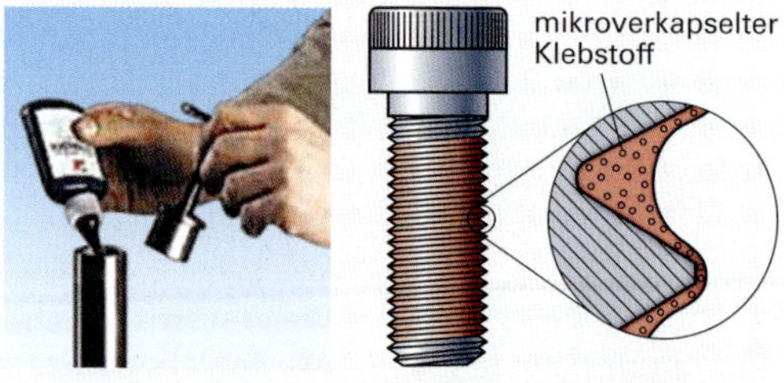

a) Geländerpfosten b) Sicherung ab Werk

2 Schrauben mit mikroverkapseltem Klebstoff

Sekundenkleber

- polymerisieren durch die Feuchtigkeit der Luft oder des Werkstücks,
- sind nach 3 bis 100 Sekunden handfest,
- Endfestigkeit bis zu 35 N/mm^2 nach 12 Stunden,
- Einsatzbereich von – 60 °C bis + 80 °C,
- sie bestehen aus **Cyanacrylaten.**
- geeignet für Metalle, Kunststoffe, Gummi, für Glasdichtungen zur Trockenverglasung und für mikroverkapselte Klebstoffe zur Schraubensicherung (Bild 2),
- der Klebespalt darf je nach Viskosität 0,05 mm bis 0,25 mm betragen.

Phenolharze

- sind Polykondensationsklebstoffe,
- Fügen der Bauteile in beheizten Pressen,
- Verwendung im Holzleimbau.
- die Klebung ist hart, wärmebeständig bis 200 °C, alterungsbeständig,
- Festigkeit bis zu 20 N/mm^2.

Silicon-Kautschuk

- Polykondensat aus Si-O-Ketten,
- härtet mit der Luftfeuchtigkeit aus,
- riecht nach Essigsäure und hat eine
- sehr hohe Flexibilität auch bei tiefen Temperaturen (bis – 70 °C).
- sehr witterungsbeständig,
- Temperaturbeständigkeit bis 200 °C,
- Lieferung in Kartuschen,
- für dauerelastische Abdichtung von Dehnfugen und zur Nassverglasung.

5.7.4 Vorbehandlung der Klebeflächen

Merke

Die Klebeflächen sollen sauber, trocken, fettfrei, leicht aufgeraut und passgenau sein.

- **Mechanisches Aufrauen** durch Sandstrahlen, Schmirgeln, Schleifen (Stahl: Körnung 100 ... 150, kerbempfindliche Werkstoffe wie Aluminium: Körnung 450 ... 600) oder mit dem Schleifvlies. Bei lackierten Blechen ist die Haftung durch einen Vorversuch zu überprüfen!
- **Entfetten:** Bei starker Verschmutzung Grobreinigung mit Wischvlies und Aceton. Für leichte Verschmutzungen gibt es spezielle Reiniger, die auch die Oberfläche aktivieren. Alkohol und Lackverdünner sind keine geeigneten Fettlösemittel!
- **Chemische Vorbehandlung:** Manche Untergründe, wie z. B. die Kunststoffe PE und PP benötigen als Haftvermittler einen Primer, der aufgepinselt wird und vor der Klebung vollkommen trocken und ausgehärtet sein muss. Rost an Stahl kann auch durch Säurebäder entfernt werden.

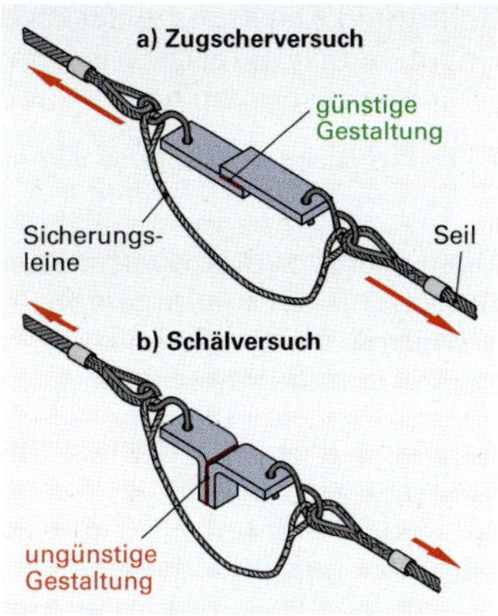

1 Zerreißen einer Klebeverbindung

5.7.5 Gestaltungsregeln für Klebeverbindungen

- Am besten hält eine Überlappung, die auf Scherung beansprucht wird. Das lässt sich durch einen Zugversuch mit einer Epoxidharz-Verklebung von 20 mm × 10 mm beweisen (Bild 1a).
- Da die Zugfestigkeit von Klebstoffen wesentlich kleiner als die von Metallen ist, sollte eine Zugbeanspruchung unterbleiben.
- Die Schälbeanspruchung einer Klebverbindung ist möglichst zu vermeiden, da sie sich trotz gleicher Klebfläche leicht zerreißen lässt (Versuch Bild 1b).
- Dünne Bleche sollen nicht mit großer Überlappungslänge verklebt werden, weil sich sonst durch die Elastizität des Bleches an den Rändern starke Zugscherbeanspruchungen ergeben. Die Verbindung reißt von außen ein.
- Ein kleiner Spalt (0,01 mm bis 0,03 mm) und kleine Überlappungslängen ergeben beste Festigkeitswerte.
- Wird anstelle einer Schweißung oder Lötung eine Klebverbindung vorgesehen, so sind die Berührungsflächen zu vergrößern (Bild 2).

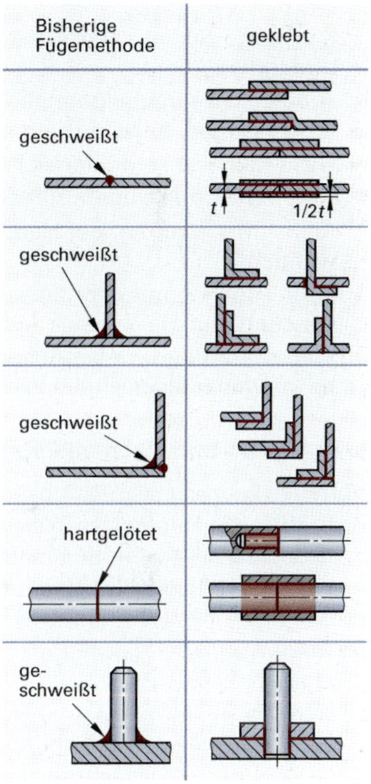

2 Gestaltung von Klebstellen

5.7.6 Verarbeitung der Klebstoffe

1. **Anmischen:** Nur so viel Zweikomponentenkleber unmittelbar vor der Verwendung nach Vorschrift des Herstellers anmischen, wie während der Topfzeit verarbeitet werden kann.
2. **Auftragen** geschieht durch Pinsel, Zahnspachtel, Filzwalzen; durch Spritzen, Tauchen, Sprühen; durch spezielle Dosiergeräte mit Statikmischer für zweikomponentige oder aus der Kartusche für einkomponentige Klebstoffe. Elastische 1-K-Polyurethan-Reaktionsklebstoffe werden als 8 mm dicke Dreiecksraupe aufgetragen.
3. **Fügen:** Darauf achten, dass keine Luftblasen eingeschlossen werden, dass der Klebstoff nicht weggeschoben wird und dass ringsum etwas überschüssiger Klebstoff austritt. Frisch gefügte Teile müssen gegen Verschieben gesichert werden. Große Klebstoffreste mit dem Spachtel entfernen. Dünne, frische Klebstoffreste können mit speziellen Reinigern beseitigt werden.
4. **Aushärten:** Während des Aushärtens ist ein Pressdruck von 20 N/mm^2 bis 50 N/mm^2 gunstig. Er fixiert die Teile, erzeugt einen dünnen Klebefilm, der schneller aushärtet und fester ist. Er verhindert Blasen- und Porenbildung. Aushärtungsdauer: Kaltklebstoffe sollten zu 50 % abgebunden haben, Heißklebstoffe müssen die zulässige Betriebstemperatur für den Klebstoff unterschritten haben.

5. **Prüfung:** Die Prüfung der Klebung erfolgt durch Abklopfen, wobei sich ein heller Ton ergeben sollte, oder durch Ultraschall-Prüfung. Für eine zerstörende Prüfung werden Stichproben entnommen oder Vergleichsproben hergestellt.

6. **Entsorgung von Klebstoffresten:** Unausgehärtete Klebstoffe sind Sondermüll. Ausgehärtete Reste dürfen dem Hausmüll beigegeben werden.

Das Lösen von Klebeverbindungen ist notfalls möglich. Es erfolgt durch Erwärmen auf 250 °C oder durch Einlegen in ein geeignetes Lösungsmittel. Für Epoxidharze gibt es sogenannte „Stripper". Sie erweichen die ausgehärtete Klebstofffuge. Danach wird mit Gewalt getrennt. Elastische 1-K-PUR-Klebstoffe können wegen der breiten Klebespalte gut mit Messern aufgeschnitten werden.

Arbeitsregeln zur Unfallverhütung: Unausgehärtete Klebstoffe, ihre Lösungsmittel und deren Dämpfe, aber auch viele zur Vorbehandlung der Fügeflächen verwendeten Chemikalien sind gesundheitsschädlich und umweltbelastend. 2-K-Klebstoffe sind bei zu hoher Härterdosierung selbstentzündlich. Fast alle Klebstoffe sind brennbar und ihre Dämpfe sind explosiv. Deshalb gilt:

1 Unfallverhütung beim Kleben

- Klebstoffe nur in verschlossenen Behältern aufbewahren und transportieren.
- Arbeitsplätze gut belüften, Lösungsmitteldämpfe nach unten absaugen, denn sie sind schwerer als Luft.
- Nicht rauchen, kein offenes Feuer.
- Arbeitskleidung tragen, Hände durch Handschuhe bzw. schutzfilmbildende Mittel schützen.
- Klebstoffspritzer auf der Haut abtupfen, mit Wasser und Seife abwaschen – kein Lösungsmittel verwenden!
- Beim Arbeiten mit dünnflüssigen Klebstoffen Schutzbrille tragen. Spritzer ins Auge mit Wasser auswaschen und gleich einen Augenarzt aufsuchen.
- Klebewerkzeuge vor der Aushärtung mit geeignetem Lösungsmittel reinigen. Mischgefäße aus Gummi verwenden, aus ihnen lässt sich der ausgehärtete Klebstoff gut entfernen.

5.7.7 Vor- und Nachteile von Klebeverbindungen

Vorteile:

- fast alle Werkstoffe lassen sich gut kleben (Ausnahme: Die Kunststoffe PE, PP, PTFE),
- dicke und dünne Teile lassen sich gut verbinden,
- Klebefugen sind dicht und fast unsichtbar,
- keine Gefügeänderungen, keine Eigenspannungen, kein Verzug,
- keine Kontaktkorrosion zwischen Fügeteilen aus verschiedenen Metallen,
- genaue Passungen können eingespart werden,
- wirtschaftliches Fügeverfahren für kleine Teile.

Nachteile:

- geringe Wärmebeständigkeit,
- besondere Form der Fügeteile erforderlich,
- aufwändige Oberflächenvorbehandlung,
- teilweise lange Aushärtezeiten,
- Gefahr des Versagens durch Abschälen,
- schlechte Wärmeableitung,
- starre Klebungen sind schlagempfindlich,
- Klebungen neigen zum Fließen oder Kriechen,
- ungeschützte Klebungen „altern", ihre Festigkeit nimmt mit der Zeit um bis zu 50 % ab.

Überprüfen Sie Ihre Kenntnisse

1 Welche drei Anwendungsgebiete hat das Kleben?
2 In welche beiden Gruppen lassen sich Klebstoffe einteilen?
3 Wie härten einkomponentige Reaktionsklebstoffe aus?
4 Welche Beanspruchungsarten sollten in Klebeverbindungen vermieden, welche bevorzugt werden?
5 Warum sind bei mit Luftfeuchte abbindenden Klebstoffen Schichtbreiten über 20 mm ungünstig?
6 Wie werden die Fügeflächen vorbereitet?
7 Was versteht man unter der Topfzeit?
8 Wozu werden anaerobe Klebstoffe verwendet?
9 Begründen Sie die besondere Sorgfalt, die beim Umgang mit Klebstoffen und Lösungsmitteln notwendig ist.

6 Elektrische Maschinen und Anlagen

In vielen Bereichen des Metallbaus wird elektrische Energie umgewandelt und zur Bewältigung von Aufgaben genutzt. Beim Antrieb von Maschinen wird elektrische Energie in Bewegungsenergie, beim Schweißen in Wärmeenergie und beim Heben von Lasten mit Magneten in Elektromagnetismus gewandelt. Weil Strom und Spannung unsichtbar sind, müssen die notwendigen Sicherheitsmaßnahmen bekannt sein und eingehalten werden.

6.1 Elektrischer Stromkreis

Ob ein Stoff gegenüber dem elektrischen Strom als Leiter, Nichtleiter oder Halbleiter reagiert, hängt von der Beweglichkeit der Elektronen in der äußeren Atomhülle ab.

Merke

Der elektrische Strom ist die gerichtete Bewegung der freien Elektronen.

Die Elektronen des fließenden Stroms werden durch die elektrische Spannung angetrieben, die z. B. vom Kraftwerk über Leitungen bis zum Verbraucher übertragen wird oder zwischen den Polen einer Batterie vorhanden ist.

In einem Stromkreis-Versuch leuchtet das Lämpchen auf, wenn der Schalter geschlossen wird (Bild 1). Dabei wird durch das Lämpchen eine leitende Verbindung zwischen dem Pluspol und dem Minuspol der Batterie hergestellt, deren Spannung Voraussetzung für den Stromfluss ist.

Merke

Ein elektrischer Strom fließt nur in einem geschlossenen Stromkreis.

Im Gegensatz zum Elektronenfluss führt die Technische Stromrichtung vom Plus- zum Minuspol (Bild 1a).

Ein einfacher Stromkreis besteht aus einer Energiequelle (Spannungsquelle), dem Verbraucher, einem Schalter und den Leitungen (Bild 1 a). Gezeichnet wird er mithilfe von Schaltzeichen (Bild 1b).

Der einfache Gleichstrom-Kreis wird durch drei Größen gekennzeichnet:

Stromstärke:	Formelzeichen I – in A (Ampere)
Spannung:	Formelzeichen U – in V (Volt)
Widerstand:	Formelzeichen R – in Ω (Ohm)

Der Zusammenhang zwischen den drei Größen wird durch das Ohm'sche Gesetz ausgedrückt. Danach sind bei gegebenem Widerstand Stromstärke und Spannung einander proportional.

$$U \sim I$$

$$U = I \cdot R$$

Das bedeutet auch, dass sich bei steigender Spannung und gleich bleibendem Widerstand die Stromstärke erhöht (Bild 2).

In der Praxis bilden die Geräte, die umgangssprachlich als Verbraucher bezeichnet werden, den Widerstand (Bild 3). Von ihnen wird die elektrische Energie z. B. in Wärme oder in mechanische Energie umgewandelt.

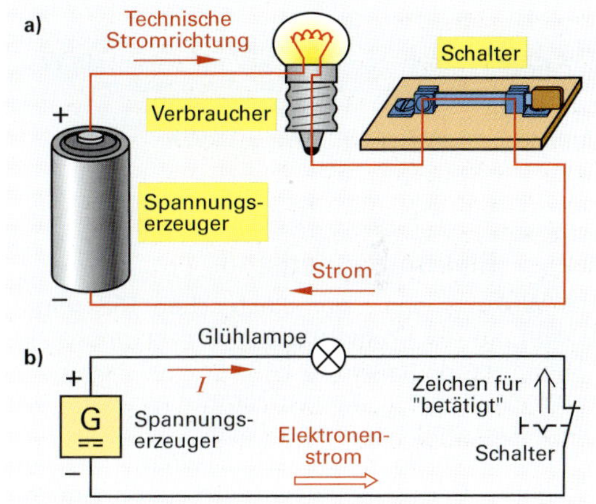

1 Elektrischer Stromkreis

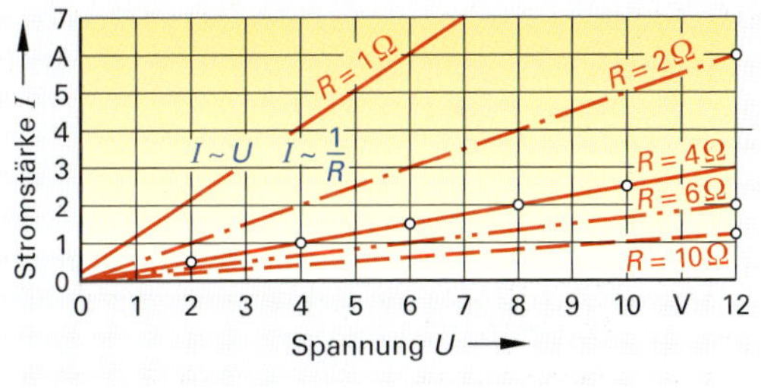

2 Einfluss des Widerstands auf die Stromstärke bei gleich bleibender Spannung

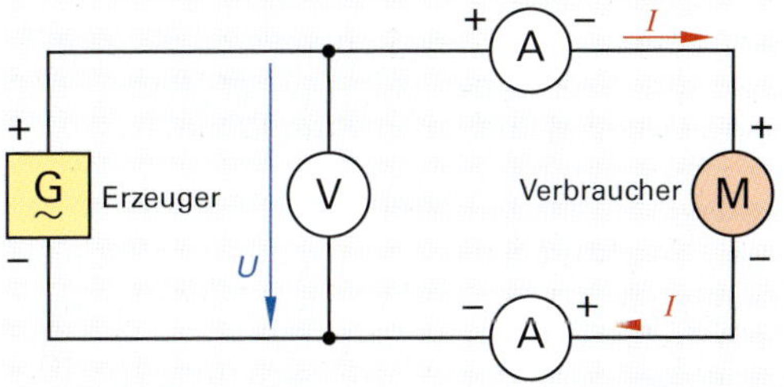

3 Geschlossener elektrischer Stromkreis mit Messgeräten

Elektrische Arbeit und Leistung

Auf dem Leistungsschild des elektromagnetischen Stromzählers ist zu erkennen, welche Leistung ein Gerät aufnehmen kann (Bild 1). Die Leistung bei Gleichstrom ist das Produkt aus Spannung und Stromstärke. Da im Versorgungsnetz die Spannung konstant ist, steigt mit der entnommenen Leistung die Stromstärke.

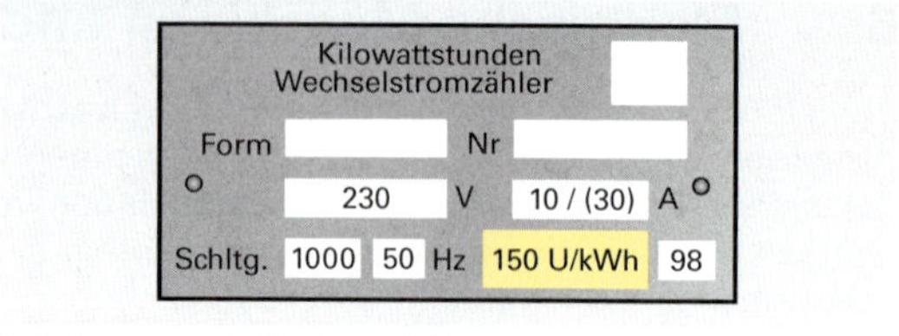

1 Leistungsschild eines Zählers

Leistung = Spannung · Stromstärke (in Watt)
$P = U \cdot I$ 1 W = 1 V · 1 A   **1 kW = 1000 W**

Multipliziert man die Leistung mit der Zeit *(t)*, in der das Gerät arbeitet, erhält man die elektrische Arbeit *W*.

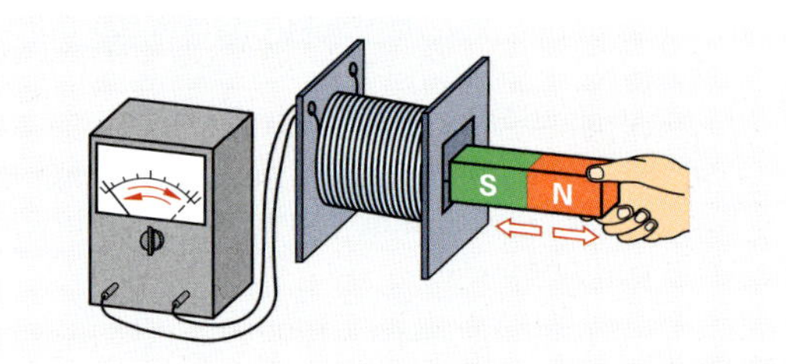

2 Elektromagnetische Induktion

Arbeit = Leistung · Zeit $W = P \cdot t$ **in Ws**

1000 Ws = 1 kWs; 3600 kWs = 1 kWh

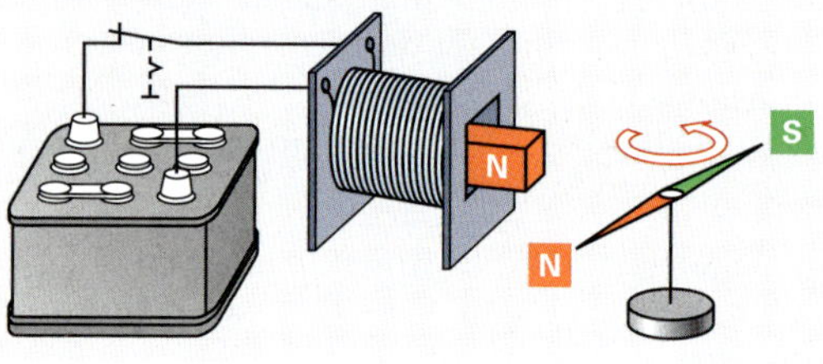

3 Elektromagnetische Kraftwirkung

6.2 Elektromagnetismus

Die Wirkungsweise der elektrischen Maschinen beruht auf der Kraftwirkung elektromagnetischer Felder. Der Magnetismus ist aber auch eine Stoffeigenschaft. Eisen, Kobalt, Nickel und einige Legierungen sind ferromagnetische Werkstoffe. Sie können durch ein magnetisches Feld magnetisiert werden. Dauermagnete (Permanentmagnete) werden hartmagnetisch genannt. Andere Magnetwerkstoffe verlieren nach Entfernung des Magnetfeldes wieder die magnetischen Eigenschaften. Sie nennt man weichmagnetisch, z. B. Weicheisen.

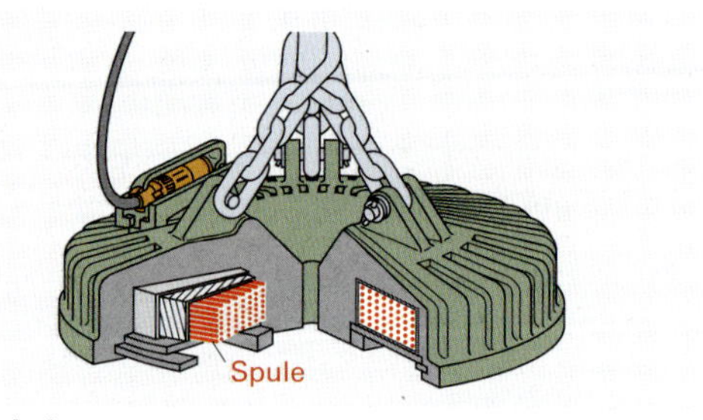

4 Lasthebemagnet

6.2.1 Elektromagnetische Induktion

Bewegt man einen Permanentmagneten in einer Leiterspule, so schlägt der Zeiger eines Messinstrumentes aus (Bild 2).

Wird beim Einschalten des Stromes ein Weicheisenkern magnetisiert, übt er auf andere Magnete und Eisen eine Kraft aus (Bild 3). Diese beiden elektromagnetischen Wirkungen sind die physikalische Basis zur Konstruktion von Motoren, Generatoren und Lasthebemagneten (Bild 4).

Auch wenn ein Kupferdraht im Magnetfeld bewegt wird, schlägt der Zeiger eines empfindlichen Spannungsmessers aus (Bild 5 a), weil eine Spannung induziert wurde. Beim Bewegen im Magnetfeld zwischen Nord- und Südpol werden die Elektronen des Metalls in eine Richtung gedrängt (Bild 5 b).

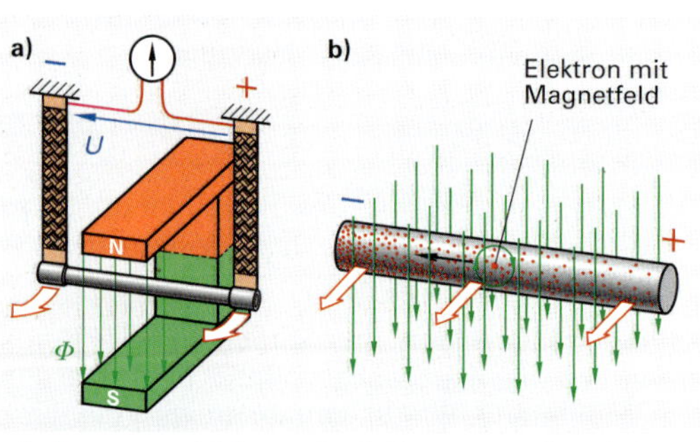

5 Ladungsverschiebung durch Bewegung eines Leiters im Magnetfeld

Induktionsgesetz

Bleibt der Magnet im ersten Versuch auf der vorherigen Seite (Bild 2, Seite 118) in Ruhe, gibt es keinen Zeigerausschlag. Der Zeiger schlägt aber auch aus, wenn die Leiterschleife in Bild 5 der vorigen Seite bewegt wird. Entscheidend ist also, dass der elektrische Leiter die magnetischen Feldlinien schneidet oder das magnetische Feld sich ändert.

Merke

Wird eine Leiterschleife in einem Magnetfeld so bewegt, dass sich der magnetische Fluss in der Schleife ändert, so wird in ihr während der Bewegung eine Spannung induziert.

Eine Induktionsspannung lässt im geschlossenen Stromkreis einen Strom fließen.

Umgekehrt erzeugt eine Änderung der Spannung wie im zweiten Versuch auf der vorigen Seite ein Magnetfeld, das auf Magnetwerkstoffe eine mechanische Kraft ausübt (Bild 3, S. 118).

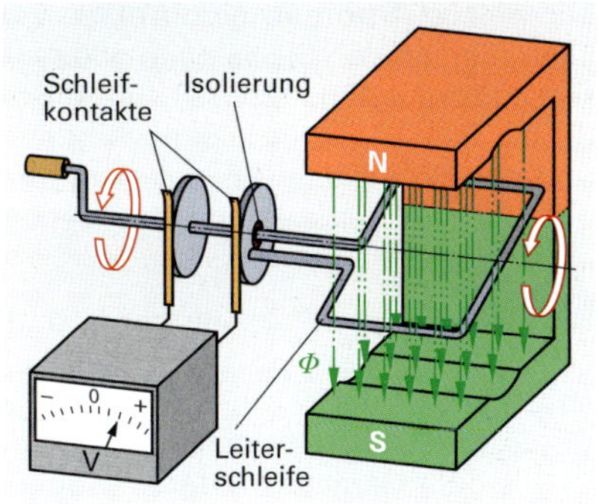

1 Einfacher Wechselstromgenerator

6.2.2 Wechselstromgenerator

Eine ständige Änderung der Induktionsspannung ist zu erkennen, wenn in einem Magnetfeld, in dem die magnetische Flussdichte überall gleich ist, eine Leiterschleife gedreht wird (Bild 1).

Zeichnet man die zeitliche Änderung der so entstehenden Spannung auf, erhält man eine Sinuslinie. Da die Spannung während jeder Umdrehung der Leiterschleife ihre Richtung einmal ändert, spricht man von einer Wechselspannung (Bild 2). Der dabei fließende Strom heißt darum auch Wechselstrom.

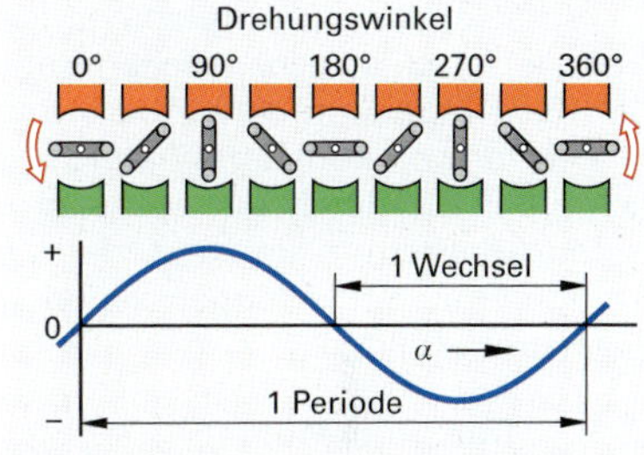

2 Prinzip der Entstehung von Wechselspannung

Dreiphasenwechselstrom

In dem Generatormodell von Bild 1 wurde die in der Leiterschleife entstandene Wechselspannung über Schleifkontakte abgenommen. Weil aber für die Induktion nur die Bewegung von Leiterspule und Magnetfeld gegeneinander wichtig ist, lässt man in den Generatoren der Kraftwerke das Magnetfeld drehen. Das ist der Rotor oder Läufer, wegen der Form auch oft Anker genannt. Die Leiterschleifen, in denen die Spannung induziert wird, bleiben dagegen in Ruhe. Sie werden **Ständer** oder **Stator** genannt (Bild 3).

Im Stator befinden sich die Leiterschleifen um 120° versetzt. Wenn sich das Magnetfeld dreht, werden drei Wechselspannungen erzeugt. Ein solcher Wechselstrom wird deshalb Drehstrom genannt. In der grafischen Darstellung (Bild 1, Seite 120) erkennt man, dass im unbelasteten Netz die Summe der drei Spannungen immer Null ergibt. Deshalb benötigen sie nur einen gemeinsamen Rückleiter, den Mittelleiter (N in Bild 3).

Wird der Mittelleiter geerdet, was die Regel ist, heißt er auch Nullleiter. Die anderen drei Leiter, Außenleiter genannt, werden mit L1, L2 und L3 bezeichnet (Bild 3). Die Spannung zwischen einem Außenleiter und dem Mittelleiter beträgt 230 V, wie sie für elektrische Kleingeräte üblich ist. Zwischen zwei Außenleitern beträgt die Spannung 400 V, die für elektrische Maschinen, Wärmeöfen und Schweißstromquellen benötigt wird (im Bild wurden die in der Praxis getrennten Schaltungen kombiniert).

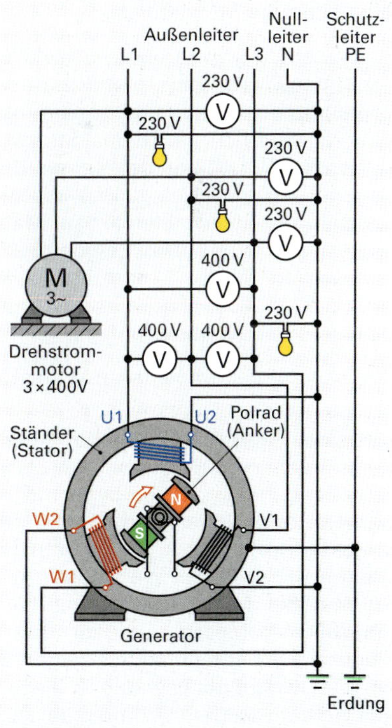

3 Generator für Dreiphasen-Wechselstrom (Drehstrom) mit Vierleiternetz

Mit welcher **Stromart** eine Anlage versorgt wird, kann man an den Steckdosen erkennen. Bei einer Steckdose für 400 V (Bild 2) sind die vier Buchsen für die Pole L1, L2 und L3 sowie den Nullleiter N und den Schutzleiter PE zu sehen. Die Führungsnut und die Schutzkontaktbuchse befinden sich immer unten.

Die **Frequenz des Wechselstroms,** d. h. die Anzahl der Schwingungen in der Sekunde, beträgt im europäischen Verbundnetz 50 Hz (50 Wechsel pro Sekunde, Bild 3). Uhren, Fernsehgeräte, Motoren und andere Geräte sind darauf angewiesen, dass diese Schwingungszahl immer gleich bleibt.

Für eine Reihe technischer Anwendungen (Steuerungen, bestimmte Schweißgeräte, Elektrolyse) ist Wechselstrom nicht brauchbar. Idealer **Gleichstrom** lässt sich aus chemischen Batterien gewinnen (Bild 4). Bei ihm bleibt die Stromstärke über die Zeit hinweg konstant. Vielfach genügt es jedoch, über **Gleichrichter** Wechselstrom in pulsierenden Gleichstrom umzuwandeln. Auch Gleichstromgeneratoren erzeugen einen pulsierenden Gleichstrom (Bild 5).

6.2.3 Transformator

Nach dem **Induktionsprinzip** entsteht eine Spannung, wenn sich der magnetische Fluss ändert. In den Versuchen auf der vorigen Seite geschah dies durch Bewegungen von Magneten in Spulen oder von Leitern im Magnetfeld.

Eine Spannung kann aber auch durch bloße Änderung des Magnetfeldes induziert werden. Zwei Spulen stehen ohne leitende Verbindung nebeneinander (Bild 6). Wird der Strom an Spule 1 eingeschaltet, schlägt der Zeiger des Messinstruments an Spule 2 aus. Weil die Energiequelle Gleichstrom liefert, bleibt das Magnetfeld um Spule 1 nun stabil. Der Zeiger des Spannungsmessers an Spule 2 kehrt in die Ruhestellung zurück. Beim Ausschalten des Stroms an Spule 1 schlägt er wieder aus.

Daraus folgt das **Transformatorprinzip**:

Merke

In einer Spule wird eine Spannung induziert, wenn sich in ihr der magnetische Fluss ändert.

Werden zwei Spulen auf einem gemeinsamen Eisenkern angeordnet, ist ein Transformator entstanden (Bild 7). Bei Wechselstrom ändern sich Stromstärke und Spannung ständig. An den gebräuchlichen Messgeräten ist dies wegen der Trägheit nicht erkennbar, sie zeigen Effektivwerte an. Wird die Eingangswicklung eines Transformators an eine Wechselstromquelle angeschlossen, zeigt das Messgerät an der Ausgangswicklung ständig eine induzierte Wechselspannung an.

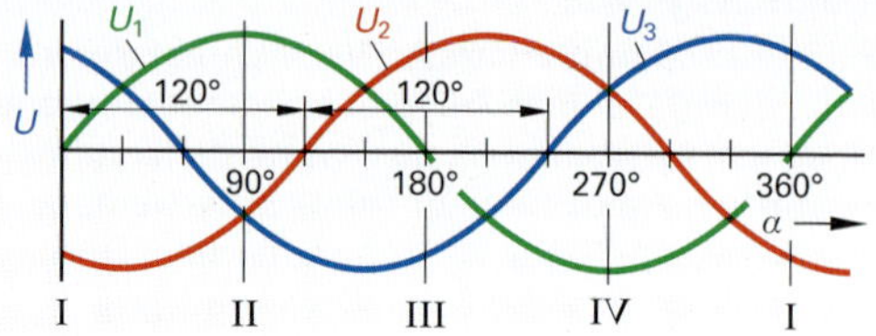

1 Verlauf der Spannungen bei einem Dreiphasenwechselstrom

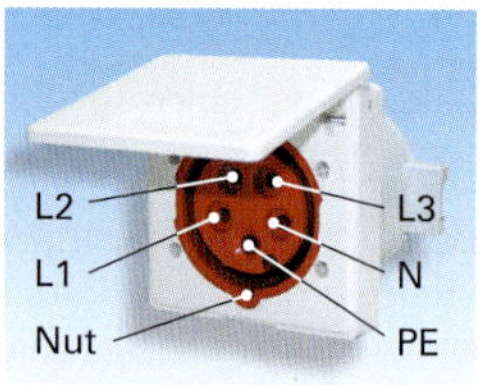

2 Steckdose für Dreiphasenwechselstrom

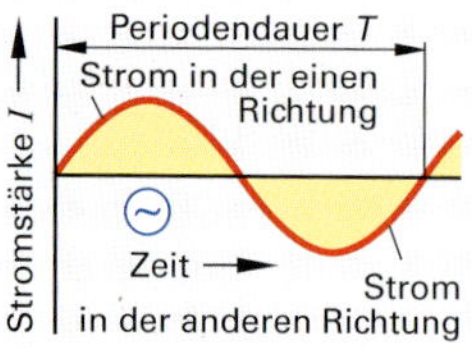

3 Wechselstrom (Sinusstrom)

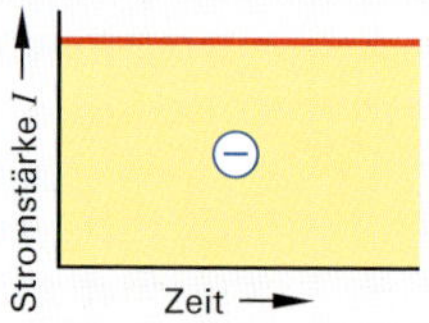

4 Gleichstrom

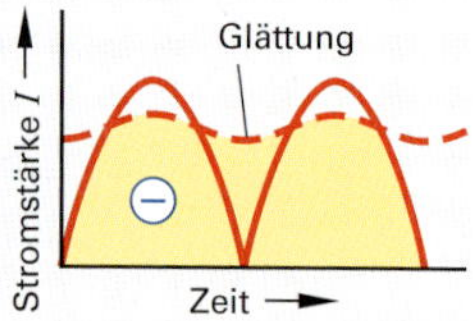

5 Pulsierender Gleichstrom

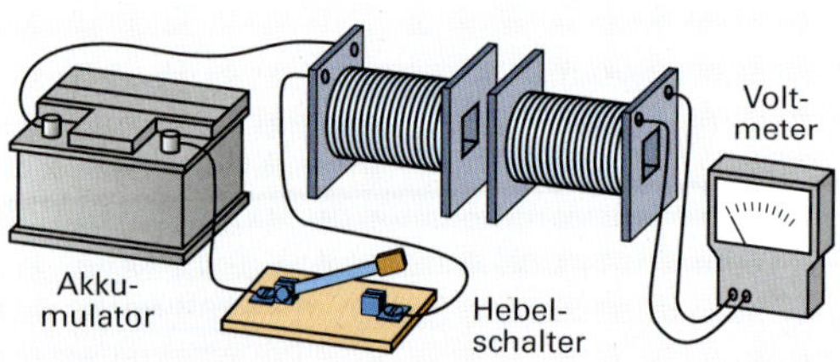

6 Versuchsanordnung zur Induktion der Ruhe (Transformatorenprinzip)

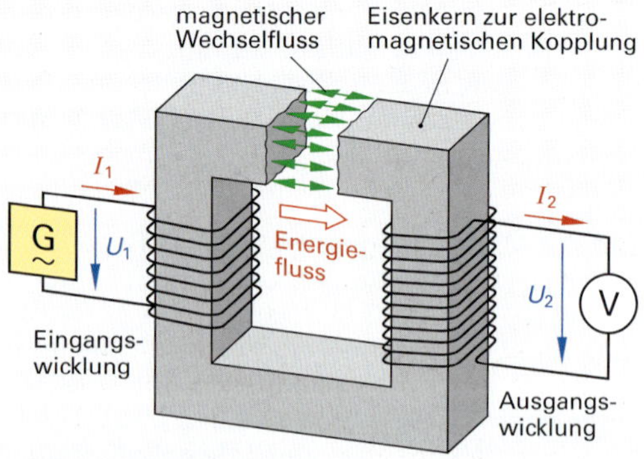

7 Energiefluss beim Transformator

Wird auf der Ausgangsseite die Anzahl der Wicklungen (N_2) geändert, ändern sich auch die induzierte Spannung und Stromstärke (Bild 1). Wenn der magnetische Fluss sowie die Frequenz des Magnetfeldes gleich bleiben, muss die induzierte Spannung mit der Windungszahl (N_2) steigen oder sich verringern. Daraus folgen die Übersetzungsgleichungen des Transformators.

$$\frac{U_1}{U_2} = \frac{N_1}{N_2} \qquad \frac{I_1}{I_2} = \frac{N_2}{N_1}$$

Merke

Beim Transformator ändern sich die Spannungen proportional mit den Windungszahlen und die Stromstärken umgekehrt proportional.

Anwendung von Transformatoren

Im elektrischen Energieverbundsystem muss Strom über weite Entfernungen durch Fernleitungen transportiert werden. Je höher die Spannung ist, desto geringer sind die Leitungsverluste. In großen Transformatorenstationen wird die Hochspannung der Fernleitungen (z. B. 400000 Volt) für die örtlichen Verteilernetze transformiert. Den Verbrauchern steht Strom mit 400 Volt (Starkstrom) oder mit 230 V (Haushaltsstrom) zur Verfügung. Spezielle Transformatoren werden dann benötigt, wenn auch diese Spannungen noch zu hoch sind.

Weil nur Wechselstrom sich transformieren lässt, werden für manche Anlagen außerdem Gleichrichter gebraucht.

Kleintransformatoren sind Transformatoren mit einer Nennleistung bis 16 kVA (1 kVA = 1 kW). Sie müssen besonders unfallsicher gebaut sein, da vielfach Laien mit ihnen in Berührung kommen. Sie werden z. B. als Spannungserzeuger für Türöffner, Klingelanlagen sowie als Sicherheitstransformatoren, z. B. für Handleuchten mit 12 Volt Spannung (Bild 2), und für elektronische Geräte verwendet.

Lichtbogen-Schweißtransformatoren enthalten außer dem eigentlichen Transformator noch Steuereinrichtungen zum Einstellen des Schweißstromes. Die Leerlaufspannung darf nur 70 V, bei Schweißarbeiten in engen Behältern nur 50 V betragen. Kurzzeitig (bis 0,2 s) dürfen höhere Spannungen auftreten (Bild 4).

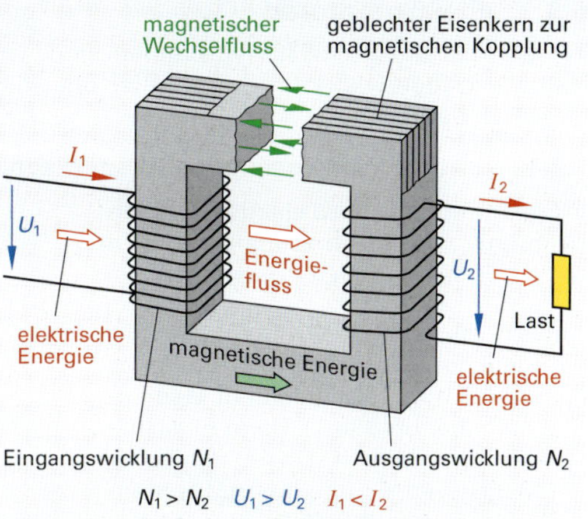

1 Aufbau und Wirkungsweise des Transformators

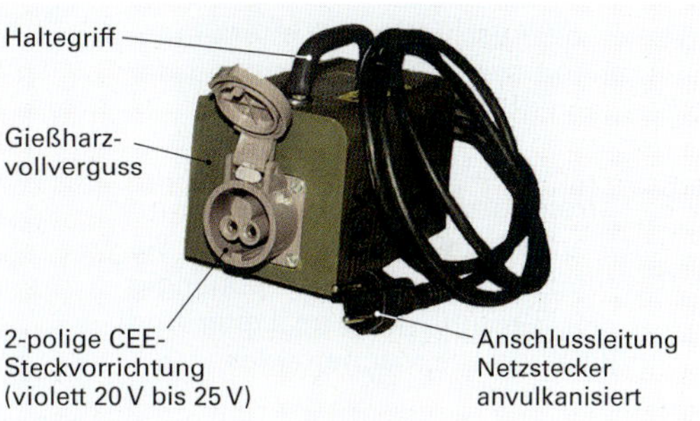

2 Sicherheitstransformator für Handleuchten

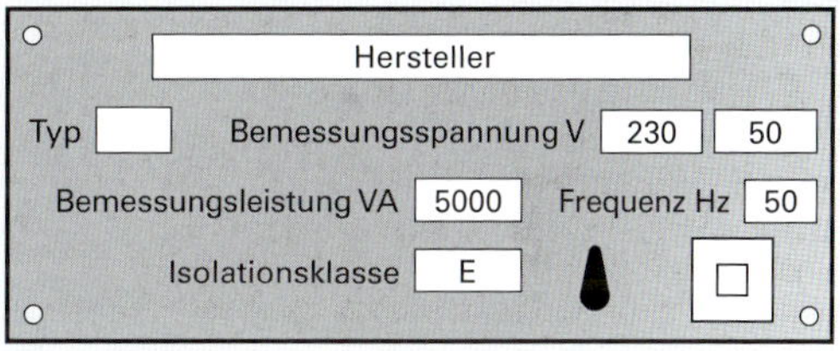

3 Leistungsschild eines Transformators

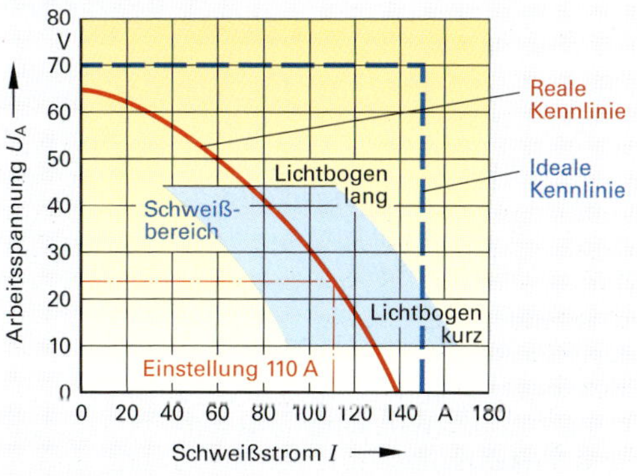

4 Spannung-Strom-Kennlinie von Schweißtransformatoren

6.3 Elektromotoren

Wo elektrische Anschlüsse vorhanden sind, werden Elektromotoren als Antriebe verwendet. Viele Handwerkzeuge wie Bohrer, Schrauber oder Schleifscheiben werden mithilfe leistungsfähiger Akkus elektrisch betrieben.

6.3.1 Stromdurchflossener Leiter im Magnetfeld

In Elektromotoren wird elektrische Energie mithilfe des Elektromagnetismus in mechanische Energie umgewandelt.

Ähnlich wie in Bild 5 auf Seite 114 wird ein mit einer Stromquelle verbundenes Leiterstück beweglich in einem Magnetfeld aufgehängt (Bild 1). Beim Einschalten des Stroms bildet sich um den Leiter ein Magnetfeld. Es überlagert das Magnetfeld zwischen den Polen des Permanentmagneten. Der Leiter wird dabei aus dem Magnetfeld herausgedrückt. Werden die Anschlüsse im Leiter umgepolt, ändert sich auch die Richtung der Bewegung (Bild 3).

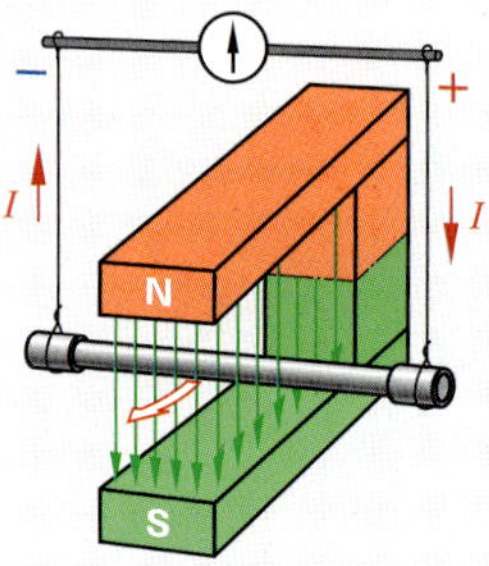

1 Ablenkung eines Leiters im Magnetfeld

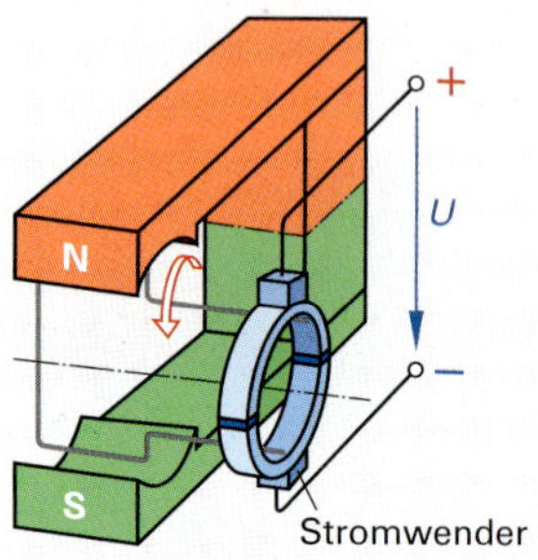

2 Bewegte Stromwenderspule im Magnetfeld

Merke

Ein stromdurchflossener Leiter wird in einem Magnetfeld abgelenkt. Die Richtung der Ablenkkraft ist abhängig von der Stromrichtung im Leiter und der Richtung des Magnetfeldes.

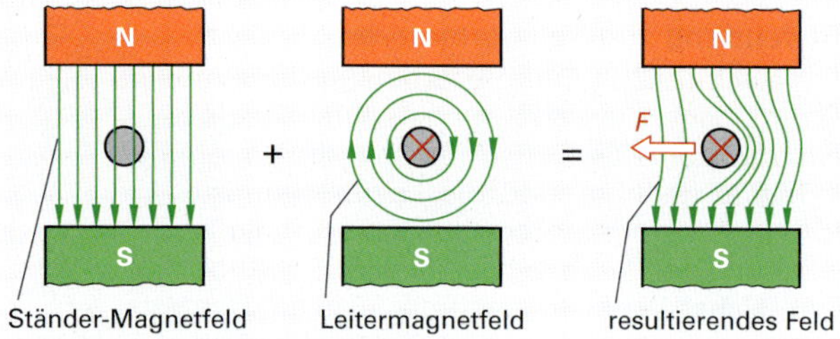

3 Überlagerung zweier Magnetfelder

Das Motorprinzip

Bringt man eine drehbar gelagerte stromdurchflossene Spule in ein ruhendes Magnetfeld, bewegt sie sich ebenfalls (Bild 2). Das Magnetfeld um die Leiterschleife und dasjenige des Permanentmagneten verstärken sich rechts vom Leiter und heben sich links davon fast auf. So entsteht ein **Drehmoment.** Seine Richtung hängt wieder von der Strom- und der Polrichtung ab (Bild 4). Mithilfe eines **Stromwenders** lässt sich erreichen, dass trotz Drehung der Spule der Strom im bewegten Leiter immer in der gleichen Richtung fließt. Damit ist ein einfacher Gleichstrommotor entstanden (Bild 5). Nimmt man stärkere oder schwächere Magnete, gibt der Spule mehr Windungen oder ändert den Strom durch die Spule, ändert sich auch das Drehmoment.

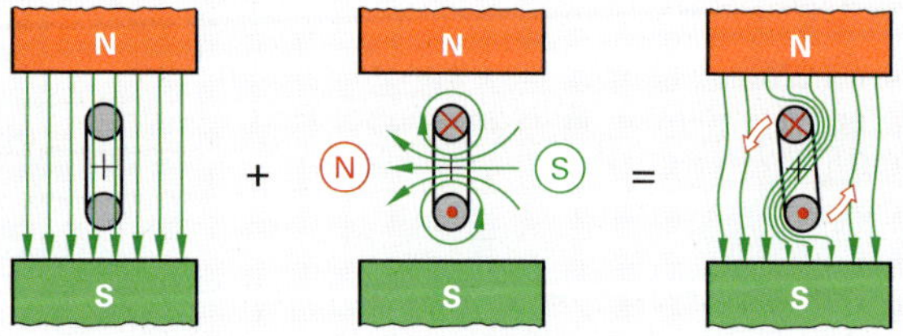

4 Entstehung des Drehmoments beim Gleichstrommotor

Merke

Das Drehmoment der stromdurchflossenen Spule im Magnetfeld wird größer mit einer Verstärkung des Leiterstroms, der Verlängerung des Leiters und der Verstärkung des Magnetfeldes.

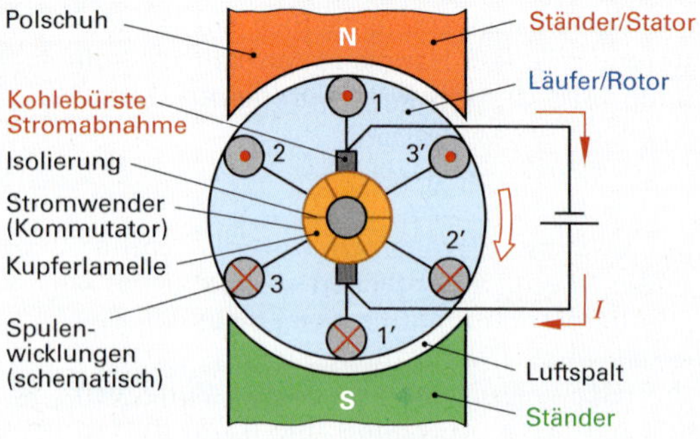

5 Stromwender beim Gleichstrommotor

6.3.2 Gleichstrommotoren

Das **Motorprinzip** ist die Umkehrung des **Generatorprinzips.** Den feststehenden Teil der Maschine nennt man **Ständer** (Stator), den umlaufenden Teil **Läufer** (Rotor) (Bild 5). Gleichstrommotoren benötigen ein Ständerfeld und ein Läuferfeld. Im Stator wird das Ständerfeld durch Dauermagnete oder durch eine Spule, die mit Gleichstrom versorgt wird, aufgebaut. Im Rotor wird durch Gleichstrom ebenfalls ein Magnetfeld aufgebaut. Die Stromzufuhr zum Läufer erfolgt über Kohlebürsten auf Kupferlamellen, den Kollektoren, auch Stromwender genannt (auf der vorigen Seite Bild 5).

Fließt Strom durch die Spule, baut sich ein Leiterfeld auf, das sich dem Ständerfeld überlagert. Durch die entstandenen Magnetfelder wird so eine Drehbewegung bewirkt. Der Motor würde sich bei dieser Anordnung höchstens um 180° drehen. Um die nächste Halbdrehung zu erreichen, muss der Stromzufluss im Kollektor umgepolt werden. Gleichstrommotoren nehmen beim Einschalten sehr viel mehr Strom auf als während des Betriebs (Bild 1). Deshalb wird die Spannung beim Anlassen durch einen Widerstand herabgesetzt.

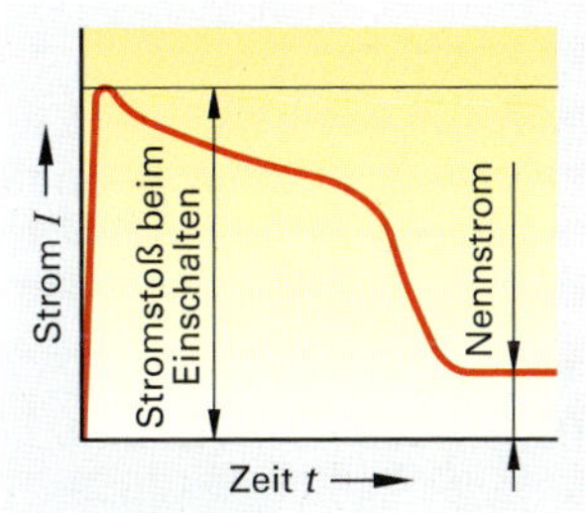

1 Einschaltstrom eines Gleichstrommotors

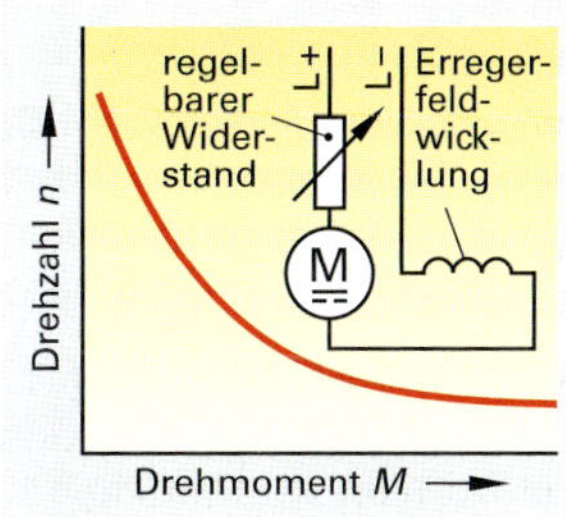

2 Verhalten des Gleichstrom-Reihenschlussmotors

Gleichstrom-Reihenschlussmotor

Läufer- und Ständerwicklung (Feldwicklung) sind in Reihe geschaltet (Bild 2). Sie haben ein hohes **Anzugsdrehmoment.** Bei abnehmender Belastung steigt die Drehzahl stark an, der Motor könnte „durchgehen". Deshalb darf er nicht bei abgekuppelter Arbeitsmaschine eingeschaltet werden.

Gleichstrom-Nebenschlussmotor

Läuferwicklung und Erregerfeldwicklung sind parallel geschaltet. Sie nehmen jeweils verschiedene Stromanteile auf. Deshalb fällt die Drehzahl bei steigender Belastung nur geringfügig ab (Bild 3).

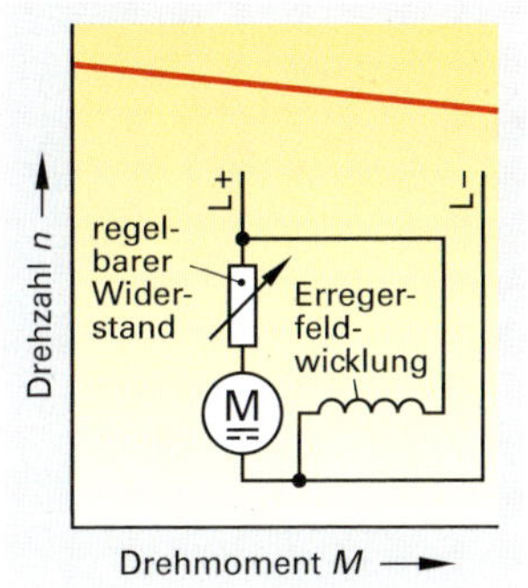

3 Verhalten des Gleichstrom-Nebenschlussmotors

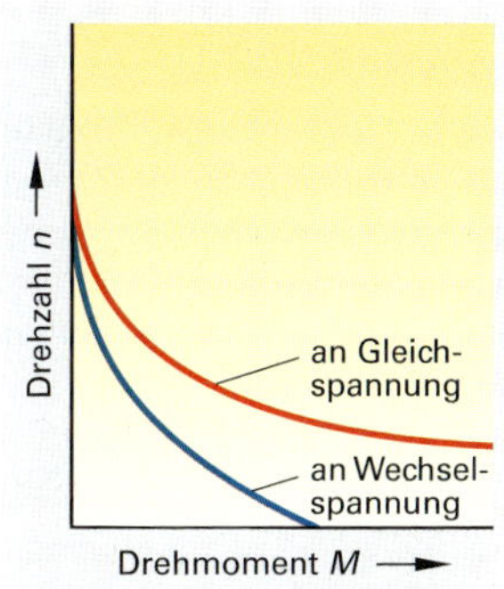

4 Verhalten des Universalmotors bei unterschiedlichen Stromarten

Fremderregter Motor

Die Erregerwicklung ist nicht mit dem Läufer verbunden. Der Erregerstrom wird von einem unabhängigen Spannungserzeuger geliefert. Diese Motoren gehen im Leerlauf nicht durch. Sie lassen sich gut steuern. Deshalb werden sie in Werkzeugmaschinen eingesetzt.

Universalmotor

Er ist eine Sonderbauart des Gleichstrom-Reihenschlussmotors und kann auch mit Wechselstrom betrieben werden. Verwendet wird er in Elektrowerkzeugen wie Handbohrmaschinen, Winkelschleifern u. a. (Bilder 4 und 5).

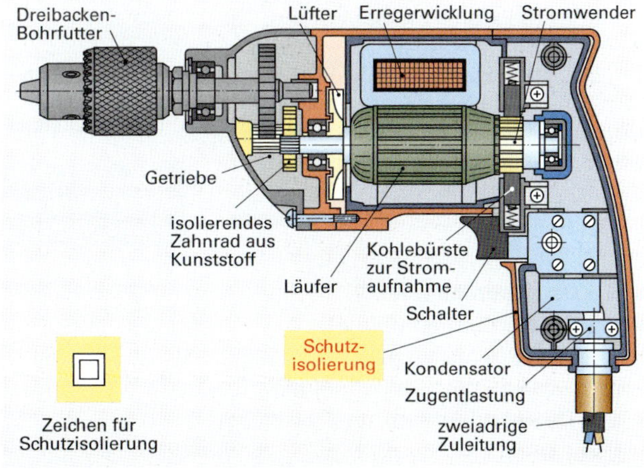

5 Schnittdarstellung einer Handbohrmaschine mit Universalmotor

6.3.3 Wechselstrommotoren

Die Generatoren in den Kraftwerken erzeugen einen **Dreiphasen-Wechselstrom,** der auch **Drehstrom** genannt wird. Wird an diesen Drehstrom die entsprechend geschaltete Ständerwicklung eines Motors angeschlossen, entsteht ein sich drehendes Magnetfeld (Seite 119, Bild 3). Eine Magnetnadel würde in diesem Raum mit der Frequenz des Drehstroms umlaufen.

Merke

Ein Drehfeld wird erzeugt, wenn ein Magnet gedreht wird oder wenn ein Drehstrom durch eine Drehstromwicklung fließt.

Wird im Läufer ebenfalls ein Drehfeld erzeugt, entsteht zwischen beiden durch die magnetische Kraft zwischen den Feldern ein **Drehmoment.** Dreht sich der Läufer mit der Frequenz des Ständerfeldes, ist es ein **Synchronmotor.** Ist die Drehzahl des Läufers geringer als die des Drehfeldes (ein „Schlupf" von 3 % bis 5 %) handelt es sich um einen **Asynchronmotor.** Die Leistung wird um den Faktor cos φ (Bild 5) kleiner als die bei Gleichstrom. φ ist der Schlupfwinkel, der zwischen den Feldern besteht.

Kurzschlussläufermotor

Er ist eine häufig verwendete Bauart des Asynchronmotors. Der Läufer ist ein Kurzschlusskäfig aus miteinander verbundenen Kupfer- oder Aluminiumstäben. Das Drehfeld des Ständers erzeugt in ihnen starke Ströme, die Magnetfelder induzieren und damit die Drehung bewirken (Bild 1). Drehzahl- und Drehmomentenverlauf lassen sich konstruktiv stark variieren (Bild 2). Weil bei Käfigläufern kein von außen zugeführter Erregerstrom gebraucht wird und deshalb Stromwender und Stromabnahmebürsten unnötig sind, sind sie fast wartungsfrei.

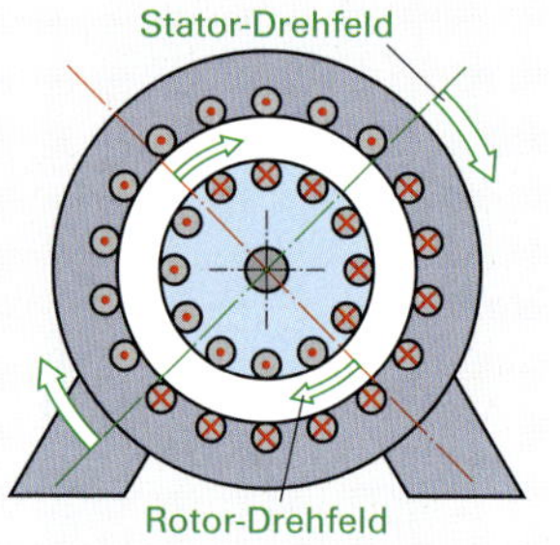

1 Kurzschlussläufermotor (Käfigläufer)

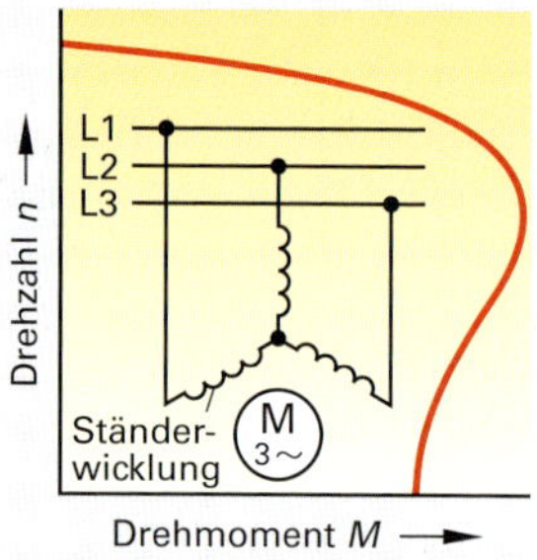

2 Kennlinie und Schaltbild des Kurzschlussläufers

6.3.4 Arbeit mit Elektromotoren

Bei allen elektrischen Maschinen werden die entstehenden Verluste in Wärme umgewandelt. Deshalb ist die Belastbarkeit von den Isoliermaterialien der Wicklungen abhängig. Die von ihnen ohne Schaden ertragene Dauertemperatur begrenzt die zulässige **Betriebstemperatur.**

Merke

Zu hohe Erwärmung, besonders bei Überlastung, zerstört die Isolierung und macht Elektromotoren unbrauchbar.

Bei der Auswahl des Elektromotors ist die **Betriebsart** von Bedeutung. Die zulässige Betriebsart ist auf dem Leistungsschild erkennbar (Bild 5). Bei nur kurzfristiger Belastung erwärmt sich ein Motor weniger als bei Dauerbetrieb. Ein Motor für Kurzzeitbetrieb kann deshalb kleiner gewählt werden. Man unterscheidet 9 klassifizierte Betriebsarten. Dazu gehören:

- S 1 **Dauerbetrieb** (Bild 3),
- S 2 **Kurzzeitbetrieb** (Bild 4),
- S 3, S 4, S 5 **Aussetzungsbetrieb** unter verschiedenen Bedingungen,
- S 6 **Durchlaufbetrieb** mit Aussetzbelastungen,
- S 7 **unterbrochener Betrieb.**

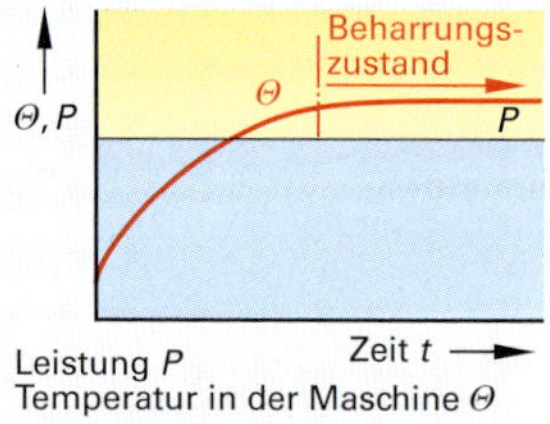

3 Zeitlicher Verlauf von Temperatur und Leistung beim Betriebszustand S 1

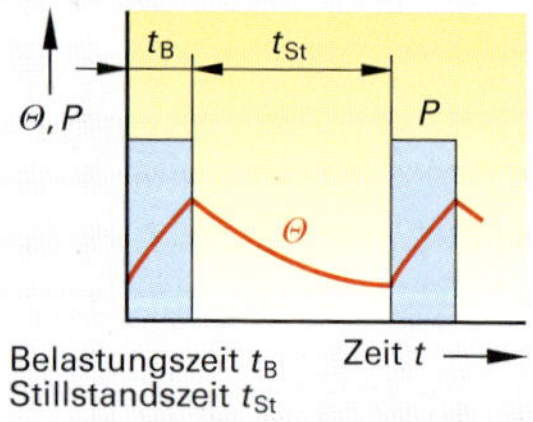

4 Verlauf von Temperatur und Leistung bei Kurzzeitbetrieb (S 2)

Wichtige Angaben auf dem Leistungsschild eines E-Motors

1 Hersteller
2 Maschinenbezeichnung
3 Arbeitsweise
4 M-Nr., Baujahr
5 Nennspannung
6 Nennstrom
7 Nennleistung, Betriebsart
8 Umdrehungsfrequenz
9 Nennfrequenz

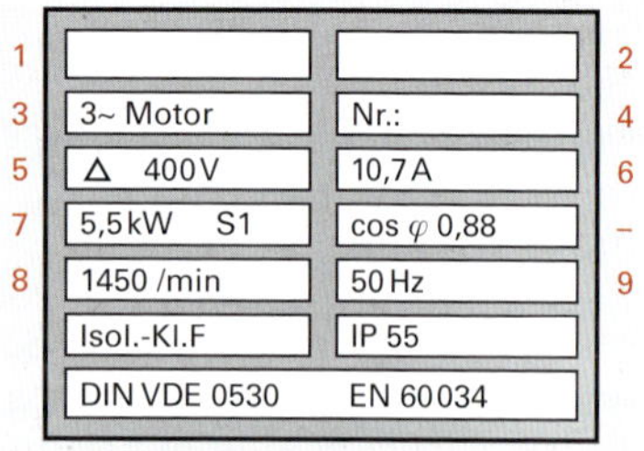

5 Leistungsschild eines Drehstrommotors

6.4 Schutz vor den Gefahren des elektrischen Stroms

Weil der elektrische Strom unsichtbar ist und man in vielen Fällen auch nicht erkennen kann, ob ein Gerät defekt ist, müssen beim Umgang mit elektrischen Maschinen und Anlagen alle Vorschriften sorgfältig beachtet werden. Äußerste Vorsicht ist stets nötig.

Wirkung des elektrischen Stroms auf den menschlichen Körper

Die meisten menschlichen Organe funktionieren aufgrund schwacher elektrischer Impulse, die vom Gehirn ausgehen. Das Herz erzeugt seine schwachen Steuerströme selbst. Die Befehle des Gehirns werden über die Nerven an die Muskeln geleitet. Berührt ein Teil des menschlichen Körpers Strom führende Bauteile, so kann Strom aus dem Versorgungsnetz durch den Körper fließen und zu Muskelverkrampfungen, Versagen des Herzschlags, der Atmung oder zu Schockwirkungen führen.

➔ Der elektrische Strom ist um so gefährlicher, je länger er durch den Körper fließt, je höher Spannung und Stromstärke sind, und je geringer der Übergangswiderstand ist.

- **Stromstärken über 0,05 A und Wechselspannungen über 50 V sind lebensgefährlich.**
- **Arbeiten an elektrischen Anlagen und Teilen, die unter Spannung stehen, dürfen nur von Elektro-Fachkräften ausgeführt werden.**

6.4.1 Fehler an elektrischen Anlagen

Bei ordnungsgemäßem Gebrauch kommt man mit unter Spannung stehenden Teilen elektrischer Geräte nicht in Kontakt. Nur wenn bei einem Defekt der Strom einen falschen Weg nimmt, treten Gefahren auf.

Das Elektrizitätsnetz ist geerdet, damit winzige Ströme, die durch die Isolierung nicht vollständig abgeschirmt werden können, keine gefährlichen Spannungen aufbauen. Ein **Fehlerstrom** fließt, falls wegen eines Defekts eine leitende Verbindung zwischen einem betriebsmäßig unter Spannung stehenden Teil und der Erde hergestellt wird (Bild 1). Überschreitet der Fehlerstrom einen bestimmten Wert, müssen die Sicherungen abschalten.

- **Körperschluss** ist die leitende Verbindung zwischen aktiven Teilen und ihrer Umgebung (z. B. Gerätegehäusen). Dabei entstehen die für Menschen **gefährlichen Berührungsspannungen**.
- **Leiterschluss** tritt auf, wenn sich zwei unter Spannung stehende Leiter ohne Isolierung berühren.
- **Kurzschluss** ist ein Leiterschluss.

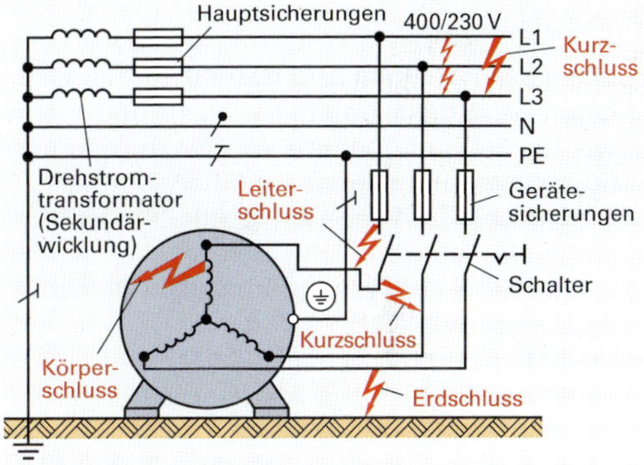

1 **Fehler an elektrischen Anlagen**

6.4.2 Schutzmaßnahmen

Die Geräte werden grundsätzlich in **Schutzklassen** eingeteilt (Tabelle Seite 126).

Schutzleiter zur Ableitung des Fehlerstroms sind die häufigsten Schutzmaßnahmen bei Geräten (Bild 2). Der grün-gelb isolierte Schutzleiter wird an das Gehäuse angeschlossen. An der Steckdose ist er über **Schutzkontakte** mit dem Schutzleiter des Netzes verbunden.

Schutzkleinspannung wird verwendet, wenn das Berühren leitender Teile schlecht vermeidbar ist.

Eine **Schutzverkleidung** (vollständige Abdeckung) verhindert die Berührung der gesamten Anlage. Das **direkte Berühren** Spannung führender Teile wird auch durch eine **Schutzisolierung** unterbunden. Dabei isoliert man den elektrischen Teil vollständig vom Gehäuse, wie z. B. bei Winkelschleifern, Handbohrmaschinen (Seite 123, Bild 5) oder elektrischen Körperpflegegeräten.

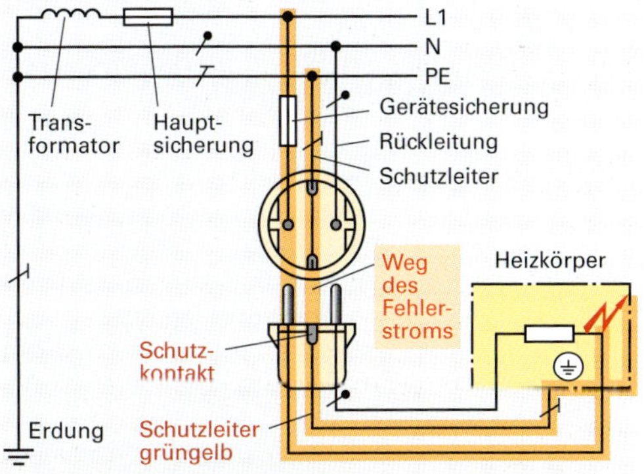

2 **Beispiel für die Wirkungsweise des Schutzleiters**

Geräteschutzklassen nach VDE 0720			
Schutzklasse	I	II	III
Kennzeichen			III
Verwendung bei Schutzmaßnahme	Schutzleiter	Schutzisolierung	Schutzkleinspannung
Beispiele	Elektromotor	Haushaltsgeräte, Leuchten	Fassleuchten, Kleingeräte bis AC 50 V bzw. DC 120 V

Die im Haushalt üblichen **Schmelzsicherungen** unterbrechen einen fehlerhaften starken Stromfluss, indem der Schmelzleiter sofort schmilzt. **Leitungsschutzschalter (Sicherungsautomaten)** unterbrechen den Stromfluss. Nach Behebung des Schadens können sie sofort wieder eingeschaltet werden.

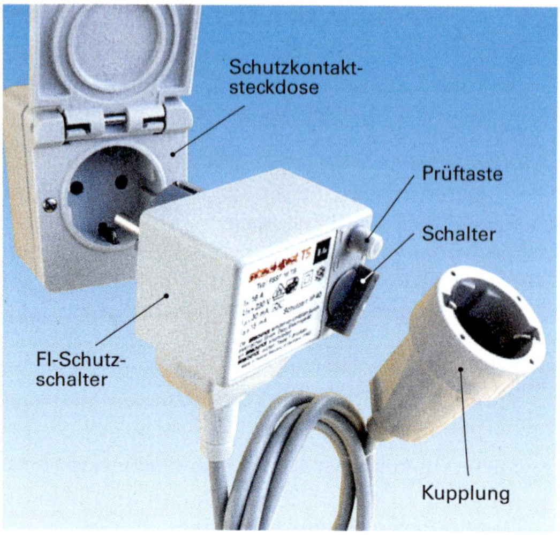

1 Sicherheitsstecker für Baustellen

➔ Sicherungen dürfen weder überbrückt noch geflickt werden.

Fehlerstromschutzschalter messen die Differenz zwischen zufließendem und abfließendem Strom. Wird sie zu groß, schalten sie das Gerät ab. Sie bieten die größte Sicherheit für den Menschen (Bild 1).

Schutztrennung ist die Unterbrechung des direkten Stromflusses vom Netz zum Elektrogerät mittels eines Trenntransformators. So kann bei Körperschluss kein Strom durch den Menschen in die Erde fließen.

Unfallverhütung

- Elektrische Anlagen und Betriebsmittel dürfen nur von ausgebildeten Elektrofachkräften installiert und repariert werden.
- Vor der Inbetriebnahme von Elektrogeräten müssen die Bedienungsanleitungen genau studiert werden.
- Die Hinweise auf den Geräteschildern sind zu beachten (s. nebenstehende Auswahl).
- Elektrokabel sind vor mechanischer Belastung und vor Beschädigungen zu schützen.
- Unter Spannung stehende Geräte niemals öffnen!
- Schadhafte Leitungen, Steckvorrichtungen und Geräte sofort außer Betrieb setzen.
- Keine Strom führenden blanken Leitungen anfassen oder mit Werkzeugen berühren.
- Nie gleichzeitig elektrische Geräte und Erdverbindungen (Heizungen, Wasserleitungen u. ä.) anfassen!
- Anschlusskabel und Elektrowerkzeuge sind alle sechs Monate durch eine Elektrofachkraft zu prüfen.

Überprüfen Sie Ihre Kenntnisse

1 Erläutern Sie die beiden Motorschaltbilder auf Seite 123 und vergleichen Sie die Stromwege.
2 Überlegen Sie, was geschehen könnte, wenn jemand eine Schmelzsicherung durch ein Drahtstück ersetzt.
3 Warum ist der elektrische Strom für Lebewesen gefährlich?
4 Nennen Sie die für Menschen gerade noch erträglichen Spannungen und Stromstärken.
5 Was bewirken Schmelzsicherungen und Fehlerstromschutzschalter?
6 Wozu dient der Schutzleiter?

Bildzeichen auf Schildern von Elektrogeräten – Auswahl	
DVE	VDE-Prüfzeichen
	CEE-Prüfzeichen, das die nationalen Prüfzeichen ersetzen soll
N	Funkschutzzeichen des VDE entsprechend der VDE-Bestimmungen zur Funkentstörung
Ex	Explosionsschutz
	Staubgeschützt
	Staubdicht
	Hochspannungsteil eines Gerätes
	Spritzwassergeschützt
	Strahlwassergeschützt
	Tropfwassergeschützt
S	Schweißmaschinen für enge Räume
GS	Sicherheitszeichen (geprüfte Sicherheit)

7 NC-Technik im Metallbau

Wie in den meisten Berufen der Metalltechnik, so nimmt auch bei den Metallbauern die NC-Technik einen immer breiteren Raum ein. Von der NC-gesteuerten Kreissäge bis hin zur komfortablen CNC-Laserschneidanlage erstreckt sich ein breites Feld von Anwendungen der NC-Technik.

NC ist dabei die Abkürzung des englischen Begriffes **n**umerical **c**ontrol, was soviel bedeutet wie numerisch gesteuert (numerisch = Zahlenwert). Werden diese Anlagen durch einen integrierten Computer unterstützt, so spricht man von CNC-Anlagen. **CNC** ist die Abkürzung von **c**omputerized **n**umerical **c**ontrol, d. h. computerunterstützte numerische Steuerung.

Obwohl die Anwendungsfälle recht unterschiedlich sind, arbeiten alle Maschinen nach demselben Grundprinzip. Der wesentlichste Unterschied für den Anwender gegenüber der herkömmlichen Arbeitsweise besteht darin, dass die Arbeitsschritte nicht mehr einzeln geplant und direkt daran anschließend durchgeführt werden. Es wird stattdessen eine komplexe Folge von Arbeitsschritten vorgeplant und erst nach dem Abschluss der Planungsphase werden sie zusammenhängend, also ohne große Eingriffsmöglichkeit durch den Bediener, abgearbeitet.

7.1 Informationsfluss in der NC-Technik

Der Informationsfluss in NC-Anlagen lässt sich am besten anhand eines Blockschaubildes verdeutlichen (Bild 1). Ausgehend von den geometrischen Daten, die heute in der Regel noch als technische Zeichnung vorliegen, und den technologischen Informationen wie Werkzeugdaten, Werkstoffdaten u. a. muss zunächst ein Arbeitsplan erstellt werden. In diesem Arbeitsplan werden wie in der konventionellen Arbeitstechnik die einzelnen Arbeitsschritte in sinnvoller Reihenfolge festgelegt. Diese Informationen müssen sodann in eine standardisierte Form, eine Programmsprache, übersetzt werden. Diese Programmsprache ist nach DIN 66025 genormt und ist in der Grundstruktur für alle NC-Anwendungen gleich. Das nach DIN 66025 erstellte Programm wird bei der Eingabe mittels geeigneter Geräte in einen maschinenverständlichen Code, der nur die Binärzustände 0 und 1 kennt, zerlegt. Ein Prozessrechner verarbeitet anschließend die codierten Informationen und gibt sie in Form von Weg- bzw. Schaltanweisungen an die entsprechenden Vorschubmotoren und Schalteinrichtungen weiter. Diese sorgen dafür, dass die gewünschten Verfahrwege in der vorgesehenen Form und Geschwindigkeit durchgeführt werden.

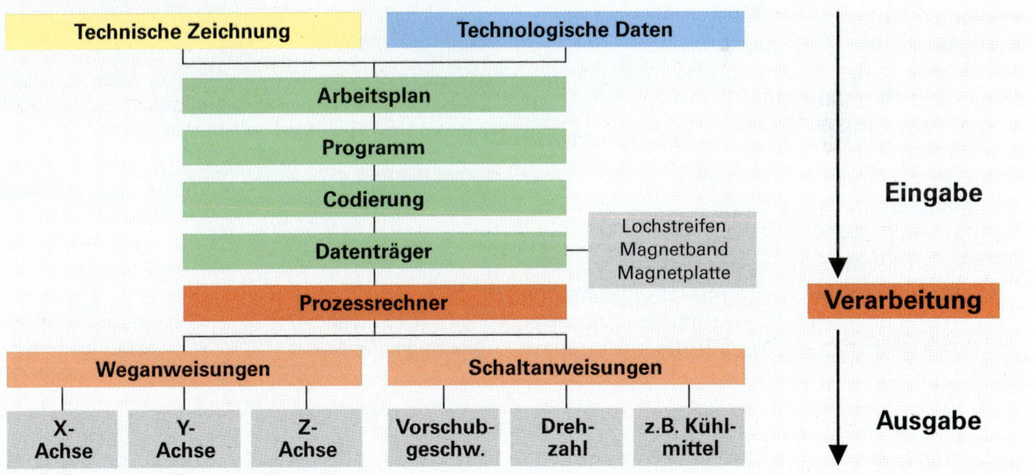

1 Informationsverarbeitung in CNC-Anlagen

Wie bei allen computerunterstützten Vorgängen, so ist auch bei der NC-Technik die Grundstruktur der elektronischen Datenverarbeitung, das **EVA**-Prinzip, zu erkennen. Die **E**ingabe wird durch den Maschinenbediener durchgeführt, die **V**erarbeitung der Daten, findet im Prozessrechner statt, der auch die dadurch ermittelten Daten zur **A**usgabe in Form von Verfahrwegen und Schaltanweisungen an die entsprechenden Schaltkreise gibt.

7.2 Aufbau von NC-Maschinen

Entsprechend ihrer Wirkungsweise müssen NC-Maschinen einen von herkömmlichen Maschinen abweichenden Aufbau haben. Um das EVA-Prinzip zu ermöglichen, sind Baugruppen zur Eingabe, zur Verarbeitung und zur Ausgabe der Fertigungsinformationen erforderlich. Am Beispiel einer CNC-Brennschneideanlage sind diese Baugruppen exemplarisch erkennbar (Bild 1).

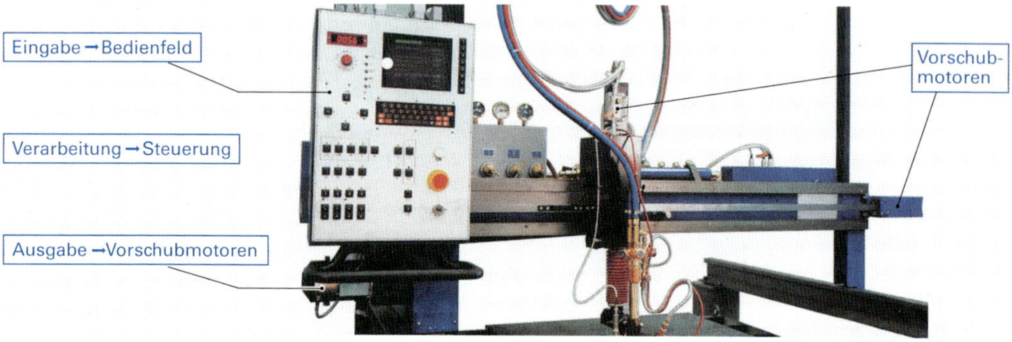

1 Elemente einer CNC-Maschine

7.2.1 Eingabeeinheiten

Die in einem NC-Programm verschlüsselten Daten können auf recht unterschiedliche Weise zur Verarbeitung mitgeteilt werden. In den meisten Fällen geschieht dies noch über ein Bedienfeld, das sich direkt an der NC-Maschine befindet (Bild 2). In diesen Fällen spricht man von werkstattorientierter Programmierung. Das Bedienfeld verfügt in der Regel über eine Tastatur mit Alpha-Zeichen (Buchstaben) und numerischen Zeichen (Zahlen) sowie bestimmte Funktionstasten, mit deren Hilfe ein direkter Eingriff in die Programme bzw. deren Handhabung, wie z. B. das Speichern, der Programmvorlauf, das Setzen von Nullpunkten u. a. möglich ist. Die Bildzeichen dieser Funktionstasten sind nach DIN 55003 genormt (Tabelle 1).

2 Bedienfeld einer Laserschneidmaschine

In zunehmendem Maße kann bei der Programmierung über die Tastatur auf grafische Unterstützung am Bildschirm zurückgegriffen werden. Bei dieser grafisch-interaktiven oder dialogischen Arbeitsweise bietet das NC-System dem Benutzer zusätzliche grafische Hilfen über die einzugebenden Daten.

Tabelle 1: Grundbildzeichen nach DIN 55003

	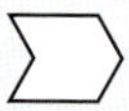	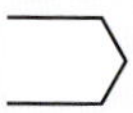
Funktionspfeil für Maschinenfunktion	Datenträger	Programm ohne Maschinenfunktion

Programm mit Maschinenfunktion	Satz	Bezugspunkt

Korrektur Verschiebung	Speicher	Ändern

Neben der werkstattorientierten Programmeingabe ist häufig die Programmeingabe über separate Rechner in Betrieben anzutreffen. Die eingegebenen Daten müssen dann entweder über eine Standleitung oder geeignete Medien (Diskette, Magnetband u. a.) an die NC-Bearbeitungsstation transportiert werden. Diese Vorgehensweise hat den Vorteil, dass die Maschine während der oft zeitaufwändigen Eingabezeit nicht blockiert ist.

Einmal erstellte und eingegebene Programme können zur weiteren Verwendung und Archivierung auf Speichermedien abgelegt werden. Während bei Disketten, Festplatten und Magnetbandkassetten die Datenspeicherung durch gezieltes Magnetisieren erfolgt, ist bei den früher häufig verwendeten Lochstreifen die Codierung von Daten durch das Stanzen von Löchern in einer festgelegten Form (ISO-Code, EIA-Code) erforderlich.

Zum Schreiben und Lesen der Informationen müssen entsprechende geeignete Schreib- bzw. Lesegeräte zur Verfügung stehen und über sogenannte Schnittstellen mit den Programmiergeräten und den NC-Maschinen verbunden sein. Im Gegensatz zu den magnetischen Speichermedien, die gegen Hitzestrahlung, magnetische Felder u. a. empfindlich sind, müssen Lochstreifen nur gegen mechanische Beschädigung geschützt werden. Magnetspeicher sind jedoch preiswerter, erlauben eine kürzere Zugriffszeit auf die Daten und sind dadurch auch besser für einen wirtschaftlichen Einsatz geeignet. Sie haben die mechanischen Speichermedien weitgehend verdrängt.

7.2.2 Verarbeitungseinheit

Merke

Kernstück jeder numerischen Steuerung ist die Verarbeitungseinheit.

Da von ihr mehrere, voneinander abweichende Arbeiten verrichtet werden müssen, besteht sie immer aus mehreren Mikroprozessoren, die parallel arbeiten und über ein Bussystem miteinander verbunden sind. Die Prozessoren bewältigen im Wesentlichen folgende Aufgaben:

- Verarbeitung der Geometriedaten zu Verfahrwegen
- Soll-Ist-Wert-Vergleich zur Lageregelung
- Geschwindigkeitsregelung der Vorschubmotoren
- Drehzahlregelung
- Kommunikationssteuerung aller angeschlossenen Einheiten

Alle diese Aufgaben müssen mit höchster Präzision und großer Geschwindigkeit erfüllt werden.

NC-Prozessor

Der NC-Prozessor übernimmt die Aufgabe, die vom Maschinenbediener in verschlüsselter Form eingegebenen Weganweisungen in Bewegungsdaten umzuwandeln und mit diesen die entsprechenden Vorschubmotoren zu steuern.

Bei achsparallelen Bewegungen sind dies einfache Anweisungen an einzelne Motoren. Bei nichtachsparallelen Geraden oder gekrümmten Linien muss die gewünschte Bewegung immer durch Kopplung von zwei oder mehr Linearbewegungen erzeugt werden. So kann eine Schräge unter 45° z. B. erzeugt werden, indem zwei unter 90° zueinander stehende Vorschubmotoren gleichzeitig gleiche Wegabschnitte, sogenannte Inkremente, zurücklegen. Bei allen anderen Schrägen (Bild 1) sowie bei gekrümmten Linien (Bild 2) müssen Wegschritte in unterschiedlicher Anzahl zugeordnet werden. Das Verfahren, mit dessen Hilfe die Zuordnung erfolgt, wird als Interpolation bezeichnet, wobei zwischen der Geradeninterpolation und der Kreisinterpolation unterschieden wird. Die kleinsten schaltbaren Inkremente sind 0,001 mm, sodass die dadurch entstehenden „Treppenkurven" z. B. in einer Brennschneidkontur nicht erkennbar sind. Diese Zuordnung der Wegabschnitte erfordert einen sehr hohen Rechenaufwand. Der Teil des NC-Prozessors, der dafür verantwortlich ist, wird Interpolator genannt.

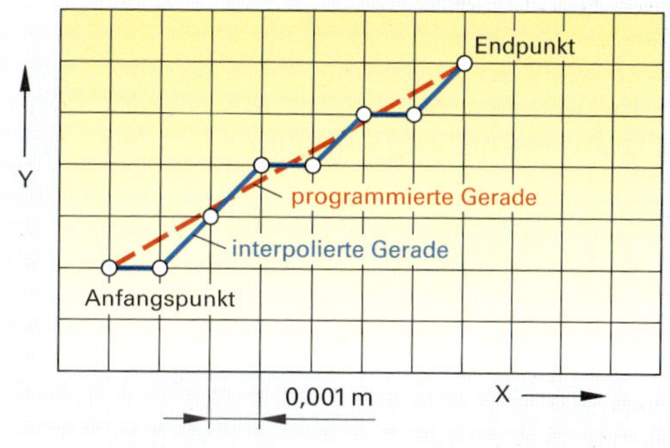

1 Linearinterpolation

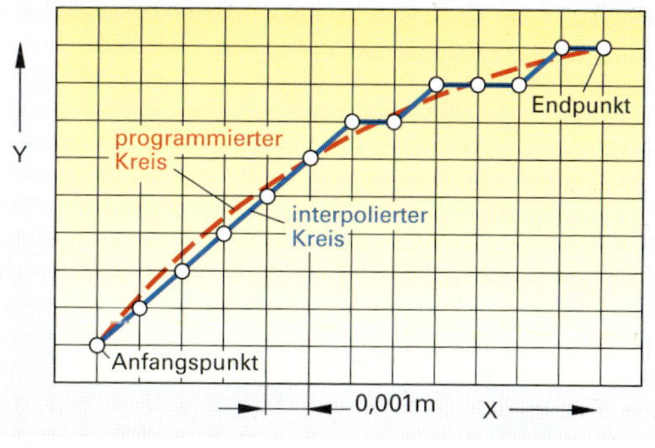

2 Kreisinterpolation

Lageregelkreis

Der NC-Prozessor legt die Bewegungsdaten für die Werkzeuge, wie z. B. die Brennerdüse, fest und gibt sie als Sollwerte an die Steuerungselektronik der Vorschubmotoren weiter, wo sie als Stellimpulse verarbeitet werden. Ein bestimmter zurückzulegender Weg kann so in eine entsprechende Anzahl von Schritten zerlegt und die können dann abgearbeitet werden. Schrittmotoren sorgen für den gewünschten Verfahrweg. Wenn eine Rückmeldung, ob dieser Weg auch tatsächlich zurückgelegt und somit der vorgesehene Zielpunkt erreicht wurde, nicht stattfindet, spricht man von einem offenen Regelkreis oder von einer Steuerkette. Der Nachteil besteht darin, dass Störfaktoren nicht erkannt werden und das Erreichen der Zielposition nicht kontrolliert wird.

Um diesen Nachteil auszuschalten, werden heute bei fast allen NC-Maschinen die Positionen geregelt angefahren. Dies bedeutet, dass entlang des gesamten Verfahrweges die Istposition über bestimmte Messverfahren abgefragt und an einen Vergleicher in der Verarbeitungseinheit gemeldet wird. Dort findet ein ständiger Soll-Ist-Wert-Vergleich statt (Bild 1). Bei Erreichen der Soll-Position sorgt dieser Lageregelkreis dafür, dass die Vorschubbewegung unterbrochen wird.

Um ein „Überfahren" der Zielposition zu verhindern, wird bei besonders leistungsfähigen Steuerungen die Vorschubgeschwindigkeit schon kurz vor Erreichen der Zielkoordinaten reduziert.

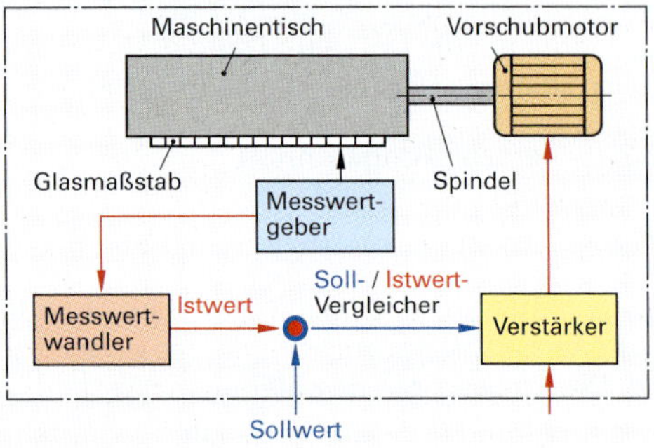

1 Lageregelung

Geschwindigkeits- und Drehzahlregelung

In ähnlicher Weise wie die Lageregelung erfolgt auch die Regelung der Vorschubgeschwindigkeiten und der Drehzahlen. In die Motoren sind Tachogeneratoren eingebaut, die ständig die aktuelle Drehzahl bzw. Geschwindigkeit mitteilen (Istwerte), die durch einen Vergleicher mit den Sollwerten verglichen und gegebenenfalls nachgeregelt werden. Zwischen Lage- und Geschwindigkeitsregelkreis besteht eine Verbindung.

7.2.3 Ausgabeeinheiten

Die von der Verarbeitungseinheit ermittelten Verfahrwege müssen als Weganweisungen an Vorschubmotoren weitergegeben werden. Diese Vorschubmotoren sind für die Ausgabe der Daten zuständig. Dasselbe gilt prinzipell auch für den Antrieb von Arbeitsspindeln, wie sie beispielsweise an einem NC-gesteuerten Bohrzentrum für Stahlträger anzutreffen sind.

Als Hauptspindelantriebe werden, wie auch für die Antriebe der Vorschübe, stufenlos regelbare Gleichstrommotoren oder auch Drehstromservomotoren eingesetzt.

7.3 Konstruktive Merkmale von NC-Maschinen

Die in 7.2 beschriebenen funktionalen Unterschiede von NC-Maschinen zu konventionellen Maschinen erfordern natürlich auch erhebliche konstruktive Veränderungen, die gewährleisten, dass die gewünschten Aktionen auch in der vorgesehenen Art ablaufen können.

Neben dem Maschinenbedienfeld als Eingabeeinheit, dem Computer als Verarbeitungseinheit und verschiedenen Vorschubmotoren sind vor allem folgende Merkmale offensichtlich:

- spezielle Führungen und Spindeln
- Wegmesssysteme für Vorschubwege

7.3.1 Führungen und Spindeln

Die von der Steuerung ermöglichten Zustellungen im Bereich von 1/1000 mm erfordern auf der mechanischen Seite Führungen und Spindeln von höchster Präzision. Vorgespannte Kugelumlaufspindeln (Bild 2) oder Präzisionsführungsrollen für Laufwagen von Brennschneidanlagen ermöglichen ein Größtmaß an Genauigkeit.

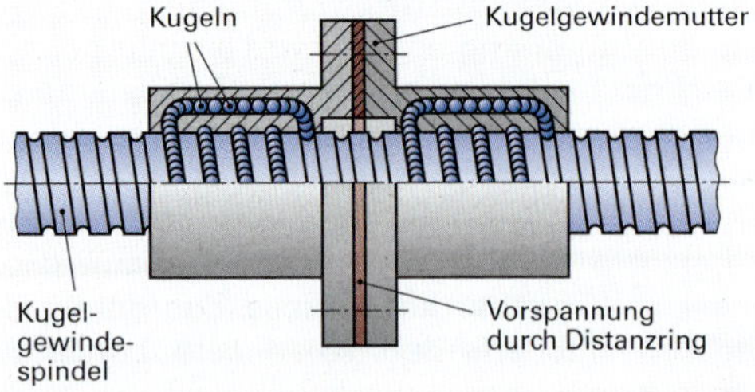

2 Präzision durch Kugelumlaufspindeln

7.3.2 Wegmesssysteme

Die Qualität einer NC-Maschine hängt im Wesentlichen von der Güte ihrer Wegmesssysteme ab. Die Messsysteme sind für die ständige Meldung der Ist-Werte an den Rechner zuständig und tragen somit die Verantwortung für die exakte Positionierung. Grundsätzlich sind zwei Messverfahren möglich:

- Absolutwertmessung
- Inkrementalmessung

Bei der **Absolutwertmessung** wird der aktuelle Messwert immer auf den Nullpunkt des Messsystemes bezogen.

Schrittweise von einem Punkt zum nächsten wird beim **inkrementalen** Messverfahren gemessen. Verdeutlichen lässt sich diese Vorgehensweise, indem man sich vorstellt, dass der aktuelle Standort für die Messung des nächsten Punktes als Nullpunkt dient. Der Nullpunkt wird so „mitgeschleppt". Die Messeinrichtungen dieses Verfahrens benötigen deswegen auch nur einen einfachen Strichmaßstab zum Weiterzählen (Bild 1). Die Messlineale für die Absolutmessung müssen über eine Binärcodierung verfügen, da sie immer die absolute Position angeben (Bild 2). Dies erfordert natürlich einen höheren Herstellungsaufwand. Als Vorteil steht dem gegenüber, dass nach einem etwaigen Stromausfall beim Wiedereinschalten die Position der Schlitten direkt erkennbar ist, während bei der inkrementalen Messung nach Stromausfall erst die Referenzpunkte (die Nullpunkte des Messsystems) angefahren werden müssen.

Als Messlineale dienen dabei hochpräzise Glasmaßstäbe mit eingeätzten Strichcodes.

Innerhalb der Messverfahren unterscheidet man noch:

- direkte Messsysteme
- indirekte Messsysteme

Bei den **direkt arbeitenden Messsystemen** sind die Messlineale unmittelbar am Maschinengestell angebracht. Optische Abtastvorrichtungen, die an den jeweiligen Schlitten befestigt sind, gleiten bei Bewegung der Schlitten an den Maßstäben entlang und ermitteln so die Vorschubwege direkt (Bild 3).

Bei der **indirekten Wegmessung** wird die Drehbewegung eines Drehmelders, der sich auf der Arbeitsspindel befindet, gemessen. Der zurückgelegte Weg des Schlittens wird also indirekt aus der Anzahl der Umdrehungen oder der Drehwinkel ermittelt (Bild 4).

Messverfahren (absolut und inkremental) und Messsysteme (direkt und indirekt) können beliebig kombiniert werden.

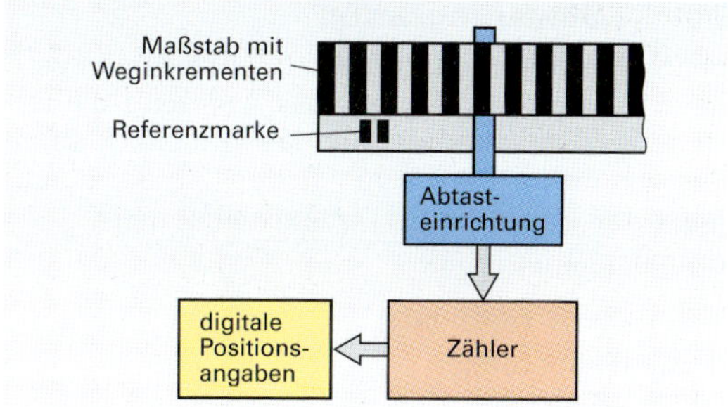

1 Strichmaßstab zum Zählen von Weginkrementen

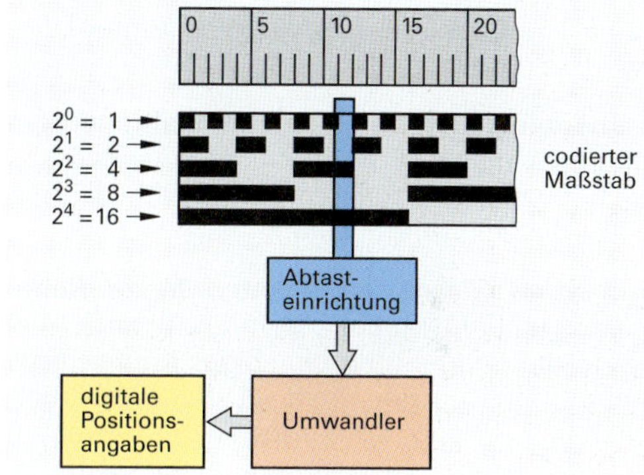

2 Maßstab mit Binärcodierung

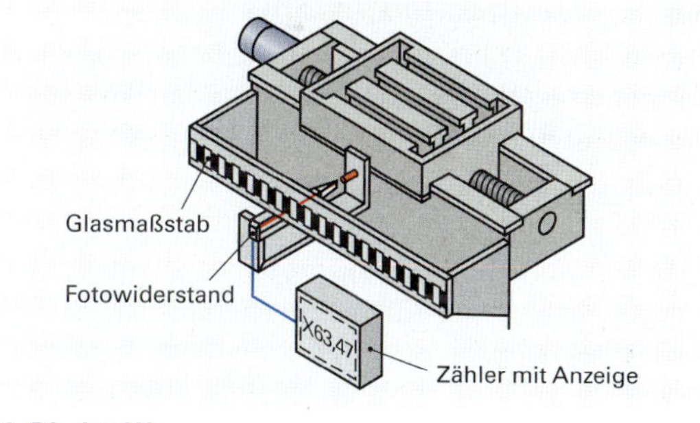

3 Direkte Wegmessung

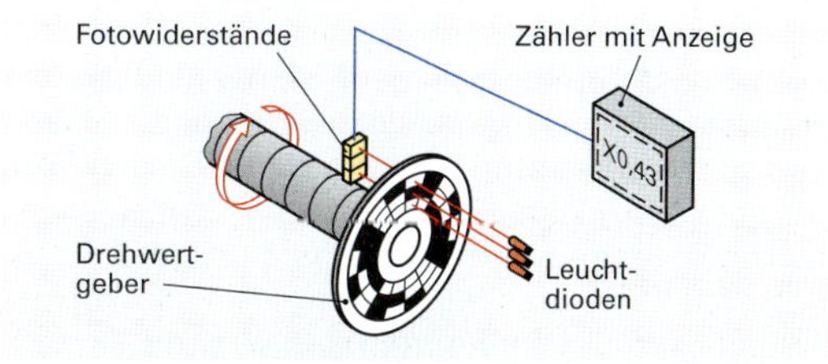

4 Indirekte Wegmessung

7.4 Steuerungsarten

Bei der Programmierung von NC-Maschinen wird davon ausgegangen, dass das Werkzeug die Bewegungen durchführt und das Werkstück seine Position nicht verlässt. Je nach der Art der durchgeführten Bewegungen unterscheidet man:

- Punktsteuerungen
- Streckensteuerungen
- Bahnsteuerungen

Die einfachste Art ist die **Punktsteuerung.** Bei ihr werden die Zielpunkte auf dem kürzesten Weg im Eilgang angefahren. Während des Verfahrens findet keine Bearbeitung statt. Punktsteuerungen sind heute äußerst selten und werden nur noch bei Bohrautomaten und Punktschweißautomaten verwendet (Bild 1).

Die **Streckensteuerung** ermöglicht während dem Verfahren parallel zu den Achsen eine Bearbeitung, z. B. zum Ausbrennen einer rechteckförmigen Ausklinkung (Bild 1 Mitte).

Die meisten Maschinen besitzen heute **Bahnsteuerungen** (Bild 1 unten). Damit ist je nach Ausführung die Bearbeitung beliebiger Kurven bzw. Bahnen möglich. Bei einer 2D-Bahnsteuerung können in 2 Achsen rechnergesteuerte Bewegungen durchgeführt werden, bei einer 3D-Bahnsteuerung sogar in 3 Ebenen. Dies ermöglicht die Herstellung beliebiger Formen im Raum.

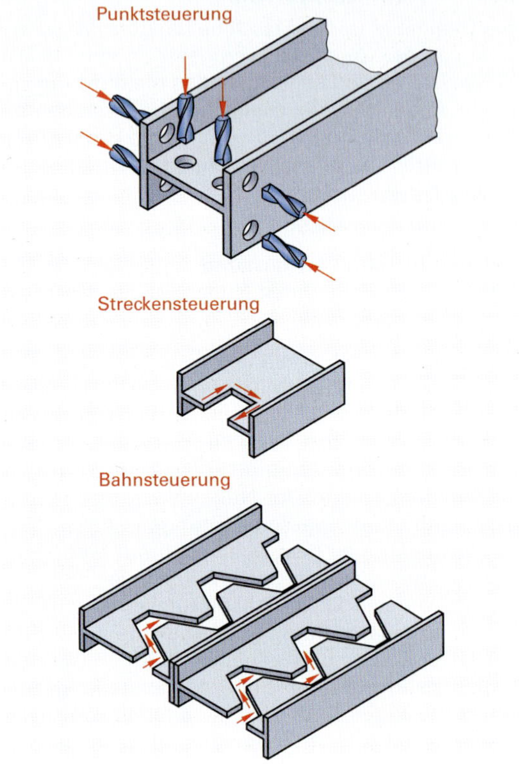

1 Steuerungsarten

7.5 Koordinatensysteme

Damit die Verfahrwege der Maschinen auch beschrieben werden können, müssen den Vorschubwegen Koordinatenachsen zugeordnet werden.

Kartesische Koordinaten

Die Lage der Achsen im kartesischen (rechtwinkligen) Koordinatensystem lässt sich durch die Rechte-Hand-Regel (Bild 2) verdeutlichen. Die Z-Achse liegt dabei immer in der Richtung der Werkzeugachse, die X- und die Y-Achse jeweils senkrecht dazu. Die Drehbewegungen um diese Achse werden mit A, B und C bezeichnet (Bild 2 rechts).

Polarkoordinaten

Polarkoordinaten werden häufig für die Bestimmung von Bohrbildern gebraucht. Dabei lässt sich jeder Punkt durch die Angabe seines Winkels zur Waagerechten und den Radius bezogen auf den Koordinatenursprung bestimmen. Die Winkel werden dabei, ausgehend von der positiven X-Achse, entgegen dem Uhrzeigersinn gezählt. Im Bedarfsfall ist eine Umrechnung der Polarkoordinaten in kartesische Koordinaten über die Winkelfunktionen möglich (Bild 3 rechts).

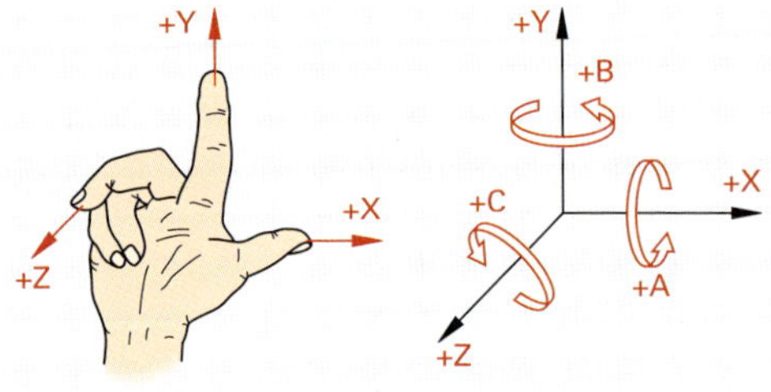

2 Achsen im kartesischen Koordinatensystem

Kartesisch			Polar		
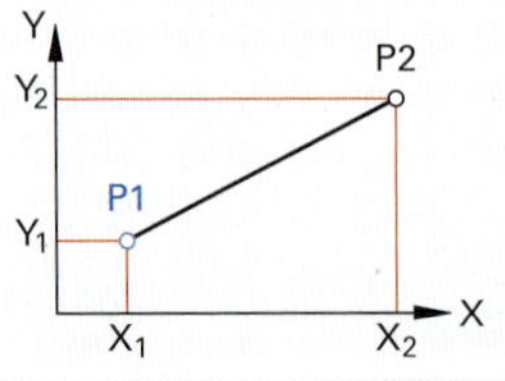			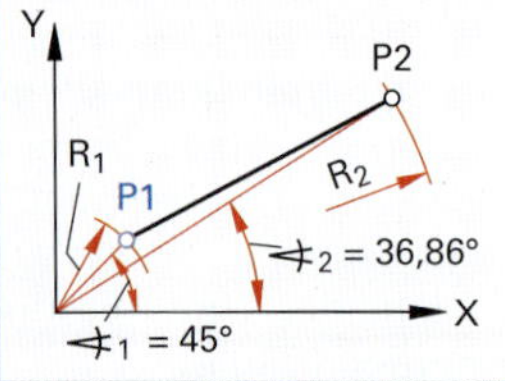		
P1	$X_1 = 10$	$Y_1 = 10$	P1	$R_1 = 14{,}14$	$\measuredangle_1 = 45°$
P2	$X_2 = 40$	$Y_2 = 30$	P2	$R_2 = 50$	$\measuredangle_2 = 36{,}86°$

3 Gegenüberstellung: kartesische-polare Koordinaten

7.6 Programmaufbau

Die Erstellung von NC-Programmen ist Aufgabe des Facharbeiters, der die Zusammenhänge zwischen geometrischen und technologischen Daten kennt und entsprechend umsetzt. Die Regeln, nach denen ein solches Programm entwickelt wird, sind in Form einer Programmiersprache festgelegt. Die Grundlage für die Programmierung von NC-Steuerungen ist die DIN 66025. An diese Grundlage halten sich fast alle Steuerungshersteller.

Merke

NC-Programme nach DIN 66025 besitzen alle denselben strukturellen Aufbau. Sie bestehen aus einzelnen **Sätzen.** Diese sind ihrerseits aus einer unterschiedlichen Anzahl von **Wörtern** zusammengesetzt. Die Wörter besitzen als kleinste Einheit jeweils eine **Adresse** mit dazugehörigem **Inhalt.**

In jedem Satz können in codierter Form **geometrische, technologische, programmtechnische** und zusätzliche Informationen enthalten sein (Bild 1).

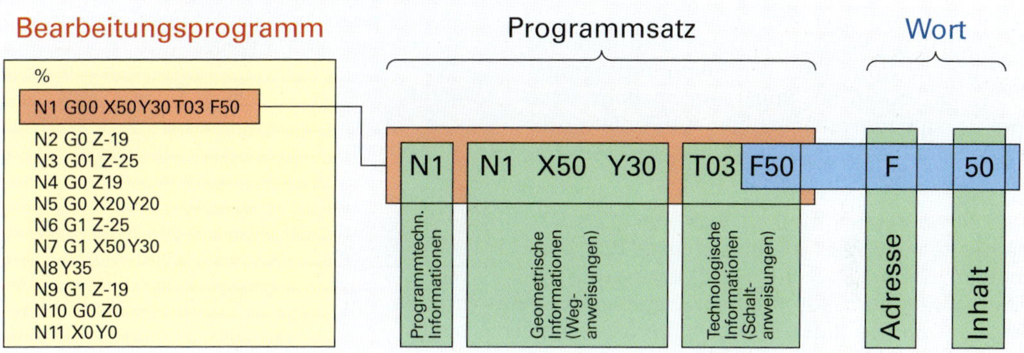

1 Aufbau von NC-Programmen

Durch Kombination von verschiedenen Wörtern mit unterschiedlichen oder auch gleichen Adressen entstehen Informationen, die von der Steuerung lesbar und verarbeitbar sind.
Die Reihenfolge der Adressbuchstaben, das **Satzformat**, ist ebenfalls in DIN 66025 genormt:

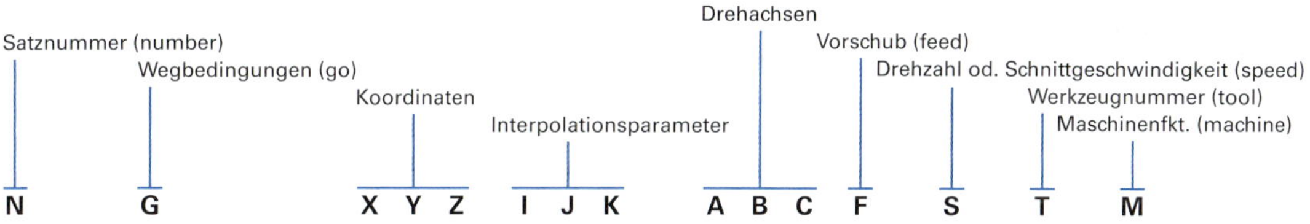

Da die ersten NC-Steuerungen in den USA entwickelt wurden, sind die meisten Adressbuchstaben Abkürzungen der englischen Fachausdrücke wie z. B. Vorschub F (feed) oder Werkzeug T (tool):

7.6.1 Programmtechnische Informationen

Durch die programmtechnischen Informationen wird ein reibungsloser Ablauf des Programmes gewährleistet.

Die wichtigsten programmtechnischen Informationen sind das „%"-Zeichen für den Programmstart sowie die Adresse N für die Satznummer. Normalerweise wird ein Programm in der Reihenfolge der Satznummern abgearbeitet. Durch geeignete Maßnahmen kann aber auch bewirkt werden, dass bestimmte Sätze oder Satzfolgen übersprungen (Ausblendsätze) oder mehrfach abgearbeitet werden (Unterprogrammtechnik).

Druckbare Zeichen		Nichtdruckbare Zeichen	
Zeichen	**Bedeutung**	**Zeichen**	**Bedeutung**
%	Programmanfang, auch unbedingter Stopp des Programm-Rücksetzens	HT	Tabulator
		LF/NL	Satzende, auch Zeilenvorschub *(Line Feed)* oder Zeilenvorschub mit Wagenrücklauf *(New Line)*
(	Anmerkungsbeginn		
)	Anmerkungsende	CR	Wagenrücklauf *(Carriage Return)*
+	plus		
,	Komma	SP	Zwischenraum *(Space)*
–	Minus	DEL	Löschen *(Delete)*
		NUL	Leerzeichen *(Null)*
.	Dezimalpunkt	BS	Rückwärtsschritt *(Backspace)*
/	Satzunterdrückung		

2 Beispiele für programmtechnische Zeichen

7.6.2 Geometrische Informationen

Die geometrischen Informationen setzen sich aus den Wegbedingungen und den Zielkoordinaten zusammen. Sie beschreiben sowohl den Weg, den ein Werkzeug zurücklegen soll, durch die Angabe der Koordinaten des Zielpunktes, als auch die Bedingungen unter denen dieser Weg zurückgelegt werden soll, wie z. B. ob ein Weg im Eilgang (G00) oder in programmierter Vorschubgeschwindigkeit, als Gerade (G01) oder kreisbogenförmig im Uhrzeiger- (G02) oder Gegenuhrzeigersinn (G03) durchfahren wird.

Die **Wegbedingungen** bestehen aus dem Adressbuchstaben G und einer zweistelligen Kennziffer. Sie können satzweise oder modal wirksam sein. Die wichtigsten Wegbedingungen sind genormt (Tabelle). Die Norm lässt den Steuerungsherstellern einen begrenzten Spielraum, in dem diese eigene, steuerungsabhängige Kennziffern für bestimmte zusätzliche Leistungen definieren können.

Tabelle 1: Wegbedingungen

G00	Positionieren im Eilgang
G01	Geraden-Interpolation
G02	Kreis-Interpolation im Uhrzeigersinn
G03	Kreis-Interpolation im Gegenuhrzeigersinn
G04	Verweilzeit
G05	frei verfügbar
G17	Ebenenauswahl XY
G18	Ebenenauswahl XZ
G19	Ebenenauswahl YZ
G40	Aufheben der Werkzeugbahnkorrektur
G41	Werkzeugbahnkorrektur, links
G42	Werkzeugbahnkorrektur, rechts
G43	Werkzeugkorrektur, positiv
G44	Werkzeugkorrektur, negativ
G53	Aufheben der Nullpunktverschiebung
G54	Nullpunktverschiebung
|	
G59	Nullpunktverschiebung
G80	Aufheben des Arbeitszyklus
G81	Arbeitszyklus
|	
G89	Arbeitszyklus
G90	absolute Maßangaben
G91	inkrementale Maßangaben

Die **Zielkoordinaten** können wahlweise als Absolutwerte (G90) oder als Relativwerte (G91) angegeben werden. Bei der Absolutwertprogrammierung werden alle Koordinatenangaben auf einen Programmnullpunkt, der vor Programmbeginn festgelegt werden muss, bezogen. Die Vorzeichen entscheiden, in welchem Quadranten der zu bestimmende Zielpunkt liegt (Bild 1). Bei der Relativwert- oder Inkrementalprogrammierung dient immer der aktuelle Punkt als Nullpunkt für die Bestimmung des nächsten Punktes (vgl. inkrementales Messverfahren). Es wird also die Wegstrecke, die zurückgelegt werden soll, direkt programmiert. Durch die Angabe der Vorzeichen wird die Richtung des Weges bestimmt.

Gegenüberstellung von Absolut- und Inkremental-Programmierung

Absolut G90

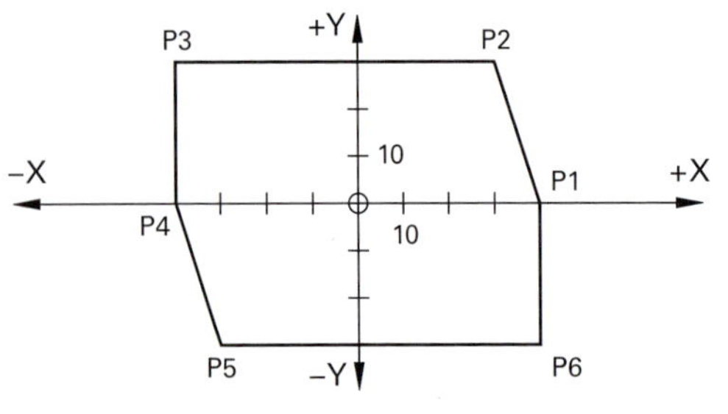

Inkremental G91

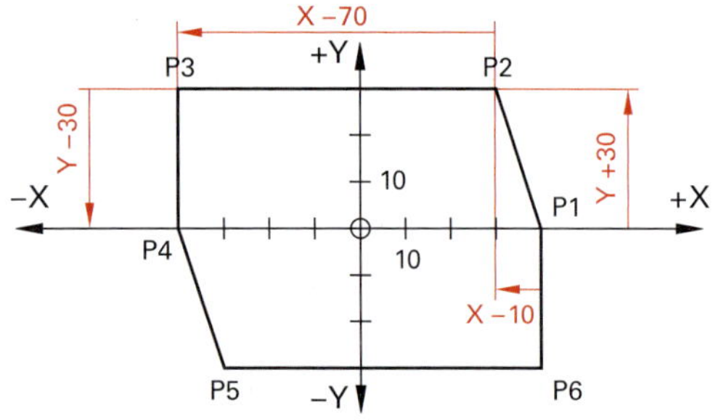

	X	Y
P1	40	0
P2	30	30
P3	– 40	30
P4	– 40	0
P5	– 30	– 30
P6	40	– 30
P1	40	0

	X	Y
P1	Start	Start
P2	– 10	30
P3	– 70	0
P4	0	– 30
P5	10	– 30
P6	70	0
P1	0	30

1 Vergleich von absoluten und inkrementalen Maßangaben

7.6.3 Technologische Informationen

Bei den technologischen Informationen handelt es sich um die Einstellwerte der Maschine. Abhängig vom Bearbeitungsverfahren können dies z. B. die Spindeldrehzahl S, die Vorschubgeschwindigkeit F, das Werkzeug T u. a. sein. Sie bestehen aus einem Adressbuchstaben und einer Wertangabe. Technologische Informationen sind modal wirksam, d. h. sie wirken so lange, bis sie im Programm geändert werden (Tabelle 1).

Tabelle 1: Technologische Informationen

Adresse	Funktion	Beispiel
S (speed)	Festlegung der Spindeldrehzahl oder in manchen Fällen der Schnittgeschw.	S1000 = Spindeldrehzahl = 1000 1/min
T (tool)	Werkzeugnummer und eventuell Korrekturnummer oder Werkzeugplatz im Wechselfutter	T0301 = Werkzeugnummer 3 an Platz 1 im Wechselfutter
F (feed)	Vorschubgeschwindigkeit in mm/min bei Linearbewegungen oder mm/U bei Rotationsbewegungen	F500 = Vorschub 500 mm/min; F 0,1 = Vorschub 0,1 mm/U

7.6.4 Zusätzliche Informationen

Zusätzliche Informationen sind im Wesentlichen auch Schaltanweisungen, die sich auf bestimmte Maschinenfunktionen beziehen. Dem Adressbuchstaben M ist eine zweistellige Kennziffer angehängt, die über die Art der Funktion Auskunft gibt (Tabelle 2). Dabei können bei verschiedenen Bearbeitungsverfahren durchaus unterschiedliche Anweisungen gemeint sein wie z. B. M04 beim Bohren, Drehen, Fräsen der Befehl für „Spindel ein im Linkslauf“ oder M04 beim Brennschneiden für „Schneiden ein“ steht.

Programmsätze werden blockweise gelesen. Danach entscheidet die Steuerung, welche Adresse Vorrang besitzt. So muss z. B. vor dem Einleiten der Vorschubbewegung eines Bohrers G01 die Arbeitsspindel eingeschaltet werden M03. Die Steuerung muss also die Adresse M03 „vorlesen“.

Tabelle 2: Zusatzfunktionen

Zusatzfunktion	Bedeutung	sofort wirksam	am Satzende wirksam	gespeichert wirksam	satzweise wirksam
M 00	Programmierter Halt		x		x
M 02	Programmende		x		x
M 03	Spindel im Uhrzeigersinn (Rechtslauf); Schneidsauerstoff AUS	x		x	
M 04	Spindel entgegen dem Uhrzeigersinn; Schneidsauerstoff EIN	x		x	
M 05	Spindel Halt		x	x	
M 06	Werkzeugwechsel				x
M 07	Kühlschmiermittel Ein	x		x	
M 09	Kühlschmiermittel Aus		x	x	
M 30	Programmende mit Rücksetzen		x		x
M 92	Vorheizen Mitte AUS		x		
M 93	Vorheizen Mitte EIN	x			

Überprüfen Sie Ihre Kenntnisse

1 Beschreiben Sie den Unterschied zwischen NC und CNC.

2 Ordnen Sie den Begriffen Eingabe, Verarbeitung und Ausgabe die entsprechenden Funktionseinheiten einer CNC-Maschine zu.

3 Wann spricht man von werkstattorientierter Programmierung?

4 Welche Aufgabe erfüllt der NC-Prozessor in einer CNC-Steuerung?

5 Erklären Sie den Unterschied zwischen einer gesteuerten und einer geregelten Positionierung.

6 Wodurch unterscheiden sich NC-Maschinen von konventionellen Maschinen?

7 Beschreiben Sie den Unterschied zwischen Absolutwert- und Inkrementalmessung.

8 Wie wird bei NC-Maschinen die direkte und die indirekte Wegmessung realisiert?

9 Erläutern Sie die drei Steuerungsarten an jeweils einem Beispiel.

10 Durch welche Angaben werden Punkte im kartesischen bzw. im polaren Koordinatensystem festgelegt?

11 Suchen Sie für die Eckpunkte der untenstehenden Skizze die absoluten und die inkrementalen Koordinaten. (Erstellen Sie eine Koordinatentabelle)

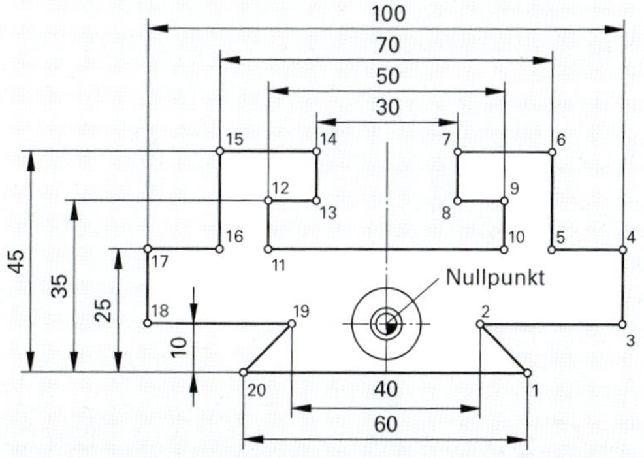

7.7 Manuelle Programmierung

Merke

Unter der manuellen Programmierung versteht man das Umsetzen eines Arbeitsplanes in eine für NC-Steuerungen verständliche Sprache.

7.7.1 Systematik der Programmerstellung

Am Beispiel der Bohrbearbeitung einer Flanschplatte (Bild 1) soll die Systematik der Programmerstellung erarbeitet werden. Die Arbeitsschritte sind dabei immer dieselben.

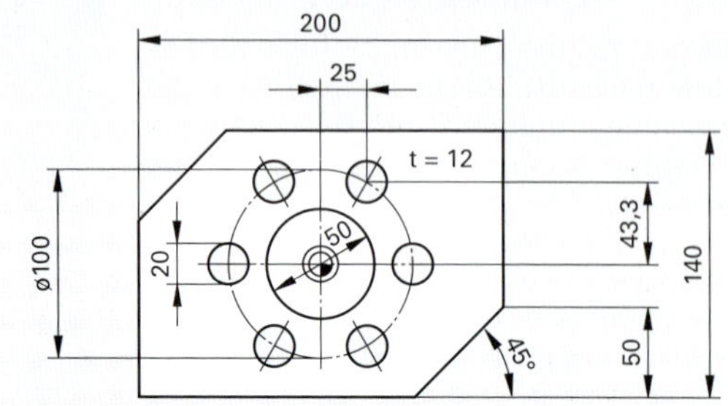

1 Flanschplatte

Arb. Schritt	Aktion	Beispiel
1. Schritt	Programmnullpunkt (PNP) wählen	Der Mittelpunkt des Flansches eignet sich in diesem Fall aufgrund der Symmetrie der Bemaßung als PNP. Die erforderliche Nullpunktverschiebung wird an der Maschine direkt ausgeführt.
2. Schritt	Koordinaten bestimmen • Absolutwert-programmierung • Relativwert-programmierung	Von allen Bohrungsmittelpunkten müssen die Koordinaten vorhanden sein. Wenn im polaren Koordinatensystem gearbeitet werden kann, so sind über die Angabe des Lochkreisradiuses und der jeweiligen Winkel die Koordinaten leicht bestimmbar. Im kartesischen Koordinatensystem müssen die Koordinaten über die Winkelfunktionen sin und cos ermittelt werden. Der Radius ist dabei die Hypotenuse. In beiden Fällen bietet sich die Programmierung der Absolutwerte (G90) an.
3. Schritt	Arbeitsplan erstellen: • Festlegen der Verfahrwege • Auswahl der Werkzeuge • Bestimmung von Drehzahl, Vorschub, Kühlmittel u. a.	Die auf der positiven X-Achse liegende Bohrung soll als erste gebohrt werden. Entgegen dem Uhrzeigersinn werden dann die folgenden 5 Bohrungen hergestellt. Die rechnerisch ermittelten Abstände X und Y ergeben mit den entsprechenden Vorzeichen versehen die gesuchten Koordinaten. Die Spindeldrehzahl wird dem Durchmesser angemessen mit 700 1/min und der Vorschub mit 0,1 mm/U festgelegt. Der Vorschub für die Positionierung des Bohrwerkzeuges muss nicht festgelegt werden, da die Verfahrwege im Eilgang G00 zurückgelegt werden.
4. Schritt	Programmerstellung	Die einzelnen Arbeitsschritte werden in die Programmiersprache nach DIN 66025 übersetzt (siehe 7.7.2).
5. Schritt	Eingabe des Programmes	Über entsprechende Eingabegeräte wird das entwickelte Programm eingegeben, getestet und dann abgearbeitet.

7.7.2 Bearbeitungsprogramm

N	G	X	Y	Z	F	S	T	M	Bemerkung
1	00/90	50	0		0,1	700	01	3/07	Absolutwerteingabe, Anfahren 1. Bohrung im Eilgang
2	00			1					Absenken des Bohrers, Spindel ein Rechtslauf, Kühlmittel ein
3	01			-20					Bohren 1. Bohrung
4	00			1					Ausfahren aus 1. Bohrung
5	00	25	43.3						Anfahren 2. Bohrung
6	01			-20					Bohren 2. Bohrung
7	00			1					Ausfahren aus 2. Bohrung
8	00	-25							Anfahren 3. Bohrung
9	01			-20					Bohren 3. Bohrung
10	00			1					Ausfahren aus 3. Bohrung
11	00	-50	0						Anfahren 4. Bohrung
12	01			-20					Bohren 4. Bohrung
13	00			1					Ausfahren aus 4. Bohrung
14	00	-25	-43.3						Anfahren 5. Bohrung
15	01			-20					Bohren 5. Bohrung
16	00			1					Ausfahren aus 5. Bohrung
17	00	25							Anfahren 6. Bohrung
18	01			-20					Bohren 6. Bohrung
19	00			1				05/09	Ausfahren aus 6. Bohrung, Spindel halt, Kühlmittel aus
20	00	X_W	Y_X					30	Anfahren des Werkzeugwechselpunktes – Programmende

7.7.3 Werkzeugbahnkorrektur

Beim Anfahren der Bohrungsmittelpunkte der Flanschplatte können die erforderlichen Koordinatenwerte direkt aus der Zeichnung entnommen oder durch einfache Berechnung ermittelt werden, weil der Mittelpunkt des Werkzeuges mit dem Mittelpunkt der jeweiligen Bohrung übereinstimmen muss. Sollen die Außen- bzw. die Innenkontur der Flanschplatte entweder mit einem spanabhebenden Werkzeug (Fräser), dem Schneidsauerstoffstrahl einer Brennschneidanlage oder dem Laserstrahl einer Laserschneidanlage hergestellt werden, so sind die Mittelpunktbahnen nicht mit den in der Zeichnung bemaßten Konturen identisch. Die Werkzeugbahn muss um den halben Werkzeugdurchmesser bzw. die halbe Schneidstrahldicke nach außen oder nach innen verlegt werden.

Merke

Die in einem konstanten Abstand zur Werkstückkontur verlaufende Mittelpunktbahn des Bearbeitungswerkzeuges (z. B. Schneidbrenner, Fräser, Drehmeißel) wird als **Äquidistante** bezeichnet.

Wird die Werkzeugbahn in Bearbeitungsrichtung nach links versetzt, so erfolgt der Aufruf der Korrektur über die Adresse G41, ein Werkzeugbahnversatz in Bearbeitungsrichtung nach rechts erfolgt über G42.

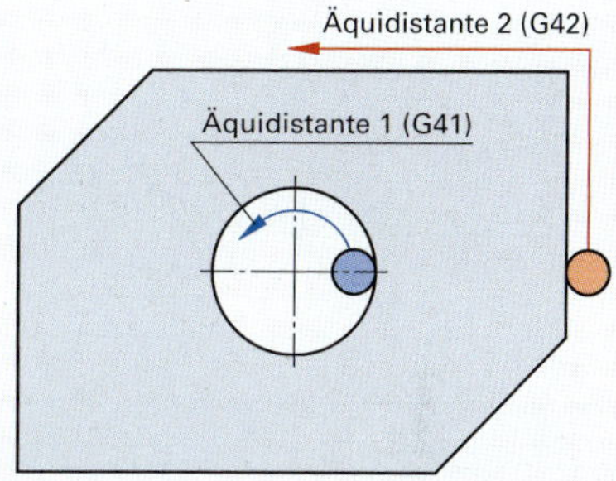

1 Werkzeugbahnen für G 41 und G 42

Der Aufruf der Korrekturadressen muss in dem Satz erfolgen, in dem der Anfahrweg an die zukünftige Werkstückkontur festgelegt wird. Die Größe des Werkzeugversatzes und somit die Koordinaten oder Äquidistanten errechnet sich die Steuerung selbst. Voraussetzung dafür ist, dass ihr die Werkzeugdaten (Korrekturwerte) mitgeteilt und als Bestandteil des Werkzeuges (Adresse T) verwaltet werden. Bei spanabhebenden Werkzeugen sind dies die Werte für den Werkzeugdurchmesser bei rotierenden Werkzeugen (z. B. Fräserdurchmesser), die Größe des Schneidenradius bei feststehenden Werkzeugen (z. B. Drehmeißelradius) und die entsprechende Werkzeuglänge. Beim Brennschneiden ist das Durchmessermaß des Schneidbrenners für den Versatz maßgeblich.

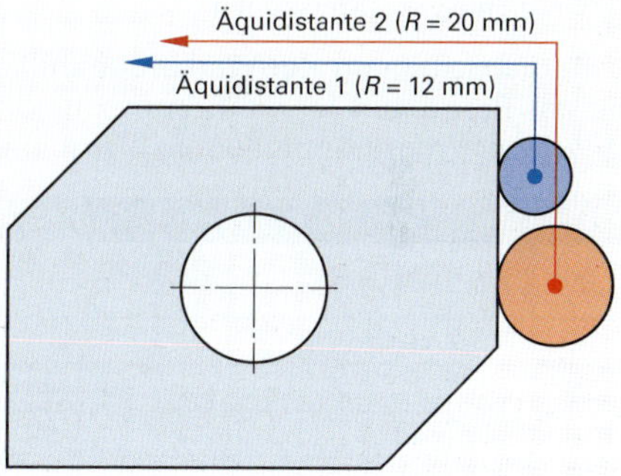

2 Äquidistanten für unterschiedliche Werkzeugdurchmesser

Diese Art der Bahnkorrektur bietet die Möglichkeit, eine Werkstückaußen- oder Innenkontur zu programmieren, ohne zunächst auf Werkzeugmaße Rücksicht zu nehmen. Diese werden erst im Bedarfsfall eingesetzt und können jederzeit auch geändert werden.

Über die Adresse G40 muss die Werkzeugbahnkorrektur nach dem Abfahren der Kontur wieder gelöscht werden.

7.7.4 Programmierung von Kreisen

Gerade Strecken sind durch die Angabe ihrer Anfangs- und Endpunkte geometrisch eindeutig definiert. Wenn der zuletzt gewählte Werkzeugstandort als Anfangspunkt dient, so muss nur noch absolut oder inkremental die Position des Geradenendpunktes programmiert werden.

Bei Kreisen oder Kreisbögen dagegen reicht die Angabe von Anfangs- und Endpunkten alleine nicht aus, um die gekrümmte Linie exakt zu beschreiben. Es muss darüber hinaus noch ein weiterer Bestimmungspunkt angegeben werden. Dies wird entweder über die Angabe des Radius oder der Koordinaten des Kreismittelpunktes erreicht. Die Koordinatenangabe kann dabei sowohl im Absolutmodus (G90) als auch im Inkrementalmodus (G91) erfolgen.

Da bei der Koordinatenangabe die Adressen X, Y und Z für die Verfahrwege reserviert sind, müssen für die Angabe der Mittelpunktkoordinaten in X-, Y- und Z-Richtung andere Adressen gewählt werden. Diese „Hilfs"-Adressen sind I für die X-Richtung, J für die Y-Richtung und K für die Z-Richtung.

Die Angabe, in welcher Bewegungsrichtung der Kreis erzeugt werden soll, erfolgt über die Adressbuchstaben G02 für die Bewegung im Uhrzeigersinn und G03 für die Bewegung im Gegenuhrzeigersinn.

Kreisprogrammierung absolut

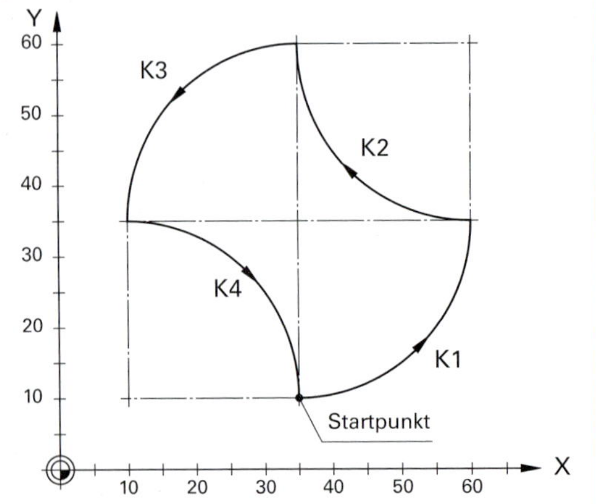

	G	X	Y	I	J
K1	03	60	35	0	25
K2	02	35	60	0	5
K3	03	10	35	0	– 25
K4	02	35	10	0	– 25

Kreisprogrammierung inkremental

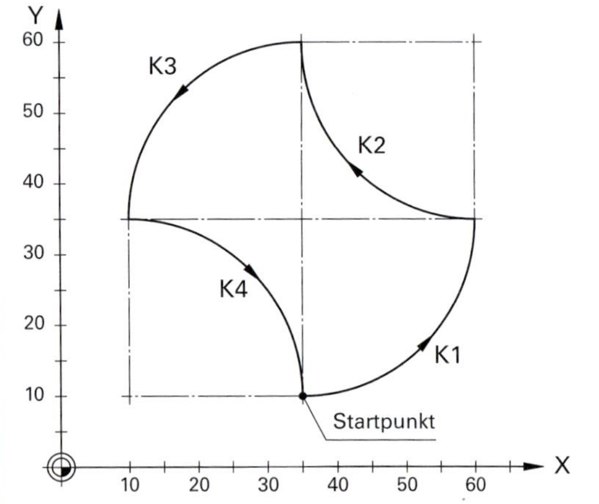

	G	X	Y	I	J
K1	03	25	25	0	25
K2	02	– 25	25	0	25
K3	03	– 25	– 25	0	– 25
K4	02	25	– 25	0	– 25

1 Programmierung von Kreisbögen

Unter Berücksichtigung der Werkzeugbahnkorrektur und der Vorgaben für die Kreisprogrammierung könnte das Programm für die Brennschneidbearbeitung der Flanschplatte (s. S. 136) folgendermaßen aussehen (der Programmnullpunkt bleibt in der Mitte des Lochkreises):

N	G	X	Y	I	J	T	F	M	Bemerkung	
1	00	Xw	Yw			04	200		Werkzeugwechselpunkt wird angefahren, Werkzeugwechsel; Vorschubgeschwindigkeit Schneidbrenner	**Programm für Innenkreis**
2	00	0	0						Anfahren des inneren Durchstechpunktes	
3	04						20	08	Vorwärmen und Durchstechen, Verweilzeit 20 sec.	
4	01/41	0	25					05	Anfahren innere Werkstückkontur; Brenner ein	
5	03	0	25	0	-25				Abfahren der Innenkontur (Versatz um Radius nach links)	
6	00/40	0	0					04	Freifahren mit Löschen der Werkzeugkorrektur, Brenner aus	
7	42	-110	-70						Anfahren des Durchstechpunktes für Außenkontur	**Programm für die Außenkontur**
8	04						20	08	Vorwärmen und Durchstechen wie Satz N3	
9	01	50	-70					05	Schneiden untere Außenkonturbegrenzung (Versatz rechts)	
10	01	100	-20						Schneiden rechte untere Schräge	
11	01	100	70						Schneiden rechte Außenkonturbegrenzung	
12	01	-50	70						Schneiden obere Außenkonturbegrenzung	
13	01	-100	20						Schneiden linke obere Schräge	
14	01	-100	-70						Schneiden linke Außenkonturbegrenzung	
15	01/40	-100	-80						Schneiden untere Außenkontur	
16		Xw	Yw					04 30	Programmende, Rücksprung zum Programmstart, Aufheben der Werkzeugkorrektur	

7.7.5 Bearbeitungszyklen

Bestimmte, häufig vorkommende Bearbeitungsabschnitte, wie z. B. das Herstellen einer Gewindebohrung mit dem wiederholten Wechsel der Drehrichtung, das Vorwärmen mit anschließendem Durchbrennen beim Brennschneiden oder die Erzeugung eines tiefen Bohrloches mit den verschiedenen Bohrabschnitten, werden bei den meisten CNC-Steuerungen als sogenannte Bearbeitungszyklen mit gesonderten Adressen versehen. In der Norm nach DIN 66025 sind einige, aber nicht alle möglichen Zyklen festgelegt. Es werden bestimmte Adressbereiche für die Festlegung der Bearbeitungszyklen durch die Steuerungshersteller reserviert.

Aufgabe des Maschinenbedieners ist es deshalb, sich vor der Handhabung einer Maschine mit den steuerungsspezifischen Zyklen vertraut zu machen.

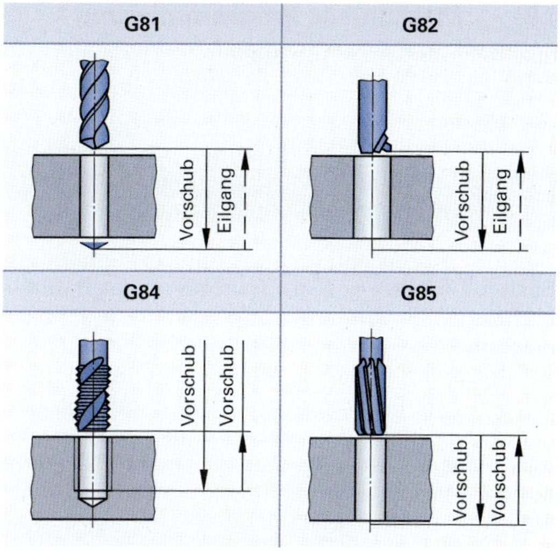

1 Beispiele für Bearbeitungszyklen

7.7.6 Unterprogrammtechnik

Beim Erstellen eines Bearbeitungsprogrammes ist es durchaus denkbar, dass bestimmte Teile oder Abschnitte des zu bearbeitenden Teiles an anderen Positionen wiederholt werden müssen. Wie in anderen Programmiersprachen, so eröffnet auch die DIN 66025 die Möglichkeit, solche wiederkehrende Programmteile als Unterprogramm zusammenzufassen. Dieses Unterprogramm kann dann an beliebiger Stelle unter der Adresse L aufgerufen werden.

Voraussetzung für die erfolgreiche Abarbeitung des Unterprogrammes ist jedoch, dass die Koordinatenangaben auch für die neue Position gültig sind. Dies kann durch zwei unterschiedliche Programmiertechniken erreicht werden. Zum einen kann das Unterprogramm in G91 (Inkrementalprogrammierung) geschrieben werden und somit an der gewünschten Stelle die Maßveränderungen zur Verfügung stellen.

Weitaus häufiger angewandt wird jedoch die Methode, bei der vor Aufruf des Unterprogrammes eine Nullpunktverschiebung durchgeführt wird und das Unterprogramm dann über die bekannten absoluten Koordinaten abgearbeitet wird. Für die Nullpunktverschiebungen sind die Adressen G54 bis G59 reserviert, gelöscht werden die Verschiebungen über G53. Bild 2 zeigt ein Programm, bei dem über die Nullpunktverschiebung und Aufrufen des Unterprogrammes neun gleiche Teile aus einer Blechplatte ausgeschnitten werden.

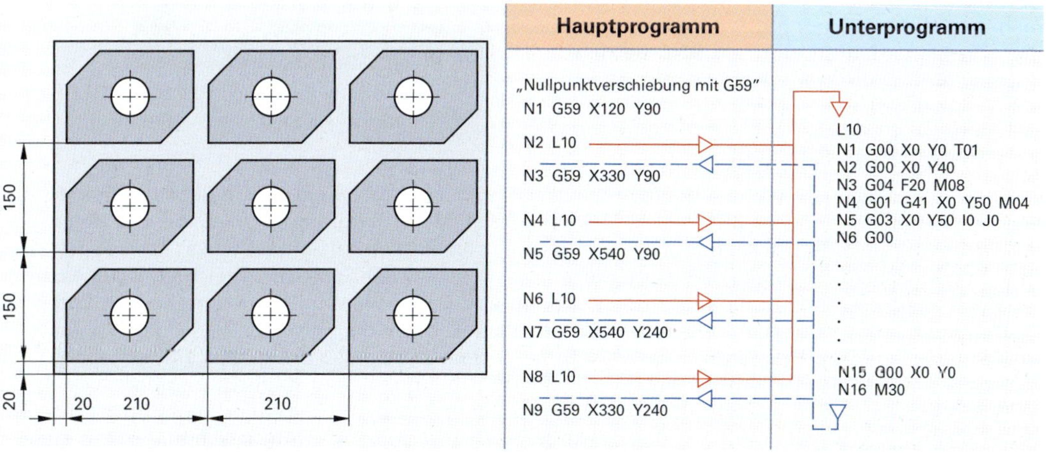

2 Unterprogrammtechnik mit Nullpunktverschiebung

7.8 Maschinelle Programmierung

In zunehmendem Maße stellen die Hersteller von CNC-Steuerungen neben der Programmiermöglichkeit nach DIN 66025 weitere, komfortablere Programmierverfahren zur Verfügung.

Merke

Bei der maschinellen Programmierung wird durch die Beschreibung der Werkstückkonturen und der Werkzeugbahnen durch die geometrischen Elemente Punkt, Linie und Kreis in einer höheren Programmiersprache ein Quellenprogramm erzeugt.

Diese Konturbeschreibung erfolgt systemabhängig in unterschiedlicher Art und Weise. Die meisten Systeme führen den Programmierer im Rahmen einer grafisch orientierten Dialogsprache. Dies erleichtert die Programmierung wesentlich, da nicht mehr einzelne Adressbuchstaben vorgegeben, sondern nur die gewünschten Geometrieelemente aus einem begrenzten Angebot (Menü) ausgewählt werden müssen. Die für die exakte geometrische Bestimmung dieser Elemente erforderlichen Angaben werden vom Programmiersystem abgefragt. Dies gilt im Wesentlichen auch für die Auswahl und die Lagebestimmung der Bearbeitungswerkzeuge. Von diesem so erzeugten Quellenprogramm muss mithilfe eines Software-Moduls, das in der Fachsprache als Postprozessor bezeichnet wird, ein spezielles, auf der Maschine lauffähiges Programm erzeugt werden. Dies geschieht aber rechnerintern, d. h. der Maschinenbediener ist mit dieser Übersetzung nicht direkt befasst.

Bei der Programmerstellung für **ähnliche Teile** wird in zunehmendem Maße auf die parametrisierte Programmierung zurückgegriffen, d. h. die veränderbaren Maße werden durch Parameter wie z. B. I1, I2 . . . ersetzt und im konkreten Falle wird dann erst eine Zahl eingesetzt. Dies hat den Vorteil, dass für mehrere Teile nur ein Programm erstellt und verwaltet werden muss.

7.8.1 Programmerstellung in der Arbeitsvorbereitung

Maschinenarbeitszeiten von hochtechnologisierten und teuren CNC-Bearbeitungsmaschinen sind sehr teuer. Da sie in der Programmierzeit für die Bearbeitung nicht oder nur in begrenztem Umfang zur Verfügung stehen, versucht man möglichst die Programmierung von der Maschine weg in ein zentrales Büro zu verlegen. In größeren Betrieben der metallverarbeitenden Industrie wird auf diese Weise zunächst ein steuerungsunabhängiges Programm erstellt. Erst wenn bekannt ist, auf welchem Maschinentyp das Teil bearbeitet wird, kann über einen geeigneten Postprozessor ein Bearbeitungsprogramm für diese Maschine übersetzt werden. Ein zentraler Rechner kann so mehrere NC-Maschinen mit Programmen versorgen. Dieses Verfahren wird als **DNC-Betrieb** bezeichnet (DNC = **d**irect **n**umerical **c**ontrol).

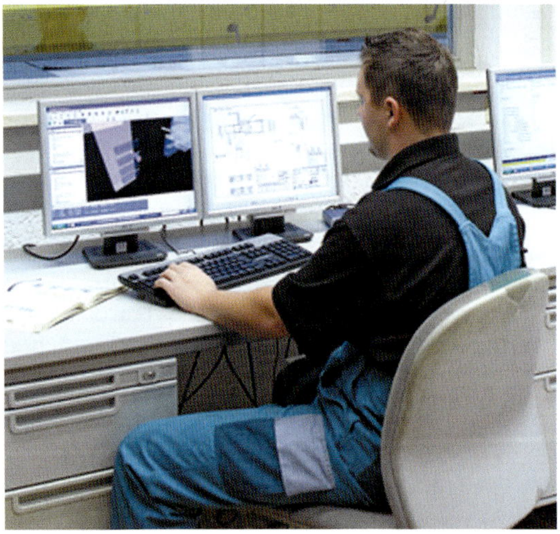

1 Maschinelle Programmerstellung in der Arbeitsvorbereitung

7.8.2 CAD/CAM-Verfahren

Technische Zeichnungen werden heute in Konstruktionsbüros überwiegend mit Rechnerunterstützung erstellt. Dies bedeutet, dass ähnlich wie bei der maschinellen Programmierung von CNC-Maschinen die Zeichnung als eine verkettete Folge von Geometrieelementen (Gerade, Kreis, Kreisbogen usw.) erzeugt wird. Die Anlagen, die dies ermöglichen, werden als **CAD-Systeme** bezeichnet (CAD = **c**omputer **a**ided **d**esign = computerunterstütztes Zeichnen und Konstruieren). Die geometrischen Daten (die Koordinaten) jedes Elementes sind dem Rechner also bekannt. Können sie für die weitere Verwendung im Rahmes eines CNC-Programmes zur Verfügung gestellt werden, so bringt dies eine erhebliche Zeitersparnis mit sich. Außerdem ist die Gefahr der Übermittlungsfehler dadurch begrenzt. Die direkte Verbindung zwischen computerunterstützter Konstruktion (CAD) und computerunterstützter Fertigung (**CAM** = **c**omputer **a**ided **m**anufactoring) wird durch den Begriff CAD/CAM beschrieben und stellt im Moment eine sehr hohe Stufe der Fertigungsautomatisierung dar.

7.9 Anwendung der NC-Technik in der Metallbaupraxis

Die Ursprünge der NC-Technik liegen im Bereich der spanenden Fertigung. Dort ist auch heute noch das größte Anwendungsgebiet. Inzwischen bedienen sich in zunehmendem Maße auch andere Fertigungszweige der Erleichterungen durch die NC-Technik, so vor allem auch der Metallbau. Die Anwendungen im Metallbau reichen von einfachen NC-gesteuerten Bohreinrichtungen für Stahlträger über Sägen, Brennschneidanlagen, Laser- und Wasserstrahlbearbeitungen, Blechbiegemaschinen bis hin zu Stanz- und Nibbelautomaten u. a. Aus der großen Anzahl von Anwendungen sollen hier nur die für den Metallbauer Wichtigsten behandelt werden.

7.9.1 CNC-Brennschneidanlagen

Beim Brennschneiden können zunächst zwei verschiedene Verfahren unterschieden werden:

- das Schneiden von flächigen Werkstücken und
- das Schneiden von profilierten Werkstücken.

Bei flächigen Werkstücken ist die geometrische Form eines Blechteils Zweck der Bearbeitung. Die Form der Kontur muss über eine geeignete Programmiersprache direkt oder im Dialog eingegeben werden, so wie dies im Unterkapitel 7.7 beschrieben wurde. Unterstützung erhält der Programmierer dadurch, dass die Kontur aus einem CAD-System zur Verfügung gestellt wird und er nur noch die technologischen Daten ergänzen muss oder dass die Dialogsprache des Programmiergerätes eine weitestmögliche Führung durch Abfragen und Menüsteuerung beinhaltet (Bild 1).

Ein großes Anwendungsfeld für NC-Steuerungen zeigt sich auch im Bereich des Stahlbaues, wo vielfach Flansche, Ausklinkungen, Ausschnitte u. a. durch automatisches Brennen hergestellt werden (Bild 2). In den Bildern 3 bis 5 ist die Arbeitsfolge für eine typische Ausklinkung eines I-Trägers mithilfe einer NC-gesteuerten Brennschneidanlage dargestellt.

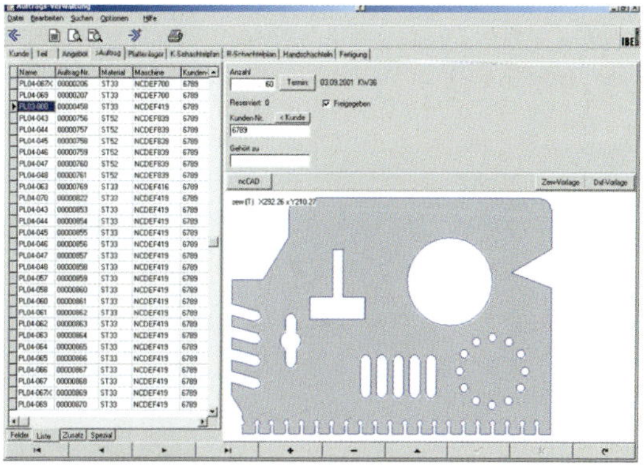

1 Brennschneidkontur aus CAD-System

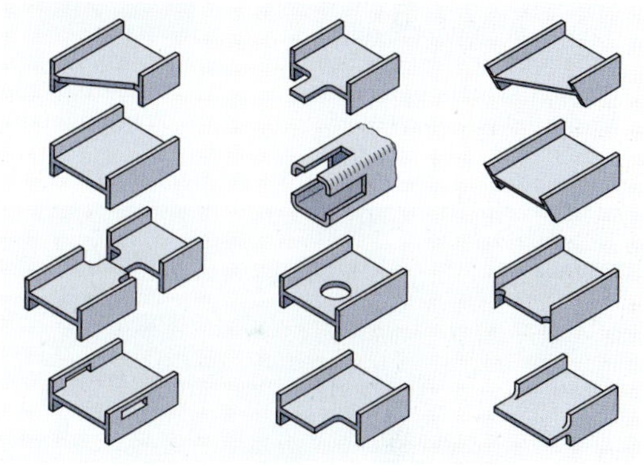

2 Brennschneidbeispiele aus dem Stahlbau

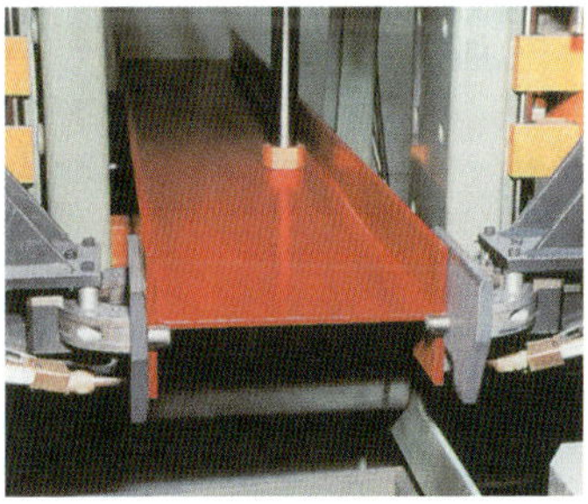

3 Der Bediener positioniert den Träger bis zum Startpunkt; danach fahren die X-Achsen-Taster aus; dadurch kann der verfahrbare Wagen seine Brenner zum Trägerende exakt positionieren.

4 Nachdem die Höhe des Trägersteges ermittelt wurde, fahren die Stegtaster zurück, die Stegbrenner treten in Funktion und fahren die programmierte Brennstrecke ab.

5 Jetzt positionieren die Flanschbrenner unterhalb der Rollgangarbeitshöhe. Auch hier werden die Flansche zunächst angetastet, die Brenner fahren in Vorheizposition und anschließend nach Programm die vorgegebene Strecke ab.

Für besonders wirtschaftliche Fertigung sind Maschinen geeignet, die über mehrere, gleichzeitig arbeitende Brenneraufhängungen verfügen (Bild 3).

Das Schwenken des Brenners in mehreren Richtungen sowie das Drehen des Werkstückes erfordert mehrachsige Steuerungen (Bild 1 + 2).

1 Je nach Norm werden Schweißnahtvorbereitungen mit veränderlichem Öffnungswinkel verlangt. Daher ist der Schneidbrenner in mehreren Ebenen längs und quer beweglich.

2 Rohrbrennschneidmaschine mit sechsachsiger computer-numerischer Steuerung zum thermischen Schneiden von Anpassungen und Durchdringungen für mittige und außermittige Rohrabzweigungen.

3 CNC-gesteuerte Brennschneidmaschine mit acht Brenneraufhängungen

7.9.2 CNC-Laserschneidtechnik

Die Laser-Schneidtechnik ist ein Fertigungsverfahren, das sich durch hohe Arbeitsgeschwindigkeit und sehr enge Toleranzen auszeichnet. Dabei handelt es sich um eine Art Fein-Brennschneiden. Ein unsichtbarer, sehr stark gebündelter Lichtstrahl bringt das Material zum Schmelzen und trennt dieses unter Ausnützung der Verbrennungsreaktion mit dem als Schneidgas verwendeten Sauerstoff. Eingesetzt wird der Laser hauptsächlich für die Bearbeitung von Blechen aus unterschiedlichen Werkstoffen bis zu einer Dicke von 12 mm (Bild 1).

Da der Laser berührungslos arbeitet, besitzt er gegenüber anderen Bearbeitungsverfahren einige wesentliche Vorteile:

- sehr schmale Schnittfuge;
- parallele, gratfreie Schnittkanten;
- sehr kleine wärmebeeinflusste Zone, deshalb kein Wärmeverzug;
- geringe Rauigkeit der Schnittfuge;
- hohe Schneidgeschwindigkeit;
- problemlose Anwendung auch bei dünnen Blechen;
- kein Werkzeug und keine Schnittkräfte erforderlich;
- deshalb auch keine kraftbedingte Verformung des Werkstückes.

Ein Nachteil der Laserschneidtechnik ist in den immer noch sehr hohen Anschaffungskosten der Laserschneidanlagen zu sehen.

Das Kernstück der Laserschneidanlage ist der Laserresonator (Bild 2), in dem ein Laserstrahl erzeugt wird. Der Laserstrahl ist eine elektromagnetische Strahlung mit einer einzigen Wellenlänge. Er besitzt eine extrem hohe Parallelität und eine hohe Energie (bis zu 15 kW).

1 Laserschneidmaschine mit Absaugsystem

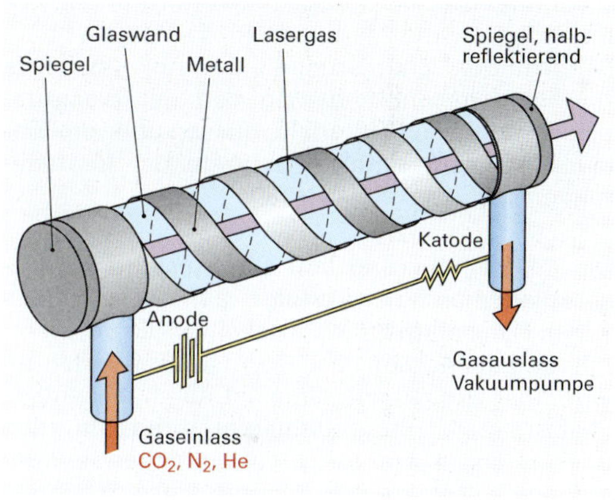

2 Laserresonator

7.9.3 Wasserstrahlschneiden

Bei diesem Fertigungsverfahren wird die Aufprallenergie eines Wasserstrahles genutzt um Werkstoffe zu trennen. Dabei wird Wasser unter einem Druck von bis zu 9000 bar durch eine Düse von 0,08 ... 0,5 mm Durchmesser gepresst. Die Austrittsgeschwindigkeit beträgt dabei ca. 800 ... 900 m/s. Ist die Energie des Wasserstrahles nicht ausreichend, kann dem Strahl ein abrasives Material zugegeben werden. Als Abrasive werden dabei scharfkantige mineralische Strahlmittel meist aus Granatsand in den Korngrößen 0,1 mm bis 0,3 mm beigemischt. Der CNC-gesteuerte Wasserstrahl erzeugt eine Schnittfuge von hoher Güte und kann bei geeigneter Steuerung auch dreidimensionale Geometrien bearbeiten. Neben weichen Werkstoffen können damit auch hochfeste Stähle bearbeitet werden (Bild 3).

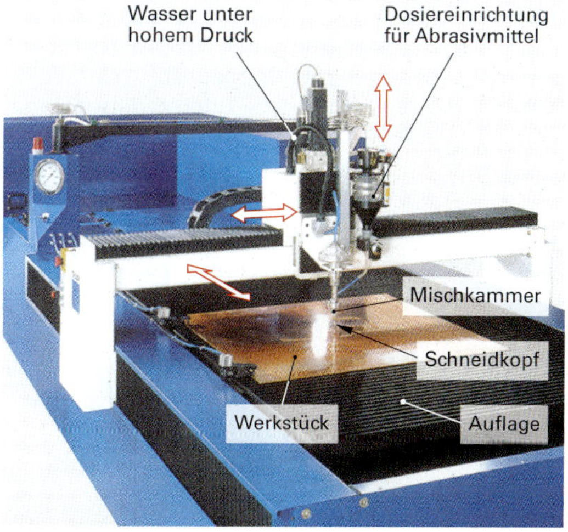

3 Abrasiv-Wasserstrahl-Schneidanlage

7.9.4 Blechbiegen, CNC-gesteuert

Neben trennend oder zerspanend arbeitenden Maschinen werden in zunehmendem Maße auch Maschinen der Umformtechnik CNC-gesteuert.

Bei **CNC-gesteuerten Gesenkbiegemaschinen** sind die zu steuernden Größen dabei vor allem die Anschlagverstellung und die Eintauchtiefe des Stempels in die Matrize (Bild 1). Über die unterschiedlichen Eintauchtiefen (Y) werden verschiedene Biegewinkel erzeugt (Bild 2). Die Verstellmöglichkeit des Anschlages in horizontaler (X und Z) wie in vertikaler (Hilfsadresse R) Richtung ermöglichen die Erzeugung unterschiedlichster Biegeprofile.

Die Biegequalität hängt im Wesentlichen von der Winkeltoleranz ab. Die Winkeltoleranz muss über die gesamte Biegelänge eingehalten werden. Dies erfordert sehr stabile Maschinengestelle, da schon kleinste, auf Maschinenverformungen zurückzuführende Änderungen in der Eintauchtiefe beträchtliche Veränderungen des Abkantwinkels zur Folge haben. Abhängig von der Elastizität des zu biegenden Materials müssen über die Eintauchtiefe auch eventuell auftretende Rückfederungen berücksichtigt werden.

Die Programmierung von CNC-gesteuerten Gesenkbiegemaschinen erfolgt auf verschiedene Arten. Die einfachste Möglichkeit ist die Programmierung der Achsen nach Norm. Dieses Verfahren wird aber zunehmend abgelöst durch wesentlich komfortablere Programmierverfahren. In den meisten Fällen wird heute das zu biegende Profil auf einem Monitor mithilfe einer entsprechenden Software gezeichnet oder aus einem CAD-System (Bild 3) übernommen. Die Biegefolge wird sodann entweder vom Programmierer bestimmt oder von einer Optimierungssoftware vorgeschlagen. Die erforderliche gestreckte Länge wird automatisch ermittelt. Die erzeugten Biegeprofile können je nach Steuerungskomfort 2- oder 3-dimensional simuliert werden (Bilder 4-6).

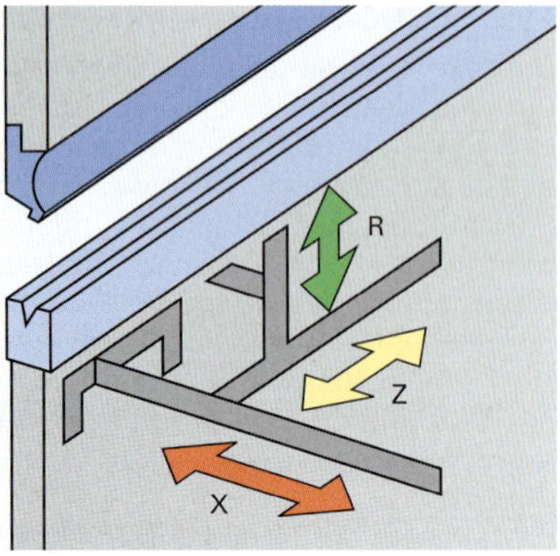

1 Achsenbelegung beim CNC-Biegen

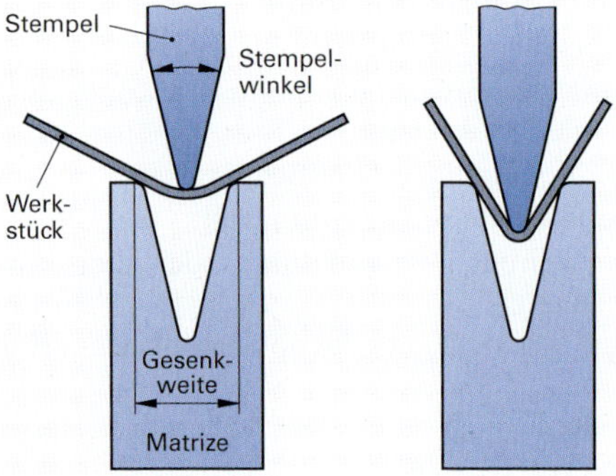

2 Veränderte Biegewinkel

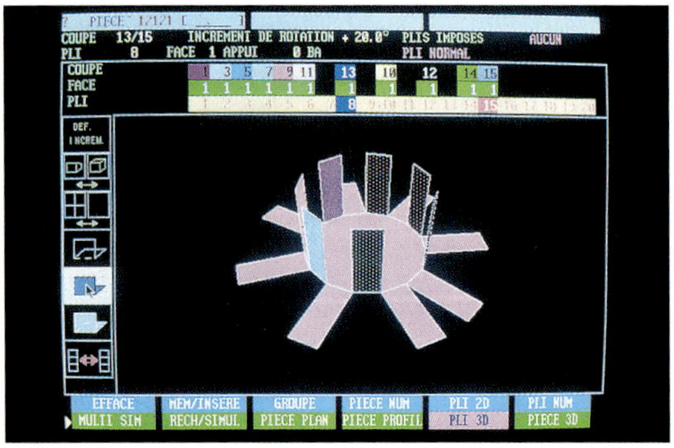

3 Übernahme von CAD-Daten

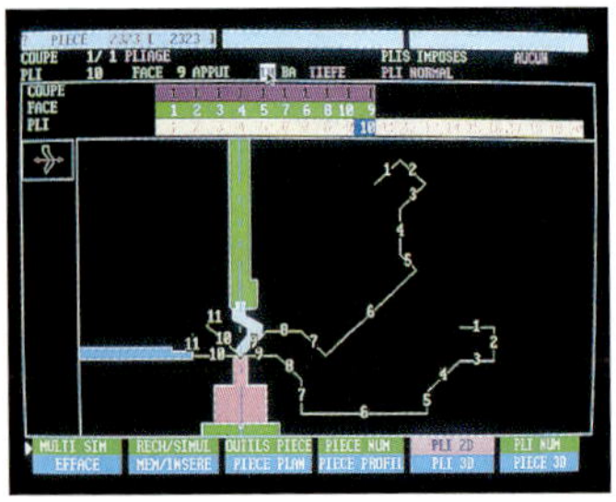

4 zweidimensionale Simulation

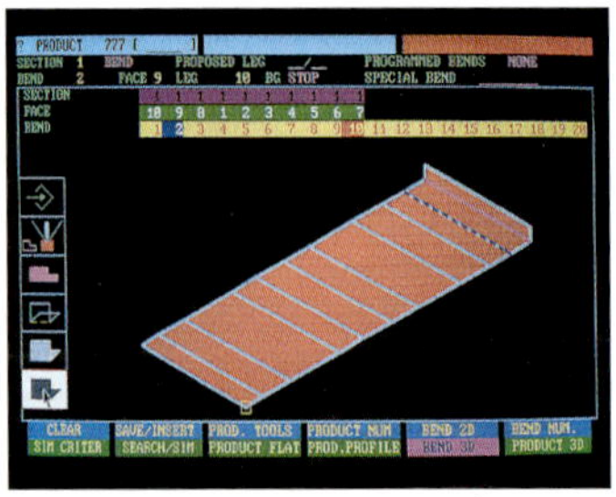

5 gestreckte Länge

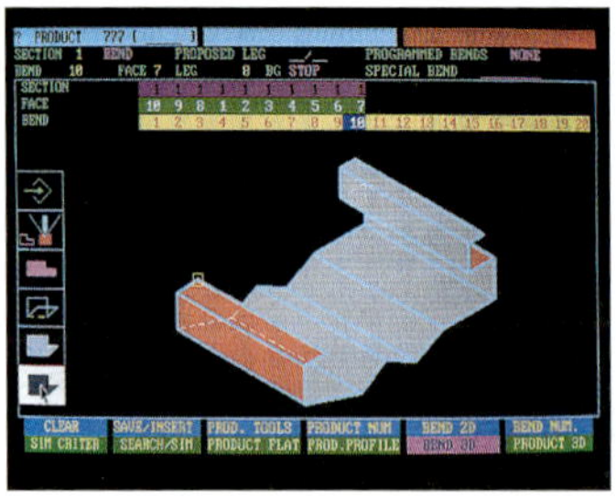

6 Perspektivische Simulation

7.9.5 CNC-gesteuertes Biegen von Rohren

Stahl findet in der heutigen Architektur sowohl im Außen- als auch im Innenbereich in zunehmendem Maße Verwendung. Dekorative Elemente an Toranlagen, Vordächern, Balkonen und Treppen sind nur einige Einsatzbeispiele. Selbst in der sogenannten „Stadtmöblierung" verdrängt Stahl immer häufiger den klassischen Werkstoff Holz, sei es für die Konstruktion von Wartehäuschen, Sitzbänken, Fahrradständern u. a.

Aus konstruktiven und gestalterischen Gründen werden dabei häufig gebogene Rohre verwendet (Bild 1). Nicht selten müssen diese im Raum, also 3-dimensional, verformt werden. Ein Abwechseln zwischen großen und kleinen Biegeradien macht die Herstellung sehr aufwändig, da unterschiedliche Biegeverfahren (Ring- oder Dornbiegen) angewandt werden müssen. Probleme bereitet darüber hinaus die Rückfederungseigenschaft von Stahl und anderen Metallen. Neben einer großen Erfahrung im Biegen von Rohren ist vor allem ein ständiges, sehr aufwändiges Nachmessen und Nachprüfen sowie Nachbiegen erforderlich.

CNC-gesteuerte Biegeautomaten der neuesten Generation ermöglichen heute das vollautomatische, exakte Biegen von Rohren, gleichgültig ob kleine oder große Biegeradien verlangt sind, im dreidimensionalen Raum in einer Aufspannung. Über die Software einer PC-Steuerung wird die gewünschte Rohrgeometrie direkt eingegeben. Dies geschieht entweder über einfache Biegebefehle wie Länge, Drehung und Winkel oder die Angabe von Stützpunkten im Raum. Selbst die Übernahme von 2D-CAD-Daten in mehreren Ansichten der zu biegenden Form ist möglich. Das Programm ermittelt daraus selbstständig die 3D-Form.

Auf der Basis der eingegebenen Daten legt das Biegeprogramm für die einzelnen Abschnitte das jeweils günstigere Biegeverfahren (Dornbiegen, Ring- bzw. Kurvenbiegen) fest und definiert die dafür erforderlichen Maschineneinstellwerte, die Wechselzyklen und den richtigen Rohrzuschnitt.

Wechselzyklen sind erforderlich, wenn von einem Biegeverfahren auf ein anderes gewechselt werden muss (Bild 2 und 3). Dies geschieht, ohne dass das Werkstück ausgespannt wird. Die jeweils nicht benötigte Biegemaschine fährt dabei vollautomatisch aus dem Schwenkbereich der anderen heraus, sodass eine Kollision oder gegenseitige Behinderung ausgeschlossen ist. Messeinrichtungen ermitteln beim Biegen den Rückfederungswinkel und die dadurch erforderliche Überbiegung.

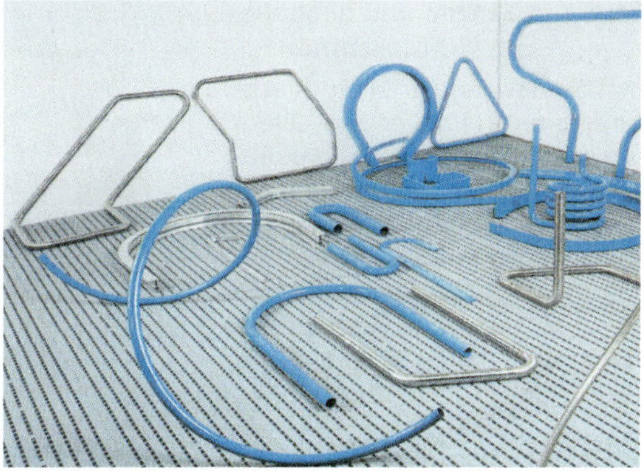
1 Vielfalt gebogener Rohre

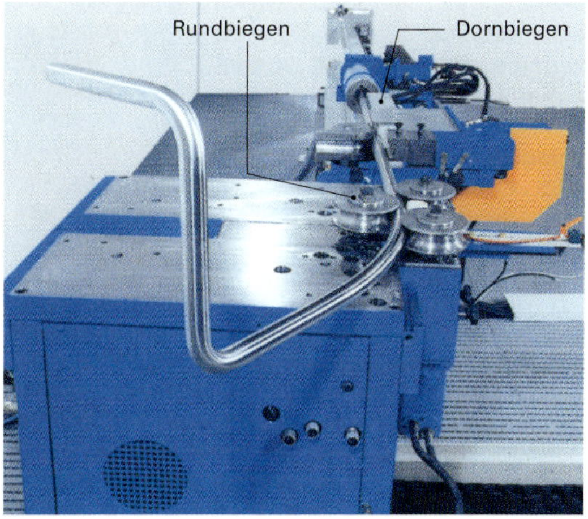

2 Biegen mit Ringbiegemaschine

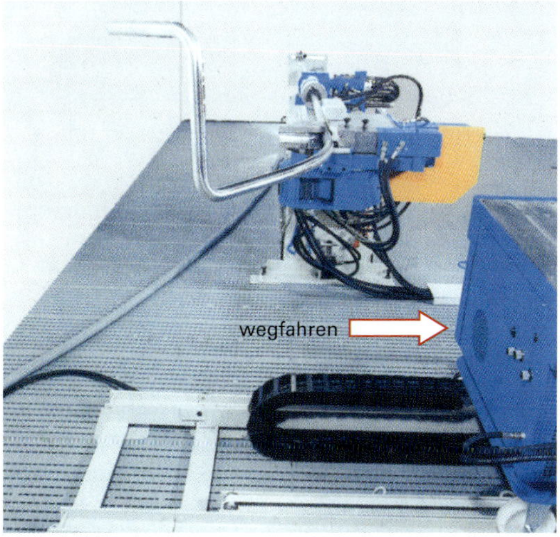

3 Wegfahren zum Dornbiegen

7.9.6 Stanzen und Nibbeln mit NC-Maschinen

Außer der industriellen Blechbearbeitung sind es vor allem Schlosserei- und Stahlbaubetriebe sowie Fahrzeug- und Landmaschinenhersteller, die CNC-Stanz-Zentren einsetzen. Mit den Stanzanlagen können Bleche, Flach- und Profilstähle (Bild 1) bearbeitet werden.

Die eingesetzten Werkzeuge sind meist in Mehrfachkassetten, die eine schnelle Umrüstung ermöglichen, zusammengefasst (Bild 2). Sie werden in drei Achsen mittels Punktsteuerungen geführt. Durch die Mobilität in der Z-Achse wird gewährleistet, dass unterschiedliche Profile bearbeitet werden können. CNC-Stanzanlagen für Flach-, Winkel- und Profilstähle sind derzeit für Bearbeitungslängen bis 12000 mm einsetzbar. Die verfügbare Stanzkraft beträgt dabei bis 1000 kN. In Verbindung mit CNC-gesteuerten Sägen sowie mit Bohr- und Brennzentren entstehen Bearbeitungszentren, die eine Komplettbearbeitung von Flach- und Profilstählen ermöglichen (Bild 3).

1 Stanzbearbeitung eines Doppel-T-Stahles

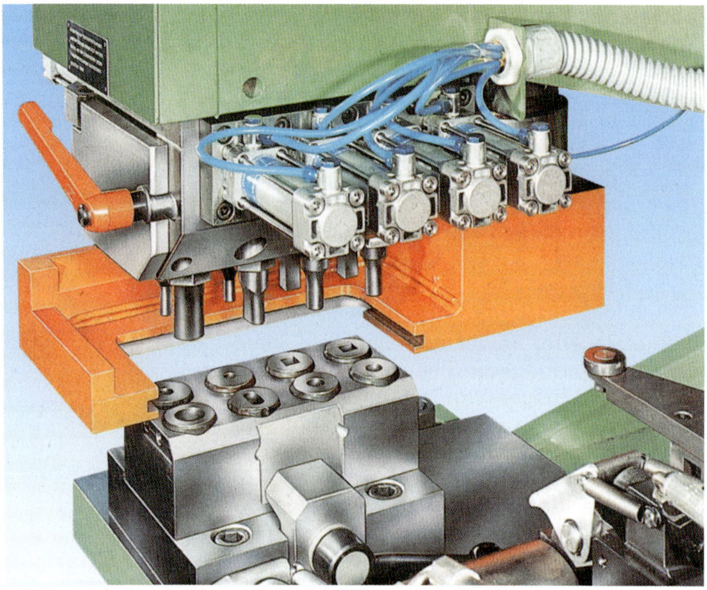

2 Automatisch schaltbares Acht-Stempelwerkzeug

3 Flachstahl-Bearbeitungszentrum mit CNC-Anschlag und CNC-Vorschubeinheit

Höhere Flexibilität bei verkürzten Auftragsbearbeitungszeiten erfordert auch in der reinen Blechbearbeitung einen größeren Automatisierungsaufwand. Durch CNC-gesteuerte Blech-Stanz- und Nibbelautomaten können diese Forderungen weitgehend realisiert werden.

Entscheidende Vorteile bringen dabei vor allem automatische Werkzeugmagazine, mit deren Hilfe ein sehr schneller Werkzeugwechsel vorgenommen werden kann. Sind diese Werkzeuge noch drehbar gelagert, so ist sogar das Stanzen und Nibbeln von Schrägen und Kreisbögen ohne Werkzeugwechsel mit hoher Kantenqualität möglich.

Immer mehr setzt sich auch hier die Programmierung in dialogischer Form durch. Mit den Angaben aus der Zeichnung programmiert der Maschinenbediener die Umrisse des Werkstückes. Die Steuerung schlägt ihm auf Wunsch Werkzeuge aus einem Werkzeugmagazin vor. Über Zoom-Funktionen (Bildschirm-Vergrößerungsfunktionen) können kritische Werkstückbereiche wie z. B. die Rand- oder Abstandsbereiche vergrößert dargestellt werden. Automatische Schachtelprogramme gewährleisten eine optimale Ausnutzung der vorhandenen Bleche. Die Bearbeitungs- bzw. Trennstrategie wird ebenfalls im Dialog festgelegt, wobei je nach Anwendungsfall Einzel-, Reihen- oder Komplettbearbeitung zur Verfügung stehen. Alle durchgeführten Aktionen sind am Bildschirm simulierbar.

Die Vorgehensweise bei der Programmierung in grafisch unterstützter, dialogischer Form kann am besten exemplarisch an einem Beispiel verfolgt werden (Bilder 1-9).

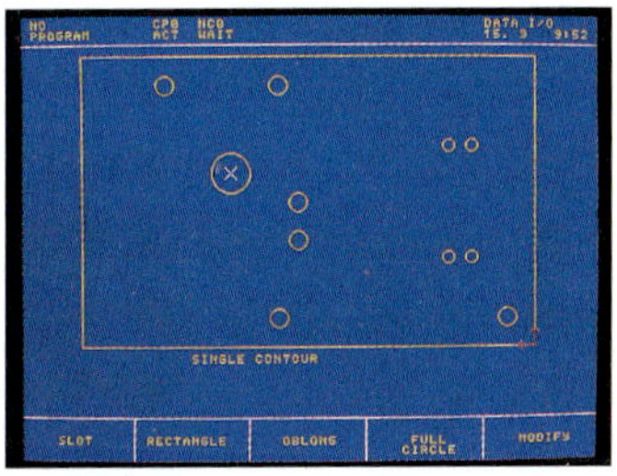

1 Einzelumriss wird definiert

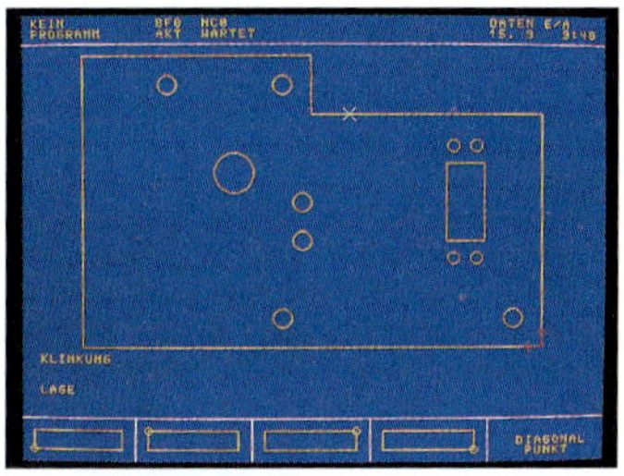

2 Ausklinkung

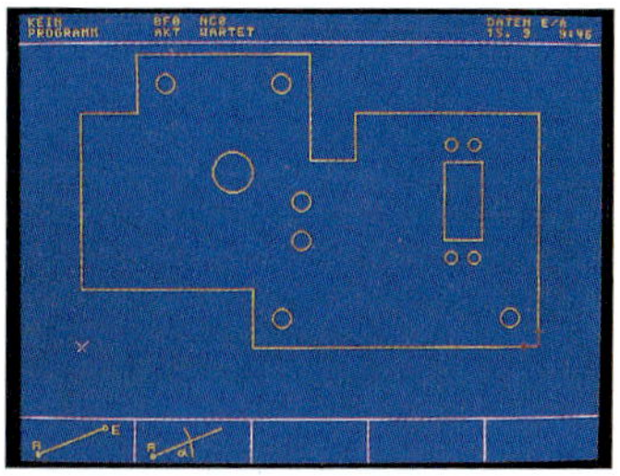

3 weitere Ausklinkungen

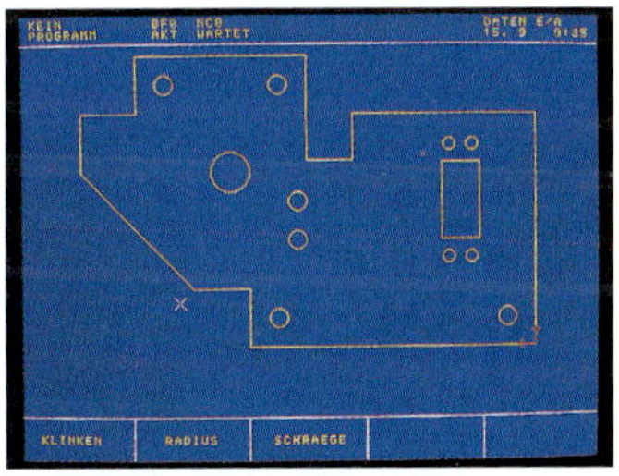

4 Festlegung der Schräge

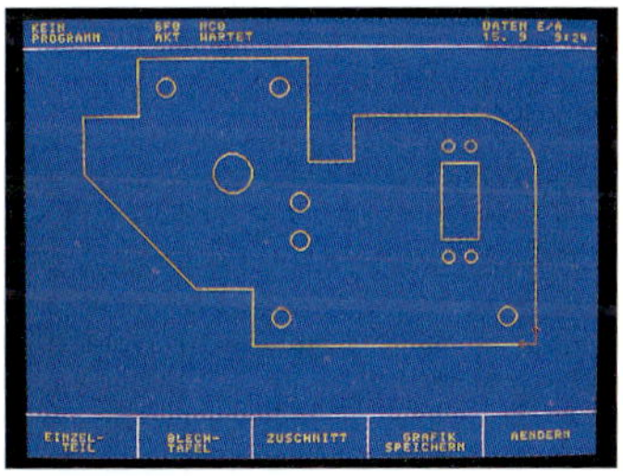

5 Eckenrundung

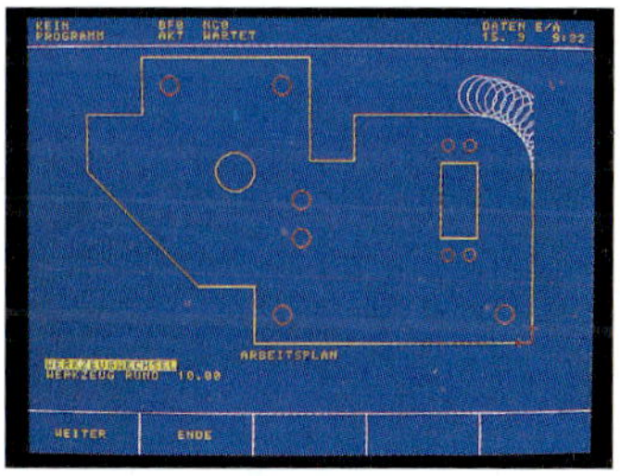

6 Bearbeitungsstrategie

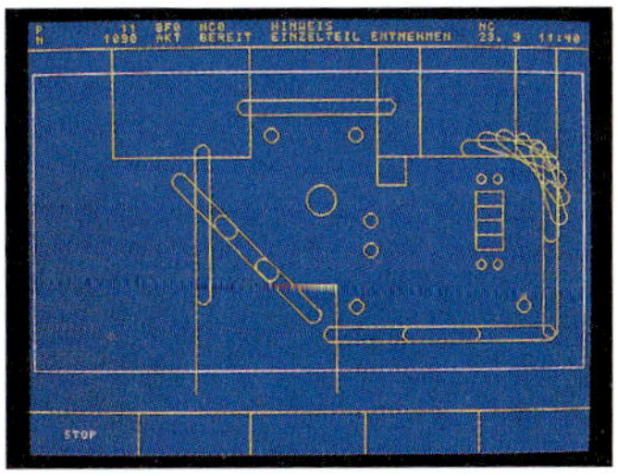

7 Werkzeuge werden simuliert

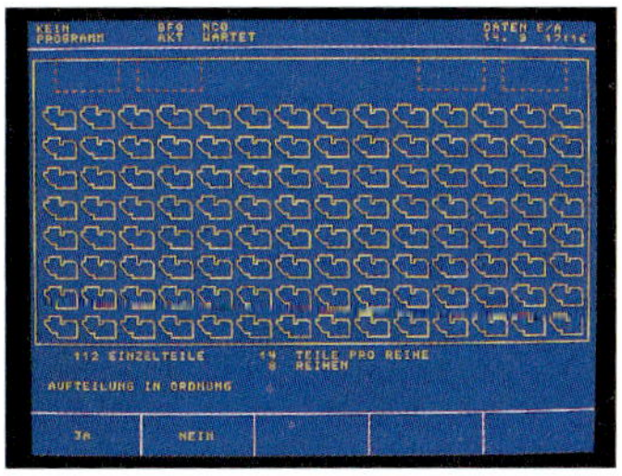

8 Blechaufteilung d. Schachtelung

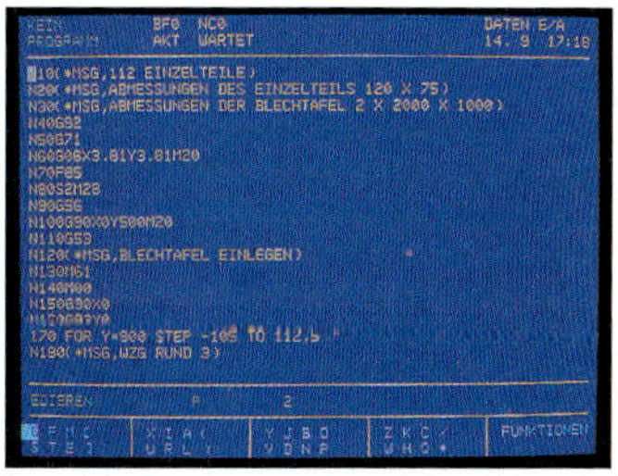

9 CNC-Bearbeitungsprogramm

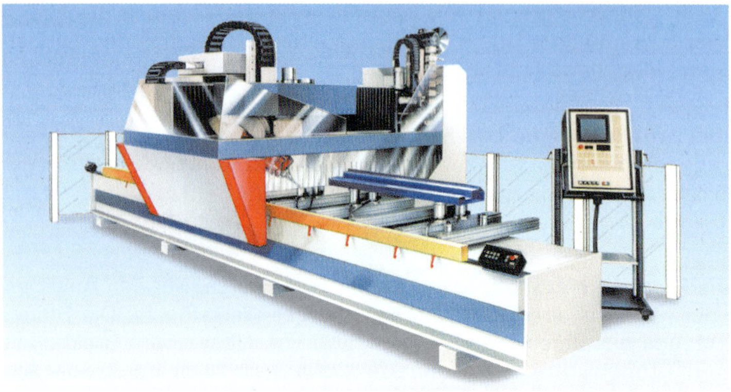

1 Bearbeitungszentrum

2 Werkzeugwechseleinrichtung

7.9.7 Komplettbearbeitung von Profilen

Die Vielfalt der Funktionen und Beschläge, die z. B. bei Toren, Türen und Treppen heute möglich sind, erfordern eine teilweise sehr aufwändige Bearbeitung der Profile. Sägen, Nuten, Ausklinken, Fräsen und Bohren sind nur einige der Bearbeitungsverfahren, mit denen die Halbzeuge in die gewünschte Form gebracht werden.

Sollen diese Bearbeitungsschritte möglichst schnell und rationell durchgeführt werden, so muss ein zeitaufwändiges häufiges Umspannen vermieden werden. Ziel ist es, möglichst alle Bearbeitungsschritte für die einzelnen Profilabschnitte an einer Maschine durchführen zu können. Diesem Zwecke, der sogenannten Komplettbearbeitung, dienen Bearbeitungszentren (Bild 1).

Eines der Kennzeichen der Bearbeitungszentren ist die Integration eines automatischen Werkzeugwechselsystems, das 32 oder mehr verschiedene Werkzeuge aufnehmen kann (Bild 2). Die Werkzeuge werden einmal (außerhalb der Maschine) vermessen und stehen dann mit bekannten Maßen für die Bearbeitung zur Verfügung. Über 5 CNC-gesteuerte Achsen (X-, Y- und Z-Achse sowie verschiedene Schwenkbewegungen) werden so auch komplizierte Formen und Konturen herstellbar.

In den Bildern 3 ... 8 sind verschiedene Bearbeitungsverfahren, die auf Bearbeitungszentren durchgeführt werden können, dargestellt.

3 Fräsen von Aluminium-Vollprofilen

4 Bohren von Aluminium-Rohren

5 Bearbeitung von Stahlprofilen

6 Gehrungstrennschnitt

7 Gewindefräsen

8 Klinken mit Sägeblatt

Überprüfen Sie Ihre Kenntnisse

1 Beschreiben Sie den Informationsfluss in der NC-Technik.
2 Nennen Sie die wichtigsten konstruktiven Merkmale von NC-Maschinen.
3 Welche Steuerungsarten gibt es?
4 Erklären Sie den Unterschied zwischen direkter und indirekter Wegmessung, sowie zwischen Absolut- und Inkremental-Programmierung.
5 Wie ist ein NC-Bearbeitungsprogramm aufgebaut?
6 Welche Informationen enthält ein NC-Programm?
7 Wo findet die CNC-Technik im Metallbau Anwendung?
8 Welche Vorteile bietet die CNC-Technik?
9 Wofür werden CNC-Bearbeitungszentren eingesetzt?

Arbeitsauftrag:
Herstellen von Blechbauteilen

Als Einzelauftrag soll in der Metallbauwerkstatt, in der Ihre Ausbildung stattfindet, ein tragbarer Blechbehälter für Kleinteile und gröbere Schüttgüter angefertigt werden (Bild 1).
Nach den Erfahrungen ihres Meisters genügt dafür kaltumformbares verzinktes Stahlblech, das nach der Montage lackiert wird. Zusätzliche Stabilität wird durch die umgebogenen Dreiecke und die Umschläge am oberen Rand erreicht. Die Tragegriffe werden aus Bandstahl gefertigt. Sie müssen so beschaffen sein, dass sie ohne Schutzhandschuhe angefasst werden können.

1. Herstellung des Kastens

1.1 Fertigen Sie zuerst eine vollständige Zeichnung des Zuschnitts im Maßstab 1:5 auf dünnem Karton an und machen Sie davon ein Kopie.

1.2 Aus dem Karton schneiden Sie dann die Umrisse des Zuschnitts aus. Damit probieren Sie die beste Reihenfolge der Kantungen aus. Wenn Sie die Abfolge ermittelt haben, benummern Sie die Reihenfolge.

1.3 Bevor Sie nun einen vollständigen Fertigungsplan aufstellen, soll die Beantwortung der folgenden Fragen sicherstellen, dass alle notwendigen Arbeitsschritte und Maßnahmen berücksichtigt werden.

1. Welche Sicherheitsmaßnahmen sind beim Umgang mit scharfkantigem Blech erforderlich?
2. Wie oft müssen die Abmessungen und die Winkel überprüft werden und wie genau muss gemessen werden?
3. Die Bohrungen für die Griffmontage können vor oder nach der Fertigung der Griffe angebracht werden. Beschreiben Sie die Vor- und Nachteile jeder Vorgehensweise.
4. Was ist beim Bohren von Feinblech zu beachten?
5. Was ist beim Anreißen von Feinblech zu berücksichtigen?
6. Suchen Sie aus ihrem Tabellenbuch einen passenden Werkstoff heraus.
7. Welchen Zweck haben die Eckbohrungen vom Durchmesser von 2 mm im Zuschnitt?
8. Können Sie bei dieser Blechdicke noch eine Handblechschere benutzen oder ist eine Hebelschere nötig? Wofür entscheiden Sie sich und mit welcher Begründung?

Herstellung eines Schüttgutbehälters

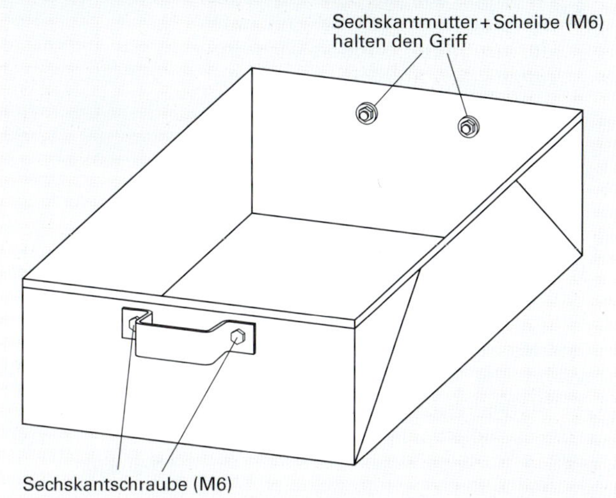

1 Schüttgutbehälter

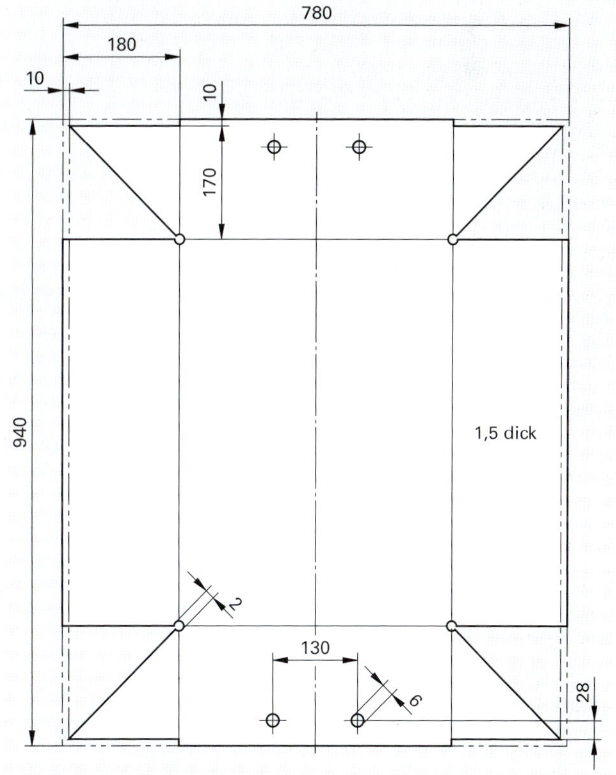

2 Fertigungszeichnung – Zuschnitt

9. Sie haben die Möglichkeit eine Abkantpresse zu benutzen oder die Biegungen am Schraubstock durchzuführen. Ändert sich dadurch die Abfolge der Biegeschritte? Was ist in jedem Fall sonst noch zu beachten?
10. Was ist beim Glätten, Nachrichten und Zusammenschlagen zu beachten?

1.4 Falls Sie nicht noch weitere Probleme erkennen, über die Sie sich informieren müssen, kann jetzt ein Fertigungsplan nach dem untenstehenden Muster aufgestellt werden. Wenn Sie die Informations- und Klärungsphase nicht unterbrechen wollen, stellen Sie jetzt fest, ob Sie alle erforderlichen Kenntnisse zur Herstellung der Griffe besitzen. Außerdem müssen Sie noch die Verbindungsmittel auswählen.

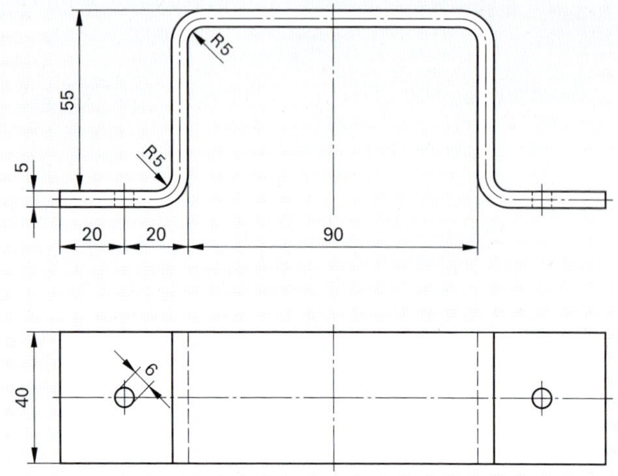

1 Tragegriff

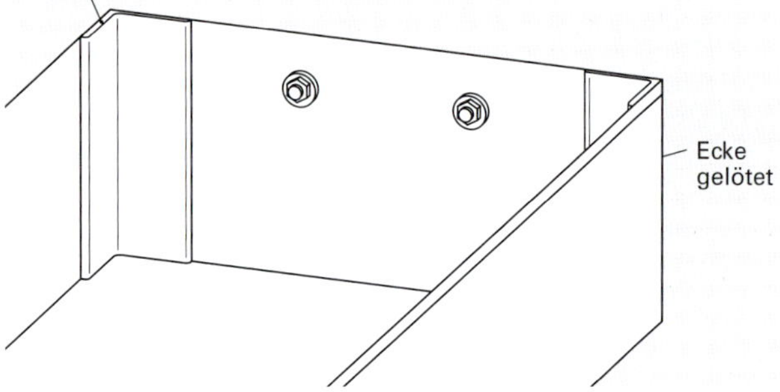

2 Konstruktionsvariante – Stapelkiste

2. Herstellung eines Griffes

1. Das nebenstehende Bild zeigt einen Griffbügel im fertigen Zustand. Für die Maße des Rohteils müssen Sie seine Länge vor dem Biegen – die „Gestreckte Länge" berechnen. Worauf bezieht sich diese Größe?
2. Es gibt zwei Möglichkeiten die „Gestreckte Länge" zu berechnen. Im Tabellenbuch finden sie die Größe „v". Welche Bedeutung hat sie?
3. Nach der Berechnung der „Gestreckten Länge" können Sie das Rohteil zeichnen und bemaßen. Welches ist die beste Bezugslinie?
4. Welche Haupteigenschaft sollte der Werkstoff haben? Suchen Sie einen Geeigneten aus.
5. Es existieren mehrere Möglichkeiten, das Rohteil von einem größeren Stück Flachstahl abzutrennen. Entscheiden Sie sich für eine davon und berücksichtigen Sie den Arbeitsschutz.
6. Sie können kalt oder warm umformen. Was ist in jedem der beiden Fälle zu beachten?
7. Überlegen und begründen Sie, wann Sie die Löcher bohren wollen.

3. Montage

Damit der Griff schnell wieder demontiert werden kann, werden Ihnen Schrauben mit Gewinde bis zum Kopf, Kontermuttern und Scheiben vorgeschlagen. Suchen Sie diese im Tabellenbuch und nennen Sie die genauen Bezeichnungen; gibt es auch Alternativen?

Muster für die Fertigungspläne

Kasten aus Stahlblech			
	Fertigungsschritt	Werkzeug/Prüfmittel	Hinweise/Bemerkungen
1.	Anreißen des Rohteils	Anschlagwinkel, Stahlmaßstab, Reißnadel	auf Parallelität und rechte Winkel achten
2.	Abtrennen des Rohteils	…	…
3.	…	…	…

Weiterentwicklung zur Stapelkiste

Anhand Ihrer bei der Bearbeitung dieses Arbeitsauftrages gewonnenen Kenntnisse entwickeln Sie einen Fertigungsplan für eine Stapelkiste nach der Skizze in Bild 2. Die Kanten sollten nicht überlappen, sondern hartgelötet werden.

Arbeitsauftrag: Herstellen von Konstruktionen aus Profilen

Bau einer Wetterschutzhutze

Über dem Schacht eines Bergwerks muss eine Hutze angebracht werden, die vor Niederschlägen schützt, aber die Zuluft für die Bewetterung der Schächte gewährleistet. Das Dach wird mit Stahlverbund-Dachelementen gedeckt, die geneigten Seitenwände sind mit 30 mm Pressrost verkleidet. Das System liegt auf UK Dach und auf Außenkante Pressrost. Der Pressrost wird an den L 150 × 75 × 9 und an das Quadrathohlprofil geschraubt. Dadurch ergeben sich 9 mm Luft zwischen HEB 120 und Pressrost.

1. Die Eckverbindungen und die Fußplatten werden durch 15 mm dicke Bleche hergestellt, in der Mitte befindet sich ein lösbarer Stoß. Welche besondere Eigenschaft haben die Ecken einer solchen **Rahmenkonstruktion?** Welche Prüfung muss bei den Blechen vorgenommen werden?
2. Für die Rahmenecke aus St37 (S235JR) braucht man keinen Tragsicherheitsnachweis, falls die Kehlnaht am Flansch halb so dick wie der Flansch ist. Gleiches gilt für die Nähte am Steg. Welche Regel gilt für St52 (S355J0)? Welche Kehlnahtdicken sind mindestens, welche höchstens erlaubt?
3. Errechnen Sie mit dem Lehrsatz des Pythagoras die fehlenden Längen der Systemdreiecke.
4. Bestimmen Sie die Längen und die Schrägschnitte der beiden HEB 120, indem Sie in drei Skizzen die Entfernung der Profile von den Systempunkten bestimmen!
5. Womit sind Stahlverbund-Dachelemente gefüllt? Welche 4 Vorteile bieten diese auch Sandwich-Elemente genannten Bauteile?
6. Mit welchen Schrauben lassen sich die Stahlverbund-Dachelemente, mit welchen die Gitterroste jeweils am wirtschaftlichsten anschrauben?
7. Die Stirnwand ist ebenso schräg wie die Seitenwand. Fertigen Sie eine Abwicklung dieses Körpers aus Außenkante Gitterrost und Innenkante Dachfläche aus festem Papier an. Stellen Sie durch Falten der Abwicklung den Körper her.

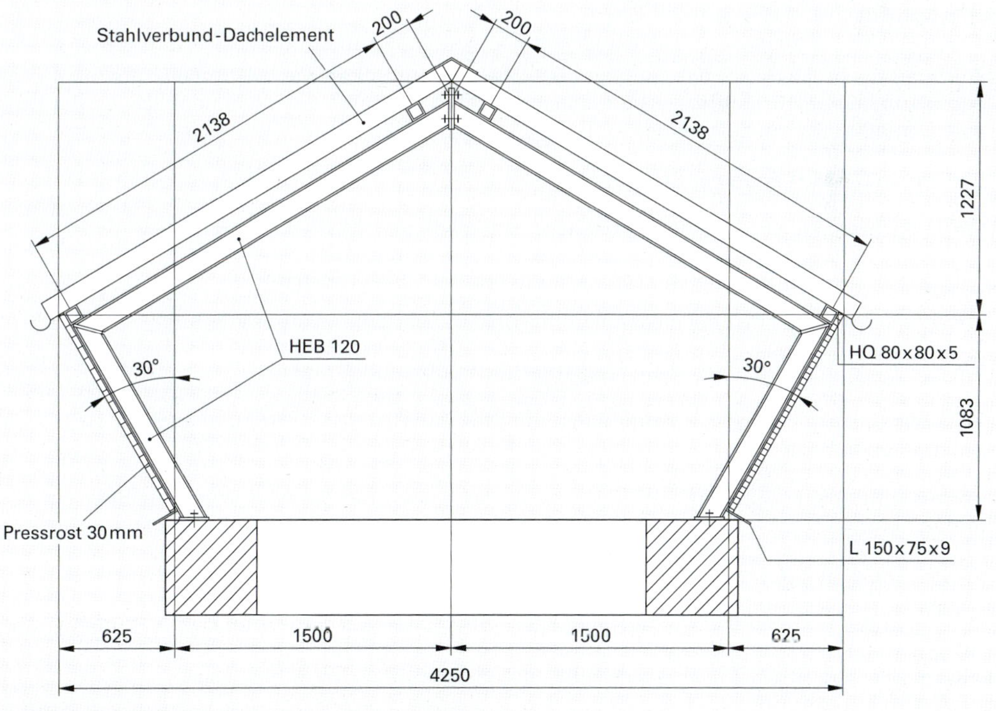

1 Fertigungszeichnung – Schnitt A-A der Seitenansicht

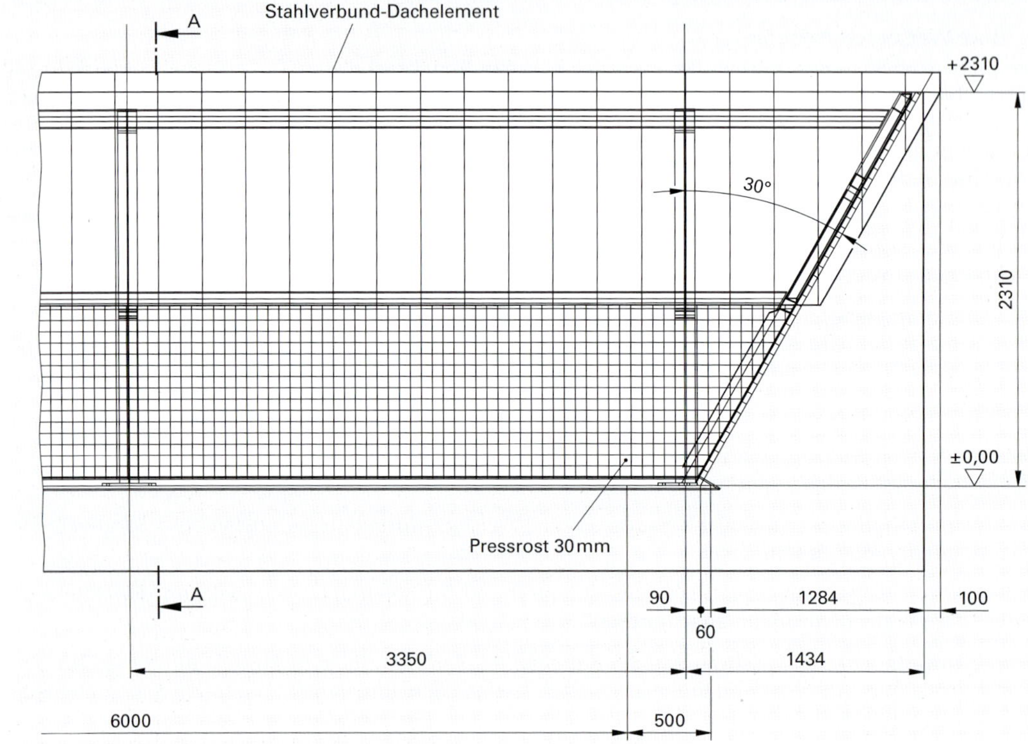

2 Fertigungszeichnung – halbe Seitenansicht

8. Zeichnen Sie in die Skizze des Giebelpunktes zwei 15 mm dicke Stirnplatten ein, die mit 4 Schrauben EN 14399-4-M16-10.9-HV verbunden sind. Achten Sie dabei auf die Zugänglichkeit der Schrauben. Bemaßen Sie die Zeichnung.

9. Berechnen Sie die Länge der Schrauben.

10. Welche Schrauben werden auf Zug beansprucht, wenn das Dach von oben belastet wird?

11. Schrauben, die auf Zug beansprucht werden, müssen voll vorgespannt werden.

    Welches Drehmoment ist bei diesen feuerverzinkten Schrauben vorgeschrieben?

12. Welche Zugkraft $N_{R,d}$ können die eingesetzten Schrauben übertragen?

13. Zeichnen Sie in die Skizze der Verbindung von Stiel und Riegel die Verbindungsplatte t = 15 mm ein und bemaßen Sie sie.

14. Zeichnen Sie die Fußplatte fertigungsgerecht und planen Sie die zwei Dübel zur Befestigung am Fundament.

15. Welche Dübel sind für die Befestigung am Fundament zugelassen?

16. Welche Kräfte kann der Dübel übertragen? Beachten Sie dabei den Abstand zum Fundamentrand.

17. Stellen Sie eine Stückliste eines Rahmens auf und berechnen Sie seine Masse.

Arbeitsauftrag: Herstellen von Umformteilen

Bau und Montage eines geschmiedeten Gitters

Eine alte, unter Denkmalschutz stehende Villa wird renoviert und soll in Zukunft eine Kultur-Institution aufnehmen. Sie liegt in einem Park auf einem Eckgrundstück, umgeben von einer hohen Mauer. Um Passanten einen Blick auf das Gebäude zu gewähren, wurde eine Lücke in die Mauer gebrochen, in die ein Durchblick gewährendes Gitter eingefügt werden soll. Der Architekt hat ein in Einzelfertigung herzustellendes kostengünstiges und schlicht wirkendes Bauteil geplant, wie die untenstehende Skizze zeigt.

Der Inhaber eines Metallbaubetriebes traut zwei Auszubildenden zu, unter Anleitung des Meisters dieses Gitter anzufertigen. Vorher hat er festgestellt, dass sie kleinere Schmiedearbeiten gut ausgeführt haben.

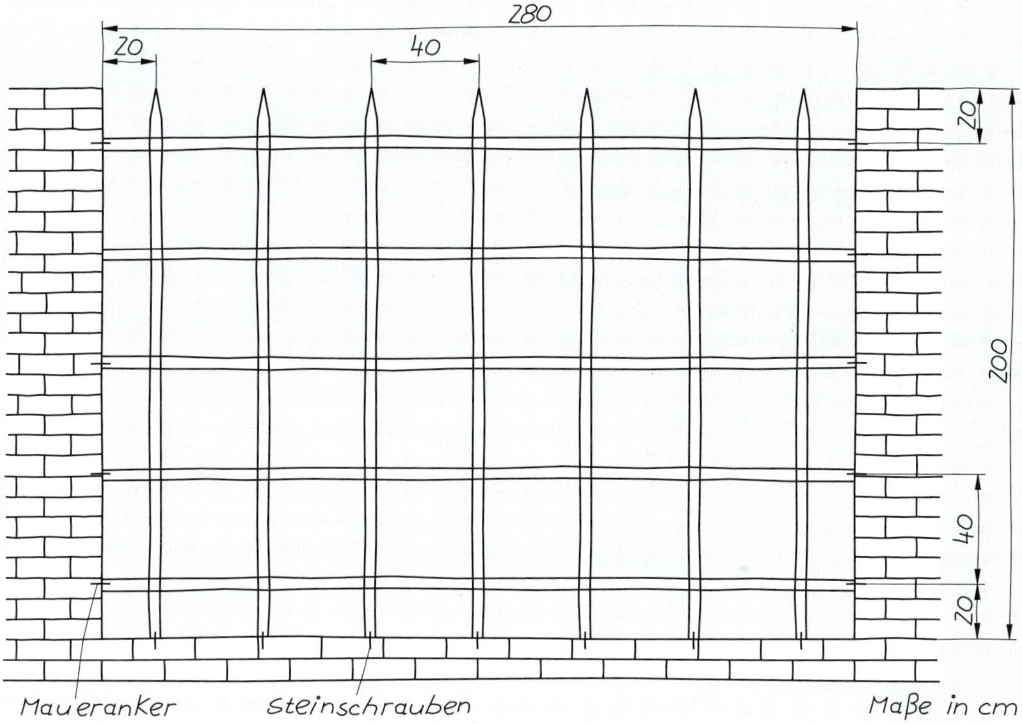

1 Entwurfsskizze des Architekten für das Gitter

Es besteht die Möglichkeit, das Gitter als Ganzes feuerzuverzinken. Nach dem Einbau wird es mit einem dunkelgrauen Lack überzogen. Das Gitter wird deshalb komplett in der Werkstatt montiert und dann zur Baustelle transportiert.

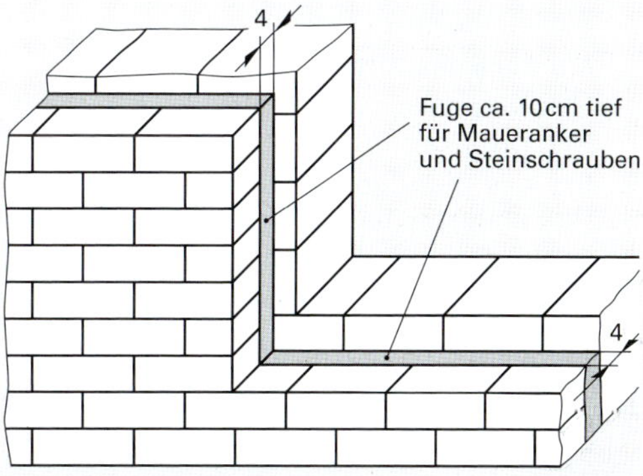

2 Skizze einer Ecke der Mauerlücke mit der Fuge zum Einbau des Gitters

1. Fertigungszeichnung

Erstellen Sie eine korrekte Gesamtzeichnung im Maßstab 1:5. Daneben zeichnen Sie je einen waagerechten und einen senkrechten Gitterstab mit Bruchlinien, eine Stabkreuzung sowie je einen Maueranker, mit dem die waagerechten und eine Steinschraube, mit der die senkrechten Stäbe in der Mauer verankert werden sollen.

Es wird ein Vierkant-Stabstahl nach DIN EN 10059 (früher DIN 1014) mit a = 18 mm gewählt. Die Maueranker sollen 50 mm, die Steinschrauben 80 mm tief im Mauerwerk verankert werden. Hier dürfen die Toleranzen so groß sein, dass vorherige Unregelmäßigkeiten ausgeglichen werden können. Die Gitterspitzen müssen mit der oberen Mauerkante genau fluchten.

Berechnen Sie nun anhand der vorstehenden Angaben und der nebenstehenden Bilder die Anzahl und die Längen der Gitterstäbe.

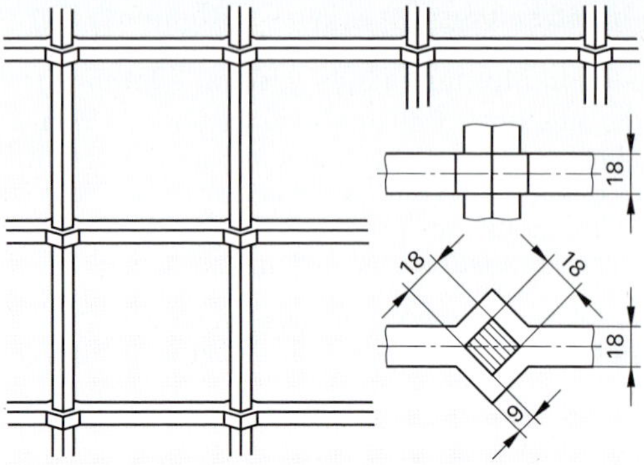

1 Gitterstab-Kreuzungen

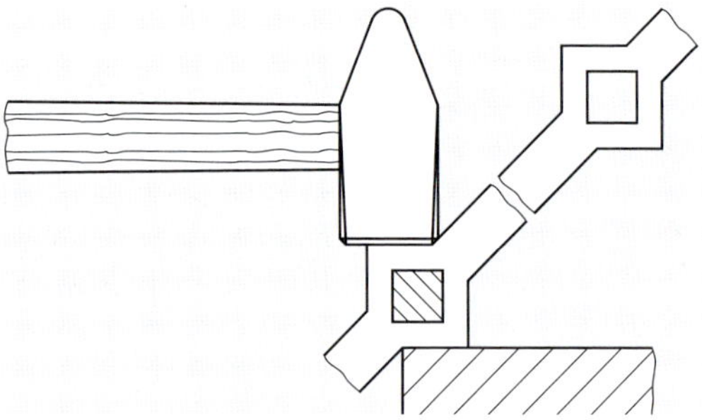
2 Fertigschmieden eines Auges

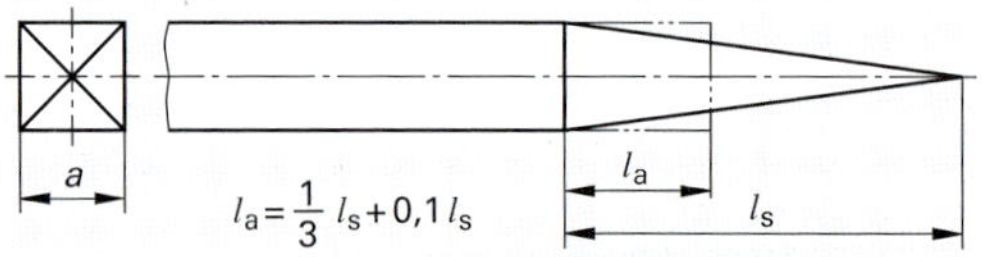

3 Fertigungsskizze einer Gitterspitze

2. Lochmeißel

In Ihrer Werkstatt findet sich kein passender Lochmeißel, auch Dorn genannt, oder ein Lochhammer. Er muss für diese Arbeit hergestellt werden. Sie erfahren, dass die Seitenlänge beim Warmlochen 1,5 · a betragen muss.

2.1 Was für ein Rohteil wählen Sie – welchen Werkstoff?

2.2 Nennen Sie die beste Schmiedetemperatur.

2.3 Wie erreichen Sie es, dass der Lochmeißel härter als das Material der Stäbe ist?

2.4 Stellen Sie nach dem unten stehenden Muster einen Fertigungsplan auf.

3. Waagerechte Gitterstäbe

3.1 Wie erreichen Sie, dass beim Schmieden der „Augen" die langen Stäbe nicht „flattern"?

3.2 Warum muss der Dorn beim Warmlochen ca. 1,5-mal so breit wie das Auge sein?

3.3 Sollte man gleich mit der Fertigung beginnen oder zuerst eine Probe schmieden?

3.4 Wie können Sie das Temperaturintervall bestimmen, in dem geschmiedet werden kann?

3.5 Skizzieren Sie wie auf Seite 15 den Vorgang des Lochens.

3.6 Stellen Sie einen Fertigungsplan auf, beachten Sie auch die nebenstehenden Bilder.

4. Senkrechte Gitterstäbe

4.1 Empfiehlt es sich auch hier, eine Probespitze zu schmieden?

4.2 Worin besteht beim Schmieden der Spitzen das größte Problem?

4.3 Wie lassen sich kleine Fehler beim Ausschmieden der Spitzen ausgleichen?

4.4 Stellen Sie einen Fertigungsplan auf.

5. Montage des Gitters

5.1 Überlegen Sie, wie mithilfe eines an der Wand der Werkstatt angebrachten Lehrengerüstes das Gitter maßgenau zusammengebaut werden kann. Skizzieren Sie das Gerüst und bemaßen Sie es.

5.2 Um das Gitter genau zu fixieren, empfehlen sich auf der Gartenseite Löt- oder Schweißpunkte. Wofür entscheiden Sie sich und warum? Spielt die Transportsicherheit auch eine Rolle?

5.3 Stellen Sie nun einen Montageplan auf, der vor dem Transport zum Verzinken endet. Für den Einbau in der Mauer und das Lackieren sind Sie nicht mehr zuständig.

Muster eines Fertigungsplanes

Waagerechter Gitterstab			
	Fertigungsschritt	Werkzeug/Prüfmittel	Hinweise/Bemerkungen
1.	Anreißen des Rohteils	Stahlmaßstab, Reißnadel	alle vier Seitenflächen kennzeichnen
2.	…	…	…

Lernfeld: Demontieren und Montieren von Baugruppen in der Werkstatt

8 Heben und Bewegen von Lasten

Der Transport von Material oder fertigen Werkstücken ist oft nur durch den Einsatz von technischen Vorrichtungen, wie z. B. Winden, möglich und erfolgt immer auf der Grundlage physikalischer Gesetzmäßigkeiten (Bild 1).

8.1 Physikalische Grundlagen

Kraft

Wird in der Praxis beim Heben eines Bauteils von „**Last**" gesprochen, sind die physikalischen Größen **Masse** und **Kraft** gemeint. Die Masse (m) eines Körpers ist von seinem Volumen (V) und der Dichte (ρ - rho) des Werkstoffs abhängig.

Masse: $m = \rho \cdot V$ | $kg = kg/dm^3 \cdot dm^3$

Die **Gewichtskraft** (F_G) eines Körpers hängt von seiner Masse und der Fallbeschleunigung auf der Erde ($g = 9{,}81\ m/s^2$) ab.

Kraft: $F_G = m \cdot g$ | $N = kg \cdot m/s^2$
N - Newton

Zum Heben eines Körpers ist immer eine Kraft erforderlich, die größer als die Gewichtskraft des Körpers selbst ist.

Da Kräfte unsichtbar sind, können Sie nur infolge ihrer Wirkung (Bewegung, Verformung) erkannt werden. Für die grafische Darstellung von Kräften wird der Pfeil genutzt (Bild 2). Dabei bedeuten:

- die Pfeillage auf einer **Wirkungslinie** die Orientierung der Kraft im Raum
- die Pfeillänge die Größe bzw. den **Betrag** der Kraft, entsprechend dem Kräftemaßstab (KM);
- die Pfeilspitze zeigt in die **Wirkungsrichtung** der Kraft.

Den Angriffspunkt einer Kraft kann man auf der Wirkungslinie verschieben. Mehrere Kräfte auf einer Wirkungslinie kann man zu einer resultierenden Kraft zusammenfassen (Bild 3). Häufig greifen zwei oder mehr Kräfte aus verschiedenen Richtungen an einem Körper an oder eine Kraft wirkt in „schräger" Richtung. Es müssen diejenigen Kraftkomponenten bestimmt werden, die in den gesuchten Richtungen wirken (Bilder 4 und 5). Zum Berechnen der Kraftkomponenten werden Winkelfunktionen benutzt. Zeichnerisch können Kräfte mithilfe eines Kräfteparallelogrammes addiert oder zerlegt werden.

1 **Bewegen einer Last mittels Magnet**

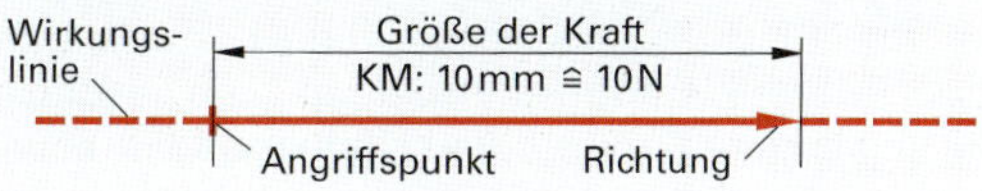

2 **Definitionsgrößen einer Kraft**

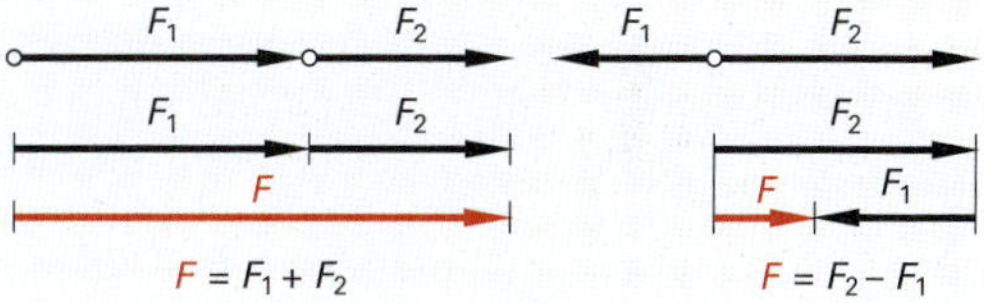

3 **Geometrische Addition und Substraktion von Kräften auf gemeinsamer Wirkungslinie**

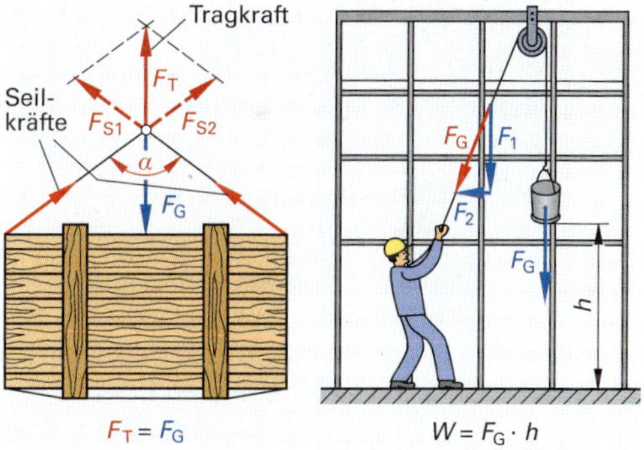

4 **Addition von Kräften ohne gemeinsame Wirkungslinie; Mechanische Arbeit beim Heben von Lasten**

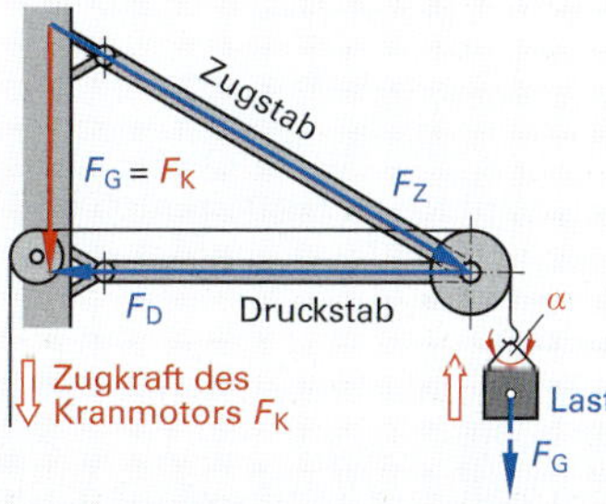

5 **Zerlegen einer Kraft in Komponenten**

Mechanische Arbeit

Wirkt eine Kraft (F) entlang eines Weges (s), wird mechanische Arbeit (W) verrichtet (Bild 1).

Mech. Arbeit: $W = F \cdot s$	Nm = N · m 1 Nm = 1 Ws = 1 J

Beim Heben von Lasten wird für den zurückgelegten Weg (s) die Hubhöhe (h) angegeben.

Mechanische Leistung

In der Praxis ist es außerdem wichtig, in welcher Zeitdauer eine Arbeit vollbracht wird (Bild 3). Je kleiner die benötigte Zeit (t) zum Verrichten einer Arbeit (W) ist, desto größer ist die Leistung (P).

Mech. Leistung: $P = \frac{W}{t}$	W = Nm/s W - Watt

Für den Einsatz eines Fördermittels ist die Leistung (Motorleistung) entscheidend, da in dieser physikalischen Größe die verfügbare Kraft sowie der Aspekt der Zeit berücksichtigt sind.

Reibung

Um einen Körper in Bewegung zu versetzen oder ihn in Bewegung zu halten, sind Widerstände zu überwinden. Diese werden als Reibung bezeichnet und die damit verbundene Kraft als Reibungskraft (F_R). Durch Reibung entsteht Wärme. Die bewegungshemmende Wirkung der Reibung wird bei der Ladungssicherung, z. B. Einsatz von Reibungsmatten, gezielt genutzt (Bild 2).

Die Größe der Reibung zwischen Werkstück und Auflage wird von folgenden Werten bestimmt:

- der Gewichtskraft des Werkstücks;
- der Struktur der Oberflächen die sich berühren;
- vom vorhandenen Bewegungszustand.

Die letzten beiden Merkmale, der Einfluss der Oberflächen (Werkstoffpaarung, Rauhigkeit, ggf. vorhandene Schmierstoffe) sowie der Bewegungszustand werden durch die Reibungszahl (μ) berücksichtigt. Aus Versuchen an geneigten Ebenen wurde erkannt, dass die Reibungskraft sinkt, je steiler die Neigung wird. Dies führte zu der Aussage, dass die Reibung von der senkrecht auf die Oberfläche wirkenden Kraft bestimmt wird. Diese Kraft wird als Normalkraft (F_N) bezeichnet (Seite 157, Bild 3).

Reibungskraft: $F_G = \mu \cdot F_N$	N

Die Reibungszahl (μ) ist einheitenlos und aus den entsprechenden Tabellen zu entnehmen.

Reibungsarten

Die **Haftreibung** muss beim Beginn einer Bewegung überwunden werden. Sie ist größer als die **Gleitreibung** während der Bewegung. Die Rollreibung ist am kleinsten (Bild 4).

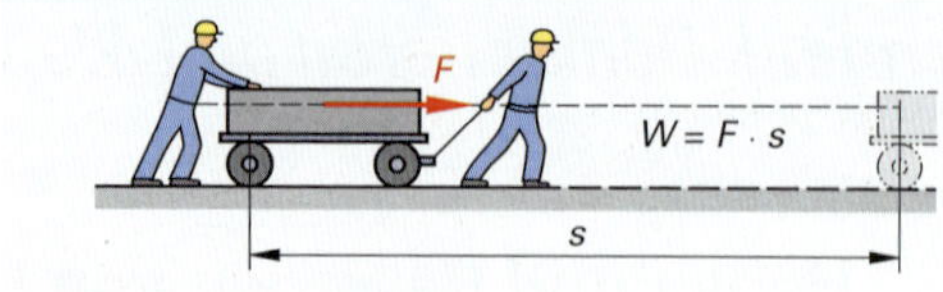

1 Mechanische Arbeit auf waagerechter Strecke

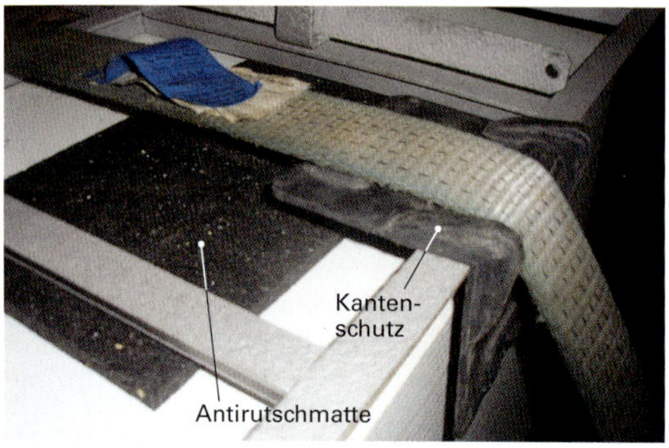

2 Antirutschmatte zur Ladungssicherung sowie Spanngurt mit Kantenschutz

Recht und Regeln:

- Straßenverkehrsordnung (STVO § 22)
- DIN EN – Normen (z. B. Berechnung der Zurrkräfte, Zurrgurte aus Chemiefasern, ...)
- DIN – Normen (z. B. Zurrpunkte an Nutzfahrzeugen zur Güterbeförderung)
- VDI – Richtlinien (z. B. Einrichtung und Hilfsmittel zur Ladungssicherung)

Vorkehrungen der Praxis:

- Bauliche Vorkehrungen (z. B. Ankerschienen; Zurrpunkte auf der Ladefläche)
- hohe Reibung zwischen Ladung und Ladefläche (z. B. saubere Ladefläche, Antirutschmatten)
- Reduzierung der mechanischen Beanspruchung der Zurrmittel (z. B. durch Kantenschutzprofile)
- Hilfsmittel, z. B. Sicherheitsnetze
- geeignetes Verpackungsmaterial, z. B. Holz

3 Grundlagen der Ladungssicherung

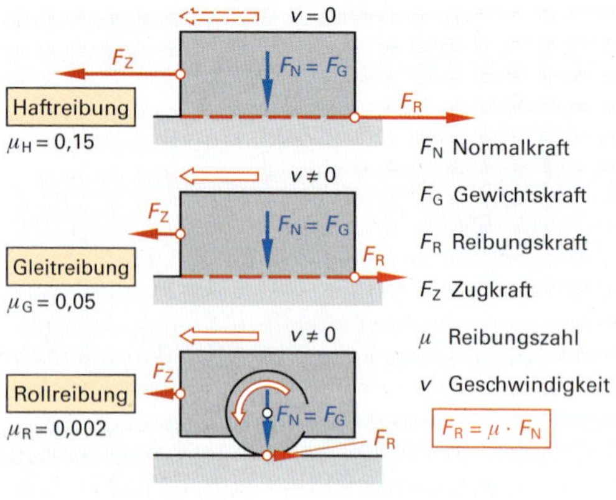

4 Arten der Reibung

Merke

Die Größe der Berührungsflächen hat keinen Einfluss auf die Reibungskraft.

Geneigte (schiefe) Ebene

Wenn ein schweres Bauteil gehoben oder ein Anhänger beladen werden soll, können auch geneigte Ebenen bzw. Rampen genutzt werden. Der Vorteil besteht darin, dass der erforderliche Kraftaufwand zum Bewegen nicht so groß ist. Der Nachteil liegt jedoch im längeren zurückzulegenden Weg (Bild 1).

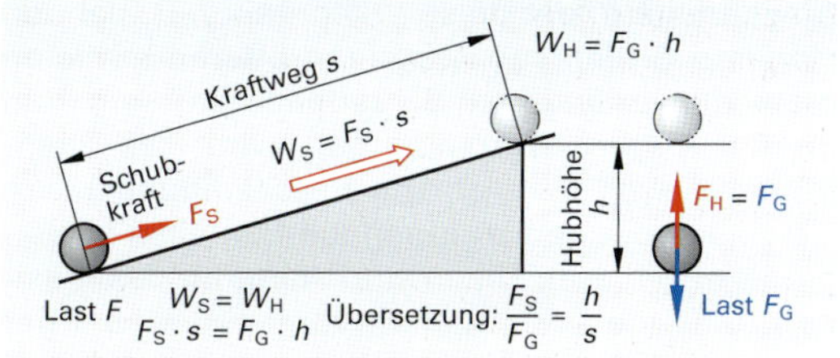

1 Kraftersparnis beim Transport auf der geneigten Ebene im Vergleich zum Heben

Merke

Goldene Regel der Mechanik:
Was beim Verrichten von Arbeit an Kraft gespart wird, muss an Weg mehr aufgewendet werden.

Schrauben und Spindeln

Auch hier wird das Prinzip der geneigten Ebene genutzt. Sichtbar wird die Neigung, wenn die Schraubenlinie auf einer Ebene abgewickelt dargestellt wird. Es entsteht eine ansteigende Gerade (Bild 3). Stellt man sich ein Stück des dazugehörigen Muttergewindes darauf liegend vor, gibt es zwei Bewegungsmöglichkeiten (Bild 2). Bei kleinem Neigungswinkel bleibt das Stück auf der schiefen Ebene liegen. Vergrößert man den Neigungswinkel, wird die Wirkung der Normalkraft auf die Oberfläche kleiner und damit sinkt die Reibungskraft. Das Stück gleitet abwärts. Deshalb haben **Befestigungsschrauben** eine kleine Gewindesteigung. Sie sind dadurch selbsthemmend. Bei ihrer Montage können große Kräfte erzeugt werden, aber es ist auch nach der Goldenen Regel der Mechanik eine Vielzahl von Umdrehungen dafür erforderlich. **Bewegungsschrauben bzw. Spindeln** haben eine große Steigung. Sie erlaubt, bedingt durch die größere Steigung, besser Bewegungen in axialer Richtung. Die Kraftübertragung ist allerdings geringer.

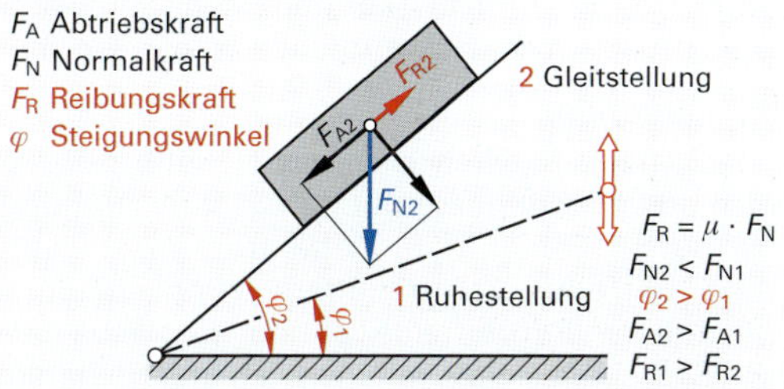

2 Versuchsanordnung zur Änderung von Antriebskraft und Reibungskraft abhängig von der Steigung

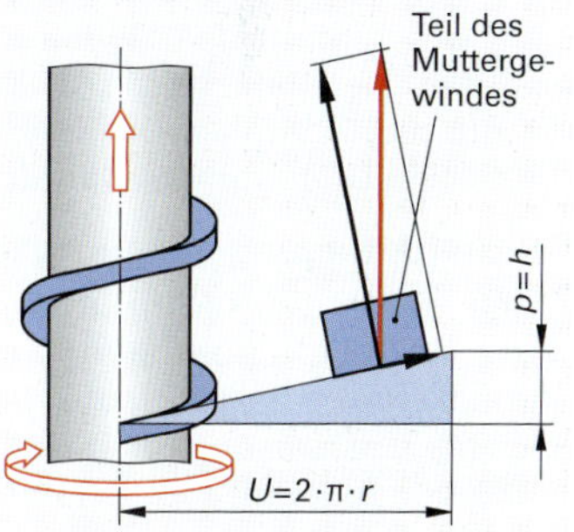

3 Keilwirkung der Gewindesteigung bei einer Bewegungsschraube

Hebel und Drehmoment

Überall dort, wo eine Kraft eine Drehbewegung verursacht, existiert ein Hebel. Er besteht aus dem Hebelarm, an dessen einen Ende die Kraft angreift (Bild 4) und dem Drehpunkt am anderen Ende, um welchen der Hebelarm schwenkt.

Die wirkende Kraft (F) sowie die vorhandene Länge (l) des Hebelarms sind die beiden Faktoren, die das wirkende **Drehmoment (M)** bilden.

$$M = F \cdot l \qquad \text{Nm} = \text{N} \cdot \text{m}$$

Merke

Die Wirkungslinie der Kraft muss senkrecht (rechtwinklig) zum Hebelarm stehen.

Ist der Hebelarm fest eingespannt und es ist somit keine Drehbewegung möglich, z. B. bei einem Träger, spricht man vom **Biegemoment**.

Zwei Hebel an einem gemeinsamen Drehpunkt sind im Gleichgewicht, wenn die rechtsdrehenden Momente gleich den linksdrehenden sind (Seite 158, Bild 1). Dann bleibt das System im Zustand der Ruhe. Man unterscheidet einseitige, zweiseitige und Winkelhebel. Eine Balkenwaage ist z. B. ein zweiseitiger Hebel. Aus der Goldenen Regel der Mechanik folgt für alle Hebel: **Um Kraft einzusparen wird der Hebelarm vergrößert.**

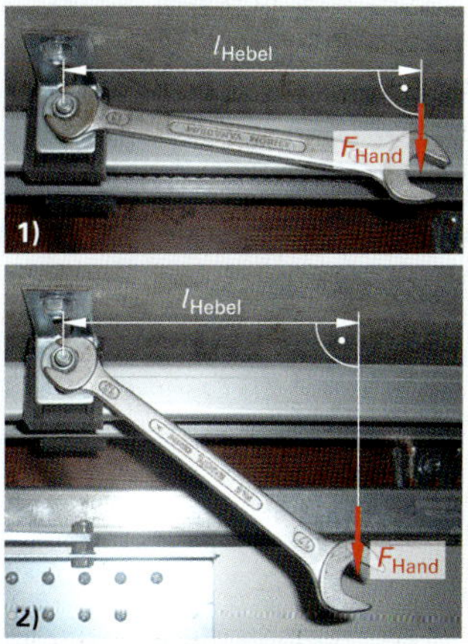

4 Konstante Kraft und sich ändernder Hebelarm = geändertes Drehmoment

Anwendung findet diese Erkenntnis z. B. bei den längeren Griffen von Zangen, größeren Kurbelarmen oder verlängerten Schraubenschlüsseln (Bild 2). Bei Gewindeverbindungen wird das Drehmoment auch genutzt, um Beschädigungen am Gewinde oder den zu fügenden Bauteilen zu verhindern. In diesen Fällen sind Werte für das maximal zulässige Drehmoment vorgegeben. Bei der Montage muss z. B. ein **Drehmomentschlüssel** genutzt werden, an dem das zulässige Drehmoment eingestellt wird. Ist dieses beim Anziehen der Schraube erreicht, können keine größeren Kräfte mehr auf die Schraube übertragen werden.

Übersetzungen

Alle Getriebe machen sich das Hebelprinzip zunutze und bewirken somit eine Kraftübertragung, z. B. durch Riementrieb, Kettentrieb oder Zahntriebe. Bei einer Zahnradübersetzung stellen je zwei ineinandergreifende Zähne ein Hebelpaar dar (Bild 3). Das Rad mit dem kleineren Radius (Hebelarm) gibt ein kleineres Drehmoment ab, als das größere empfängt, da die Kraft an der Übergabestelle gleich ist, die dazugehörigen Hebelarme (Radien der Zahnräder) aber unterschiedliche sind. Dafür dreht das kleinere schneller als das größere. Die übertragene Leistung bleibt somit die gleiche, abzüglich der Reibungsverluste. Getriebe sind **Drehmomentwandler**.

Druckübertragung in Flüssigkeiten

Kräfte lassen sich nicht nur durch feste Bauteile, wie z. B. Hebel übertragen, sondern auch durch Flüssigkeiten. Die Hydraulik umfasst außerdem auch die Übersetzung von Kräften sowie die Steuerung von Aktoren, z. B. Zylinder mit Kolben.

Merke

Flüssigkeiten sind nicht komprimierbar.

Der Druck (p) innerhalb einer allseits eingeschlossenen Flüssigkeit ist überall gleich.

In einer Hydraulikanlage wirkt der vorhandene Druck auf unterschiedlich große Zylinderbodenflächen (A), was zu einer Übersetzung der Kraft und des Weges führt (Bild 4).

Das Schema einer Hydraulikanlage in Bild 4 zeigt bei gleich bleibendem Druck in der gesamten Anlage, dass eine kleine Kraft bei langem Kolbenweg zu einer großen Kraft bei kurzem Kolbenweg führt.

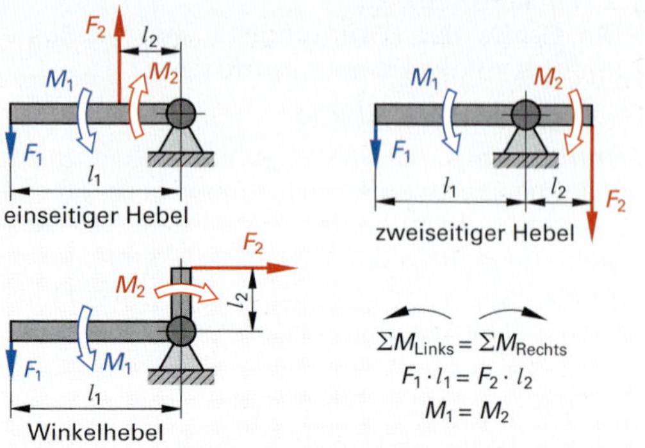

1 Momentgleichgewicht an Hebeln

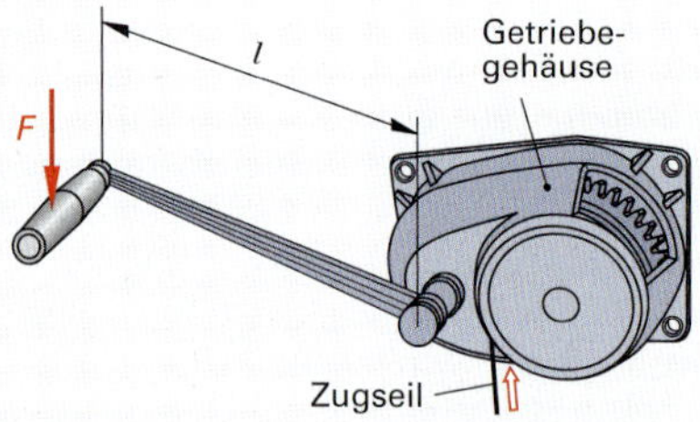

2 Wirkungsweise der Kurbel an einer Seilwinde

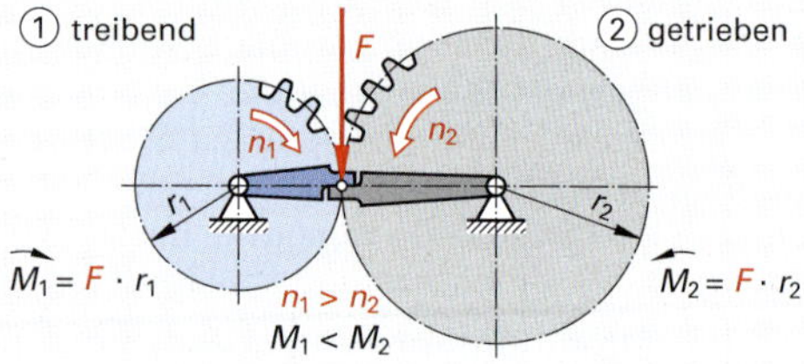

3 Zahnradübersetzung

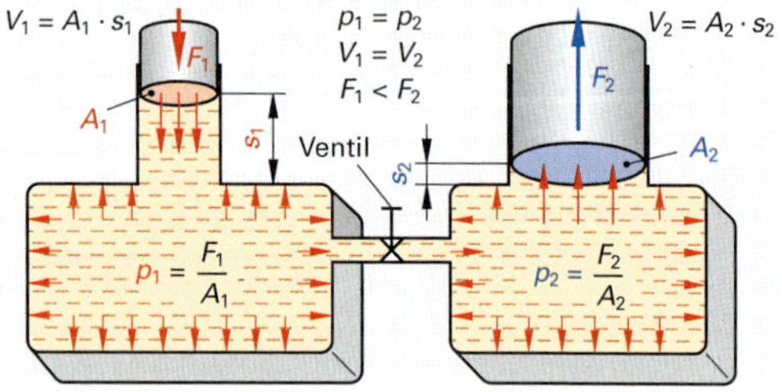

4 Prinzip der hydraulischen Druckübertragung

Überprüfen Sie Ihre Kenntnisse

1 Nennen Sie die Merkmale der Kraft.

2 Unterscheiden Sie die Gewichtskraft von anderen Kräften.

3 Beschreiben Sie den Unterschied zwischen der mechanischen Arbeit und Leistung.

4 Welche Größen beeinflussen die Reibung?

5 Erklären Sie das Prinzip des selbsthemmenden Gewindes.

6 Auf welcher technisch-physikalischen Grundlage beruht die Ladungssicherung. Nennen Sie mind. 4 Maßnahmen aus der Praxis der Ladungssicherung.

7 Erklären Sie den Begriff des Drehmoments und benennen Sie die Einflussgrößen.

8.2 Hebezeuge

Beim Be- und Entladen von Transportfahrzeugen sowie zur Beförderung von Gütern über kurze Entfernungen werden Hebezeuge verwendet. Ihre Bauart richtet sich nach dem Verwendungszweck und der Größe der Lasten. Unterscheidungsmerkmale sind außerdem die Art des Antriebes, die Kraftübertragung und die Bremsen.

Als **Last** wird in der Umgangssprache das zu bewegende Gut bezeichnet. Die Tragfähigkeit von Hebezeugen wird in der Regel in kg oder t angegeben. Die dort wirkenden Kräfte dagegen werden in N oder kN gemessen. Hebezeuge werden so gebaut, dass sie die „Goldene Regel der Mechanik" nutzen, d. h. dass mit möglichst kleinem Kraftaufwand große Massen gehoben werden können. Deswegen muss für einen kurzen Hubweg andererseits ein „langer Kraftweg" vorgesehen werden. Dabei gilt die umformulierte **Goldene Regel der Mechanik**.

Merke

Große Last · kleiner Hub = kleine Kraft · großer Hub

Die „langen Kraftwege" werden durch Trommelwinden oder Flaschenzüge realisiert.

8.2.1 Hebegeräte

Zum Heben oder dem genauen Ausrichten schwerer Bauteile oder wenn große Massen nur über kurze Strecken zu bewegen sind, wird ein Hebezeug mit Hubstempel verwendet.

Stahlwinden sind genormt für 1,5 t bis 20 t Tragfähigkeit in abgestuften Größen (Bild 1).

Der Windenfuß ist mit einer Zahnstange verschweißt. Das Ritzel eines Zahnradgetriebes greift in diese Zahnstange und wird durch die Handkurbel bewegt (Bild 1). Dadurch wird das Gehäuse mit der Last auf dem Gehäusekopf oder -fuß angehoben. Ein Sperrrad sichert Gehäuse und Last gegen das ungewünschte Absenken.

Schraubenwinden besitzen im Inneren eine Spindel. Diese wird über ein Schneckenrad von Hand mit einer Kurbel bewegt (Bild 2).

Ähnlich funktionieren mechanische Wagenheber mit einer Spindel, die in eine Gewindebuchse gedreht wird (Bild 3).

Hydraulische Hebeböcke können abhängig vom zulässigen Betriebsdruck große Hubkräfte erzeugen. Durch Steuerventile lässt sich die Hubbewegung genau regulieren. Systembedingt sind Lastbremsen nicht erforderlich.

Kleine hydraulische Hebeböcke können auch mit Handpumpen betrieben werden (Bild 4). Der Arbeitszylinder wird durch den Pumpendruck mit dem Hydrauliköl gefüllt, dabei hebt sich der Hubkolben. Das Druckventil verhindert ein Zurückströmen des Öls unter der Last. Zum Absenken der Last wird ein Rücklaufventil geöffnet.

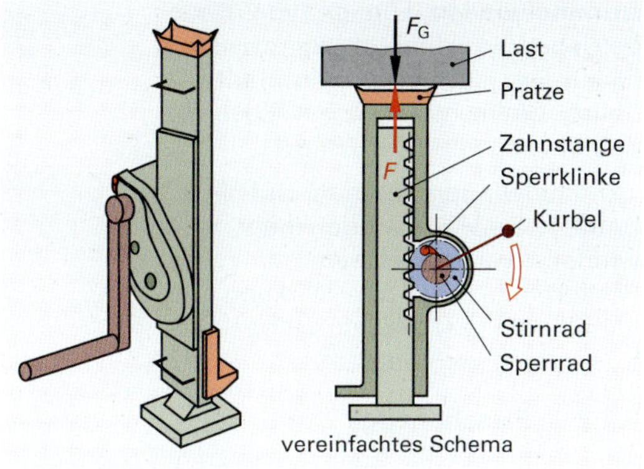

1 Stahlwinde

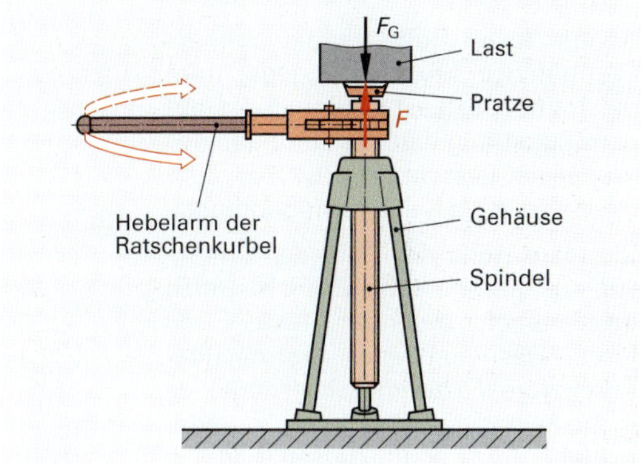

2 Schraubenwinde

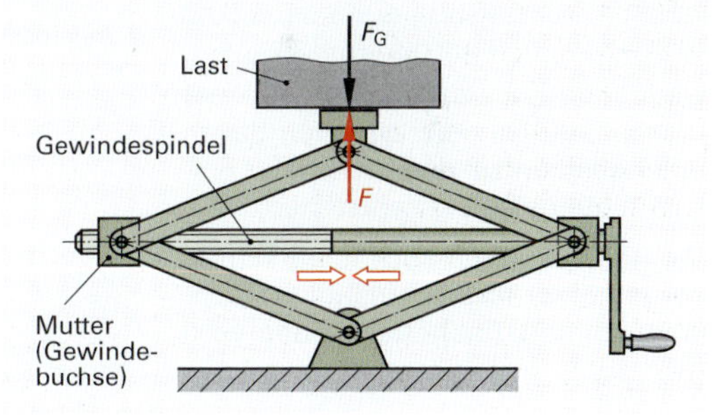

3 Wagenheber

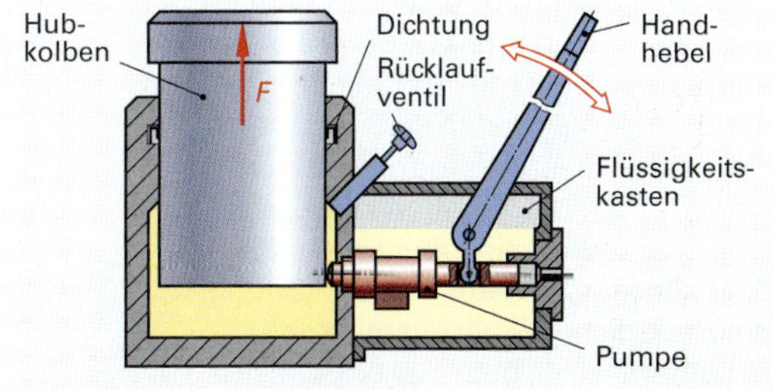

4 Hydraulischer Hebebock

Trommelwinden können von Hand betrieben werden. In den meisten Fällen ist jedoch ein Motorantrieb üblich. Die Trommel ist mit Rillen zur Seilführung versehen (Bild 1).

Trommelwinden können auf Fahrzeugen, als Wandwinden oder Flurwinden verwendet werden. Das Rückdrehen durch die Wirkung der gehobenen Last wird durch geeignete Bremsen verhindert.

8.2.2 Flaschenzüge

Der einfachste Flaschenzug besteht aus einer festen und einer losen Rolle (Bild 2 c). Nur die lose Rolle verändert beim Heben der Last ihre Lage.

An der **losen Rolle** verteilt sich die Last auf zwei Seilstränge, jeder trägt die Hälfte der Last. Jeder Punkt auf dem Zugstrang legt das Doppelte des Weges der Last zurück (Bild 2 a). Zum Heben wird die halbe Kraft gebraucht.

Die **feste Rolle** dient nur der Umlenkung der Kraftrichtung (Bild 2 b). Durch Kombination mehrerer fester und loser Rollen entstehen **Mehrfachflaschenzüge** (Faktorenflaschenzüge). Je mehr Seilstränge tragen, desto geringer wird die Kraft am Zugseil (Bild 3a).

$$\text{Zugkraft} = \frac{\text{Gewichtskraft}}{\text{Anzahl der tragenden Seile}}$$

Vergrößert wird die theoretisch aufzuwendende Zugkraft allerdings in der Praxis dadurch, dass zwischen Seilen und Rollen und in den Lagern der Rollen Reibungsverluste entstehen.

Die Rollen können auch nebeneinander auf einer Welle befestigt werden, wodurch die Bauhöhe kleiner wird (Bild 3b).

Der **Differenzialflaschenzug** erhielt seinen Namen durch den Aufbau der „festen Rolle", der Oberflasche. Hier sind zwei Rollen miteinander verbunden, deren Durchmesserdifferenz das Verhältnis von Kraft- zu Lastweg und damit die Übersetzung bestimmt. Falls keine Seile, sondern Ketten verwendet werden, erhalten die Laufflächen der Rollen ein zahnartiges Profil zur Führung der Kettenglieder (Bild 4). Ein zusätzliches Sperrrad mit Klinke an der Oberflasche kann das unbeabsichtigte Sinken der Lasten verhindern.

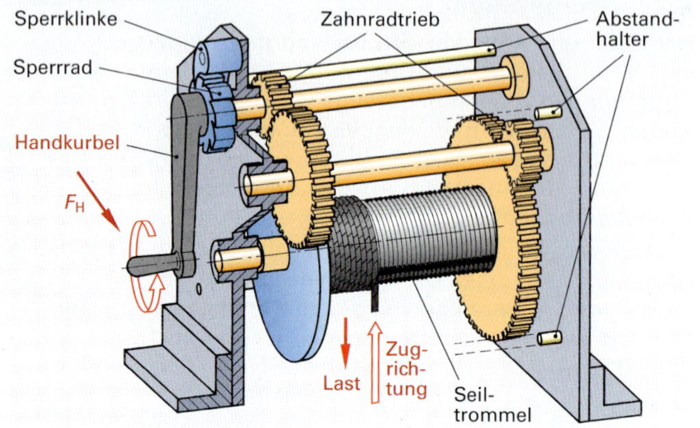

1 Trommelwinde (Flurwinde)

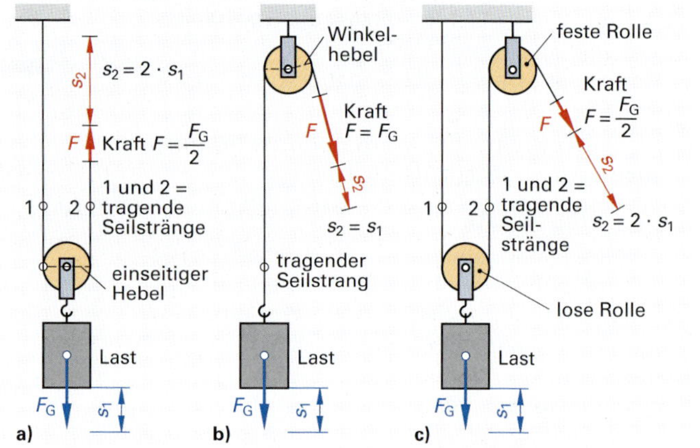

2 Aus loser Rolle + fester Rolle entsteht ein einfacher Flaschenzug

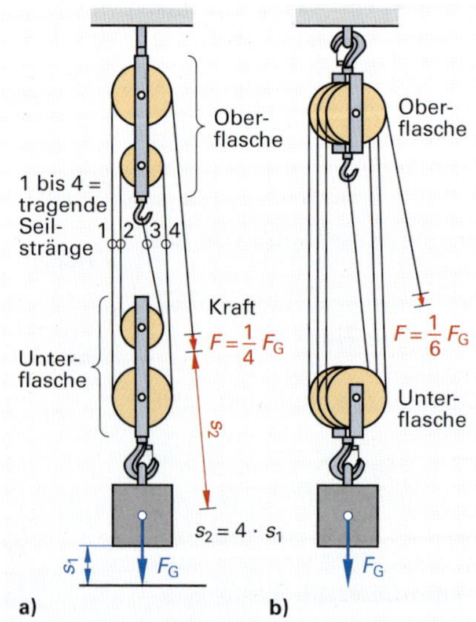

3 Mehrfachflaschenzüge

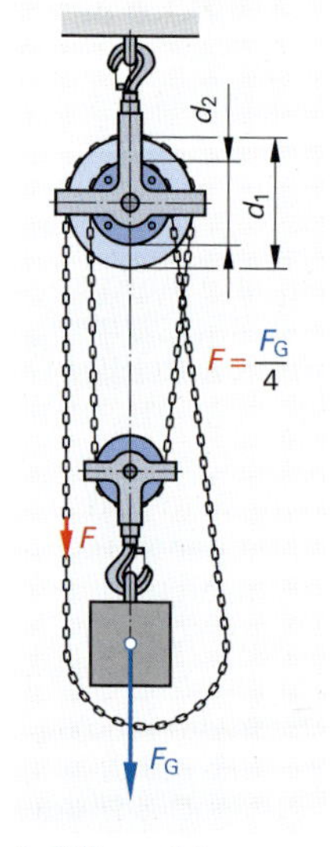

4 Differenzialflaschenzug

Schraubenflaschenzug

Sollen besonders große Lasten mit verhältnismäßig kleinen Hand-Zugkräften gehoben werden, muss auch die Übersetzung zwischen Handkraft und Last besonders groß sein. Dies leistet ein **Schneckentrieb** (Bild 2), bestehend aus einer schraubenförmigen sogenannten Schnecke, die bei Drehbewegung das eingreifende Schneckenrad, ein schrägverzahntes Zahnrad, in Bewegung setzt. Auf dem Ende der Schneckenwelle sitzt das sogenannte Haspelrad, über das mithilfe einer endlosen Handkette die Welle gedreht und das erforderliche Drehmoment erzeugt wird. Die „Schnecke" treibt das Schneckenrad, auf dessen Welle die Kettennuss der Tragkette sitzt. Eine Schnecke ab 5° Steigungswinkel ist eine „Bewegungsschraube" und damit nicht selbsthemmend (Seite 157). Deshalb ist eine Lastdruckbremse notwendig, um ein ungewolltes Absinken der Last zu verhindern.

Stirnradflaschenzug

Auch Hebezüge, die zur Verringerung der Zugkraft Zahnradübersetzungen benutzen (Seite 158), nennt man Flaschenzüge. Bei dem **Planetenflaschenzug** bilden Stirnräder ein sogenanntes **Planetengetriebe** (Bild 4), das auf kleinem Raum große Übersetzungen erreicht. Durch die Zugkraft wird über Handkette und Haspelkette eine Welle angetrieben. Auf ihr sitzt ein Ritzel, Sonnenrad genannt. Das treibt die drei Planetenräder, die sich innerhalb eines Zahnkranzes abwälzen. Die Planetenräder wiederum bewegen die mit dem Planetenträger verbundene Kettennuss mit der Tragkette.

8.2.3 Hand-Hubzeuge

Darunter versteht man **Kleinhebezeuge**, die oft zusammen mit Flaschenzügen eingesetzt werden (Bild 1). Am meisten verbreitet sind Hebezüge mit Drahtseilzug (Bild 5). Die Hub- bzw. Zugkraft wird über einen Handhebel aufgebracht, wobei die Hebellänge schon zur Kraftübersetzung dient. Je nach Hersteller werden sie auch **„Greifzug"** oder **„Seilzug"** genannt. Die Last wird in jeder Stellung selbsttätig festgehalten. Ketten-Hubzüge haben eine höhere Tragfähigkeit als Seilzüge (Bild 3).

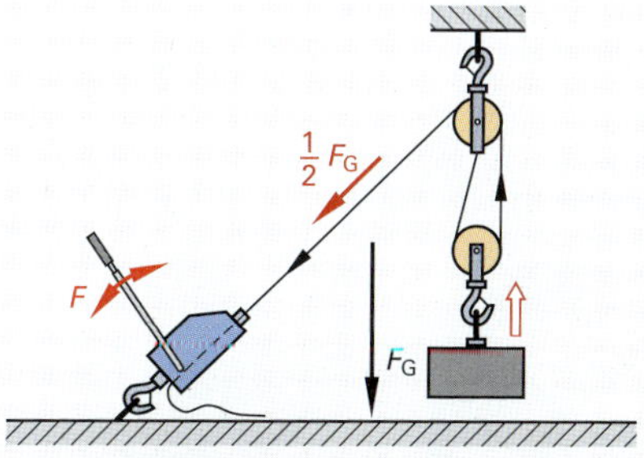

1 Einsatz eines Hand-Hubzuggerätes kombiniert mit einem Flaschenzug

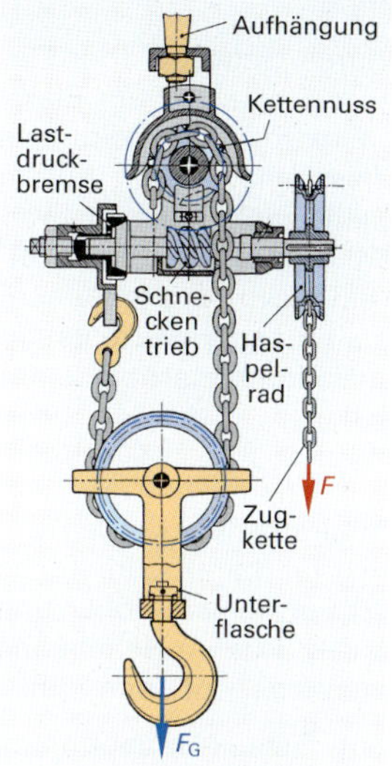

2 Schraubenflaschenzug

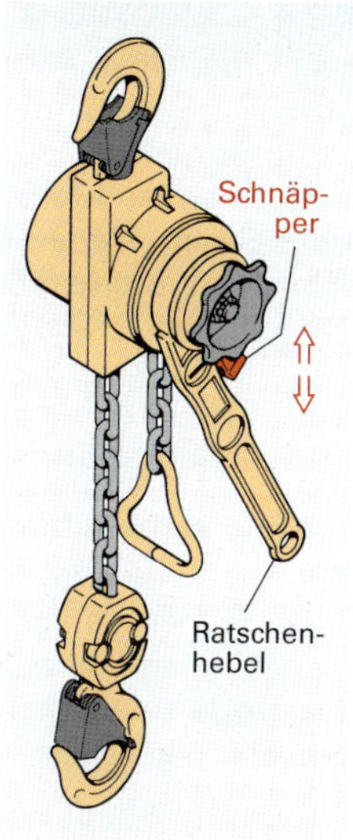

3 Hand-Kettenzug

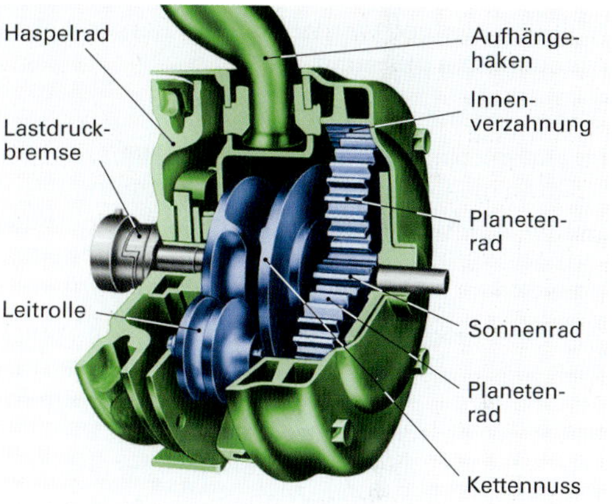

4 Planetenflaschenzug

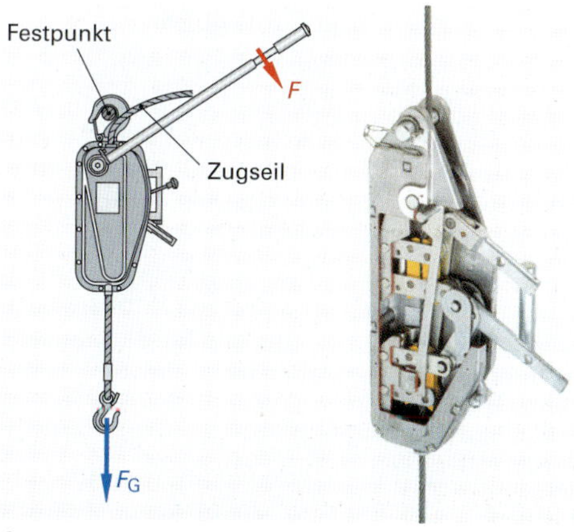

5 Seilzug

8.2.4 Elektrozug

Wenn die Übersetzung durch Getriebe oder Flaschenzüge nicht mehr ausreicht, wird ein Elektromotor genutzt (Bild 1). Elektrozüge arbeiten als Einfach- oder Mehrfachflaschenzüge mit Ketten oder Seilen. Neben mechanischen Bremsen werden auch Bremsmotoren zum Abbremsen verwendet (Seite 163). Wird ein Elektrozug mit einem Fahrwerk verbunden, ist eine **Laufkatze** entstanden. Sie wird durch Laufrollen unterhalb einer Hängebahn geführt (Bild 3).

8.2.5 Hebebühnen

Für Montage- oder Reparaturarbeiten werden Gerüste immer häufiger durch fahrbare hydraulische Hebebühnen ersetzt (Bild 2). Für kleinere Höhen und für große Lasten hat sich die Scheren-Hebebühne bewährt (ähnlich dem Wagenheber auf Seite 159).

Größere Höhen erreichen Gelenk-Hebebühnen. Die häufig fahrbare Arbeitsplattform wird durch hydraulisch angetriebene Gelenkarme stufenlos gehoben (Bild 2). Für schwierige Arbeiten werden drehbare Ausleger-Arbeitsbühnen verwendet. Alle Bewegungen werden von der Person auf der Arbeitsbühne gesteuert.

8.2.6 Krane

Im Unterschied zu einem einfachen Hebezug kann ein Kran mehr als zwei Bewegungsrichtungen ausführen. Mit Kranen können Lasten „frei" im Raum bewegt werden, d. h. in einem Punkt aufgenommen und an einem anderen abgesetzt werden.

Für die verschiedensten Anforderungen gibt es eine große Zahl von Bauarten. Gemeinsam haben alle Krane, dass die Last an einem **Tragmittel** hängt. Krane können fest an einem Ort installiert sein oder beweglich auf Straßen- oder Schienenfahrzeugen montiert werden.

Die Bauarten lassen sich auf zwei grundsätzliche zurückführen: **Brückenkrane** (Bild 3) und **Auslegerkrane** (Bild 4). Auf Baustellen sind die letzteren in stationärer und mobiler Form üblich.

Fahrzeugkrane sind in der Montagetechnik, insbesondere beim Brückenbau und zur Errichtung von Stahlkonstruktionen, aber auch auf weiträumigen Lagerplätzen vielfältig verwendbar. Auf einem von einem Dieselmotor angetriebenen Fahrgestell befindet sich ein Auslegerkran (Bild 4). Der eigentliche Ausleger kann eine Fachwerkkonstruktion wie beim Turmdrehkran sein, aus verschweißten Blechprofilen bestehen oder als Teleskopausleger aus hydraulisch ausfahrbaren Rohren zusammengesetzt sein. Die **zulässige Tragkraft** des Mobilkrans ist umso größer, je mehr der Ausleger eingezogen ist. Neben dem Gegengewicht dienen bei größeren Lasten auch zusätzliche Abstützungen der Sicherung gegen Kippen.

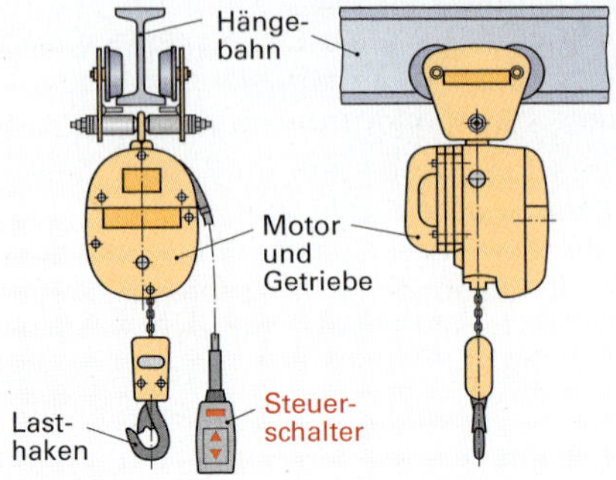

1 **Elektro-Kettenzug**

2 **Hub-Arbeitsbühne – Scheren- und Gelenkbühne**

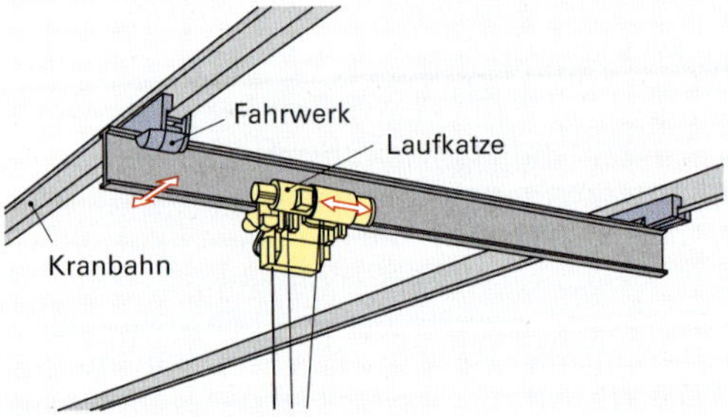

3 **Hängekran (Brückenkran)**

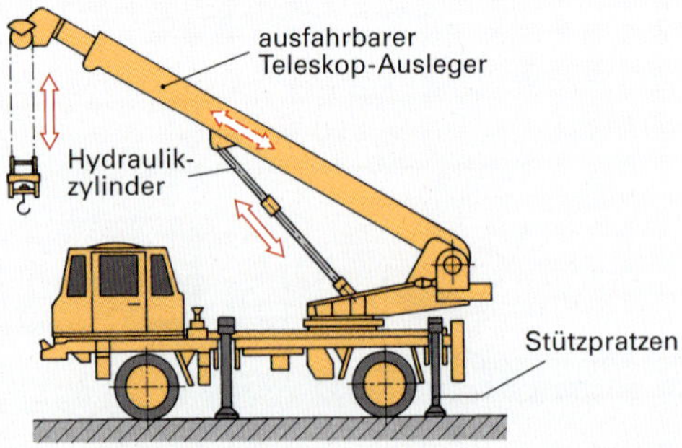

4 **Fahrzeugkran (Mobilkran)**

Turmdrehkrane sind das wichtigste Transportmittel auf größeren Baustellen. Kleinere Krane können in zusammengeklapptem Zustand auf die Baustelle transportiert und mithilfe des eigenen Motors aufgerichtet werden. Größere Krane werden aus Baueinheiten zusammengesetzt.

Um den Radius des Drehkrans zu ändern, lässt sich beim **Wippkran** der Ausleger heben und senken (Bild 1). Auch eine **Laufkatze** mit waagerechtem Ausleger erfüllt diesen Zweck (Bild 2). Bei der Errichtung sehr hoher Bauwerke lässt sich die Höhe des Krans durch das Einsetzen von Zwischenstücken vergrößern.

Kletterkrane wachsen mit der Gebäudehöhe, indem sie in einem Aufzugsschacht von Stockwerk zu Stockwerk hochgehoben werden (Bild 2).

Die **Standsicherheit** des Krans wird durch ein Gegengewicht und die Anordnung von Motor und Getriebe weit unten hergestellt. In diesem Sinne kann man den Turmdrehkran als einen Winkelhebel betrachten, bei dem Momentgleichgewicht herrschen muss (Seite 158, Bild 1). Bei Erreichen der zulässigen Belastung verhindert eine **Überlastsicherung** das weitere Bewegen bzw. Heben der Last und somit das Kippen des Krans.

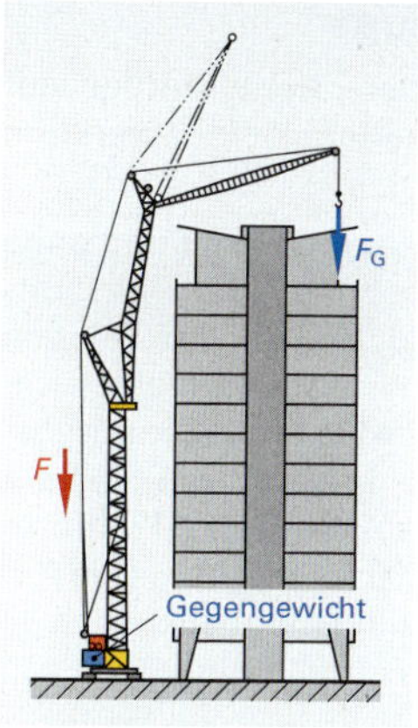

1 **Turmdrehkran als Wippkran**

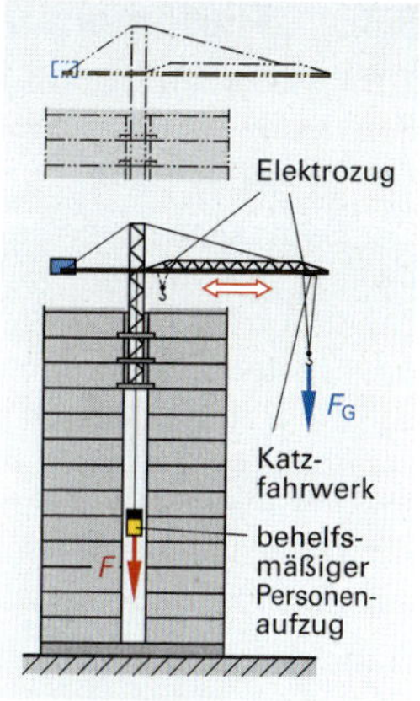

2 **Kletterkran als Auslegerkran**

8.2.7 Sperrwerke und Bremsen

Bei allen Hebezeugen muss die Last gegen das plötzliche Aussetzen der Zugkraft gesichert werden. Beim Senken muss gleitend abgebremst werden können.

Das **Sperrrad** bietet die einfachste Sicherung gegen das Rückdrehen von Winden und Flaschenzügen (Bild 3).

Bandbremsen besitzen ein mit Bremsbelag bewehrtes Stahlband über einer Bremsscheibe (Bild 3). Auch bei **Backenbremsen** greift die Bremskraft an der Umfangsfläche der Bremsscheibe an, indem anstelle des Bandes zwei Backenflächen dagegen gepresst werden.

Bei **Scheibenbremsen** wirkt die abbremsende Reibungskraft auf die seitlichen Flächen der Bremsscheibe.

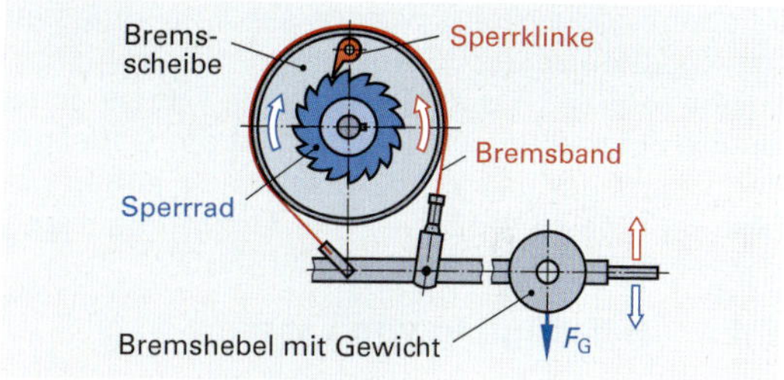

3 **Bandbremse mit Sperrrad**

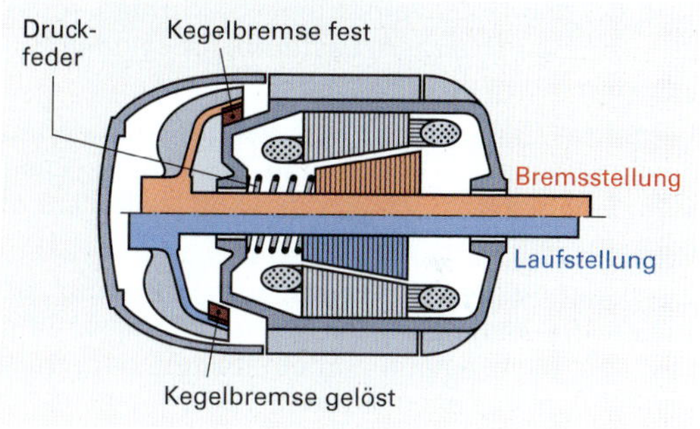

4 **Bremsmotor mit Kegelbremse**

Die **Kegelbremse** ist Bestandteil des Bremsmotors in Elektrozügen. Beim Einschalten des Stroms wird der kegelförmige Läufer des Motors in das Ständermagnetfeld hineingezogen und die Feder gespannt. Damit ist die Bremse gelöst (Bild 4). Nach dem Abschalten des Stroms drückt die Feder den Bremskegel in das Bremsgehäuse.

Weil beim Bremsen mechanische Energie durch Reibung in Wärme umgewandelt wird, müssen die Bremsflächen groß genug sein, um die Wärme rasch abführen zu können ohne heiß zu werden.

Überprüfen Sie Ihre Kenntnisse

1 Erklären Sie die „Goldene Regel der Mechanik" am Beispiel der Stahlwinde.

2 Worin unterscheiden sich Befestigungs- und Bewegungsgewinde? Welche Bedeutung hat dies für die Selbsthemmung einer Winde?

3 Beschreiben Sie das Prinzip eines hydraulischen Hebers mit der Goldenen Regel der Mechanik.

4 Erklären Sie, warum die praktisch aufzuwendende Kraft bei einem Flaschenzügen größer als die errechnete ist?

5 Kennzeichnen Sie den Unterschied zwischen einem Kran und einem einfachen Hebezeug.

6 Warum genügt beim genauen Absenken einer Last das Sperrrad allein nicht als Bremse?

8.3 Flurförderfahrzeuge

Zum Materialtransport in der Ebene werden auf Baustellen oder in Werkstätten kleine wendige Fahrzeuge benötigt.

Der **Hubwagen** ist ein Flurfördergerät mit und ohne elektrischen Antrieb, welcher mit seiner Transportgabel zum Unterfahren und Heben von Paletten oder Kisten (Bild 1) genutzt wird. Die Gabel (Deichsel) dient zum Bewegen sowie Lenken. Bei antriebslosen Hubwagen wird durch sie auch die Hydraulikpumpe zum Heben bedient. Die Gabel-Plattform lässt sich so um 50 mm bis 80 mm heben. Das Absenken wird mittels Hydraulikventil realisiert.

Gabelstapler haben für den Einsatz im Freien einen Verbrennungsmotor, in geschlossenen Räumen werden sie durch batteriegespeiste Elektromotoren angetrieben (Bild 2). Durch die Einführung des Palettenfördersystems wurden sie die wichtigsten Flurförderfahrzeuge. Sie werden für Tragfähigkeiten von 0,5 t bis zu 50 t gebaut. Mittels eines Hubgerüstes können die Lasten auf der Gabel gehoben und gesenkt werden. Je weiter außen die Last liegt, desto größer ist das Kippmoment und desto geringer die Tragfähigkeit (Bild 2).

8.4 Befestigung von Lasten

Man schätzt, dass sich bis zu 30 % aller Unfälle im Betrieb beim Transport ereignen. Neben der Beachtung der Unfallverhütungsvorschriften muss das Risiko durch sichere **Lastaufnahmeeinrichtungen** vermindert werden (Bild 3).

Tragmittel sind Teile des Hebezeuges und stehen mit ihm dauernd in Verbindung. Sie nehmen Lastaufnahmemittel, Anschlagmittel und Lasten auf, z. B. Lasthaken, Traversen, Zangen.

Anschlagmittel gehören nicht zum Hebezeug, sie stellen die Verbindung zwischen Tragmittel und Last oder dem Lastaufnahmemittel und dem Tragmittel her, z. B. Ketten, Bänder, Seile.

Lastaufnahmemittel sind nicht Teil des Hebezeuges. Sie nehmen die Last auf und können direkt mit dem Tragmittel verbunden werden, z. B. Klauen, Klemmen, Körbe. Manche können außerdem als Tragmittel eingesetzt werden.

8.4.1 Anschlagen von Lasten

Merke

Anschlagen ist das Verbinden der Last mit dem Hebezug.

Nur beim senkrechten Einzelstrang entspricht die Belastung des Anschlagmittels der Gewichtskraft. In allen anderen Fällen muss das Prinzip der Kräftezerlegung berücksichtigt werden (Seite 155). Entscheidend ist dabei der Neigungswinkel zur senkrechten Achse und die Anzahl der genutzten Stränge zur Lastaufnahme (Bild 4 und Bild 1 der folgenden Seite).

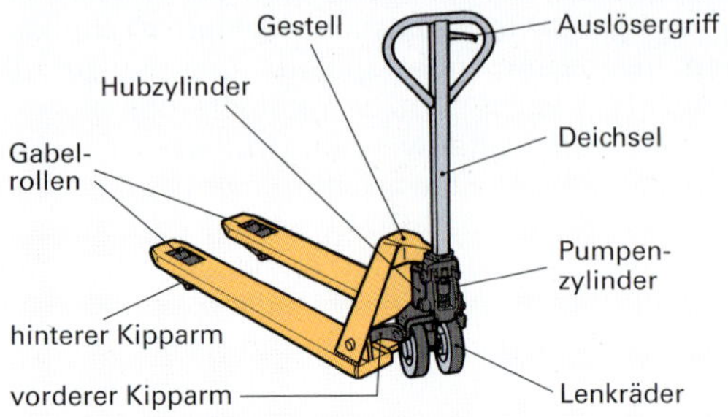

1 Hand-Gabelhubwagen

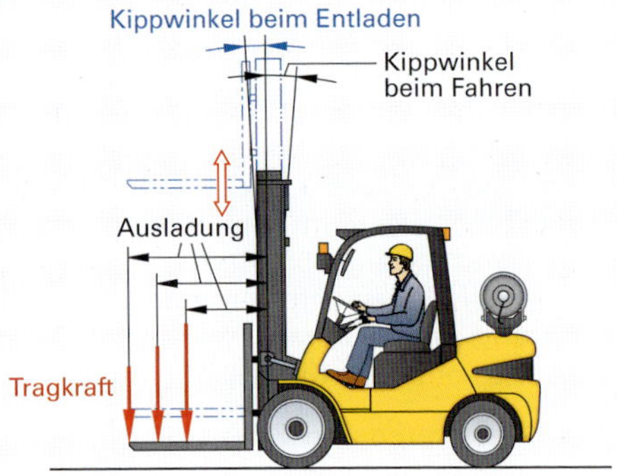

2 Gabelstabler

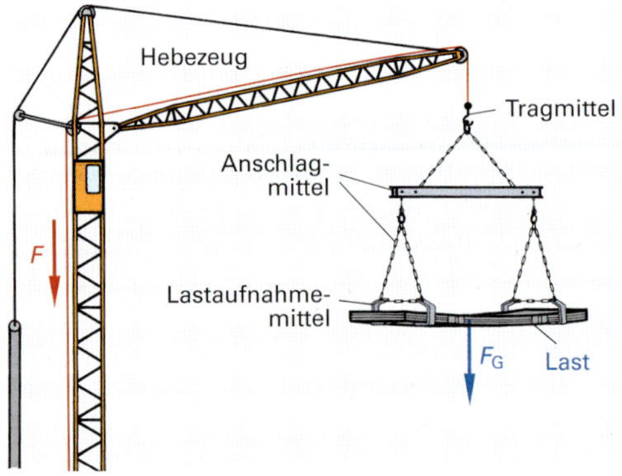

3 Lastaufnahmeeinrichtungen an einem Auslegerkran

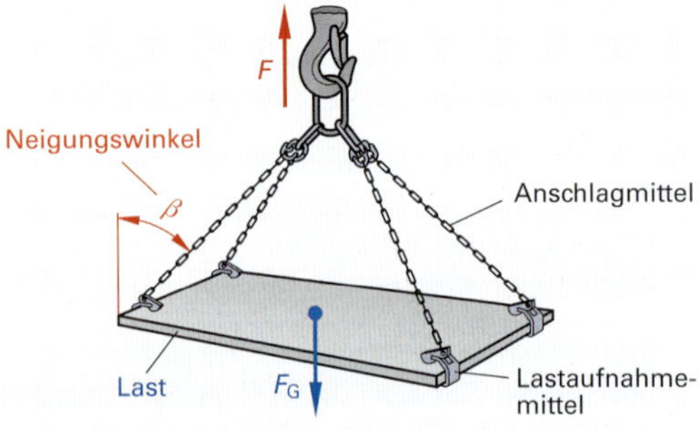

4 Bedeutung des Neigungswinkel beim Anschlagen

Belastbarkeit von Anschlagmitteln

Die Belastung einer Kette, eines Seils oder eines Bandes darf nicht größer sein, als die in den Tabellen der Hersteller angegebene höchste Belastbarkeit. In den Angaben ist immer eine gewisse Sicherheit enthalten, welche z. B. die Wirkung kleiner, nicht bemerkbarer Beschädigungen oder Abnutzungen ausgleichen muss. Die Belastbarkeit des einzelnen Tragmittels wird außerdem durch den **Neigungswinkel** β verringert (Bild 1). Ein Neigungswinkel von 60° darf dabei nicht überschritten werden, sonst werden die Zugkräfte in den einzelnen Strängen zu groß im Vergleich zur Gesamtkraft.

Anschlagarten

Die Anzahl der tragenden Stränge kann vergrößert werden. Bei vier Strängen ist aber zu beachten, dass nur drei tragen und der vierte nur das Gleichgewicht hält.

Bei Trägern, Fässern und anderen starren Lasten werden die Anschlagmittel direkt um die Last gelegt oder geschlungen (Bild 2). Ein **Kantenschutz** verhindert, dass die Last oder das Tragmittel durch direkten Kontakt beschädigt werden. Zwischenlagen aus Leinen und Leder, Holzklötze oder Spezialelemente verhindern dies ebenso (Bild 3).

8.4.2 Anschlagmittel

Darunter werden alle Arten von Seilen (z. B. Endlosseile oder Hakenseile), Ketten (z. B. Ring- oder Kranzketten), Bändern und ähnlichen Befestigungsmitteln zwischen Lastaufnahmemitteln und Lasten bzw. Tragmitteln verstanden.

Seile

Faserseile werden heutzutage fast nur noch aus Chemiefasern wie Polyamid, Polyester, Polypropylen oder Aramid hergestellt. Sie sind durch ihre Nutzeigenschaften den früher verwendeten Hanfseilen überlegen.

Drahtseile bestehen aus gezogenem verzinktem Stahldraht mit hoher Festigkeit. Mehrere Drähte dreht man zu einer Litze zusammen. Die Litzen werden dann zu einem Seil geschlagen (Bild 4). Drahtseile besitzen innen eine Fasereinlage zur Erhöhung der Geschmeidigkeit und zur Aufnahme eines Schmiermittels.

Merke

Drahtseile müssen Kräfte übertragen und sollen außerdem biegam sein.

Diese beiden wichtigsten Anforderungen widersprechen sich, deshalb werden so viele unterschiedliche Seilarten benötigt.

Bei der Herstellung der Drahtseile auf Verseilmaschinen entsteht der **Drall**, das ist eine Spannung, die ein Wiederaufdrehen des Seilverbandes bewirkt. Freie Seilenden müssen darum abgebunden oder auf andere Weise zusammengehalten werden. Nur bei Seilen mit vorgeformten Litzen ist dies nicht nötig.

Die **Schlagrichtung** hat einen wesentlichen Einfluss auf die Gebrauchseigenschaften von Seilen. So gibt es **rechtsgeschlagene (Z)** und **linksgeschlagene Seile (S)**. Bei mehrfach geschlagenen können dann die übereinander liegenden Lagen alle in einer Richtung oder entgegengesetzt verlaufen.

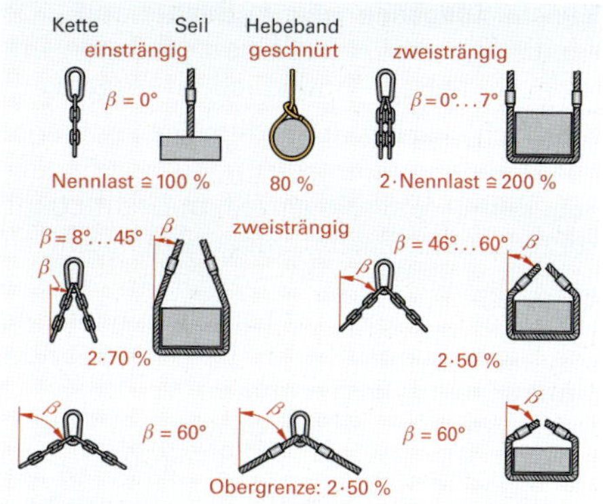

1 Abhängigkeit der Belastbarkeit von Anschlagmitteln vom Neigungswinkel

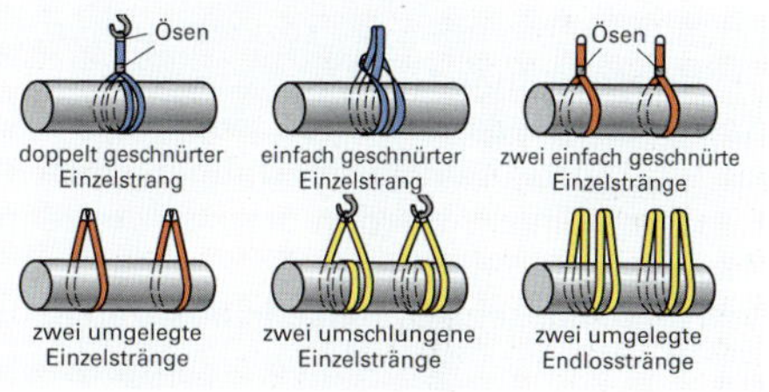

2 Auswahl von Anschlagarten

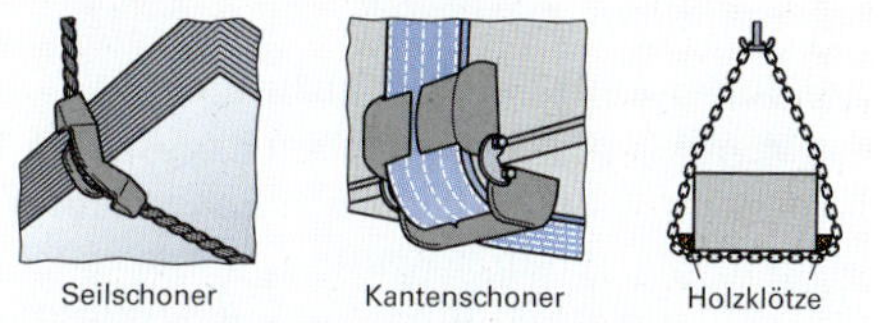

3 Schutz vor scharfkantigen Lasten und Tragmitteln

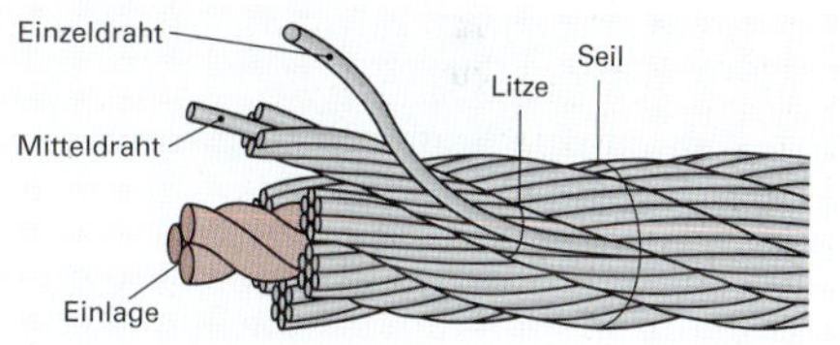

4 Aufbau eines Drahtseils

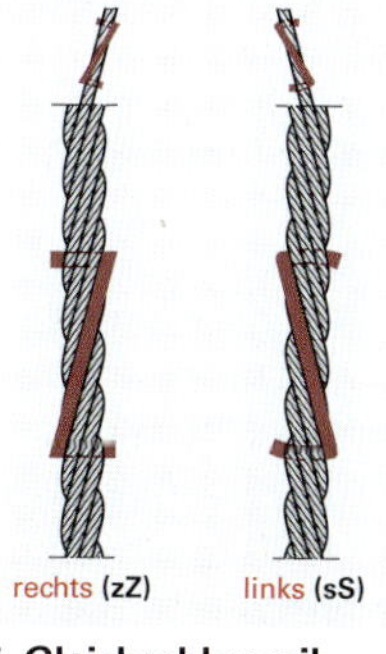

5 Gleichschlagseil

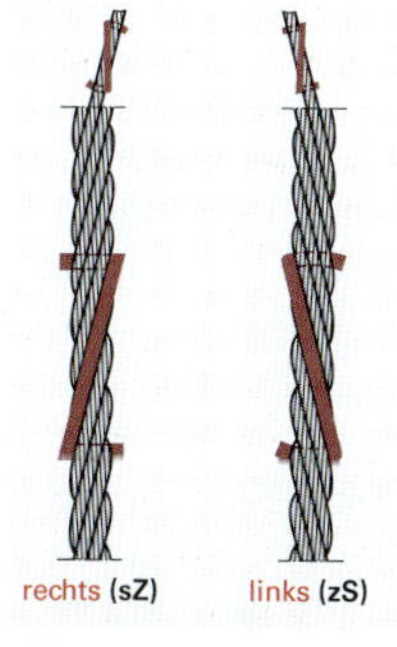

6 Kreuzschlagseil

Gleichschlagseile weisen Drähte und Litzen mit einer Schlagrichtung auf. Deshalb haben sie weniger Kreuzungstellen, aber einen größeren Drall (Bild 165, Bild 5). Sie sind glatt, verschleißfest und laufen leise, sind aber empfindlich für Quetschungen und können sich verdrehen und aufspringen.

Kreuzschlagseile wirken dem Drall entgegen, weil der Drall der Drähte und Litzen sich gegenseitig fast aufhebt (Seite 165, Bild 6). Weil die einzelnen Drähte gegeneinander wesentlich mehr Berührungspunkte haben, sind sie auch gegen Druck und Verformung haltbarer als Gleichschlagseile. Dafür sind sie aber nicht so glatt und weniger biegsam.
Die Herstellungsart und der innere Aufbau sind weitere Unterscheidungsmerkmale.
Spiralseile sind einfach geschlagen (Bild 1). Sie sind verhältnismäßig biegesteif und werden deshalb nur zum Abspannen, z. B. bei Masten, Seilbahnen und Brücken benutzt.
Litzenseile sind zweifach geschlagen und haben außerdem eine **Faserseele**, die mit Fett oder Firnis getränkt ist (Bild 2). Sie sind biegsam und werden deshalb beim Anschlagen verwendet. Sie können auch über Seiltrommeln als **Hubseile** laufen.
Kabelschlagseile bestehen aus mehreren Litzenseilen, sie sind also dreifach geschlagen (Bild 3). Wegen ihrer Geschmeidigkeit werden sie als Anschlagseile für hohe Ansprüche genommen.
Vollverschlossene Spiralseile besitzen in den äußeren Lagen Profildrähte (Bild 4). Sie haben eine größere Tragkraft als Litzenseile gleichen Durchmessers und liegen gut in Seilrillen. Sie sind aber biegesteifer und werden z. B. bei Seilbahnen und Seilbrücken eingesetzt.

Seilenden und Seilverbindungen

Der Aufbau von Seilen erlaubt vor allem kraftschlüssige Verbindungen (Bild 5). Durch **Spannschlösser** können die Seile etwas verkürzt werden, um so Lasten festzuzurren (Bild 5d). **Pressklemmen** sind aus Aluminium und dürfen nicht auf Biegung beansprucht werden, während **Spleiße** biegsam sind (Bild 6).
Um **Schlingen** und **Gehänge** für Transportzwecke herzustellen, benötigt man **Ösen**. Eine **Kausche** schont das Seil (Bild 6). Spiralseile sind dafür zu steif, sodass für die Endbefestigung eine **Seilbirne** hergestellt wird.

Ablegen von Seilen

Obwohl bei Draht- und Faserseilen bei der Angabe der Tragfähigkeit mit der achtfachen Sicherheit gerechnet wird, sind sie auch bei geringen Beschädigungen aus Sicherheitsgründen unbrauchbar. Das aus Sicherheitsgründen bedingte Auswechseln wird „Ablegen" genannt. Die Anzahl sichtbarer Drahtbrüche bestimmt die Ablegereife (s. Tabellenbuch).
Anschlagseile dürfen außerdem bei folgenden Fehlern nicht mehr benutzt werden:

- Bruch einer Litze
- Korrosionsnarben
- Aufdoldungen
- Quetschungen
- Lockerung der äußeren Lage
- Knicke und Klinken
- Beschädigung der Seilenverbindung.

Auch bestimmen die **Umwelteinflüsse** die Lebensdauer der Anschlagmittel. So reagieren besonders die Kunststofffasern auf extreme Temperaturen, Säuren und Laugen oder Sonnenlicht.

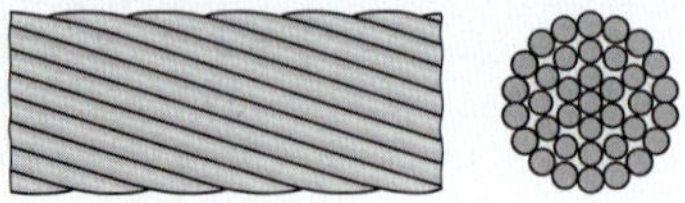

1 **Offenes Spiralseil**

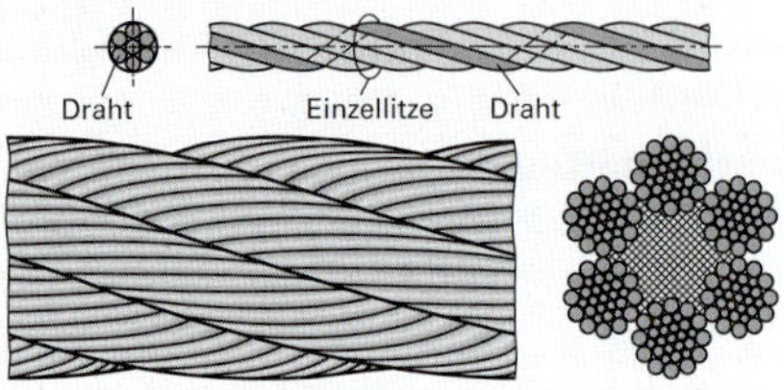

2 **Einlagiges Rundlitzenseil mit Faserseele**

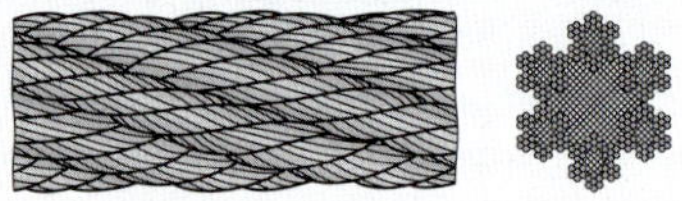

3 **Kabelschlagseil hergestellt aus Rundlitzenseilen**

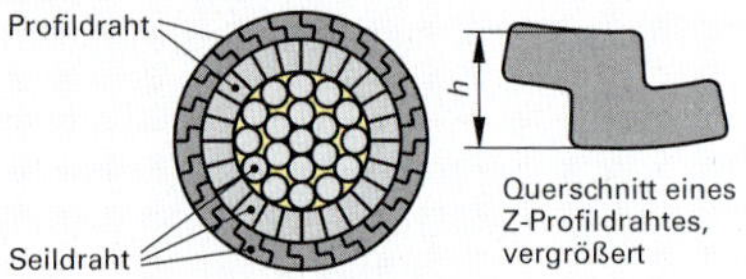

4 **Vollverschlossenes Spiralseil**

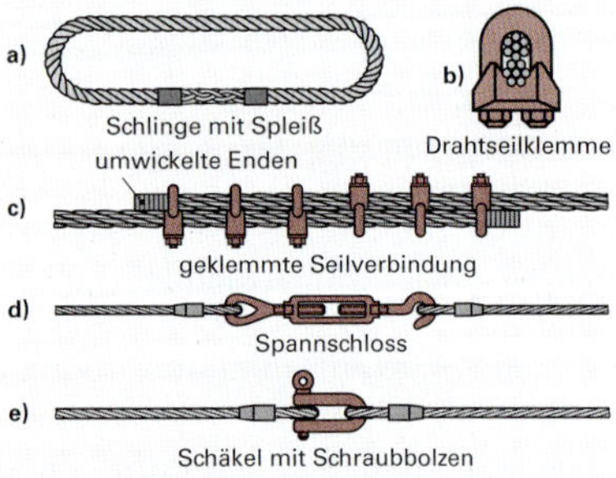

5 **Seilverbindungen**

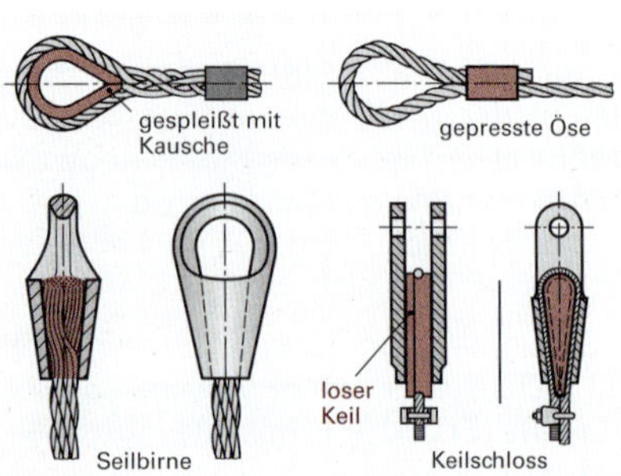

6 **Seilenden**

Hebegurte, Hebebänder und Rundschlingen

Die kleine Auflagefläche der Seile fördert Beschädigungen. Das wird durch textile flachgewebte Gurtbänder vermieden. Sie bestehen aus hochfesten Multi-Filamentgarnen, deren Faser z. B. aus Polyamid oder -propylen ist. Zusätzlich können sie mit Schutzschlauch oder Festbeschichtung versehen sein (Bild 1). Scharfe Kanten oder raue Oberflächen reduzieren die Tragfähigkeit der Textilbänder, wobei hier Spezialbänder aus Stahldrahtgewebe eingesetzt werden können (Bild 1).

Grundsätzlich dürfen nur genormte und unbeschädigte Bänder mit lesbarem Herstelleretikett verwendet werden (Bild 2).

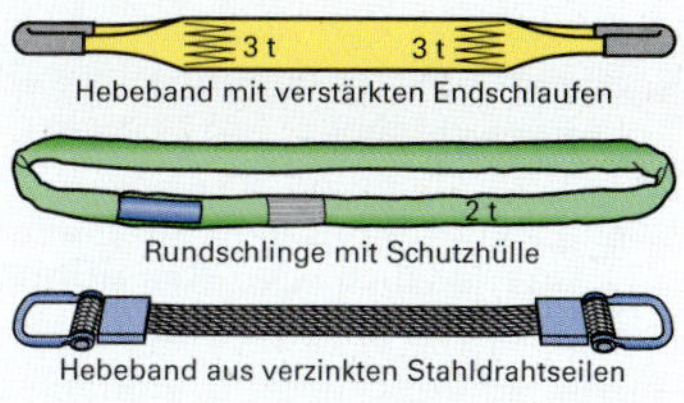

1 Hebegurte und Hebebänder

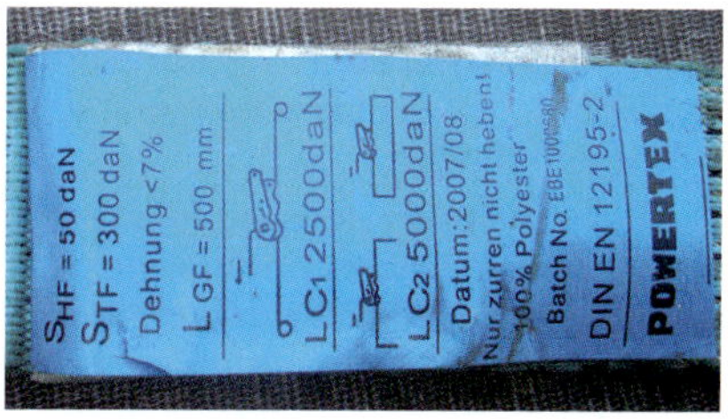

2 Herstelleretikett mit Angaben zum Material und Nutzung (blaues Etikett = PES, Polyester)

Ketten

Sie werden sowohl als Teil des Tragmittels als auch zum Anschlagen benutzt. Im Vergleich zu Drahtseilen sind Ketten gegen Verschleiß unempfindlicher. Nachteilig sind aber das größere Gewicht, der geräuschvolle Lauf und wegen der geringen Elastizität auch ein höherer Verschleiß.

Bei Hebezeugen werden nur **Gliederketten** verwendet (Bild 3).

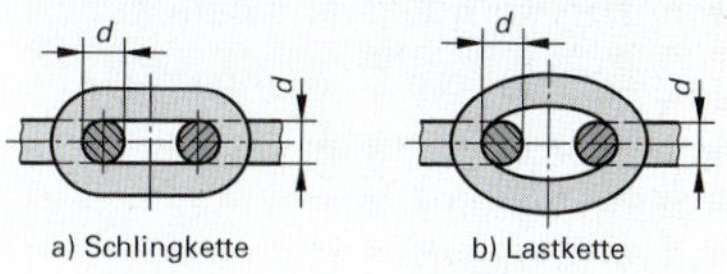

3 Gliederketten

Die zulässige Belastung einer Anschlagkette ist auch vom Neigungswinkel abhängig (Seiten 164, 165). Die in den Tabellen der Hersteller angegebenen Tragfähigkeiten gelten für 20 °C, bei Temperaturen unterhalb von 0 °C sinkt die Belastbarkeit deutlich.

Ketten dürfen nur mit Sonderbügelschäkel oder Kettenschloss verbunden werden (Bild 4).

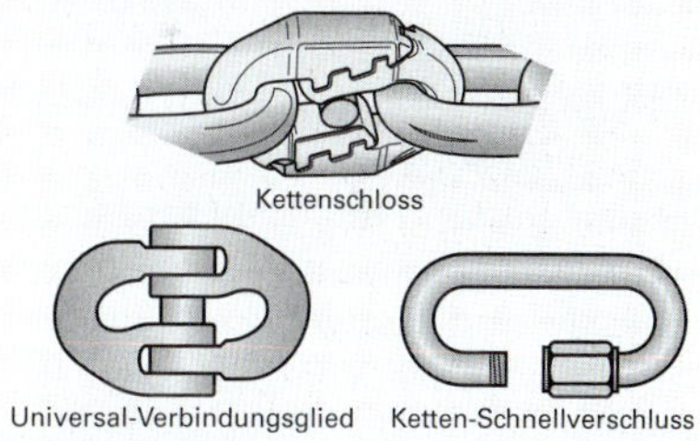

4 Kettenverbindungen

Ketten sind ablegereif bei:

- Längung der Kette oder eines Gliedes um mehr als 5 %;
- Abnahme der Nenndicke (d) um mehr als 10 %;
- Anrissen und starken Korrosionsnarben;
- starker Verformung eines Kettengliedes;

Ketten müssen jährlich auf Sicht geprüft werden, alle drei Jahre muss die Rissfreiheit besonders geprüft werden. Ketten ohne **Kennzeichnungsanhänger** sollen nicht verwendet werden (Bild 5).

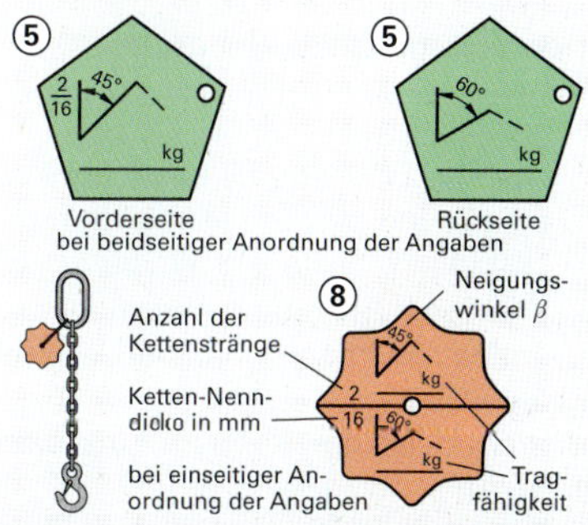

5 Beispiele für Kennzeichnungsanhänger von Ketten verschiedener Güteklassen

Tragmittel und Lastaufnahmemittel

Teilweise sind es die gleichen Teile, **wie Ösenhaken** und **Schäkel** (Bild 6), die das Anschlagmittel mit dem Hebezeug und der Last verbinden. Reine Lastaufnahmemittel sind dagegen die zahlreichen z. T. patentierten Klemmen oder Traversen, die eine bessere Verteilung und sichere Führung der Last ermöglichen.

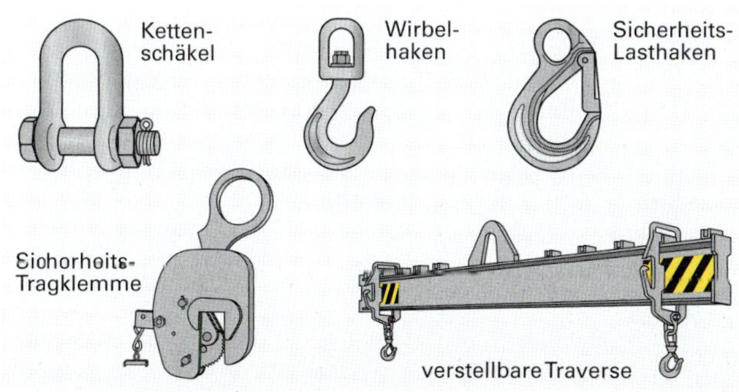

6 Lastaufnahme- und Tragmittel (Auswahl)

8.5 Arbeitssicherheit und Unfallschutz

Die kinetische Energie einer herabfallenden Last kann so groß sein, dass Geschossdecken durchschlagen werden, Gerüste zusammenbrechen oder Fahrzeuge zerstört werden. Immer sind auch Leben und Gesundheit von Menschen bedroht. Deshalb ist das oberste Gebot:

➔ Nie unter schwebenden Lasten aufhalten, dort besteht immer Lebensgefahr!

Beim Dirigieren einer Last am Kranhaken ist die eindeutige Verständigung unerlässlich. Der Kranführer hat nach den Weisungen des Anschlägers zu fahren. (Eine Auswahl der Zeichen nebenstehend) Moderne Hebezeuge sind vielfach auch mit Fernsteuerung ausgerüstet oder es ist Funksprechverkehr möglich.

Sowohl für den **Umgang mit Anschlagmitteln** und das **Verhalten beim Anschlagen** als auch über die **Tragfähigkeit** von Seilen, Ketten und anderen Anschlagmitteln gibt es Veröffentlichungen der **Berufsgenossenschaften**.

Die **Sicherheit von Hebezeugen, Lastaufnahme- und Tragmitteln** sowie **Anschlagmitteln** wird außerdem durch zahlreiche DIN-Normen geregelt. Die Hersteller geben ihren Erzeugnissen außerdem eine genaue Dokumentation mit, sodass der Benutzer sowohl die Tragfähigkeit als auch besondere Einsatzbedingungen und Schutzmaßnahmen berücksichtigen kann.

Merke

Die **Tragfähigkeit** ist diejenige Last, mit der eine Lastaufnahmeeinrichtung höchstens belastet werden darf.

Last wird hier die Gewichtskraft der transportierten Masse genannt.

Neben den vorher genannten sind folgende **Sicherheitsregeln** wichtig:

- Vor Inbetriebnahme eines Hebezeuges müssen die Bremsen geprüft werden.
- Helm tragen und auf ausreichende Bewegungsfreiheit achten.
- Vor jeder Bewegung sind Warnzeichen zu geben, die bewegte Last muss ständig beobachtet werden.
- Keine Lastaufnahmemittel verwenden, deren Tragfähigkeit nicht bekannt ist.
- Keine Last mit unbekannter Masse transportieren!
- Ein unbeabsichtigtes Aushängen der Lasthaken ist zu vermeiden, besser sind Lasthaken mit Sicherung.
- Lange schlanke Güter nie waagerecht an Einzelschlingen aufhängen.
- Materialbündel nie an ihrer Umschnürung einhängen.
- Lose Teile dürfen nicht auf der Last liegen bleiben.

1 Handzeichen für Anschläger

Überprüfen Sie Ihre Kenntnisse

1. Überzeugen Sie sich von der Bedeutung des Neigungswinkels beim Anschlagen, indem Sie bei einer Last von 500 kN (≙ 50 mm) durch geometrische Zerlegung die Seilkräfte bei zwei Strängen mit Neigungswinkeln von 30°, 50° und 60° ermitteln.
2. Skizzieren Sie einige Anschlagarten. Nennen Sie außer den in Seite 165, Bild 2 dargestellten noch andere.
3. Warum ist der Kantenschutz beim Anschlagen nötig?
4. Beschreiben Sie im einzelnen den Aufbau eines Kabelschlagseils.
5. Welche Bedeutung haben der Drall und die Schlagrichtung für die Verwendung von Seilen?
6. Beschreiben Sie das Prinzip des Spleißens von Seilen.
7. Nennen Sie wichtige Fehler an Ketten und Seilen, die zur Ablegereife führen.
8. Beschreiben Sie die Vorzüge und Nachteile von Hebebändern, Seilen und Ketten beim Anschlagen unterschiedlicher Lasten.
9. Führen Sie die Verständigungszeichen zwischen Anschläger und Kranführer vor.

9 Befestigung von Bauteilen

Viele Bauteile, wie z. B. Gitter, Geländer, Tore, Türen, Fenster, Fassaden usw., müssen fest mit dem Mauerwerk verbunden werden. Je nach dem Befestigungsmittel wird in drei Verfahren unterteilt:

1. Befestigung mit Mauerankern und Bindemitteln
2. Befestigung mit Setzbolzen
3. Befestigung mit Dübeln

9.1 Befestigung mit Mauerankern und Bindemitteln

Merke

Maueranker sind Bauteile, die fest im Mauerwerk eingemörtelt werden.

Je nach Herstellungsart und Verwendungszweck unterscheidet man verschiedene Konstruktionsformen.

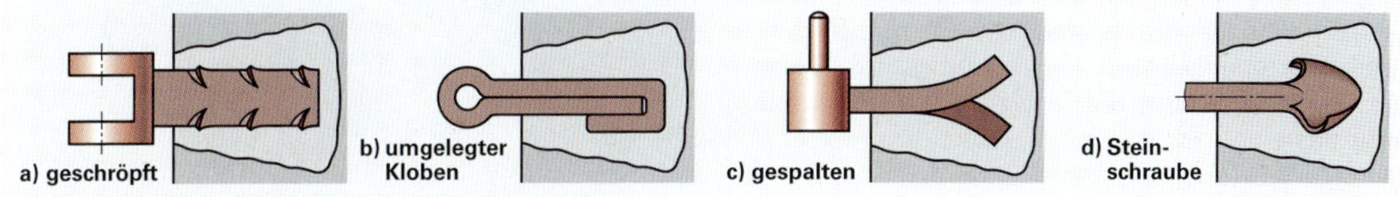

1 Konstuktionsformen von Mauerankern

Maueranker werden mithilfe der Bindemittel Zementmörtel oder Schnellzement befestigt.

Zement ist der wichtigste Bestandteil des Zementmörtels. Im Gegensatz zu Gips schützt Zement Stahl vor Korrosion, greift aber Aluminium an.

Zementmörtel ist eine Mischung von Zement und scharfkörnigem Sand im Verhältnis 1 : 3. Dieser Mörtel hat eine lange Abbindezeit und darf deshalb frühestens nach 48 Std. belastet werden.

Immer häufiger werden aus diesem Grunde vom Metallbauer sogenannte **Schnellzemente** oder **Montagezemente** verwendet. Dies sind schnellabbindende Verbindungsmittel auf Zementbasis. Der mit Wasser angerührte Mörtel härtet innerhalb weniger Minuten aus und erreicht nach kurzer Zeit seine volle Festigkeit. Durch Beimischen von Sand kann die Menge vergrößert werden, ohne dass die Abbindezeit oder die endgültige Festigkeit beeinflusst werden.

Merke

Beim Verankern mit den Verbindungsmitteln Gips, Zement oder Schnellzement ist unbedingt darauf zu achten, dass die vorbereiteten Mauerlöcher staubfrei sind und angefeuchtet werden sowie dass die Bauteile während der Abbindezeit nicht bewegt werden (Bild 2).

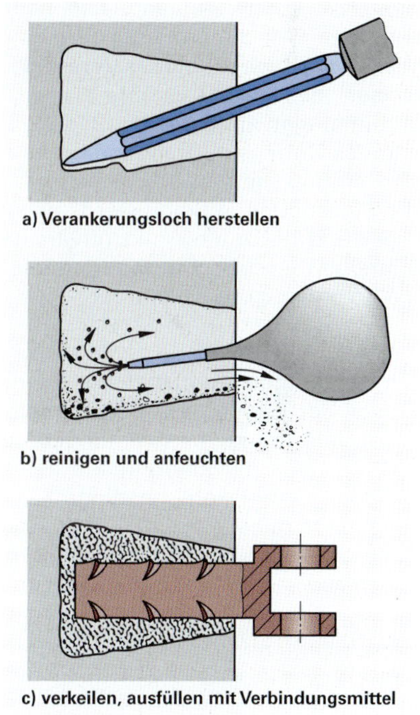

2 Montage eines Mauerankers

In zunehmendem Maße werden für die Befestigung von Gewindestangen, Markisen, Vordächer u. a. Verbundmörtelsysteme auf Kunstharzbasis verwendet. Dabei werden die zwei Komponenten vor dem Einspritzen (Bild 3) in den Kartuschen gemischt. Die Aushärtezeit beträgt je nach Temperatur zwischen 15 Minuten und einigen Stunden.

Die Verankerungslöcher müssen einen Hinterschnitt besitzen. Loses Material muss entfernt werden.

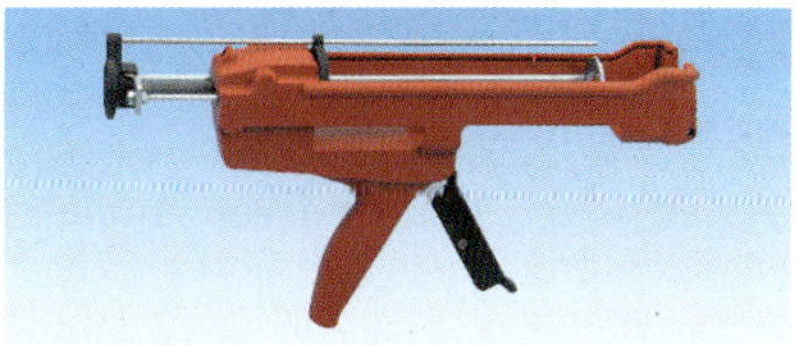

3 Kartuschenspritze

9.2 Befestigung mit Setzbolzen

Mithilfe von Bolzensetzwerkzeugen können in Direktmontage Setzbolzen in feste Werkstoffe wie Beton oder Stahl eingetrieben werden (Bild 1). Die für das Eintreiben erforderliche Energie wird durch das Zünden einer Kartusche im Werkzeug gewonnen.

9.2.1 Bolzensetzwerkzeuge

Im Metallbau wird heute ausschließlich mit Bolzenschubwerkzeugen gearbeitet. Dabei wird die Explosionsenergie der Kartusche zuerst auf einen Schubkolben und von dort an den Setzbolzen weitergegeben (Bild 2). Dadurch wird, im Gegensatz zu den früher benutzten Bolzenschussgeräten, bei einer relativ geringen Mündungsgeschwindigkeit des Bolzens dennoch eine große Eintreibkraft erreicht (Kraft = Masse · Beschleunigung). Bolzensetzwerkzeuge sind bei fachgerechter Benutzung sehr sicher.

9.2.2 Setzbolzen

Neben großer Härte müssen Setzbolzen über eine große Zähigkeit verfügen, da sie beim Eintreiben extremen Belastungen ausgesetzt sind. Je nach Verwendungszweck gibt es verschiedene Ausführungen, die sowohl lösbare als auch unlösbare Verbindungen ermöglichen (Bild 3). Beim Eintreiben des Bolzens in Stahl kommt es zu einer Verschweißung mit dem Trägermaterial (Bild 4). Bei der Befestigung in Beton werden sehr hohe Auszugskräfte durch die Werkstoffversinterung beim Eintreiben erreicht. Die Eindringtiefe wird durch die Betonfestigkeit bestimmt.

9.2.3 Kartuschen

Die Kartuschen enthalten die Treibladung. Die Stärke der Ladung ist hauptsächlich abhängig vom Untergrund, in den eingetrieben werden soll, und von der Eindringtiefe des Setzbolzens. Bei der Auswahl sind unbedingt die Hinweise des Herstellers zu beachten. Die unterschiedlichen Ladungsstärken sind durch Farbkennzeichnungen ersichtlich.

Kennfarbe	Stärke	Untergrund
Grün	schwach	grüner Beton (Aushärtezeit < 28 Tage)
Gelb	mittel	Beton C12/15 (B15) – C35/45 (B40)
Rot	sehr stark	Beton C35/45 (B40) – C45/55 (B55)

Arbeitsregeln

- Setzbolzengeräte müssen immer senkrecht auf die Eintreibstelle gedrückt werden.
- Die Benutzung ist erst ab 18 Jahren erlaubt.
- Gehörschutz und Sicherheitsschutzbrille tragen

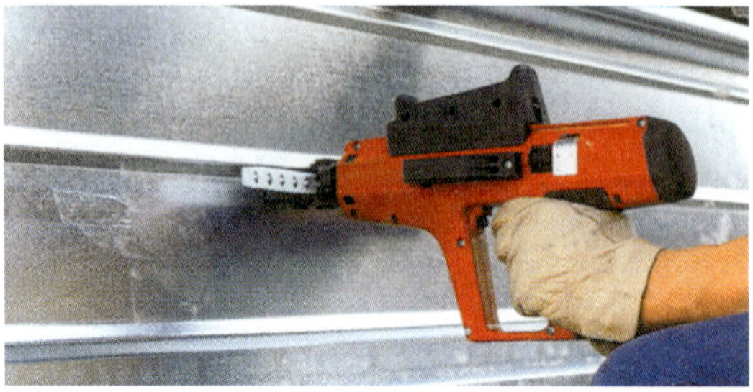

1 Profilblechbefestigung mit Setzbolzen

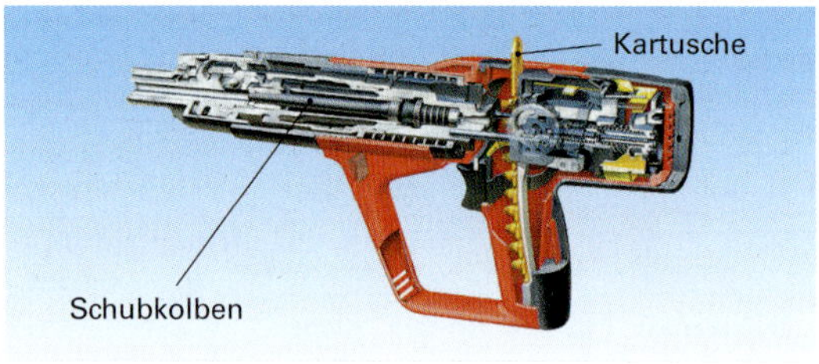

2 Bolzenschubwerkzeug

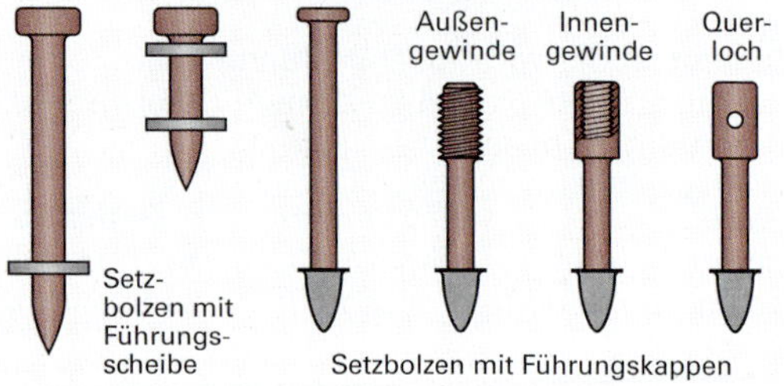

3 Setzbolzen

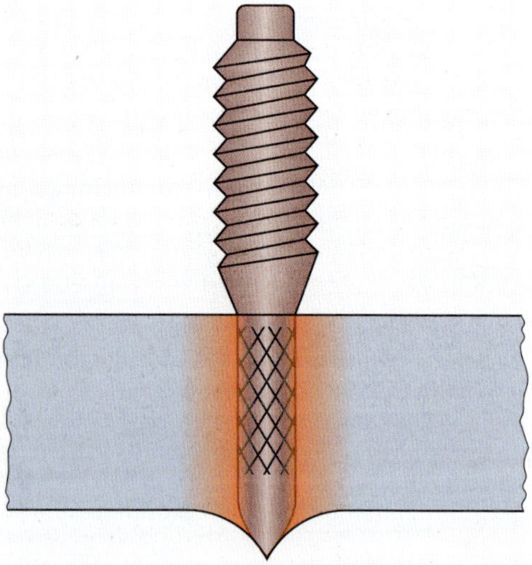

4 Verschweißung beim Eintreiben

9.3 Befestigung mit Ankern und Dübeln

In zunehmendem Maße bedient man sich im Metallbau bei der Befestigung von Bauteilen der Dübeltechnik. Standardisierte und auf viele Spezialfälle zugeschnittene Dübel und Befestigungseinheiten ermöglichen eine genaue, sichere, schnelle und dadurch wirtschaftliche Befestigung.

Merke

Die Auswahl eines Dübels hängt ab von dem Verankerungsgrund (Baustoff), der Art und Größe der Belastung, dem zur Verfügung stehenden Platz, der Bauteildicke und der Montageart.

9.3.1 Baustoff als Verankerungsgrund für Dübel

Eines der wichtigsten Auswahlmerkmale für Dübel ist der Baustoff, in dem er befestigt werden soll. Unterschiedliche Baustoffeigenschaften müssen bei der Dübelauswahl berücksichtigt werden. Die meistverwendeten Baustoffe lassen sich in drei Hauptgruppen einteilen (s. untenstehende Übersicht).

Baustoffhauptgruppen und die wichtigsten daraus verwendeten Baustoffe

Beton		Mauerwerksbaustoffe				Plattenbauelemente
Druckfestigkeitsklassen	**Konsistenzklassen**	**Vollsteine mit dichtem Gefüge**	**Lochsteine mit dichtem Gefüge**	**Vollsteine mit porigem Gefüge**	**Lochsteine mit porigem Gefüge**	**Platten**
C8/10 ↓ C100/115	F1 ↓ F6	Kalksandvollsteine (KSV)	Hochlochziegel (HLZ)	Gasbetonsteine (G)	Leichthochlochziegel (LHLZ)	Gipskartonplatten
		Vollziegel	Kalksandlochstein (KSL)	Vollsteine aus Leichtbeton (V)		Spannplatten
		Naturstein				Mineralfaserplatten

Beton ist ein Gemisch von Zement, Zuschlägen (Sand, Kies) und Wasser. Nach der Rohdichte wird Beton unterteilt in **Leichtbeton**, **Normalbeton** und **Schwerbeton**. Als Zuschläge für Schwer- und Normalbeton dienen u. a. Kies, Schwerspat und Split. Für Leichtbeton werden Bims, Blähschiefer oder auch Styropor verwendet.

Merke

Nach der Mindestdruckfestigkeit, gemessen 28 Tage nach Abbindebeginn, wird Beton in sechzehn Festigkeitsklassen (C8/10 ... C100/115) eingeteilt. Die Bezeichnung C25/30 z. B. gibt eine Beton-Nennfestigkeit von 25 N/mm^2 für einen Prüfkörper in Zylinderform (Ø 150 mm, Höhe 300 mm) bzw. 30 N/mm^2 für einen Prüfkörper in Würfelform (Kantenlänge 150 mm) an.

Zulassungsbescheide für die Anwendung von Verbund- und Kunststoffdübeln in Beton gelten im Allgemeinen für den Festigkeitsbereich von C12/15 bis C50/60, Zulassungsbescheide für Metallspreiz- und Hinterschnittdübel für den Bereich von C20/25 bis C50/60. Da Befestigungsmittel jedoch zur Kraftübertragung planmäßig die Zugfestigkeit des Betons ausnutzen und sich die Betonzugfestigkeit langsamer entwickelt als die Betondruckfestigkeit, sollten Befestigungsmittel nicht in jüngerem Beton als 28 Tage eingesetzt werden, selbst wenn die nach Zulassung geforderte Mindestdruckfestigkeit bereits erreicht ist. Die Druckfestigkeit ist durch den Zementgehalt bzw. den Wasserzementwert (Verhältnis von Wasser zu Zement) beeinflussbar. Beton ist aufgrund seiner hohen Festigkeit ein sehr guter Verankerungsgrund.

Vollsteine mit dichtem Gefüge, z. B. Kalksandstein, Klinker und Ziegel eignen sich gut für Dübelbefestigungen, da sie über eine relativ hohe Festigkeit verfügen.

Loch- oder Hohlkammersteine mit dichtem Gefüge bestehen aus demselben Werkstoff wie die Vollsteine, sind aber aufgrund der Hohlkammern für die Befestigung schwerer Lasten nur in Verbindung mit Spezialdübeln tauglich.

Vollsteine mit porigem Gefüge, z. B. Gasbeton, besitzen wegen ihrer porigen Struktur nur eine geringe Druckfestigkeit, deshalb sind für zuverlässige Befestigungen spezielle Dübel zu verwenden.

Lochsteine mit porigem Gefüge, (Hohlblocksteine) verfügen über eine noch geringere Festigkeit. Auch hier dürfen nur für diese Steine vorgesehene Dübel eingesetzt werden.

Plattenbauelemente sind in der Regel Gipskarton- oder Mineralfaserplatten. Sie werden im Trockenausbau verwendet und besitzen eine geringe Festigkeit. Die Befestigung von Bauteilen ist nur mit Spezialdübeln möglich.

9.3.2 Haltemechanismen für Dübel

Werkstoffeigenschaften wie Härte und Festigkeit bestimmen in Verbindung mit der Wanddicke den Haltemechanismus, mit dem der Dübel im Werkstoff gehalten wird. Dabei unterscheidet man grundsätzlich drei verschiedene Möglichkeiten.

Kraftschluss (Reibschluss) durch Spreizung

Merke

Kraftschluss entsteht, wenn Teile durch hohe Normalkräfte gegeneinander gepresst werden. Die Kraftübertragung erfolgt durch Ausnutzung der **Reibungskräfte**.

Bei kraftschlüssigen Verbindungen werden diese erforderlichen Reibungskräfte zwischen Dübel und Bohrlochwand durch Einziehen oder Einschlägen eines Konusses erzeugt. Dadurch wird der Spreizteil des Dübels sehr stark nach außen gegen die Lochwand gepresst (Bild 1). Da bei diesem Verfahren große Spreizkräfte auftreten, eignen sich Spreizdübel hauptsächlich für den Einsatz in druckfesten Baustoffen wie z. B. Beton, Ziegel usw. Aber auch bei diesen Baustoffen ist auf ausreichenden Randabstand und Achsabstand zu achten, da sonst die Gefahr besteht, dass der Baustoff abplatzt.

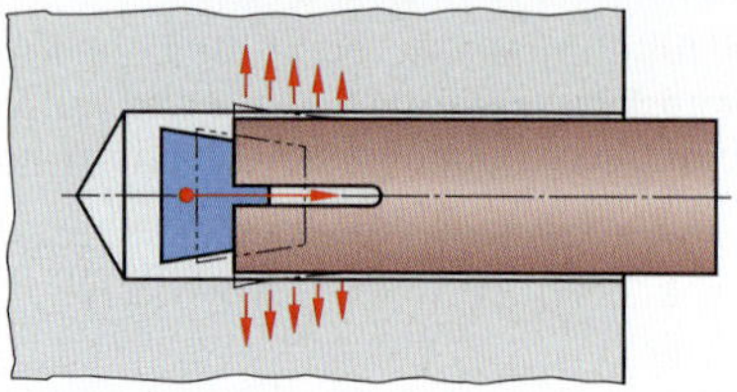

1 **Kraftschluss (Prinzipskizze)**

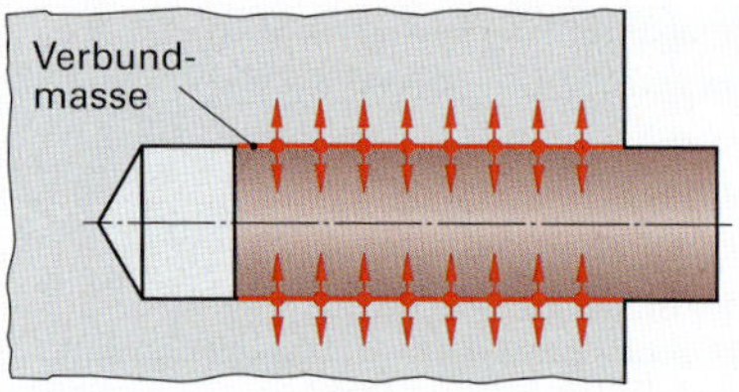

2 **Stoffschluss (Prinzipskizze)**

Stoffschluss durch Verbund

Merke

Stoffschluss liegt vor, wenn zwei Bauteile eine stoffliche Verbindung miteinander eingehen.

Dübel und Baustoff werden durch ein drittes Medium, z. B. Mörtel oder Kunstharz, miteinander verbunden (Bild 2). Stoffschluss kann mit Spezialmörtel sowohl in Baustoffen mit Hohlräumen (Hochlochziegel, Kalksandlochsteine, Leichthochlochziegel usw.) als auch in porigen Baustoffen (Gasbeton, Leichtbeton, Bims usw.) hergestellt werden. Weil Kunstharz dünnflüssig ist, ist Stoffschluss damit nur in festen Vollbaustoffen (Beton, Ziegel usw.) möglich. Stoffschlüssige Dübelmontagen haben den großen Vorteil, dass keine Querkräfte entstehen und somit geringere Randabstände als beim Kraftschluss möglich sind.

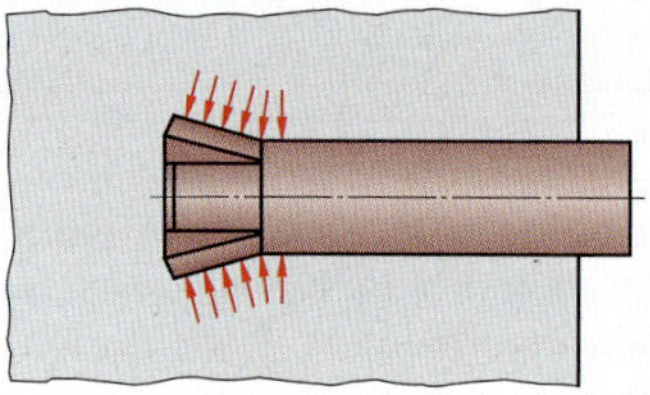

3 **Formschluss (Prinzipskizze)**

Kraftübertragung durch Formschluss

Merke

Formschluss entsteht durch gegenseitiges Anliegen formgleicher Flächen.

Formschluss liegt überall dort vor, wo der Dübel sich der Form der Bohrung oder des Baustoffes anpasst (Bild 3). Dies lässt sich in fast allen festen Baustoffen erreichen.

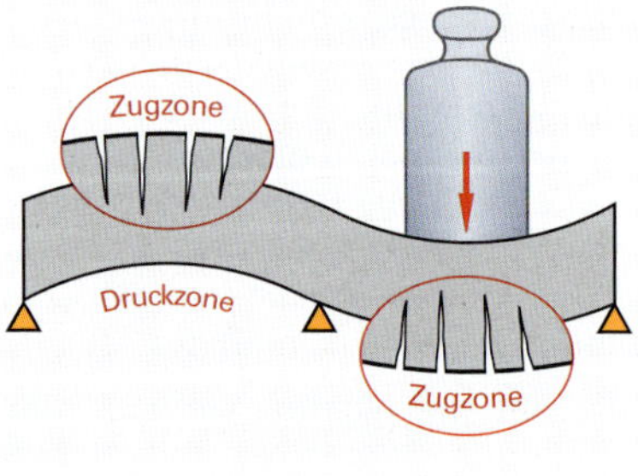

4 **Zug- und Druckzonen**

Dübeleignung im Zug- und Druckzonenbereich

Durch die Belastung der Gebäudeteile entstehen unterschiedliche Zug- und Druckzonen. Wird ein Bauteil, wie z. B. eine Decke, auf Biegung belastet, so entsteht in einem Randbereich Zugbelastung, was zu einer Dehnung des Bauteiles führt und im anderen Bereich Druckbelastung mit einer Stauchung des Bauteiles (Bild 4). Die Dehnung würde zu einer Verringerung des Kraftschlusses (Reibschlusses) als auch des Stoffschlusses und damit zur Reduzierung der Auszugskräfte führen. Für diesen Bereich sind deshalb nur Dübel einzusetzen, die eine ausdrückliche Zulassung für den Einsatz in gerissenem Beton besitzen. Dies sind neben formschlüssig arbeitenden Dübeln vor allem auch risstaugliche Verbundanker.

9.3.3 Belastungsart

Neben den genannten Auswahlgesichtspunkten ist natürlich die Belastung, die das Bauteil in den Dübel einleiten soll, für die Dübelauswahl entscheidend. Die Art der Beanspruchung, wie z. B. Zug, Druck, Schrägzug, Biegung und auch die Höhe der Belastung bestimmen nicht nur die Abmessung sondern auch die Dübelart.

Bei der Belastung sind vor allem drei Größen von Bedeutung:

- die Größe der Kraft
- die Richtung, in die die Kraft wirkt
- der Angriffspunkt der Kraft

Dabei wird nach EOTA[1] unterschieden in **zentrische Zugkräfte N_Z** oder **Druckkräfte N_D**, die in Achsrichtung wirken, senkrecht zur Achse wirkende **Querkräfte V** und **Schrägzugkräfte F_R**.

Zentrische Zug- und Druckkräfte stellen die ungünstigste Belastung dar, da sie in voller Größe den Tragmechanismus von Dübel und Anker beanspruchen.

Querkräfte belasten Dübel und Anker auf Abscherung und stellen somit eine hohe Belastung für die Werkstoffe dar.

Schrägzukräfte bestehen aus einem Anteil an zentrischen Zug- oder Druck- und aus Querkräften. Greift die Querkraft nicht unmittelbar an der Einspannstelle an, so treten zusätzliche Biegekräfte auf (Bild 1).

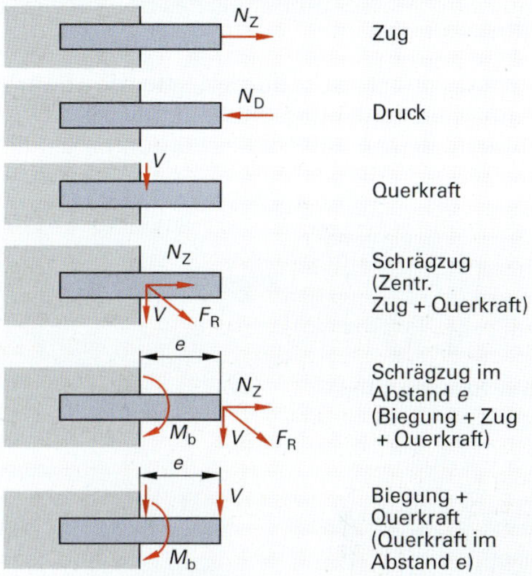

1 Kraftschluss (Prinzipskizze)

Ein Sonderfall der Belastung stellt die sogenannte **Schocklast** dar. Sie muss nur bei Befestigungen in zivilen oder militärischen Schutzräumen berücksichtigt werden.

Vor allem Überbeanspruchungen, falsche Montage, falsche Auswahl und schlechter Untergrund können zum Versagen von Befestigungen führen.

Versagen von Befestigungen

Versagensart	Bruch des Ankergrundes	Spalten des Bauteils	Herausziehen des Dübels	Bruch des Dübels
	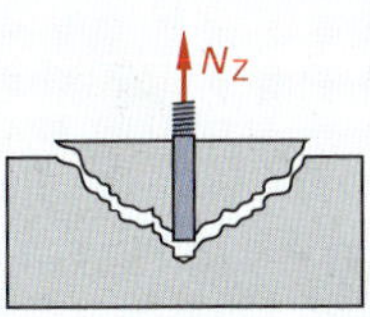	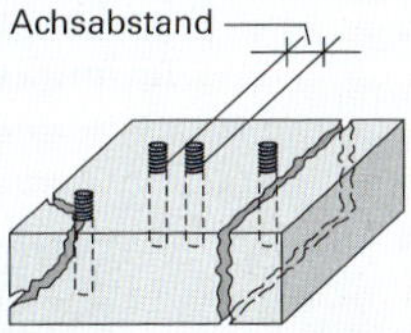	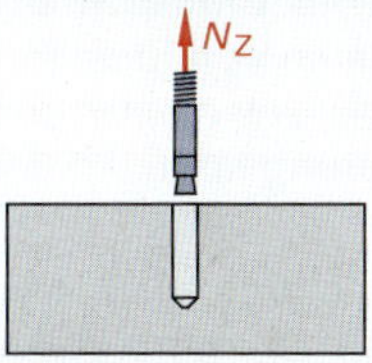	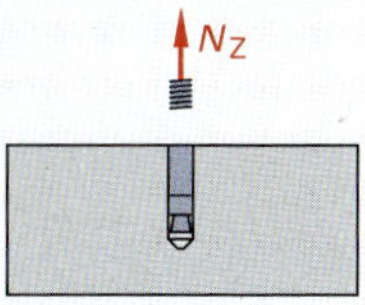
Ursachen	zu hohe Last N_z, zu geringe Festigkeit des Ankergrundes, zu geringe Setztiefe	zu geringe Bauteilabmessungen, Rand- und Achsabstände nicht eingehalten, Spreizdruck zu hoch	Kraft-, Stoff- oder Formschluss versagt durch zu hohe Last oder fehlerhafte Montage	Dübel- bzw. Schraubenfestigkeit zu gering für die angehängte Last

Neben den lastabhängigen Belastungen erfordern vor allem auch die **lastunabhängigen** Einwirkungen wie Frost, Hitze durch Sonneneinwirkung oder Brand, Feuchtigkeit und chemische Einwirkungen eine sorgfältige und fachgerechte Dübelauswahl. Durch Materialerweichung, -versprödung und Korrosion, verursacht durch Umwelteinflüsse, kann es zu starken Beeinträchtigungen der Tragfunktion kommen. Wie bei den lastabhängigen Kriterien müssen auch in diesen Fällen die Herstellerangaben und die Zulassungsbestimmungen berücksichtigt werden.

[1] EOTA: Europäische Organisation für Technische Zulassungen

9.3.4 Montagearten

Neben der Art der Belastung ist die Montageart ein weiterer wichtiger Punkt, der bei der Auswahl eines Dübels beachtet werden muss.

Vorsteckmontage liegt vor, wenn der Dübel bündig mit der Baustoffoberfläche abschließt. Das Bohrloch im Mauerwerk ist im Durchmesser größer als das Bohrloch im zu befestigenden Bauteil (Bild 1).

Durchsteckmontage erfordert gleiche Bohrlochdurchmesser im Montageteil und Baustoff. Das Bauteil kann direkt als Bohrlehre dienen. Mühsames Vorbohren entfällt (Bild 2).

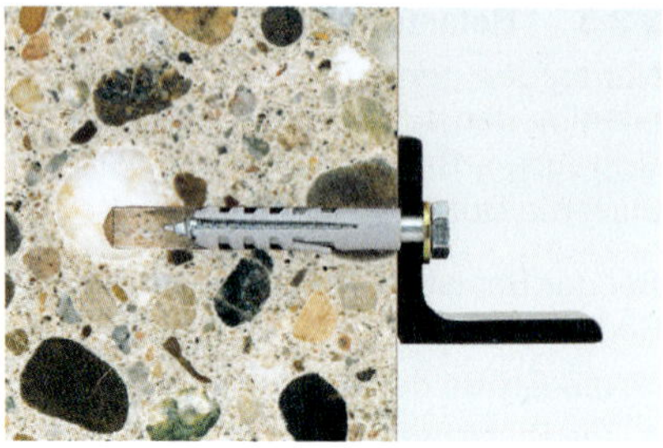

1 Vorsteckmontage

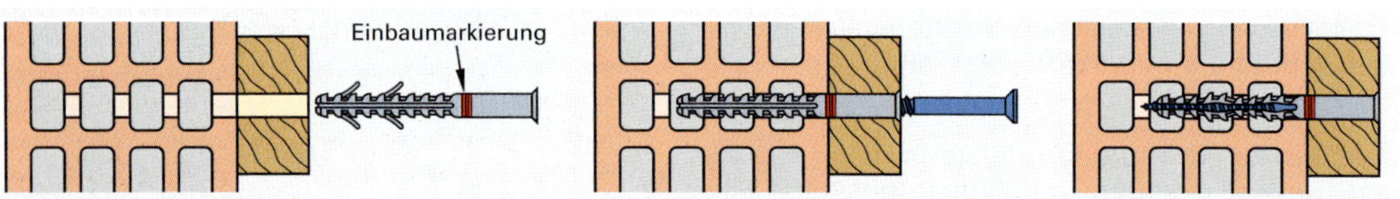

2 Durchsteckmontage

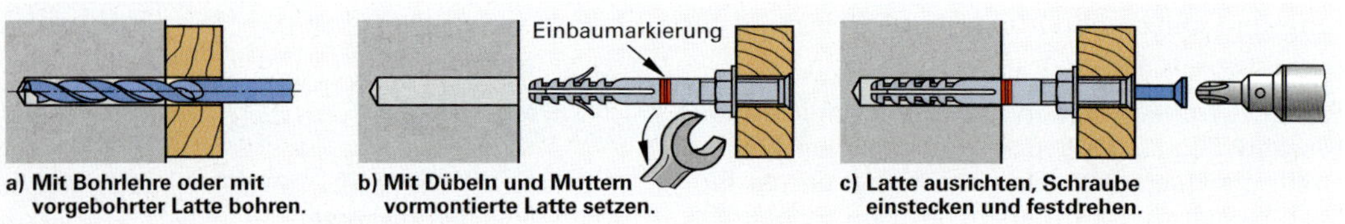

3 Abstandsmontage

Abstandsmontage wird z. B. bei der Montage von Balkongeländern oder auch bei Fassadenverkleidungen verlangt. Dabei muss das Bauteil in einem festen Abstand zum Baustoff fixiert werden (Bild 3).

Verordnungen und Vorschriften

Unter Berücksichtigung aller der genannten Auswahlkriterien kann nun die für den Einzelfall erforderliche Dübelart bestimmt werden. Es ist nicht immer leicht, aus einer schier unüberschaubaren Vielfalt von Dübeln vieler Hersteller den Richtigen zu finden.

Dübel sind derzeit noch nicht in Normen erfasst. Es gibt allerdings eine Reihe von Richtlinien, Normen und Vorschriften, die vor allem für die Hersteller von großer Bedeutung sind.

Merke

Alle Dübel und Anker, die für tragende Konstruktionen (d. h. Fälle, bei denen durch Versagen die Sicherheit von Leben und Gesundheit gefährdet ist) eingesetzt werden, müssen bauaufsichtlich zugelassen sein.

4 Prüfzeichen und Zulassungszeichen

Der **zugelassene Dübel** darf nur verwendet werden, wenn seine Herstellung überwacht wird. Der Nachweis hierüber gilt als erbracht, wenn der Dübel, dessen Verpackung oder sein Lieferschein mit dem Überwachungszeichen für eine „Allgemeine bauaufsichtliche Zulassung" (ausgestellt durch das Deutsche Institut für Bautechnik DIBT) bzw. eine Europäische Technische Zulassung (ETA) gekennzeichnet sind (Bild 4).

Dabei ist zu unterscheiden, ob die Dübel nur für die nachgewiesene Druckzone oder auch für die gerissene Zugzone zugelassen sind. Risstaugliche Dübel sind zu bevorzugen. Im Freien und in Feuchträumen sind ausschließlich rostfreie Dübel zu verwenden.

9.3.5 Polyamiddübel (Nylondübel)

Die am meisten verwendete Dübelart ist die Gruppe der Nylondübel (Bild 1). Polyamid ist begrenzt temperatur-, UV-Strahlen- und alterungsbeständig. In der Umgangssprache werden die Dübel oft als Nylondübel bezeichnet. Sie sind für die Aufnahme von Holzschrauben geeignet.

Merke

Nylondübel wirken je nach Baustoffart reibschlüssig, formschlüssig oder auf beide Arten.

Kraftschluss entsteht bei Nylondübeln, wenn der Spreizteil des Dübels durch das Eindrehen der kegeligen Holzschraube mit großer Kraft gegen die Bohrlochwand gepresst wird. Bei weicheren Baustoffen dagegen, wie z. B. Gasbeton, werden durch die hohen Querkräfte die Zähne des Dübels in die Lochwand gedrückt und erzeugen so Formschluss.

Randloser Dübel

Der universellste aller Dübel ist der randlose Dübel. Mit zunehmender Bohrlochtiefe verstärkt sich die Dicke der Dübelwandung. Die eingedrehte Holzschraube bewirkt eine zunehmende Dübelspreizung in der Tiefe des Bohrloches (Bild 2). Die freistehenden Sperrzungen des Dübels verhindern ein Mitdrehen des Dübels beim Eindrehen der Schraube. In der Regel werden Polyamiddübel für leichte Befestigungen nichttragender Konstruktionen verwendet. Durch gezielte Festlegung der Spreizrichtung wird ein geringer Randabstand ermöglicht (Bild 3). Als Faustregel gilt:

Merke

Der erforderliche Mindestabstand zur Wandkante ist in der Regel eine Dübellänge, muss im Zweifelsfalle aber den Herstellerunterlagen entnommen werden.

Rahmendübel

Für Rahmenbefestigungen, für Befestigungen in Baustoffen mit eingeschlossenen Hohlräumen (z. B. Hochlochziegel) und für die Montage an Wänden mit Isolierschichten eignen sich besonders Rahmendübel in unterschiedlichen Ausführungen (Bild 4). Sie werden auch für die Montage von Fensterrahmen und vorgehängten Fassaden eingesetzt. Im abgebildeten Beispiel (Bilder 4 und 5) wird durch verlängerte Zahnreihen eine günstigere Verteilung der Flächenpressung auf mehrere Stege erreicht. Als Tragmechanismus wechseln dabei Reib- und Formschluss ab, wobei in den Stegen Reib- und hinter den Stegen Formschluss herrscht (Bild 5). Vier oder mehr Sperrzungen wirken als Widerhaken und Drehsicherung. Aufgrund des verlängerten Schaftes können Rahmendübel sehr gut für die Durchsteckmontage verwendet werden.

In Verbindung mit den zugehörigen Spezialschrauben besitzen die Nylondübel einiger Hersteller die bauaufsichtliche Zulassung als Befestigungseinheiten.

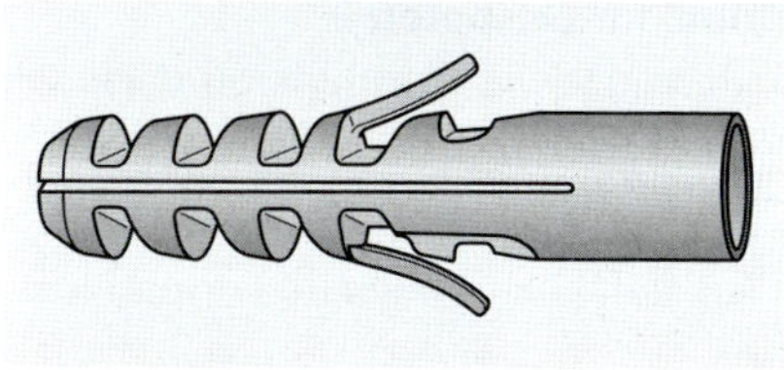

1 Nylondübel

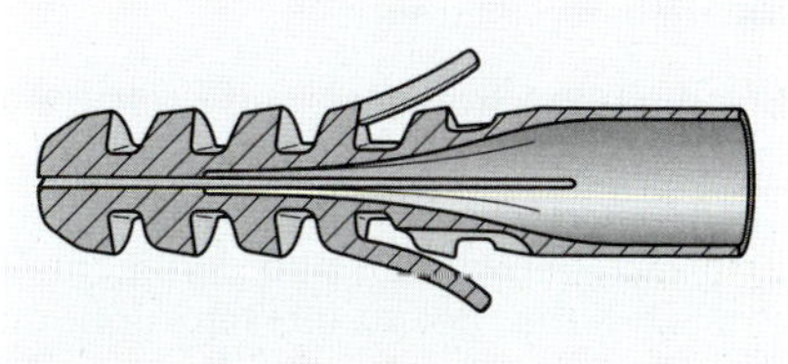

2 Nylondübel im Schnitt

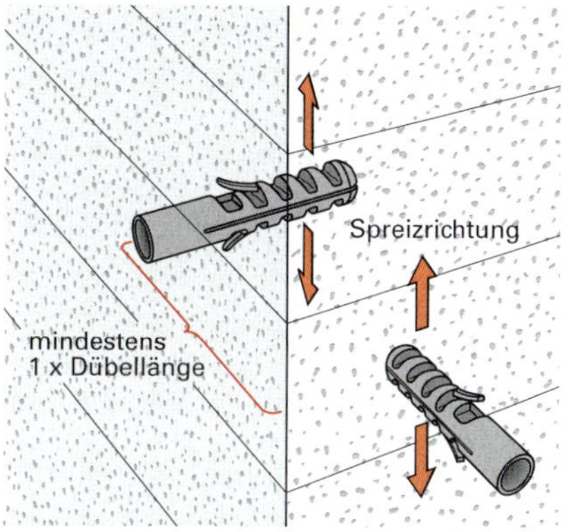

3 Festlegung der Spreizrichtung

4 Rahmendübel

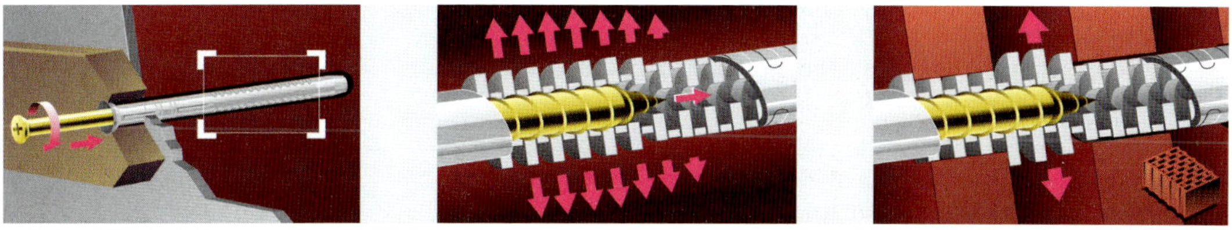

5 Nylondübel mit Spezialschrauben

Dübel für Gasbeton

Durch spezielle Formgebung dieses Polyamiddübels ist ein zuverlässiges Verankern kleiner Lasten auch im porigen Gasbeton möglich. Die spiralförmigen Außenrippen drehen sich beim Eintreiben durch Hammerschläge in den weichen Werkstoff ein; es entsteht Formschluss (Bild 1).

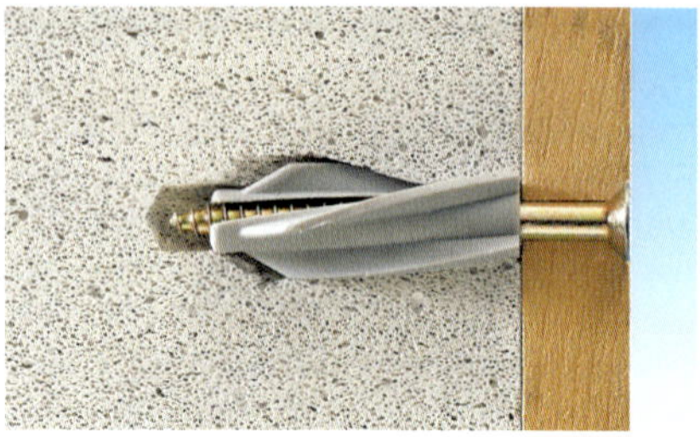

1 Gasbetondübel

Montage von Polyamiddübeln

Die Zuverlässigkeit einer Dübelmontage hängt ganz wesentlich von der Vorbereitung des Bohrloches und der Auswahl der richtigen Schraube ab.

Bohrlochdurchmesser und Bohrverfahren

Das Bohrloch muss immer dem Nennmaß des Dübels entsprechen. Ist die Bohrung zu klein, führt dies zu sehr hohen Eindrehwiderständen und damit zur Gefahr des Abdrehens der Schraube. Bei zu großem Bohrlochdurchmesser ist die Spreizkraft nicht ausreichend.

Die Wahl des falschen Bohrverfahrens führt in der Praxis häufig zu vergrößerten Bohrlöchern (Bild 2). Werden z. B. Lochbaustoffe oder porige Baustoffe im Schlagbohr- oder Bohrhammerverfahren gebohrt, so zerbrechen die Stege und der Dübel findet keinen Halt mehr.

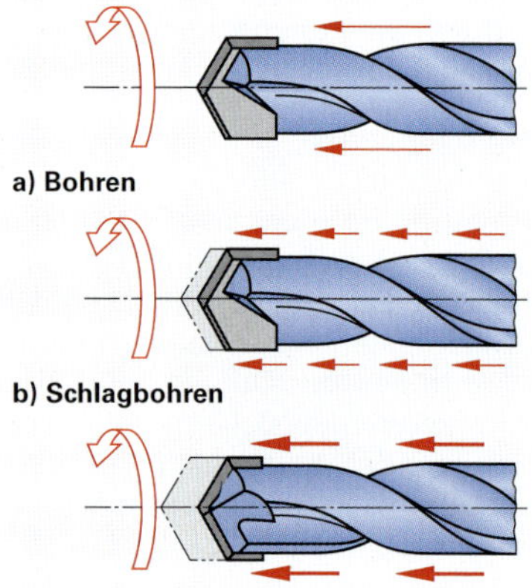

a) Bohren

b) Schlagbohren

c) Hammerbohren

2 Bohrverfahren

Merke

Porige Baustoffe und Lochbaustoffe dürfen nur im Drehbohrverfahren ohne Schlag- oder Hammereinrichtung gebohrt werden.

Reinigen des Bohrloches

Nach dem Bohren muss das Bohrmehl durch Ausblasen und Ausbürsten entfernt werden. Ein ungesäubertes Bohrloch reduziert die Haltewerte. Dies gilt ebenso wie die Hinweise über die Bohrverfahren für alle Dübel- und Ankerarten.

Richtige Schraubenstärke und Schraubenlänge

Wird die Schraube zu dick gewählt, kann der Dübel beim Schraubeneindrehen zerschnitten werden. Zu dünne Schrauben spreizen den Dübel nicht richtig auf.

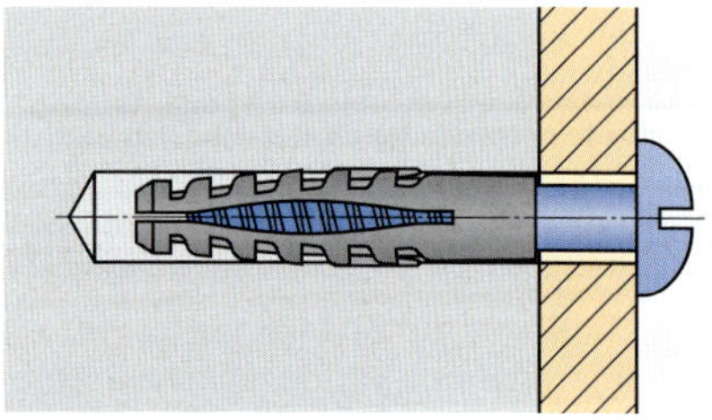

3 Zu kurze Schraube

Einer der häufigsten Fehler bei der Dübelmontage ist die Verwendung zu kurzer Schrauben (Bild 3). Dies hat zur Folge, dass der Dübel nicht in der gesamten Länge ausspreizt und somit weit unter seinen sonst möglichen Auszugskräften bleibt.

Berechnung der Mindestschraubenlänge

l = Dicke des Montagegenstandes
+ Dicke des Putzes oder der Isolierung
+ Dübellänge
+ 1 x Nenndurchmesser der Schraube (Bild 4)

Richtige Bohrlochtiefe

Ist das Bohrloch nicht tief genug, so sitzt die Schraube beim Eindrehen auf und wird abgedreht.

Bei einem zu tiefen Bohrloch besteht die Gefahr, dass auch der Dübel zu tief eingebaut wird, die Schraube seinen Hohlraum nicht vollständig ausfüllt und der Dübel somit nicht mehr auf der ganzen Länge gespreizt wird.

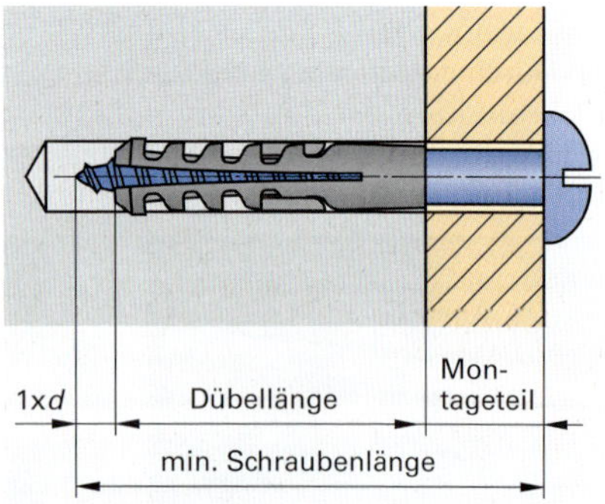

4 Richtige Schraubenlänge

9.3.6 Metallspreizdübel (Schwerlastdübel)

Für die Befestigung schwerer Lasten verwendet man Spreizdübel aus Metall, meist Stahl (Schwerlastdübel). Wegen der dabei auftretenden hohen Spreizkräfte dürfen diese Dübel nur in Beton eingesetzt werden, da andere Werkstoffe nicht in der Lage sind, diese hohen Kräfte zerstörungsfrei aufzunehmen. Das Befestigungsprinzip ist bei allen auf dem Markt befindlichen Metallspreizdübeln dasselbe: Ein Spreizkonus wird durch äußere Krafteinwirkung in eine Spreizhülle gezogen, gepresst oder geschlagen. Nach dem Verfahren der Einbaukontrolle kann man diese Dübelgruppe einteilen in **kraftkontrollierte** und **wegkontrollierte** zwangsweise spreizende **Metalldübel**. Die Kontrolle der Spreizkraft erfolgt dabei in der Regel über Drehmomentschlüssel. Aus diesem Grund werden die Dübel auch als **drehmomentkontrollierte** Dübel bezeichnet. Die meisten Zulassungen gelten jedoch für kraftkontrollierte Dübel.

Kraftkontrollierte Metallspreizdübel

Die Haltekraft dieser Dübel wird durch das Einziehen eines Konusses in eine geschlitzte Spreizhülse mittels eines metrischen Gewindes erreicht. Die Hülse wird dadurch mit hohem Druck gegen die Lochwand gepresst (Bild 1). Durch Einhaltung eines **höchstzulässigen Anzugmomentes** wird eine kraftkontrollierte Spreizung gewährleistet. Erfahrungen der Praxis zeigen, dass auch für Fachleute das Arbeiten mit einem Drehmomentschlüssel erforderlich ist.

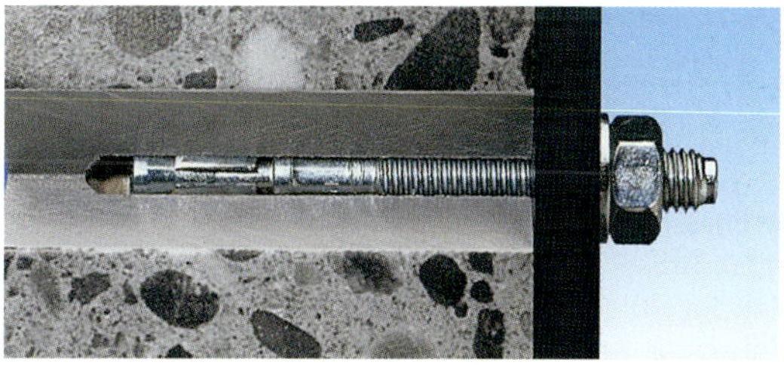

1 **Kraftkontrollierter Schwerlastdübel**

Wegkontrollierte Metallspreizdübel

Bei dieser Dübelart wird die Spreizung durch das Eintreiben eines Konusses in die kegelig verjüngte Spreizhülse um einen genau bestimmten Weg erzeugt. Dadurch wird das Hülsenende radial nach außen gespreizt. Zur Einhaltung dieses Weges ist die Benutzung eines speziellen Einschlagwerkzeuges vorgesehen (Bild 2). Da durch die Schlagspreizung die Betonbeanspruchung sehr groß ist, ist es besonders wichtig, die Rand- und Achsabstände laut Firmenangaben oder Zulassung einzuhalten.

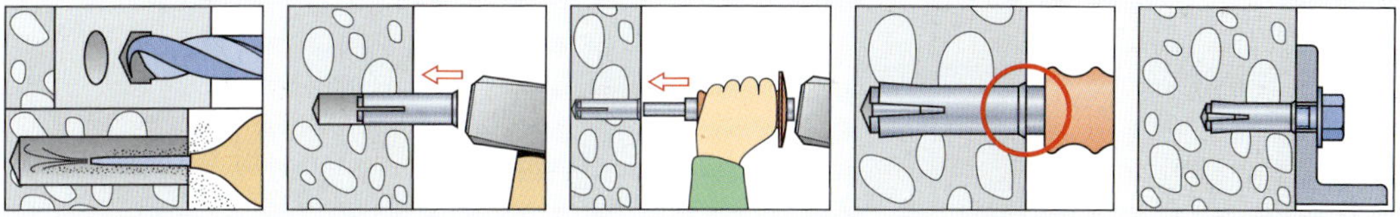

2 **Montage mit wegkontrolliertem Metallspreizdübel**

Metallspreizdübel werden vom Konstruktionsmechaniker und Metallbauer für Montagearbeiten in Beton (z. B. für Markisen, Vordächer, Verankerungen in Decken usw.) verwendet. Bei unsachgemäßem Einsatz, wie z. B. Andübeln eines Balkongeländers in die Stirnseite einer Balkonplatte oder zu nah am Rand, können aufgrund der hohen Spreizkräfte Risse im Beton entstehen, was zu großen Folgeschäden führen kann.

Für die Montage in randnahen Zonen und in wenig druckfesten Baustoffen dürfen deshalb keine Metallspreizdübel verwendet werden.

9.3.7 Spreizdruckfreie Dübel

Das sind im Wesentlichen form- und stoffschlüssige Verankerungselemente.

Merke

Spreizdruckfreie Dübel erzeugen ihre Haltekraft durch Form- oder Stoffschluss.

Dadurch sind sie für den Einsatz in beinahe allen Werkstoffen geeignet.

Injektionsanker sind Befestigungsmittel, deren Wirkungsweise auf der Ausnutzung des Verbundes zwischen Ankerhülse, Injektionsmörtel und Verankerungsgrund beruht.

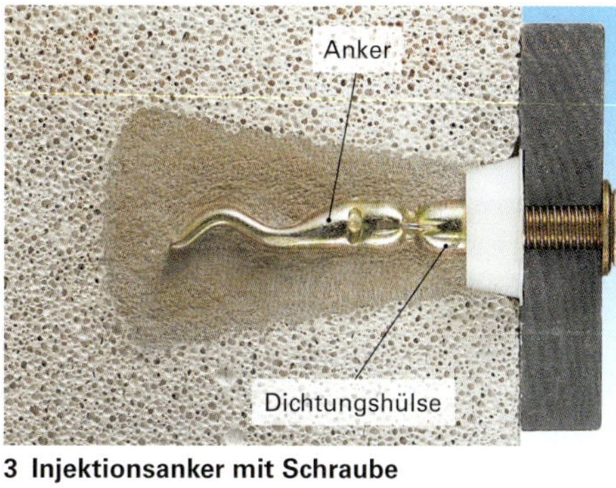

3 **Injektionsanker mit Schraube**

Die Metallankerhülse wird in das Bohrloch eingesetzt und durch einen Dichtflansch abgedichtet (Bild 3b). Danach wird ein spezieller Injektionsmörtel durch die Hülse in das Bohrloch gepresst. Dieser Mörtel füllt die verbliebenen Hohlräume und erzeugt Stoff- und Formschluss.

1 **Injektionsanker in einem Hohlblockstein**

2 **Injektionsanker in einem Hochlochstein**

Ist die Hülse mit einem Nylonnetz umhüllt, kann der Injektionsmörtel nicht unkontrolliert wegfließen. Injektionsanker mit Netz eignen sich auch für den Einsatz in problematischen Hochlochsteinen, deren Hohlräume sonst zu groß wären. Beim Injektionsanker mit Nylonnetz wird die Haltekraft ausschließlich durch Formschluss erzeugt (Bilder 1 und 2).

Um eine störungsfreie Funktion zu gewährleisten, sind die Misch- und Einbauanweisungen der Hersteller unbedingt zu beachten.

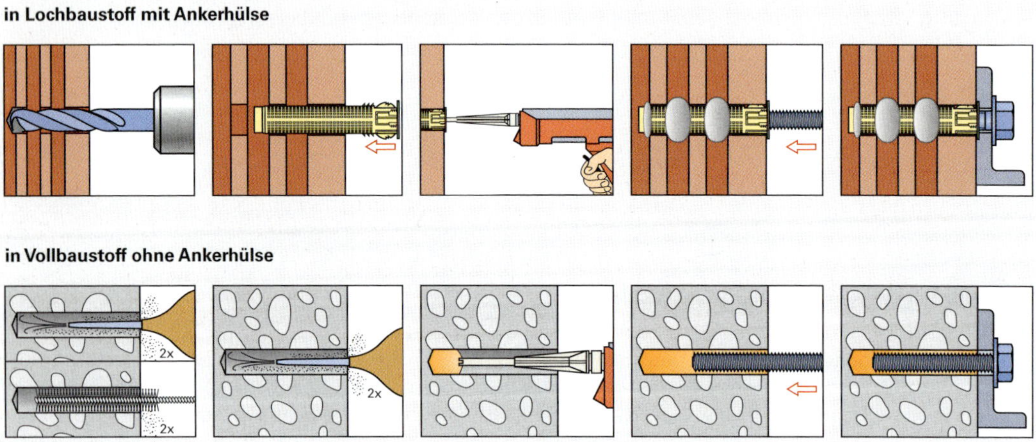

3 **Arbeitsfolge bei der Vorsteckmontage mit einem Injektionsanker (Bohrlochreinigung beachten)**

Klebeanker (Reaktionsanker, Verbundanker) werden für die spreizdruckfreie und spannungsfreie Verankerung hoher Lasten bei geringen Randabständen in Beton verwendet. Die Gewindestange besitzt eine dachförmige Schneide, Einbaumarkierungen und einen Innen- oder Außensechskant zur Montage. Die Mörtelpatrone besteht aus einer Glasampulle, gefüllt mit Quarzsand, Kunstharz und Härterstäbchen (Bild 4).

Die Glaspatrone wird in das Bohrloch gesteckt und die Gewindestange mit der Bohrmaschine mit eingeschaltetem Schlagwerk bis zur Einbaumarkierung eingedreht.

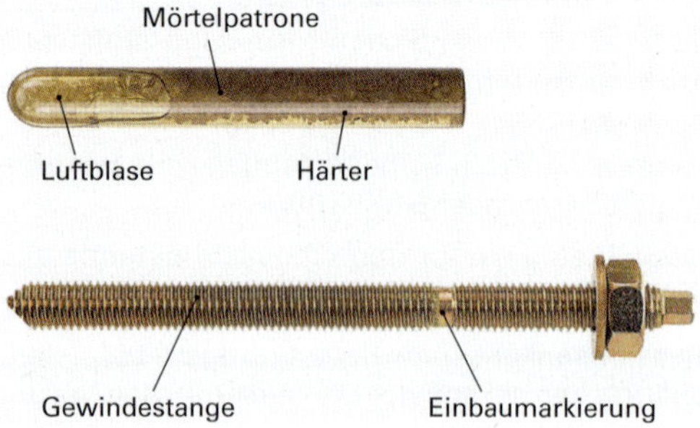

4 **Klebeanker**

Dabei zerbricht die Glaspatrone und die beiden Komponenten werden durch die Drehbewegung vermischt. Die Quarzkörner verkrallen sich in den Gewindegängen und in der Bohrlochwand. Der Klebstoff hat nur die Aufgabe, die Quarzkörner in dieser Lage zu fixieren. Nach kurzer Aushärtezeit ist der Anker belastbar.

Da Quarzmenge, Klebstoff und Härter in einem bestimmten Verhältnis zueinander stehen und auf Gewinde- und Bohrlochdurchmesser abgestimmt sind, ist bei der Vorbereitung der Verankerung ein exaktes und sorgfältiges Arbeiten erforderlich.

Merke

Wichtig: Die vorgeschriebenen Maße für Bohrlochtiefe und -durchmesser sind unbedingt einzuhalten.
Die Bohrung ist vor Einsetzen der Glasampulle mithilfe von Bürste oder Blasebalg gemäß den Montageanleitungen von losem Staub zu reinigen.
Nur Ampullen verwenden, in denen das Harz noch flüssig ist.

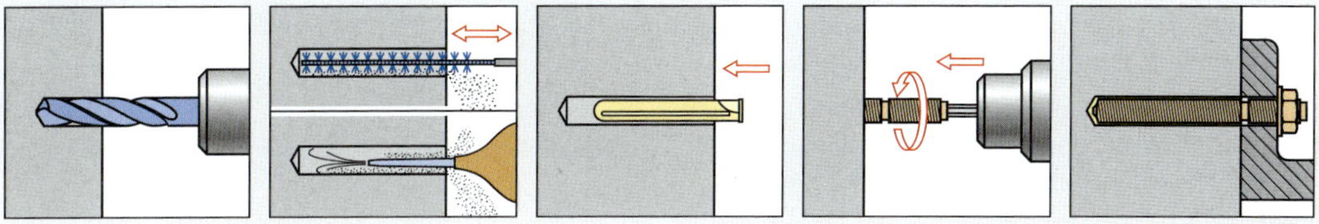

1 Montage mit einem Klebeanker

Hinterschnittanker wirken wie die Verbundanker weitgehend ohne Spreizdruck und sind deshalb vielfältig einsetzbar. Mit einem speziellen Bohrer wird dabei ein Bohrloch hergestellt, das am hinteren Ende eine konische Erweiterung erhält. Nach Erreichen der Bohrlochtiefe (Anschlag) wird durch kreisendes Auslenken des Bohrers um einen vorgegebenen Drehpunkt das Bohrloch kegelig hinterschnitten. Es bietet somit dem Anker exakt den Hinterschnitt, den er für die formschlüssige, spreizdruckfreie Verankerung braucht.

Der Anker wird anschließend nach dem Reinigen des Bohrloches mittels eines Blasebalges mit Hammerschlägen in das Bohrloch eingetrieben. Dabei schiebt sich die Spreizhülse auf den vorstehenden Konusbolzen und füllt den Hinterschnitt formschlüssig aus (Bild 2).

Eine konkrete Montage ist gewährleistet, wenn sich die Ankerhülse dicht hinter der Betonoberfläche befindet.

2 Einsetzen von Hinterschnittanker in Beton

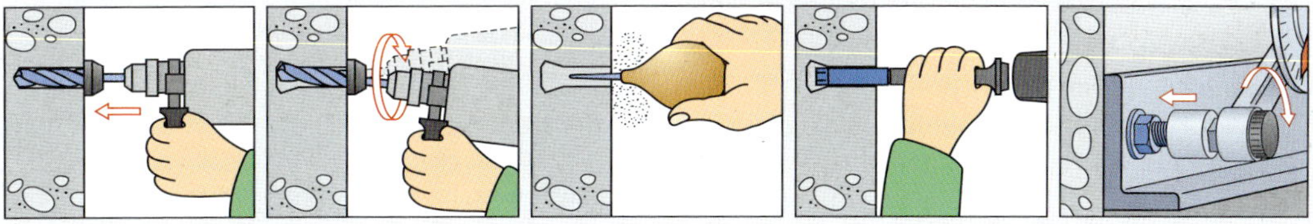

3 Montage des Hinterschnittankers

Hinterschnittanker können in Beton ohne Rücksicht auf Zug- oder Druckzone zur Befestigung großer Lasten eingesetzt werden. Sie sind sofort nach der Montage belastbar und erfordern nur geringe Rand- und Mittenabstände.

9.3.8 Befestigung ohne Dübel und Anker

Sowohl für die Befestigung an Trägern und Stützen als auch in betonierten Flächen wie Fassaden, Balkonplatten u. a. bietet der Fachhandel heute eine Vielzahl von dübel- und ankerfreien Befestigungsmöglichkeiten.

Sehr häufig werden vom Metallbauer und Konstruktionsmechaniker Ankerschienen verwendet. Dies sind warm- oder kaltgewalzte Stahlprofile mit einem c-förmigen Querschnitt, die mit Ankerlaschen versehen sind. Sie werden in den Beton eingegossen. Damit kein Beton in die Hohlräume des Profiles eindringen kann, müssen diese zuvor mit Schaumstoff ausgefüllt werden. Nach dem Ausschalen des Betons und dem Entfernen des Schaumstoffes können Hammerkopfschrauben eingesetzt und daran Bauteile befestigt werden.

Die bauaufsichtlich zugelassenen Ankerschienen dürfen auch für tragende Konstruktionen wie Fassaden, Verblendungen u. a. verwendet werden.

1 Einbetonierte Ankerschiene

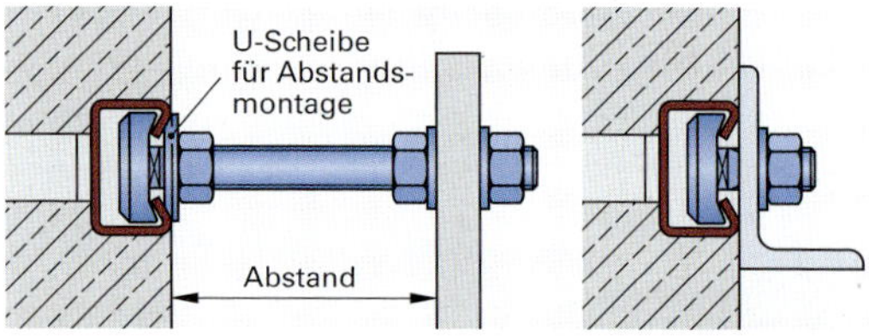

2 Abstand- und Bündigmontage mit Ankerschienen

Für die Befestigung von Bauteilen an Trägern gibt es viele, auf den Anwendungsfall abgestimmte Klemmen, Klammern (siehe Seite 69), Schellen und Schraubverbindungen. Sie sind im Bedarfsfall aus den Unterlagen der Hersteller in der gewünschten Dimension auszuwählen.

Arbeitsregeln für die Befestigung von Bauteilen

- Den Verankerungsgrund auf Tragfähigkeit prüfen
- Die Befestigungsart festlegen
- Beim Umgang mit Bolzensetzgeräten Unfallverhütungsvorschriften einhalten
- Das Befestigungsloch entsprechend der Befestigungsart herstellen; auf Durchmesser und Verankerungstiefe achten
- Für die Herstellung von Bohrlöchern in porösen Baustoffen mit Hohlkammern kein Schlag- oder Hammerbohrwerk einsetzen
- Das Loch von losem Gestein und Staub reinigen
- Den Befestigungsgrund bei Verwendung von Mörtel oder Gips anfeuchten
- Die Verarbeitungshinweise für Schnellzement beachten
- Alle Bauteile vor dem Eingipsen oder dem Einmörteln festkeilen
- Eingegipste oder eingemörtelte Teile frühestens nach 48 Stunden belasten.
- Die Stahlteile vor dem Eingipsen mit einem Schutzanstrich versehen
- Aluminium-Sichtteile nicht mit dem Mörtel in Berührung bringen
- Bei Dübelbefestigung auf sorgfältige Auswahl des richtigen Dübels nach Untergrund, Randabstand, Achsabstand, Setztiefe und Tragfähigkeit achten
- Bei Sicherheitsverankerungen nur bauaufsichtlich zugelassene Befestigungseinheiten verwenden
- Die Arbeitshinweise der Hersteller beachten

Überprüfen Sie Ihre Kenntnisse

1 Welche Arten von Polyamiddübeln gibt es?

2 Nach welchem Prinzip arbeiten Polyamiddübel?

3 Welcher Polyamiddübel eignet sich besonders für die Durchsteckmontage?

4 Wie wird die richtige Schraubenlänge bei der Bündigmontage ermittelt?

5 Warum eignen sich Metallspreizdübel hauptsächlich zur Verankerung schwerer Lasten in Beton?

6 Erklären Sie die Bezeichnungen „kraftkontrolliert“ und „wegkontrolliert“.

7 Was versteht man unter spreizdruckfreien Befestigungen?

8 Beschreiben Sie das Funktionsprinzip der Injektionsanker.

9 Welcher Dübel arbeitet ausnahmslos stoffschlüssig?

10 Montage, Demontage und Entsorgung

Merke

Als Montage bezeichnet man den Zusammenbau von Bauteilen und Baugruppen zu funktionsfähigen Erzeugnissen. Die Umkehrung der Montage ist die Demontage.

Eine Aluminium-Glastür besteht z. B. aus den verschiedenen Aluminiumprofilen, den Eckverbindern, den Dichtungen und dem Glas als **Bauteilen**. Damit die Tür ihre Funktion erfüllen kann, ist aber auch der Einbau des Schlosses und der Beschläge nötig. Das sind **Baugruppen**, die in einer Fabrik hergestellt und montiert wurden. Selbstverständlich erwarten wir, dass diese zugekauften Baugruppen funktionieren. Vorsichtshalber sollten wir sie vor und nach dem Einbau kontrollieren, damit wir kein Produkt mit Fehlern herstellen. Im Betrieb sind die Arbeitsvorbereitung, die Teilefertigung und die Fertigungssteuerung der Montage vorgelagert. Man unterscheidet zwei Montagearten:

Die **Primärmontage** ist bei einer Tür das

- Fügen (Einstecken, Kleben, Verbinden durch Umformen, Schrauben), weil damit die tragende Grundstruktur der Tür hergestellt wird.

Die **Sekundärmontage**

- Handhaben (z. B. Greifen, Heben, Bewegen, Einspannen)
- Kontrollieren (z. B. Messen von Winkeln und Längen)
- Justieren (z. B. Einstellen des Dreh-Kipp-Beschlags) und die
- Sonderoperationen (z. B. Beschichten, Reinigen, Abkleben) sind aber für das Gesamtprodukt fast genauso wichtig.

1 Baustellenmontage einer Dachhaut

Handwerker, die längere Zeit vom Wohnort entfernt arbeiten, sind umgangssprachlich „auf Montage". **Baustellenmontage** heißt das Aufstellen des Bauwerks auf der Baustelle.

Je nach Fertigungsschritt kann man die **Vormontage**, eine **Teilmontage** oder die **Endmontage** der Bauteile, Baugruppen, Funktionsgruppen oder Endprodukte unterscheiden.

Hat der Monteur etwas falsch montiert, muss er ein fehlerhaftes Bauteil ausbauen oder muss er die Montagehilfsmittel entfernen, spricht man von **Demontage**. In Bild 1 müssen im Anschluss an die Montage der Dachhaut der Treppenturm und die Ballastsäcke demontiert werden. Abfälle entstehen nicht nur bei der Demontage, sondern auch bei der Montage (Bild 2). Sie müssen fachgerecht der Entsorgung zugeführt werden.

10.1 Werkstattmontage

Wenn bei Brücken- oder Hallenbauten die Baugruppen zu sperrig für den Straßentransport sind, muss die Werkstatt neben der Baustelle aufgestellt werden. Bild 2 zeigt eine solche Feldwerkstatt mit auf Schienen verfahrbarer Behelfs-Halle. Ist ein großes Bauteil fertig, wird die Halle zur Seite gefahren und der Portalkran kann das Bauteil abtransportieren.

2 Feldwerkstatt

Bei Montagevorgängen in der Werkstatt des Metallbaubetriebs handelt es sich entweder um das **probeweise** oder um das **endgültige** Verbinden der Teile. Teile dürfen nur dann endgültig miteinander verbunden werden, wenn die Baugruppe dadurch nicht ihre Transportfähigkeit durch Größe oder Masse verliert.

Der Hallen-Kran muss die geschweißte Baugruppe anheben können, sie muss durch das Hallentor passen und sie muss auf der Straße transportierbar sein, um zur Baustelle gelangen zu können. Die Konstruktion darf möglichst nicht so groß sein, dass sie einen teuren Sondertransport mit Polizeibegleitung nötig macht. Notfalls muss eine sperrige Konstruktion durch Zersägen oder Brennschneiden in transportfähige Teile zerlegt werden. Sie werden auf der Baustelle wieder miteinander durch Schrauben oder Schweißen verbunden.

Probeweise verbinden

Es hat den Zweck, die problemlose Montage auf der Baustelle zu garantieren.

Fertigungsungenauigkeiten und Fehler werden dadurch schon in der Werkstatt entdeckt und können dort mit den geeigneten Arbeitsverfahren beseitigt werden. Wenn alle Verbindungen in Ordnung sind, werden sie wieder gelöst und die Teile können verladen werden. Auf der Baustelle gibt es dadurch weniger Probleme und die Montage kann schnell und reibungslos abgeschlossen werden.

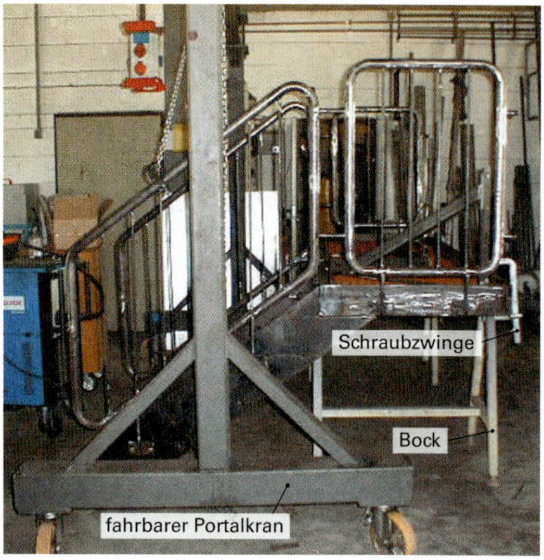

1 Probeaufbau

Besonders wenn die Teile anschließend **feuerverzinkt** werden, wie bei der Treppe mit Podest und Rohrgeländer (Bild 1), ist das Verbinden zur Probe zu empfehlen, denn dadurch muss nach dem Verzinken nicht mehr gebohrt, getrennt oder geschweißt werden. Dadurch bleibt der Zinküberzug durchgehend erhalten und der Kunde erhält ein Produkt an dem bezüglich Aussehen und Korrosionsschutz nichts zu reklamieren ist. Selbstverständlich muss bei allen Steckverbindungen beachtet werden, dass der Zinküberzug die Innenmaße reduziert. Deshalb werden Bohrungen für Schrauben um 2 mm größer als der Nenndurchmesser gebohrt.

Oft würde die Montage des gesamten Projekts zu viel Platz in der Werkstatt beanspruchen. Ein Geländer ist manchmal einfach zu lang und zu sperrig, um es als Ganzes in der Werkstatt montieren zu können. Hier hilft eine **abschnittsweise Probe-Montage**: Zunächst wird Geländerteil 1 mit dem Geländerteil 2 zur Probe verbunden. Nachdem diese Verbindung passend gerichtet wurde, wird Geländerteil 1 mit Anhänger oder Schlagzahl markiert, demontiert und draußen gelagert. Nun wird an Geländerteil 2 das Geländerteil 3 montiert usw. Dadurch sind immer nur zwei Geländerteile zusammengebaut in der Werkstatt.

Die probeweise Montage ist vor allem bei Einzelanfertigungen von Produkten nötig, bei denen an das Aussehen oder an die Funktion hohe Ansprüche gestellt werden. Dazu gehören z. B. Treppen oder räumlich gekrümmte Fassadenteile, die nicht nur gut aussehen, sondern im Fall der Fassaden auch unbedingt wasserdicht sein sollen. Das kann dann im Voraus getestet werden. Besonders Neuentwicklungen werden zur Probe zusammengebaut, um sie als Prototyp testen oder auf Messen ausstellen zu können.

Endgültiges Verbinden

Bauteile, deren Verbindungen zur Baustellen-Montage nicht mehr gelöst werden müssen, können endgültig verbunden werden. Bei Fassaden werden Fassaden-Elemente oder große Fassadenfelder in der Werkstatt vormontiert. Auf der Baustelle kann dann die Endmontage viel schneller erfolgen. Am wirtschaftlichsten werden Bauteile durch Schweißnähte, Niete oder Klebverbindungen zu Baugruppen verbunden. Diese Verbindungen werden jedoch als unlösbar bezeichnet, weil sie nur noch durch Zerstören der Verbindungsmittel getrennt werden können.

Lösbare Verbindungsmittel wie Schrauben, Bolzen, Stifte und Schnapp- oder Klemmverbindungen werden eingesetzt, um nachträglich Bauteile austauschen zu können. Bei einer Fassade ist z. B. nötig, dass gebrochene Glasscheiben leicht ausgetauscht werden können. Auch nach Ende des Lebenszykluses der Bauprodukte erleichtern lösbare Verbindungen das Verwerten der Bauteile.

10.1.1 Planen der Montage

Um zügig montieren zu können, müssen folgende Punkte geklärt werden:

a) Was soll montiert werden?

Welche Einzelteile und Baugruppen sollen zu welchem Endprodukt montiert werden?

b) Welche planerischen Hilfsmittel stehen zur Verfügung?

Gibt es Einzelteil-, Gesamtzeichnungen, die Stückliste oder eine Explosionszeichnung (Bild 1)? Daraus würde man die Einzelteile erkennen und sehen, wie sie montiert werden müssen. Gibt es eine Montageanleitung, einen Anordnungsplan, oder eine bebilderte Aufbauanleitung, ein Foto des fertigen Produktes oder arbeitet ein Mitarbeiter mit, der weiß, wie die Montage vor sich gehen soll?

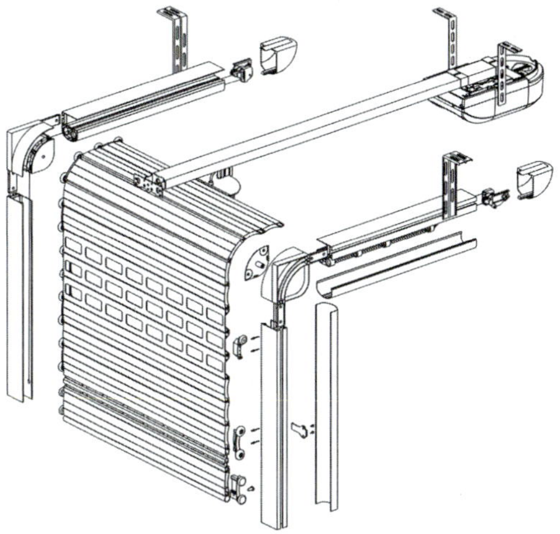

1 Explosionszeichnung Garagenrolltor

c) Welche Montagehilfsmittel sind nötig?

Sind die erforderlichen Verbindungsmittel, Handwerkzeuge, Maschinen und Messgeräte verfügbar? Sind die Hebegeräte genügend tragfähig? Gibt es die passenden Anschlagmittel, die die Oberfläche der Teile nicht beschädigen? Werden die erforderlichen Teile in der richtigen Reihenfolge bereitgelegt, damit auch nichts vergessen wird? Bild 1 Seite 185 zeigt drei Montagehilfsmittel.

d) Wo soll montiert werden?

Die Montage muss an einer Stelle geschehen, wo das Endprodukt am Schluss auch gehoben und abtransportiert werden kann. Der Montageort soll möglichst hell und trocken, nicht zu kalt und mit einem ebenen Boden versehen sein. Ist er sauber, lassen sich auch heruntergefallene Kleinteile wieder gut finden.

e) Wie soll montiert werden?

Für genaue Montagen gibt es Montagetische mit etwa 70 cm Arbeitshöhe. Günstig sind Spannmöglichkeiten, um die Teile in richtiger Position klemmen zu können. Um keine Teile zu vergessen, sollten sie alle in der richtigen Zahl bereitgelegt werden.

Dann folgt die Planung der Reihenfolge der Montage. Normalerweise wird man unten beginnen, weil dann die Standfestigkeit der Konstruktion über Hilfsstützen leichter zu erreichen ist. Sehr wichtig ist auch die Zugänglichkeit. Alle zu schweißenden und zu schraubenden Verbindungen müssen gut erreichbar sein.

2 Montage einer Holmtreppe in der Werkstatt

f) Wann soll das Produkt fertig sein?

Wie groß ist die Vorgabezeit, wann kann angefangen werden? Sind genügend Mitarbeiter und Montagemaschinen vorhanden, um rechtzeitig fertig zu werden? Sind auch wirklich alle Teile und Baugruppen in genügender Zahl vorhanden?

g) Wie soll die Qualität geprüft werden?

Welche Maße, Winkel, Funktionen sind zu prüfen? Wann muss geprüft werden? Was muss justiert werden? Welche Aufzeichnungen (Prüfprotokolle) sind während der Montage zu machen?

10.1.2 Beispiel: Montage einer Treppe in der Werkstatt

Vor der Montage der Treppe sollte der Meister die an diesem Projekt teilnehmenden Mitarbeiter über die anstehende Montage und den geplanten Liefertermin informieren. Er sollte auch auf besondere Unfallgefahren aufmerksam machen und sie über die vorgeschriebenen Arbeitsschutzmaßnahmen unterweisen, um niemand unnötig zu gefährden. Bei dieser Treppe wird der Meister, je nach dem Ausbildungsstand seiner Mitarbeiter, die folgenden Fragen beantworten:

a) Was für eine Treppe soll montiert werden?

In seinem Handwerksbetrieb soll eine im Antritt rechtsgewendelte einläufige Mittelholmtreppe montiert werden. Den Holm bilden zwei parallel verlaufende Bleche mit sägezahnförmigen Einschnitten. Diese Holmbleche werden in Abständen durch kurze Distanzrohre aus Rechteckhohlprofilen provisorisch verbunden und auf Abstand gehalten. Nach dem Aufschweißen der Treppenstufen-Grundplatten werden die Distanzrohre wieder entfernt. Auch das sogenannte Beulen im Druckbereich der Holmbleche durch ein Biegemoment verhindern die Stufengrundplatten, auf die später die hölzenen Treppenstufen geschraubt werden.

1 Holmbleche gebogen und ausgeschnitten

Beim Biegen der gerundeten Holmbleche am Antritt ist zu beachten, dass Bleche mit wechselndem Querschnitt sich durch Walzbiegen nicht in eine gleichmäßig runde Form bringen lassen.

Deshalb werden die Bleche zwar angerissen und gekörnt, aber nicht gleich in Form geschnitten, sondern zuerst gebogen und dann zugeschnitten (Bild 1). Im Bild erscheint die Biegung viel zu flach für eine 90-Grad-Biegung. Sie ist aber korrekt, denn im eingebauten Zustand liegt die Unterkante des Holmbleches schräg im Raum. Dadurch verkürzt sich der Radius von oben gesehen.

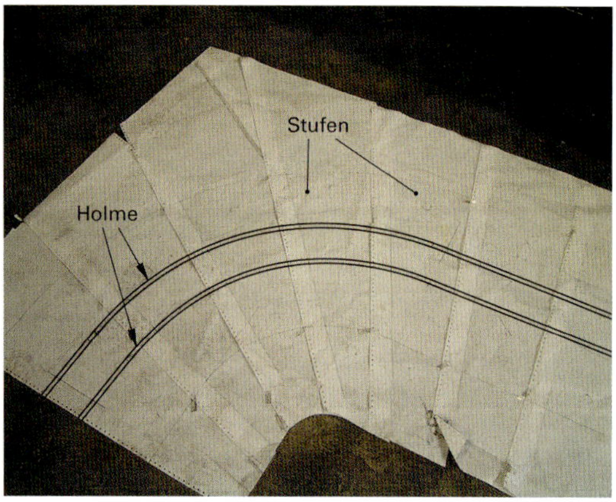

2 Grundriss der Treppe

b) Planerische Hilfsmittel:

Mit einem CAD-Programm (S. 404 ff.) wurden die einzelnen Stufen-Umrisse für die Holzstufen erzeugt, im Maßstab 1:1 ausgeplottet und dann mit Klebstreifen so verbunden, dass die bei offenen Treppen vorgeschriebene Unterschneidung von $u \geqq 3$ cm eingehalten wird. Bild 2 zeigt das Ergebnis, den Grundriss der Treppe. Es ist zu erkennen, dass die Außenkanten der Treppenstufen im gewendelten Bereich nur innen gerundet sind.

Wenn kein CAD-Programm zur Verfügung steht, wird der Grundriss der Treppe auf dem Werkstattboden mit Öl-Kreide im Maßstab 1:1 aufgerissen (aufgezeichnet):

Man beginnt mit dem Treppenloch. Das ist die Öffnung im Treppenhaus, die für die Treppe verwendet werden soll. Dann zeichnet man die Lauflinie (siehe Seite 392) ein, das ist der Weg im Gehbereich der Treppe, auf dem der Benutzer normalerweise die Treppe begeht. Die Lauflinie darf bei gewendeltem Lauf mittig oder 10 % nach innen oder nach außen verschoben werden. Bei engen Platzverhältnissen und steilen Treppen geht der Benutzer eher weiter außen, weil er dort breitere Auftritte hat. Deshalb wird man bei steilen gewendelten Treppen die Lauflinie nach außen schieben. Dadurch wird sie länger, und wenn sie anschließend in die errechneten gleichen Auftritte *a* eingeteilt wird, werden die einzelnen Auftritte entsprechend größer. Mithilfe einer der bekannten Stufen-Verziehungsmethoden (siehe S. 401 ff.) werden dann die Umrisse der verzogenen Stufen ermittelt.

c) Montagehilfsmittel:
Es werden vor allem genügend Schraubzwingen und Hilfsstützen gebraucht. Rundeisen oder Hohlprofile dienen als Verstrebungen, die durch MAG-Schweißen angeheftet werden (Bild 1). Für die Arbeit im oberen Bereich der Treppe ist eine Bockleiter notwendig. Ein Gabelstapler mit Hebehaken erleichtert die Montage der oberen Holmbleche. Zum Messen und Prüfen sind Meterstab und Wasserwaage notwendig. Holzkeile und Hammer erleichtern die genaue Höhenausrichtung. Um die einzelnen, relativ dünnen Bleche bei der Montage zu stabilisieren, ist ein Rechteck-Hohlprofil von etwa 3 Meter Länge erforderlich. Als Distanzstücke zwischen den beiden Holmblechen werden passende Hohlprofil-Reste auf Länge zugesägt.

d) Wo soll montiert werden?
Der Montageort liegt in der Halle und hat einen ebenen Boden, der als **Unterlage** mit Stahlblechen belegt ist. Das hat den Vorteil, dass alle provisorischen Hilfsstützen daran angeschweißt werden können. Bevor eine neue Treppe aufgestellt wird, muss die Unterlage eben abgeschliffen werden (Bild 1).

e) Wie soll montiert werden?
Bei diesem Projekt wurde der Aufbau der Treppe fotografisch begleitet. Die Bilder machen den Fortgang der Montagearbeiten deutlich.

1. Unterteil: Diese Treppe hat eine Höhe von 2700 mm. Da der untere Teil des Holms um 90 Grad gebogen ist, wurde der Mittelholm nicht aus einem Stück gefertigt. Unter der 5. Stufe ist ein **Stumpfstoß** angeordnet, wo die beiden gebogenen Holmbleche mit den langen geraden Blechen verbunden werden. Im Bild 1 wurde das linke Mittelholmblech bereits auf der Unterlage ausgerichtet. Es sind die gehefteten Hilfsstützen und Hilfsstäbe zu sehen, die es auf der Stahlblech-Montagefläche halten. Das rechte Mittelholmblech ist nun mit Schraubzwingen befestigt, wird ausgerichtet und geheftet (Bild 1).

2. Oberteil: Mithilfe einer Vorrichtung, die auf die Staplergabeln geschoben wurde, wird der Stapler zum Kran umfunktioniert. Diese Aufnahme hat einen Haken, in die das Hanfseil eingehängt wird, mit dem das linke gerade Mittelholmblech am oberen Ende bis auf die Höhe der Konsole der Hilfsstütze hochgezogen und mit der Schraubzwinge geklemmt wird. Das untere Ende wird von Hand hochgehoben, am Stoß mit einer Schraubzwinge geklemmt und mit einem Heftpunkt gesichert (Bild 2).

Nun folgt die genaue Einstellung der Höhe des Oberteils, indem Holzkeile zwischen die Konsole und das Holmblech eingeschlagen werden. Im Bild 3 ist die Hanfschlinge bereits ausgehängt. Wenn alles stimmt, wird der Holmblech-Stumpfstoß geheftet.

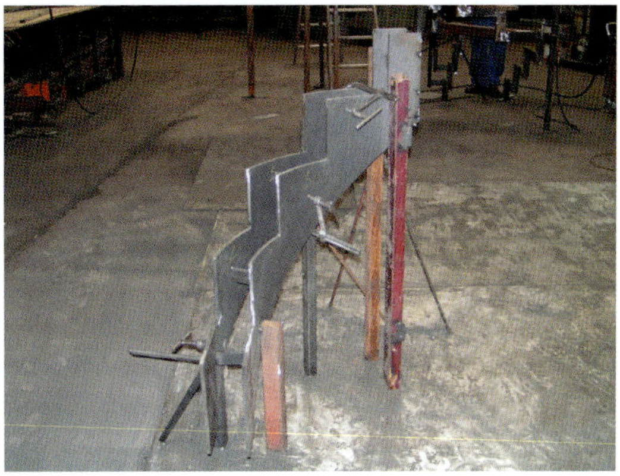

1 unterer Doppel-Holm mit Hilfsstützen

2 Anhängen des geraden Holmteils

3 Oberteil an die Hilfsstütze geklemmt

1 Heften der ersten Treppenstufe

2 Stumpfstoß schweißen

Danach werden die unteren Treppenstufen angeheftet und der Stumpfstoß der Holmbleche hergestellt. Die weiteren Schritte ergeben sich aus den Bildern:

3 Verschleifen des Stumpfstoßes

4 Antransport des zweiten geraden Holms

5 Zweiten Holm an ersten klemmen, ausrichten mit Wasserwaage und am Stoß oben heften

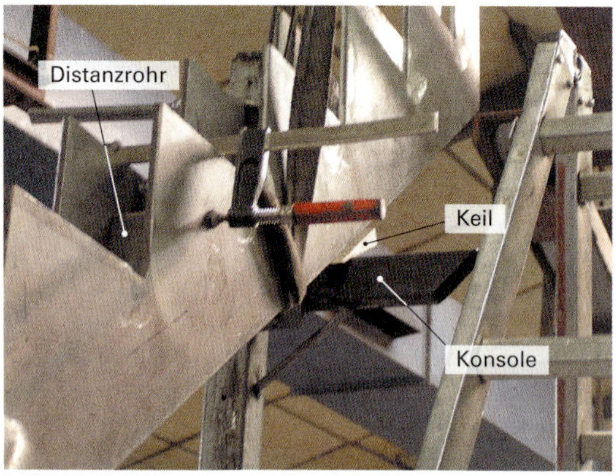

6 Mit Holzkeil an Konsole oben auf richtige Höhe bringen, am Distanzrohr heften

Nun könnten im Prinzip alle Stufen und Distanzstücke angeheftet werden. Es ist aber damit zu rechnen, dass die zur Seite hin relativ „weichen" Bleche sich beim Heften und Schweißen verziehen.

Deshalb wird ein stabiles Rechteckhohlprofil an das linke Holmblech angeklemmt. Dadurch ist es eingespannt und leistet mehr Widerstand gegen Verziehen. Außerdem werden zunächst nur kurze Heftnähte geschweißt.

1 Rechter Stoß 3x geheftet

2 Recheckhohlprofil erzeugt Seitenstabilität

3 Mittelholm-Stufenauflage überprüfen

4 Stufe einmessen

5 Stufe ins „Wasser" legen, dann heften

6 Weitere Stufen ebenfalls anheften

Damit sind alle Stahlstufen angeheftet. Sie werden erst fertig geschweißt, wenn das Geländer angebaut ist. Die Geländerpfosten sollen nach dem Wunsch des Bauherrn nicht an Blech-Konsolen geschweißt, sondern an den Holzstufen angeschraubt werden. Da das obere Geländer-Ende nicht frei endet, sondern an der Wand befestigt wird, stabilisiert es das Geländer.

1 Alle Baustellenstufen angeschraubt

2 Pfostenbefestigung an der Holzstufe

Deshalb müssen zunächst die zur Befestigung benötigten Baustellen-Stufen zugesägt und angeschraubt werden (Bild 1). Durch die immer noch eingebauten Stützen ist die Treppe fest genug, um begangen werden zu können. Die Pfosten für das Geländer werden an den Holzstufen angeschraubt (Bild 2).

3 Oberer Geländebereich mit Füllstäben versehen

4 Unterster Probestab gebogen und eingesteckt

Dazu wurde unten am Rohrpfosten ein Deckel mit Gewindestange angeschweißt. Für die Füllstäbe wurden alle Pfosten mit schrägen Bohrungen versehen. Sie wurden vorher beidseitig vorgebohrt. Die oberen Füllstäbe können nun von unten her in die Pfosten eingefädelt werden (Bild 3).

5 Biegen der unteren Füllstäbe

6 Übrige Füllstäbe aufbiegen nach Muster

Gewendelten Geländerteil herstellen: Für die unteren Füllstäbe wird zunächst ein Muster gebogen, angepasst und eingesteckt (Bild 4). Die restlichen Füllstäbe werden etwas überbogen (Bild 5) und dann entsprechend dem Muster aufgebogen (Bild 6). Das Aufbiegen verursacht im Gegensatz zum Zubiegen keine Knicke!

1 Untere Füllstäbe montieren

2 Untere Füllstäbe ausrichten

Beim Ausrichten der Füllstäbe ist darauf zu achten, dass alle von oben gesehen fluchten und genau senkrecht untereinander sitzen. Außerdem dürfen sie bei der Biegung nicht herunterhängen, denn sonst ergibt es keinen gleichmäßigen Abstand. Wenn alles stimmt, wird geheftet.

3 Alle Füllstäbe fluchtend, fertig geheftet

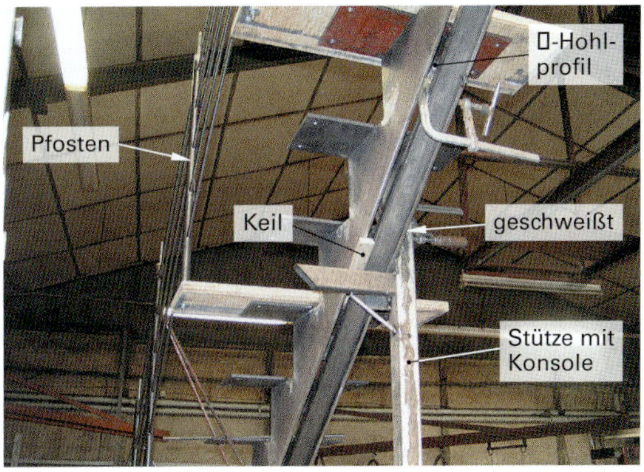

4 Angeschweißte Stütze, Rechteck-Hohlprofil

Für das Schweißen aller restlichen Schweißnähte wird die Treppe auf den Werkstattboden gelegt. Für geringen Verzug ist eine gute Einspannung der Schweißteile durch die quer eingehefteten Distanzprofile, das längs liegende Rechteck-Hohlprofil (Bild 4) und durch die Verbindungsbleche (Bild 5) gegeben. Schmale, kurze Schweißnähte erzeugen wenig Wärme und dadurch auch wenig Verzug.

5 Verbindungsbleche gegen Schweißverzug

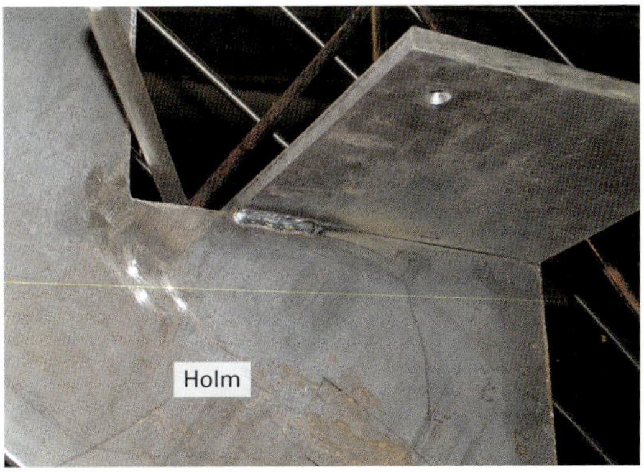

6 Kurze Schweißnaht, die vordere folgt später

Auch durch eine auf die ganze Treppe verteilte Schweißnahtfolge, also mal unten, mal oben, dann in der Mitte schweißen, bleiben die Erwärmung und der Verzug klein. Zum Schweißen in Wannenlage oder leicht fallend kann die Treppe auf dem Werkstattboden entsprechend gewendet werden.

1 Oberer Anschluss der Treppe im Rohbau

2 Muster für den Handlauf nehmen

Da die Mittelholmtreppe gut durch die Eingangsöffnung des Neubaus passte, war eine Teilung nicht nötig. Die Treppe wurde mit Dübeln oben und unten befestigt (Bild 1). Das obere Anschlussblech ist gleichzeitig Abschluss für den Fußboden. Stufen und Geländer wurden wieder montiert.

3 Stich mit Tiefenmesser prüfen

4 Biegung nach oben

Um in der Werkstatt den rostfreien Handlauf biegen zu können, wurde die Biegung der Füllstäbe abgezeichnet (Bild 2). Die CNC-Maschine wird entsprechend programmiert. Bild 3 zeigt die Prüfung des Stichs der Biegung mit dem Tiefenmessschieber, Bild 4 den Handlauf der Spindeltreppe.

5 Edelstahlstab von Zink befreit, schräg angeschliffen

6 Handlauf rostfrei anpassen

Er konnte in einem Stück gebogen werden und wurde bei dieser Treppe mit WIG auf mitverzinkte Edelstahlstäbe (Bild 5) geschweißt und von oben nach unten angepasst. Da laut bauaufsichtlicher Zulassung Z-30.3-6 des DIBt vom April 2009 das Feuerverzinken von Bauteilen aus nichtrostendem Stahl wegen Versprödung nicht mehr zulässig ist, müssen Handläufe anders befestigt werden.

10.2 Demontage

Ein Bauwerk bietet nur dann einen optimalen Nutzen, wenn es in Größe, Lage und Ausstattung den Anforderungen der Wirtschaft entspricht. Ändern sich diese Anforderungen, so muss es verändert werden. Für eine andere Nutzung muss es eventuell umgestaltet oder erweitert werden. Falls das nicht möglich ist, bleibt oft nur die Demontage übrig.

Bei der Demontage sind die Unfallgefahren ungleich höher als bei der Montage. Das unbedachte Entfernen von tragenden Bauteilen führt oft zum Einsturz größerer Bereiche, weil die Baustatik nicht beachtet wurde. Genauso wichtig wie ein Montageplan für das Erstellen eines Bauwerks ist, ist deshalb der Demontageplan für den Abbau des Bauwerks. Soll das Bauwerk an anderer Stelle wieder aufgebaut werden, ist zusätzlich eine detaillierte Beschriftung und Dokumentation über die abgebauten Einzelteile nötig.

1 Demontage eines Hochregals (Stahlbau-Ebert)

Soll aus dem Bauwerk nur Schrott gewonnen werden (stoffliche Verwertung) so sind die Abfälle zu sortieren, um den gesetzlichen Vorschriften zu genügen. In jedem Falle ist die strikte Beachtung der Unfallverhütungsvorschriften wichtig.

10.3 Abfälle vermeiden, verwerten, entsorgen

Bei Herstellung, Montage und Demontage fällt mehr oder weniger Abfall an. Um die Umwelt zu schonen und mit den Ressourcen sparsam umzugehen, hat die EU die einzelnen Mitgliedsstaaten verpflichtet, entsprechende Gesetze zu verabschieden. In der Bundesrepublik Deutschland wurde deshalb 1994 das Kreislaufwirtschafts- und Abfallgesetz (KrW-/AbfG) eingeführt. Im Gesetz steht die Abfall-Definition:

Merke

„Abfälle sind alle beweglichen Sachen, deren sich ihr Besitzer entledigt, entledigen will oder entledigen muss“. Deshalb gilt für Erzeugnisse: **Alles, was nicht Produkt ist, ist Abfall.**

Alle Grundstücke in einer Kommune müssen seither an die öffentliche Abfallabfuhr über zugelassene Abfallbehälter angeschlossen sein, und die anfallenden „Abfälle zur Beseitigung“ müssen der öffentlichen Restmüllabfuhr überlassen werden (Anschluss- und Benutzungszwang). Dies gilt auch für Gewerbebetriebe, Handel, freiberuflich Tätige etc. Für gefährliche Abfälle sind zugelassene Fachfirmen (Entsorger) zu beauftragen.

Zusammenfassend sind hier die typischen Abfälle eines Metallbaubetriebes aufgeführt.

Gefährliche betriebliche Abfälle	Verpackungen	Allgemeine Abfälle
Bohr- und Schleifschmierstoffe, Bohr- und Schleifemulsionen, Bohr- und Schleifschlamm, Bohr-, Schneid- und Schleiföle, Lösemittel, Kaltreiniger, Schmieröle, nicht ausgehärtete Klebstoff- und Lackreste, Öl- und fettverschmutzte Betriebsmittel, Strahlmittelrückstände, Säuren, Laugen, Anti-Schweißspritzer-Spray, Öl- und Benzinabscheiderinhalte, Leuchtstoffröhren, Batterien und Akkus.	Paletten, Kartonagen, Papier, Umreifungsbänder, Fässer aus Kunststoff, Metallfässer, Eimer aus Weißblech, Eimer aus Kunststoff, Dosen, Metalldosen, Tuben, Glas, Kartuschen.	**Büroabfälle:** Folien, Farbbänder, Tonerkartuschen. **Brotzeitabfälle:** Bioabfälle, Getränkeverpackungen, Metalldosen, Glasflaschen. **Hausmüllähnlicher Gewerbemüll:** Kehricht, Elektrodenreste, Dichtungsgummis, Isoliermaterial, fester Klebstoff, ausgehärtete Altlacke, gebrauchte Schleif- und Trennscheiben, Silikonreste.

Die Abfallverzeichnisverordnung AVV gilt seit 1.1.2002 und nennt die Bezeichnung der Abfälle sowie deren Einstufung. Gefährlicher Abfall ist in der Verordnung mit einem Stern (*) gekennzeichnet. Jeder Abfall ist durch die vorderen beiden Ziffern einer Herkunft zugeordnet. So sieht ein Auszug aus der AVV aus:

12 01 13	Schweißabfälle
12 01 14*	Bearbeitungsschlämme, die gefährliche Stoffe enthalten
12 01 15	Bearbeitungsschlämme mit Ausnahme derjenigen, die unter 12 01 14 fallen
12 01 16*	Strahlmittelabfälle, die gefährliche Stoffe enthalten

Auszug aus der Abfallverzeichnis-Verordnung (AVV)

Am 1. Februar 2007 sind das Gesetz sowie die Verordnung zur **Vereinfachung der abfallrechtlichen Überwachung** in Kraft getreten. Die in Deutschland übliche Einteilung des Abfalls in nicht überwachungsbedürftigen/überwachungsbedürftigen und besonders überwachungsbedürftigen Abfall ist entfallen. Er wird nur noch in **nicht gefährlichen** und **gefährlichen Abfall** eingeteilt.

Merke

Gefährlich ist ein Abfall, der nach Art, Beschaffenheit oder Menge im besonderen Maße gesundheits-, luft- oder wassergefährdend, explosibel, brennbar ist, oder Erreger übertragbarer Krankheiten enthalten bzw. hervorbringen kann. Er darf nicht mit dem übrigen Abfall vermischt werden, da sonst der ganze Abfall als gefährlich eingestuft wird!

Erzeuger, Beförderer, Einsammler und Entsorger gefährlicher Abfälle sind zur Nachweisführung in Registern verpflichtet. Dazu dienen der **Entsorgungsnachweis (EN)**, er bescheinigt die Zulässigkeit der vorgesehenen Entsorgung, sowie **verantwortliche Erklärung (VE)** und der **Begleitschein** (Bild unten).

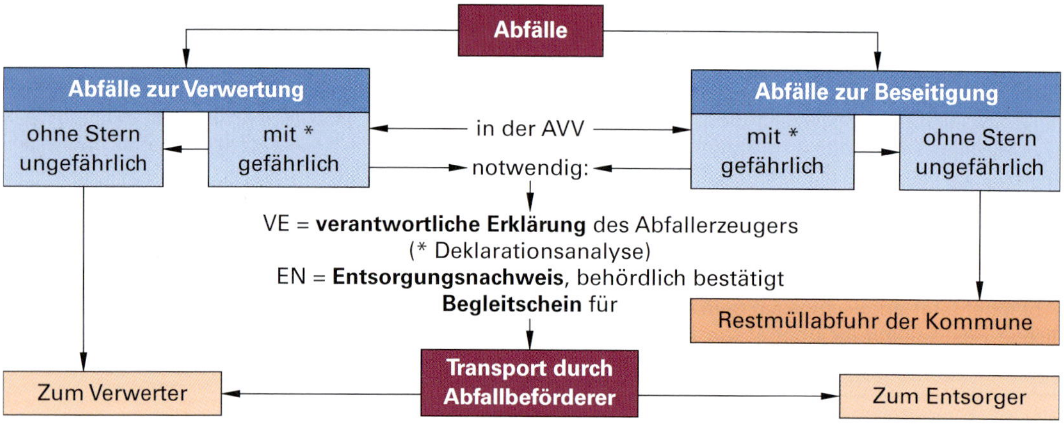

Gefährliche Stoffe und Abfälle müssen trocken, abschließbar und über einer Auffangwanne gelagert werden (Bild 1). Der Grundsatz für die Abfallentsorgung lautet: **„Vermeiden vor Verwerten vor Beseitigen"**. Die Abfallvermeidung soll schon bei der Konstruktion des Produkts anfangen. Damit betreibt der Betrieb **vorbeugenden Umweltschutz** durch:

- Einsatz schadstoffarmer Produkte
- Entwicklung von langlebigen, recyclebaren oder abfallarmen Produkten
- betriebsinterne Kreislaufführung von Hilfsstoffen und
- Einsatz abfallarmer Produktionsverfahren.

Grundsätzlich müssen **Abfälle zur Verwertung** von **Abfällen zur Beseitigung** getrennt gehalten werden. Die Trennung sollte in Abstimmung mit den Entsorgerfirmen und im Abgleich mit den Abfallsatzungen der Landkreise und Kommunen erfolgen, um eine handhabbare Anzahl von Abfallsammelbehältern zu erhalten.

1 Lagern gefährlicher Stoffe in Fassbox mit DiBt-Zulassung

Arbeitsauftrag 1: Montieren und Demontieren von Baugruppen in der Werkstatt

Ein Kunde erteilt einen Auftrag für die Herstellung und die Montage von zwei „Französischen Balkonen" nach dem Muster wie auf der Abbildung dargestellt.

Folgende Vorgaben sind einzuhalten:

Geländerbreite:	2000 mm
Brüstungshöhe:	1000 mm
Edelstahlhandlauf:	Rd 40 mm
Material für Geländer	Rd 30 mm/Rd 10 mm

Arbeitsauftrag:

1. Erklären Sie den Begriff „Französischer Balkon". Recherchieren Sie diesen Begriff im Bedarfsfalle im Internet.
2. Ermitteln Sie die exakten Stababstände bei einer lichten Weite von < 120 mm.
3. Erstellen Sie eine Werkstattskizze mit allen erforderlichen Maßen.
4. Beschreiben Sie die Probleme, die sich beim Anschluss an das Mauerwerk ergeben. Wer muss hier gegebenenfalls befragt werden?
5. Ermitteln Sie, welche Halbzeuge benötigt werden. Verwenden Sie dazu die Normbezeichnungen.
6. Erstellen Sie einen Arbeitsplan für die Herstellung des Geländers.
7. Bereiten Sie den Transport und die Montage des Geländers vor.
8. Die Hauswand besteht aus Hochlochziegelsteinen mit einer 80 mm dicken, verputzten Wärmedämmschicht. Welche Befestigungsmittel sind hierfür geeignet und was muss bei der Auswahl unbedingt berücksichtigt werden?

Bearbeiten Sie folgende Fragen:

1. Welches Schweißverfahren ist für die Verbindung der Stäbe und Rohre geeignet?
2. Welche Vorteile besitzt ein Geländer aus Edelstahl Rostfrei gegenüber Geländern aus anderen Materialien?
3. Von welchen Faktoren hängt die Auswahl der Befestigungsmittel ab?
4. Worauf ist beim Abbringen der Befestigungsmittel besonders zu achten?

Arbeitsauftrag 2: Montieren und Demontieren von Baugruppen in der Werkstatt

Die Montage des unten abgebildeten Schiebetores soll in der Werkstatt vorbereitet werden. Ihre Aufgabe ist die Vormontage der Laufschienenbaugruppe und die Vorbereitung der Endmontage vor Ort.

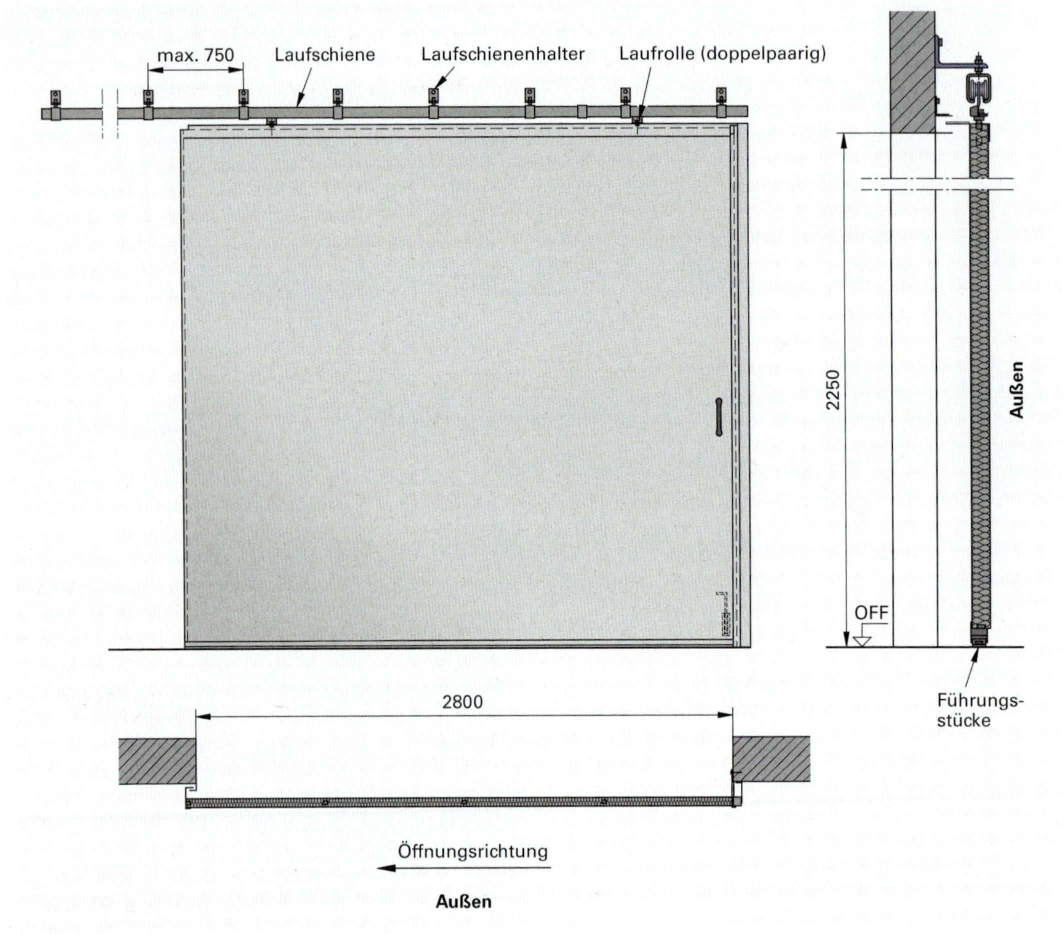

Arbeitsauftrag:

a) Vormontage in der Werkstatt

1. Berechnen Sie die erforderliche Länge der Laufschiene.
2. Legen Sie die Zahl der dazugehörigen Laufschienenhalter fest.
3. Erstellen Sie für die Herstellung der Laufschienenhalter eine Skizze und auf dieser Grundlage einen Arbeitsplan.
4. Erkunden Sie Alternativen zu der gezeichneten Laufschienenhalterung.
5. Erstellen Sie einen Arbeitsplan für die Vormontage der Laufschiene und ihrer Halterung.

b) Vorbereitung der Montage vor Ort

1. Welche Hilfsmittel zum Heben und Bewegen des Tores zur Transportvorbereitung stehen zur Verfügung?
2. Welche Hilfsmittel zum Heben und Bewegen des Tores bei der Endmontage vor Ort stehen zur Verfügung?
3. Welche Befestigungsmittel (Dübel) sind für die Befestigung in der Außenwand aus Beton C25/30 geeignet?
4. Was muss bei der Befestigung mit den ausgewählten Dübeln beachtet werden?

Lernfeld: Herstellen von Stahl- und Metallbaukonstruktionen

11 Sicherheit am Bau

Die Beschäftigten in allen Bau- und Baunebenberufen sind in hohem Maße Unfallgefahren ausgesetzt. Dies gilt sowohl für Arbeiten, die in der Werkstatt ausgeführt werden, als auch für Montagearbeiten auf der Baustelle. Bei fast allen diesen Arbeiten drohen mannigfaltige Verletzungsgefahren. Sei es infolge unzureichendem Kopf- bzw. Körperschutz, Stürzen von nicht fachgerecht aufgestellten Leitern und Gerüsten, Benutzung von schadhaftem Werkzeug – überall sind Unfallursachen versteckt.

Unfälle können für den Einzelnen immer Schmerzen, finanzielle Einbußen, körperliche Schädigungen oder sogar den Tod bedeuten. Für die Allgemeinheit und den Betrieb haben Unfälle den Verlust einer Arbeitskraft, Störungen des betrieblichen Ablaufes, Erhöhung der Berufsgenossenschaftsbeiträge und damit eine Verminderung des Volkseinkommens zur Folge.

Leichtsinn, Unordnung, falsch platzierte Mutproben, Alkoholmissbrauch und nicht fachgerechtes Arbeiten sind die häufigsten Unfallursachen.

Merke

Rücksichtnahme, Ordnung am Arbeitsplatz und sicherheitsbewusstes Arbeiten vermindern die Unfallgefahren erheblich.

Zur Verhinderung von Unfällen haben die Berufsgenossenschaften umfangreiche **Unfallverhütungsvorschriften (UVV)** für die Arbeiten in Werkstätten und auf Baustellen erlassen.

Auf viele dieser UVV wird bei der Behandlung der verschiedenen Arbeitstechniken im Rahmen dieses Buches speziell eingegangen. An dieser Stelle sollen nur die übergreifenden und bautypischen Unfallverhütungsmaßnahmen behandelt werden.

1 Zeichen für Maschinen, Einrichtungen und Arbeitsschutzmittel, die den Sicherheitsbestimmungen entsprechen

11.1 Persönliche Arbeitsschutzmittel

Zu den persönlichen Schutzausrüstungen, die gegen Gefahren schützen sollen, zählen neben dem Arbeitsanzug und den Handschuhen vor allem DIN-gerechte Schutzhelme und Sicherheitsschuhe (Bild 2). Sie dürfen vom Hersteller nur in den Verkehr gebracht werden, wenn sie den Bestimmungen der Arbeitsschutz- und Unfallverhütungsvorschriften entsprechen. Dies wird durch das CE-Zeichen dokumentiert (Bild 1).

11.1.1 Schutzhelme

Durch das Tragen des Schutzhelmes können schwere Kopfverletzungen verhindert oder zumindest ihre Folgen gemildert werden.

Nach der UVV sind deshalb bei allen Tätigkeiten, bei denen durch Anstoßen, durch pendelnde, herabfallende, umfallende oder wegfliegende Gegenstände Kopfverletzungen auftreten können, Schutzhelme nach DIN EN 397 zu tragen.

Der Schutzhelm besteht aus der Helmschale und der Innenausstattung. Als Helmschale wird der äußere Teil des Helmes bezeichnet, der die direkt auftretenden Belastungen aufnimmt, mit dem Kopf aber nicht in unmittelbarer Berührung steht.

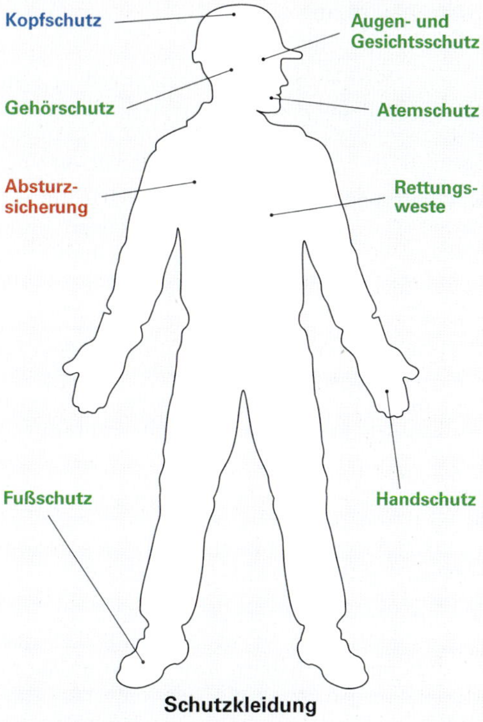

2 Persönliche Schutzausrüstung

Schutzhelme werden aus Duro- oder Thermoplasten hergestellt. Der Unterschied zwischen Thermo- und Duroplasten besteht hauptsächlich darin, dass die Eigenschaften von Thermoplasten sich unter Hitze- und Kälteeinwirkungen stark verändern. Die Thermoplasthelme unterliegen somit einer gewissen Alterung und dadurch einer Verminderung der Schutzeigenschaften. Sie sollten deshalb nicht länger als 5 Jahre getragen werden.

Merke

Nach einem starken Aufschlag darf ein Schutzhelm nicht weiter verwendet werden.

Unter der Innenausstattung versteht man die auf dem Schädel aufliegenden Teile des Helmes. Sie besteht aus Tragbändern, dem längenverstellbaren Kopf- und Nackenband sowie der Polsterung (Bild 1).

11.1.2 Fußschutz

Neben dem Kopf sind nach den Statistiken der Berufsgenossenschaften hauptsächlich die Füße der im Baugewerbe Beschäftigten gefährdet.

Häufigste Unfallursachen sind dabei:

- Herabfallende oder umfallende Gegenstände
- Unvorsichtiges Absetzen von Lasten
- Hineintreten in spitze Gegenstände
- Anstoßen an Hindernisse
- Überrollen durch Fahrzeuge
- Ausrutschen

Um diese Sicherheitsrisiken zu verringern, müssen laut UVV überall dort, wo solche Gefahren auftreten, also auch in der Metallbauwerkstatt und auf der Baustelle, genormte Sicherheitsschuhe getragen werden.

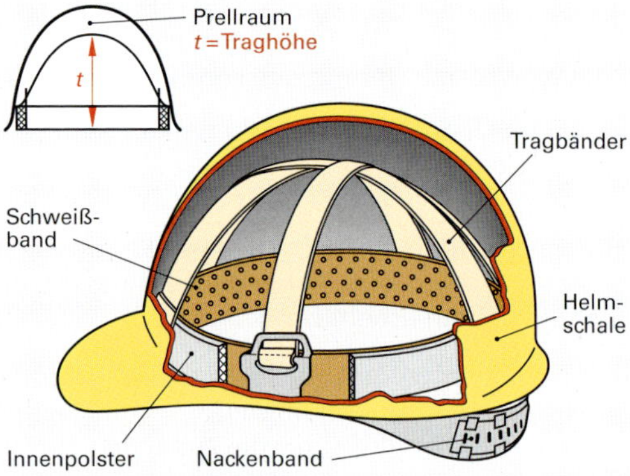

1 Standard-Schutzhelm

Man unterscheidet drei Arten:

- den Sicherheitsschuh
- den Schutzschuh
- den Berufsschuh

Sie unterscheiden sich von herkömmlichen Schuhen vor allem dadurch, dass sie an den besonders gefährdeten Stellen wie Zehen- und Fersenraum über zusätzliche Stahlkappen und Polster verfügen.

Sicherheitsschuhe im Sinne der UVV sind nach DIN EN ISO 20345 Schuhe mit Zehenkappen für hohe Belastungen, deren Schutzwirkung mit einer Prüfenergie von 200 J und gegen Druck mit min. 15 kN geprüft wurde.

Schutzschuhe sind nach DIN EN ISO 20346 Schuhe mit Zehenkappen, deren Schutzwirkung gegen mechanische Einwirkungen mit einer Prüfenergie von 100 J und gegen Druck mit min. 10 kN geprüft wurde.

Berufsschuhe sind Schuhe nach DIN EN ISO 20347, die bestimmte berufstypische Bedingungen wie rutschfeste oder antistatische Sohle u. a. erfüllen müssen.

Die oben genannten Schuharten sind als Halbschuhe und Stiefel in verschiedenen Schafthöhen und Materialien erhältlich. Der Unternehmer hat dafür zu sorgen, dass die gebrauchstauglichen Schuhe in der der Gefährdung entsprechenden Ausführung zur Verfügung gestellt werden.

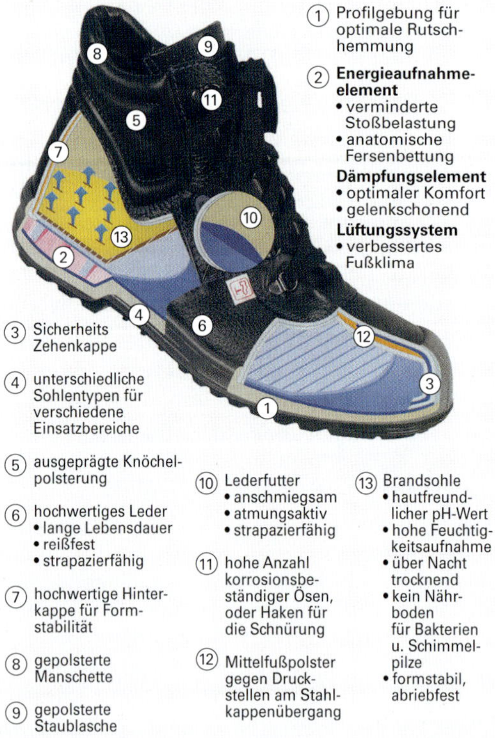

2 Sicherheitsschuh

11.2 Gerüste und Leitern

Viele Montagestellen sind ohne Hilfsmittel wie Leitern oder Gerüste gar nicht erreichbar. Von der Art der zu verrichtenden Arbeit wird es wesentlich abhängen, ob eine Leiter, ein Fahrgerüst oder ein stationäres Gerüst erforderlich ist.

Gerüste

Nach DIN 4420 sind Gerüste Hilfskonstruktionen, die in veränderbarer Länge und Breite aus Einzelteilen zusammengesetzt werden können. Dabei unterscheidet man Arbeitsgerüste und Schutzgerüste.

Arbeitsgerüste sind Gerüste, von denen aus Arbeiten durchgeführt werden können und die auch die dafür erforderlichen Werkzeuge und Materialien aufnehmen können.

Schutzgerüste dagegen haben die Aufgabe, Personen gegen den Absturz in die Tiefe zu sichern oder Personen vor herabfallenden Gegenständen wie Werkzeuge und Baustoffe zu schützen.

Große Arbeitsgerüste werden im Normalfall vom Gerüstbauer erstellt. Kleinere Arbeits- oder Schutzgerüste können jedoch durchaus vom ausführenden Metallbauer aufgestellt werden.

Merke

Verantwortlich für den betriebssicheren Aufbau und den Abbau ist der Unternehmer, der die Gerüstbauarbeiten durchführt. Für die ordnungsgemäße Erhaltung der Betriebssicherheit und die fachgerechte Benutzung ist der Benutzer verantwortlich.

Gerüste bestehen heute fast ausschließlich aus korrosionsgeschützten Stahlrohren oder Alu-Rohren mit Konsolen (Bild 1).

Besonders wichtig bei der Gerüsterstellung sind fehlerfreie Längs- und, wenn erforderlich, Querverstrebungen. Diese müssen immer **diagonal** angebracht werden (Bild 2).

Häufigster Anlass zu Beanstandungen an Gerüsten sind fehlende Bordbretter.

Für die Verankerung im Mauerwerk dürfen nur zugelassene Dübel verwendet werden.

Daneben muss auf einen absenksicheren Untergrund bzw. Unterbau geachtet werden.

Fahrgerüste

Fahrgerüste, auch fahrbare Gerüste genannt, sind im Sinne der Gerüstordnung Hilfskonstruktionen für hochgelegene Arbeitsplätze, die durch Rollen horizontal fahrbar gemacht worden sind. Sie können als Arbeits- und Schutzgerüste verwendet werden.

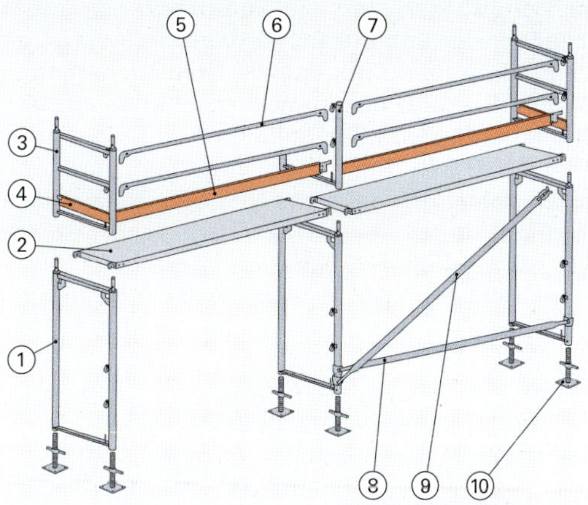

① Stellrahmen	⑥ Rückengeländer
② Aluminium-Rahmentafel	⑦ Geländerstütze
③ Stirngeländerstütze	⑧ Horizontalstrebe
④ Stirnbordbrett	⑨ Diagonale
⑤ Längsbordbrett	⑩ Gewindefußplatte

1 Gerüstteile

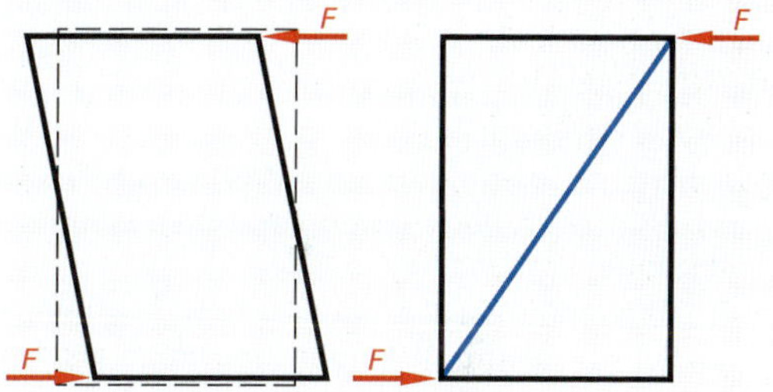

2 Verschiebbarkeit des Vierecks
Unverschiebbarkeit des Dreiecks

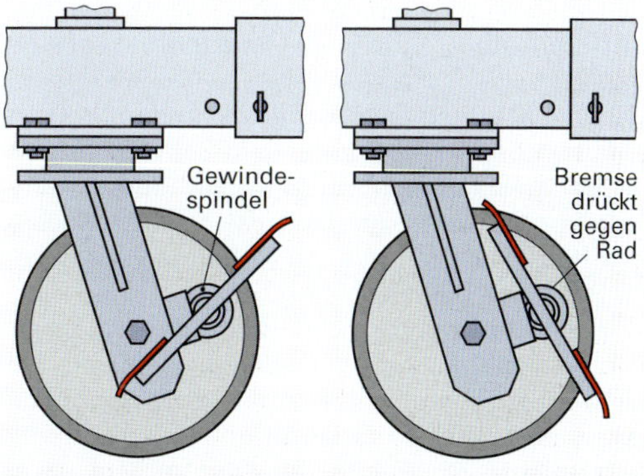

3 Bremse gelöst und betätigt

Da bei Fahrgerüsten die Verankerungsmöglichkeiten in der angrenzenden Wand fehlen, ist besonderes Augenmerk auf die **Standsicherheit** zu richten. Sie wird bestimmt durch ein ausreichendes Verhältnis von Schmalseite *b* zu Belaghöhe *h* (Bild 1). Durch Anbringen von Auslegern oder durch Belastungsgewichte, die den Schwerpunkt niedriger legen, kann die Standsicherheit wirkungsvoll erhöht werden.
Ständiger Überprüfung muss auch die Arretierung der Fahrrollen unterzogen werden (Bild 3, S. 197).

Merke

Für die Benutzung von Fahrgerüsten müssen folgende Verhaltensregeln beachtet werden:

1. Beim Verfahren darf sich niemand auf dem Gerüst befinden.
2. Nur in Längsrichtung oder über Eck verfahren.
3. Fahrgerüste nur langsam verfahren.
4. Vor dem Verfahren lose Teile gegen Herabfallen sichern.
5. Zum Verfahren die Spindelteller so knapp wie möglich lüften.
6. Vor dem Benutzen die Fahrrollen feststellen und das Gerüst auf Standsicherheit prüfen.

Maßnahmen zur Absturzsicherung

Die Ursache vieler Unfälle im Baubereich sind fehlende Absturzsicherungen. Als Absturzsicherungen dienen Geländer oder, wo diese nicht möglich sind, Fanggerüste.

Seitenschutz-Absperrungen (Geländer) sind nach DIN 4420 erforderlich bei:

- Arbeitsplätzen an oder über Wasser oder anderen Stoffen in denen man versinken kann, unabhängig von der Absturzhöhe
- Freiliegenden Treppenläufen und Treppenabsätzen und Wandöffnungen bei mehr als 1 m Absturzhöhe.
- Arbeitsplätzen und Verkehrswegen auf Dächern bei mehr als 3 m Absturzhöhe.
- allen übrigen Arbeitsplätzen und Verkehrswegen bei mehr als 2 m Absturzhöhe.

Die Geländer müssen dabei mindestens 1 m hoch sein und über einen Zwischenholm verfügen (Bild 2).
Wenn aus arbeitstechnischen Gründen, z. B. Arbeiten an der Absturzkante, kein Seitenschutz verwendet werden kann, müssen statt dessen **Fanggerüste** oder **Auffangnetze** bzw. ein **Anseilschutz** angebracht werden, die ein Auffangen abstürzender Personen gewährleisten.
Fanggerüste müssen grundsätzlich angebracht werden bei einer Arbeitshöhe von mehr als 5 m. Für die seitlichen Schutzwände in Fanggerüsten gelten die gleichen Bestimmungen wie für den Seitenschutz. Die Breite der Fanggerüste ist abhängig von der möglichen Absturzhöhe (Bild 3).

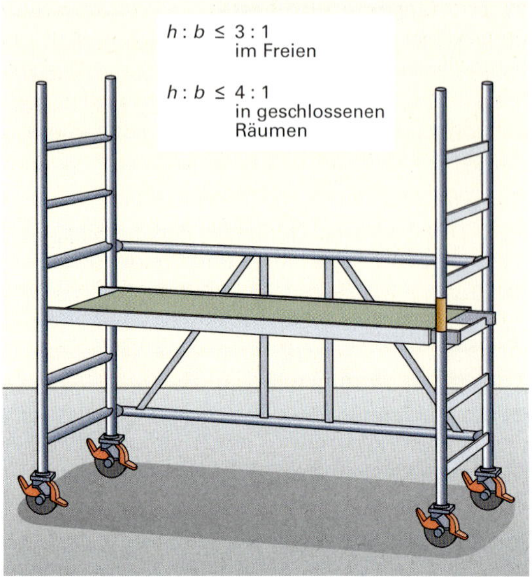

1 Fahrgerüst

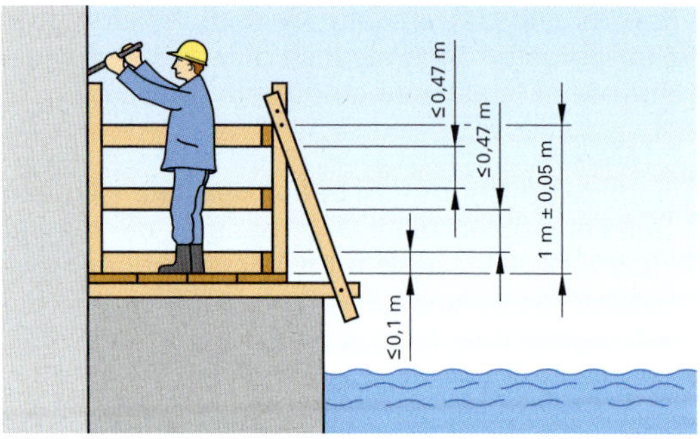

2 Seitenschutz-Absperrung

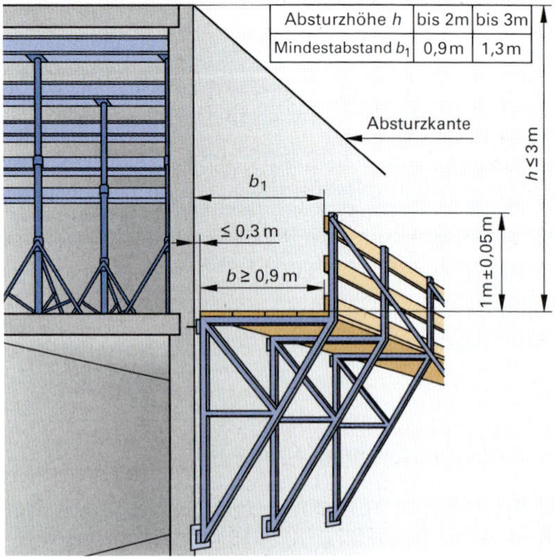

3 Fanggerüst

In Dachfanggerüsten dürfen Schutzwände bei einer Dachneigung von über 45 Grad nur bis zu einer Sicherungshöhe von 5 m und bis zu einer maximalen Dachneigung von 60 Grad verwendet werden (Bild 1).

Leitern

Häufige Unfallursache auf Baustellen ist neben den vorher genannten vor allem auch der unsachgemäße Gebrauch von Leitern sowie die Benutzung von schadhaften Leitern.

Schadhafte Leitern sind unverzüglich bis zu ihrer ordnungsgemäßen Instandsetzung aus dem Verkehr zu ziehen. Dies gilt besonders, wenn Sprossen oder Holme angebrochen oder geknickt sind.

Die am meisten gebrauchte Leiter ist die **Steh-** oder **Doppelleiter.** Sie muss unbedingt durch fest angebrachte Spannketten gegen Auseinandergleiten gesichert werden. Für geringfügige Arbeiten dürfen Stehleitern auch für Behelfsgerüste verwendet werden (Bild 2). Dabei darf aber eine Gesamthöhe von 2 m nicht überschritten werden.

Zum kurzfristigen Erreichen höher gelegener Arbeitsplätze werden **Anlegeleitern** benutzt (Bild 3). Im Bedarfsfall kann die Anlegeleiter verlängert werden bis zu einer Höchstlänge von 8 m. Dabei muss die Überlappung der Leitern mindestens 1/5 der Gesamtlänge und mindestens 5 Sprossenabstände betragen (Bild 4).

Merke

Verhaltensregeln für das Arbeiten mit Leitern:

1. Leitern standsicher aufstellen
2. Sichern gegen Umkanten, Abrutschen, Einsinken
3. Leitern im Verkehrsbereich absichern
4. Leitern nicht für umfangreiche Arbeiten verwenden
5. Gesamtlänge nicht über 8 m

11.3 Anseilschutz

Wenn andere technische Schutzmaßnahmen unzweckmäßig bzw. unzureichend sind, muss man sich durch Anseilen gegen Absturz sichern.

Sicherheitsgeschirre bestehen je nach Anwendungsfall aus Gurten und Verbindungsmitteln wie Seil, Bund, Seilverkürzer, Falldämpfer u. a.

Auffang- und Haltegurte

Auffanggurte nach DIN EN 361 gibt es in zwei Ausführungen: der Form A und der Form B.

Der Gurt Form A besteht aus Schulter-, Brust- und Beingurten, die mindestens 40 mm breit sein müssen (Bild 5).

Der Gurt Form B besteht aus einem 85 mm breiten, gürtelförmigem Haltegurt und einem Rückensteg zur Aufnahme der Fangösen (Bild 5).

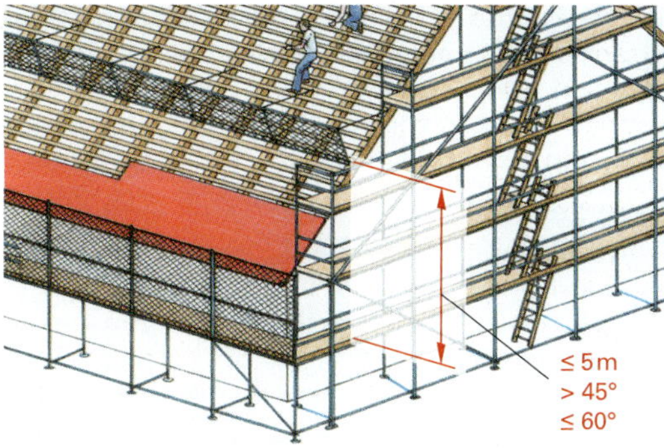

1 Schutzwand bei geneigter Dachfläche

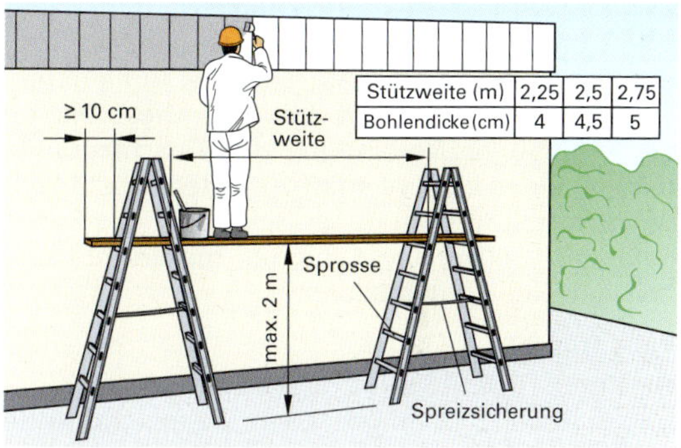

Stützweite (m)	2,25	2,5	2,75
Bohlendicke (cm)	4	4,5	5

2 Behelfsgerüst aus Stehleitern

3 Anlegeleiter

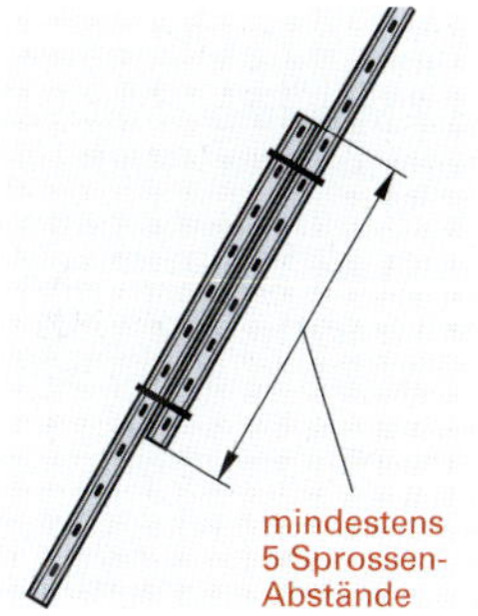

4 Leiterverlängerung

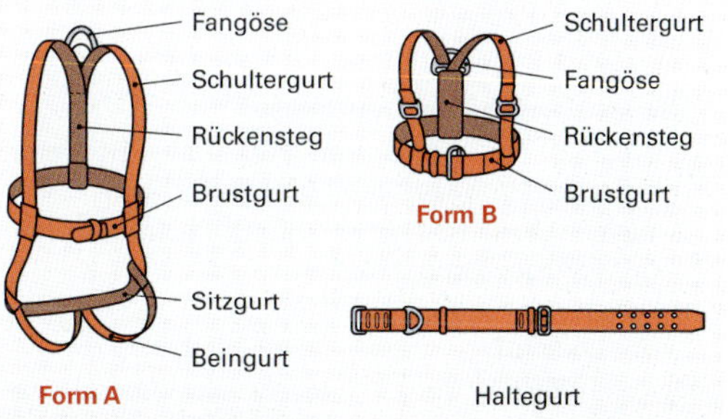

5 Auffang- und Haltegurte

Als **Haltegurte** bezeichnet man Sicherheitsgeschirre, die aus einem 85 mm breiten Gurtband bestehen, das um den Körper verläuft. Sie bewahren Personen vor dem Absturz und halten sie beim Abrutschen.

Sicherheitsseile

Durch **Sicherheitsseile** wird der Auffang- oder Haltegurt mit dem Anschlagpunkt verbunden. Es sind meist Polyamidseile von 12 mm bis 16 mm Durchmesser mit einer Seilhöchstzugkraft von 1600 daN bzw. 2400 daN. Verwendet werden überwiegend Seile mit 2 Karabinerhaken oder mit einem Karabinerhaken und einem Auge. Die Sicherheitsseile nach DIN 7471 unterliegen sehr strengen Prüfvorschriften. Um ein Durchhängen des Sicherungsseiles zu verhindern und damit die eventuelle Fallhöhe gering zu halten, werden von Hand verstellbare oder frei mitlaufende **Seilverkürzer** verwendet (Bild 1). Diese haben die Aufgabe, die Verbindung zum Anschlagpunkt mithilfe eines Läufers straff zu halten. Abstürzende Personen werden durch Blockieren des Seiles gefangen. Seilverkürzer müssen mit dem Sicherheitsseil eine Einheit bilden.

Falldämpfer

Die Kurve I in Bild 3 zeigt, dass schon bei relativ geringen Absturzhöhen von 1,5 m ... 2 m sehr große Stoßkräfte auftreten, die zu starken inneren Verletzungen führen können. Diese hohen Stoßkräfte können durch die Verwendung von Falldämpfern erheblich reduziert werden (Kurve II in Bild 3). Die meisten Falldämpfer wirken dadurch, dass in einer labyrinthartigen oder sich verjüngenden Seilführung durch Reibung eine Bremswirkung erzielt wird. Eine Kombination aus Falldämpfer und Seilverkürzer ist auch das Höhensicherungsgerät. Es wird dort eingesetzt, wo häufige Bewegungsabläufe mit geringer Behinderung abzusichern sind.

Anschlagkonstruktionen

Die Zuverlässigkeit von Sicherheitsgeschirren ist maßgeblich vom Anschlag abhängig. In der Regel erfolgt dieser durch Umschlingen oder Einhaken mittels Karabinerhaken in eine Tragkonstruktion. Mitlaufende Elemente ermöglichen ein ungehindertes Bewegen auch an Befestigungshaken vorbei (Bilder 4 u. 5).

Überprüfen Sie Ihre Kenntnisse

1. Wer ist für die ordnungsgemäße Betriebssicherheit von Gerüsten verantwortlich?
2. Welche Verhaltensregeln müssen beim Arbeiten mit Fahrgerüsten beachtet werden?
3. Welche Verhaltensregeln gelten für das Arbeiten mit Leitern?
4. Aus welchen Teilen besteht ein Sicherheitsgeschirr?

1 **Seilverkürzer mit Falldämpfer**

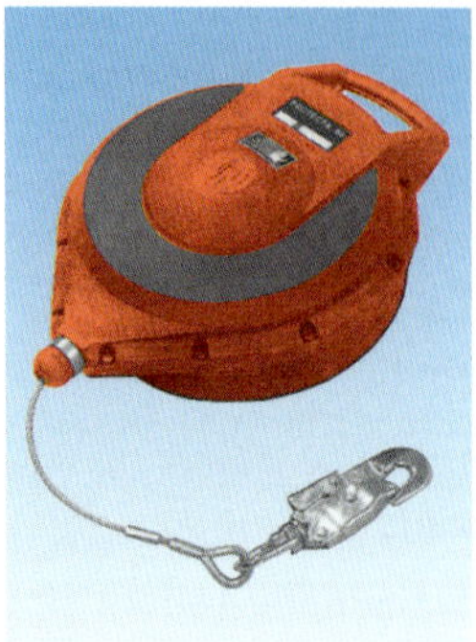

2 **Höhensicherungsgerät**

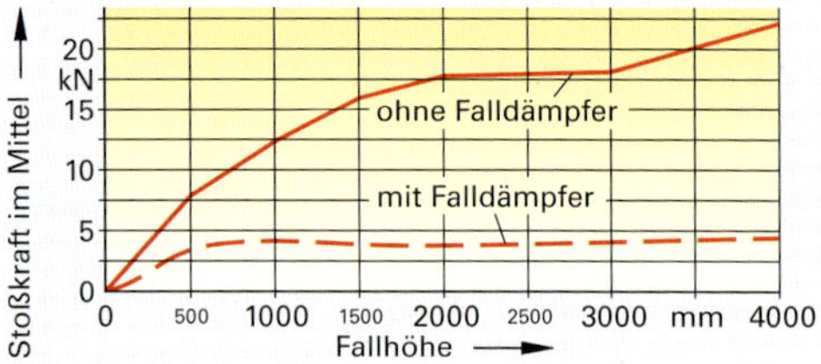

3 **Stoßkräfte bei Fallversuchen**

4 **Laufelement**

5 **Anschlagkonstruktion**

12 Vermessungsarbeiten am Bau

Das Messen ist die Grundlage eines genauen und funktionsgerechten Bauens. Durch Messfehler entstehen der Bauwirtschaft jährlich erhebliche Schäden.

Merke

Bei Vermessungsarbeiten sind Längenmessungen, Winkelmessungen und Höhenmessungen durchzuführen.

Der Metallbauer kann sich bei seinen Messungen am Bau in der Regel immer auf bereits durchgeführte Vermessungsarbeiten beziehen, da er normalerweise nie als erster auf einer Baustelle arbeitet.

12.1 Schnurgerüst

Grundlage für die meisten Messarbeiten am Bau ist das **Schnurgerüst**. Dieses wird von der Bauleitung erstellt und von einem autorisierten Vermessungstechniker **eingemessen.** Zu diesem Zweck werden von definierten Punkten, die vom Vermessungsamt festgelegt sind, das können z. B. die Grundstücksgrenzpunkte sein, mithilfe von exakten Mess- und Rechenverfahren die Gebäudegrenzen ermittelt.
Ebenfalls vom Vermessungsamt werden an bestimmten Gebäuden metallische runde Bolzen, die sogenannten Höhenbolzen, befestigt, die eine definierte Höhe über NN (Normal-Null) besitzen. Im Bauplan des Gebäudes ist die Höhe z. B. der Erdgeschoss-Bodenplatte eingetragen. Von den registrierten Höhenbolzen aus wird die Höhenlage des Gebäudes mit Höhennivellierungsinstrumenten ermittelt.
Mit dem Schnurgerüst werden Gebäudeecken, Mauerecken, Gebäudefluchten festgehalten sowie Fundamenthöhe und Baugrubentiefe markiert (Bild 2). Der Abstand der Schnurgerüstböcke vom Bauwerk richtet sich nach der Baugrubentiefe, der Breite des Arbeitsraums, der Böschungsneigung, der Geländeneigung und dem Sicherheitsabstand von der oberen Böschungskante.

Merke

Das Schnurgerüst markiert die Höhe von Oberkante Fertigfußboden **(OFF EG)** mit der Höhenmarke ± 0,00 m. 1 m über OFF EG liegt der **Meterriss** als Messbasis.

Nach den am Schnurgerüst festgelegten Maßen wird das Bauwerk errichtet. Dazu werden in gegenüberliegenden Kerben (Einzelheit A und B in Bild 2) verzinkte Drähte gespannt. Mithilfe des Schnurlots über dem Draht kann nun jeder Punkt der Flucht nach unten gelotet werden.
Von hier aus wird auch der Hausgrund **(HG)** markiert. Nach Anlegen der Erdgeschosswände kann das Schnurgerüst abgebaut werden. In jedem Geschoss wird danach ein neuer Meterriss angebracht.

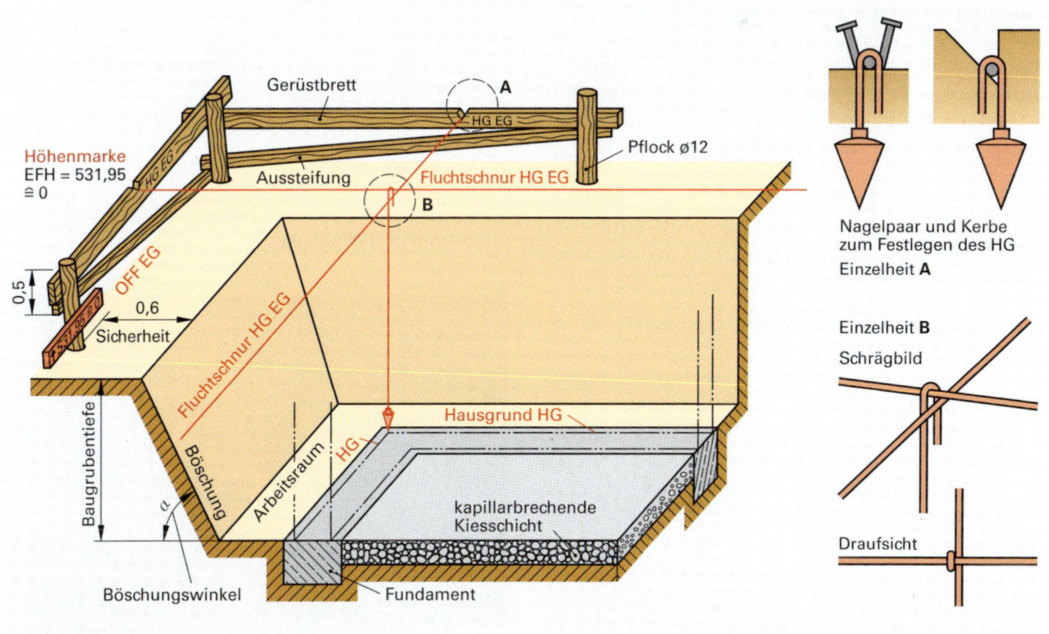

1 Schnurgerüstbock

Am Beispiel der Montage einer einfachen Flachdachhalle (Bild 1) lassen sich die wichtigsten Vermessungsarbeiten, die der Metallbauer verrichten muss, zeigen.

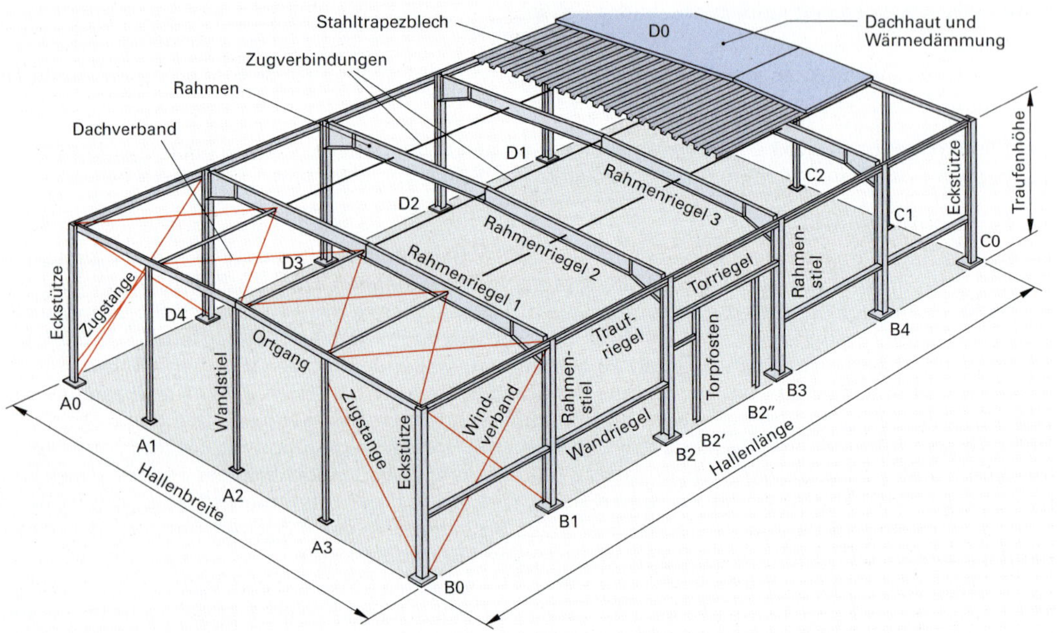

1 Gerüst einer Flachdachhalle

12.2 Längenmessungen

Anhand des Schnurgerüstes sind die Montagepunkte der äußeren Stützen bzw. Rahmen zu überprüfen. Die Abstände zwischen den Stützen werden mit geeigneten Längenmessgeräten ermittelt. Der **Meterstab** ist ein Gliedermaßstab von 2 Meter Länge mit Meter-, Zentimeter- und Millimeterteilung. Die Toleranz liegt bei +/– 1 mm. Die **Messlatte** ist 3 oder 5 Meter lang. Sie ist mit einer rot-weißen Teilung versehen. Das **Maßband** hat eine Länge von 20 Metern (Sonderlängen bis 50 Meter) und besteht aus gehärtetem Stahl. Bedingt durch die Ablesegenauigkeit und mögliche Längenänderung durch Wärmeeinwirkung ist die Toleranz, abhängig von der zu messenden Länge, bis +/– 5 mm.

Immer häufiger dienen **Laser-gesteuerte Messgeräte** (Bild 3) zur exakten Ermittlung auch größerer Entfernungen. Mit ihnen kann berührungslos über Distanzen bis zu 50 m mit einer Toleranz von +/– 3 mm gemessen werden. Zur Ermittlung der kürzesten Entfernung z. B. zweier Stützen oder der lichten Weite von Öffnungen wird das Gerät an eine senkrechte Fläche angelegt. Über die Laufzeit eines Laserstrahles wird die Entfernung gemessen. Komfortable Programme zur Ermittlung von Flächen und Volumen sowie zur Winkelermittlung lassen diese Geräte zu einer großen Hilfe auf jeder Baustelle werden.

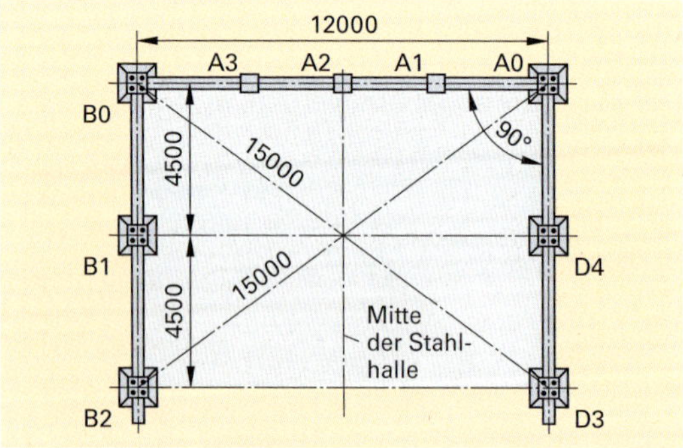

2 Abstand und Winkligkeit

3 Laser-gesteuertes Messgerät

12.3 Winkelmessungen

Neben der Festlegung der genauen Abstände der Stützen und der exakten Flucht ist vor allem die Überprüfung der Winkel erforderlich. Sie erfolgt am einfachsten durch den Vergleich der entsprechenden Diagonalen.

Messlatten sind das einfachste Mittel, um einen rechten Winkel abzustecken (Bild 1). Zunächst wird die Gerade AB mit Fluchtstäben gekennzeichnet. Auf ihr wird der Punkt C, in dem der rechte Winkel errichtet werden soll, eingemessen und markiert. Hier werden dann **Messlatten** angelegt, die ein rechtwinkliges Dreieck bilden. Seine Seiten verhalten sich wie die pythagoräischen Zahlen 3, 4 und 5.

Mit dem **Nivellierinstrument** mit Horizontalkreis können beliebige Winkel ermittelt und abgesteckt werden (Bild 2). Das Instrument wird auf die Strecke AB zentriert und horizontiert. Dann wird das Fernrohr gedreht und der Fluchtstab in den Punkt C gestellt.

Der **Theodolit** arbeitet ähnlich wie das Nivellierinstrument, hat aber auch noch einen Vertikalkreis, sodass auch Höhenwinkel gemessen werden können.

Der **Winkelspiegel** ermöglicht das Abstecken des rechten Winkels über eine größere Entfernung als mit Längenmesszeugen. Er wird vom Beobachter im Punkt C auf der Geraden AB zentriert (Bild 3) und mit der Spitze auf AE gerichtet. Der vom Helfer gehaltene Fluchtstab wird so bewegt, dass er im Fenster genau über dem Spiegelbild der sich deckenden Stäbe A und E sichtbar wird und den Punkt D markiert.

Mit dem **Rechtwinkelprisma** wird nach dem gleichen geometrischen Prinzip gearbeitet.

Die **Kreuzscheibe** besitzt zwei sich senkrecht kreuzende Sehschlitzpaare. Sie wird, ähnlich wie in Bild 1, mithilfe einer Dosenlibelle lotrecht in C gestellt, auf AB gefluchtet und dann wird der Punkt D markiert.

12.4 Festlegung von Gebäudehöhen

Die Festlegung der Gebäudehöhe ist sowohl für die Erstellung der Außenwände als später auch für den Innenausbau wichtig. Mit einem Nivellierinstrument wird die Fundamenthöhe ermittelt bzw. kontrolliert. Stützen und Rahmen werden an dieser Höhe ausgerichtet (Bild 4).

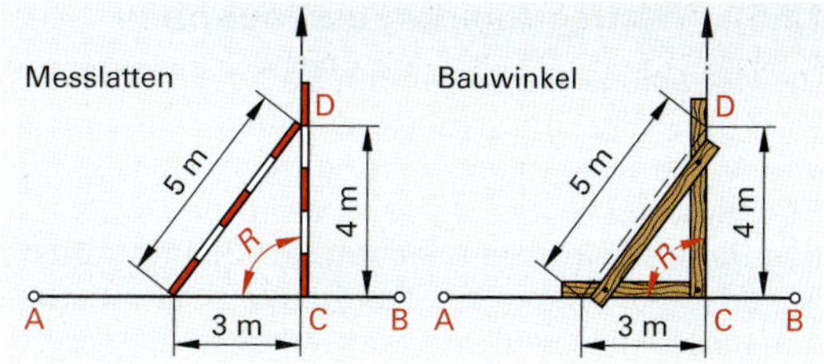

1 Abstecken von rechten Winkeln mit Messlatten oder einem Bauwinkel

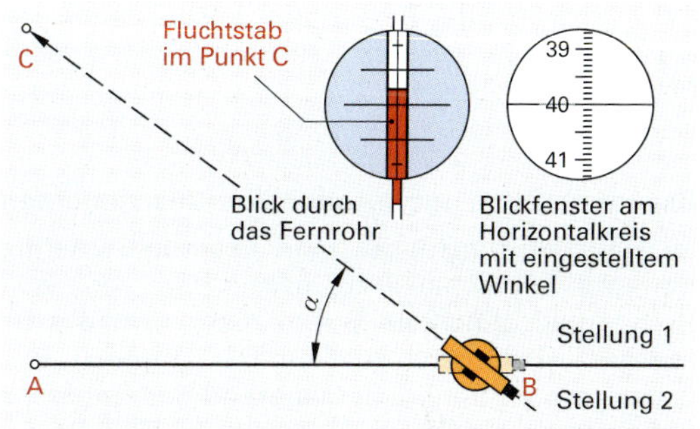

2 Abstecken eines Horizontalwinkels mit dem Nivellierinstrument

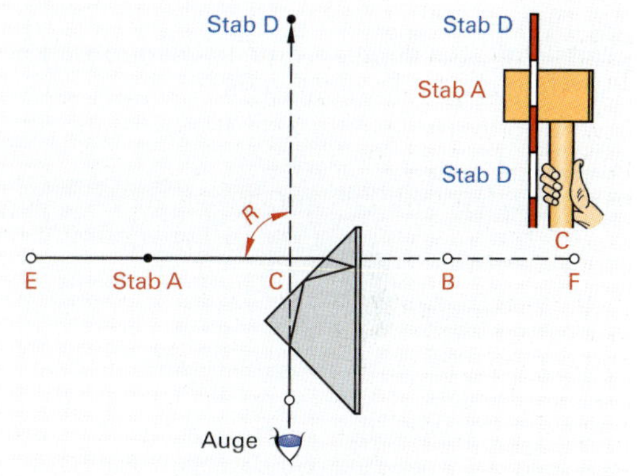

3 Abstecken eines rechten Winkels mit dem Winkelspiegel

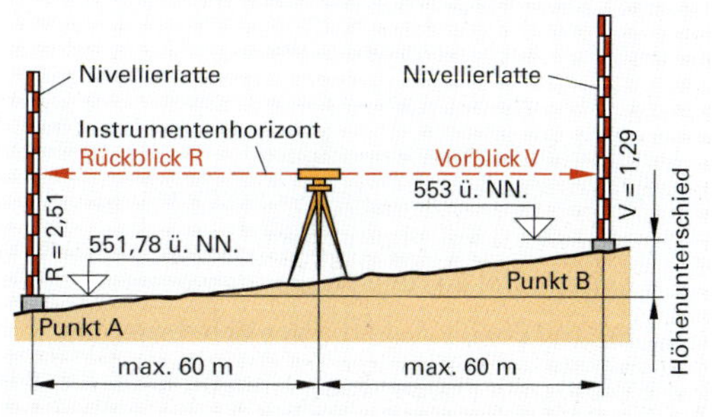

4 Höhenbestimmung mit dem Nivellierinstrument

12.5 Festlegung der Ausbauhöhen

Die Höhenlage des gesamten Bauwerks, **OFF EG**, wird als Höhe über NN (Normalnull) angegeben und ist dem Lageplan zu entnehmen. Nach dieser **Höhenmarke** richten sich alle weiteren Höhen für das Bauwerk. Vor dem Abbau der Schnurgerüste ist die Höhenmarke auf das Bauwerk zu übertragen und für alle weiteren Messarbeiten zu sichern.

Die Höhenlagen von Türen, Fenstern und Geschossdecken werden häufig vom **Meterriss** aus auf andere Bauteile übertragen (Bild 1). So können verbleibende Resthöhen leicht gemessen werden (Bild 2). In jedem Geschoss wird ein neuer Meterriss angebracht.

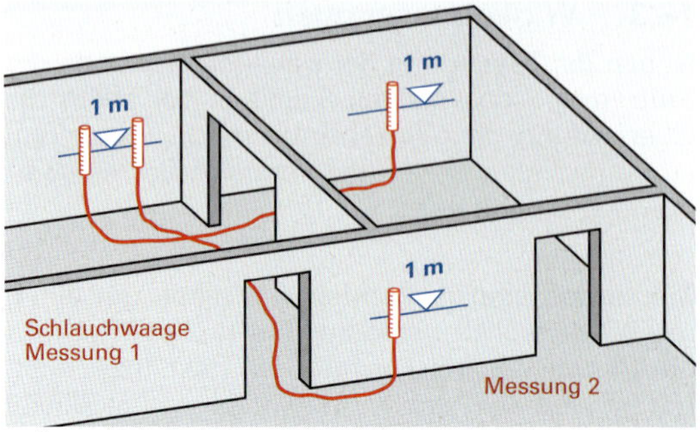

1 Übertragung des Meterrisses

Bauvermessung mit Rotationslaserinstrumenten

Im Hochbau verwendet man Laserinstrumente, die zwei Strahlenaustritte haben. Der senkrecht nach unten gerichtete Strahl dient zum **Justieren** des Instruments über einem Festpunkt. Der waagerechte Strahl bildet während des Rotierens **Lichtmarken** auf gleicher Höhenlage (Bild 3). So gewährleistet man den waagerechten Einbau von Estrichen und abgehängten Decken (Bild 4) und das richtige Anbringen von Meterrissen (Bild 5).

Merke

Vorsicht! Laserstrahlen können bei direkter Einwirkung die Augen gefährden.

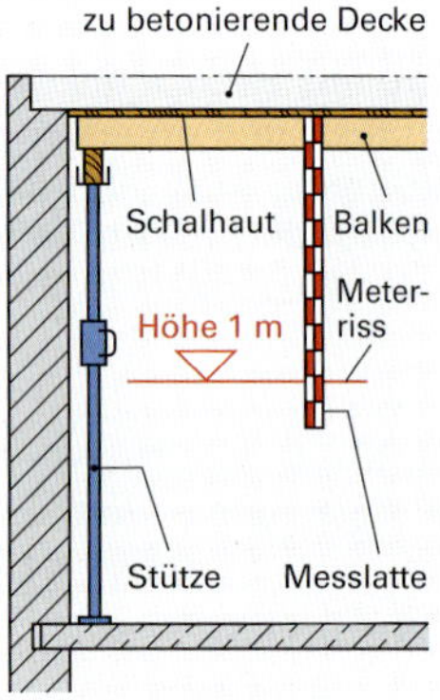

2 Höhenmessung vom Meterriss aus

3 Hochbau-Laserinstrument

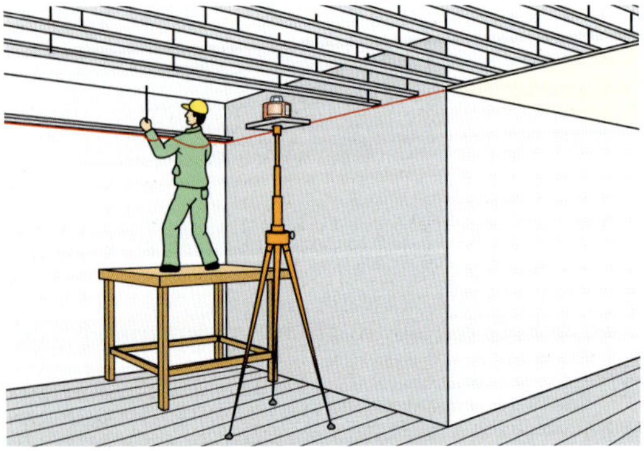
4 Ausrichten einer Deckenabhängung

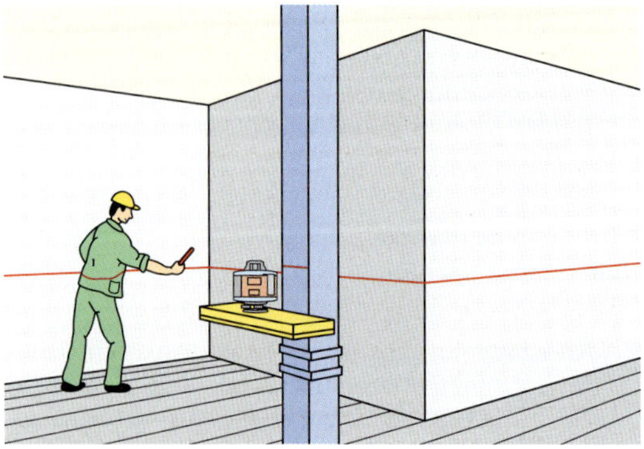
5 Anbringen eines Meterrisses

Überprüfen Sie Ihre Kenntnisse

1 Was versteht man unter Bauvermessung?

2 Beschreiben Sie Zweck und Funktion von je zwei Längen-, Höhen- und Winkelmessgeräten.

3 Erklären Sie die Aufgabe des Schnurgerüstes.

4 Wo ist die maßgebliche Höhenmarke für das ganze Gebäude zu finden?

5 Beschreiben Sie anhand von Bild 1 auf dieser Seite die Übertragung des Meterrisses.

6 Weshalb vereinfacht der Einsatz von Laserinstrumenten viele Vermessungsarbeiten?

13 Stahlbau und Dachkonstruktionen

Das Bauen mit Stahl kann auf eine lange Geschichte zurückblicken. Bereits im 5. Jahrhundert v. Chr. wurden in Griechenland eiserne Klammern zur Verankerung der Steinquader beim Tempelbau verwendet. Beim Bau der Hagia Sophia in den Jahren 532 – 537 unserer Zeitrechnung wurden in Konstantinopel zur Stabilisierung des mächtigen Gewölbes eiserne Zugstangen eingesetzt. Im Jahr 1777 wurde die noch heute erhaltene Brücke von Coalbrookdale erbaut, die eine Spannweite von 30,5 m aufweist und aus gusseisernen Bogenbindern besteht.

Den modernen Stahlbau gibt es seit etwa 150 Jahren. Mit der Verhüttung von Eisenerz mit Steinkohlenkoks statt Holzkohle und der Erfindung von Hochöfen und Konvertern konnten ab der Mitte des 18. Jahrhunderts erstmals größere Mengen Gusseisen und bald darauf auch Walzstahl in Form von Blechen, Drähten und Stäben hergestellt werden. In der Mitte des 19. Jahrhunderts folgten Formstähle (Höhe über 80 mm), die zunächst für den Brückenbau eingesetzt wurden. Diese großen Stahlprofile wurden bald danach auch für den Hallen- und Hochbau verwendet. Die beginnende Industrialisierung und der Eisenbahnbau trieben die Entwicklung voran. Noch heute bewundern wir die frühen Meisterwerke einer damals neuen Technik, wie den Eiffelturm in Paris zur Weltausstellung 1889 (Bild 1), die Brooklyn-Brücke in New York 1883 (Bild 1, Seite 206), die Müngstener Brücke bei Solingen, den Kristallpalast in London und die riesigen stählernen Gewölbe der Bahnhöfe vieler europäischer Großstädte.

Im vergangenen Jahrhundert entstanden noch größere, imposantere Stahlbauwerke, die nicht nur konstruktiv, sondern auch gestalterisch überzeugen. Man denke an die Golden-Gate-Hängebrücke in San Francisco, die Wolkenkratzer in New York, den 442 m hohen Sears Tower mit 109 Stockwerken in Chicago oder die neuen Hochhäuser in Frankfurt.

1 Fachwerk des Eiffelturms

13.1 Einteilung des Stahlbaus

Heute hat sich der Stahlbau eine Vielzahl von Anwendungsbereichen erobert. Er lässt sich in die Bereiche Stahlhochbau, Stahlbrückenbau, Stahlseilkonstruktion, Stahlwasserbau und Stahlmaschinenbau einteilen.

Stahlhochbau

Stahlskeletthochhäuser sind vielgeschossige Bauwerke für Wohn- und Bürozwecke (Bild 2). Das Stahlgerippe übernimmt die auf das Bauwerk wirkenden Kräfte und leitet sie an die Fundamente ab.

Hochhäuser werden ab etwa 60 Stockwerken (≈ 200 m) nur noch als Stahlbauten ausgeführt, weil Stahlbeton viel zu dicke Stützen erfordern würde.

Bei Hallen steht die Überbrückung einer möglichst großen Spannweite im Vordergrund. Dadurch kann ein Versammlungsraum oder ein großer Flugzeughangar ohne störende Stützen geschaffen werden (Bild 3). Es gibt Sport-, Lager-, Werk- und Versammlungshallen.

Weitere Stahlhochbauten sind z. B. Stahlskelett-Kesselhäuser für Kraftwerke, Fördertürme im Bergbau, Hochspannungs- und Sendemasten, Aussichts- und Telekommunikationstürme.

2 Hochhaus in Stahlskelettbauweise

3 Flugzeughangar mit großer Spannweite

Stahlbrückenbau

Bei Stahlbrücken ist vor allem die große erreichbare Spannweite, also der große erreichbare Abstand von Pfeiler zu Pfeiler, vorteilhaft. Schon die Brooklyn-Bridge in New York, die 1870 erbaut wurde (Bild 1), erreichte eine Spannweite von 486 Metern. Die größte Spannweite mit 1991 Metern hat z. Zt. eine **Hängebrücke** zwischen den Inseln Honshu und Awaji in Japan.

Für kleinere Spannweiten werden folgende Konstruktionsprinzipien angewendet:

Bei **Schrägseilbrücken** (Bild 2) hängt die Fahrbahn an Seilen, die an den Pylonen befestigt sind. **Fachwerkbrücken** erreichen bis zu 375,5 Meter Spannweite, während mit **Stahl-Bogenbrücken** bis zu 305 Metern überspannt werden. Moderne Konstruktionen für kleinere Spannweiten sind meist Stahlträgerbrücken, deren Obergurt so ausgesteift ist, dass er gleichzeitig als Fahrbahn und als Längs- und Querträger dient. Man spricht dann von einer orthotropen Platte. Daneben gibt es noch **bewegliche Brücken**, wie Klapp- oder Zugbrücken, Drehbrücken und Hubbrücken, die bis 170 Meter Spannweite gebaut werden. Eine Sonderform bilden Schwimm- und Pontonbrücken. Eine Ponton-Autobahnbrücke aus schwimmenden Betonteilen führt mit einer Länge von 1,6 km über den Lake Washington bei Seattle.

Stahlseil-Konstruktionen

Seilnetzkonstruktionen wie das Dach des Olympiastadions in München (Bild 3) und Seilabspannungen werden aus Stützen und hochfesten Zuggliedern gebaut. Dazu gehören offene und vollverschlossene Spiralseile, Bündel aus parallel verlaufenden Spanndrähten, Spannlitzen oder Spannstäben sowie Zugglieder aus Spannstählen.

Stahlmaschinenbau

Hierzu gehören alle Maschinen mit großen Abmessungen wie z. B. Hochregallager für das automatische Ein- und Auslagern von Ersatzteilen, Förderanlagen z. B. für Schüttgüter wie Salz oder Kohle, Absetzer, die die Schüttgüter auf Halde schütten, Aufbereitungsanlagen für Erze oder zum Zerkleinern von Steinen, sowie große Parabolantennen und Radioteleskope. Die Schaufelradbagger für den Braunkohletagebau (Bild 4) sind die größten und schwersten selbstfahrenden Landmaschinen.

Stahlwasserbau

Stahlwasserbauten sind Stahlbauten am, im oder auf dem Wasser, wie z. B. Schleusenverschlüsse, Stauwehre, Sturmflutsperrwerke, Schiffshebeanlagen und Bohrinseln (Bild 5). Die Korrosionsanfälligkeit des Werkstoffs Stahl gegen Meerwasser muss durch intensiven Korrosionsschutz der Oberflächen, regelmäßige Wartung und durch dicke Wandstärken berücksichtigt werden.

In der Berufsausbildung wird im Wesentlichen der Stahlhochbau in allen Einzelheiten behandelt.

1 Brooklyn-Bridge im Bau (1870)

2 Schrägseilbrücke

3 Olympiastadiondach

4 Schaufelradbagger, 225 m lang, 84 m hoch

5 Offshore Ölförderplattform

13.2 Konstruktionselemente eines Stahlskelettbaus

Stahlbauten bestehen aus wenigen, immer wiederkehrenden Elementen (Bild 1). Sie sind aus Walzprofilen, Stäben, Seilen, Blechen, Schrauben, Bolzen und Schweißnähten zusammengesetzt. Die Elemente des Stahlbaus sind:

Konstruktonselement	Funktion des Konstruktionselements
Senkrechte Stützen	Übertragen der Lasten, die auf das Bauwerk wirken, auf das Fundament.
Waagerechte Träger und Unterzüge	Weiterleiten der Kräfte von der Decke zu den Stützen. Träger werden auf Biegung beansprucht. Sie können vollwandig wie Walzträger oder nicht vollwandig wie Fachwerkträger sein.
Aussteifungen und Abspannungen	Aussteifungen verhindern das Einstürzen des Gebäudes durch waagerechte Kräfte. Abspannungen halten Maste und Stützen in Stahlseilkonstruktionen.
Fundamentverankerungen	Weiterleiten der Kräfte an den Baugrund. Zur Verbindung mit dem Fundament dienen Dübel oder Ankerschrauben und Betonmörtel.
Trägerverbindungen	Es gibt: • Trägerstöße zur Verlängerung eines Trägers, • Trägeranschlüsse an Stützen oder Unterzüge, • Trägerauflager auf Wände. Die Verbindungen können lösbar mit Schrauben, Winkeln oder Platten, oder unlösbar durch Schweißen hergestellt werden.
Raumabschließende Bauteile	Dächer, Wände und Decken haben die bauphysikalischen Funktionen: Wärme- und Wetterschutz, Schallschutz, Brandschutz. Statische Funktionen sind die Aussteifung des Gebäudes und die Lastabtragung an die Stützen.

13.2.1 Einwirkungen von Kräften auf ein Stahlskelett

Auf eine Stahlkonstruktion wirken viele Kräfte *F* ein. Sie werden unterschieden in

- **Ständige Einwirkungen *G*:**
  - Das Eigengewicht der Bauteile (Eigenlasten),
  - Erdlasten,
  - wahrscheinliche Setzungen des Baugrundes.
- **Veränderliche Einwirkungen *Q*:**
  - Verkehrslasten, die durch die Benutzung des Bauwerks durch Personen, Einrichtungsgegenstände, Maschinen, Fahrzeuge und Material hervorgerufen werden.
  - Kranlasten durch Hallenkräne,
  - Windlasten, die hauptsächlich horizontal auf das Gebäude einwirken, im Dach- und Eckbereich eines Gebäudes gibt es aber auch Windsog.
  - Schneelasten, die senkrecht wirken.
- **Außergewöhnliche Einwirkungen F_A:**
  - Anprallasten durch Fahrzeuge, Erdbeben, Explosion und Brand.

Merke

Das Stahlskelett hat die Aufgabe, alle auftretenden äußeren Kräfte aufzunehmen und in die Fundamente abzuleiten.

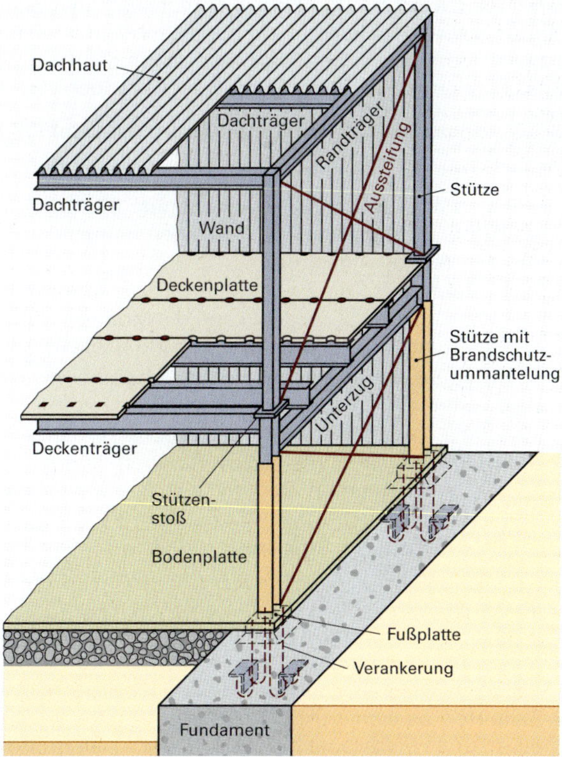

1 Konstruktionselemente eines Stahlskeletts

13.2.2 Lastannahmen und Bemessungswerte

Als charakteristische Größen der Kräfte (mit dem Index k) die auf ein Bauwerk einwirken, gelten die Werte der Normen über **Lastannahmen**.

In DIN 1055 ist z. B. für Decken in Handwerksbetrieben, Treppen in Nichtwohngebäuden und für Balkone eine Verkehrslast von 5 kN/m² vorgeschrieben.

Zur Sicherheit muss dieser **charakteristische Wert** F_k mit dem **Teilsicherheitsbeiwert** γ_F (Gamma F) multipliziert werden, um den **Bemessungswert** F_d (Index d = design) zu erhalten.

Merke

Bemessungswerte dienen zur Berechnung der Größen der Träger.

Es gilt: $$F_d = F_k \cdot \gamma_F$$

Für den Teilsicherheitsbeiwert γ_F gilt:

Merke

Für ständige Einwirkungen ist $\gamma_F = 1{,}35$, für veränderliche Einwirkungen ist $\gamma_F = 1{,}50$

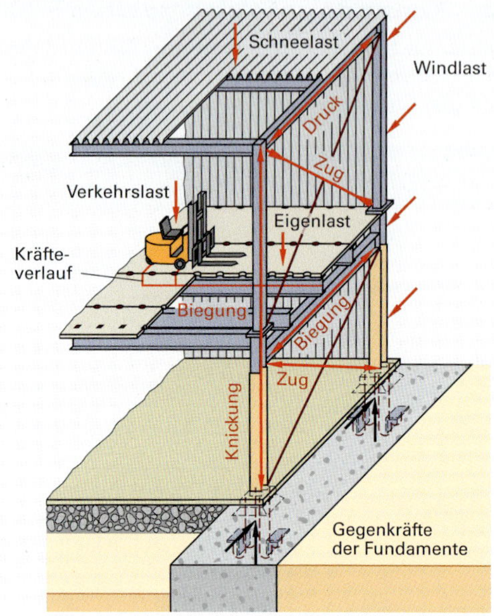

1 Kraftfluss in einem Geschossbau

Den **Kraftfluss** im Geschossbau zeigt Bild 1: Die Deckenplatte verteilt die Verkehrslasten auf die Deckenträger. Sie stützen sich auf die quer dazu laufenden Unterzüge. Beide werden auf **Biegung** beansprucht. Die Unterzüge werden von den Stützen getragen. Die Stützen werden auf **Druck** und **Knickung** beansprucht und leiten die Druckkräfte über Fußplatten an die Fundamente ab. Auch die Eigenlasten des Bauwerks und die auf die Dachhaut wirkenden Schneelasten werden über die Dach- und Randträger auf die Stützen und auf das Fundament abgeleitet. Windkräfte erzeugen **Druck** in den Randträgern und im Unterzug. Dadurch entstehen **Zugkräfte** im Windverband. Ihr horizontaler Anteil wird über Schubknaggen in das Fundament abgeleitet. Die Ankerschrauben verhindern ein Abheben des Gebäudes durch Wind.

13.2.3 Bautechnische Besonderheiten des Stahlbaus

Der Stahlbau hat gegenüber dem Massivbau mit Beton- und Mauerwerk eine Reihe von Vorteilen:

- **Aufbau aus einfachen Grundelementen:** Die Stützen, Träger, Verbände oder Rahmen bestehen aus Walzprofilen, die raumabschließenden Bauteile aus großformatigen Blechen und Glas. Hinzu kommen die Verbindungsmittel.
- **Kurze Bauzeit:** Da die benötigten Einzelteile im Herstellerwerk maßgenau vorgefertigt und gegen Korrosion geschützt werden, kann die Montage direkt vom LKW aus erfolgen. Dadurch erübrigt sich ein Lagerplatz auf der Baustelle und die Bauzeit verkürzt sich.
- **Sofortige Belastbarkeit:** Stahlbauten übernehmen sofort die volle Last. Es sind keine Abbindezeiten abzuwarten, die die Anschlussarbeiten verzögern. Die Jahreszeit spielt keine Rolle, Frost beeinträchtigt weder die Montage noch die Tragfähigkeit der Stahlkonstruktion.
- **Große Spannweiten:** Mit Fachwerkträgern können Hallen mit über 200 Metern Spannweite kostengünstig gebaut werden. Dadurch gibt es keine störenden Stützen. Hallen können in beliebiger Länge gebaut werden.
- **Größere Nutzfläche:** Stahlstützen sind wesentlich tragfähiger als Betonstützen. Sie können deshalb schlanker gehalten werden, und die unteren Geschosse eines Hochbaus erhalten mehr Nutzfläche als bei einem Betonbau.
- **Einfach erweiterbar:** Anbauten, Umbauten und Verlängerungen sind einfach herzustellen, weil alle Teile verschraubt und damit leicht demontierbar sind.
- **100 % recyclingfähig:** Je nach Industrialisierungsstand eines Landes liegt die Lebenserwartung einer Stahl-Hochbaukonstruktion bei 20 bis 50 Jahren. Dann wird die Konstruktion umgebaut oder abgerissen und verschrottet. Der Erlös deckt einen großen Teil der Abrißkosten. Stahlschrott bildet heute ca. 50 % des Ausgangsmaterials der Weltrohstahlproduktion und schont damit die Umwelt.

13.3 Spannungsarten in Bauteilen

Durch Eigenlasten, Verkehrslasten, Schneelasten und Winddruck wirken äußere Kräfte auf das Bauwerk, die durch die Stahlbauteile aufgenommen werden müssen. Diese Kräfte erzeugen innere Beanspruchungen in den Bauteilen, die **Spannungen**. Als Spannung bezeichnet man die Kraft (in Newton), mit der jede Flächeneinheit (in mm^2) des Bauteilquerschnitts beansprucht wird. Sie wird in der Einheit N/mm^2 angegeben. **Im Stahlbau ist zu beachten, dass die Formelzeichen und Indizes nach DIN E 1993 (EUROCODE) nicht identisch sind mit denen des allgemeinen Maschinenbaus.**

13.3.1 Normalspannungen

Merke

Wirkt eine Kraft ***F*** **senkrecht** zur **Querschnittsfläche *A***, so nennt man sie **Normalkraft *N*** und die dadurch hervorgerufene Spannung **Normalspannung** σ (Sigma).

„Normal" ist hier geometrisch gemeint als „senkrecht zu". Denkt man sich das Bauteil quer zur Längsrichtung geschnitten (Bild 1) so wirken auch die Normalspannungen senkrecht zur Querschnittsfläche.

Normalspannungen sind z. B. die **Zugspannung** σ (Sigma) in einem Windverband und die **Druckspannung** $-\sigma$ in einer Stütze.

Merke

Zugspannungen haben ein positives Vorzeichen, Druckspannungen ein negatives.

Die Zugspannung wird aus der Zugkraft ***N*** dividiert durch den Bauteilquerschnitt ***A*** berechnet:

$$\sigma = \frac{N}{A}$$

Entsprechend wird die Druckspannung aus der Druckkraft berechnet.

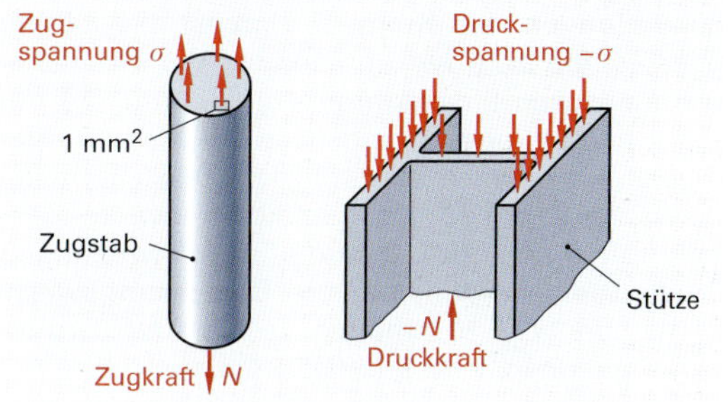

1 Normalspannungen

Biegebeanspruchung

In einem beidseitig gelagerten, auf Biegung beanspruchten Träger herrschen Spannungen in Richtung der Längsachse des Trägers (Bild 2). Unter der Wirkung einer quer zur Achse wirkenden **Kraft *V*** biegt er sich leicht durch, sodass an der Oberseite Druckspannungen vorliegen, während auf der Unterseite Zugspannungen herrschen. Die Druckspannungen sind in den Randfasern der Oberseite am größten und nehmen zum Inneren des Trägers hin linear ab. Die Zugspannungen sind in den Randfasern der Unterseite am größten und nehmen ebenfalls zum Inneren des Trägers hin ab.

Merke

Die Mitte des Trägers ist spannungslos. Diesen Bereich nennt man die **neutrale Faser**.

Eine Biegebeanspruchung erzeugt also keine gleichmäßige, sondern eine linearveränderliche Spannung (Berechnung siehe Seite 222).

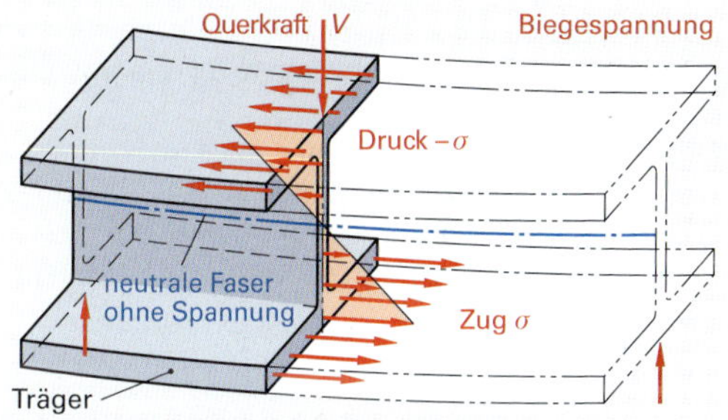

2 Zug- und Druckspannungen in einem auf Biegung beanspruchten Träger

13.3.2 Schubspannungen

Merke

Wirkt eine Kraft F **in** der Querschnittsfläche A, dann nennt man sie **Querkraft *V*** und die dadurch hervorgerufene Spannung eine Scher- oder **Schubspannung** τ (Tau).

Eine Schubspannung wirkt z. B. in einer Schraube, die zwei Bleche miteinander verbindet (Bild 3). Die Schubspannung berechnet sich aus der Querkraft dividiert durch den Schaftquerschnitt:

$$\tau = \frac{V}{A}$$

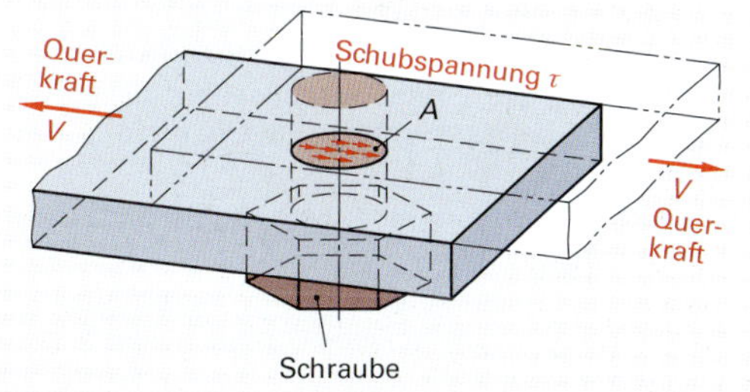

3 Schubspannung in einer Schraube

Torsionsspannungen

Ein Steckschlüsselschaft wird beim Anziehen einer Schraube auf Verdrehung (Torsion) beansprucht (Bild 1). Die in der Querschnittsfläche A wirkende Schubspannung ist in den Randfasern am größten und nimmt zur Bauteilmitte hin ab. Man nennt sie **Torsionsspannung** τ (Tau).

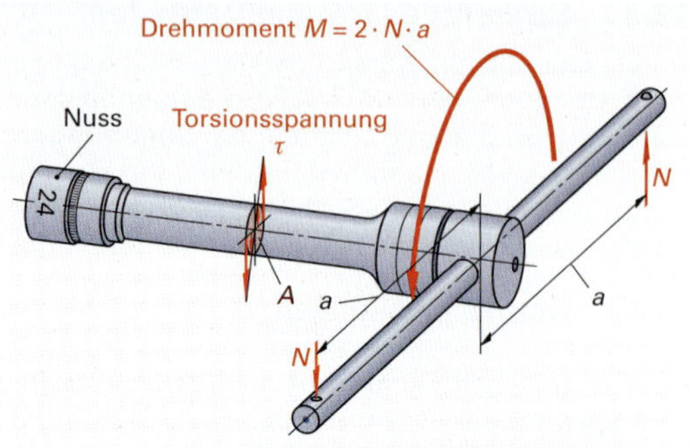

1 Torsionsspannung in einem Steckschlüsselschaft

13.3.3 Bemessung der Bauteile

Statt DIN 18800 ist seit 1.7.2012 der **Eurocode 3** (EC3) bauaufsichtlich eingeführt. (EN 1993-1-1)

Für Zugspannungen gilt weiterhin:

$$\sigma_d = \frac{F_d}{A}$$

Der Index *d* (design) kennzeichnet den **Bemessungswert** (Rechenwert) der Spannung oder der Kraft.

$$F_d = F_k \cdot \gamma_F$$

Tabelle 1: Teilsicherheitsbeiwerte γ_F der Einwirkungskombinationen

Grundkombination	Ständige Einwirkung G_k	Veränderliche Einwirkungen Q_k		
		Verkehrslast	Wind	Schnee
1	1,35	1,35	1,35	1,35
2.1	1,35	1,50		
2.2	1,35		1,50	
2.3	1,35			1,50

Einwirkungen sind Kräfte F_k (forces) die ständig oder veränderlich wirken können. Alle diese charakteristischen Einwirkungen F_k (G_k und Q_k) mit dem Index *k* müssen zum Nachweis der Tragfähigkeit sicherheitshalber mit dem Teilsicherheitsbeiwert γ_G = **1,35** für ständige Einwirkungen, oder mit γ_Q = **1,5** für veränderliche Einwirkungen multipliziert werden, um die **Bemessungswerte F_d** (G_d und Q_d) zu erhalten. In weiteren Grundkombinationen (GK 2.1, GK 2.2 usw.) wird mit der ständigen Einwirkung und jeweils **einer** veränderlichen Einwirkung gerechnet. Es muss dabei der Teilsicherheitsbeiwert γ_Q = 1,50 verwendet werden (siehe Tabelle 1). Durch die vielen Einwirkungskombinationen erhöht sich der Rechenaufwand, er kann aber mithilfe der modernen computergestützten Bemessungsprogramme rasch erledigt werden. Die höchste Spannung, die sich aus der ungünstigsten Einwirkungskombination ergibt, stellt die Beanspruchung $S_d = \sigma_d$ dar. Die Beanspruchung darf nicht größer als die **Beanspruchbarkeit R_d** des jeweiligen Werkstoffs sein.

Beim Spannungsnachweis wird die Streckgrenze durch einen Teilsicherheitsbeiwert für Material γ_{M0} (Gamma M0) = 1,0 geteilt, so dass der Bemessungswert der Streckgrenze für S235J 235 N/mm² beträgt, wobei $f_{y,k}$ die Streckgrenze ist.

$$\sigma_{R,d} = \frac{f_{y,k}}{\gamma_M} = \frac{235\ \text{N/mm}^2}{1{,}0} = 235\ \text{N/mm}^2$$

Der Nachweis lautet:

$$\frac{S_d}{R_d} = \frac{\sigma_d}{\sigma_{R,d}} \leq 1$$

Beachte: **EC 3 arbeitet mit dem nicht gerundeten $f_{y,k}$ = 235 N/mm² statt 240 N/mm² bei Stahl S235.** Der Teilsicherheitsbeiwert γ_{M1} wird nur beim Stabilitätsnachweis angesetzt!

Überprüfen Sie Ihre Kenntnisse

1 Welche Brückenbauarten gibt es und mit welcher lässt sich die größte Spannweite erreichen?
2. Skizzieren Sie einen Geschossbau, bezeichnen Sie die Stahlbauelemente und nennen Sie ihre Aufgaben!
3. Welche Einwirkungen auf ein Stahlskelett lassen sich unterscheiden?
4. Welche Vorteile bietet der Stahlbau und bei welchen Bauten kann er seine Vorteile besonders zur Geltung bringen?
5. Welche Spannungsarten treten in einer Schraube während des Anziehens auf, welche treten im eingebauten Zustand unter Last auf? Nennen Sie die Spannungsart und den Ort des Auftretens der Spannung.
6. Eine Zugstange aus S235JR soll eine charakteristische Kraft F_k = 16 kN übertragen. Begründen Sie, mit welchem Teilsicherheitsbeiwert man rechnen sollte, um auf jeden Fall eine genügend dicke Zugstange zu erhalten. Wie dick sollte die Zugstange werden?

13.4 Stützen

Merke

Stützen übertragen die Lasten, die auf ein Gebäude wirken, auf das Fundament. Sie dienen zur Unterstützung von Dachbindern, Unterzügen oder Deckenträgern und Kranbahnen.

13.4.1 Wirkungsweise von Stützen

Für den Einsatz von Stützen in Stahlskelettbauten gibt es zwei Konstruktionsprinzipien:

1. Alle Trägeranschlüsse sind **gelenkig** und alle Kräfte werden möglichst **mittig** in die Stütze eingeleitet. Die Stabilisierung erfolgt durch Verbände (Bild 2a). Dadurch werden die Stützen nur auf **Druck und Knickung** beansprucht.
2. Alle Anschlüsse der Unterzüge sind **biegesteif** ausgeführt. Die Stabilisierung erfolgt durch die Rahmenwirkung dieser Stockwerksrahmen. Die Stützen werden dadurch zusätzlich auf **Biegung** beansprucht und müssen kräftiger gestaltet werden (Bild 2b).

Merke

Eine Stütze besteht aus Stützenkopf, Stützenschaft und Stützenfuß. Sie wird auf Druck, Knickung und eventuell auf Biegung beansprucht.

Der **Kopf** nimmt die Lasten möglichst mittig auf und überträgt sie zum **Schaft,** der sie an den **Fuß** weitergibt (Bild 3). Der Stützenfuß muss alle Kräfte in das Fundament einleiten. Dazu genügt eine gelenkige Lagerung **(Pendelstütze).** Wenn auch die Momente in das Fundament eingeleitet werden sollen, ist eine **eingespannte Stütze** notwendig.

Einen Sonderfall stellt die Zugstütze dar. Bei Hängehäusern mit tragendem Betonkern oder mit äußeren Druckstützen (Bild 1) lagern die Deckenträger außen an Zugstützen. Diese werden vom Kopftragwerk gehalten. Innenstützen entfallen.

1 Hängehaus mit wassergefüllten Zug- und Druckstützen

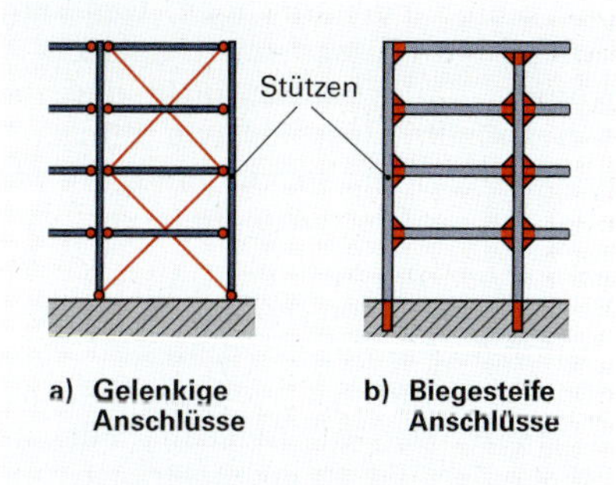

2 Konstruktionsprinzipien

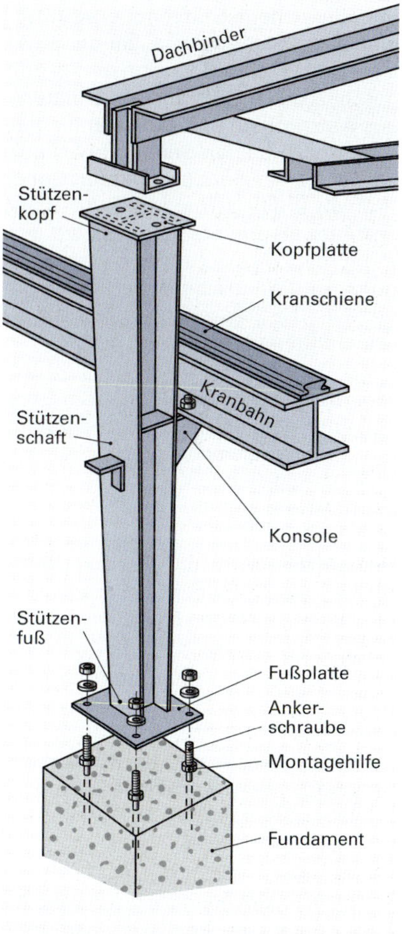

3 Bauteile einer Hallenstütze

13.4.2 Bauformen

Einteilige geschlossene Stützenquerschnitte bilden einen Hohlraum (Bild 1). Um Innenkorrosion zu vermeiden, muss er luftdicht verschweißt werden. Feuerverzinkte Stützen benötigen Be- und Entlüftungsbohrungen. Trägeranschlüsse an Hohlprofile müssen mit Steglaschen hergestellt werden, da Schrauben nicht durchgesteckt werden können. Geschlossene Stützen können für den Brandschutz ausbetoniert, mit Wasser gefüllt oder mit Brandschutzplatten ummantelt werden.

Kreisförmige Hohlprofile, Quadrat- und Rechteckhohlprofile nach Bild 1a und 1b sind kostengünstig zu fertigen, weil nur die Anschlüsse geschweißt werden müssen. Für unverkleidete Stützen ist Bild 1d architektonisch ungünstig, da die vier Ecken nicht scharfkantig sind. Bild 1g zeigt den Pylon (Mast) einer Brücke. Solche Kastenstützen bieten hohe Steifigkeit, glatte Außenflächen und geringes Gewicht.

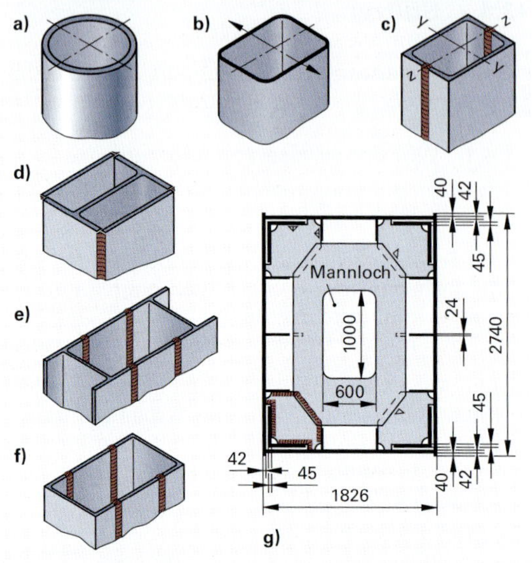

1 Einteilige geschlossene Stützenquerschnitte

Einteilige offene Stützenquerschnitte (Bild 2) sind von allen Seiten gut zugänglich. Rohrleitungen lassen sich besser an ihnen hochführen als an geschlossenen Stützenquerschnitten. Sie werden aus Walzprofilen und Flachstählen hergestellt und sollen nach beiden Seiten ähnliche Trägheitsradien *i* (siehe Tabellenbuch) haben. Gut geeignet sind deshalb breite J-Träger (HE-A, -B, -M). Das JPE-Profil ist als frei stehende Stütze ungeeignet, da es um die z-Achse zu wenig steif ist. Es muss z. B. durch eine Wandscheibe am Ausknicken gehindert werden. Die Kreuzstütze b) reagiert sehr empfindlich auf Biegedrillknicken!

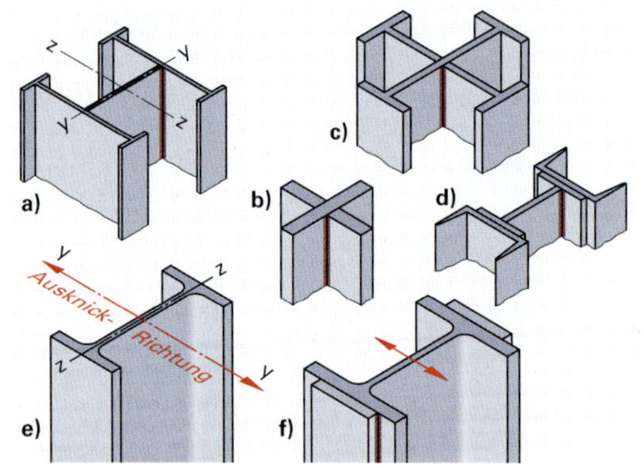

2 Einteilige offene Stützenquerschnitte

Mehrteilige Stützen mit offenem Querschnitt werden auch gegliederte Stützen genannt. Sie entstehen, wenn gleichartige Profile durch Bindebleche oder Vergitterungen zu einer Stütze verbunden werden (Bild 3a).

Bindebleche sind auf- oder zwischengeschweißte Bleche, durch die eine Rahmenwirkung entsteht, die das Ausknicken verhindert.

Die Bindebleche werden mindestens in den Drittelspunkten einer Stütze angeordnet.

Im Inneren lassen sie Platz für Versorgungsleitungen. Nach allen vier Seiten lassen sich Träger anschließen (Bild 3b).

Merke

Je schlanker die Stütze ist und je größer die Druckbeanspruchung ist, desto mehr Bindebleche sind erforderlich.

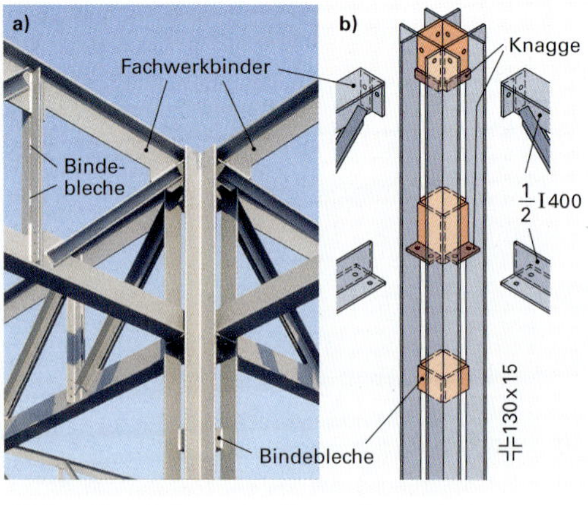

3 Mehrteilige Stütze mit offenem Querschnitt

Fachwerkstützen

Durch Vergitterungen entstehen besonders leichte und biegesteife Fachwerkstützen, wie sie schon zum Bau des Eiffelturms und heute z. B. für Hochspannungsmasten verwendet werden (Bild 1). Der gezeigte Mast ist der zur Zeit höchste Freileitungsmast der Welt und hat eine Höhe von 227 m. Er besitzt einen Aufzugsschacht und eine um diesen herumführende Wendeltreppe.

1 Fachwerkstütze aus Fachwerkträgern

13.4.3 Standfestigkeit von Stützen

Zur Standfestigkeit werden vier Nachweise geführt.

- Kein **Ausbeulen** durch ausreichende Bauteildicken.
- **Lagesicherheit**: Kein Gleiten, Abheben oder Umkippen.
- Ausreichende **Querschnittstragfähigkeit $N_{pl,d}$** (siehe Beispiel unten).

  Während ein Zugstab erst bei Überschreiten der Zugfestigkeit zerstört wird, versagen Stützen schon weit vor Erreichen der Druckfestigkeit durch seitliches Ausweichen des Stabes. Diese Instabilität nennt man **Knicken**. Folgende Einflüsse verstärken die Knickgefahr:

  - Große Druckkräfte
  - Lastangriff nicht genau in der Mitte
  - Abweichen der Stabachse von der geraden Sollform
  - Biegemomente aus angeschlossenen Trägern
  - Schlanke, d. h. hohe Stützen mit kleiner Steifigkeit, deshalb ist der
- **Biegeknicknachweis** erforderlich.

Ein Maß für die Steifigkeit sind die Flächenmomente I_y und I_z sowie die daraus errechneten Trägheitsradien i_y und i_z, die für jedes Profil aus einem Tabellenbuch abgelesen werden können. Stützenquerschnitte sollten um die y- und z-Achse der Querschnittsfläche möglichst gleich große Steifigkeiten besitzen. Für den Biegeknicknachweis ist der kleinere i-Wert zu verwenden, weil eine Stütze am ehesten in die Richtung der kleineren Steifigkeit ausknickt.

Es gibt insgesamt vier verschiedene Arten, Stützen zu lagern (Euler-Fälle). Von der Art der Lagerung ist die **Knicklänge s_k** abhängig (Bild 2). Im Stahlbau tritt am häufigsten Lagerungsart II auf. Wird die Knicklänge durch den jeweils kleinsten Trägheitsradius geteilt, erhält man den **Schlankheitsgrad λ_k** (Lambda k). Aus ihm wird die bezogene Schlankheit $\overline{\lambda}_k$ (Lambda k quer) berechnet, indem z. B. bei S235 durch die **Bezugsschlankheit** λ_a = 92,9 dividiert wird. (Für S355 ist λ_a = 75,9). Je nach Stützenprofil und Wanddicke muss nun die entsprechende **Knickspannungslinie** a, b, c oder d aus einem Tabellenbuch gefunden werden. Der **Abminderungsfaktor $\varkappa$** (Kappa) wird aus der entsprechenden Tabelle abgelesen. Es ist nachzuweisen, dass die Normalkraft N_d dividiert durch die Querschnittstragfähigkeit $N_{pl,d}$ mal Abminderungsfaktor $\varkappa$ kleiner als 1 ist.

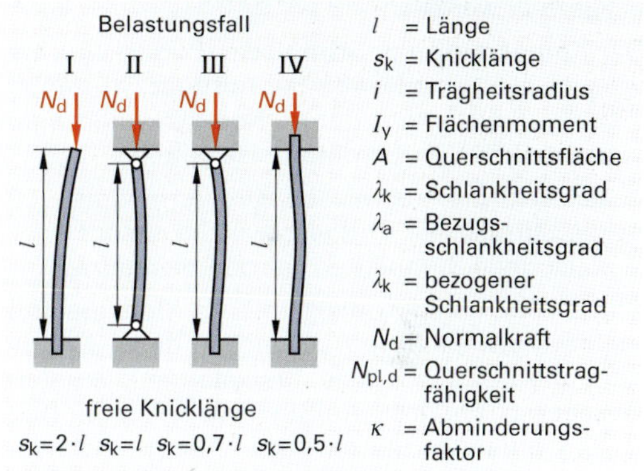

2 Belastungsfälle und Knicklängen nach Euler

Beispiel: Kann eine Stütze aus HEA-100 – 4000 –S235 eine Normalkraft von N_d = 120 kN tragen?

$$N_{pl,d} = A \cdot \frac{f_{yk}}{1{,}1} = 2120\,\text{mm}^2 \cdot \frac{240\,\text{N}}{1{,}1\,\text{mm}^2} = 462\,\text{kN} \geq N$$

$$\lambda_{k,z} = \frac{s_k}{i_k} = \frac{400\,\text{cm}}{2{,}51\,\text{cm}} = 159{,}3 \quad \overline{\lambda}_k = \frac{\lambda_k}{\lambda_a} = \frac{159{,}3}{92{,}9} = 1{,}71$$

Für gewalzte I-Profile mit $h/b \leq 1{,}2$ und $t \leq$ 80 mm gilt Knickspannungslinie c; dort steht $\varkappa_{z,c} = 0{,}25$

Nachweis:

$$\frac{N_d}{N_{pl,d} \cdot \varkappa_{z,c}} = \frac{120\,\text{kN}}{462\,\text{kN} \cdot 0{,}25} = 1{,}04 > 1$$

Nein, sie kann nicht!

13.4.4 Stützenköpfe

Im einfachsten Fall besteht der Stützenkopf nur aus einer aufgeschweißten Kopfplatte, welche die aufgenommene Kraft des Unterzugs oder des Deckenträgers gleichmäßig auf den Stützenquerschnitt verteilen soll. Diese Form der Auflage bezeichnet man als **Flächenlagerung**. Schrauben sichern den aufliegenden Träger gegen Abheben und Abgleiten (Bild 1a). Über den Flanschen sind Rippen zur Stegaussteifung des Unterzugs einzuschweißen. Durch die Flächenlagerung werden zwar unerwünschte Biegemomente übertragen, aber dieser Stützenkopf ist preisgünstig herzustellen.
Teurer, aber momentenfrei ist eine **Zentrische Lagerung** mit einer aufgeschweißten **Zentrierleiste** (Bild 1b), die die Kraft mittig auf die Kopfplatte und die Stütze überträgt.

Merke

Der Stützenkopf leitet die Kräfte aus den Trägern mittig in die Stütze ein.

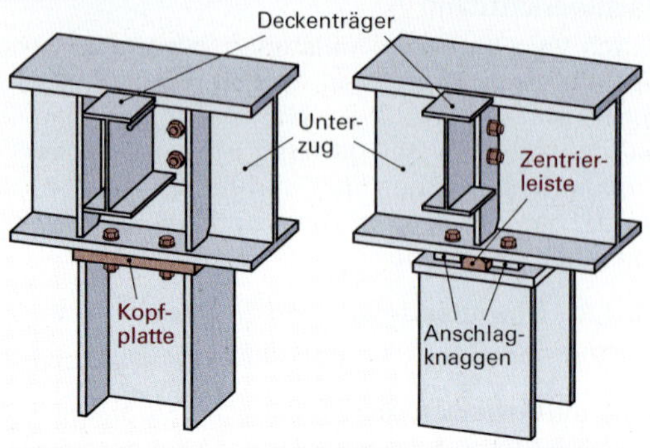

a) Flächenlagerung b) Zentrische Lagerung

1 Stützenköpfe

13.4.5 Stützenstöße

Geschossstützen für den Hochbau werden entweder nach einem, meistens aber nach zwei Geschossen direkt über der letzten Trägerlage gestoßen. Stützenstöße können geschraubt oder geschweißt und als Kontaktstoß oder als Vollstoß hergestellt werden.

Der **Kontaktstoß** mit **Stirnplatte** (Bild 2) wird bevorzugt, weil Druckkräfte bei **mittiger** Stützenbelastung vollständig durch Kontakt übertragen werden dürfen. Außerdem muss gelten:

- das seitliche Ausweichen wird verhindert,
- die Stirnflächen sind rechtwinklig gesägt,
- verzogene Stirnplatten werden plangefräst.

Bild 2 zeigt einen Kontaktstoß als Montagestoß, bei dem das seitliche Ausweichen durch Nocken verhindert wird, die in der Werkstatt an die untere Geschossstütze geschweißt wurden. Auf der Baustelle werden die Stützen zusammengesteckt und vorsichtshalber so verschweißt, dass 10 % der Stützenlast längs und quer angeschlossen sind.

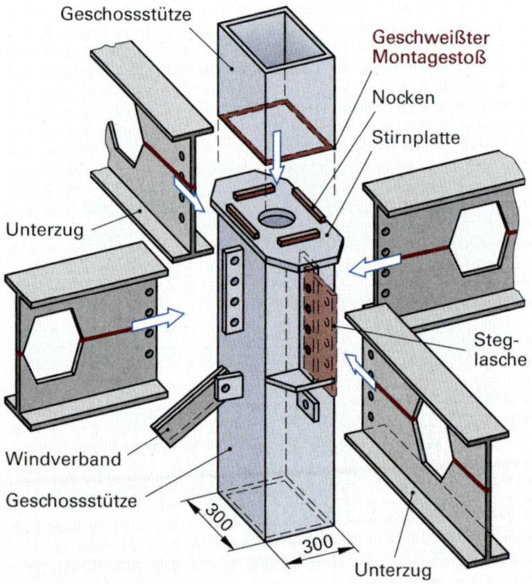

2 Geschweißter Montage-Kontaktstoß

Derselbe Stoß könnte ohne Nocken auch geschraubt werden, wenn an die Enden der Geschossstützen jeweils eine Stirnplatte angeschweißt wird.

Falls die Stütze, an der Leitungen hochgeführt werden sollen, aus HE-B-Profilen besteht, würden die Stirnplatten stören. Dann wird ein Kontaktstoß mit **Stoßlaschen** und Passschrauben (Bild 3a) hergestellt, der aber teuerer ist.

Bei außermittiger Stützenbelastung und Beanspruchung durch Biegemomente ist ein **Vollstoß** (biegesteifer Stoß) erforderlich. Er wird mit dicken Stirnplatten und HV-Schrauben (Bild 3b) oder geschweißt ausgeführt.

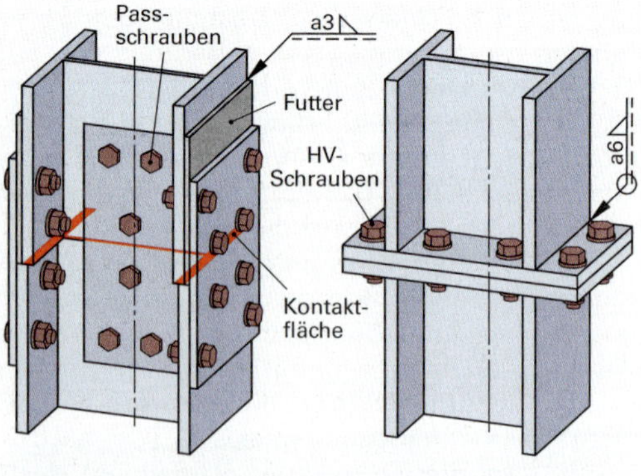

a) Kontaktstoß mit Laschen b) Vollstoß mit Stirnplatten

3 Geschraubte Stöße

13.4.6 Stützenfüße

Die Kräfte aus der Stahlstütze müssen über Betonfundamente in den Boden abgeleitet werden. Da z. B. Beton C12/15 mit nur 8 N/mm^2 belastet werden darf, müssen die Stützenkräfte durch den Stützenfuß gleichmäßig auf eine größere Betonfläche verteilt werden.

Hierzu erhält die Stahlstütze eine mindestens 12 mm dicke Fußplatte. Bild 1 zeigt zwei verschiedene Stützenfüße für dieselbe Stützenkraft. Je dicker die Fußplatte ist, um so weniger Aussteifungsrippen sind nötig, um das Aufbiegen der Fußplatte zu verhindern. Dicke Fußplatten machen Aussteifungsrippen überflüssig und sparen deshalb Lohnkosten.

Merke

Je höher die Stützenkraft ist, desto größer und dicker muss die Fußplatte sein.

Unter der Fußplatte muss eine 25 mm bis 50 mm dicke Fuge eingeplant werden, um die Stütze genau ausrichten zu können. Die Dicke richtet sich nach der Fußplattenbreite:

$$\text{Fugendicke} \geq \frac{\text{Plattenbreite}}{7}$$

Nur durch thermisches Trennen, z. B. Brennschneiden hergestellte Schaftenden sind nicht ganz plan und müssen voll angeschweißt werden. Wird die Stütze nur auf Druck beansprucht und ist winkelrecht gesägt, benötigt sie nur einen **1/10-Anschluss**, d. h. dass die Schweißnaht nur 1/10tel der Stützenkraft übertragen muss. Bei beiden Anschlussarten ist jedoch darauf zu achten, dass Flansch und Steg entsprechend ihrem Anteil am Gesamtquerschnitt angeschweißt werden (Bild 2).

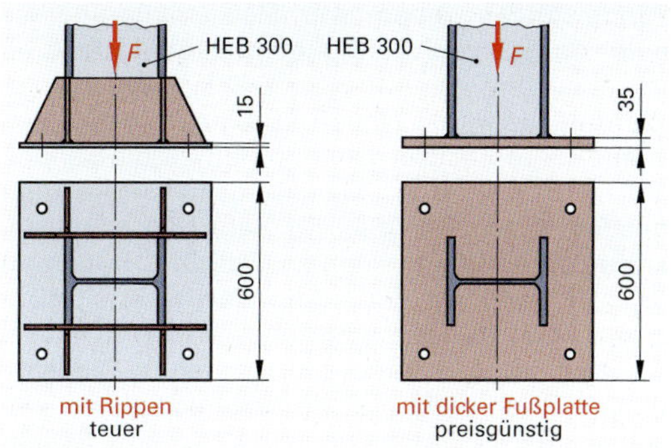

1 Stützenfüße für gleiche Stützenkraft

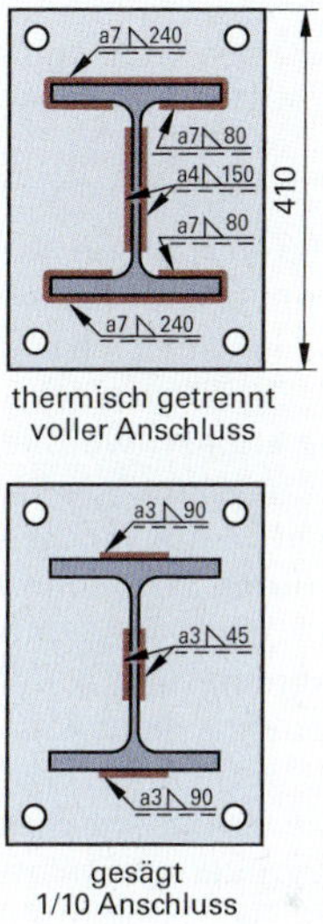

2 Anschweißen der Fußplatte

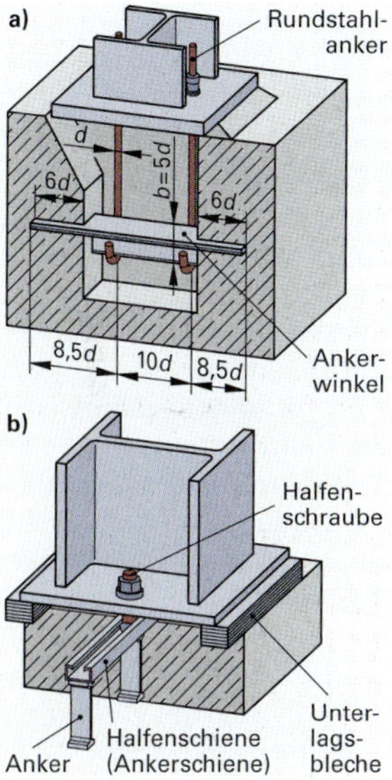

3 Montageverankerungen

Pendelstützen

Sie werden nur auf Druck beansprucht, sollen aber für die Dauer der Montage standfest sein, ohne dass sie abgestrebt oder abgespannt werden müssen. Dazu gibt es verschiedene **Montageverankerungen** (Bild 3):

- **Rundstahlanker,** die in ausgesparte **Ankerkanäle** eingeführt und in vorher einbetonierte Ankerwinkel eingehakt und mit der Fußplatte verschraubt werden (Bild 3a und Seite 217). Weil das sehr aufwendig ist, kann man auch
- **fest einbetonierte Anker** anwenden. Sie werden mit einer Sperrholzplatte als Schablone auf die Baustelle geliefert und sollen auf ± 15 mm genau einbetoniert werden. Große Bohrungen mit ø 70 mm und entsprechende Stahlscheiben dienen zum Toleranzausgleich (Bild 4).
- **Einbetonierte Ankerplatten** mit unterseitig angeschweißten Ankerschrauben müssen genau einnivelliert sein. Die Stützen werden auf der Baustelle auf die Platte geschweißt.
- **Halfenschienen oder Stahldübel** sind für leichte Verankerungen geeignet (Bild 3b).

4 Setzen einer Stütze auf fest einbetonierte Anker

Pendelstützen gelten trotz Flächenlagerung als gelenkig gelagert. Sie können in mindestens einer Ebene um den Auflagerpunkt kippen, um z. B. Wärmedehnungen eines Dachbinders auszugleichen. Bei zentrischer Lagerung erhält die Pendelstütze manchmal ein Gelenk, das die Elastizität des Stahls ausnützt (Bild 1a). Sehr große Stützenkräfte können über einen zusätzlichen **Trägerrost** (Bild 1b) auf eine große Betonfläche verteilt werden, sodass die Betonpressung gering bleibt. Horizontale Lagerkräfte, z. B. aus einem Windverband, dürfen nicht auf die Ankerschrauben wirken, sondern müssen über angeschweißte **Schubdübel** (Schubdollen) aus Formstählen (Bild 2) ins Fundament eingeleitet werden.

Merke

Pendelstützen übertragen alle Kräfte, aber keine Biegemomente auf das Fundament.

Eingespannte Stützen

Eingespannte Stützen übertragen Kräfte und Biegemomente auf das Fundament. Die einfachste Möglichkeit ist, das Schaftende in einen Fundamentköcher aus mindestens C 20/25 zu stecken und einzubetonieren (Bild 3). Die angeschweißten U-Profile dienen als Anschlag und zum Ausrichten. Beim eingespannten **Stützenfuß mit Verankerung** werden horizontale Kräfte durch Schubdübel übertragen. Vertikale Kräfte aus dem Biegemoment müssen über **Ankertraversen** und Querbleche in Hammerkopf-Schrauben eingeleitet werden, die zwischen U-Stahl-Barren eingehängt werden (Bild 4). Angeschweißte Knaggen unter den Ankerbarren verhindern ein Weiterdrehen des Hammerkopfes beim Anziehen. Das Fundament selbst muss armiert und entsprechend groß sein, weil z. B. der zulässige Bodendruck für einen halbfesten, bindigen Boden nur 0,2 N/mm2 beträgt.

13.4.7 Verankerung von Stützen

Der Verankerungsplan zeigt die Lage der Aussparungen für die Stützen (siehe folgende Seite), der Fundamentplan enthält außerdem die Größe der Fundamente und ihre Bewehrung. Wegen der großen Bautoleranzen wird die obere Fläche der Fundamente um zwei bis fünf Zentimeter tiefer als die Unterkante der Fußplatten gehalten. Bei der Montage wird jede Stütze auf Stahlplatten und -keile abgesetzt und grob ausgerichtet. Solange die Stütze noch am Kran hängt, werden nun die Ankerschrauben eingehängt und angezogen. Nach Aufstellung aller Stützen werden sie genau ausgerichtet, die Ankerschrauben werden mit Kontermuttern gesichert und das mit Wasser benetzte Ankerloch wird mit einem zäh-plastischen Beton ausgegossen. Die auf der Unterseite blanken Fußplatten müssen mit einem schwundfreien Betonmörtel (Quellmörtel) sorgfältig unterstopft werden.

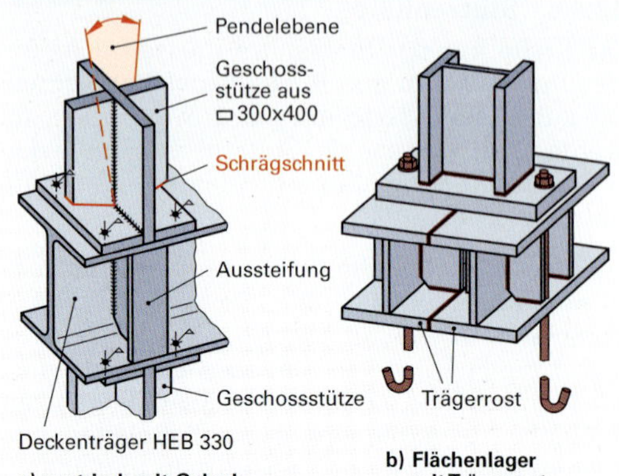

a) zentrisch mit Gelenk

b) Flächenlager mit Trägerrost

1 Lagerung von Pendelstützenfüßen

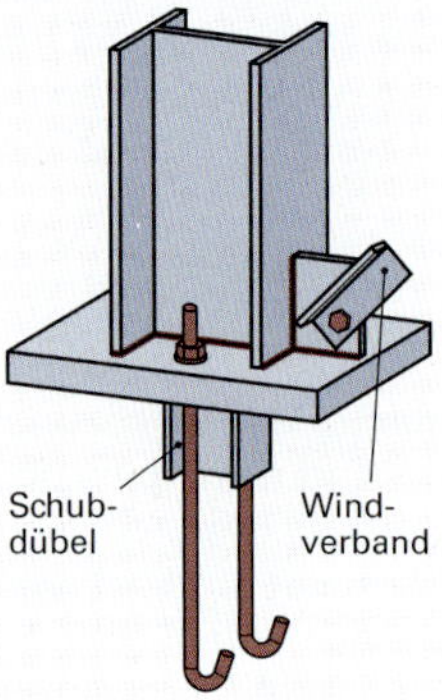

2 Schubdübel

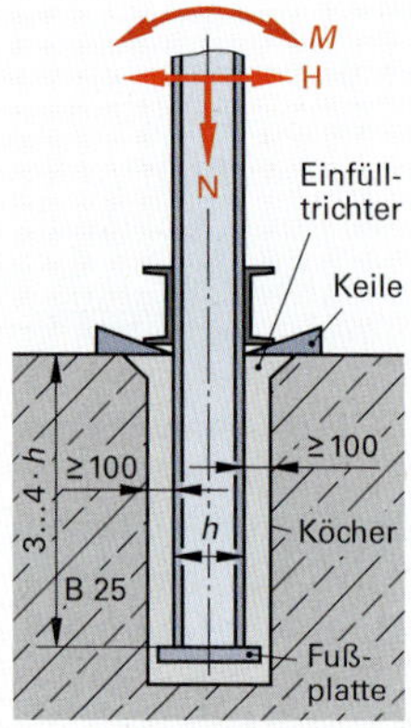

3 Eingespannte Stütze mit Köcherfundament

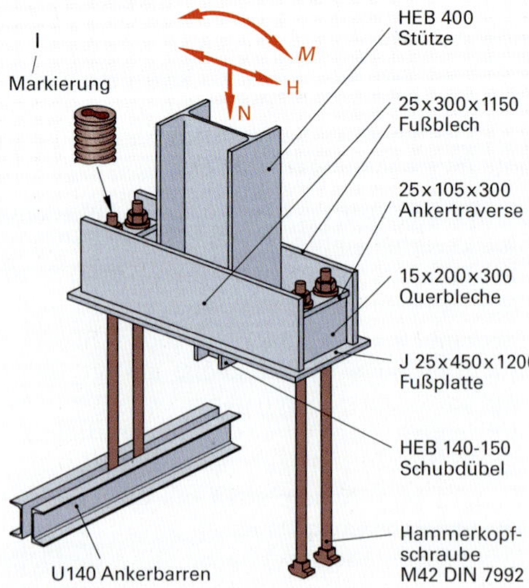

4 Eingespannte Stütze mit Verankerung

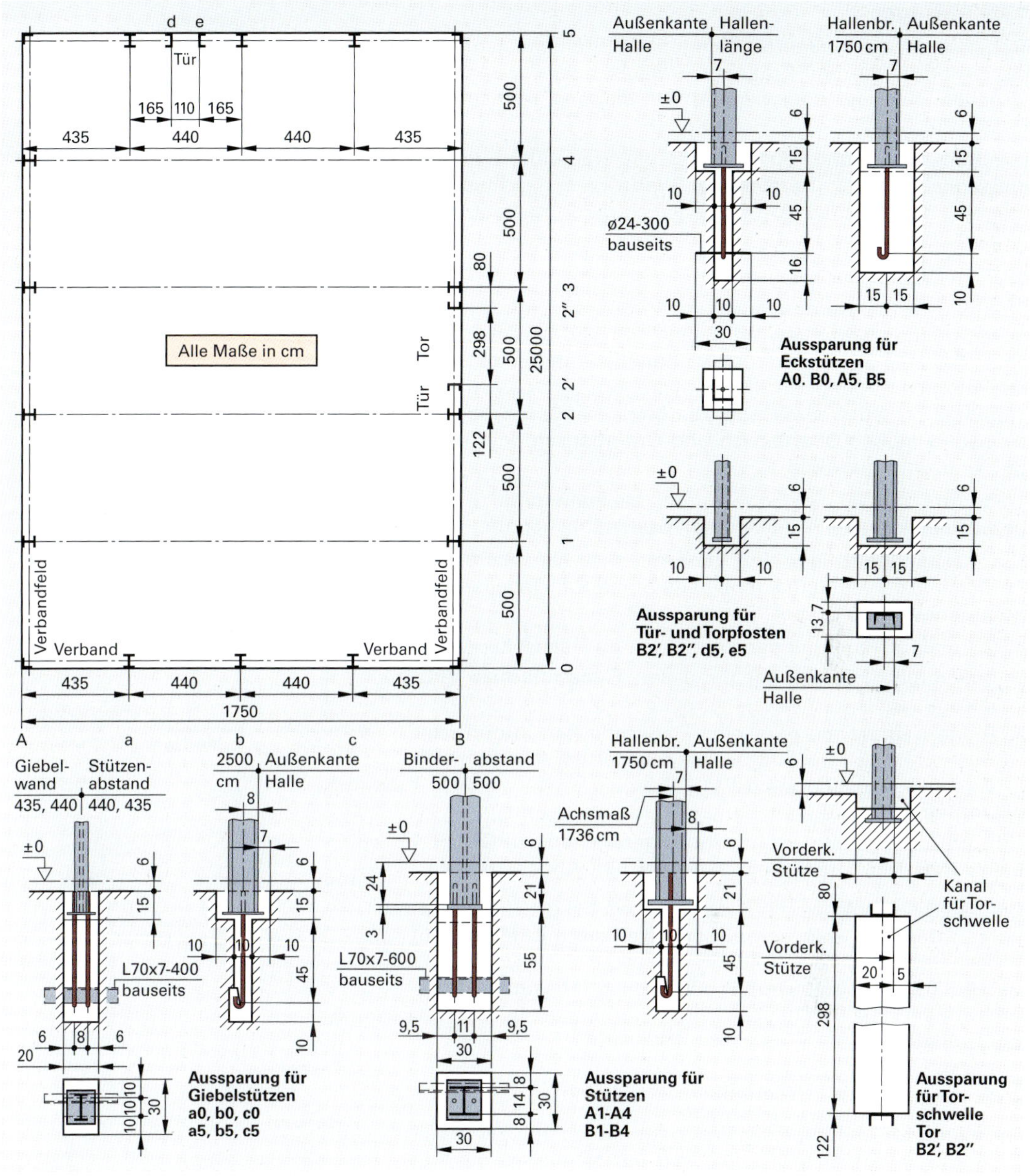

Verankerungsplan der Stützen für eine Stahlhalle

Überprüfen Sie Ihre Kenntnisse

1 Wie nennt man das untere Ende einer Stütze und welche Aufgaben hat es?

2 Skizzieren Sie einteilige geschlossene und einteilige offene Stützenquerschnitte!

3 Welche Aufgabe haben die Bindebleche und bei welchen Stützenquerschnitten kommen sie vor?

4 Warum versagen Stützen unter Umständen schon weit vor Erreichen der Druckfestigkeit?

5 Was versteht man unter dem Schlankheitsgrad einer Stütze und wie wird er berechnet?

6 Wie unterscheidet sich ein Kontaktstoß von einem Vollstoß für Stützen?

7 Welche Montageverankerungen erlauben es, auf ein Abstreben oder Verspannen von Stützen während der Montage zu verzichten?

8 Warum sind die Fundamente von Pendelstützen kleiner als die von eingespannten Stützen?

13.5 Träger

Träger sind meist waagerecht eingebaute Stahlbauelemente, die Lasten tragen und Kräfte an Auflager oder Stützen weitergeben. Sie sind überwiegend auf Biegung beansprucht (Seite 220).

Die Benennung und Unterteilung der Trägerarten erfolgt entweder nach der Herstellung (Walzträger, geschweißter Träger) oder nach der Form (Stegblechträger, Kastenträger, Fachwerkträger).

13.5.1 Walzträger

Stahlbau-Profile werden auf einer Walzstraße aus Strangguss-Strängen warm gewalzt (Seiten 446-447) und stehen in einer Vielzahl von Formen und Größenabstufungen im Stahlhandel zur Verfügung. Bei allen Walzträgern wird das mittlere Trägerteil als **Steg** bezeichnet, die beiden äußeren Begrenzungsteile heißen **Oberflansch** und **Unterflansch** oder Obergurt und Untergurt (Bild 1).

Träger mit über 80 mm Höhe werden als **Formstähle** (Bild 2) bezeichnet, kleinere Profile werden **Stabstähle** genannt.

Die meisten Walzträger sind genormt, d. h. alle Maße sind im Detail festgelegt und können aus Stahlprofil-Tabellen entnommen werden. Es gibt

- Schmale I-Träger mit geneigten inneren Flanschflächen
- Mittelbreite I-Träger mit parallelen Flanschflächen (IPE-Europaträger)
- Breite I-Träger mit parallelen Flanschflächen in normaler Ausführung (HEB = IPB), sowie leichter (HEA = IPBl) und verstärkter Ausführung (HEM = IPBv).

Die Profilkurzbezeichnung erfolgt entweder nach DIN 1025: IPB, IPBv, IPBl oder nach der zurückgezogenen EURONORM 53-62: HEB, HEM, HEA, die sich trotzdem durchgesetzt hat.

Die verschieden schweren I-Träger haben bei gleicher Nennhöhe *h* das Maß *h-2c* gemeinsam, weil sie mit den selben Walzen gewalzt werden (Bild 3).
Bei HEB Trägern bis 300 mm Profilhöhe ist Höhe und Flanschbreite jeweils gleich, die größeren Träger haben alle 300 mm breite Flansche.

Merke

Walzträger gibt es in Nennhöhen bis 1000 mm.

Die **Normbezeichnung** eines Walzträgers wird aus der Profilkurzbezeichnung nach DIN 1025 mit der Nennhöhe des Trägers und seiner Länge, der DIN-Nummer und dem Werkstoffkurznamen gebildet.

Beispiel: IPB 260 – 4580 DIN 1025-2 – S235JR.

Statt des Bindestrichs vor der Länge wird auch noch manchmal ein „x" geschrieben.

In der Zeichnung genügt es häufig, nur die Kurzbezeichnung und die Länge anzugeben, weil der Werkstoff für alle Teile der gesamten Konstruktion meist derselbe ist. Werkstoffe und DIN-Nummern werden dann in der Stückliste genannt. Die Positionsnummer in doppelt großer Schrift folgt hinter der Kurzbezeichnung. In der Zeichnung steht dann z. B. IPB 260 – 4580; **4**. Die Positionsnummer erleichtert das Auffinden des Bauteils in der oft großen Stahlbauzeichnung.

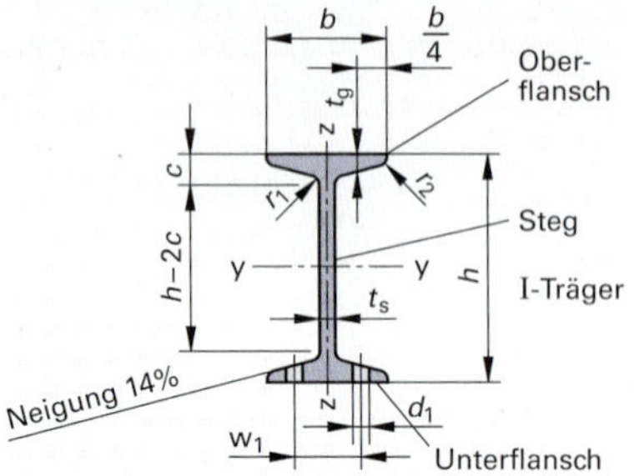

1 Genormte Maße an einem schmalen I-Träger

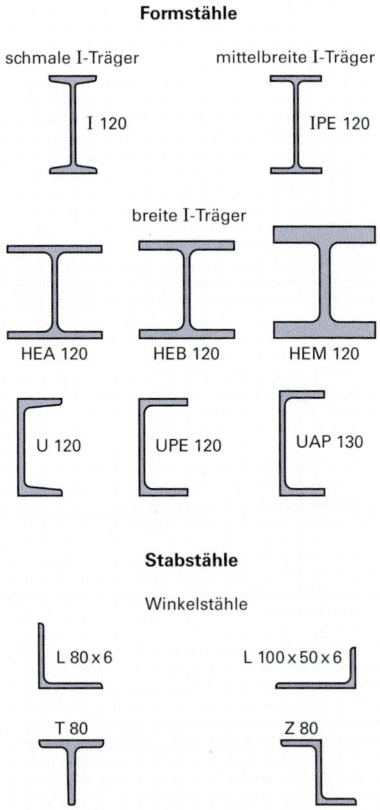

2 Gewalzte Stahlbau-Profile

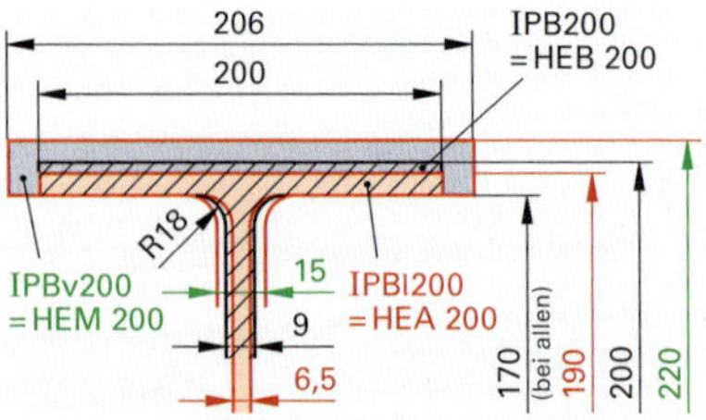

3 Ausführungsarten breiter I-Träger

13.5.2 Geschweißte Blechträger

Stegblechträger werden aus Blechen und Breitflachstahl bzw. halbierten I-Profilen hergestellt. (Bild 1). Die Schweißnähte werden durch automatisierte Schweißverfahren, wie z. B. das MAG-Schweißen, oder durch Unterpulverschweißen hergestellt. Eine Überhöhung (Bild 1, Seite 223) eines I-Profils lässt sich durch das Einschweißen eines entsprechenden Stegbleches erzeugen.

Stegblechträger werden dort verwendet, wo es gilt, große Lasten zu tragen oder große Stützweiten zu überbrücken, z. B. bei Hallendächern.

Kastenträger bestehen aus zwei Stegen und zwei Gurten (Bild 2). Bei großen Trägern können im Trägerinnern zur Erhöhung der Stabilität Quersteifen bzw. Schotten eingeschweißt werden (Bild 2b). Kastenträger haben eine besonders hohe Tragfähigkeit weil sie bei Biegung nicht so leicht seitlich ausknicken. Sie werden deshalb als Abfangträger unter hohen Gebäuden oder als oben liegender Kopfträger, der ein Hängehaus trägt, verwendet. Auch Laufkranträger werden häufig als Kastenträger gebaut.

Merke

Geschweißte Blechträger lassen sich in jeder gewünschten Höhe, Breite und Länge bauen.

13.5.3 Wabenträger

Wabenträger werden aus einem Walzträger zusammengesetzt , der vorher im Steg durch Brennschneiden zahnstangenartig getrennt wurde. Die dabei entstehenden Hälften werden um eine halbe Schnitteinheit gegeneinander versetzt und die sich dann gegenüberstehenden Stegteile direkt oder nach Einfügen von Zwischenblechen miteinander verschweißt (Bild 3). Anschließend werden die Enden gerade abgeschnitten. Aus dem vollwandigen Walzträger wird ein um eine halbe Schnitteinheit kürzerer, durchbrochener, geschweißter Träger mit größerer Höhe und größerer Tragfähigkeit. Die Durchbrüche können für die Installation von Strom, Heizungs-, Lüftungs- und Wasserleitungen genutzt werden. Durch Verschließen der Wabe im Auflagerbereich wird dieser verstärkt, sodass die dort herrschenden großen Querkräfte aufgenommen werden können.

Für den zahnstangenartigen Schnitt sind zwei unterschiedliche Schnittführungen üblich. Eine Schnittführung ist in Bild 4 gezeigt. Es gibt neuerdings auch eine Schnittführung für höhere Träger mit runden Aussparungen. Außer geraden Trägern können auch sattelförmig geknickte Träger, Bogenträger und Pultdachträger hergestellt werden. Allgemein gilt für die Gestaltung von Wabenträgern:

Merke

Wo geringe Spannungen auftreten, kann Werkstoff weggenommen werden.

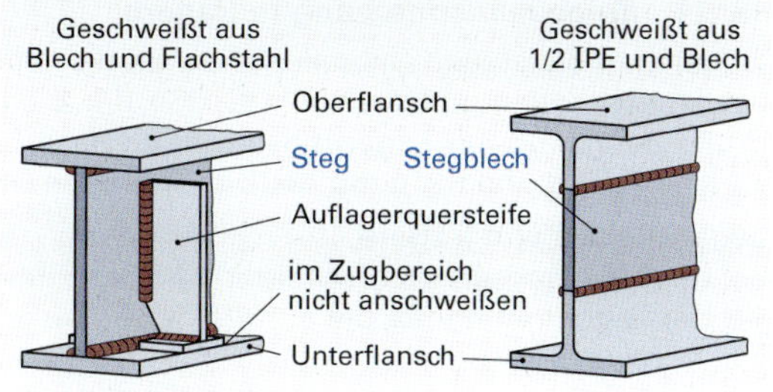

1 Stegblechträger

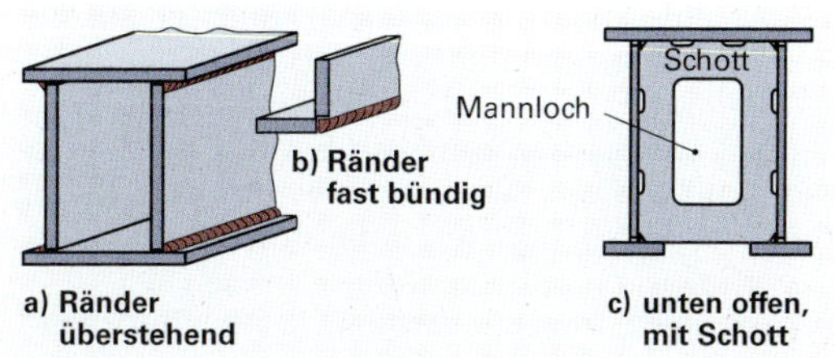

2 Aufbau von Kastenträgern

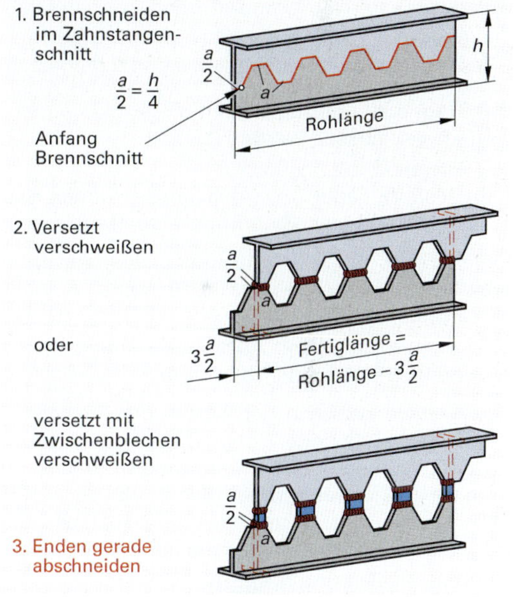

3 Herstellen eines Wabenträgers

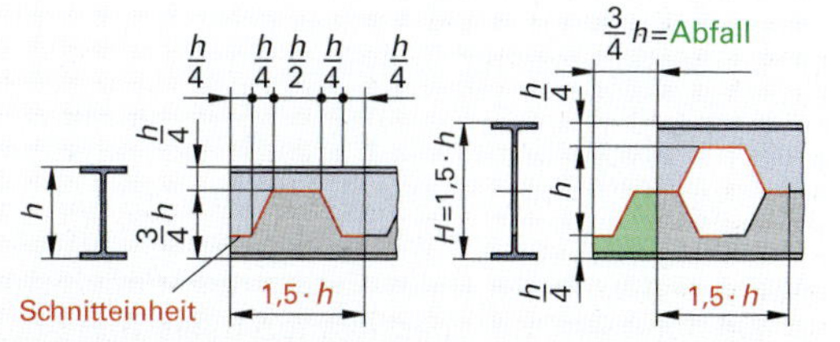

4 Schnittführung zur Herstellung von Wabenträgern

13.5.4 Biegebeanspruchung in Trägern

Träger sind diejenigen Bauteile, in denen die größten Biegebeanspruchungen auftreten. Die Größe der Biegebeanspruchung hängt von der Lagerungsart, der Belastungsart sowie von der Größe und Richtung der Einwirkungen (Kräfte) ab.

Lagerungsart von Trägern

Bei der Lagerungsart unterscheidet man nach der Anzahl und Art der Lager, mit denen die auf die Träger wirkenden Kräfte weitergegeben werden. Es gibt Träger mit einem, mit zwei oder mit mehreren Auflagern, die als **Festlager** oder als **Loslager** gestaltet sein können.

Der **Träger auf zwei Stützen** oder **Einfeldträger** liegt auf zwei Seiten auf (Bild 1). Theoretisch muss er auf der einen Seite fest (Festlager), und auf der anderen Seite beweglich (Loslager) gelagert werden, damit er die thermischen Längenänderungen ausgleichen kann. Als Symbol für eine feste Lagerung dient ein Dreieck, für eine bewegliche Lagerung ein Dreieck mit zwei Rollen, bzw. ein unterstrichenes Dreieck (Gleitlager).

Merke

Loslager können nur vertikale Kräfte übertragen.

Im Stahlbau werden nur sehr lange Träger, wie z. B. Brückenträger, mit Loslagern versehen. Im Stahlhochbau werden im Allgemeinen beide Lager als Festlager ausgebildet, da die Stützweiten und die Temperaturänderungen relativ klein sind.

Merke

Festlager sind entweder gelenkig oder biegesteif konstruiert.

Der **Krag- oder Freiträger** hat nur ein Auflager, er muss biegesteif angeschlossen werden (Bild 2).

Merke

Biegesteife Lager und Anschlüsse können Kräfte in jeder Richtung und auch Biegemomente übertragen.

Einfeldträger mit gelenkiger Endauflagerung bzw. mit gelenkigem Anschluss sind die üblichen Deckenträger im Stahlhochbau.

Merke

Gelenkige Lager und Anschlüsse können nur Kräfte, aber keine Biegemomente übertragen.

Der Abstand zwischen den Mitten der Auflager heißt **Spannweite** oder **Stützweite.** Gehen Träger ununterbrochen oder biegesteif gestoßen über mehrere Stützen hinweg, so bezeichnet man sie als **Durchlaufträger** (Bild 3). Häufig werden Pfetten als Durchlaufträger gestaltet, weil sie sich durch die entlastende Wirkung der Stützmomente weniger durchbiegen.

Belastungsarten bei Trägern

Träger unterliegen ständigen und veränderlichen **Einwirkungen:** Ein Träger kann z. B. durch **Einzellasten**, die von Maschinenfüßen oder von Rädern eines Gabelstaplers herrühren, belastet werden (veränderliche Einwirkung) (Bild 4a).

Gleichmäßig verteilte Lasten entstehen z. B. durch das Gewicht der Deckenplatten (ständige Einwirkung), durch Schüttgut oder durch Schnee auf einem Dach (veränderliche Einwirkung) (Bild 4 b). Solche Lasten bezeichnet man auch als **Streckenlasten**. Sie werden in Newton pro Meter angegeben. Häufig treten beide Belastungsarten gemeinsam auf. Man spricht dann von einer **gemischten Belastung** oder von einem Träger mit Mischlast (Bild 4 c).

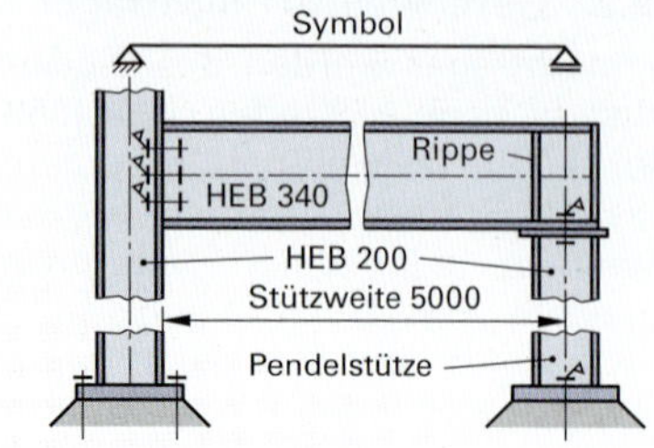

1 Träger auf zwei Stützen, Einfeldträger

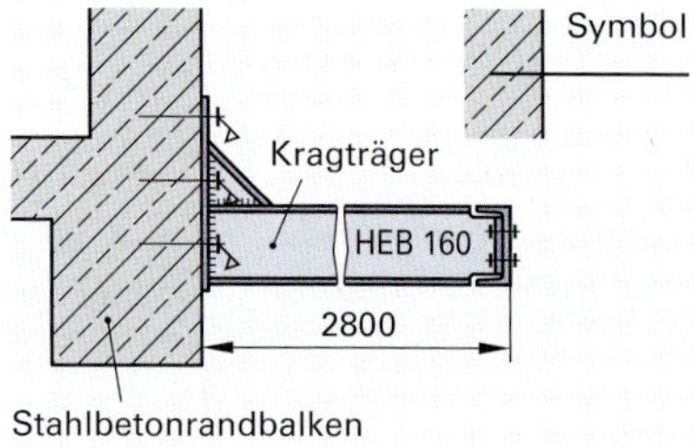

2 Angeschraubter Kragträger für Vordach

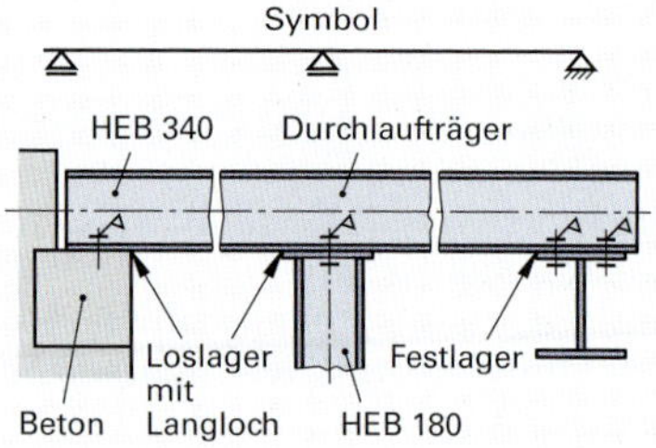

3 Durchlaufträger

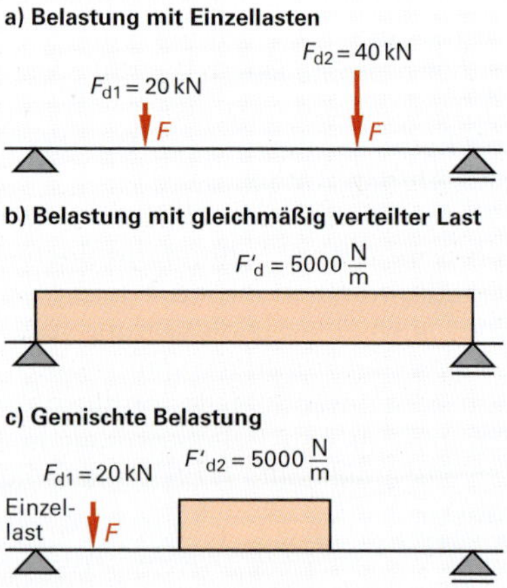

4 Belastungsarten bei Trägern

Wirkungsrichtung der Kräfte

Liegt die Wirkungsrichtung einer Kraft rechtwinklig zur Trägerachse, so bezeichnet man sie als **Querkraft *V*** (Bild 1).

Eine in der Trägerachse wirkende Kraft ist eine **Normalkraft *N***. Schräge Kräfte lassen sich durch Kräftezerlegung in Quer- und Normalkraftanteile zerlegen. Da Kräfte zu den Einwirkungen gehören, können sie auch mit F bezeichnet werden.

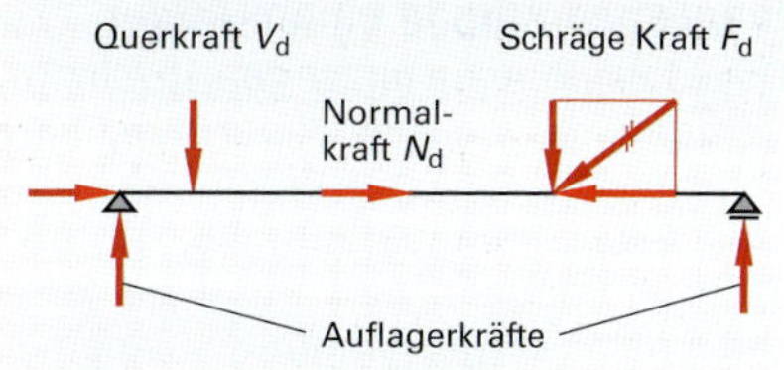

1 Wirkungsrichtung von Kräften

Auflagerkräfte

Ein Träger sei nach Bild 2 mit der Kraft F_{d1} belastet. Damit er in Ruhe bleibt, muss er von den Auflagerkräften F_A und F_B, die nach oben gerichtet sind, im Gleichgewicht gehalten werden.

Zur Berechnung der Auflagerkräfte F_A und F_B müssen zwei Bedingungen erfüllt sein:

1. Momentengleichgewicht:

Die Summe aller linksdrehenden Momente ist gleich der Summe aller rechtsdrehenden Momente. (Moment = Kraft mal Hebelarm):

$$\Sigma \overset{\curvearrowleft}{M} = \Sigma \overset{\curvearrowright}{M}$$

Dazu wird bei einer unbekannten Kraft, hier bei F_A, ein Drehpunkt angenommen. Beispiel:

Mit $\Sigma \overset{\curvearrowleft}{M} = \Sigma \overset{\curvearrowright}{M}$ folgt: $F_B \cdot l = F_{d1} \cdot l_1$

(Die Auflagerkraft F_A erzeugt kein Drehmoment, da der Hebelarm im Drehpunkt A gleich Null ist.)

2. Kräftegleichgewicht:

Die Summe aller Kräfte, die nach unten gerichtet sind, ist gleich der Summe aller Kräfte, die nach oben gerichtet sind:

$$\Sigma F\downarrow = \Sigma F\uparrow$$

Beispiel: $F_{d1} = F_A + F_B$

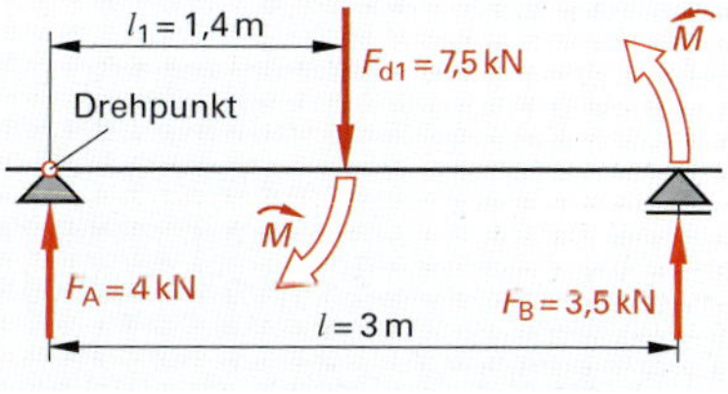

2 Träger auf 2 Stützen mit Einzelkraft (Beispiel)

Berechnung zum Beispiel in Bild 2:

1. Momentengleichgewicht:

$$\Sigma \overset{\curvearrowleft}{M} = \Sigma \overset{\curvearrowright}{M}$$

$$F_B \cdot l = F_{d1} \cdot l_1$$

$$F_B \cdot 3\text{ m} = 7{,}5\text{ kN} \cdot 1{,}4\text{ m}$$

$$F_B = \frac{7{,}5\text{ kN} \cdot 1{,}4\text{ m}}{3\text{ m}} = 3{,}5\text{ kN}$$

2. Kräftegleichgewicht:

$$\Sigma F\downarrow = \Sigma F\uparrow$$

$$F_{d1} = F_A + F_B$$

$$7{,}5\text{ kN} = F_A + 3{,}5\text{ kN}$$

$$F_A = 7{,}5\text{ kN} - 3{,}5\text{ kN} = 4\text{ kN}$$

Biegemoment im Träger

Für die richtige Bemessung eines Trägers muss diejenige Stelle gefunden werden, an der das Biegemoment am größten ist. Bei Trägern mit gleich bleibendem Querschnitt tritt dort auch die größte Biegespannung auf. Dies soll am obigen Beispiel erläutert werden (Bild 3).

Das **maximale Biegemoment** und die Stelle, an der es wirkt, können mithilfe der **Querkraftfläche** ermittelt werden. Dazu müssen die Querkräfte von einer beliebigen waagerechten **Nulllinie** aus maßstäblich aufgetragen werden (Bild 3 a). Man beginnt links und trägt $F_A = 4$ kN als 40 mm langen Pfeil nach oben auf. Dann zeichnet man einen waagerechten Strich bis zur Wirkungslinie von F_{d1} · 7,5 kN werden als 75 mm langer Pfeil nach unten aufgezeichnet. Dann folgt wieder ein waagerechter Strich bis zur Wirkungslinie von F_B und man trägt dort 3,5 kN als 35 mm langen Pfeil nach oben auf, sodass man wieder auf der Nulllinie anlangt. Dort wo die Nulllinie geschnitten wurde (Nulldurchgang bei F_{d1}), liegt der gefährdete Querschnitt. Oberhalb der Nulllinie befindet sich die positive, darunter die negative Querkraftfläche. Der Bemessungswert des Biegemoment M_d ergibt sich aus dem Flächeninhalt der positiven oder negativen Querkraftfläche, da beide gleich groß sind.

a) Querkraftfläche

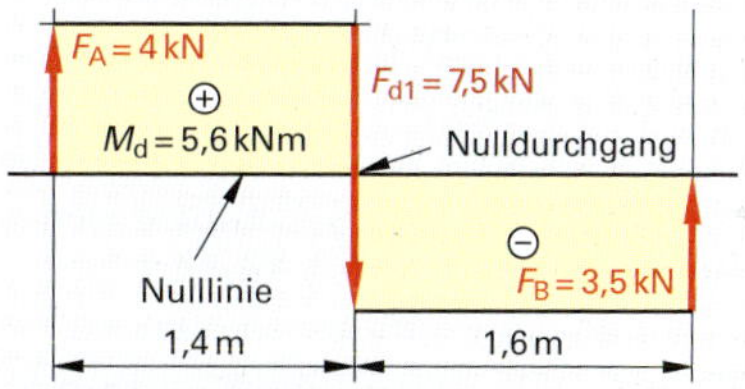

Berechnung des Bemessungswerts des Biegemoments:
$M_d = F_A \cdot l_1 = 4\text{ kN} \cdot 1{,}4\text{ m} = 5{,}6\text{ kNm}$

b) Momentfläche

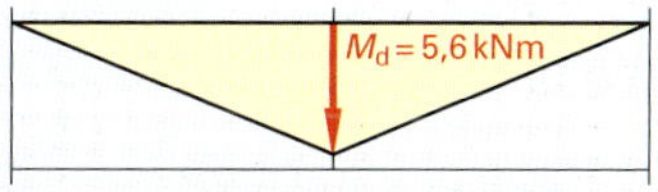

3 Ermittlung des Bemessungswerts des Biegemoments

Biegespannung in einem Träger

Die Einwirkungen erzeugen in einem Träger Biegemomente, die den Träger durchbiegen (Bild 1). Durch Kräfte von oben entstehen im Träger auf der Oberseite **Druckspannungen,** an der Unterseite **Zugspannungen.** Die Formel zur Berechnung der maximalen **Biegespannung** in einem Träger lautet:

$$\sigma_d = \frac{M_d}{W}$$

σ_d = Bemessungswert der Spannung in N/mm²
M_d = Bemessungswert des maximalen Biegemoments mit der Einheit Nm
W = axiales Widerstandsmoment des Trägers in der Einheit cm³

Für alle Profile des Stahlbaus sind die Widerstandsmomente W_y und W_z in Tabellen zu finden. Das untenstehende Beispiel zeigt einen Ausschnitt aus einer solchen Tabelle für einen mittelbreiten I-Träger. Das maximale Biegemoment M_b kann man bei einfachen Belastungsfällen nach Gleichungen aus dem Tabellenbuch berechnen (Bild 3).

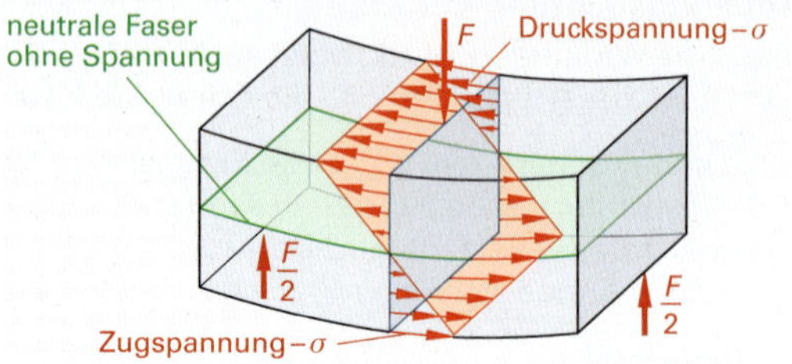

1 **Zug- und Druckspannungen in einem auf Biegung belasteten Träger**

Beispiel:
Um für das Beispiel auf Seite 221 einen passenden IPE-Träger zu finden, wird die Formel für die Biegespannung nach W aufgelöst und der Bemessungswert der Streckgrenze eingesetzt:

$$W_{erf} = \frac{M_d}{\sigma_{R,d}} = \frac{5600 \text{ Nm}}{213{,}6 \text{ N/mm}^2} = 26{,}2 \text{ cm}^3.$$

Es ist deshalb ein IPE 100 mit W_y = 34,2 cm³ zu wählen.

Tabelle 1: Mittelbreite I-Träger: IPE-Reihe

Normallängen bei Profilhöhen unter 300 mm 8 m bis 16 m										**bei 300 mm und mehr 8 m bis 18 m**							
Kurzzeichen	Maße in mm für						A_{Steg}	A	G	Für die Biegeachsen						Flanschenlöcher nach DIN 997 Ausg. Okt. 1970	
										y-y			z-z				
	h	b	t_s	t_g	r	h-2c	cm²		kg/m	I_Y cm⁴	W_y cm³	i_y cm	I_z cm⁴	W_z cm³	i_z cm	d_1 mm	w_1 mm
			s	t				F		J_x	W_x	i_x	J_y	W_y	i_y		
IPE	**Mittelbreite I-Träger mit parallelen Flanschflächen, IPE-Reihe** (warmgewalzt), **nach DIN 1025 Teil 5, Ausgabe März 1994 und EURONORM** Grenzabmaße und Formtoleranzen nach DIN EN 10034, Ausgabe März 1994																
80	80	46	3,8	5,2	5	59	2,84	7,64	6,00	80,1	20,0	3,24	8,49	3,69	1,05	6,4	26
100	100	55	4,1	5,7	7	74	3,87	10,3	8,10	171	34,2	4,07	15,9	5,79	1,24	8,4	30
120	120	64	4,4	6,3	7	93	5,00	13,2	10,4	318	53,0	4,90	27,7	8,65	1,45	8,4	36

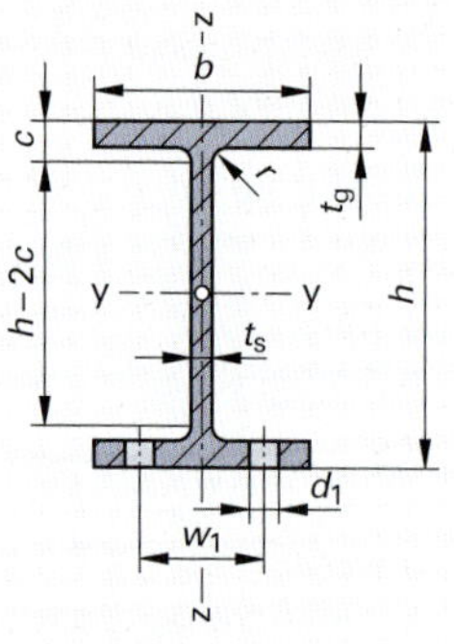

2 **Mittelbreite I-Träger IPE-Reihe**

Durchbiegung eines Trägers unter Last

Unter einer Last biegt sich ein Träger durch (in Bild 4 übertrieben dargestellt). Die Größe der Durchbiegung f ist von der **Lagerungsart** des Trägers abhängig und sie nimmt insbesondere mit der **Spannweite** l des Trägers stark zu (mit der 3. Potenz). Außerdem spielen der **Angriffspunkt** der Kraft, die **Belastungsart** und **Einbaulage** (W_y oder W_z) des Trägers eine Rolle. Nur in Sonderfällen, z. B. für Trapezbleche für Dächer, Wände und Decken, sind die zulässigen Werte für die Durchbiegung f vorgeschrieben. Empfohlen sind jedoch je nach Spannweite l oder Kraglänge l

- für Träger auf zwei Stützen: $\frac{f_{max} \leq l}{300}$
- für Kragträger: $\frac{f_{max} \leq l}{200}$

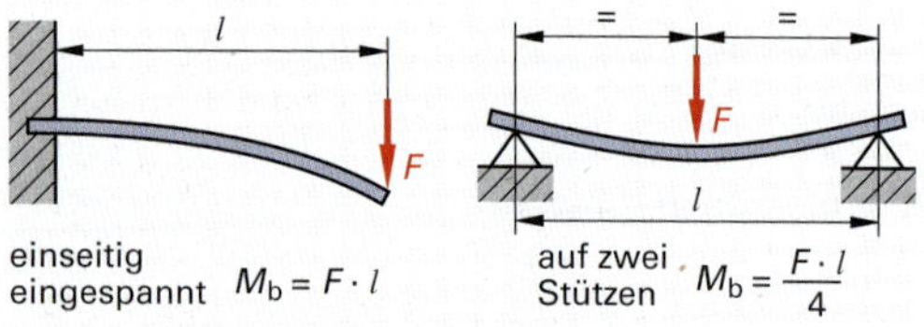

3 **Einfache Belastungsfälle für Träger**

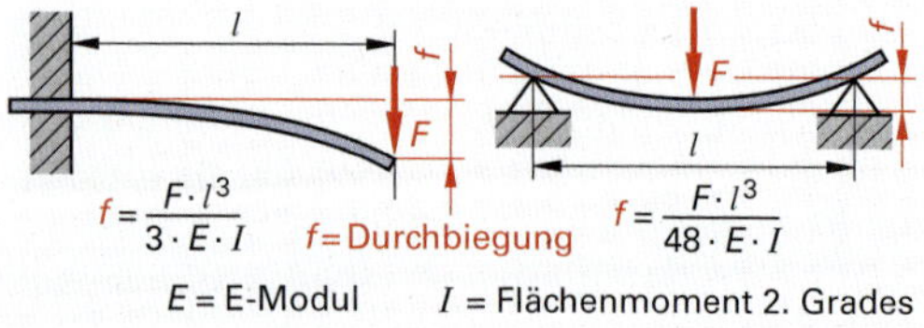

4 **Durchbiegung der Träger**

Überhöhung

Damit die ursprünglich geraden Walzträger unter Gebrauchslast nicht durchhängen, werden sie bei großen Stützweiten in der Werkstatt leicht nach oben vorgebogen, man nennt dies Überhöhung. Das geschieht bei Walzträgern durch das Flammrichten mit Wärmekeilen am Steg und Wärmestraßen am Unterflansch (Bild 1).
Bei Stegblechträgern kann das Stegblech zur Überhöhung entsprechend zugeschnitten werden, bevor die Flansche aufgeschweißt werden. Bei Fachwerkträgern werden die Diagonalen entsprechend gekürzt oder länger geschnitten, sodass ein sanfter Bogen entsteht.
Unter Gebrauchslast biegt sich der Träger durch und wird dadurch wieder fast gerade. Durch die Überhöhung werden außerdem bei Flachdächern Wasseransammlungen (Wassersäcke) vermieden.

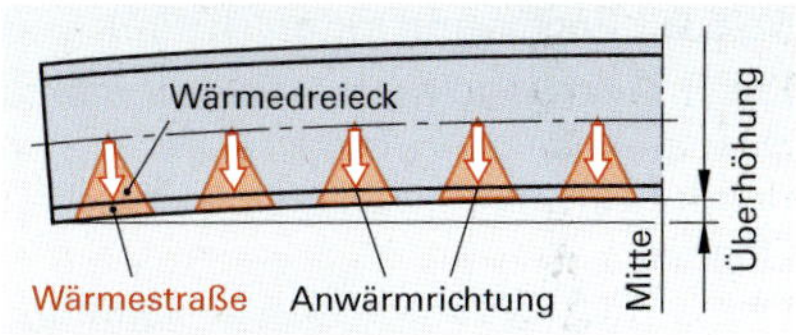

1 Herstellung einer Überhöhung durch Flammrichten

Einbaulage der Profile

Die Tragfähigkeit der meisten Stahlprofile ist entscheidend von ihrer Einbaulage abhängig. I-Träger sollten immer aufrecht stehen, nicht liegen (Bild 2).

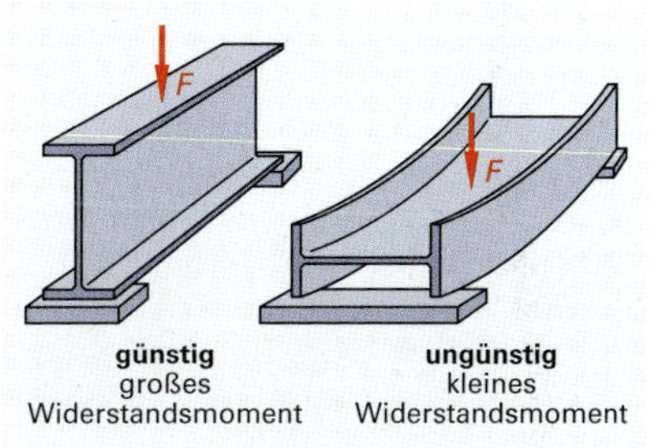

2 Einbaulagen von I-Trägern

Beispiel:
Liegend hat der Träger IPE 100 z. B. nur ein Widerstandsmoment von $W_z = 5{,}79\ \text{cm}^3$, stehend beträgt das Widerstandsmoment $W_y = 34{,}2\ \text{cm}^3$. Der aufrecht eingebaute Träger kann deshalb fast 6 mal mehr tragen als der liegende Träger.

Merke
Stahlbauprofile sollten immer in der Einbaulage eingebaut werden, in der sie das größte Widerstandsmoment haben.

Möglichkeiten zur Erhöhung der Biegefestigkeit

Durch konstruktive Maßnahmen ist es möglich, die Biegefestigkeit von Trägern zu erhöhen.

- Durch Aufschweißen von Gurtplatten auf beiden Flanschen des Trägers kann sein Widerstandsmoment deutlich erhöht werden (Bild 3).
- Die Träger können so gestaltet werden, dass ihre Form dem auftretenden Biegemoment im Träger angepasst ist (Bild 4). Im Kragträger z. B. steigt das Biegemoment linear zur Einspannung hin an, deshalb wird der Steg von außen nach innen immer höher.
- Die Träger werden zahnstangenartig durch Brennschneiden aufgetrennt und dann versetzt wieder zusammengeschweißt (Wabenträger, Bild 3, Seite 219) oder es wird in eine Wabe ein Blech eingeschweißt.

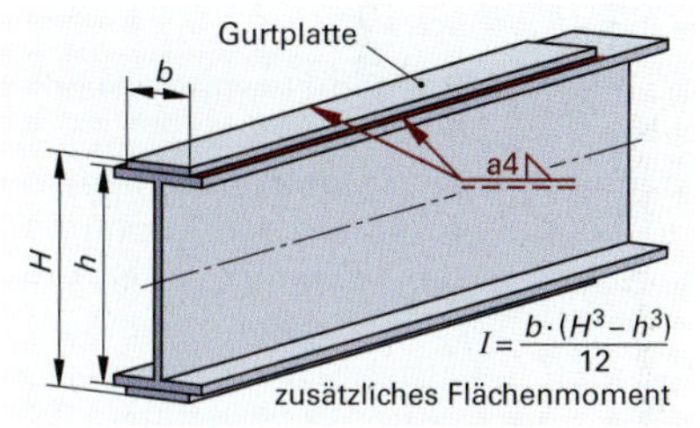

3 Verstärkung durch Gurtplatten

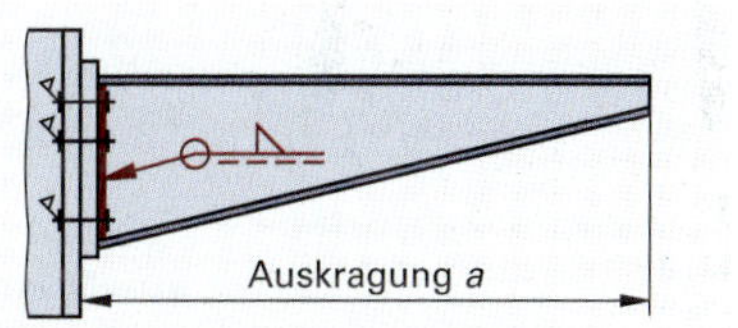

4 Anformung eines Kragträgers gemäß dem Biegemoment

Überprüfen Sie Ihre Kenntnisse

1 Welche Nennhöhe und welche wirkliche Höhe hat der größte genormte Träger?
2 Welche Vor- und Nachteile haben Stegblechträger gegenüber Walzträgern?
3 Beschreiben Sie die Herstellung eines Wabenträgers und skizzieren Sie die Schnittführung für einen höheren Träger mit runden Aussparungen.
4 Welche Belastungsarten werden bei Trägern unterschieden?
5 Welches sind die beiden wichtigsten Gleichgewichtsbedingungen bei der Berechnung von Trägern und wofür werden sie benötigt?
6 Warum haben Träger dicke Flansche, aber nur dünne Stege?
7 Beschreiben Sie wie man vorgeht um das maximale Biegemoment eines Trägers zu finden.
8 Warum sollten Dachträger eines Flachdaches überhöht werden?
9 Wie lassen sich Überhöhungen herstellen?

13.5.5 Fachwerkträger

Unter einem Fachwerk versteht man ein ebenes oder räumliches Gebilde aus Einzelstäben, die an Knotenpunkten miteinander verbunden sind. Grundelement des Fachwerks ist das Dreieck.
Der Grund für diese Struktur kann in einem Versuch erkannt werden:

Versuch: Vier Stäbe werden gelenkig miteinander verbunden. Das entstandene Rechteck lässt sich beliebig zu einem Parallelogramm verschieben (Bild 1). Dasselbe stellt man bei fünf oder sechs Ecken fest. Gelenkig verbundene Rechtecke sind instabil.
Verbindet man jedoch drei Stäbe miteinander zu einem Dreieck, so stellt man fest, dass sie sich nicht verschieben lassen (Bild 2).
Erkenntnis: Fachwerke werden aus Dreiecken aufgebaut, weil es die einzigen starren Figuren aus gelenkig verbundenen Stäben sind. Das einfachste Fachwerk besteht aus dem Dreiecksverband mit den Stäben 1, 2, 3 und den Knotenpunkten I, II, III (Bild 2).
Durch Aneinanderfügen mehrerer Dreiecke entsteht ein **Fachwerkträger** (Bild 3).

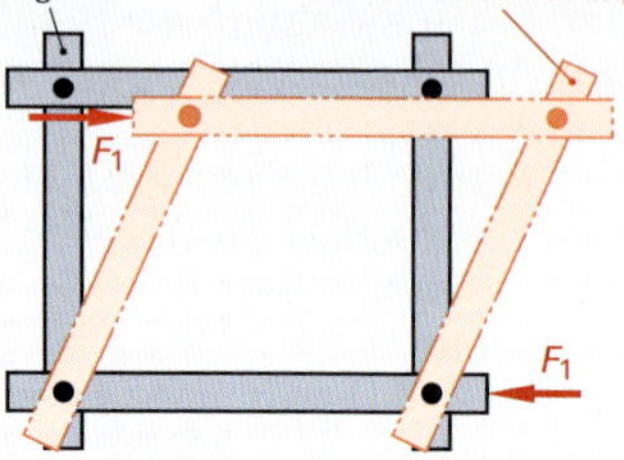

1 Verschiebbarkeit eines Rechtecks

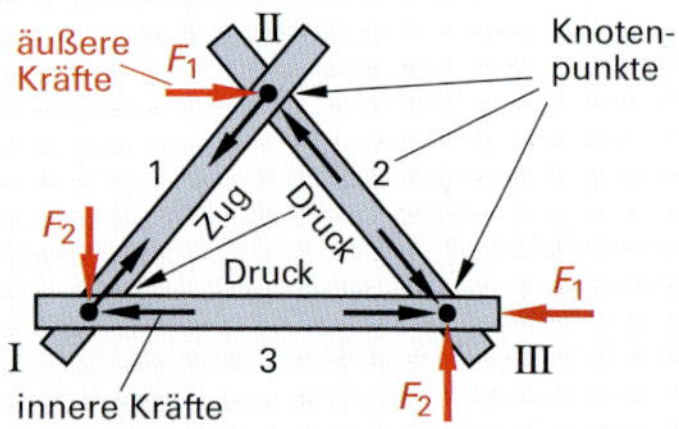

2 Stabilität eines Dreiecks

Stabkräfte

Da man die Stabverbindungen in den Knotenpunkten als „gelenkig" ansieht, werden die Stäbe nur mit Zug- oder Druckkräften belastet. Damit keine Biegemomente entstehen, lässt man äußere Kräfte an den Knotenpunkten angreifen (Bild 3). In einem solchen Fachwerk lassen sich die Stabkräfte mit zeichnerischen Methoden (Cremona-Plan) oder rechnerischen Verfahren (Rittersches Schnittverfahren) relativ einfach ermitteln.
In der Praxis sind die Stäbe von Fachwerken durch Schweißen oder Schrauben starr miteinander verbunden. Es entstehen daher auch Biegemomente. Sie sind jedoch gering und wirken sich nicht nachteilig aus.

Merke

Fachwerke bestehen aus Dreiecken. Die Stäbe übertragen überwiegend nur Zug- oder Druckkräfte.

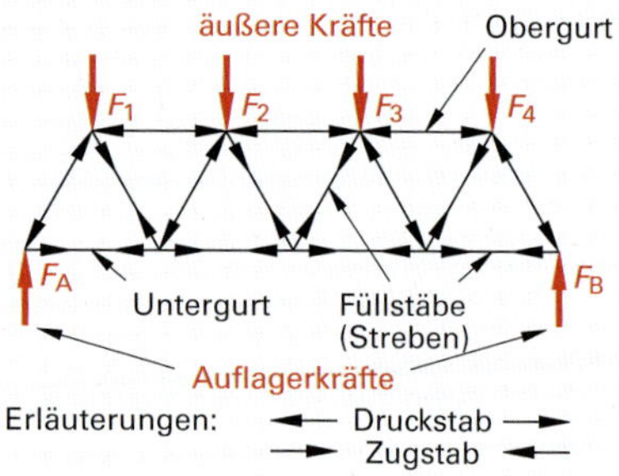

3 Fachwerkträger aus mehreren Dreiecken

Fachwerkträgerarten

Fachwerkträger bestehen aus **Obergurt**, **Untergurt** und **Füllstäben** (Bild 3). Senkrechte Füllstäbe werden als **Pfosten**, Diagonalstäbe als **Streben** bezeichnet.

Fachwerkträger werden nach der Art der Gurtführung und nach der Anordnung der Füllstäbe benannt (Bild 4). Fachwerke mit parallelen Gurten heißen z. B. Parallelträger.

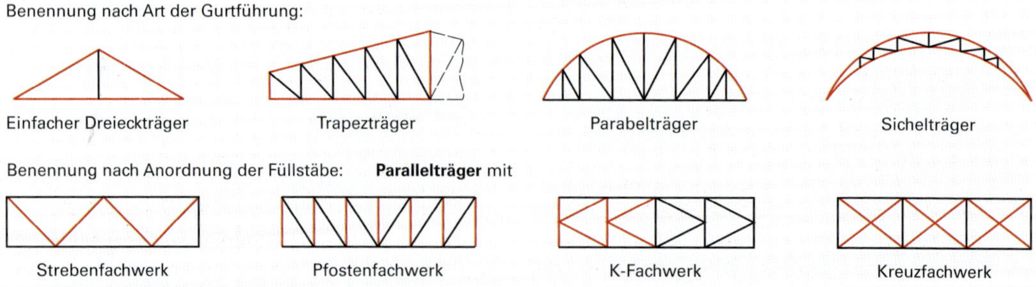

4 Übersicht: Grundformen der Fachwerkträger

Fachwerk-Dachbinder

Hat ein Träger die Aufgabe, ein Dach zu tragen, so spricht man von einem **Dachbinder**.

Als Grundtypen von Dachbindern haben sich zwei Ausführungen besonders durchgesetzt:

- Dreieckbinder
- Parallelbinder.

Beim Dreieckbinder beträgt die Binderhöhe zwischen 1/8 und der Hälfte der Spannweite, wobei die Spannweite bis etwa 35 Metern betragen kann. Der waagerecht verlaufende Untergurt wird wegen des besseren Aussehens gerade so viel überhöht, dass beim Betrachter der Eindruck des Durchhängens vermieden wird.

Nach der Anordnung der Füllstäbe unterscheidet man folgende Dreieckbinder:

- **Deutscher Dachbinder**, bei dem sich alle Füllstäbe in der Mitte des Untergurts treffen (Bild 1a),
- **Englischer Dachbinder** (Bild 1b), mit Füllstäben, die senkrecht zum Untergurt stehen,
- **Belgischer Dachbinder**, mit Füllstäben, die senkrecht zum Obergurt stehen, (Bild 1c),
- **Französischer** (oder auch Polonceau oder Wiegemann-) **Binder** der aus zwei Dreieckbindern mit einem gemeinsamen Gelenk besteht, die durch ein Zugband miteinander verbunden sind, (Bild 1d),
- **Shed-Binder** (Sägedachbinder), dessen steile Dachfläche meist verglast wird (Bild 1e),
- **Einseitiger Kragbinder** für Vordächer (Bild 1f),
- **Beidseitiger Kragbinder** (Schmetterlingsbinder) für Haltestellen, Tankstellen und Hochspannungsmaste (Bild 1g). Kleine Kragbinder werden heute meist vollwandig ausgeführt.

Mit langgestreckten **Parallelbindern** lassen sich viele Dachformen herstellen, wie z. B. Pultdächer und Satteldächer (Bild 1h), sowie Flachdächer. Parallelbinder können als besonders leichte R-Träger (siehe Seite 228) ausgeführt werden.

System des Fachwerks

Als System des Fachwerks zeichnet man nur die Schwerlinien der Stäbe. Das sind die gedachten Linien, die durch den Schwerpunkt des Stabquerschnitts gehen (Bild 2).

Das System wird auch **Netzplan** genannt und enthält alle Hauptmaße und die Maße von Knotenpunkt zu Knotenpunkt. Aus diesen Hauptmaßen bestimmt man die Längen der Diagonalen. Wenn es sich um rechtwinklige Dreiecke handelt, berechnet man sie mit dem Satz des Pythagoras. Andere Längen sind mit dem Strahlensatz oder mithilfe der Winkelfunktionen (sin, cos) zu berechnen.

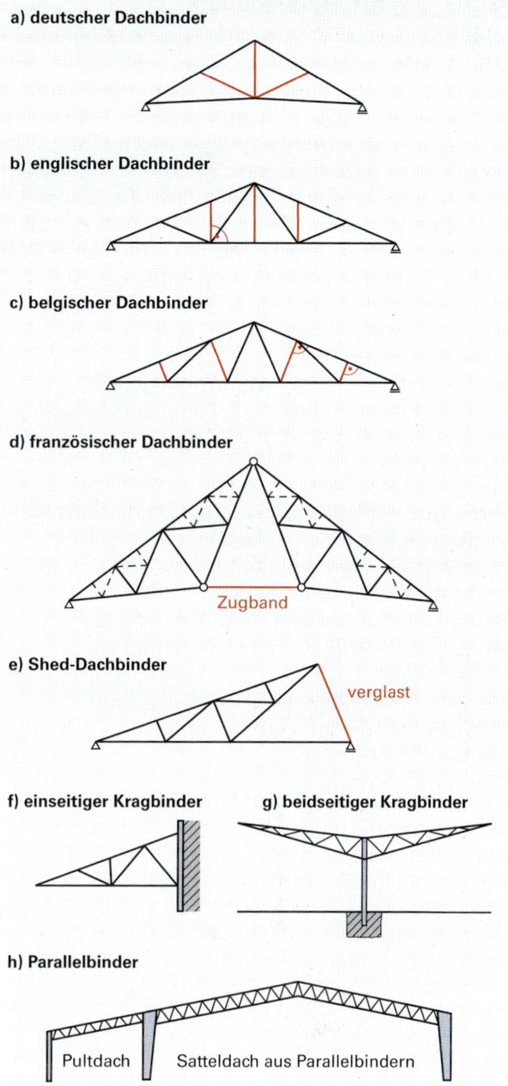

1 Fachwerkbinderarten

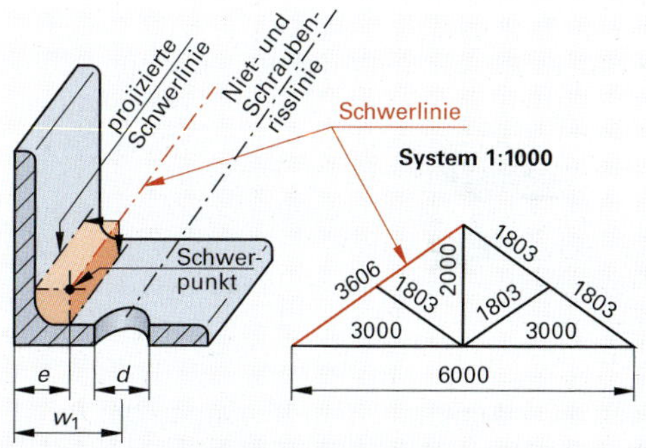

2 Schwerlinie in Stab und System

Auslegung der Knotenpunkte

In den Knotenpunkten werden die einzelnen Stäbe des Fachwerks durch Schweißen oder Schrauben miteinander verbunden. Knotenpunkte wurden früher im Maßstab 1 : 1 gezeichnet. Diese Zeichnung heißt **Naturgröße** und wurde benötigt, um das Knotenblech mit seinen Bohrungen herstellen zu können. Die Naturgröße konnte als Schablone verwendet werden. Sie wurde dazu auf ein Blech aufgelegt. Mit einem Körner wurden dann Bohrungsmittelpunkte und Ecken durchgekörnt. Der Naturgröße konnten jedoch auch die Koordinaten der Bohrungen entnommen und an numerisch gesteuerte Bohrmaschinen weitergegeben werden. An 2D- oder 3D-CAD-Arbeitsplätzen werden heute die Knotenbleche computerunterstützt konstruiert. Ein Ausmessen der Koordinaten entfällt dadurch.

Zunächst wird am CAD-Arbeitsplatz das Fachwerksystem maßstäblich gezeichnet. Ausgehend von den Systemlinien werden nun die zu verwendenden Profile eingebaut. Winkelstähle unter 70 mm Schenkellänge werden anstatt auf die Schwerlinie (Bild 2, Seite 225) auf die sogenannte Nietrisslinie gelegt. Diese Linie liegt um das Wurzelmaß vom Rücken des Winkels entfernt. **Wurzelmaße** sind in Tabellen festgelegt und sollten stets eingehalten werden.

Zunächst werden die durchgehenden Profile eingezeichnet. Danach folgen die übrigen Stäbe. Das Maß vom Systempunkt bis zum Anfang eines Stabes heißt **Minusmaß**. Es wird so gewählt, dass der Stab möglichst nahe an die übrigen Profile heranreicht und dass er ein Längenmaß in halben Zentimetern erhält (Bild 1b). Handelt es sich um eine Schraubverbindung, so werden nun die Schraubenlöcher eingezeichnet. Für die Schraubenabstände gilt die Tabelle auf Seite 65. Das Schraubenloch wird ein bis zwei Millimeter größer als der Nenndurchmesser der Schraube gewählt. Die rechnerischen Schraubenabstände werden auf das nächste durch fünf teilbare Maß gerundet.

a) System 1:100

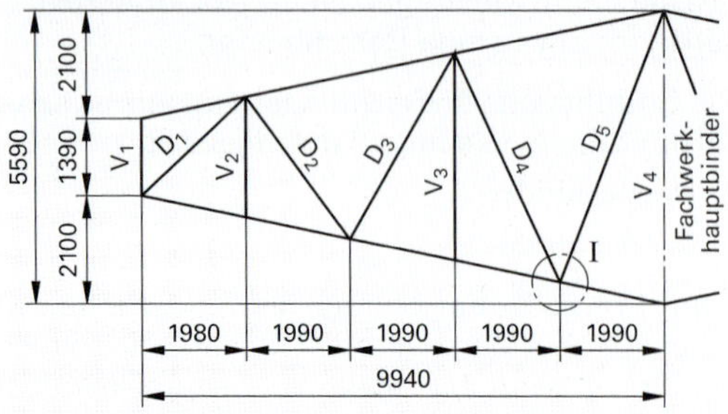

b) Detail I

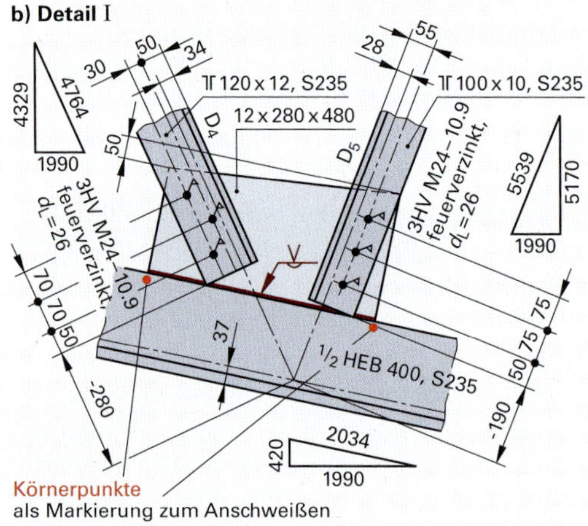

c) praktische Ausführung

1 Trapezbinder einer Bahnhofsüberdachung

Nachdem alle für den Anschluss nötigen Schrauben eingezeichnet sind, kann der Umriss des Knotenblechs ermittelt werden. Dabei ist darauf zu achten, dass auch von den äußersten Schrauben bis zum Blechrand die vorgeschriebenen Randabstände (Seite 65) eingehalten werden. Das Knotenblech sollte eine möglichst einfache Form haben, seine Ecken sollten nicht unter den Stäben vorstehen und es sollte durch seine Form Missverständnissen beim Einbau vorbeugen. Ungünstig sind deshalb **fast** symmetrische Knotenbleche. Bei geschweißten Knotenpunkten werden statt der Schraubenabstände die erforderlichen Schweißnahtlängen berücksichtigt. Körnerpunkte als Markierung erleichtern das richtige Anschweißen von Knotenblechen und Stäben. Auf Knotenbleche kann verzichtet werden, wenn die Schweißnähte direkt auf dem Steg untergebracht werden können.

Nach dem Bemaßen, dem Benennen der Profile und dem Eintragen der Positionsnummer ist das Datenmodell der Konstruktion fertig. Am CAD-Arbeitsplatz können nun die Werkstattzeichnungen und Stücklisten erzeugt werden.

13.5.6 Schwere Fachwerkträger

Schwere Fachwerkträger sind oft mehrere Meter hoch und tragen z. B. Brücken, die Kanzel eines Fernsehturms oder große Dächer (Bild 1 und 2).

Sie bestehen aus Formstählen oder großen Stabstählen. Die Montagestöße werden meist mit HV-Schrauben hergestellt, falls die Träger nicht als Ganzes transportiert werden können. Große Fachwerkträger werden im Werk gefertigt und auf der Baustelle zusammengebaut.

1 Fachwerkträger einer Bahnhofsüberdachung

2 Kanzel eines Fernsehturms

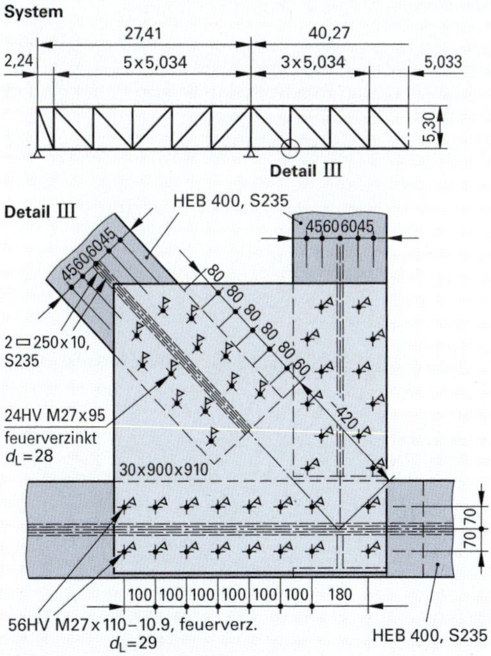

3 System und Knotenblech zur Bahnhofs-Überdachung von Bild 1

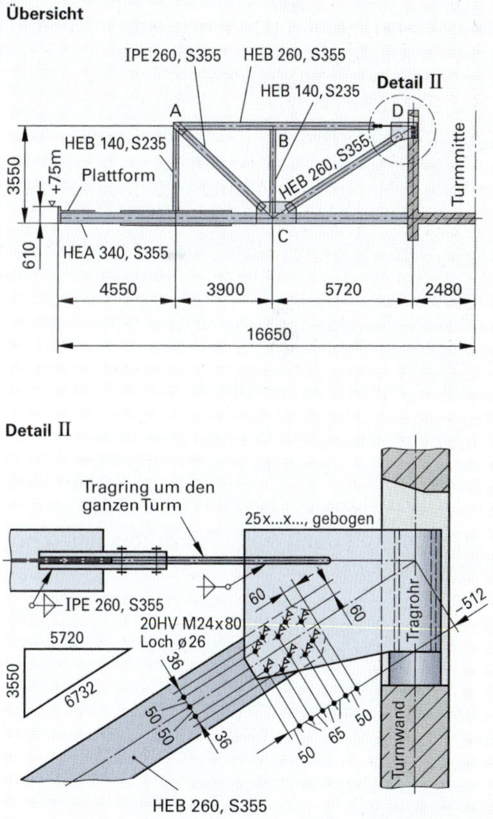

4 Übersicht und Knotenblech zur Fernsehturmkanzel von Bild 2

13.5.7 Leichtbau-Fachwerkträger

Rundstahl-Fachwerkträger werden kurz **R-Träger** genannt. Sie sind die leichtesten Fachwerkträger und bestehen aus einem gleichmäßig durchlaufenden Strebenzug aus gebogenem Rundstahl, sowie einem Ober- und Untergurt, der aus je einem T-Stahl oder einem halbierten *I*-Träger gebildet wird (Bild 1). Um seitliches Ausknicken zu verhindern, muss der Obergurt fest eingespannt werden, z. B. durch Eingießen in Beton. R-Träger sind für große Stützweiten bei kleinen Lasten geeignet.

Geschweißte Hohlprofil-Fachwerkträger werden aus kreisförmigen –, aus Quadrat- oder Rechteckhohlprofilen hergestellt (Bild 2). Diese Fachwerkträger sind leicht, haben ebene Oberflächen und sind wirtschaftlich gegen Korrosion zu schützen. Je nach System der Fachwerke ergeben sich verschiedene Knotenformen (Bild 3 und 4). Schneiden sich die Mittelachsen der Gurt- und Füllstäbe in **einem** Punkt, so ergibt sich häufig zwischen den Füllstäben ein Spalt (Bild 4a), der die Herstellung erleichtert. Eine höhere Tragfähigkeit erreicht man durch Zusammenführen der Strebenachsen noch vor der Gurtachse. Es entsteht dadurch ein Knoten mit Überlappung und **negativem Fehlhebel *e*** (Bild 4b). Die Streben treffen sich schon außerhalb des Gurtes und entlasten dadurch die Anschlussnähte am Gurt. Die Zugstrebe wird am Gurtprofil ringsum angeschweißt, die Druckstrebe wird auf die Zugstrebe und das Gurtprofil aufgesetzt und verschweißt. Trotz größerem Berechnungsaufwand vorzuziehen sind Knoten mit **voller** Überlappung ($e \approx -0{,}55 \cdot h$, Bild 2). Sie bieten eine einfachere Herstellung als eine teilweise Überlappung und ein besseres Tragverhalten als ein großer Spalt. Bei Überlappung (Bilder 2 und 4b) gilt:

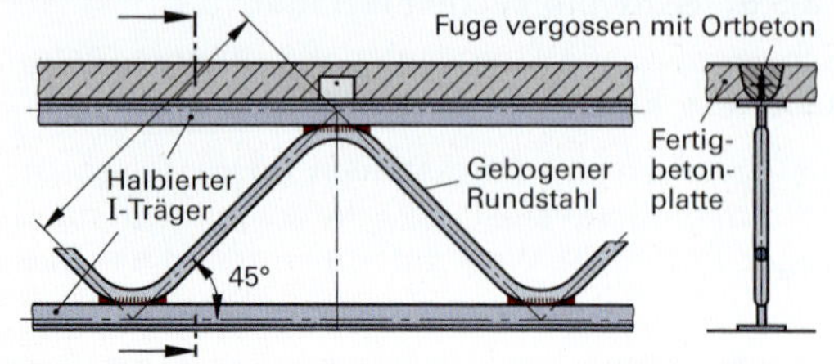

1 **Rundstahl-Träger (R-Träger)**

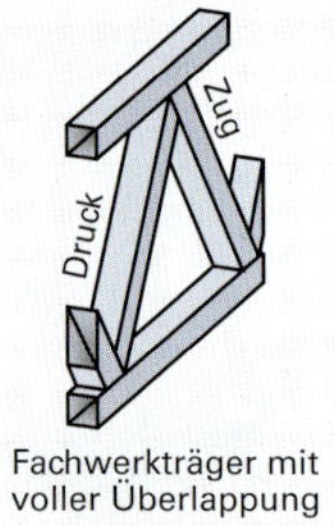

2 **Fachwerkträger**

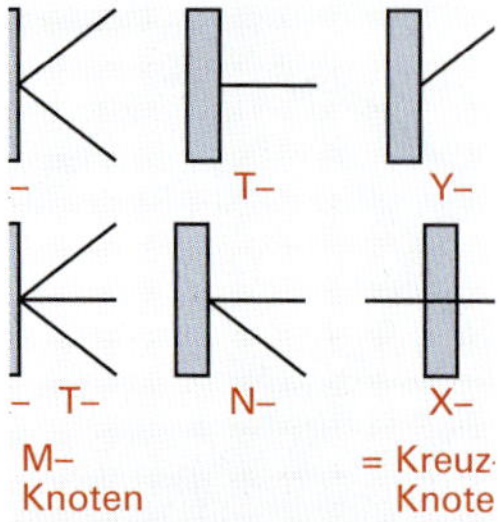

3 **Knotenformen**

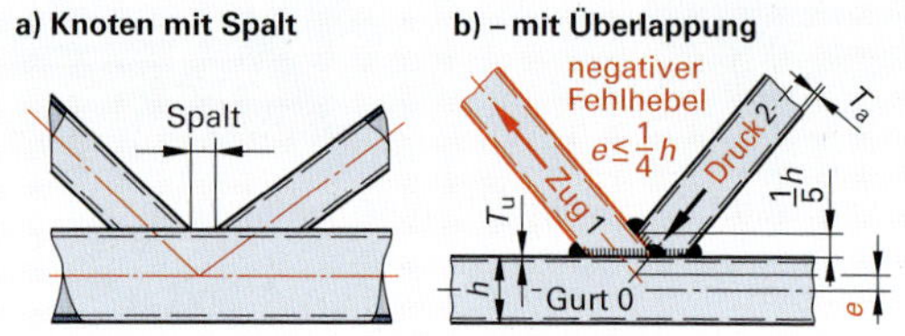

4 **Ausbildung der unverstärkten Knoten**

- Stab 0 ist untergesetzt (Gurt).
- Stab 1 ist gegenüber Stab 0 aufgesetzt und gegenüber Stab 2 untergesetzt.
- Stab 2 ist gegenüber Stab 0 und 1 aufgesetzt.

Merke

Untergesetzte Hohlprofile benötigen stets eine größere Wanddicke s_u als die aufgesetzten.

Für Knoten mit Überlappung sind die Wanddickenverhältnisse (Bilder 2 und 4b)

$$\frac{s_u}{s_a} = \begin{array}{l} 1{,}33 \text{ bei Bauwerken aus S 355} \\ 1{,}6 \text{ bei Bauwerken aus S 235} \end{array} \text{ einzuhalten.}$$

Für Knoten mit Spalt sind die erforderlichen höheren Wanddickenverhältnisse aus DIN EN 1993-1-1 zu entnehmen.

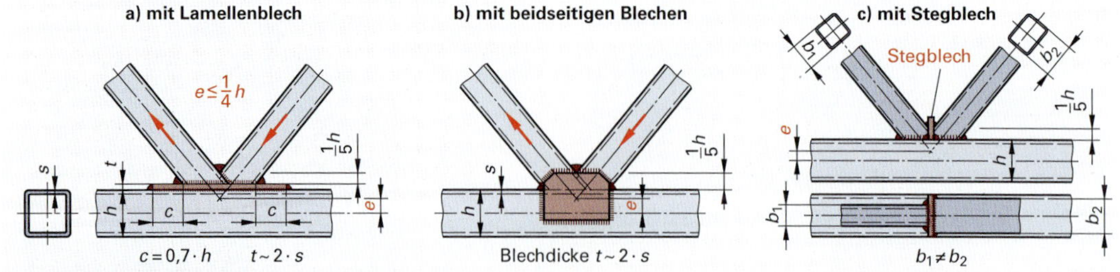

5 **Knotenverstärkungen**

Gurtverstärkungen

Sollen dünnere Gurtprofile eingesetzt werden, kann eine **Gurtverstärkung** (Seite 228, Bild 5) aufgeschweißt werden. Ein aufgeschweißtes Blech von etwa doppelter Dicke der Gurtwandung verteilt die eingeleiteten Kräfte gleichmäßiger (Seite 228, Bild 5a). Auch beidseitig aufgeschweißte Bleche verstärken den Gurt (Seite 228, Bild 5b). Dies geht jedoch nur bei gleicher Streben- und Gurtbreite.

Haben die Streben eine unterschiedliche Breite, so kann ein Stegblech zwischen die Streben senkrecht zum Gurt aufgeschweißt werden (Seite 228, Bild 5c).

Schweißverbindung der Knoten bei Rechteck-Hohlprofilen

Für die Knotenherstellung mit Rechteck- und Quadrat-Hohlprofilen sind nur ebene Schnitte erforderlich. Sie können durch Sägen hergestellt werden. Die verschiedenen Schweißnahtausbildungen zeigt Bild 1.

Falls die Strebe schmaler als der Gurt ist, und der Anschlusswinkel $\alpha \geq 45°$ beträgt, ist keine Schweißnahtvorbereitung erforderlich (Bild 1a). Die Strebe wird mit einer ringsum laufenden Kehlnaht angeschlossen. Falls die Wanddicke t höchstens 3 mm beträgt, muss die Kehlnahtdicke a gleich der Wanddicke t sein.

Merke

Bei Wanddicke $t \leq 3$ mm gilt:
Kehlnahtdicke a = Wanddicke t.

Schweißverbindungen der Knoten bei kreisförmigen Hohlprofilen

Fachwerkträger aus Rohren sind bei gleicher Tragfähigkeit leichter als solche aus Rechteck-Hohlprofilen, sie sind jedoch schwieriger herzustellen. Im Knotenbereich ergeben sich Verschneidungen, die nur durch Fräsen oder Brennschneiden auf koordinatengesteuerten Brennschneidmaschinen genau hergestellt werden können. Beim Verschweißen muss zwischen den Schweißbereichen B, C und D (Bild 2) unterschieden werden. Bild 2 zeigt typische Schweißnahtformen in den verschiedenen Knotenbereichen.

Geschweißter Profilstahl-Fachwerkträger

Ein sehr wirtschaftlicher Fachwerkträger entsteht, wenn L- oder U-Diagonalen unmittelbar auf die Stege der Gurte aus T- oder halbierten IPE-Profilen geschweißt werden (Bild 3a). Bei größeren Kräften wird die Anschlussfläche durch ein aufgeschweißtes Knotenblech vergrößert (Bild 2b).

Profilstahl-Fachwerkträger haben Kanten, Ritzen und unzugängliche Ecken. Deshalb sind sie nur mit großem Aufwand gegen Korrosion zu schützen und eignen sich mehr für den Innenbereich.

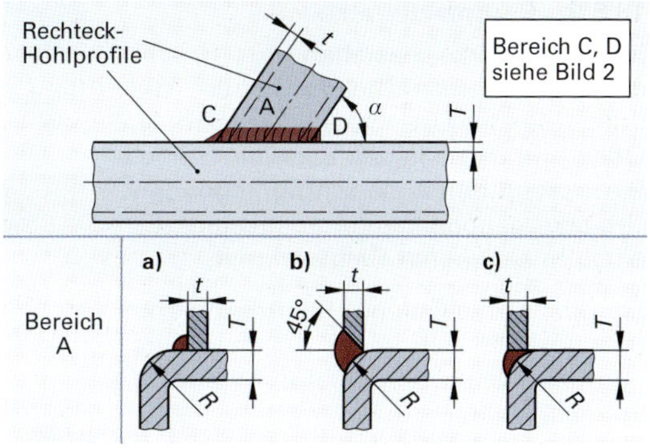

1 Schweißnähte bei Knoten aus Rechteck- und Quadrat-Hohlprofilen

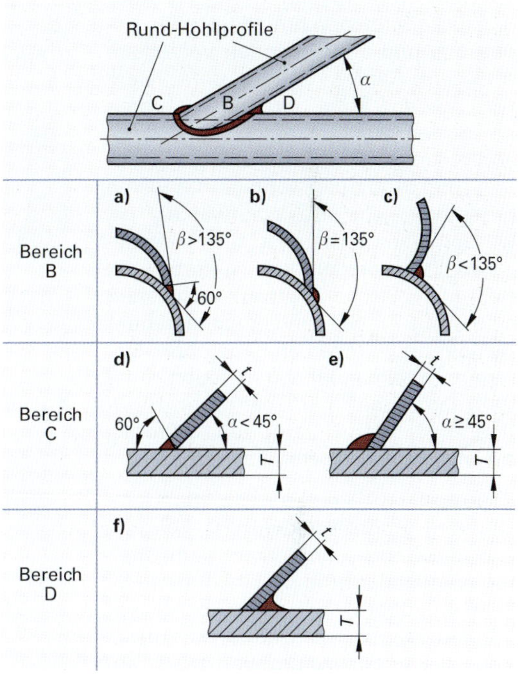

2 Schweißnahtausbildung bei Rund-Hohlprofilen

a) ohne Knotenblech
b) mit Knotenblech

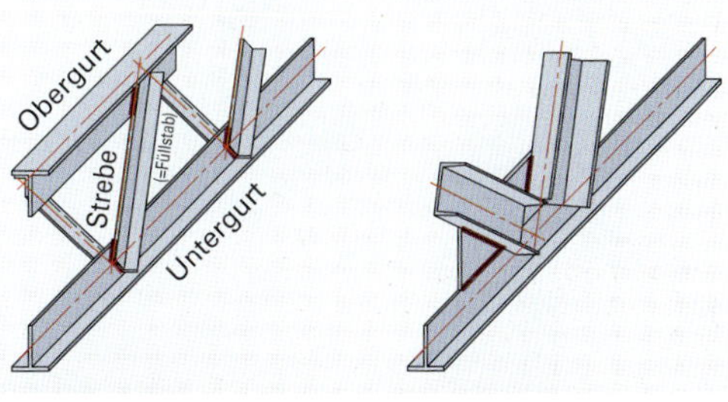

3 Geschweißte Profilstahl-Fachwerkträger

13.5.8 Raumfachwerke

Raumfachwerke bestehen aus dreidimensional angeordneten Stäben, die untereinander Dreiecke bilden (Bild 1). Oben und unten liegen parallele Stäbe. Sie werden durch die schräg liegenden Dreiecke gegeneinander ausgesteift. Es entsteht ein ebener **Fachwerkrost**.

Es gibt verschiedene Raumfachwerk-Systeme, die sich in der Art der Stäbe und der Ausführung der Knotenpunkte unterscheiden:

Raumfachwerke aus runden oder quadratischen Hohlprofilen bestehen aus vorgefertigten Rohrstücken, die über ein Knotenstück miteinander verschraubt werden (Bild 2 - 4). Die Knotenstücke sind geschmiedete oder gegossene und mit Gewinden versehene Anschluss-Stücke. Das Raumfachwerk wird aus den Rohr- und Knotenstücken am Boden montiert (Bild 5) und dann von einem Kran auf die Auflager gehoben (Bild 6). Da die Montage der vielen Einzelteile sehr arbeitsaufwändig ist, werden Raumfachwerke auch aus geschweißten Parallelträgern gefertigt, die mit einem Strebenfachwerk ausgesteift sind (Bild 7). Sie sind gegeneinander geneigt und werden am Ober- bzw. Untergurt miteinander verschraubt. Quer dazu laufen auf den Obergurten HE-B- und unter den Untergurten U-Profile, die mit diesen verschraubt werden.

Raumfachwerke werden für die Überdachung **großer stützenfreier Flächen**, z. B. bei Sport- und Versammlungshallen, verwendet (Bild 6). Es können Flächen von über 70 m x 70 m überspannt werden. Wegen des dekorativen Aussehens dieser Fachwerke wird meist auf eine abgehängte Unterdecke verzichtet.

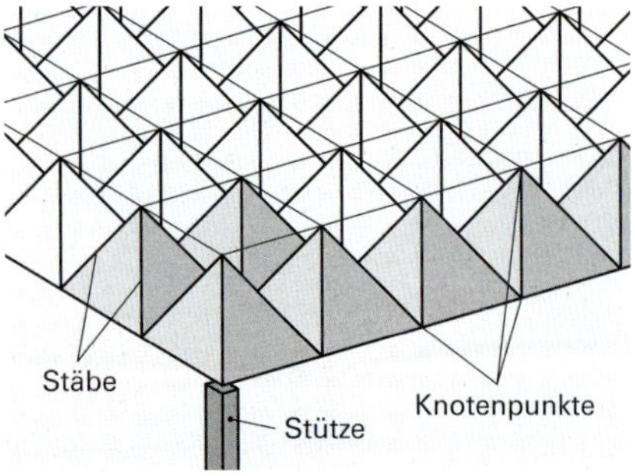

1 **Prinzipieller Aufbau eines Raumfachwerks**

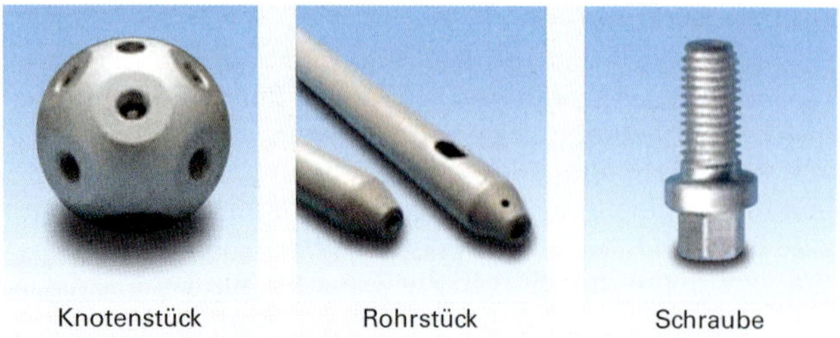

2 **Einzelteile eines Raumfachwerks**

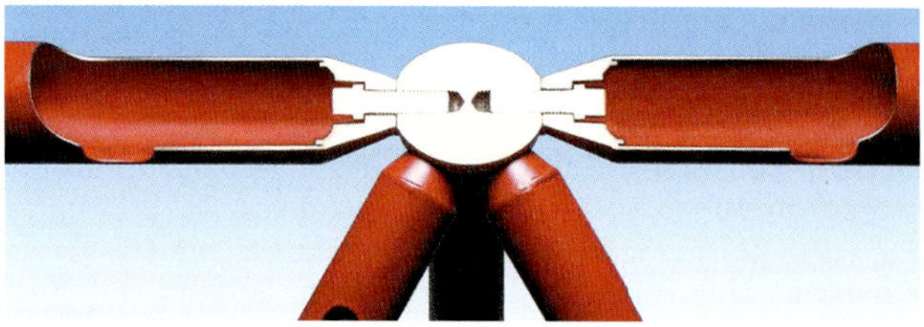

3 **Schnitt eines Raumfachwerk-Knotenpunkts**

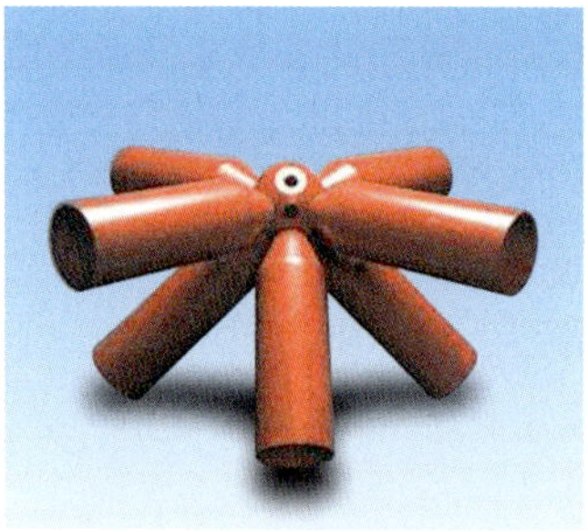

4 **Raumfachwerk Knotenpunkt**

5 **Bodenmontage**

6 **Raumfachwerk aus geschweißten Parallelträgern**

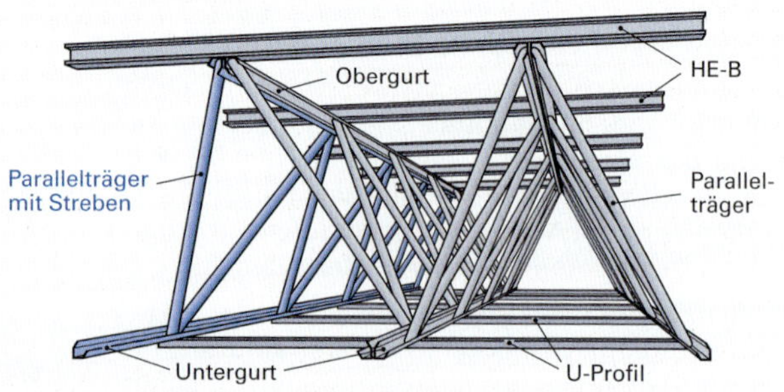

7 **Raumfachwerk aus Parallelträgern**

13.5.9 Rahmenträger (Vierendeelträger)

Die von dem belgischen Professor Vierendeel entwickelten Rahmenträger besitzen im Gegensatz zu den Fachwerkträgern (Seite 224) keinen Grundaufbau aus Dreiecken mit diagonalen Stäben, sondern bestehen aus oberen und unteren **Rahmenriegeln** mit senkrecht dazu angeordneten **Rahmenstielen** oder Pfosten (Bild 1). Rahmenträger werden deshalb auch als „strebenloses Pfostenfachwerk" bezeichnet.

Da das Viereck bei gelenkigen Knoten keine stabile Figur ist, müssen die Riegel und Stiele biegesteif miteinander verbunden werden. Dazu dienen Rippen und **Vouten** (Bild 1). Wegen der fehlenden Diagonalen wirken in Riegeln und Stielen nicht nur Zug- und Druckspannungen (wie beim Fachwerkträger), sondern auch erhebliche **Biegespannungen**. Deshalb müssen größere Profilquerschnitte eingebaut werden, sodass gilt:

Merke

Rahmenträger sind stets schwerer als vergleichbare Fachwerkträger. Außerdem tritt eine größere Durchbiegung auf.

Für Rahmenträger sind viele Stabquerschnitte geeignet (Bild 2). Wegen der auftretenden Biegemomente müssen sie über große Widerstandsmomente gegen Biegung verfügen. Die **Auswahl der Querschnitte** erfolgt z. B. nach

- der Höhe der Fertigungskosten (Schweißnahtlänge),
- der Verstärkungsmöglichkeit in den Knoten,
- der Möglichkeit, Leitungen unterzubringen (offene Profile),
- der architektonischen Gestaltung.

Anwendungen

Trotz der ungünstigen statischen Bedingungen werden Rahmenträger eingesetzt, wenn

- die Öffnungen der Rahmenträger für den Einbau von Fenstern genutzt werden sollen,
- wenn die Öffnungen Platz für die Versorgungsleitungen in einer Decke schaffen sollen,
- oder wenn die architektonische Gestaltung des Trägers keine Diagonalstreben zulässt.

Bürobrücken (Bild 3 und 4) zwischen zwei Gebäuden werden z. B. aus Rahmenträgern hergestellt, weil Streben hinter den Fenstern stören würden und Vollwandträger womöglich die Brüstungshöhe überschreiten würden.

Dach- und Deckenkonstruktionen lassen sich mithilfe gekreuzter Rahmenträger herstellen. Es entsteht dadurch ein Trägerrost, durch dessen große und rechteckige Öffnungen sich alle Versorgungsleitungen legen lassen. Die Deckenträger haben dann z. B. einen Stabquerschnitt wie in Bild 2c gezeigt.

Türen und Tore ohne Diagonalen halten ihre Form durch die Rahmenwirkung der Eckverbindung.

Rahmenbinder sind Rahmenträger ohne Untergurt. Er wird durch das Fundament ersetzt (Bild 2, Seite 245).

Wolkenkratzer wie der Sears Tower in Chicago wurden aus Rahmenträgern aufgebaut.

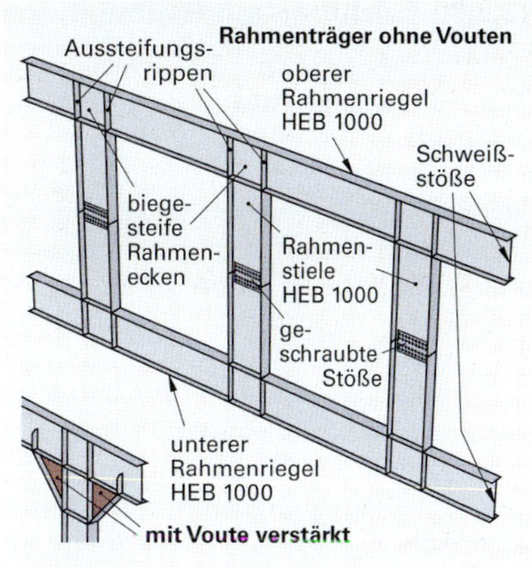

1 Großer Rahmenträger

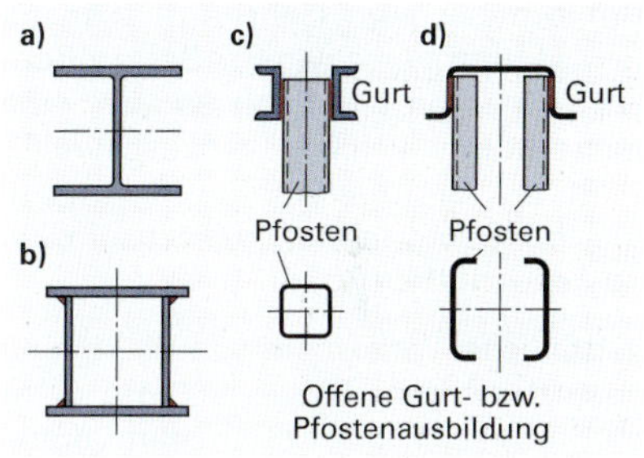

2 Stabquerschnitte für Rahmenträger

3 Montage des Rahmenträgers

4 Fertige Bürobrücke in Hannover

13.5.10 Leichtbau mit Rahmenträgern aus Hohlprofilen

Leichtbau-Rahmenträger werden aus Quadrat- oder Rechteck-Hohlprofilen gefertigt.
Rahmenträger aus Hohlprofilen verursachen geringe Fertigungskosten und garantieren wegen ihrer geschlossenen, glatten Oberfläche einen guten Korrosionsschutz. Durch dichtes Verschweißen der Enden wird die Korrosion im Innern der Profile verhindert.
Besondere Aufmerksamkeit ist bei Rahmenträgern der konstruktiven Gestaltung der biegesteifen Rahmenecken zu schenken.

Unlösbare biegesteife Rahmenecken lassen sich herstellen, indem man die Hohlprofile auf Gehrung schneidet und stumpf verschweißt. Bei größeren Eckmomenten empfiehlt es sich, einen passenden Zwickel einzuschweißen (Bild 1a). Größere Hohlprofile und ungleiche Querschnitte erhalten ein Zwischenblech (Bild 1b).

In ähnlicher Weise kann ein Pfosten eingesetzt werden: Entweder wird er nur stumpf verschweißt oder man versteift den Anschluss durch zwei Hohlprofilzwickel (Bild 1c). Bei ungleichen Profilbreiten schweißt man eine Stirnplatte in der Breite des Gurtes ein (Bild 2d).

Lösbare Anschlüsse können aus Montagegründen erforderlich sein (Bild 2a). Das Anbohren der Pfosten lässt sich jedoch vermeiden, wenn rechts und links am Pfosten Knotenbleche angeschweißt werden, die man mit den am Gurt angeschweißten Blechen verschraubt (Bild 2b).

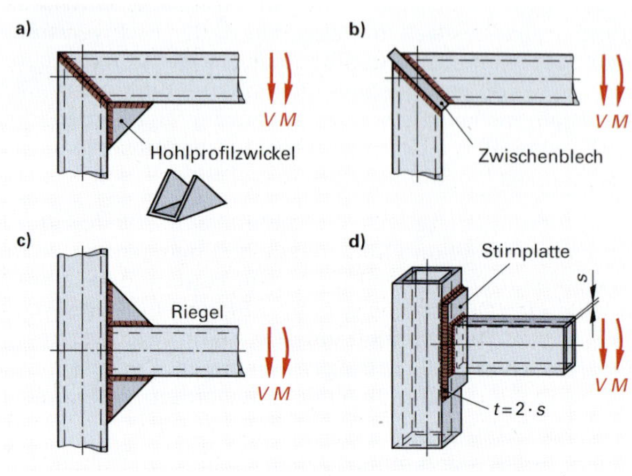

1 Unlösbare, biegesteife Eck- und Riegelverbindungen

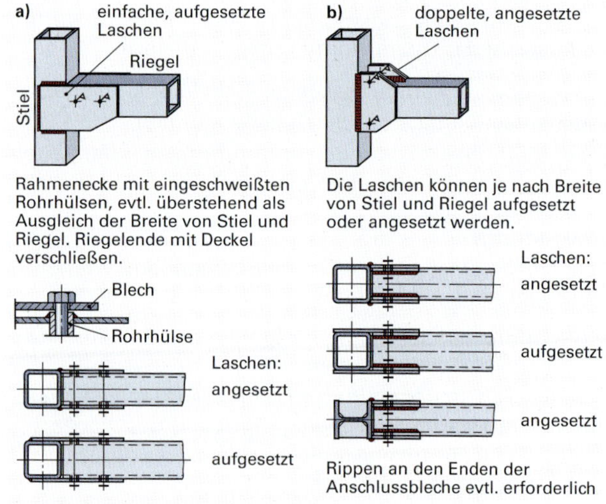

2 Lösbare biegesteife Riegelanschlüsse

Überprüfen Sie Ihre Kenntnisse

1 Warum werden Fachwerke aus Dreiecken aufgebaut?
2 Welche Fachwerkträger lassen sich nach der Art der Gurtführung unterscheiden?
3 Warum lassen sich die Stabkräfte in Fachwerkträgern relativ einfach ermitteln?
4 Beschreiben Sie, wie ein Fachwerksystem gezeichnet wird!
5 Welches sind die leichtesten Fachwerkträger?
6 Warum baut man Hohlprofil-Knoten mit negativem Fehlhebel?
7 Welche Regel ist bei untergesetzten Hohlprofilen zu beachten?
8 Skizzieren Sie zwei verstärkte K-Knoten!
9 Bei welchen Wanddicken von Hohlprofilen gilt: Kehlnahtdicke a = Wanddicke t?
10 Welche Vorteile bieten Raumfachwerke?
11 Nennen Sie zwei Vorteile und zwei Nachteile des Rahmenträgers gegenüber dem Fachwerkträger!
12 Nennen Sie Beispiele für die Verwendung von Rahmenträgern!
13 Warum muss die Ecke eines Leichtbau-Rahmenträgers meist verstärkt werden?
14 Warum sollte das Anbohren von nicht feuerverzinkten Hohlprofilen vermieden werden?

13.6 Trägerverbindungen

Die Verbindung mit Trägern stellen Trägerauflager, Trägeranschlüsse und Trägerstöße her. Sie müssen meist Querkräfte, oft aber auch Längskräfte und Biegemomente übertragen. Man unterscheidet lösbare und unlösbare Trägerverbindungen.

13.6.1 Trägerauflager

Sie haben die Aufgabe, die Kräfte vom Träger auf Stützen, Unterzüge oder Mauerwerk zu übertragen. Sie lassen sich einteilen in:

- Festlager und Loslager
- Flächenlagerung und zentrische Lagerung
- Trägerverankerungen sowie
- Einspannstellen bei Kragträgern.

Festlager

Festlager müssen waagerechte und senkrechte Kräfte (Längs- und Querkräfte) an die stützenden Wände oder Konstruktionen übertragen. Da die Träger das Gebäude aussteifen sollen und die Stützweiten und Temperaturänderungen relativ klein sind, werden im Stahlbau fast alle Lager als feste Lager ausgebildet (Bild 1).

Loslager

Loslager können nur senkrechte Kräfte übertragen. Sie erlauben geringe Bewegungen in waagerechter Richtung, z. B. durch thermische Ausdehnung. Loslager kommen vor allem im Brückenbau vor. Sie werden bis 300 kN Auflagerkraft als Stahl-Gleitlager, darüber als Teflon-Gleitlager (Bild 2) oder als Rollenlager ausgeführt.

Flächenlagerung

Soll ein Träger auf eine Wand aufgelegt werden, darf die Grenz-Druckspannung des Auflagerwerkstoffs nicht überschritten werden. Sie beträgt z. B. bei mindestens 24 cm dicken Wänden aus Beton

C12/15 : $\beta_{R,d} = 8 \dfrac{N}{mm^2}$ nach EN 206.

Die zu übertragende Kraft muss auf eine genügend große Auflagerfläche verteilt werden. Andererseits darf die Auflagerlänge nicht zu lang gemacht werden, da sich durch die Durchbiegung sonst das hintere Ende des Trägers abhebt und nicht mitträgt (Bild 3). Die richtige Auflagerlänge L einer Mörtelschicht bestimmt man mit der Gleichung:

$$L = \frac{\text{Trägerhöhe } h}{3} + 100 \text{ mm}$$

Die Zementmörtelschicht sollte etwa 20 bis 35 mm dick sein, um Höhentoleranzen ausgleichen zu können. An der Wandvorderkante lässt man die Mörtelfuge 30 mm bis 50 mm zurückstehen, damit die Kante nicht ausbricht. Müssen größere Kräfte von der Wand aufgenommen werden, so wird bei gleicher Lagerlänge L die Auflagerbreite B durch eine Lagerplatte (Bild 4) oder durch den Flansch eines Walzprofils erhöht. Dabei sichert der Stegansatz des Profils gegen Verschieben.

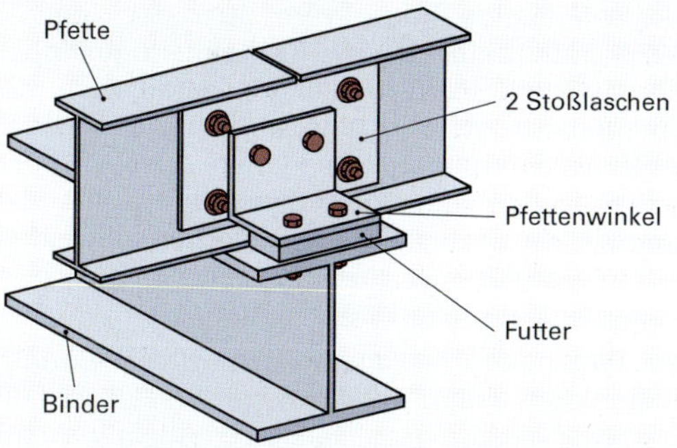

1 Festlager mit Trägerstoß und Stoßlaschen

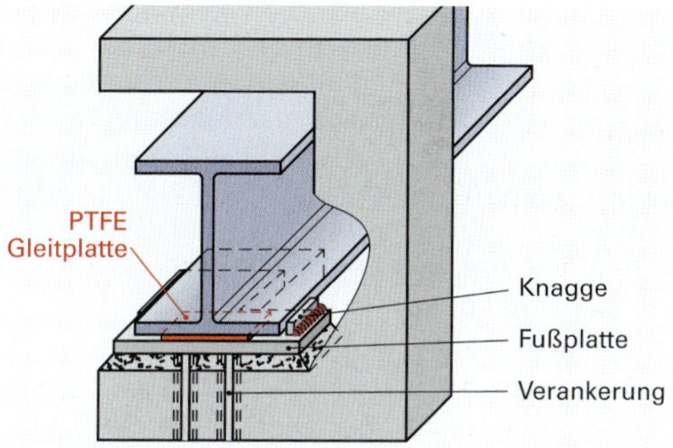

2 Loslager als Teflon-Gleitlager

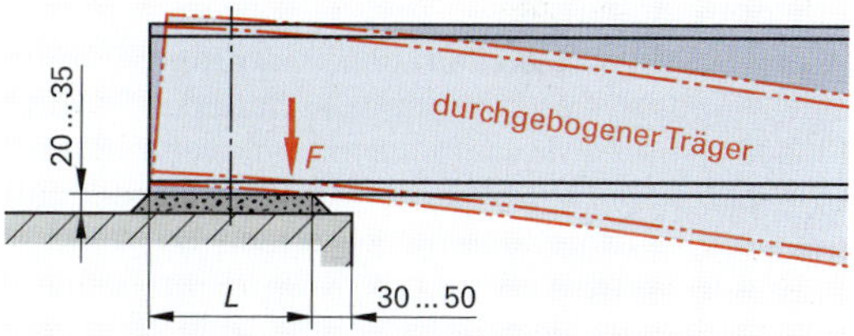

3 Flächenlagerung: Abheben bei Durchbiegung

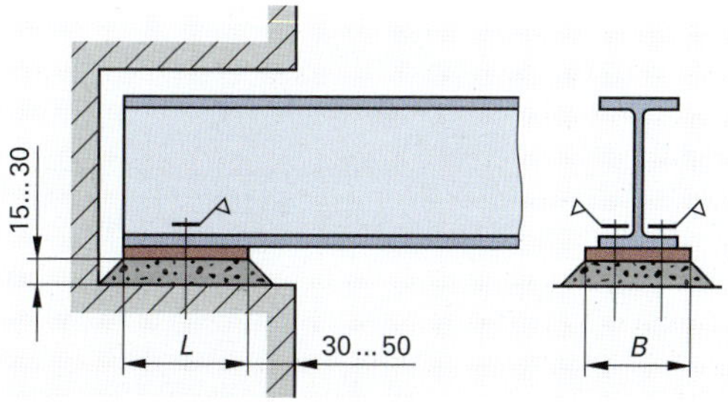

4 Flächenlagerung mit Lagerplatte

Zentrische Lagerung

Um Auflagerkräfte mittig in eine Mauer einzuleiten, wird eine **Zentrierleiste** eingebaut, die mittig auf eine Lagerplatte aus einem Profilstahl-Flansch geschweißt wird (Bild 1).

Der aufliegende Träger wird über der Zentrierleiste mit beidseitigen **Krafteinleitungsrippen** (Stegaussteifungen) versehen, damit sich der Unterflansch nicht hochbiegen kann. Die beiden seitlichen **Führungsbleche** haben Aussparungen in die die zwischen Unterflansch und Krafteinleitungsrippen eingeschweißten **Nocken** eingreifen. Dadurch ergibt sich ein Festlager. Ohne Nocken würde es sich um Loslager handeln.

Bei sehr hohen **Auflagerkräften** wird die Lagerplatte durch einen Auflagerträger ersetzt, der die Kräfte auf eine größere Fläche verteilt. Er wird mit Rundstahlankern befestigt und erhält zur Aufnahme von horizontalen Kräften einen Schubdübel aus einem kurzen IPE-Profil (Bild 2).

Trägerverankerung

Handelt es sich bei den betrachteten Wänden nicht um Zwischen- sondern um Umfassungswände, so müssen sie nach DIN 1053 mit den Deckenträgern gegen Windsog verankert werden. Dazu dient eine angeschweißte Stirnplatte (Bild 3a). Die Auflagerkammer wird anschließend mit Zementmörtel ausgemauert.

Für hohe Zugkräfte bei Stahlkonstruktionen, die sich an einem Stahlbetonkern abstützen, eignen sich Trägerverankerungen, bei denen die Schrauben durch einbetonierte **Rohrhülsen** gesteckt werden (Bild 3b). Die Druckkräfte werden über die Mörtelfuge hinter der Stirnplatte übertragen.

Einspannstellen

An den Einspannstellen von Kragträgern müssen die dort herrschenden Auflagerkräfte und Einspannmomente aufgenommen werden. Kurze Kragträger für Vordächer können angedübelt oder mit durchgehenden Schrauben an Wänden befestigt werden. Längere Kragträger werden unterhalb einer Decke angeordnet (Bild 4), außen am Beton-Unterzug angedübelt und stützen sich innen an einem Querträger unter der Decke ab.

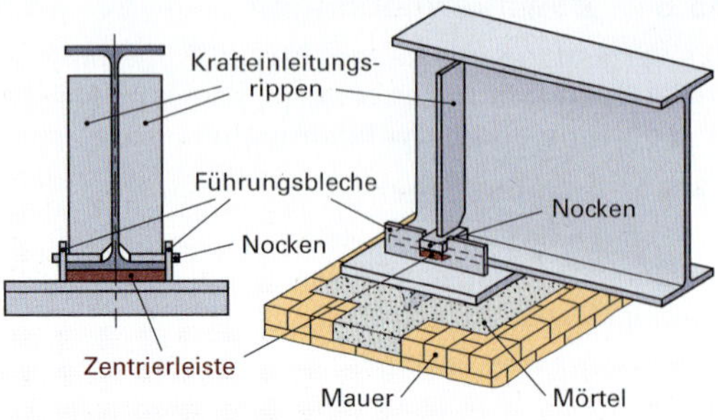

1 Zentrische Lagerung auf einer Mauer

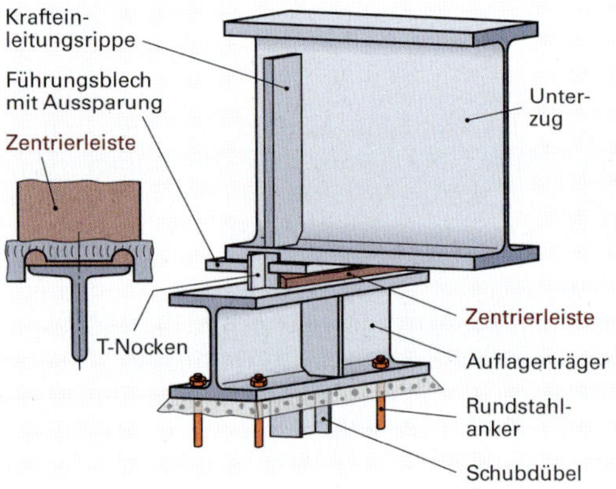

2 Zentrische Lagerung auf einem Lagerträger

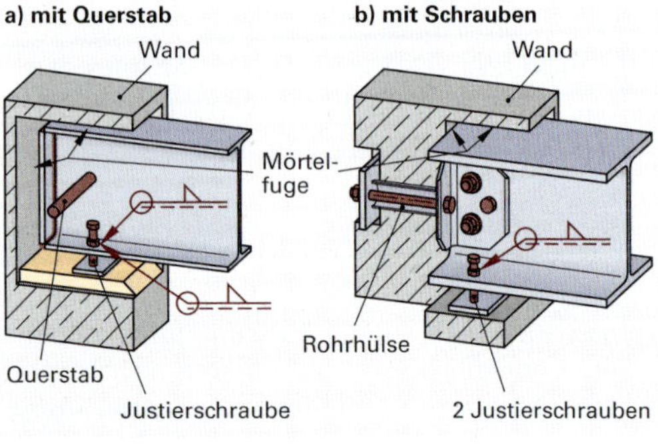

3 Trägerverankerungen

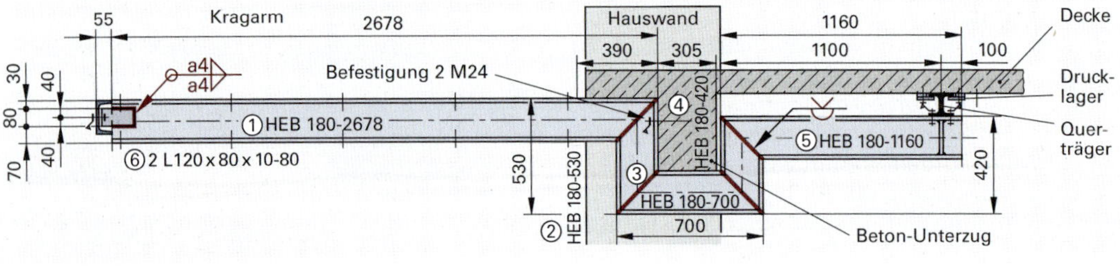

4 Kragträger für ein Vordach

13.6.2 Trägeranschlüsse

Merke

Die Befestigung der Trägerenden an anderen Stahlteilen nennt man Trägeranschluss.

Die Gestaltung des Anschlusses hängt vor allem von den Profilen, der Einbausituation und den zu übertragenden Kräften und Momenten ab. Anschlüsse, die nur Querkräfte übertragen können, nennt man **Querkraftanschlüsse**. Anschlüsse, die außerdem Drehmomente übertragen können, heißen **biegesteife Anschlüsse** oder Momentenanschlüsse. Je nach Höhenlage und Größenverhältnis des angeschlossenen Trägers zum Unterzug unterscheidet man bündige (Bild 1) oder nicht bündige Trägeranschlüsse (Bild 2). Bei bündigen Trägeranschlüssen liegen die Oberkante oder die Unterkante der Träger auf gleicher Höhe.

Querkraftanschlüsse

Um die Auflagerkraft des anzuschließenden Trägers in den unterstützenden Träger einzuleiten, gibt es vier Anschlussmittel:

- Anschlusswinkel
- Stirnplatten
- Steglaschen
- Knaggenauflager

Beim Anschluss mit **Anschlusswinkel** werden L-Stähle am Steg des Trägers und des Unterzugs mit Schrauben befestigt (Bild 1). Einreihige und hohe Schraubenanordnungen tragen besser, da bei zweireihigen, niedrigen Schraubenbildern (Bild 2) die Schrauben im Unterzug nicht nur durch Abscheren, sondern durch das Anschlussmoment $M = a \cdot V$ zusätzlich auf Zug belastet werden.

Vorteilhaft ist, dass sich durch das Lochspiel von $\Delta d = 2$ mm Toleranzen ausgleichen lassen und dass sich Deckenträger durch die Luft von 5 mm zum Unterzug gut zwischen schon liegende Träger einbauen lassen. Nachteilig sind die vielen Anschlussteile, die der Monteur einbauen muss.

Beim **Stirnplattenanschluss** wird eine Stirnplatte an das Trägerende geschweißt und mit dem Unterzug verschraubt (Bild 3). Der Monteur muss nur Schrauben und eventuell Futter montieren. Die Futter, die aussehen wie die Stirnplatte, aber nur 2 mm bzw. 3 mm oder 5 mm dick sind, dienen dazu, die fehlende Länge zu ergänzen, bzw. Toleranzen auszugleichen:

- Wenn die Stirnplatten beim Anschweißen nicht satt anliegen, entstehen Überlängen von Oberfläche Stirnplatte zu Oberfläche Stirnplatte. Dies ist bei Anordnung von mehreren Trägern hintereinander durch Minustoleranzen zu berücksichtigen, d. h. die Träger werden eher etwas kürzer zugesägt.
- Soll ein Träger zwischen zwei vorhandenen Unterzügen eingebaut werden, darf er für das Eindrehen höchstens die Länge $l = \sqrt{(\text{lichte Weite})^2 - (\text{Stirnplattenbreite})^2}$ haben.

Stirnplatten eignen sich auch für Eckverbindungen (Bild 4a) und schiefe Trägeranschlüsse (Bild 4b).

Steglaschen sind Anschlussbleche, die an den Steg des Unterzugs (Bild 5) geschweißt werden. Daran wird der Träger mit Schrauben befestigt. Mit Steglaschen sind Träger einfach zu montieren, jedoch handelt es sich um einschnittige, von oben gesehen unsymmetrische Anschlüsse.
Steglaschen können deshalb nur kleine Querkräfte aufnehmen.

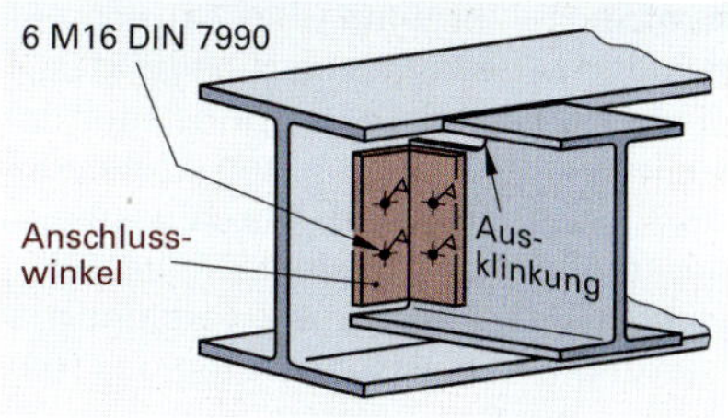

1 Oben bündiger Trägeranschluss

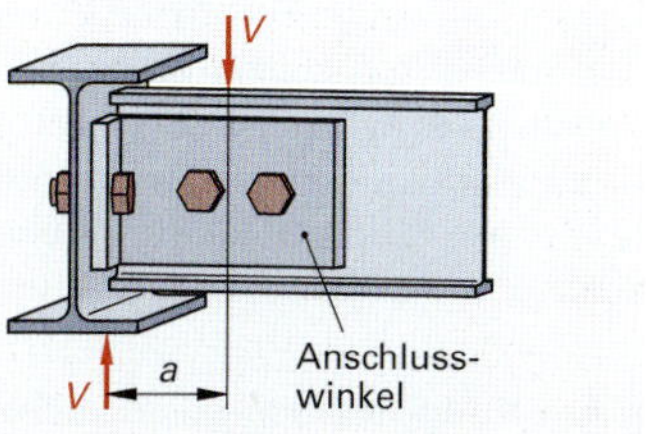

2 Nicht bündiger Trägeranschluss

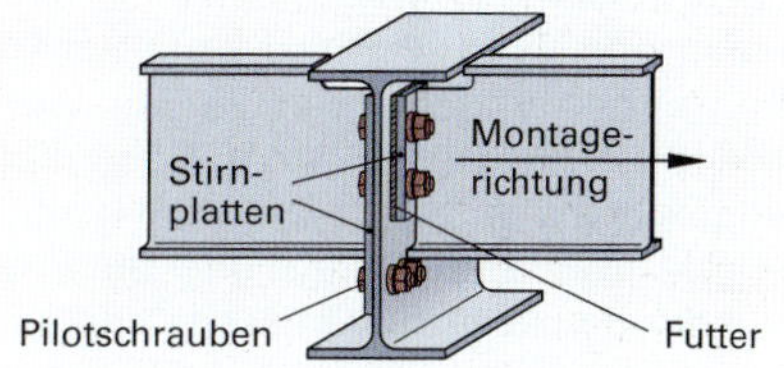

3 Beidseitiger Stirnplattenanschluss

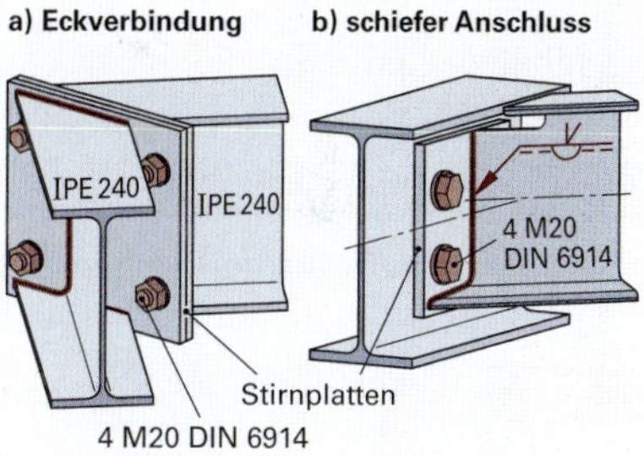

4 Eckverbindung und schiefer Anschluss mit Stirnplatten

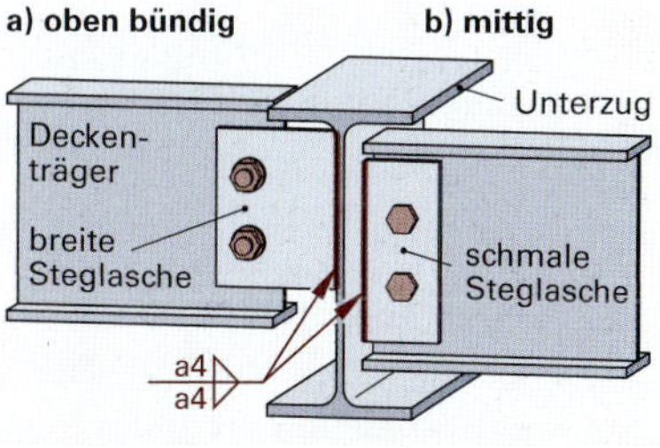

5 Trägeranschluss mit Steglaschen

Nur bei Hohlprofilen (Bild 1a), schmalen Unterzügen und breiten Steglaschen (Bild 5a, S. 235) kann ein bündiger Anschluss ohne Ausklinkung hergestellt werden. Bei breiten Unterzügen ergeben sich jedoch kleinere Anschlussmomente, wenn der Träger ausgeklinkt wird (Bild 1b).
Unter einer Ausklinkung versteht man eine Aussparung an Flansch und Steg des Trägers. Um die Ausklinkungen zu vereinheitlichen, wurden sie typisiert (Bild 2).

Mit **Knaggenauflagern** lassen sich besonders hohe Querkräfte in Stützen einleiten (Bild 3a). Eine Knagge ist ein dickes Blech, das an die Stütze angeschweißt wurde. Der Untergurt wird durch die Knagge gestützt, der Steg wird durch eine Steglasche am Kippen und Abrutschen gehindert. Halteschrauben im Unterflansch können auch entfallen.

Merke

Auf Knaggen lassen sich schwere Träger schnell absetzen und befestigen.

Für Anschlüsse an einen Unterzug ist das Knaggenauflager weniger geeignet, weil er dadurch kippen könnte. In gleicher Weise kann ein Träger an Betonwände angeschlossen werden, wenn schon bei der Herstellung der Wand eine an die Bewehrung angeschweißte Stahlplatte bündig mit einbetoniert wurde (Bild 3b). Knagge und Steglasche werden auf der Baustelle eingemessen und angeschweißt.

Typisierte Querkraftanschlüsse

Anschlüsse mit Winkeln, Steglaschen und Stirnplatten sind typisiert. Je nach gewünschter Tragfähigkeit lässt sich die entsprechende Verbindung aus Tabellen aussuchen. Für einen typisierten **Winkelanschluss** lautet z. B. die Code-Bezeichnung:

I W 16 1 2

- 2 – Anzahl der waagerechten Risse
- 1 – Anzahl der senkrechten Risse
- 16 – Schraubendurchmesser DIN 7990-4.6
- W – Winkelanschluss für
- I – I-Träger, IPE, HE-A, HE-B

Bild 4a zeigt dieses Beispiel. Um weniger verschiedene Lochbilder zu erhalten, wurde auf die Einhaltung der sonst üblichen Wurzelmaße verzichtet.
Typisierte **Winkelanschlüsse mit HV-Schrauben** haben die Bezeichnung IWH.
Für einen typisierten **Stirnplattenanschluss** (Bild 4b) lautet die Code-Bezeichnung:

I S 16 4 8

- 8 – Abstand der Schrauben in der Stirnplatte in cm
- 4 – Anzahl der Schrauben DIN 7990-4.6
- 16 – Schraubendurchmesser
- S – Stirnplattenanschluss
- I – I-Träger, IPE, HE-A, HE-B

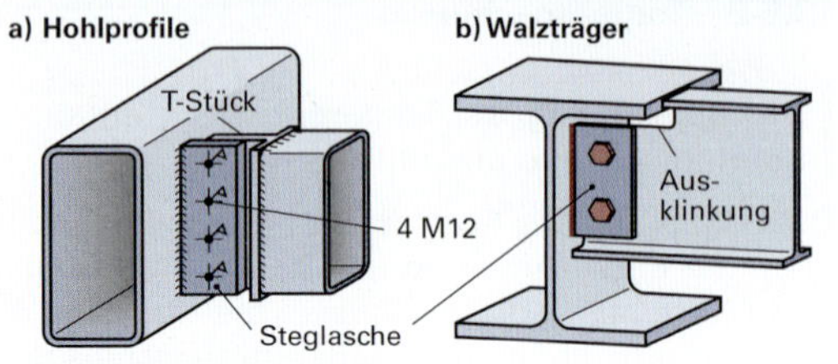

1 Steglaschenanschlüsse

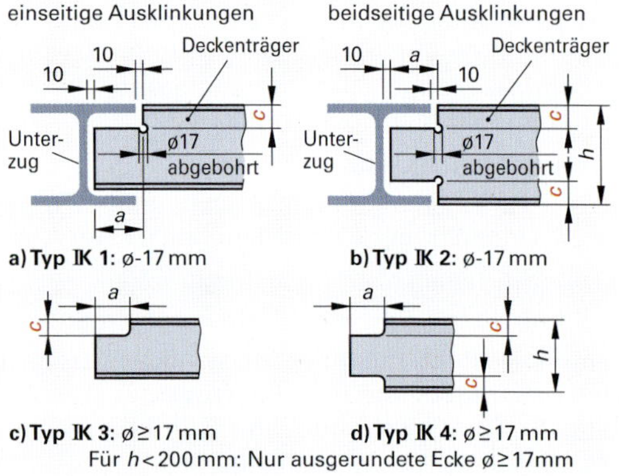

2 Typisierte Ausklinkungen

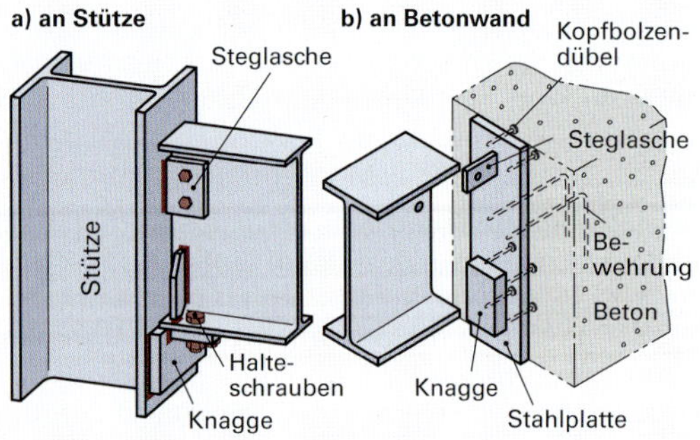

3 Knaggenauflager

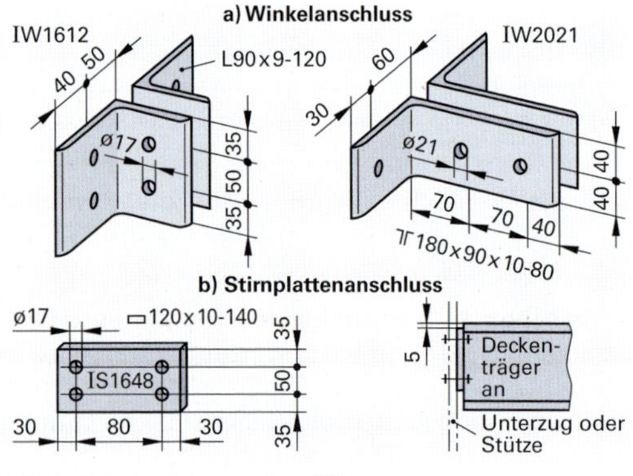

4 Beispiele typisierter Anschlüsse

Biegesteife Anschlüsse

Sollen Kragträger oder Rahmenriegel befestigt werden, so muss neben den Querkräften auch das Biegemoment angeschlossen werden.

Merke

Biegemomente können durch biegesteife Stirnplattenverbindungen oder durch biegesteife Laschen aufgenommen werden.

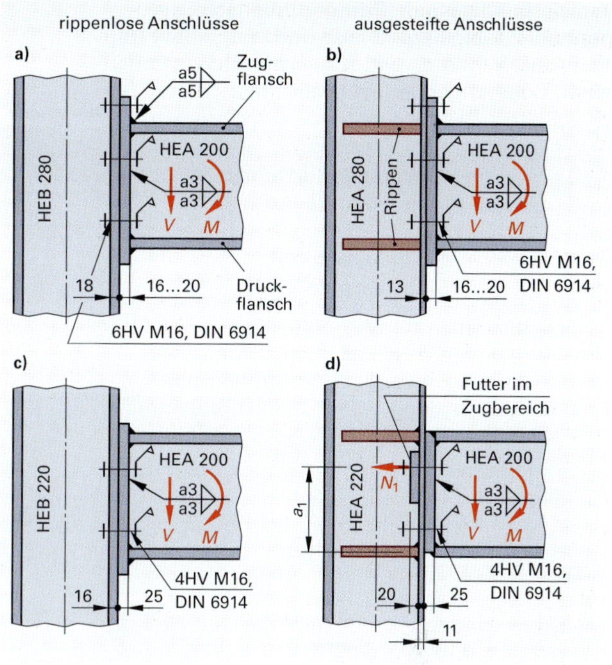

1 Biegesteife Anschlüsse

Biegesteifer Stirnplattenanschluss

Bild 1 zeigt vier Möglichkeiten eines solchen Anschlusses. Er unterscheidet sich vom Querkraftanschluss durch

- Verwendung von HV-Schrauben,
- Anschluss beider Flansche und des Stegs durch Doppelkehlnähte gegen Terrassenbruch,
- dickere Stirnplatten ($t_p \geq 15$ mm), die die Zugkräfte besser auf die Schrauben verteilen können,
- Vorschrift, die Platten mit Ultraschall auf **Doppelungen** zu überprüfen.

Doppelungen sind plattgewalzte Hohlräume, die bei Zugbeanspruchung an Stirnplatten in Richtung der Blechdicke leicht aufbrechen können und so zum Versagen der Verbindung führen (Bild 2). Die HV-Schrauben sollen möglichst dicht am Zugflansch sitzen, damit sich die Stirnplatte nicht so leicht verbiegt. Überstehende Stirnplatten (Bild 1 a, b) haben eine höhere Tragfähigkeit, weil die oberen Schrauben weiter vom Druckflansch entfernt sind. Wirtschaftliche rippenlose Anschlüsse (Bild 1a, c) können bei dicken Flanschen ($t = d$ ... $1{,}4d$) angewendet werden.

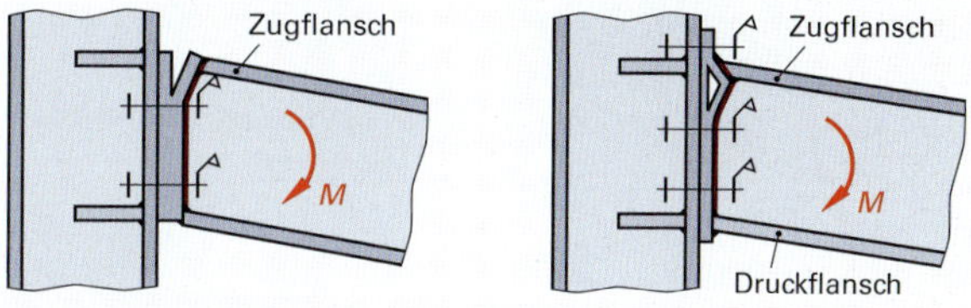

2 Stirnplatten mit Doppelungen

Muss der Trägeranschluss sehr große Momente übertragen, werden auch die Zugkräfte in der oberen Schraubenreihe groß, denn bei drei Schraubenreihen (Bild 3) gilt:

$$\max N = \frac{M \cdot \max a}{a_1^2 + a_2^2 + a_3^2}$$

Dabei ist max N die Zugkraft in der oberen Schraubenreihe und a der jeweilige Abstand bis zum gedachten Drehpunkt. Die unteren Schrauben übertragen dabei nur die Querkräfte V.

Durch eine **Voute** (Eckaussteifung) nach Bild 3 ergibt sich eine größere Anschlusshöhe und dadurch ein größerer Hebelarm.

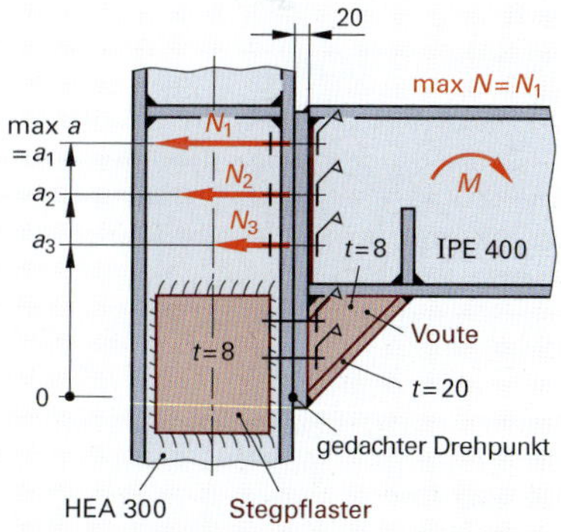

3 Biegesteifer Trägeranschluss mit Voute

Merke

Größere Hebelarme haben geringere Schraubenzugkräfte zur Folge!

Die Voute besteht aus zwei T-förmig verschweißten Blechen oder einem halben I-Träger. Statt mit einer Rippe kann die Stütze im Druckbereich auch mit einem **Stegpflaster** (Bild 3) verstärkt werden. Die Anschlüsse in Bild 1 können auch ohne Stirnplatten als direkt geschweißte, unlösbare Anschlüsse ausgeführt werden.

Typisierte biegesteife Stirnplattenanschlüsse

Sie haben festgelegte Maße und festgelegte Tragfähigkeiten (Bild 1). Jeder Anschlusstyp ist durch einen Code folgender Art bezeichnet:

IH 1A 26 24

- 24 – Schraubendurchmesser
- 26 – Profilnennhöhe in cm
- A – Profilreihe A = HE-A, B = HE-B, E = IPE
- 1 – Kennzeichen für Stirnplattenform (Bild 2)
  - 1 = bündig, 2 vertikale Schraubenreihen
  - 2 = bündig, 4 vertikale Schraubenreihen
  - 3 = überstehend, 2 vertikale Schraubenreihen
  - 4 = überstehend, 4 vertikale Schraubenreihen
- IH – Trägerverbindung mit hochfesten Schrauben, biegesteif

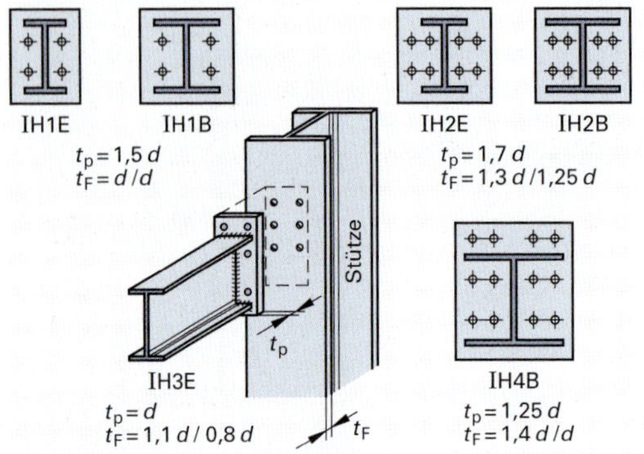

d = Schrauben-ø
t_p = Plattendicke
t_F = Flanschdicke

t_F: ohne/mit Rippe ausgesteifter Stütze

Stirnplattendicke t_p auf volle 5 mm aufrunden!

1 Typisierte biegesteife Stirnplattenverbindungen

Laschenanschluss

Bei biegesteifen Anschlüssen mit oben bündigen Trägern können die Zugkräfte im Obergurt durch eine Zuglasche (Bild 2) übertragen werden. Die Druckkräfte im Untergurt werden durch Kontakt übertragen. Bei ungleich hohen Trägern ist dazu eine Krafteinleitungsrippe erforderlich. Die Stirnplatten übertragen hier nur die Querkräfte.

Werden dazu Steglaschen verwendet, so muss am Untergurt ein Druckstück eingepasst werden (Bild 3). Hier kreuzt ein Durchlaufträger eine Stütze.

Auch eine Trägerkreuzung stellt eine biegesteife Verbindung dar. Bei der Stapelbauweise können breite Träger (Bild 4) direkt verschraubt werden. Schmale Pfetten werden geschweißt, geklemmt, über Pfettenwinkel mit Futter oder über einen Pfettenstuhl (Bild 5) am Dachbinder befestigt.

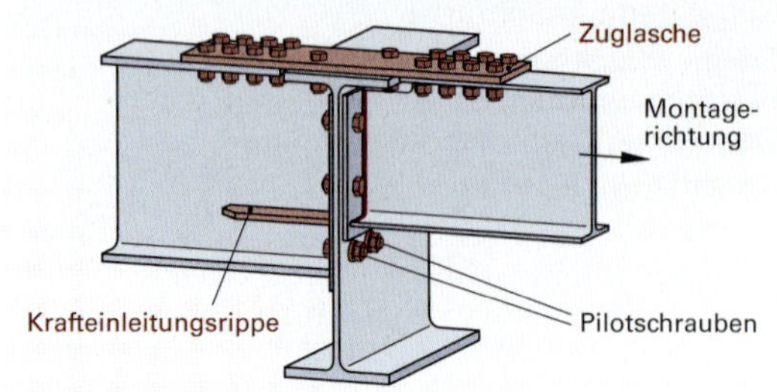

2 Biegesteifer Anschluss mit Zuglasche

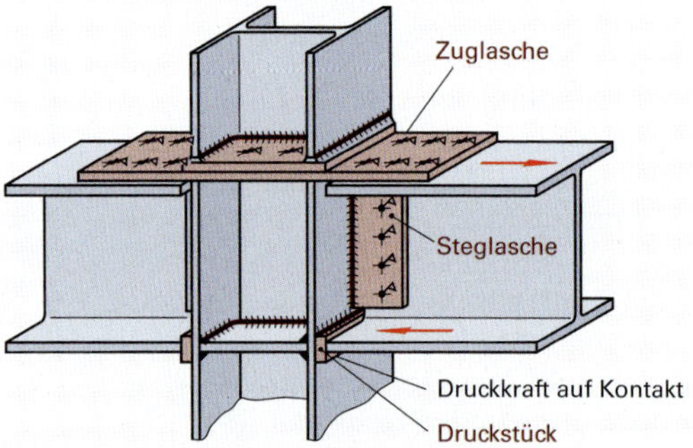

3 Kreuzung Stütze/Durchlaufträger

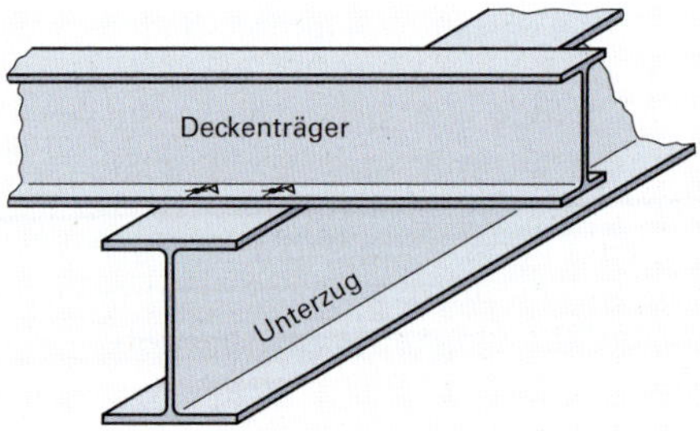

4 Trägerkreuzung (Stapelbauweise)

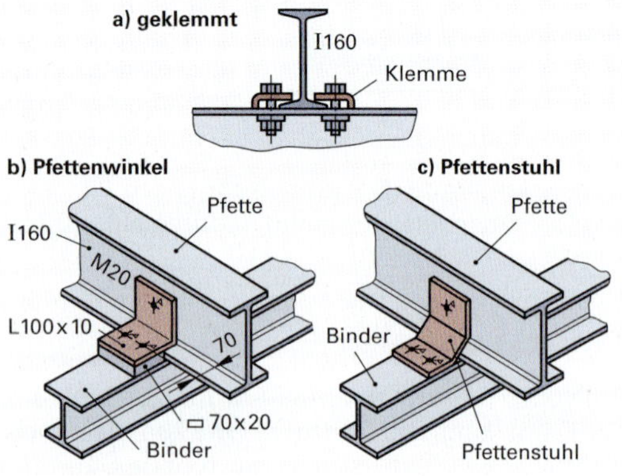

5 Pfettenbefestigungen

13.6.3 Trägerstöße

Träger müssen bei Bedarf durch einen Trägerstoß verlängert werden, da Walzprofile in Normallängen von höchstens 18 Metern geliefert werden.

Merke

Der Trägerstoß ist die Verbindungsstelle, an der zwei Träger mit gleicher Querschnittsform und Größe stumpf aneinander stoßen. Sie haben eine gemeinsame Längsachse.

Auch wegen einer beengten Fertigungsstätte, wegen des Transportgewichtes und der Transportlänge oder -höhe sowie aus Montagegründen können Trägerstöße erforderlich werden.

Einfache, lösbare Stöße

Sitzt der Trägerstoß direkt über einer Stütze, so genügt ein **einfacher Laschenstoß** (Bild 1). Er wird durch ein- oder doppelseitige Laschen am Steg hergestellt und kann nur Längs- und Querkräfte übertragen.

Gelenkstöße (Bild 2) dienen dazu, zwei Träger durch ein Gelenk zu koppeln. Solche Träger werden Koppelträger oder **Gerber-Träger** genannt und für Pfetten verwendet. Sie sind etwas leichter als Träger auf zwei Stützen, doch spielt Materialersparnis heute keine große Rolle mehr. Wegen der hohen Kosten der Gelenkherstellung werden Gerber-Träger nur noch bei schlechten Gründungsverhältnissen und in Bergsenkungsgebieten eingesetzt. Das Gelenk kann mit Bolzen oder mit einer Pass-Schraube ausgeführt werden. Durch die angeschweißten Stegbeilagen wird der Lochleibungsdruck vermindert und dadurch die Tragfähigkeit des Trägergelenks erhöht.

Merke

Einfache Stöße und Gelenkstöße können keine Biegemomente übertragen.

Biegesteife lösbare Stöße

Soll ein Stoß zwischen zwei Auflagern liegen, so ist ein biegesteifer Stoß erforderlich. Beim biegesteifen **Laschenstoß** sind zusätzlich zu den Steglaschen am Ober- und Unterflansch beidseitig Flanschlaschen angebracht (Bild 3).

Der nutzbare Querschnitt der Laschen muss mindestens so groß sein wie der Querschnitt des gestoßenen Trägers.

Kostengünstig und schneller montiert ist ein biegesteifer **Stirnplattenstoß** mit HV-Schrauben (Bild 4). Die überstehenden oder bündigen Stirnplatten sind typisiert. Aus Tabellen wird je nach Trägergröße und dem zu übertragenden Moment die richtige Stirnplatte ausgewählt. Eine Kombination Steglasche und Laschenstoß stellt der biegesteife Stoß eines **Durchlaufträgers** dar (Bild 5). Die Zuglasche ersetzt dabei den durch die Ausklinkung verloren gegangenen Querschnitt.

Merke

Biegesteife Stöße können Biegemomente, Längs- und Querkräfte übertragen.

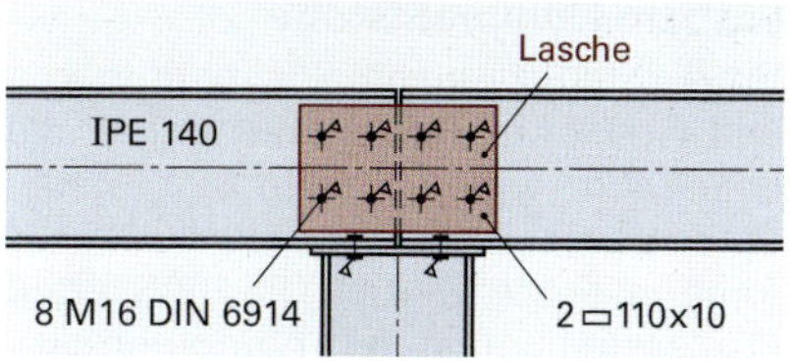

1 Einfacher Laschenstoß

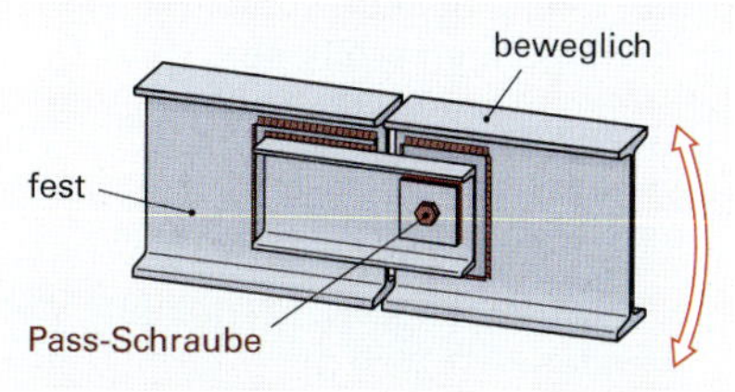

2 Gelenkstoß

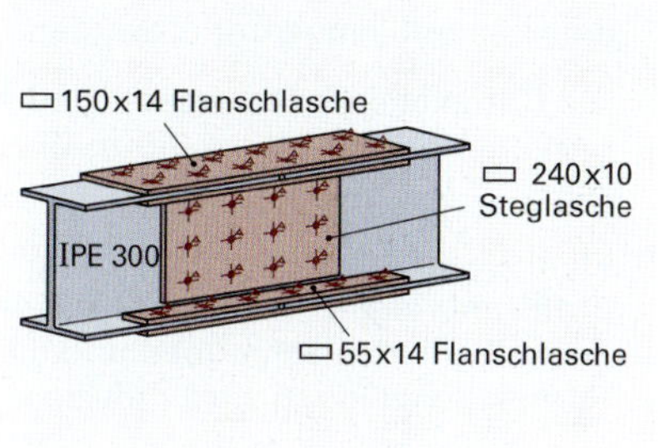

3 Biegesteifer Laschenstoß

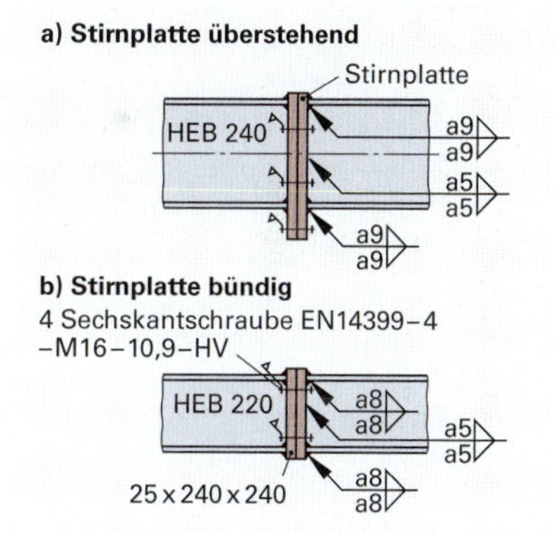

4 Biegesteife Stirnplattenstöße

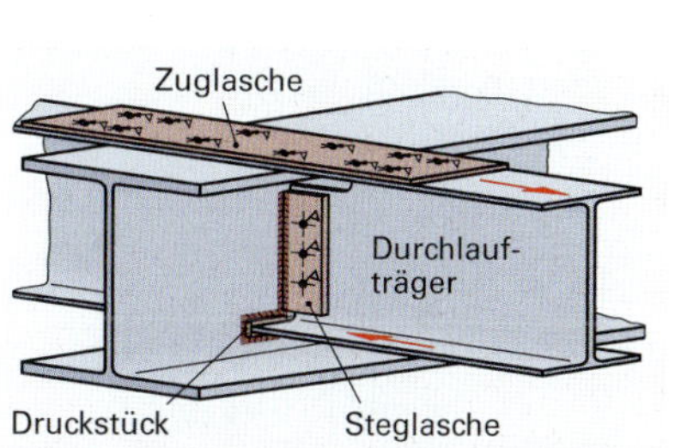

5 Stoß eines Durchlaufträgers

Lösbare Hohlprofilstöße

Hohlprofil-Stöße mit Stirnplatten können Druck- und Querkräfte übertragen. Erhält die Stirnplatte eine Dicke von mindestens 1,5-mal Schraubendurchmesser, können außerdem Zugkräfte übertragen werden (Bild 1). Die HV-Schrauben werden gleichmäßig um den Umfang verteilt.

Soll ein Stirnplatten-Stoß für Biegebeanspruchung geeignet sein, so sollten zusätzlich folgende Bedingungen erfüllt sein (Bild 2):

1. Kehlnahtdicke *a* bei Hohlprofil-Wanddicke s im Zugbereich und an den Stegen: $a = s$, im Druckbereich: $a = 0{,}4 \cdot s$
2. HV-Schrauben DIN EN 14399-4 (2006–06) verwenden.
3. Die größte Steifigkeit wird erreicht, wenn die Schrauben im Zugbereich so nahe wie möglich am Hohlprofil angeordnet werden.
4. Die Stirnplatte im Druckbereich über das Hohlprofil um etwa $a \cdot \sqrt{2}$ + 5 mm überstehen lassen.
5. Kleinere Schrauben lassen sich näher am Hohlprofil anbringen. Dadurch entstehen kleinere Zugkräfte in den Schrauben und die nachteilige Stirnplattenbiegung wird reduziert.

Unlösbare Stöße

In der Werkstatt können unlösbare Stumpfstöße für Druck- oder Zugbeanspruchung mit einer Abbrenn-Stumpfschweißmaschine oder durch Lichtbogen-Handschweißen hergestellt werden. Bei Einsatz geprüfter Schweißer, schweißgerechter Ausführung, z. B. mit Schweißfenster (Bild 3) und Prüfung der Schweißnaht erhält man einen biegesteifen Stoß.

Bei Hohlprofilen dürfte ein Stumpfstoß meist günstiger sein, als wenn ein Innennippel (Bild 4) eingeführt wird. Einfacher und damit auch für die Baustelle geeignet, ist jedoch ein Stirnplatten-Stumpfstoß mit Kehlnähten (Bild 5), bei dem allerdings die Stirnplatte vorher mit Ultraschall auf **Doppelungen** untersucht werden muss. In der Regel werden geschweißte Stöße möglichst vermieden oder nur in der Werkstatt hergestellt. Sie sollten stets an Stellen mit geringer Biegebeanspruchung gelegt werden.

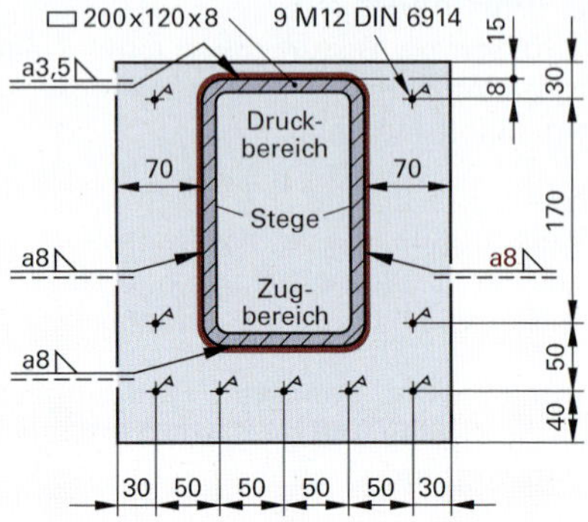

2 Stirnplattenstoß für Biegebeanspruchung

3 Geschweißter Stumpfstoß

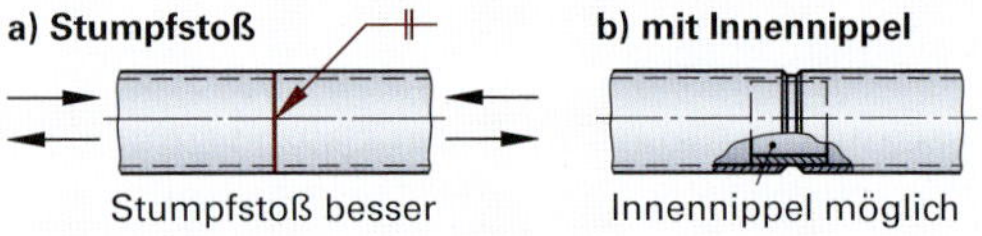

4 Geschweißte Hohlprofilstöße

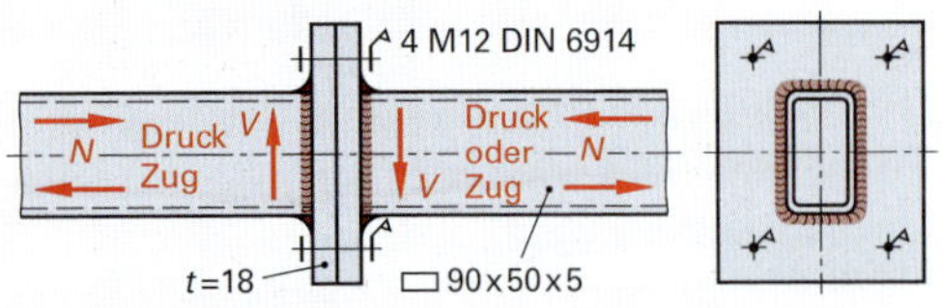

1 Stirnplatten-Stoß

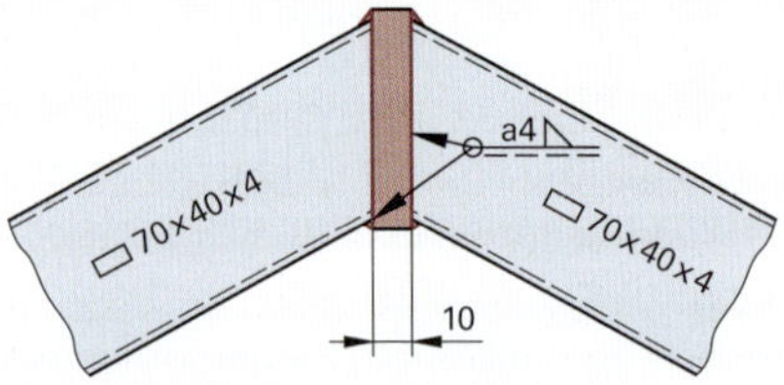

5 Biegesteifer Stirnplatten-Stumpfstoß

13.6.4 Trägerbearbeitungen

Im Nachfolgenden werden einige Beispiele typischer Trägerbearbeitungen mit dem Schneidbrenner gezeigt. Sie sind sinngemäß auch auf Sägeschnitte übertragbar:

a)

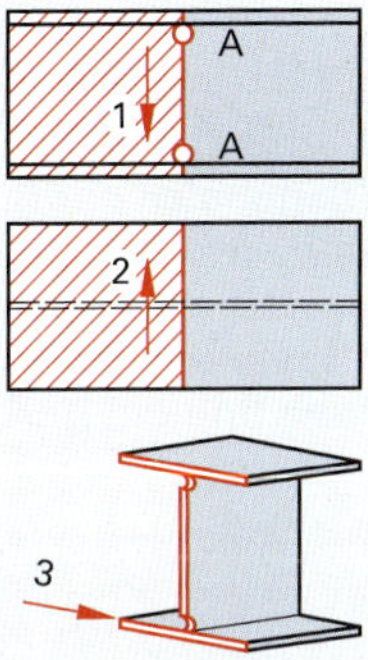

Quertrennen eines I-Trägers

1. Löcher ø17 bei A bohren
2. Abtrennen des Steges in Pfeilrichtung 1
3. Oberflansch durchschneiden in Pfeilrichtung 2
4. Unterflansch durchschneiden in Pfeilrichtung 3

c)

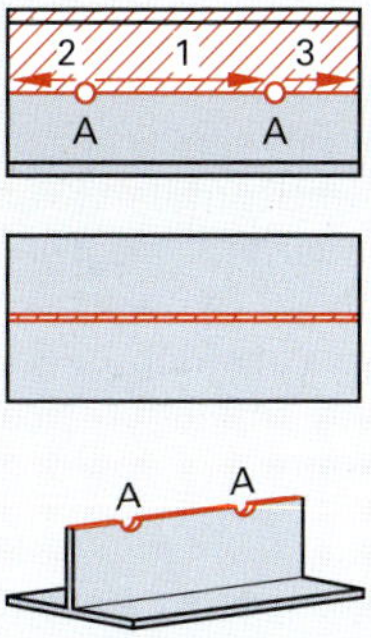

Längstrennen eines I-Trägers

1. Löcher bohren bei A
2. Durchschneiden in Pfeilrichtung 1
3. Abtrennen in Pfeilrichtung 2
4. Abtrennen in Pfeilrichtung 3

Durch den Dreifachschnitt verzieht sich der Träger weniger.

b)

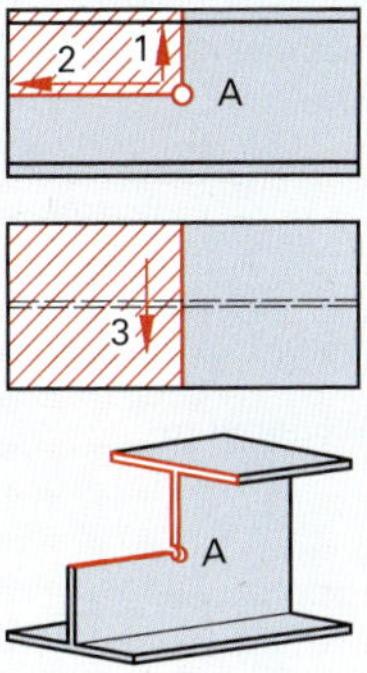

Trägerausklinkung

1. Loch bohren ø17 bei A
2. Durchschneiden des Steges in Pfeilrichtung 1
3. Abtrennen des Steges in Pfeilrichtung 2
4. Abtrennen des Flansches in Pfeilrichtung 3

d)

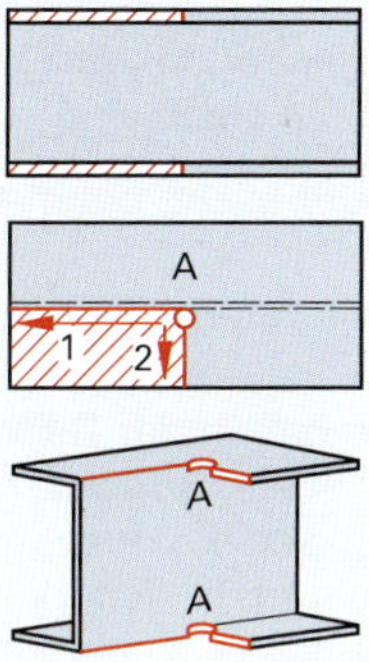

Abflanschen eines I-Trägers

1. Löcher bohren bei A
2. Abtrennen des Flansches in Pfeilrichtung 1
3. Abtrennen des Flansches in Pfeilrichtung 2

Überprüfen Sie Ihre Kenntnisse

1 Wie wird ein einfacher Trägerstoß hergestellt?
2 Wie unterscheidet sich der biegesteife Stoß vom einfachen Stoß?
3 Welche beiden Stöße können keine Biegemomente übertragen?
4 Welche Vorteile bietet der biegesteife Stirnplattenstoß?
5 Welche Regeln sollten für lösbare Hohlprofilstöße mit Stirnplatten beachtet werden?
6 Wie lässt sich ein unlösbarer biegesteifer Stumpfstoß herstellen?
7 Welche Trägerlagerungsarten lassen sich unterscheiden?
8 Wie kann eine Überlastung der inneren Auflagerkanten infolge Durchbiegung vermieden werden?
9 Welche Aufgaben haben Knaggen bei Auflagern?
10 Welche Kräfte können Festlager übernehmen?
11 Wie werden Loslager ausgeführt?
12 Wo werden Freiträger eingesetzt?
13 Mit welchen Verbindungsmitteln können Querkraftanschlüsse hergestellt werden?
14 Was bedeutet die Bezeichnung I S 20 4 8 ?
15 Warum sind überstehende, rippenlose Stirnplattenverbindungen für biegesteife Anschlüsse zu bevorzugen?
16 Wie lassen sich die Zugkräfte in der oberen Schraubenreihe eines biegesteifen Anschlusses vermindern?
17 Welche der unten abgebildeten Trägeranschlüsse sind Querkraftanschlüsse?
18 An welchen drei Merkmalen können Sie biegesteife Anschlüsse erkennen?
19 Für welche der abgebildeten Anschlüsse gibt es typisierte Verbindungsmittel?

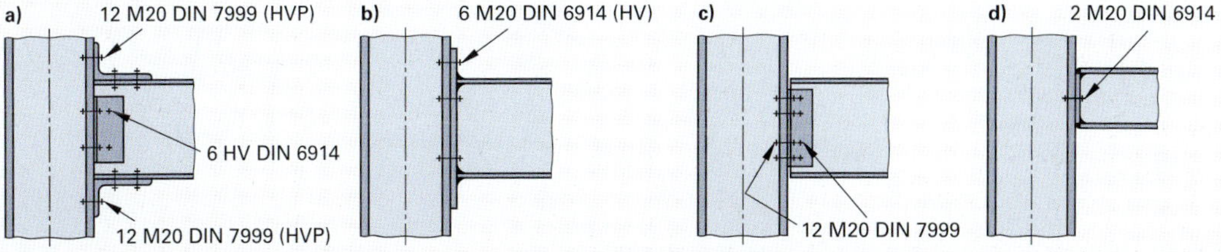

13.7 Aussteifungen und Abspannungen

Durch Winddruck und Windsog wirken beträchtliche **horizontale Kräfte** auf ein Bauwerk ein. Diese Kräfte müssen über Aussteifungen oder Abspannungen (Bilder 1 und 2) in die Fundamente abgeleitet werden, damit sich das Gebäude nicht unzulässig verformt oder einstürzt.

13.7.1 Aussteifungen

Häufig werden als Aussteifungen sich kreuzende Diagonalen, sogenannte **Windverbände**, eingesetzt. Bild 1 zeigt die Wirkung einer horizontalen Kraft auf einen Windverband. Weil als Diagonalen nur Rund- oder Winkeleisen verwendet werden, trägt jeweils nur der Zugstab. Der Druckstab wird schlaff oder knickt aus, weil er sehr schlank ist. Bei wechselnden Kräften neigen die Druckstäbe dadurch zum Klappern. Beide Diagonalen werden deshalb in der Mitte verbunden oder mit einem Spannschloss vorgespannt. Durch die Vorspannung beteiligen sich beide Diagonalen an der Aussteifung und die Horizontalverformungen werden geringer.

Merke

Vertikale Aussteifungen verhindern, dass Gebäude durch die Wirkung von horizontalen Kräften einstürzen.

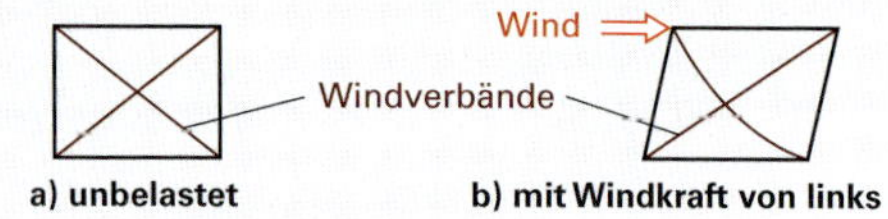

1 Wirkung einer Kraft auf einen Windverband

Vertikale Aussteifungen können Windkräfte aus jeder Richtung aufnehmen, wenn sie in

- wenigstens zwei zueinander nicht parallelen Richtungen und in
- wenigstens drei senkrechten Ebenen angeordnet werden (Bild 3a, b).

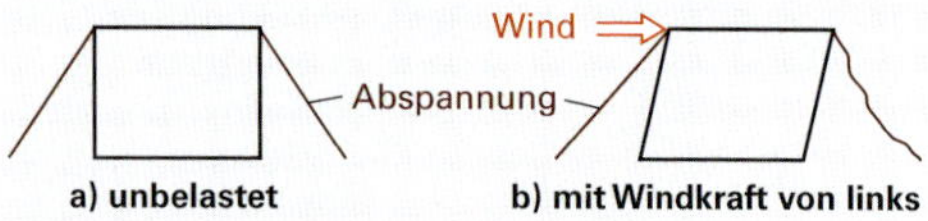

2 Wirkung einer Kraft auf eine Abspannung

Horizontale Aussteifungen werden in der Deckenebene durch Deckenplatten oder Horizontalverbände gebildet (Bild 3). Sie müssen die Horizontalkräfte zu den vertikalen Aussteifungen weiterleiten und eine unzulässige Verformung der rechteckigen Decke zum Parallelogramm verhindern.

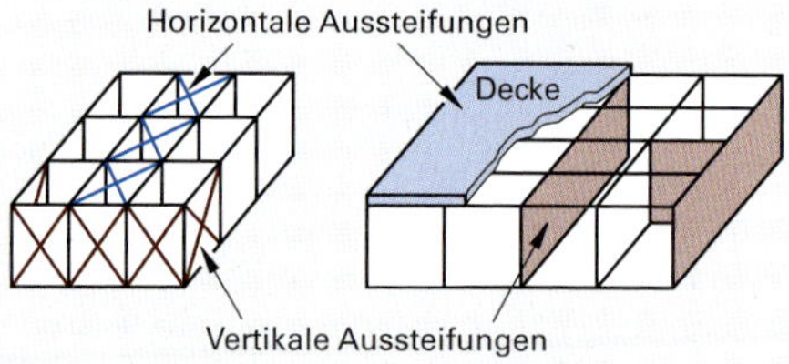

3 Mögliche Anordnung von Aussteifungen

Arten und Verwendung der Aussteifungen

Ein Gebäude kann durch **Verbände** (Bild 4a), durch **eingespannte Stützen** (Bild 4b), durch Schächte (Bild 4c), stabile **Wandscheiben** (Bild 4d), durch **Abspannungen** (Bild 4e) oder durch **Rahmen** (Bild 4f) ausgesteift werden. Eingespannte Stützen werden vor allem für frei stehende Masten, Tankstellenüberdachungen und Schilderbrücken an Autobahnen verwendet. Wandscheiben können aus schubsteifen Trapezblechen oder aus Beton bestehen, wie bei Schächten für Aufzüge oder Treppenhäuser.

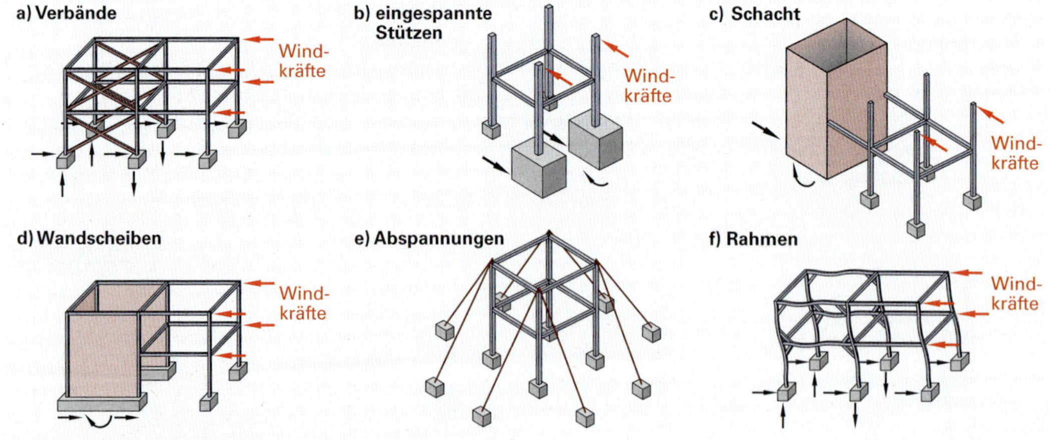

4 Arten vertikaler Aussteifungen von Stahlgeschossbauten

Rahmen in Geschossbauten

Sie bestehen statisch gesehen aus mehreren Stäben, die an mindestens einem Eckpunkt biegesteif miteinander verbunden sind. (Bild 1) Sie stellen das einfachste System zur Überdachung eines Raumes dar und werden im Hallenbau als Rahmenbinder (siehe Seite 245) verwendet. Durch Aufeinanderstapeln einzelner Rahmen können aber auch **Hochhausbauten** (Bild 2) erstellt werden, weil in solche **Stockwerksrahmen** die Fenster problemlos eingebaut werden können.

Werden alle Eckverbindungen biegesteif ausgebildet, spricht man von Rahmen ohne Gelenke. Es können aber auch bis zu drei der vier Ecken biegeweich ausgebildet werden, man spricht dann von Ein-, Zwei- oder Dreigelenkrahmen. Sie sind für Hochhausbauten weniger geeignet denn es gilt:

Merke

Je höher die Zahl der Gelenke ist, desto größer sind die Verformungen unter Last.

Andererseits können Bodensetzungen und Temperaturunterschiede besser aufgenommen werden.

Montagestöße sollen an den Gelenken angeordnet werden, bzw. dort, wo geringe Biegemomente herrschen.

Damit eine möglichst hohe Steifigkeit erreicht wird, sind die Stockwerksrahmen des 259 Meter hohen Bankgebäudes in Frankfurt (Bild 1) z. B. Rahmen ohne Gelenke. Die Montagestöße sind etwa in der Mitte der Rahmenstiele angeordnet, weil dort geringe Biegemomente herrschen.

Für Gebäude bis etwa 200 m Höhe wird aus einem engmaschigen Netz von Rahmen eine viereckige **Rahmen-Röhre** (framed tube) gebildet, die die tragende Hülle des Gebäudes bildet. Mit diesem Konstruktionsprinzip wurden Hochhäuser (Bild 2a), schon Mitte des letzten Jahrhunderts erstellt.

Für Gebäude über 200 m wird entweder eine Innen- und eine Außenröhre (tube in tube) hergestellt (Bild 2b), oder es werden mehrere Röhren gebündelt (bundled tubes) wie beim 442 m hohen Sears Tower, der aus 9 Röhren besteht (Bild 2c).

Für neuere Hochhäuser und für zukünftige Gebäude bis 1000 m Höhe werden die Rahmen mit Fachwerken kombiniert, indem große, von außen sichtbare Stützen (Megastützen) mit entsprechend großen, sichtbaren Diagonalen ausgesteift werden. Man spricht dann von **Megafachwerken** (Column-Diagonal-Truss-Tube), in die die Geschosse eingebaut werden. Bild 3 zeigt die Baustelle des mit 321 Metern Höhe bisher höchsten Hotelgebäudes der Welt, des Burj Al Arab in Dubai.

1 Rahmen eines Stahl-Skelett-Hochhauses

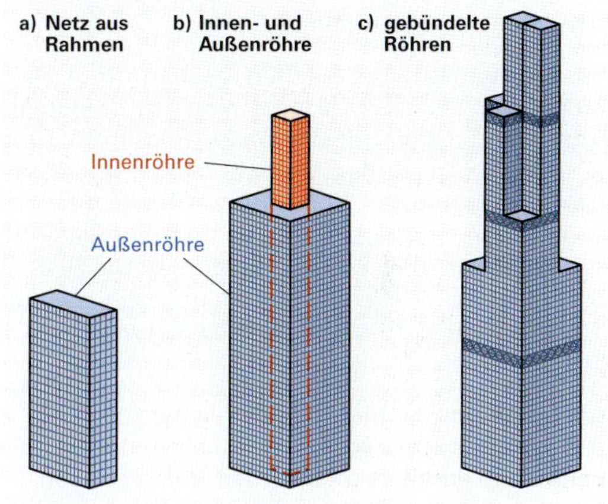

2 Konstruktionsprinzipien von Hochhäusern

3 Hochhaus mit Megafachwerk

13.7.2 Seiltragwerke

Stahlseile können durch Legierung und Kaltverfestigung mit einer Zugfestigkeit $f_{u,k}$ von bis zu 1770 N/mm^2 hergestellt werden. Dadurch übertragen sie besonders hohe Zugkräfte bei geringem Eigengewicht.

Die **Unterspannung** mit Gewindestangen wurde früher für Holzbalken und gusseiserne Träger angewendet, um ihre Spannweite zu erhöhen. Bild 1 zeigt einen einfach unterspannten Träger aus einem Lehrbuch von 1876. Dieses Prinzip wurde auch für hölzerne Dachbinder angewendet. Die Ingenieure Wiegemann und Polonceau entwickelten daraus den stählernen Fachwerk-Dachbinder mit einem Zugband für große Spannweiten. In neuerer Zeit werden mit Stahlseilen **unterspannte Träger** für Glasdächer eingesetzt, um besonders leichte Binder mit großer Spannweite und guter architektonischer Wirkung zu erhalten (Bild 2).

Abspannungen sind auf Zug beanspruchte Bauteile, deren Aufgabe es ist, das Umkippen von Schornsteinen, Antennen, Fernmeldetürmen oder Pylonen (Bild 3) für Brücken zu vermeiden. Als tragende Elemente dienen Rundlitzen- oder Spiralseile, wegen des Korrosionsschutzes galvanisch verzinkt und oft vollverschlossen. Auch rostfreie Seile mit Zugfestigkeit $f_{u,k}$ bis 1570 N/mm^2 sind lieferbar. Die Seile werden vom Seilhersteller „konfektioniert", d. h. vorgereckt und durch Verpressen oder Vergießen mit den notwendigen Endbeschlägen versehen.

Abhängungen werden für Dächer von Stadien, Hallen Flugzeughangars und Fabriken eingesetzt, um große stützenfreie Räume zu erhalten. Berühmtes Beispiel einer Seilnetz-Konstruktion ist das Olympiadach in München, das mit PMMA gedeckt ist. Bei dem Fußballstadion in Stuttgart (Bild 4) wurde wie bei einem Zelt eine textile Membrane gespannt, die lichtdurchlässig ist. Bild 5 zeigt den prinzipiellen Aufbau einer Stadion-Überdachung. Zwischen die Außenstützen wird ein oberer und ein unterer ovaler Druckring aus Stahl eingebaut. **Seilbinder** werden zwischen allen Außenstützen und dem inneren Ringseil (Bild 6) montiert. Das obere Tragseil spannt sich durch das Gewicht der am Boden vormontierten Konstruktion. Der Untergurt des Seilbinders wird über vertikale Hängerseile angeschlossen und trägt die Membrane. Das Spannen des Untergurts verhindert nicht nur Falten in der Membrane, sondern auch das Hochschlagen bei Wind.

5 Seiltragwerk eines Membrandachs

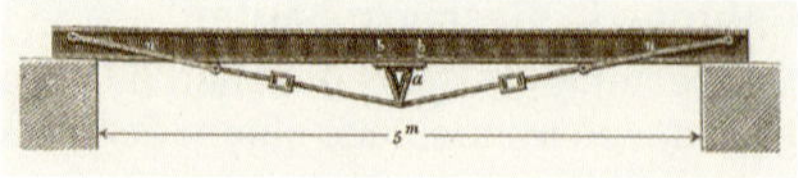

1 Unterspannter Träger

2 Unterspannte Binder

3 Brücke mit abgespanntem Pylon

4 Biegesteife Stirnplattenstöße

6 Stoß eines Durchlaufträgers

13.8 Stahlhallenbau

Hallen aus Stahl sind ein vorrangiges Anwendungsgebiet des Stahlbaus. Ihre wesentlichen Vorteile gegenüber Hallen aus Mauerwerk oder Stahlbeton sind:

- **Die kurze Planungsphase**. Sie ist möglich durch fertig geplante Systemhallen, die in vielen Größen verfügbar sind,
- die **kurze Montagezeit** durch die Vorfertigung und Vormontage der Bauteile,
- die **großen Spannweiten** bis über 200 m
- das vergleichsweise **geringe Gewicht** ermöglicht kleinere Fundamente,
- die gute **Umbau- und Erweiterungsfähigkeit** durch die Demontierbarkeit aller Teile,
- die **Umweltfreundlichkeit** durch die Wiederverwendbarkeit des Baustoffs Stahl.

13.8.1 Dachformen und statische Systeme

Hallendächer gibt es in verschiedenen Formen:

- **Satteldächer** für langgestreckte Hallen,
- **Flachdächer** für große quadratische Hallen,
- **Pultdächer** für Anbauten,
- **Sheddächer** für helle Produktionshallen,
- **Tonnendächer** für Wettkampf- und Bahnhofshallen mit großer Spannweite und
- **Kuppeldächer** für Kirchen, aber auch für die Lagerung von Schüttgütern (Bild 1).

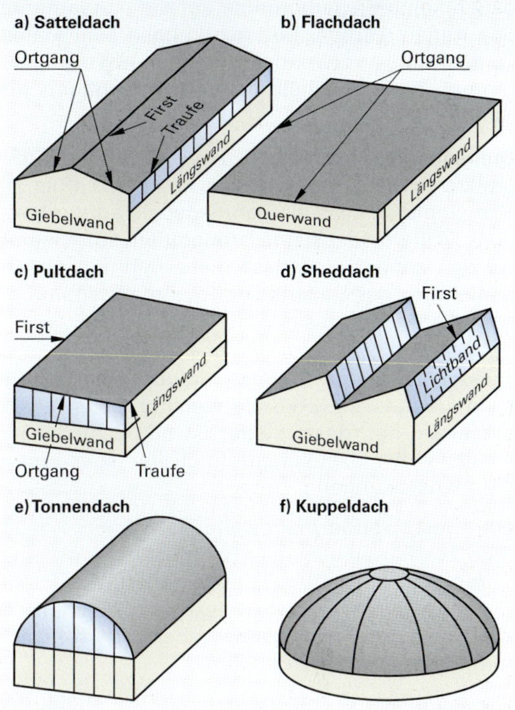

1 Dachformen

Statische Systeme

Das statische System beeinflusst die Kosten für Fundamente, Baumaterial und Montage.

Die Träger, die das Dach tragen, heißen Dachbinder. Am häufigsten werden **Rahmenbinder** (Bild 2) und Konstruktionen von **Bindern** auf **Pendelstützen** (Seite 216) oder auf **eingespannten Stützen** (Seite 247) gebaut.

> ***Merke***
> Ein Rahmenbinder besteht aus den senkrechten Rahmenstielen und dem Rahmenriegel.

Es gibt folgende Bauweisen von Rahmenbindern:

Eingespannte Rahmen ohne Gelenke haben biegesteife Eckverbindungen und sind in einem großen Fundament eingespannt (Bild 2a). Sie sind besonders tragfähig und steif und werden deshalb z. B. für verglaste Giebelwände eingesetzt.

Eingelenkrahmen haben ihr „Gelenk" meist in der Mitte des Rahmens in Form eines „biegeweichen" geschraubten Stoßes (Bild 2b). Echte Gelenke werden selten hergestellt.

Zweigelenkrahmen haben ihre Gelenke in Form einer kleinen Fußplatte mit nur zwei Ankerschrauben meistens unten am Rahmenstiel (Bild 2c), mit

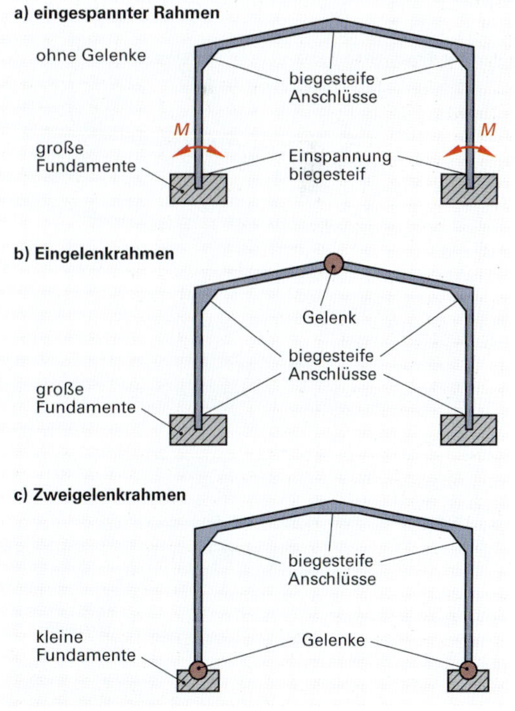

2 Rahmenbinder

denen keine Biegemomente auf die Fundamente übertragen werden. Dadurch können sehr kleine Fundamente verwendet werden. Zweigelenkrahmen bilden deshalb die häufigste Bauart für Stahlhallen.

Dreigelenkrahmen haben zwei gelenkige Fußpunkte und einen gelenkigen Firstpunkt (Bild 1). Vorteilhaft ist, dass die Rahmenstiele auf vorhandene Mauern oder kleine Fundamente aufgelagert werden können und dass diese Rahmen gegen Senkungen des Bodens und Temperaturspannungen unempfindlich sind.

Merke

Jeder viereckige Rahmen braucht mindestens eine biegesteife Ecke. Je weniger Gelenke ein Rahmen hat, desto steifer ist er. Je mehr Gelenke er hat, desto unempfindlicher ist er gegen Bodensenkungen.

Eine geschweißte biegesteife Rahmenecke zeigt (Bild 2a). Für eine lösbare Rahmenecke wird eine Stirnplatte an den Riegel geschweißt und mit dem Stiel durch HV-Schrauben fest verbunden (Bild 2b). Stiele und Riegel können aber auch auf Gehrung gesägt werden (Bild 3).

Für Rahmen aus IPE-Trägern gibt es Entwurfshilfen in Merkblättern, aus denen alle erforderlichen Maße abgelesen werden können. Oft sind Stiele oder Riegel parallelflanschig, doch können sie entsprechend der unterschiedlichen Biegebeanspruchung auch konisch gestaltet werden (Bild 4).

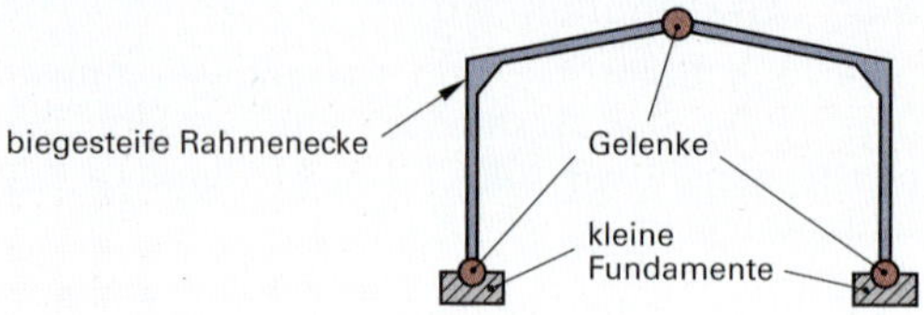

1 Dreigelenkrahmen

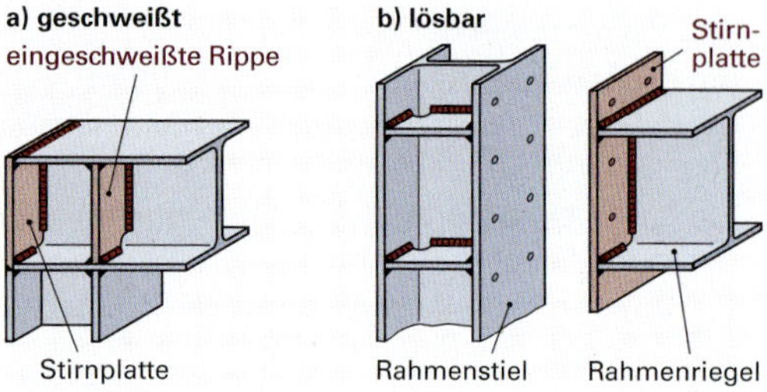

2 Biegesteife Rahmenecken

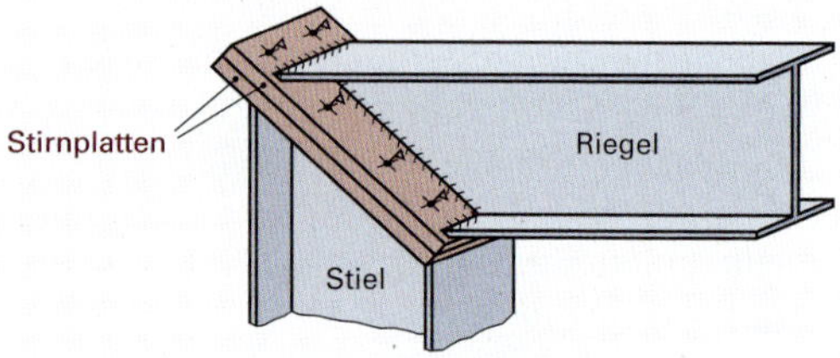

3 Biegesteife Rahmenecke auf Gehrung

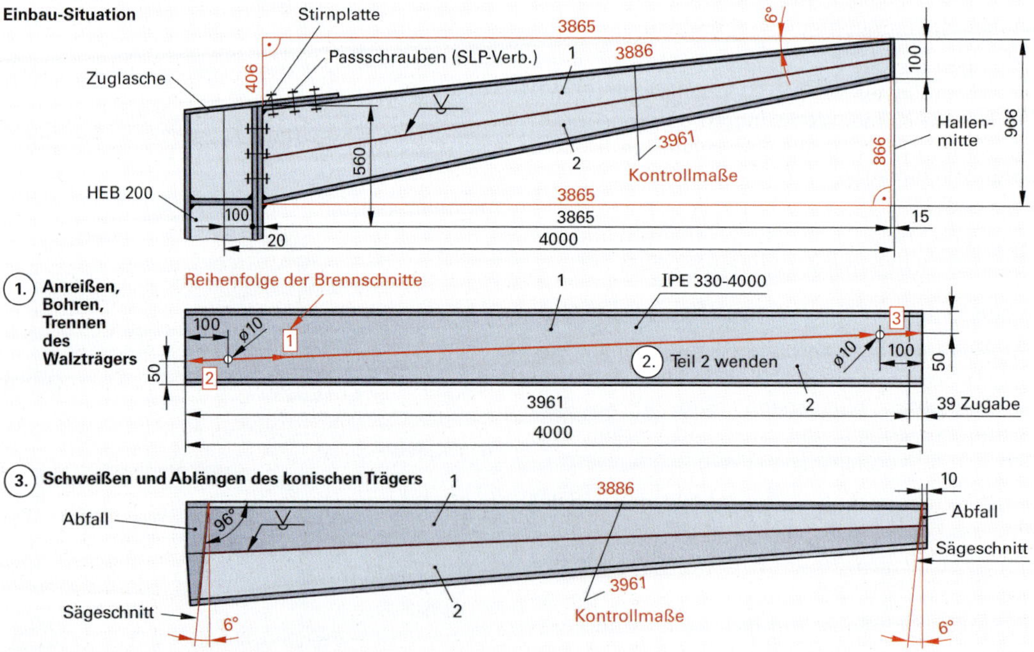

4 Herstellen eines konischen Rahmenriegels

Außer mit den üblichen Vollwandprofilen aus Walz- und Stegblech- oder als Vierendeelträger können Rahmen auch aus zwei- oder dreigurtigem Fachwerk (Bild 1a) hergestellt werden. Eine Rahmenecke kann auch durch Abspannung (Bild 1b) biegesteif gemacht werden.

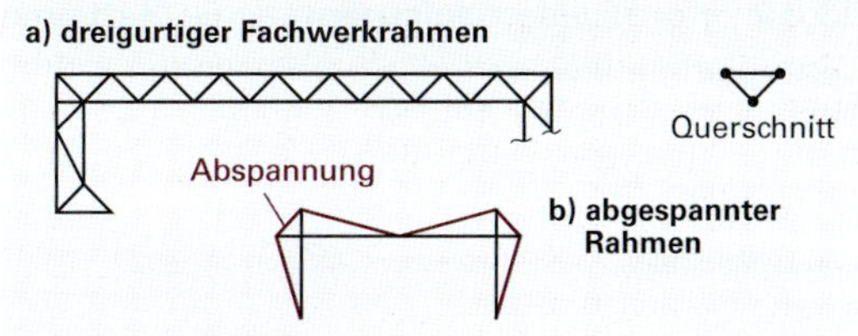

1 Rahmen-Sonderformen

Binder auf eingespannten Stützen werden gelenkig auf eingespannten Stützen aufgelagert, für die große Fundamente nötig sind. Bei Flachdächern liegen die Gurte parallel zueinander. Bei kleineren Spannweiten genügen Vollwandbinder (Bild 2d), größere Spannweiten erfordern hohe Wabenträger (Bild 2c), Träger mit Unterspannung (Bild 2b) oder Fachwerkträger (Bild 2a). Für Satteldächer sind dreieckige Fachwerkbinder vorteilhaft, da sie in der Mitte das größte Widerstandsmoment bieten.

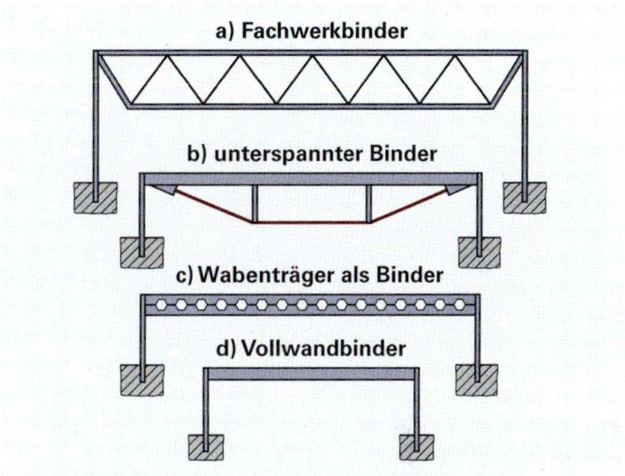

2 Binder auf eingespannten Stützen

Bogentragwerke unterstützen Tonnendächer mit extremen Spannweiten. Ein Bogen kann bis zu drei Gelenke haben. Bei gleichmäßiger Belastung und Parabelform entstehen im Tragwerk nur Druckspannungen. Die in Bogenrichtung wirkende Kraft ergibt an den Auflagern eine vertikale und eine horizontale Komponente. Sie kann durch entsprechende Fundamente oder durch Zugbänder in der Bodenplatte aufgenommen werden.

Merke

Bogentragwerke benötigen keine zusätzliche Querstabilisierung. Je flacher der Bogen, desto höher ist die Horizontalkraft am Auflager.

3 Fachwerkbögen einer Bogenhalle

Nur in Längsrichtung müssen Windverbände die Bögen stabilisieren. Sind die Bögen aufgeständert, können mehrschiffige Hallen gebaut werden. Fachwerkbögen bieten bei entsprechender Bauhöhe die größten Spannweiten. Bild 3 zeigt eine im Bau befindliche Bogenhalle mit 215 m Spannweite bei 107 m Höhe.

Raumtragwerke besitzen eine ungerichtete Tragstruktur, deshalb lassen sie sich im Gegensatz zu den bisher vorgestellten statischen Systemen in alle vier Richtungen erweitern. Sie eignen sich besonders für quadratische Versammlungshallen. Raumtragwerke können entweder aus Rosten, bei denen sich die Träger durchdringen (Bild 4), oder aus räumlichen Fachwerken (Bild 1 Seite 230) hergestellt werden. Sie werden meistens auf eingespannten Stützen gelenkig befestigt, damit keine Windverbände eingebaut werden müssen. Bei großen Stützweiten kann aber auch eine Abspannung eingesetzt werden.

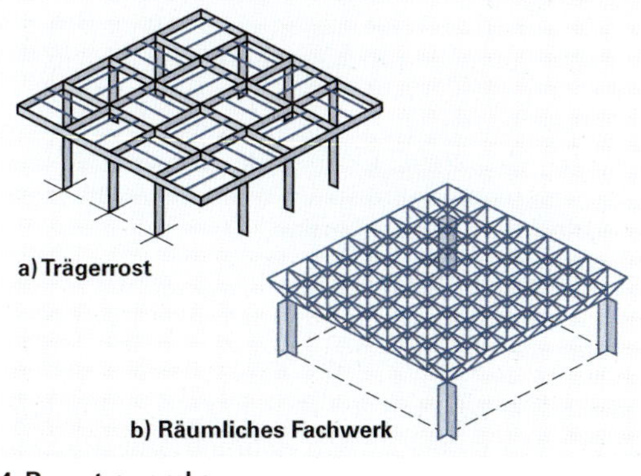

4 Raumtragwerke

13.8.2 Konstruktionselemente einer Satteldachhalle

Die typischen Elemente des Stahlhallenbaus und ihre Funktionen lassen sich am Beispiel einer Satteldachhalle aufzeigen (Bild 1). Das statische System bilden hier **Zweigelenkrahmen**, deren senkrechte Rahmenstiele biegesteif mit den Rahmenriegeln verbunden sind.

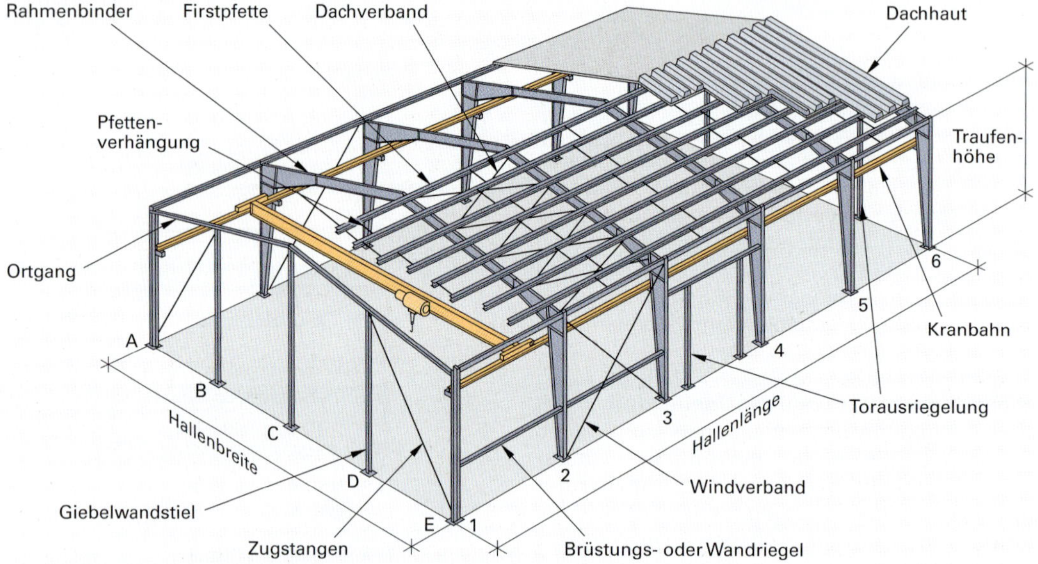

1 Satteldachhalle mit Zweigelenkrahmen

Die Halle ist in 6 Reihen gegliedert. In Reihe 1 wurde auf den Endrahmen verzichtet und dafür eine kostengünstige Wandkonstruktion aus Eckstützen A1 und E1, Ortgang, tragenden Giebelwandstielen und zwei Zugstangen eingebaut. Falls mit einer Erweiterung der Halle in dieser Richtung zu rechnen ist, wäre es günstiger, doch einen Vollrahmen einzubauen, an dem die Giebelwandstiele direkt befestigt werden.

Windkräfte auf die Längswand A oder E werden von den Wänden und den Wandriegeln an die Rahmen sowie an die Zugstangen der Giebelwände abgegeben und in die Fundamente geleitet.

Windkräfte auf die Giebelwand 1 werden von den Eckstützen A1, E1 und den Wandstielen aufgenommen und an ihr Fundament und an den **Ortgang** abgegeben. Von dort werden die Kräfte über die Pfetten an die Rahmen 2 und 3 geleitet, bis sie über den **Windverband** der Wand A und E in die Fundamente gelangen.

Die Dachverbände sorgen dafür, dass das Dach stets seine rechteckige Form behält.

Pfetten haben die Aufgabe, die Dachlasten an die Binder, Rahmen oder Bögen abzugeben. Um die Durchbiegung gering zu halten, werden bis zu 18 m lange Durchlaufpfetten verwendet, die über mehrere Felder laufen und biegesteif gestoßen werden. Bild 2 zeigt den Stoß von Pfetten aus dünnwandigen Kaltprofilen, die durch Kaltwalzen aus Blech hergestellt werden.

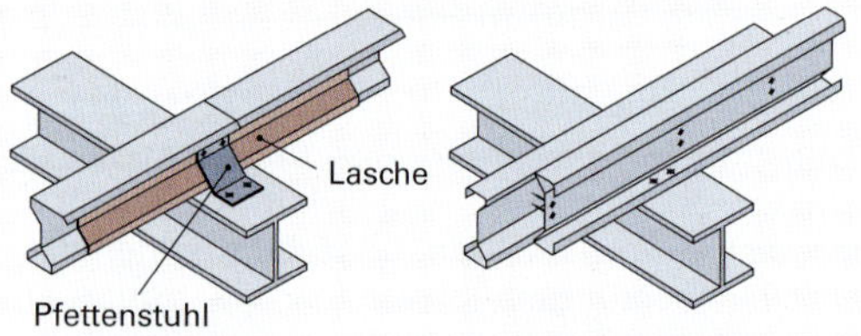

2 Biegesteifer Stoß von Durchlaufpfetten

Bei größeren Dachneigungen müssen die Pfetten gegen Umkippen gesichert werden. Das geschieht durch den Pfettenstuhl und die sogenannte **Pfettenverhängung**. Das sind Zugstangen, mit denen die Pfetten am First befestigt werden.

Beträgt der Abstand der Haupttragelemente nur bis zu 10 m, können längs verlegte Trapezbleche die Dachlasten an die Binder, Rahmen oder Bögen abgeben. Es handelt sich dann um eine **pfettenlose** Konstruktion.

13.8.3 Krananlagen in Stahlhallen

Für die Baustelle gibt es Mobilkräne und Turmdrehkräne, für Hallen und Freianlagen werden abhängig von der zu bewegenden Last eingebaut:

- Leichte Hängebahnen mit Elektroseilzügen,
- Einträger-Brückenlaufkrane oder
- Zweiträger-Brückenlaufkrane (Bild 1).

Laufkrane bestehen aus:

- der **Laufkatze mit Fahrwerk**, in die das Hubwerk mit dem Lastaufnahmemittel eingebaut ist,
- den **Brücken- oder Kranträgern**, auf denen die Laufkatze quer zur Halle fährt,
- den beiden **Kopfträgern**, die die beiden Brückenträger verbinden und in die das Fahrwerk eingebaut ist, sowie
- den beiden **Kranbahnträgern** mit den **Kranschienen**.

Vierkantschienen genügen für selten benutzte Reparaturkrane (Bild 2a). Normal werden jedoch **Flachschienen** Form F100 oder F200 ohne Fuß (Bild 2b) oder die **Kranschienen** Form A45 bis A150 mit Fuß (Bild 2c) verwendet. Die Zahl hinter dem Buchstaben für die Form gibt die Kopfbreite der Kranschiene an. **Geschweißte Kranschienen** sind nicht für das Auswechseln vorgesehen; **geschraubte Schienen** sind aufwendig auszuwechseln, während mit vorgespannten HV-Schrauben **geklemmte Schienen** am einfachsten justier- und auswechselbar sind.

Um dem Verschleiß des Obergurts des **Kranbahnträgers** entgegenzuwirken, werden auswechselbare „Schleißbleche" (Bild 2b) unter der Kranschiene angeordnet. Ein leiserer Betrieb des Krans ist durch eine elastische Schienenunterlage aus Hartgummi (Bild 3) erreichbar.

Schienenstöße können unlösbar durch Abbrennstumpfschweißen, durch Thermitschweißen oder nach Vorwärmung auf 250 °C bis 300 °C durch Lichtbogen-Handschweißen erzeugt werden. Für lösbare Stöße wird ein 45 °-Schrägstoß mit guter seitlicher Führung und abgeschrägten Spitzen (Bild 4) hergestellt. Es muss ein Abstand von 500 mm zu einem eventuell vorhandenen Kranbahnträgerstoß eingehalten werden. Um das Wandern der geklemmten Schiene zu verhindern, wird sie in der Mitte mit dem Kranbahnträger verschraubt (Bild 4a).

Für den Ausgleich größerer Dehnungen wird ein **Stufenstoß** benötigt. Bild 4b zeigt, dass er aus zwei kurzen ausgeklinkten Schienenstücken besteht, die zwischen zwei Schrägstößen angeordnet werden.

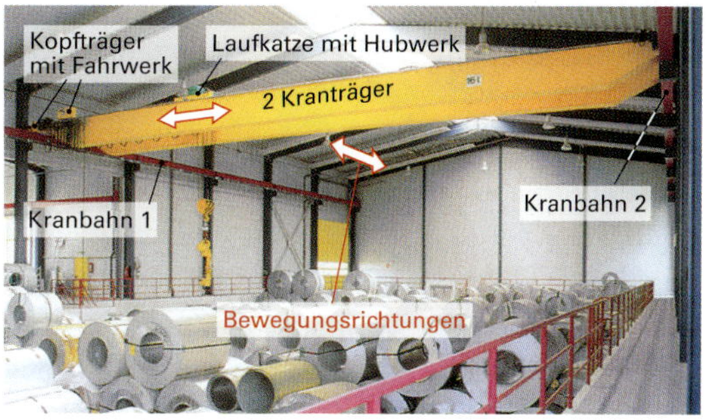

1 Zweiträger-Brückenlaufkran

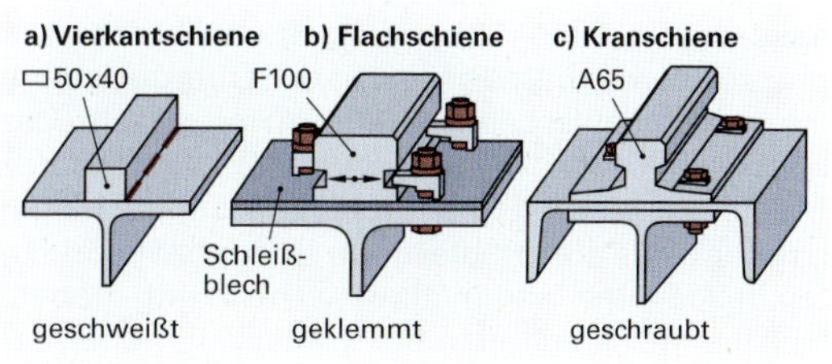

2 Kranschienen

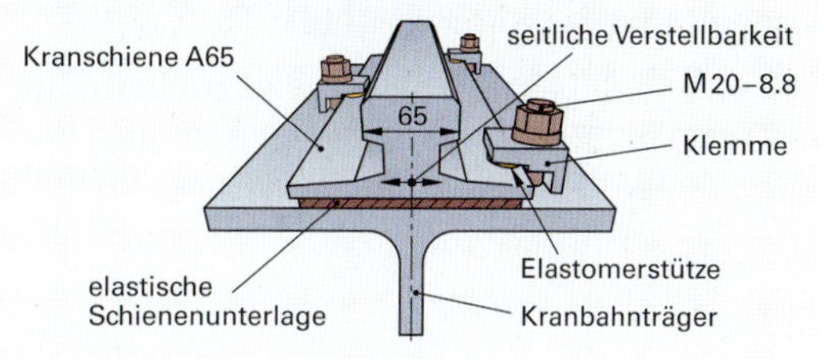

3 Schiene elastisch gelagert

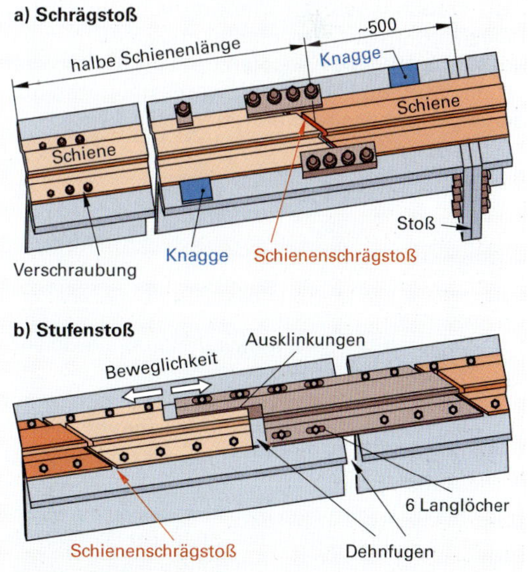

4 Kranschienen-Stöße

Kranbahnträger (Bild 1a) unterscheiden sich von anderen Biegeträgern dadurch, dass sie durch die Befahrung

- dynamisch beansprucht werden,
- sich höchstens 10 mm durchbiegen dürfen und
- dass ihr Obergurt eine erhöhte Seitensteifigkeit besitzen muss,

weil durch die Fahrdynamik von Kran und Katze auch horizontale Kräfte quer zur Trägerachse entstehen. Deshalb werden die Obergurte von Walzträgern mit aufgeschweißtem Flachstahl verstärkt oder als geschweißte Stegblechträger mit Obergurten aus U- oder halbierten HE-M-Profilen ausgestattet (Bild 1a). Bei großen Stützweiten und schwerem Betrieb wird in der Obergurtebene ein Horizontalverband oder ein Horizontalträger angeordnet (Bild 1a). Wegen der Beulgefahr des Stegblechs werden Quer- und Längssteifen eingeschweißt. Da Kehlnähte quer zu zugbeanspruchten Teilen eine ungünstige Kerbwirkung haben, werden die **Quersteifen** bei Kranen mit hoher Beanspruchung nicht an den Gurten angeschweißt. Möglichkeiten der Abstützung des Obergurts durch Passstück, geschraubte Knagge und randseitiges Anschlussblech zeigt Bild 1b, c, d.

Um eine geringe Durchbiegung zu erhalten, wird der Kranbahnträger als Durchlaufträger über zwei Felder ausgeführt. Außerdem kann er überhöht werden, oder es wird ein steiferer Kastenträger eingesetzt.

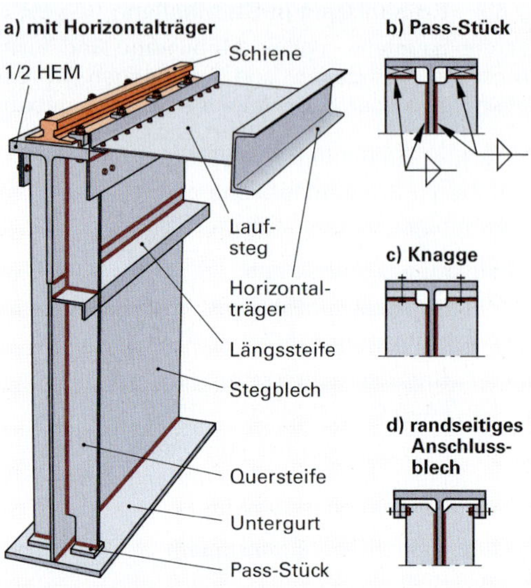

1 Geschweißter Kranbahnträger

Kranbahnstützen tragen die auf den Kranbahnkonsolen (Bild 2) gelagerten Kranbahnträger und müssen in Hallenquerrichtung eingespannt werden. Verbände steifen die Kranbahn in Hallenlängsrichtung aus. Zur Einstellung der Spurweite des Krans sind die Konsolen mit Langlöchern versehen. Stützwinkel oder Gewindestangen halten den Obergurt des Kranbahnträgers.

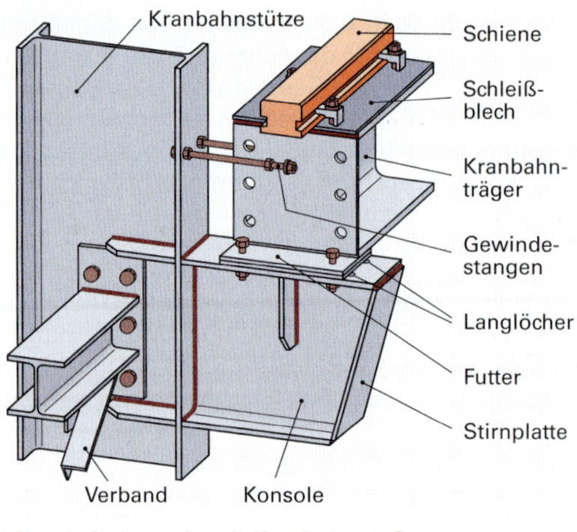

2 Kranbahnkonsole mit Kranbahnstoß

Überprüfen Sie Ihre Kenntnisse

1 Wodurch kann ein Stahlskelettbau ausgesteift werden?
2 Wo sitzen bei Stockwerksrahmen ohne Gelenke die Stöße?
3 Unterscheiden Sie, wozu eine Unterspannung, eine Abspannung bzw. eine Abhängung dient.
4 Skizzieren sie die Dachformen, die für Hallen verwendet werden.
5 Bauen Sie mit einem Metallbaukasten ein Modell eines Rahmens für eine Satteldachhalle. Wie viele biegesteife Ecken sind notwendig?
6 Warum ist ein Dreiecksbinder für große Spannweiten besser geeignet als ein Parallelbinder?
7 Welche Vorteile bietet ein Raumtragwerk?
8 Nennen Sie die wichtigsten Konstruktionselemente einer Stahlhalle.
9 Welche Bauelemente können die Aufgaben von Pfetten übernehmen?
10 Welche Kranarten werden im Stahlbau eingesetzt?
11 Welche zusätzlichen Bauteile benötigt eine Halle, wenn eine Krananlage eingebaut werden soll?

13.9 Raumabschließende Bauelemente

Decken, Dächer und Wände schließen die Räume nach allen Richtungen ab. Sie müssen alle Kräfte, die durch die Witterung und die Benutzung des Bauwerks auftreten, an die Träger und Stützen weiterleiten. Oft werden sie auch zur Aussteifung des Gebäudes herangezogen. Das sind ihre **statischen Funktionen.**

Zusätzlich haben sie **bauphysikalische Funktionen** zu erfüllen: Sie sollen Schallschutz, Wärmeschutz, Feuchteschutz und Brandschutz bieten. Für die Schalldämmung und den Brandschutz ist Beton besonders geeignet. Polyurethan- oder Polystyrolhartschaum und Steinwolle werden für die Wärmedämmung verwendet. Trapezbleche und Folien schützen vor Feuchte. Leichtbeton (Gasbeton) ist sowohl für die Wärme- als auch für die Schalldämmung geeignet. Um die guten Eigenschaften der verschiedenen Werkstoffe zu nutzen, werden leistungsfähige Verbundbauteile entwickelt.

Deckenarten

Bild 1 zeigt die wichtigsten Deckenarten. Decken sollen im Stahlbau genauso rasch eingebaut und benutzt werden können wie die übrigen Bauteile. Weil für die **Ortbeton-Massivdecke** (Bild 1a) in konventioneller Bauweise eine abgestützte Schalung erstellt und nach der Abbindezeit wieder entfernt werden muss, ist sie für den Stahlbau ungeeignet.

Bei Decken mit **verlorener Schalung** (Bild 1b und c) wird zunächst die Unterseite der Decke aus Trapezblech oder aus teilweise vorgefertigten Deckenplatten hergestellt, abgestützt und dann mit Beton ausgegossen. Wenn **selbsttragende Stahlbeton-Fertigteilplatten** oder **Trapezprofile** (Bild 1d und e) eingesetzt werden, entfällt eine Abstützung und die Stahlbauarbeiten können zügig fortgesetzt werden.

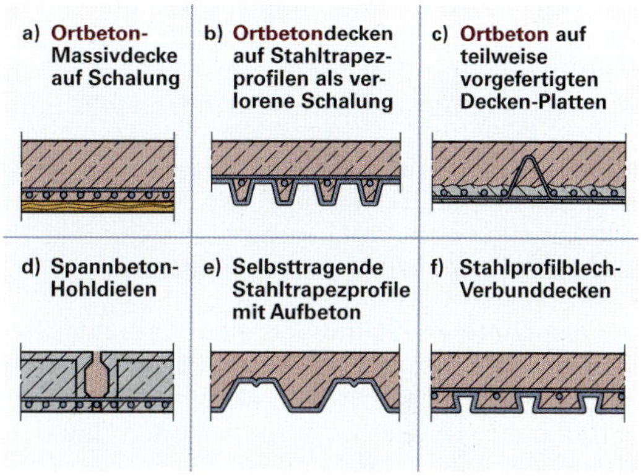

1 Deckenarten

13.9.1 Stahlbetonverbunddecken

Für Stahlskelettbauteile wie Stützen, Träger und Decken ist Stahlbeton ein geeigneter Verbundpartner. Fest mit dem Bauteil verbunden, erhöht er nicht nur die Tragfähigkeit und Steifigkeit, sondern zudem die Feuerwiderstandsfähigkeit und Korrosionsbeständigkeit. Diese Eigenschaften besitzt die Verbunddecke in Bild 1f.

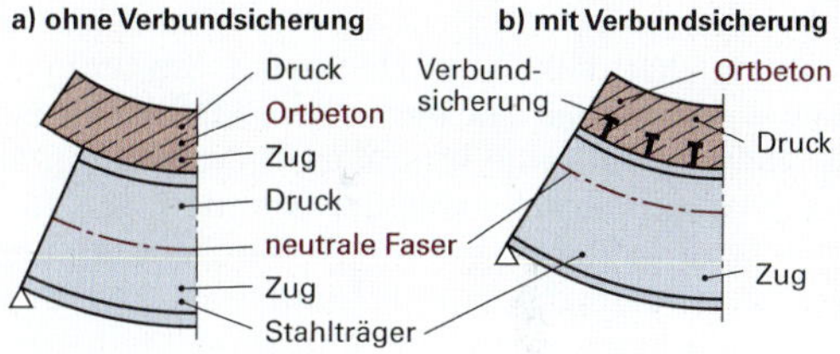

2 Verbundwirkung

Verbundsicherungen

Damit eine Verbundwirkung erzielt wird, dürfen sich die beiden Werkstoffpartner bei Belastung nicht lösen und gegeneinander verschieben (Bild 2a). In Bild 2b übernimmt der Beton die Druckspannungen, der Stahl die Zugspannungen, weil eine Verbundsicherung das Verschieben verhindert.

Merke

Nur bei schubfester Verbindung beider Werkstoffe kann eine Tragfähigkeitserhöhung erzielt werden.

Bild 3 zeigt z. B. eine Verbundsicherung durch Aufdornlochung. Die Stahltrapezprofile können jedoch auch eingeprägte Noppen für den Flächenverbund der Verbunddecke erhalten.

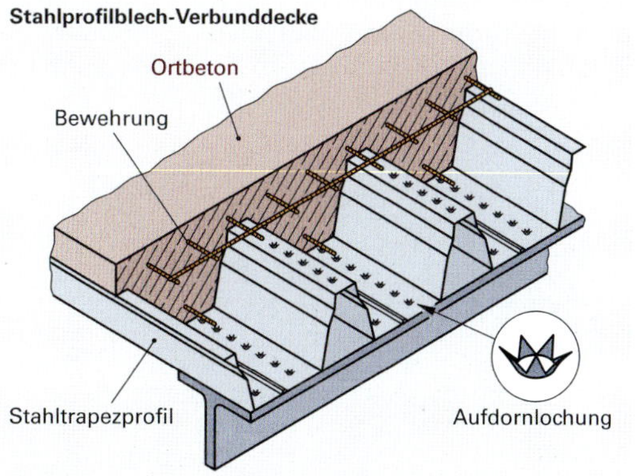

3 Aufdornlochung als Verbundsicherung

Trapezprofile mit Hohlrippen oder **mit hinterschnittenen Rippen** führen zu Klemmwirkungen und zusätzlichen Reibungskräften, sodass bei genügender Endverankerung die Scherkräfte ohne Dornung übertragen werden können (Bild 1a). Die schwalbenschwanzförmigen Nuten bieten außerdem den Vorteil, über **Keilkopfschrauben** oder **Keilblechmuttern** Versorgungsleitungen oder abgehängte Decken befestigen zu können.

Kopfbolzendübel bilden die häufigste Verbundsicherung für Stahlträger. Die Bolzen haben einen kalt angestauchten Kopf, und werden durch Bolzenschweißung mit Hubzündung mit dem Stahlträger verbunden (Bild 2). Kopfbolzendübel haben einen Schaftdurchmesser von 19 mm oder 22 mm.

Profilverbundträger entstehen, wenn durch eine **eingeschweißte Bewehrung** der Kammerbeton schubfest mit dem Profil verbunden wird (Bild 1b und 5). Die Herstellung erfolgt liegend (Bild 3).

Vorgespannte HV-Schrauben sind Verbundsicherungen, mit denen Stahlbeton-Fertigteilplatten auf Stahlträger geschraubt werden. Der Träger wird dadurch mit der Decke schubfest verbunden (Trägerverbund Bilder 4 und 5d).

Bauarten der Verbunddecken

Eine Übersicht über die Tragfähigkeit und Steifigkeit der verschiedenen Decken zeigt Bild 5.

Als Vergleich dient eine Decke auf Stahlträgern (Bild 5a). Bei einer **Flächenverbund-Decke** (Bilder 5b und 1a) wird eine schubfeste Verdübelung eines Stahlprofilblechs mit der Betonauflage hergestellt. Das Blech übernimmt die Zugspannungen, der Beton die Druckspannungen. Zwischen Deckenträgern und der Deckenplatte gibt es keine schubfeste Verdübelung. Tragfähigkeit und Steifigkeit erhöhen sich geringfügig gegenüber einer konventionellen Decke.

Eine **Profilverbund-Decke** bringt dagegen neben dem besseren Brandschutz eine Erhöhung der Tragfähigkeit um den Faktor 1,5. (Bilder 3 und 5c).

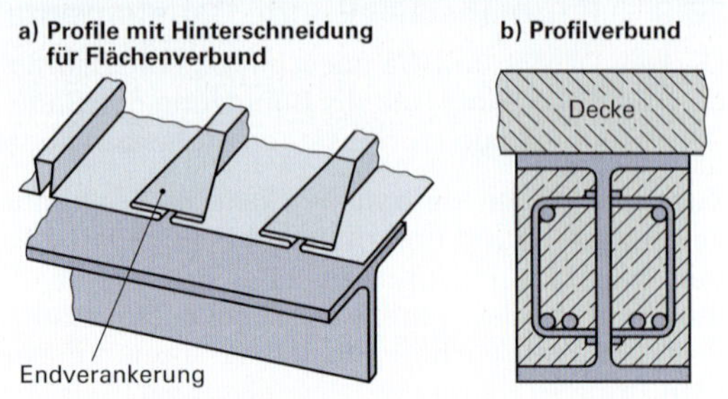

1 Verbundsicherungen

2 Stahlträger mit Kopfbolzendübeln

3 Herstellung eines Profilverbundträgers

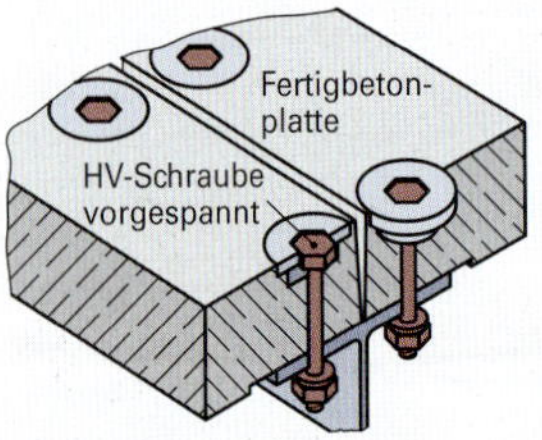

4 Verbundsicherung: HV-Schrauben

Decke aus HEA 260, Dicke d = 16 cm, Breite = 4 m	a) 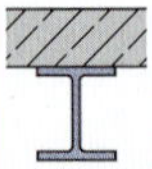	b) 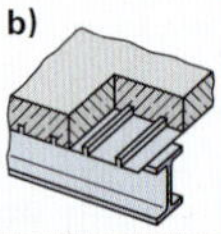	c) 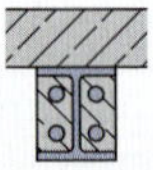	d) 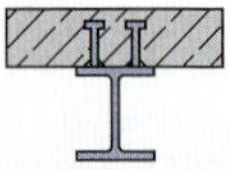	e) 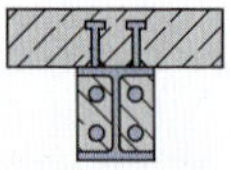
Bezeichnung	Träger	Flächenverbund	Profilverbund	Trägerverbund	Träger- und Profilverbund
Tragfähigkeit	1	1,2	1,5	2,6	4,2
Steifigkeit	1	1,2	1,5	5,3	5,7

5 Vergleich einer konventionellen Decke mit Verbunddecken

Für eine **Trägerverbund-Decke** wird eine schubfeste Verdübelung des Oberflansches eines Stahlträgers mit einer Betonplatte hergestellt. Der Stahlträger übernimmt die Zugspannungen, der Beton die Druckspannungen. Die Tragfähigkeit wird dadurch 2,6-mal so hoch wie bei einer konventionellen Decke. Statt Ortbeton können auch Fertigbetonplatten verwendet werden, die mit Kopfbolzendübeln vergossen (Bild 1) oder mit vorgespannten HV-Schrauben kraftschlüssig verbunden werden (Bild 4, gegenüberliegende Seite). Der hohe örtliche Druck durch die Vorspannung wird durch große stählerne Unterlegscheiben auf den umgebenden Beton verteilt.

Ein weiteres Beispiel einer **Trägerverbund-Decke** zeigt Bild 3, die „Additiv-Decke". Sie hat drei gemeinsam tragende Elemente: Den Stahlträger, die 205 mm hohen Stahltrapezprofile und die in diese eingegossene armierte Stahlbetonrippendecke. Da die Trapezprofile zwischen den Deckenträgern liegen, ergibt sich eine relativ flache Bauweise.

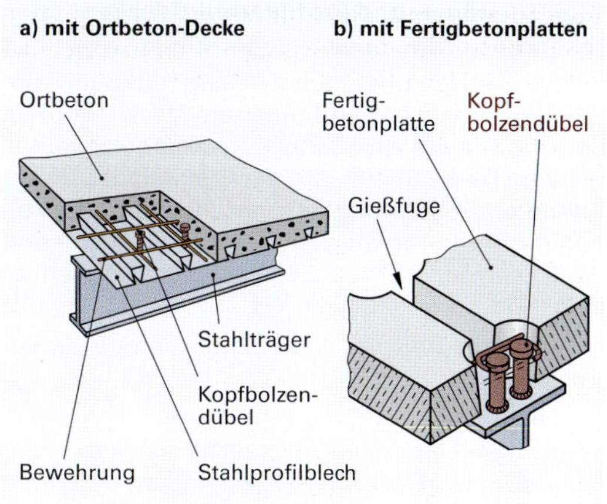

1 Trägerverbund-Decken

Herstellung

Auf einen Stahlträger werden in regelmäßigen Abständen Knaggen aus kurzem Vierkantstahl aufgeschweißt. In sie wird das Stahltrapezprofil eingehängt. Abdichtkappen und -profile verhindern, dass der anschließend eingebrachte armierte Aufbeton ausläuft. Kopfbolzendübel dienen als Verbundsicherung zwischen Decke und Stahlträger.

Die Stahltrapezprofile brauchen nicht mehr lackiert zu werden, da sie mit einer Bandbeschichtung ab Werk gegen Korrosion geschützt sind (Bild 2). Sie sind selbsttragend und dienen als verlorene Schalung, die für das Betonieren nicht unterstützt werden muss. Sie können schnell und ohne Kran von Hand verlegt werden.

2 Unterseite der „Additiv-Decke"

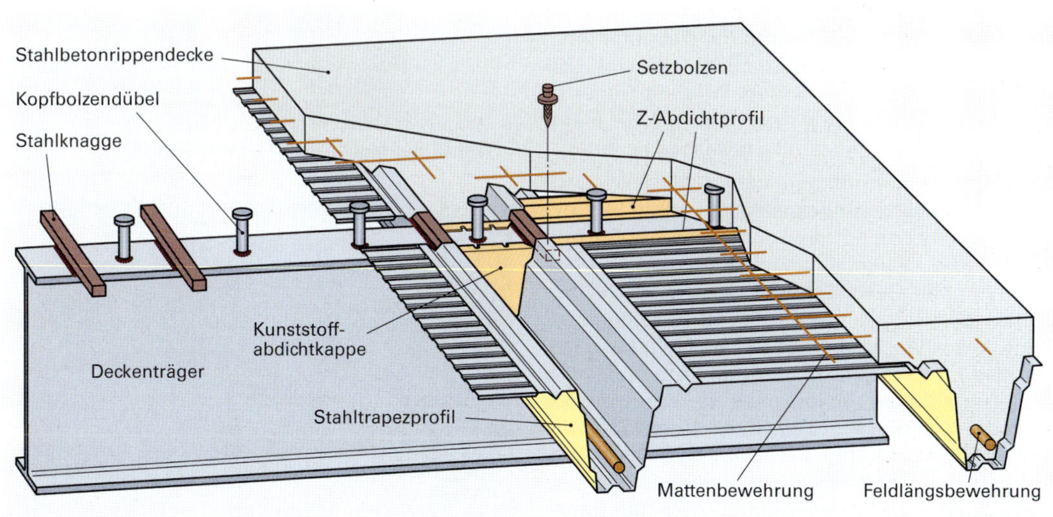

3 Additiv-Decke

13.9.2 Träger- und Profilverbunddecken

Für Gebäude, die besser gegen Brände geschützt werden müssen, können bei einer „Additiv-Decke" auch Profilverbundträger eingesetzt werden. Der Oberflansch wird dabei über Kopfbolzendübel mit dem Deckenbeton und der Steg mit dem Kammerbeton des Stahlträgers verdübelt. Dadurch erhöht sich die Tragfähigkeit auf das 4,2-fache und die Steifigkeit auf das 5,7-fache einer konventionellen Decke.

Ein weiteres Beispiel dieser Bauart ist die **Stahl-Flachdecke**.

Merke

Die **Stahl-Flachdecke** liegt nicht auf dem Oberflansch des Deckenträgers, sondern auf dem breiten Unterflansch.

Bild 1 zeigt verschiedene Profile, die sich als Deckenträger für Stahl-Flachdecken eignen. Es sind geschweißte Träger aus Blechen oder Profilen, die sich gut an die geforderte Tragfähigkeit anpassen lassen. Ihr gemeinsames Kennzeichen ist der breite **Unterflansch**.

Das Profil IFB (Integrated Floor Beam) besteht aus einem halbierten HEB-Träger mit angeschweißtem breitem Blech als Unterflansch. Auf ihm können z. B. Stahlprofilbleche oder Betonschalplatten verlegt werden. Beide dienen als verlorene Schalung für den Ortbeton und werden nicht mehr entfernt. Schneller benutzbar sind dagegen Decken aus Spannbeton-Hohldielen (Bild 2). Sie werden aufgelegt, die verbliebenen Zwischenräume bei den Deckenträgern werden bewehrt und mit Ausfüllbeton ausgegossen (Bild 4), um eine Stahl-Flachdecke mit Teilverbund zu erhalten. Beim **Teilverbund** liegt keine vollständige, sondern eine teilweise Verdübelung durch die Zugbewehrung vor.

Vorteile der Flachdecken: Geringe Deckenstärken vermindern die Geschoß- und die Gebäudehöhe, wodurch auch die Heiz-, Klimatisierungs- und Lüftungskosten reduziert werden. Weil die Träger in die Decke einbetoniert werden, sind sie vor Flammen geschützt – der Brandschutz ist gesichert.

Die Deckenträgermontage wird zusätzlich durch einen **Einhakmontageanschluss** (Bild 3) beschleunigt: Schon vor dem Aufstellen der Stützen werden die Gewindestangen eingebaut. In die vorstehenden Gewindeenden werden nach dem Stellen der Stützen die Deckenträger eingehakt. Die Kopfplatten haben dazu zwei Einhakschlitze. Um das Einhaken nicht zu behindern, endet der Trägerunterflansch schon etwa 40 mm vor dem Trägerende. Während der Stahlbaumonteur die Muttern festzieht und bei der verstärkten Ausführung noch zwei normale Stahlbauschrauben einbaut, ist der Kran frei um den nächsten Träger herbeizuschaffen.

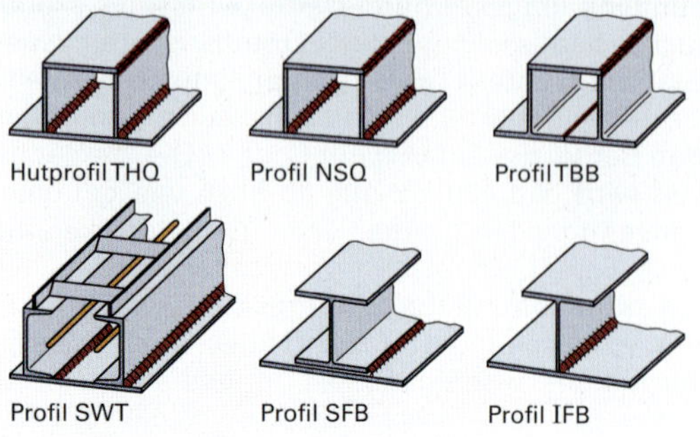

1 Deckenträger für Stahl-Flachdecken

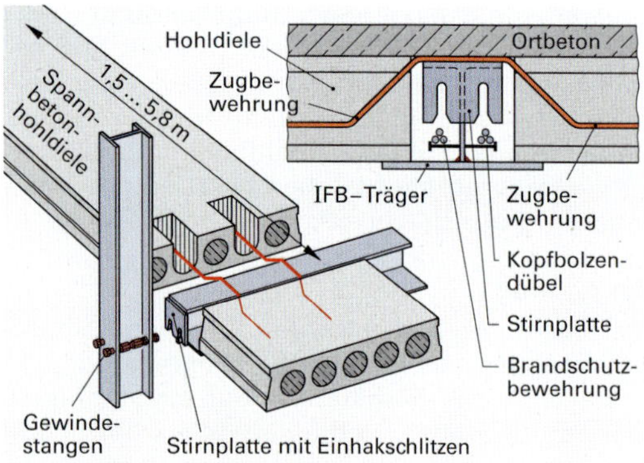

2 Deckenträger mit Spannbeton-Hohldielen

3 Einhakmontageanschluss mit Profil IFB

4 Auftragen des Ausfüllbetons

Längentoleranzen werden wie bei allen Stirnplattenanschlüssen durch Futterbleche ausgeglichen, die hier ebenfalls Einhakschlitze haben.

Die Tragfähigkeit dieser Verbindung entspricht der Tragfähigkeit eines typisierten Querkraftanschlusses mit Stirnplatten (siehe Seite 238).

Merke

Bei Flachdecken sind sowohl die Oberseiten als auch die Unterseiten der Deckenplatten mit dem Deckenträger bündig.

Gegenüber herkömmlichen Decken haben Verbunddecken folgende Vorteile:

- Verbunddecken biegen sich bei gleicher Gebrauchslast weniger durch, da sie steifer sind;
- sie haben eine geringere Bauhöhe;
- sie sparen Stahl, weil für die Druckzone Beton verwendet wird;
- sie sparen Gewicht und sie haben eine ebenso hohe Feuerwiderstandsdauer.

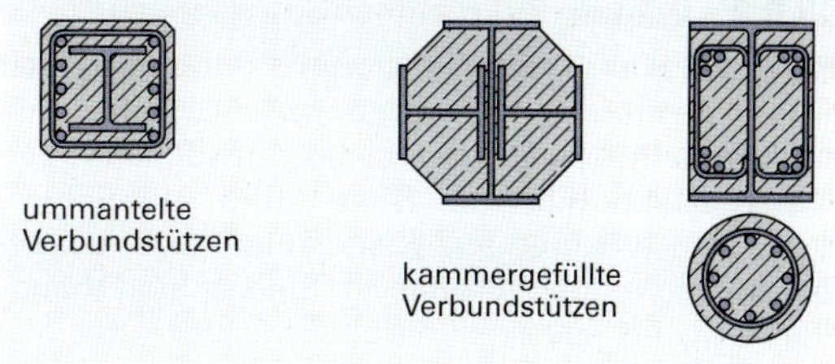

1 Verbundstützen

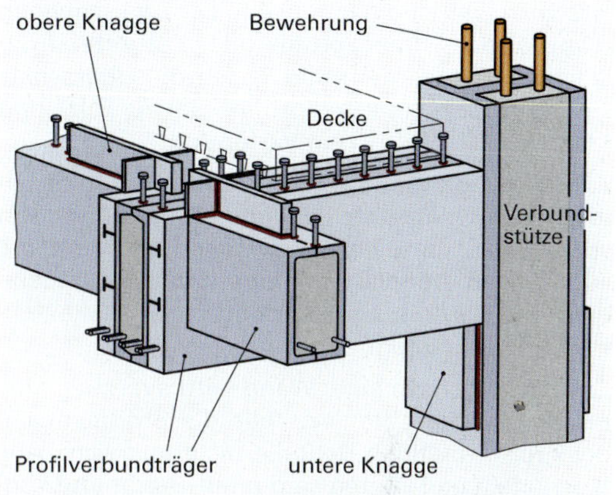

2 Anschluss von Verbundträgern an Verbundstützen

Profilverbundträger müssen in der Regel an Verbundstützen gleicher Feuerwiderstandsdauer angeschlossen werden. **Verbundstützen** sind mit Beton ummantelte oder gefüllte Stahlstützen. Einige mögliche Querschnitte zeigt Bild 1. Ummantelte Stahlstützen haben dabei eine höhere Feuerwiderstandsdauer als **kammergefüllte Stützen**. Die Stützen werden entweder vor der Montage ein- oder ausbetoniert und als Verbundstützen montiert, oder sie müssen nach der Montage im Rohbau armiert, geschalt und betoniert werden.

Verbundstützen sind jedoch von den Stahlbetonstützen zu unterscheiden, deren Querschnitt in der Regel nur zu 8 % aus Bewehrungsstahl besteht. Verbundstützen haben eine ähnlich hohe Feuerwiderstandsfähigkeit wie Betonstützen, bieten aber folgende zusätzliche Vorteile:

- Sie sind schnell zu montieren, da die Stahlbau-Verbindungstechnik beibehalten wird,
- sie übernehmen sofort alle Montagelasten,
- kammergefüllte Stützen bieten durch das Stahlprofil eine tragende Schalung und
- sie sind schlanker, weil Stahl eine sehr viel höhere Druckfestigkeit als Beton aufweist.

Zwei Anschlussmöglichkeiten an Verbundstützen mit oberen oder unteren Knaggen zeigt Bild 2.

Überprüfen Sie Ihre Kenntnisse

1 Was versteht man unter raumabschließenden Bauelementen und welche Funktionen haben sie?
2 Welche Deckenarten kennen Sie?
3 Warum ist die Ortbeton-Massivdecke für den Stahlbau nicht geeignet?
4 Warum zählen Decken zu den Aussteifungen der Gebäude?
5 Warum wird beim Herstellen von Stahlbaudecken gerne mit einer verlorenen Schalung gearbeitet?
6 Warum ist es auch günstig für den Unfallschutz, wenn die verlorene Schalung selbsttragend ist?
7 Erläutern Sie die Vorteile einer Verbunddecke!
8 Warum löst sich bei einer Verbundkonstruktion der Beton nicht vom Stahl?
9 Welches ist die häufigste Verbundsicherung?
10 Bei welchen Verbundsicherungen muss nicht geschweißt werden?
11 Wie unterscheidet sich eine Trägerverbund-Decke von einer Decke mit (Profil-) Verbundträgern?
12 Wie sehen Deckenträger von Stahl-Flachdecken aus?
13 Skizzieren Sie einen verstärkten Einhakmontageanschluss in zwei Ansichten.
14 Wie werden Verbundträger an Verbundstützen angeschlossen?

13.9.3 Wände

Während die Tragkonstruktionen von Stahlbauten früher ausgemauert wurden, werden heute fast nur noch Systeme aus leichten, großformatigen Tafeln aus profiliertem Stahl- oder Aluminiumblech sowie Platten aus Faserzement oder Leichtbeton verwendet. Profilierte Bleche sind bandverzinkt und eventuell farbbeschichtet oder aus rostfreiem Stahl. Wände aus profiliertem Blech sind ein- oder zweischalig aufgebaut. Für die Unterschale, das ist die Innenseite der zweischaligen Wand, können **Trapezprofile** oder **Kassettenprofile** verwendet werden (Bild 1). Für die Oberschale stehen Trapez- und Wellprofile, sowie Falz- und Klemmprofile (Bild 1) zur Verfügung.

Zur **Wärmedämmung** können auf der Innenseite Mineralwollplatten angebracht werden. Am schnellsten kann eine wärmegedämmte Wand aus **Leichtbetonplatten** oder **Stahlverbundelementen** (Bild 2) aufgebaut werden, weil die Wärmedämmung integriert ist.

Der Sockelbereich einer Wand wird eventuell ausgemauert oder betoniert, falls die Stoßfestigkeit der großformatigen Bauteile nicht ausreicht. Alle Blechtafeln und Platten sind relativ leicht und können auf der Stahlunterkonstruktion schnell, sowie bei jeder Witterung montiert werden. Sie weisen eine fertig beschichtete Oberfläche auf. Nur die Außenflächen von **Leichtbetonplatten** müssen noch beschichtet werden, um sie gegen Nässe zu schützen.

Bauarten der Wände

Wände von Stahlbauten sind im Sinne der Bauordnung „nichttragende Wände," die dem Raumabschluss und dem Wetterschutz dienen und nur die Windkräfte an die Unterkonstruktion ableiten müssen. Als Aussteifung können sie so bemessen werden, dass sie eine feste Wandscheibe bilden.

Folgende Bauarten werden unterschieden:

1. **Einschalige, nicht wärmegedämmte Wand.** Sie kann aus Trapezblechen, Wellblechen oder Faserzementwellplatten bestehen, die bei nicht beheizten Gebäuden direkt auf die Stahlunterkonstruktion montiert werden (Bild 3a).
2. **Einschalige, wärmegedämmte Wand.** Bei ihr wird eine Wärmedämmschicht zwischen der Innenseite der Trapezprofile und der Stahlunterkonstruktion eingebaut (Bild 3b). Hierdurch wird auch die Schalldämmung verbessert. Ohne innenliegende Dampfsperre kann warme feuchte Luft in die Isolierung eindringen und dort kondensieren, was die Wärmedämmung beeinträchtigt. Durch die Hinterlüftung wird die Feuchte jedoch abgeführt. Eine Wand mit hinterlüfteter Außenschale wird als **Kaltwand** bezeichnet.

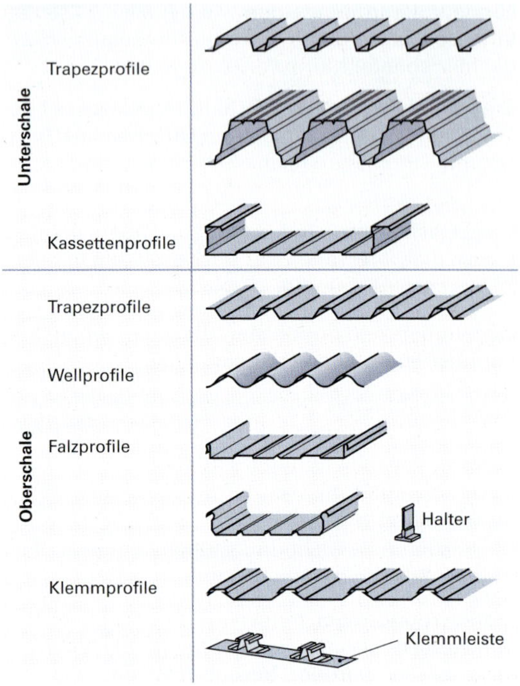

1 Profilierte Bleche für Metallwände

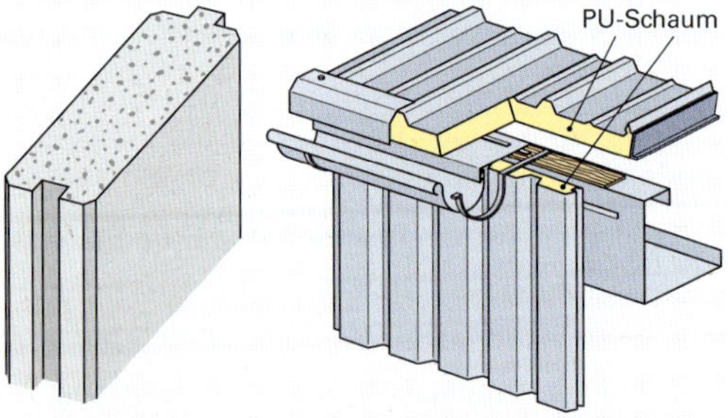

a) Leichtbetonplatte b) Stahlverbundelemente für Dach und Wand

2 Wandelemente mit Wärmedämmung

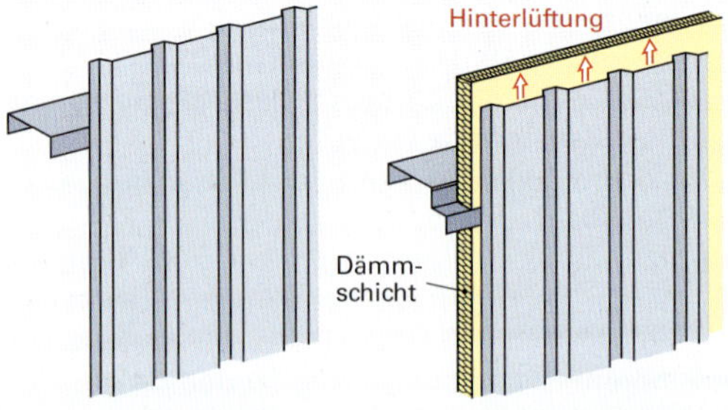

a) nicht wärmegedämmt b) wärmegedämmt

3 Einschalige Wände

Ebenfalls einschalig ist eine **Leichtbetonwand** (Bild 1) aus nichttragenden **Wandplatten** mit bis zu 8 m Länge, 625 mm Breite und 100 mm bis 400 mm Dicke. Sie können liegend oder stehend eingebaut werden. Leichtbeton ist zwar druckempfindlich, bietet bei einer Dichte von 0,5 kg/dm^3 bis 0,8 kg/dm^3 aber eine gute Wärmedämmung und ist für Brandwände geeignet. Die Platten haben Nut und Feder und werden mit aufgenagelten Aluminium- oder Edelstahlblechen an Profilschienen befestigt und trocken verlegt.

Fugen bewitterter Wandflächen aus Leichtbeton müssen abgedichtet werden. Für Horizontalfugen zwischen liegenden Platten genügt Kunstharzmörtel, für Vertikalfugen werden elastoplastische Fugendichtmittel eingesetzt.

3. **Zweischalige, wärmegedämmte Wand.** Davon gibt es zwei Bauweisen: Bei der **Stahlkassetten-Wand** besteht die Innenschale aus U-förmigen Blechkassetten, in die die Wärmedämmung eingelegt wird (Bild 2), die Außenschale besteht aus einem Trapez- oder Wellprofil. Bei der zweischaligen **Stahltrapezprofilwand** bestehen Innen- und Außenschale aus Trapezprofilen. Waagerecht liegende Wellprofile müssen mit etwas Abstand zur Wärmedämmung montiert werden, damit eine Hinterlüftung möglich wird. Dadurch kann in die Dämmung eingedrungenes Tauwasser abgeführt werden. Es handelt sich hier ebenfalls um eine **Kaltwand.**

4. **Sandwich-Wand:** Sie besteht aus 1000 mm breiten isolierten Sandwichelementen. Das sind Verbundbauteile aus dünnen, profilierten Stahlblechen und einem Kern aus Polyurethan-Hartschaum, der schubfest mit den Blechen verbunden ist. Dadurch werden eine hohe Wärmedämmung ohne Durchfeuchtungsgefahr und eine außerordentliche Steifigkeit bei geringem Raumgewicht erreicht. Bild 3 zeigt den verdeckten Stoß dieser Warmwand aus Paneelen.

5. **Wandbekleidungen** sind Bauteile, die auf einer Abstandskonstruktion vor bereits vorhandenen Wänden aus Beton- oder Ziegelmauern montiert werden. Die profilierten Bleche (Bild 4) dienen vornehmlich dem Wetterschutz und der ästhetischen Gestaltung des Gebäudes. Außerdem lässt sich durch Einbau von Dämmstoffen die Wärmedämmung verbessern.

Die **Befestigung** der Elemente mit der Unterkonstruktion hat mit bauaufsichtlich zugelassenen Verbindungsmitteln zu erfolgen. Für profilierte Bleche sind das Schrauben aus verzinktem oder aus nichtrostendem Stahl, Schaftdurchmesser ≥ 6,3 mm mit einer Dichtscheibe ø ≥ 16 mm (Bild 3, S. 259), sowie Blindniete und Setzbolzen.

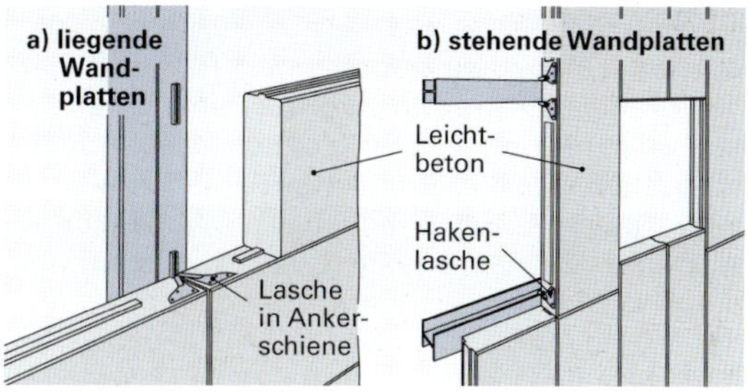

1 Leichtbetonwand

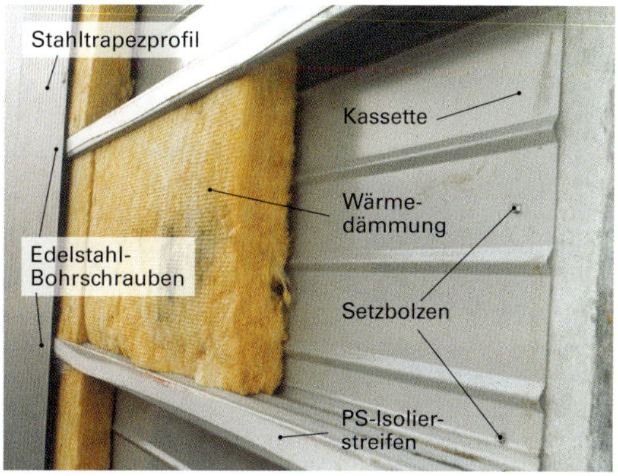

2 Stahlkassetten-Wand

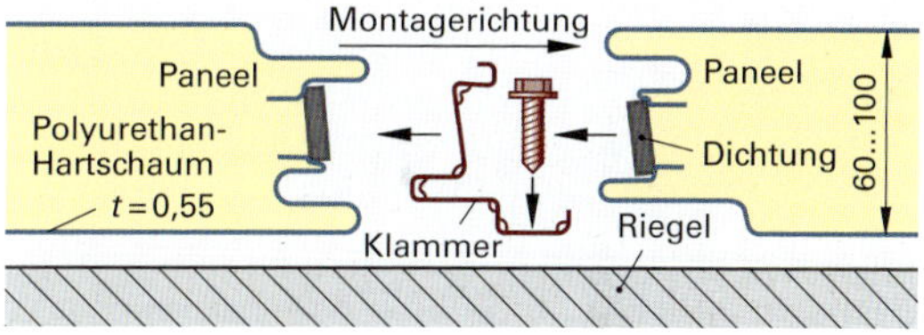

3 Verdeckter Längsstoß einer Sandwich-Wand

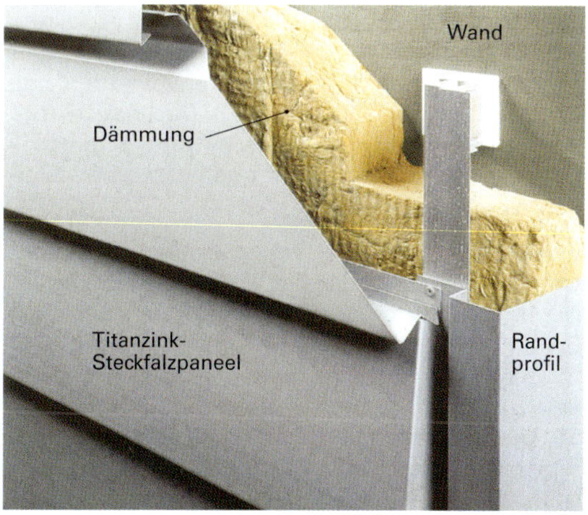

4 Wandbekleidung mit Steckfalzpaneel

13.9.4 Dächer

Dächer können wie Wände aus Trapezblechen, Wellprofilen, Falzprofilen, Faserzementwellplatten, Sandwich-Elementen und Leichtbetonplatten hergestellt werden. Ein Dach wird stärker als eine Wand belastet, da es neben der Windsogbelastung auch Schnee, eventuell eine Kiesschüttung, die Dachabdichtung, die Wärmedämmung und die Monteure tragen muss. Deshalb haben Trapezbleche für Dächer Blechdicken bis 1,5 mm. Trapezbleche werden stets mit der breiten Seite nach oben eingebaut, damit die durch die Biegung hervorgerufene Druckspannung im Obergurt diesen nicht ausbeulen kann (Bilder 1 und 3).

Bauarten von Dächern

Für ungeheizte Lagerhallen und Tribünenüberdachungen werden **einschalige, ungedämmte Dächer** gebaut. Um den Korrosionsschutz zu verbessern, erhalten die bandverzinkten Trapezbleche oberseitig einen Bitumenanstrich. Bild 2 zeigt ein solches Dach in **Pfettenbauweise,** d. h. die Stahltrapezbleche laufen parallel zur Dachneigung und stützen sich auf den Pfetten ab. Wenn die Trapezbleche von Binder zu Binder laufen und so tragfähig sind, dass auf Pfetten verzichtet werden kann, spricht man von **pfettenloser Bauweise** (Bild 3).

Einschalige, gedämmte Dächer können aus armierten Leichtbeton-Dachplatten gebaut werden. Sie werden anschließend mit Kunststoff-Dachbahnen abgedichtet (Bild 4). Im Gegensatz zur Warmwand wird beim **Warmdach aus Trapezprofilen** die Wärmedämmung und Abdichtung von außen, also von oben aufgebracht. Die Trapezbleche bilden dabei eine begehbare Montageplattform.

Eine Ausnahme bilden **Faserzement-Wellplattendächer,** da sie nur auf Bohlen begehbar sind. Sie können wegen der geringen Dichtheit der Stöße nur für Dachneigungen mit über 10° eingesetzt werden, während Trapezblechdächer ab 2° Neigung schon dicht sind und keine Pfützen bilden. Die Wärmedämmplatten sollen versetzt und quer zu den Trapezblechsicken verlegt werden. Bei Flachdächern ist eine dreilagige Dachhaut vorgeschrieben (Bild 1). Die Kiesschüttung schützt die Dachhaut vor dem UV-Licht und beschwert sie gegen Windsog.

Zweischalige Warmdächer haben eine Ober- und Unterschale aus Blech. Der Zwischenraum ist mit Dämmmaterial gefüllt. Sie sind dauerhaft dicht. Beim Stahltrapezblechdach mit Querstoß sollten mindestens 5° Dachneigung vorhanden sein, beim Aluminium-Stehfalzdach genügen bereits 3°, weil die einzelnen Scharen keine Querstöße aufweisen (Bild 3). Mit bombierten Stahltrapezprofilen können auch selbsttragende Bogendächer hergestellt werden.

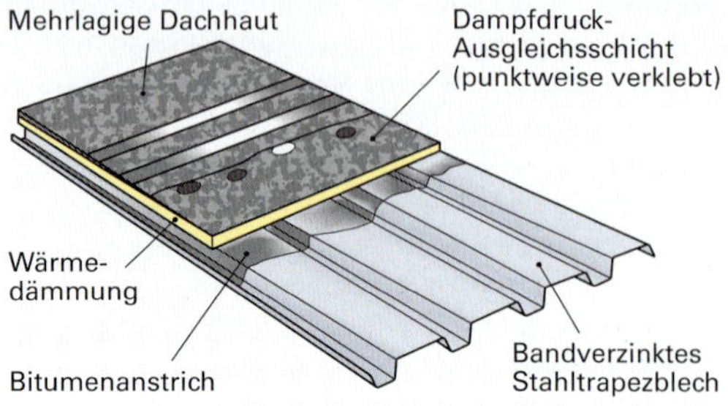

1 Einschaliges Stahltrapezblech-Warmdach

2 Montage eines einschaligen ungedämmten Daches in Pfettenbauweise

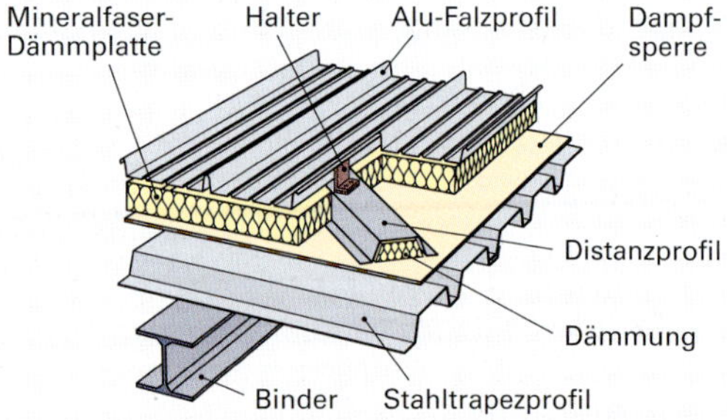

3 Zweischaliges Aluminium-Stehfalzdach

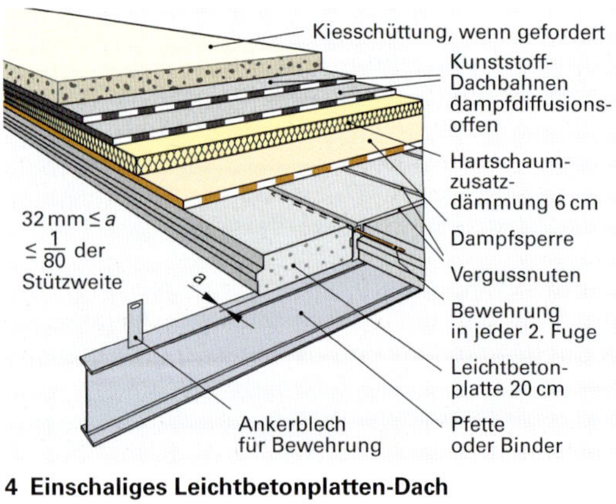

4 Einschaliges Leichtbetonplatten-Dach

Sandwich-Dachelemente besitzen oben und unten höchstens 0,88 mm dünne Stahldeckschalen und haben im Vergleich zum geringen Eigengewicht eine hohe Tragfähigkeit, weil der innen liegende PU-Hartschaum mitträgt. Sie bieten eine sehr gute Wärmedämmung, verdeckte Befestigung und sind schnell verlegt (Bild 1).

Kaltdächer sind zwischen der Dämmung und der Außenschale belüftet und werden nur bei großen Dachneigungen angewandt. Im Sommer bleiben Räume unter solchen Dächern besonders kühl.

Verlegung der Dachelemente

Da die modernen Dachelemente Fertigbauteile mit Korrosionsschutz sind, müssen sie sorgfältig behandelt werden. Der Transport erfolgt als palettierte Pakete bis 3 t Gewicht. Das Heben sollte nur mit gummierten Hebebändern, bei großen Längen mit einer Traverse (Bild 2) erfolgen. Sie müssen trocken gelagert werden, da sich sonst bei verzinkten Blechen Weißrost bildet.

Für das Verlegen ist ein Verlege- oder Montageplan erforderlich. Die Mindestauflagerbreite beträgt bei Trapezblechen und Verbundelementen am Endauflager 40 mm, am Zwischenauflager 60 mm. Zunächst wird das Dach „ausgeschnürt", indem die Lage der einzelnen Bleche angezeichnet wird. Die Bleche werden einzeln von Hand verlegt und sofort befestigt, damit sie nicht abrutschen oder durch Wind abgehoben werden. Zur Befestigung von Trapezblechen auf Stahlkonstruktionen sind nur Bohrschrauben ø 5,5 mm oder ø 6,3 mm, gewindefurchende Schrauben ø 6,3 mm × 16/19 mm und Setzbolzen 4,5 mm × 21 mm (Bilder 3 und 4) bauaufsichtlich zugelassen.

Freiliegende Ränder in Profilspannrichtung benötigen eine **Randversteifung**! Dazu können Profile oder Bleche verwendet werden (Bild 4), die mit selbstbohrenden oder gewindefurchenden Schrauben oder Blindnieten befestigt werden. **Längsstöße** werden mindestens alle 666 mm vernietet oder verschraubt, **Querstöße** in jeder Rippe, Zwischenauflager in jeder zweiten Rippe.

Die „Regeln für Sicherheit und Gesundheit bei der Montage von Profiltafeln" (ZH1/166) müssen beachtet werden. Besondere Gefahren bilden die Ränder, Ausschnitte in der Dachfläche und aufkommender Wind. Deshalb müssen die Monteure durch Auffangnetze oder Anseilschutz gesichert werden. Angebrochene Blechpakete müssen nach Arbeitsende durch Umschnürung gegen Wind gesichert werden (Bild 2).

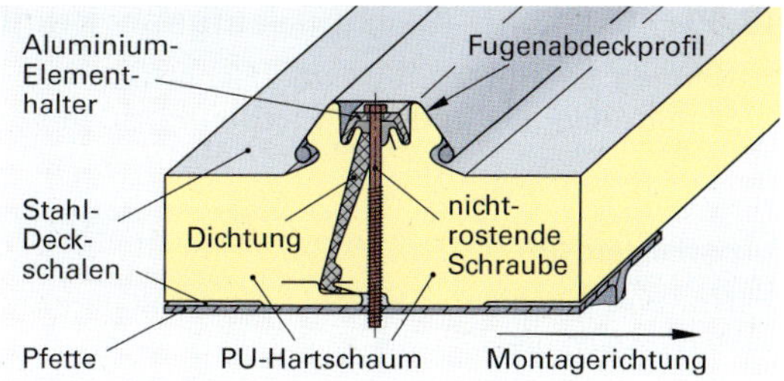

1 Verdeckter Stoß eines Sandwich-Daches

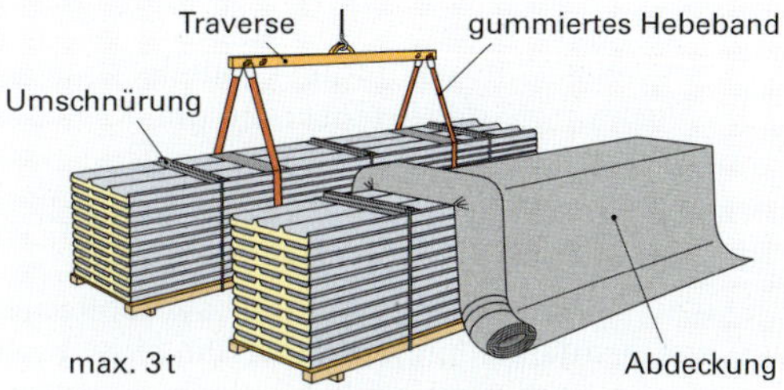

2 Heben und Lagern von Blechpaketen

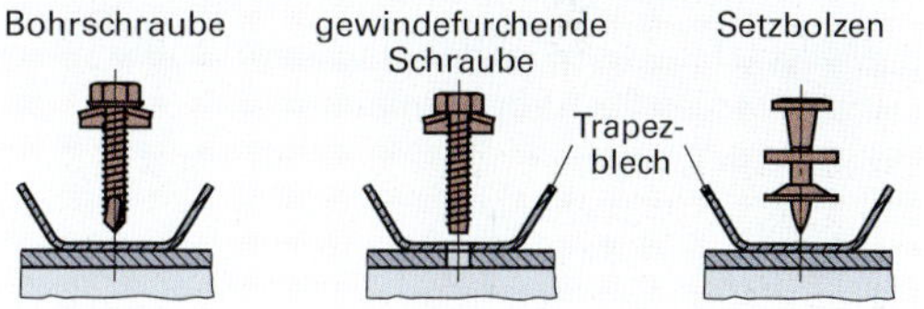

3 Bauaufsichtlich zugelassene Befestigungen

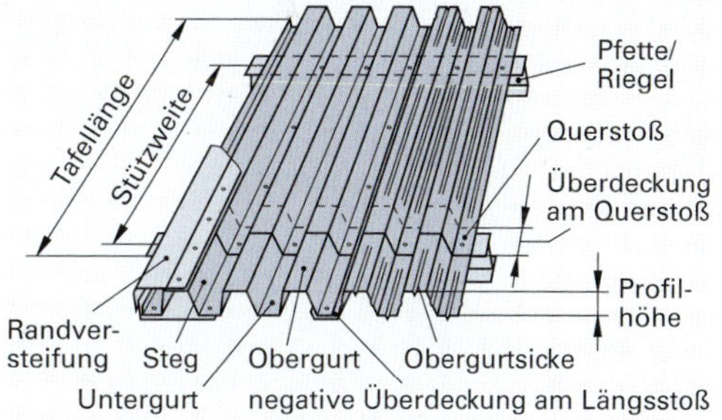

4 Befestigung von Stahltrapezprofilen

Überprüfen Sie Ihre Kenntnisse

1 Warum werden die Wände von Stahlskelettkonstruktionen selten gemauert oder betoniert?
2 Mit welchen Baustoffen kann eine wärmegedämmte Wand schnell hergestellt werden?
3 Welche Vorteile hat eine Kaltwand und wie wird sie hergestellt?
4 Beschreiben Sie Aufbau und Stoß einer Sandwichwand!
5 Was versteht man unter pfettenlosen Dächern?
6 Welche Regeln müssen bei der Montage von Dachelementen beachtet werden?
7 Wie ist ein Warmdach aufgebaut?

13.10 Stahlbau-Abschlussaufgabe: Kranbahnkonsolen einer 2-schiffigen Halle

1 Nennen Sie Höhe, Breite und Flanschform der Stahlprofile, die in dieser Zeichnung zu sehen sind!

2 Warum ist ein HE-360B besser als Stütze geeignet als ein IPE 400?

3 Um was für einen Stützenkopfanschluss handelt es sich hier?

4 Zeichnen Sie die Seitenansicht des Stützenkopfanschlusses und die Kopfplatte im Maßstab 1:5. Welches Wurzelmaß muss dabei beachtet werden?

5 Durch welche Aussteifungen kann die Stabilität der Stütze trotz der Bremskräfte des Krans erreicht werden?

6 Welche Abmessungen haben die symbolisch dargestellten Schrauben im Binder?

7 Skizzieren Sie die restlichen symbolischen Schraubendarstellungen, die zwar nicht mehr genormt sind, aber noch häufig in Stahlbau-Zeichnungen vorkommen.

8 Beschreiben Sie den Aufbau und die Herstellung der Konsolen, die die Kranbahnträger tragen.

9 Welche Funktion hat der Flachstahl 300 × 15 und wie wird er deshalb bezeichnet?

10 Um Ungenauigkeiten ausgleichen zu können muss der Kranbahnträger um +/–20 mm verstellt werden können. Welches Bauteil muss die dazu erforderlichen Langlöcher erhalten?

11 Stellen Sie einen Arbeitsplan für die Herstellung des Teiles mit den Langlöchern auf!

12 Die Gewindestange M24 verhindert das Kippen des Kranbahnträgers. Welche zusätzliche Aufgabe kommt ihr bei der Montage des Kranbahnträgers zu?

13 Zeichnen Sie den Schnitt A-A durch den Unterflansch des Kranbahnträgers und stellen Sie auch den Oberflansch der Konsole dar.

14 Berechnen Sie die Klemmlänge der Schrauben DIN 7990 M24, die die Kranbahnträger halten. Welche Schraubenlänge muss gewählt werden?

15 Wie heißen diese Schrauben und in welchen Güteklassen sind sie lieferbar? Welche Unterlegscheiben werden mit ihnen verwendet?

16 Wie nennt man die Zahl +5140 mit dem Dreieck an der Oberkante der Kranschiene und was gibt sie an?

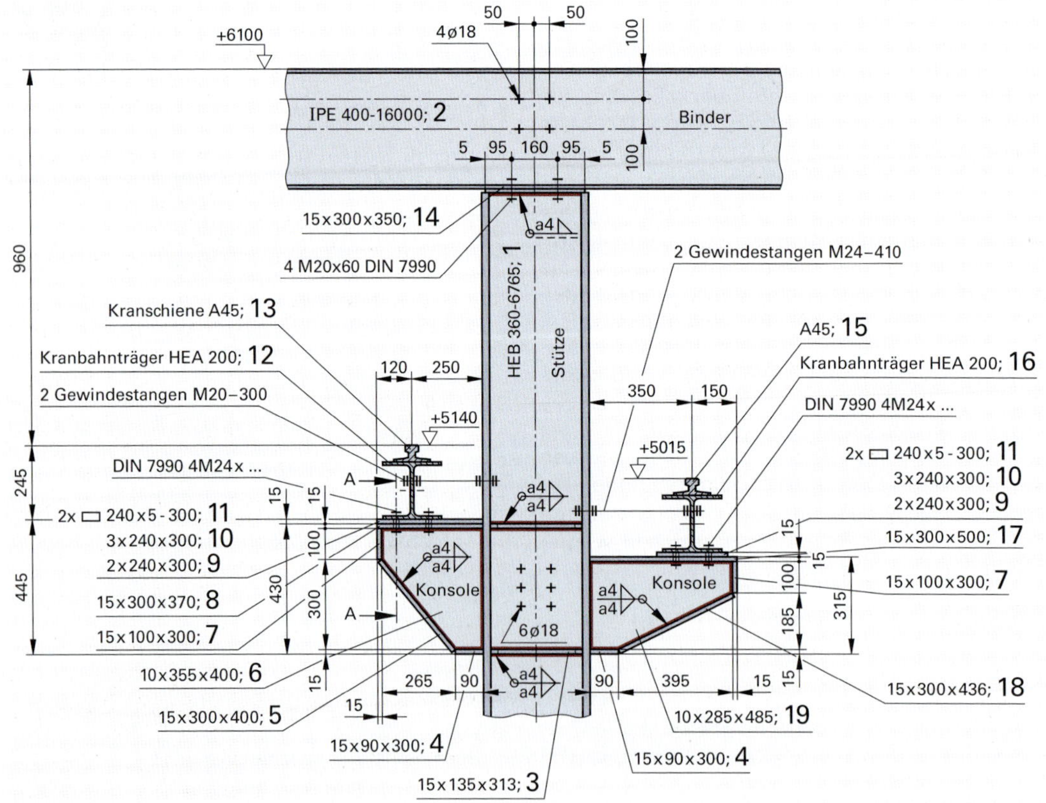

Arbeitsauftrag: Herstellen von Stahl- und Metallbaukonstruktionen

Bau eines Muldenwaschplatzes

In einem Salzwerk müssen die Mulden der Lastwagen von Schmutz- und Salzresten befreit werden. Dazu wird eine Bühne errichtet, von der aus die Mulden abgespritzt werden können

Aufgaben:

1. In Ansicht A ist der Treppenaufgang zu sehen. Stellen Sie fest, welche **Höhe** die **Treppe** überwinden muss und berechnen Sie die Diagonale c des Neigungsdreiecks.
2. Wie viele **Treppenstufen** würden Sie wählen und wie groß wäre die Steigung? Welche Steigung hat die **Treppe** in der Zeichnung?
3. Wie groß ist der **Auftritt** nach Zeichnung gewählt, wenn das Neigungsdreieck 240 mm über der Fahrbahn liegt?
4. Welchen **Steigungswinkel** hat die **Treppe**? Überprüfen Sie mit der Treppenformel, ob die Treppe noch bequem zu begehen ist!
5. Stellen Sie durch eine Skizze fest, welche genormten 30 mm hohen, besonders rutschhemmenden **Trittstufen** aus Pressrost mit Stabteilung 33,33 mm für diese Treppe passen, wenn für die Wange U 200 gewählt wird und die Ganglinie 10 mm Abstand von der Oberkante des U 200 hat! Benennen Sie die Stufen normgerecht.
6. Zeichnen Sie den **Fußpunkt** der Treppe mit den ersten beiden Trittstufen und ermitteln Sie die Anreißmaße für die Schrauben.
7. Fertigen Sie einen **Arbeitsplan** zum Herstellen der Wangen an.
8. Beschreiben Sie die **Montageschritte** beim Einbau der Treppe.
9. **Skizzieren** Sie ein ungefähres Schrägbild der Anlage!
10. Der **Laufsteg** ruht an jedem der drei Enden auf einer Stütze aus zwei U 200 mit Diagonalen aus L 60 × 6. Welche Funktion haben die Diagonalen der Stützen?
11. Der Laufsteg hat einen Rahmen aus U240, dessen Schenkel nach innen weisen. Die Stöße werden stumpf verschweißt. Die Fußleiste besteht aus Fl 120 × 8 und sitzt 10 mm von der Außenkante entfernt. Welche Größe und Form haben die **Gitterroste,** die bestellt werden müssen?
12. Die **Handlauf**-Pfosten werden direkt auf Fl 140 × 170 × 8 geschweißt und mit zwei rohen Sechskantschrauben M12 verschraubt. Zeichnen Sie einen Schnitt durch den Anschluss und prüfen Sie, ob die Schrauben 70 mm von Oberkante U240 sitzen dürfen.
13. Das Geländer soll DIN 24533 entsprechen. Welche Geländerform liegt vor? Welche Rohre sind bei einer Horizontallast von 300 N/m erforderlich? Entsprechen die Pfostenabstände und die Geländerhöhe der Norm?

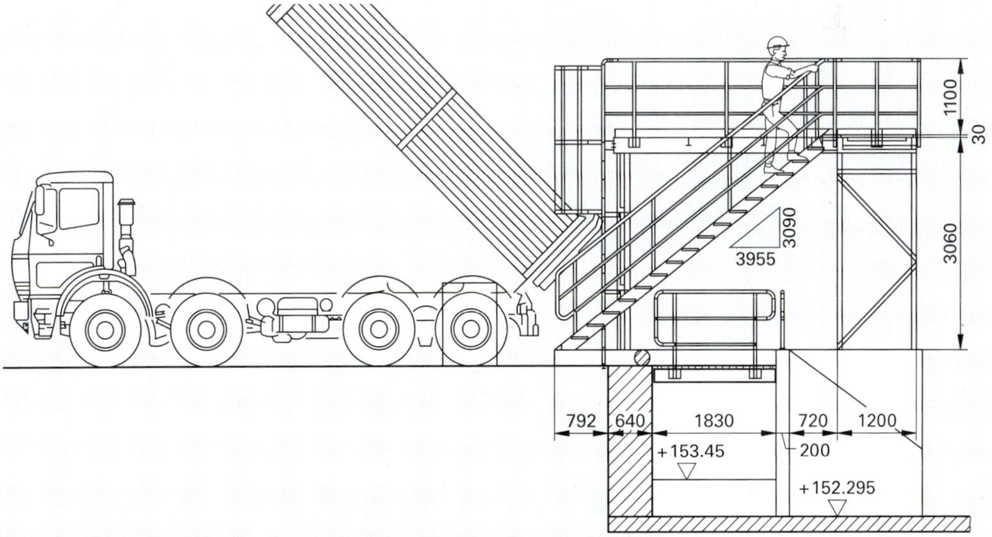

1 Muldenwaschplatz – Funktion und Ansicht A der Fertigungszeichnung

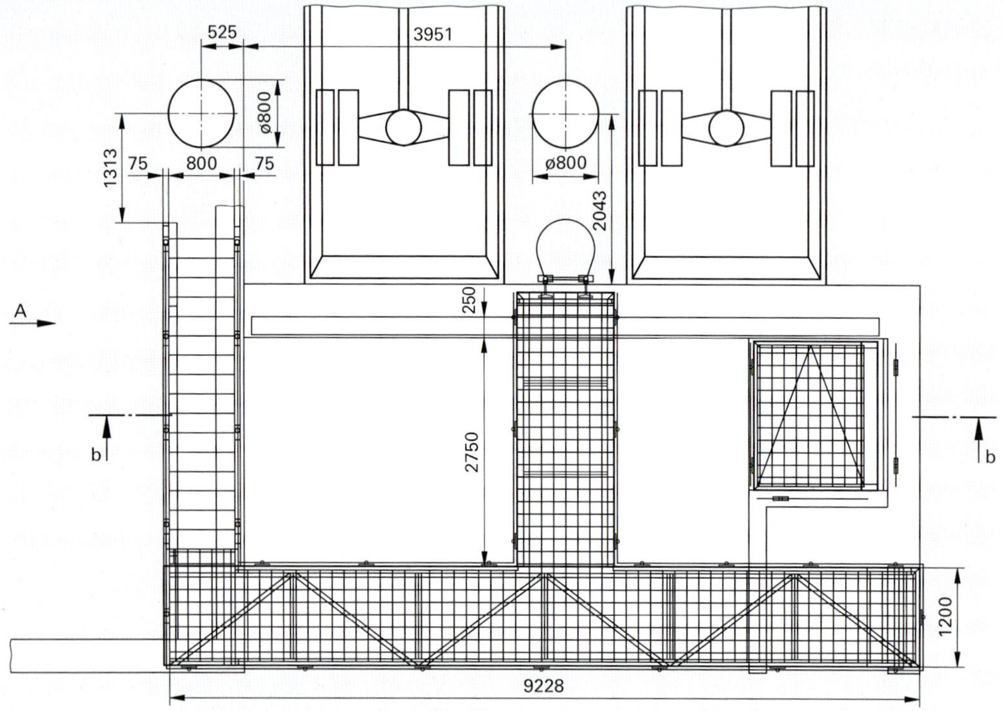

1 Muldenwaschplatz – Grundriss – Schnittlinien

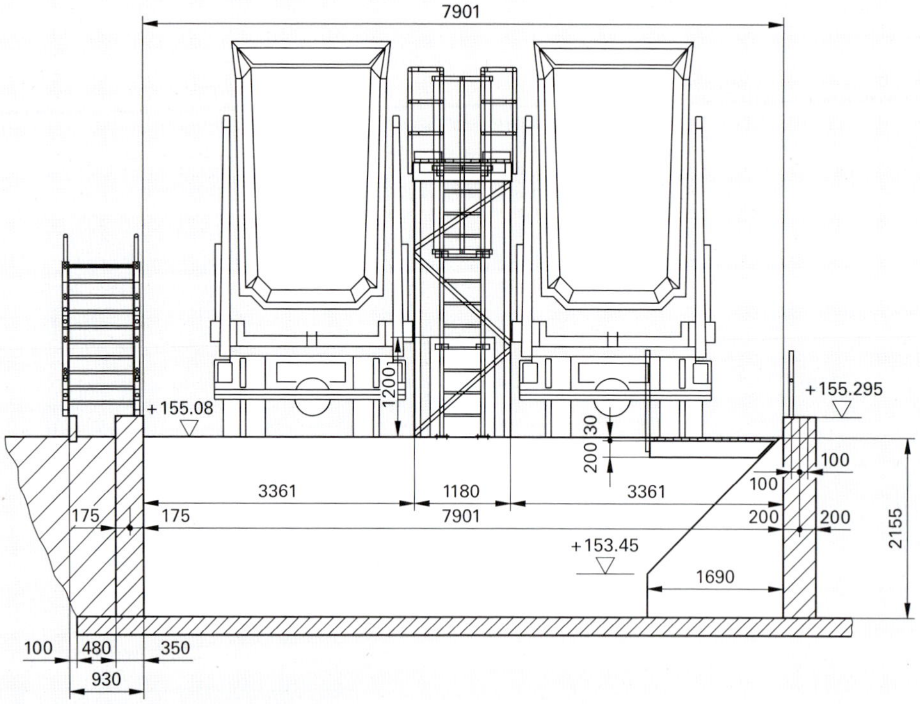

2 Schnitt b-b – Aufriss und Funktionsdarstellung

Lernfeld: Herstellen von Türen, Toren und Gittern

14 Türen

Türen sollen Öffnungen in Gebäuden, Innenräumen sowie Umfriedungen verschließen. Sie unterscheiden sich von den beiden anderen beweglichen Bauteilen, den Fenstern und Toren, dadurch, dass sie im Wesentlichen dem Durchlass von Fußgängern und kleinen Fahrzeugen wie Rollstühlen oder Kinderwagen dienen.

Merke

Türen sind bewegliche Bauteile zum Verschließen von Durchgangsöffnungen in Wänden oder Einfriedungen. Sie sollen Unbefugten den Zutritt verwehren.

Die Anforderungen an die Bauweise einer Tür hängen vom Ort des Einbaus und ihren zusätzlichen Funktionen ab. Stets sollen Türen funktionssicher, dauerhaft, wartungs- und pflegeleicht sein.
Je nach dem Verwendungszweck müssen Türen außerdem Anforderungen hinsichtlich Wärme-, Schall- und Sichtschutz, Fugendichtheit, Witterungsbeständigkeit, Einbruchsicherheit, Brand- und Rauchschutz oder Strahlenschutz erfüllen.

14.1 Aufbau einer Drehflügeltür

Die am häufigsten anzutreffende Bauart von Türen ist die Drehflügeltür. Bei ihr lassen sich die wesentlichen Eigenschaften und Funktionen von Türen erkennen (Bilder 1 und 2).

Jede Tür besteht aus den **drei Grundelementen** Rahmen (Zarge), Flügel und Beschlag.

- Der **Türrahmen**, bestehend aus Zarge oder dem sie verkleidenden Blendrahmen, ist mit dem Mauerwerk durch Dübel oder Maueranker verbunden.
- Der bewegliche **Türflügel**, auch Türblatt genannt, wird erst durch den Beschlag (S. 279) funktionsfähig.
- Der **Beschlag** umfasst alle Ausrüstungsteile der Tür, im Regelfall die Türbänder, das Schloss und die Drückergarnitur. Mittels der Türbänder ist der Türflügel beweglich am Türrahmen montiert.

Türen lassen sich durch weitere Grundelemente wie Festteil (festes Seitenteil) und Oberlicht in beliebiger Gestaltung zur **Türanlage** (Bild 1) aufbauen.

Drehflügeltüren sind **Anschlagtüren**. Bei ihnen befindet sich die senkrechte **Drehachse** in einer Parallelen zu einer Längskante des Türflügels. Sie lassen sich nur nach einer Seite öffnen. Anschlagtüren heißen sie, weil der Türflügel beim Schließen auf den Rahmen schlägt und abdichtet. Mehrfachverriegelungen erlauben ein allseitig dichtes Schließen.

Die Festigkeit und Stabilität des Rahmens und der Verankerung im Mauerwerk, die Beschläge sowie die Konstruktion des Türblatts richten sich nach den besonderen Anforderungen (z. B. Einbruchsicherheit oder Wärmeschutz), die an Außen- oder Innentüren am Einbauort gestellt werden.

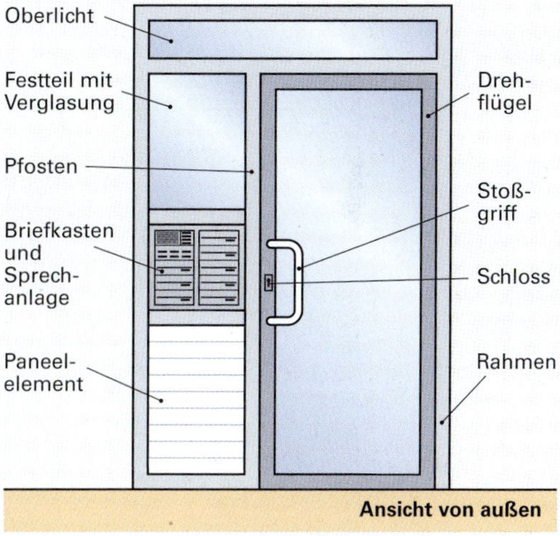

1 Türanlage mit Drehflügeltür (DIN links)

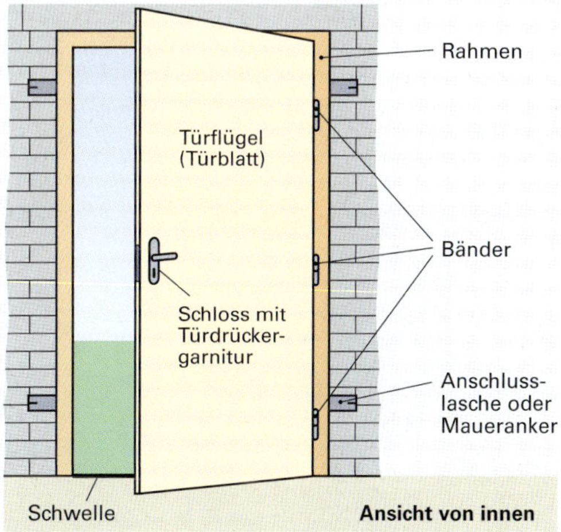

2 Grundsätzlicher Aufbau einer Drehflügeltür (DIN rechts)

Maße und Bezeichnungen

Auch Türen unterliegen in vielen Eigenschaften und Merkmalen der **Standardisierung**. Dazu gehören die Maße der Zargen, Türöffnungen und Türblätter aber auch der Beschläge sowie spezieller Anforderungen wie Wärmeschutz, Einbruchsicherheit, Feuerschutz und anderes (S. 271 ff). Die nachfolgenden Normen geben dem Metallbauer Richtlinien an die Hand: DIN 18100, 18101, 18111-1, 18250, 18251-1, 18252, 18255, 18257, 18262 (Auswahl).

Ein Bezeichnungsbeispiel für die unten abgebildete Drehflügeltür:

Lichte Durchgangsmaße der Tür:
Breite 1000 – (2 × 30) = 940, Höhe 2095

Stahltür 1 e 1000 × 2125 – rechts U

1	einflügelig (2 = zweiflügelig)
e	einwandig (d = doppelwandig)
1000	Baurichtmaß Breite
2125	Baurichtmaß Höhe
rechts	Öffnungsrichtung
U	Umfassungszarge (E = Eckzarge)

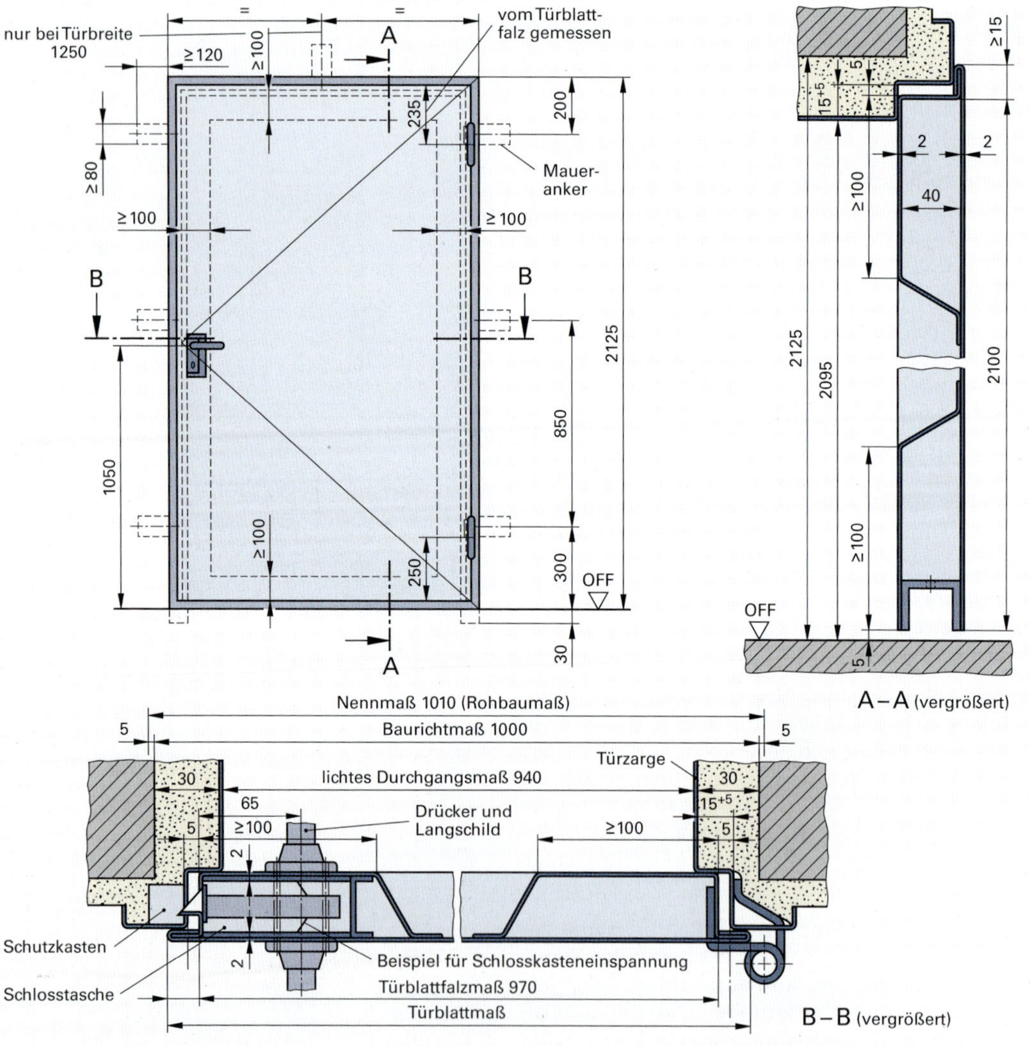

1 Maßbezeichnungen einer einflügeligen, einwandigen Stahltür mit einfach gefälztem Türblatt

14.2 Arten und Merkmale von Türen

Türen können nach unterschiedlichen Gesichtspunkten eingeteilt werden. Meistens treffen mehrere Merkmale auf eine Tür zu:

- Einbauort
- Anordnung
- Bewegungsart
- Bewegungsrichtung
- Bauart
- Werkstoff
- Spezielle Zusatz- oder Hauptfunktion
- Manueller Betrieb oder Automatik

14.2.1 Einbauort

Nach dem Einbauort unterscheidet man Außen- und Innentüren. Zu den Außentüren, die der Metallbauer fertigt und montiert, gehören Hauseingangstüren, Wohnungsabschlusstüren sowie Balkon- und Terrassentüren.

14.2.2 Bewegungsart

Als bewegliche raumabschließende Bauteile werden bei Türen folgende Bewegungssysteme unterschieden (Bild 1):

- Einfach- oder Doppelsysteme
- Mehrfachsysteme (Kombinationen von Einfach- und/oder Doppelsystemen)
- Ein-, zwei- oder mehrflügelige Systeme

14.2.3 Bewegungsrichtung

Drehflügeltüren sind **Anschlagtüren**, bei denen sich die vertikale Drehachse an einer Längskante des Türflügels befindet. Dabei ist genau darauf zu achten, dass sich diese durch Lager und Zapfen der Bewegungsbänder gebildete Achse nicht gegen die Senkrechte neigt, um einen gleichmäßigen Flügelanschlag im Rahmen zu erreichen sowie ungewolltes Öffnen und Schließen zu vermeiden.

Die meisten Anschlagtüren sind ein- oder zweifach überfälzt (Bild 2) und öffnen nach innen. In seltenen Fällen kommen noch ungefälzte Türen zum Einsatz. Für Zugangstüren in öffentlichen Gebäuden, Gastwirtschaften, Kinos usw. ist eine Öffnung nach außen vorgeschrieben.

Merke

Türen in Fluchtwegen öffentlicher Gebäude müssen in Fluchtrichtung zu öffnen sein.

Man unterscheidet nach DIN 107 linke und rechte Drehflügeltüren, indem man die Tür von der Bandseite aus betrachtet (Bild 3). Sind z. B. die Türbänder sichtbar auf der linken Seite angeschlagen, handelt es sich um eine Linkstür. Für **Rechts-Türen** benötigt man Rechtsschlösser und Rechtszargen, für **Links-Türen** Linksschlösser und Linkszargen.

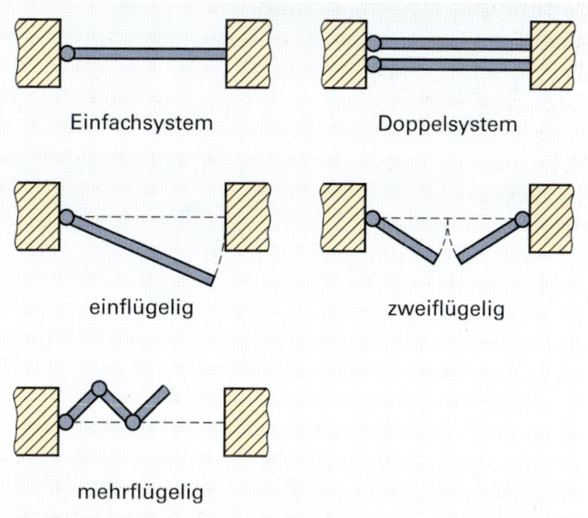

1 Bewegungssysteme von Türen

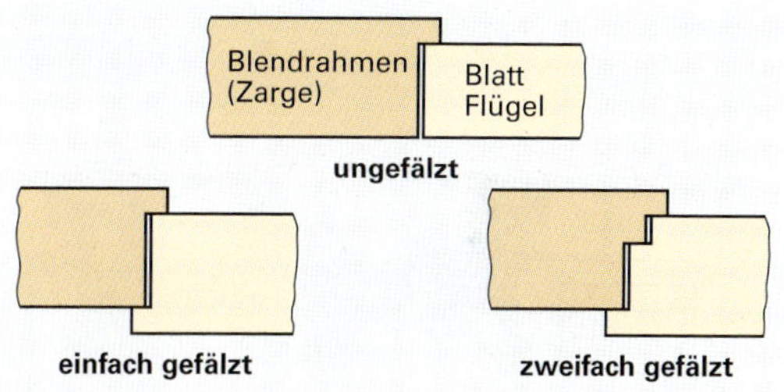

2 Überfälzung von Anschlagtüren

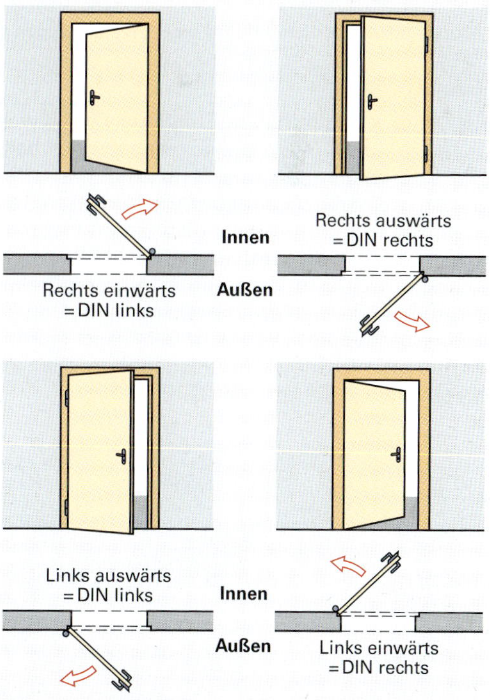

3 Unterscheidung von Rechts- und Links-Türen

14.2.4 Bauarten von Türen

Je nach Anzahl der Flügel, Lage der Drehachse, Bewegung der Flügel, Antrieb oder Werkstoff unterscheiden sich die folgenden wichtigsten Bauarten.

Stulptüren

Darunter versteht man zweiflügelige Anschlagtüren, bei denen beide Drehflügel ohne einen Mittelpfosten aufeinander schlagen. Bild 1 zeigt eine zweiflügelige Stulptür. Der rechte Drehflügel ist hier der „Schlossflügel". Er ist für den üblichen Durchgangsverkehr gedacht. Der linke Flügel ist der „Standflügel", der über Treibstangen feststellbar ist (Bilder 1 u. 2). Stulptüren für Wechselverkehr sind häufig für „Rechtsverkehr" ausgelegt, wobei beide Flügel in der jeweiligen Gangrichtung nach rechts öffnen.

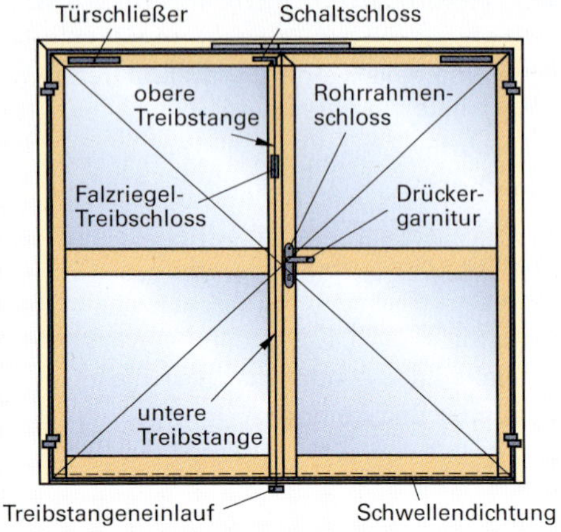

1 Zweiflügelige Anschlagtür als Stulptür

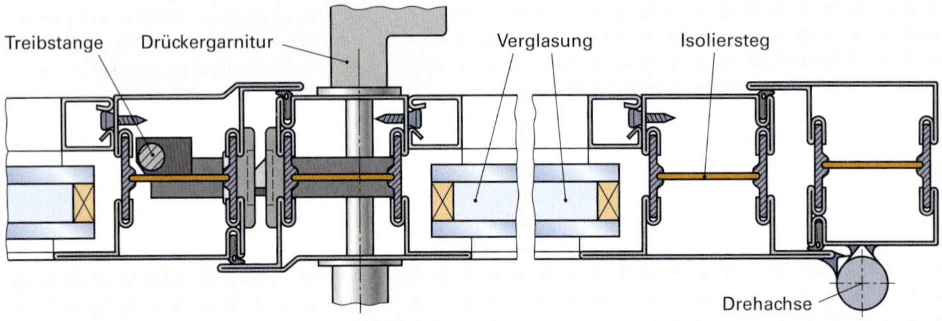

2 Schnitt durch die rechte Hälfte einer zweiflügeligen wärmegedämmten Anschlagtür (Stulptür) aus Stahl

Pendeltüren

Diese Bauart findet man in Eingängen zu Verwaltungsgebäuden und Kaufhäusern mit starkem Durchgangsverkehr. Die Türflügel schwingen nach beiden Seiten durch den Rahmen. Sie werden mit besonderen Zapfbändern am Sockel und Rahmen befestigt und über Bodentürschließer selbsttätig geschlossen. Bei kleineren Pendeltüren bewirken Federbänder (Bommerbänder) das selbsttätige Schließen. Bürsten- oder Gummischleifdichtungen dichten den Luftspalt am Mittelstulp ab. Bei großen Pendeltüren muss sich die Drehachse der Bänder innerhalb des Drehflügelprofils befinden (Bild 3). Bei der Montage wird das obere Band in den Blendrahmen, das untere Band in den Flügelrahmen eingesetzt. Zum Einhängen des Türflügels kann man den oberen Bandzapfen durch den Gelenkhebel anheben und ausklinken. Beim Ausbau wird der Flügel oben ausgeklinkt und gekippt und aus dem Schließerzapfen des Bodentürschließers herausgehoben. Die Lagerbuchse im Bandunterteil ist verstellbar und ermöglicht eine Feinjustierung des Türflügels.

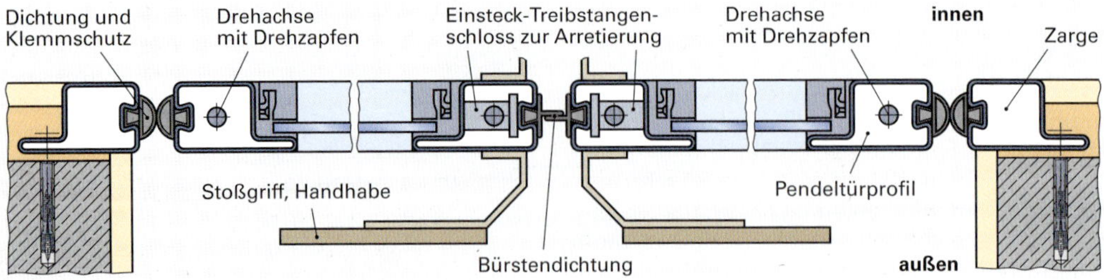

3 Zweiflügelige Pendeltür (horizontaler Schnitt)

Balkon- und Terrassentüren

Balkon- und Terrassentüren kommen oft als Hebe-Drehflügeltüren oder Hebe-Schiebetüren zum Einsatz (Bild 1). Bei beiden Türen wird das Flügelelement beim Schließvorgang abgesenkt, so dass die Bodendichtungen sich fugendicht anpressen lassen. Durch diesen Schließvorgang wird Zugluft im Raum vermieden, die z. B. ohne diesen Senkvorgang ihren Weg von der Terrassen- oder Balkonseite zur Eingangstür finden könnte. Zum Öffnen wird der Flügel zunächst durch den Hebebeschlag aus der Dichtstellung angehoben, um dann in die Öffnungsposition gebracht zu werden. Im Wintergartenbau aus Aluminium-Systemprofilen sind die Parallel-Schiebe-Kipp-Türen (PSK), auch Parallel-Abstell-Schiebe-Kipptüren (PASK) genannt, verbreitet. Diese Türen können sowohl in die Kippstellung als auch in eine beliebige Schiebestellung verfahren werden. Man öffnet die Tür, indem man den Flügel zuerst mit dem Öffnungsbeschlag aus der Ebene heraus bewegt und dann seitlich verfährt und an beliebiger Schiebestelle arretiert. Diese Türen werden in einer Bodenschiene geführt, so dass sie nicht barrierefrei und für z. B. Rollstuhlfahrer nicht optimal sind.
Bei der Darstellung der Sinnbilder für Schiebetüren ist zu beachten, dass die Pfeile zwar die Öffnungsrichtung anzeigen, die Bezeichnung „rechts und links" sich aber nach der Lage des Türanschlages richtet (Bild 3).

Falt- und Harmonikatüren

Sie werden auch als verschiebbare Innentrennwände bezeichnet und kommen als mobile Trennwandsysteme für z. B. Konferenzräume zur Anwendung (Bild 2). Die einzelnen Flügel sind an Laufwerken aufgehängt, die in einer Laufschiene geführt werden. Die Laufschiene ist unter der Geschossdecke montiert. An den senkrechten Flügelkanten sind die einzelnen Flügelelemente mit Scharnieren verbunden. Für eine einwandfreie Funktion ist es wichtig, dass die Drehachse für die Faltposition genau mit der Aufhängung in der Laufschiene fluchtet. Bei Öffnen werden die Flügel zu einem Paket zusammen geschoben.

Automatiktüren

Bei Automatiktüren stehen verschiedene Bauarten zur Auswahl, die sich durch ihre speziellen Eigenschaften für besondere Einsatzgebiete empfehlen. Alle besitzen neben den herkömmlichen Komponenten einer Tür oder Türanlage eine Antriebseinheit (Motor und Getriebe), eine Steuerung, Sicherheitseinrichtungen und Impulsgeber (Sensoren). Sie setzen die Tür bei Annäherung von Personen automatisch in Bewegung und schließen nach einer voreingestellten Offenhaltezeit. Daneben gibt es auch die Möglichkeit einer Betätigung durch Taster oder andere Impulsgeber.

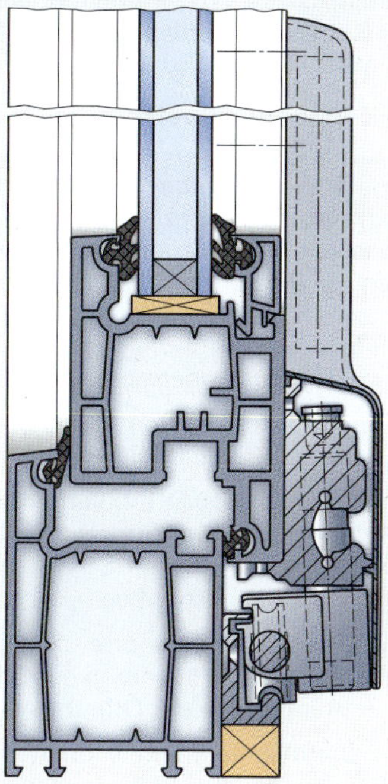

1 Hebe-Schiebebeschlag

2 Falttüranlage

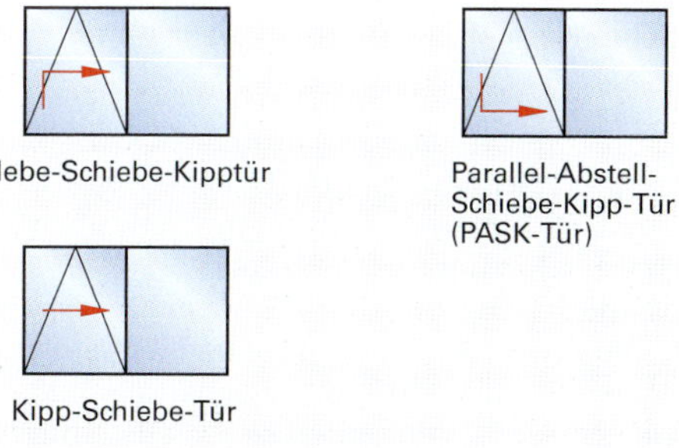

3 Symbole für Schiebetüren

Um Personenschäden zu vermeiden, werden an Automatiktüren hohe Sicherheitsanforderungen gestellt. Die Sicherheitseinrichtungen sollen das Quetschen, Einziehen, Scheren oder Umstoßen von Personen ausschließen und im Notfall (z. B. Stromausfall) die Passierbarkeit der Tür gewährleisten.

Automatik-Drehflügeltüren

Sie sind zu finden als ein- oder zweiflügelige Eingangs- und Zwischentüren in allen Bereichen von Handel und Gewerbe. Dabei liegt die Türbreite bei etwa 1400 mm, bzw. 2 x 1400 mm. Für leichte Türen (bis 160 kg) kommt ein elektromotorischer Antrieb und für schwere Türen (bis 250 kg) kommt ein elektrohydraulischer Antrieb zum Einsatz. Diese Antriebe können relativ leicht an vorhandenen nichtautomatisierten Türen nachträglich auf der Band- oder der Bandgegenseite montiert werden (Bild 1). Dieser Umstand und auch die Forderung nach barrierefreiem Wohnen und der Teilhabe behinderter Menschen am öffentlichen Leben führen dazu, dass diese Türantriebe gerade in Verwaltungsgebäuden, Krankenhäusern, Kliniken, Behinderteneinrichtungen und Wohnheimen ihre Anwendung finden.

Infrarot-Sensorleisten werden auf beiden Seiten der Türflügel mitfahrend montiert, um eine Kollision bei Personenverkehr von beiden Seiten zu erfassen.

Die Türfunktion „push&go" arbeitet ohne Sensorleisten. Ein kleiner Druck auf den Türflügel führt zum automatischen Öffnen des Flügels. Diese Ansteuerung ist für Wohnheime mit älteren Bewohnern entwickelt worden. Auch für den Schalterbetrieb mit Ellenbogentaster (z. B. Rollstuhlfahrer), Zug- oder Fußtaster (z. B. für Krankenpfleger beim Bettentransport) ist der Drehflügelantrieb geeignet.

Zur Programmschaltung gehören die Einstellung auf Automatikbetrieb, auf Daueroffen oder auf den Türverschluss. Eingestellt werden die Öffnungs-, die Offenhalte- und Schließzeit, die Öffnungs- und die Schließdämpfung sowie der Öffnungswinkel.

Automatik-Drehflügelantriebe können auch in Kombination mit Feuer- und Rauchschutztüren betrieben werden. Bei Stromausfall lassen sich die Türen mit geringer Handkraft öffnen (Break out – Funktion).

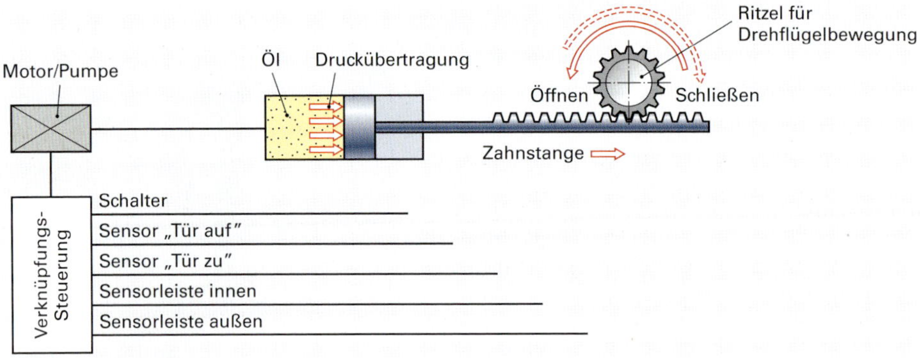

1 Arbeitsschema eines Drehtürantriebs

Automatik-Schiebetüren

Sie gewährleisten maximalen Ausblick und Lichteinfall und haben den Vorteil, dass in der Tiefe eines Raumes der Geschäftsbereich nicht eingeschränkt wird. Die Schiebetürflügel werden oben in Schienen geführt oder rollen in einer Bodenlaufschiene (Bild 2).

Automatik-Schiebetüren arbeiten schnell und leise und zeichnen sich durch eine hohe Laufruhe aus. Standardausführungen erlauben eine Personen-Durchgangskapazität von 1100 Personen/Stunde. Sie werden für Durchgangsweiten von 700 mm – 3000 mm gebaut. Größere Durchgangsweiten bis 4000 mm werden als automatisierte Teleskop-Schiebetüranlagen ausgeführt. Die Durchgangshöhe liegt bei 3000 mm.

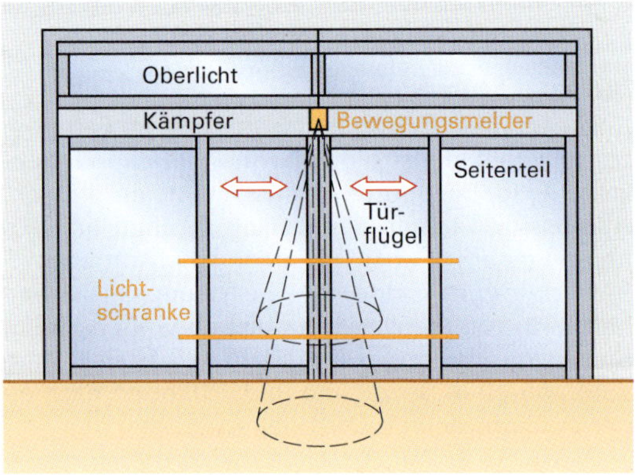

2 Aufbau einer Automatik-Schiebetür

Die Programm-Schaltung sieht folgende Schaltstellungen vor: Aus/Verriegelung, Automatikbetrieb, Daueroffen, Apothekenschaltung (Spaltöffnung). Bei zwei hintereinander auf Abstand montierten Automatik-Schiebetüren können beide Türen auf Schleusensteuerung geschaltet werden. Verglaste Schiebetüren sind die am weitesten verbreitete Bauart bei Automatiktüren. Sie sind in der Regel zweiflügelig ausgelegt, wobei die beiden Flügel nach rechts und links synchron ausfahren (Bild 1). Es gibt aber für spezielle Anwendungen auch einflügelige Ausführungen.

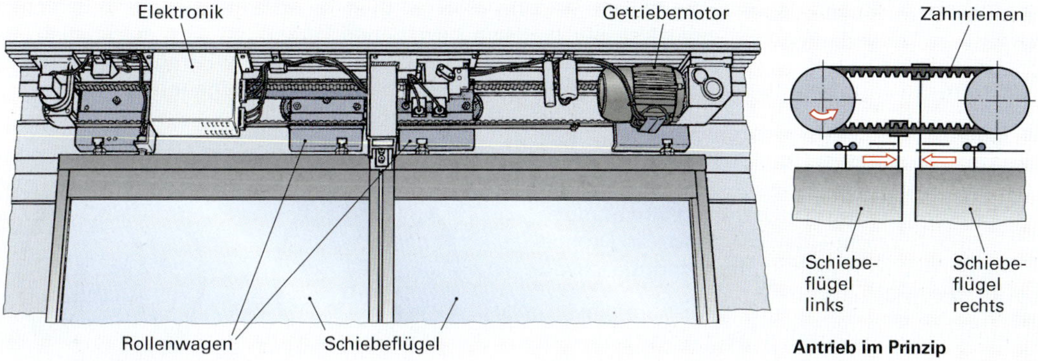

1 Schiebetürantrieb

Die auffahrenden Schiebetürflügel benötigen einen entsprechenden Abstellraum seitlich der freigegebenen Öffnung in der Schließebene. Diesen bieten normalerweise feste Seitenteile, z. B. Festelemente die etwas breiter als die Fahrflügel sind. Folglich geben Schiebetüren etwa die halbe Breite der Einbauöffnung zum Passieren frei. Die Klemm- und Quetschgefahren zwischen den Fahrflügeln und den seitlichen Öffnungsbegrenzungen sind dabei durch Sensoren auszuschließen. Weite Verbreitung finden Rundschiebetüranlagen in Eingangsbereichen von Ladenpassagen. Bild 2 zeigt zwei Bauarten von automatischen Rundschiebetüren, wobei die Ganzglastürblätter bogenförmige Wege zurücklegen. Sie werden für lichte Weiten bis 2500 mm gebaut. Auch die in einem Winkel von z. B. 140° schießenden Schiebetürflügel einer Automatiktür hat ihre Verbreitung und ihren Reiz.

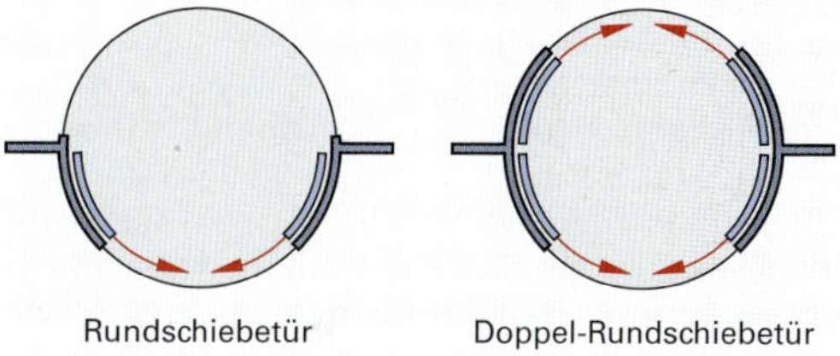

2 Automatische Rundschiebetüranlage

Automatik-Karusselltüranlagen

Sie werden auch als Rotationstüranlagen oder Drehtüranlagen bezeichnet. Sie schützen das Gebäudeinnere vor starkem, ungeordnetem Personenandrang, vor Zugluft und Lärm sowie vor Kälte und Hitze von draußen. Wichtige Baugruppen dieser Türanlagen sind zwei, drei oder vier Flügel, das Drehkreuz mit den angeschlossenen Türflügeln, das trommelförmige Seitenteil, der Deckenring, der Antriebsmotor und die Sicherheitseinrichtungen (Bild 3). Die Flügel mit Sicherheitsverglasung sind über das Drehkreuz oben und unten drehbar gelagert. Zur Vermeidung von Wärmeverlusten und Zugluft sind an den Dichtflächen der Flügelprofile umlaufende Bürstendichtungen eingesetzt. Der Antrieb befindet sich unter der Tür, in einer Mittelsäule des Karussells oder im Deckenring.

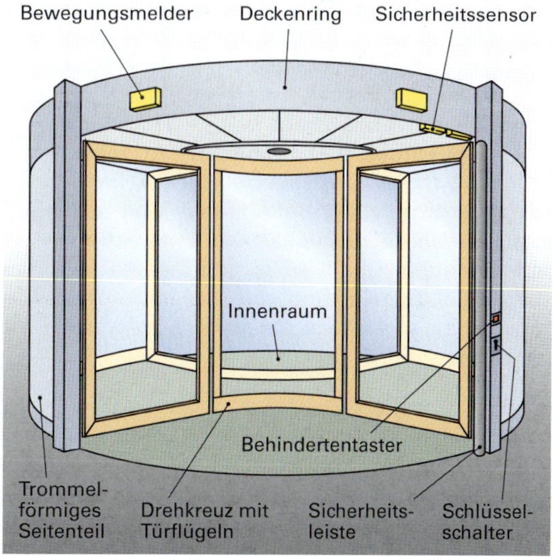

3 Karusselltüranlage

Der kleinste Innendurchmesser bei vierflügeligen Automatik-Türanlagen liegt bei 2000 mm, bei einer lichten Durchgangsweite von 940 mm. Hier können Durchgangskapazitäten von 1440 Personen/Stunde (etwa 24 Personen/Minute) bewältigt werden. Bei der größten vierflügeligen Bauart mit 6200 mm Innendurchmesser und einer lichten Durchgangsweite von 4305 mm werden Durchgangskapazitäten von 5160 Personen/Stunde (86 Personen/Minute) erreicht. Auch diese größte Bauart kann für Flucht- und Rettungswege eingerichtet werden.

Betritt eine Person den Erfassungsbereich des außenseitig montierten Impulsgebers, beginnt die Tür automatisch zu drehen und die Person kann die Tür passieren (Bild 1a). Erkennt ein im Inneren angebrachter Sensor eine stehende oder sich nur langsam bewegende Person, so wird automatisch die Drehgeschwindigkeit reduziert und, wenn nötig, die Tür gestoppt. Verlässt die Person den Abtastbereich, wird die normale Rotationsgeschwindigkeit (750 – 1000 mm/s) wieder aufgenommen.

Bei einem anderen System drehen sich die Flügel langsam, z. B. mit einer Umdrehung pro Minute, so dass die Besucher zum Betreten eingeladen werden. Über Sensoren und Steuerungseinrichtungen, z. B. einem Infrarotmelder, passt sich die Drehgeschwindigkeit automatisch der Schrittgeschwindigkeit des Besuchers an.

Ist eine Karusselltür mit einem Feueralarmsystem verbunden, wird im Notfall die Tür angehalten und die Flügel werden in Fluchtwegposition geschwenkt (Bild 1b). Auch bei Stromausfall nehmen die Flügel automatisch eine besondere Position ein. Die mittleren Flügel funktionieren jetzt wie bei einer Pendeltür und erlauben so ein leichtes Verlassen des Gebäudes durch die Mitte der Türanlage (Bild 1c). Diese Konstruktion bietet ebenfalls einen bequemen Durchlass von z. B. Rollstuhlfahrern und den Durchgang mit sperrigen Gütern. Bei ungewöhnlich hohem Verkehrsaufkommen oder der Notwendigkeit der Zufuhr von Frischluft für das Rauminnere kann die Tür von Hand auf „Dauerdurchlass“ geschaltet werden (Bild 1d).

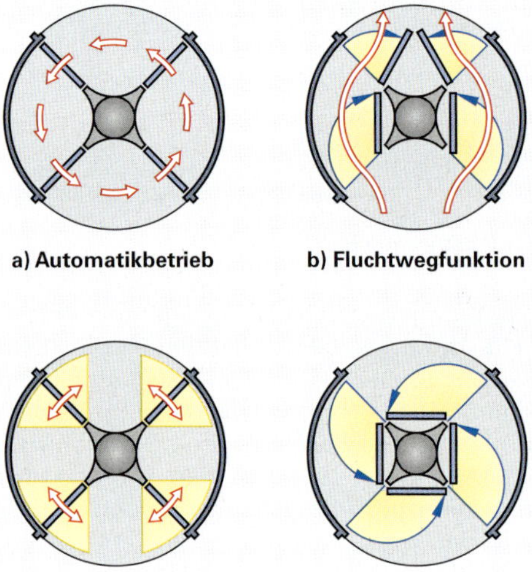

a) Automatikbetrieb b) Fluchtwegfunktion

c) Betrieb bei Stromausfall d) Dauerbetriebsstellung

1 Automatik-Karusseltüranlage

Schwenkflügeltüren

Es sind zweiflügelige Automatiktüren für Durchgangsweiten von 1000 mm bis 2000 mm. Sie wurden für die Möglichkeit der Tür-Automation bei engen Platzverhältnissen im Bereich der Eingangstür entwickelt. Ihre beiden Flügel schwenken beim Öffnen und Schließen um Achsen, die aufgrund ihrer Konstruktion verdeckt im Durchgangsbereich liegen. Beim Öffnen und Schließen beschreiben die Türflügel daher einen engen Viertelkreisbogen (Bild 2). Bei geöffneter Tür liegen die Flügel parallel und dicht an der Türleibung und geben so nahezu die volle Einbaubreite als Durchgang frei.

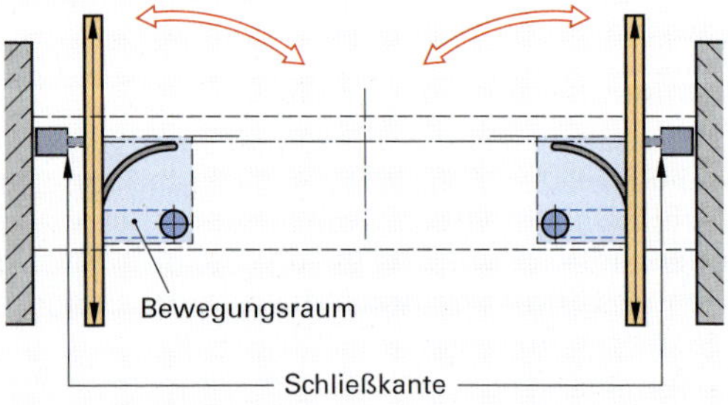

2 Bewegung der Flügel einer Schwenkflügeltür

Überprüfen Sie Ihre Kenntnisse

1 Nach welchen Merkmalen können Türen unterschieden werden?

2 Benennen Sie drei Hauptbestandteile einer Drehflügeltür.

3 Erläutern Sie den Begrif „Stulptür“.

4 Geben Sie die Gefahren für Passanten von Automatiktüren an.

14.3 Türen mit besonderen Funktionen

Türen können benannt werden nach ihrem Verwendungszweck oder nach ihrem Hauptwerkstoff – also als Hauseingangstür oder Wohnungsabschlusstür, als Aluminium- oder Kunststofftür.

Ist eine besondere **Schutzfunktion** angesprochen, wird die Tür danach bezeichnet:

- Feuerschutztür
- Rauchschutztür
- Schallschutztür
- Strahlenschutztür
- Einbruchhemmende Tür

Alle diese Funktions-Bauarten unterliegen besonderen bauaufsichtlichen Bestimmungen und Normen.

Feuerschutztüren

Für öffentliche Gebäude wie z. B. Schulen, Versammlungsstätten, Kaufhäuser, Krankenhäuser, Gaststätten, Arbeitsstätten u. Ä. legen die Landesbauordnungen besondere Vorschriften für den Brandschutz fest. Beispielsweise werden dafür Gebäude in Brandabschnitte durch Brandwände und Brandschutztüren aufgeteilt. Das Ziel ist dabei, im Brandfall Menschenleben zu schützen und die Ausbreitung von Bränden innerhalb eines Bauwerks zu verhindern.

Merke

Die geschlossene Brandschutztür muss im Brandfall das Durchbrechen von Feuer durch die Türöffnung eine bestimmte Zeitspanne aufhalten.

Diese Zeitspanne heißt Feuerwiderstandsdauer und muss durch eine Feuerwiderstandsprüfung nach EN 1634-1 nachgewiesen werden.

Die Bezeichnung der Feuerwiderstandsdauer einer Feuerschutztür ohne Rauchschutz kann lauten: $EI_2$30-C5 (frühere Benennung: T 30), $EI_2$90-C5 (früher: T 90) oder $EI_2$90-C5-S_{200} (früher: T 90-RS).

Dabei stehen:	**E**	für Raumabschluss
	I	für die Wärmedämmung unter Brandeinwirkung (Isolation)
	I_2	für nähere Angaben zu den Messpunkten bei der Feuerwiderstandsprüfung
	30, 60 bzw. 90	für die Feuerwiderstandsdauer in Minuten
	C	für die selbstschließende Eigenschaft (Closing)
	C5	Hinweis auf Prüfzyklen für Schließmechanismus
	S	für die Begrenzung der Rauchdurchlässigkeit (Smoke)
	S_{200}	für die Prüftemperatur 200°

Feuerschutztüren jeder Bauart sind umfangreichen Prüfungen unterworfen und sie sind zulassungspflichtig. Ebenfalls ist die Herstellung im Betrieb und die Montage am Einbauort durch Eigenkontrolle zu dokumentieren. Gleichfalls findet eine Fremdüberwachung durch eine „Überwachungsgemeinschaft für Feuer-, Rauch- und Schutzraumabschlüsse" und durch den Systemgeber für die verwendeten Profilrohre statt.

Feuerschutztüren werden z. B. aus Stahlrohrprofilen oder Aluminiumhohlprofilen gefertigt. Beide Halbzeuge sind mit brandfesten Zwischenlagen (z. B. Fiber-Silikat, „Promatect") ausgestattet. Häufig werden sie dabei mit Brandschutzglas verglast.

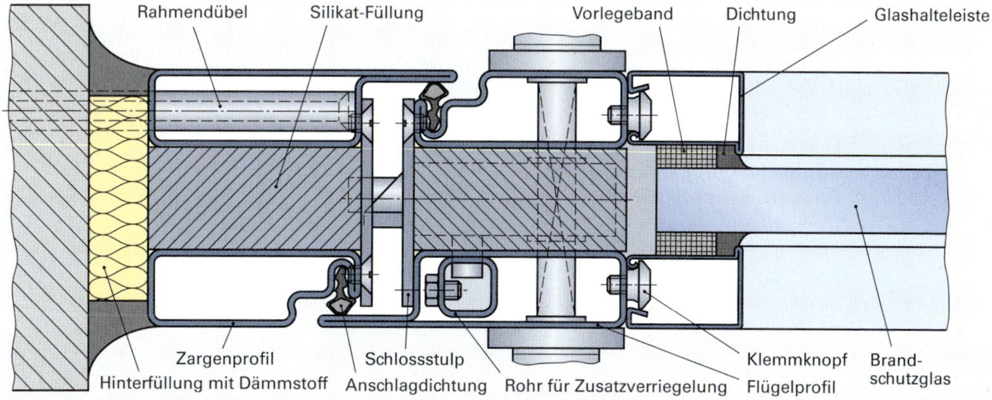

1 Schnitt durch eine Feuerschutztür

Beispiel für feuerhemmende Stahltüren

Normbezeichnung einer bestimmten Tür (Bild 1):

Stahltür T 30-1 L 730 x 1000 A

Diese Tür gehört zu einer Gruppe, deren Ausführungen die folgenden Merkmale aufweisen:

Norm: T 30-1-Tür Konstruktionsgröße A

- Einbau: Mindestwanddicke 115 mm in Mauerwerk, 120 mm in Beton nach DIN 18093 „Einbau von Feuerschutztüren";
- Zugelassener Größenbereich (A) der Wandöffnung: Breite 750 mm bis 1000 mm, Höhe 1750 mm bis 2000 mm
- Anschlagart: DIN rechts (R) oder DIN links (L);
- Türblatt: Doppelwandig, Türblattdicke 54 mm, dreiseitig gefälzt, umlaufend mit Flachstahl ausgesteift, mit Mineralfaserplatten isoliert, Blechdicke 1 mm, verzinkt und grundiert;
- Zarge: Z-Profil, dreiseitig 3mm dick, mit unterem Schwellenprofil, verzinkt und grundiert, je Seite 3 Maueranker;
- Beschläge: 2 Stück zweiteilige Bänder, Einsteck-Dreifallenschloss mit Wechsel, für Profilzylinder vorgerichtet, Kunststoff-Drückergarnitur mit Stahleinlage, 1 Sicherungszapfen (Bild 2), 1 Federband (FE-Band);
- Sonderausstattung: Drückergarnitur aus Edelstahl, Panikschloss, Panik-Stangengriff, Obentürschließer, elektrische Türöffner, Rauchmelder, Feststellanlage.

Neben der Konstruktionsgröße A für leichte Türen werden die Konstruktionsgrößen B, für schwere Türen und C für Feuerschutzklappen unterschieden.

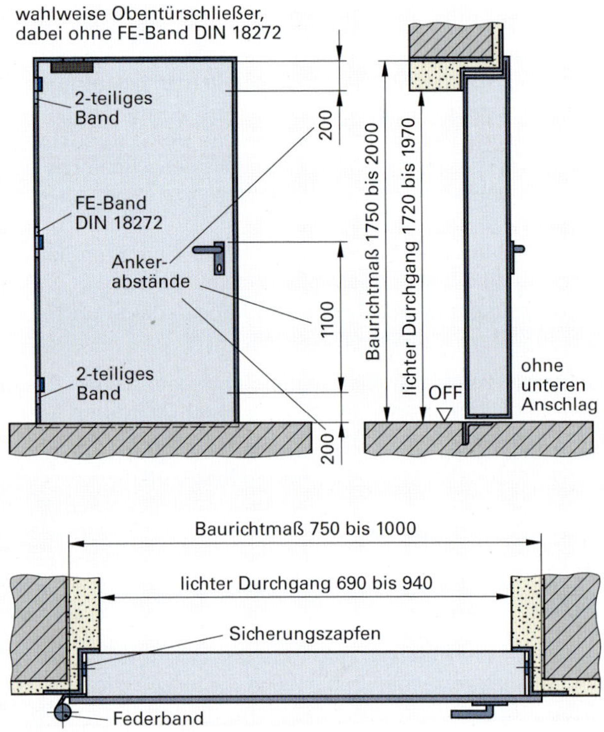

1 Feuerhemmende Stahltür T 30-1

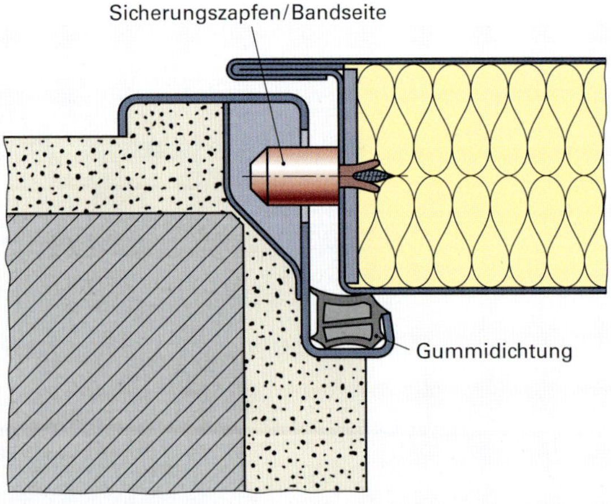

2 Sicherungszapfen auf der Bandseite

Rauchschutztüren

Im Falle eines Brandes breiten sich Rauchgase in Gebäuden viel schneller aus als Feuer. Sie gefährden Menschenleben und behindern die Rettungsarbeiten. Oft überschreiten Rauchschäden den eigentlichen materiellen Brandschaden um ein Mehrfaches. Deshalb fordern Landesbauordnungen Rauchschutztüren überall dort, wo die Ausbreitung von Rauch zu einer Gefährdung führen kann.

Rauchschutztüren sind eine relativ neue Entwicklung im vorbeugenden Brandschutz. Sie können zugleich auch als Feuerschutztüren ausgelegt sein, was aber nicht immer der Fall ist. Rauchschutztüren haben die Aufgabe, die Rauchausbreitung in einem Gebäude zu begrenzen, um so Flucht- und Rettungswege rauchfrei zu halten, auf denen sich Menschen aus dem Gebäude ins Freie retten können. Gleichzeitig begrenzen Rauchschutztüren auch den Schaden im Gebäude wie auch am Inventar.

Merke

Rauchschutztüren müssen im Brandfall den Durchtritt von Rauch so einschränken, dass der dahinterliegende Raum für eine Zeitspanne von etwa zehn Minuten zur Rettung von Menschen genutzt werden kann.

Rauchschutztüren sind überwachungspflichtige Bauteile, die nur von Betrieben hergestellt werden dürfen, die Mitglied in der Überwachungsgemeinschaft für Feuerschutz-, Rauch- und Schutzraumabschlüsse sind. Sie werden mit einem Schild gekennzeichnet, das an sichtbarer Stelle, z. B. im Türfalz, anzubringen ist (Bild 1).

1 Kennzeichnungsschild für eine Rauchschutztür RS-1

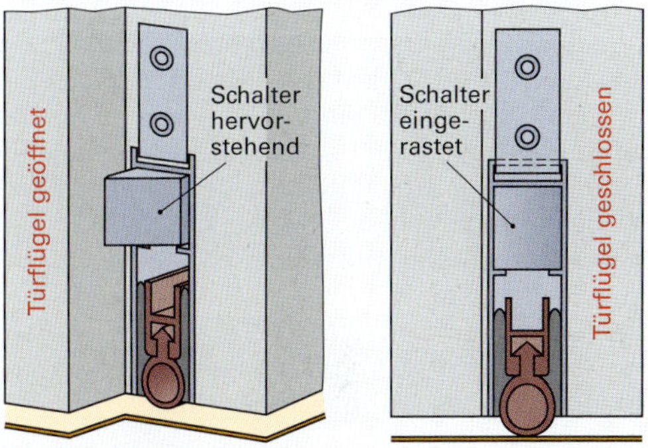

2 Automatische Senkdichtung

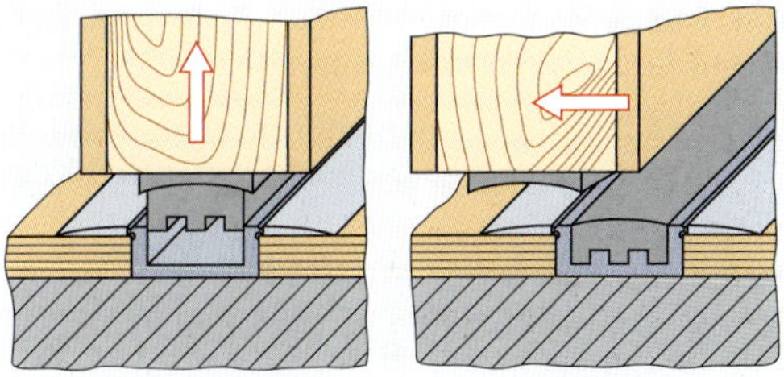

3 Magnetbodendichtung

Bezeichnungen von Rauchschutztüren:

- RS – 1: einflügelige Rauchschutztür (Tür DIN 18095 – RS – 1)
- RS – 2: zweiflügelige Rauchschutztür (Tür DIN 18095 – RS – 2)

Die Hauptanforderung nach DIN 18095 ist eine bestimmte **Rauchdichtheit**, die im Prüfbericht garantiert werden muss.

Merke

Rauchschutztüren müssen sich bei einer Raucheinwirkung von selbst schließen. Federbänder oder Türschließer müssen aus jeder Stellung heraus den Türflügel verschließen.

Auf die **Dichtung gegen die Bodenschwelle** ist besonders zu achten. Bewährt haben sich drei Systeme:

- Ohne Schwelle mit automatischer Senkdichtung (Bild 2), Magnetbodendichtung (Bild 3);
- Schwellenanschlagdichtung (Bild 4);
- Höckerschwelle mit Auflaufdichtung (Schleifdichtung).

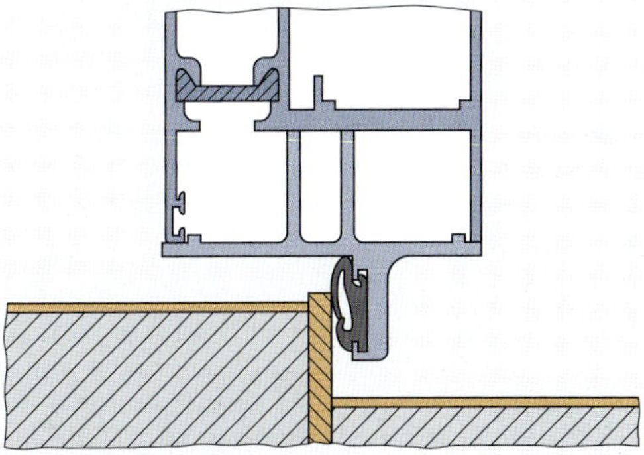

4 Schwellenanschlagdichtung

Wärmedämmende Türen

Steigende Anforderungen an den Wärmeschutz für Wohngebäude und andere beheizte Gebäude führen dazu, dass auch eine erhöhte Wärmedämmung für Eingangstüren erforderlich ist. Zum Stand der heutigen Technik gehören Eingangstüren ohne Verglasung aus thermisch getrennten Aluminiumprofilen mit einem Wärmedurchgangswert[1)] $U_D{}^2 = 1{,}2\,W/m^2 \cdot K$, mit Verglasung liegt der U-Wert bei $1{,}4\,W/m^2 \cdot K$.

Allgemein zeichnen sich Wärmeschutztüren neben der thermischen Trennung der Metallprofile für Flügel und Zarge, durch umlaufende Dichtungen in bis zu 3 Dichtungsebenen, eine automatisch absenkbare Bodendichtung und eine wärmegedämmte Türschwelle aus. Auch die Fugenausbildung zwischen Zarge und Wandfläche hat mit Sorgfalt nach den Vorgaben des Systemherstellers zu erfolgen.

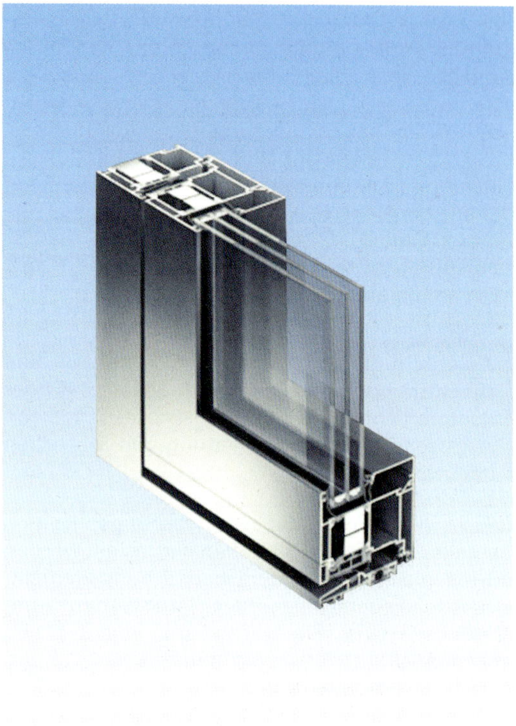

1 **Wärmegedämmte Türprofile mit Dreischeiben-Isolierverglasung**

Da die Energieeinsparverordnung[2)] auch in der Fassung von 2017 die Berechnung des Jahres-Primärenergiebedarf eines Gebäudes mit allen wärmeübertragenden Außenflächen zugrunde legt und in eine Gesamtwärmebilanz, einschließlich der aufgebrachten Energie für Heizung und Warmwasser stellt, muss nicht zwangsläufig jede neue Eingangstür die oben aufgezeigten Wärmedurchgangswerte erreichen. Wichtig ist vielmehr, dass die Gesamtbilanz für das Gebäude die Anforderungen an den Wärmeschutz erfüllt.

Auch im Innenbereich eines beheizten Wohngebäudes kann es sinnvoll sein, Innentüren mit verbessertem Wärmeschutz einzubauen. Das sind z. B. Türen zu Kalträumen wie z. B. Keller, Garage oder Hobbyraum. Hier sorgen zusätzliche Dichtungen für eine Wärmedämmung.

Wärmegedämmte Eingangstüren werden häufig in Kombination mit einbruchshemmenden Komponenten gebaut.

Schallschutztüren

Wohnungseingangstüren in Mehrfamilienhäuser und Treppenhaustüren, Flurtüren in Arbeitsstätten, Kindergärten, Schulen, Unterrichtsgebäuden, Hotels, Krankenhäuser und Sanatorien haben neben ihrer eigentlichen Türfunktion auch eine schalldämmende Aufgabe zu erfüllen. Schutzziele sind dabei der Gesundheitsschutz, die Vertraulichkeit bei normaler Sprechweise und der Schutz vor unzumutbarer Belästigung. In der DIN 4109 werden die Mindestanforderungen der Schalldämmung[3] von Türen vorgegeben. So soll beispielsweise die Schalldämmung für Türen von Unterrichtsräumen zu Fluren in Schulen und Unterrichtsgebäuden den Wert $R'_w = 32$ dB erfüllen. Zum Vergleich liegen die Werte der Schalldämmung bei einer einfachen Zimmertür in Wohngebäuden bei R'_w etwa 20 dB. Die Einteilung nach Schallschutzklassen ist noch gebräuchlich, aber veraltet. Heute werden den Lärmpegelbereichen I bis VII die erforderlichen Schalldämmwerte zugeordnet.

Neben den Standardanforderungen nach DIN 4109 werden auch hochschalldämmende ($R'_w = 40$ dB) und extrem schalldämmende Türen ($R'_w = 45$ dB) auf dem Markt als Spezialtüren angeboten. Hochschalldämmende Türen können z. B. für Konzertsäle nach Architektenvorgaben erforderlich sein.

Für das Maß der Schalldämmung eines Türelementes sind die konstruktiven Ausführungen des Türflügels oder der Türflügel, der Zarge, der Türabdichtungsprofile (Dichtungen) und der Türschwelle maßgeblich. Daneben sind aber noch weitere Punkte zu beachten: das dichte Anliegen aller Falze auf ganzer Länge, dreifach verstellbare Bänder, eine automatisch absenkbare Bodendichtung oder Schleifdichtung, die Hinterfüllung des Zwischenraumes zwischen Wand und Zarge (z. B. Mineralwolle), die Anzahl der Dichtungsebenen (1 - 3) sowie ein Profilzylinderschloss (kein Schlüsselloch als Schallloch).

---

1) siehe auch Kapitel 19.1.4 Wärmetransport 2) siehe auch Kapitel 19.1.6 Energieeinsparung 3) siehe auch Kapitel 19.3.4 Schallschutz im Hochbau

Einbruchhemmende Türen

Gebäude im öffentlichen, gewerblichen und privaten Bereich müssen gegen unberechtigten Zutritt, gegen Einbruchsversuch und Einbruch geschützt werden. Ebenso wie Fenster in Erdgeschosshöhe bilden dabei die Türen die Schwachstellen in der Gebäudehülle und auch im Inneren von Gebäuden. Einen absoluten Schutz gegen Einbruch kann es nicht geben. Allerdings kann der Aufwand für einen Täter an Werkzeugeinsatz, Zeit und Lärmentwicklung beim Einbruchsversuch deutlich erhöht und dadurch das Täterrisiko gesteigert werden. Dieser Mehraufwand für einen Täter wird in Widerstandsklassen dargestellt und die Anforderungen und Prüfbedingungen für Tür- oder Fensterelemente werden in der Normenreihe DIN EN 1627 bis 1630 festgeschrieben.

Gegenüber einer herkömmlichen Tür ohne Klassifizierung nach Widerstandsklassen bedeutet das für eine Tür der Widerstandsklasse 3 (RC 3):

- Verstärkte, dreiseitig umlaufende Eckzarge und 8 Maueranker;
- Dreiseitig gefälztes Türblatt, 50 mm Blattdicke, Außenschale aus Stahlblech 1,5 mm, verstärkte Innenkonstruktion;
- 5 Verriegelungsbolzen auf der Bandseite, die in die Stahlzarge haken (pilzförmige Zapfen)
- Wartungsfreie Bänder mit gesicherten Bandbolzen;
- Sicherheitsschloss mit Aufbohrschutz und Wechsel, vierfach verriegelt;
- Schließzylinder mit Aufbohrschutz;
- Sicherheitsbeschlag, stahlarmiert.

Bild 1 zeigt eine zweiflügelige einbruchhemmende Sicherheitstür mit weiteren Sicherheitselementen und Fachbegriffen in der Türtechnik.

Es ist zu bedenken, dass Türen der Widerstandsklassen 4 bis 6 in Flucht- und Rettungswegen den Werkzeugeinsatz der Feuerwehr für Notöffnungen erschweren.

Eine Sicherheitstür hat eine Typenprüfung zu absolvieren. Diese Typenprüfung umfasst u. a. Prüfungen auf Festigkeit gegenüber mechanischen und dynamischen Einwirkungen und eine manuelle Prüfung. Sicherheitstüren werden von autorisierten Fachbetrieben gefertigt. Ein Prüfzeugnis und eine dauerhafte Kennzeichnung (z. B. im Falzbereich der Tür) weist die Widerstandsklasse RC (resistance class) der Tür aus.

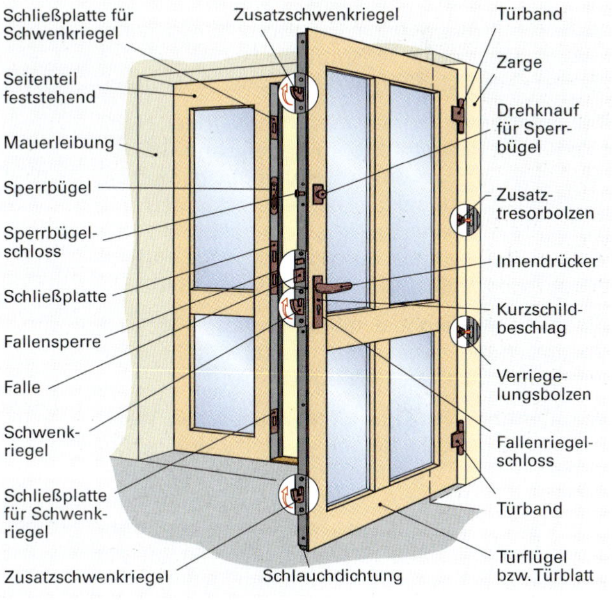

1 Einbruchhemmende Sicherheitstür

Für die Sicherheit an einer Tür gegen Einbruch sind der Baustoff für die Verankerung eines Türelements, die Verankerung von Rahmen oder Zarge, die Festigkeit von Rahmen und Türblatt, die Falzgeometrie der Türkonstruktion, die Auswahl und die Befestigung der Bänder, die Qualität der Verriegelungs- und Schließtechnik, die Griffgarnitur, die Schwellen- und Türsockelgestaltung und gegebenenfalls die Verglasung maßgeblich. Die Einlassung eines Türspions ist heute nicht mehr Stand der Technik, da auch ein Türspion für Notöffnungen im Rahmen von Schlüsselnotdiensten (und damit auch Einbrechern) Zutritt verschaffen kann.

Eine sehr wirkungsvolle nachträgliche Sicherung an Türen bietet der auf der Rauminnenseite montierte Querriegel. Er sichert das Türblatt zusätzlich nach links und rechts zur Leibung ab. Er ist auch von außen über das im Türblatt eingelassene Schloss zu betätigen. Dieses von außen sichtbare Schloss signalisiert einem Gelegenheitstäter einen Mehraufwand beim Einbruchsversuch und hat daher auch eine abschreckende Wirkung.

Zusätzliche Sicherheit im Türbereich bieten auch Bewegungsmelder, die ein akustisches oder ein stilles Signal auslösen oder eine Lichtquelle aktivieren. Gleichfalls ist darauf zu achten, das sich im Türbereich keine spannungsführenden Steckdosen für Täterwerkzeuge befinden.

14.4 Werkstoffe für Türen

In der Metallbaupraxis werden Türen auch nach ihrem Werkstoff bezeichnet. Es gibt Metalltüren, Kunststofftüren, Glastüren und Verbundtüren.

Metalltüren werden unter Verwendung von Profilrohren oder Blechen aus Stahl oder aus Aluminiumprofilen gefertigt. Der Vorteil von Metalltüren gegenüber Holztüren ist die größere Festigkeit und Feuchtigkeitsunempfindlichkeit. Für große und biegesteife Türen sind Profilrohre aus **Stahl** am besten geeignet. Bei Außentüren kommen wegen des Korrosionsschutzes feuerverzinkte und kunststoffbeschichtete Stahlprofile, Aluminiumprofile oder Profile aus nichtrostendem Stahl zum Einsatz.

Aluminiumtüren werden aus stranggepressten Profilen hergestellt. Innerhalb eines Gebäudes werden ungedämmte Ganzaluminiumprofile, im Außenbereich wegen der Wärmedämmung Aluminium-Isolierprofile eingesetzt (Bild 1). Die Systemprofile für Türen unterscheiden sich von den Fensterprofilen nur durch ihre Abmessungen, Wandstärken, Beschlagskammern und dem Sockelprofil. Aus wenigen Grundprofilen und einer Vielzahl von Ergänzungsprofilen lassen sich die unterschiedlichsten Türen und Türanlagen fertigen.

Kunststofftüren werden aus Massiv- oder Hohlprofilen als Rahmentüren mit oder ohne Glasfüllung gefertigt. Die durch Extrudieren hergestellten Profile haben bei gleichen Abmessungen eine geringere Biegesteifigkeit als Metallprofile. Sie werden deshalb meist durch in die Profilkammern geschobene Stahlblechprofile verstärkt (Bild 2).

Glastüren werden bei rahmenlosem Flügel als **Ganzglastüren** gebaut. Ein Flügel mit Rahmen und Glasfüllung ist eine **verglaste Tür**.

Verbundtüren sind aus unterschiedlichen Werkstoffen aufgebaut. Bei einer Holz-/Aluminiumkonstruktion z. B. kommen die Vorteile der jeweiligen Werkstoffe zur Anwendung: Holz mit seiner guten Wärmedämmeigenschaft und seinem optischen Eindruck bildet den Rahmenwerkstoff; die Außenverkleidung aus Aluminium schützt vor Witterungseinflüssen und ermöglicht eine individuelle farbliche Gestaltung.

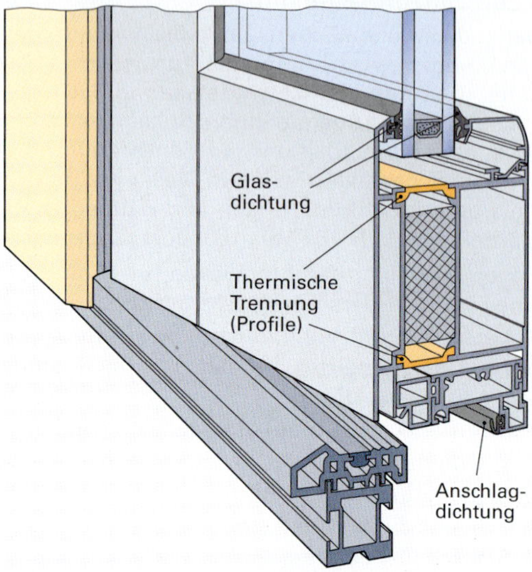

1 Aluminiumtür mit thermisch getrennten Profilen

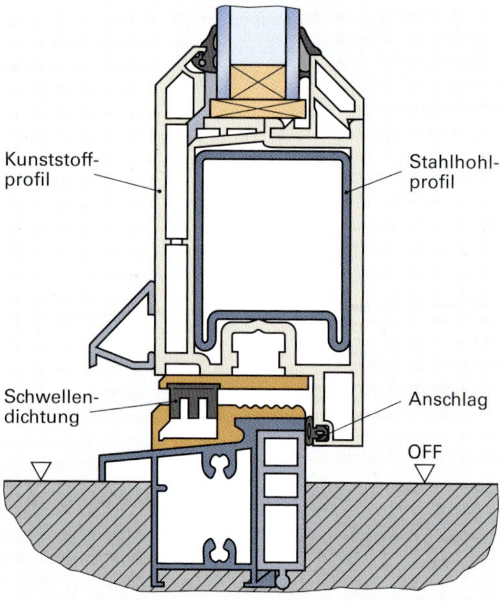

2 Konturstoffaußentür verstärkt mit Stahlhohlprofilen

Überprüfen Sie Ihre Kenntnisse

1 Erklären Sie die Bezeichnung „T 30-2-Tür".
2 Welche Türwerkstoffe für Feuerschutztüren kennen Sie?
3 Warum müssen Feuerschutztüren einer Typenserie eine Prüfung und Zulassung vom DIBt erhalten?
4 Warum sind Drückergarnituren aus Kunststoff nur mit Stahleinlage bei Feuerschutztüren zugelassen?
5 Warum müssen Feuer- und Rauchschutztüren mit Federbändern oder Türschließern ausgestattet sein?
6 Erläutern Sie vier Merkmale einer einbruchshemmenden Tür.
7 Nennen Sie die Vor- und Nachteile der verschiedenen Tür-Werkstoffe.

14.5 Türschließer

Häufig müssen Türen unabhängig von der Achtsamkeit der Benutzer geschlossen bleiben. Dann ist der Einbau automatischer Türschließer notwendig.

Merke

Türschließer bewirken durch ihre Schließkraft das selbsttätige Schließen einer Tür. Sie sind bei Rauch- und Feuerschutztüren vorgeschrieben.

Eine Tür aufzustoßen, erfordert Energie. Diese wird mechanisch auf den Türschließer übertragen, dort über eine Feder gespeichert und dazu genutzt, die Tür wieder zu schließen. Der Schließvorgang ist regulierbar.

Es gibt verschiedene Montagepositionen für Türschließer. Die häufigste ist die Befestigung oben am Türblatt als **Obentürschließer**.

Der derzeit gebräuchlichste Schließer ist der **Zahntriebtürschließer** (Bild 2). Seine Funktion beruht darauf, dass die Drehbewegung des Türblatts durch ein Ritzel, das im Eingriff mit einem ebenfalls mit Verzahnung versehenen Kolben ist, in eine lineare Bewegung umgesetzt wird (Bild 2a). Während dieser Bewegung drückt der Kolben eine Feder zusammen. Damit wird die Öffnungsenergie gespeichert (Bild 2b). Sobald die Tür losgelassen wird, entspannt sich die Feder wieder und drückt dabei den Kolben in die entgegengesetzte Richtung. Das versetzt die Achse über ihre Verzahnung in Drehung. Dabei zieht der auf der Achse befestigte Hauptarm die Tür wieder in die Ausgangsposition und schließt die Tür.

Aus gestalterischen und technischen Gründen, aber auch wegen der geringeren Gefährdung durch Vandalismus, kamen in den letzten Jahren immer mehr **Gleitschienentürschließer** zum Einsatz. Ihr Gestänge ragt nicht frei in den Raum, sondern liegt je nach Montageart flach am Türrahmen oder Türblatt an (Bild 4).

Moderne Türschließer arbeiten mit Nockengetriebe (Bild 3). Sie werden auch bei Bodentürschließern eingesetzt (folgende Seite).

Montagearten von Obentürschließern

Obentürschließer werden bei Anschlagtüren eingesetzt. Das bedeutet, dass die betreffende Tür sich nur in einer Richtung öffnet. Die übliche Montageposition eines Obentürschließers an der Tür ist die Türblattmontage auf der Bandseite, also der Seite, zu der sich die Tür öffnet (Bild 4a).

Wenn es sich um eine Außentür handelt, ist es vorzuziehen, den Schließer auf der Innenseite der Tür zu montieren. Viele Außentüren öffnen aber im Einklang mit den Vorschriften für Flucht- und Rettungswege nach außen. Zur Vermeidung einer Außenmontage des Türschließers ist es daher üblich, den Schließer kopfstehend innen am Türrahmen zu montieren (Bild 4d).

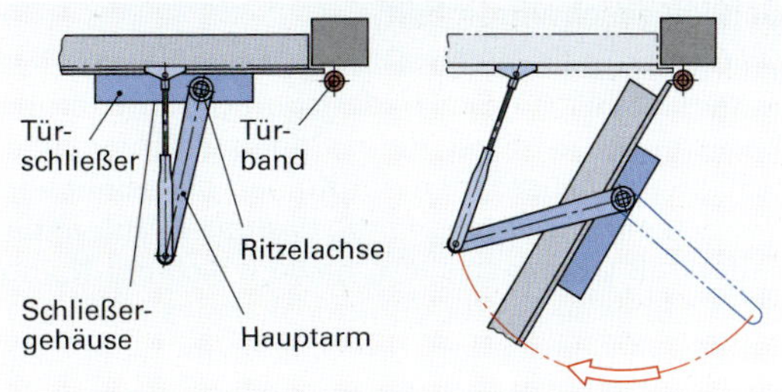

1 Bewegungsablauf eines Obentürschließers

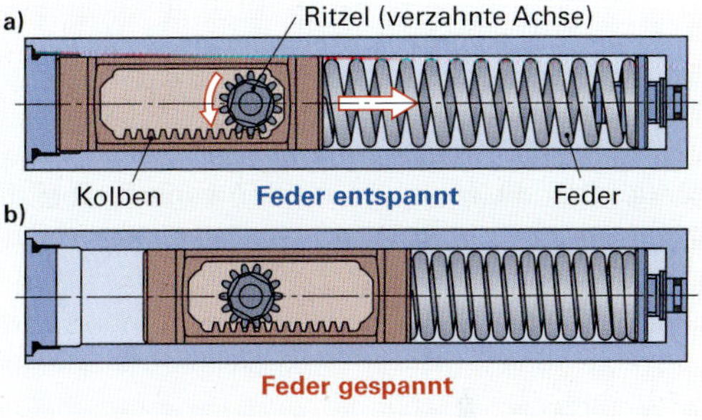

2 Funktionsweise des Zahntriebtürschließers

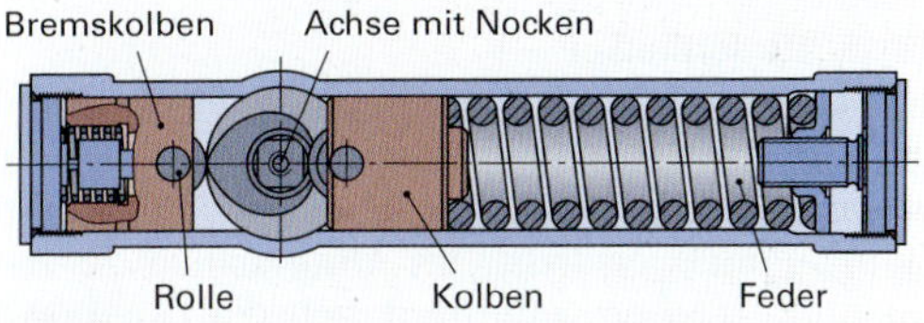

3 Funktionsweise des Nockentürtriebschließers

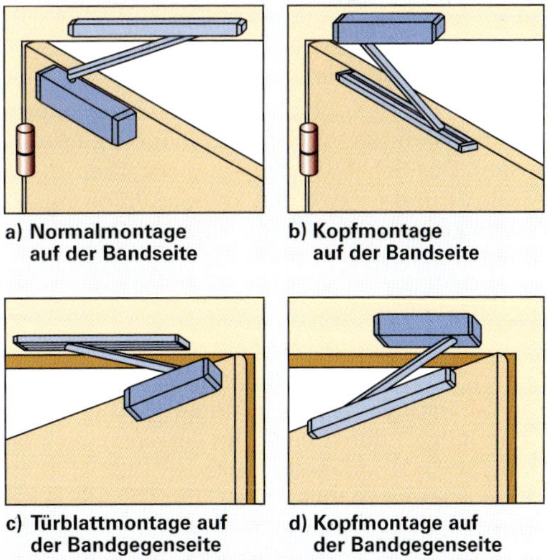

4 Montagepositionen von Obentürschließern

Schließgeschwindigkeit

Damit die Tür nach dem Öffnen nicht mit voller Kraft zuschlägt, ist eine gesteuerte Federentspannung erforderlich (Bild 1). Eine bedarfsgerechte Steuerung wird mittels Hydrauliköl erreicht, mit dem das Schließergehäuse gefüllt ist. Beim Öffnen der Tür wandert das Öl durch eine Bohrung im Kolben in den Teil des Schließergehäuses, den der Kolben bei seiner Vorwärtsbewegung freigibt. In der Kolbenbohrung befindet sich ein Rückschlagventil, das das Öl nur in einer Richtung durchlässt. Wenn die Tür sich mithilfe der Federkraft wieder schließt, bewegt sich der Kolben in seine ursprüngliche Position zurück. Dabei fließt das Öl über einen Rückführungskanal zurück zur Federseite. Über ein von außen bedienbares Regulierventil kann der Ölfluss zur Federseite eingestellt und damit der Schließvorgang gedämpft werden.

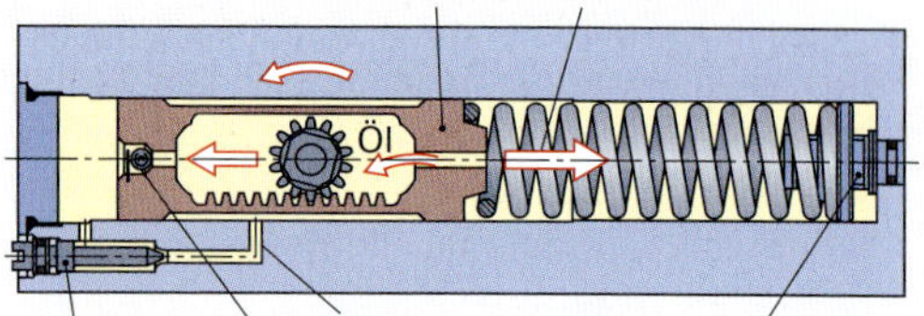

1 Dämpfung der Schließgeschwindigkeit durch Hydrauliköl

Schließkraft

Der Türschließer muss in der Lage sein, das Türblatt gegen die äußeren Kräfte (Luftwiderstand, Reibung, Falle, Dichtungen) zu bewegen. Je breiter und je schwerer die Tür ist, umso stärker muss der Türschließer sein. Einige Türschließer haben eine vom Hersteller festgelegte unveränderbare Federstärke. Über die Montageposition kann hierbei die Schließkraft an die Türsituation angepasst werden.

> ***Merke***
> Je weiter der Schließer von den Bändern entfernt ist, desto größer wirkt sich seine Schließkraft aus.

Andere Schließertypen haben Einstellmöglichkeiten, die der Feder je nach Bedarf eine unterschiedliche Grundvorspannung verleihen (Bild 1).

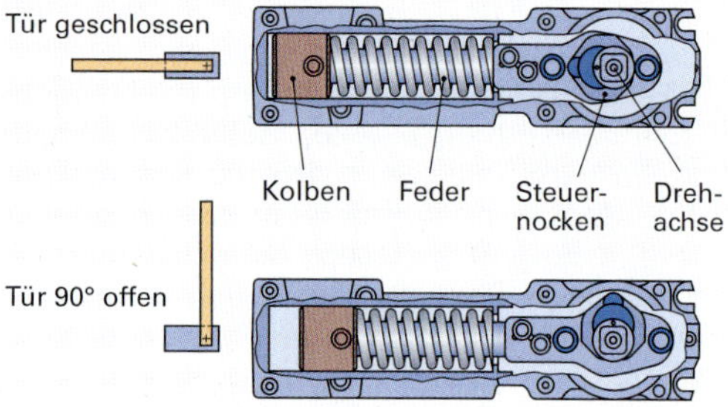

2 Funktionsweise eines Bodenschließers

Bodentürschließer

Sie erfordern wegen der fehlenden Hebelübersetzung des Gestänges ein wesentlich höheres Drehmoment an der Achse, damit die Tür bestimmungsgemäß schließt. Im Unterschied zu den Obentürschließern überträgt sich die Drehbewegung des Nockens auf eine Ablaufrolle, die über Kolbenstange und Kolben die Feder zusammendrückt (Bild 2). Bodentürschließer werden meist als Universal-Bodentürschließer eingesetzt, die sich für Anschlag- und für Pendeltüren eignen.

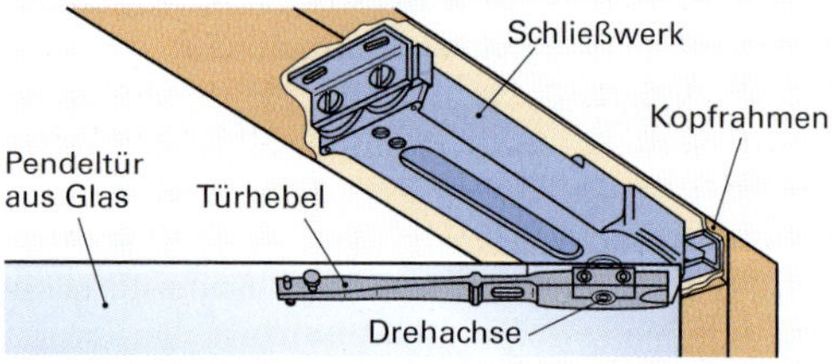

3 Rahmentürschließer

Rahmentürschließer

Sie können im Kopfrahmen, im Türsockelprofil oder in einem Riegelprofil des Flügels eingebaut werden. Das Schließwerk liegt unsichtbar im Profil (Bild 3) und ist dadurch keinen Witterungseinflüssen ausgesetzt. Rahmentürschließer werden bereits in der Werkstatt montiert und eingestellt.

Schließfolgeregelung

Bei zweiflügeligen Brandschutztüren mit Überfälzung im Mittelbereich (Stulptür) wird die richtige Schließfolge der beiden Türflügel (1. Standflügel, 2. Gangflügel) durch einen im Türschließer integrierten Schließfolgeregler gesteuert (Bild 4). Damit gelingt es sicherzustellen, dass der Gangflügel solange offengehalten wird, bis der Standflügel sich fast oder sogar vollständig in der Schließstellung befindet.

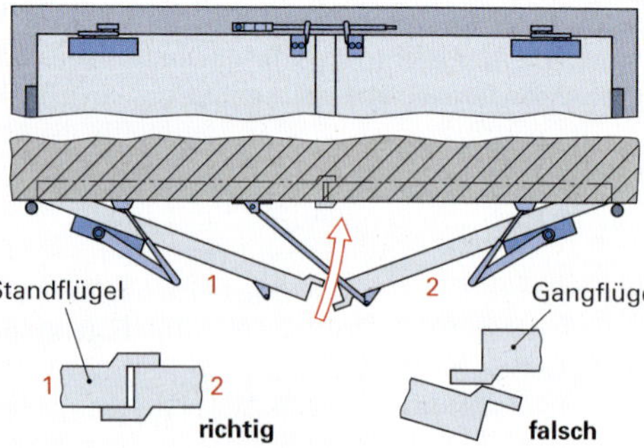

4 Mechanischer Schließfolgeregler

14.6 Beschläge für Türen

Erst die auf Funktion, Gewicht und Aussehen mit Türblatt und Rahmen abgestimmten und korrekt eingebauten Beschläge ergeben eine ihre Aufgabe erfüllende Tür.

Merke

Die Beschläge bilden mit dem Türblatt und der Zarge eine funktionelle Einheit.

Türbänder

Sie nehmen das Gewicht des Türflügels auf und leiten es an den Türrahmen ab. Beim Einbau sind drei Forderungen zu erfüllen:

- Die Drehachsen der Bänder müssen lotrecht übereinander stehen.
- Die Türkanten dürfen den Rahmen nicht berühren.
- Bei geschlossener Tür darf keine Fuge für Luftbewegungen bleiben.

Kanten- oder Anschweißbänder werden direkt auf die Rahmen und Flügel aufgeschweißt (Bild 1). Für Aluminiumhohlprofile werden Bänder zum Verschrauben mit Gegenplatte verwendet. Auch bei Türen aus Stahlprofilrohren kommen diese Bänder zum Einsatz. Sie erlauben eine Verstellbarkeit in 3 Richtungen um jeweils ± 1,5 mm.

Verschlussbeschläge

Verschlussbeschläge halten die Flügel in der Verschlussstellung fest. Sie umfassen je nach Türart und Verwendungszweck Schlösser, Feststellbeschläge, Schließfolgeregler und Panikverschlüsse.

Türschlösser werden meist als Einsteckschlösser eingebaut. Für Profilrohre gibt es Rahmeneinsteckschlösser deren Schlosskasten eine besonders geringe Kastenbreite hat.

Schließfolgeregler (s. Seite 278) sind bei mehrflügeligen Türen mit Türschließern nötig, damit der **Standflügel** vor dem **Gangflügel** (Schlossflügel) schließt, um den Abschluss der Flügel zu garantieren. Schließfolgeregler sind bei zweiflügeligen Feuer- und Rauchschutztüren bauaufsichtlich vorgeschrieben.

Anti-Panikverschlüsse (Bild 2) müssen jederzeit in Richtung des Fluchtweges eine Tür öffnen lassen. Von der Gegenseite her können sie jedoch nur durch den passenden Schlüssel geöffnet werden.

Merke

Ein Anti-Panikverschluss muss bauaufsichtlichen Vorschriften entsprechen und absolut funktionssicher sein.

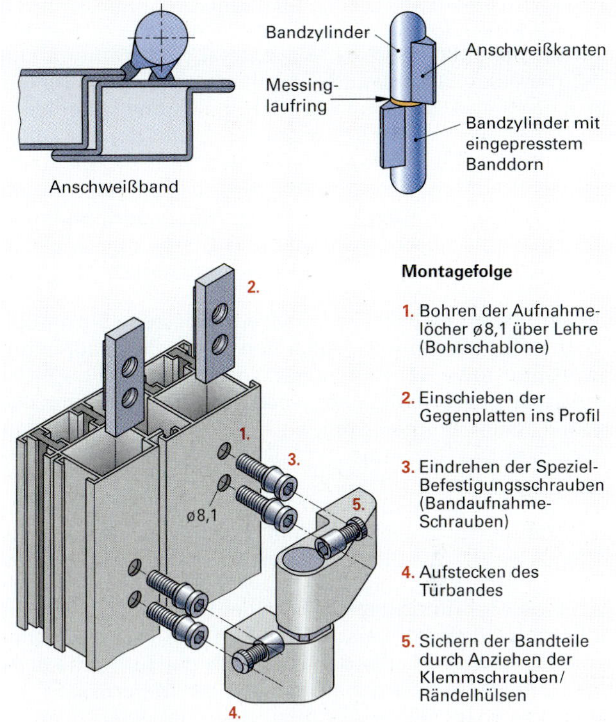

1 Beispiel der Montage eines Türbandes

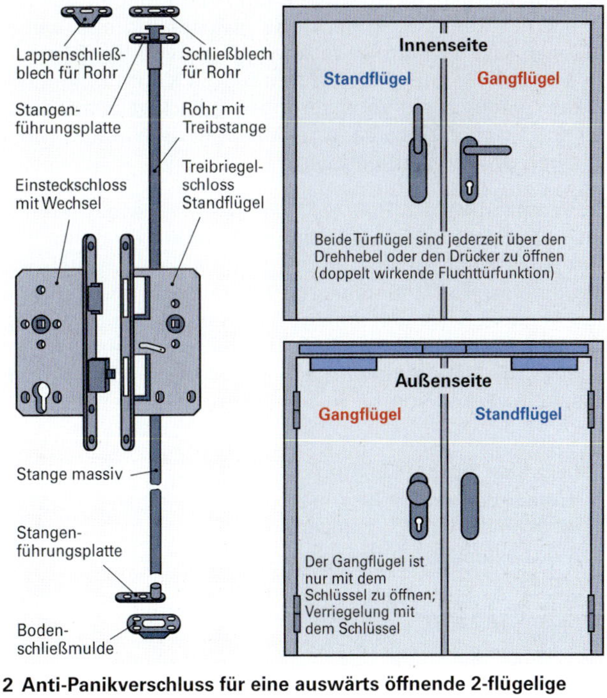

2 Anti-Panikverschluss für eine auswärts öffnende 2-flügelige feuerhemmende Fluchttür

14.7 Einbau und Montage

Zur Türenherstellung sind die Maße am Bau aufzunehmen. Die Maße sind meistens Normmaße nach DIN 4172 (Maßordnung im Hochbau) und DIN 18100 (Wandöffnungen für Türen).

Baurichtmaße (BR) sind die **Mindestmaße** der Wandöffnung. Die Türen- und Zargenhersteller gehen von Nennmaßen aus, die in der Breite 10 mm und in der Höhe 5 mm größer als die Baurichtmaße sind. Hinzu kommt die Breite der Anschlussfuge (Stoßfuge). Im Bildbeispiel (Bild 1) wird sie mit 10 mm festgelegt. Außerdem ist zu beachten, dass zu den Nennmaßen noch Bautoleranzen kommen. Für Rohbauöffnungen mit fertiger Oberfläche sind nach DIN 18 202 Grenzabmaße in der Breite und in der Höhe von bis zu 12 mm möglich (Bild 1).

Baurichtmaße beinhalten oben also mindestens 5 mm-Spiel zwischen Türrahmen und Mauerwerk. Nach den Baurichtmaßen werden unter Berücksichtigung der erforderlichen Fugenbreiten die Rahmenmaße errechnet. Aus den Rahmenmaßen werden, unter Berücksichtigung des Profilspiels (Profilluft), die Flügelmaße bestimmt.

Nach der Fertigung der Rahmenteile und dem Flügel, der Montage der Türbänder und dem Einbau des Verschlussbeschlages werden die Dichtungen in die Profilnuten eingesetzt.

Der Einbau der Tür richtet sich nach der Höhenlage des Fertigfußbodens. Sie wird meist OFF (Oberkante Fertigfußboden) genannt. Wird der Fußboden erst nach der Türmontage fertiggestellt, dient als Maßbezugspunkt der **Meterriss**. Er liegt genau 1 m über OFF.

Bei **Montage** der Tür ist auf den lotrechten Einbau des Rahmens zu achten. Der Flügel muss gleichmäßig am Rahmen aufliegen und fluchten. Jede Abweichung von der Senkrechten kann zu Hebelwirkungen führen, die Kraftmomente bewirken, wodurch die Verankerungen gelockert werden können und sich die Tür von alleine öffnet oder schließt, wenn sie nicht von der Falle arretiert wird.

Die **Verankerung** des Rahmens am Bauwerk erfolgt am besten im Bereich der Bänder, damit die Kräfte direkt ins Bauwerk eingeleitet werden. Die Befestigung erfolgt mittels Rahmendübeln oder Mauerankern. Sie muss so erfolgen, dass die Längenänderungen infolge von Temperaturschwankungen spannungsfrei in der **Dehnfuge** aufgenommen werden können. Die Dehnfuge wird mit PU-Schaum, Mineral- oder Glaswolle verfüllt und zur Außenseite abgedichtet.

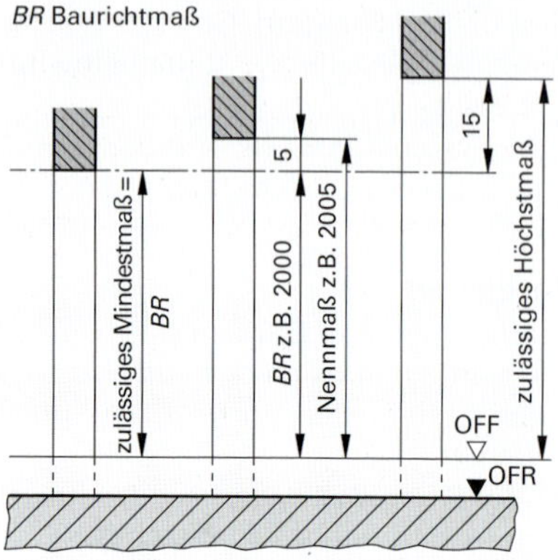

Wandöffnungshöhe

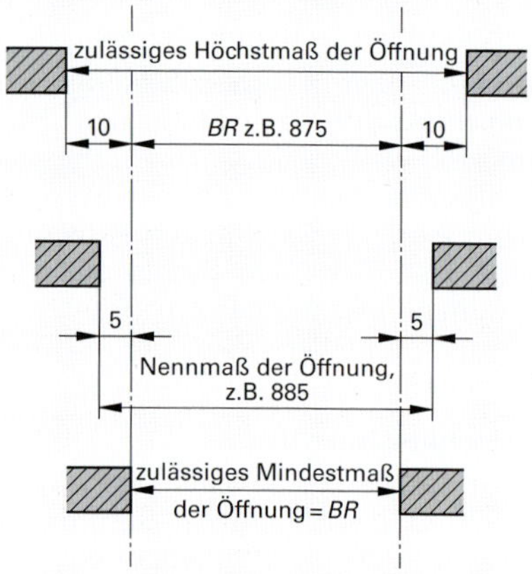

Wandöffnungsbreite

Bezeichnungsbeispiel für eine Wandöffnung DIN 18 100-875 x 2000:

Größe im *BR*
(Eintrag in Entwurfszeichnung):
875 mm x 2000 mm

Größe im Nennmaß
(Eintrag in Ausführungszeichnung):
885 mm x 2005 mm

zulässiges Mindestmaß: 875 x 2000 mm

zulässiges Höchstmaß: 895 x 2015 mm

1 Sollmaße und Toleranzen

Überprüfen Sie Ihre Kenntnisse

1 Unterscheiden Sie Türschließer von Federbändern hinsichtlich ihrer Bauart.
2 Wie heißen die Montagepositionen für Obentürschließer?
3 Für welche Türen ist ein Schließfolgeregler erforderlich?
4 Erklären Sie die Funktion eines Anti-Panik-Beschlages.
5 Welche Bedeutung hat der Meterriss für die Montage einer Tür im Rohbau?
6 Welche Aufgabe hat eine Dehnfuge?
7 Warum werden die Bänder für Aluminiumtüren am Profil angeschraubt und nicht angeschweißt?

15 Tore

Tore werden nach ihrem Einbauort in Hallentore und Tore für den Außenbereich eingeteilt. Sie grenzen größere Gebäude oder Grundstücke nach außen ab und ermöglichen den Zugang (Bilder 1 und 2).

1 Hallentor

2 Grundstückstor

Aus Gründen der Festigkeit und Biegesteifigkeit wird meist Stahl als Konstruktionswerkstoff eingesetzt. Bei neueren Konstruktionen wird vereinzelt auch Aluminium verwendet. Neben der Erfüllung funktioneller Anforderungen sollen die Tore möglichst auch durch ihre Gestaltung gefallen.

Alle Sicherheits- und Leistungsanforderungen für kraft- und handbetätigte Tore sind in der DIN EN 13241-1 zusammengefasst.

15.1 Hallentore

Bei Hallentoren können je nach der Verschluss- und Öffnungsrichtung grundsätzlich zwei Arten unterschieden werden:

1. horizontal bewegte Tore wie z. B. Dreh-, Schiebe- oder Falttore (obige Bilder und Bild 1, nächste Seite)
2. vertikal bewegte Tore wie z. B. Schwing-, Roll- und Sektionaltore (Bild 1, nächste Seite).

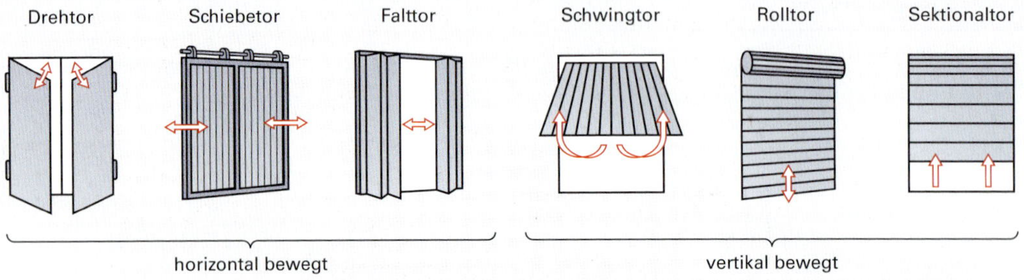

1 Einteilung der Hallentore nach ihrer Öffnungs- und Verschlussrichtung

15.1.1 Drehtore

Vom Prinzip her sind Drehtore große Türen, die seitlich im Rahmen mit Konstruktions- oder Zapfenbändern angeschlagen sind (Bild 2). Sie werden in der Regel als Profilrohr-Rahmenkonstruktion ausgeführt. Die Torfüllung ist je nach Verwendungszweck gestaltbar.

Als Maueranschlag (Zarge) dienen meist Winkel-, Z- oder U-Profile, die im Mauerwerk verankert sind. Bei 2-flügeligen Drehtoren muss der Standflügel feststellbar sein. Dies wird durch **Treibriegel** erreicht, die innen auf das Torblatt aufgeschraubt sind und durch Handhebel betätigt werden.

Die **Verriegelung** des Standflügels erfolgt über zwei Verriegelungsstangen. Werden an den Enden der Verriegelungsstangen sogenannte Fallriegel angeschweißt, so wird dadurch ein wesentlich dichteres Schließen erreicht (Bild 3). Die Verriegelung des Gangflügels erfolgt über Einsteck- oder Stangenschlösser mit doppelseitigem Stangenausschluss. Der Stangenausschluss wird durch einen Hebel betätigt, welcher durch ein Schloss gesperrt werden kann. Unabhängig vom Stangenausschluss erfolgt die Betätigung des Türdrückers.

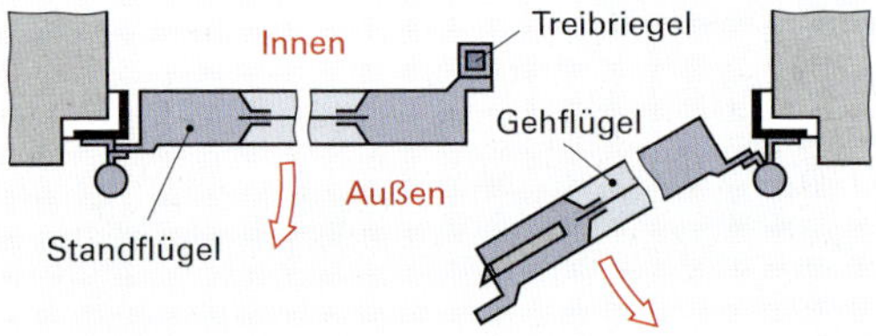

2 Bauteile eines zweiflügeligen Drehtores

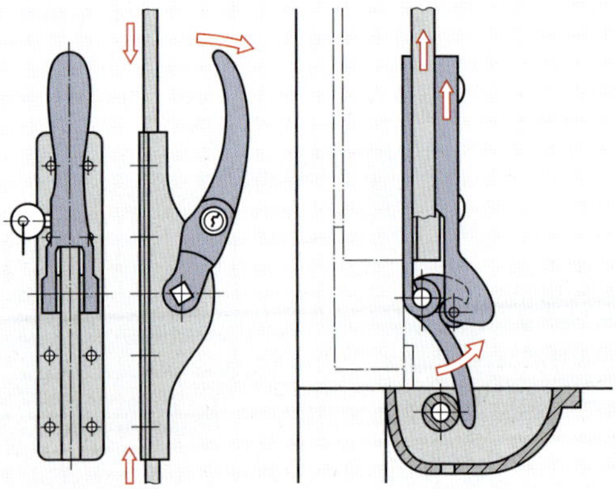

3 Feststellbeschläge

15.1.2 Schiebetore

Schiebetore dienen häufig als selbsttätig schließende Feuerschutzabschlüsse. Sie sind aber auch die kostengünstigste Lösung wenn große Öffnungen zu verschließen sind.

Gemeinsam ist allen Schiebetoren, dass das Torgewicht dabei über **Hangrollen** (Bild 4) oder **Rollenlaufwerke** (Bild 5) an Laufschienen, die an der Decke oder am Öffnungssturz befestigt sind, übertragen wird. Hangrollen oder Rollenlaufwerke werden dabei mit Schrauben oder durch Verschweißung fest mit dem Tor verbunden. Bei hohen Torgewichten wird die Tragfunktion von einer am Boden installierten Laufschiene übernommen. Die obere Führungsschiene dient dann nur noch der Seitenführung.

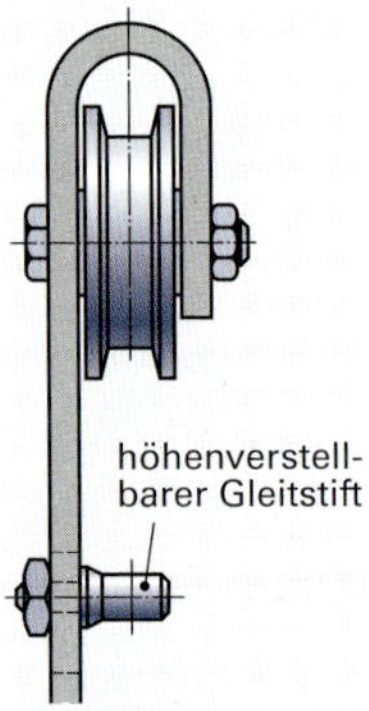

4 Hangrolle

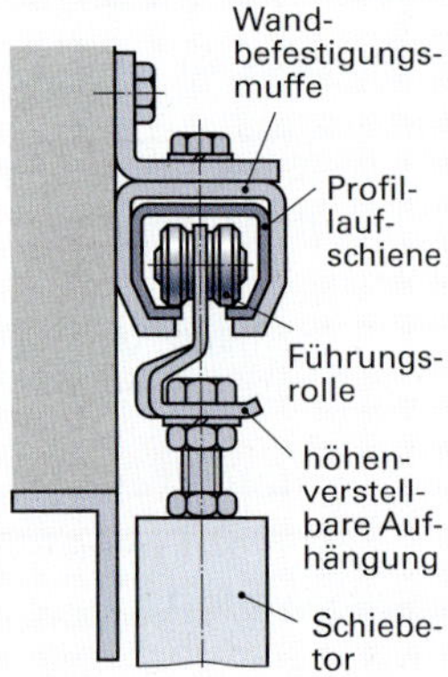

5 Rollenlaufwerk

Ein Nachteil von Schiebetoren ist der relativ hohe Platzbedarf, der seitlich von der Öffnung (Bild 2) entsteht. Werden Schiebetore unterteilt, so ist bei entsprechender Gestaltung der Führungsschiene eine Umlenkung um bis zu 90° möglich (Bild 3). Eine andere Alternative, den seitlichen Schieberaum zu begrenzen, besteht in der Möglichkeit, die einzelnen Elemente in getrennten, parallel laufenden Schienen zu führen. Die Torteile können so teleskopartig zu parallel stehenden Paketen zusammengeschoben werden (Bild 4). Die Öffnungs- und die Schließfolge wird dabei durch Mitnehmeeinrichtungen bewirkt.

Die Begrenzung des Torlaufweges in der Führungsschiene wird in der Regel durch **Schienenstopper** erreicht (Bild 1). Diese werden an der vorgesehenen Stelle in der Schiene befestigt. Endstopper in der Schiene sind jedoch keineswegs zum Abfangen des Tores geeignet. Die Wucht des laufenden Tores kann ein Vielfaches des Torgewichtes ausmachen. Da beim Auftreffen des Tores auf den Endstopper große Drehmomente entstehen, könnte es leicht zu Deformierungen der Laufschiene kommen. Das Abfangen des Tores muss deshalb durch separate **Abfangpuffer** erfolgen (Bild 5).

Merke

Ein geradlaufendes Schiebetor soll immer im Schwerpunkt, also in halber Höhe, abgefangen werden.

Von besonderer Problematik bei Schiebetoren sind die seitlichen Abdichtungen der Schiebeelemente. Sie erfolgen durch elastische Profildichtungen. Aus sicherheitstechnischen Gründen muss die erforderliche Dichtungsdicke so groß sein, dass das Einklemmen einer Hand schadlos überstanden wird.

Zur Verriegelung von Schiebetoren werden Schubriegel- oder Schiebetorschlösser verwendet. Sie verfügen über einen Hakenriegelmechanismus, der ein unbefugtes Aufschieben des Tores verhindert. Die Türdrücker dürfen nicht aus der Torebene herausragen, da sonst die Gefahr des Hängenbleibens oder Abreißens besteht.

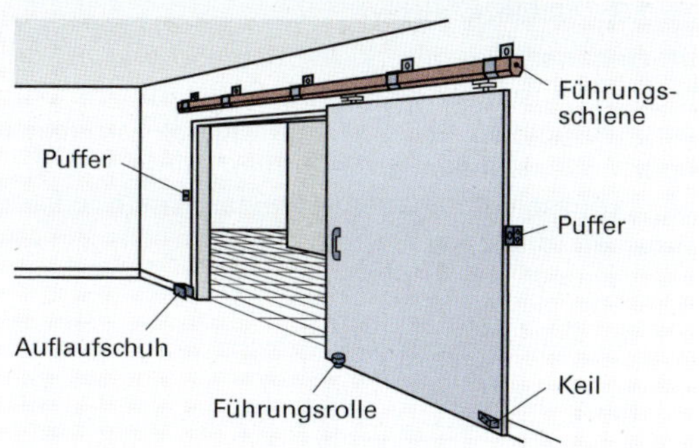

2 Geradelaufendes Schiebetor

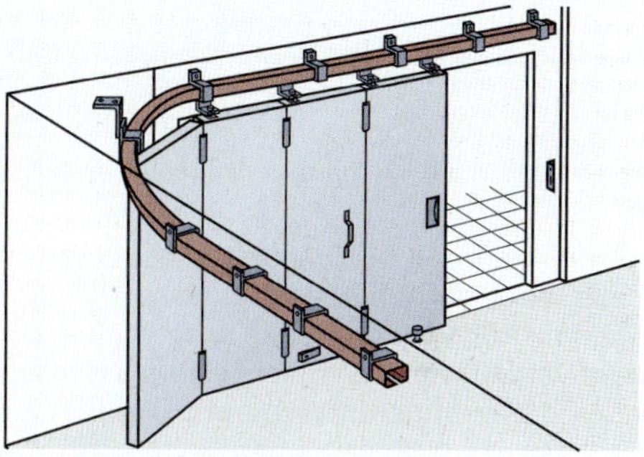

3 Umgelenktes Schiebetor

4 Teleskopschiebetor

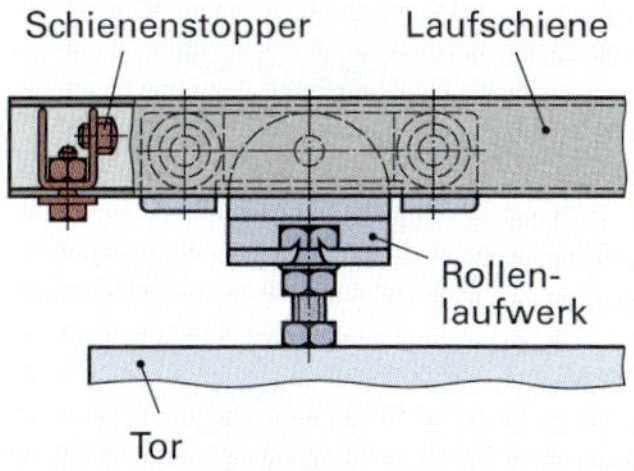

1 Schienenstopper

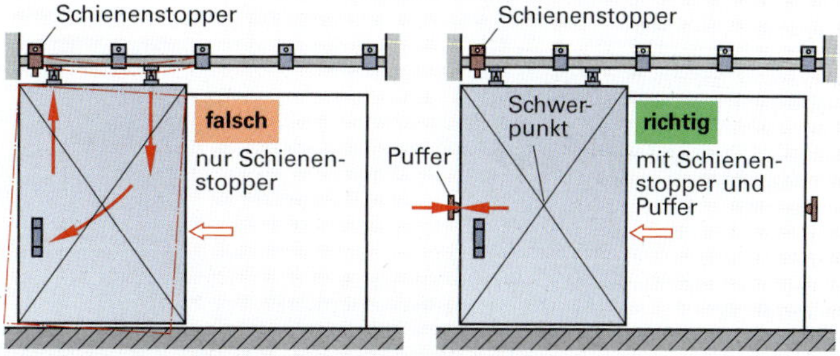

5 Abfangen des Schiebetores durch Abfangpuffer

15.1.3 Schiebefalttore

Im Gegensatz zu den reinen Schiebetoren ist der seitliche Platzbedarf bei Schiebefalttoren relativ gering. Die einzelnen Faltschiebeflügel, die mit Bändern verbunden sind, werden zum Öffnen seitlich zusammengefaltet. Die Übertragung des Torgewichtes erfolgt wie bei den Schiebetoren über Hangrollen oder Rollenlaufwerke, die entlang einer Führungsschiene bewegt werden. Hangrolle und Rollenlaufwerk müssen dabei aber so gestaltet sein, dass sie eine Drehbewegung des Faltflügels um den Schaft zulassen (Bild 2).

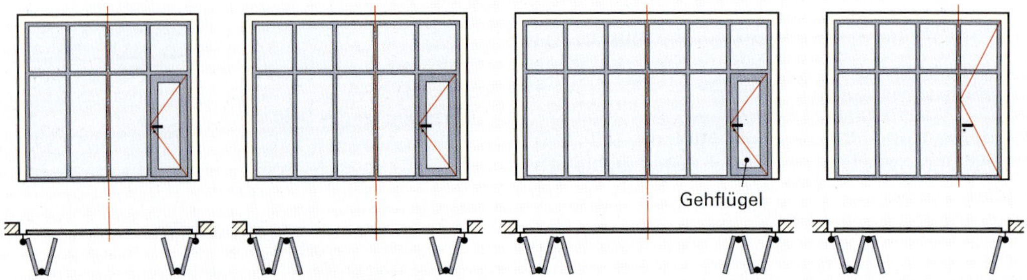

1 Schiebefalttoranlagen mit unterschiedlichen Aufteilungen

Die Aufteilung der beiden Öffnungshälften ist beliebig (Bild 1). Vielfach wird darauf geachtet, dass die eine Seite aus einem Gangflügel, die andere Seite aus mehreren Faltschiebeflügeln besteht. Ist dies nicht möglich, so wird oftmals in ein Schiebeelement eine Drehflügeltür (Schlupftür) eingebaut.

Aus statischen und funktionstechnischen Gründen soll die einzelne Flügelbreite nicht mehr als 1,25 m betragen. Bild 3 zeigt den konstruktiven Aufbau eines 4-flügeligen Schiebefalttores. Das rechte Element ist dabei als Gangflügel DIN-rechts ausgebildet.

Die **Torflügel** sind jeweils aus 2 kaltgewalzten, gefalzten, ca. 2 mm dicken Stahlblechen hergestellt. Im Bereich der Bänder und Anschläge sind zur Verstärkung Profile eingeschweißt. Der Raum zwischen den beiden Torblechen ist mit Isoliermaterial ausgefüllt.

Häufig werden die Torflügel auch als Rahmenkonstruktion ausgebildet, die eine Verglasung mit allen handelsüblichen Glassorten erlaubt.

Die Torzarge besteht aus Winkelprofilen.

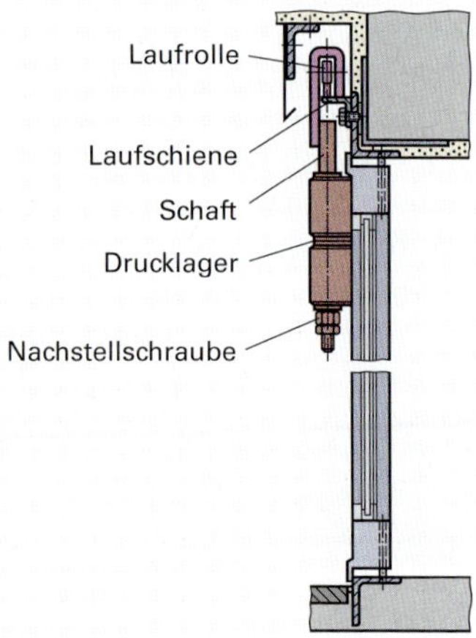

2 Drehbare Falttorhangrolle

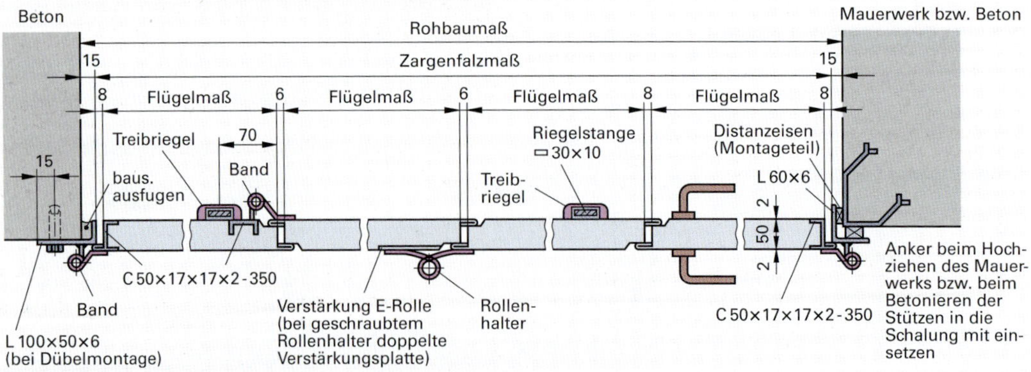

3 Konstruktiver Aufbau eines 4-flügeligen Schiebefalttores

Bild 1 zeigt ein Schiebefalttor mit 3 Faltflügeln. Die Tragrolle muss in diesem Fall zwischen dem 2. und dem 3. Flügel angebracht werden. Oberes Anschweißband und Tragrolle bilden an dieser Stelle eine Einheit. Die Bänder sind vor die Torebene vorgezogen, um ein paralleles Zusammenfalten der Flügelelemente zu ermöglichen. Das funktionsgerechte Schließen des Tores hängt wesentlich von der fachgerechten Montage der Führungsschiene ab. Dabei ist vor allem auf die Einhaltung des richtigen Abstandes von der Torebene bis zur Mittelachse der Laufrolle zu achten.

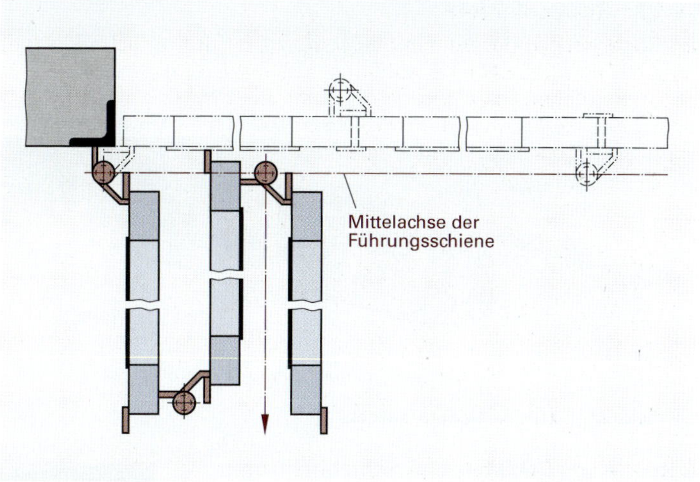

1 Tor um 90° geöffnet

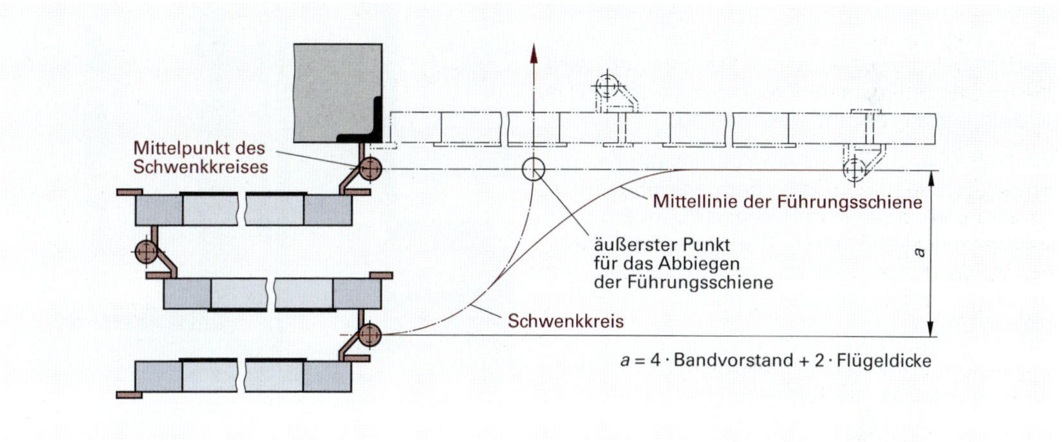

2 Tor um 180° geöffnet

Aus Platzgründen kann es erforderlich sein, dass die Flügelpakete aus der Toröffnung herausgeschwenkt werden müssen. Dies macht eine Toröffnungsstellung von 180° erforderlich (Bild 2). Um dies zu erreichen, muss die Führungsschiene im Auslauf gekröpft werden. Die 180°-Öffnungsstellung ist theoretisch durch eine ¼-Kreis-Schwenkung des Flügelpaketes aus der 90°-Stellung zu erreichen. Drehpunkt ist dabei der Mittelpunkt des Anschlagbandes am Zargenprofil. Durch diesen Viertelkreis wird der Abstand der Führungsschiene von der Bandmitte im Schienenauslauf festgelegt.

Bei gleichem Bandvorstand aller Bänder lässt sich dieser Abstand für das Beispiel 2 wie folgt berechnen:

Abstand der Führungsschienenmitte zur Bandmitte: ***a* = 4 · Bandvorstand + 2 · Flügeldicke**

Beim Nichteinhalten dieses Abstandes stehen die Torblätter in der Endstellung nicht parallel. In diesem Abstand von der Bandmitte, gemessen auf dem geraden Teil der Führungsschiene, liegt auch der theoretische Beginn des Schwenkbogens. Ein exaktes Einhalten dieses Startpunktes würde jedoch ein kontinuierliches Öffnen und Einschwenken des Tores unmöglich machen. Aus diesem Grund muss das Ausbiegen der Führungsschiene schon ca. 200 mm ... 300 mm vor dem theoretischen Schwerpunkt beginnen.

Je flacher der Einlaufbogen geformt wird, desto geringer ist der Kraftaufwand, der erforderlich ist, um das Schiebefalttor zu öffnen.

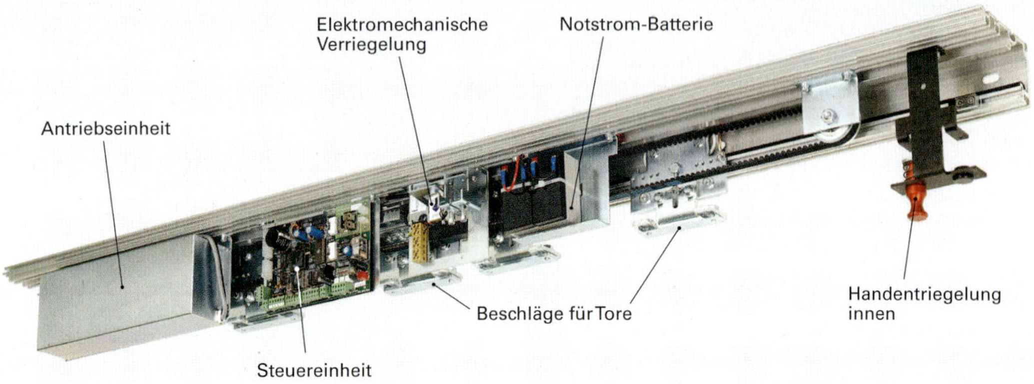

1 Vollautomatischer Schiebetorantrieb

Antriebe von Schiebe- und Schiebefalttoren

Bei den Antrieben von Schiebe- und Schiebefalttoren unterscheidet man halb- und vollautomatische. Halbautomatische Antriebe ermöglichen in der Regel das Öffnen über ein gespanntes Öffnungselement (z. B. eine gespannte Gasdruckfeder). Nach dem Lösen der Verriegelung wird das Tor durch die gespannte Feder geöffnet. Das Schließen des Tores erfolgt von Hand.

Tore mit vollautomatischem Antrieb öffnen und schließen selbsttätig. Schiebetorantriebe arbeiten überwiegend elektromechanisch, indem über dem Tor befestigte Ketten, Stahlseile oder Zahnriemen durch einen Motor bewegt werden und die daran befestigten Torbeschläge mitgeführt werden (Bild 1).

Schiebefalttore werden vollautomatisch auch über elektropneumatische, elektrohydraulische oder hydropneumatische Kraftgeber bewegt (Bild 2). Torsysteme mit besonders hohen Öffnungs- und Schließgeschwindigkeiten werden als Schnelllauftore bezeichnet.

2 Antrieb für Schiebefaltttor

15.1.4 Schwingtore

Merke

Schwingtore sind vertikal öffnende Tore

Sie finden hauptsächlich als Garagentore und bei Geräteräumen in Sporthallen Anwendung. Seitlich unter der Decke angebrachte Laufschienen führen den Kippmechanismus. Die Hubkraft wird unterstützt durch Zugfedern oder Gegengewichte, die genau auf das Torgewicht abgestimmt werden müssen (Bild 3).

3 Schwingtor

Die Verriegelung erfolgt über einen Treibriegel, der in eine Bodenschiene eingreift. Für eine bessere Schließsicherheit können zusätzliche Seitenarretierungen angebracht werden, die über Horizontalstangen betätigt werden.

Torblattfüllungen sind meist einschalige Bleche, Kassetten oder Holzpaneele. Bei erforderlicher Wärmedämmung sind zweischalige, mit einer Dämmstofffüllung versehene Tore einzubauen.

15.1.5 Rolltore

Merke

Rolltore sind vertikal bewegte Tore, die aus ineinandergreifenden, waagerechten Gliederteilen bestehen.

Sie haben einen geringen Raumbedarf, da das aufgerollte Tor im Sturzbereich der Öffnung liegt (Bild 1).

1 Rolltor

Das Rolltor ist ein preisgünstiger, einfach zu montierender und universell einsetzbarer Verschluss. Nachteilig wirkt sich aus, dass keine gute Rundumabdichtung zu gewährleisten ist, keine großflächigen Verglasungen und keine schnelle und bequeme Handbetätigung, wie z. B. beim Schwingtor, möglich ist.

Die wesentlichen Bestandteile sind: der Rolltorpanzer, die seitliche Führungsschiene, die Wickelwelle und der Antrieb.

Der **Rolltorpanzer** besteht meist aus stranggepressten Leichtmetallprofil-Gliederteilen, die bei der Montage ineinander geschoben werden. Die Profile sind je nach Bedarf einbrennlackiert, kunststoffbeschichtet, eloxiert oder aus Wärmedämmgründen ausgeschäumt (Bild 2). Seitlich werden die Elemente mit Kunststoffgleitschuhen versehen, um Reibung und Verschleiß zu mindern.

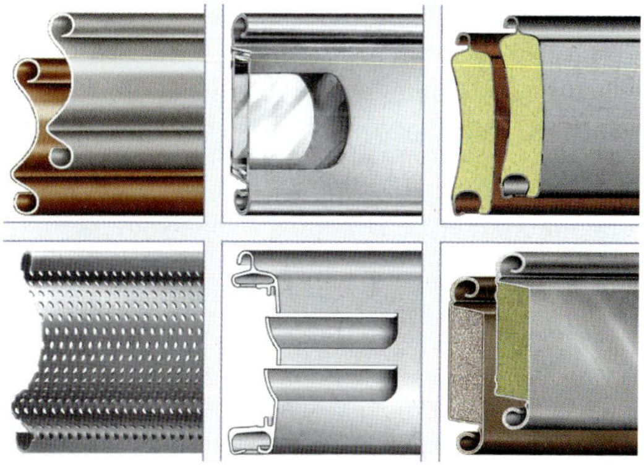

2 Rolltorprofile

Die **Wickelwelle** oder **Rolltorwalze** wird aus Stahlrohr hergestellt. Der Durchmesser der Welle wird nach dem zu tragenden Gewicht festgelegt. Da sich der Walzendurchmesser beim Auf- und Abwickeln der Walze ständig ändert, müssen die oberen Enden der seitlichen Führungsschienen aufgeweitet sein. Dadurch wird gewährleistet, dass die Gliederteile aus jeder Position einen sicheren Einlauf in die Schienen erhalten.

Der **Antrieb von Rolltoren** kann bei leichten Rolltoren über ein Kegelradgetriebe von Hand erfolgen. Durch gewichtsausgleichende Torsionsfederwellen wird ein leichteres Bedienen erreicht.

Bei größeren und häufig bewegten Toren erfolgt der Antrieb in der Regel durch einen Elektromotor (Bild 3).

3 Rolltorantrieb

15.1.6 Sektionaltore

Merke

Sektionaltore bestehen aus einzelnen Sektionen, die vertikal bewegt werden.

Sie werden auch Deckengliedertore genannt, weil die einzelnen Glieder, die Sektionen, miteinander gelenkig verbunden sind. Dadurch können sie waagerecht unter die Decke verschoben werden, sodass im Verkehrsbereich ebenfalls kein Platz benötigt wird. Ihre Öffnungsbreite ist auf 8 m ... 10 m beschränkt. Ihre Bauteile sind: das Torblatt, die Laufschienen, das Torsionsfedersystem und der Antrieb.

Das Torblatt besteht aus einschaligen oder doppelschaligen Sektionen, die über die ganze Torbreite reichen (Bild 1). Sie sind in der Regel aus stranggepressten Hohlkammerprofilen hergestellt. Der Einbau großflächiger Kunststofffenster oder sogenannter Schlupftüren ist möglich.

Die Sektionen werden durch Kunststoffrollen seitlich in Führungsschienen geführt. Es sind U-Profile aus verzinktem Bandstahl. Sie bestehen aus drei Teilen: dem senkrechten Teil, dem Bogenstück hinter dem Sturz und dem waagerechten Teil oberhalb der Öffnung. Die Schienen werden außerhalb der lichten Öffnung befestigt.

Das **Torsionsfedersystem** wirkt als Gewichtsausgleich für das Torgewicht über den gesamten Laufweg (Bild 2). Es wird hinter dem Sturz angebracht. So wird auch bei größeren Toren eine leichte Handbetätigung, z. B. mittels Haspelkette, ermöglicht. Neben der erwähnten Handbetätigung werden Sektionaltore überwiegend elektromotorisch angetrieben. Da auch hier der Gewichtsausgleich über die Torsionswelle erfolgt, sind nur geringe Antriebsleistungen erforderlich.

Bodenabschlussprofile und Mitteldichtungen zwischen den Elementen gewährleisten eine gute Dichtheit und Wärmedämmung.

15.1.7 Sicherheitseinrichtungen

Gemäß den **Sicherheitsvorschriften** des Hauptverbandes der gewerblichen Berufsgenossenschaften müssen kraftbetriebene Tore bestimmte Sicherheitseinrichtungen besitzen.

So wird z. B. für alle Rolltore mit einem Panzergewicht größer als 200 N eine **Fangvorrichtung** als Absturzsicherung verlangt. Bei der Fangschlittensicherung beispielsweise (Bild 3) werden beim Überschreiten der normalen Schließgeschwindigkeit die seitlich mitlaufenden Fangschlitten sofort blockiert.

Eine weitere Sicherungsmaßnahme ist die **Auflaufsicherung** bei vertikalen Toren, die verhindern soll, dass in der Öffnung befindliche Gegenstände durch das absinkende Tor beschädigt werden. Die Sicherung erfolgt meist pneumatisch über Druckwellenschalter oder elektrische Kontaktleisten.

1 **Sektionaltor**

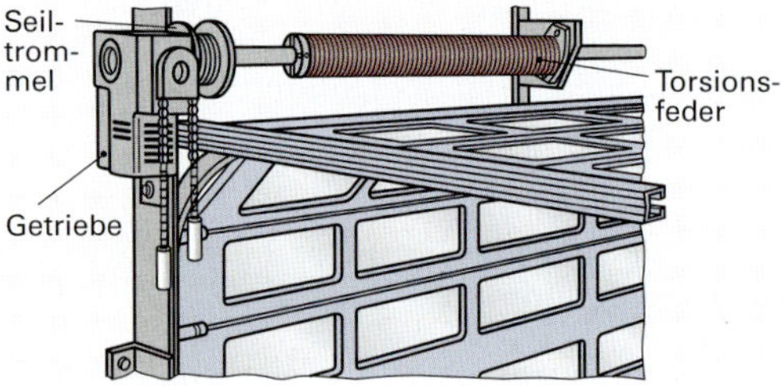

2 **Torsionsfeder**

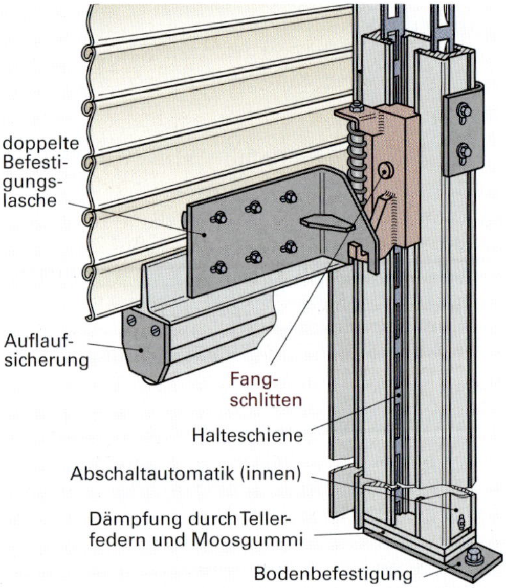

3 **Fangvorrichtung für Rolltor**

Überprüfen Sie Ihre Kenntnisse

1 In welche beiden Gruppen kann man Hallentore grundsätzlich einteilen?
2 Welche Aufgabe erfüllt ein Fallriegel bei einem Drehtor?
3 Beschreiben Sie den Unterschied zwischen einer Hangrolle und einem Rollenlaufwerk.
4 Wo soll ein geradlaufendes Schiebetor abgefangen werden? Begründen Sie die Aussage.
5 Welche Aufgabe erfüllt der Schienenstopper in Schiebetorführungsschienen?
6 Wodurch wird bei einem Schiebefalttor das Ausschwenken um 180° erreicht?
7 Welche Antriebsarten für Schiebetore und Schiebefalttore gibt es?
8 Erklären Sie den Unterschied zwischen Rolltoren und Sektionaltoren.

15.2 Tore für den Außenbereich

Bei den Toren im Außenbereich wird zwischen Schiebe- und Drehtoren unterschieden. Beide Torarten gehören zu den horizontal bewegten Toren und werden meist handwerklich gefertigt. Vor allem bei der Gestaltung der Torfüllungen kann dabei der Metallbauer und Konstruktionsmechaniker, unbeeinflusst von einschränkenden Vorschriften, gestalterisch wirken, wobei darauf geachtet werden muss, dass mögliche Scherstellen verhindert oder abgedeckt werden.

15.2.1 Schiebetore

Schiebetore werden dort eingesetzt, wo in der Einfahrt selbst Platz gespart werden muss und wo große Öffnungen verschlossen werden müssen. Da sie darüber hinaus leicht automatisierbar sind, eignen sie sich für den Einsatz bei öffentlichen Gebäuden und Industrieanlagen.

Besitzt die Einfahrt eine Überhöhung oder ist sie starken Witterungseinflüssen bzw. starker Verschmutzung ausgesetzt, so muss das Schiebetor freitragend ausgeführt werden. Dies erfordert sehr stabile Lagerungen und Fundamente, da alle auftretenden Kräfte von den Laufwerken aufgenommen werden müssen (Bild 1).

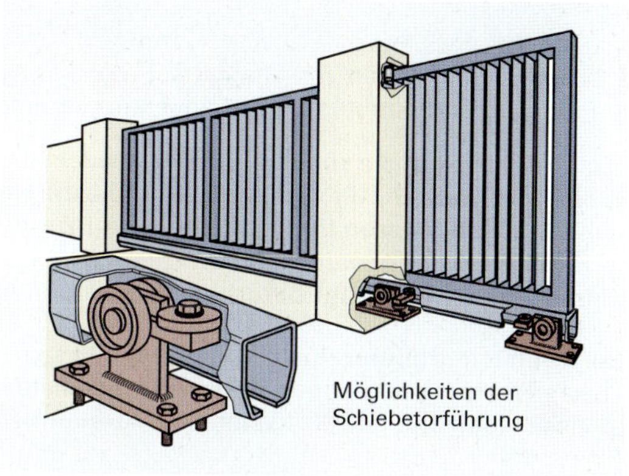

1 Freitragendes Schiebetor

Wesentlich häufiger anzutreffen sind **Schiebetore mit Laufschienen**. Hierbei wird das Schiebetorgewicht über Laufrollen, die auf Laufschienen bewegt werden, aufgenommen. Das seitliche Kippen des Schiebetores wird durch ein Führungsrollenpaar, zwischen dem das obere Rahmenprofil läuft, verhindert (Bild 2).

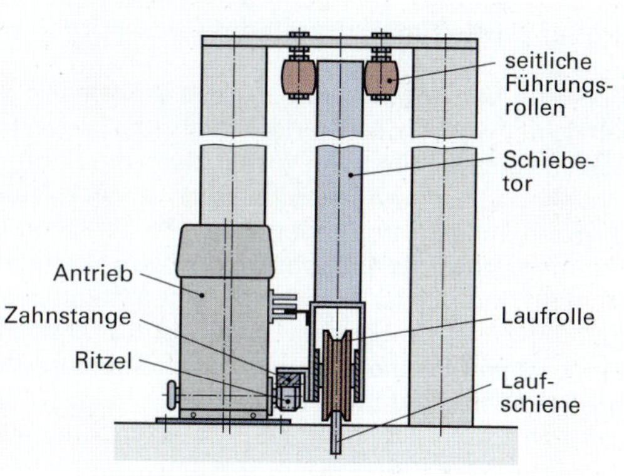

2 Geführtes Schiebetor

Als Konstruktionsmaterialien werden für Pfosten und Rahmen überwiegend Stahl-Hohlprofile verwendet. Die Profilmaße sind dabei von den Torabmessungen abhängig. Für die Torfüllungen werden hauptsächlich Stabstahl, Rechteckrohr oder Punktschweißgitter benutzt.

Der automatische **Schiebetorantrieb** im Außenbereich erfolgt in der Regel über ein Zahnstangengetriebe ein Seil- oder über einen Zahnkettentrieb. Zahnstangenrad, Seilantriebsrad oder Kettenrad werden über ein Schneckengetriebe von einem Elektromotor angetrieben (Bild 3).

3 Schiebetorantrieb

15.2.2 Drehtore

Drehtore sind erforderlich, wenn neben der Öffnung kein seitlicher Verschieberaum zur Verfügung steht. Sie sind in der Regel die preiswerteste Lösung, um eine Einfahrt zu verschließen. Die Konstruktion des Tores muss gewährleisten, dass Rahmen und Füllung sich nicht verziehen. Zu schwach dimensionierte Profilrohr-Rahmen neigen unter der Einwirkung des Torgewichtes und anderer Belastungen, wie z. B. aufsitzende Kinder, zum Absenken. Diese Wirkung wird umso größer, je größer das Torgewicht und die Ausladung sind.

Diese statischen Bedingungen müssen bei der sonst möglichen freien Gestaltung berücksichtigt werden. Durch das Absenken verformt sich das vorgesehene Rechteck zu einem Parallelogramm. Dieser Verzug bewirkt eine Veränderung der Diagonalen des Torrahmens. Die Zugdiagonale verlängert sich und die Druckdiagonale wird verkürzt (Bild 1).

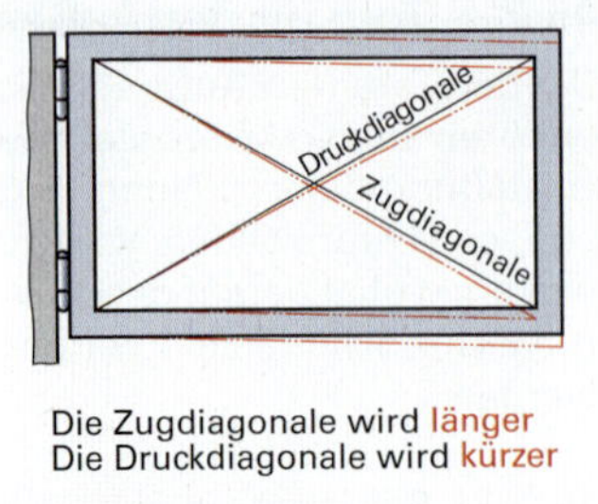

1 Veränderung der Diagonalen beim Absenken

Merke

Durch Einschweißen von Diagonalstäben kann die Diagonalenveränderung und damit der Rahmenverzug verhindert werden.

Für die Zugdiagonale können dabei Flachstahl- oder Rundstahlstäbe verwendet werden, da diese nur Zugbelastungen auszuhalten haben. Dagegen müssen für den Einsatz als Druckdiagonale biegesteife Profile gewählt werden, da hier die durch hohe Druckbelastung entstehende Knickgefahr berücksichtigt werden muss.

Bei Toren mit größerer Ausladung empfiehlt sich eine Aufteilung des Gesamtrahmens in mehrere dreieckförmige Felder. Die Dreiecke sind statisch stabil und gewährleisten eine Aufnahme der Kräfte (Bild 2).

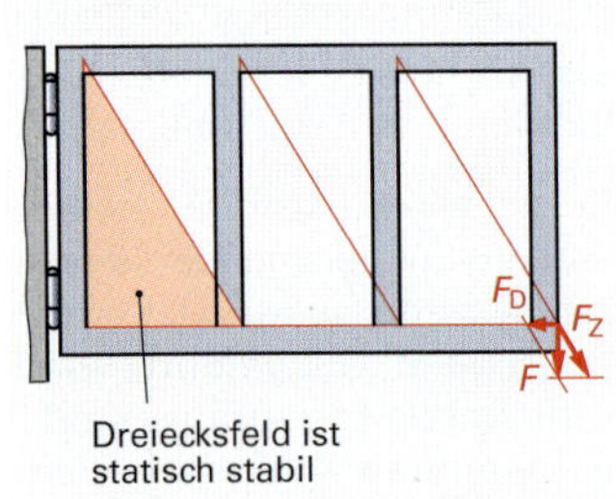

2 Kräfteverteilung durch Dreiecke

Bei der Dimensionierung der Diagonalstäbe muss berücksichtigt werden, dass die aufzunehmenden Kräfte aufgrund des Kräfteparallelogramms bei geringem Neigungswinkel der Diagonalen größer als die Gewichtskraft des Tores werden können ($F_Z > F$).

Bei kleineren Toren kann auf das Anbringen von Diagonalstäben verzichtet werden, wenn der Torrahmen so gestaltet ist, dass er sich selbst trägt. Dies hat den Vorteil, dass die Rahmenfüllung nicht nach statischen, sondern ausschließlich nach gestalterischen Gesichtspunkten ausgeführt werden kann. Zu beachten ist bei freitragenden Rahmen, dass die Biegebelastung zur Drehachse hin größer wird (Bild 3). Dadurch ist es möglich, einen Rahmen zu gestalten, der aus einem sich verjüngenden Profil besteht, ähnlich den bei Schranken eingesetzten Profilen. So sind auch selbsttragende Tore mit relativ großer Ausladung möglich.

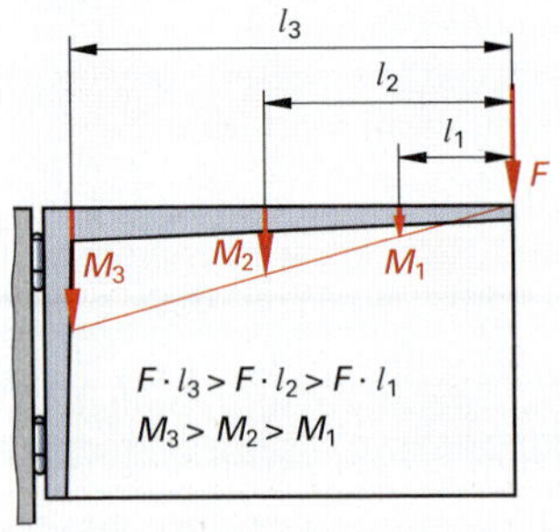

3 Biegebelastung

Anschlag und Lagerung von Drehtoren

Drehtore werden seitlich entweder am Pfosten mithilfe von Zapfen und Anschweißbändern (Bild 4) oder durch Bandrollen direkt an das angrenzende Mauerwerk angeschlagen.

Die Anschweißbänder sind je nach Torgewicht 2- oder 3-teilig (Bild 4).

Größere Torgewichte werden durch dreiteilige Spezialbänder gehalten.

Durch den Einsatz von verstellbaren Torbändern ist es möglich, das Tor nach dem Einbau in beiden Richtungen auszurichten (Bild 5). Dabei wird die Justierung in der einen Richtung durch das Verändern der Bandposition in einem Langloch und in der anderen Richtung durch Nachstellen der Schrauben auf der Gewindestange erreicht.

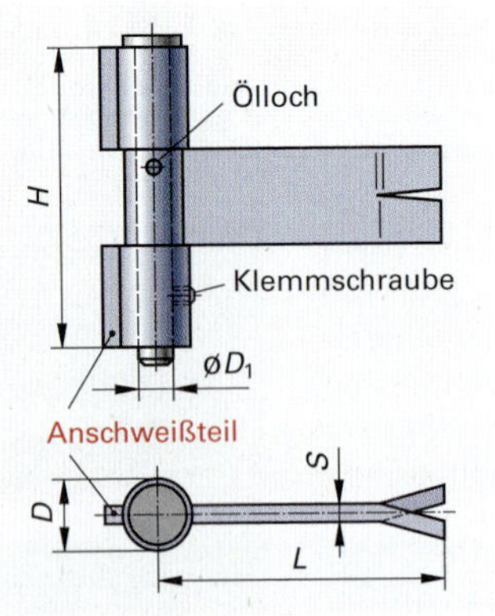

4 Anschweißband

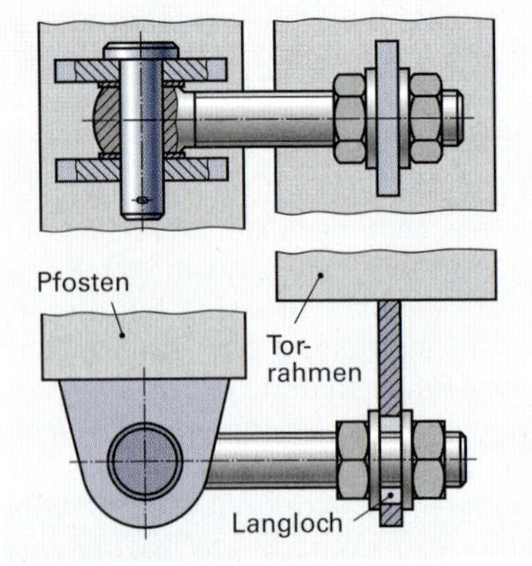

5 Verstellbare Spezialbänder

Bestimmung der Drehachse bei Drehtoren

Merke

Für eine einwandfreie Drehbarkeit des Tores müssen die Drehachsen der Bänder exakt fluchten.

Die Lage der Drehachsen eines Tores kann zeichnerisch bestimmt werden. Dazu wird der Anschlagrahmen des Torflügels in geöffneter und in geschlossener Stellung gezeichnet.

Die Rahmeneckpunkte des Torflügels werden mit 1 und 2 bzw. mit 1′ und 2′ bezeichnet. Die Punkte 1 und 1′ bzw. 2 und 2′ müssen jeweils auf einem Drehkreis liegen. Im gemeinsamen Mittelpunkt dieser beiden Drehkreise liegt die Drehachse. Zur Bestimmung dieses Punktes M wird 1 mit 1′ und 2 mit 2′ verbunden. Auf beiden Verbindungslinien wird die Mittelsenkrechte errichtet. Der Schnittpunkt der beiden Mittelsenkrechten ist der Drehachsenmittelpunkt M (Bild 1). Bei ebenen Einfahrten gilt der so ermittelte **Drehpunkt** für beide Bänder, da die Drehachse in allen Torpositionen senkrecht steht.

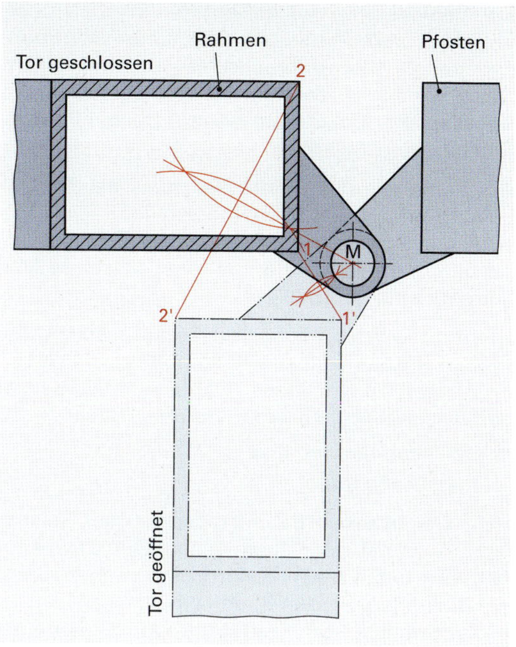

1 Bestimmung der Drehachse

Bandkonstruktion für Tore in steigender Einfahrt

Soll das Tor zum Verschließen einer steigenden Einfahrt benutzt werden, so muss der Flügel beim Öffnungsvorgang ansteigen. Die Rahmenunterkante soll im geöffneten Zustand parallel zur steigenden Einfahrt liegen.

Von einem fachgerecht angeschlagenen Tor wird außerdem erwartet, dass das Blatt in beiden Endpositionen senkrecht steht. Um dies zu gewährleisten, müssen die Drehachsen der beiden Bänder getrennt ermittelt werden. Zu diesem Zweck wird der Torflügel wieder in geschlossener und in geöffneter Stellung gezeichnet. Die oberen und die unteren Rahmeneckpunkte liegen in geschlossener Stellung übereinander, sodass die Bezeichnung 1 und 2 ausreicht. In geöffneter Position werden die oberen Eckpunkte mit 1′ und 2′ bezeichnet. Die Verlagerung der unteren Eckpunkte wird aus der Steigung und dem Bandabstand ermittelt (Bild 2). Diese beiden Punkte werden 1″ und 2″ genannt.

Nach dem oben beschriebenen Verfahren werden nun die Mittelpunkte für die Drehkreise ermittelt, indem auf den Verbindungslinien 1-1′ und 2-2′ sowie 1-1″ und 2-2″ die Mittelsenkrechten errichtet werden. Im jeweiligen Schnittpunkt der Mittelsenkrechten liegen die Drehpunkte M 1 und M 2, die ebenfalls fluchten müssen (Kontrolle mit Rundeisen).

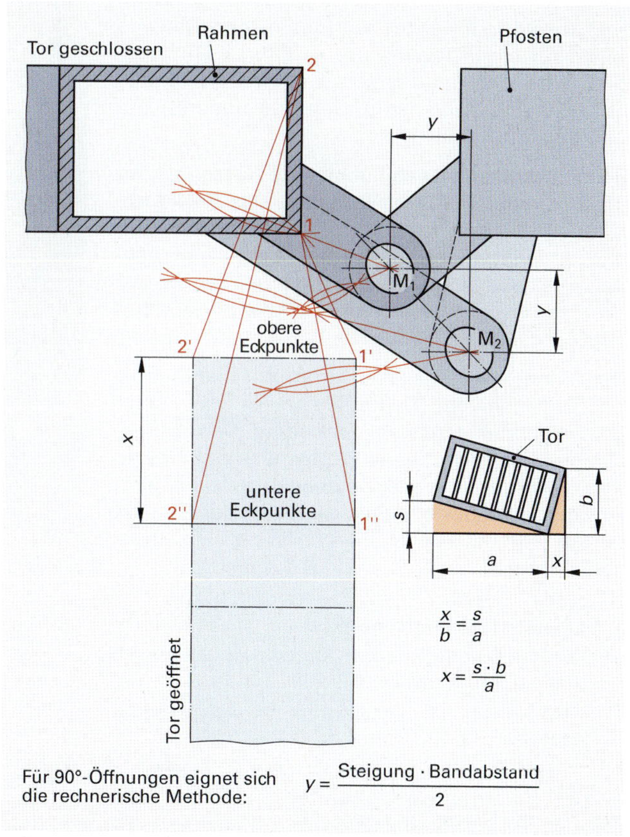

2 Bestimmung der Drehachse bei steigender Auffahrt

Zur **Verriegelung von Außentoren** werden überwiegend Einsteckschlösser mit kleinem Dornmaß, sogenannte Rohrrahmenschlösser eingesetzt. Diese werden in den Rahmen eingelassen. Die erforderlichen Einschnitte müssen bei der Produktion hergestellt werden.

Zur Aufnahme des Gehflügels muss bei 2-flügeligen Toren der Standflügel feststellbar sein. Dies wird durch die Verwendung eines Torriegels erreicht, der in einen im Boden eingelassenen Auflaufbock eingreift (Bild 1).

Drehtore werden häufig mit **automatischen Antrieben** ausgerüstet, um im Einfahrtsbereich die Haltezeiten zu verkürzen. Dabei werden hauptsächlich zwei Antriebstypen unterschieden:

- Gelenkarmantrieb und
- Torachsenantrieb

Beim **Gelenkarmantrieb** wird das Tor über Gelenkhebel geöffnet oder geschlossen. Der Gelenkhebel wird durch einen Elektromotor angetrieben, der in der Regel in den Boden eingelassen ist (Unterflurmontage). Die Kraftübertragung kann elektromechanisch oder elektropneumatisch erfolgen (Bild 2).

Durch den Einbau einer Sicherheits-Rutschkupplung wird gewährleistet, dass beim Auflaufen des Tores auf ein Hindernis der Kraftfluss unterbrochen wird und das Tor somit stehen bleibt. Die Antriebsteile sitzen beim Gelenkarmantrieb außerhalb der Drehachse.

Beim **Torachsenantrieb** fluchtet die Achse des Antriebselementes mit der Torachse. Das Antriebselement ist direkt kraft- oder formschlüssig mit dem Tor verbunden. Bei dieser Antriebsart handelt es sich um eine Konstruktion, bei der die wesentlichen Antriebsteile nicht sichtbar angeordnet sind (Bild 3).

Der Antrieb besteht aus: Elektromotor und Pumpe, doppeltwirkendem Hydraulikzylinder mit Zahnstangenantrieb sowie der Steuerung. Der Hydraulikmotor kann am oder im Torpfosten montiert werden, so dass er für Wartungsarbeiten gut zugänglich ist. Über Hydraulikleitungen ist der Zylinder mit der Pumpe verbunden. Das Getriebe ist meist in einem abgedichteten Kasten unter Flur montiert.

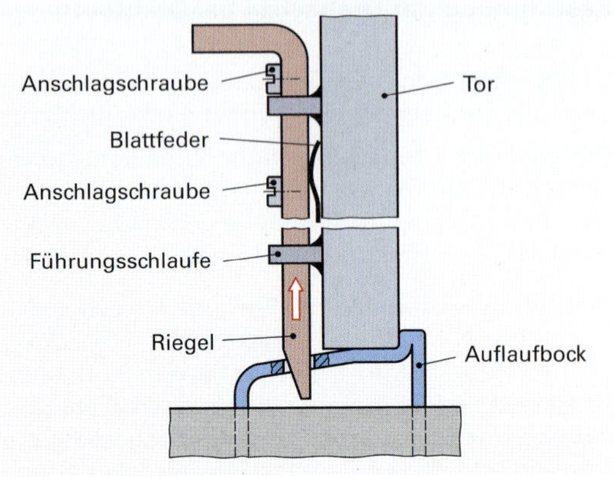

1 Auflaufbock mit Riegel

2 Gelenkarmantrieb für Drehtor

3 Torachsenantrieb

Überprüfen Sie Ihre Kenntnisse

1 Welche beiden Torarten für den Außenbereich unterscheidet man?

2 Wie funktioniert ein automatischer Schiebetorantrieb?

3 Durch welche konstruktiven Maßnahmen kann das Absinken eines Drehtores verhindert werden?

4 Eine Einfahrt hat auf 2 m eine Steigung von 20 cm. Das Tor hat eine Länge von 2500 mm und eine Höhe von 1100 mm bei einem Bandabstand von 900 mm. Der Torrahmen ist aus Rechteck-Rohr 100 x 60 x 5 gefertigt und wird an einem Betonpfosten angeschlagen. Ermitteln Sie für eine 90°-Öffnung rechnerisch und zeichnerisch die Positionen der Drehachsen.

16 Schlösser

„Katzenkopf – Stück davon"

Das Arbeitsgebiet des „Schlossers" in früheren Zeiten war hauptsächlich die Herstellung und der Einbau von Schlössern. Aus dieser Tätigkeit ist auch seine Berufsbezeichnung entstanden.

Türen und Tore besaßen kunstvoll geschmiedete Beschläge. Für Edelholz-Truhen mit Klappdeckel wurde ein katzenkopfähnliches Schloss gebaut, das von den traditionsbewussten Schlossern bis heute als „Katzenkopf" bezeichnet wird (Bild 1).

Viele Schlossermeister tragen heute als Zunft- oder Verbandsabzeichen ein symbolisiertes Vorhängeschloss, durch dessen Bügel ein Katzenkopf schaut (Bild 2).

Suchte früher ein Schlossergeselle, der sich auf der für seine Ausbildung notwendigen Wanderschaft befand, bei einem Meister ein Quartier oder eine Arbeitsstelle, so wurde er von diesem mit der Frage „Katzenkopf?" auf seine Zunftzugehörigkeit geprüft. Der Geselle beantwortete die Frage mit „Stück davon". Diese Antwort sollte bekunden, dass ein Geselle niemals alle bei einem Schlosser vorkommenden Arbeiten beherrschen könne, und dass er noch viel lernen müsse um Meister zu werden.

Merke

Schlösser sollen Türen, Tore und Behältnisse im Anschlag festhalten, verschließen und gegen unbefugtes Öffnen sichern.

Je größer die Anforderungen an die Sicherheit des Schlosses sind, desto aufwändiger und komplizierter wird die Konstruktion.

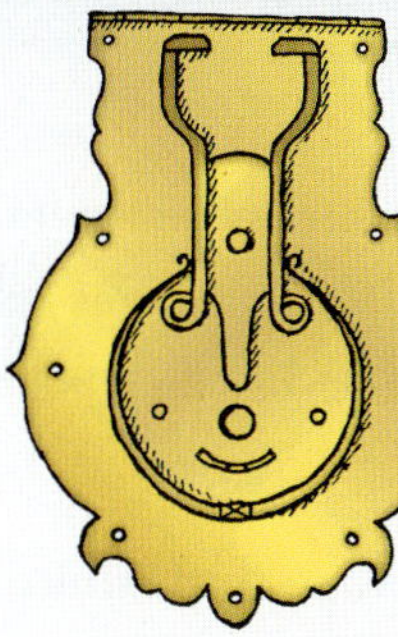

1 Truhenschloss

2 Katzenkopf

16.1 Schlossarten

Nach ihrem Einbauort und dem Verwendungszweck lassen sich Schlösser in folgende Arten einteilen: Kastenschlösser, Vorhängeschlösser, Einsteckschlösser und Treibriegelschlösser.

Kastenschlösser sind aufgesetzte Schlösser. Sie sind als Fallen-, Riegel- oder Falle-Riegelschlösser erhältlich und werden hauptsächlich für Einwärtstüren verwendet (Bild 3).

Vorhängeschlösser haben die Aufgabe, geschlossene Türen und Behältnisse abzusperren. Der Sperrbügel ist aus gehärtetem Spezialstahl (Bild 4).

Ist die Betätigung des Schließmechanismus nicht unmittelbar an der Verriegelungsstelle möglich, wie z. B. bei Garagentoren, oder wenn ein Verriegelungspunkt nicht ausreicht (z. B. große Falttore), werden **Treibriegelschlösser** eingesetzt (Bild 5).

Die am meisten verwendeten Schlösser sind **Einsteckschlösser**. Sie sind nach DIN 18251 genormt. Durch verschiedene Bauformen ist es möglich, sie in stumpfe oder überfälzte Türen, aber auch in schmale Torrahmen einzubauen (Bild 6).

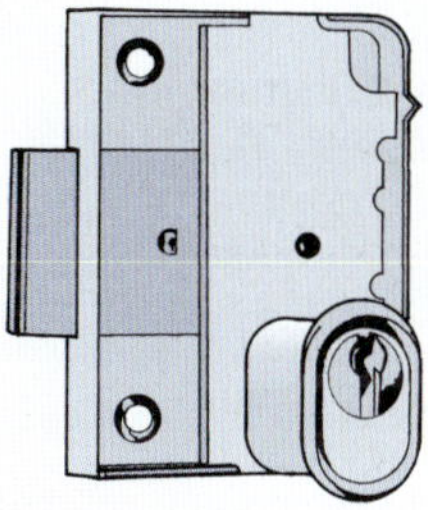

3 Kastenschloss

4 Vorhängeschloss

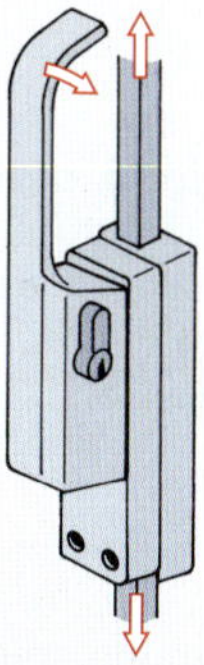

5 Treibriegelschloss

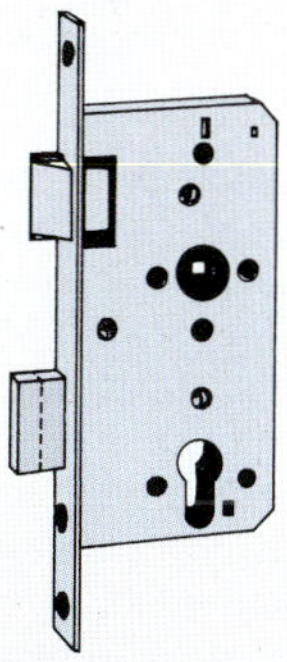

6 Einsteckschloss

Nach DIN 18251 werden die **Einsteckschlösser** nach Türgewicht und Beanspruchung unterschieden in **4 Schlossklassen**:

- Klasse 1: Schloss für Innentüren (sog. leichtes Innentürschloss),
- Klasse 2: Schloss für Innentüren mit erhöhten Anforderungen (mittelschweres Innentürschloss),
- Klasse 3: Mittelschweres Schloss für Wohnungsabschlusstüren,
- Klasse 4: Schloss für erhöhte Einbruchhemmung und hohe Benutzerfrequenz (Behördenschloss).

16.2 Aufbau und Funktionsweise von Falle-Riegel-Schlössern

Am Beispiel eines Einsteckschlosses lassen sich die allgemeinen Bezeichnungen und Funktionen von Schlossteilen gut erkennen (Bild 1).

Die **Falle** hält die Tür im Anschlag, nachdem sie „in das Schloss gefallen ist". Durch die Abschrägung einer Fallenaußenseite wird die Falle dabei vom **Schließblech** gegen den Druck der **Fallenfeder** zurückgedrückt.

Zum **Öffnen der Tür** wird die Falle durch Betätigung des Türdrückers über die **Nuss** zurückgeholt. **Nussfeder** und Fallenfeder führen Nuss und Falle nach Freigeben des Türdrückers wieder in die Ausgangsstellung zurück.

Zum **Versperren der Tür** muss der **Riegel** verschoben werden. Die **Zuhaltungen** halten den Riegelschaft fest. Der passende Schlüssel rastet die gesperrten Zuhaltungen aus und gibt den Riegel für eine Tour frei.

Als **Tour** bezeichnet man den vom Riegel zurückgelegten Weg je Schlüsselumdrehung. Der Riegelkopf tritt dabei aus dem **Stulp** heraus oder wird um eine Tour zurückgeholt. **Zuhaltungsfedern** bewirken ein Einrasten der Zuhaltungen nach jeder Schlüsselumdrehung.

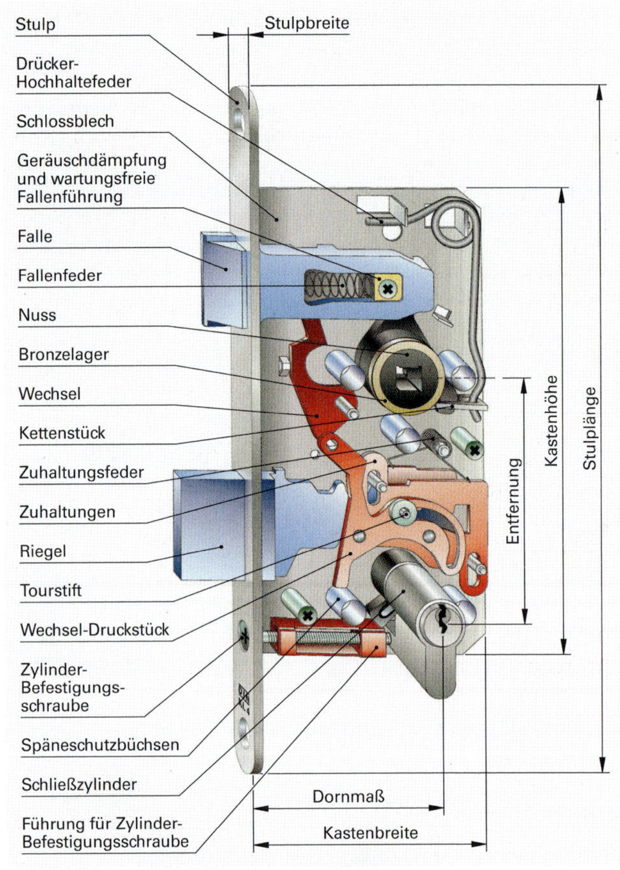

1 Aufbau eines Einsteckschlosses

Der **Wechsel** ist ein zweiseitiger Hebel, dessen längerer Hebelarm in eine Aussparung des Fallenschaftes greift. Der kürzere Hebelarm wird durch die Schlüsseldrehung bewegt. Bei Schlössern mit Wechsel kann die Falle auch mithilfe des Schlüssels zurückgeholt werden. Dies ist vor allem bei Türen wichtig, an denen sich an der Außenseite statt des Türdrückers ein Knauf zum Zuziehen befindet, wie dies häufig z. B. bei Hauseingangstüren der Fall ist.

Die Stifte und Führungsteile, die zur Federhalterung bzw. Führung von Riegelschaft und Falle erforderlich sind, werden in den Schlossboden genietet. Schlossboden, Stulp und Wechsel bestehen aus Stahl; Nuss und Falle sind aus Temperguss oder Kunststoff und die Federn aus Federstahl. Alle beweglichen Schlossteile nutzen sich durch Reibung ständig ab. Regelmäßige Wartung und Schmierung vermindern die Reibung und gewährleisten einen funktionssicheren Betrieb.

16.3 Normmaße von Schlössern

Nach DIN 18251 sind die Hauptmaße von Einsteckschlössern und die Bestimmungen für den Schlosskasten genormt (Bild 1).

Das **Dornmaß** ist der Abstand zwischen Vorderkante Stulp und Mitte Nuss bzw. Mitte Schlüsselloch. Es beträgt normalerweise 55 mm für Innen- und Außentüren (max. 100 mm). Abweichungen, z. B. für Schlösser in Stahlrohrrahmen oder Aluminiumprofilen, sind möglich. Hierfür werden Einsteckschlösser mit Dornmaßen von 25 mm ... 50 mm hergestellt.

Als **Entfernung** wird das Maß von Mitte Nuss bis Mitte Schlüsselloch bezeichnet. Die Entfernung ist abhängig von der Art der Schlosssicherung (Bild 2). Für Buntbartschlösser und Schlösser mit Profilzylinder beträgt sie 72 mm, für Schlösser mit Rund- oder Ovalzylindern 74 mm und für Innentüren 78 mm. Die Nuss besitzt einen quadratischen Durchbruch für den Stift des Drückers mit 8 mm oder 10 mm Kantenlänge.

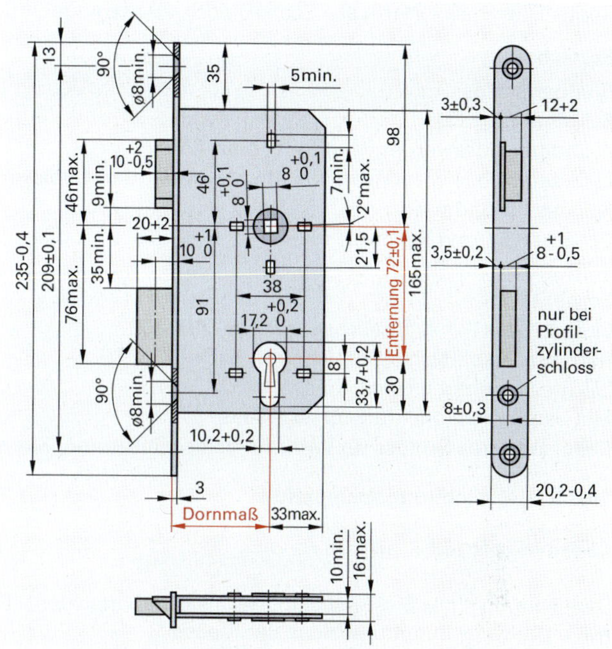

1 **Normmaße von Schlössern**

Kasten- und Stulpmaße werden bestimmt von der Schlossart und dem zu verwendenden Einlassgerät. Der Stulp kann halbrund oder eckig sein und muss nach DIN 18251 aus Stahl oder aus einer Kupfer-Zink-Legierung hergestellt sein. Er muss an mindestens 3 Stellen vom Hersteller dauerhaft am Schlosskasten befestigt sein. Stulpen aus Stahl sind außen korrosionshemmend beschichtet.

Der **Schlosskasten** kann je nach Anforderung offen oder geschlossen sein. Für Wohnungsabschlusstüren sind nur geschlossene Schlosskästen zulässig. Hier empfiehlt es sich, nur Schlösser aus einer güteüberwachten Fertigung zu verwenden.

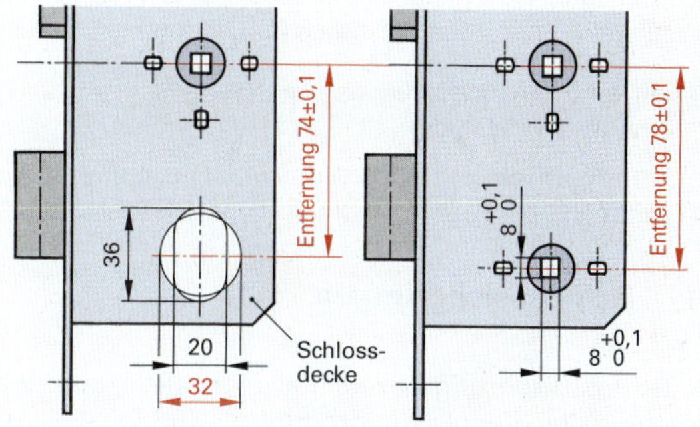

2 **Entfernung bei Rund-, Ovalzylider und Innentürschloss**

Die **Schlosskastendicke** beträgt 16 mm. Die oben genannten Maße sind zusammen mit der Anschlagrichtung und anderen Merkmalen vor allem für die Bestellung von Schlössern wichtig. Die **Anschlagrichtungen** im Bauwesen werden in der DIN 107 geregelt (Bild 3).

Merke

DIN Links ist eine Tür, deren Drehachse bei Blickrichtung auf ihre Öffnungsfläche links liegt.

Links-Türen haben Links-Bänder und Links-Schlösser.

Merke

DIN Rechts ist eine Tür, deren Drehachse bei Blickrichtung auf die Öffnungsfläche rechts liegt.

Rechts-Türen haben Rechts-Bänder.

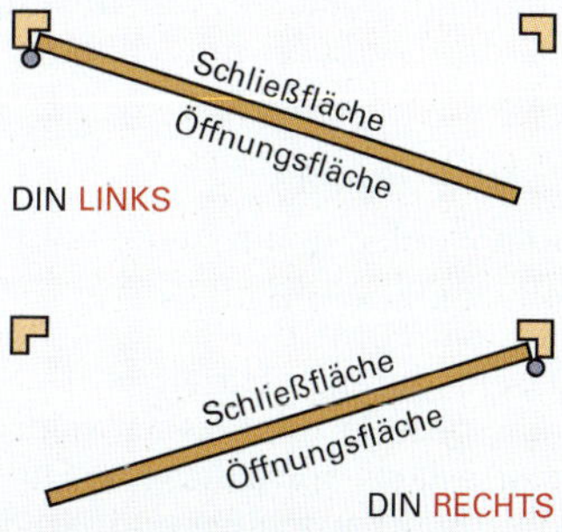

3 **Anschlagrichtungen**

16.3.1 Bezeichnung von Einsteckschlössern

Um Fehler bei der Bestellung von Schlössern zu vermeiden, wurden die **Bestellangaben** vereinheitlicht. Die Bezeichnung erfolgt mithilfe von Kurzzeichen in der Reihenfolge: DIN-Bezeichnung – Schlosssicherung – Dornmaß – Wechsel – Schließblech – Anschlagrichtung – Schlossklasse

Bezeichnung	**Kurzzeichen**
Buntbartschloss	BB
Zuhaltungsschloss	ZH
Zylinderschloss vorgerichtet für Profilzylinder	PZ
Zylinderschloss vorgerichtet für Rundzylinder und Ovalzylinder	RZ
Schloss für Badtüren	BAD
Dornmaß 55 mm (65 mm)	55 (65)
Wechseleinrichtung	W
Schließblech	S
Linksschloss (Links-Bezeichnung nach DIN 107)	L
Rechtsschloss (Rechts-Bezeichnung nach DIN 107)	R
Leichtes Innentürschloss, Klasse 1	1
Mittelschweres Innentürschloss, Klasse 2	2
Mittelschweres Schloss für Wohnungsabschlusstüren, Klasse 3	3

16.3.2 Bezeichnungsbeispiele

Schloss DIN 18251 – BB 55 R – 1

Bezeichnung eines Einsteckschlosses als Buntbartschloss (BB), Dornmaß 55 mm (55), als Rechtsschloss (R), als leichtes Innentürschloss der Klasse 1.

Schloss DIN 18251 – PZ 65 W S L – 2

Bezeichnung eines Einsteckschlosses, als Zylinderschloss für Profilzylinder (PZ), Dornmaß 65 mm (65), mit Wechsel (W), mit Schließblech (S), als Linksschloss (L), als mittelschweres Innentürschloss, Klasse 2.

Schloss DIN 18251 – RZ 65 W S R – 3

Bezeichnung eines Einsteckschlosses, als Zylinderschloss für Rundzylinder (RZ), Dornmaß 65 mm (65), mit Wechsel (W), mit Schließblech (S), als Rechtsschloss (R), für Wohnungsabschlusstür, Klasse 3.

16.4 Schlosssicherungen

Merke

Als Schlosssicherung bezeichnet man alle konstruktiven Maßnahmen mit dem Ziel, das unbefugte Betätigen des Riegels zu verhindern

Die Schlosssicherung ist das Kernstück eines jeden Schlosses. Je nach Sicherheitsanforderungen verwendet man einfache oder komplizierte und dadurch aufwändige Systeme. Die wichtigste Rolle spielt dabei der Schlüssel mit seinen vielfältigen Formen.

16.4.1 Buntbartschloss

Zimmertüren werden in der Regel nur durch eine einfache Zuhaltung gesichert. Die Sicherheit wird dabei durch die Form des Schlüsselloches und des Schlüsselbartes gewährleistet. Der **Buntbart** kann gerade, gezackt oder geschweift sein (Bild 1). Das Schlüsselloch muss dieselbe Form wie das Bartprofil des Buntbartschlüssels (Bild 3 folgende Seite) besitzen.

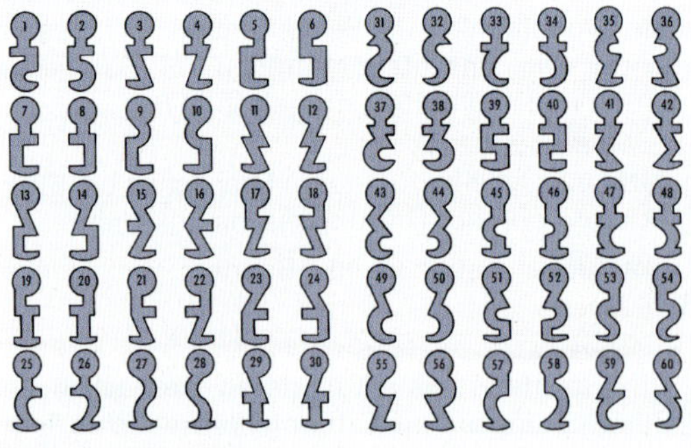

1 Buntbartformen

Die Sicherheit gegen unbefugtes Öffnen, auch **Nachschließen** genannt, ist hier trotz vieler Schlüsselformen nur sehr gering, da mit einem Sperrhaken das Hindernis des Profiles leicht umgangen werden kann. Eine Erhöhung der Schließsicherheit von Buntbartschlössern ist möglich durch eine **Besatzung**. Bei der **Mittelbruchbesatzung** wird ein profilierter Blechstreifen auf den Schlossboden genietet. Dadurch sind nur noch Buntbartschlüssel, die den passenden Mittelbruch besitzen, verwendbar (Bild 1).

Bei der **Reifchenbesatzung** werden entsprechende Ringe auf Schlossboden und -deckel angebracht. Das Schloss kann nur noch mit Schlüsseln, die über die passenden Ausbrüche an den Stirnseiten verfügen, betätigt werden (Bild 2).

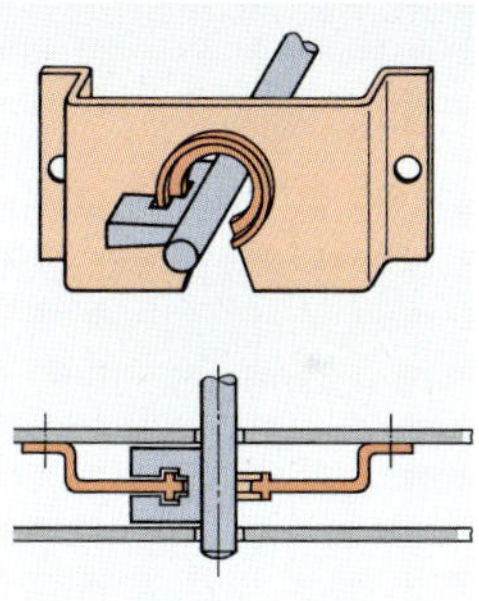

1 Mittelbruchbesatzung

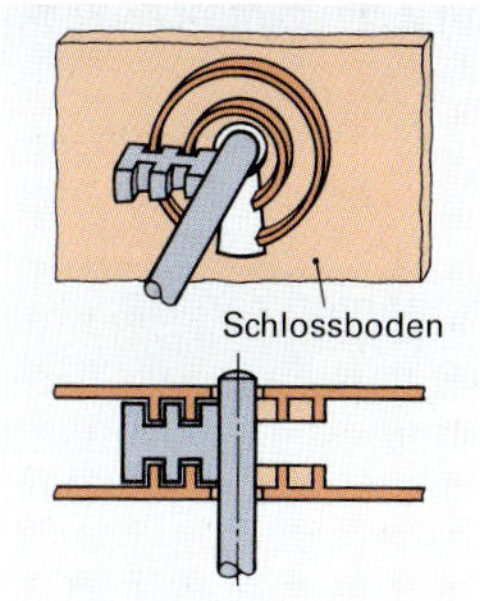

2 Reifchenbesatzung

16.4.2 Chubbschloss

Merke

Beim Chubbschloss wird zur Erhöhung der Schließsicherheit die einfache Zuhaltung durch mindestens 4 lamellenartige, flache Zuhaltungsblätter ersetzt (Bild 3).

Die **Zuhaltungsblätter** besitzen alle ein Zuhaltungsfenster. Sie können sich in der Dicke und in der Form der Unterkante der Zuhaltungskurve unterscheiden. Nur wenn sich die Fenster aller Blätter deckungsgleich auf derselben Höhe befinden, kann der Riegelstift und damit der Riegel bewegt werden (Bild 4). Dazu ist ein genau abgestufter und auf die Zuhaltungskurve abgestimmter Schlüsselbart erforderlich (Bild 5).

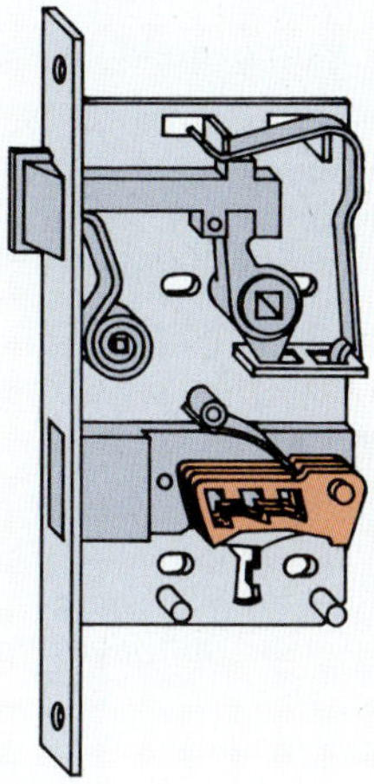

3 Einfaches Chubbschloss ohne Wechsel

Weil Zimmertüren von beiden Seiten schließbar sein müssen, haben ihre Chubbschlösser symmetrisch angeordnete Aussparungen (Bild 4). Eine Schließnase bewegt den Riegel.

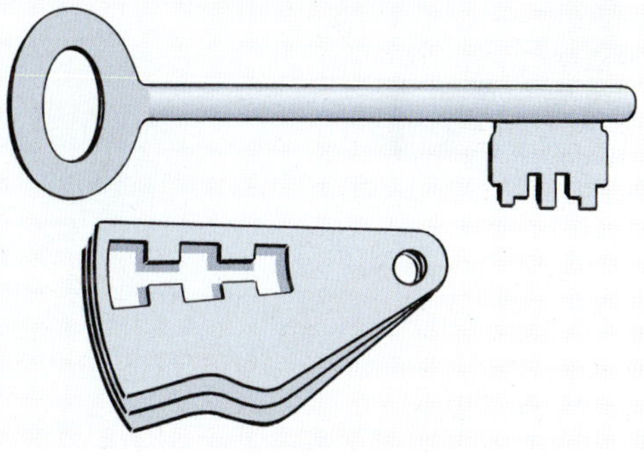

4 Zuhaltungsblätter mit Chubb-Schlüssel

Bei **Schließanlagen** kommen auch mehr als 6 Zuhaltungen zur Anwendung, um die Schließsicherheit noch zu erhöhen. Da die Lamellen in modernen Schlössern unabtastbar angeordnet sind, ist es nur sehr schwer möglich, Chubbschlösser mit Sperrhaken zu entriegeln. Zusätzliche Möglichkeiten, die Schlosssicherheit zu erhöhen, ergeben sich durch die Verwendung von 2 Paketen Chubb-Zuhaltungen im Scherengitterschloss. Zum Öffnen und Schließen ist dafür ein Doppelbartschlüssel (Tresorschlüssel) erforderlich.

Für Hotel-Schließanlagen z. B. ist es erforderlich, dass Türen von der einen Seite aus aufgeschlossen werden können, auch wenn in der anderen Türseite der Schlüssel oder ein Fremdkörper steckt. Dies ist durch versetzte Anordnung von Schlüssellöchern möglich. Dafür ist natürlich eine aufwändige Riegel- und Zuhaltungskonstruktion erforderlich.

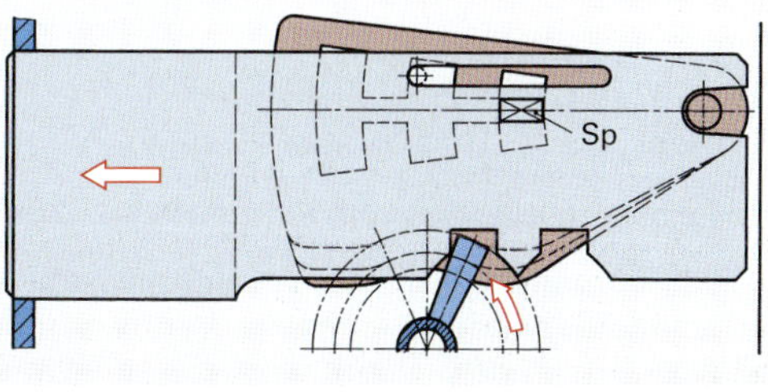

5 Riegelbewegung

16.4.3 Zylinderschlösser

Merke

Bei Zylinderschlössern sind die Schlosskastenbleche so vorbereitet, dass sie einen Schließzylinder mit Stiftzuhaltungen nach DIN 18252 aufnehmen können.

Vorläufer unserer heutigen modernen Schließzylinder ist das von dem Amerikaner Linus Yale 1844 zum Patent angemeldete Zylinderschloss. Bei Yale waren es 4 einzelne Stiftpaare, die jeweils um 90° versetzt in einem Gehäuse montiert waren. Durch Einführen des Schlüssels, auf dessen Halm unterschiedliche Nocken aufgebracht waren, wurde jedes Stiftpaar zwischen Ober- und Unterstift so fixiert, dass der Kern gedreht werden konnte.

Stiftpaare spielen auch in den heutigen Schließzylindern die wichtigste Rolle. Der Vorteil der Zylinder-Schließsysteme liegt in der hohen Zahl von Kombinationen und im handlichen Schlüssel.

Schließzylinder gibt es als Profil-, Rund- und Ovalzylinder mit verschiedenen Schließmechanismen (Bild 1).

Die Schließsicherheit ist in erster Linie abhängig von der Zahl der eingebauten Sperrelemente. Öffnungsversuche mit Werkzeugen werden umso aufwändiger, je mehr Stiftpaare im Zylinder enthalten sind.

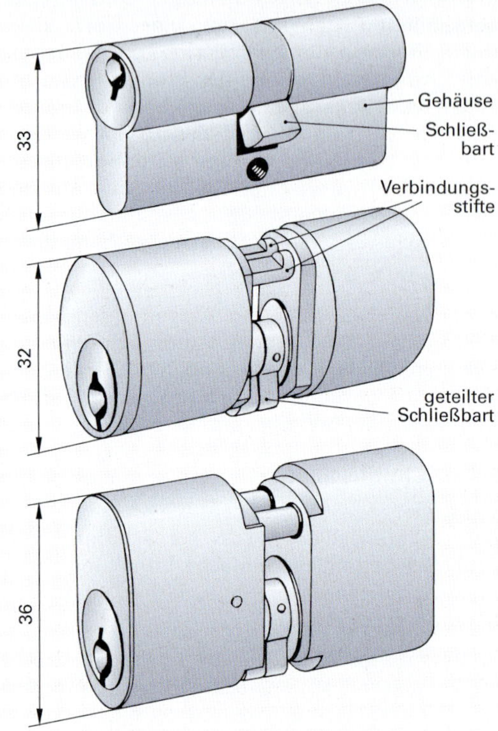

1 **Zylinderformen a) Profil, b) Rund, c) Oval**

Schließzylinder mit Stiftzuhaltung (Begriffe nach DIN 18252)

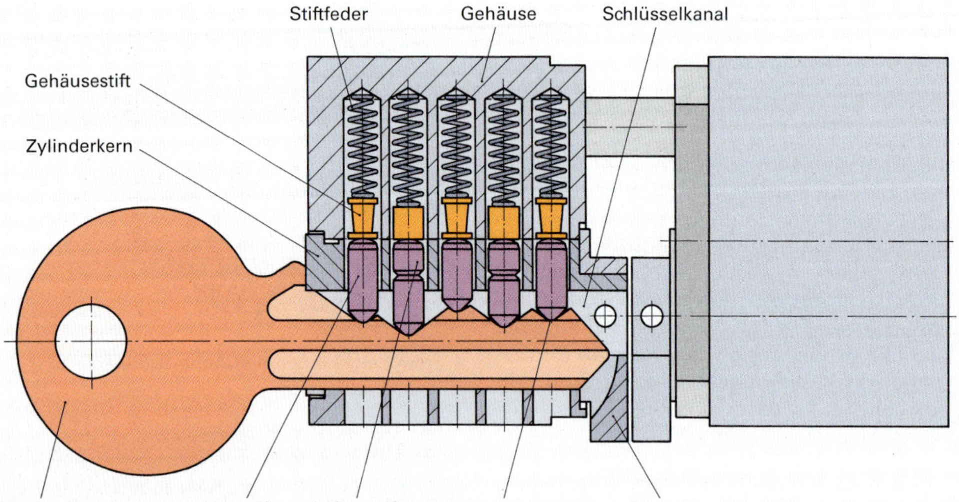

2 **Doppelter Schließzylinder mit Stiftzuhaltung – Schnittdarstellung**

Ein **Schließzylinder** ist eine am Schlosskasten zu befestigende, austauschbare Baugruppe bestehend aus Zylindergehäuse, im Gehäuse drehbar angeordnetem Zylinderkern, mindestens 5 Stiftzuhaltungen und dem Schließbart. Damit wird ein einfaches Schloss in ein den höheren Sicherheitsbedürfnissen entsprechendes Zylinderschloss umgewandelt.

Bauteile von Zylinderschlössern

Stiftzuhaltung: Aus Kernstift, Gehäusestift, Stiftfeder und ggf. Aufbaustift bestehendes Sperrorgan, das die Drehung des Zylinderkerns nur zulässt, wenn der zum Schließzylinder gehörende Schlüssel eingeführt ist und dabei die Stifte gegen die Federkraft so verschiebt, dass deren Trennungsebene die Mantelfläche des Zylinderkerns berührt.

Aufbaustift: Zwischen Kernstift und Gehäusestift befindlicher Stift, der die betreffende Zuhaltung in zwei Trennungsebenen freigibt. Schließzylinder für Hauptschlüssel und Zentralschlossanlagen können in einer oder in mehreren Zuhaltungen auch mehrere Aufbaustifte besitzen.

Schlüsseleinschnitte: Kerben an der Schmalseite des Schlüssels, deren Anzahl und Teilung mit den Stiftzuhaltungen des zugehörigen Schließzylinders übereinstimmt und deren Tiefe mit der Länge der zugehörigen Kernstifte so abgestimmt ist, dass die Kernseite mit der Zylinderkern-Mantelfläche abschließen.

Schließung: Die jeweils für einen Schließzylinder festgelegte Art des Schlüsseleinschnittes. Hat ein Zylinder n Stiftzuhaltungen und m vorgesehene Stufen für die Schlüsseleinschnitte, so sind theoretisch m^n unterschiedliche Schließungen möglich.

Schlüsselkanal: Öffnung im Zylinderkern für die Aufnahme des Schlüssels, die zu dessen lagensicherer Führung einen profilierten Querschnitt hat. Die unterschiedlichen Profile dienen dazu, das Einführen unberechtigter Schlüssel zu verhindern.

Schließbart: Er entspricht dem Schlüsselbart eines Buntbartschlüssels und betätigt das Schloss. In einigen Systemen wird der Schließbart durch ein Zahnrad ersetzt.

Wartung: Die Lebensdauer des Schließzylinders kann durch eine sachgemäße Pflege mit Graphitpulver oder einem Spezialöl verlängert werden. Auf keinen Fall dürfen der Schlüsselkanal oder der Zylinderkern mit Maschinenöl geölt werden, da die Öle im Laufe der Zeit verharzen.

Wie funktioniert ein Schließzylinder mit Stiftzuhaltung?

Bild 1 zeigt einen Doppelzylinder ohne Schlüssel, der wahlweise von der Innen- oder Außenseite der Tür betätigt werden kann. Über einen der beiden Zylinder wird dabei ein Schließbart gedreht. Beide Zylinder befinden sich in einem gemeinsamen Gehäuse, das mittels einer Schraube M5 im Schloss befestigt ist.

Es ist deutlich zu erkennen, dass beide Zylinderkerne durch Stifte gegen das Gehäuse gesperrt sind, d. h. die Kerne können nicht gedreht werden.

Durch Einführen des passenden Schlüssels werden die Stiftpaare so geordnet, dass die Trennungslinie zwischen Kern- und Gehäusestift auf der Mantelfläche des Zylinderkerns liegt (Bild 2). Erst jetzt kann der Kern gedreht werden. Damit verbunden ist eine Drehung des Schließbartes, der den Riegel bewegt.

Durch die Benutzung eines Schlüssels mit demselben Profil, aber nicht den entsprechenden Kerben, wäre eine Drehung des Kernes nicht möglich.

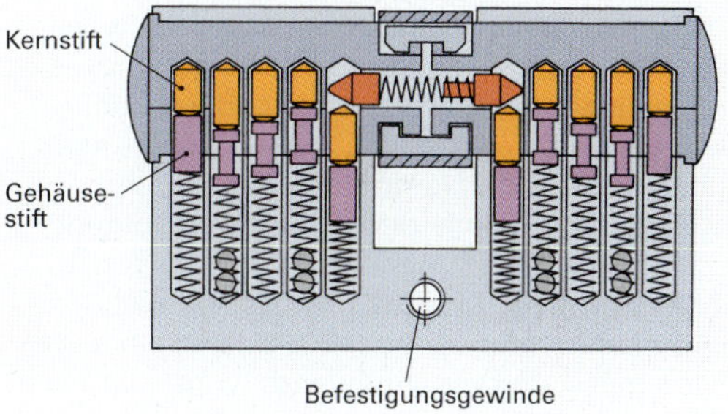

1 Doppelzylinder in Schließstellung ohne Schlüssel

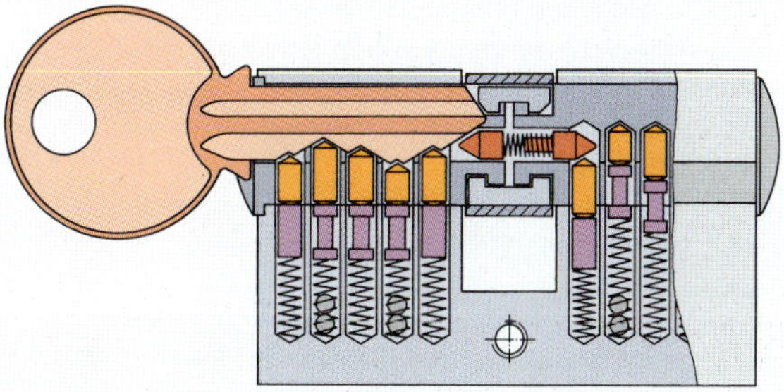

2 Doppelzylinder mit eingeführtem Schlüssel

Abmessungen von Schließzylindern

Rundzylinder haben einen Durchmesser von 32 mm. Ovalzylinder besitzen eine Höhe von 36 mm und eine Breite von 20 mm. Die Abmessungen von Profilzylindern sind Bild 1 zu entnehmen. Die Maße l, l_1 und l_2 sind variabel, da sie von der Einbaudicke der Türe abhängen. Bei der Bestellung muss darauf geachtet werden, dass der Schließzylinder flächenbündig mit dem Türschild oder Türblatt eingebaut werden kann.

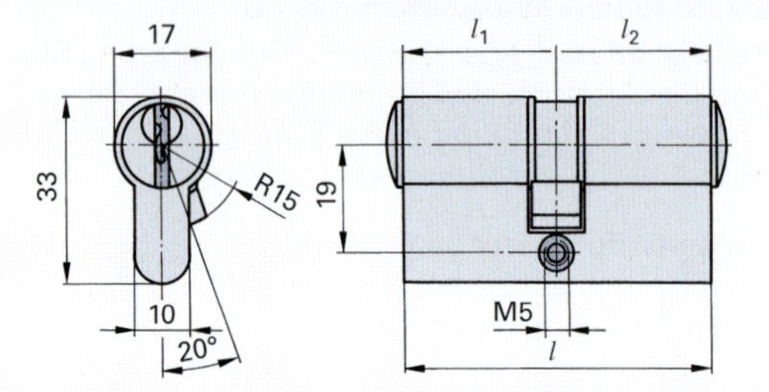

1 Profilzylindermaße

Grundsysteme von Schließzylindern

Sitzen die Stiftpaare des Zylinders oberhalb des Schlüssels, so wird das System als **obenliegendes Gesperre** mit fallenden Stiften bezeichnet. Dies ist bei allen Rund- und Ovalzylindern der Fall (Bild 2).

Zylinder, bei denen die Stiftpaare unterhalb des Schlüssels liegen, haben demzufolge ein **untenliegendes Gesperre** mit steigenden Stiften. Dieses System findet bei allen Profilzylindern Anwendung.

Rund- und Ovalzylinder werden auch als **Anbauzylinder, Profilzylinder** als **Einbauzylinder** bezeichnet. Ein Vorteil der Einbauzylinder ist, dass sie in jedes Einsteckschloss einzubauen sind, wenn dieses vom Hersteller dafür vorgerichtet ist. Die Austauschbarkeit der Einbauzylinder untereinander, unabhängig vom Fabrikat, ist gewährleistet.

Erhebliche Nachteile schließtechnischer Art weist hingegen das untenliegende Gesperre gegenüber dem obenliegenden Gesperre auf. Bei obenliegendem Gesperre würden die Stifte im Störungsfalle, z. B. durch Federklemmung oder Klemmung durch Grat, dem Gesetz der Schwerkraft folgend in die Schlüsselschließung fallen. Die Sperrfunktion wäre so gesichert. Dieses Prinzip, das von den alten Ägyptern schon vor über 5000 Jahren bei ihren Fallriegelschlössern angewandt wurde, ist bei untenliegendem Gesperre mit steigenden Stiften nicht möglich. Hier wirken Schwerkraft und Federkraft gegeneinander.

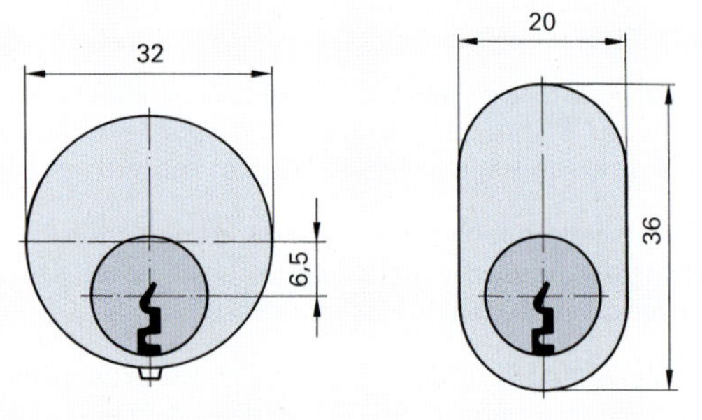

2 Rund- und Ovalzylinder

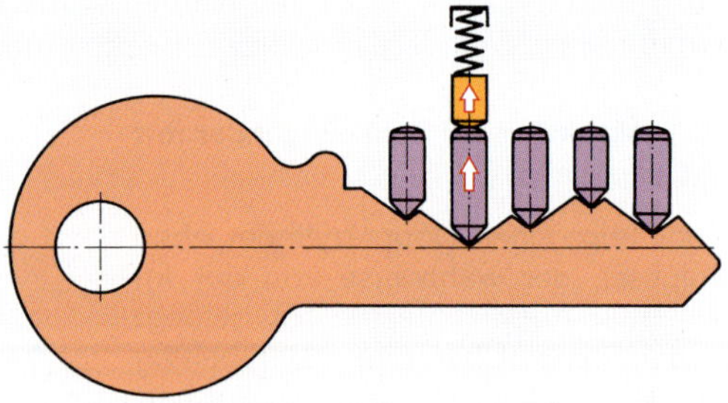

3 Zylinder mit fallenden Stiften

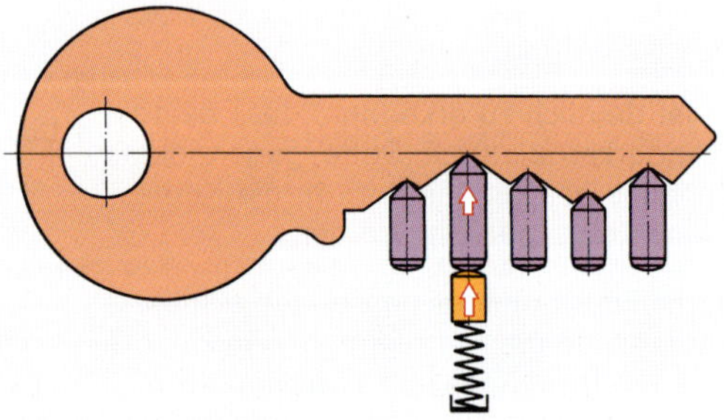

4 Zylinder mit steigenden Stiften

Überprüfen Sie Ihre Kenntnisse

1 Welche Aufgaben haben Schlösser?
2 In welche Schlossarten können Schlösser eingeteilt werden?
3 Wann wird eine Tür mit DIN Links und wann mit DIN Rechts bezeichnet?
4 Erklären Sie die Maße Entfernung und Dornmaß.
5 Beschreiben Sie den Schließmechanismus eines Chubb-Schlosses!
6 Warum haben Chubb-Zimmerschlösser stets symmetrisch angeordnete Einschnitte?
7 Nach welchem Prinzip funktionieren Zylinderschlösser?
8 Nennen Sie die wichtigsten Bestandteile eines Schließzylinders und beschreiben Sie ihre Aufgaben.
9 Wodurch unterscheidet sich ein untenliegendes Gesperre von einem obenliegenden?

Nachschließ- und Aufsperrsicherungen

Merke

Unter **Nachschließsicherheit** versteht man den Schutz, den der Zylinder gegen unbefugtes Öffnen mit **ähnlichen** Schlüsseln bietet.

Merke

Als **Aufsperrsicherheit** bezeichnet man den Widerstand, den der Zylinder gegen Öffnungsversuche mit Sperrwerkzeugen bietet.

Viele „Spezialisten" unter den Einbrechern versuchen seit Jahrzehnten, mit unterschiedlichen Sperrwerkzeugen die Zylinderschlösser zu überlisten. Die meisten Öffnungsversuche zielten darauf ab, den Zylinderkern unter seitlichen Druck zu stellen. Dadurch setzten sich die Stifte an den Seitenwänden der Zuhaltungsführungskanäle fest. Mit geeignetem Werkzeug konnten sie nun vorsichtig auf die Trennungslinie zwischen Kern und Gehäuse ausgehoben werden. Dieses Verfahren des Festklemmens der Stifte wird als **Hobb'sches Verfahren** bezeichnet. Dem aus den USA stammenden Schlossermeister Hobb gelang es 1853 bei der Weltausstellung in Chicago zum ersten Mal mit dieser Methode ein Schloss in 3 Minuten zu öffnen und dafür 1000 $ Belohnung zu kassieren.

Eine Verfeinerung dieses Verfahrens stellt die sogenannte **Picking-Pistole** dar. Das ist ein Werkzeug, das mit einer Feder die Stifte herunterschleudert und versucht auf diese Weise die Trennungsebene zu erreichen.

Mindestanforderung an Schließzylinder

Bezüglich der Nachschließsicherheit werden von der DIN 18285 die folgenden Anforderungen gestellt:

a) der Schließzylinder muss mindestens 5 Stiftzuhaltungen haben,

b) der Schüssel darf bei 6 Zuhaltungseinschnitten nicht mehr als 3 gleichtiefe Einschnitte besitzen,

c) es dürfen nicht mehr als 2 gleichtiefe Einschnitte nebeneinander angeordnet sein,

d) zwischen dem höchsten und dem tiefsten Einschnitt müssen mindestens 3 Stufensprünge sein,

e) Maßnahmen gegen das Hobb'sche Öffnungsverfahren müssen eingebracht werden,

f) der Einsatz von 30 000 aufsperrsicheren Schließungen muss gewährleistet sein.

Konstruktive Gegenmaßnahmen gegen das Hobb'sche Öffnungsverfahren sind in Bild 1 dargestellt. Dabei sind in der Regel einige Gehäusestifte besonders geformt. Dies hat zur Folge, dass bei seitlicher Verdrehung des Kerns die Stifte nicht mehr ausgehoben werden können, da sie sich durch ihre scharfen Kanten an der Trennungsebene verhaken.

Unterstützt wird die Hakwirkung dieser „Pilzstifte, Taumelstifte, Diabolostifte etc." durch eine Fangnut in der Gegenseite des Zylindergehäuses.

Um die **Aufsperrsicherheit** zu erhöhen, müssen in einer Schließung 2 oder 3 Formstifte eingebracht werden. Bei insgesamt 5 Stiftpaaren sollten jedoch noch mindestens 2 volle Zylinderstifte vorhanden sein, die bei Öffnungsversuchen durch den Federdruck immer wieder in die Zuhaltungsführungskanäle fallen.

Alle diese Formgebungsmaßnahmen von Gehäuse- bzw. Oberstiften dienen nur der Erschwerung des unbefugten Öffnens. Erst mit anderen Maßnahmen zusammen wird aber eine ausreichende Aufsperrsicherheit erreicht.

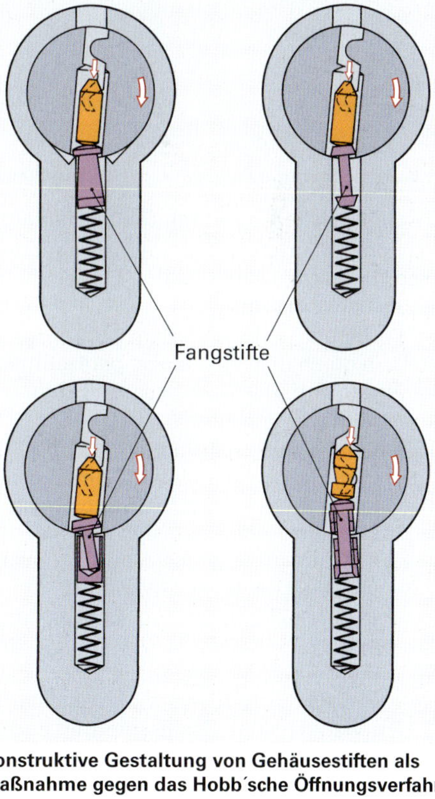

1 Konstruktive Gestaltung von Gehäusestiften als Maßnahme gegen das Hobb´sche Öffnungsverfahren

Auch bei Schließzylindern mit querliegendem Schlüsselkanal (Bild 1) wird das Öffnen mit der Picking-Pistole oder anderen Sperrwerkzeugen erschwert. Äußere Kennzeichen dieser Schließzylinder sind der querliegende Schlüsselkanal und der Schlüssel, der statt des Sägezahnprofiles Bohrungen und Profilnuten aufweist, die in Lage, Tiefe und Anzahl variabel sind. Der Schlüssel kann in zwei Stellungen in das Schloss eingeführt werden (Wendeschlüssel).

Eine hohe **Nachschließsicherheit** wird durch komplizierte Aushebe- und Anlaufschrägen an der Schlüsselspitze erreicht. Diese Schrägen passen genau auf die Abstufungen an den Spitzen der Kernstifte. Eine weitere Erschwerung sind die zusätzlichen seitlichen Kontrollstifte.

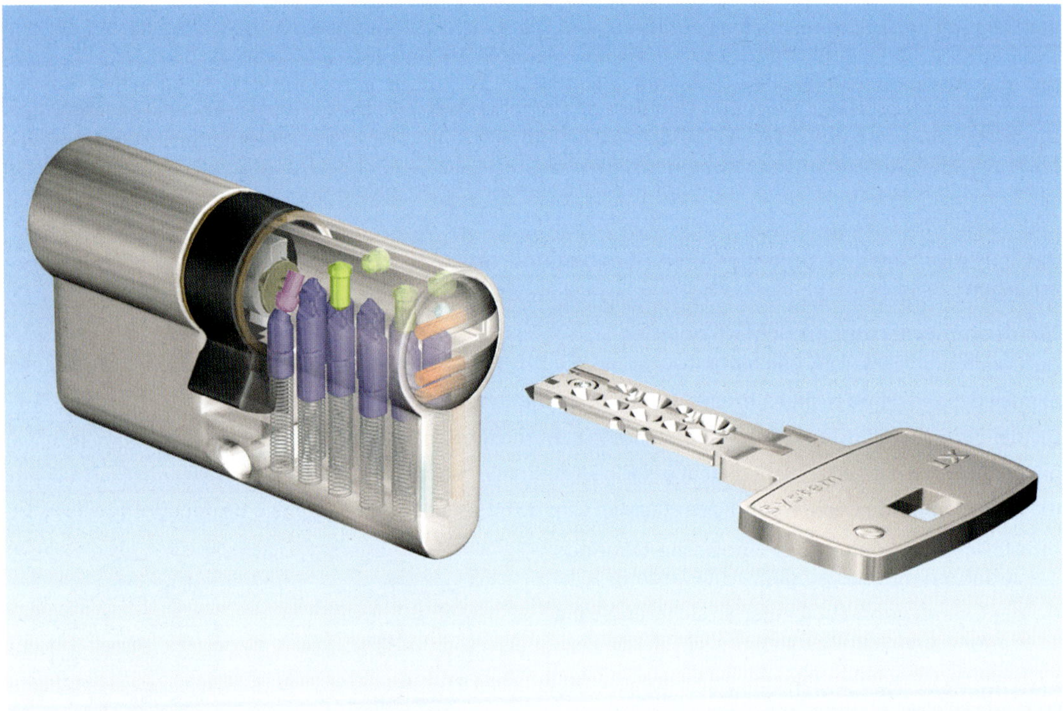

1 Schließzylinder mit querliegendem Schlüsselkanal

Nachschließsicherung durch Schließkanalprofilierung

Als weitere ergänzende Sicherungsmaßnahme wird von der DIN 18252 gefordert, dass der Normalprofilschlüssel mit seinen beiden Profillinien die Profilmittelebene von beiden Seiten her durchdringt, zumindest aber berührt.

Diese Forderung wird von den Schließzylinderherstellern durch den Einsatz von parazentrischen Kaskadenprofilen (Bild 2), konischen Schlüsselkanalformen (Bild 3) u. a. erfüllt.

Die dadurch entstehenden Rippen, auch Sperrrippen genannt, werden bei vielen Zylindern durch zusätzliche, seitlich angebrachte Stifte abgetastet. Diese Abtaststifte registrieren jede Abweichung vom vorgesehenen Schlüsselprofil und verhindern dadurch ein Drehen des Zylinders.

Darüber hinaus werden von vielen Schließzylinderherstellern auch die Sperrrippen mit seitlichen Einfräsungen versehen, die in unterschiedlicher Weise ebenfalls durch Sperrstifte abgetastet werden. Unabhängig vom Schlüsselprofil und von den Stiftzuhaltungen entsteht dadurch ein zusätzlicher Nachschließschutz.

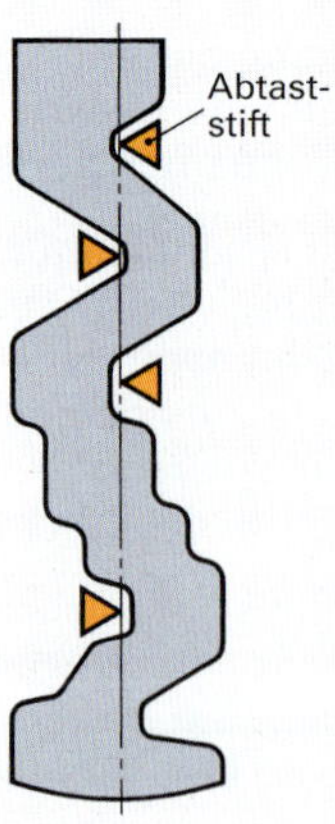

2 Kaskadenprofil

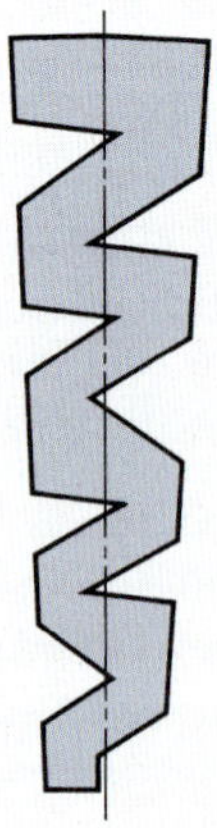

3 Konisches Profil

Schließzylinder mit Magnet-Schloss-System

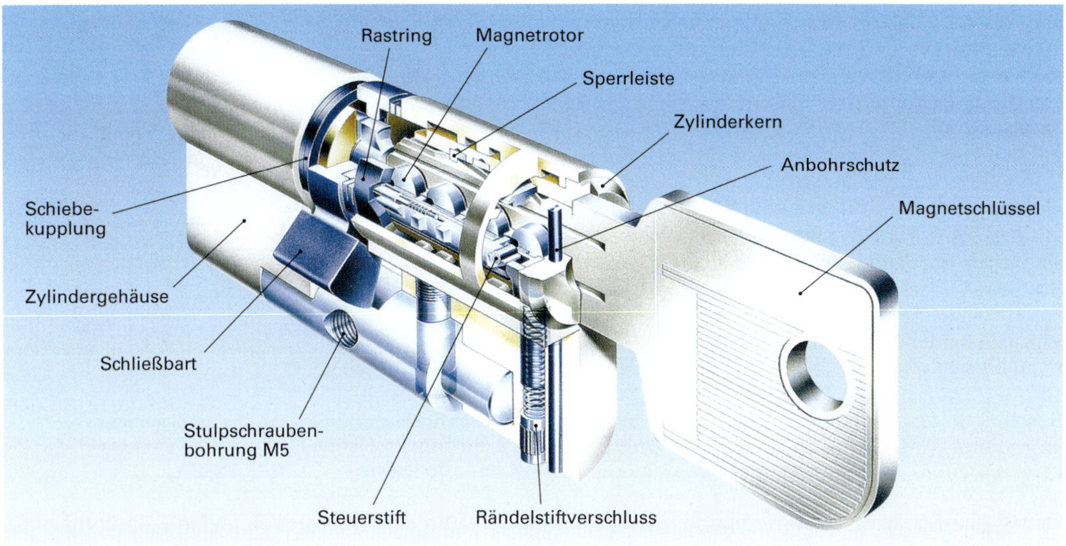

1 Magnet-System-Zylinder

Eine Kombination von Elementen der Stiftschließtechnik mit magnetischen Drehzuhaltungen ist das Magnet-Schließ-System.

Im Schlüssel und im Zylinderkern sind zylindrische Magnete angeordnet, die in genau festgelegten Richtungen äußerst kräftige Magnetfelder aufweisen. Diese radialen Magnetfeldzonen bestimmen die Kodierung des Schlosses.

Beim Einführen des passenden Schlüssels bewegen sich die im Zylinderkern drehbar gelagerten Magnete in Öffnungsstellung. Zwei Sperrschieber können nur in dieser Stellung über eine Steuerkurve in axialer Richtung verschoben werden und so den Schließvorgang freigeben. Beim Abziehen des Schlüssels federn die Sperrschieber in ihre Ausgangsstellung zurück. Durch gegenseitige Beeinflussung ihrer Kraftfelder nehmen die Drehmagnete eine zufällige Stellung ein und blockieren damit den Zylinder.

Über seitlich im Zylinder angebrachte Sperrkugeln werden darüber hinaus noch die Sperr-Rippen des Schlüssels abgetastet.

Nur wenn die magnetische und die mechanische Kodierung des Zylinders mit derjenigen des Schlüssels übereinstimmt, kann ein Schließvorgang erfolgen.

Aufbruchsicherungen

Merke

Unter der Aufbruchsicherheit ist der Widerstand des Zylinders gegen jede Art von Gewaltanwendung zu verstehen.

Eine der am häufigsten angewandten Methoden, ein Schloss gewaltsam aufzubrechen, ist die des Aufbohrens. Dabei wird versucht, im Schlüsselkanal, in der Trennungsebene zwischen Kern und Gehäuse oder im Bereich der Stiftfedern eine Bohrung anzubringen. Durch diese Bohrung werden dann die Zuhaltungsstifte entnommen bzw. gesperrt.

Alle modernen Zylinderschlösser verfügen als Sicherungsmaßnahme über einen **Aufbohrschutz**. Dies kann durch Einsatz eines gehärteten Stiftpaares geschehen. Um den Abrieb am Schlüssel zu verringern, kann dieses Stiftpaar auch mit einer Bronzeummantelung ausgerüstet sein (Bild 2).

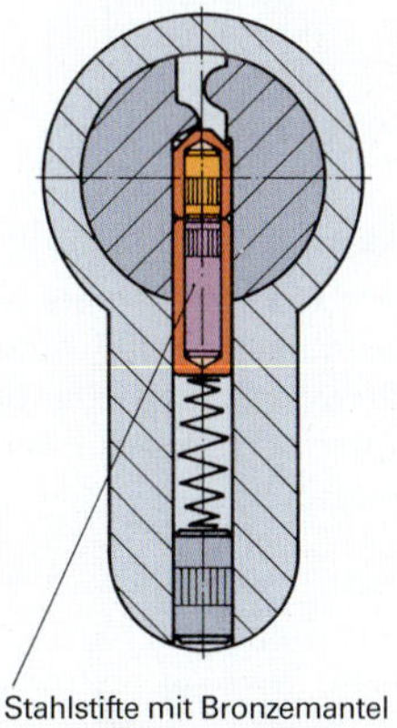

2 Aufbruchschutz durch Stahlstift

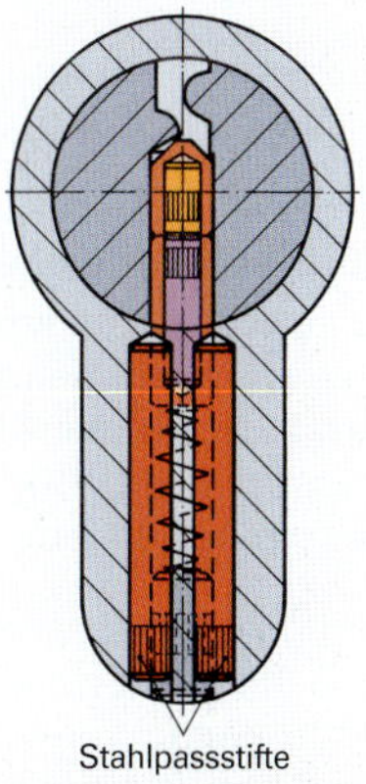

3 Aufbohrschutz durch zusätzliche Stahlpassstifte

Bei besonders gefährdeten Außen- oder Innentüren wird ein weiterreichender Aufbohrschutz angewandt. Neben der bereits beschriebenen Maßnahme werden die Zuhaltungen noch durch zwei oder mehr gehärtete Stahlpassstifte, die in das Gehäuse eingetrieben werden, geschützt (Bild 3, Seite 303).

In der gepanzerten Ausführung werden auch noch die Kernstiftreihen durch gehärtete Stahlstifte geschützt (Bild 1). Dieselben Aufbohrsicherungen sind auch für Schließzylinder mit querliegendem Schlüssel einsetzbar (Bild 2).

Alle diese Maßnahmen sind nur sinnvoll, wenn beim Einbau durch den Metallbauer entsprechend sorgfältig gearbeitet wird. Mehr als 2 mm aus dem Beschlag herausragende Zylinder bieten eine hervorragende Angriffsfläche für Zangen, mit deren Hilfe der Zylinder abgebrochen werden kann.

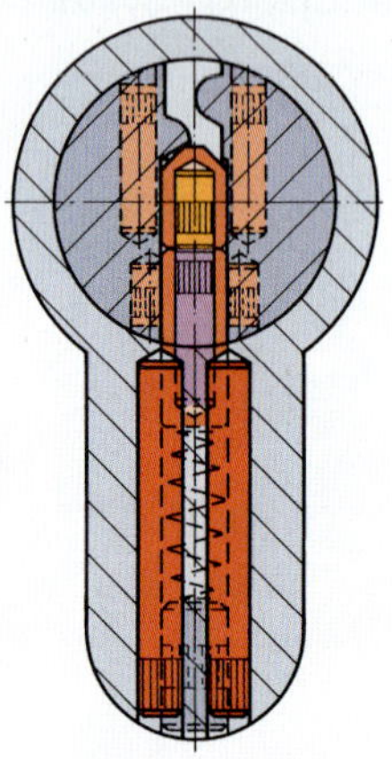

1 Aufbohrschutz durch gehärtete Stahlstifte im Zylinderkern

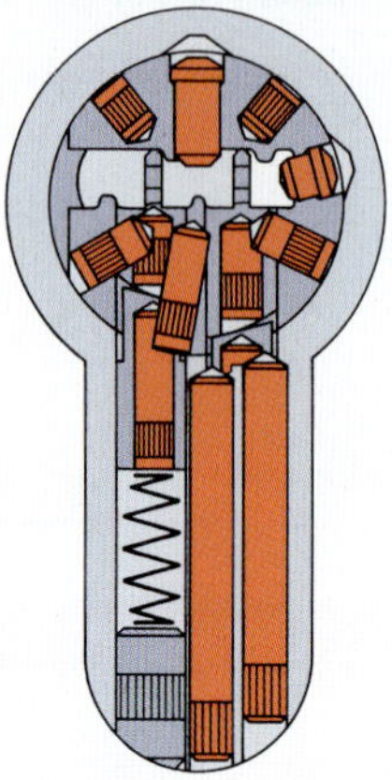

2 Querliegender Schlüsselkanal

Neben den Schutzmaßnahmen gegen Aufsperren oder Aufbohren werden von vielen Zylinderherstellern auch Sicherungsmaßnahmen gegen das gewaltsame Herausziehen des Kernes oder des gesamten Gehäuses ergriffen. **Kernziehsicherungen** werden dadurch realisiert, dass ein Teil des Zylinderkernes in eine dafür vorgesehene Öffnung im Gehäuse einrastet und somit das axiale Herausziehen verhindert (Bild 3).

Die **Gehäuseziehsicherung** wird z. B. durch einen Stift erreicht, der seitlich aus dem Zylindergehäuse herausragt. Beim Herausziehen des Zylinders wird er sich am dazugehörigen Beschlag verhaken (Bild 3). Diese Sicherung funktioniert bei der geeigneten Kombination von Zylinder und Schutzbeschlag.

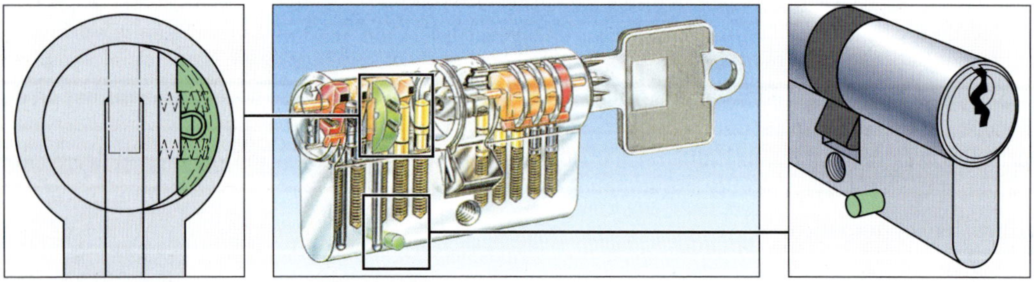

3 Kern- und Gehäuseziehsicherung

Montage von Schließzylindern

Die aufwändigste konstruktive Maßnahme als Nachschließ-, Aufsperr- oder Aufbruchsicherung ist unwirksam, wenn beim Einbau unsachgemäß gearbeitet wird. Nachmessen ist die qualifizierteste Maßnahme gegen das Abbrechen von Schließzylindern. Dies geschieht am zuverlässigsten mithilfe eines Messschlüssels (Bild 4). Dadurch wird verhindert, dass der Zylinder nach dem Einbau mehr als 2 mm über die Außenseite des Türblatts herausragt.

Da die Aufbohrsicherung sich meist nur auf einer Seite des Schließzylinders befindet, ist beim Einbau genau darauf zu achten, dass der Zylinder richtig herum eingebaut wird. Die gesicherte Seite ist in der Regel gekennzeichnet und muss auf der Außenseite der Tür liegen.

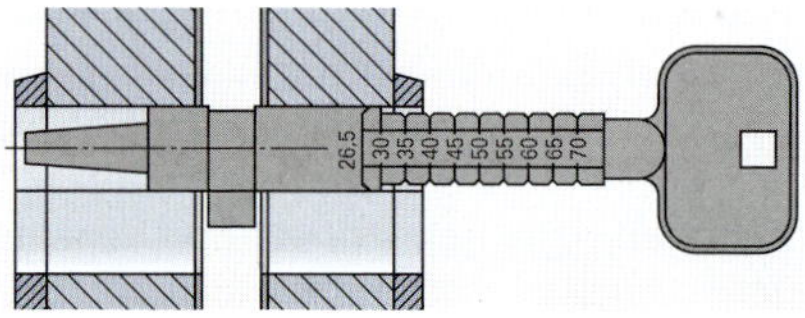

4 Messschlüssel

Profilzylinder werden durch eine Befestigungsschraube M 5, die durch ein Loch im Stulp geschoben wird, befestigt. Die Schraube wird von der Stulpschraubenbohrung im Schließzylinder und einer zweiten im Schlossboden und Schlossdeckel im unteren Befestigungsblech gehalten.

Rund- und Ovalzylinder besitzen in der Regel Verbindungsstangen aus Stahl, die in einem der Zylinderkörper fest eingesetzt sind. Der andere Zylinderkörper verfügt über entsprechende Bohrungen zur Aufnahme der Verbindungsstangen. In diesem Teil ist auch eine Sperrung untergebracht, in die die Stangen einrasten (Bild 1).

Bei der Montage wird zuerst das Einsteckschloss in das Türblatt eingesteckt. Danach werden die beiden Zylinder zusammengeschoben, bis die Steckverbindung einrastet. Das Schloss ist nun ohne Hilfsmittel nicht mehr zu trennen.

Das Herausnehmen des Zylinders ist nur mit dem passenden Schlüssel möglich. Dazu wird der Schlüssel am Innenzylinder bis zum Anschlag eingeführt. Der Innenzylinder ist durch den größeren Kerndurchmesser erkennbar. Danach wird der Schlüssel um 90° so gedreht, dass der Schlüsselbart zur Bandseite zeigt. An der Öffnung des Schlüsselrückens wird nun ein Loch sichtbar. In dieses Loch ist die Auslösenadel schräg nach rechts oben einzuführen. Durch geringen Druck rastet der Zylinder auseinander. Wichtig für den montierenden Metallbauer:

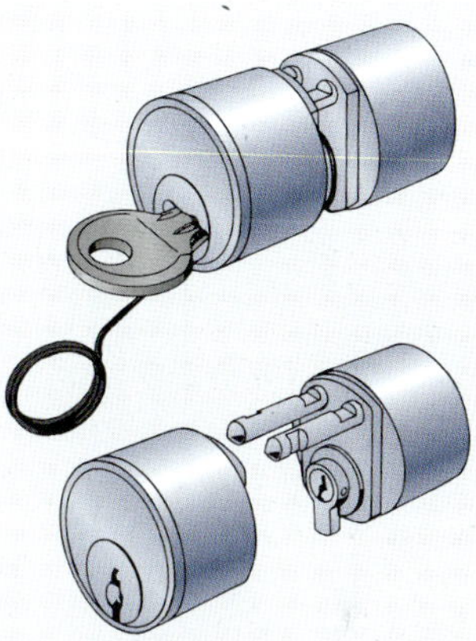

1 Demontage von Rundzylindern

Merke

Der Zylindersitz beim Innen- und Außenzylinder ist nach dem Einrasten zu kontrollieren.

16.4.4 Elekronische Zutrittskontrolle

In vielen Bereichen der Wirtschaft und des öffentlichen Lebens, wie z. B. in Hotels, Behörden, Kliniken u. a. werden heute erhöhte Anforderungen an die Zutrittsberechtigung gestellt. Für diese Fälle wurden die elektronischen Zutrittskontrollen entwickelt.

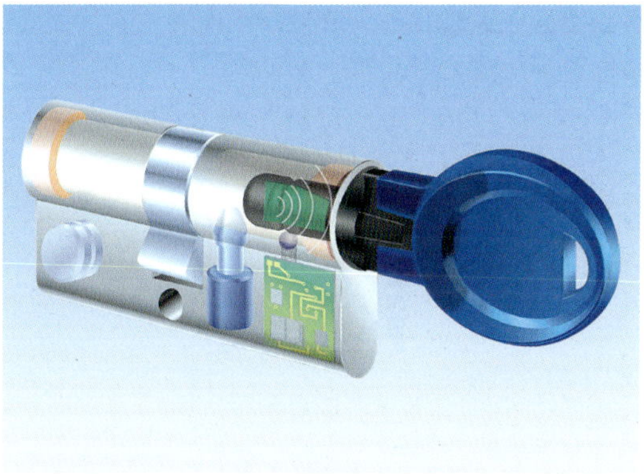

2 Elektronisches Schlüsselsystem

Bei den elektronischen Zutrittskontrollen wird die Zutrittsberechtigung auf einem Datenträger codiert. Datenträger kann sowohl ein Schlüssel (Bild 2), eine Magnetstreifenkarte oder ein berührungslos arbeitender Transponder in Form eines Schlüsselanhängers oder einer codierbaren Armbanduhr sein (Bild 3).

Unabhängig davon, ob das System fest verdrahtet ist oder im „Stand-alone-Betrieb" ohne Verkabelung arbeitet, besteht es im Wesentlichen immer aus den drei Komponenten:

- Elektronischer Informationsträger,
- Steuerelektronik,
- Elektronik-Zylinder.

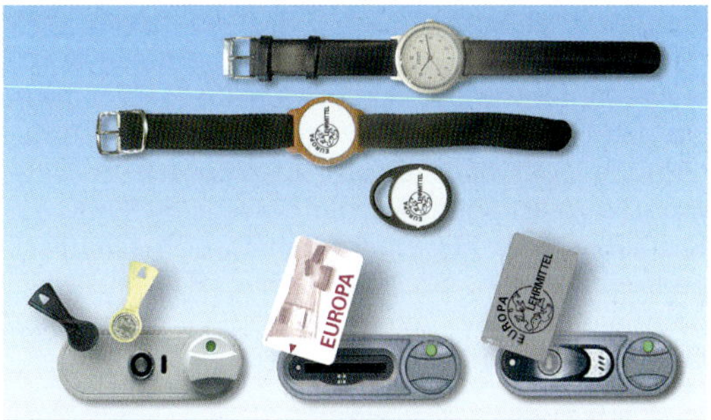

3 Informationsträger zur elektronischen Zutrittskontrolle

Die **Regelung der Zutrittsberechtigung,** die durchaus auch zeitlich befristet sein kann, wird über die Informationsträger (Schlüssel, Magnetkarte, Chipträger) realisiert. Die Steuerelektronik hat die Zutrittsberechtigung zu überprüfen und den Zutritt freizugeben, sodass das Schloss mit seinem Zylinder entriegelt werden kann. Neben der Zutrittsberechtigung können über den Informationsträger und die dazugehörige Steuerelektronik auch die Zutrittsdauer und die -häufigkeit ermittelt werden. Im Falle einer Hotelanlage z. B. werden häufig auch dieTelefonnutzungsdauer oder die Zimmersafefreigabe, bei Firmen die Zeiterfassung über diese Medien gesteuert (Bild 1).

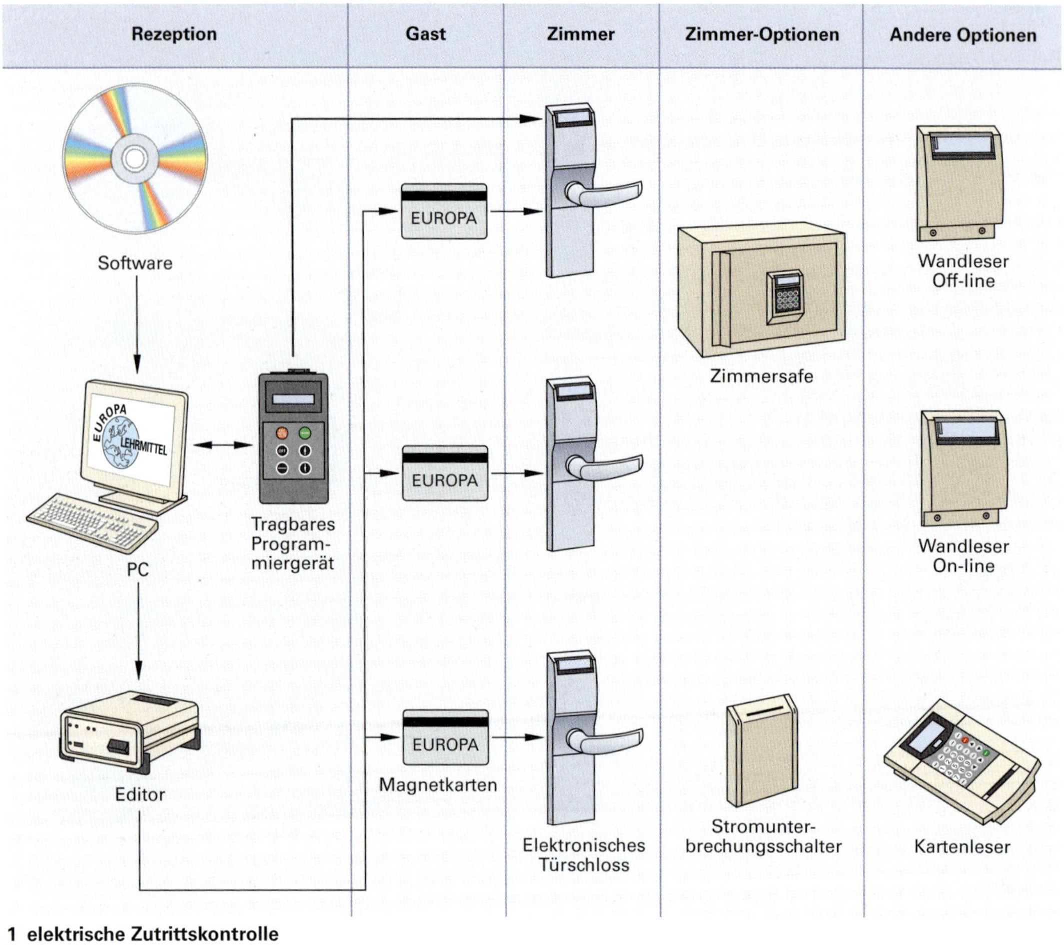

1 elektrische Zutrittskontrolle

Der erhöhten Sicherheit und dem Schließkomfort dienen auch Motorzylinder, die häufig in Verbindung mit elektronischen Zutrittskontrollen eingebaut werden. Dabei wird die Sperrnase durch einen Motorantrieb, der in den Knauf integriert ist, betätigt (Bild 2). Dies kann nach jeder Türbetätigung oder nach einem festgelegten Schließprogramm erfolgen. Auf der Gegenseite kann der Schließzylinder mit einem Schlüssel mechanisch gedreht werden. So lässt sich z. B. realisieren, dass eine Hauseingangstür von verschiedenen Orten aus ent- oder verriegelt wird.

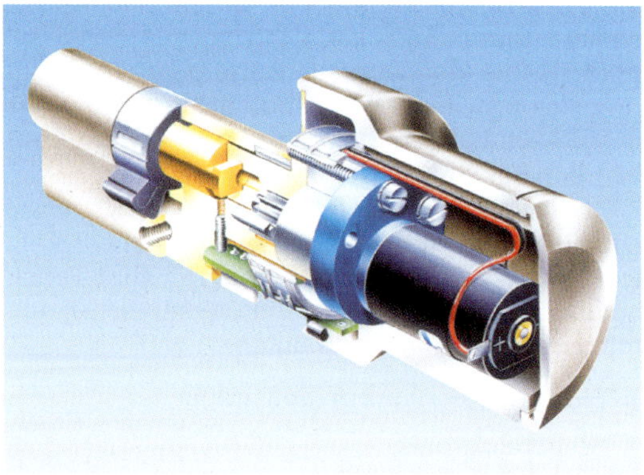

2 Motorzylinder

16.5 Schließanlagen

Merke

Als Schließanlage bezeichnet man beliebig viele einzelne Schlösser, die zu einer funktionalen Einheit zusammengefasst sind.

Nach dem Aufbau einer Schließanlage unterscheidet man folgende Anlagentypen (Bild 1):

- **Hauptschlüssel-Anlagen:** Alle Zylinder können über eine eigene Schließung verfügen. Der Einzelschlüssel schließt nur das dazugehörige Schloss. Der Hauptschlüssel schließt alle Schlösser.
  Einsatzbeispiele: Geschäfte, kleinere Betriebe etc.
- **General-Hauptschlüssel-Anlage:** Mehrere Hauptschlüssel-Anlagen sind unter einem General-Hauptschlüssel zusammengefasst. Der Generalhauptschlüssel schließt alle Schlösser, der Obergruppenschlüssel alle Schlösser einer Obergruppe, der Gruppenschlüssel alle Schlösser einer Gruppe und der Einzelschlüssel nur jeweils einen Zylinder.
  Einsatzbeispiele: Großbetriebe, Banken, Hotels, Schulen, Krankenhäuser etc.
- **Zentralschloss-Anlage:** Alle Einzelschlüssel schließen sowohl den ihnen speziell zugeordneten Zylinder als auch den Zentralzylinder einer oder mehrerer Gemeinschaftstüren.
  Einsatzbeispiele: Mehrfamilienhaus, Zentralzylinder in der Hauseingangstür, Hotels.
- **Kombinierte Anlagen** wie z. B. Zentralhauptschlüssel-Anlagen.

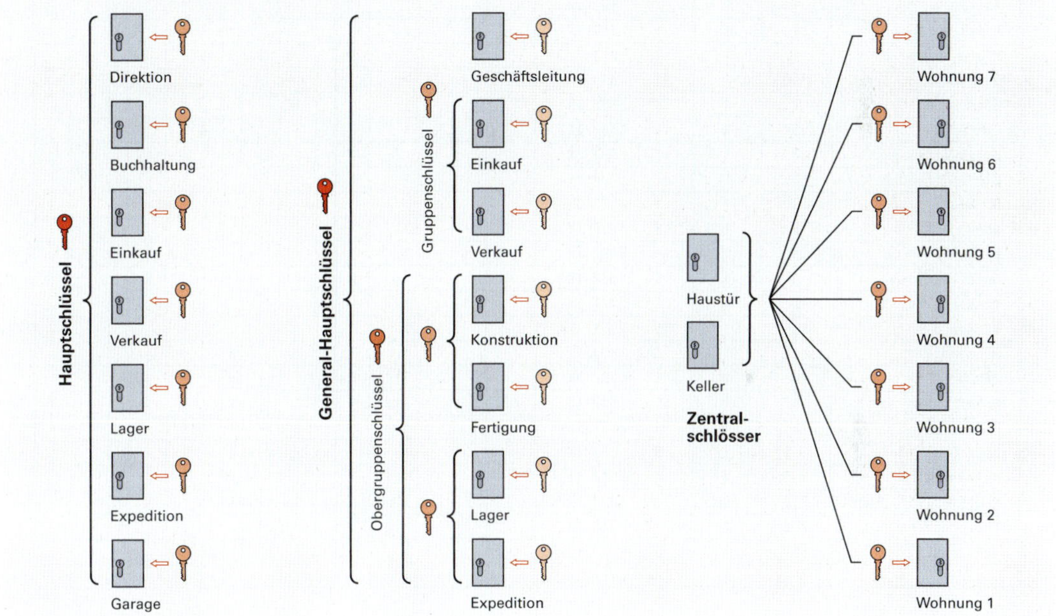

1 Schließanlagentypen

Schließplan

Besondere Bedeutung kommt der Planung einer Schließanlage zu. Für die Vorbereitung stellen die meisten Schließzylinderhersteller geeignete Planungshilfen und Computerprogramme zur Verfügung.

Nachdem die Entscheidung für einen bestimmten Schließanlagentyp gefallen ist, wird unter Berücksichtigung der organisatorischen Wünsche des Bauherrn ein Schließplan entworfen.

Anhand des Gebäudeplanes (Bild 2) werden alle zu verschließenden Objekte erfasst und mit Nummern oder Bezeichnungen versehen.

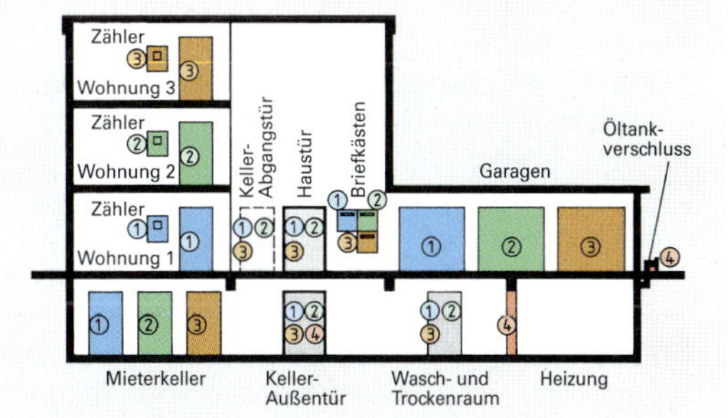

2 Gebäudeplan

Diese Bezeichnungen werden in logischer Reihenfolge, zweckmäßigerweise nach Stockwerken getrennt, in die dafür vorgesehene Spalte des Schließplanes eingetragen (Bild 1). Die Schlüssel werden nach ihrer Schließfunktion getrennt in die Spalte „übergeordnete Schlüssel" übernommen. Anschließend erfolgt die Kennzeichnung der Positionen, die durch die einzelnen Schlüssel verschließbar sein sollen. In weiteren Spalten sind Schlüsselanzahl, Schlüsseltyp und andere Besonderheiten zu vermerken.

Projekt:

Schließplan genehmigt: Datum:

Die übergeordneten Schlüssel schließen:

XYZ-SCHLIESSPLAN

zur
Generalhauptschlüssel-
Zentralhauptschlüssel-
Hauptschlüssel-
Zentralschloß-Anlage

Unter „Färbung" nur die Ziffer eintragen
1 – Messing matt vernickelt
2 – Messing glanzvernickelt
3 – Messing matt verchromt
4 – Messing glanzverchromt
5 – Messing matt gebürstet
6 – Messing poliert
7 – Messing brüniert
8 – Messing geschwärzt
9 – Messing altdeutsch gefärbt
10 – Messing bronzefarben
11 – Messing verkupfert

geliefert durch: Kommissionsnummer:

Anzahl

Übergeordnete Schlüssel

Tür- oder Raumbezeichnung	Schlüssel Nr.	Zylinder-Anzahl	Schlüssel-Anzahl	Type	Dornmaß	Verläng. I L	Verläng. A R		Fär-bg.	Z 1	Z 2	1	2	3	4	5
Wohnung 1	1	1	3	333 IX				)	1			x				
Zähler 1	1	1	1	382 IX				)	1			x				
Briefkasten 1	1	1	1	382 IX				) gl.	1			x				
Mieterkeller 1	1	1	1	777 IX				)	5			x				
Garage 1	1	1	1	333 IXH				)	1			x				
Wohnung 2	2	1	3	333 IX				)	1				x			
Zähler 2	2	1	1	382 IX				) gl.	1				x			
Briefkasten 2	2	1	1	382 IX				)	1				x			
Mieterkeller 2	2	1	1	777 IX				)	5				x			
Garage 2	2	1	1	333 IXH				)	1				x			
Wohnung 3	3	1	3	333 IX				)	1					x		
Zähler 3	3	1	1	382 IX				)	1					x		
Briefkasten 3	3	1	1	382 IX				) gl.	1					x		
Mieterkeller 3	3	1	1	777 IX				)	5					x		
Garage 3	3	1	1	333 IXH				)	1					x		
Wohnung 4	4	1	3	333 IX				)	1						x	
Zähler 4	4	1	1	382 IX				)	1						x	
Briefkasten	4	1	1	382 IX				) gl.	1						x	
Mieterkeller	4	1	1	777 IX				)	5						x	
Haustür	Z 1	1	3	333 IX				)	1	x		x	x	x	x	
Kellerabgang	Z 1	1	–	333 IX				) gl.	1	x		x	x	x	x	
Wasch- u. Tr.-Raum	Z 1	1	–	333 IX-K3				)	1	x		x	x	x	x	
Kelleraußentür	Z 2	1	–	333 IX					1		x	x	x	x	x	x
Heizung	5	1	3	333 IX-K3				) gl.	1							x
Öltank	5	1	–	777 IX				)	5							x

1 Schließplan

Überprüfen Sie Ihre Kenntnisse

1 Erklären Sie die Begriffe Nachschließ- und Aufsperrsicherheit.
2 Welche Mindestanforderungen an die Nachschließsicherheit werden nach DIN 18285 gestellt?
3 Welche konstruktiven Gegenmaßnahmen gegen das Hobb'sche Öffnungsverfahren kennen Sie?
4 Welche Vorteile besitzen Schließzylinder mit querliegendem Schlüsselkanal?
5 Beschreiben Sie den Aufbau und die Funktionsweise eines Schließzylinders mit Magnet-Schloss-System!
6 Was versteht man unter der Aufbruchsicherheit eines Schließzylinders?
7 Wie kann die Aufbruchsicherheit eines Schließzylinders erhöht werden?
8 Was ist bei der Montage von Schließzylindern mit Aufbohrschutz besonders zu beachten?
9 Welche Aufgabe erfüllt ein Messschlüssel?
10 Nennen Sie die drei Typen von Schließanlagen!
11 Wodurch unterscheidet sich eine Hauptschlüsselanlage von einer General-Hauptschlüssel-Anlage?

17 Gitter und Roste

Merke

Gitter sind licht- und luftdurchlässige Zier- oder Sicherheitselemente für Gebäude und Anlagen.

17.1 Bewegliche Gitter

Sie werden als Gittertür oder mit Gelenken als Scherengitter oder Rollgitter (Bild 1) gebaut. Scheren- und Rollgitter haben Gelenke, sie laufen in Führungsschienen. Zum Antrieb der Rollgitter dienen Getriebemotoren oder in die Rohrwelle eingebaute Rohrmotoren. Bei leichten Gittern sorgt eine Spannfeder für den Gewichtsausgleich.

17.2 Feststehende Gitter

Raumteiler sind Gitterelemente, die Räume unterteilen und gestalten. Sie beginnen über dem Boden und enden entweder in der Decke oder in einem Rahmen. Sie gestatten den Durchgang.

Trenngitter können anstelle von Trennwänden Räume abtrennen und den Durchgang verhindern. Sie stehen zwischen Mauern, Pfosten oder Stützen. Begrenzen Trenngitter Grundstücke, werden sie **Frontgitter** genannt.

Ziergitter wirken dekorativ. Sie schmücken Treppengeländer, Heizkörpernischen und Grundstücksgrenzen. **Türgitter** sollen meist die Glasfüllung vor Zerstörung schützen, Einbrüche erschweren und zusätzlich schmücken.

Als **Fenstergitter** (Bild 2a) sollen sie zusätzlich das unerlaubte Durchsteigen von Fenstern verhindern. Sie werden nach der Form der Gitterstäbe benannt. Neben **ebenen Gittern** gibt es **Kastengitter** und das seit der Barockzeit bekannte **Korbgitter**.

Nach dem **Befestigungsort** unterscheidet man die gegen Herausreißen besonders sicheren **Innenwandgitter**, die **Laibungsgitter** und die **Außenwandgitter** (Bild 2b).

Gitterherstellung und -montage

Gitter werden aus vorgefertigten Massivprofilen durch Nieten oder Schweißen gefügt. Schutzgitter müssen den Anforderungen der Versicherungen entsprechen: Die Mindestmaße der Querschnitte betragen deshalb z. B. bei Vierkantstäben 18 mm x 18 mm. Benachbarte Gitterstäbe dürfen waagerecht maximal 100 mm und senkrecht maximal 200 mm voneinander entfernt sein. Die Stäbe sollen miteinander verschweißt sein und die Stabenden müssen mindestens 80 mm tief im Bauwerk verankert werden. Weil eine gleichmäßige Stabform eintönig wirkt, werden Gitter aufgelockert durch:

- Verwendung verschiedener Stabquerschnitte,
- Anordnung von handwerklich oder industriell vorgefertigten geschmiedeten Zierstäben.

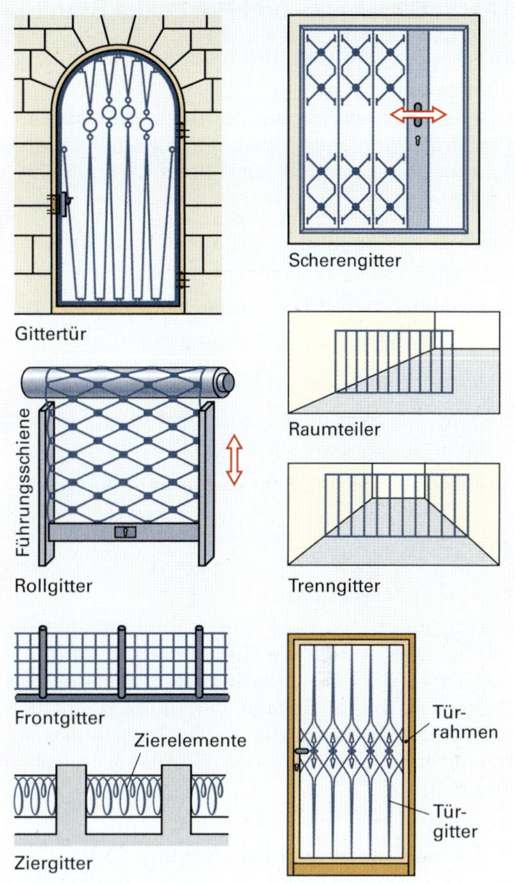

1 Gitterarten

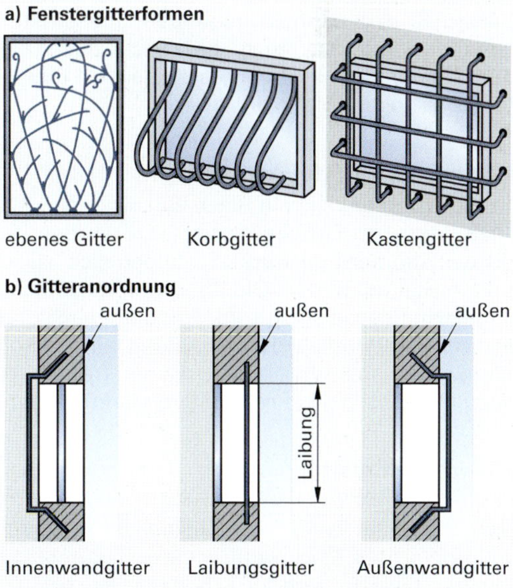

2 Fenstergitter

17.3 Gitterroste und Roste aus Stahlblech

17.3.1 Anwendung und Eigenschaften

Merke

Gitterroste sind tragfähige, ebene Metallbauteile mit regelmäßigen durchgehenden Öffnungen. Sie dienen als begehbarer und eventuell auch befahrbarer Belag von Bodenflächen.

Auch Laufstege (Bild 1), Arbeitsbühnen, Treppen, und Podeste werden damit ausgestattet. Sie besitzen

- geringes Gewicht bei hoher Tragfähigkeit,
- eine rutschsichere Oberfläche
- einfache Montage und Demontage
- gute Durchlässigkeit für Licht, Luft, Flüssigkeiten und Schüttgüter, weshalb sich
- Flüssigkeiten und Schmutz nicht ablagern können.

1 **Gitterrost als Laufsteg im Klärwerk**

17.3.2 Bauarten

Pressroste (Ausführung P)

Sie bestehen aus hochkant stehenden flachen **Tragstäben** mit Schlitzen, in die die **Querstäbe** kalt eingepresst werden. Der lichte Abstand zwischen den Stäben heißt **Maschenweite**. Den Mittenabstand der Stäbe nennt man **Querstab- bzw. Tragstabteilung** (Bild 2). Die Tragstäbe nehmen die Lasten auf und überbrücken die Stützweite zwischen zwei Rostauflagern.

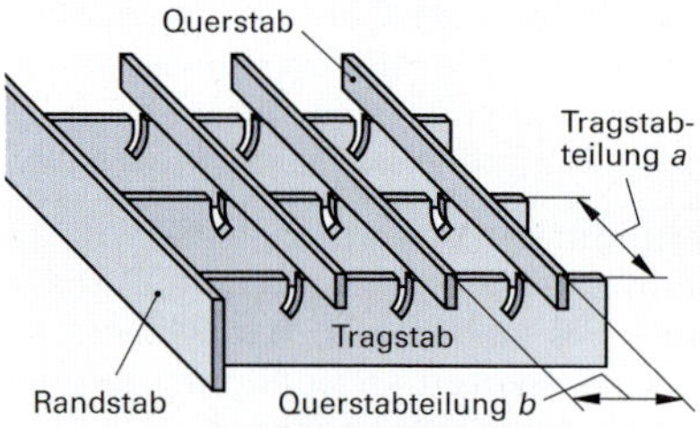

2 **Pressrost-Herstellung**

2. Schweißpressroste (Ausführung SP)

Sie haben ungeschlitzte Tragstäbe. Die Querstäbe aus tordiertem Vierkantmaterial werden an allen Kreuzungspunkten gleichzeitig durch elektrisches Widerstands-Pressschweißen mit dem Tragstab verschweißt und versenkt (Bild 3). Schweißpressroste sind deshalb gegenüber Pressrosten fester und verwindungssteifer. Auch bei nachträglich angebrachten Montageschnitten bleiben Zusammenhalt und Festigkeit des Rostes in hohem Maße bestehen.

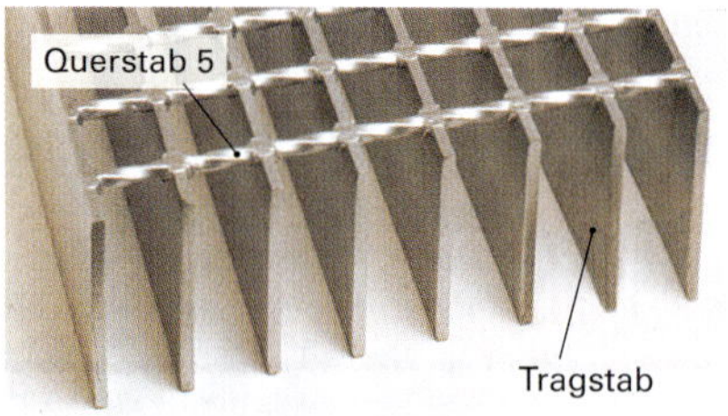

3 **Schweißpressrost**

3. Streckmetallgitterrost

Ausgangsmaterial ist ein Blech von bis zu 3 mm Dicke, in das kurze, versetzte Einschnitte gestanzt werden. Dann wird es rechtwinklig dazu gestreckt. Es bilden sich Maschen mit verdrillten Stegen (Bild 4). Die Randzone des Bleches wird nicht eingeschnitten, sondern zum Versteifen nach unten abgekantet. Der Streckmetallgitterrost bietet eine gute Rutschhemmung, muss aber wegen der geringen Tragfähigkeit oft durch einen weitmaschigen Pressrost verstärkt werden.

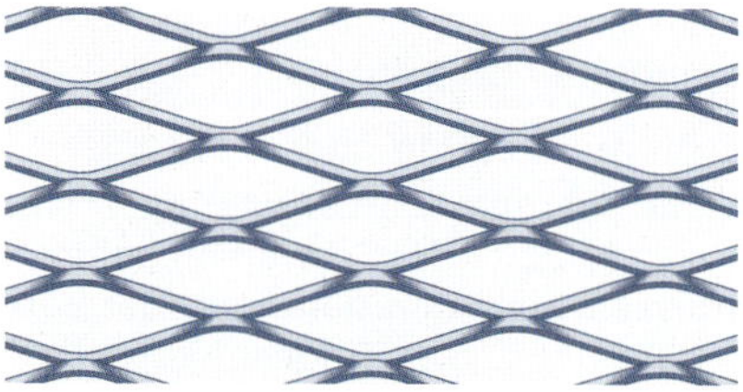

4 **Streckmetallgitterrost**

4. Blechprofilroste

werden aus gelochten und abgekanteten Blechen hergestellt. Sie haben eine hohe Tragfähigkeit. Bild 5 zeigt einen beidseitig gelochten Blechprofilrost, der dadurch das Wasser gut ablaufen lässt. Er wird für Arbeitsgerüste und Treppenstufen verwendet.

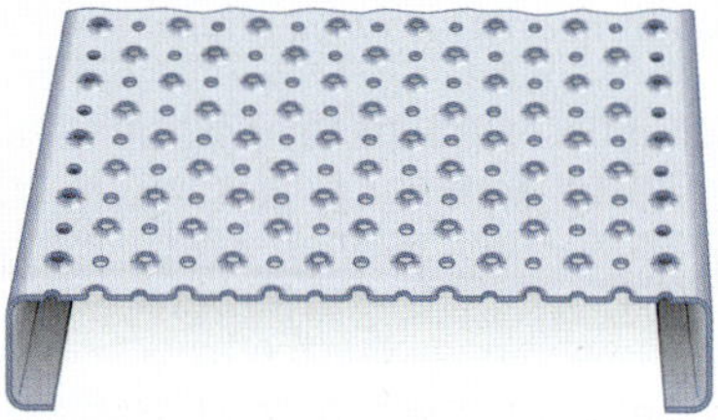

5 **Blechprofilrost**

17.3.3 Aussparungen und Randeinfassungen

Durch Ab-, Schräg-, und Ausschnitte am oder im Rost werden diese der Einbausituation angepasst (Bild 1a). Die Roste erhalten immer eine umlaufende Randeinfassung. Bei Ausschnitten besteht sie aus Flachstahl, an den geraden Seiten können auch Fußleisten, Winkel- oder Z-Profile eingesetzt werden (Bild 1b). In der Regel ist die Randeinfassung so hoch wie die Tragstäbe. Durch Aufstelzungen oder Ausnehmungen (Bild 2) wird zwischen Gitterrostoberkante und Geschossebene eine bündige Oberfläche erreicht.

17.3.4 Korrosionsschutz

Stahl-Gitterroste bleiben blank oder werden feuerverzinkt. Sie können für die chemische Industrie zusätzlich in Bitumen getaucht, kunststoffbeschichtet oder einbrennlackiert werden. Im Bereich der Lebensmittelherstellung werden auch Roste aus rostfreiem Stahl oder Aluminium verwendet.

17.3.5 Sicherheitsroste

Sie besitzen eine besonders rutschhemmende Lauffläche. Die Oberkanten der Trag- und Füllstäbe werden zu diesem Zweck mit Zacken versehen. (Bild 3) Sicherheitsroste sind nötig, falls Öle, Fette oder Eis eine besondere Rutschgefahr bilden. Außerdem sind sie für Laufstege mit mehr als 6° bis 24° Neigung vorgeschrieben. Bei über 10° Neigung sind zusätzlich Trittleisten über die gesamte Laufbreite vorzusehen, deren Abstand nach der Schrittmaßformel etwa 630 mm betragen sollte. Neigungen mit mehr als 24° müssen durch Treppen überwunden werden.

17.3.6 Normroste und Trittstufen

Rechteckige Gitterroste sind in DIN 24 537-1 genormt: Die Maschenteilung beträgt bei P-Rosten 33,3 mm x 33,3 mm und bei SP-Rosten 34,3 mm x 38,1 mm. Die Regelbreite wird mit 1500 mm bzw. 1000 mm angegeben, der Tragstab ist mit 30 mm x 3 mm und 40 mm x 3 mm genormt.

Auf Anforderung gibt es aber Schweißpressroste bis 6,10 m Länge und bis 1 m Breite als sogenannte **Maßroste**.

Pressroste gibt es je nach Hersteller von **250** x 250 bis **1700** x 600 und **600** x 1700. Das erstgenannte Maß gibt die Länge des Rostes in Tragstabrichtung an. Es wird nach Norm mit einem vorangestellten T bezeichnet oder unterstrichen bzw. fett gedruckt.

Merke

Die Länge eines Gitterrostes wird immer in Tragstabrichtung gemessen und zuerst genannt!

Um das Verwechseln der Tragstabrichtung beim Verlegen auszuschalten sind quadratische Roste möglichst zu vermeiden!

Genormt sind auch gerade **Trittstufen** gemäß DIN 24531 (Bild 3). Sie sind als Pressrost (P) oder als Schweißpressrost in 4 Längen und 3 Breiten genormt (Bild 4). Die Hersteller bieten weitere Abmessungen an.

Ein gerillter oder gelochter Rand an der Antrittskante macht diese besser sichtbar und vermindert die Rutschgefahr. Seitenplatten mit Rund- und Langloch erleichtern das Anschrauben an der Wange.

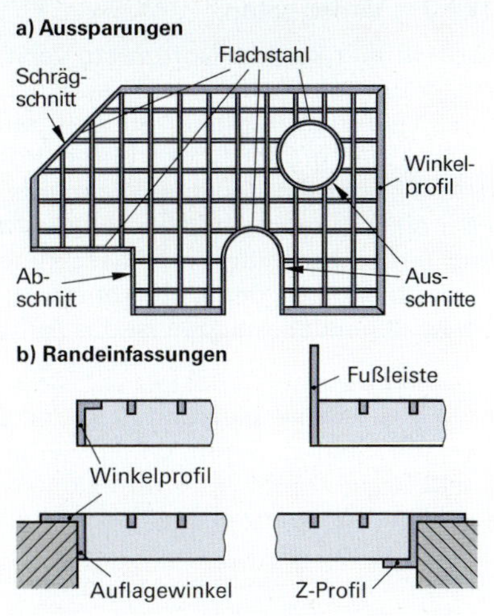

1 Zuschnitte und Randeinfassungen

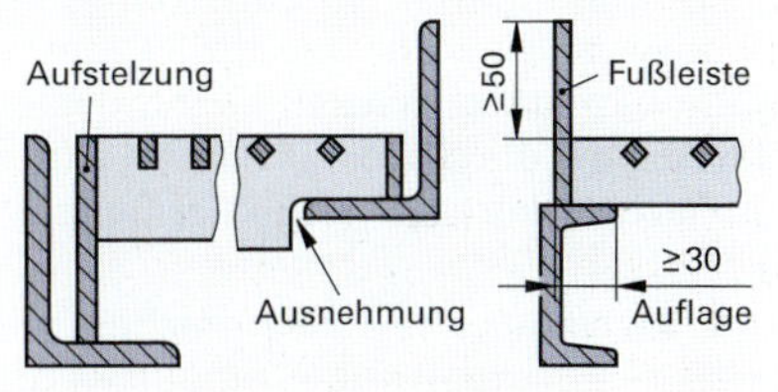

2 Spezielle Randeinfassungen

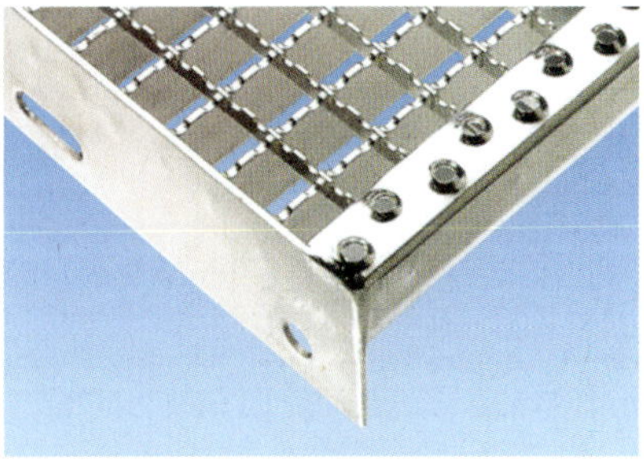

3 Rutschhemmende Trittstufe

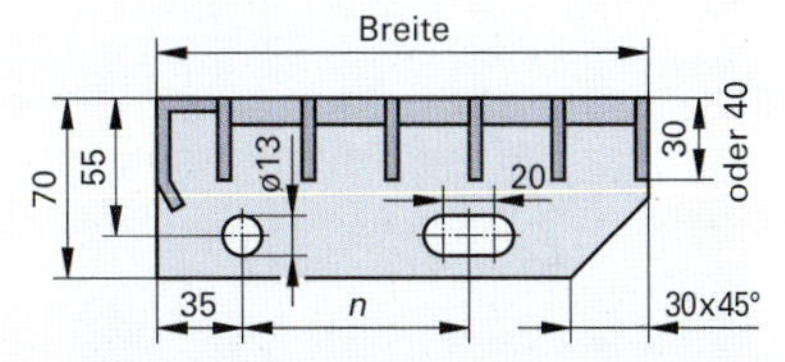

Länge in mm	Breite in mm	Lochabstand n	Tragstab in mm
600 800 1000 1200	240 oder 270 oder 305	120 oder 150 oder 180	30x3 oder 40x3

4 Abmessungen von Trittstufen

17.3.7 Verlegeplan

Nicht immer können Normroste verwendet werden. Die Hersteller bieten deshalb auch sogenannte Maßroste an, deren Größe und Tragfähigkeit sich nach dem Kundenwunsch richten. Für größere oder unregelmäßig geformte Flächen (Bild 1) wird ein Verlegeplan angefertigt (Bild 3). Aus dem Plan erkennt man die Lage und die Abmessungen der Roste und ihrer Abschnitte und Ausschnitte. Dabei sind die Fertigungstoleranzen der Unterkonstruktion zu berücksichtigen, bei bestehenden Anlagen ist das Aufmaß zu nehmen.

Merke

Für das **Verlegespiel** (Bild 2) an den umlaufenden Seiten genügen 0 mm ... 3 mm, da die Hersteller die Roste in Länge und Breite 0 mm bis 4 mm kleiner als bestellt liefern. Die Bauwerkstoleranzen sind jedoch zu berücksichtigen.

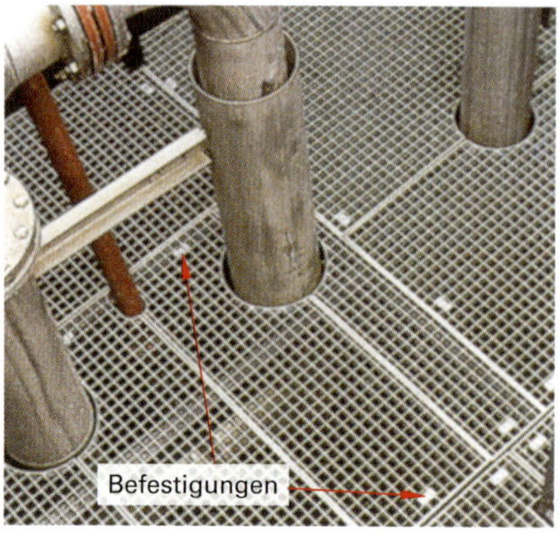

1 Bühne mit Maßrosten

17.3.8 Stützweite

Die Lage der Tragstäbe wird durch Pfeile angegeben, denn sie müssen immer auf der Unterkonstruktion aufliegen. Das Mindestmaß hierfür beträgt 30 mm nach der Zeichnung, im Betriebszustand müssen es mindestens 25 mm sein (Bild 2). Bei Rosten, die dicker als 30 mm sind, sollte die **Auflagelänge** möglichst gleich der Höhe der Tragstäbe sein.

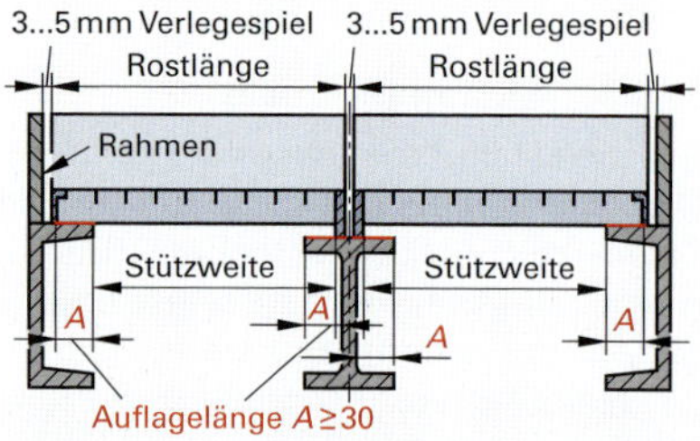

2 Verlegespiel, Auflagelänge

Um das Verlegen zu vereinfachen und um Befestigungsmaterial zu sparen, werden möglichst große Roste gewählt. Für große Stützweiten werden jedoch kräftigere Tragstäbe benötigt. **Tabelle 1** zeigt die maximal zulässige Stützweite in Millimeter für begehbare Roste, wenn sich der Rost durch eine wandernde Einzellast von 1500 N um weniger als 1/200 der Stützweite, jedoch höchstens um 4 mm durchbiegen soll. Detaillierte Tragkraft-Tabellen sind in DIN 24 537 und in den Herstellerkatalogen enthalten.

Alle Roste können mit einem lose passenden Winkelrahmen geliefert werden. Länge und Breite schließen dann bereits den Winkelrahmen ein. Die eigentlichen Roste sind in Länge und Breite jeweils ca. 10 mm kleiner.

Tabelle 1: Zuordnung von Tragstabquerschnitt und Stützweite für P-Roste (Herstellerangabe bzw. genormt)

Tragstäbe	maximale Stützweite	Normrostbreite
25 x 2	700	500
30 x 3	1000	1500
40 x 2	1300	nur als Maßrost lieferbar
40 x 3	1500	
40 x 5	1800	
50 x 5	2200	
60 x 5	2500	

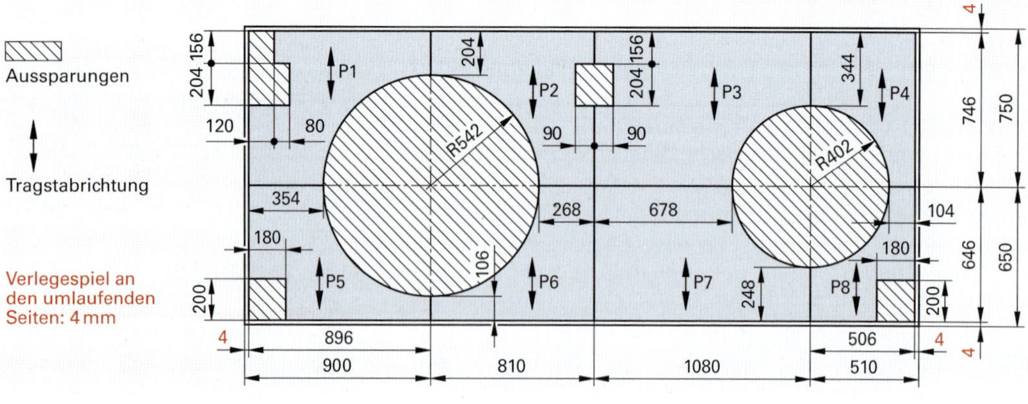

3 Verlegeplan mit Maßrosten

17.3.9 Befestigung der Roste

Roste müssen stets gegen Verschieben, im Hoch- und Tiefbau auch gegen Abheben gesichert werden. Gegen Verschieben sichert ein Winkelrahmen, gegen Abheben und Verschieben gibt es spezielles Befestigungsmaterial: Die

- **Standardbefestigung** mit Klemmwinkel, Schraube, Mutter und Teller oder Klammer (Bild 1a).
- **Sicherheitsbefestigung** mit arretierendem Oberteil, die weniger Verschiebung zulässt und mit Fingerloch von oben montierbar ist (Bild 1b).
- **Hakenbefestigung** für Winkelprofile oder für Auflagerprofile mit Unterflansch (Bild 1c).
- **Setzbolzenbefestigung** mit Linsenkopfhülsenmutter (Bild 1d).
- **Schweißbolzenbefestigung** (Bild 1e).

Es sind mindestens zwei Befestigungen erforderlich. Alle Roste, die nicht in einer Zarge liegen, und alle Roste, die befahren werden, müssen an **mindestens vier Stellen** auf der Unterkonstruktion befestigt werden.

17.3.10 Bestellangaben

Ein rechteckiger Schweißpressrost (SP) mit Tragstab 40 x 3, Querstabteilung 38,1 mm, Länge in Tragstabrichtung 800 mm und Breite 1000 mm, besonders rutschhemmend (z. B. Bewertungsgruppe R11) hat die Bezeichnung:

Gitterrost DIN 24 537 – SP 40-38,1-T800 x 1000 – R11

Eine Trittstufe aus Pressrost (P) mit Tragstab 30 x 3, Querstabteilung 33,33 mm, Stufenlänge 800 mm, Stufenbreite 240 mm, mit Rutschhemmung nach bester Bewertungsgruppe R 13 hat die Bezeichnung:

Trittstufe DIN 24 531 – P 30 – 33,33 – 800 x 240 – R 13

Zusätzliche Angaben betreffen den Korrosionsschutz, z. B. Feuerverzinkung nach DIN 50976 und das Befestigungsmaterial.

Bei nicht genormten Gitterrosten erwarten die Hersteller zusätzlich den Werkstoff, die Tragstababmessungen, Maschenweite (MW) oder Maschenteilung (MT), wobei die erste Zahl den Tragstababstand zeigt, Rahmen, Sicherheitsrost, Fußleiste, Aufstelzung oder Ausnehmung und einen Verlegeplan mit den geforderten Aussparungen.

17.3.11 Sicherheitshinweise

Werden die Roste in mehr als 2 m Absturzhöhe verlegt oder besteht bei einem Absturz die Gefahr des Ertrinkens, Erstickens oder Versinkens, müssen die Monteure angeseilt werden. Absturzgefahr besteht auch an allen Verlegekanten und in Bereichen bereits verlegter, aber noch nicht gegen Verschieben und Abheben gesicherter Roste.

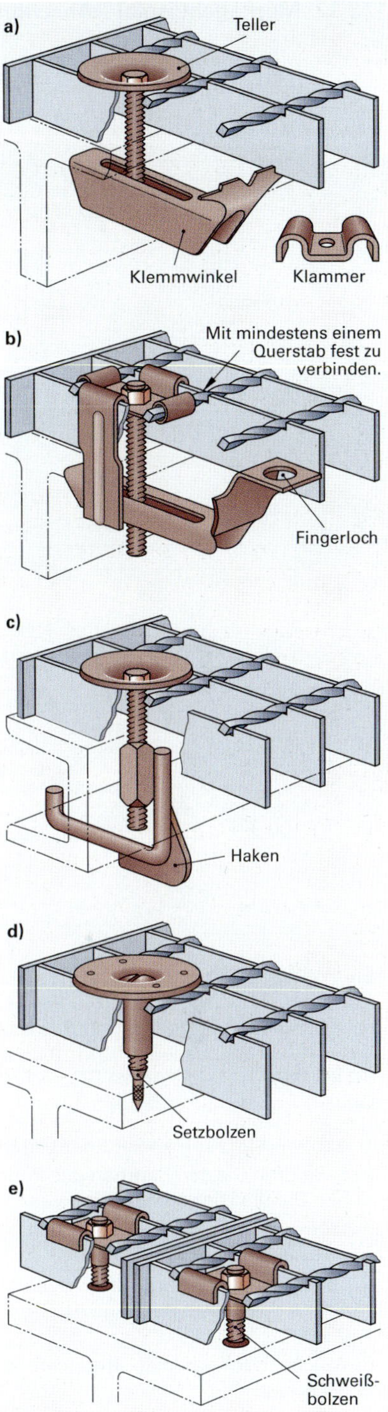

1 Befestigung der Roste

Überprüfen Sie Ihre Kenntnisse

1 Welche Unterschiede gibt es zwischen Pressrosten und Schweißpressrosten?
2 Wie lässt sich verhindern, dass ein Gitterrost korrodiert?
3 Warum sollen Gitterroste keine quadratische Form haben?
4 Wonach richtet sich die Höhe eines Rostes?
5 Nennen Sie geplante Auflagelänge und Verlegespiel für einen 40 mm hohen Rost!
6 Welcher Tragstabquerschnitt ist für eine Stützweite von 1000 mm erforderlich?
7 Wo genügen 2 Befestigungen pro Rost?
8 Warum sind Pfeile im Verlegeplan wichtig?

17.3.12 Montagebeispiel – Abschlussaufgabe

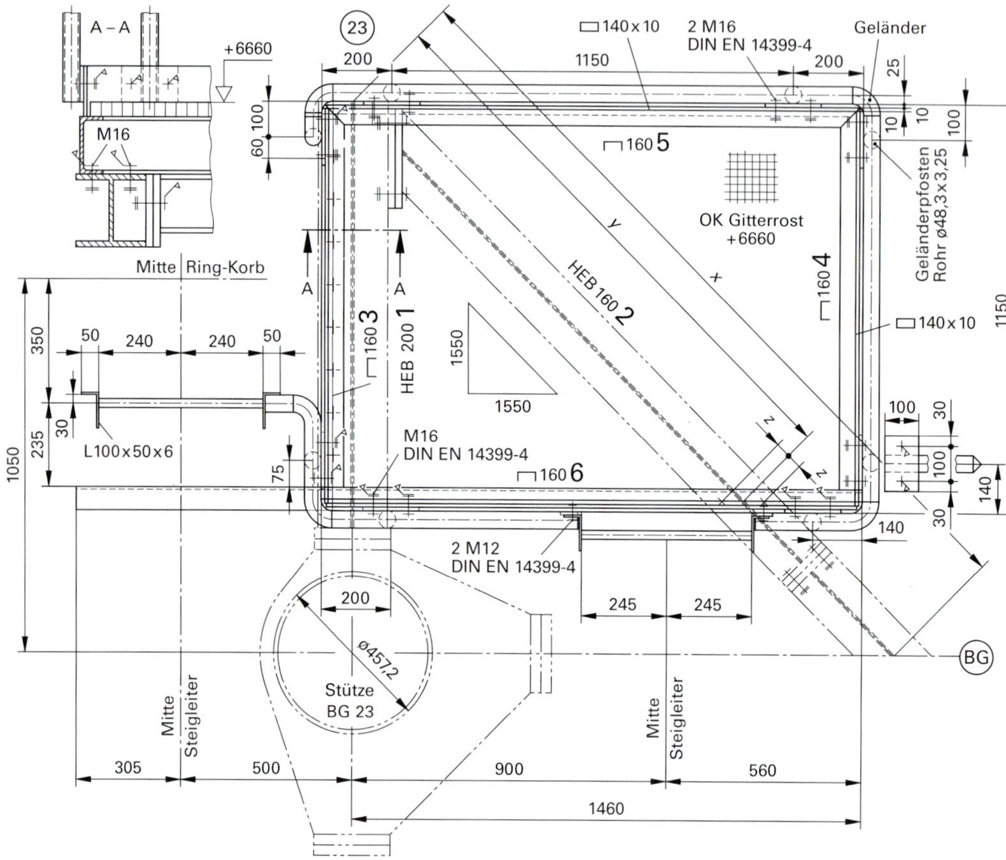

Ein Podest soll an einem Kesselgerüst in 6660 mm Höhe angebracht werden. Das Podest wird über eine Steigleiter mit Rückenschutz nach ISO 14122-4 bei Achse 23 bestiegen und über eine weitere Steigleiter parallel zu Achse BG nach oben verlassen.

1 Auf welchen Profilen liegt der Gitterrost auf?
2 Skizzieren Sie den Rahmen des Podestes und geben Sie die Längen der Profile an!
3 Wodurch wird verhindert, dass der Gitterrost wegrutscht?
4 Legen Sie die erforderliche Tragstabhöhe und die Größe des Rostes bei ringsum 5 mm Verlegespiel fest.
5 Welche normgerechte Bezeichnung hat dieser Gitterrost?
6 Liegen die Tragstäbe dieses Gitterrostes nach Planung und im Betriebszustand genügend auf der Unterkonstruktion auf?
7 Wie viele Befestigungsmittel sind pro Rost erforderlich und welche würden Sie auswählen?
8 Durch welche Profile wird der Rahmen getragen?
9 Berechnen Sie die Maße x, y und z!
10 Mit wie vielen Schrauben ist der Rahmen des Podestes mit der Unterkonstruktion verbunden?
11 Wie viele Pfosten sind für das Geländer geplant?
12 Entspricht die Fußleiste Fl 140 x 10 den Vorgaben der ISO 14122-3?
13 Welche DIN-Geländerhöhe und -form ist bei diesem Podest erforderlich?
14 Ermitteln Sie den Schraubendurchmesser und die Länge der Schrauben DIN EN 14399-4 zur Befestigung der Geländerpfosten an den Fußleisten.
15 Erläutern Sie in einem Montageplan, in welcher Reihenfolge dieses Podest montiert werden sollte!
16 Schließen Sie die beiden Leitern mit HV-Schrauben M12 und L 100 x 50 x 6 bzw. Flachstahl an den U 160, Pos. 6 an!
17 Mit welcher dünnsten Kehlnaht könnten die Ecken der Fußleisten verschweißt werden?
18 Wie sieht das Geländer am Podesteinstieg aus?

18 Steuern und Regeln

Zum Funktionieren von Maschinen gehören Steuerungsvorgänge. Überall benutzen wir Geräte oder Anlagen, die gesteuert oder geregelt werden. So ist das Einstellen der Lautstärke beim Radio ebenso wie das Autofahren mit Steuerungsvorgängen verbunden. Anlagen, die selbstständig Veränderungen von außen, wie Erhöhung der Temperatur, berücksichtigen, werden geregelt.

18.1 Steuern

Mit Steuerungen werden die Betriebsabläufe von Maschinen oder Anlagen zielgerichtet beeinflusst. Die dabei verwendeten Anlagenteile und Geräte lassen sich nach ihrer Funktion in 4 Baugruppen einteilen: Steuergerät, Steuerstrecke, Stellglied und Stellgröße.

An einem Beispiel sollen diese Begriffe erklärt werden: Die Helligkeit eines Raumes, dessen Fenster mit Markisen versehen sind, ist steuerungstechnisch eine **Steuerstrecke** (Bild 1). Wird die Markise nur wenig ausgefahren, spendet sie kaum Schatten. Wird sie dagegen ganz ausgefahren, kann die Sonne nicht mehr an den Fensterbereich vordringen. Dazu verwendet man einen Elektromotor als **Stellglied.** Der Motor wird mit einem Taster, dem **Steuergerät**, bedient. Solange der Taster betätigt wird, öffnet sich die Markise. Die Öffnungsweite ist die **Stellgröße.**

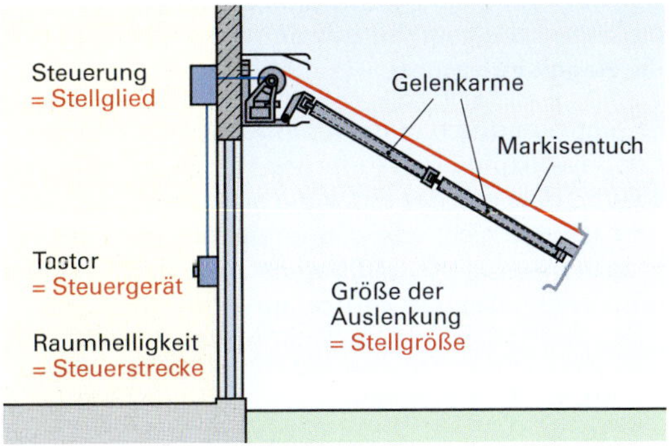

1 Steuerung einer Markise

2 Blockschaltbild einer Steuerung

Am **Steuergerät** wird die Veränderung eingestellt, das **Stellglied** bewirkt die Veränderung, die **Stellgröße** ist die Größe, die verändert wird und die **Steuerstrecke** erfährt die Veränderung.

Verschwindet die Sonne und ziehen Wolken auf, wird es im Raum dunkel. Um wieder genügend Licht im Raum zu erhalten, muss die Markise mit dem Taster wieder zurück gefahren werden. Dieses Beispiel zeigt, dass eine Änderung in der Steuerstrecke (Raumhelligkeit) die Einstellung der übrigen Baugruppen nicht beeinflusst.

Merke

Eine Steuerung wirkt immer nur in eine Richtung.

Viele Steuerungen sind sehr aufwändig und kompliziert aufgebaut. Um nicht ständig sämtliche Bauteile der Steuerungen einzeln zeichnen zu müssen, werden Pläne von Steuerungen vereinfacht in einem **Blockschaltbild** dargestellt. Dabei werden alle wichtigen Geräte als Rechtecke gekennzeichnet (Bild 2).

Manchmal werden auch mehrere Bauteile in einem Rechteck zusammengefasst. Die Rechtecke werden mit Pfeilen verbunden, die die Richtung angeben, in die die Steuerung wirkt (Bild 2).

18.2 Regeln

Während bei einer Steuerung die Signale immer in Richtung vom Steuergerät zur Steuerstrecke wirken und keine Rückmeldung über die Auswirkung des Steuerbefehls vorgesehen ist, wird bei Regelungen immer gemessen, ob der gewünschte Wert auch erreicht wurde.

Werden bei der Markisensteuerung zusätzlich ein Windwächter und eine Fotozelle eingebaut, so fährt die Markise entsprechend der Sonnenstrahlung selbsttätig aus bzw. zurück. Bei Sturm besteht die Gefahr, dass sie beschädigt wird, deshalb fährt sie in diesem Fall ganz ein. Jetzt erfolgt eine Rückmeldung über die Raumhelligkeit und die Windgeschwindigkeit an das Steuergerät. Aus der Steuerung wurde eine Regelung (Bild 1, folgende Seite).

Der **Sollwert** (die gewünschte Raumhelligkeit) wird am Steuergerät eingestellt. Der von der Fotozelle gemessene Wert wird mit dem eingestellten Wert verglichen. Ist der Raum zu dunkel, fährt die Markise ein, ist der Raum zu hell, fährt die Markise aus. Die Raumhelligkeit ist die **Regelstrecke**, die Auslenkung der Markise ist die **Regelgröße**, der Sollwert der Auslenkung die **Führungsgröße** und die Steuerungseinheit mit dem Antriebsmotor ist die **Regeleinrichtung**.

Erfolgt nun durch äußere Einflüsse wie Zunahme der Bewölkung eine Änderung der Raumhelligkeit so wird dies von der Fotozelle erfasst. Da nun Soll- und Istwert nicht mehr übereinstimmen, spricht man von einer **Regeldifferenz**. Die Regeleinrichtung veranlasst das Zurückfahren der Markise.

Einflüsse von außen auf die Regelstrecke werden als **Störgrößen** bezeichnet.

Merke

Bei einer Regelung wirkt die Regelgröße immer zurück auf die Regeleinrichtung.

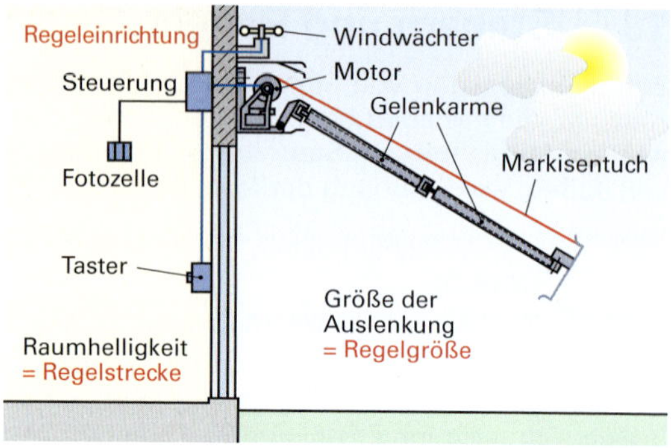

1 Regelung einer Markise

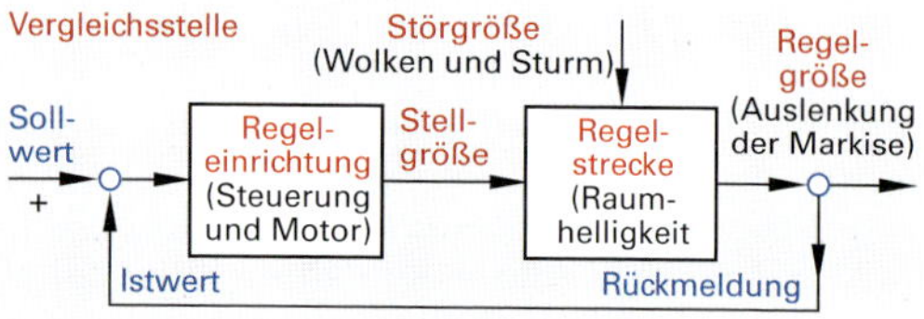

2 Blockschaltbild einer Regelung

Dadurch ist es möglich, veränderliche Größen konstant zu halten oder sie entsprechend einem vorgegebenen Programm zu ändern. Bild 2 zeigt das Blockschaltbild der Markisen-Regelung.

Überprüfen Sie Ihre Kenntnisse

1 Welcher Unterschied besteht zwischen Steuern und Regeln?
2 Warum werden Steuerungen und Regelungen in Blockschaltbildern dargestellt?
3 Welche Aufgaben erfüllt das Stellglied?
4 Erklären Sie die Begriffe Regelgröße und Regelstrecke bei der Regelung eines Heizkörpers mit Thermostatventil.
5 Wie reagiert eine Steuerung und wie eine Regelung auf eine Störgröße?

18.3 Steuerungsarten

Steuerungen lassen sich unter vier Gesichtspunkten einteilen (Übersicht 1):

- nach der Signalart
- nach der Signalverarbeitung
- nach der Programmierung
- und nach dem Energieträger.

Ablaufsteuerungen

Mit Steuerungen werden nicht nur so einfache Vorgänge, wie das Ausfahren einer Markise verwirklicht, sondern es lassen sich auch mehrere Abläufe von einem Steuergerät aus bewerkstelligen. Solche Steuerungen nennt man **Ablaufsteuerungen**.

Bei einer automatisch betätigten Schiebetür kann das Öffnen und Schließen selbsttätig erfolgen (Bild 3). Sie öffnet so lange, bis der Endschalter betätigt wird. Sie bleibt dann offen, bis nach Betätigung eines Tasters die Bewegungsrichtung umgekehrt wird und die Tür wieder schließt, bis ein zweiter Endschalter erreicht wird, der den Schließvorgang beendet.

Übersicht: Einteilung der Steuerungen

Einteilung nach der Art der			
Steuersignale	Signalverarbeitung	Programmierung	Energieträger
• analog • binär • digital	• Verknüpfungssteuerung • Ablaufsteuerung	• verbind. -progr. • speicherprog. • numerisch gesteuert	• mechan. • pneumat. • hydraul. • elektrisch

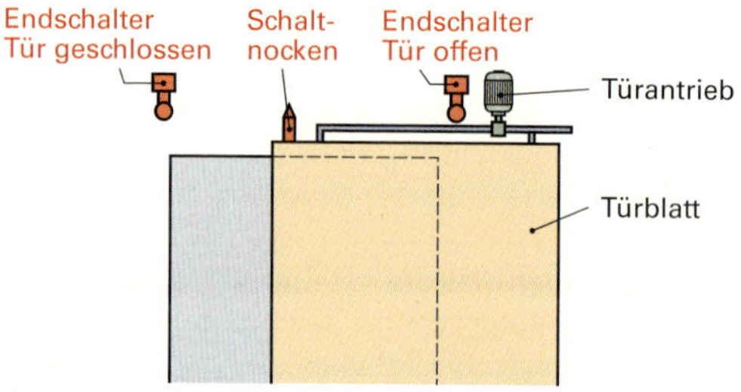

3 Wegplansteuerung einer automatisch betätigten Schiebetür

Der Türantrieb wird also nach Zurücklegen eines bestimmten Weges abgeschaltet. Programmsteuerungen, bei denen die Wege die Schaltvorgänge der Steuerung bestimmen, werden als **Wegplansteuerungen** bezeichnet.

Eine Leuchtreklame ist abends von 18 Uhr bis 22 Uhr und morgens von 6 Uhr bis 8 Uhr eingeschaltet. Die Schaltvorgänge werden von einer Zeitschaltuhr ausgelöst. Bei der **Zeitplansteuerung** bestimmen vorgegebene Zeiten den Ablauf (Bild 1). Würde beim vorigen Beispiel die automatisch betätigte Türe nach dem Öffnen eine bestimmte Zeit offengehalten und danach wieder geschlossen, wäre auch dies eine Zeitplansteuerung.

Das Steuergerät bezieht die Informationen über den **Programmablauf** aus einem der **Programmträger**: Festspeicher, CD-ROM, Diskette, Magnetband, früher auch von Lochstreifen oder Lochkarten.

Bis vor wenigen Jahren wurden Druckluftzylinder in der Regel auch pneumatisch gesteuert, Elektromotoren erhielten eine elektrische Steuerung. Da heute elektronische Bauteile wesentlich billiger und kleiner geworden sind, überwiegen jetzt Steuerungsanlagen, bei denen die eigentliche Steuerung als speicherprogrammierbare Steuerung oder als numerische Steuerung aufgebaut ist, die Antriebsenergie für die Arbeitsvorgänge durch Druckluft, Drucköl oder mit Elektromotoren aufgebracht wird. Im Folgenden wird die Einteilung nach Energieträgern dargestellt.

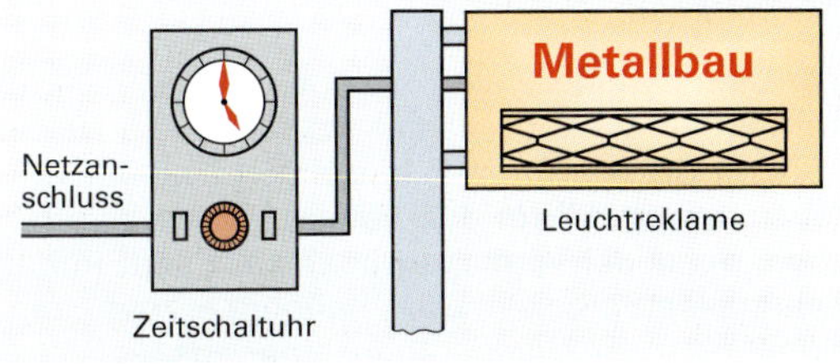

1 **Zeitplansteuerung**

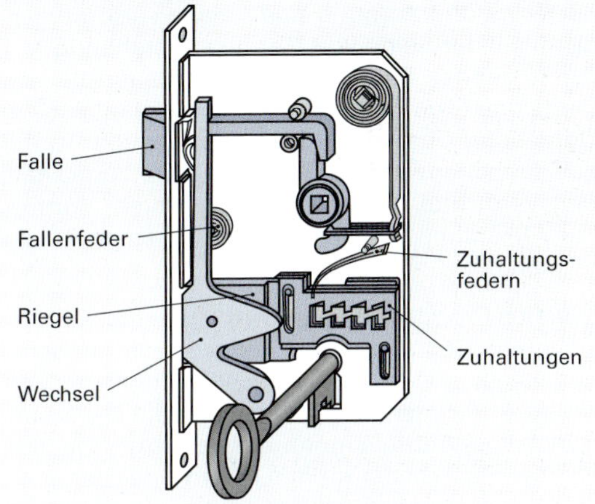

2 **Schloss als einfache mechanische Steuerung**

18.3.1 Mechanische Steuerungen

Die mechanischen Steuerungen bestehen vorwiegend aus mechanischen Bauelementen, wie Getrieben, Spindeln, Kurvenscheiben, Lochscheiben und Nocken. Ein Türschloss ist zum Beispiel eine mechanische Steuerung. Das Steuergerät ist der Schlüssel, die Schlossbauteile wie Falle, Zuhaltung und Wechsel sind die Stellglieder und der Riegel ist die Steuerstrecke (Bild 2).

Mechanische Steuerungen befinden sich vor allem in automatisch arbeitenden Werkzeugmaschinen, wie Bohr- und Montageautomaten. Bei der abgebildeten Einrichtung (Bild 3) wird ein Gestänge über eine Kurventrommel bewegt. Je nach Position wird über das Gestänge eine Kupplung ein- bzw. ausgerückt und so die Drehdauer der Antriebswelle gesteuert.

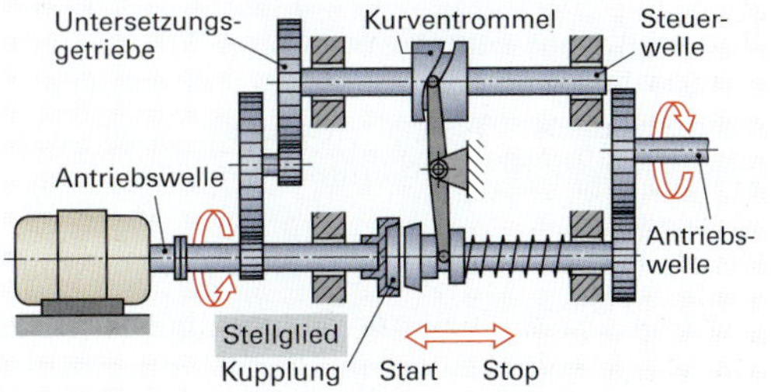

3 **Mechanische Steuerung einer Getriebeeinheit**

18.3.2 Pneumatische Steuerungen

Wird zur Steuerung einer Maschine oder einer Anlage Druckluft verwendet, spricht man von pneumatischer Steuerung. Die Druckluft wird häufig auch als Antriebsmittel verwendet. Pneumatische Anlagen haben viele Vorteile: 1. Druckluftleitungen lassen sich einfach verlegen. 2. Druckluft ist umweltfreundlich und steht überall zur Verfügung. 3. Nach dem Arbeitsprozess kann die Druckluft einfach ins Freie geleitet werden. 4. Mit Pneumatikzylindern und -motoren können hohe Geschwindigkeiten erreicht werden. 5. Pneumatikmotoren erreichen bereits bei niedriger Drehzahl ein hohes Drehmoment. 6. Pneumatikzylinder können ohne Schaden angehalten werden. 7. Pneumatikzylinder sind in vielen verschiedenen Bauformen erhältlich.

Der Einsatz von Druckluftanlagen ist durch die Eigenschaften der Luft begrenzt.

1. Druckluft lässt sich nur bis zu einem bestimmten Druck (6 bar ... 12 bar) wirtschaftlich komprimieren, daher können nur begrenzte Kräfte übertragen werden.
2. Druckluft erzeugt beim Entspannen Lärm.
3. Bei Druckluftzylindern ändert sich mit der Belastung auch die Geschwindigkeit, deshalb sind bei Belastungsänderungen keine gleichförmigen Bewegungen möglich.

Die Ursache dafür liegt in der **Kompressibilität der Luft:** Bei Zunahme des Drucks verkleinert sich das Volumen.

Wird ein Zylinder wie in Bild 1 durch eine Kraft von außen stärker belastet als bisher, so ist ein höherer Druck erforderlich, um den Zylinder weiter zu bewegen. Um den höheren Druck zu erreichen, muss der Verdichter aber mehr Luft in das Leitungsnetz pressen. Dazu benötigt er mehr Zeit. Somit fährt der Zylinder langsamer aus.

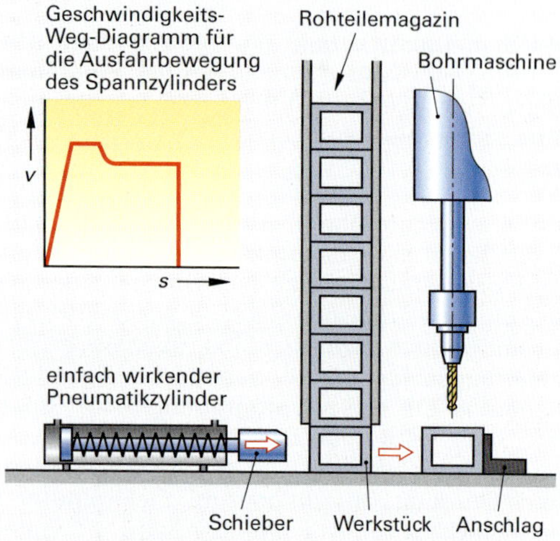

1 Werkstückzufuhr durch Pneumatikzylinder

Bauelemente pneumatischer Steuerungen

Zur Drucklufterzeugung sind Anlagen erforderlich, die aus einer Reihe von Geräten bestehen (Bild 1 der folgenden Seite). Wichtigstes Bauteil ist der **Verdichter** (Kompressor). Er saugt die Luft aus der Umgebung über einen **Filter** an, der den in der Luft enthaltenen Schmutz und Staub zurückhält, und verdichtet die Luft. Dabei entsteht Wärme. Zur Abkühlung wird die Luft durch einen Kühler geleitet.

In vielen Druckluftanlagen wird kurzzeitig viel Druckluft benötigt. Um für den sehr hohen Spitzenbedarf keinen großen und teuren Verdichter mit hohem Energieverbrauch verwenden zu müssen, wird meist ein kleiner preiswerter Verdichter eingebaut und ein **Druckluftspeicher** nachgeschaltet. Der Speicher hat zusätzlich den Vorteil, dass hier die erwärmte verdichtete Luft weiter abkühlt. Bei Druckluftanlagen schaltet der Antriebsmotor des Verdichters in der Regel ab, wenn der gewünschte Systemdruck erreicht ist. Aus Sicherheitsgründen ist am Speicher noch ein **Überdruckventil** angebracht, das bei Überschreiten des zulässigen Höchstdruckes die Luft ins Freie abbläst. Um die Höhe des Drucks im System jederzeit feststellen zu können, ist am Speicher ein Manometer vorhanden.

Druckluft muss trocken sein, da es sonst zu Korrosion oder Vereisung der Anlage kommen könnte. Die Umgebungsluft enthält aber immer Wasserdampf, die Luftfeuchtigkeit. Wird die Luft abgekühlt, scheidet sich der Wasserdampf als Wasser aus. Dies geschieht in einer Druckluftanlage vor allem im **Kühler** und im Speicher. Das sich dort ansammelnde Wasser (Kondensat) muss von Zeit zu Zeit über eine entsprechende Einrichtung entleert werden.

Merke

Zur Drucklufterzeugung gehören Verdichter mit Antriebsmotor, Kühler und Speicher.

Bevor die Druckluft zu den Steuerungselementen (Ventile) und den Verbrauchern geleitet wird, muss sie noch aufbereitet werden. Hierzu wird sie durch einen weiteren Filter mit Kondensatabscheider geleitet. Anschließend folgt ein Druckregelventil mit Manometer. Hier werden Druckschwankungen ausgeglichen und der erzeugte Druck wird auf den für den jeweiligen Verbraucher erforderlichen Arbeitsdruck reduziert. Zylinder und Druckluftmotoren benötigen zur Verringerung der Reibung und des Verschleißes eine leicht geölte Druckluft. Ein Öler reichert die Druckluft mit Öl an.

Merke

Die Wartungseinheit dient der Druckluftaufbereitung. Sie besteht aus Filter, Druckregelventil und Öler.

Bild 1 folgende Seite zeigt den Aufbau einer Druckluftanlage mit Drucklufterzeugung und -aufbereitung sowie als Arbeitselement einen über ein Ventil gesteuerten Zylinder. Beim Entwurf werden die einzelnen Bauteile einer Steuerung nicht wie in einer technischen Zeichnung, sondern durch Schaltzeichen, die in ISO 1219 (siehe Tabellenbuch) festgelegt sind, dargestellt (Bild 2, folgende Seite).

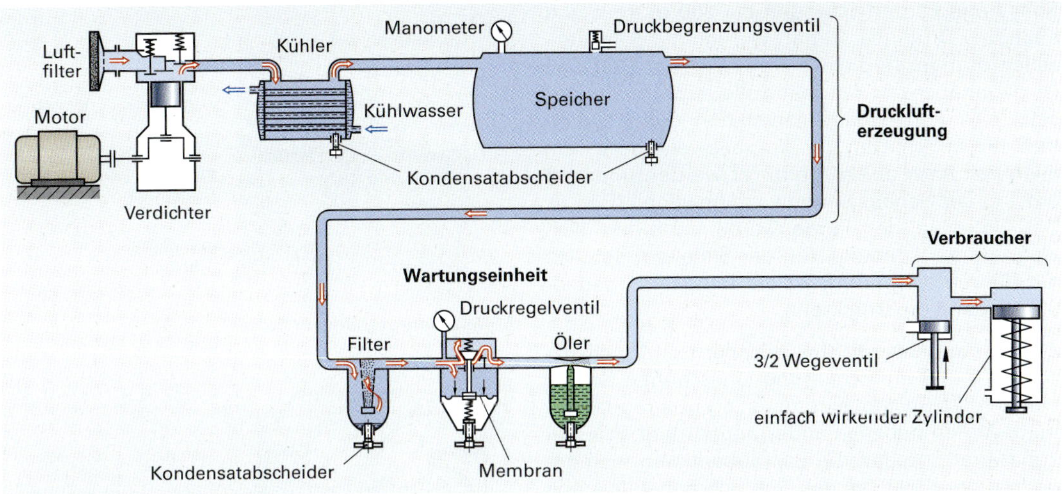

1 Prinzipbild einer Druckluftanlage

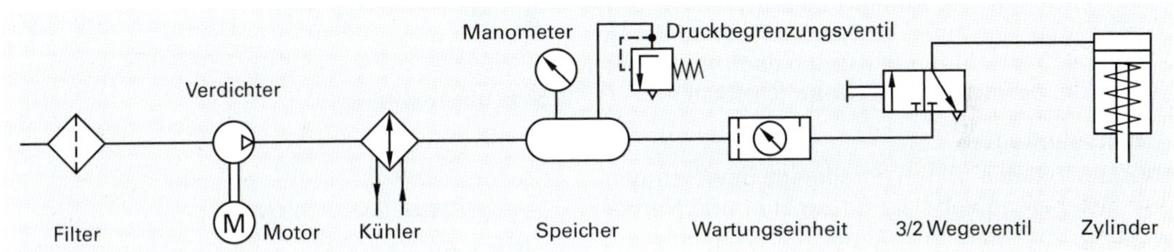

2 Schaltplan einer Druckluftanlage

Merke

Durch Verdichtung wird Energie in der Druckluft gespeichert.

Verdichterbauarten

Je nach dem geforderten Druck, der benötigten Luftmenge und der für die Anlage notwendigen Schwingungsarmut der Luft werden unterschiedliche Verdichterbauarten verwendet. Kolbenverdichter, Membranverdichter, Vielzellenrotationsverdichter und Schraubenverdichter.

Der **Kolbenverdichter** arbeitet ähnlich wie eine Fahrradluftpumpe (Bild 3): über ein Ventil saugt ein Kolben Luft aus der Umgebung in den Zylinderraum an. Dabei ist die Leitung zum Speicher und Verbraucher geschlossen. Anschließend bewegt sich der Kolben in die andere Richtung und drückt die verdichtete Luft zum Speicher, während das Ventil zur Ansaugleitung geschlossen ist. Ein einfacher Kolbenverdichter erzeugt etwa 4 bar Druck und fördert 30 m^3 Luft pro Minute. Bei zweistufigen Kolbenverdichtern werden rund 7 bar Druck und 50 m^3/min Fördermenge erreicht.

Bei Kolbenverdichtern enthält die Druckluft durch die Schmierung von Kolben und Zylindern immer Öl. Es entsteht auch ein leichter Abrieb, der vom Filter in der Wartungseinheit zurückgehalten werden soll. Benötigt man absolut saubere Druckluft, verwendet man **Membranverdichter** (Bild 4). Beim Membranverdichter erfolgt die Verdichtung durch eine elastische Membrane. Er erzielt etwa 7 bar bei 0,7 m^3/min Luftförderung.

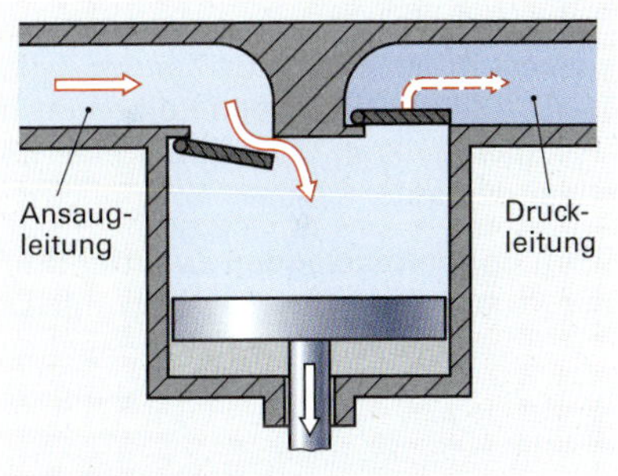

3 Prinzipbild des Kolbenverdichters

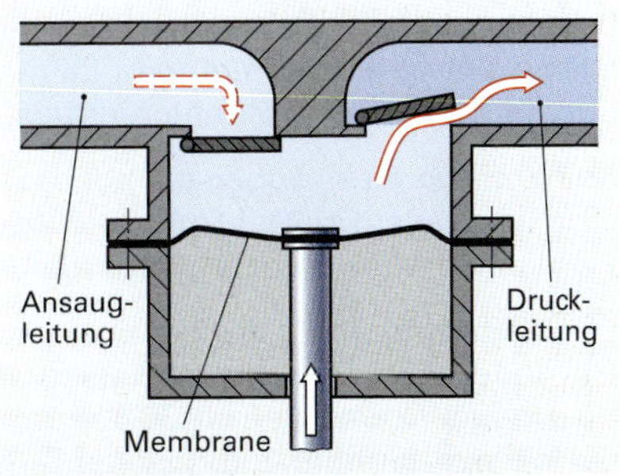

4 Prinzipbild des Membranverdichters

Sehr hohe Förderleistungen bis 200 m^3/min und ein hoher Druck (ca. 10 bar) werden mit dem **Vielzellenrotationsverdichter** erreicht. Das Gehäuse ist gegenüber der Antriebswelle außermittig versetzt. Die Förderräume entstehen durch Scheiben, die in Schlitzen der Antriebswelle durch die Fliehkraft nach außen gedrückt werden und sich entlang der Gehäuseinnenwand bewegen (Bild 1). Das Volumen der Förderräume verändert sich während der Drehung. Auf der Seite, auf der sich die Räume vergrößern ist die Saugseite, gegenüberliegend die Druckseite.

Der **Schraubenverdichter** zeichnet sich durch leisen Lauf und die Erzeugung eines hohen Drucks aus (Bild 2). Bei ihm sind meist drei schraubenförmige Wellen nebeneinander angeordnet. Wie bei Zahnrädern greifen die Schraubenlinien ineinander. An der Stelle, an der eine Schraubenlinie aus dem Gewindegang der anderen herauskommt, entsteht ein Hohlraum und somit ein Unterdruck (Saugseite). Auf der anderen Seite füllen die Gewindegänge der einen die Lücken der anderen Schraube. Die Hohlräume werden dadurch wieder ausgefüllt. Es entsteht Überdruck (Druckseite).

Arbeitselemente

Druckluftzylinder führen geradlinige Bewegungen aus. Sie werden vorwiegend zur Hin- und Herbewegung von Maschinenteilen und Werkstücken, zum Spannen von Werkstücken, zum Pressen oder für Bearbeitungs- oder Montagevorgänge verwendet. Soll die Arbeitsbewegung nur in einer Richtung erfolgen, wie beim Spannen oder Pressen, reicht ein **einfachwirkender Zylinder** (Bild 3). Die Druckluft bewegt den Kolben in eine Richtung. Die Rückstellkraft wird durch eine innenliegende Feder bewirkt.

Beim **doppeltwirkenden Zylinder** (Bild 4) erfolgen der Vorhub und der Rückhub mit Druckluft. Dadurch wird eine sichere und gesteuerte Rückstellung garantiert und eine beidseitige Arbeitsbewegung möglich.

Druckluftmotoren erzeugen eine Drehbewegung (Drehmoment). Sie arbeiten nach dem umgekehrten Prinzip der Verdichter und sind ähnlich aufgebaut wie die entsprechenden Verdichter. Entsprechend gibt es Kolbenmotoren, Lamellenmotoren und für sehr hohe Drehzahlen Turbinenmotoren.

Kolbenmotoren erzeugen ein hohes Drehmoment und erreichen Drehzahlen bis 6000 1/min. Sie werden vorwiegend bei Hebezeugen eingesetzt.

Lamellenmotoren finden bei Bohrern, Schleifern, Gewindeschneidern und Schraubern Anwendung. Sie sind für Drehzahlen bis 30 000 1/min geeignet. Sie werden für eine und für zwei Drehrichtungen gebaut (Bild 5).

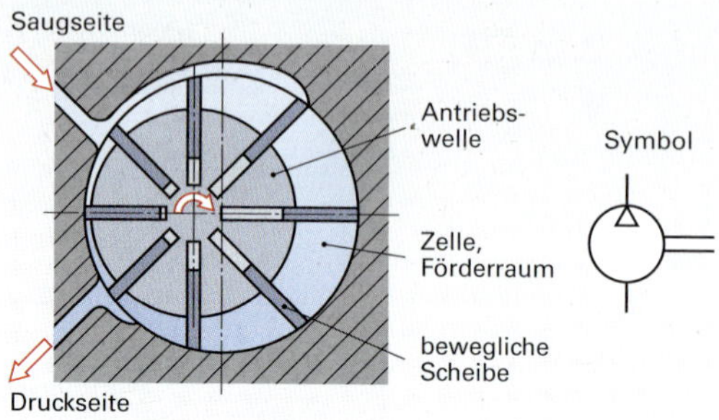

1 Vielzellenrotationsverdichter

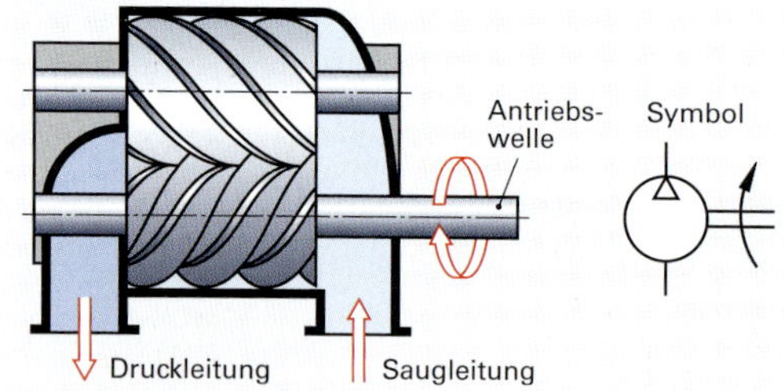

2 Schraubenverdichter

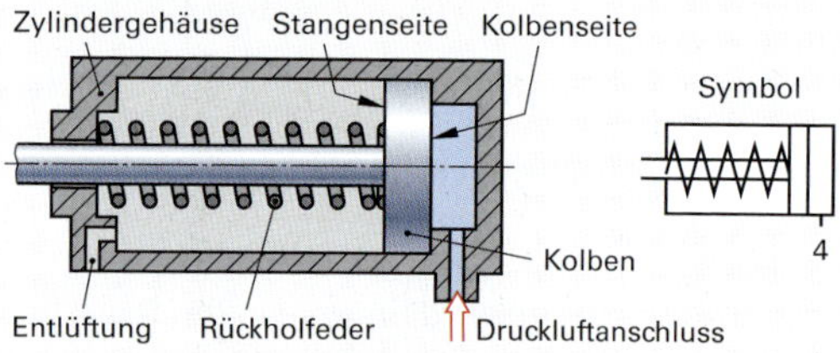

3 Einfach wirkender Druckluftzylinder

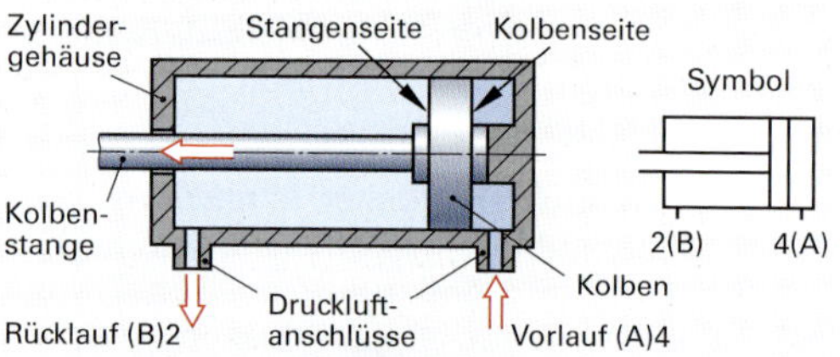

4 Doppelt wirkender Druckluftzylinder

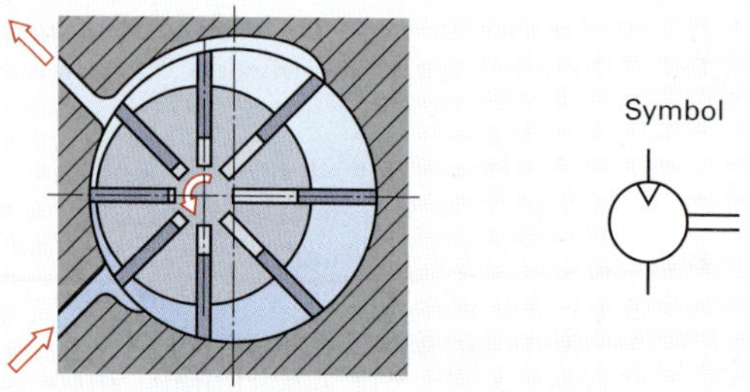

5 Lamellenmotor

Turbinenmotoren werden für Spezialwerkzeuge mit hohen Drehzahlen (bis 450 000 1/min) verwendet, wie zum Beispiel beim Zahnarztbohrer.

Steuerelemente

Ventile steuern die Arbeitsgeräte. Sie werden in Wegeventile, Sperrventile, Druckventile und Stromventile (Drosselventile) eingeteilt.

Mit **Wegeventilen** wird der Druckluftstrom gestoppt oder umgelenkt, um damit den Weg von Zylindern und die Drehrichtung von Motoren zu steuern. Man unterscheidet Sitzventile und Schieberventile (Bild 1). Die Bezeichnung der Wegeventile ergibt sich aus der Anzahl der nutzbaren Anschlüsse und der Schaltstellungen.

Steueranschlüsse werden nicht berücksichtigt. So wird das in Bild 2 dargestellte Ventil als 5/2 Wegeventil bezeichnet, da es 5 Anschlüsse und 2 Schaltstellungen besitzt.

> ***Merke***
>
> **Wegeventil-Bezeichnungen:**
>
> **1. Ziffer = Zahl der Anschlüsse**
>
> **2. Ziffer = Zahl der Schaltstellungen**

Im Schaltplan werden Wegeventile durch aneinander gereihte Quadrate dargestellt. Dabei entspricht jedes Quadrat einer Schaltstellung. Diese werden mit Kleinbuchstaben a, b, ... gekennzeichnet. Die Anschlüsse werden an das Quadrat, das der Ruhestellung entspricht, gezeichnet, ebenso die Bezeichnung der Anschlüsse. Die Großbuchstaben A, B, C ... bzw. gerade Ziffern 2, 4, ... bezeichnen Anschlüsse zum Arbeitsgerät, P bzw. 1 ist der Druckluftanschluss, R und S bzw. ungerade Ziffern sind Entlüftungsleitungen, X, Y ... bzw. 12, 14 ... sind Steueranschlüsse. Dabei stellt 12 die Verbindung von 1 nach 2 und 14 von 1 nach 4 her. Auch die Betätigungsart wird an Schaltzeichen auf der entsprechenden Seite eingezeichnet. Die Schaltzeichen und Betätigungsarten sind in ISO 1219-1 genormt (Tabellenbuch).

Sperrventile verhindern, dass Druckluft in die falsche Richtung strömt. Die bekanntesten Sperrventile sind die Rückschlagventile (Bild 3). Besondere Sperrventile sind das Wechselventil und das Zweidruckventil. Beide Ventile haben zwei Steueranschlüsse und einen Arbeitsanschluss. Das **Wechselventil** erfüllt die Aufgabe einer ODER-Funktion (Bild 4). Dadurch kann ein Arbeitselement wahlweise von zwei Ventilen aus betätigt werden. Damit die Arbeitsleitung nicht über das unbetätigte Ventil entlüftet wird, wird dieser Anschluss vom Wechselventil gesperrt. Das **Zweidruckventil** erfüllt die Aufgabe einer UND-Funktion (Bild 5). Dadurch erhält der Ausgang des Ventils nur dann Druck, wenn an beiden Eingängen Druck anliegt.

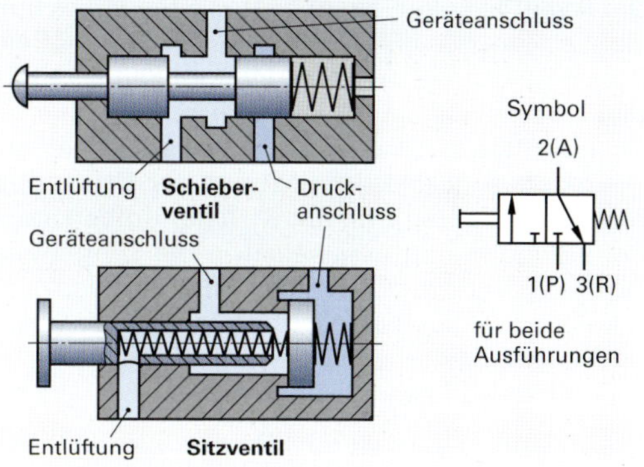

1 Schiebe- und Sitzventile

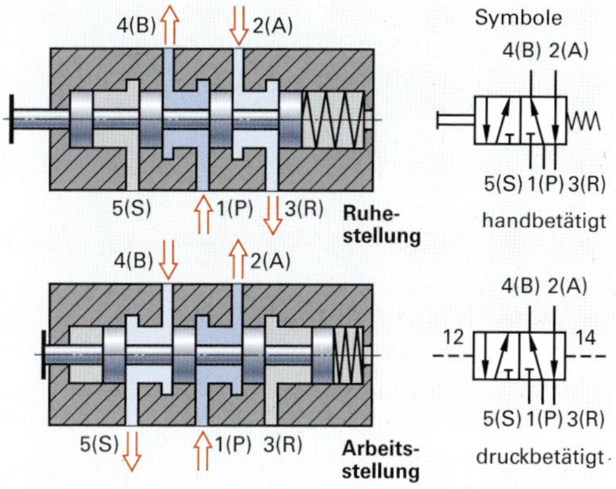

2 5/2 Wegeventil

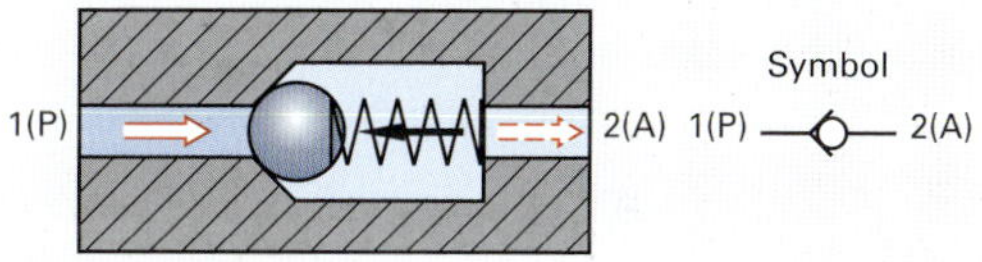

3 Rückschlagventil

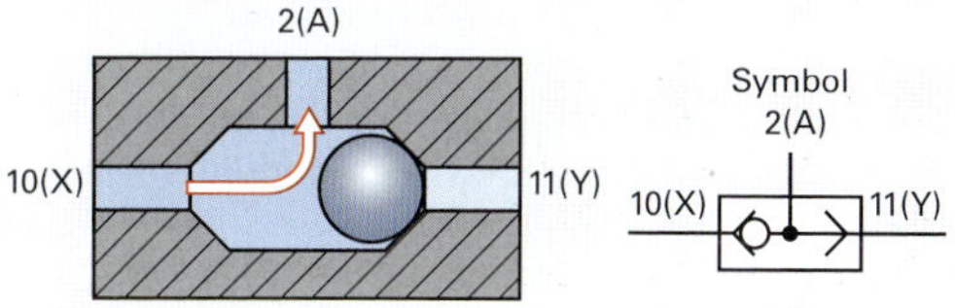

4 Wechselventil

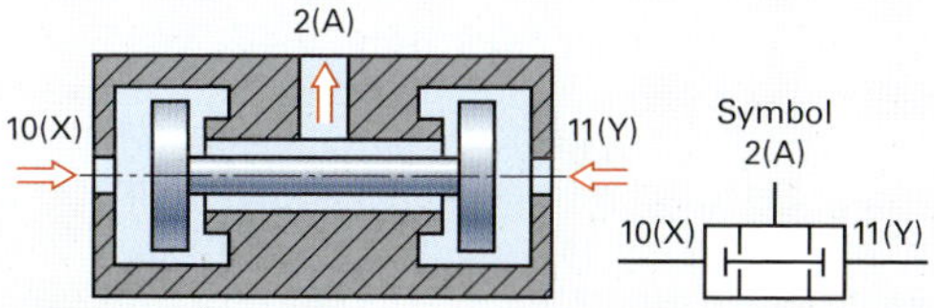

5 Zweidruckventil

Druckventile sollen einen bestimmten Druck konstant halten, wie dies **Druckregelventile** tun (Seite 319, Bild 1) oder, wie **Druckbegrenzungsventile**, dafür sorgen, dass ein bestimmter Druck nicht überschritten wird (Bild 1). Eine Feder hält den Sperrkolben geschlossen. Steigt der Druck über einen bestimmten Wert an, wird der Kolben angehoben und die Luft entweicht in die Umgebung. Durch Verdrehen der Einstellschraube lässt sich die Federkraft und somit der Grenzdruck verändern. Druckbegrenzungsventile dienen der Sicherheit der Bauteile und Leitungen.

Stromventile steuern durch Drosselung die durchströmende Druckluftmenge. Konstante **Drosselventile** haben eine gleich bleibende Engstelle, an der der Durchfluss begrenzt wird. Bei den verstellbaren Drosselventilen ist die Engstelle veränderlich. Soll die Druckluft nur in einer Richtung gedrosselt werden, in der anderen Richtung aber ungehindert durchfließen, so verwendet man **Drosselrückschlagventile** (Bild 2).

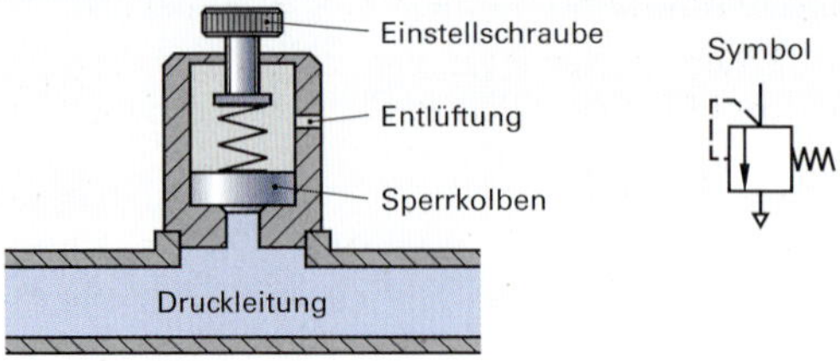

1 Druckbegrenzungsventil

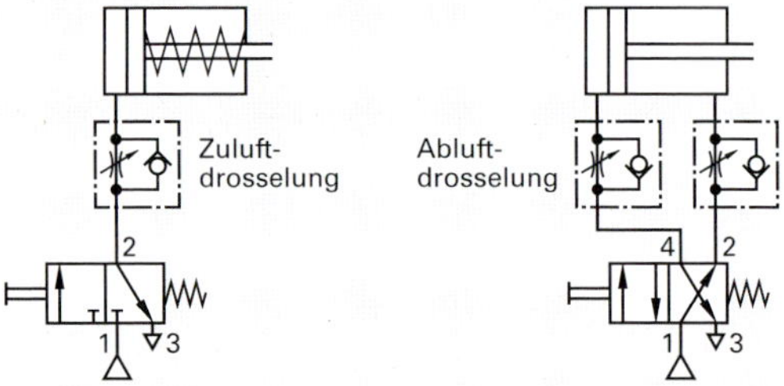

2 Steuerung mit Drosselrückschlagventilen

Überprüfen Sie Ihre Kenntnisse

1 Nennen Sie zwei verschiedene Programmsteuerungen.
2 Welche Programmträger kennen Sie?
3 Welche Bauelemente werden für mechanische Steuerungen vorwiegend verwendet?
4 Worin bestehen die Vorteile pneumatischer Anlagen?
5 Wodurch wird die Anwendung von Druckluftanlagen begrenzt?
6 Nennen Sie verschiedene Bauelemente pneumatischer Steuerungen.
7 Welche Bauteile gehören zur Drucklufterzeugung?
8 Warum ist bei pneumatischen Steuerungen eine Wartungseinheit erforderlich?
9 Erläutern Sie den Aufbau und die Funktion von zwei Verdichterbauarten.
10 Welche Aufgaben erfüllen Zylinder?
11 Nennen Sie die Unterscheidungsmerkmale von zwei Zylinderbauarten.
12 Erklären Sie die Bezeichnungen der Wegeventile.
13 Wie sind Druckluftmotoren aufgebaut?
14 Nennen Sie vier Ventilarten

18.3.3 Hydraulische Steuerungen

Hydraulische Steuerungen werden vor allem dort eingesetzt, wo große Kräfte übertragen werden müssen, wie z. B. bei einem Bagger (Bild 3). Bei hydraulischen Anlagen wird das Übertragungsmittel Öl nicht nur zur Steuerung, sondern auch als Arbeitsmittel verwendet. Vorteilhaft ist, dass sich durch Öl Drücke von über 1000 bar übertragen lassen. Da Flüssigkeiten nicht kompressibel sind, besteht anders als bei der Pneumatik ein direkter Zusammenhang zwischen durchfließendem Öl und Arbeitsgeschwindigkeit. Im Gegensatz zum Elektroantrieb ermöglichen Hydraulikzylinder und Hydraulikmotoren das Anfahren aus dem Stillstand bei höchster Belastung sowie gleichförmige Vorschubbewegungen trotz unterschiedlicher Belastung. Die Bewegungsrichtung lässt sich schlagartig umkehren.

Die Kenngrößen der Arbeitselemente, wie Druck, Kraft, Drehmoment oder Geschwindigkeit, sind stufenlos einstellbar. Da als Hydraulikflüssigkeit meist Öl verwendet wird, haben die Geräte Selbstschmierung und somit eine lange Lebensdauer. Anders als bei der relativ ungefährlichen Druckluft können jedoch durch austretendes Hydrauliköl größere Schäden entstehen.

3 Bagger mit hydraulisch bewegtem Arm

Bauelemente hydraulischer Steuerungen

Im Gegensatz zur Pneumatik, wo das Arbeitsmittel Luft überall zur Verfügung steht, benötigt man bei der Hydraulik einen Vorratsbehälter für die Hydraulikflüssigkeit und nach Verrichtung der Arbeit muss die drucklose Flüssigkeit wieder über Leitungen in den Vorratsbehälter zurückgeführt werden. Alle zur Druckerzeugung notwendigen Bauelemente, wie Hydraulikpumpe, Antriebsmotor, Behälter, Druckbegrenzungsventil, Rohrleitungen mit Verschraubungen, werden zusammen als Einheit betrachtet und als Hydraulikaggregat bezeichnet (Bild 1). Der Behälter dient als Vorratstank, zur Kühlung des Öls und zum Reinigen des Öls von Schmutzteilchen durch Absetzen.

Hydraulikpumpen

Der Antrieb der Hydraulikpumpen erfolgt durch Elektromotoren. Auf unterschiedliche Weise wird in der Pumpe ein Volumenstrom und ein hoher Druck erzeugt. Hydraulikpumpen erhöhen den Energiegehalt des Öls.

Merke

Durch Vergrößerung eines Raumes wird Flüssigkeit hineingesaugt, anschließend wird der Raum verkleinert und die Flüssigkeit wird verdrängt (Verdrängungsprinzip).

Die Hydraulikpumpen werden in vielfältiger Bauart hergestellt: Zahnradpumpen, Flügelzellenpumpen, Radialkolbenpumpen, Axialkolbenpumpen und Schraubenspindelpumpen.

Bei **Zahnradpumpen** werden die Hohlräume für die Flüssigkeit durch die Zahnlücken der Zahnräder gebildet. Wenn die Zähne ineinanderkämmen wird die Flüssigkeit verdrängt. Bei der außenverzahnten Zahnradpumpe (Bild 2) erfolgt die Förderung der Flüssigkeit mit zwei außen verzahnten Zahnrädern. Die innen verzahnte Zahnradpumpe, auch Sichelpumpe genannt (Bild 3), besitzt ein innen verzahntes Hohlrad und ein außen verzahntes Zahnrad. Druck- und Saugseite werden dabei durch ein sichelförmiges Füllstück getrennt. Zahnradpumpen erzeugen bis 300 bar Druck.

Die **Flügelzellenpumpe** ist wie der Vielzellenrotationsverdichter aufgebaut (Seite 320). Lässt man den Rotor in einem verschiebbaren Ring laufen, so kann die Fördermenge durch Verschieben des Ringes verändert und eventuell auch die Förderrichtung umgekehrt werden. Der Betriebsdruck der Flügelzellenpumpe reicht bis 120 bar.

Bei den **Radialkolbenpumpen** sind mehrere Kolben in Zylinderräumen sternförmig (radial) um die exzentrisch angetriebene Antriebswelle angeordnet.

Axialkolbenpumpen werden nach dem Schrägachsen-Prinzip und nach dem Schrägscheiben-Prinzip gebaut.

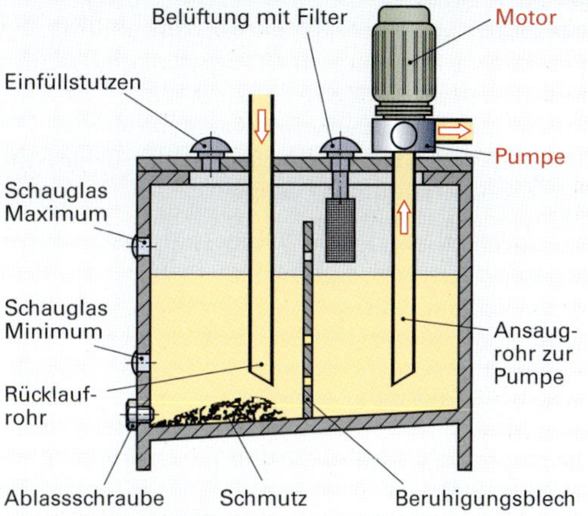

1 Hydraulikaggregat

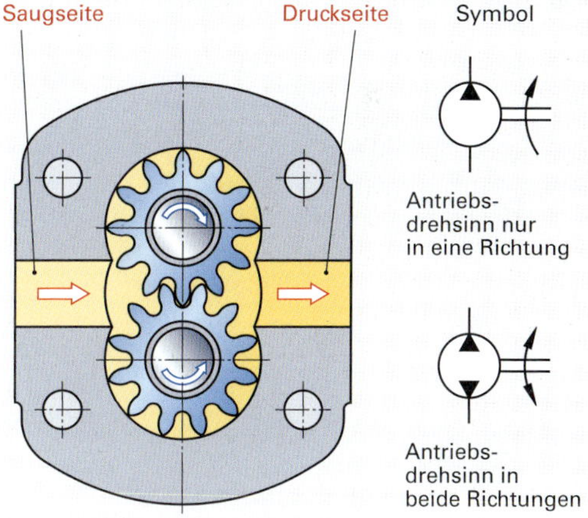

2 Zahnradpumpe (außenverzahnt)

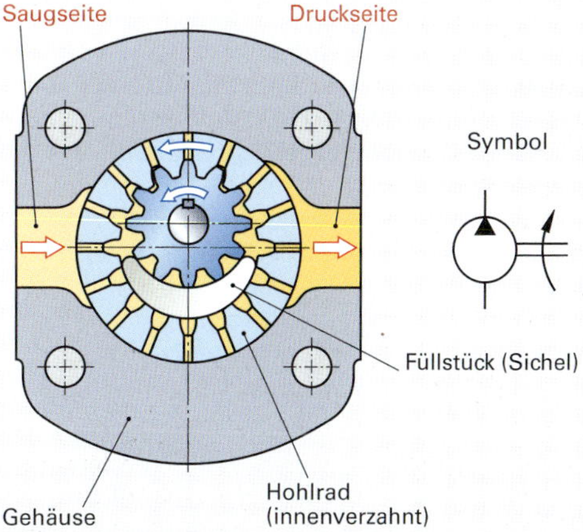

3 Sichelpumpe (innenverzahnte Zahnradpumpe)

Bei der Axialkolbenpumpe nach dem **Schrägachsenprinzip** ist die Achsrichtung der Kolben gegenüber der Antriebsachse abgewinkelt. Dadurch bewegen sich die Kolben bei einer Umdrehung einmal vor und zurück. Durch entsprechende Anordnung von Saug- und Druckschlitzen entsteht die Förderwirkung der Pumpe.

Die Axialkolbenpumpe mit **Schrägscheibenprinzip** (Bild 1) besitzt eine feststehende oder mitlaufende Scheibe. Diese Scheibe bewirkt, dass die parallel zur Antriebsachse angeordneten Kolben hin und her bewegt werden. Axialkolbenpumpen erreichen Drücke bis 400 bar.

Die **Schraubenspindelpumpe** erzeugt einen gleichförmigen Förderstrom. Ihr Aufbau ist mit dem Schraubenverdichter (Seite 320) vergleichbar.

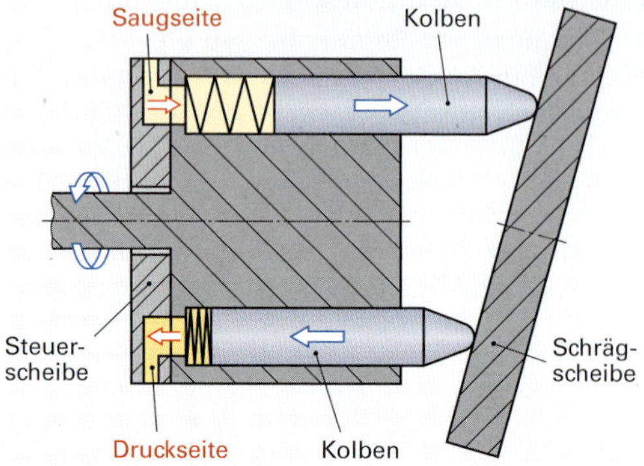

1 Prinzip der Axialkolbenpumpe mit Schrägscheibe

Arbeitselemente

Man unterscheidet einfach wirkende und doppelt wirkende **Hydraulikzylinder**. Sie haben den gleichen Aufbau wie Pneumatikzylinder, sind aber wegen der höheren Drücke wesentlich stabiler gebaut (Seite 320).

Neben den Zylindern mit einseitiger Kolbenstange (Differenzialzylinder), bei denen wegen der unterschiedlichen Kolbenfläche, unterschiedliche Kräfte und Geschwindigkeiten beim Ein- bzw. Ausfahren auftreten, werden Zylinder mit beidseitiger Kolbenstange (Gleichgangzylinder) gebaut (Bild 2). Für kurze Einbaulängen mit langem Hub verwendet man Teleskopzylinder (z. B.: hydraulische Kräne).

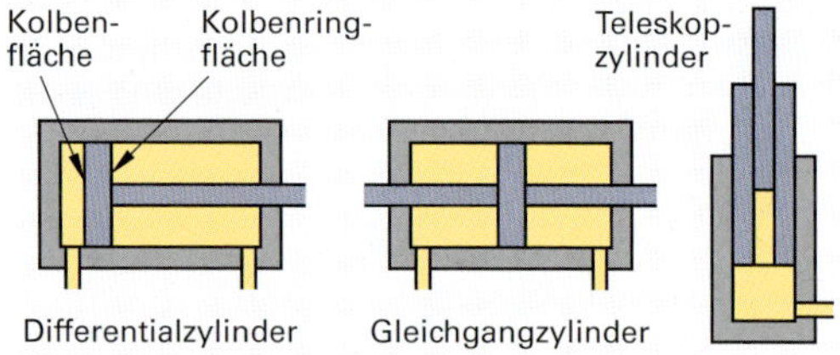

2 Zylinderbauarten

Werden Zylinder im Betrieb bis in die Endlage gefahren, eignen sich dafür Zylinder mit Endlagendämpfung. Bei dieser Bauart wird auf den letzten Millimetern des Hubes der Ölstrom gedrosselt. Dadurch wird vermieden, dass der Kolben mit voller Geschwindigkeit gegen den Anschlag im Zylinder fährt (Bild 3).

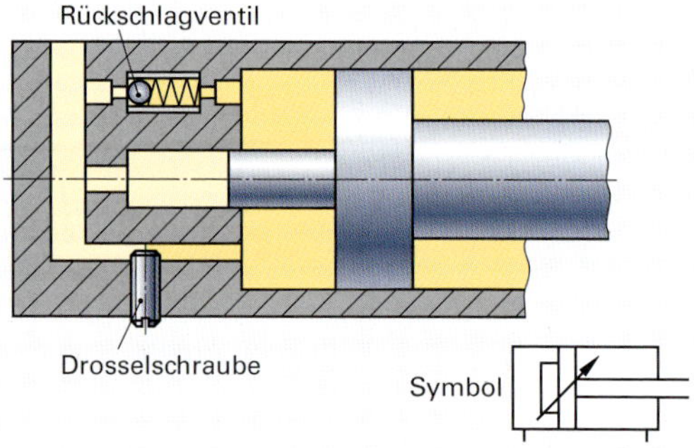

3 Prinzip der Endlagendämpfung

Hydraulikmotoren werden mit Drucköl beaufschlagt und erzeugen Drehbewegungen. Sie sind nahezu gleich aufgebaut wie die Hydraulikpumpen, daher gibt es auch die entsprechend verschiedenen Ausführungen: Zahnradmotor, Flügelzellenmotor, Radialkolbenmotor und Axialkolbenmotor.

Steuerelemente

Bezeichnung und Aufbau der hydraulischen **Wegeventile** entsprechen den pneumatischen Ventilen (Seite 321). Da vor allem bei Schieberventilen immer Lecköl auftritt, muss dies über eine Leckölleitung oder die Rückleitung in den Tank zurückgeführt werden (Bild 4).

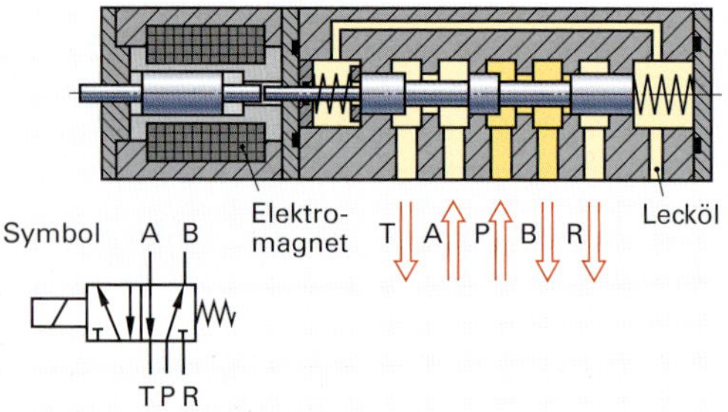

4 Elektrisch betätigtes Schieberwegeventil

Besonders in der Hydraulik werden außer den in der Pneumatik schon angesprochenen **Rückschlagventilen** noch entsperrbare Rückschlagventile verwendet. Sie dienen meist als Sicherheitseinrichtung, damit z. B. bei Hebebühnen keine Hydraulikflüssigkeit zurückfließen kann. Erst wenn das Ventil entsperrt wird, strömt die Flüssigkeit zurück (Bild 1).

Die **Druckbegrenzungsventile** schützen die Hydraulikanlage vor Überdruck, daher befindet sich ein Druckbegrenzungsventil auf jeden Fall bereits unmittelbar am Hydraulikaggregat.

Mit **Druckregelventilen** (Bild 2) (Druckminderventilen) können von einem Hydraulikaggregat aus mehrere Anlagenteile mit unterschiedlichen Betriebsdrücken versorgt werden.

Mit **Drosselventilen** wird der durchströmende Flüssigkeitsstrom verringert. Bei Druckänderung verändert sich dabei auch die Durchflussmenge. Bei Stromregelventilen wird dagegen der Volumenstrom immer konstant gehalten (Bild 3).

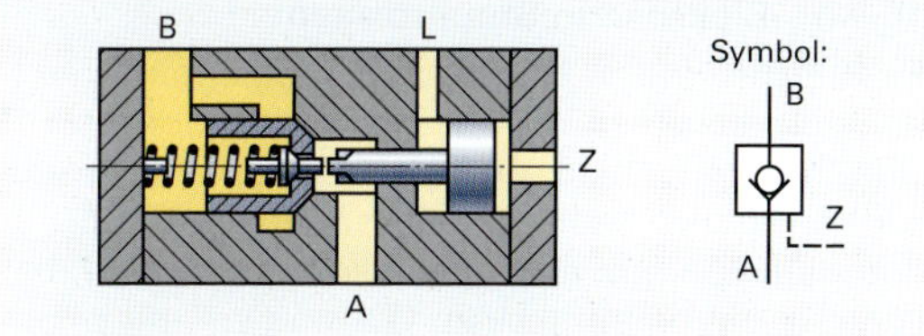

1 Hydraulisch entsperrbares Rückschlagventil

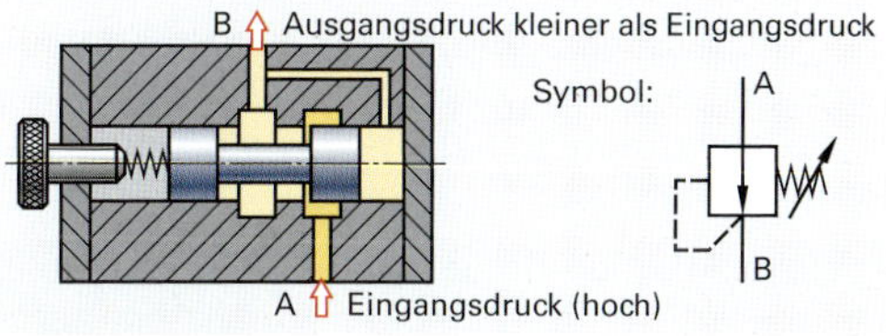

2 Druckregelventil

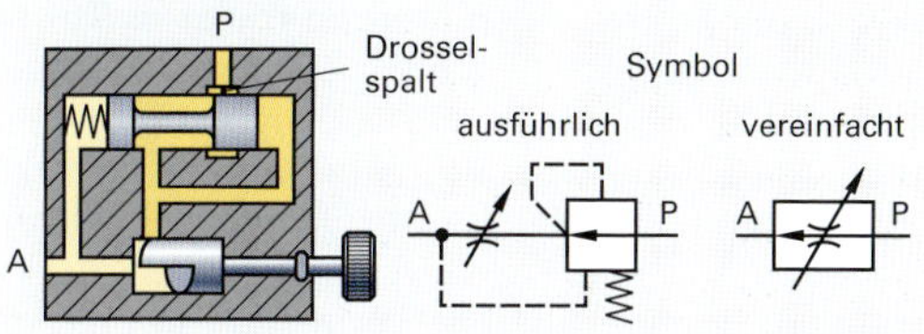

3 Stromregelventil

Besondere Hydrauliksteuerungen

In Bild 4 ist eine **Sicherheitssteuerung** für eine Hebebühne dargestellt. Um ein ungewolltes Absinken, z. B. durch Leckage, zu verhindern, wird direkt beim Zylinder ein entsperrbares Rückschlagventil eingebaut. Der Zylinder senkt sich erst ab, wenn am Steuereingang des Rückschlagventils Druck anliegt.

Wegen der unterschiedlichen Kolbenflächen fahren Hydraulikzylinder langsamer aus als sie zurückfahren. Mit dem Differenzialzylinder (Bild 5), bei dem die Kolbenfläche genau doppelt so groß ist wie die Kolbenstangenfläche, lässt sich unter Zuhilfenahme eines Druckbegrenzungsventiles eine Schaltung aufbauen, bei der der Zylinder gleich schnell ein- und ausfährt.

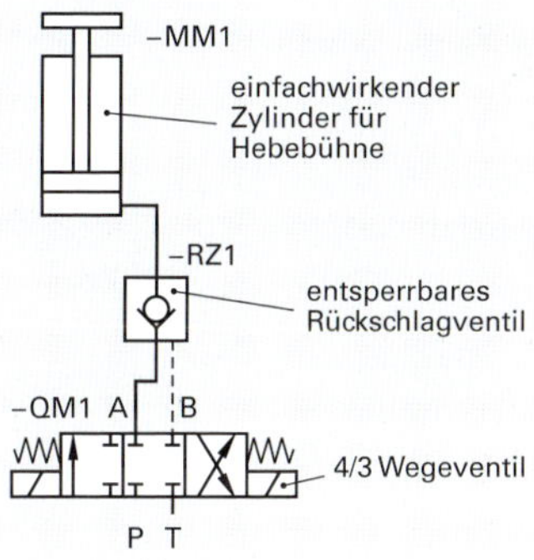

4 Sicherheitssteuerung einer Hebebühne

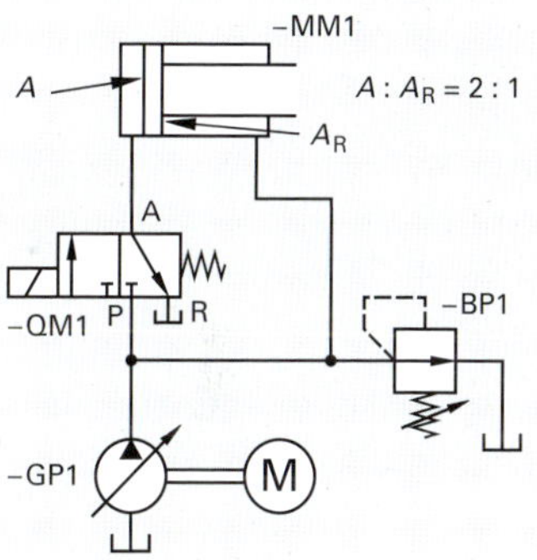

5 Umströmungsschaltung für Differenzialzylinder

Überprüfen Sie Ihre Kenntnisse

1 Welche Vorteile haben hydraulische Steuerungen?
2 Worin unterscheiden sich hydraulische Steuerungen grundlegend von pneumatischen?
3 Nennen Sie die wichtigsten Bauelemente einer hydraulischen Steuerung.
4 Erklären Sie jeweils die Funktionsweise von Zahnradpumpe, Flügelzellenpumpe und Kolbenpumpe.
5 Welche Besonderheit tritt bei Differenzialzylindern auf?
6 Wann werden Teleskopzylinder verwendet?
7 Welchen Nachteil haben hydraulische Schieberventile?
8 Nennen Sie vier verschiedene Ventilbauarten.
9 Welche Aufgaben haben Sperrventile?
10 Welche Aufgaben erfüllen Druckventile?
11 Worin unterscheiden sich Druckbegrenzungsventile und Druckregelventile?
12 Worin unterscheiden sich Drosselventile und Stromregelventile?
13 Bei Teleskopzylindern fährt bei Überlast die letzte Stufe nicht mehr aus. Begründen Sie dies.

18.3.4 Elektrische Steuerungen

Elektrische und elektronische Bauelemente werden immer kleiner und preiswerter angeboten. Oft stehen komplette Baugruppen in einem Bauteil zur Verfügung. Deshalb werden elektrische Steuerungen, wie z. B. an Bohrmaschinen (Bild 1), besonders häufig eingesetzt. Oft sind sie mit pneumatischen oder hydraulischen Arbeitselementen kombiniert, deren Ablauf elektrisch bzw. elektronisch gesteuert wird. Die Bauelemente elektrischer Steuerungen sind **Taster, Schalter, Lampe, Relais** und als Arbeitselemente Elektromagnete und **Elektromotoren**. Bild 2 zeigt die Schaltzeichen dieser Bauelemente.

Bei **elektronischen Steuerungen** werden die elektrischen Schaltverbindungen kontaktlos hergestellt. Schütze und Relais sind Schalter mit elektromagnetischer Betätigung.

Elektrische Steuerungen werden meist in **Stromlaufplänen** dargestellt. Jedes elektrische Bauteil wird dabei mit einem senkrechten Stromweg gezeichnet. Dabei werden die einzelnen Kontakte und die Spule des Relais oder Schütz nicht als ein Symbol gezeichnet, sondern sie stehen als Funktionssymbol immer in dem Stromweg, in dem die Schaltfunktion stattfindet. Um die Zugehörigkeit zu einem Bauteil wieder zu erkennen, erhalten z. B. zusammengehörende Kontakte und Spulen die gleichen Bezeichnungen. Sie bestehen aus Kennbuchstaben, die nach DIN EN 81346-2 festgelegt sind (Tabelle) und aus fortlaufenden Ziffern (Bild 3). Die in den Zeichnungen verwendeten Symbole, z. B. X für Kontrolllampe, werden in der Elektrotechnik Schaltzeichen genannt (siehe Tabellenbuch). Sie sind nach DIN EN 60617 genormt. Bild 2 zeigt den Stromlaufplan für die Steuerung eines Elektromotors mit der Kontrolllampe H1 (Anzeige für Motor Stillstand). Wird der Schalter S1 betätigt, öffnet der Kontakt 1 des Relais K1 und die Kontrolllampe H1 erlischt. Der Kontakt 2 schließt und H2 (Anzeige für Motor läuft) leuchtet, und der Motor beginnt zu laufen.

In diesem Beispiel werden Schalter, Relais und Kontrolllampen mit 24 V Niederspannung versorgt, während der Motor mit 230 V Netzspannung betrieben wird. Elektrische Steuerungen sind häufig so aufgebaut, dass nur die reinen Arbeitselemente mit der höheren Spannung betrieben werden. Die zur Steuerung notwendigen Geräte werden dagegen mit ungefährlicher Niederspannung versorgt.

Grundschaltungen

Durch entsprechende Zuordnung und Zusammenschaltung lassen sich mit Schaltern, Relais und Kontakten viele verschiedene Schalt- und Steuerungsbedingungen erfüllen. So soll zum Beispiel

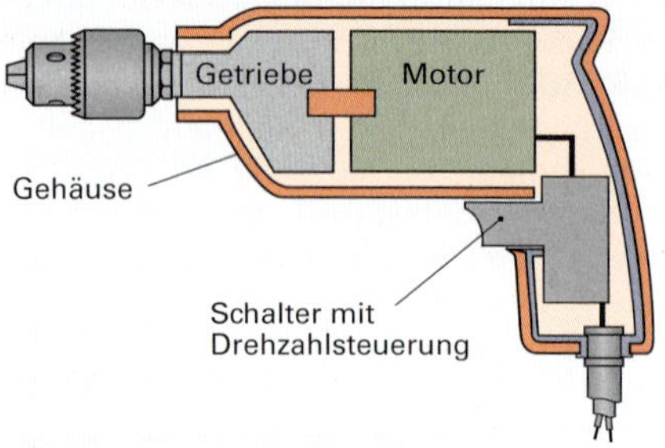

1 Elektrisch gesteuerte Bohrmaschine

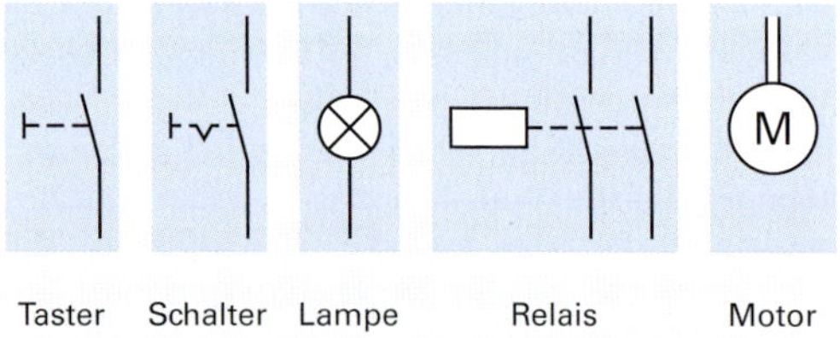

2 Schaltzeichen elektrischer Bauelemente

Tabelle 1: Kennbuchstaben elektrischer Betriebsmittel vgl. DIN EN 81346-2

Kennbuchstabe	Betriebsmittel	Beispiel
B	Umwandeln einer Eingangsvariablen	Positionsschalter
F	Schutz vor Energie- oder Signalfluss	Sicherung
G	Erzeugen eines Energieflusses	Batterie
K	Verarbeitung von Signalen	Schaltkreis
M	Bereitstellung mechanischer Energie	Elektromotor
P	Darstellung von Informationen	Messgeräte
R	Begrenzung von Energiefluss	Widerstand
S	Umwandlung einer manuellen Betätigung	Taster

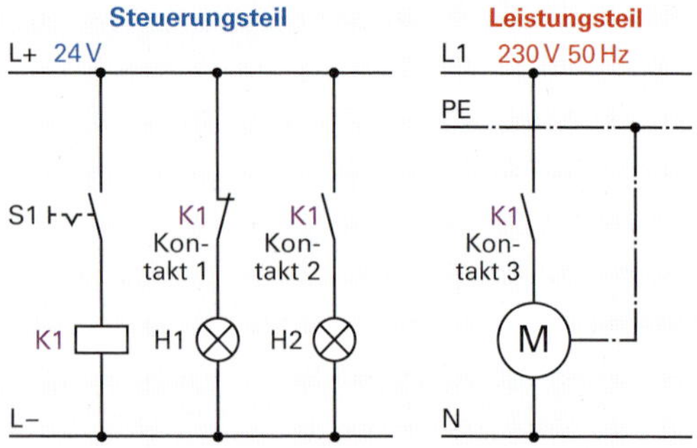

3 Stromlaufplan für eine Motorsteuereung

eine Maschine nur dann laufen, wenn ein Schutzgitter geschlossen ist **und** wenn der Schalter S1 betätigt wird (Bild 1). Das bedeutet, dass am Schutzgitter ebenfalls ein zweiter Schaltkontakt S2 angebracht sein muss. Das Relais K1 schaltet nur dann, wenn beide Schalter S1 **und** S2 betätigt sind. Man bezeichnet dies als **UND-Schaltung** oder **UND-Verknüpfung**.

Soll ein Motor von zwei verschiedenen Stellen aus betätigt werden, so benötigt man eine **Oder-Schaltung** (Bild 2). Wird der Schalter S1 betätigt, zieht Relais K1 an und der Kontakt im Relais K1 schließt den Stromkreis für den Motor. Wird stattdessen der Schalter S2 betätigt zieht ebenfalls das Relais K1 an.

Die **Negation** oder **Nicht-Schaltung** ist eine weitere Grundschaltung. Sie wird meist zusammen mit anderen Bedingungen verwendet. Zum Beispiel läuft der Motor in der Schaltung von Bild 3 nur dann, wenn der Schalter S1 nicht betätigt wurde. Schalter S2 dagegen muss betätigt werden. Die Nicht-Funktion wird durch einen Öffner bewirkt, einen Kontakt, der im Ruhezustand geschlossen ist und bei Betätigung geöffnet wird.

Mit diesen drei Grundschaltungen lassen sich die meisten steuerungstechnischen Aufgaben lösen. Auch die weiteren Schaltungen sind Kombinationen aus UND-, ODER- und NICHT-Schaltungen.

Verriegelung

Hat eine Motorsteuerung einen Schalter für Linkslauf und einen Schalter für Rechtslauf, so muss gewährleistet sein, dass nicht beide Schalter gleichzeitig betätigt werden, da sonst ein Kurzschluss entsteht. Dies lässt sich natürlich als **mechanische Verriegelun**g bewerkstelligen, in dem die beiden Schalter mit einem Gestänge verbunden werden. Wird ein Schalter betätigt, wird der andere Schalter über die Stange geöffnet (Bild 4). Mit dem Schalter S1 wird ein Motor eingeschaltet und mit dem mechanisch verriegelten Schalter S2 wird die Drehrichtung festgelegt. Mit den Kontakten der Relais K1 und K2 wird der Motor gesteuert (Bild 4).

Man kann dieses Problem aber auch mit einer **elektrischen Verriegelung** lösen (Bild 4): Wird Schalter S3 für Linkslauf betätigt, so zieht Relais K3 an und die Kontakte für „Motor Linkslauf" werden geschlossen, der Motor beginnt zu laufen. Gleichzeitig wurde aber der Öffner-Kontakt K3 im Stromkreis des Relais K4 geöffnet. Wird jetzt zusätzlich der Schalter S4 für „Motor Rechtslauf" betätigt, kann kein Strom zum Relais K4 fließen. Erst wenn der Schalter S3 wieder geöffnet wird, somit das Relais K3 abfällt und der Kontakt K3 wieder schließt, zieht das Relais K4 an und öffnet den Kontakt K4 zur Verriegelung.

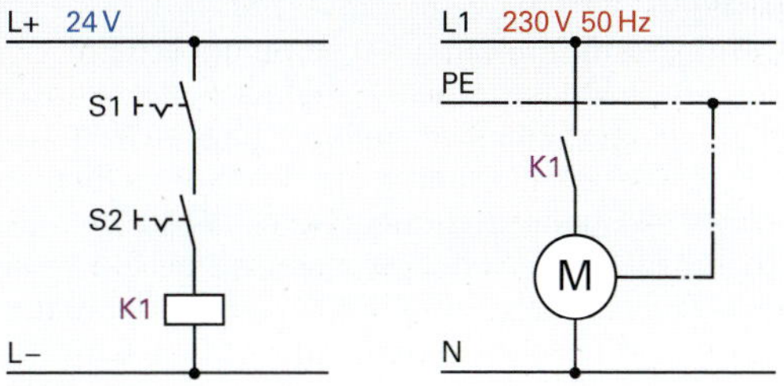

1 UND-Schaltung

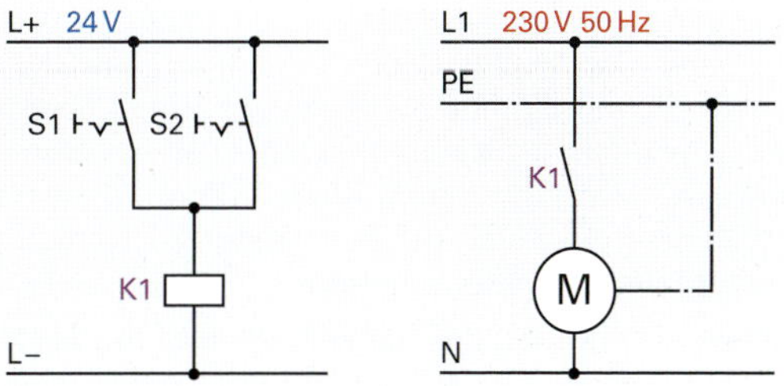

2 ODER-Schaltung

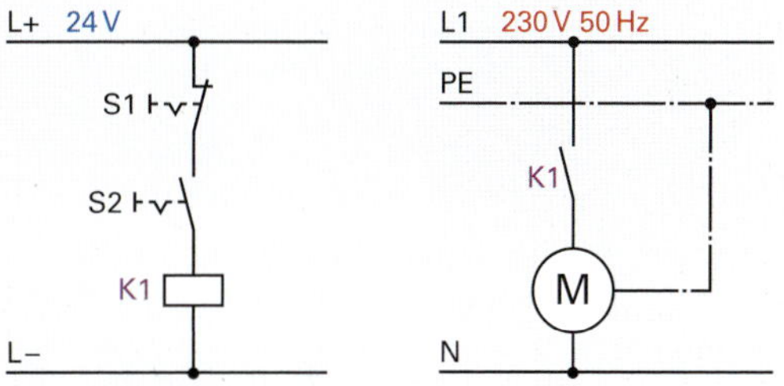

3 Nicht-Schaltung

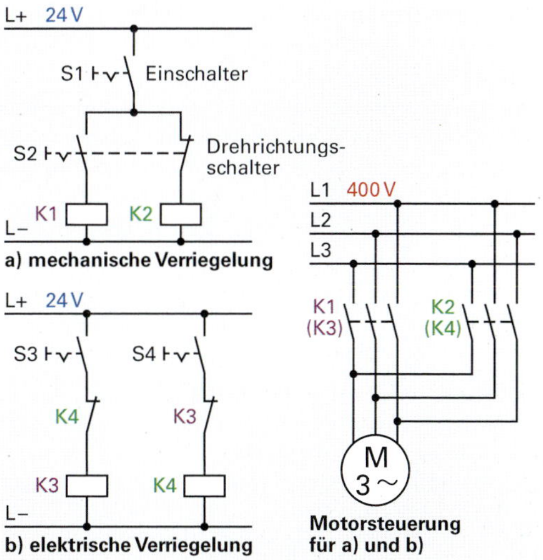

4 mechanische und elektrische Verriegelung

Speicher

Soll ein Motor über einen Taster eingeschaltet und über einen weiteren Taster ausgeschaltet werden, so muss der Einschaltzustand gespeichert werden. Taster gehen, anders als Schalter, selbsttätig in ihre Ausgangsstellung zurück. Wird der Einschalttaster nämlich losgelassen, so würde bei einer einfachen Schaltung der Motor wieder stehen bleiben. Mit einem Selbsthaltekontakt kann der Schaltzustand jedoch gespeichert werden. Wird in der **Selbsthalteschaltung** in Bild 1 der Taster S1 betätigt, zieht das Relais K1 an und schließt den Kontakt 1 für den Motor und den Selbsthaltekontakt, der Taster S1 wird überbrückt. Dadurch kann der Strom auch zum Relais K1 fließen, wenn der Taster S1 nicht mehr gedrückt ist. Zum Abschalten muss der Stromkreis wieder unterbrochen werden. Dies kann durch einen Öffner S2 in der gemeinsamen Zuleitung zum Taster S1 und zum Selbsthaltekontakt geschehen.

Bei der Betätigung des Tasters S2 bleibt der Motor auch stehen, wenn der Taster S1 noch gedrückt ist. Bei dieser Anordnung des Aus-Tasters wird die **Speicherschaltung vorrangig gelöscht**.

Wird der Aus-Taster S2 wie in Bild 2 direkt vor dem Selbsthaltekontakt eingebaut, so wird beim Betätigen von S2 der Stromkreis über den Selbsthaltekontakt unterbrochen. Doch bei gedrücktem Ein-Taster läuft der Motor weiter. Diese **Speicherschaltung** wird **vorrangig gespeichert**.

Die meisten elektrischen Geräte, die mit Tastern und nicht mit einrastenden Stellschaltern bedient werden, steuert man über diese Speicherschaltungen. Soll ein elektrisches Gerät von mehreren Stellen aus geschaltet werden, so lässt sich die Speicherschaltung mit Selbsthaltekontakt einfach erweitern (Bild 3). Hierzu werden mehrere Ein-Taster (Schließer) S1, S2, S3 parallel geschaltet und mehrere Aus-Taster (Öffner) S4, S5, S6 bilden eine Reihenschaltung.

Steuerungen werden in der Praxis häufig kombiniert. So wird das Ventil eines Pneumatikzylinders elektrisch gesteuert. Bild 4 zeigt einen Schaltplan für ein solches Ventil. Zum Ausfahren des Zylinders wird Taster S1 betätigt. Erst nach Unterbrechung der Selbsthaltung durch Taster S2 wird das Ventil durch die Feder zurückgestellt und der Zylinder fährt in die Ausgangslage zurück.

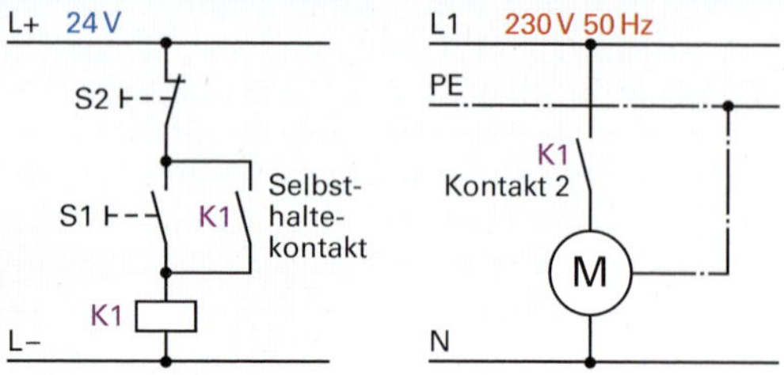

1 Selbsthaltung vorrangig löschen

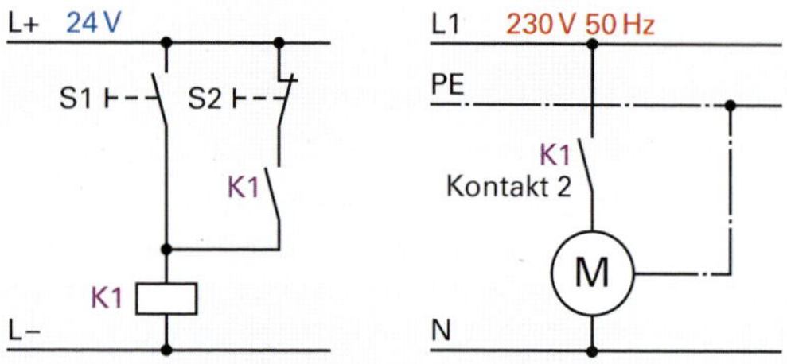

2 Selbsthaltung vorrangig speichern

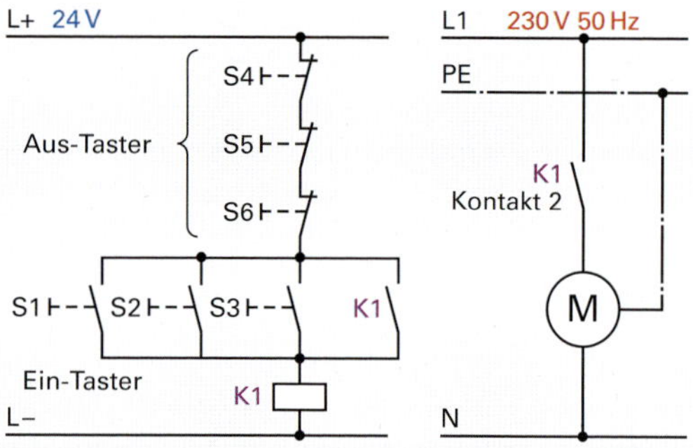

3 Selbsthaltung mit mehreren Ein- und Aus-Tastern

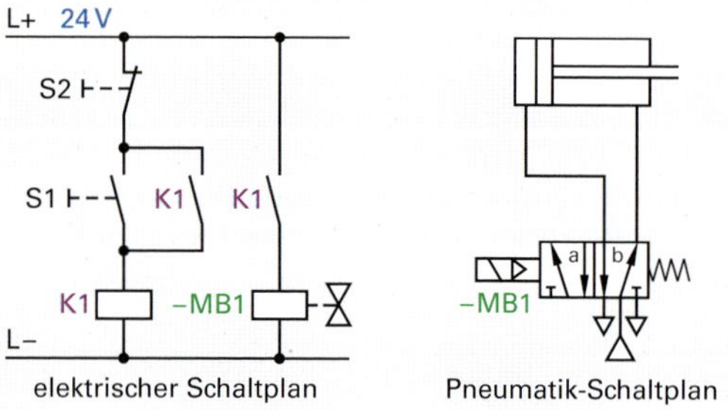

4 Elektrische Steuerung eines Pneumatikzylinders

Überprüfen Sie Ihre Kenntnisse

1 Welche Bauelemente werden für elektrische Steuerungen verwendet?
2 Wie können elektrische Steuerungen dargestellt werden?
3 Welche Bezeichnungen erhalten elektrische Bauelemente?
4 Welche Grundschaltungen kennen Sie?
5 Erklären Sie den Begriff Verriegelung.
6 Welche Möglichkeiten der Verriegelung gibt es?
7 Wie können Schaltzustände gespeichert werden?

18.3.5 Speicherprogrammierbare Steuerungen (SPS)

Die bisher beschriebenen Steuerungen werden immer entsprechend der steuerungstechnischen Aufgabenstellung fest verdrahtet oder montiert. Das heißt, die Bedingungen, nach denen ein Steuerungsvorgang abläuft, lassen sich nach Fertigstellung der Anlage nur durch entsprechende Umbaumaßnahmen bewerkstelligen. Müssen zum Beispiel zum Anlaufen einer Maschine Schalter 1 **und** Schalter 2 gedrückt werden, so würde dies durch die Leitungsführung fest vorgegeben werden. Soll jetzt eine neue Bedingung gelten: Schalter 1 **oder** Schalter 2 setzen die Maschine in Gang, so muss die Anlage entsprechend umgebaut werden. Solche Steuerungen kann man unter dem Begriff **verbindungsprogrammierte Steuerungen** einordnen. Darunter wurden bisher vor allem elektrische Schützsteuerungen verstanden. Es gehören auch mechanische, pneumatische und hydraulische Steuerungen dazu. Bei jenen Steuerungen sind die Verknüpfungsbedingungen ebenfalls durch feste Rohrleitungen oder mechanische Elemente festgelegt.

Merke

Eine Steuerung besteht aus der Eingabeebene, der Verknüpfungsebene und der Ausgabeebene.

Die **Eingabeebene** besteht aus Sensoren, z. B. Tastern, Schaltern, Endschalter, Wegeventilen.

Die **Verknüpfungsebene** bestimmt den Programmablauf. Bei mechanischen Steuerungen erfolgt dies durch den Aufbau z. B. einer Kurvenscheibe, bei pneumatischen und hydraulischen Steuerungen durch die Verrohrung der Bauelemente und bei elektrischen Steuerungen durch die Verdrahtung.

Zur **Ausgabeebene** gehören die Arbeitselemente (Aktoren) wie Motoren oder Zylinder (Übersicht 1).

Speicherprogrammierbare Steuerungen (SPS) unterscheiden sich von den bisher besprochenen Steuerungen in der Verknüpfungsebene (Bild 1). Bei den SPS lassen sich die Verknüpfungen einfach verändern. Die Verknüpfungsbedingungen sind in einem gespeicherten Programm festgehalten. Man unterscheidet löschbare Speicher und nicht löschbare Speicher. Ein PROM ist ein **nicht löschbarer Speicher**. Er lässt sich zwar elektrisch programmieren, kann aber nicht gelöscht werden. Ist bei Verwendung eines PROM eine Programmänderung erforderlich, muss der Speicherbaustein ausgetauscht werden. Bei **löschbaren Speichern** wird das Programm elektrisch eingegeben (EPROM). Der Speicherinhalt lässt sich elektrisch oder mit UV-Licht wieder löschen (Übersicht 2).

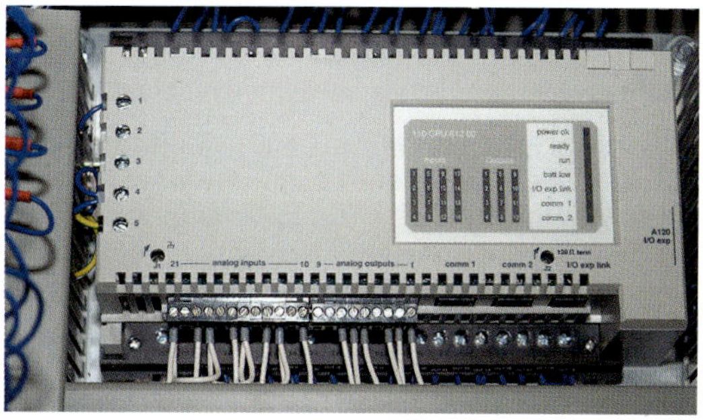

1 Speicherprogrammierbare Steuerung

Übersicht 1: Aufbau von Steuerungen

Art der Steuerung	Eingabeebene	Verknüpfungsebene	Ausgabeebene
mechanisch	Hebel	Kurvenscheibe (mech. Aufbau)	Ansteuerung der Arbeitselemente je nach verwendeter Energie
pneumatisch hydraulisch	Endschalter	Verrohrung Ventile	
elektrisch	Taster	Verdrahtung Relais	
SPS	Taster, Schalter	SPS-Programm	

Übersicht 2: Arten von Speichern

Speicherarten

Flüchtige Speicher; Inhalt ist bei Stromausfall verloren.	Nicht flüchtige Speicher; Inhalt ist bei Stromausfall nicht verloren.			
RAM (**R**andom **A**ccess **M**emory)	**nicht löschbar**		**löschbar**	
Anwendung: • PC-Rechner • Taschenrechner • Zwischenspeicher bei SPS	**ROM**	**PROM**	**EPROM**	**EEPROM**
	Anwendung: SPS			

Eigenschaften der Halbleiterspeicher:	
RAM	Inhalt kann beliebig überschrieben werden
ROM	Wird bei der Herstellung fest programmiert
PROM	Kann elektrisch gespeichert, aber nicht gelöscht werden
EPROM	Wird mit UV-Licht gelöscht
EEPROM	Wird elektrisch gelöscht

Die **Ablaufsteuerung** einer SPS fragt die einzelnen Verknüpfungsbedingungen nacheinander ab. Man bezeichnet dies als serielle Arbeitsweise.

Außerdem arbeitet die SPS auch zyklisch: Ist die Steuerung am Ende der Programmanweisungen angekommen, springt sie zum Anfang zurück. So wird das Programm ständig durchlaufen. Wird ein Eingangswert verändert, so ändern sich erst nach der Zeit eines Durchlaufs (Zykluszeit) auch die Ausgangsbedingungen.

Die **Programmierung** dieser Steuerung erfolgt mit ganz einfachen Anweisungen, die sich an der Schaltungslogik orientieren. Soll zum Beispiel ein Motor nur anlaufen, wenn ein Schutzgitter geschlossen ist (S1) und zwei verschiedene Taster (S2 und S3) gedrückt werden, so ergibt sich daraus die Bedingung: Kontakt 1 UND Kontakt 2 UND Kontakt 3 GLEICH AUSGANG 1. Bild 1 zeigt, wie die Taster und der Motor mit der SPS verdrahtet sind. An den Eingängen werden die Taster angeschlossen, an den Ausgängen ein Schaltschütz für den Motor. Wann der Motor laufen soll, wird erst durch das Programm bestimmt. Übersicht 1 zeigt eine Programmiermöglichkeit für dieses Beispiel. Je nach SPS-Hersteller unterscheiden sich die Anweisungen geringfügig.

Die Programmierung erfolgt mit Programmiergeräten oder über den PC. Bei Eingabegeräten mit Bildschirm kann bei manchen Herstellern nicht nur mithilfe der Anweisungsliste (AWL), sondern auch mit dem Funktionsplan (FUP) programmiert werden.

Bei den Funktionsplänen werden die Verknüpfungen der Eingangssignale und der schrittweise Ablauf der Steuerung durch genormte grafische Symbole dargestellt. An diese werden von links die Eingänge herangeführt. Die Ausgänge sind rechts dargestellt. Bild 2 gibt eine Übersicht über die Grundsymbole UND, ODER und NICHT. Der Funktionsplan für das Beispiel Motorsteuerung mit zwei Tastern und Schutzgitter ist in Bild 3 dargestellt.

Damit die Maschine auch im Sitzen bedient werden kann, werden noch zwei weitere Taster angebracht, die nun alternativ bedient werden können. Das heißt der Motor läuft, wenn das Schutzgitter geschlossen ist, Taster 2 und 3 oder Taster 4 und 5 betätigt sind. Bild 4 zeigt den Funktionsplan für diese Schaltung.

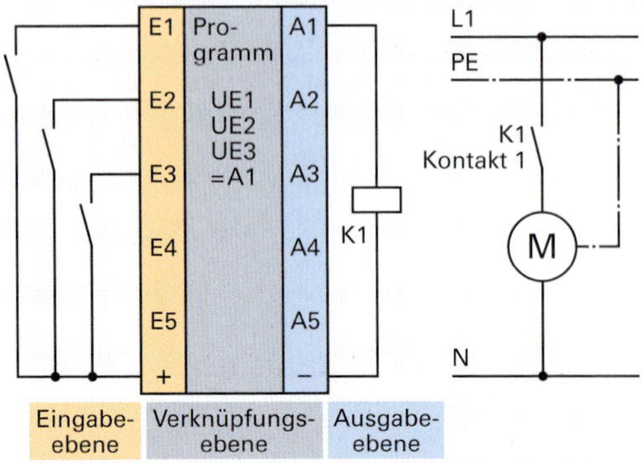

1 Beispiel einer SPS-Steuerung

Übersicht: Anweisungsliste (AWL) eines SPS-Programms

Adresse (Nummer des Speicherplatzes)	Anweisung	Bedeutung
001	UE 1	und Eingang 1
002	UE 2	und Eingang 2
003	UE 3	und Eingang 3
004	= A 1	gleich Ausgang 1

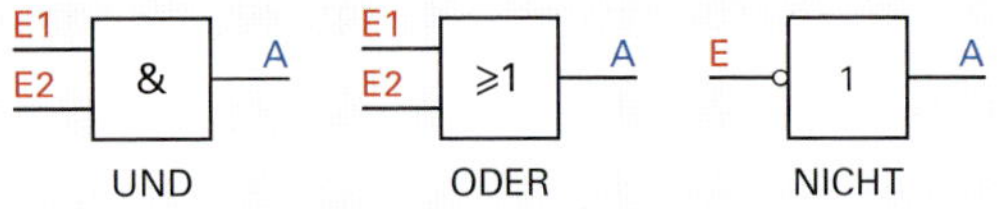

2 Grundsymbole der Funktionspläne (FUP)

3 Motorsteuerung mit Schutzgitter und 2 Tastern (FUP)

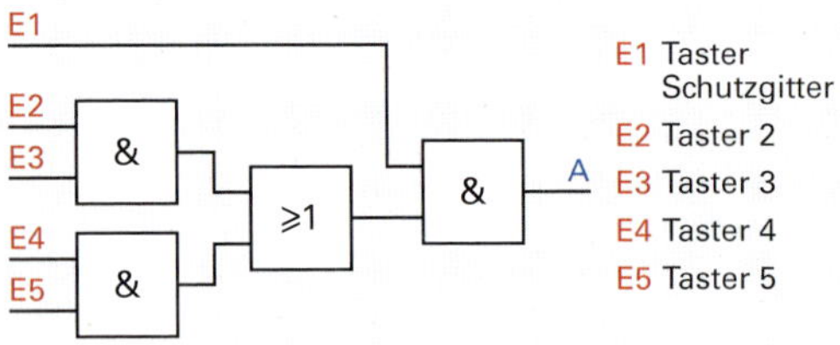

4 Motorsteuerung mit 4 Tastern (FUP)

Überprüfen Sie Ihre Kenntnisse

1 Nennen Sie vier verbindungsprogrammierte Steuerungsarten.

2 Unterscheiden Sie verbindungsprogrammierte Steuerungen von speicherprogrammierbaren Steuerungen.

3 In welche drei Ebenen lassen sich Steuerungen aufgliedern?

4 Worin unterscheiden sich PROM, EPROM und EEPROM?

5 Erklären Sie den Begriff „Serielle Arbeitsweise".

6 Geben Sie die Anweisungen für eine einfache Sicherheitsschaltung (Zweihandbedienung) an.

18.3.6 Steuerungstechnische Projekte

Projekt: Ablängeinrichtung für Blechstreifen

Zur Herstellung einer großen Anzahl rechteckiger Bleche soll eine halbautomatisierte Ablängeinrichtung benutzt werden (Bild 1).

Die Blechstreifen werden von Hand bis an einen Anschlag zugeführt. Nach Erreichen der Schneidposition wird der Schneidevorgang über Handtaster eingeleitet. Dabei wird zunächst der Blechstreifen durch einen Pneumatikzylinder gespannt und nach erfolgtem Spannvorgang über einen zweiten Pneumatikzylinder abgeschnitten. Um Unfälle beim Spannen zu vermeiden, muss der Spannzylinder über eine „Zweihandsteuerung" ausgelöst werden.

Die Steuerung soll pneumatisch und alternativ auch elektropneumatisch realisiert werden.

Zylinderfolge:

MM1 aus →; MM2 aus →; MM1 ein ←; MM2 ein ←

Erforderliche Aktoren:

Folgende Arbeitselemente (Aktoren) werden benötigt:

- Spannzylinder (MM1)
- Schneidzylinder (MM2)

Erforderliche Sensoren:

- zwei Starttaster (SJ1 und SJ2)
- Sensoren zur Lagebestimmung des Spannzylinders (BG1 und BG2)
- Sensoren zur Lagebestimmung des Schneidzylinders (BG3 und BG4)
- Sensor zur Anschlagabfrage (BG5)

Verknüpfungen (Bild 2):

- Bedingung für alle Schritte: Anlage „ein"
- Spannzylinder fährt aus, wenn sich der Schneidzylinder in der hinteren Endposition befindet „und" die beiden Startaster betätigt sind „und" sich der Blechstreifen am Anschlag befindet.
- Die Anlage fährt zurück, wenn der Schneidzylinder die vordere Endlage erreicht hat.

Im Funktions- oder **Zustandsdiagramm** sind die einzelnen Schritte erkennen (Bild 3). Den Schritten sind die Schaltstellungen der Sensoren und Aktoren zuordenbar.

Eine weitere Möglichkeit, den Funktionsablauf geräteunabhängig darzustellen und überprüfen zu können ist die Erstellung eines Ablaufplanes nach **GRAFCET** nach DIN EN 60848 (s. Tabellenbuch).

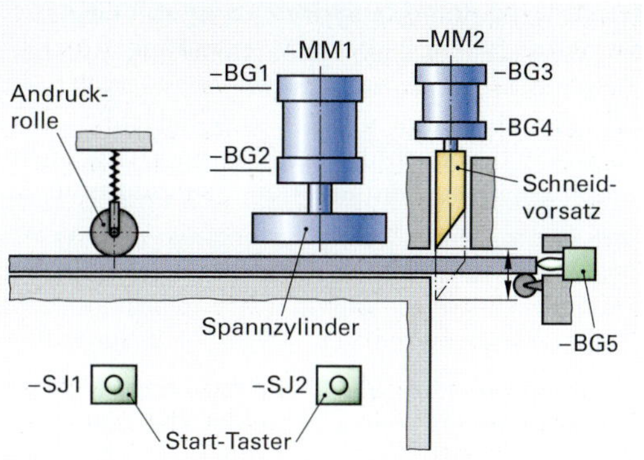

1 Blechschneideinrichtung

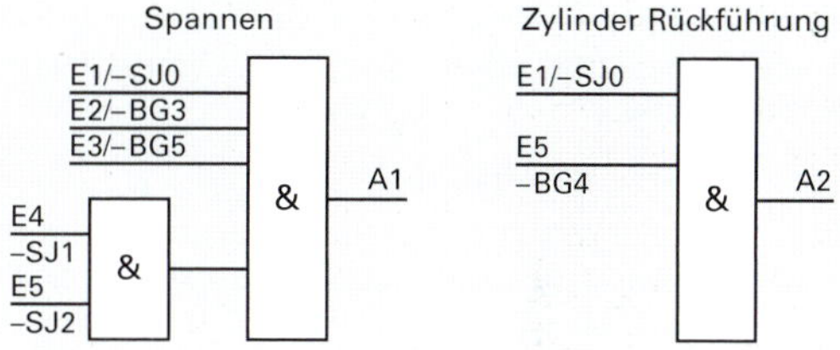

2 Funktionsplan

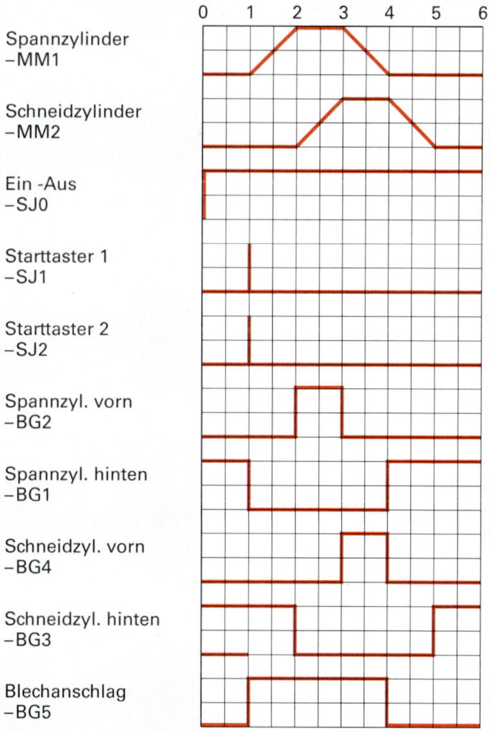

3 Zustandsdiagramm

Darstellung der Ablängeinrichtung mit GRAFCET

Mit GRAFCET werden Ablaufsteuerung wie beim Zustandsdiagramm in **Schritten** dargestellt. Jede Schrittkette beginnt mit einem **Initialschritt**. Er ist durch einen Doppelrahmen gekennzeichnet. Im vorliegenden Beispiel erhält er die Schrittnummer „0".

Um zum nächsten Schritt zu gelangen, muss eine Weiterschaltbedingung, eine sogenannte **Transition**, erfüllt werden. Diese wird in Textform, als Bool`scher Operator oder als grafisches Symbol dargestellt

Der Spannzylinder –MM1 kann nach dem GRAFCET in Bild 1 erst aus fahren, wenn die Startbedingung:

–SJ0 ∧ –SJ1 ∧ –SJ2 ∧ –BG3 ∧ –BG5 erfüllt ist.

Die zweite Transition –SJ0 ∧ –BG2 gibt die Ausfahrbewegung des Schneidzylinders –MM2 frei.

Die Transition –SJ0 ∧ –BG4 hat die Einfahrbewegung des Spannzylinders und die Transition –SJ0 ∧ –BG1 die Einfahrbewegung des Schneidzylinders zur Folge.

Pneumatische Realisierung

Bild 2 zeigt die Umsetzung der Steuerungsaufgabe in pneumatischer Gerätetechnik. Zu erkennen ist, dass die beiden Pneumatikzylinder in separaten Schaltkreisen und jeweils auf verschiedenen Ebenen dargestellt sind. Die für die Zweihandbedienung erforderliche Bedingung –SJ1 ∧ –SJ2 wird durch die Reihenschaltung dieser beiden Signalglieder erreicht ebenso wie die UND-Verknüpfung der hinteren Endlage des Schneidzylinders mit der Abfrage des Blechstreifens (–BG5). Beide Reihenschaltungen werden über ein Zweidruckventil (–KH1) zu einer weiteren UND-Verknüpfung vereint.

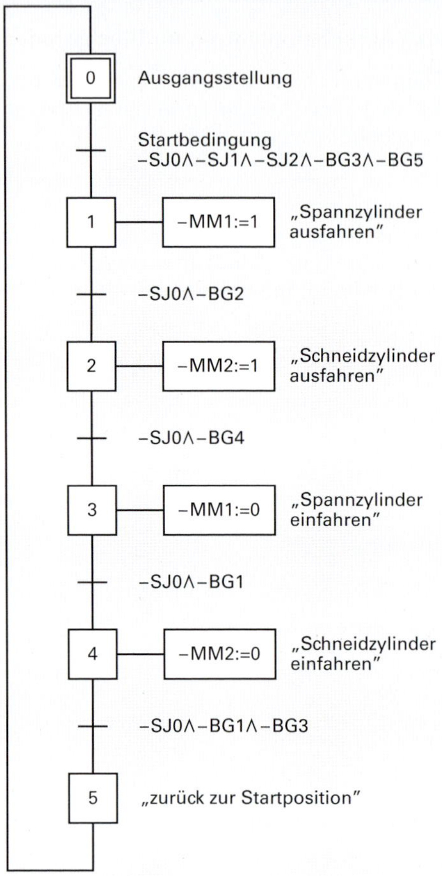

1 GRAFCET der Ablängeinrichtung

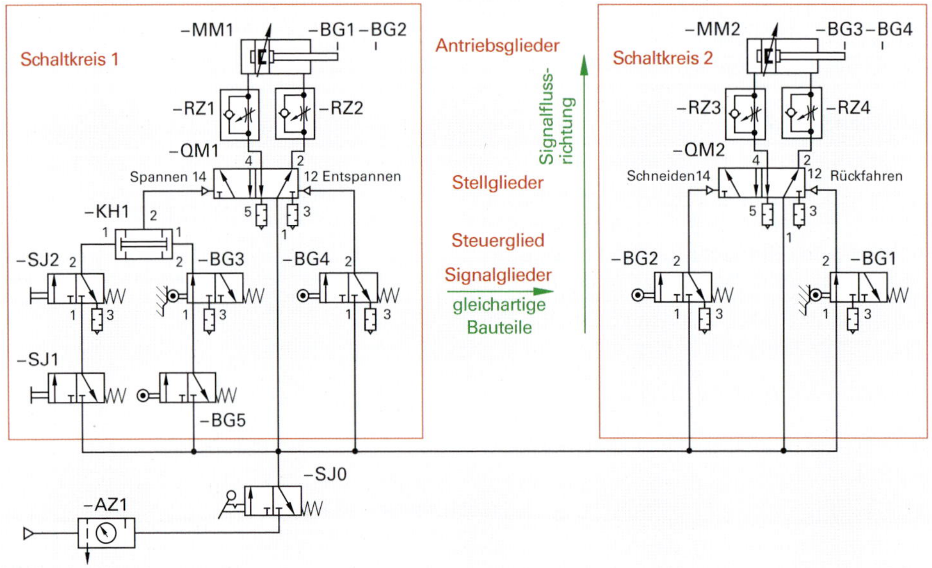

2 Pneumatikschaltplan

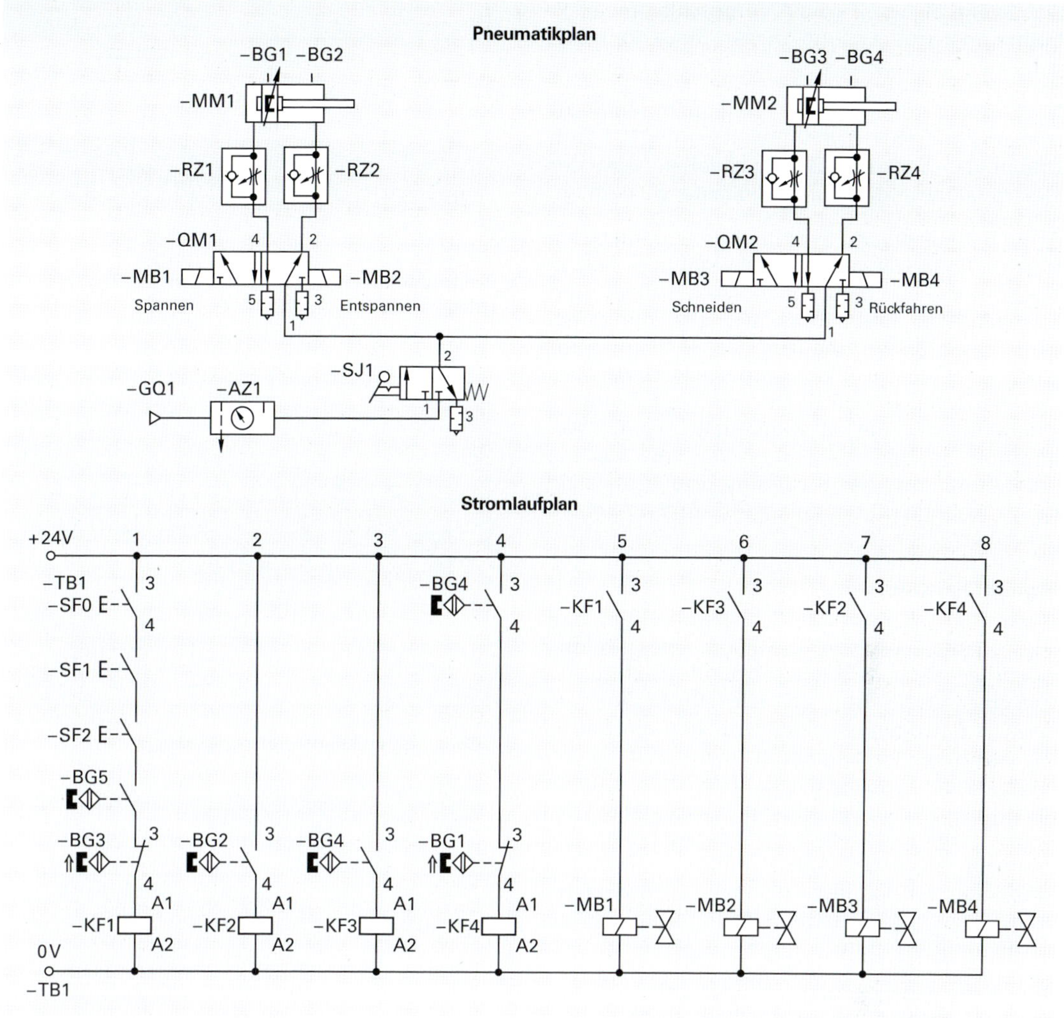

1 Elektropneumatik-Schaltplan

Bei der elektropneumatischen Umsetzung (Bild 1) des Projektes wird die Startbedingung erreicht, indem die Taster –SF0, –SF1 und –SF2 zusammen mit dem berührungslos wirkenden Endlagensensor –BG3 sowie dem ebenfalls berührungslos wirkenden Anschlagsensor in den ersten Strompfad in Reihe geschaltet werden.

Projekt Dachfenstersteuerung

Die Dachfenster einer Fabrikhalle sollen mit einer pneumatischen Steuerung geöffnet bzw. geschlossen werden (Bild 2). Das Öffnen soll von zwei voneinander entfernten Stellen möglich sein (Taster 1 und 2), das Schließen erfolgt mit Taster 3. Wird kein Taster betätigt, bleiben die Fenster in der zuletzt gewählten Stellung.

Durch Betätigung von Taster 1 oder 2 entsteht ein Ausgangssignal für das Öffnen. Werden beide Taster gedrückt, wird ebenfalls geöffnet. Wird Taster 3 betätigt, schließt das Fenster. Werden versehentlich die Taster 1 und bzw. 2 und 3 gedrückt, verbleibt das Fenster in seiner ursprünglichen Stellung.

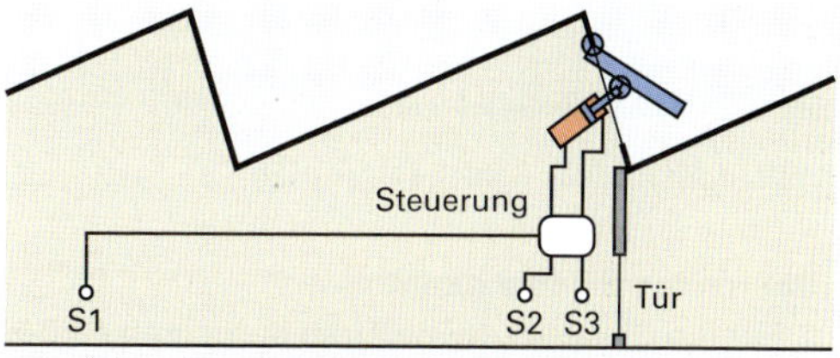

2 pneumatisch gesteuertes Dachfenster

Bild 2 zeigt die von Firma A vorgeschlagene elektropneumatische Lösung dieser Steuerungsaufgabe.

Die Elektrotaster S1 oder S2 betätigen den Elektromagneten –MB1 des 5/2-Wegeventils 1V1 zum Öffnen des Fensters. Zum Schließen wird der Elektromagnet –MB2 durch den Taster S3 betätigt.

Firma B bietet eine SPS-gesteuerte pneumatische Fensteröffnungsanlage an. Obwohl die Anlage etwas teurer sei, sind spätere Änderungen und Erweiterungen problemlos, teilweise nur durch Umprogrammieren, möglich. Der Schaltplan für diese Anlage ist in Bild 3 dargestellt. Dabei werden die Taster an den Eingängen E1, E2 und E3 angeschlossen, die Magnetventile des 5/2-Wegeventils an den Ausgängen A1 und A2. Die Programmierung der Steuerung erfolgt über ein Programmiergerät oder einen PC. Bild 4 zeigt die Anweisungsliste.

Projekt: Torsteuerung

Der in Bild 1 dargestellte Schiebetorantrieb wird ausschließlich elektrisch gesteuert. Über zwei Bewegungsmelder wird das Tor geöffnet. Nach Ablauf einer festgelegten Zeit schließt das Tor wieder. Die Bewegungsmelder betätigen ein Relais, das den Motor so lange in Richtung „Auf" laufen lässt, bis ein Endschalter die Stromzufuhr unterbricht. Gleichzeitig beginnt ein Zeitschaltglied (Timer) zu laufen, das nach der vorgegebenen Zeit über ein Relais den Antriebsmotor in Richtung „Schließen" laufen lässt. Ist das Tor geschlossen, wird über einen Endschalter der Stromkreislauf wieder unterbrochen.

Aus Sicherheitsgründen befindet sich zwischen den Schiebetoren noch ein Sicherheitstaster, der bei Berührung die Tore sofort wieder auflaufen lässt. Bild 5 zeigt den Schaltplan dieser Steuerung. Die Steuerungselemente werden dabei mit Niederspannung betrieben, der Antriebsmotor mit Netzspannung.

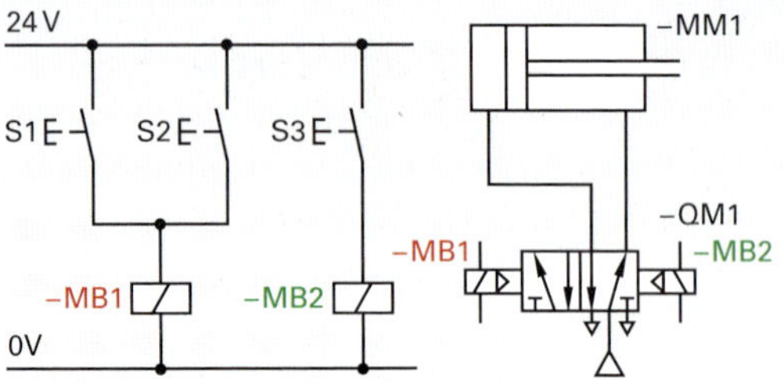

2 Elektropneumatisch gesteuerte Fensteröffnungsanlage

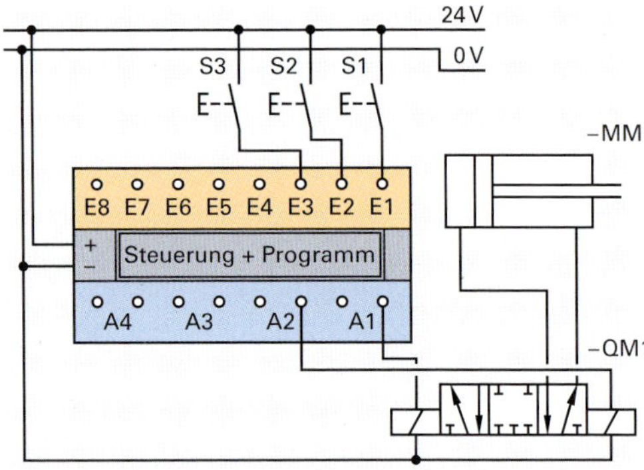

3 SPS-gesteuerte Fensteröffnungsanlage

Adresse	Anweisung	Bedeutung
001	UE1	und Eingang 1
002	OE2	oder Eingang 2
003	= A1	gleich Ausgang 1
004	UE3	und Eingang 3
005	UNE1	und nicht Eingang 1
006	UNE2	und nicht Eingang 2
007	= A2	gleich Ausgang 2

4 Anweisungsliste

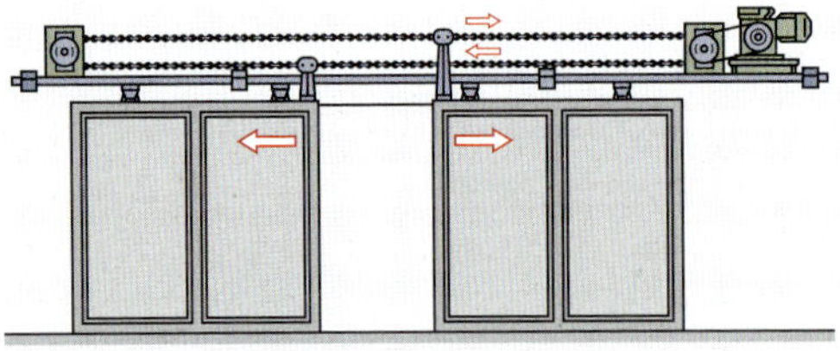

1 Vollautomatischer Schiebetorantrieb

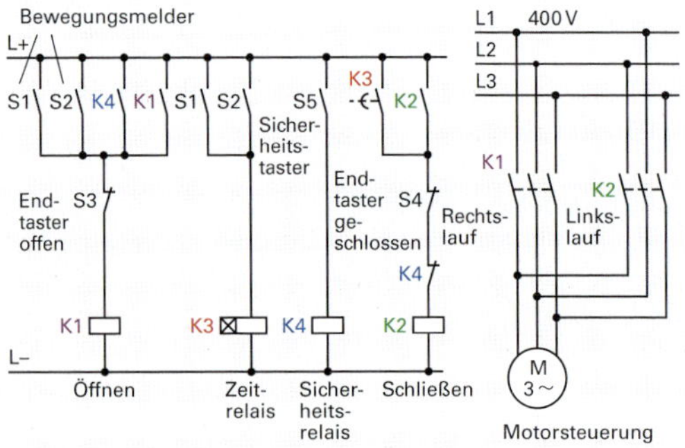

5 Elektrische Schiebetorsteuerung

Überprüfen Sie Ihre Kenntnisse

1 Führen Sie die Aufgabe Torsteuerung als SPS-Steuerung aus. Zeichnen Sie dazu den Schaltplan und die Anweisungsliste oder den Funktionsplan.

Arbeitsauftrag:
Herstellen von Türen, Toren und Gittern

Planung und Ausführung einer Hauseingangstür mit Schließanlage

Bei der Renovierung eines dreigeschossigen Sechsfamilienhauses muss das Eingangselement erneuert werden. Vom ausführenden Architekturbüro erhalten Sie die nebenstehende Skizze mit den Maßen der Wandöffnung und des geplanten Fußbodenaufbaus. Auf Wunsch des Architekten sollen Sie verschiedene, begründete Gestaltungsvorschläge unterbreiten. Daraus ergeben sich folgende Einzelarbeitsaufträge:

1. Legen Sie fest, welche technischen Anforderungen an das Eingangselement gestellt werden.
2. Welche Angaben sind eventuell für die Planung eines Eingangselementes noch erforderlich und wie sind sie zu beschaffen?
3. Skizzieren Sie verschiedene Möglichkeiten der optischen Gestaltung und Variationen der Bauart des Eingangsbereiches. Listen Sie die jeweiligen gestalterischen und technischen Vor- und Nachteile auf.
4. Diskutieren Sie die Unterschiede der möglichen Materialvarianten, indem Sie die Vor- und Nachteile der infrage kommenden Materialien bzw. Materialkombinationen vergleichen.
5. Prüfen Sie, auf welcher Seite des Elementes sinnvollerweise der Gangflügel geplant werden muss.
6. Da es sich bei der zu planenden Eingangstür um eine Hausabschlusstür handelt, muss gewährleistet sein, dass die Türe immer selbsttätig schließt. Prüfen Sie, welche Türschließeinrichtungen infrage kommen und welche Maßnahmen dazu jeweils erforderlich sind.
7. Nach Auskunft des Architekten muss die Schließanlage als Teil des Auftrages ebenfalls neu konzipiert werden. Dazu sollen verschiedene Vorschläge erarbeitet werden. Neben den 6 Wohnungen verfügt das Gebäude noch über einen separaten Hausmeisterraum, 6 Kellerräume, die den Wohnungen zugeordnet sind, einen Waschmaschinenraum und einen Heizungsraum, die beide für alle Mietparteien frei zugänglich sein müssen (Bild 2). Erstellen Sie dafür mindestens einen Schließplan (nach Muster in Bild 3) und zeigen Sie mögliche Alternativen dazu auf.

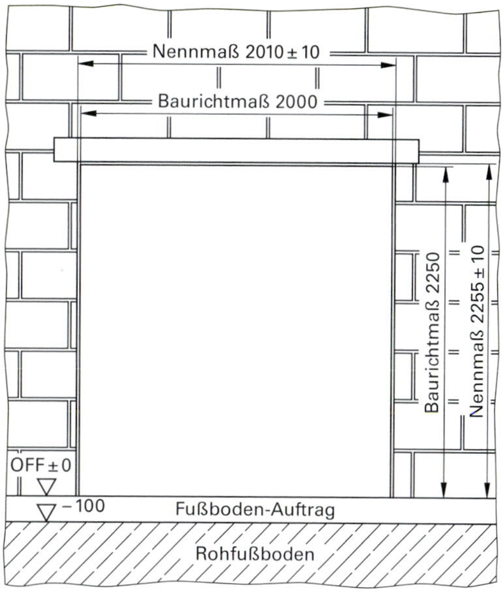

1 Maße der Wandöffnung

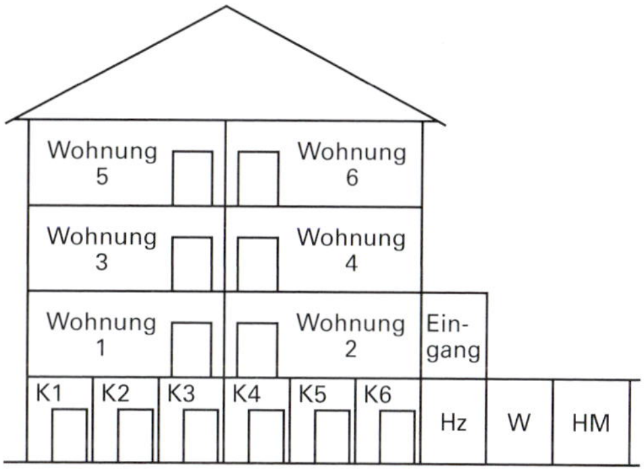

2 Vorraussetzungen für den Schließplan

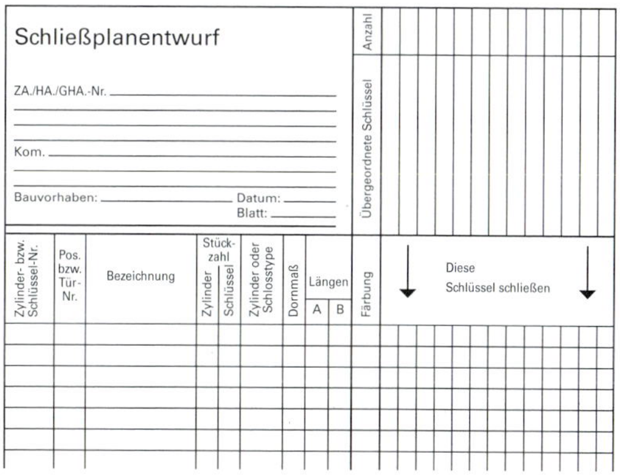

3 Schließplanschema

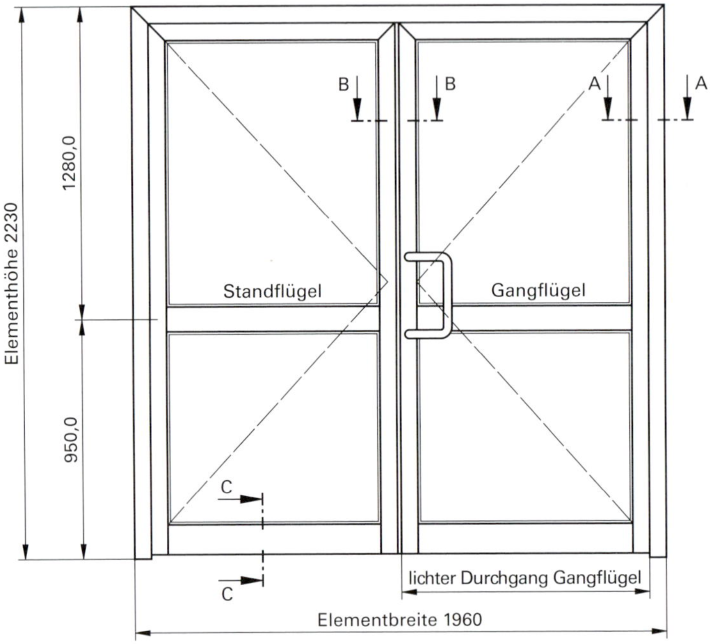

1 Architektenzeichnung der zweiflügeligen Stulptür, Ansicht von außen

Bei der folgenden Anschlussaufgabe wird von der Annahme ausgegangen, dass die Auswahl durch den Archikekten und den Bauherrn auf eine zweiflügelige Stulptür aus Aluminiumprofilen gemäß dem obenstehenden Bild gefallen ist. Das Element soll in die Laibung montiert werden.

1. Bestimmen Sie die endgültigen Außenmaße des Eingangselementes. Gehen Sie dabei von den gelieferten Rohbaumaßen aus und vergessen Sie nicht, die Fugenbreite für die Anschlussfugen zu bestimmen und zu berücksichtigen.
2. Wählen Sie aus den Produktkatalogen der Profilhersteller ein geeignetes Profilsystem aus. Nutzen Sie dazu auch das Internet als Recherchemöglichkeit.
3. Erstellen Sie eine Ansichtszeichnung des Elementes mit den Schnitten A-A, B-B und C-C. Wenn Sie Zugang zu einem CAD-System haben, können auch die Möglichkeiten, die die Aluminium-Profil-Hersteller diesbezüglich anbieten, genutzt werden.
4. Erstellen Sie eine Zuschnittsliste für die einzelnen Profilstücke.
5. Wählen Sie die erforderlichen Beschläge aus und übertragen Sie diese in ein Bestellformular eines Beschlagherstellers. Verwenden Sie dazu wieder Kataloge oder Internetangebote der Hersteller oder Lieferanten.

6 Entscheiden Sie sich für eine Möglichkeit der Befestigung des Türelementes in der Leibung und wählen Sie die dafür benötigten Befestigungsmittel aus.

7. Als Türschließeinrichtung wird ein Gleitschienen-Türschließer gewünscht. Suchen Sie aus den Herstellerunterlagen ein geeignetes Modell aus.
8. Ermitteln Sie den Glasbedarf und halten Sie diesen in einer Bestellliste fest.
9. Legen Sie in einem Arbeitsplan die einzelnen Arbeitsschritte zur Herstellung des Eingangselementes fest und ordnen Sie den Tätigkeiten die dazu erforderlichen Werkzeuge zu.
10. Erstellen Sie einen Plan für die Montage des Türelementes im Eingangsbereich des Mehrfamilienhauses. Berücksichtigen Sie dabei auch die Probleme des Transportes und die Montage sowie die Einstellung des Türschließers.

Lernfeld: Herstellen von Fenstern, Fassaden und Glasanbauten

19 Bauphysik

An ein Gebäude stellen die darin wohnenden und arbeitenden Menschen unterschiedliche Anforderungen. Die Aufgabe der Bauphysik besteht darin, Methoden zu entwickeln und Bauteile zu konstruieren, die allen Ansprüchen genügen. Bei der Montage der Bauteile muss der Metallbauer die Regeln der Bauphysik einhalten, um die erforderliche Funktion des Gebäudes sicher zu stellen (Bild 1).

- Der **Wärmeschutz** soll ein angenehmes Raumklima gewährleisten, aber auch möglichst viel Heizenergie sparen.
- Der **Feuchteschutz** muss die Durchfeuchtung der Außenwände und den Tauwasserniederschlag an den Innenwänden vermeiden.
- **Schallschutz** ist nötig, um das Gebäudeinnere vor Außenlärm zu schützen, aber auch um die Schallfortpflanzung innerhalb des Gebäudes zu unterbinden oder zu verringern.
- **Brandschutz** muss eine hinreichende Sicherheit gegen die Ausbreitung von Feuer und Rauch gewährleisten.

Merke

Die Bauphysik befasst sich mit dem Schutz von Gebäuden vor Wärmeverlusten sowie vor unerwünschtem Eindringen von Wärme, der Verhinderung von Feuchte- und Brandschäden und dem Schallschutz.

19.1 Wärmeschutz

In allen Ländern mit stark wechselnden Außentemperaturen ist die Einhaltung eines behaglichen Raumklimas eine Hauptaufgabe von Gebäuden (Bild 2).

Unter Wärmeschutz versteht man alle Maßnahmen, die eine Wärmeübertragung zwischen Innenräumen und der Außenluft oder zwischen Räumen unterschiedlicher Temperatur verringern.

19.1.1 Einsparung von Heizenergie

An alten Häusern erkennt man, dass früher auf Wärmedämmung kein besonderer Wert gelegt wurde. In den letzten Jahrzehnten wurden Verordnungen erlassen um den Energieverbrauch zu verringern. Die Umweltbelastung, der den Klimawandel bewirkende Treibhauseffekt, aber auch die hohen Heizkosten sind der Hauptgrund für die Verringerung des Brennstoffverbrauchs durch wärmedämmende Maßnahmen. Das schont auch die knappen Energiereserven der Erde, denn in wenigen Jahrzehnten werden die Reserven an Erdöl und Ergas erschöpft sein. Der Heizöl- und der Treibstoffverbrauch machen Deutschland außerdem abhängig von den Erdölförderländern und verschlechtern die Außenhandelsbilanz.

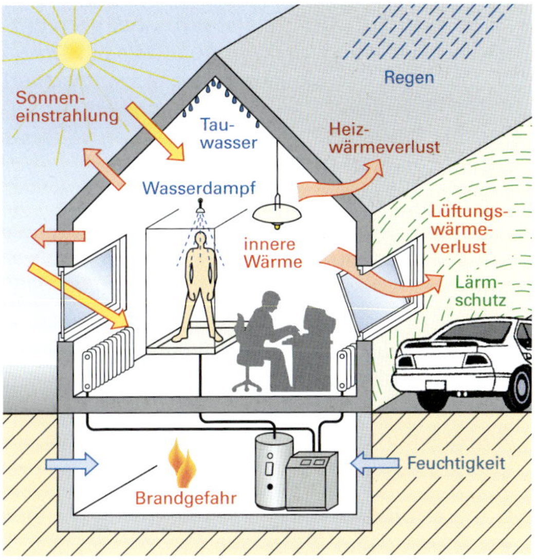

1 Probleme, mit denen sich die Bauphysik befasst

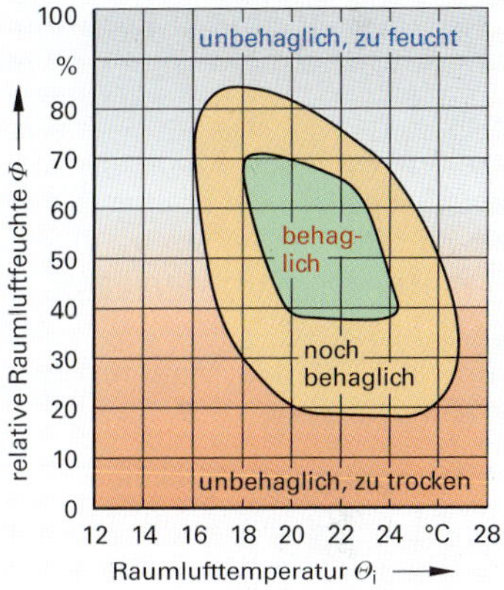

2 Bedingungen für ein angenehmes Raumklima

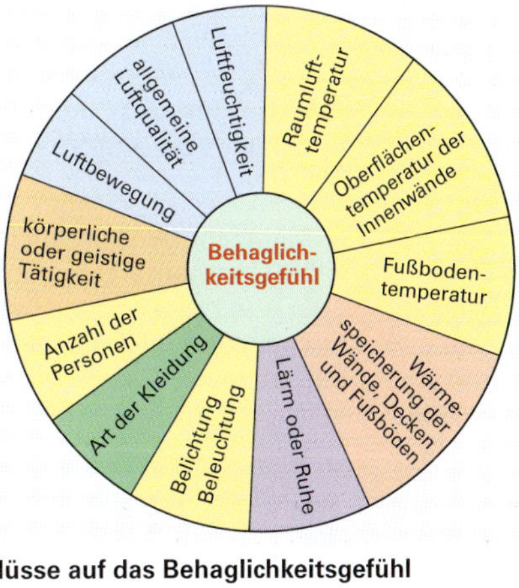

3 Einflüsse auf das Behaglichkeitsgefühl

19.1.2 Wärmeschutz am Bau

Die Konstruktion einer Gebäudehülle, die das Entweichen der Wärme verhindert oder einschränkt, ist die beste Methode, um den Verbrauch von Heizenergie zu vermindern. Weil ungefähr ein Drittel des gesamten Energieverbrauchs in Deutschland auf die Gebäudeheizung entfällt, kann hier ein wesentlicher Beitrag zur Energieeinsparung geleistet werden. Ein guter Wärmeschutz bewirkt:

- Eine Reduzierung der Heizkosten;
- geringere Kohlendioxid-Emissionen und damit einen Beitrag zum Schutz des Erdklimas;
- die Schaffung eines behaglichen Innenraum-Klimas;
- die Vermeidung von Tauwasser innerhalb der Außenwände und damit den Schutz des Bauwerks;
- die Verhinderung von Tauwasserbildung an den Innenseiten der Außenwände und dadurch die Schimmelbildung.

19.1.3 Grundlagen der Wärmelehre

Wie die mechanische oder die elektrische Energie ist auch die Wärme eine Form der Energie. Sie ist nur an ihren Wirkungen erkennbar. Das charakteristische Kennzeichen für die Erwärmung eines Gegenstandes ist die Erhöhung seiner Temperatur.

Temperatur

Die Moleküle eines jeden Stoffes sind ständig in Bewegung. Sie besitzen bei Stoffen mit hoher Temperatur eine große, bei Stoffen mit niedriger Temperatur eine geringere Geschwindigkeit (Bild 1).

Merke

Die Temperatur ist das Maß für den Wärmezustand eines Körpers.

Wenn die Bewegung der Moleküle zum Stillstand gekommen ist, hat die Temperatur den absoluten Nullpunkt erreicht. Die thermodynamische Temperaturskala in Kelvin (K) beginnt beim absoluten Nullpunkt (0 K = – 273,15 °C) (Bild 2). Gerechnet wird in der Regel mit – 273 °C (Formelzeichen T).

Unsere Temperaturskala misst in Grad Celsius (°C) – Formelzeichen ϑ oder Θ. Unter Normalbedingungen liegt der Gefrierpunkt des Wassers bei 0 °C, der Siedepunkt liegt bei 100 °C.

Temperaturmessung

Das Messprinzip der Mehrzahl der gebräuchlichen Temperaturmessgeräte (**Thermometer** wie in Bild 2 und 3) basiert auf der thermischen Ausdehnung von Stoffen (z. B. Quecksilber- und Alkoholthermometer), der Änderung des elektrischen Widerstandes oder unterschiedlicher Wärmedehnung (Bild 3).

Die Temperaturen werden auf der Skala des Thermometers abgelesen. Wird die gemessene Temperatur über eine Leitung weitergegeben, spricht man von einem **Temperaturfühler**.

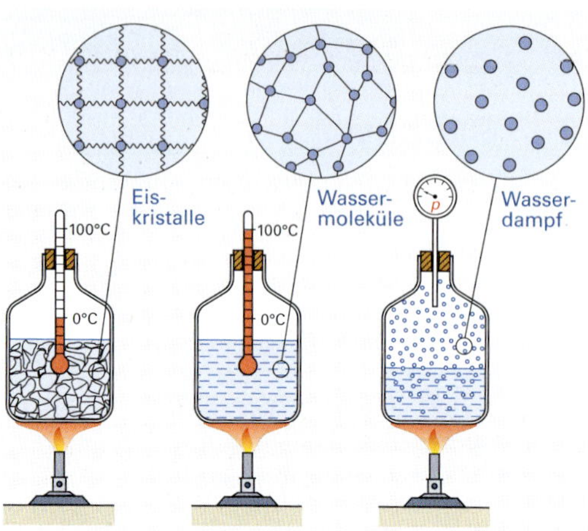

1 Innerhalb eines Aggregatzustandes erhöht sich bei Erwärmung die Temperatur, bis ein neuer Zustand eintritt

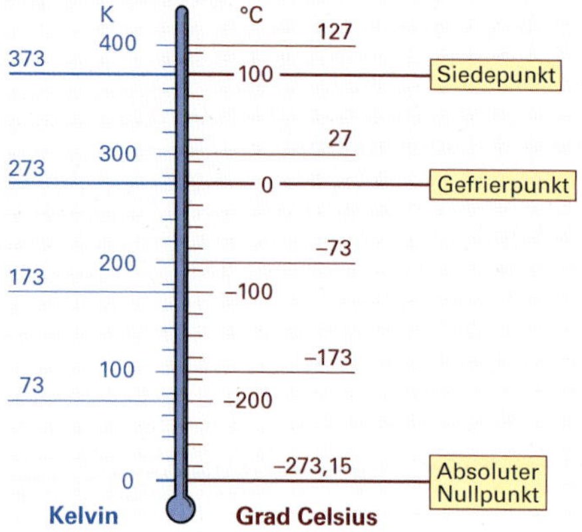

2 Temperatur-Messskalen

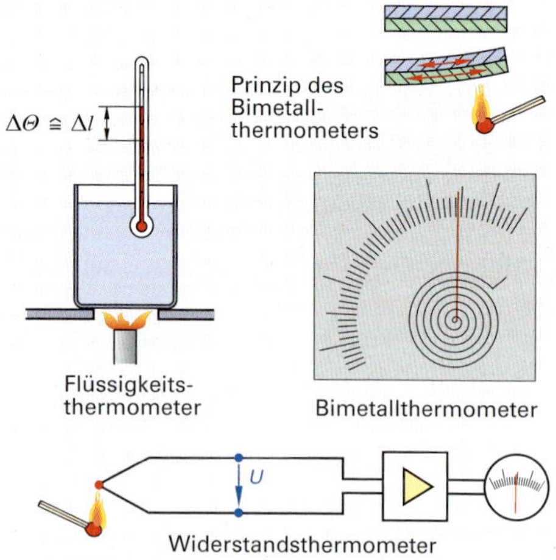

3 Verschiedene Methoden der Temperaturmessung

Wärme

Reibt man mit einem rauen Tuch längere Zeit ein Stück Holz oder schlägt mit dem Hammer auf ein Metallstück, erwärmen sich diese Gegenstände. Die mechanische Energie der Schläge oder der Bewegung wurde in Wärme umgewandelt. Auch die chemische Energie durch Verbrennung oder die elektrische lassen sich in Wärme umwandeln (Bild 1 der vorigen und Bild 1 dieser Seite).

Wärme ist eine Form der Energie, die durch Umwandlung aus anderen Energieformen entsteht. Wenn sich ein heißer und ein kalter Körper berühren, strömt die Wärme in den kalten, bis sich die Temperaturen angeglichen haben. Die überströmende Energie bezeichnet man als **Wärmemenge** (Formelzeichen *Q*). Dabei erhöht sich die innere Energie des vorher kälteren Körpers.

Merke

Die Wärmemenge ist eine physikalische Größe, die den Energieinhalt eines Körpers angibt.

Wie bei jeder anderen Energieform ist die Einheit der Wärme das Joule (J). Man benötigt eine Wärmemenge von $Q = 4200$ J, um 1 kg Wasser um 1 K zu erwärmen. Da die Beträge der Wärmemengen große Zahlen annehmen, verwendet man häufig Kilojoule (kJ) oder Megajoule (MJ). Im Metall- und Heizungsbau gibt man die Heizwärme meist in Kilowattstunden (kWh) an: 1 kWh = 3600 kJ.

Als die Beziehungen zwischen den verschiedenen Energieformen erkannt wurden, formulierten die Naturwissenschaftler im 19. Jahrhundert eines der fundamentalen Naturgesetze:

Merke

Energie kann weder erzeugt noch verbraucht werden. Alle Energieformen lassen sich ineinander umwandeln.

Der umgangssprachliche Begriff **Energieverbrauch** bedeutet die Nutzung des verfügbaren Energiegefälles, von der Physik **Exergie** genannt. Der nicht nutzbare Energierest heißt **Anergie.**

Wirkungen der Wärme

Eine Metallkugel, die vorher gerade noch durch einen Ring passte, wird erwärmt. Ihr Durchmesser hat sich vergrößert, sodass sie im Ring hängen bleibt (Bild 2). Vereinfacht spricht man von **Wärmedehnung** (Bild 3). Ein Kupfer- und ein Polyäthylenstab werden so leicht belastet, dass sie sich noch nicht sichtbar verformen. Erwärmt man sie dann vorsichtig mit einer Gasflamme, beginnen sie sich durchzubiegen (Bild 4).

Merke

Bei Erwärmung vergrößert sich das Volumen und verringert sich die Festigkeit von Metallen und thermoplastischen Kunststoffen.

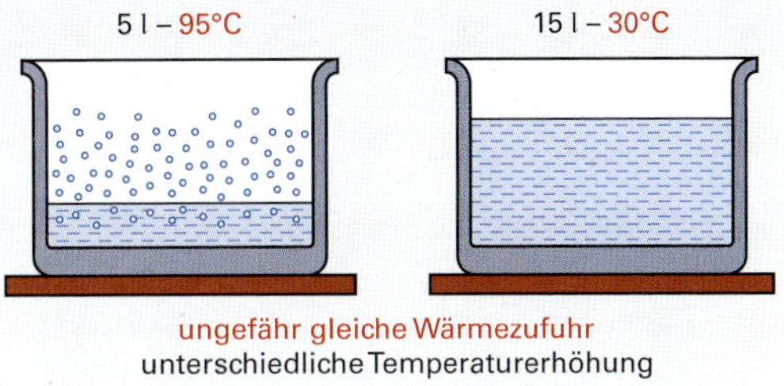

1 Umwandlung elektrischer Energie in Wärme

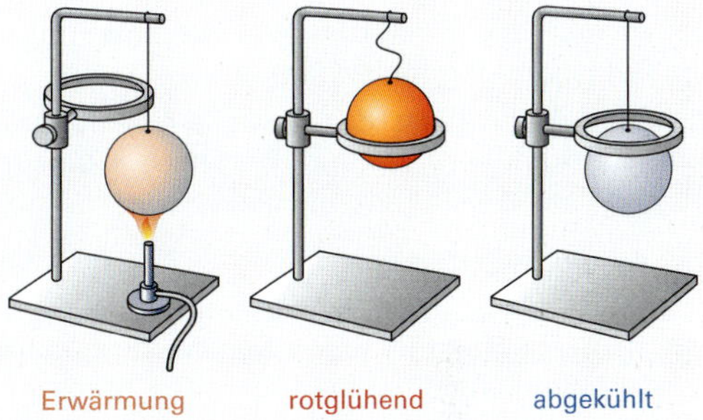

2 Volumenvergrößerung durch Erwärmung

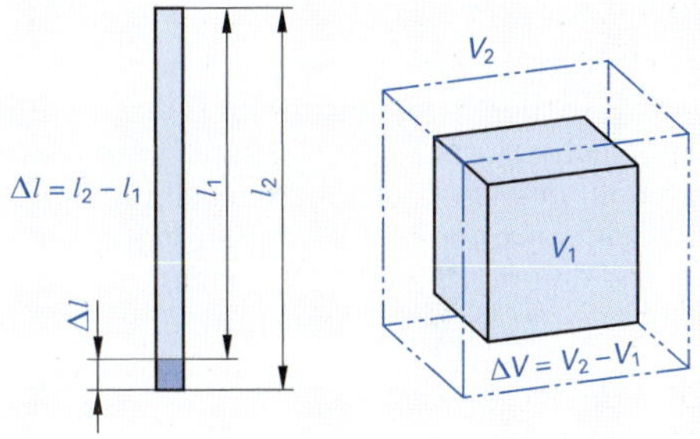

3 Prinzip der „Wärmedehnung"

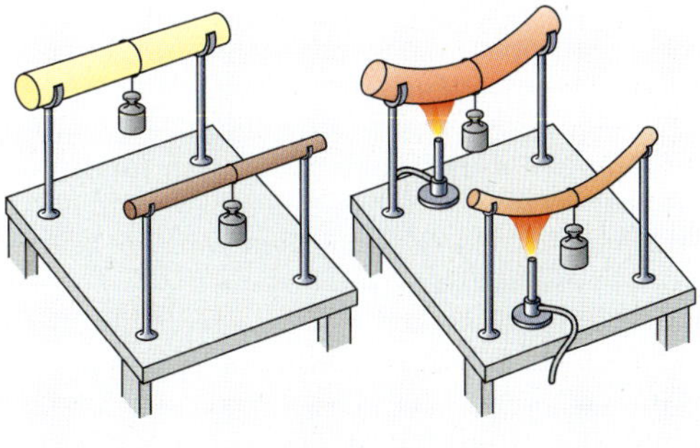

4 Verringerung der Festigkeit bei Erwärmung

Die Vergrößerung des Volumens bei Erwärmung, oft kurz „Wärmedehnung" genannt (Bild 3 der vorherigen Seite), muss bei Bauwerken aus Teilen mit unterschiedlichen Ausdehnungswerten (besonders bei langen Trägern und Stützen) stets berücksichtigt werden (siehe Beispiele in der nebenstehenden Tabelle).

Merke

Um **Bauschäden infolge von Wärmedehnung** zu verhindern, sind Dehnfugen, lose Auflager oder andere Maßnahmen vorzusehen, damit sich die Bauteile bei Temperaturerhöhung ohne Verformung ausdehnen können.

Bei starrer Verbindung der Bauteile miteinander würden sonst sehr hohe Kräfte auftreten, die zu Rissen und der Zerstörung von Verankerungen und Befestigungen führen können.

Der **Festigkeitsverlust** der Bauteile bei höheren Temperaturen wird in den Brandschutzbestimmungen berücksichtigt (Seite 354).

19.1.4 Wärmetransport

Überall dort, wo **Temperaturunterschiede** bestehen, fließt Wärme von einem Körper mit höherer Temperatur in einen mit niedrigerer Temperatur.

Wärmeleitung

Wenn in ein Gefäß mit heißem Wasser ein Kupfer- und ein Kunststoffstab gehalten werden, kann man fühlen, dass der Metallstab sich am oberen Ende schneller erwärmt als der Kunststoffstab (Bild 1).

Legt man in einem geschlossenen Raum zwei Stahlblöcke unterschiedlicher Temperatur aneinander, lässt sich der Wärmetransport gut messen. Nach einer gewissen Zeit haben sich die Temperaturen beider Körper aneinander angeglichen, aber auch die Raumtemperatur hat sich leicht erhöht (Bild 2). Die höhere Bewegungsenergie der Moleküle von Block 1 hat sowohl die Moleküle von Block 2 als auch diejenigen der Luft zu stärkeren Schwingungen angeregt.

Merke

Innerhalb fester Stoffe findet der **Wärmetransport** durch **Wärmeleitung** statt.

Die **Wärmemenge Q**, die in der Zeitspanne Δt von einem Ort höherer zu einem niedrigerer Temperatur fließt, heißt **Wärmestrom Φ**. Beim Durchgang durch eine Wand wird er umso stärker, je größer der Temperaturunterschied zwischen Innen- und Außenseite und je höher die Wärmeleitfähigkeit der Wand ist (Bild 3). Gemessen wird der Wärmestrom in W (Watt) bzw. kW (Kilowatt).

Die **Wärmeleitfähigkeit** λ ist ein stoffspezifischer Wert (Tabelle S. 342). Sie entspricht dem Wärmestrom, der durch 1 m^2 einer 1 m dicken Wand bei einem Temperaturunterschied von 1 K hindurchgeleitet wird (Bild 3).

Längenausdehnung α_1 (lineare Ausdehnungskoeffizienten)

	α_1 in $\frac{m}{m \cdot k} \cdot 10^{-6}$	Temperaturbereich in °C
Aluminium	23,8	0 ... 100
	137,0	100 ... 500
Stahl	12,0	0 ... 100
	70,6	100 ... 500
Beton	11 ... 12	0 ... 100
Gips	25	0 ... 100
Ziegelsteine	3,6 ... 5,8	0 ... 100

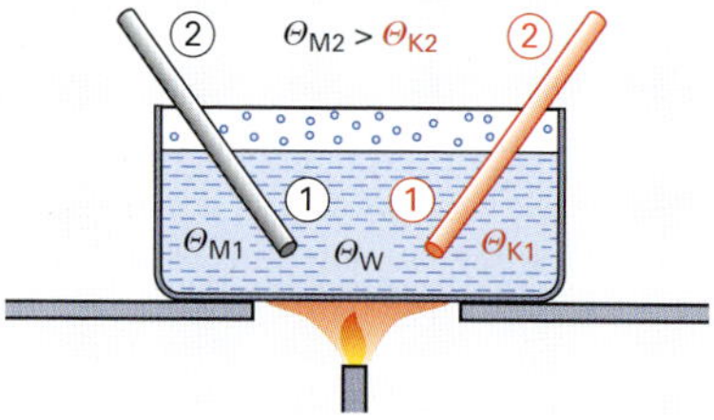

1 Unterschiedliche Wärmeleitfähigkeit abhängig vom Material

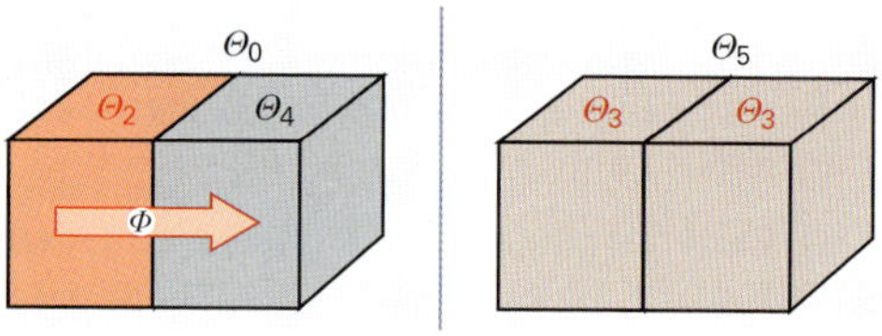

2 Modell der Wärmeleitung

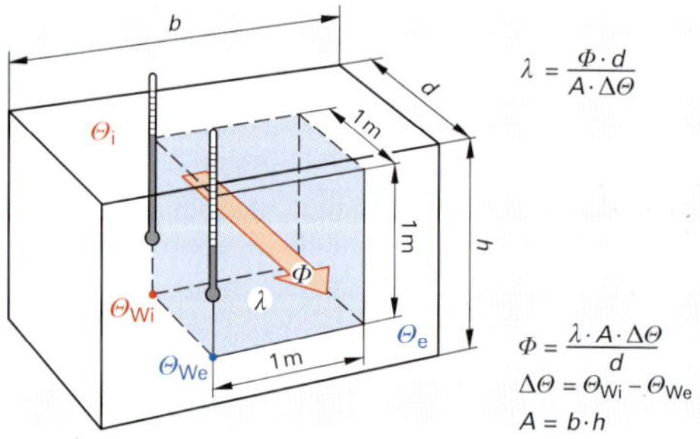

3 Festlegung der Wärmeleitfähigkeit

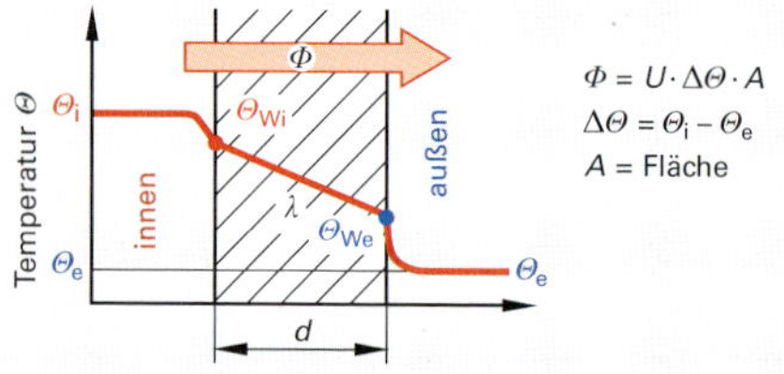

4 Temperaturverlauf in einer Wand

Konvektion

In einem Raum, der von einem Heizkörper erwärmt wird, entsteht eine umlaufende Luftströmung (Bild 1).

Wird Luft durch den Heizkörper erwärmt, erhöht sich die Bewegungsenergie der Moleküle. Dadurch vergrößert sich das Volumen. Die erwärmte Luft erhält eine geringere Dichte und strömt nach oben. Die kältere Luft ist schwerer und sinkt nach unten. Dadurch entsteht eine Strömung. Ähnliches geschieht auch in Flüssigkeiten.

Merke

Der Wärmetransport in Flüssigkeiten und Gasen vollzieht sich in der Hauptsache durch **Wärmemitführung (Konvektion)** des strömenden Mediums.

Wärmeübergang

An Außenwänden gibt es in der Heizperiode innen und außen eine dünne Luftschicht, die kälter bzw. wärmer als die Umgebung ist. Weil hierdurch der Wärmeübergang von der Umgebung an die Wand beeinflusst wird, hat man die **Wärmeübergangswiderstände R_s** eingeführt. Sie hängen von den Anströmverhältnissen ab und wurden durch Versuche ermittelt (Bild 3).

Wärmestrahlung

Die Wärmeübertragung durch Strahlung ist schwerer zu berechnen. Die Erfahrung, dass die Sonnenstrahlung über Millionen von Kilometern durch den luftleeren Weltraum die Erde erwärmt, zeigt, dass Wärmestrahlen kein Übertragungsmedium benötigen.

Wenn man durch eine Heizsonne drei nebeneinander stehende Tafeln, eine tiefschwarze, eine graue und eine weiße bestrahlen lässt, erwärmen sie sich unterschiedlich. Misst man die Temperaturen, erkennt man, dass auf der schwarzen Tafel die höchste entsteht und auf der weißen die niedrigste (Bild 2). Also nimmt eine dunkle Oberfläche mehr Strahlungswärme auf (Absorption) als eine helle. Eine helle Oberfläche strahlt mehr zurück (Reflektion).

Merke

Die durch Strahlung übertragene Wärmemenge ist nur abhängig vom Temperaturunterschied und der Oberflächenbeschaffenheit der strahlenden und angestrahlten Körper.

Wärmedurchgang

Während sich die Wärmeleitung und der Wärmeübergang im ***U*-Wert** zusammenfassen und berechnen lassen (Bild 4), wird die Wärmestrahlung bei der genormten Wärmebedarfsberechnung mit Zuschlagswerten berücksichtigt.

Für die Beurteilung eines Bauteils ist maßgebend, wie groß sein Widerstand ist, Wärme hindurchzulassen – sein **Wärmedurchlasswiderstand *R*** sowie der **Wärmedurchgangswiderstand R_T**.

Im **Wärmedurchgangskoeffizienten *U*** sind neben dem Wärmedurchlasswiderstand *R* noch die Wärmeübergangswiderstände R_{si} und R_{se} enthalten. Der Wärmedurchgangskoeffizient *U* (*U*-Wert) ist die wichtigste bauphysikalische Größe im Wärmeschutz (Bild 4); Beispiele auf den folgenden Seiten).

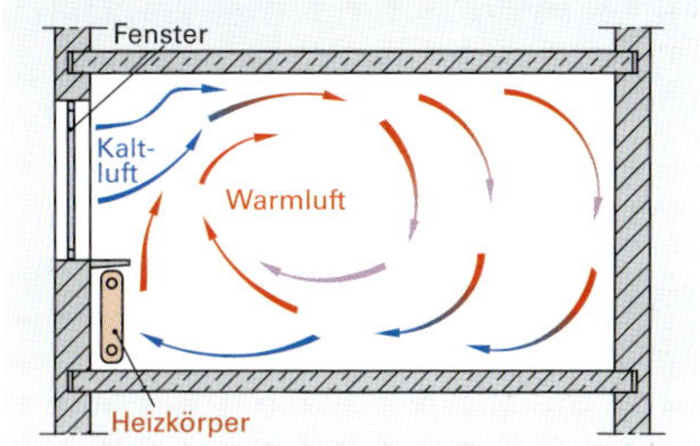

1 Luftströmung in einem beheizten Raum

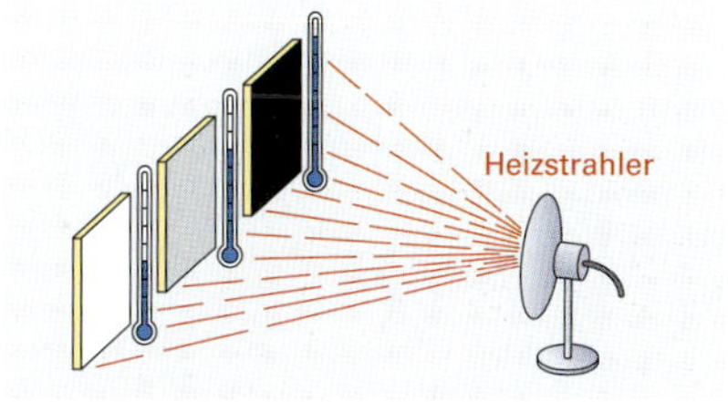

2 Unterschiedliche Absorption von Wärmestrahlen

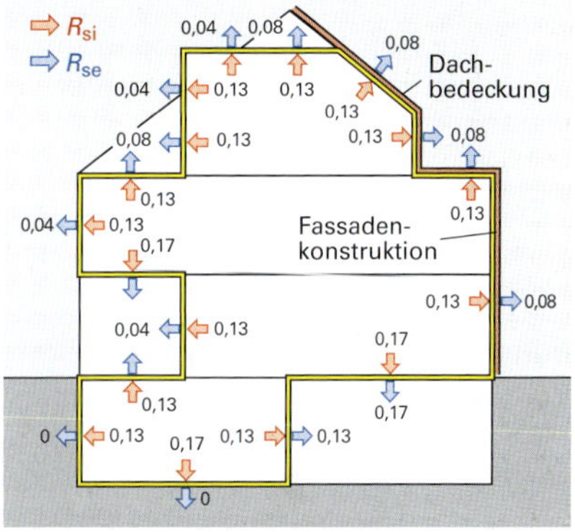

3 Wärmeübergangswiderstände

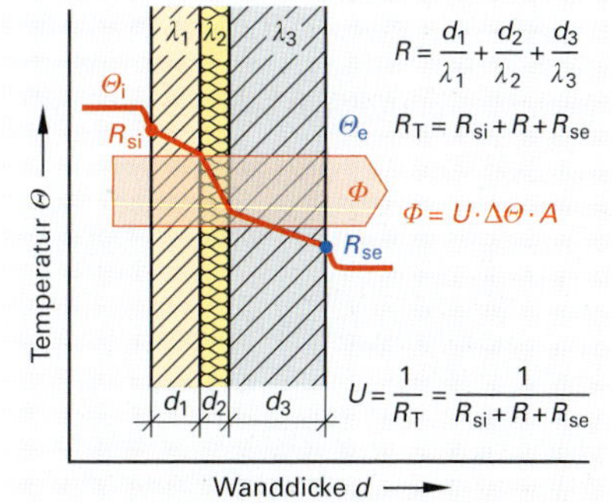

4 Temperaturverlauf und Wärmestrom bei einer 3-Schicht-Wand

19.1.5 Wärmedämmung von Gebäuden

Der Vergleich der Wärmeleitfähigkeit der einzelnen Stoffe (Tabelle) zeigt, dass Baustoffe mit kleinen luftgefüllten Poren die Wärme am wenigsten leiten, also die beste Wärmedämmwirkung besitzen. Die Festigkeit eines Gebäudes wird dagegen durch Baustoffe mit größerer Dichte ϱ gewährleistet. Bei der Errichtung von Gebäuden müssen konstruktive Festigkeit, gute Wärmedämmung und niedrige Baukosten aufeinander abgestimmt werden.

Wärmedämmende Baustoffe

Will man die Wärmedämmfähigkeit zweier Baustoffe miteinander vergleichen, kann man die Formel für die Wärmeleitung benutzen (s. nebenstehendes Beispiel). Bei gleicher Wanddicke lässt Normalbeton je nach Dichte ungefähr fünfmal so viel Wärme durch wie Leichtbeton, weil die Luft in dessen Poren ein viel schlechterer Wärmeleiter als Beton ist.

Der Wärmestrom aus den Innenräumen von Gebäuden durch die Wände zur Außenluft ist zusätzlich vom Wärmeübergang zwischen Luft und Wänden, also von der Luftfeuchtigkeit und von der Luftbewegung, abhängig. Durch Baustoffe beeinflussen lässt sich aber nur die **Wärmeleitung** durch die Wand. Die **Wärmedämmfähigkeit** eines Stoffes ist umso größer, je kleiner seine Wärmeleitfähigkeit ist.

Merke

Eine gute Wärmedämmfähigkeit besitzen organische Stoffe wie Holz und Kunststoffe sowie leichte porige Baustoffe.

Konstruktive Maßnahmen zur Wärmedämmung

Bei allen Überlegungen zur Wärme- und Schalldämmung muss berücksichtigt werden, dass die Gebäudeteile noch andere Aufgaben haben. Das bedeutet, Wände müssen Lasten aufnehmen, Türen leicht zu öffnen sein, Fenster ausreichend Tageslicht einlassen. Nur die Kombination von funktionsbedingten Werkstoffen und Dämmstoffen erfüllt alle Anforderungen. Als Maßstab zur Beurteilung der wärmedämmenden Wirkung eines Bauteils hat sich der **Wärmedurchgangskoeffizient *U*** durchgesetzt (vorherige Seite und Bild 1).

Merke

Der *U*-Wert, der vom Hersteller angegeben wird, ermöglicht den Vergleich der Wärmedämmfähigkeit von Bauteilen.
Ein niedriger *U*-Wert ergibt eine gute Wärmedämmung.

Weil Türen und Fenster höhere *U*-Werte als Wände haben, schwächen sie die Gesamt-Wärmedämmung der Gebäudehülle und erfordern besondere konstruktive Maßnahmen (Bild 1 der folgenden Seite).

Wärmeleitfähigkeit von Baustoffen

Baustoffe	Rohdichte ϱ; $\frac{kg}{m^3}$	Wärmeleitfähigkeit λ; $\frac{W}{m \cdot K}$
Schwerbeton	2400	2,00
Leichtbeton	1000	0,38
Vollziegel	1200	0,50
Leichtziegel	700	0,30
Kalksand-Vollsteine	1800	0,99
Leichtbeton-Vollsteine	1200	0,54
Leichtbeton-Hohlblocksteine	800	0,39
Porenbetonsteine	800	0,18
Kalkputz	1600	0,80
Zementputz	2000	1,40
Gipsputz	1000	0,40
Fichte, Tanne, Kiefer	600	0,13
Spanplatten	600	0,14
Holzwolle-Leichtbauplatten	400	0,093
Porenbeton	400	0,14
Polystyrol-Schaum	30	0,04
Glas	2500	1,0
Stahl	7500	50
Aluminium	2700	200
Luft	1293	0,026
Wasser	1000	0,6

Beispiel: Wärmedämmung und Wanddicke

Vergleichen Sie den *U*-Wert einer 24 cm dicken Wand aus Beton mit einer Wand aus Porenbeton.

Wärmedurchlasswiderstand für Beton:

$$R = \frac{d_1}{\lambda_1} = \frac{0{,}24\ \text{m}}{2{,}0\ \frac{\text{W}}{\text{m} \cdot \text{K}}} = 0{,}12\ \frac{\text{m}^2 \cdot \text{K}}{\text{W}}$$

R_{si} und R_{se} aus Bild 341-3
λ s. Tab. oben

Wärmedurchlasswiderstand für Porenbeton:

$$R = \frac{d_1}{\lambda_2} = \frac{0{,}24\ \text{m}}{0{,}14\ \frac{\text{W}}{\text{m} \cdot \text{K}}} = 1{,}714\ \frac{\text{m}^2 \cdot \text{K}}{\text{W}}$$

$$U_{\text{Beton}} = \frac{1}{R_{si} + R + R_{se}} = \frac{1\ \text{W}}{(0{,}13 + 0{,}12 + 0{,}04)\ \text{m}^2\text{K}} = 3{,}45\ \frac{\text{W}}{\text{m}^2\text{K}}$$

$$U_{\text{Porenbeton}} = \frac{1\ \text{W}}{(0{,}13 + 1{,}714 + 0{,}04)\ \text{m}^2\text{K}} = 0{,}531\ \frac{\text{W}}{\text{m}^2\text{K}}$$

Das bedeutet, eine Porenbetonwand lässt nur ungefähr ein Sechstel der Wärme durch wie eine Betonwand gleicher Stärke.

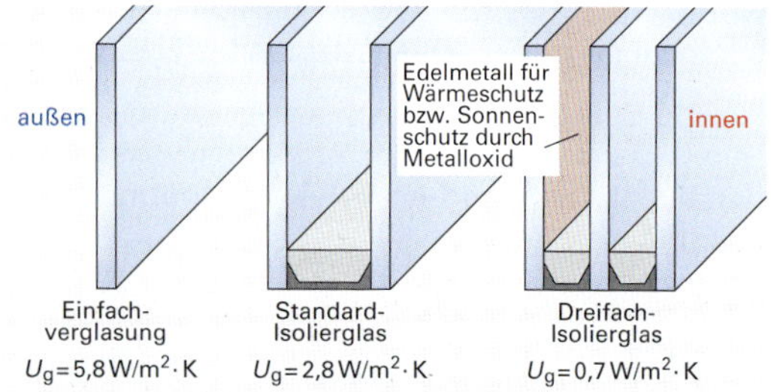

1 Vergleich des Wärmedämmvermögens verschiedener Isolierglasscheiben (s. Tab. 1 der folgenden Seite)

Wärmedämmung von Bauteilen

Fenster schwächen die tragenden Wände und verringern deren wärmedämmende Funktion. Ihre Konstruktion und Größe sind ein Kompromiss zwischen der gewünschten Tageslichtbeleuchtung der Räume sowie den Erfordernissen der Wärme- und Schalldämmung. Weil Metallprofile die Wärme gut leiten, muss darauf geachtet werden, dass Lufträume und Kunststoffprofile den Wärmeschutz verbessern (Bild 1).

Rahmen für **Metallfenster** werden heutzutage überwiegend aus Aluminium hergestellt (Bild 1). Der Nachteil seines hohen Wärmeleitvermögens wird dadurch verringert, dass die Fensterrahmen aus zwei Teilprofilen hergestellt werden, die durch Stege aus Kunststoff thermisch getrennt werden. Luftgefüllte Hohlräume sorgen außerdem für Wärmedämmung. Dadurch wird eine Wärmebrücke vermieden und an kalten Tagen kann sich innen kein Kondenswasser bilden.

Isolierglas (Bild 1 der vorherigen Seite) vermindert die starken Wärmeverluste, die durch große Fensterflächen entstehen. Im Zwischenraum befindet sich trockene Luft oder ein anderes Gas. Eine hauchdünne Edelmetallschicht auf der inneren Seite der Scheibe sorgt bei **beschichteten Wärmeschutzscheiben** für die Reflexion der Wärme nach innen. So wird das Kälteempfinden in Scheibennähe stark reduziert. Bei allen Fenstern muss eine sorgfältige Montage dichte Fugen gewährleisten. Besondere Anforderungen werden bei Hochhäusern gestellt.

Außentüren müssen der Witterung standhalten und einbruchsicher sein, aber für Zugangsberechtigte kein Hindernis bilden. Ihre Fugen müssen so gut dichten, dass keine Wärmeverluste durch Zug entstehen (Bild 2).

Innentüren sollten leise zu schließen sein und auch keine Zugluft durchlassen.

Wände erfüllen im Wesentlichen folgende Funktionen:

- Aufnahme der Gebäudelasten und ihre Ableitung in das Fundament (tragende Wände);
- Aufteilung der Geschosse in einzelne Räume;
- Schutz vor Regen und Grundwasser;
- Verhinderung größerer Wärmeverluste nach außen und auch innerhalb des Gebäudes;
- Schutz vor Lärm von außen und Schallschutz der Einzelräume vor Nachbarn;
- Verhinderung der Ausbreitung von Feuer und Rauchgasen durch wirksamen Brandschutz.

Eine dicke Mauer mit kleinen Fenstern (aber mit moderner Fugendichtung) wie im Mittelalter könnte die Anforderungen erfüllen. Das große Wärmespeicherungsvermögen würde außerdem das Heizen in der Übergangszeit unnötig machen, aber die Räume würden wenig Tageslicht erhalten.

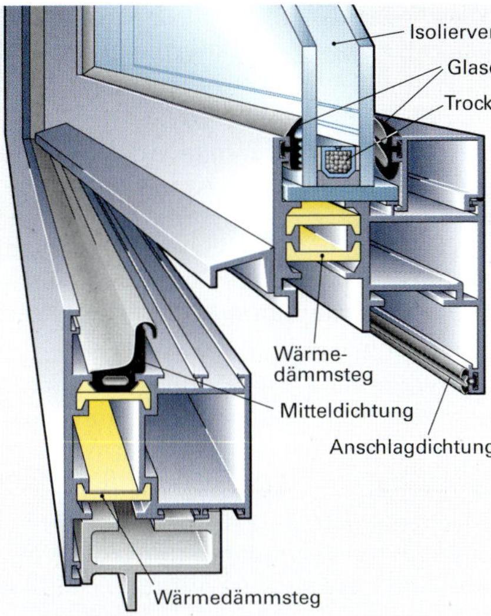

1 Wärmegedämmtes Aluminiumfenster mit Isolierverglasung U_g-Wert ca. 1,2 W/m²K

Tabelle 1: Mehrfachverglaste Fenster – Beispiele

	U_g-Wert (W/m²K)	Lichtdurchlässigkeit (%)	minimale Elementdicke (mm)
Isolierglas	1,9	77	20
Zweifachscheibe	1,4 ... 1,6	70 ... 77	20 bei 12 mm SZR 24 bei 16 mm SZR
Dreifachscheibe	0,7 ... 0,9	66 ... 77	28 bei 2 × 8 mm SZR 32 bei 2 × 10 mm SZR

Tabelle 2: Abschlusstüren – Beispiele

	U-Wert (W/m²K)	flächenbez. Masse (kg/m²)	Schall-Dämmmaß (dB (A))
Vollholztür, ca. 50 mm	2,3	35	31
Stahl-Sicherheitstür, 55 mm mit Dämmstoff-Füllung	1,0	60	40
Tür mit Leichtmetallrahmen und großfl. Verglasung aus:			
- 7 mm Drahtglas	5,5	18	24
- 20 mm 2-faches Isolierglas	3,5	20	25
- 24 mm Polyesterwaben	2,7	15	22
- 60 mm wärmeged. Füllung	1,1	20	25

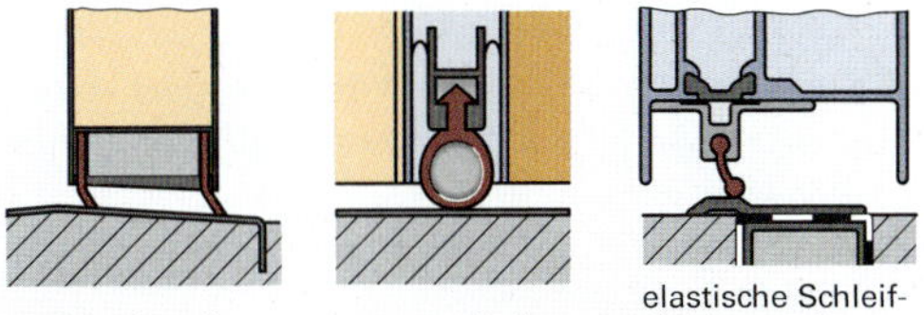

2 Konstruktive Lösungen bei der Abdichtung von Türen zwecks Wärmedämmung und Schallschutz

Bei modernen Bauwerken wählt der Architekt **Verbundkonstruktionen.** So entstehen mehrschichtige Wände, bei denen jede Schicht eine andere Aufgabe hat (Bild 1). Z. B. beträgt der U-Wert der nebenstehend abgebildeten Wand 0,4 W/m^{2}K.

Der in bewohnten Räumen infolge Ausatmung und Transpiration entstehende Wasserdampf muss entweichen können. Es ist regelmäßig zu lüften oder die Wände müssen dampfdurchlässig sein. Falls die Innentemperatur der Wände unter 10 °C absinken kann, muss entweder eine Dampfsperre eingebaut (Bild 1) oder eine Hinterlüftung vorgesehen werden (Bild 2).

Fassaden haben neben ihrer gestalterischen Funktion die Aufgabe, Schlagregen vom Eindringen in die Außenwand abzuhalten und die Wärmedämmung zu verbessern. Der Raum zwischen der Außenschale und der Wärmedämmschicht bzw. der Wand wird bei Kaltfassaden hinterlüftet (Bild 2).

Decken sollen in erster Linie die in den Räumen auftretenden Lasten tragen. Eine Wärmedämmung ist im Wesentlichen nur über Kellern und Durchfahrten erforderlich (Bild 3).

Dächer müssen zur Energieeinsparung bei größeren Umbauten und Neubauten neben dem Schutz des Gebäudes auch gegen Wärmeverlust gedämmt werden.

Wärmespeicherung in Bauteilen

Die verschiedenen Stoffe leiten nicht nur die Wärme unterschiedlich gut, sie können auch unterschiedlich viel Wärme aufnehmen und diese kürzere oder längere Zeit speichern.

Man erwärmt einen Ziegelstein und je einen Stahl- und einen Kunststoffblock, die die gleiche Masse besitzen, auf dieselbe Temperatur. Dann legt man sie in drei mit gleichviel Wasser bei 20 °C gefüllte Gefäße. Nachdem sich die Temperatur ausgeglichen hat, misst man die Wassertemperaturen und stellt fest, dass die drei Stoffe das Wasser verschieden stark aufgeheizt haben. Das zeigt die unterschiedliche **spezifische Wärmekapazität.** Je größer sie ist, desto höher ist das Wärmespeicherungsvermögen eines Bauteils (s. untenstehende Tabelle).

Überprüfen Sie Ihre Kenntnisse

1 Nennen Sie verschiedene Gründe, weshalb in den vergangenen Jahrzehnten die Energieeinsparung wichtig wurde.

2 Mit welchen Maßnahmen der Wärmedämmung könnte ein Metallbauer während seiner Berufsausübung im Einzelnen betraut werden?

3 Welche Schwierigkeiten stellen sich bei der Errichtung eines Bauwerkes und der Montage seiner Einzelteile (z. B. Fenster) ein, wenn man nicht an die unterschiedlichen Längenausdehnungen der Baustoffe infolge Erwärmung denkt?

4 Erläutern Sie den Unterschied zwischen Wärme und Temperatur.

5 Schildern Sie drei verschiedene Möglichkeiten der Wärmeübertragung und ihre Bedeutung für die einzelnen Teile eines Gebäudes.

6 Von welchen physikalischen Größen hängt die Wärmeleitung durch die Wand ab?

7 Wodurch wird bei Isolierglasfenstern die Wärmedämmung bewirkt und was ist bei der Montage solcher Fenster zu beachten?

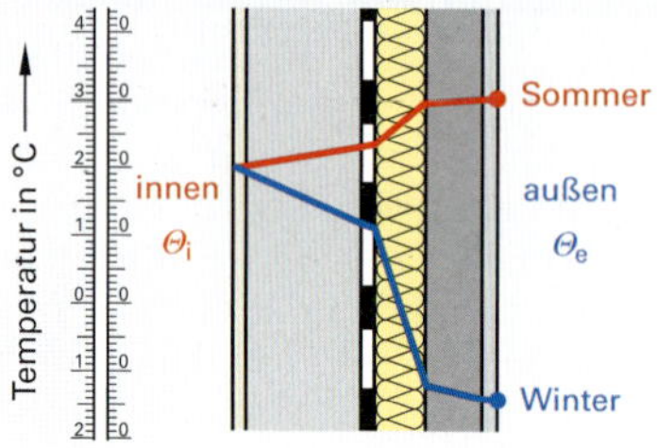

1 Temperaturverlauf in einer zweischaligen Außenwand im Sommer und im Winter (zeitweilige Werte)

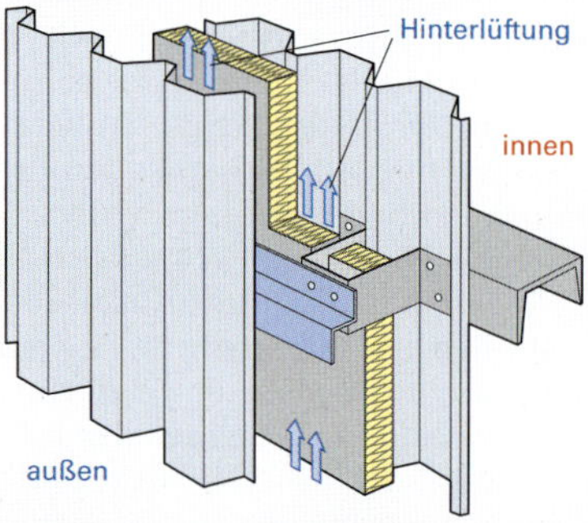

2 Mehrschalige Wandkonstruktion mit Wärmedämmung, Hinterlüftung und Trapezblechen

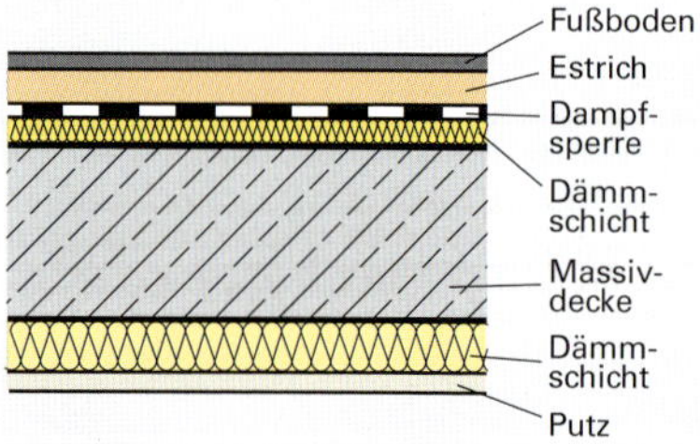

3 Wärmedämmung einer Stahlbetondecke über einer offenen Durchfahrt

Spez. Wärmekapazität c in $\frac{kJ}{kg \cdot K}$			
Aluminium	0,89	Sandstein	0,92
Beton	0,88	Silber	0,23
Blei	0,13	Baustahl	0,48
Eis	2,0	Wasser	4,19
Grauguss	0,54	Wasserdampf	2,05
Heizöl	2,05	Zink	0,39
Kupfer	0,38	Luft	1,0
Holz	2,4		
Dämmstoff	0,8	das $\hat{=}$ 1,30 $\frac{kJ}{m^3 \cdot K}$	

19.1.6 Energieeinsparung

Seit 2001 existiert die Energie-Einspar-Verordnung (EnEV), die zuletzt 2014 novelliert wurde. Sie gilt für neu zu errichtende und wesentlich renovierte Gebäude. Aktuell ist die Notwendigkeit der Energieeinsparung jedoch schon seit langem, nachdem die erste Ölpreiskrise Deutschland in wirtschaftliche Schwierigkeiten brachte und die Notwendigkeit des Klimaschutzes erkannt wurde. Verordnungen, die den Verbrauch von Heizöl und Treibstoff senken sollten, führten zu bedeutenden Innovationen bei der Verbesserung des Wirkungsgrades von Anlagen, Maschinen, Kraftfahrzeugen und beim Wärmeschutz von Gebäuden. Damit soll der Anteil der Nutzenergie am Primärenergieverbrauch gesteigert werden (Bild 1).

Als viele Forschungsarbeiten über die allmähliche Erwärmung des Erdklimas zu der Gewissheit führten, dass das bei der Verbrennung der fossilen Energieträger entstehende Kohlenstoffdioxid sich in der oberen Atmosphäre anreichert und diese Erwärmung verursacht (der sogenannte Treibhauseffekt), kam ein zweites gewichtiges Argument für die Einsparung von Heizenergie hinzu. Mit der Energie-Einspar-Verordnung erfüllt Deutschland auch internationale Verpflichtungen (Aktuell ist der Paris-Vertrag von 2015).

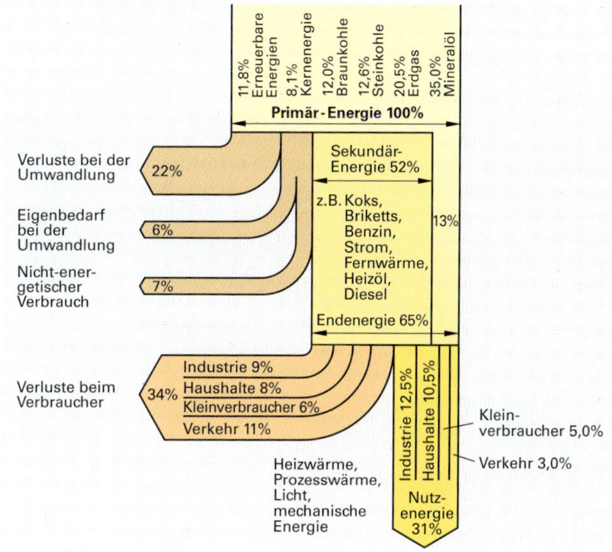

1 Von der Primärenergie zur Nutzenergie (Beispiel)

Prinzipien der Energie-Einspar-Verordnung (EnEV)

> ***Merke***
>
> Die Hauptanforderung der EnEV besteht für alle neu zu errichtenden Gebäude mit normalen Innentemperaturen in der **Begrenzung des maximal zulässigen Jahres-Primärenergiebedarfs.**

Die Entscheidung, durch welche Kombination von Maßnahmen der Anlagentechnik, der Versorgungstechnik und der Bautechnik die vorgeschriebene Begrenzung des Primär-Energiebedarfs erreicht wird, wird weitgehend freigestellt.

Die **Nebenanforderung** einer Begrenzung des spezifischen, auf die wärmeübertragende Umfassungsfläche bezogenen **Transmissionswärmeverlustes** soll bewirken, dass der bauliche Wärmeschutz nicht unter einen Mindeststandard absinkt.

Die EnEV berücksichtigt und bewertet in der vorgeschriebenen **Energiebilanz** (folgende Seite) alle Wege zur Senkung des Energieverbrauchs bei Neubauten:

- den baulichen Wärmeschutz,
- die Effizienz der Anlagentechnik,
- die Nutzung regenerativer Umweltwärme,
- die primärenergetische Effizienz der Wärmeversorgung

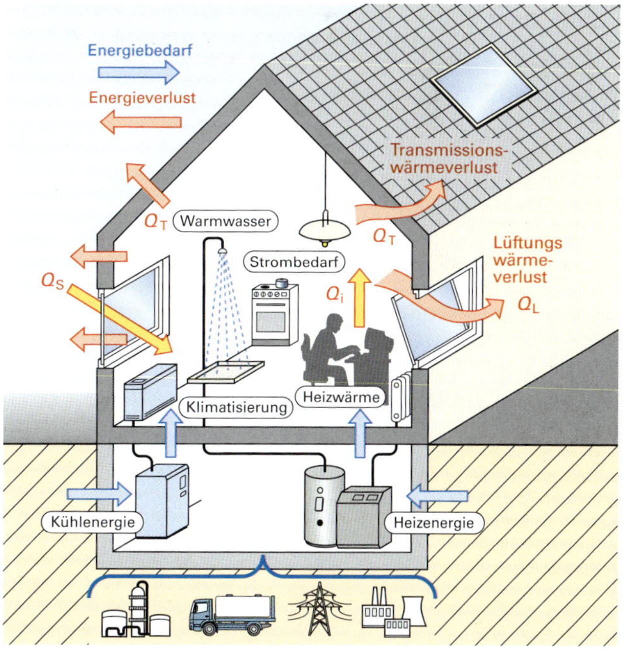

2 Bestandteile der Energiebilanz

Energiebilanz

Während der Bauplanung muss frühzeitig eine Energiebilanz aufgestellt werden. Die wesentlichen energiebezogenen Merkmale des Gebäudes werden in einem **Energiebedarfsausweis** (Energiepass) angegeben und dem Bauantrag beigefügt. Bei allen Gebäuden sind wichtig:

- der Jahres-Primärenergiebedarf Q_p,
- der Heizenergiebedarf Q,
- der spezifische Transmissionswärmeverlust als auf die wärmeübertragende Umfassungsfläche bezogene Kenngröße H_T,
- die Anlagen-Aufwandszahl e_p.

Abhängig sind diese Werte auch von der **Kompaktheit des Gebäudes** – dem Verhältnis der wärmeübertragenden Umfassungsfläche A zum eingeschlossenen Gebäudevolumen V_e. Bild 1 lässt erkennen, dass kompakte Gebäude weniger Wärme abstrahlen als solche mit größeren Umfassungsflächen. Da die EnEV die Gestaltungsfreiheit der Architekten nicht übermäßig einschränken will, sind die jeweiligen Anforderungen an die wichtigsten Kenngrößen Q_p und H_T in ausführlichen Tabellen festgelegt. Wie man diese Werte unterschreitet, bleibt freigestellt.

Energiebilanzgleichungen:

- Primärenergiebedarf: $Q_p \leq Q + Q_{exV}$
- Heizenergiebedarf: $Q = Q_h + Q_w + Q_t - Q_r$
- Techn. Systemverluste: (Externe Verluste) $Q_{exV} = Q_{c,e} + Q_d + Q_s + Q_g$
- Anlagen-Aufwandszahl: $e_p = \dfrac{Q_p}{Q_h + Q_w} = \dfrac{\text{Gesamtaufwand}}{\text{Nutzen}}$
- spezifischer Transmissionswärmeverlust H_T in $W/m^2 \cdot K$ (abhängig vom Gebäudetyp)

Merke

Die Basis der Berechnung ist der **Wärmebedarf für Heizung und Warmwasser.**

Dieser Bedarf lässt sich aus dem Zweck des Gebäudes in einem Vorentwurf errechnen. Dabei werden alle Gewinne und Verluste zu einem vorläufigen Primär-Energiebedarf summiert (Bild 2). Liegt er über dem vorgeschriebenen Höchstwert, muss der Entwurf überarbeitet werden. Eine Maßnahme wäre die Verbesserung des Wärmeschutzes, wodurch der Heizenergiebedarf gesenkt würde oder man plant eine effektivere Heizungsanlage.

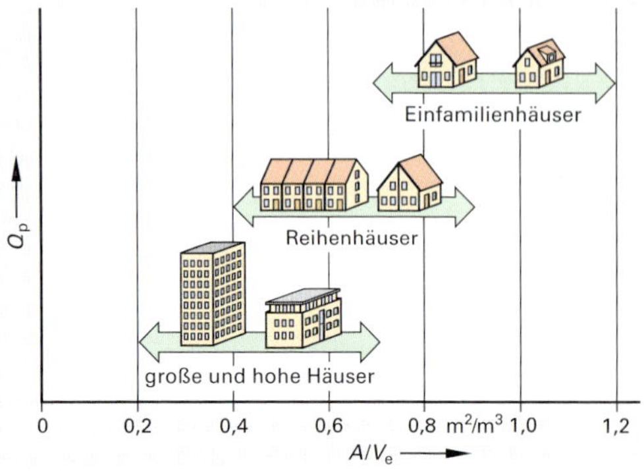

1 Bereiche von A/V_e für verschiedene Gebäudearten

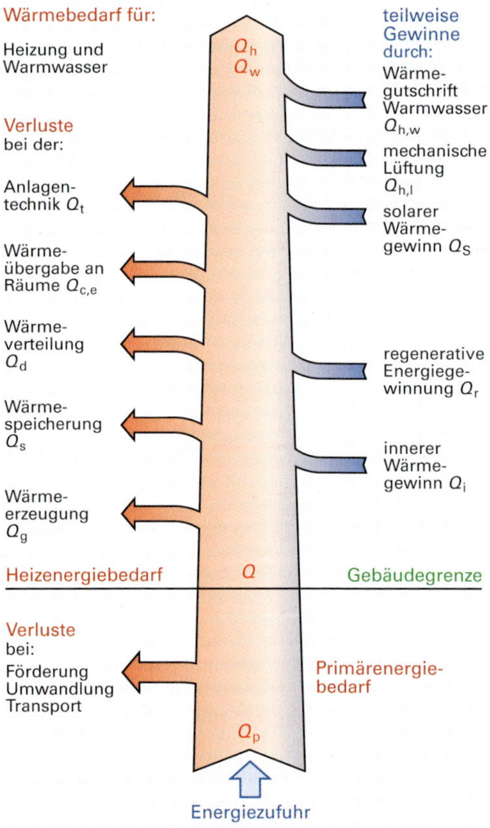

2 Schema des Energieflusses zur Ermittlung des Primär-Energiebedarfs (vereinfacht)

Überprüfen Sie Ihre Kenntnisse

1 Wodurch kann der Energieverbrauch eines Gebäudes nach Vorgaben der EnEV vermindert werden?

2 Wo innerhalb der Energiebilanz setzt die Tätigkeit des Metallbauers ein?

19.2 Feuchteschutz

Damit tragende Wände ihre Festigkeit behalten sowie wärme- und schalldämmende Bauteile ihre Funktion erfüllen, dürfen sie nicht feucht werden.

Merke

Feuchteschutzmaßnahmen müssen verhindern, dass Wasserdampf an oder in Wänden kondensiert oder Wasser von außen in die Wände eindringt.

Luft nimmt eine bestimmte Menge Wasserdampf auf, bis die **maximale Luftfeuchte** ν_{sat} (in g/m³) bei der jeweiligen Temperatur erreicht ist (Bild 1).

Die **absolute Luftfeuchte** ν (in g/m³) ist die vorhandene Wasserdampfmenge. Sie ist in der Regel geringer als die maximal mögliche.

Weil die Luft mit steigender Temperatur mehr Wasserdampf aufnehmen kann, wird die **relative Luftfeuchte** φ als Vergleichsgröße benutzt.

Merke

relative Luftfeuchte = $\frac{\text{absolute Luftfeuchte}}{\text{maximale Luftfeuchte}}$

$$\varphi = \frac{\nu}{\nu_{sat}} \cdot 100\ \%$$

Aus dem Luftfeuchte-Diagramm lassen sich die Werte ablesen (Bild 1). Für genauere Berechnungen werden Tabellen eingesetzt.

Bei einem Versuch wird feuchte Luft im geschlossenen Gefäß mithilfe von schmelzendem Eis abgekühlt. So lässt sich zeigen, dass dabei die Sättigungsmenge unterschritten wird und der Wasserdampf an den Wänden kondensiert (Bilder 1 und 2).

Wasserdampfdiffusion

Innerhalb von Gebäuden entsteht die Luftfeuchte hauptsächlich durch die Wasserdampfabgabe des Menschen – ca. 1 Liter pro Tag unter Normalbedingungen. Außerhalb hängt die Konzentration des Wasserdampfes in der Luft vom Wetter ab.

Im Winterhalbjahr ist der Partialdruck (Teildruck) des Wasserdampfs im Innern von Gebäuden höher als außen. Infolge des Druckgefälles bewegen sich die Wasserdampfmoleküle durch die Wände nach außen, denn die meisten Baustoffe sind für Wasserdampf durchlässig (Bild 3).

In ungünstigen Fällen wird im Innern der Wand der **Taupunkt** erreicht und Tauwasser fällt aus (Bilder 1 und 4). Das ist die Tauperiode im Gegensatz zur Verdunstungsperiode im Sommerhalbjahr.

Der Tauwasserausfall lässt sich berechnen oder grafisch ermitteln. Vereinfacht zeigt dies Bild 4. In einem Wandquerschnitt werden die Verläufe der Sättigungsdrücke und der Partialdrücke eingezeichnet. Sind Sättigungsdruck und Partialdruck gleich, fällt Tauwasser aus (s_d s. S. 348).

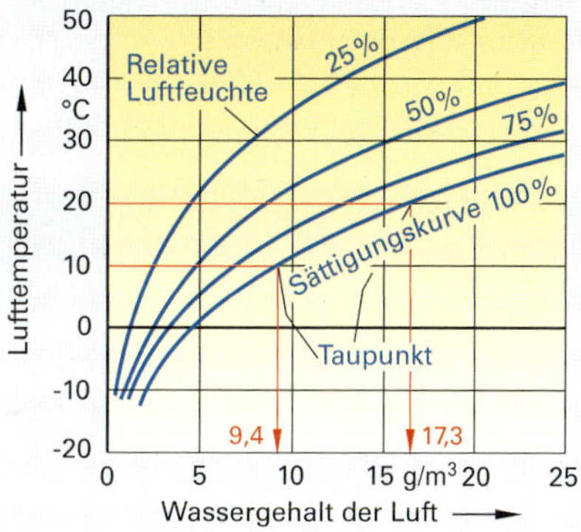

1 Luftfeuchte und Taupunkt

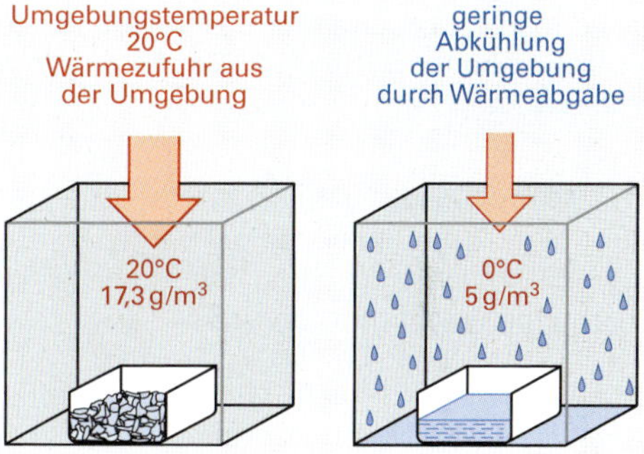

2 Abkühlung von 1 m³ Luft

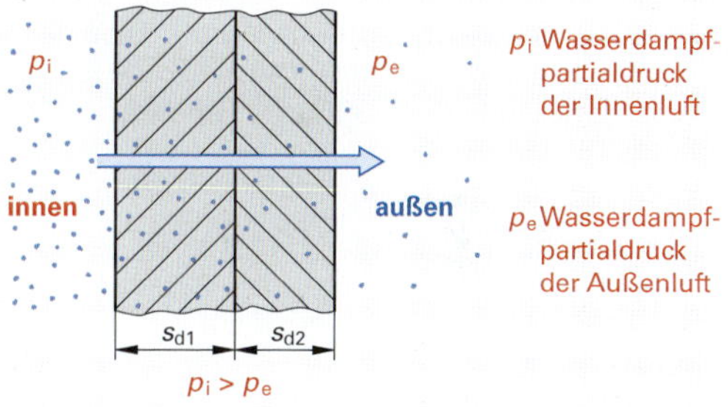

3 Konzentrationsgefälle des Wasserdampfs in der Luft (Tauperiode)

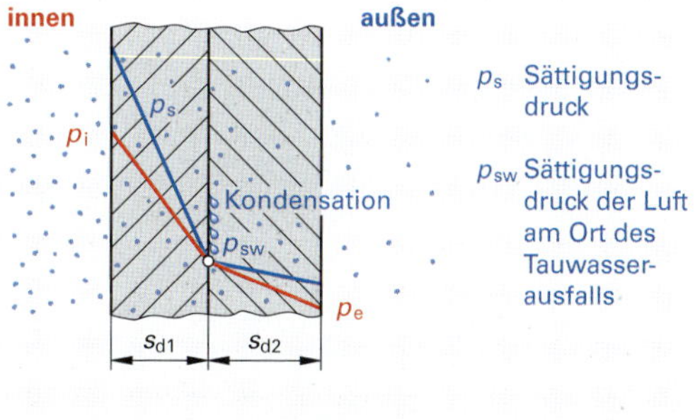

4 Tauwasserausfall in einer Wand

Als Berechnungsbasis wird die **wasserdampfäquivalente Luftschichtdicke s_d** eingeführt, die sich aus der tatsächlichen Wanddicke *d* und der **Wasserdampf-Diffusionswiderstandszahl μ** zusammensetzt:

$$s_d = d \cdot \mu$$

Bei einer gut konstruierten Wand nimmt der Diffusionswiderstand von innen nach außen ab (Tab. 2.)

Tabelle 1: Wasserdampf-Diffusionswiderstandszahlen einiger Baustoffe

Baustoff	μ
Luft	1
Kalkzementmörtel, Zementestrich	15 ... 35
Normalbeton	70 ... 150
Vollziegel, Hochlochziegel	5 ... 10
Holzwolleleichtbauplatten	2 ... 5
Mineralwolle	1
Polystyrolschaum	150
Bitumenbahnen nach DIN 52128	10000 ... 80000

Wärmebrücken

Eine Stahlstütze in der Außenwand kann bewirken, dass sich an der Innenwandfläche Tauwasser bildet. Der Stahl bildet eine Wärmebrücke, umgangssprachlich oft „Kältebrücke" genannt. Eine zusätzliche Dämmschicht im Außenputz kann dies verhindern (Bild 1).

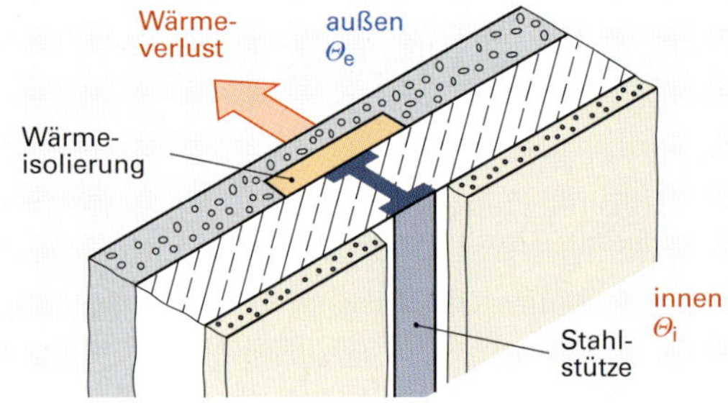

1 Wärmebrücke

Merke

Eine **Wärmebrücke** ist ein örtlich begrenzter Bereich in Außenbauteilen, der im Vergleich zu den angrenzenden Bauteilbereichen einen höheren Wärmedurchgangswert aufweist.

- Materialbedingte Wärmebrücken entstehen durch Baustoffe mit unterschiedlichen wärmetechnischen Eigenschaften (Bild 1).
- Geometriebedingte Wärmebrücken sind durch eine Vergrößerung der wärmeabgebenden gegenüber der wärmeaufnehmenden Oberfläche gekennzeichnet, z. B. eine auskragende Balkonplatte oder eine Gebäudeecke (Bild 2).

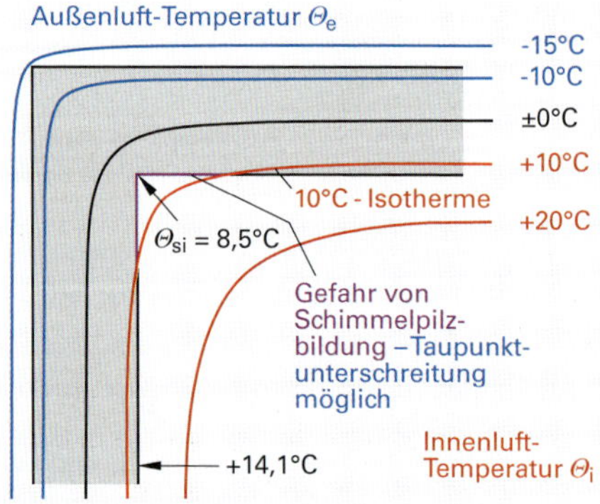

2 Isothermenverlauf an einer Wärmebrücke

Schimmelpilzbildung

Bei andauernder Tauwasserbildung an einer zu kalten Innenwand entsteht eine feuchte Oberfläche, an der sich Staub absetzt. Dann finden Schimmelpilze dort einen Nährboden. Um Schimmelbildung an der Wand zu vermeiden, muss die innere Wandoberfläche eine Temperatur von mindestens 12,6 °C aufweisen. Bildet sich trotzdem Schimmel, so ist die Raumluft zu feucht oder es bestehen Mängel im Wandaufbau.

Überprüfen Sie Ihre Kenntnisse

1 Was versteht man unter dem Taupunkt?

2 Wodurch kann sich an einer kalten Innenwandfläche Schimmel bilden?

3 Warum werden vorgehängte Fassaden hinterlüftet?

4 Wie lassen sich Wärmebrücken vermeiden?

5 Wie verhindert man bei der Wasserdampfdiffusion Tauwasserausfall?

Tabelle 2: Diffusionswiderstandskriterien

Wirkung der Bauteilschicht	s_d
diffusionsoffen	$s_d \leq 0{,}5$ m
diffusionshemmend	$0{,}5 \text{ m} < s_d < 1500$ m
diffusionsdicht	$s_d \geq 1500$ m

19.3 Schallschutz

Zu Schallereignissen gehören der **Donner** eines Gewitters und der **Knall** von Explosionen, der **Ton** eines Musikinstrumentes, **lautes Sprechen** und der **Lärm** von Maschinen und Kraftfahrzeugen (Bild 1).

Merke

Alles, was mit dem Gehör wahrnehmbar ist, bezeichnet man als Schall.

Bei Menschen in Industriebetrieben und auf Baustellen, aber auch in Wohngebäuden an Hauptverkehrsstraßen wurden nach längerer starker Lärmeinwirkung (Immission) Gehörschäden sowie Magen-, Herz- und Kreislaufbeschwerden festgestellt.

➔ Ständig **starker Lärm** ist für Menschen **gesundheitsgefährdend schädlich,** setzt die Konzentrations- und Leistungsfähigkeit herab und erhöht damit auch die Unfallgefahr.

Schon bei der Errichtung von Gebäuden sollte man so planen und bauen, dass die Schallentstehung gering ausfällt und die Weiterleitung des Schalls durch Schalldämmung vermindert wird.

Merke

Schallschutz umfasst alle Maßnahmen, die störenden Lärm in der Umgebung von Menschen verhindern oder vermindern.

Die Entstehung und die Ausbreitung des Schalls lassen sich mithilfe physikalischer Gesetzmäßigkeiten beschreiben. Für die Wirkung von Schall auf den Menschen spielt jedoch die bei jedem Einzelnen unterschiedliche (subjektive) **Schallempfindung** eine entscheidende Rolle.

19.3.1 Entstehung des Schalls

Bei einer angeschlagenen Stimmgabel erkennt man, wie die Zinken um eine Gleichgewichtslage **Schwingungen** ausführen. Allmählich wird der Ton leiser und verstummt dann (Bild 2).

Werden an der Stimmgabel zwei Nadeln befestigt und wird die angeschlagene Stimmgabel über eine berußte Platte gezogen, entstehen Wellenlinien. Sie stellen Bilder der Schwingung dar.

Ein Gong oder eine Blechplatte werden mit Klöppeln aus verschiedenen Materialien angeschlagen. Sie senden Töne von unterschiedlichem Klang und unterschiedlicher Lautstärke aus.

Merke

Schall entsteht, wenn Körper in schnell schwingende Bewegungen versetzt werden.

Der Schall breitet sich gleichmäßig um eine **Schallquelle** herum aus, wenn ihm kein Hindernis den Weg versperrt (Bilder 2 und 4).

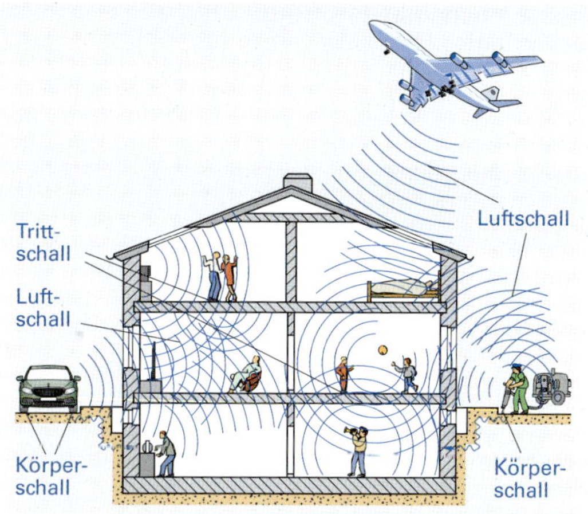

1 Lärmbelästigung aus unterschiedlichen Schallquellen

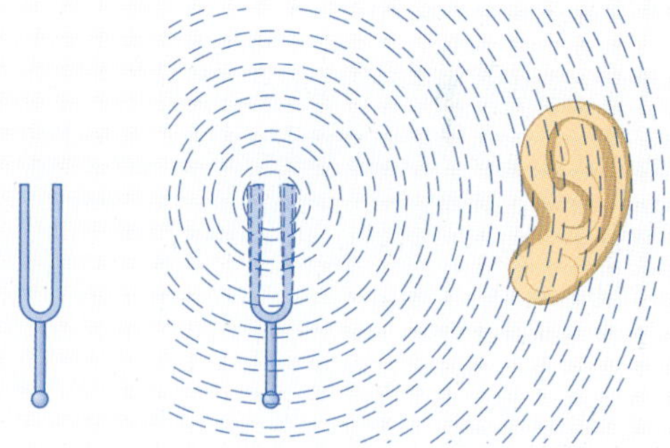
2 Entstehung und Ausbreitung von Schallwellen

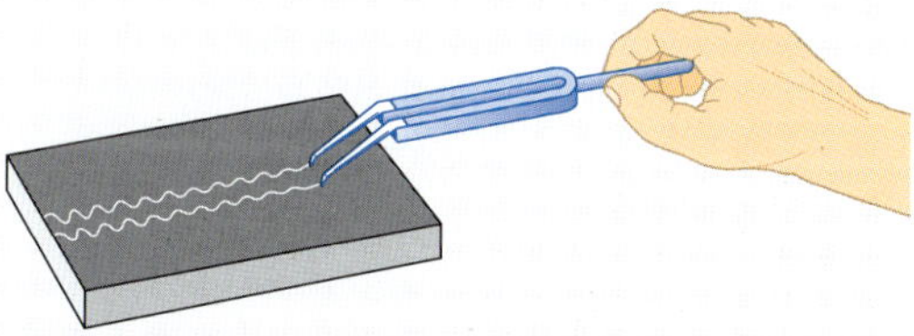
3 Aufzeichnung von Schwingungen einer Stimmgabel

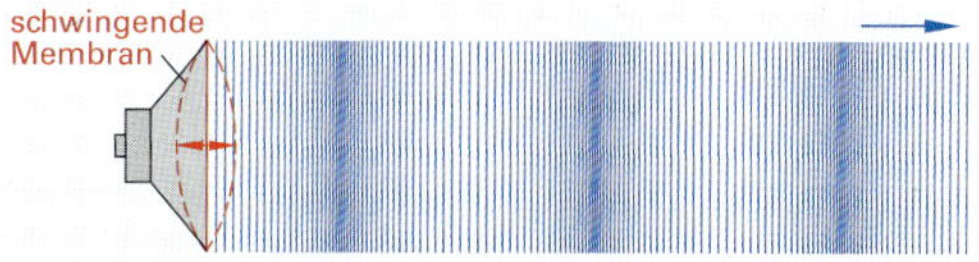

4 Erzeugung von Schallwellen durch Druckstöße einer schwingenden Membran

19.3.2 Schallausbreitung

Der Schall pflanzt sich fort, wenn durch Druckwellen die Moleküle eines Stoffes ins Schwingen geraten. **Luftschall** kann durch die Schwingungen der Membran eines Lautsprechers, der **Schallquelle,** entstehen (Bild 1). Dabei kommt es zu periodischen Verdichtungen der Luft. Sie breiten sich als **Schallwellen** aus, bis die Schwingungen durch ein Hindernis oder Reibung gedämpft werden.
Luftschall breitet sich als **Längswelle** aus. Die Teilchen schwingen dabei in Ausbreitungsrichtung hin und zurück (Bild 1). Membranen und Saiten, aber auch Wände, Fenster und Decken von Gebäuden schwingen in Form von **Querwellen senkrecht** zur Ausbreitungsrichtung des Schalls (Bild 2).
Trifft Luftschall auf eine Wand, beginnt sie zu schwingen, es entsteht **Körperschall** (Bild 3). Dabei wird je nach Beschaffenheit der Wand sowie Stärke und Art des Schalls nur ein gewisser Teil der Schallenergie durchgelassen und wieder zu Luftschall (Bild 4). Der Rest wird durch Dämpfungsvorgänge „geschluckt".

19.3.3 Schallwahrnehmung

Merke

Ob Schall als störend empfunden wird, hängt von den Eigenschaften des Schalls und dem subjektiven Empfinden des Hörers ab.

Die **Tonhöhe** ist abhängig von der Frequenz. Große Frequenzen entsprechen hohen, kleine Frequenzen tiefen Tönen. Als **Frequenz *f*** wird die Anzahl der Schwingungen pro Sekunde bezeichnet, gemessen in Hertz (Hz). Junge Menschen nehmen Frequenzen von etwa 16 Hz bis gegen 20 000 Hz wahr. In der Bauakustik wird der Bereich von 100 Hz bis 3200 Hz beachtet. Hier ist das menschliche Ohr besonders empfindlich (Bild 5). Die **Lautstärke** einer Schallquelle entspricht der abgestrahlten Leistung pro Fläche, der **Intensität** I (in W/m^2). Das Ohr kann Schallintensitäten von 102 W/ m^2 bis 1 W/m^2 wahrnehmen, aber nur 120 Intensitätsstufen unterscheiden. Jede dieser wahrnehmbaren Stufen erhielt die Einheit 1 Dezibel (dB).
Die Wahrnehmung der **Lautstärke,** ausgedrückt durch den **Schalldruckpegel** L_p, ist auch von der Frequenz abhängig. Tiefe Frequenzen werden bei gleicher Lautstärke als weniger laut empfunden als hohe Frequenzen. Dies berücksichtigt man bei Schallstärkemessungen durch einen in das Messgerät eingebauten Filter. Die Einheit der Lautstärke des frequenzbewerteten Schallpegels ist dann das Dezibel-A (dB(A), s. Tabelle 1 auf S. 351).

Beispiel: Bei einer Frequenz von 1000 Hz soll die Lautstärke 40 dB (A) betragen. Sinkt die Frequenz auf 100 Hz ab, empfindet man die gleiche Schallintensität nur noch mit 21 dB (A).

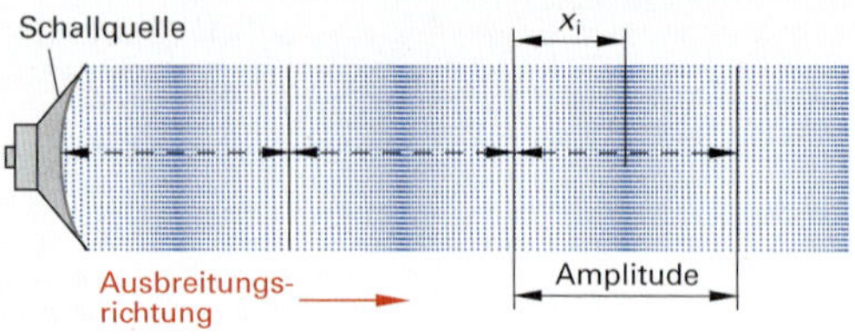

1 Schwingung einer Längswelle

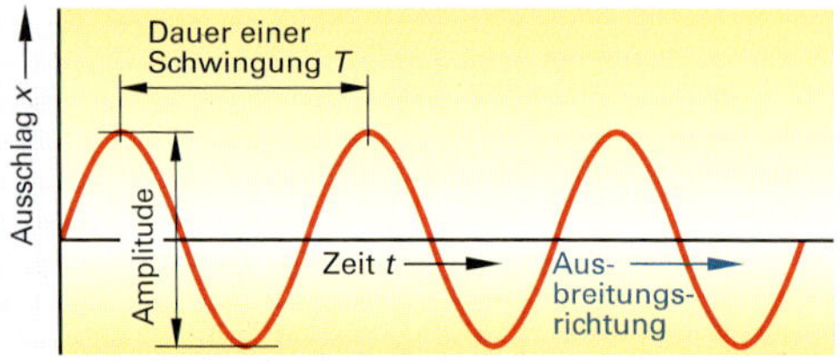

2 Schwingung einer Querwelle

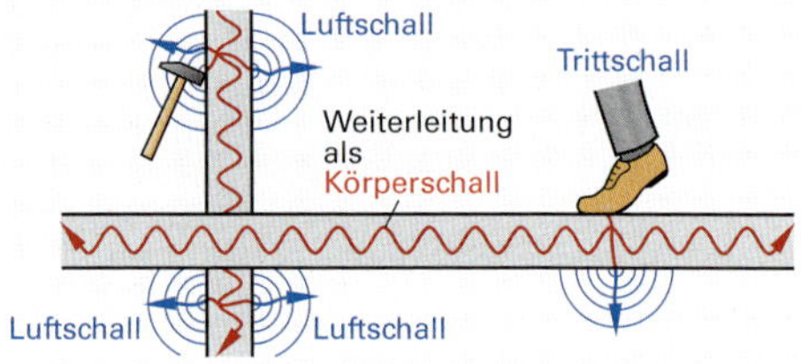

3 Weiterleitung des Schalls in Bauwerken

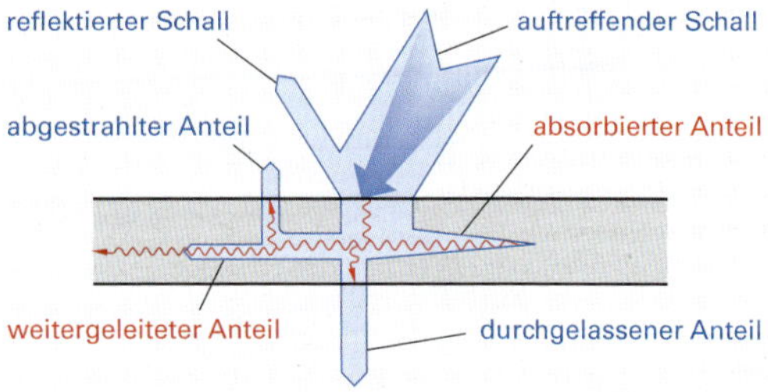

4 Ausbreitung des Luftschalls

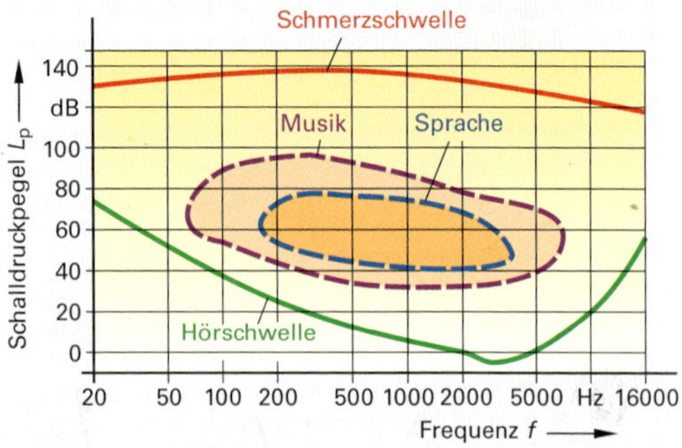

5 Schallwahrnehmung in der Hörfläche bei normalen Hörern

Die **Hörschwelle** liegt bei 0 dB(A), die Schmerzschwelle bei 120 dB(A) bis 130 dB(A) (Tabelle 1). Erhöht sich der Schallpegel um 10 dB(A), empfindet man dies als doppelt so laut.

19.3.4 Schallschutz im Hochbau

Durch Fußböden, Decken, Fenster und Wände gelangt Schallenergie in die Wohn- oder Arbeitsräume. Der Schallschutz umfasst Maßnahmen, welche die Schallübertragung von einer Schallquelle zum Hörer vermindern. Sind Schallquelle und Hörer in verschiedenen Räumen, so geschieht dies durch **Schalldämmung**. Die ankommende Schallenergie wird abgeschwächt, weil alle Bauteile je nach Dicke und Material den Schall dämmen.

Das Maß der Schalldämmung eines Bauteils ergibt sich aus der Differenz zwischen dem ankommenden und dem von der anderen Oberfläche des Bauteils abgestrahlten Schall (Bild 1). Das Messergebnis ohne äußere Einflüsse ist das **Schalldämmmaß R'_w**. Werden Messungen am Bau unter Einschluss der Nebenwege vorgenommen, so ergibt sich das bewertete Schalldämmmaß R'_w. Es ist stets größer als das Labormaß (Bild 2).

Merke

Das **bewertete Schalldämmmaß R'_w** gibt an, um welchen Betrag (in dB) sich der Schallpegel unter Beachtung aller Nebengeräusche beim Durchgang durch ein Bauteil verringert.

Die Mindestanforderungen an die erforderliche **Luftschalldämmung von Fenstern** sind abhängig vom Lärmpegelbereich und der Art der Raumnutzung. An einer lauten Straße beträgt der Außenlärm z. B. 75 dB. Ein Fenster in einem anliegenden Krankenhaus müsste ein Mindestschalldämmmaß von 50 dB aufweisen. Hinter dem Fenster darf also nur noch eine Lautstärke von 25 dB gemessen werden. Das Fenster muss die Anforderungen der Schallschutzklasse 6 erfüllen.

Fenster werden in sechs **Schallschutzklassen** eingeteilt (Tabelle). Zur Gruppe 1 gehören Verbundfenster mit dünner Isolierverglasung ohne zusätzliche Dichtungen. Ein Kastenfenster der Klasse 5 mit dicker Isolierverglasung, großem Scheibenabstand und besonderen Dichtungen erreicht einen R'_w-Wert von 45 dB bis 49 dB. Die Schalldämmung der Verglasung wird verbessert durch eine dickere Außenscheibe (Bild 4, folgende Seite), einen asymmetrischen Scheibenaufbau, Verwendung von Spezialgasfüllungen im Zwischenraum und dichten Randverbund.

Tabelle 1: Bewerteter Schallpegel in dB(A)

0 :	Hörschwelle
0 ... 10:	beklemmende Stille
10 ... 20:	schwaches Blätterrauschen
20 ... 30:	Geh- und Installationsgeräusche bei sehr guter Isolierung
30 ... 40:	Nachtgrundpegel in ruhiger Wohnlage
40 ... 50:	vorbeifahrende Pkw in Wohnung bei geschlossenem Fenster, Trittgeräusche
50 ... 60:	normale Unterhaltung und Musik
60 ... 70:	Zimmerlautstärke, Schreibmaschine
70 ... 80:	laute Sprache und Musik, elektr. Rasierer
80 ... 90:	Hauptverkehrsstraße
90 ... 100:	Autohupe, Discothek, Drucklufthammer
100 ... 130:	Hochgeschwindigkeitszug aus der Nähe
120 ... 130:	**Schmerzschwelle** (individuell verschieden)
130 ... 140:	**Älteres Strahlturbinenflugzeug beim Start**

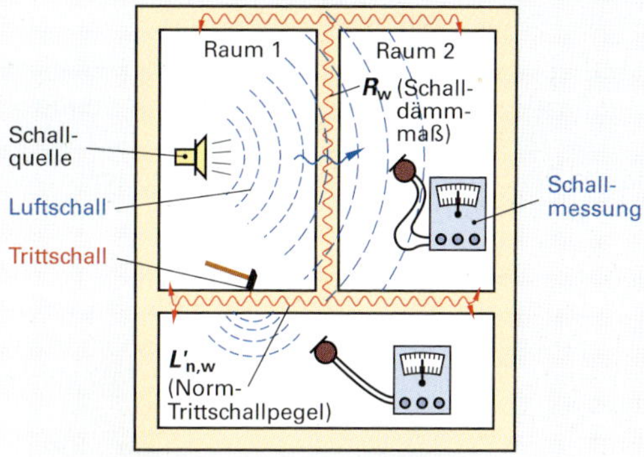

1 Messung des Schalldämmmaßes

Lärm in Raum 1	Zwischenwand	R'_w in dB	Höreindruck in Raum 2
Lautsprecher (90 dB) Schallquelle		10	80 dB: wie lautes Rufen
		20	70 dB: wie lautes Sprechen
		30	60 dB: wie normales Sprechen
		40	50 dB: leiser als normales Sprechen
		50	40 dB: wie leises Sprechen
		60	30 dB: wie Flüstern
		70	20 dB: noch hörbar
		80	10 dB: Stille

2 Wirkung von Bauteilen mit unterschiedlichem Schalldämmmaß

Tabelle 2: Schallschutzklassen von Fenstern

Schallschutzklasse (SSK)	Bewertetes Schalldämm-Maß R'_w eines am Bau funktionsfähig eingebauten Fensters in dB (Messung nach DIN EN ISO 140-5).
1	25 bis 29
2	30 bis 34
3	35 bis 39
4	40 bis 44
5	45 bis 49
6	≥ 50

Als **Dämmstoffe** sind alle Materialien geeignet, die ein lockeres Gefüge besitzen und keinen festen Körper bilden. Anorganische Dämmstoffe können Schlackenwolle und Glasfasern, aber auch Sand und andere Mineralstoffe sein. Organische Dämmstoffe sind die verschiedensten Kunststoffe, Holzwolle oder Holzspäne, Kork, Bitumen und Gummi.

Die **Festigkeit von Dämmstoffen** ist naturgemäß gering, deshalb werden sie zur Ausfüllung von Hohl- oder Zwischenräumen und zwischen Platten eingesetzt (Bild 1). Die meisten Schalldämmstoffe wirken auch wärmedämmend.

Schallschluckplatten sind mit mineralischem Schallschluckmaterial gefüllte Lochplatten, die als Wand- oder Deckenverkleidung dienen (Bild 1). Sie absorbieren den im Raum entstehenden Schall und machen diesen ruhiger. Dabei wird die Schallenergie im Material der Platte in Wärme umgewandelt, die an die Raumluft abgegeben wird.

Akustikplatten bestehen aus porösem Material, meist geschäumten Kunststoffen. Sie werden ähnlich wie Schallschluckplatten verwendet. Wichtig ist der Luftraum zwischen diesen Platten und den anderen Bauteilen, damit der durchgelassene Schallanteil auf die Rückseite der Platte reflektiert werden kann (Bild 2).

Trifft **Luftschall** auf eine starre Wand (Bilder 3 und 4, Seite 350), entsteht **Körperschall.** Dabei werden insbesondere dünne Wände in Schwingungen versetzt, das wiederum regt die Luft im nächsten Raum zum Schwingen an. Schwere Wände halten deshalb den Schall besser zurück. Biegesteife Wände schwingen am besten, sie reagieren wie eine Membran. Biegeweiche Wände wandeln einen Teil der Schallenergie in Wärme um, sie dämpfen den Schall.

Wände werden deshalb durch Fugen aus elastischem Material unterbrochen.

Fenster erhalten eine doppelte oder bei besonderen Anforderungen eine dreifache Verglasung. Die Scheiben werden nicht mit Kitt, sondern elastisch im Rahmen befestigt. Die Scheibendicke und der Abstand der Scheiben müssen so bemessen sein, dass sie möglichst wenig Schallschwingungen übertragen (Bild 4).

Trittschall entsteht auf starren Fußböden und verwandelt sich über schwingende Wände und Decken zu Luftschall (Bild 3, Seite 350).

Fußböden erhalten als Unterlage deshalb einen sogenannten schwimmenden Estrich, der den Trittschall dämpft, sodass er die tragende Decke abgeschwächt erreicht (Bild 3).

Auch **Rohrleitungen,** die fest in Wände oder Decken eingebettet sind, leiten den Körperschall (z. B. Wasserspülung) weiter. Rohrleitungen werden deswegen mit schalldämmendem Material umwickelt und über Schellen am Bauwerk befestigt (Bild 5).

Die **Entdröhnung von Blechen,** ob für Fassaden, Rollläden oder Baumaschinen, geschieht mit Schalldämmfolien auf Filz-Bitumenbasis, die auf das Blech geklebt werden oder durch Beschichtungen aus Kunststoffen.

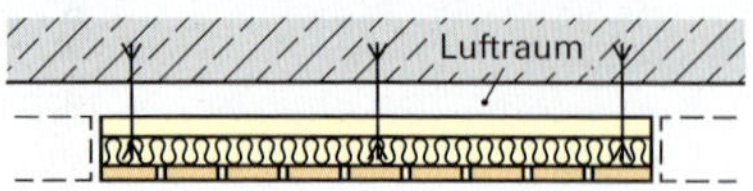

1 Schallschluckplatte

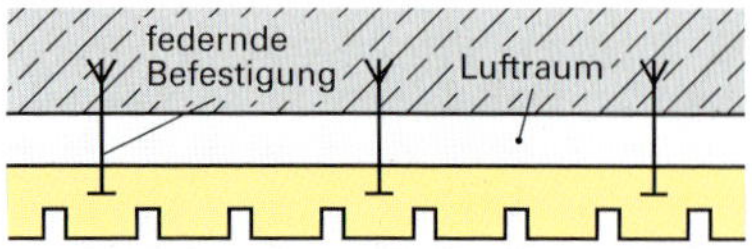

2 Akustikplatte

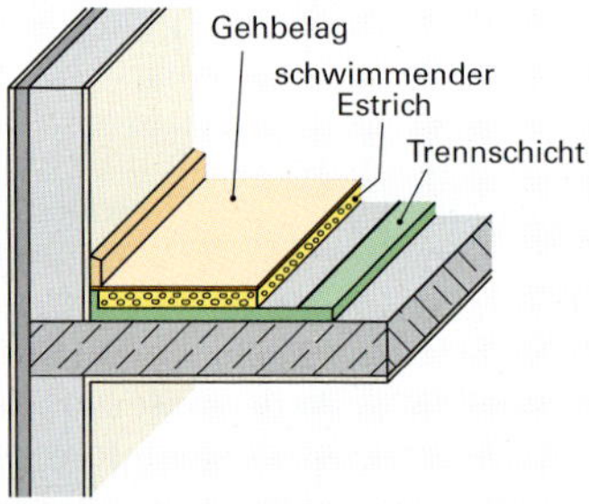

3 Stahlbetondecke mit schwimmendem Estrich

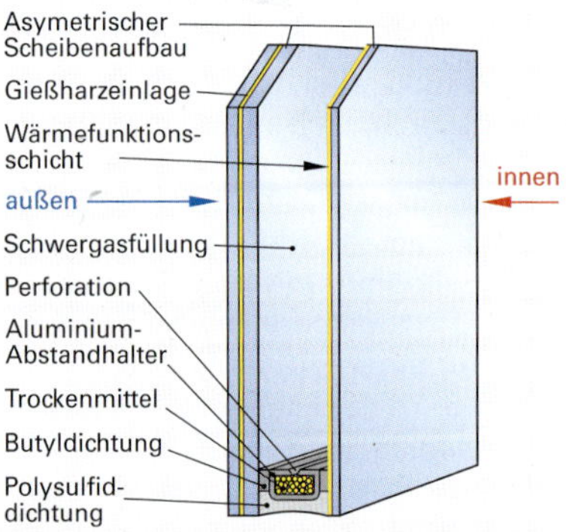

4 Schnitt durch ein Schallschutz-Isolierglas

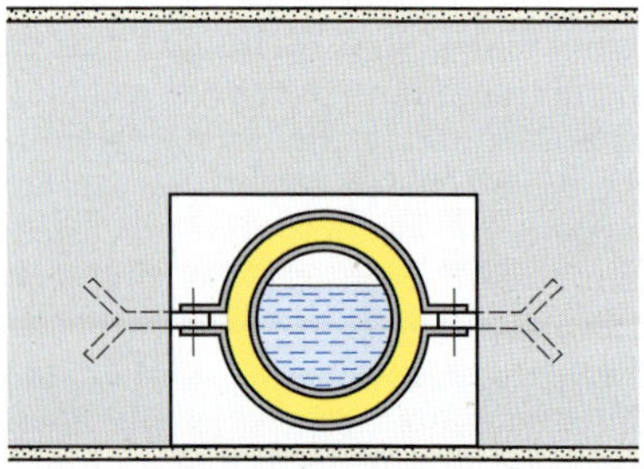

5 Abflussrohr mit Körperschalldämmung

19.4 Brandschutz

Das Leben und die Sicherheit von Menschen und der Schutz von Sachwerten sollen durch eine große Anzahl brandschutztechnischer Gesetze, Verordnungen und Bestimmungen gewährleistet werden. Diese brandschutztechnischen Anforderungen richten sich nach dem Verwendungszweck des Gebäudes, der Lage und Funktion des Bauteils in Bezug auf das ganze Bauwerk und der Gefährdungssituation.

19.4.1 Brandverhalten von Baustoffen und Bauteilen

Merke

Baustoffe werden nach dem Grad ihrer Brennbarkeit in Baustoffklassen eingeteilt. Das Brandverhalten von Bauteilen wird nach ihrem Widerstand gegen Feuereinwirkung eingestuft.

Das **Brandverhalten von Baustoffen** hängt ab von ihrer chemischen Zusammensetzung und ihrer Dichte. Die nebenstehende Tabelle 1 führt die Merkmale der einzelnen **Baustoffklassen** auf. Die Kennzeichnung befindet sich entweder auf dem Baustoff oder auf der Verpackung.

Die **Feuerwiderstandsdauer eines Bauteils** wird mittels eines Brandversuchs ermittelt und in **Brandschutzklassen** eingestuft (Tabelle 2). Wenn eine Wand die Brandschutzklasse F 90 erhält, darf ein auf die Wand einwirkendes Feuer 90 Minuten lang nicht auf die andere Seite der Wand durchschlagen. Danach zeigt die dazugehörige Festigkeitsprüfung, ob die statisch erforderlichen **Mindestfestigkeitswerte** der Wand noch erhalten geblieben sind, wie sie von Bauteilen der jeweiligen Brandschutzklasse gefordert werden. Für die Brandschutzklassen F und W sind in den Angaben auch Informationen über die Brennbarkeit enthalten.

Beispiele:

F 90-A (nicht brennbar)

F 30-B (brennbar)

W 60-A (wesentliche Teile bestehen aus nichtbrennbaren Baustoffen)

In den Landesbauordnungen werden die Bauteile je nach Brandschutzklasse in feuerhemmend (fh), feuerbeständig (fb) und hochfeuerbeständig (fhb) eingeteilt. Die G-Klassen für Verglasungen bieten lediglich Sicherheit gegen den Durchtritt von Flammen und Brandgasen. Soll auch eine Entflammung auf der anderen Seite infolge der Wärmestrahlung aus dem Brandraum verhindert werden, kommen Fenster der Klassen F zum Einsatz.

Tabelle 1: Baustoffklassen nach DIN 4102 T1

Baustoffklasse	Bauaufsichtliche Benennung	Beispiele
A	**Nicht brennbare Baustoffe**	
A1	Ohne brennbare Bestandteile	Gips, Kalk, Zement, Beton, Glas, Gusseisen, Stahl, bestimmte Mineralfaser-Feuerschutzplatten,
A2	Die Baustoffe der Gruppe A2 dürfen geringe Mengen an brennbaren Bestandteilen enthalten	Gipskartonplatten, bestimmte Mineralfasererzeugnisse
B	**Brennbare Baustoffe**	
B1	Schwerentflammbare Baustoffe	Holzwolle-Leichtbauplatten, schwerentflammbare Spanplatten, bestimmte Kunststoff-Hartschaumplatten, bestimmte PVC-Erzeugnisse
B2	Normalentflammbare Baustoffe	Holz- und Holzwerkstoffe über 2 mm Dicke, genormte Dachpappen, PVC-Bodenbeläge
B3	Leichtentflammbare Baustoffe	Papier, Holzwolle, Holz unter 2 mm Dicke

Hinweis: Seit 2002 kann der Brandschutzstatus eines Gebäudes auch über das Brandverhalten der einzelnen Bauteile nach DIN EN 13501-1 und -2 beurteilt werden.

Tabelle 2: Brandschutzklassen nach DIN 4102 T2

Feuerwiderstandsdauer in Minuten	Tragende Wände, Decken, Stützen, Unterzüge, Treppen	Nichttragende Decken, Stützen, Unterzüge, Treppen	Feuerschutzabschlüsse (Türen, Tore, Klappen, Rollläden)	Verglasungen
≥ 30 ≥ 60	F 30 F 60	W 30 W 60	T 30 T 60	G 30 F 30 G 60 F 60
≥ 90 ≥ 120	F 90 F 120	W 90 W 120	T 90 T 120	G 90 F 90 G 120 F 90
≥ 180	F 180	W 180	T 180	G 180 F 90

19.4.2 Brandschutzmaßnahmen

Wenn ein ungünstiges Brandverhalten eines einzelnen Bauteils bekannt ist, gibt es bestimmte bauliche Schutzmaßnahmen, um es innerhalb eines sonst widerstandsfähigeren Bauwerkes vor Brandeinwirkung zu schützen. Sie hängen ab von:

- dem verwendeten Baustoff;
- den Bauteilabmessungen;
- der konstruktiven Gestaltung des Bauteils, z. B. den Anschlüssen im Fertigbau, der Befestigung vorgehängter Fassaden oder der Aufhängung von Decken;
- der Lage und Art von Verkleidungen oder Ummantelungen von Bauteilen.

Feuerschutz- und Rauchschutztüren sollen die Ausbreitung von Bränden und Rauch möglichst lange aufhalten.

19.4.3 Schutz von Bauteilen aus Stahl

Stahl ist erst bei sehr hohen Temperaturen brennbar. Wegen seiner hohen Wärmeleitfähigkeit erwärmt sich ein Stahlbauteil im Brandfall rasch und über die ganze Länge. Dabei dehnt es sich aus und beschädigt oder verformt andere Bauteile.

Merke

Bei Temperaturen über 500 °C verliert Stahl schnell seine Festigkeit. Dann knicken Stützen ein und Träger verbiegen sich.

Wichtige Bauteile aus Stahl, wie Stützen, Deckenträger und Dachträger müssen deshalb gegen Feuer und übermäßige Erwärmung geschützt werden.

Direkten Schutz erreicht man durch:
- Anbringen von Spritzputz aus Wärmedämmstoffen (Bild 1 A und Bild 2 A);
- Beton- und Mauerwerksummantelungen (Bild 2 A);
- Anbringen von vorgefertigten Verkleidungen (Bild 2 B);
- Brandschutzbeschichtungen oder Anstriche, die bei Wärmeeinwirkung aufschäumen und dabei eine Wärmeschutzschicht bilden;
- Füllung hohler Stahlstützen mit Wasser.

Die Dicke einer Ummantelung aus wärmedämmenden Stoffen hängt vom zu schützenden Profil, der Widerstandsfähigkeit des Dämmstoffs und dem geforderten Feuerwiderstand ab (Bild 1 und Tabelle 2 auf der vorherigen Seite).

Indirekten Schutz erreicht man durch:
- Untergehängte Decken aus dämmenden Putzen auf Streckmetall oder Holzwolle-Leichtbauplatten;
- Untergehängte Decken aus Mineralfaser-, Gipskarton- oder Silikat-Platten (Bild 3).

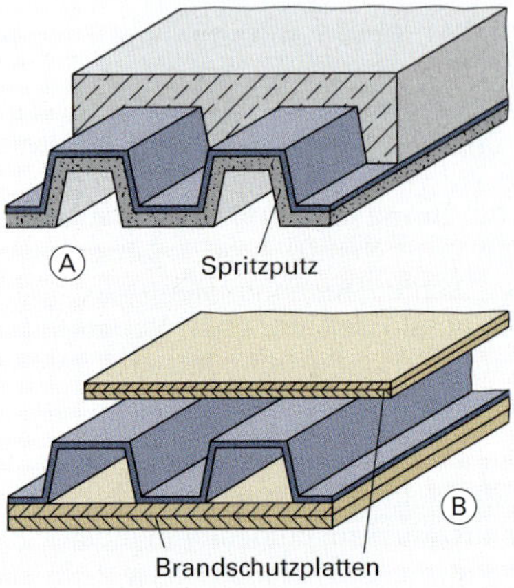

1 Brandschutz von Decken

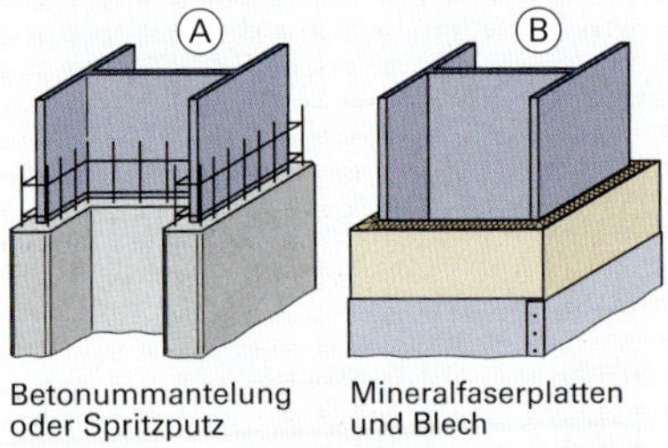

2 Brandschutz von Stützen

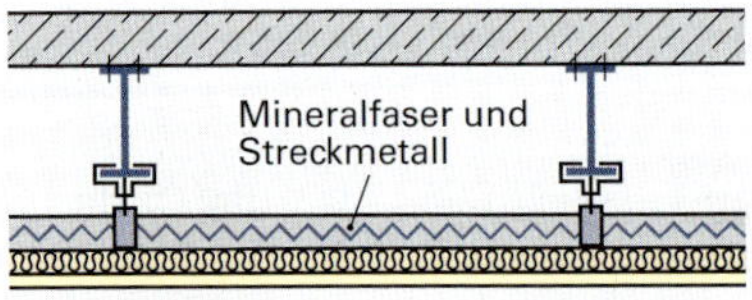

3 Stahlträgerdecke mit abgehängter Unterdecke

Überprüfen Sie Ihre Kenntnisse

1 Wie wirkt sich andauernder starker Lärm auf Menschen aus?
2 Wie entsteht Schall und wie pflanzt er sich fort?
3 Was bedeuten Tonhöhe und Lautstärke physikalisch?
4 Wie wirkt sich der menschliche Faktor bei der Schallwahrnehmung aus?
5 Wie kann man verhindern, dass bei schwingungsfähigen Bauteilen Luftschall und Trittschall zu Körperschall werden?
6 Unterscheiden Sie Schallschluckung und Schalldämmung.
7 Was bedeutet das Schalldämmmaß?
8 Wie werden Baustoffe und Bauteile je nach ihrer Brennbarkeit eingestuft?
9 Wovon ist die Feuerwiderstandsklasse abhängig?
10 Wie können Stahlbauteile gegen Feuer und Hitze geschützt werden?

20 Fenster

Wie Türen und Tore sind auch Fenster Bauelemente, durch die notwendige Öffnungen in den Außenwänden von Gebäuden verschlossen werden können. Auch im konstruktiven Aufbau und bei der Montage sind sich diese Bauteile ähnlich – bei den Funktionen bestehen aber deutliche Unterschiede.

Merke

Durch Fenster werden Gebäudeöffnungen verschlossen, die der Versorgung der Innenräume mit Tageslicht und Frischluft dienen.

So notwendig die Fenster für das Leben in Gebäuden sind, stellen sie doch Schwachstellen in der Gebäudehülle dar. Deshalb stellt man neben der Erfüllung der oben genannten drei Hauptfunktionen weitere **Anforderungen an Fenster:**

- Schutz gegen natürliche äußere Einwirkungen wie Kälte, Wärme, Sonnenstrahlung, Wind, Regen, Staub, Lärm, Gerüche sowie Gewährleistung eines angenehmen Raumklimas;
- Schutz gegen unbefugtes, gewaltsames Eindringen in Räume;
- Erschwerung von Durchwurf, Durchschuss, Einbruch oder Sprengung;
- Lange Lebensdauer;
- Leichte Reinigungsmöglichkeiten;
- Dekoratives Aussehen.

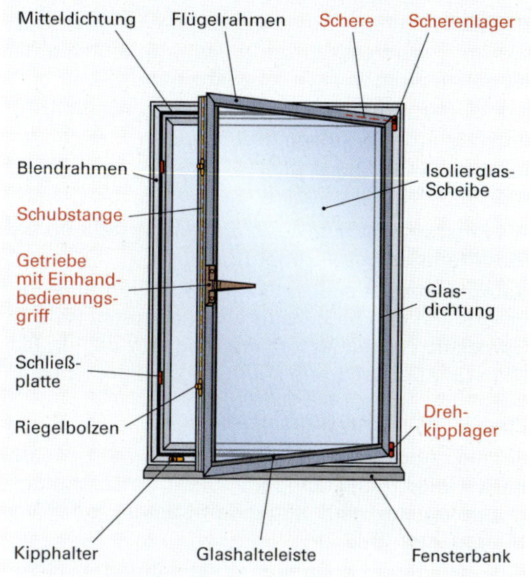

1 Bauteile eine Drehkipp-Fensters

20.1 Aufbau und Bauteile von Fenstern

Das **Drehflügel-Fenster** war lange Zeit die Standard-Ausführung normaler Fenster. Früher waren die Fugen nicht dicht, sodass ein regelmäßiger Luftwechsel stattfand. Die Anforderungen der Wärmedämmung verbesserten die Fugendichtheit an den Fenstern, sodass die Notwendigkeit regelmäßiger Lüftung auftrat. Inzwischen sind deshalb die modernen Standardausführungen der Fenster in der Regel **Drehkipp-Fenster** (Bilder 1 und 2).

Der **Blendrahmen** wird am Bauwerk angeschlagen, d. h. befestigt. An ihm wird der **Fensterflügel** beweglich angebracht. Bei Festverglasung wird das Glas ohne Flügel in den Blendrahmen eingesetzt.

Der **Flügelrahmen** nimmt die Verglasung auf.

Zum **Beschlag** gehören die Zubehörteile, die der Bewegung und dem Verschließen des Flügels dienen. Die **Glasleisten,** auch als Glashalteleisten bezeichnet, sind (bei Aluminiumfenstern) in einer Nut des Flügelrahmens geklemmt und drücken die **Glasdichtung** (Glasfalzdichtung) gegen die Glasscheibe.

Die Scheibe selbst wird auf Klötzen aus Holz oder Kunststoff gelagert, damit sie nirgends den Flügelrahmen berührt und keine senkrechten Lasten aufnehmen muss.

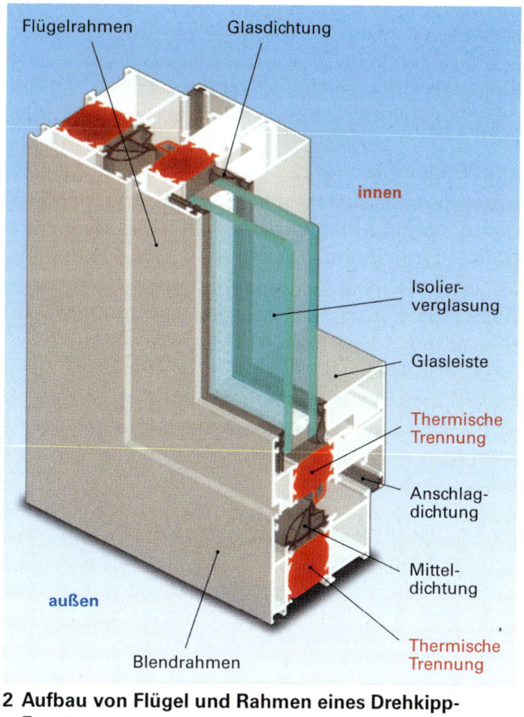

2 Aufbau von Flügel und Rahmen eines Drehkipp-Fensters

20.2 Bauarten und Einteilung der Fenster

Je nachdem, ob man als Metallbauer, Architekt oder Hersteller Fenster bezeichnet, können sie danach unterschiedlich benannt werden:

■ Konstruktionsart ■ Öffnungsart ■ Rahmenwerkstoff ■ spezielle Funktion ■ Spezialausführung.

Außerdem gibt es Kombinationen von Fenstern: Werden mehrere Einzelfenster nebeneinander eingebaut, bilden sie ein **Fensterband.**

Aus der Kombination eines Fensters mit einer Tür entsteht eine **Türanlage** (Seite 263).

Fensterwände bilden die Fassade eines Gebäudes (Bild 1).

Als **Pfosten** wird eine senkrechte Unterteilung des Blendrahmens bezeichnet (Bild 1).

Kämpfer bzw. **Riegel** sind tragende Elemente und unterteilen den Blendrahmen waagerecht (Bild 1). **Sprossen** dienen der Aufteilung verglaster Flächen und übernehmen keine Tragfunktion (Bild 1).

20.2.1 Konstruktionsarten

Je nach Anordnung der Flügel kann man Fenster nach Einfach- und Doppelfenstern unterscheiden. Doppelfenster sind entweder Kasten- oder Verbundfenster (Bild 2).

Einfachfenster haben einen feststehenden Blendrahmen und einen beweglichen Flügel mit Einfachscheibe, Isolierverglasung oder Sonderverglasung.

Bei Verbundfenstern sind an einem Blendrahmen zwei Flügel (Haupt- und Putzflügel) angeschlagen. Sie liegen direkt hintereinander und sind über einen zusätzlichen Beschlag miteinander verbunden. Zur Belüftung werden die beiden verbundenen Flügel gemeinsam, zu Reinigungszwecken einzeln geöffnet.

Kastenfenster bestehen aus zwei Einfachfenstern, deren Blendrahmen durch ein umlaufendes Futter (Kasten) miteinander verbunden sind. Die beiden Drehflügel sind getrennt voneinander zu öffnen.

Rechtsflügel ist ein Flügel von Drehflügelfenstern, -türen und -läden, dessen Bandseite in Blickrichtung rechts liegt (Bild 3).

Linksflügel ist ein Flügel von Drehflügelfenstern, -türen und -läden, dessen Bandseite in Blickrichtung links liegt (Bilder 3 und 4). Der Standort des Metallbauers ist dabei innen.

20.2.2 Öffnungsarten

Je nach Einsatzzweck werden Fenster in unterschiedlichen Öffnungs- bzw. Flügelarten ausgeführt. Neben technischen Kriterien wie Größe und Gewicht der Flügel sollten auch optische Gesichtspunkte wie das Anpassen des Fensters an die Architektur des Gebäudes bei der Auswahl der Öffnungsart berücksichtigt werden (Bild Seite 357).

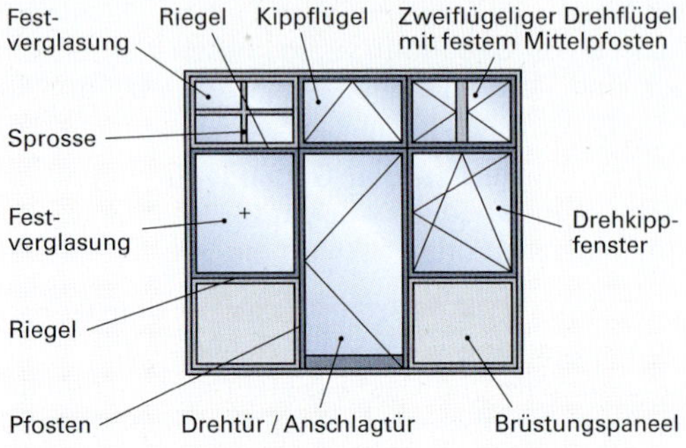

1 Elemente einer Fensterwand

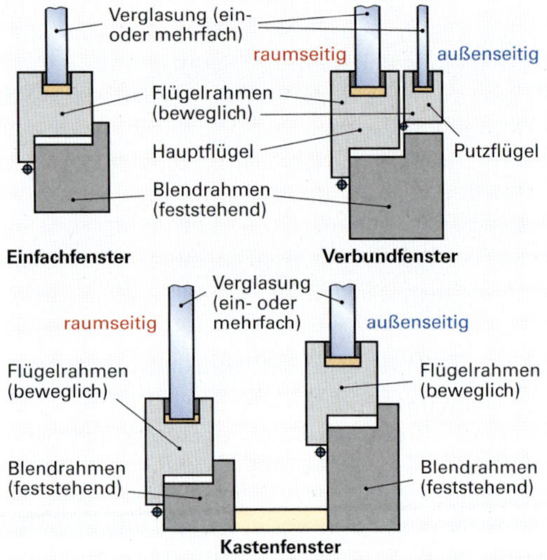

2 Bezeichnung von Fenstern nach der Konstruktionsart

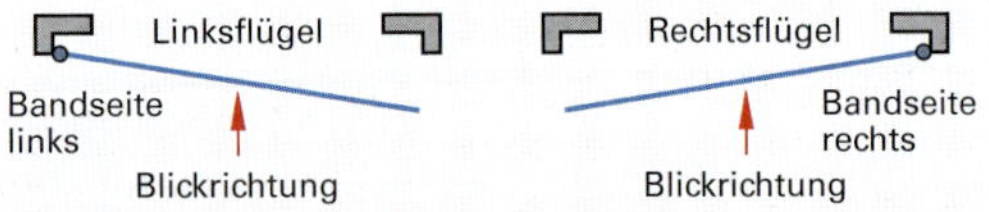

3 Unterscheidung der Fenster nach links und rechts (DIN 107)

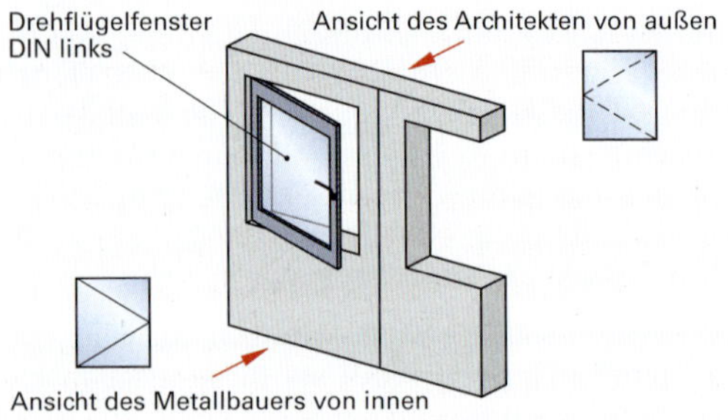

4 Ansicht von Fenstern in symbolischen Darstellungen

Der **Drehflügel** und der **Drehkippflügel** sind die zur Zeit am häufigsten gewählten Öffnungsarten. In Verbindung mit geeigneten Verglasungsvarianten sind Wärme- und Schalldämmwerte auch für gehobene Anforderungen zu erreichen. Mit der Kippstellung bietet die zweite Öffnungsart weiterhin eine günstige Möglichkeit zur Belüftung, ohne dass der Flügel im Rauminneren viel Platz beansprucht.

Eine Variante des zweiflügeligen **Drehflügelfensters** ist das **Stulpfenster** (Bild 1). Hier werden zwei Flügel innerhalb eines Blendrahmens ohne trennenden Mittelpfosten (Setzpfosten) aufeinanderschlagend angeordnet. Der Vorteil dieser Konstruktion liegt darin, dass bei Öffnung beider Flügel die gesamte Fensterbreite ohne störenden Mittelpfosten freigegeben wird.

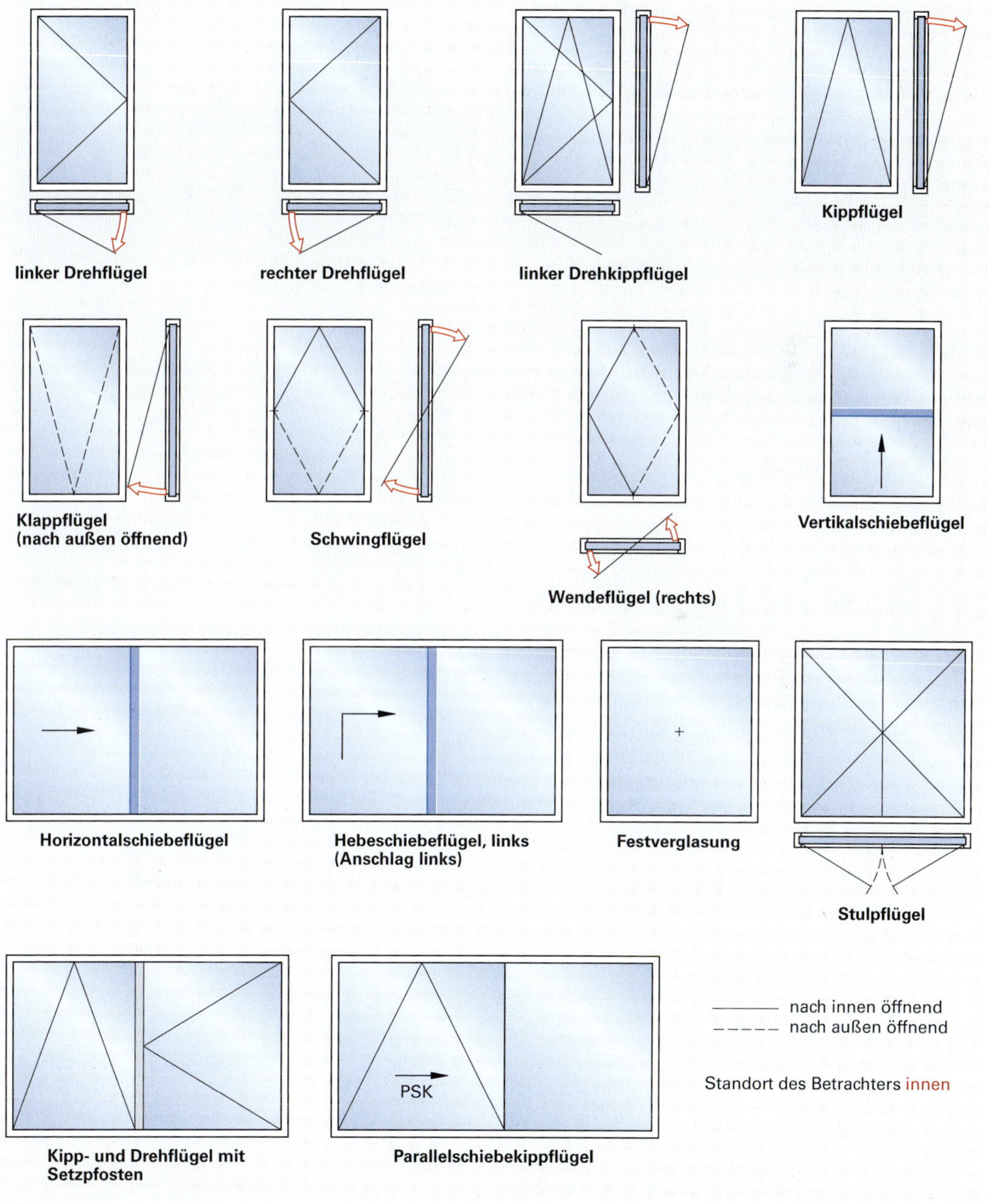

1 Öffnungsarten von Einfachfenstern (Symbole nach DIN 1356-1)

20.2.3 Rahmenwerkstoffe

Metallbaubetriebe fertigen und montieren Fensterrahmen aus Stahl, nichtrostendem Stahl, Aluminium, Kunststoff oder aus einem Verbund von unterschiedlichen Werkstoffen, z. B. Holz und Aluminium oder Kunststoff und Stahl. Bei richtiger Konstruktion und werkstoffgerechter Verarbeitung sind die verschiedenen Werkstoffe in ihren Funktionswerten gleichwertig (Bild 1).

Das **Blendrahmenprofil** hat oben und an den Seiten eine charakteristische L-Form. Diese Form ergibt sich aus der Anschlagkante des Blendrahmens bzw. der Schließebene des Fensters (Bild 2).

Das **Flügelprofil** ist umlaufend gleich geformt. Es hat stets eine Z-Form. Durch die Schenkel der Z-Form erhält der Flügel am Blendrahmen einen doppelten Anschlag (Bild 2).

Die Profile sind Halbzeuge aus Stahl, Aluminium oder Kunststoff. Sie sind nach einem Baukastensystem aufgebaut, das bedeutet, sie bilden zusammen mit dem notwendigen Zubehör ein Fenstersystem. Die Blendrahmen und Flügel der Fenster werden aus zueinander passenden Profilen gefertigt.

Stahlprofile als **Rahmen-Profilrohre** sind geschlossene Profile, die entweder aus Stahlblech durch Kaltumformen, Schweißen und nachfolgendem Kaltwalzen oder durch Kaltziehen von Rohren hergestellt werden. Auch wärmegedämmte Stahl-Hohlprofile (Bild 3) sind heute Standard. Im Industriebau sind **Stahlfenster** weit verbreitet. Aber auch im Wohnungsbau und in öffentlichen Gebäuden gewinnen Stahlfenster aufgrund ihrer Festigkeit und schmalen Ansichtsbreite Marktanteile zurück. Hinzu kommt, dass wärmegedämmte Stahlprofile (wie auch die wärmegedämmten Aluminiumprofile) die Anforderungen der Energieeinsparverordnung (EnEV) erfüllen und in unterschiedlichen Profilformen in den Handel kommen.

Fenster aus **Aluminiumprofilen** haben trotz ihres höheren Preises, aufgrund ihrer Witterungsbeständigkeit, der leichten Verarbeitbarkeit, der relativ hohen mechanischen Festigkeit, der Fugendichtheit und des dekorativen Aussehens einen großen Marktanteil erworben.

Die Anzahl und Ausbildung der Kammern im Profilkörper sind für die Dämmwirkung der Aluminiumprofile wesentlich. Bei modernen thermisch getrennten Profilen sind **Dreikammer-Systeme** üblich (Bild 1, S. 359). Dabei bilden die Außenschale, der Mittelteil mit den Isolierstegen und die Innenschale je eine Kammer.

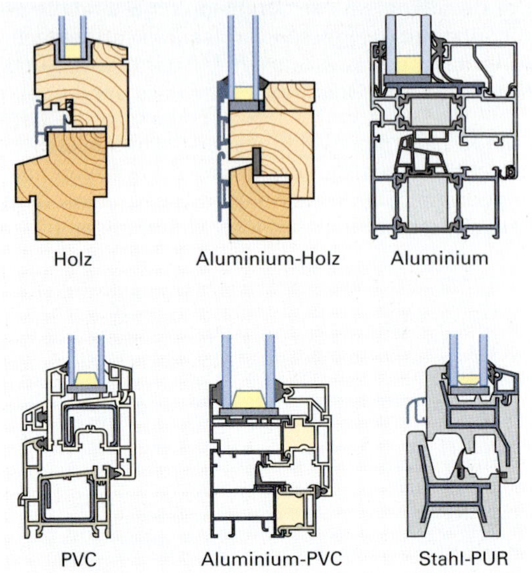

1 Werkstoffe für Fensterrahmen

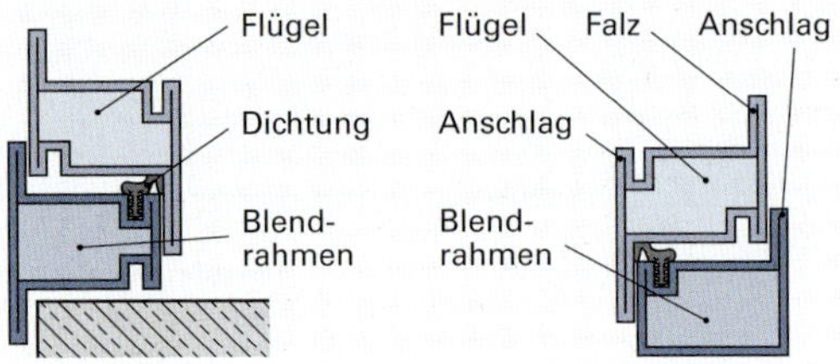

2 Prinzipieller Aufbau von Stahl-Rahmenprofilen

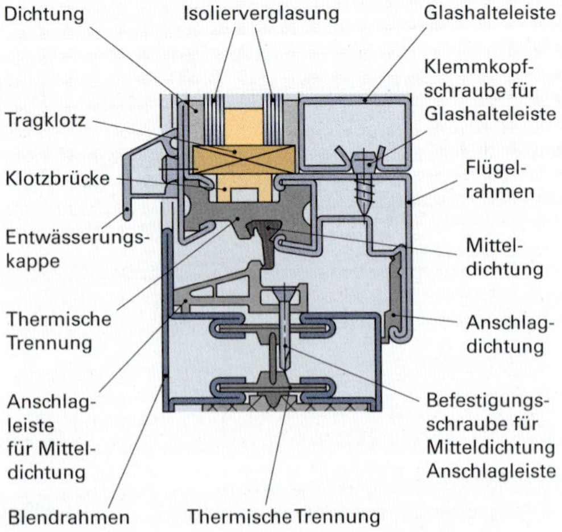

3 Wärmegedämmte Rahmenprofile aus Stahl

Die Isolierstege aus glasfaserverstärktem Polyamid (PA) oder Polythermid (PT) verringern den Wärmefluss und sorgen so für eine verbesserte Wärmedämmung. Mit dieser Trennung und einer mit PU-Kunststoff ausgeschäumten Isolierkammer und besonderen Dichtungselementen, kann das **Aluminiumfenster** Wärmedämmwerte in der Größe der Isolierglasscheibe erreichen. Die Mitteldichtung verhindert Zugluft am Fenster und verbessert den Wärmeschutz (Bild 1).

Aluminumprofile werden während der Lagerung, des Transportes und der Montage mit abziehbaren Klebebändern und Kunststoff-Folien gegen mechanische und korrosive Einwirkungen durch Putz, Mörtel, Gips, Zement und Beton geschützt. Die Profiloberfläche kann durch anodische Oxidation, Tauchfärbung oder eine Pulverbeschichtung geschützt und farblich gestaltet werden.

Verbundprofile: Aluminium, Stahl, Holz und Kunststoff werden oftmals in verschiedenen Kombinationen verwendet. Die größte Bedeutung hat hierbei das Holz-Aluminium-Fenster, wobei das Aluminium den außenseitigen Wetterschutz und das Holz die tragende Funktion und den Wärmeschutz übernimmt (Bild 1 der vorherigen Seite). Die beiden Schalen müssen hinterlüftet sein, um Feuchteschäden zu verhindern. Um Wärmespannungen zu vermeiden (unterschiedliche Ausdehnungskoeffizienten der Werkstoffe), ist die Aluminiumschale über Klemmbolzen gleitend auf dem Holzrahmen befestigt.

Fenster aus **Kunststoffprofilen** haben wegen der geringen Wärmeleitfähigkeit eine bessere Wärmedämmung als Metallfenster. Sie benötigen deshalb keine thermische Trennung. Die Profile werden überwiegend aus thermoplastischem, hochschlagzähem PVC durch Extrudieren geformt und zu Blendrahmen und Flügeln im sogenannten „Spiegelschweißverfahren" (Heizelementstumpfschweißen; s. S. 107) verbunden. Um die nötige Festigkeit zu gewährleisten, werden bei größeren Fenstern die Hohlprofile durch Armierungen aus Stahlblech ausgesteift (Bild 2).

Ein Nachteil von Fenstern aus Kunststoff ist die hohe Wärmeausdehnung, die besondere Sorgfalt bei der Konstruktion und beim Einbau erforderlich macht.

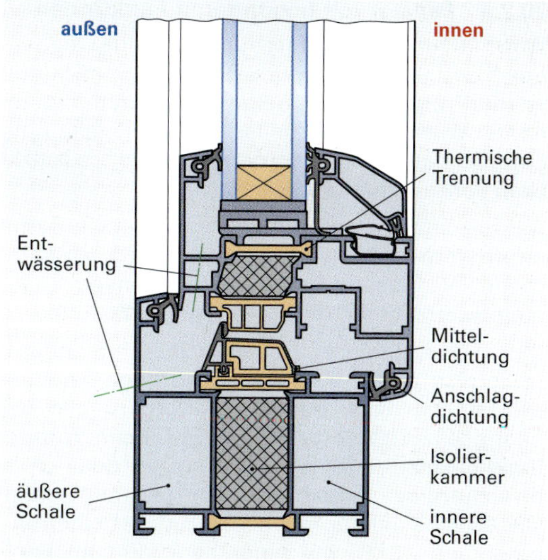

1 Thermisch getrenntes Aluminiumprofil

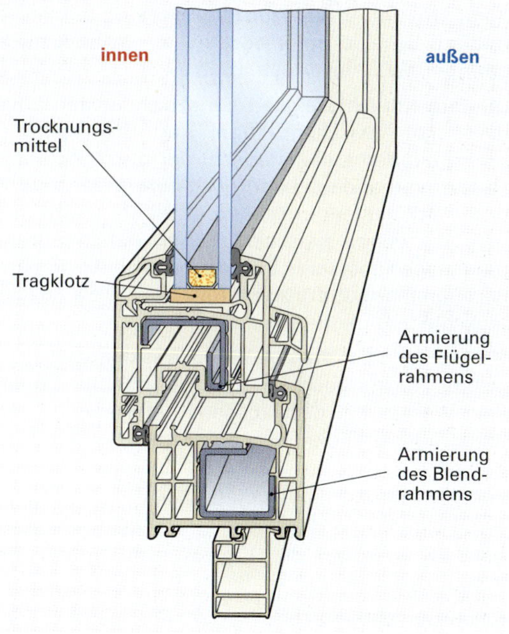

2 Durch Stahlblechprofile verstärktes Kunststofffenster

Überprüfen Sie Ihre Kenntnisse

1 Nennen Sie fünf Anforderungen an Fenster.
2 Welche Bauteile eines Fensters kennen Sie (fünf Angaben)?
3 Unterscheiden Sie Einfach-, Kasten- und Verbundfenster.
4 Skizzieren Sie sechs verschiedene Fenster-Öffnungsarten.
5 Warum werden bei Aluminium-Fenstern die Außen- und Innenschale mit Kunststoffstegen aus PA oder PT verbunden?
6 Welche Vorteile bieten Verbund-Fensterprofile aus Holz und Aluminium?
7 Vergleichen Sie Aluminium- und PVC-Fenster.
8 Nennen Sie je einen Vorteil und einen Nachteil von Stahlfenstern.

20.2.4 Fenster mit besonderen Funktionen

Wärmeschutz, Feuchteschutz, geringe Fugendurchlässigkeit und gute Schlagregendichtheit werden von jedem normalen Fenster verlangt. Erhöhter Wärme- und Schallschutz sowie eine gute Einbruchhemmung erfordern dagegen zusätzlichen konstruktiven Aufwand.

Der bei einer vorgegebenen Gesamtfensterfläche erforderliche Wärmeschutz muss durch entsprechende Verglasung und wärmedämmende Rahmenkonstruktion erreicht werden (Bilder 1 und 2).

Das konventionelle unbeschichtete Standard-Isolierglas erfüllt aufgrund der hohen Energieabstrahlung nicht mehr die Anforderungen der Energieeinsparverordnung (EnEV). Beim **Wärmefunktionsglas** (auch als „Warmglas" oder „Wärmeschutzglas" bezeichnet) ist die raumseitige Glasscheibe auf der Innenseite zum Scheibenzwischenraum (SZR) mit einer hauchdünnen Edelmetallschicht versehen, die die Energieabstrahlung (Emission) erheblich vermindert.

Dreischeiben-Isolierglas, bei dem der Randverbund von der Außen- zur Innenscheibe durch die mittlere Scheibe unterbrochen ist, erzielen noch geringere Wärmeverluste (Bild 2).

Die **Fugendurchlässigkeit** kennzeichnet den über die Fugen zwischen Flügel und Blendrahmen stattfindenden Luftaustausch, der durch eine am Fenster vorhandene Luftdruckdifferenz verursacht wird. Der Fugendurchlasskoeffizient a gibt die über die Fugen zwischen Flügel und Blendrahmen eines Fensters je Stunde, je Meter Fugenlänge und einer Luftdruckdifferenz von 10 Pa ausgetauschte Luftmenge an.

Schlagregendichtheit bedeutet, dass unter gleichzeitiger Beanspruchung durch Wind und Regen kein Wasser bei geschlossenem Fenster in den Innenraum und die Rahmenkonstruktion eindringen darf.

Die **Schalldämmung** eines Fensters wird beeinflusst durch den Grad der Fugendurchlässigkeit, die Verglasungsart, die Flügelanordnung und den Wandanschluss.

Schallschutzverglasung hat, um Resonanzschwingungen zu vermeiden, mindestens 2 Scheiben unterschiedlicher Dicke. Die dickere Isolierglaseinheit liegt meist außen. Der Scheibenzwischenraum ist mit einem Spezialgas gefüllt. Je nach Schalldämm-Maß bieten die Hersteller Schallschutzfenster von Klasse 1 bis zur Schallschutzklasse 6 an. Ein (undichtes) Fenster mit Standard-Isolierverglasung wird der Schallschutzklasse 0 zugeordnet; ein Kastenfenster (getrennte Blendrahmen) mit besonderen Dichtungen, sehr großem Scheibenabstand und einer Verglasung aus Dickglas erfüllt die Bedingungen der Klasse 6.

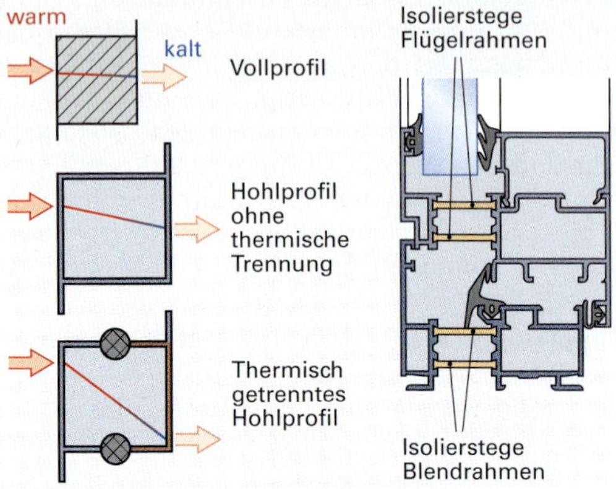

1 Wärmedämmung durch Kammern und Isolierprofile

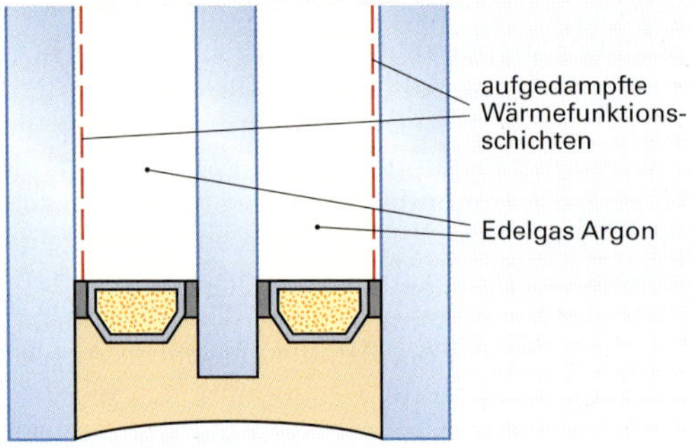

2 Hochwertiges Wärmefunktionsglas als Dreischeibenkonstruktion

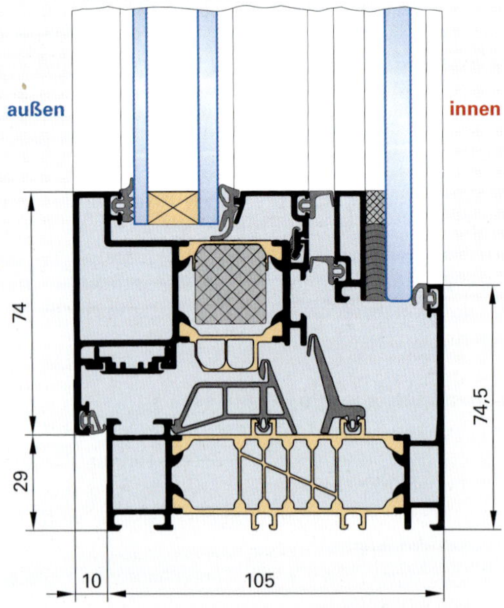

3 Schnitt durch ein Schallschutzfenster der Klasse 5

Einbruchhemmende Fenster

Einen vollständigen Schutz gegen Einbruch können weder Türen noch Fenster gewährleisten. Sowohl die Konstruktion, als auch die Befestigung im Mauerwerk bieten geübten Tätern mit entsprechenden Werkzeugen viele Angriffsmöglichkeiten. Beim Fenster stellt gerade auch die Verglasung eine Herausforderung für Täter dar. Fenster können in unterschiedlichen Widerstandsklassen gegen Einbruchsversuch und Einbruch gefertigt werden. Für eine ausgewiesene Widerstandsklasse muss die Typenprüfung eines Fensters aus der betreffenden Fensterserie erfolgen. Die Widerstandsklassen RC 1 N bis RC 6 und die Prüfungsverfahren für Einbruchshemmung werden in der Normenreihe DIN EN 1627 – DIN EN 1630 festgelegt. Jeder Widerstandsklasse wird eine entsprechende Verglasung zugeordnet. Bei den Sicherheitsverglasungen wird zwischen durchwurfhemmender Verglasung (Gruppe A), durchbruchhemmender Verglasung (Gruppe B), durchschusshemmender Verglasung (Gruppe C) und sprengwirkungshemmender Verglasung (Gruppe D) unterschieden. Eine kleine Übersicht zur Sicherheitsverglasung zeigt die untenstehende Tabelle (Auszug).

Allgemein wird die Einbruchshemmung eines Fensters verstärkt durch:

- Verstärkte Rahmenkonstruktion
- Abschließbare Fenstergriffe
- Anbohrschutz in Höhe des Fenstergetriebes (Bild 1)
- Verstärkte oder verschraubte Glashalteleisten
- Verstärkte Beschläge
- Schubstangenverriegelung
- Hinterhakensysteme im Falzbereich (Bild 2)
- Pilzkopfzapfen-Verriegelung
- Durchbruchhemmende Verglasung
- Aushebesicherung

Ein gekipptes Fenster bietet keinen Einbruchsschutz. Auch ein nachträglich montierter abschließbarer Fenstergriff kann eher als Kindersicherung im Rauminneren als eine qualifizierte Maßnahme zum Einbruchschutz am Fenster betrachtet werden.

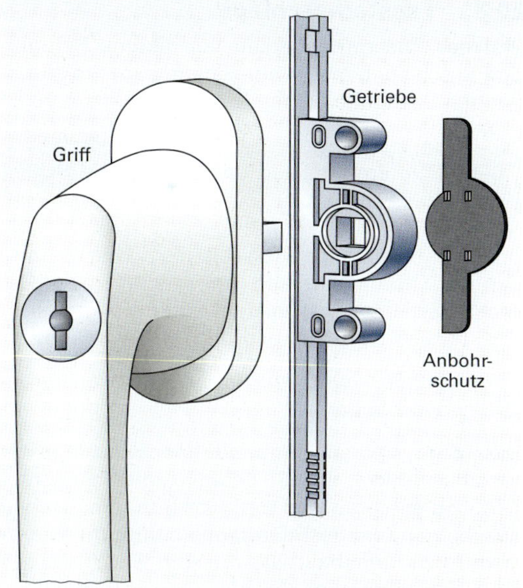

1 Anbohrschutz in Höhe des Fenstergetriebes

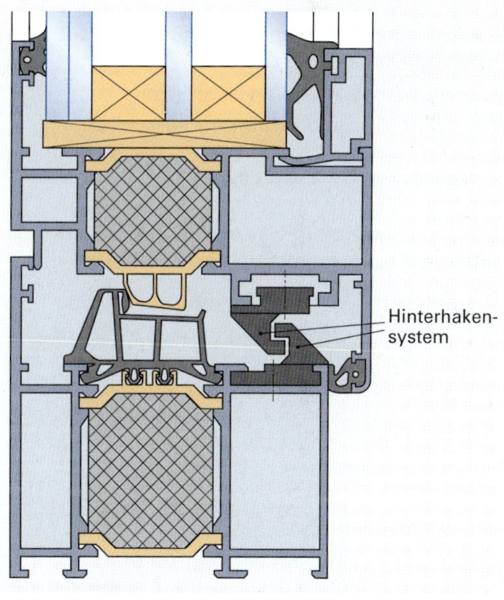

2 Hinterhakensystem im Falzbereich

Tabelle 1

Widerstands-klasse EN 1627/EN356		Glasaufbau, Sicherheitsglas als Isolierverglasung in mm	Dicke des Glaselements	Glasgewicht in kg/m²	Anzahl der Axtschläge[1]	Fallhöhe einer Stahlkugel[2] in mm
RC 2	P4A	9,5/10/6	25,5	32	3 im Dreieck	9000
RC 4	P6B	18/10/6	34	54	30 - 50	–
RC 5	P7B	24/110/6	40	69	51 - 70	–
RC 6	P8B	31/10/6	47	82	≥ 70	–

[1] Prüfwerkzeug: Axt, Masse 2 kg, Stiellänge 900 mm [2] Prüfkugel aus Stahl, ø 100 mm, $m = 4{,}11$ kg, Härte 60 HRC-65

20.3 Fensterbeschläge

Erst das Zusammenwirken von Flügel, Rahmen und Beschlägen macht ein Fenster zum funktionsfähigen Bestandteil eines Gebäudes.

Merke
Beschläge ermöglichen das Öffnen und Schließen eines Fensters.

Die Wahl des richtigen Beschlages richtet sich neben der Öffnungsart und der Fenstergröße (Gewicht) nach dem Profilsystem und der Windbelastung (≙ Beanspruchungsgruppe, Gebäudehöhe).

Im Folgenden wird ein Aluminium-Fensterbeschlag beschrieben:

Beschläge sind als einbaufertige Beschlagsätze erhältlich (Bild 1, S. 363). Lediglich die Schubstangen sind entsprechend den Fensterabmessungen abzulängen und nach Einbauanleitung mit Stanzlöchern zu versehen. Die meisten Beschlagsätze sind DIN rechts und DIN links verwendbar.

Die Beschläge sollen:

- bei sicherer Lagerung die Flügelbewegungen ermöglichen,
- die Flügelbewegungen begrenzen,
- den Flügel im Blendrahmen verschließen,
- eine Einstellung von Anpressdruck, Profilluft und Flügelgang ermöglichen.

Die Beschlagteile sind korrosionsgeschützt oder bestehen aus korrosionsbeständigem Material.

Bei Fenstern werden **aufliegende** (sichtbare) **Beschläge** oder **verdeckt liegende Beschläge** verwendet. Bei verdeckt liegendem Beschlag sind nur die Bänder und der Getriebegriff sichtbar. Die übrigen Teile werden vom Profil abgedeckt. Unterschiedliche **Beschlagsätze** sind für die jeweilige Öffnungsart des Flügels erhältlich.

20.3.1 Dreh-Kippbeschlag

Fenster mit Dreh-Kippbeschlag werden am häufigsten gebaut. Sie haben bei **Einhandbedienung** nur einen Handhebel für die drei Funktionen Drehen, Kippen und Verschluss (Funktionsprinzip in Bild 1).

Der Beschlag besteht aus den folgenden Hauptteilen: Getriebe mit Handgriff (Bild 2), Eckumlenkung (Bild 3), Schere mit Scherenlager (Bild 4), Drehkipplager, Kipphalter, Riegel, Schließplatte und Schubstangen (Bild 1 und einzeln dargestellt auf der folgenden Seite).

Merke
Durch Ablängen der Schubstangen lässt sich ein Beschlag an die Flügelgröße anpassen.

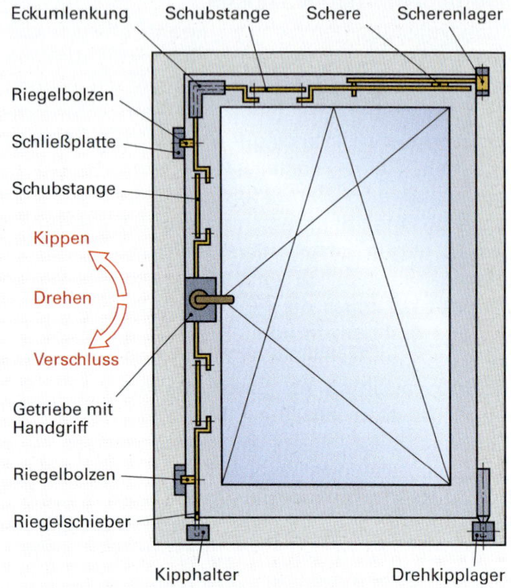

1 Einhand-Dreh-Kippbeschlag DIN-rechts (Schema)

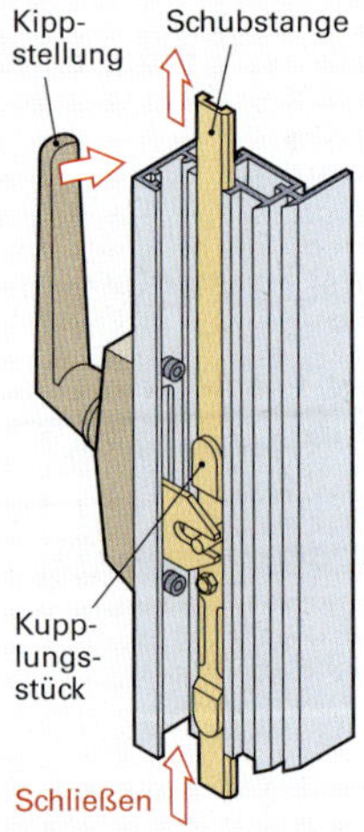

2 Getriebe

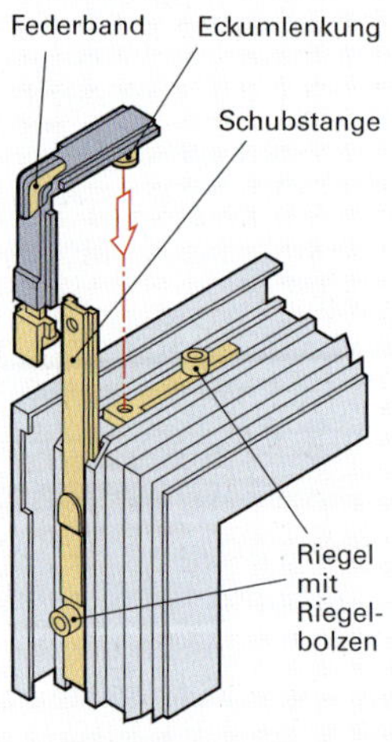

3 Eckumlenkung

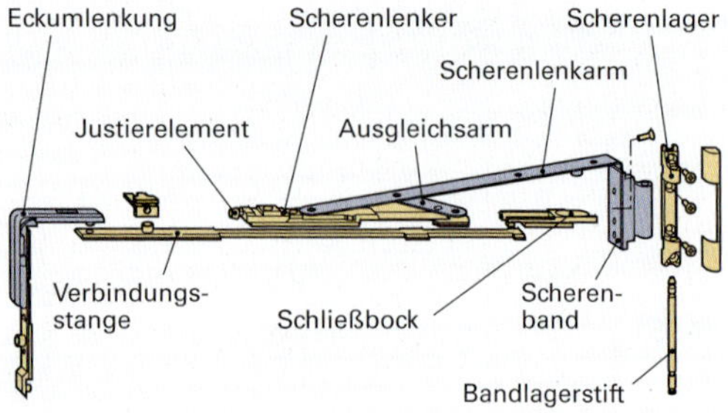

4 Einzelteile einer Drehkipp-Schere

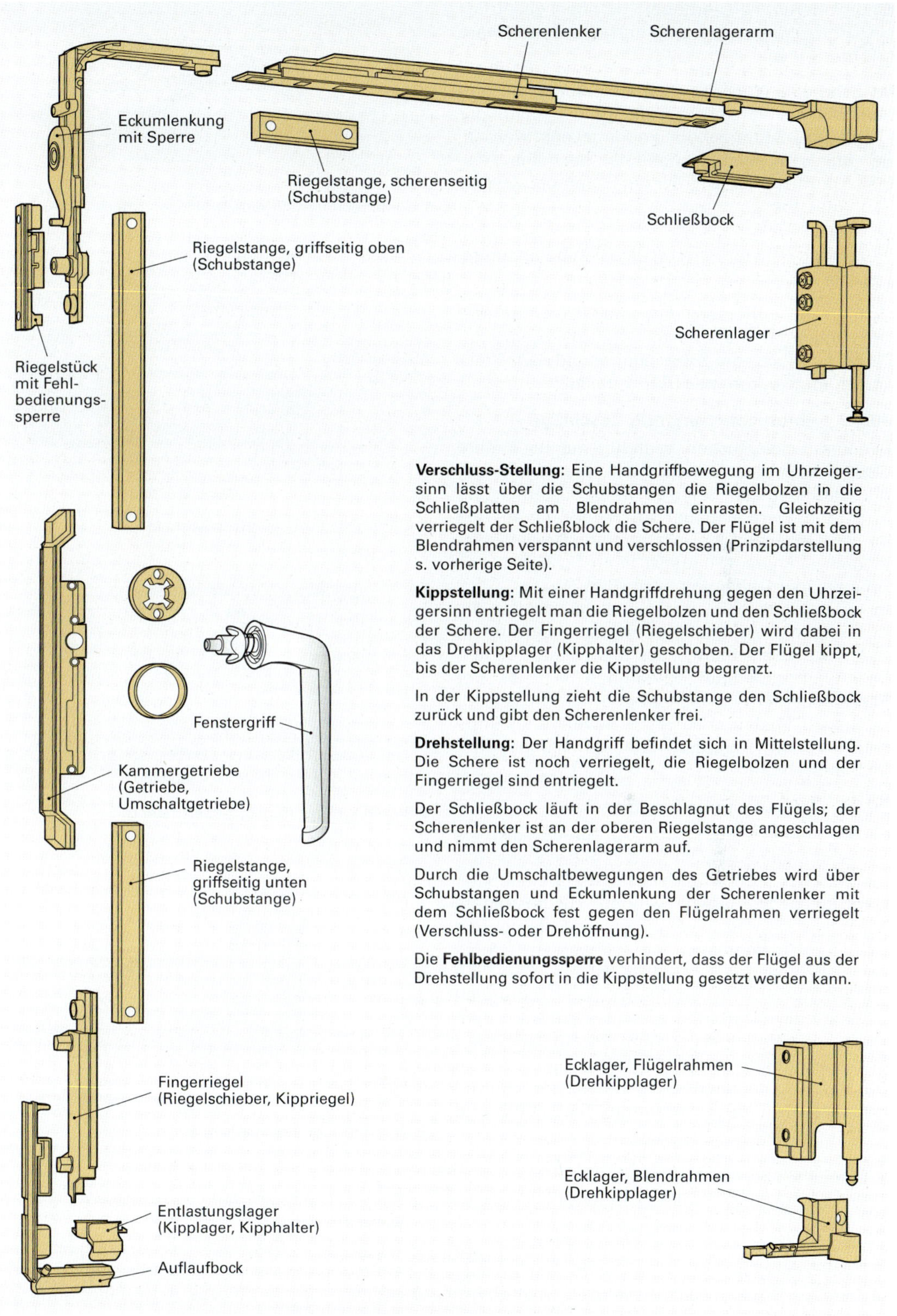

Verschluss-Stellung: Eine Handgriffbewegung im Uhrzeigersinn lässt über die Schubstangen die Riegelbolzen in die Schließplatten am Blendrahmen einrasten. Gleichzeitig verriegelt der Schließblock die Schere. Der Flügel ist mit dem Blendrahmen verspannt und verschlossen (Prinzipdarstellung s. vorherige Seite).

Kippstellung: Mit einer Handgriffdrehung gegen den Uhrzeigersinn entriegelt man die Riegelbolzen und den Schließbock der Schere. Der Fingerriegel (Riegelschieber) wird dabei in das Drehkipplager (Kipphalter) geschoben. Der Flügel kippt, bis der Scherenlenker die Kippstellung begrenzt.

In der Kippstellung zieht die Schubstange den Schließbock zurück und gibt den Scherenlenker frei.

Drehstellung: Der Handgriff befindet sich in Mittelstellung. Die Schere ist noch verriegelt, die Riegelbolzen und der Fingerriegel sind entriegelt.

Der Schließbock läuft in der Beschlagnut des Flügels; der Scherenlenker ist an der oberen Riegelstange angeschlagen und nimmt den Scherenlagerarm auf.

Durch die Umschaltbewegungen des Getriebes wird über Schubstangen und Eckumlenkung der Scherenlenker mit dem Schließbock fest gegen den Flügelrahmen verriegelt (Verschluss- oder Drehöffnung).

Die **Fehlbedienungssperre** verhindert, dass der Flügel aus der Drehstellung sofort in die Kippstellung gesetzt werden kann.

1 Einzelteile und Funktionsweise eines Dreh-Kipp-Beschlages

Bei größeren Fensterflügeln können zusätzlich eine Horizontalverriegelung und eine Zweitschere erforderlich sein.

Im Scherenlenker sind **Justierelemente** vorhanden. Mit der Verstellschraube (Bild 1) kann der Flügel um ± 3 mm gehoben oder gesenkt werden. Bei manchen Ausführungen ist noch ein Ausgleichsarm angebracht, der die Scherenbewegungen unterstützt.

Merke

Drehkipp-Fenster müssen eine **Fehlbedienungssperre** haben.

Damit wird verhindert, dass man direkt aus der Drehstellung in die Kippstellung schaltet und der Flügel nur noch vom Scherenlager und dem Drehkipplager gehalten wird (Bild 1, S. 363).

20.3.2 Einbruchhemmende Beschläge

Bei Einbruchversuchen besteht eine besondere Gefahr darin, dass versucht wird die Fenster geräuscharm aufzuhebeln. Je nach Sicherheitsanforderung werden daher im Blendrahmen und im Fensterrahmen 1 bis 4 Paare von Beschlagelementen eingebaut, die sich beim Schließen des Fensters ineinander verhaken (Bild 2).
Im gezeigten Beispiel drückt ein **Schließbolzen** die Dichtungen des Flügels fest an den Blendrahmen und sorgt somit dafür, dass das Fenster gegenüber Winddruck und Schlagregen dicht ist. Der **Pilzzapfen** greift in die entsprechende Schließtasche ein. Egal wie das Einbruchwerkzeug eingesetzt wird, die Pilzzapfen halten den Flügel sicher im Blendrahmen.

20.3.3 Hebe-Schiebeflügelbeschlag

Große Flügel werden wie bei Türen meist als Schiebeflügel hergestellt (Bild 3). Sie sind auf Rollen gelagert, jedoch erschweren die schleifenden Dichtungen die Flügelbewegung. Für besonders leicht laufende Schiebefenster wird darum ein **Hebe-Schiebeflügelbeschlag** verwendet. Durch die Hebebewegung des Flügels vor einer Flügelbewegung wird verhindert, dass Dichtungen während der Bewegung verschleißen. Nach dem Absenken des Flügels schließt die Quetsch- oder Sockeldichtung sehr dicht.
Der Beschlag hat folgende Hauptteile: Hebegetriebe (nicht im Bild), Riegelstange, Riegelbock und Laufwagen (Bild 4).

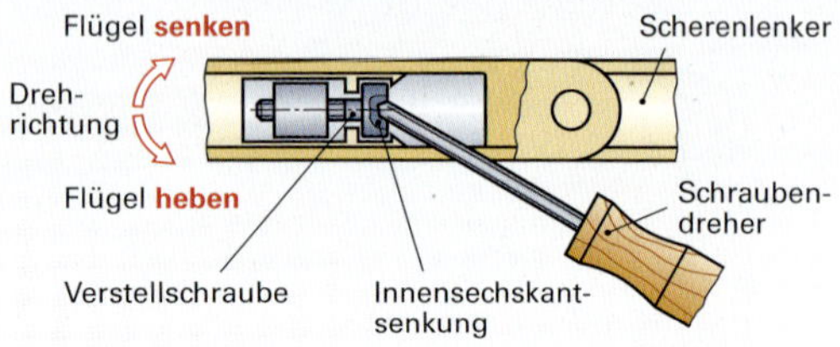

1 Justierelement für eine Drehkipp-Schere

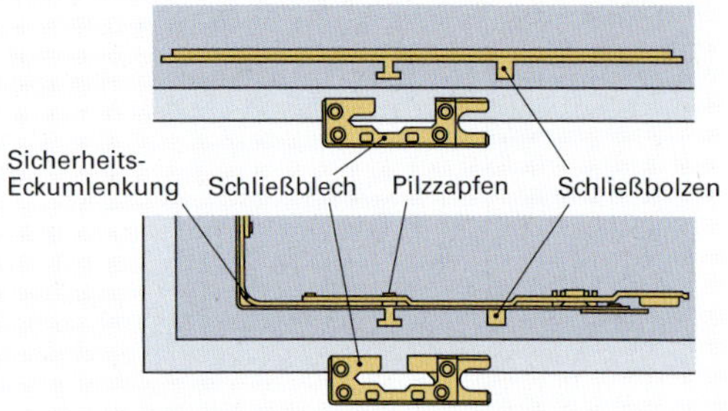

2 Einbruchhemmende Beschlagteile

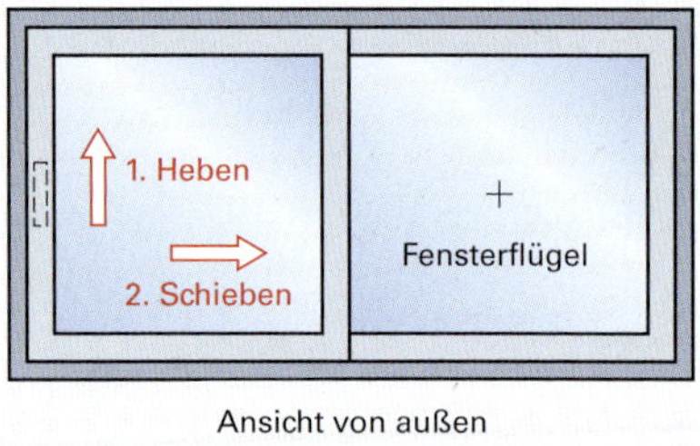

3 Zweiflügeliges Hebeschiebefenster

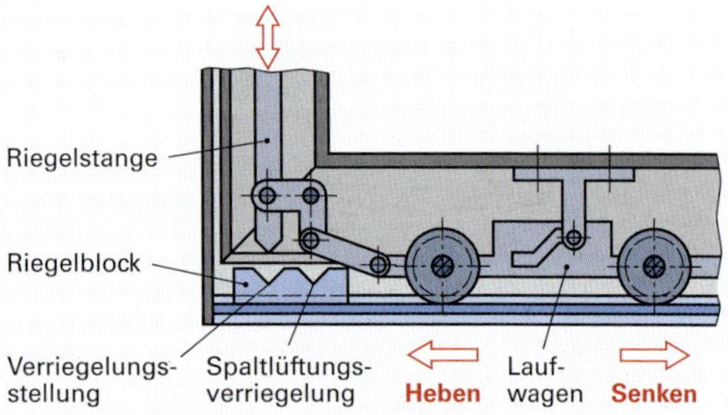

4 Hebe-Schiebe-Mechanismus

Überprüfen Sie Ihre Kenntnisse

1 Erläutern Sie den Aufbau eines Wärmefunktionsglases.

2 Nennen Sie drei konstruktive Maßnahmen zur Steigerung der Einbruchssicherheit am Fenster.

3 Welche Faktoren beeinflussen den Schalldämmwert eines Fensters?

4 Beschreiben Sie die Aufgabe der Schere in einem Fensterbeschlag.

5 An welchem Beschlagteil kann ein Fensterbeschlag um +/– 3 mm in der Höhe verstellt werden?

6 Erklären Sie die Aufgabe der Fehlbedienungssperre beim Fensterbeschlag

20.4 Herstellung von Fenstern

Je nach Größe des Betriebes und den Anforderungen der Kunden kann man drei Arten von Fertigung unterscheiden:

- **Einzelfertigung** in vorwiegend handwerklicher Arbeit wird nötig, wenn Fenster für Altbauten, kleinere Neubauten oder als Sonderanfertigungen mit speziellen Abmessungen und Anforderungen verlangt werden.
- **Kleinserien** können auch auf teilweise automatischen Maschinen gefertigt werden. Abmessungen und Ausführung entsprechen den besonderen Anforderungen eines Kunden.
- **Serienfertigung** mit Spezialmaschinen erfolgt in Standardgrößen in großen Stückzahlen für den Markt. Diese Fenster werden von größeren Betrieben hergestellt.

20.4.1 Aufmaß am Bauwerk

Für die Bestimmung der Rahmengrößen sind die Baurichtmaße anhand der Bauzeichnung maßgebend: Die **Baurichtmaße** sind die Kleinstmaße (Mindestmaße) der Rohbaumaße.

Bei der Einzelfertigung werden die Abmessungen aller Fensteröffnungen am Bauwerk ermittelt. Lichte Breite *b* und lichte Höhe *h* sind an jeweils drei Stellen zu messen (Bild 1). Das kleinste dieser Maße, das Rohbaurichtmaß, ist maßgebend. Für die Fertigung des Fensters sind jedoch die Außenmaße des Blendrahmens wichtig, da umlaufend noch eine Bauanschlussfuge von 10 mm ... 30 mm je nach Rahmenwerkstoff berücksichtigt werden muss. Von den Außenmaßen des Blendrahmens werden alle weiteren Maße für den Profilzuschnitt und die Verglasung errechnet.

20.4.2 Zuschnitt und Bearbeitung

Die Fensterfertigung beginnt mit dem Zuschnitt der fertig oberflächenbehandelten Profile. Für den Zuschnitt von Profilen sind **Doppelgehrungssägen** im Aluminium-Fensterbau (Bild 2) am besten geeignet, da sie in einem Arbeitsgang die Rahmenteile mit der erforderlichen Maßgenauigkeit zuschneiden. Die Kreissägen haben schwenkbare Sägeblätter.

Für kleinere Serien, einfache Zuschnitte und Nacharbeiten eignet sich die **Einfachgehrungssäge**. Passende Beilagen aus Holz verhindern, dass die Profile beim Sägen verformt und beschädigt werden. Nach dem Zuschnitt werden auf speziellen Maschinen (Kopier-, Schloss- und Ausklinkfräsen und Hand- bzw. Maschinenstanzen) **Ausnehmungen** wie z. B. Band- und Griffausnehmungen, Wasserabläufe, Kämpferlochungen hergestellt. Schablonen und Bohrlehren erleichtern bei Kleinserien die Arbeit (Bild 3). Wo es möglich ist, wird von innen nach außen gestanzt, um einen möglichen Grat innenseitig zu vermeiden.

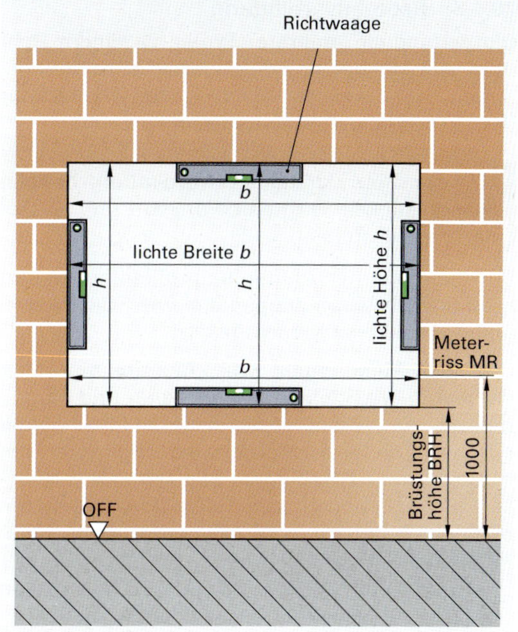

1 Aufmaß am Bau

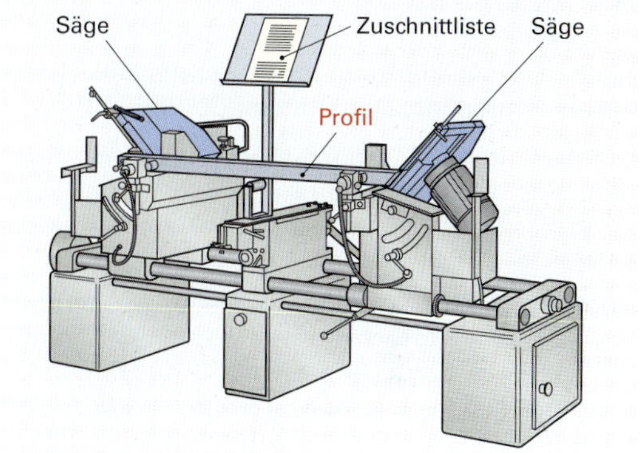

2 Doppelgehrungssäge

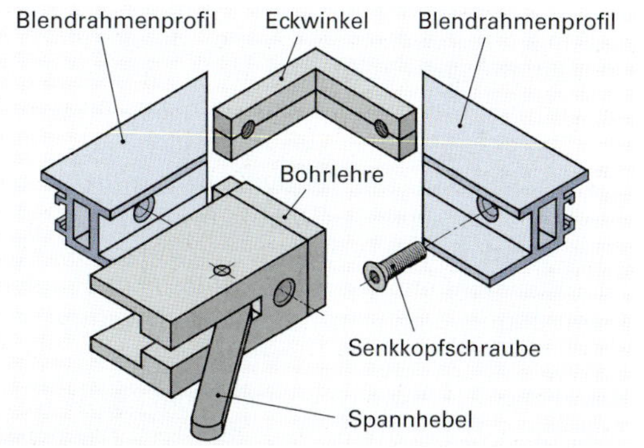

3 Bohrlehre

20.4.3 Rahmenverbindung

Die Verbindung mehrerer Profile zu einem Rahmen erfolgt durch mechanische Verbindungsmittel wie Eckwinkel (Bild 1) oder T-Verbinder (Bild 2) oder durch Schweißtechnik.

Merke

Von der Güte der Rahmenverbindung hängen Standfestigkeit, Dichtheit, Funktion und Aussehen des Fensters ab.

Bei den modernen **Aluminiumprofilen** haben sich mechanische Verbindungsmittel wie Eckwinkel, T- und Kreuzverbinder durchgesetzt.

Für **Eckverbindungen** von Aluminiumprofilen werden in die Hohlräume der Blend- und Flügelrahmen zum Profil passende Eckwinkel eingeschoben. Die formschlüssige Befestigung erfolgt entweder maschinell durch Stanzen und Verpressen (Bilder 3 und 4), von Hand durch Verstiften oder durch Verschrauben (Bilder 4 und 5). Beim maschinellen Fügen stanzen zwei Messer aus der Profilwand „Zungen" in dafür vorgesehene Nuten des Eckwinkels und verpressen die Rahmenecke.

Vor dem Fügen versieht man die Eckwinkelkammern und die Gehrungsflächen mit Zweikomponentenklebstoff, ehe sie gegeneinander verpresst oder verstiftet werden.

Merke

Allein die Aushärtung des Klebstoffs bewirkt die Abdichtung und Stabilität der Eckverbindung.

Stahlprofile werden durch Schweißen von Hand gefügt. In Kleinserien und bei industrieller Fertigung wird das Abbrennstumpfschweißen eingesetzt (s. S. 98).

Kunststoffprofile aus Thermoplasten werden maschinell spiegelgeschweißt (Heizelementstumpfschweißen; s. S. 107). Massivprofile aus Kunststoff werden auch verschraubt, geklemmt oder durch Einspritzen eines rasch erstarrenden Kunststoffes in Verbindungsbohrungen zusammengefügt.

20.4.4 Beschlageinbau

Jeder Beschlag (siehe S. 363) muss bei Fertigstellung des Fensters vor seiner Befestigung in der Wand eingebaut werden. Beim Einbau ist die Reihenfolge des Beschlageinbauplanes einzuhalten um die Funktion zu gewährleisten.

Die Befestigung des Beschlages am Rahmen geschieht zur schnellen Montage mittels selbstschneidender Schrauben oder durch klemmende Beschlagelemente. Danach wird der Flügel in den Blendrahmen eingesetzt und die Verbindung zwischen Flügel und Rahmen hergestellt.

Damit der Beschlag einwandfrei funktioniert, ist nach dem Zusammensetzen aller Teile die Funktionsüberprüfung durchzuführen.

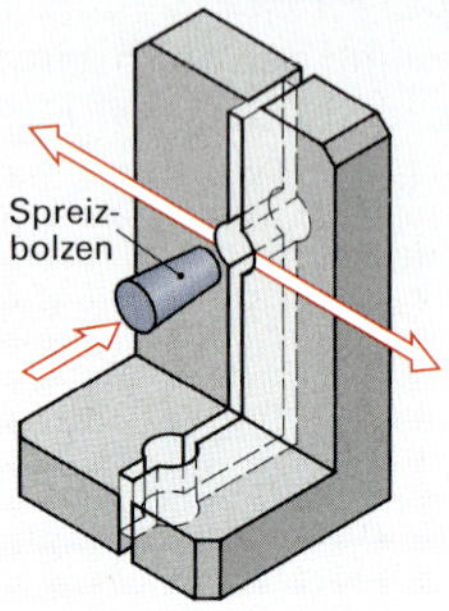

1 Eckwinkel

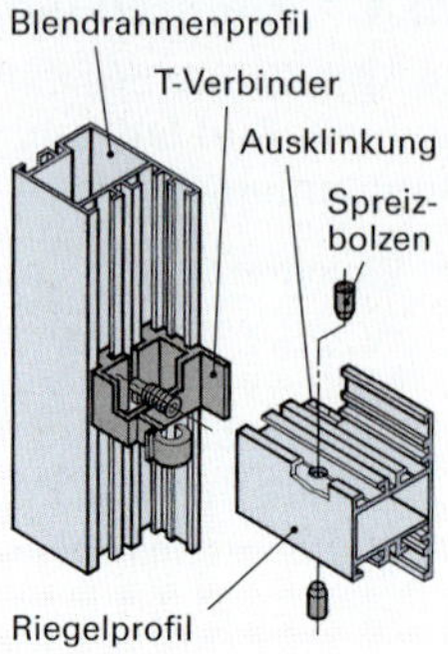

2 T-Verbinder

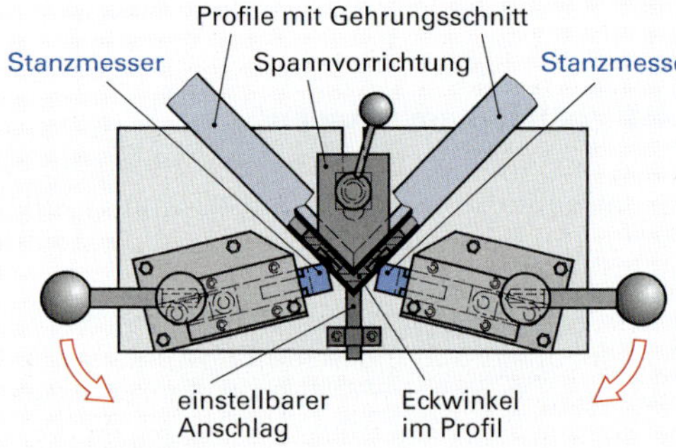

3 Eckverbindungsmaschine für Eckwinkel zum Einstanzen

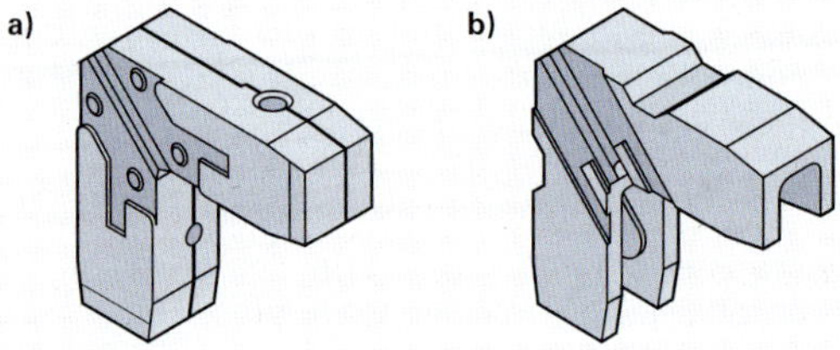

4 Eckverbinder zum Verstiften (a) und zum Einstanzen (b)

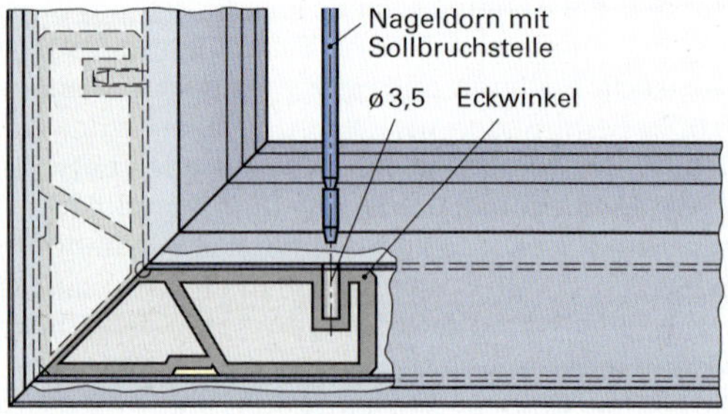

5 Eckverbindung der Außenschale mit Stift zum Abbrechen

20.5 Montage von Fenstern

Bedingt durch ihre Funktionen und die unterschiedlichen Anforderungen sind Fenster empfindliche Teile der Gebäudehülle. Sie müssen Wettereinflüssen, wie z. B. Sturm, Schlagregen und Hagelschlag, standhalten. Darum ist eine sichere Verankerung der Fenster im Baukörper notwendig.

Merke

Das Fenster ist ein nichttragendes Bauteil, das keine Kräfte aus dem Baukörper aufnehmen darf.

Ein modernes Fenster erfüllt die in den vergangenen Jahren enorm gestiegenen Ansprüche nur in Verbindung mit dem fachgerechten Anschluss an den Baukörper. Der Einbau der Fenster und die Ausführung der Anschlussfuge zwischen Fenster und Baukörper erfordern die Berücksichtigung einer Reihe von Anforderungen:

Merke

Alle am Fenster auftretenden Kräfte müssen mit ausreichender Sicherheit in den Baukörper übertragen werden.

Daneben muss beim Einbau beachtet werden:

- Durch eine dauerhafte **Luftundurchlässigkeit** der Fugen sollen Zuglufterscheinungen vermieden werden.
- **Schlagregendichtheit** bedeutet, dass kein Niederschlagswasser in das Gebäudeinnere eindringen darf, aber Wasserdampf muss nach außen diffundieren können.
- Im Hinblick auf Wärmeverluste und Tauwasserbildung ist im Anschlussbereich eine ausreichende **Wärmedämmung** erforderlich.
- Eine ausreichende **Schalldämmung** wird im Anschlussbereich durch eine dichte, wärmegedämmte Anschlussfuge erreicht.

Das nebenstehend abgebildete Drehkipp-Fenster erfüllt bei fachgerechter Montage alle diese Forderungen. Der in der Gebäudeöffnung befestigte **Blendrahmen** bildet den äußeren Rahmen für den Fensterflügel. Der Flügel ist der bewegliche Teil des Fensters. Der **Flügelrahmen** nimmt die **Verglasung** auf. Die **Glasleisten,** auch als Glashalteleisten bezeichnet, sind in einer Nut des Flügelrahmens geklemmt und drücken das **innere Dichtprofil** (Glasfalzdichtung, Glasdichtung) gegen die Glasscheibe. Die inneren und äußeren Dichtprofile sorgen für eine dichte und elastische Lagerung der Scheibe. Sie verhindern, dass Stöße aus der Flügelbewegung direkt an die Scheibe weitergegeben werden. Die im Flügelrahmen zur Innenseite eingesetzte **Anschlagdichtung** dient als Zusatzdichtung (siehe auch Bild 1, S. 359).

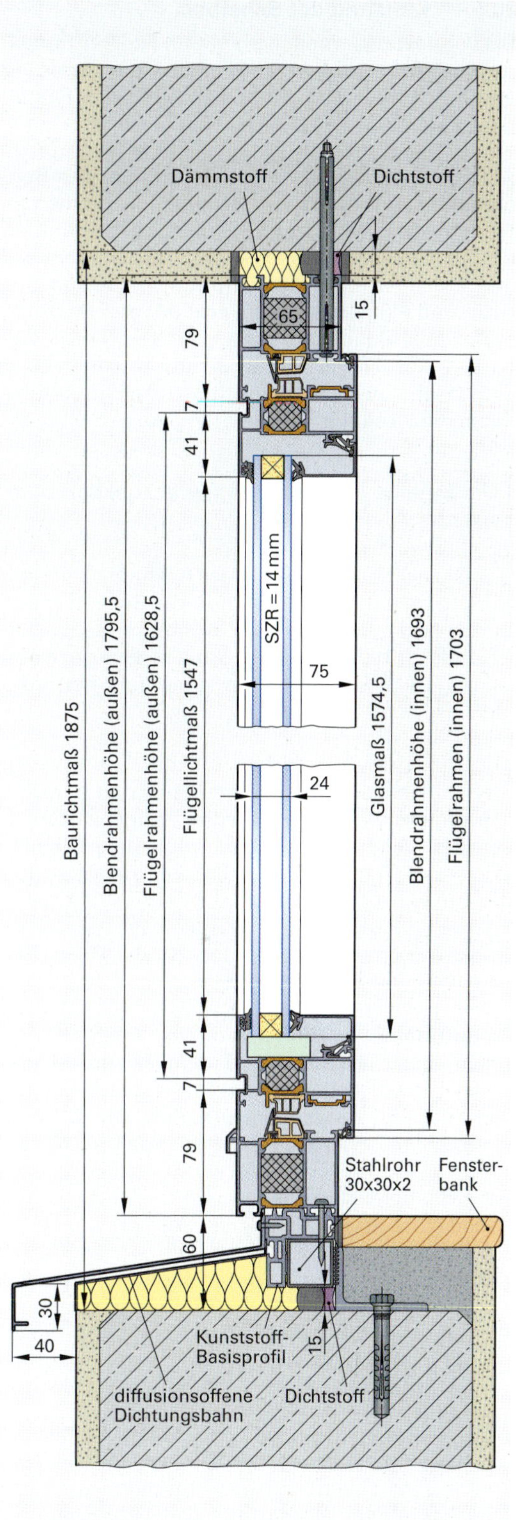

1 Schnittdarstellung eines Dreh-Kipp-Fensters in eingebautem Zustand

20.5.1 Klotzung der Scheiben

Die Verglasungsarbeiten an einem Fenster umfassen die Vorbereitung der Glasfalze, die Lagerung und die Abdichtung der Glasscheibe im Flügelrahmen.

Aufgrund der geringeren Eigenstabilität des Rahmens ist das Gewicht der Scheibe im Rahmen so zu verteilen bzw. auszugleichen, dass der Rahmen die Scheibe allseits gleichmäßig trägt. Zudem soll durch das Ableiten der auftretenden Kräfte aus Glas- und Flügelrahmengewicht auf den Beschlag bis in das Mauerwerk eine ungehemmte Gangbarkeit der Flügel sichergestellt werden. Dem Einpassen bzw. **Verklotzen** der Scheiben kommt dabei die wesentliche Bedeutung zu.

Merke

Die Scheibe darf keine tragende Funktion übernehmen.

Das Gewicht der Scheibe muss deshalb so verteilt werden, das der Flügelrahmen die Scheibe trägt. Damit die Fugenbreite zum Blendrahmen umlaufend gleich bleibt und die Gangbarkeit gesichert ist, darf der Flügelrahmen sich nur sehr geringfügig verformen.

Mit unterschiedlich dicken Klötzen aus imprägniertem Holz oder Kunststoff kann man den Flügelrahmen winklig ausrichten („hochklotzen"). Für das **Verklotzen** werden Tragklötze, Distanzklötze und manchmal Klotzbrücken benötigt (Bilder 1 u. 2).

Tragklötze übertragen das Gewicht der Glasscheibe auf die Rahmenkonstruktion.

Distanzklötze gewährleisten den Abstand zwischen den Glaskanten und dem Falzgrund und sichern die Scheibe gegen Verrutschen. Bei bestimmten Öffnungsarten übernehmen Distanzklötze zeitweise auch die Funktion von Tragklötzen.

Bei Schiebefenstern haben sich in der Anschlagebene elastische Distanzklötze bewährt.

Klotzbrücken ermöglichen bei ebenem Falzgrund einen umlaufenden Dampfdruckausgleich und sorgen für den ungehinderten Ablauf von eingedrungenem Regenwasser (Bild 1).

Merke

Die Klötze müssen bei den unterschiedlichen Fenstern stets so angebracht und verteilt werden, dass sowohl im geschlossenen als auch im geöffneten Zustand die Gewichtskräfte der Scheibe so abgeleitet werden, dass auf Dauer das Glas nicht beschädigt wird.

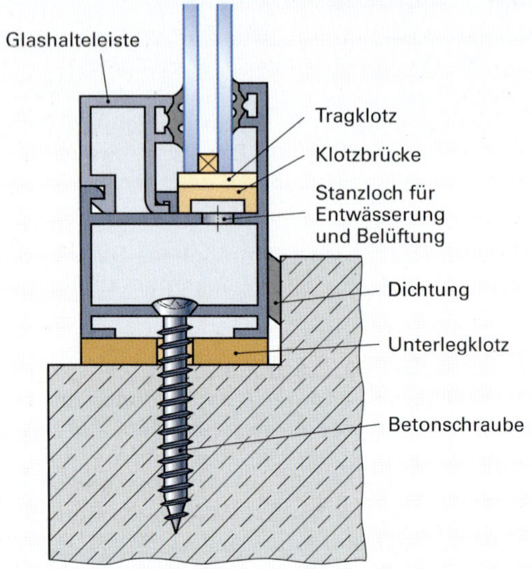

1 Arten und Aufgaben der Klötze

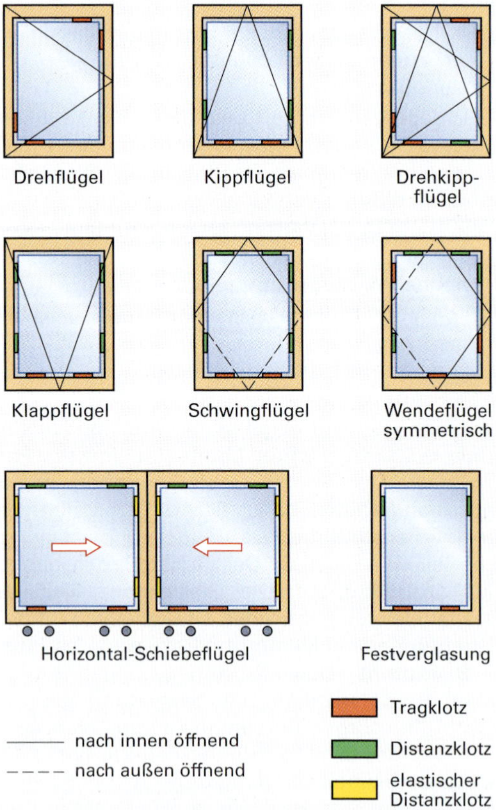

2 Klotzungsvorschläge des Glaserhandwerks für verschiedene Öffnungsarten

20.5.2 Verglasungssysteme

Äußere Einwirkungen wie Winddruck und Temperaturschwankungen beanspruchen das Fenster und führen zu einer Bewegung der Scheibe im Glasfalz. Damit kein Wasser in den Glasfalz eindringt und am Rahmen und an der Verglasung keine Schäden auftreten, muss das Verglasungssystem bestimmten Anforderungen entsprechen, die sich ergeben aus:

- Öffnungsart (= Bedienung)
- Einwirkungen aus der Umgebung
- Scheibengröße

Nach dem derzeitigen Stand der Technik werden die meisten Verglasungen bei Aluminium- und Kunststoffkonstruktionen mit dichtstofffreiem Falzraum und vorgefertigten **Dichtprofilen** ausgeführt. Dichtprofile stellen die elastische Verbindung von Rahmen und Verglasung her und müssen gegen Regen und Luftzug dicht sein (Bild 1).

Die Kombinationen aus **Dichtstoffen** (meist auf der Wetterseite) und Dichtprofilen (Innenseite) ist möglich. Unter **Trockenverglasung** versteht man eine dichtstofffreie Verglasungstechnik im Falzraum.

Ein Sonderfall der Verglasung mit Dichtprofilen ist die **Druckverglasung,** bei der mit Spannelementen eine Druckleiste auf das Dichtprofil gedrückt wird. Diese Art ist z. B. bei Glasfassaden üblich und hält auch bei höchsten Beanspruchungen durch Wind und Regen dauerhaft dicht.

Mit steigender Feuchtigkeitsbelastung steigt auch die Wassermenge, die in den Scheibenzwischenraum eindringen kann. Ein trockener Glasfalz und Öffnungen zum **Dampfdruckausgleich** mit dem Außenklima sind Voraussetzungen dafür, dass der Randverbund der Isolierglaseinheit keinen Schaden durch Anlösen des Klebers erleidet. Die Öffnungen müssen in der Lage sein, in den Falzraum eingedrungene feuchte Luft, Spritzwasser und Tauwasser schnell und zuverlässig nach außen abzuführen (Bild 2).

20.5.3 Anschluss und Befestigung am Bauwerk

Die fachgerechte Gestaltung der Anschlussfuge (Fugengeometrie), Befestigung, Dämmung, Abdichtung ist für die Gebrauchstauglichkeit des Fensters entscheidend (S. 367).

Anschlagarten

Der Einbau von Fenstern und Türen im Bauwerk wird Anschlagen genannt. Das Anschlagen ist für die Funktion von großer Bedeutung. Die Art des Anschlages ist abhängig von der Gestaltung der Maueröffnung im Rohbau (Bild 3).

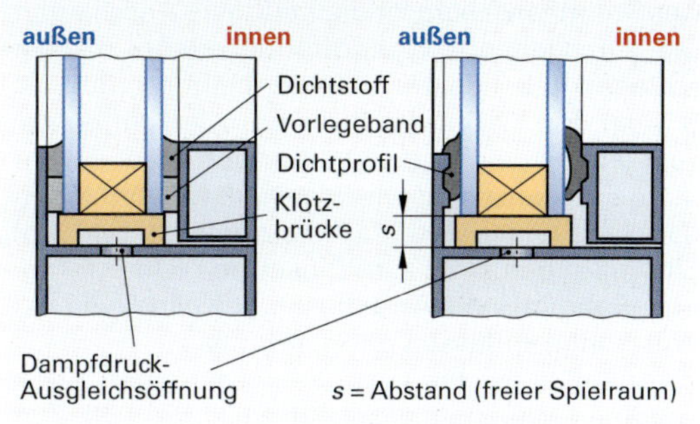

1 Verglasung mit dichtstofffreiem Falzraum

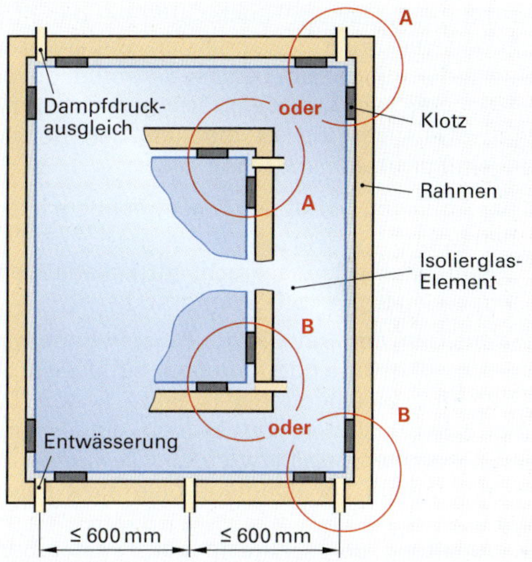

2 Anzahl und Lage von Öffnungen für den Dampfdruckausgleich und die Entwässerung

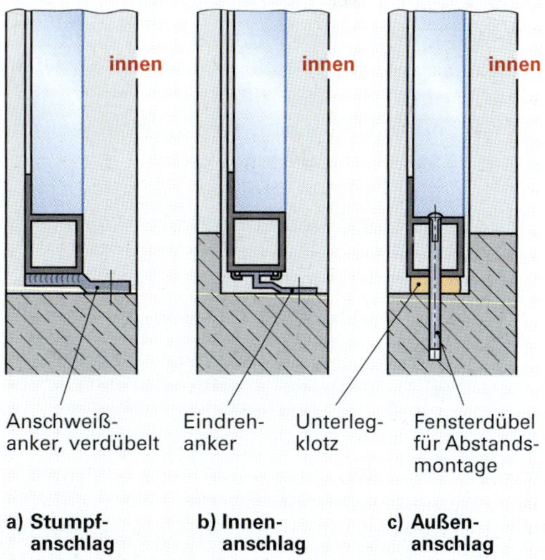

3 Anschlagarten und Befestigungstechniken

Der **Stumpfanschlag** ist die häufigste Anschlagart. Die durchgehende Wandöffnung erlaubt das Anschlagen in beliebiger Tiefe der Leibung (Bild 3 a, S. 369). Ein Gerüst ist nicht erforderlich, da das Fenster von der Raumseite montiert wird.

Beim **Innenanschlag** wird das Fenster vom Innenraum aus gegen den Mauerfalz gesetzt (Bild 3 b). Ein Außengerüst ist zum Einsetzen nicht erforderlich. Rahmen und Anschlussfugen sind vor den Witterungseinflüssen gut geschützt.

Beim **Außenanschlag** wird das Fenster von außen vor einen Mauerfalz gesetzt (Bild 3 c, S. 369). Zum Einsetzen ist ein Gerüst erforderlich. Rahmen und Anschlussfugen sind der Witterung ausgesetzt.

Die Verankerung der Fenster im Baukörper muss die Abtragung aller am Fenster auftretenden Kräfte in den Baukörper gewährleisten. Dabei dürfen keine Verformungen am Fenster auftreten, die die Funktion des Fensters beeinträchtigen. Zweckmäßigerweise unterscheidet man bei den Befestigungsmöglichkeiten zwischen

- der Ableitung der in der Fensterebene wirkenden Kräfte;
- der Ableitung der senkrecht zur Fensterebene wirkenden Kräfte (z. B. Winddruck).

Die **Ableitung der Kräfte in der Fensterebene** wird über Unterlegklötze oder/und über ein Basisprofil auf die Brüstung abgetragen (s. Bild 1, S. 367). Die Unterlegklötze sind so anzuordnen, dass sie nur mit Druckkräften belastet werden. Sie dürfen die Wärmedehnung der Rahmenprofile nicht behindern (Bild 1).

Zur **Ableitung der senkrecht zur Fensterebene wirkenden Kräfte** gibt es verschiedene Varianten. Die Auswahl der Befestigungsmöglichkeiten (Bild 3, S. 369) richtet sich hier nach der Festigkeit der angrenzenden Bauteile und den in der Anschlussfuge auftretenden Bewegungen:

- Befestigung mittels Eindrehanker (bei Aluminiumfenstern) und Dübel: In diesem Fall ist für die Tragfähigkeit die Befestigung des Ankers am Blendrahmen und die Biegesteifigkeit des Ankers selbst maßgebend.
- Befestigung mittels Rohrrahmendübel: Diese Möglichkeit des Durchbohrens des Aluminium-Fensters wird u. a. bei der Altbausanierung eingesetzt. Dadurch wird das Entfernen des Putzes auf der Rahmenseite vermieden.

Den Abstand zwischen den einzelnen Befestigungspunkten zeigt Bild 2. Zur Vermeidung der raumseitigen **Tauwassergefahr** auf Profilen und Glas muss die Einbaulage des Fensters so erfolgen, dass die Profiloberfläche raumseitig eine Temperatur von 10 °C oder höher aufweist (Bild 3). Dabei wird von einem Normklima von 20 °C Raumtemperatur und 50 % Luftfeuchtigkeit ausgegangen.

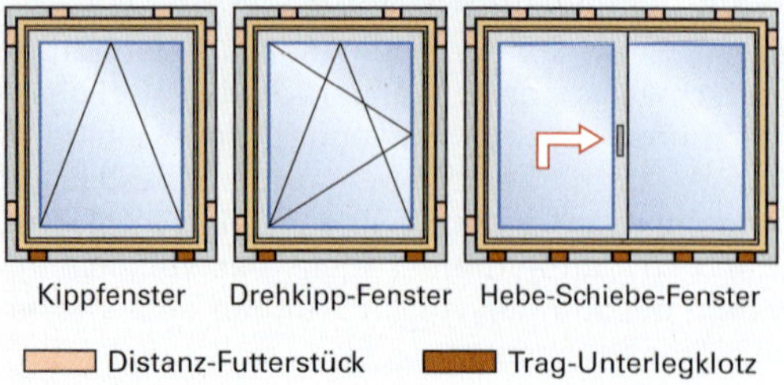

1 Anordnung von Unterlegklötzen zur Lastabtragung in der Fensterebene

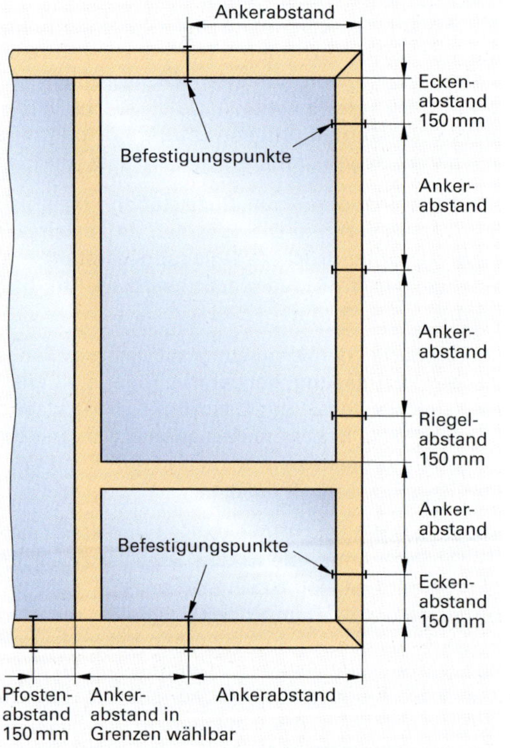

Ankerabstände: max. 800 mm für Aluminium
max. 700 mm für Kunststoff

2 Befestigungspunkte am Blendrahmen

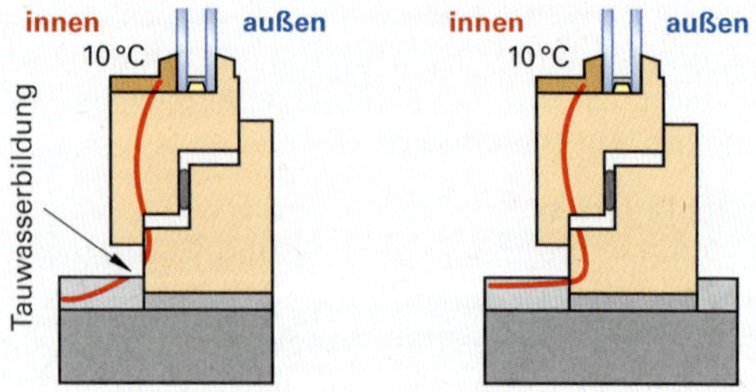

3 Prinzipieller Verlauf der 10-°C-Isotherme

Die Einbaulage (Bauanschluss) des linken Fensters auf dem Bild 3 der vorherigen Seite wurde so ungünstig gewählt, dass die **10-°C-Isotherme** an der Innenwandoberfläche hervortritt und sich Tauwasser niederschlagen kann. Bild 1 zeigt eine Gebäudekante, die aus geometrischen Gründen eine **Wärmebrücke** darstellt. Im Bereich der Außenkante entstehen große Flächen, über die Wärme abgegeben wird und denen auf der Innenseite keine gleich großen Flächen entsprechen. Diese Situation führt zu einem erhöhten Wärmeverlust und einer Verringerung der inneren Oberflächentemperatur. Wird dabei die Taupunkttemperatur unterschritten, entsteht in diesen Bereichen Tauwasserniederschlag an der raumseitigen Bauteiloberfläche. Die Folge davon kann Schimmelpilzbildung sein.

Die Einbaulage des Blendrahmens ist dann richtig, wenn die 10 °C-Isotherme in der Funktionsebene (Bereich 2 in Bild 3 verläuft) – sich also **innerhalb** der wärmegedämmten Bauteile (Isoliersteg, Scheibenzwischenraum, Wärmeisolierung, Kerndämmung) befindet (Bild 2).

Beim fachgerechten Anschluss der Fuge entstehen drei Bereiche (Bild 3):

Im Bereich 3, der **Trennebene zwischen Raum- und Außenklima,** verhindern dampfdichte Folien oder Versiegelungen, dass Raumluftfeuchtigkeit in die Bauanschlussfuge eindringt und diese sich dann an Stellen, deren Oberflächentemperatur unterhalb der Taupunkttemperatur liegen, als Tauwasser niederschlägt.

Im Bereich 2, der **Funktionsebene,** geht es vorrangig um die Sicherstellung des Wärme- und Schallschutzes. Dieser Bereich muss ebenfalls trocken bleiben und vom Außenklima getrennt sein (Bereich 1).

Der Bauanschluss in der **Wetterschutzebene** kann ein- oder zweistufig erfolgen. Regen und Wind werden beim **einstufigen Bauanschluss** in **einer** Ebene (Bild 3 oben) abgewiesen.

Der Wetterschutz besteht aus Wind- und Regensperre. Dringt in die Bauanschlussfuge trotzdem Regenwasser ein, muss es kontrolliert und direkt nach außen abgeführt werden. Weiterhin muss sichergestellt sein, dass Feuchtigkeit, die aus dem Rauminneren in den Funktionsbereich gelangt ist, nach außen entweichen kann – z. B. über ein wasserdampfdurchlässiges Kompriband.

Beim **zweistufigen Bauanschluss** werden Regen und Wind in **räumlich getrennten** Ebenen abgewiesen (Bild 3 rechts). Wasser, das hinter die Regensperre gelangt, wird kontrolliert nach außen abgeführt.

Merke

Damit die Feuchtigkeit auf jeden Fall nach außen diffundieren kann, gilt der Grundsatz: **„Innen dichter als außen"**.

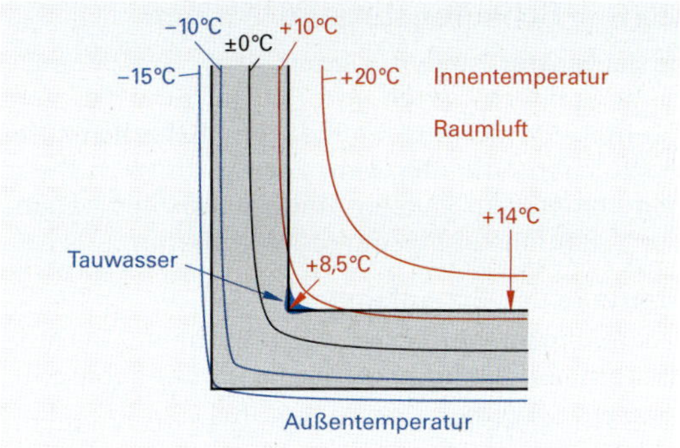

1 Schema des Isothermenverlaufs an einer Gebäudekante

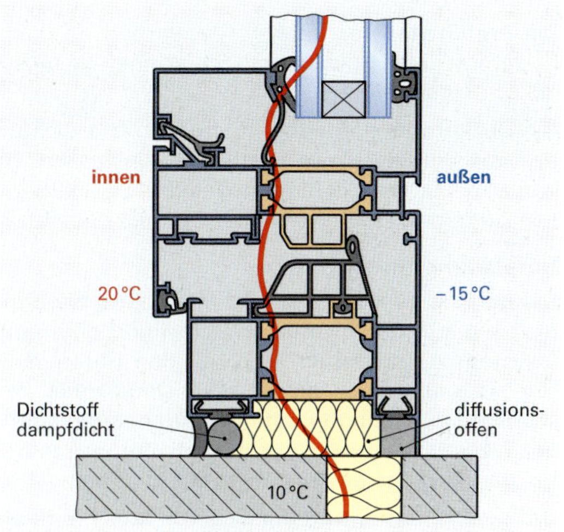

2 Verlauf einer 10-°C-Isotherme beim stumpfen Bauanschluss eines Fensters

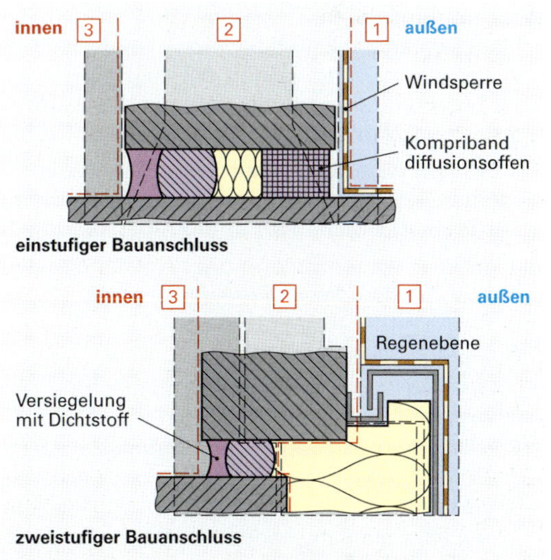

3 Die drei Ebenen bei Bauanschlüssen

20.6 Schaufenster und Vitrinen

Schaufenster stellen wegen ihrer Größe und Formgestaltung Sonderbauarten von Fenstern mit Festverglasung dar. Mehrere Schaufenster bilden eine **Schaufensteranlage,** in der auch Türen enthalten sein können (Bild 1). Die meisten Systemanbieter für Fenster- und Türenprofile haben auch Profile für Schaufenster im Angebotsprogramm.

1 **Schaufensteranlage**

Bauteile des Schaufensters

Schaufenster werden aus Grundprofilen, Deckprofilen, Profilhaltern und der Verglasung zusammengebaut (Bild 2).

Die **Grundprofile** bilden den Grundrahmen und bestehen aus Stahl oder Aluminium. Sie sind die tragenden Teile der Konstruktion für die Verglasung und für die Deckprofile. Sie müssen biege- und verdrehsteif sein, damit das Glas keinen Schaden nimmt.

Die **Profilhalter** der Deckprofile werden an das Grundprofil geklemmt oder geschraubt. Sie können zusätzlich als Glashalter dienen.

Die **Deckprofile** enthalten die äußere Glasdichtung. Sie werden von außen auf die Profilhalter geklemmt. Dadurch sind von außen keine Befestigungselemente sichtbar. Die dekorative Aufgabe des Deckprofiles wird nicht beeinträchtigt.

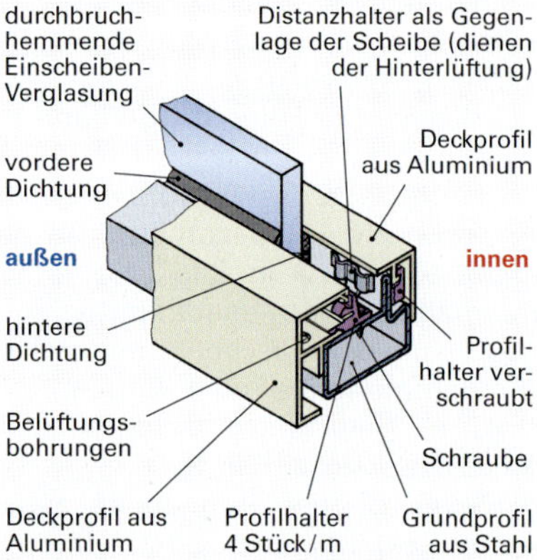

2 **Bauteile eines Schaufensterrahmens**

Herstellung und Montage

Bei der Herstellung eines Schaufensters werden die Grundprofile wie Fensterprofile entsprechend dem gewählten Profilsystem zugeschnitten und mit den Rahmenverbindungen zum Grundrahmen gefügt. Die Deckprofile werden zugeschnitten und eingepasst. Schaufensteranlagen werden in der Werkstatt aufgestellt und gerichtet, um teure Nacharbeit bei der Montage am Bau zu vermeiden.

Auf eine **Hinterlüftung** der Scheibe muss in Räumen mit hoher Luftfeuchtigkeit, z. B. Blumengeschäften, Bäckereien usw. geachtet werden. Bei sehr niedriger Außentemperatur kann die Innenseite des Schaufensters beschlagen, wenn sich keine Heizkörper im Bereich der Fensterbrüstung befinden. Der Wasserdampf der warmen Raumluft kondensiert dann und schlägt sich an der kalten Scheibe nieder. Durch Schlitze oben und unten im Grundrahmen entsteht an der Innenseite der Scheibe eine Luftströmung (Ventilatorwirkung), die den Zutritt feuchter Warmluft vom Innenraum zur Scheibe stoppt.

Als **Vitrinen** bezeichnet man Schaukästen mit mehreren verglasten Seiten. Durch verschließbare Türen kann das Ausstellungsgut eingebracht oder entnommen werden (Bild 3).

Sie sind zur Wandmontage oder freistehend zum Aufstellen in Innenräumen oder im Freien bestimmt.

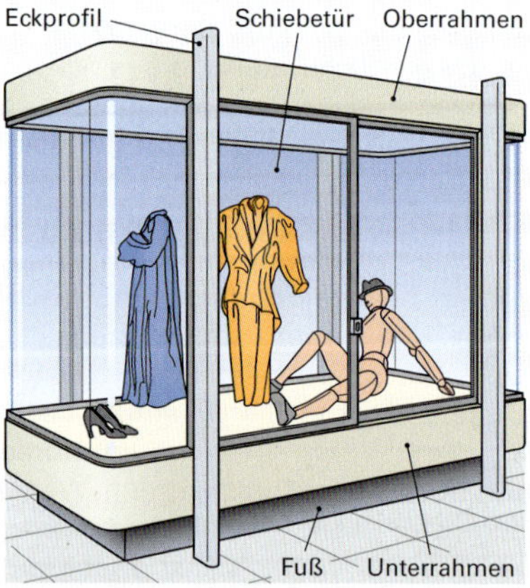

3 **Vitrine**

Überprüfen Sie Ihre Kenntnisse

1 Wie wird das Aufmaß einer Wandöffnung vorgenommen?
2 Erklären Sie den Begriff „Baurichtmaß".
3 Welche Ausnehmungen sind an den Profilen für ein Dreh-Kipp-Fenster in der Fertigung vorzunehmen?
4 Wie wird die Rahmenecke im Aluminium-Fensterbau gefügt?
5 Warum werden die Rahmenecken im Aluminium-Fensterbau nicht geschweißt?
6 Welche Anforderungen muss eine fachgerecht ausgefüllte Anschlussfuge übernehmen?
7 Unterscheiden Sie Trag- und Distanzklötze.
8 Nennen Sie drei Anschlussarten.

21 Fassaden und Glaskonstruktionen

Unter Fassaden versteht der Metallbauer diejenigen Teile eines Gebäudes, die dessen Außenwände verkleiden (Bild 2). Im modernen Geschäfts- und Wohnungsbau haben Fassaden vielfältige Funktionen zu erfüllen:

- Energieeinsparung durch Wärmeschutz,
- der Funktion angepasste Belichtung und Belüftung,
- Klimaschutz,
- Schallschutz,
- Brandschutz,
- Sicht-, Blend- und Sonnenschutz,
- flexible Gebäudenutzung.

Daneben soll die Fassade die von außen wirkenden Windkräfte und das Eigengewicht in das Stützen- und Trägersystem des Bauwerks einleiten. Außerdem soll sie einen geringen Wartungsaufwand haben und den Wünschen und Forderungen der Architekten, Bauherren und Genehmigungsbehörden entsprechen.

Das Bild heutiger Fassaden wird von den Werkstoffen Aluminium, pulverbeschichteter Stahl, nichtrostender Stahl und den unterschiedlichsten Glasarten geprägt.

2 Taipei 101 (508 m) im Bau

21.1 Einteilung und Bauarten

Die häufigste Bauart ist die **vorgehängte Fassade,** die im Gegensatz zur **eingestellten Fassade** weniger Bauvolumen beansprucht, leichter zu montieren ist und einen größeren Vorfertigungsgrad aufweist (Bild 3).

Je nach Montage der Füllelemente unterscheidet man bei den vorgehängten Fassaden die „Pfosten-Riegel-Bauweise" und die „Element-Bauweise".

Bei der **Pfosten-Riegel-Bauweise** werden zuerst die senkrechten Pfosten montiert und anschließend die waagerechten Riegel gesetzt (Bild 1). Dann werden die Füllelemente (Festverglasungen, Fenster, Paneele) zwischen den Ausfachungen von Pfosten und Riegeln eingebaut.

Bei der **Element-Bauweise** (Bild 4) werden die vorgefertigten Rahmen, Paneele oder Kassetten direkt auf den Baukörper montiert oder zwischen Montagepfosten eingebaut.

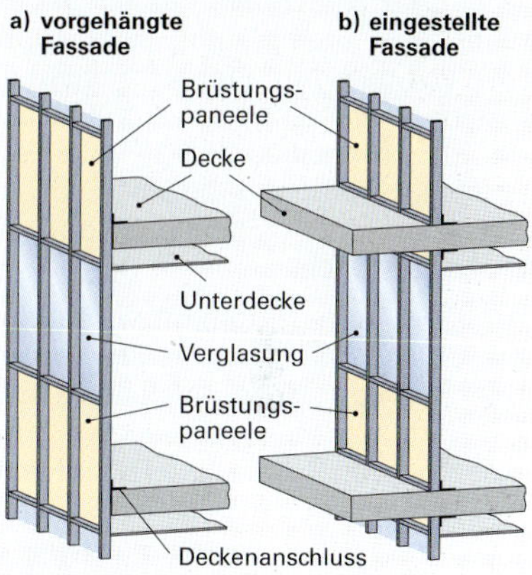

3 Fassaden-Bauarten

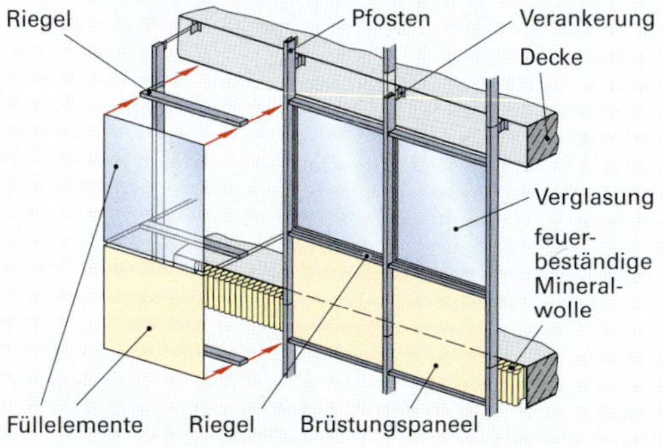

1 Pfosten-Riegel-Bauweise

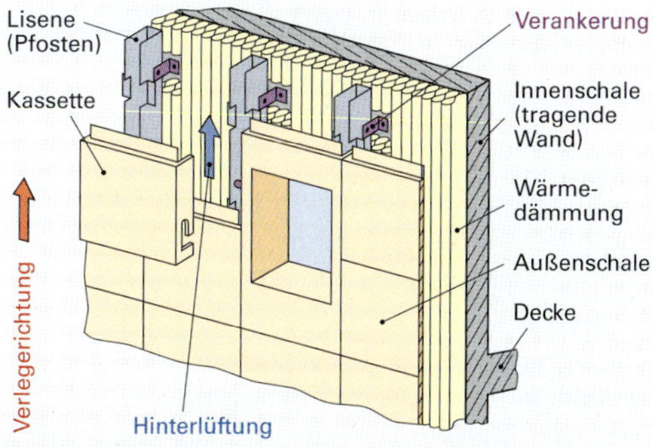

4 Element-Bauweise mit eingehängten Kassetten

Je nach der Temperatur, die zwischen Fassade und Bauwerk herrscht unterscheidet man:

- Warmfassaden
- Kaltfassaden
- Kalt-Warmfassaden (CW-Fassaden)

Sonderbauarten von Fassaden sind:

- Zweite-Haut-Fassaden (Doppelfassaden, Konvektionsfassaden)
- Ganzglasfassaden (Structural Glazing)
- Punktgehaltene Glasfassaden (selbsttragend oder nicht selbsttragend)
- Überkopfverglasungen

Hier nicht behandelt werden:

- Energiefassaden und
- Abluftfassaden, die beide im Aufbau der Doppelfassade ähneln, aber außen Isolierverglasung besitzen, sowie
- Galeriefassaden mit Laufstegen

21.1.1 Warmfassaden

Bei Warmfassaden herrscht an der Innenseite die Raumtemperatur des Gebäudes und an der Außenseite die Außentemperatur. Die einschalige Fassade stellt die thermische Trennung zwischen dem Innen- und dem Außenklima her, wobei sie gleichzeitig Wand ist.

Merke

Warmfassaden sind einschalige, nicht hinterlüftete Außenwandkonstruktionen.

Die Warmfassade besteht aus thermisch getrennten Profilen mit beweglichen Fenstern bzw. Festverglasungen aus Isolierglas sowie aus unterschiedlichen Paneelbauteilen (Bild 1).

Das **Paneel** besteht aus der äußeren Schale, dem Isolierkern und der raumseitigen Dampfsperrschicht.

Die äußere Schale des Paneels ist entweder aus Steinplatten, Stahl- oder Alu-Blech gefertigt oder sie besteht aus einzelnen Glasscheiben aus Einscheiben-Sicherheitsglas (ESG) mit Reflexionsbeschichtung. Möglich sind auch Verbundsicherheitsglas (VSG) oder Isolierverglasungen.

Damit der in der Raumluft vorhandene Wasserdampf nicht den **Isolierkern** aus Mineralwolle, Isolierglasfasern oder PUR-Hartschaum durchfeuchtet, muss an der inneren Schale eine **Dampfsperre** angeordnet sein. Sie besteht aus einem Blech oder einer Metallfolie, die am Umleimer verklebt und versiegelt ist.

Dringt trotzdem Wasserdampf von der warmen Raumseite in das Paneel ein und kondensiert, so entweicht das Kondenswasser über **Ausgleichsbohrungen** am unteren Rand.

Diese Paneele in „Sandwichbauweise" werden wie eine Verglasung in die tragende Rahmenkonstruktion eingesetzt und mit Anpressleisten befestigt.

Merke

Die Paneele übernehmen den Raumabschluss, den Witterungsschutz sowie den Wärme-, Schall- und Brandschutz.

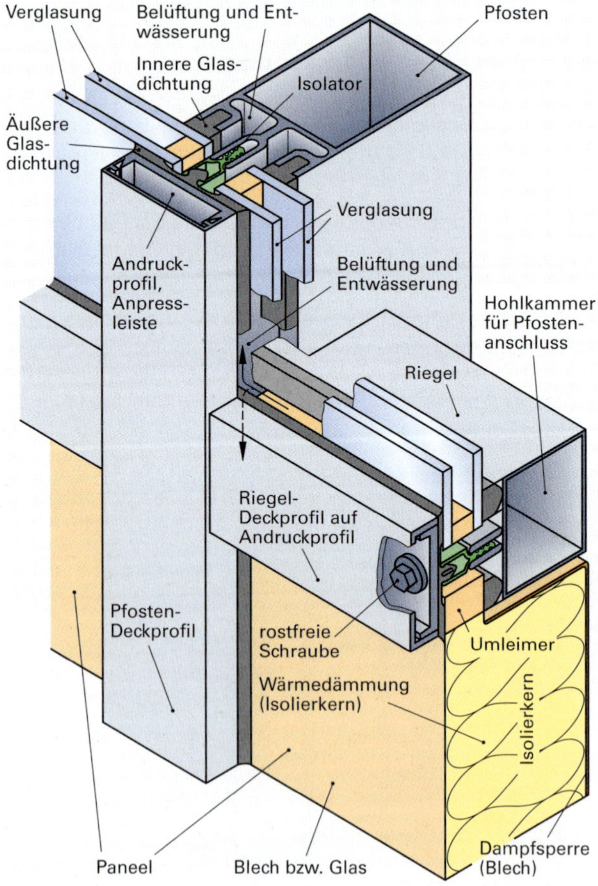

1 Warmfassade mit Paneel und Verglasung

21.1.2 Kaltfassaden

Kaltfassaden sind zweischalige Konstruktionen mit einem belüfteten, kalten Zwischenraum (Bild 1). Die **äußere Schale** der Kaltfassade dient wie ein „Regenmantel" als Wetterschutz und zur optischen Gestaltung.

Die Wand aus Beton oder Trapezblech als **innere Schale** übernimmt den Raumabschluss, trägt die Wärmedämmung und die äußere Schale aus Stahlblech oder Aluminium-Profilen.

Die Außenschale liegt im kalten Außenklima. Der „Kamineffekt" im belüfteten Zwischenraum sorgt dafür, dass Wasserdampf, der vom Gebäudeinneren durch die Innenschale nach außen diffundiert, vom aufsteigenden Luftstrom mitgenommen und nach außen geführt wird. Auch sommerliche Wärme, die hinter der Außenschale anfällt, wird so aus dem belüfteten Zwischenraum abgeführt.

Merke
Die Kaltfassade ist eine hinterlüftete, zweischalige Außenwandkonstruktion ohne Dampfsperre.

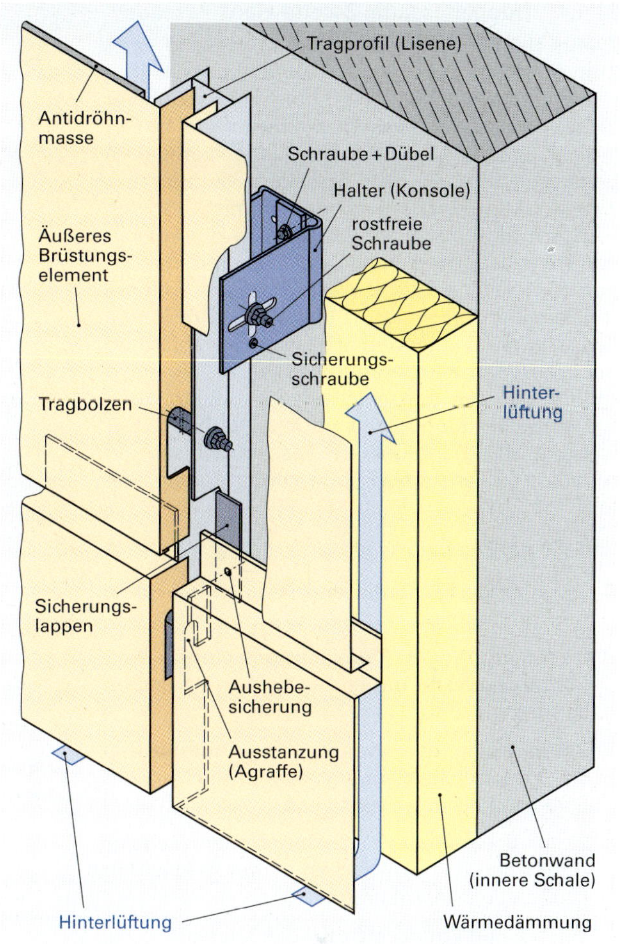

1 Kaltfassade mit Außenschale aus gekantetem Blech

21.1.3 Kalt-Warmfassaden (CW-Fassade)

Bei einer CW-Fassade (= cold-warm) wechseln sich an den verschiedenen Stellen des Bauwerks Kalt- und Warmbereiche ab. Sie werden an tragende Außenwände, die in Massivbauweise erstellt wurden, montiert. Im **„Warmbereich"** schließen isolierverglaste feste oder bewegliche Fensterelemente die Bauwerksöffnungen, während im **„Kaltbereich"**, z. B. bei Brüstungen, die wärmegedämmten Bauwerksflächen mit einem hinterlüfteten Wetterschutz aus Blech, verspiegeltem Einscheiben-Sicherheitsglas oder anderen Platten oder Profilen versehen sind (Bild 2).

Der Blendrahmen des „Warmbereiches" ist aus Gründen der Schalldämmung und zur leichteren Montage als umlaufendes Zargenprofil ausgebildet und wird mit verstellbaren Konsolen am Baukörper befestigt.

Die **Vorteile einer Kalt-Warm-Fassade** sind:

- Verkürzung der Bauzeit, da die Fensteröffnungen als erstes geschlossen werden können.
- Die Profile im Kaltbereich können ungedämmt bleiben.
- Gute Sicherung gegen Feuerüberschlag durch die massiven Brüstungsbereiche.
- Gute Schalldämmung und einheitliches äußeres Erscheinungsbild aller Glasfelder.

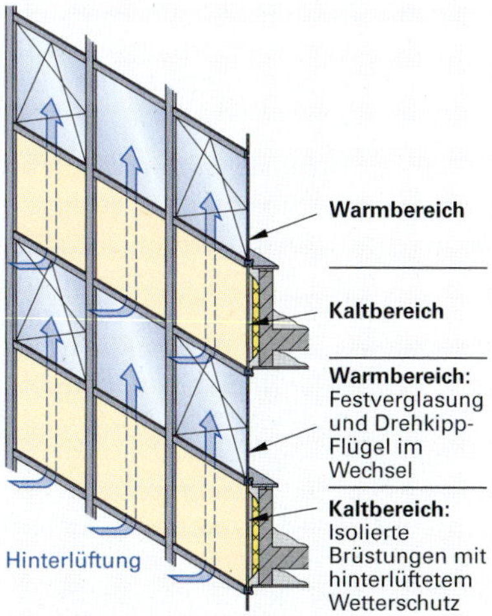

2 Bauprinzip einer Kalt-Warm-Fassade

21.1.4 Doppelfassade, Zweite-Haut-Fassade

Zweite-Haut-Fassade, auch Doppelfassade oder Konvektionsfassade genannt, wird als zusätzliche transparente Glashülle mit Einfachverglasung vor einer vorhandenen Fassade errichtet (Bild 1). Das Prinzip ähnelt der Kaltfassade, jedoch mit dem Unterschied, dass der Fassadenzwischenraum wesentlich größer ist und den Bereich vor den Fenstern mit einschließt. So können die Fenster der innenliegenden Haut geöffnet und der Innenraum auf natürliche Weise be- und entlüftet werden. Ein Sonnenschutz (Jalousie) wird in den Zwischenraum integriert. Für eine Durchlüftung des Fassadenzwischenraumes sorgen Zu- und Abluftöffnungen. Ein mechanischer Lüfter bietet zusätzlich die Möglichkeit gezielter Lüftung. Der Fassadenzwischenraum ist geschossweise und seitwärts je Fensterfeld abgeschottet (siehe Seite 381, Bild 2).

Vorteile der Doppelfassade sind:

- Ganzjährige **Fensterlüftung** ist auch bei Hochhäusern möglich.
- Verringerung der **Transmissionswärme-** und **Lüftungsverluste** um bis zu 30 % in der kalten Jahreszeit.
- Verringerung der sommerlichen **Aufheizung**. Der Gesamtenergiedurchlassgrad (siehe Seite 384) kann bis auf 20 % sinken.
- Guter **Schallschutz** auch bei offenem Fenster durch den als akustischen Puffer wirkenden großen Luftzwischenraum.
- Wetter- und **Windschutz** für die Jalousie.
- Einbau von **Solarzellen** (Photovoltaik- = PV-Module) zur zusätzlichen Energiegewinnung ist möglich.
- Ist die Tragfunktion der alten Fassade nicht ausreichend, wird die neue „Zweite Haut“ mit eigenen Fundamenten auf den Boden gestellt.

21.1.5 Ganzglasfassaden (Structural Glazing)

SG-Fassaden (Bild 2) sind Weiterentwicklungen der aus den USA bekannten vorgehängten Fassaden, die ohne sichtbare Rahmen und Glashalteleisten auskommen (SG = Structural Glazing). Die überstehenden Außengläser werden vom Glaslieferanten mit der Rückseite auf einen Halterahmen geklebt (Vierseitiges Structural Glazing). Die Klebefugen übertragen alle Windlasten stoffschlüssig auf den Rahmen. Das Eigengewicht der Scheiben ruht auf Konsolen und Tragklötzen. Da der Randverbund der Gläser nicht durch Profile abgedeckt wird, sondern den Sonnenstrahlen ungeschützt ausgesetzt ist, muss der Klebstoff UV-beständig sein.

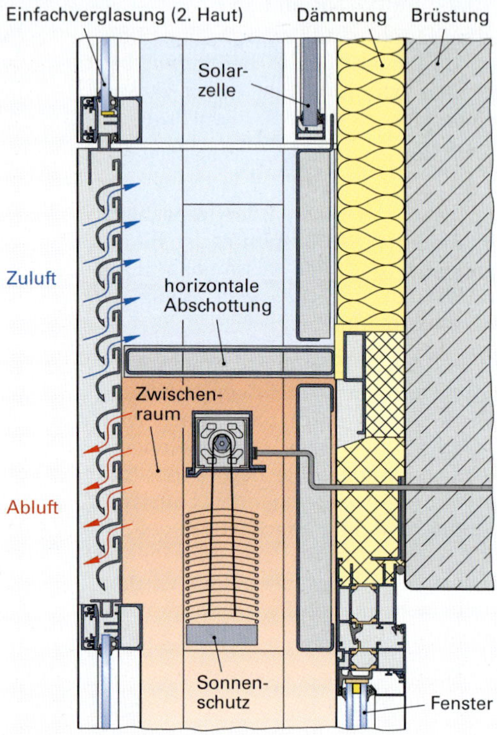

1 Doppelfassade mit gezielter Luftführung, Solarzellen und integriertem Sonnenschutz

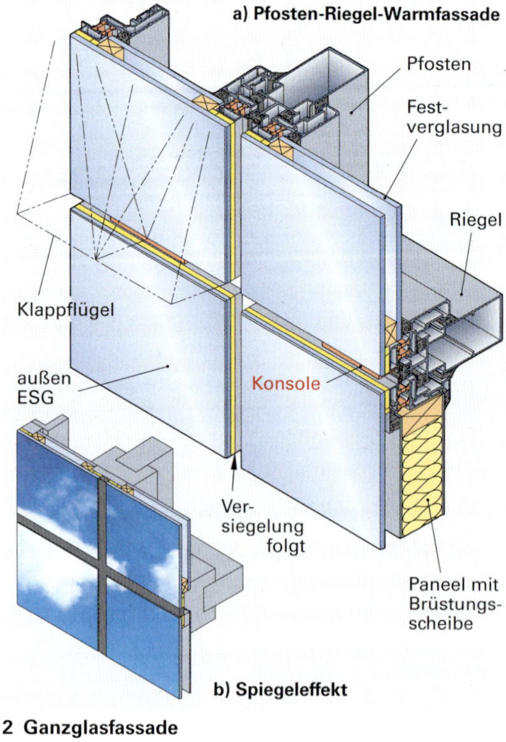

2 Ganzglasfassade

Montage: Der Fassadenbauer montiert die Scheiben mit den Halterahmen an die Pfosten und Riegel (Bild 1). Außen ist **Einscheiben-Sicherheitsglas** (ESG) mit einer Mindeststärke von 6 mm vorgeschrieben. Als zusätzliche mechanische Sicherung des äußeren Glases gegen Absturz bei Brand sind schmale, umlaufende Glashalterahmen oder Punkt-Befestigungen an den Ecken möglich.

Bedingt durch die äußere flächenbündige Glasfront und eine entsprechende Beschichtung wirkt die SG-Fassade wie ein Spiegel und der **Eigenreinigungsgrad** der glatten Fassade durch das Regenwasser ist sehr hoch.

21.1.6 Punktgehaltene Glasfassade

Wird jedes Mehrscheiben-Isolierglas oder Einfachglas mit vier Punkthaltern aus Metall **mit der Unterkonstruktion** verbunden, so lassen sich ebenfalls rahmenlose Fassaden und Dächer herstellen. Da das Metall die Scheibe nicht berühren darf, wird stets Butylgummi unter die Halter gelegt (Bild 2a). Die Fugen zwischen den Scheiben werden ausgefugt. Bei einem **selbsttragenden System** werden die Scheiben mit Haltern aneinander befestigt. Es gibt stehende und hängende Systeme. Eine Stützvorrichtung begrenzt Knicken bzw. Durchbiegung.

21.2 Überkopfverglasung (Schrägverglasung)

Glasdächer sind heute ein fester Bestandteil der modernen Architektur. Beispiele sind Vordächer, Wintergärten (siehe Seite 382), klimatisierte Hallen und Ausstellungsräume, nicht beheizte Passagen und Pavillions sowie Fassaden mit geneigten Flächen.

Ist eine Glasfläche mindestens 10° gegen die Vertikale geneigt, liegt nach den „Technischen Regeln des Deutschen Instituts für Bautechnik" eine Schrägdach- oder Überkopfverglasung vor. (Kippfenster zählen nicht dazu). **Zugelassene Glassorten** für eine Überkopfverglasung sind:

- Einfachscheibe mit Verbundsicherheitsglas (VSG) aus Floatglas
- Einfachscheibe mit teilvorgespanntem Verbundsicherheitsglas
- Einfachscheibe mit Drahtglas bis zu einer Stützweite von 700 mm
- Isolierverglasung mit Verbundsicherheitsglas (VSG) oder Drahtglas auf der Unterseite.

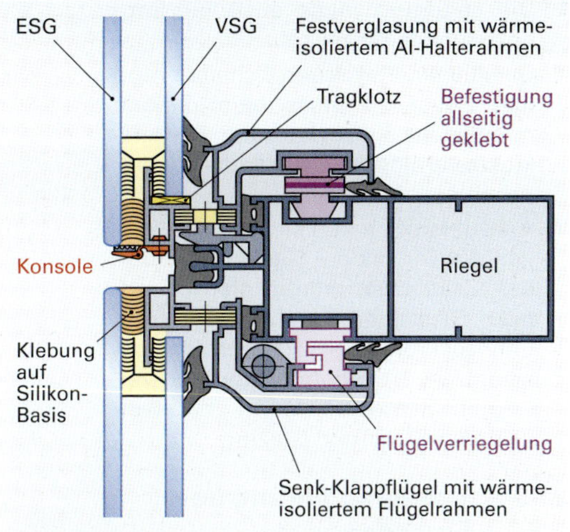

1 Vertikalschnitt durch eine SG-Fassade

a) Punktgehaltene Glasfassade

b) Montage einer Überkopfverglasung

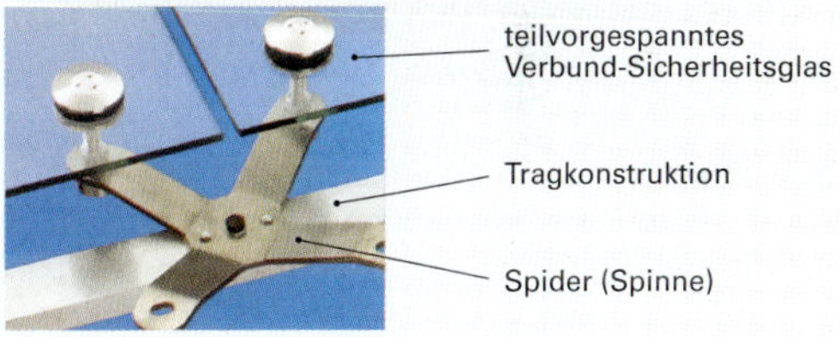

2 Punkthalter für die Scheibenecken

Merke

Einscheibensicherheitsglas (ESG) ist nicht splitterbindend und deshalb nur für die Oberseite einer Überkopfverglasung zugelassen.

Abweichend von dieser Vorschrift darf man andere Gläser nur verwenden, wenn durch ein untergespanntes Netz das Herabfallen von größeren Glassplittern auf die Verkehrsfläche verhindert wird.

Zusätzlich ist zu beachten:

- Die Unterkonstruktion der Scheiben muss eine gleichmäßige, zwängungsfreie Lagerung der Scheibenränder gewährleisten und das Glas darf an keiner Stelle mit Metall in Kontakt kommen.

- Die Lagerung muss auch für Sogbelastung wirksam sein.
- Der Abstand zwischen Scheibenrand und Falzgrund muss beim Einbau mindestens 5 mm betragen. **Distanzklötze** verhindern ein Verrutschen der Scheiben.
- An Querstößen darf sich kein stehendes Wasser bilden. Deshalb werden bei Glasdächern häufig die horizontalen Glasseiten für eine ungestörte Entwässerung auf Halteprofile geklebt (Bild 1), und flächenbündig versiegelt. Man spricht dann von **zweiseitigem Structural Glazing.**

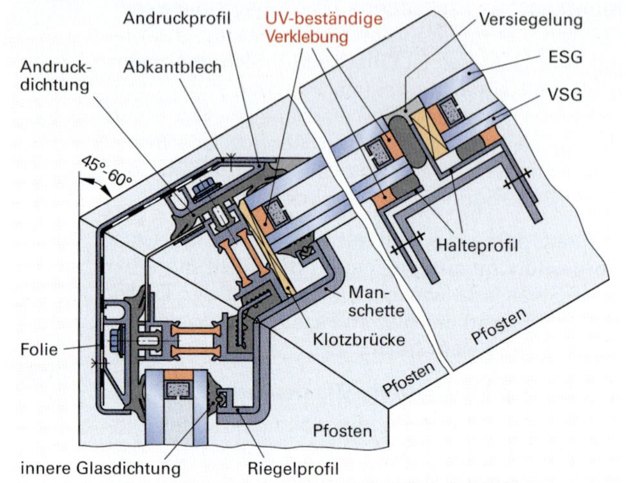

1 Schrägverglasung mit zweiseitigem Structural Glazing

21.3 Wasserabführung bei Fassaden

Trotz einwandfreier äußerer Verglasungsdichtung können **Schlagregen** und **Tauwasser** in die Rahmenkonstruktion von Fassaden eindringen. Durch die Kapillarwirkung feiner Fugen sind Durchfeuchtungen von Wänden möglich.

Merke

An jedem Anschluss der Fassade an den Baukörper sind Dichtbahnen einzubauen, die verhindern, dass der Baukörper feucht wird.

Dichtbahnen sind einige Zehntel Millimeter dicke, wasserdichte Kunststoffbänder, die in Metallbauzeichnungen durch breite Strichlinien dargestellt werden. Der Einbau beginnt immer am Baukörper (Seite 380, Bild 3 und Seite 383, Bild 1) oben hinter der Wärmedämmung und endet im außen liegenden Teil des Profilsystems (im Glasfalz). Am Fußpunkt (Seite 380, Bild 3) endet die Dichtbahn außen vor der Dämmung.

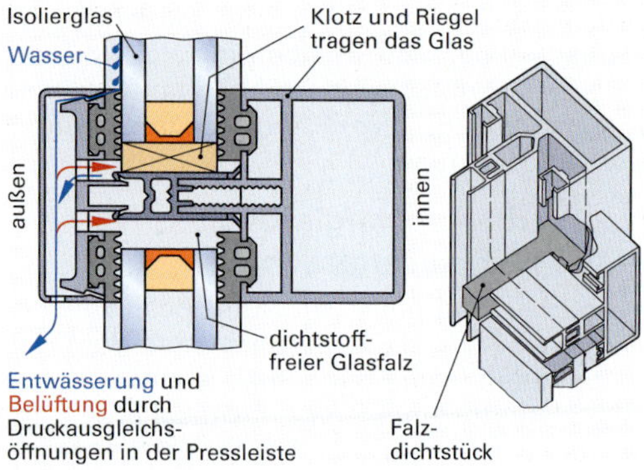

2 Einzelfeldbelüftung, Falzdichtstück

Bei den üblichen Systemen mit dichtstofffreiem Glasfalz fließt das Wasser in den Falz, und von dort über Öffnungen ins Freie (Bild 2). **Druckausgleichsöffnungen** im oberen Eckbereich des Glasfalzes sorgen dafür, dass die Luftfeuchtigkeit rasch ablüften kann.

Bei Fassaden unterscheidet man Einzelfeld- und Mehrfeld-Entwässerungssysteme.

Beim **Einzelfeldsystem** wird jedes Fassadenfeld wie bei Fenstern üblich einzeln entwässert und belüftet (Bild 2). Die Glasfalze der einzelnen Felder sind durch **Falzdichtstücke** (Bild 2) nach oben und unten abgedichtet.

Bei größeren Fassaden und Schrägverglasungen hat sich das Prinzip des **Mehrfeldsystems** durchgesetzt. Hier sind mehrere Fassadenfelder über seitlich geöffnete Glasfalze miteinander verbunden. Anfallendes Wasser fließt von den Riegeln zu den Pfosten und vom Pfostenfußpunkt ins Freie (Bild 3). Zusätzliche Öffnungen in den horizontalen Pressleisten und den Deckprofilen sowie im Fassadenkopfpunkt sorgen für die **Entwässerung** und **Belüftung.**

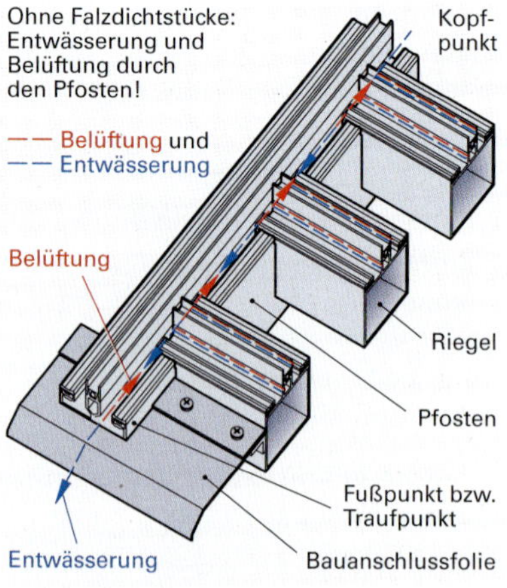

3 Belüftung und Entwässerung beim Mehrfeldsystem

21.4 Planung, Fertigung und Montage von Fassaden

Die Befestigung der Fassaden-Unterkonstruktion ist sorgfältig auszuführen, damit alle wirkenden Kräfte (Eigengewicht, Winddruck, Windsog, Wärmebewegung) an das Bauwerk weitergeleitet werden können.

Merke

Kräfte aus dem Bauwerk (z. B. Dachlasten) dürfen auf keinen Fall die Fassade belasten.

21.4.1 Planungsgrundlagen

Bei Gebäuden muss man mit **Maßabweichungen** rechnen (DIN 18202 Toleranzen im Hochbau). Um Fassadenteile und Elemente in der Werkstatt vorfertigen zu können, sind Befestigungsmittel erforderlich, die die Maß-, die Lot- und die Fluchtfehler ausgleichen. Bild 1 zeigt eine Konsole, die eine dreidimensionale Justierung des Pfostens ermöglicht und die die Funktion eines **Los-** oder **Festlagers** übernehmen kann. Loslager sind nötig, um die Wärmedehnung der Profile zu gestatten.

Die **Konsolen**

- verbinden die Pfosten oder die fertigen Fassadenelemente mit dem Bauwerk,
- nehmen die Bewegungen der Fassade und des Baukörpers aufgrund von Durchbiegung und Temperaturschwankung auf,
- gleichen Bau- und Montagetoleranzen aus,
- stellen sicher, dass sich die Unterkonstruktion zwängungsfrei um den Baukörper legt.

Es gibt drei Möglichkeiten einer **Fassadenbefestigung** (Bild 2):

- Die **Fassadenpfosten** sind unten aufgestellt. Der Pfosten-Fußpunkt ist als unverschiebliches Auflager (Festlager am Fußboden in Bild 2, EG und 1. OG) ausgebildet. Loslager und Festlager folgen im Wechsel (Loslager in Bild 2, jeweils unter der Decke).
- Die **Fassadenpfosten** sind oben aufgehängt. Der Pfosten-Kopfpunkt als Festlager befindet sich an der Decke eines Geschosses (Bild 2, 2. OG). Nach unten folgen Los- und Festlager im Wechsel.
- **Elementfassade.** Die einzelnen Elemente sind unverschieblich gelagert. Einschieblinge als bewegliche Elementstöße verbinden die einzelnen Elemente.

Merke

Festlager übernehmen Windbelastungen und das Eigengewicht der Fassade. **Loslager** können nur Windbelastungen an das Bauwerk weitergeben.

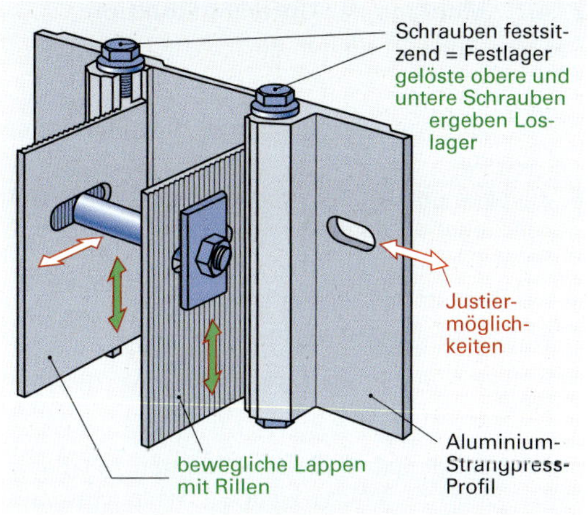

1 Dreidimensional verstellbare Konsole für die Pfostenverankerung

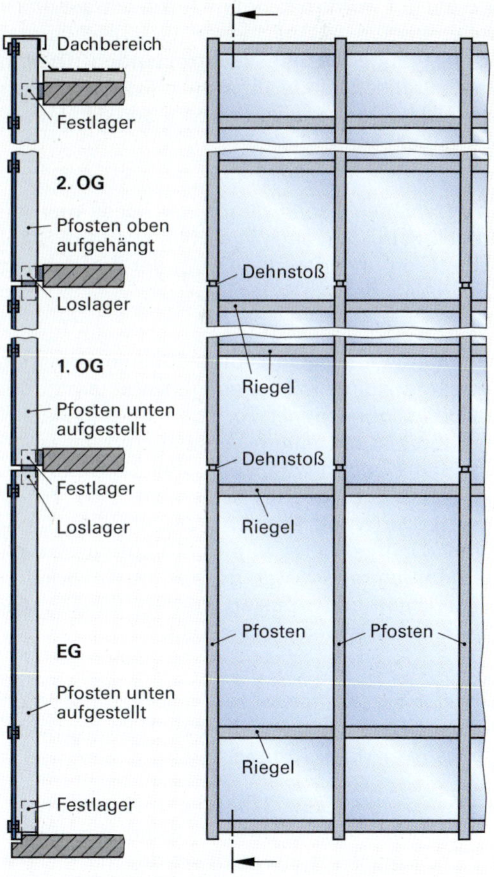

2 Fassadenbefestigung mit oben hängenden bzw. unten aufgestellten Pfosten

21.4.2 Montage der Unterkonstruktion

Der Metallbauer findet in der Zeichnung folgende Informationen:

- Die Lage der Bezugsebene für den ersten Pfosten;
- die Lage und Art der Pfostenverankerung: Welche Lager Loslager, welche Festlager (Bild 2, Seite 379) sind;
- wo Dehnstöße vorgesehen sind;
- welche Achsmaße die Pfosten haben;
- welche Höhenmaße für die Riegel vorgesehen sind.

Dann stellt er die **Maßabweichungen** mit Bandmaß, Senklot, Wasserwaage, Schlauchwaage, Nivelliergerät oder Baulaser fest. Sind sie größer als nach DIN 18202 (2013-04) erlaubt ist, hat er schriftlich Bedenken geltend zu machen. Danach montiert er die **Pfostenverankerungen** (Konsolen, Anschlusswinkel, Fassadenfüße) und richtet sie mithilfe der Prüfmittel aus. Die Verankerung erfolgt mit nichtrostenden Ankerschrauben in einbetonierten Ankerschienen oder mit bauaufsichtlich zugelassenen **nichtrostenden Dübeln.** Mindestrandabstände müssen unbedingt beachtet werden. Das kann beim Anbringen den Einsatz von Dübeln ausschließen.

Ankerschienen haben den Vorteil, dass man die Unterkonstruktion auch in stark bewehrten Stahlbetonteilen ohne Beschädigung der Stahlbewehrung montieren kann.

Der untere Pfosten wird vorab auf einen Holzklotz gestellt, dreidimensional ausgerichtet, am nächsten Befestigungspunkt vorfixiert und schließlich im Fußpunkt mit einem verstellbaren Fassadenfuß (Bild 1 und 3) verankert. Oben wird ein Dehnungsstoßverbinder (Einschiebling, Bild 2) eingesetzt. Der zweite Pfosten zwischen dem 1. und dem 2. Obergeschoss wird mit Dehnungsabstand auf den unteren Pfosten gesetzt, oben vorfixiert, ausgerichtet und verankert. Weitere Pfosten werden auf gleiche Weise aufgestellt.

Um kleinere Bautoleranzen und vertikale Dehnungsbewegungen des Pfostens auszugleichen, gibt es zwei Möglichkeiten:

- Die Konsole (Seite 379, Bild 1) übernimmt die Funktion eines Loslagers, wenn die oberen Schrauben herausgedreht werden.
- Die Konsole bildet ein Festlager, der Einschiebling als Pfostenverlängerung gewährleistet eine ausreichende Dehn- und Montagefuge.

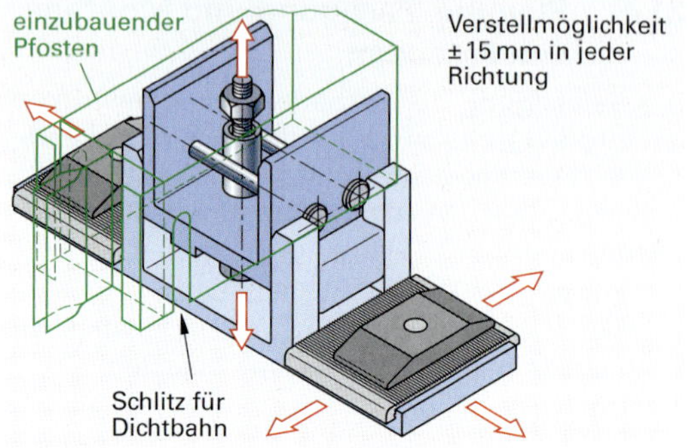

1 Verstellbarer Fassadenfuß

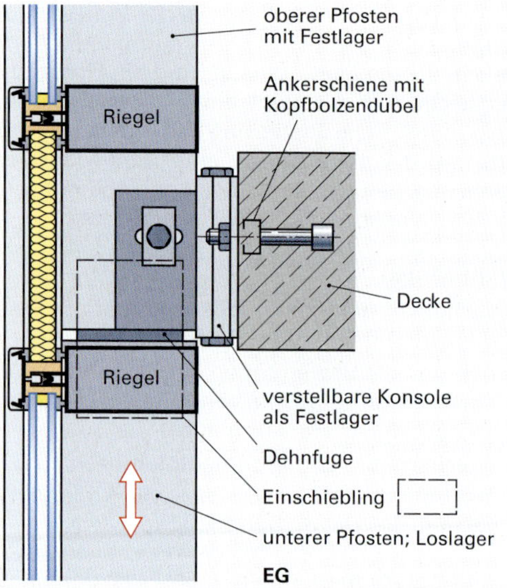

2 Konsole mit Fest- und Loslager

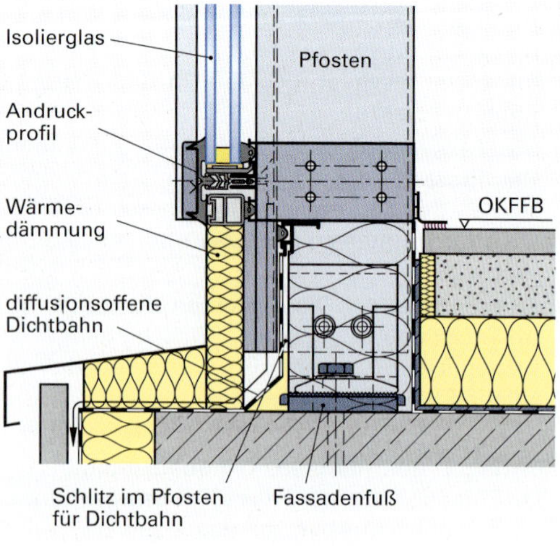

3 Pfostenmontage des Fußpunkts

21.4.3 Pfosten-Riegel-Montage

Je nach Systemhersteller gibt es unterschiedliche Riegelhalter (T-Verbinder), die den waagerechten Riegel mit dem Pfosten verbinden.

Beim Einsatz **geschraubter T-Verbinder** (Bild 1a), werden nach Montage des Pfostens die Riegel verschraubt (Festlager). Danach werden sie auf die T-Verbinder des nächsten Pfostens gesteckt (Loslager).

Beim Einsatz von **T-Verbindern mit Federbolzen** (Bild 1b) werden zuerst alle Pfosten nach Rastermaß aufgestellt, lotrecht ausgerichtet und montiert. Anschließend werden zwischen die Pfosten die Riegel geschoben und so ausgerichtet, dass die Bolzen in die Aufnahmebohrungen der Pfosten einrasten. T-Verbinder und Riegel bleiben trotzdem stets demontierbar.

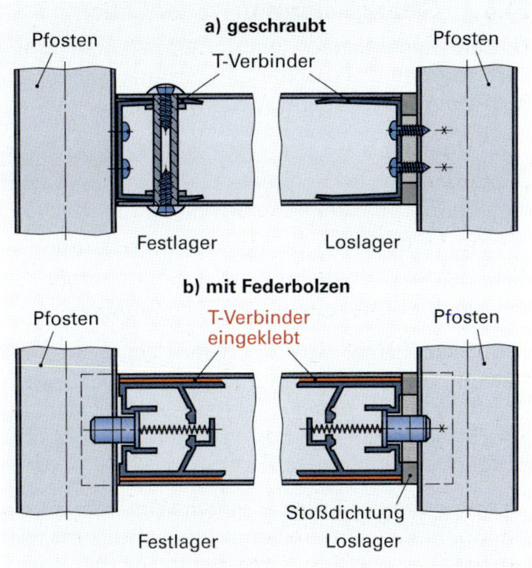

1 Riegelhalter (T-Verbinder)

Einsetzen der Füllelemente

Zuerst ist der korrekte Sitz der inneren Glasdichtung zu prüfen (Seite 374, Bild 1). Danach werden die Isolatoren in die Pfosten und Riegel eingeklipst. Nachdem die Klotzbrücken in die unteren Riegel gelegt wurden, wird das Füllelement (Glasscheibe, Paneel) eingesetzt, ausgemittelt und oben sowie unten mit kurzen Stücken des Andruckprofils als Montagehilfe vorfixiert.

Im oberen seitlichen Bereich werden Distanzklötze eingeklebt. Wenn die Flächenbündigkeit der eingesetzten Elemente überprüft ist, kann das vertikale Andruckprofil samt äußerer Glasdichtung angeschraubt werden.

Die horizontale Glasdichtung wird zugeschnitten und in das Andruckprofil eingesetzt. Der Dichtungsstoß zum Pfosten wird wasserdicht unterlegt. Das Andruckprofil wird befestigt. Der Andruck wird mit einer Stichlehre kontrolliert.

21.4.4 Elementmontage

Soll auf der Baustelle Arbeitszeit eingespart werden, so wird die **Element-Montage** angewandt. Dazu werden die Pfosten und Riegel in der Werkstatt zu Elementen oder zu **verglasten Elementen** vorgefertigt. In Bild 2 hängt das einzusetzende Element einer Doppelfassade an einem Montagewagen. Riegel und Pfosten sind durch Schweißen, Schrauben oder Stifte starr miteinander verbunden. Bei großen Elementen ermöglichen zweiteilige **Dehnpfosten** eine ungehinderte **Wärmedehnung**. Sie wird auch **Dilatation** genannt.

2 Element-Doppelfassade während der Montage

21.5 Glasanbauten

Zu den Glasanbauten, die der Metallbauer fertigt und montiert, gehören Überdachungen, Schutzgläser an Balkonen und Freisitzen, Galerien und Wintergärten.

Wintergärten

Wintergärten sind verglaste Vorbauten an bestehenden Gebäuden (Bild 1 und 2). Sie erbringen mehrfachen Nutzen:

- naturverbundene, helle, zusätzliche Räume.
- Wärmegewinn durch passive Solarenergie.
- Gestalterische Aufwertung der Gebäude.

Vom Gesetzgeber wird anerkannt, dass die gezielte passive Nutzung der Sonnenenergie die Wärmebedarfsbilanz des Wohngebäudes positiv beeinflusst. Der Wintergarten wirkt als „Strahlenfänger" und Wärmeproduzent, aber auch als Puffer gegen Energieverluste.

1 Wintergarten aus Profilstahlrohr

Heute versteht man unter einem Wintergarten einen verglasten Wohnraum unter einer Schrägverglasung, der ganzjährig nutzbar sein soll. Die energiesparendste Bauweise ist das sogenannte **„gemäßigte Glashaus"**, das folgende Voraussetzungen erfüllt:

- Temperatur im Innenraumbereich zwischen + 4° C und + 35° C.
- Wärmedämmverglasung mit einem U_g-Wert < 1,3 W/m²K.
- Beheizung in den Wintermonaten.
- Innen- oder außenliegende Beschattung gegen Überhitzung.
- Glastüranlage zum massiven Kernhaus.
- Ausreichende Be- und Entlüftung als Diagonal- oder Dachlüftung (Bild 3).

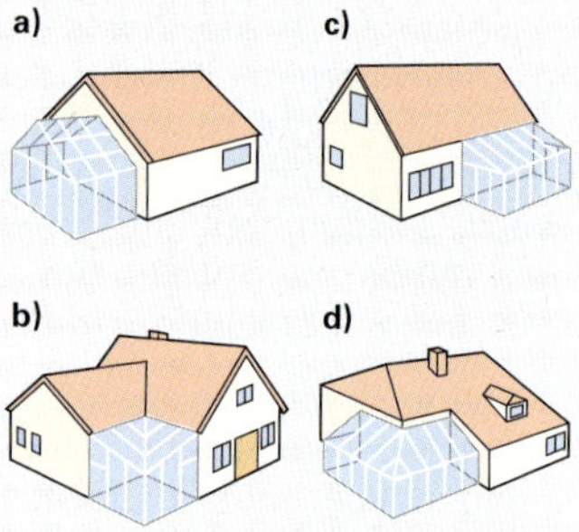

2 Gestaltung von Glasanbauten

Merke

Für beheizbare Glasanbauten sind die Anforderungen der Energie-Einsparverordnung zu beachten.

Hochwertige Wärmedämmung und Klimatisierung sind wichtige Planungsfaktoren.

Unbeheizbare Wintergärten **an Altbauten** können frei geplant werden.

Belüftung

Verursacht durch den „Glashauseffekt" kann sich der Wintergarten stark aufheizen. Sonnenschutz (siehe übernächste Seite) und Lüftung sind unabdingbar.

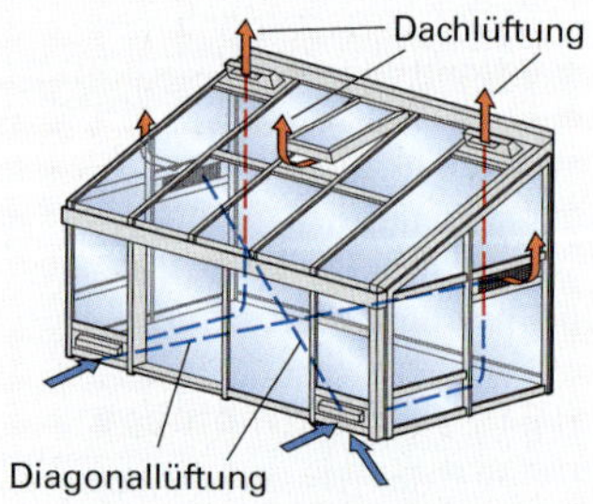

3 Belüftung eines Wintergartens

Statt nur über Fenster zu lüften, sollte ein **Lüftungssystem** aus Zuluft- und Abluftöffnungen eingebaut werden. Die Zuluft soll stets unten einströmen. Weil warme Luft eine geringere Dichte hat und deshalb nach oben steigt, soll die Abluft stets oben entweichen können.

Je nach Windrichtung kann sich im Bild 3 eine **Diagonallüftung** oder eine Querlüftung ergeben. Besonders wirkungsvoll ist die **Dachlüftung** mit automatisch arbeitenden Lüftungsöffnungen. Die Belüftung kann auch durch automatische Motorlüfter übernommen werden. In der warmen Jahreszeit führen sie die erhitzte Luft nach außen. An kalten, aber sonnigen Tagen transportieren sie die erwärmte Luft aus dem Wintergarten in das Haupthaus und liefern so einen Beitrag zur Energieeinsparung. Das stellt einen günstigen Nebeneffekt dar. Die feuchte Luft aus dem Wintergarten gleicht die meist zu trockene Luft im Haupthaus aus.

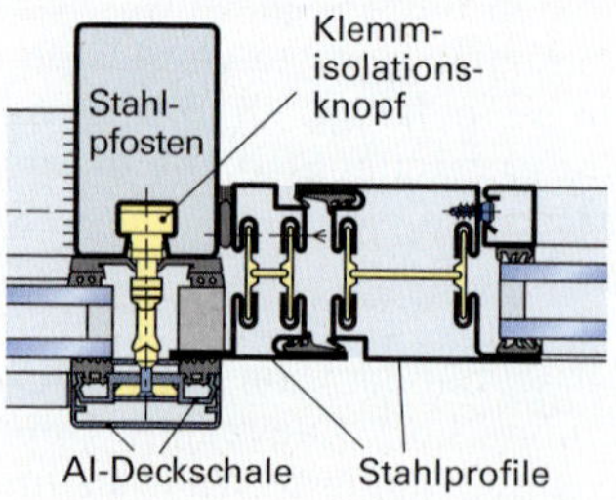

4 Wärmegedämmte Stahlprofile

Werkstoffe

Wärmegedämmte **Aluminium-Strangpress-Profile** haben sich im Metallbau durchgesetzt, weil sie korrosionsbeständig, leicht und gut zu verarbeiten sind.

Wärmegedämmte Stahlprofile (Bild 4, gegenüberliegende Seite) bieten besseren Brandschutz und höhere Festigkeit und Steifigkeit als Aluminium. Deshalb kommen sie mit geringeren Ansichtsbreiten aus. Durch die örtlich eingebauten **Klemm-Isolationsknöpfe** erfüllen sie die Anforderungen der Rahmenmaterialgruppe 1. Die äußeren Deckprofile sind aus Aluminium und lassen sich farblich durch Anodisieren und Thermolackieren (Pulverbeschichtung) vielfältig gestalten. Weitere Vorteile sind die gute Schweißbarkeit und der gute Korrosionsschutz durch Feuerverzinken.

Die Seitenwände, Fenster und Türen können auch aus **Kunststoffprofilen** mit innenliegenden Stahl-Verstärkungsprofilen bestehen.

Wintergärten aus einer **Holz-Aluminium-Verbund**-Konstruktion verbinden die Vorteile beider Werkstoffe. Die Holzprofile sorgen für eine wohnliche und warme Atmosphäre im Innenraum und übernehmen die Tragfunktion. Der niedrige U-Wert des Holzes sorgt für gute Wärmedämmung. Die außenliegenden Aluminiumprofile machen die Konstruktion wetterfest und pflegeleicht.

Konstruktion

Die tragende Konstruktion erfolgt in Pfosten-Riegel- oder Elementbauweise.

Für großflächige Fassaden und Schrägverglasungen eignen sich besonders **Profilstahlrohre** als **Schweißkonstruktion.** Sie können jedoch auch mit Steckverbindern montiert werden. Beim oberen Wandanschluss (Bild 1) leitet ein Wetterschenkel **Schlagregen** ab. Die Abdichtung nach innen muss verhindern, dass Wasserdampf die Wärmedämmung durchfeuchtet.

An der Traufe (Bild 2) überbrückt ein gekantetes Blech den Spalt zwischen den Riegeln. Bei jeder Überkopfverglasung muss die untere Scheibe aus VSG oder aus Drahtglas sein. Gegen Hagel schützt eine obere ESG-Scheibe. Durch sorgfältige Verarbeitung und flache, eventuell auch geklebte Deckleisten oder Versiegelung der Glasfuge mit UV-beständiger Dichtungsmasse sind Undichtigkeit und stehendes Wasser zu vermeiden, weil es zu Schmutzansammlungen führt. Der Fußpunkt (Bild 3) muss so hoch über der Wasserstau-Ebene liegen, dass die Entwässerung der Profile auch bei Wind gesichert ist.

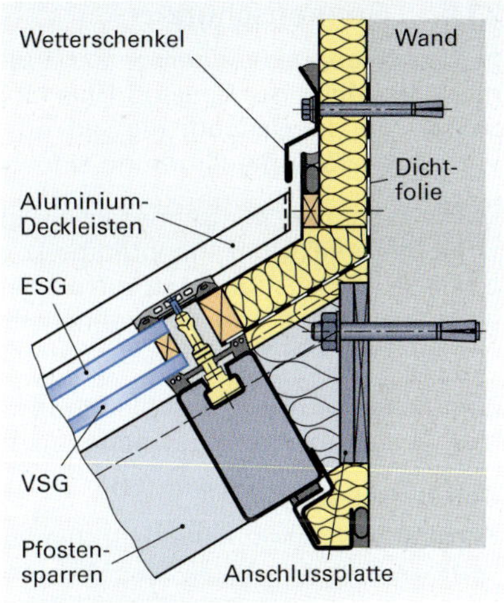

1 Oberer Wandanschluss

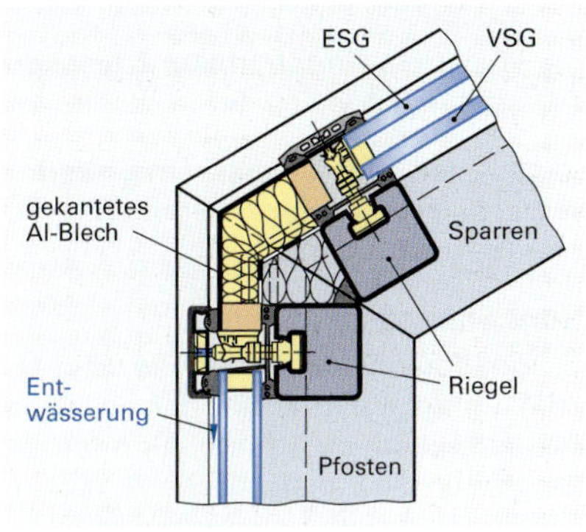

2 Traufbereich

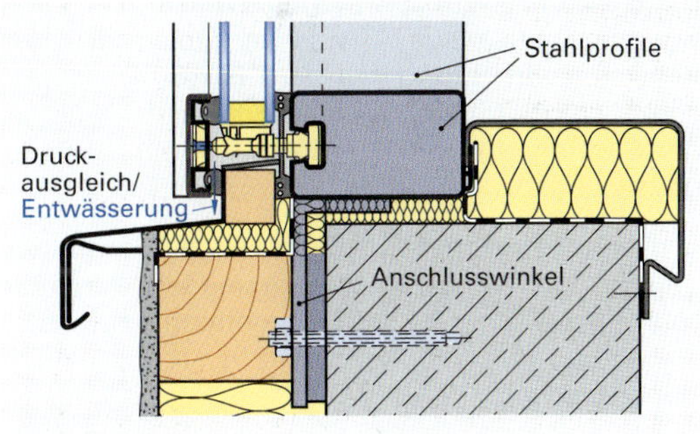

3 Fußbereich

Überprüfen Sie Ihre Kenntnisse

1 Warum werden Alt- und Neubauten mit Metallfassaden ausgerüstet?
2 Wie unterscheiden sich Warmfassaden von Kaltfassaden?
3 Welchen Hauptvorteil bietet die Doppelfassade gegenüber allen anderen Fassaden?
4 Wodurch wirkt eine structural glazing (SG)-Fassade oft wie ein Spiegel?
5 Wie wird bei Überkopfverglasungen verhindert, dass bei Glasbruch Splitter herabfallen?
6 Warum sind Öffnungen im Falzraum einer dichtstofffreien Verglasung unbedingt erforderlich?
7 Welche Voraussetzungen erfüllt das „gemäßigte Glashaus"?
8 Welche Profile sind für Glasanbauten geeignet?

21.6 Sonnenschutz

In die Außenhülle moderner Gebäude wird aus bauphysikalischen und optischen Gründen in zunehmendem Maße der Baustoff Glas eingesetzt. Um Sonnenenergie als zusätzliche Wärmequelle zu nutzen, werden für Gebäude die Süd- oder Südwestlage bevorzugt, die Glasfläche vergrößert und Glas mit verbesserter Wärmedämmung eingebaut.

Dadurch kann es bei Sonnenschein in Räumen mit großen Glasflächen zu unerwünschtem Aufheizen (Treibhauseffekt) der Innenräume kommen. Außerdem blendet das einfallende Licht, Helligkeitskontraste und Spiegelungen stören bei der Arbeit, insbesondere am Bildschirm. **Die Energie-Einsparverordnung** (EnEV) begrenzt den Sonneneintragskennwert *S* bei Gebäuden mit einem Fensterflächenanteil *f* von über 30 % auf einen bestimmten Wert S_{max}, der von der Bauweise und der Klimaregion abhängt.

Zum Schutz vor Hitze und Blendung setzt man Sonnenschutzgläser und Sonnenschutzanlagen ein. Der Metallbauer montiert und wartet die meist industriell hergestellten Anlagen.

Sonnenschutzgläser

Sie sind oft an ihrer blauen, grünen, bronzenen oder silbernen Farbe zu erkennen. Es gibt jedoch auch neutrale Sonnenschutzgläser. Während ein normales Wärmedämm-Isolierglas etwa 62 % der Sonnenenergie durchlässt, lassen Sonnenschutzgläser nur 18 % bis 46 % durch. Dadurch wird der Energieaufwand für eine Belüftungs- oder Klimaanlage erheblich vermindert.

Merke

g ist der **Gesamtenergiedurchlassgrad** einer Verglasung. Er gibt an, wieviel Prozent der Sonnenstrahlung durch das Fenster in den Innenraum gelangt.

Jedoch sinken mit kleinerem ***g*-Wert** die Lichtdurchlässigkeit und die Wärmegewinne in der kalten Jahreszeit. Deshalb werden Sonnenschutzanlagen gebaut, die Licht und Wärme je nach Bedarf abschirmen oder hereinlassen.

Sonnenschutzanlagen

Es gibt sowohl innenliegende (Bild 1), als auch im Füllelement integrierte oder an der äußeren Gebäudehaut angeordnete Sonnenschutzanlagen. Je größer die **Fensterfläche A_w** und je größer ihr **Gesamtenergiedurchlassgrad *g*** ist, desto mehr Wärme kommt durch die Fenster. Der **Abminderungsfaktor F_c** kennzeichnet die Wirksamkeit einer Sonnenschutzanlage. Zwischen fehlender Sonnenschutzvorrichtung mit dem Faktor $F_c = 1$ und einer lichtundurchlässigen Wand mit $F_c = 0$ ist jeder Sonnenschutzanlage ein bestimmter Abminderungsfaktor F_c zugeordnet.

Um den **Sonneneintragskennwert *S*** zu erhalten, multipliziert man diese Größen und teilt durch die Nettogrundfläche A_G des betrachteten Raumes.

Die Formel lautet deshalb: $S = \frac{A_W \cdot g \cdot F_c}{A_G}$

1 Innenliegender Sonnenschutz mit Rollos

21.6.1 Innenliegende Sonnenschutzanlagen

Sie schützen das Gebäudeinnere überwiegend vor den sichtbaren Strahlen des Sonnenspektrums. Je nach Oberflächenstruktur und Farbe reflektieren sie einen Teil dieser Strahlung durch das Glas wieder nach außen. Der restliche Teil wird absorbiert und heizt dadurch den Innenraum auf.

Gute Reflexionseigenschaften haben helle und aluminiumbedampfte Gewebelamellen der raffbaren **Lamellenstores**. Je dichter das Gewebe ist, desto weniger Strahlung durchdringt den Behang und heizt den Innenraum auf. Zur Regelung des Lichteinfalls sind die senkrecht oder waagerecht angeordneten Lamellenstores um ihre Längsachse drehbar. Noch besser zur Lichtreflexion geeignet sind Lamellenstores aus gebogenem, dünnem Aluminiumblech = Jalousien (Bild 3, nächste Seite).

Ein Teil der Lichtstrahlen und fast die gesamte Wärmestrahlung werden nicht reflektiert, sondern von der Sonnenschutzanlage und dem Fenster absorbiert und an die umgebende Innenluft abgegeben. Zwischen Sonnenschutz und Scheibe bildet sich ein Wärmestau, der durch natürliche oder künstliche Belüftung abgeführt werden muss. Für eine gute Belüftung ist ein Mindestabstand von 100 mm bis 150 mm zwischen dem Behang und der Scheibe erforderlich sowie die Abwesenheit störender Riegel oder Fensterbänke.

Merke

Innere Sonnenschutzanlagen vermindern die Einstrahlung nur um 30 % ... 60 %. Sie bieten **Blendschutz** und erhöhen die Wärmedämmung im Winter. Sie können in Leichtbauweise erstellt werden, da sie dem Wetter nicht ausgesetzt sind.

Es kommen Vorhänge, aufrollbares, beschichtetes Gewebe (Rollos), und Falt- bzw. Lamellenstores (Jalousien, Bild 1) zur Anwendung. Die Bedienung erfolgt entweder manuell mit Kettenzug, Schnurzug bzw. Kurbeltrieb oder mit elektrisch betriebenen Einsteckantrieben.

Eine deutliche Verbesserung ist eine Kombination von innen liegender Sonnenschutzanlage mit einer Sonnenschutzverglasung. Diese schützt den Innenraum durch teilweise Reflexion und Absorption der direkten und diffusen Strahlung über einen *großen Teil* des Sonnenspektrums (Bild 2).

Integrierte Sonnenschutzanlagen

Eine technische Weiterentwicklung sind elektrisch betriebene Rollos im Scheibenzwischenraum einer Isolierglasscheibe (Bild 3). Teiltransparente Folien mit Microprägung werden per Knopfdruck hoch- und heruntergefahren und können so verschiedene Funktionen erfüllen:

- Hitze-, Sonnen- und Blendschutz
- Wärmedämmung in der kalten Jahreszeit
- Sichtschutz

21.6.2 Äußere Sonnenschutzanlagen

Äußere Sonnenschutzanlagen vermindern die Einstrahlung um 60 % ... 80 %, denn sie schützen das Gebäudeinnere über den *gesamten Bereich* des Sonnenspektrums. Systeme aus nicht durchscheinenden Werkstoffen wie Beton und Leichtmetall reflektieren und absorbieren die ultraviolette Strahlung sowie Licht und Wärmestrahlung vollständig, durchscheinende Werkstoffe wie Gewebe von Markisen und trübende oder streuende Gläser zu einem Teil. Sie leiten die reflektierten und absorbierten (in Wärme umgewandelten) Strahlungsanteile nach außen und halten so die Erwärmung der Fenster und Wände gering.

Je nach Bauart unterscheidet man starre und bewegliche äußere Sonnenschutzanlagen.

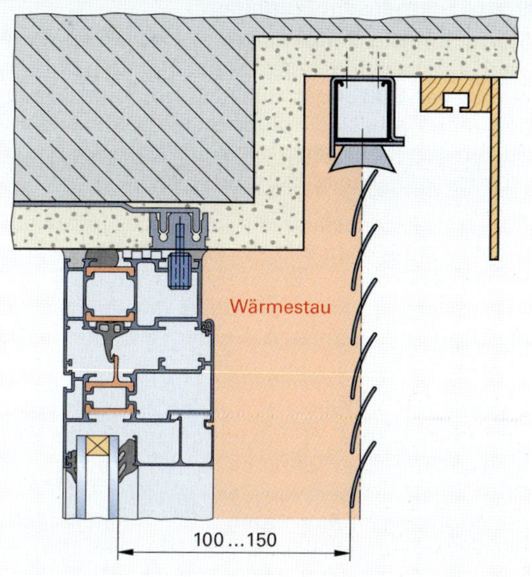

1 Aluminium-Jalousie innen

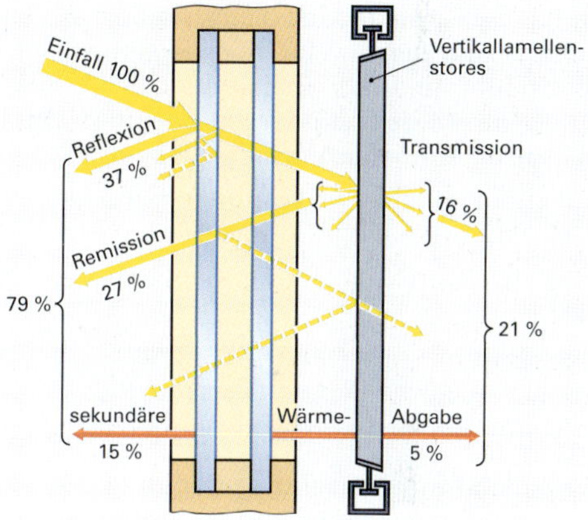

2 Sonnenschutzkombination aus Sonnenschutzverglasung und innenliegenden Vertikallamellenstores

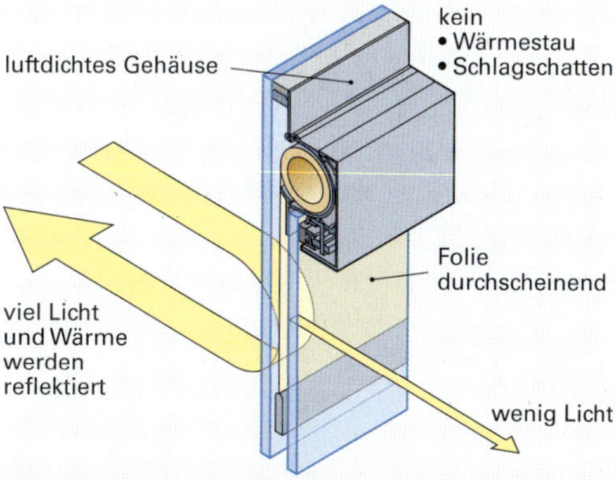

3 Elektrisch betriebenes Rollo im Isolierglas

Starre Sonnenschutzanlagen

Starre Sonnenschutzanlagen gibt es als vordachartig auskragende **horizontale Blenden** (Bild 1), die an der Süd- oder Südwestseite von Gebäuden angebracht sind. Häufig ist ihre Oberseite mit Rosten begehbar gemacht, sodass ein Wartungs- oder Fluchtbalkon entsteht.

Aus dem Sonnenstandsdiagramm des jeweiligen Breitengrades (Bild 2 für 51 Grad nördlicher Breite, z. B. Frankfurt am Main) lässt sich für jede Uhrzeit und jeden 21. eines Monats der **Zenitwinkel** der Sonne bestimmen. Außerdem zeigt der äußere Kreis die Richtung der Sonne an.

Das dargestellte Beispiel zeigt den Zirkelschlag für den 21. April bzw. 21. August um 10:00 Uhr MEZ für Frankfurt. Die Sonne steht 47° vom Zenit im Südsüdosten. Über den Zenitwinkel β lässt sich die erforderliche **Ausladung *a*** der Sonnenblende bestimmen, damit das Fenster ab 10:00 Uhr beschattet wird. Bei hohen Fenstern sind allerdings erhebliche Ausladungen nötig.

In ähnlicher Weise lassen sich auch **vertikale Blenden** bauen. Da sie jedoch die Durchsicht stark behindern, sind sie nur für hochliegende Fenster, Lagerräume und als schlagregendichte Dauerlüftung von Maschinenräumen geeignet. Vorteile von starren Sonnenschutzanlagen sind:

- die Bedienungs- und Wartungsfreiheit,
- die „Klapperfreiheit" bei Wind,
- die freie Durchsicht, außer bei vertikalen Blenden,
- die unbehinderte Fensterbelüftung,
- das einheitliche Bild der Fassade und
- die Kombinationsmöglichkeit mit Laufstegen.

Bewegliche Sonnenschutzanlagen

Die meisten starren Sonnenschutzanlagen haben den Nachteil, dass die Beleuchtungsstärke in den Raum hinein stark abnimmt.

Bewegliche Anlagen sind parallel zur Beschattungsfläche angeordnet und halten mittels metallener Lamellen oder textiler Bespannung die Sonnenstrahlung zurück. Sie können aber das Licht auch gezielt an die Raumdecke leiten und einen Helligkeitsgewinn in der Raumtiefe bewirken. Sie werden individuell von Hand bedient oder automatisch geregelt.

Bewegliche Sonnenschutzanlagen sind:

- horizontale Lamellen, axial drehbar (Bild 3a) oder als Rahmen vor das Fenster verschiebbar,
- vertikale Lamellen großer Breite (Bild 3b),
- Außenjalousien
- Rollläden
- Markisen (Bild 1, nächste Seite)

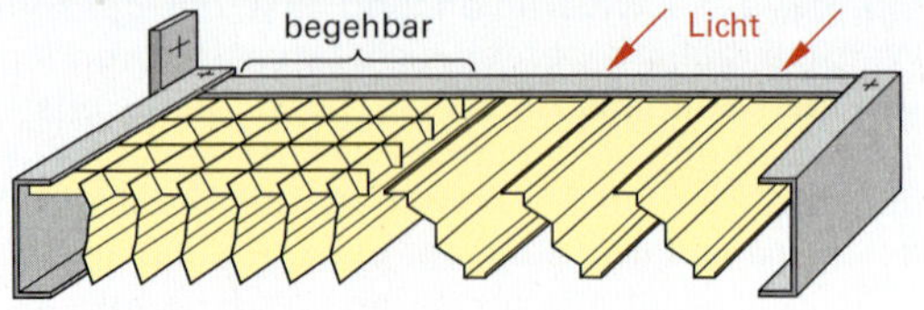

1 Horizontale Blende, teilweise begehbar

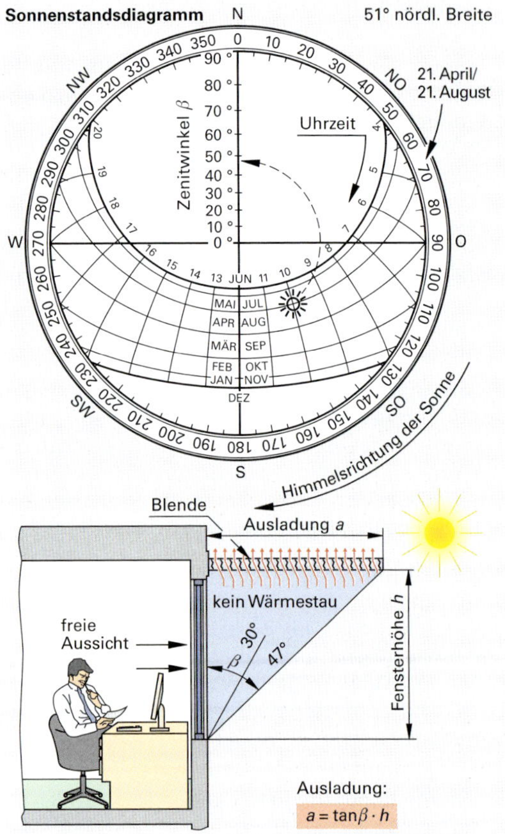

2 Sonnenstandsdiagramm zur Bestimmung der Ausladung einer horizontalen starren Sonnenblende

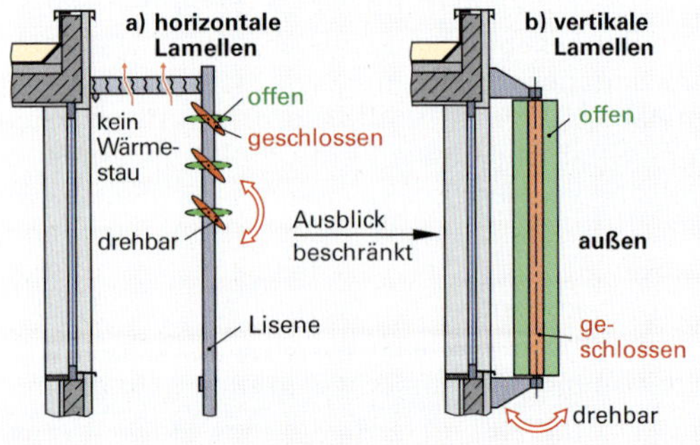

3 Bewegliche horizontale und vertikale Lamellen

Markisen

Markisen sind Sonnendächer aus Textilien. Je nach Aufbau unterscheidet man Sonnensegel, Bogen- oder Korbmarkisen und Rollmarkisen (Bild 1) sowie Fassadenmarkisen (Bild 4).

Sonnensegel sind nicht verstellbare Markisen mit fester Abspannung.

Bogenmarkisen geben den gewünschten Sonnen- und Wetterschutz bei dekorativem Aussehen. Sie werden oft bei Schaufenstern verwendet.

Rollmarkisen bestehen aus den Hauptteilen Tuch- oder Wickelwelle, Gelenk- oder Fallarmen, Markisentuch, Fallprofil und Antrieb. Als Markisentuch dienen imprägnierte oder kunststoffbeschichtete Leinen- oder Glasfasergewebe. Je nach Beweglichkeit gibt es Fallarm-, Scheren-, Schlitten- und Gelenkarmmarkisen.

Fallarmmarkisen (Bild 2) haben zwei starre Fallarme zur Führung des Fallprofils. Durch das Eigengewicht von Tuch, Fallarm und Fallprofil fällt (rollt) die Markise von selbst aus. Die Gefahr des Hochschlagens bei starken Windböen lässt sich durch Federn im Fallarm verringern. Von Nachteil ist die große Höhe, die zum Einziehen der Arme benötigt wird.

Scherenmarkisen (Bild 3) finden Anwendungen bei Ausladungen über 3,5 m. Sie benötigen für das Anbringen nur eine geringe Höhe. Die Ausladung kann etwa das Dreifache der verfügbaren Höhe sein. Andere Markisenarten verdrängen die komplizierte Scherenbauweise.

Schlittenmarkisen (Bild 4 a) haben feststehende Leitrohre aus C-förmigen Profilen, in denen die Schlitten des Fallrohres laufen. Schlittenmarkisen können auch an geneigten Fassaden oder Glasbauten angebracht werden.

Markisoletten (Bild 4 b) haben ebenfalls einen Schlitten, ähneln aber den Fallarmmarkisen. Sie ermöglichen eine besonders feinstufige Beeinflussung des Lichteinfalls in den Raum und bringen trotz kurzer Fallarme eine große Beschattungsfläche. Beim Öffnen wird der Fallarm durch Federkraft in die Ausfallstellung gebracht, dann fährt der Schlitten nach unten.

Schlittenmarkisen und Markisoletten sind besonders für Fassaden und Wintergärten geeignet. Man nennt sie deshalb auch **Fassadenmarkisen**.

Gelenkarmmarkisen findet man häufig an Geschäfts- und Kaufhäusern mit langen Glasfronten, weil sie in eingefahrener Lage wenig Platz erfordern. Sie haben zwei oder mehrere zweiteilige Gelenkarme aus Hohlprofilen zur Führung des Fallprofils. Am Tragrohr befinden sich die Armlager.

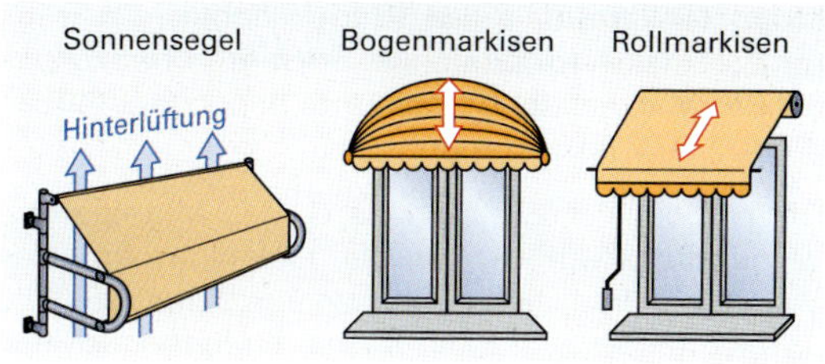

1 Markisenarten

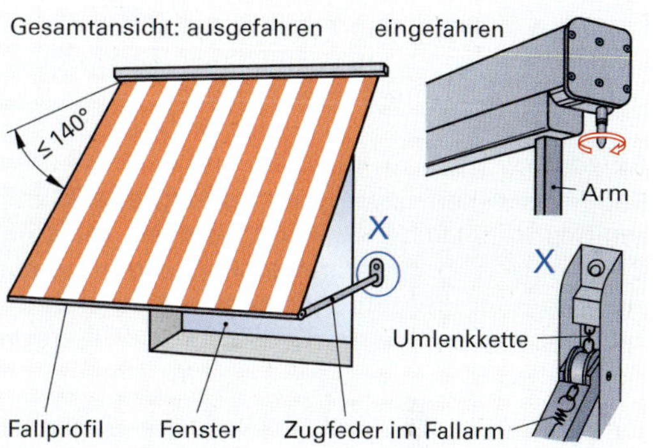

2 Fallarmmarkise

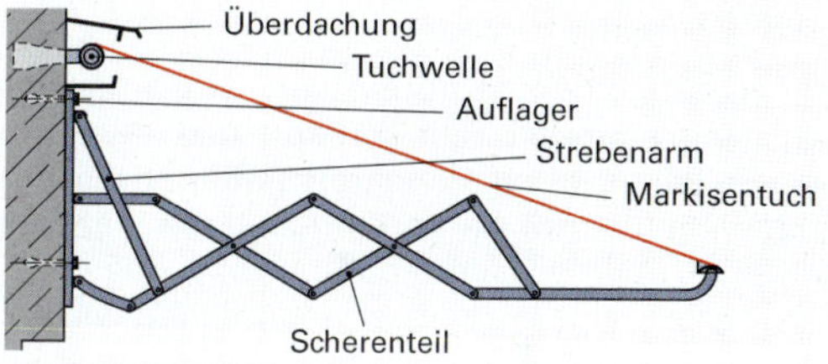

3 Scherenmarkise

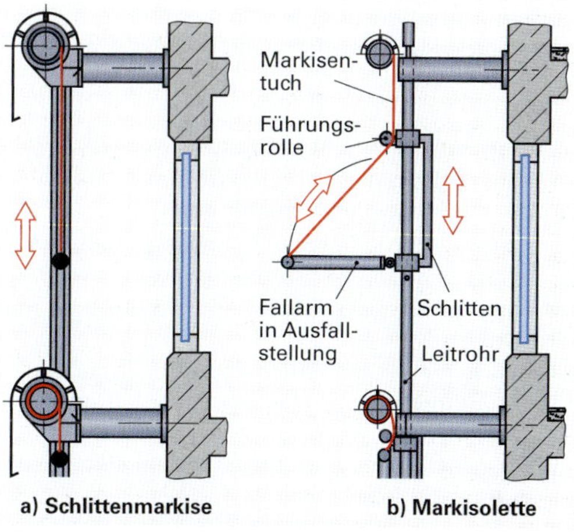

4 Fassadenmarkisen

Kippgelenkarmmarkisen (Bild 1) haben am Tragrohr zusätzlich Kippgelenke. Sie lassen beim Ausfall der Markise die Gelenkarme in den einstellbaren Ausfallwinkel kippen.

Die beiden Armteile sind durch das Mittelgelenk verbunden. Zugfedern in den Gelenkarmen strecken diese, sodass die Markise von selbst ausfällt und windsicher ist. Beim Einziehen legen sich die Gelenkarme seitlich zusammen und können so auf engstem Raum im Markisenkasten untergebracht werden.

Im eingerollten Zustand dichtet das Fallprofil den Markisenkasten ab und schützt das Markisentuch vor Staub und Witterungseinflüssen.

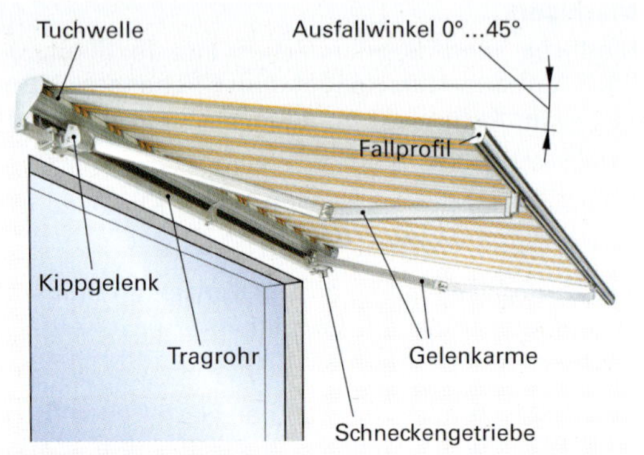

1 Kippgelenkarmmarkise

Antriebe

Mit Federwellen lassen sich mittelgroße Markisen (bis 10 m Länge) auf- und einrollen. Mit einer Zugstange wird die Markise ausgezogen, wobei sich das Rohr dreht und die Feder im Inneren der Tuchwelle spannt. In der Endstellung arretiert die Tuchwelle.

Bei größeren Markisen erfolgt das Einziehen des Tuches von Hand über ein Kegelrad- oder Schneckengetriebe (Bild 1). Dabei wird über eine Handkurbel und ein abgewinkeltes Gestänge das Kegelrad bzw. die Schnecke in Drehbewegung versetzt.

Mit Elektrogetriebemotoren, sog. Einsteckantrieben (Rohrmotoren, Bild 2), kann man Markisen und Rollläden ohne Handkraft automatisch aus- und einfahren. Rohrmotoren haben ein Planetengetriebe, über dessen Abtriebswelle das runde oder sechseckige Wickelrohr angetrieben wird.

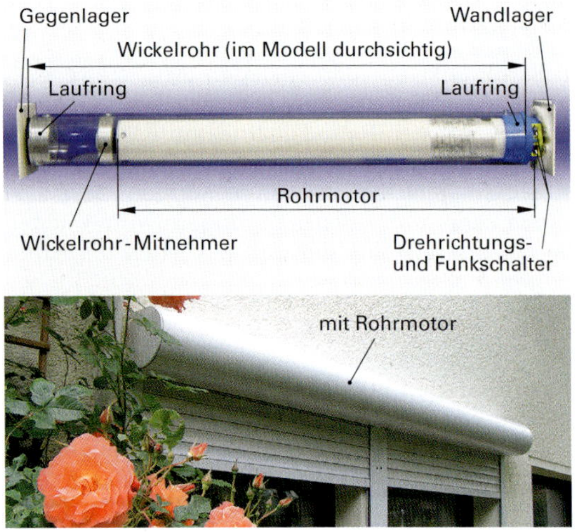

2 Rollladen mit Rohrmotor

Steuerungen

Immer häufiger werden Sonnenschutzanlagen automatisch gesteuert. Fotozellen sorgen für eine optimale Anpassung an die Strahlungsverhältnisse, Windwächter und Windfühler schützen bei starkem Wind vor Beschädigungen, da sie den Sonnenschutz schließen lassen. In Winternächten schließen sich die Rollläden automatisch und vermindern den Wärmedurchgang durch die Fenster.

Überprüfen Sie Ihre Kenntnisse

1 Mit welchem Wert wird die Schutzwirkung eines Sonnenschutzglases beschrieben?

2 Welchen Nachteil haben Sonnenschutzgläser mit einem niedrigen Gesamtenergiedurchlassgrad?

3 Was bedeutet die Angabe F_c = 0,5 für eine Markise?

4 Beurteilen Sie die Wirksamkeit von innenliegenden Sonnenschutzanlagen gegenüber außenliegenden.

5 Was lässt sich aus einem Sonnenstandsdiagramm ablesen?

6 Welche Vor- und Nachteile haben bewegliche Sonnenschutzanlagen gegenüber starren Anlagen?

7 Warum sind Schlittenmarkisen für Fassaden besonders geeignet?

8 Warum sind die Antriebsmotoren von Jalousien, Rollläden und Markisen nicht sichtbar?

9 Wodurch kann eine Beschädigung der beweglichen Sonnenschutzanlagen durch Stürme vermieden werden?

Arbeitsauftrag: Herstellen von Fenstern, Fassaden und Glasanbauten

Projektierung, Konstruktion und Herstellung eines Glasvordaches

Der Hausbesitzer eines Zweifamilienhauses beabsichtigt zum Schutz der Hauseingangstüre ein kleines Glasvordach anbringen zu lassen. Er nimmt Kontakt zu einer Metallbaufirma auf und bittet diese um Vorschläge. Aus diesem Auftrag ergeben sich eine Reihe von Arbeitsschritten, die es zu klären gilt. Notwendige Informationen ergeben sich aus Bild 1, das den Hauseingang abbildet und aus Bild 2, aus dem die erforderlichen Maße abzulesen sind. Erfüllen Sie die folgenden Arbeitsaufträge:

1 Hauseingang

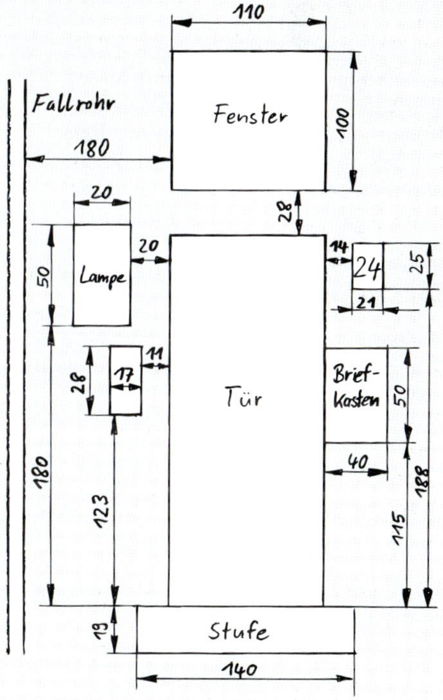

2 Skizze des Hauseingangs mit Maßen

1. Welche Möglichkeiten der Befestigung des Vordaches am Haus oder vor dem Haus gibt es?
2. Aus welchen Materialien lässt sich ein solches Vordach erstellen?
3. Bewerten Sie diese Materialen bezüglich der Befestigungs- und Belastungsmöglichkeiten, der gestalterischen Möglichkeiten und der Haltbarkeit.
4. Welche Abmessungen des Vordaches würden Sie aufgrund der örtlichen Gegebenheiten und einer wirtschaftlichen Herstellung vorschlagen?
5. Diskutieren Sie die Vor- und Nachteile sowie die Erfordernisse einer Dachneigung gegen das Haus und einer Dachneigung vom Haus weg.
6. Ermitteln Sie die Vor- und Nachteile einer Ausführung in Echtglas.
7. Ermitteln Sie die Vor- und Nachteile einer Kunststoffverglasung.
8. Wie berücksichtigen Sie bei der Konstruktion die hohen Temperaturunterschiede zwischen Sommer und Winter?
9. Entwerfen Sie zwei mögliche Varianten des Vordaches und skizzieren diese, damit der Kunde eine Vorstellung über das mögliche Aussehen erhält.
10. Ermitteln Sie die Vorteile der einzelnen Lösungen, damit Sie die Vorschläge dem Kunden auch begründen können.
11. Ermitteln Sie die Nachteile der einzelnen Lösungen.
12. Betrachten Sie die Lösungen nach den entstehenden Kosten und bewerten Sie die Ergebnisse.
13. Der Hauseingang liegt in Richtung Süden. Auf welcher Seite würden Sie eine Seitenverkleidung empfehlen?
14. Welche Probleme ergeben sich für die Seitenverkleidung bei den örtlichen Gegebenheiten?
15. Betrachten Sie den Kosten-Nutzen-Effekt bei einer gegen die Hauswand abgedichteten Seitenverkleidung.
16. Erstellen Sie eine Fertigungszeichnung mit der von Ihnen bevorzugten Lösung.
17. Erstellen Sie hierzu eine Materialliste.
18. Erstellen Sie eine kleine Präsentation, mit der Sie dem Kunden Ihren Vorschlag vorstellen.

Der Kunde hat sich für eine Lösung entschieden, bei der das Glasdach nach hinten gegen die Hauswand geneigt ist und das ausschließlich an der Wand befestigt ist. Das Dach soll in Echtglas (Sicherheitsglas) ausgeführt werden. Auf eine Seitenverkleidung will er zunächst aus Kostengründen verzichten. Bild 1 zeigt eine noch unvollständige Fertigungszeichnung dieser Ausführung.

Folgende Arbeitsaufträge sind für den Auftrag noch erforderlich:

1. Vervollständigen Sie die vorgegebene Zeichnung bezüglich der Befestigung in der Wand, der verwendeten Materialien, der Befestigung der Glasplatte auf den Trägern und der Abdichtung.
2. Der Ablauf des Regenwassers muss noch an die örtlichen Gegebenheiten angepasst werden.
3. Wie erfolgt die Abdichtung gegenüber der Hauswand?
4. Begründen Sie, warum der Träger an der Hauswand eine größere Höhe aufweist als am Ende des Glasdaches.
5. Wie gefordert haben Sie das Dach in Echtglasausführung mit Trägern aus Stahl geplant. Ihr Chef ist der Meinung, dass die Befestigung des Daches an diesem Haus in Backsteinbauweise Probleme bereiten könnte. Welche Probleme meint er?

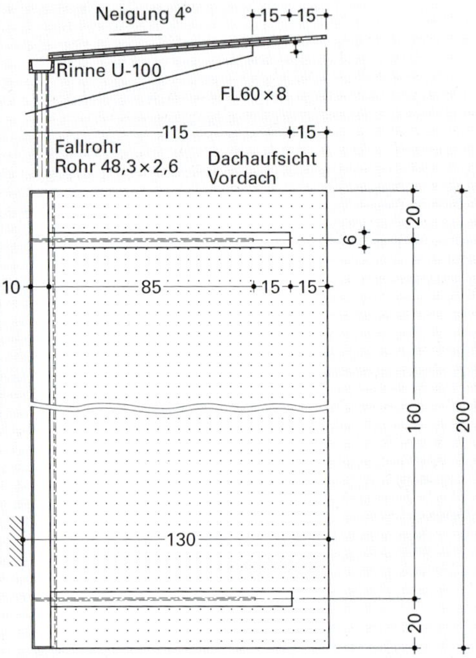

1 **Fertigungszeichnungsentwurf für das Haustürglasvordach**

6. Wie könnten Sie seinen Bedenken durch eine andere Konstruktion oder andere Materialien Rechnung tragen?
7. Sie wollen die Konstruktion leichter machen und schlagen deshalb eine Fertigung in Aluminium vor. Welche konstruktiven Änderungen sind dabei unerlässlich?
8. Berechnen Sie, wieviel an Gewicht des Daches eingespart werden können, wenn statt Stahl Aluminium verwendet wird und zwar einmal bei gleichem Profil und dann bei einem speziell für die Aluminiumkonstruktion geänderten Profil.
9. Klären Sie zusammen mit Ihrem Ausbildungsbetrieb, ob die Aluminiumkonstruktion teurer wird als die Stahlkonstruktion oder nicht?
10. Gehen wir davon aus, die Aluminiumkonstruktion wäre 10 % teurer. Welche Lösung würden Sie dem Kunden empfehlen und warum?
11. Welche Kosten müssen bei einer Stahlkonstruktion auf jeden Fall mit eingerechnet werden, die bei einer Aluminiumkonstruktion eventuell entfallen?
12. Sie haben den Auftrag für eine Aluminiumkonstruktion erhalten. Erstellen Sie nun eine vollständige Materialliste und eine Rohmaterialbestellliste.
13. Ermitteln Sie auf Grund der Massen die Materialkosten für die zu fertigenden Teile und die Kosten für die verwendeten Normteile aus einer Preisliste der Lieferanten aus dem Internet.
14. Erstellen Sie eine kurze Präsentation, in der Sie Ihren Mitschülern diesen Auftrag von der Planung über die Konstruktion bis zur Fertigungsreife vorstellen.

Lernfeld: Herstellen von Treppen und Geländern

22 Treppen

Merke

Treppen dienen zum Überwinden von Höhenunterschieden zwischen mindestens zwei unterschiedlichen Ebenen durch stufenweises Steigen.

Sie sind fest mit dem Bauwerk verbunden und bestehen aus mindestens einem Treppenlauf mit mindestens drei Treppenstufen. Ihre Neigung muss dabei zwischen dem Verhältnis 1 : 6 (ca. 10°) und maximal 45° liegen. Bei geringerer Neigung spricht man von Rampen, bei größerer Neigung von Leitertreppen bzw. Leitern. Da für die einzelnen Bundesländer immer noch teilweise voneinander abweichende **Bauvorschriften der Landesbauordnungen (LBO)** gelten, ist es schwierig, allgemein gültige Aussagen zu Einzelheiten zu machen. Grundlage der nachfolgenden Ausführungen ist die DIN 18065 (Treppen, Messregeln, Hauptmaße). Diese Norm gilt werkstoffunabhängig für Treppen aus beliebigen Baustoffen und deren Kombinationen in der Fassung vom März 2015. Neben der DIN 18065 ist vor allem die neue DIN EN ISO 14122-3, die sich auf Maschinen und Anlagen sowie auf Gebäudetreppen zu deren Zugang bezieht, von Bedeutung. Verbindlich für die einzelnen Bundesländer sind die Durchführungsverordnungen zu den jeweiligen Landesbauordnungen.

22.1 Treppenarten

Treppen zwischen zwei Geschossen werden als **Geschosstreppen** bezeichnet. Dient eine Treppe jedoch nur zum Ausgleich von Höhenunterschieden innerhalb eines Geschosses, nennt man sie **Ausgleichstreppe.**

In den Bauordnungen verbindlich vorgeschriebene Treppen sind **notwendige** Treppen im Gegensatz zu **nicht notwendigen** Treppen, die trotzdem aber der Hauptnutzung dienen können.

Nach dem Einsatzort unterscheidet man **Hauptverkehrs-** und **Nebentreppen** (Bild 1). Da die Hauptverkehrstreppen wegen der starken Frequentierung durch Personen in Ämtern, Schulen, Hotels, Wohnhäusern usw. gut begehbar sein müssen, sind sie breiter und weniger steil als Nebentreppen, die als Speicher-, Heizraum-, Maschinentreppen usw. dienen.

Die Lage des Treppengeländers ist entscheidend für die Unterscheidung in **Links-** oder **Rechtstreppe.** Befindet sich das Geländer links von der aufsteigenden Person, so ist die Treppe eine Linkstreppe und umgekehrt.

Leitertreppen (Bild 3) und **Spartreppen** (Bild 4) sind gekennzeichnet durch geringe Breite, großen Steigungswinkel und raumsparende Stufenkonstruktionen. Häufig sind diese Treppen so steil und die Stufenüberdeckung ist so groß, dass sie abwärts nur rückwärtsgehend benutzt werden können.

Je nach Verlauf der Ganglinie unterscheidet man zwischen Treppen mit **geradem Lauf,** Treppen mit **gewendeltem Lauf** und Treppen mit **geraden und gewendelten Laufteilen.**

Hauptsächlich Treppen mit geraden Läufen sind oft durch Absätze oder Podeste unterbrochen. Ein Treppenpodest ist ein Absatz am Anfang oder Ende eines Treppenlaufes, Absätze innerhalb eines Laufes nennt man **Zwischenpodeste.**

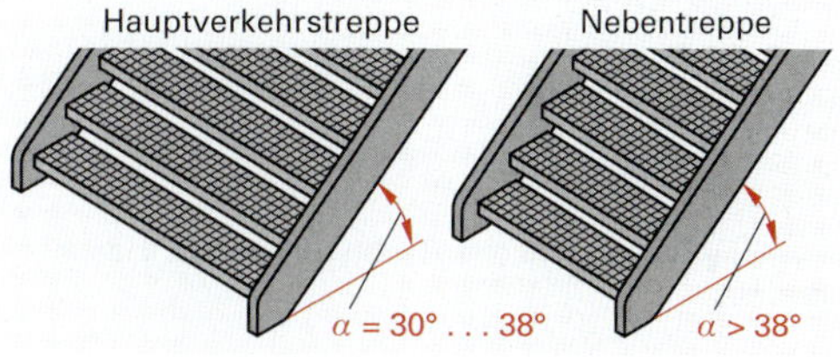

1 Hauptverkehrs- und Nebentreppe

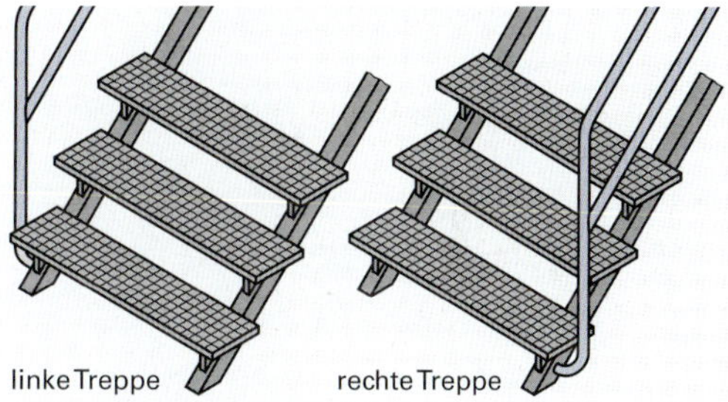

2 Linke und rechte Treppe

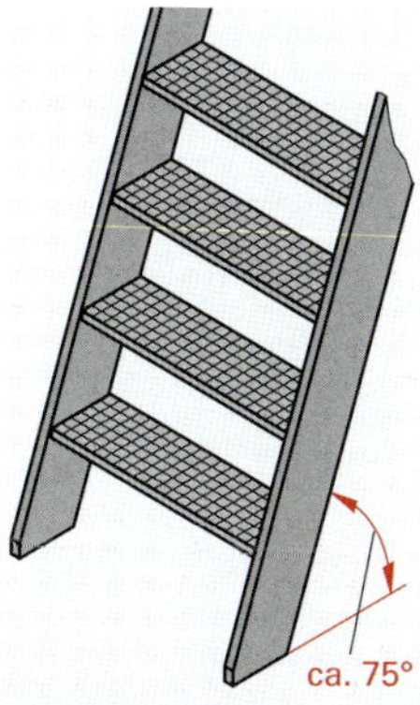

3 Leitertreppe

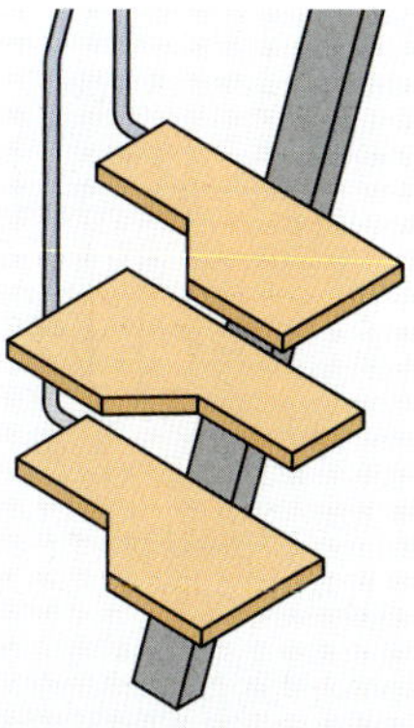

4 Spartreppe

Treppen lassen sich im Wesentlichen auf einige Grundformen (Bilder 1 - 8) beschränken. Speziell aus der Baugeschichte sind jedoch auch sehr kunstvolle, aus verschiedenen Grundformen zusammengesetzte Treppen in repräsentativen Gebäuden bekannt.

Treppen mit geraden Läufen

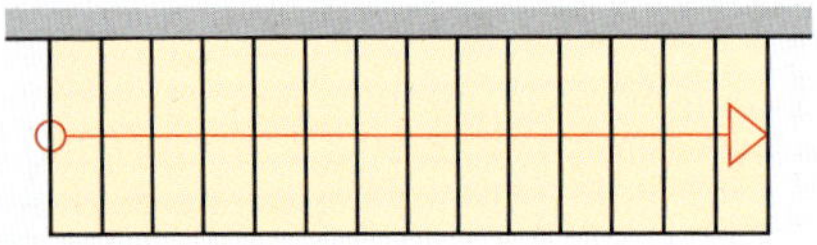

1 Einläufige, gerade Rechtstreppe

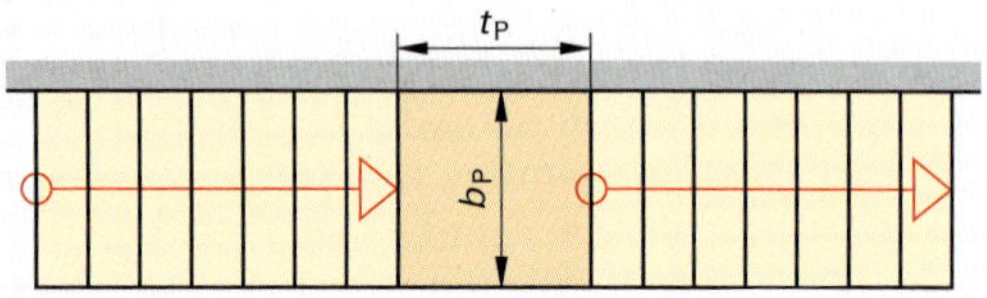

2 Zweiläufige, gerade Treppe mit Zwischenpodest

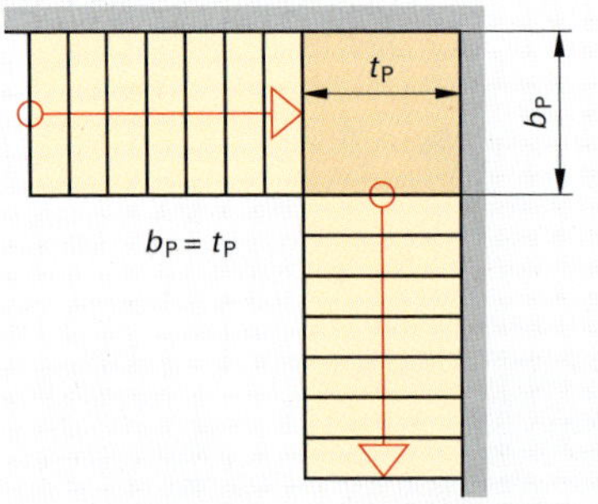

3 Zweiläufige, gewinkelte Rechtstreppe mit Viertelpodest

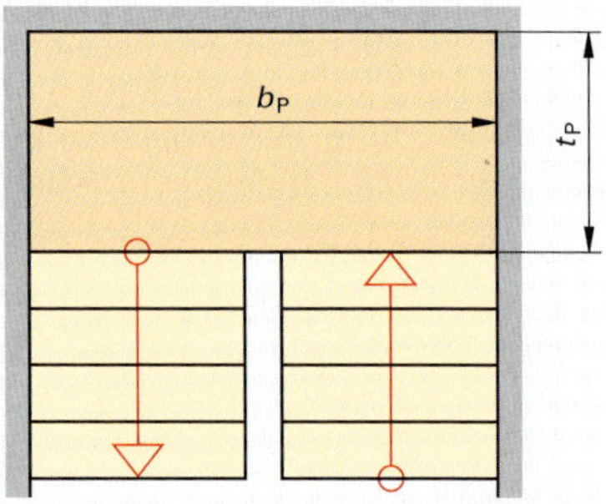

4 Zweiläufige Linkstreppe mit Halbpodest

Treppen mit gewendelten Läufen

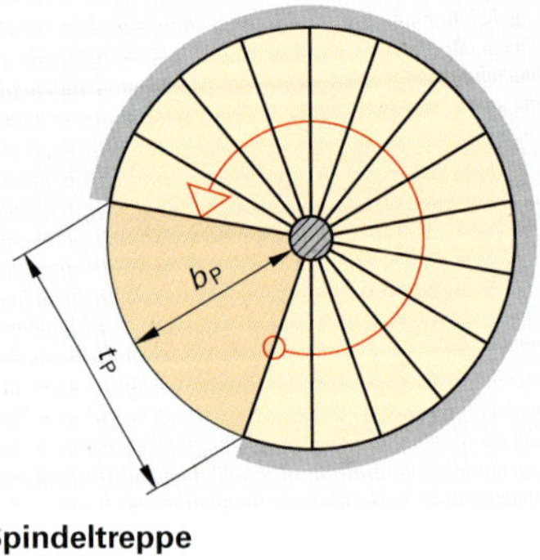

5 Linke Spindeltreppe

Maßbezeichnungen bei Podesten:

t_p: Podesttiefe
b_p: Podestbreite

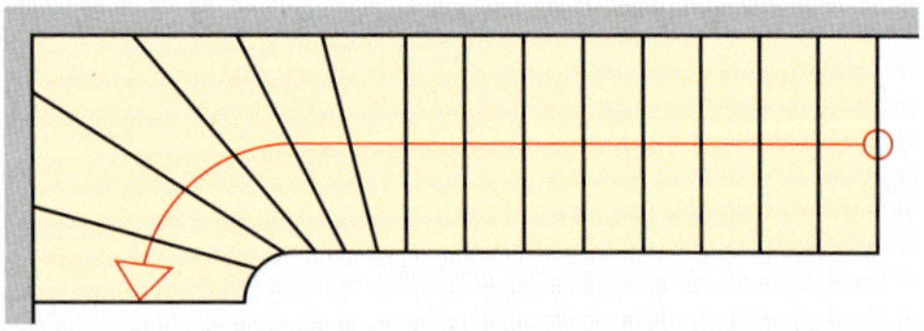

6 Einläufige, im Austritt viertelgewendelte Linkstreppe

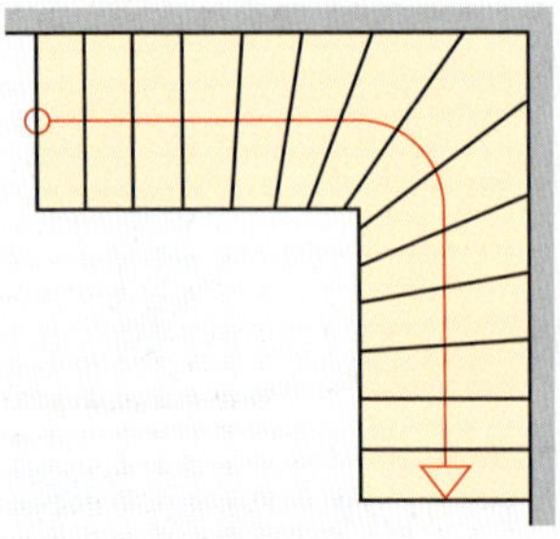

7 Einläufige, gewinkelte, viertelgewendelte Rechtstreppe

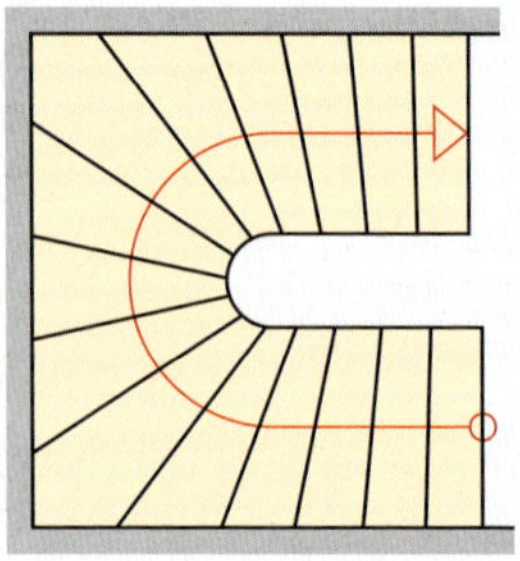

8 Einläufige, halbgewendelte Rechtstreppe

22.2 Konstruktionsarten von Treppen

22.2.1 Wangentreppen

Merke

Treppen, deren Stufen zwischen zwei als seitliche Begrenzung dienenden Wangen montiert sind, nennt man Wangentreppen (Bild 2).

Die Montage der Stufen kann dabei durch Schweißen oder Schrauben erfolgen. In beiden Fällen spricht man von **eingesattelten Stufen.**

Da die seitlichen Wangen außer dem Eigengewicht auch noch das Stufengewicht und vor allem die Verkehrslasten aufnehmen und übertragen müssen, werden hohe Anforderungen in Bezug auf **Biegefestigkeit** und **Steifigkeit** an die Wangenkonstruktion gestellt. Sie werden meist aus Breitflachstahl oder Profilstahl hergestellt. Die eingesattelten Stufen sind entweder aus Stahl, aus Stein, aus Holz oder in Mischbauweise hergestellt.

22.2.2 Holmtreppen

Anstelle der Wangen werden häufig zur Kraftaufnahme und -übertragung Rechteck-Rohre oder Profile verwendet, die als Unterstützung dienen und als **Holme** bezeichnet werden.

Je nach Anzahl der verwendeten Profile spricht man von **Mittelholm**- (Bild 3) oder **Zweiholmtreppen** (Bild 1). An die Steifigkeit der Holme werden die gleichen Anforderungen gestellt wie bei Wangentreppen an die Wangen. Bei Holmtreppen müssen die Stufen **aufgesattelt** werden.

Durch geschickte konstruktive Gestaltung und entsprechende Wahl der Werkstoffe kann die Treppe zum optischen Mittelpunkt des Hauses werden.

1 **Zweiholmtreppe**

2 **Eingesattelte Wangentreppe**

3 **Einholmtreppe**

22.2.3 Spindeltreppen

Merke

Spindeltreppen haben bei zulässigen Steigungen den vergleichsweise geringsten Platzbedarf.

Die Kraftübertragung erfolgt hier über ein vertikales Haupttragglied, die Spindel (Bild 1). An der **Spindel** sind die Stufen auskragend befestigt. Dies kann durch direkte Befestigung der Stufen oder mittels eines Kragarmes, auf dem die Stufen befestigt werden, geschehen. Kreisrunde Rohre, quadratische oder sechseckige Hohlprofile sind die am häufigsten verwendeten Spindelprofile.

Um der Spindeltreppe die erforderliche Standfestigkeit zu verleihen, muss die Spindel an mehreren Punkten verankert werden. Der Spindelfuß wird direkt mit dem Boden verbunden. Als zweiter Befestigungspunkt dient oft das obere Spindelende, das mit dem Austrittspodest verbunden wird. Aus Gründen der Schwingungsdämpfung kann die Spindel mit Sand gefüllt werden.

1 Spindeltreppe

22.3 Stufenarten

Entsprechend den vielen möglichen Bauformen von Treppen verfügt der Metallbauer über mannigfaltige Gestaltungsmöglichkeiten für die Treppenstufen. Dabei bieten vor allem die Konstruktionsform und der Stufenwerkstoff verschiedene Varianten.

Merke

Unabhängig von Gestaltung und Werkstoff sind jedoch immer die Bestimmungen der örtlich gültigen **Landesbauordnung** für die Dimensionierung einzuhalten.

Setzstufen als Verbindung zweier **Trittstufen** vermindern die Durchbiegung und verhindern die Durchsicht. Außerdem wird die Sicherheit erhöht, da keine Teile, wie Werkzeuge, Schmutz o. ä. durchfallen können (Bild 2 a).

Derselbe Effekt wie bei Setz- und Trittstufen lässt sich auch durch die Verwendung von gefalzten **Winkelstufen** aus gebogenem Stahlblech erzielen (Bild 2 b).

Durch dreifaches Schwenkbiegen wird aus einer Stahlblechtafel ein Winkelstufenprofil mit dreieckigem Querschnitt gefertigt (Bild 2 c).

Eine erhöhte Biegefestigkeit kann auch durch Umbiegen am vorderen und hinteren Ende der Stufen erreicht werden. Die dadurch entstandene **Wannentrittstufe** eignet sich als Estrichträger. Überwiegend für die Aufnahme von Gitterrosten bestimmt u. ä. sind **Kastentrittstufen** (Bild 2 d), die aus auf Gehrung geschnittenen Winkelprofilen gefertigt sind. Sie sind aus diesem Grund auch hauptsächlich für den Einsatz in Industriebauten im Außenbereich vorgesehen (Bild 1, folgende Seite).

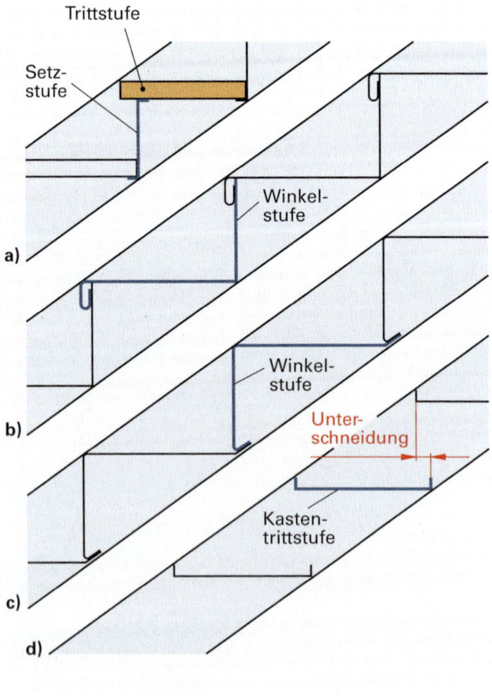

2 Stufenarten (Prinzipskizze)

Als Trittstufenmaterial kommen neben dem bereits erwähnten Gitterrost (Bild 1) bei Kastentrittstufen vor allem im Industriebau Riffel- und Tränenbleche vor.

Von Gitterrostherstellern werden auch genormte Gitterroststufen in verschiedenen Größen angeboten. Im Wohnhausbereich dagegen werden bei Wannentrittstufen in Verbindung mit Estrich hauptsächlich Teppich-, Kunststoff- oder Fliesenbeläge gewählt.

Immer mehr sind im Geschäfts- und Wohnhausbereich kombinierte Stahl-Stein- oder Stahl-Holztreppen vor allem in der Ausführung mit nichtrostendem Stahl anzutreffen.

Sowohl für Wangen- als auch für Holmtreppen werden bei sichtbarer Montage die Stufen auf vormontierte Winkel geschraubt. Bei verdeckter Montage können die Stufen mit Spezialschrauben in dazu passende Dübel gedrückt (Bild 2) oder mit dauerelastischem Kleber auf die Unterlage geklebt werden.

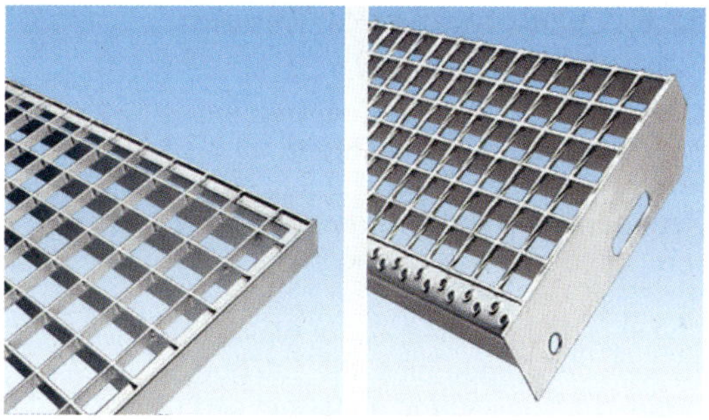

1 Kastentrittstufe mit Gitterrost

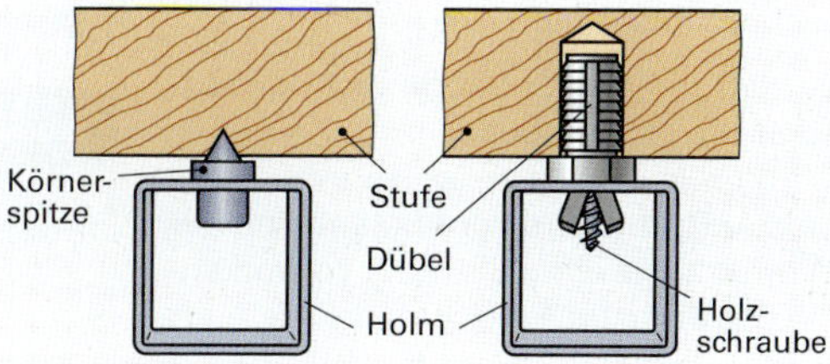

a) Körner zum Markieren der Dübellöcher

b) montierte Stufe mit Treppendübel

2 Verdeckte Treppenmontage

22.4 Bezeichnungen an der Treppe

Die unterste Stufe einer Treppe wird als Antrittstufe, die oberste als Austrittstufe (Bild 3) bezeichnet. Abhängig von der Lage zur Treppenmittellinie besitzt jede mehrläufige, gewinkelte oder gewendelte Treppe eine Innen- und eine Außenwange bzw. einen Innen- und einen Außenholm sowie falls erforderlich einen inneren und einen äußeren Handlauf.

Senkrechte und waagerechte Richtungsänderungen im Handlauf werden **Krümmling** genannt.

Treppenabsätze werden als **Podeste** bezeichnet (Bild 3).

Als **Treppenlänge** bezeichnet man den Abstand vom Antritt bis Austritt in der Draufsicht.

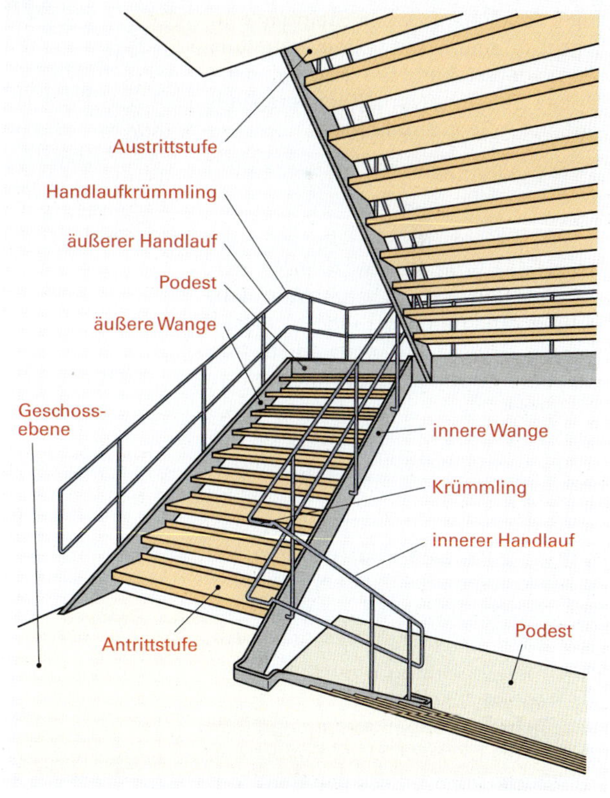

3 Bezeichnungen an einer 2-läufigen Wangentreppe mit Podest

Überprüfen Sie Ihre Kenntnisse

1 Unterscheiden Sie die wichtigsten Treppenbauarten.
2 In welche Arten kann man Treppen nach der Lage der Geländerseite einteilen?
3 Erklären Sie den Unterschied zwischen einer eingesattelten und einer aufgesattelten Treppe.
4 Welche Profile werden im Stahlbau häufig für Treppenholme verwendet?
5 Was versteht man unter einer ein-, zwei- oder dreiläufigen Treppe?
6 Welche Stufenformen werden für Stahltreppen überwiegend verwendet?
7 Nennen Sie die wichtigsten Bezeichnungen einer Treppe.

22.5 Hauptmaße von Treppen (n. DIN 18065)

Wichtigstes Breitenmaß bei Treppen ist die **nutzbare Treppenlaufbreite.** Sie entspricht der lichten Weite unter Berücksichtigung der Handläufe oder Geländer. Ihre Mindestmaße betragen nach DIN 18065 je nach Einsatz und Gebäudeart 50 cm ... 100 cm (Bild 2). Für die Begehbarkeit der Treppe sind die Steigungshöhe *s* und der Auftritt a maßgebend.

Merke

Die **Steigungshöhe *s*** ist der senkrechte Abstand von Stufenoberkante zu Stufenoberkante.

Sie darf je nach Gebäude nicht größer als 21 cm sein (Tabelle).

Merke

Als **Auftritt *a*** wird der Abstand von der Vorderkante einer Stufe zur Vorderkante der nächsthöhere Stufe bezeichnet.

Er muss zwischen 21 cm und 37 cm liegen. Bei mittelgroßen Personen beträgt die normale Schrittmaßlänge etwa 73 cm. Beim Begehen von geneigten Flächen verringert sich dieses Maß auf 63 cm. Am bequemsten zu begehen sind Treppen dann, wenn Steigung und Auftritt in einem sinnvollen Verhältnis zueinander stehen. Die Formel, nach der das Steigungsverhältnis berechnet wird, heißt **Schrittmaßregel:**

2 · Steigung + Auftritt = 59 ... 65 cm
$2 \cdot s + a = 59 \ldots 65$ cm

Danach kommt die Summe von zwei Steigungen und einem Auftritt dem Normalschritt am nächsten. Aus dem Steigungsdiagramm (Bild 3) lassen sich die für den Einzelfall am besten geeigneten Verhältnisse ermitteln.

Merke

Das optimale **Steigungsverhältnis** ergibt bei einer Höhe von 17 cm und einem Auftritt von 29 cm einen Steigungswinkel von 30°.

Nach höchstens 18 Treppenstufen soll ein Zwischenpodest angeordnet werden, dessen nutzbare Tiefe gleich der nutzbaren Treppenlaufbreite sein muss.

Die Unterschneidung *u* muss bei offenen Treppen ≥ 30 mm sein.

Als **lichte Treppendurchgangshöhe** schreibt die DIN 18065 ein Mindestmaß von 200 cm vor. Der **Wandabstand** darf nicht mehr als 6 cm betragen (Bild 2).

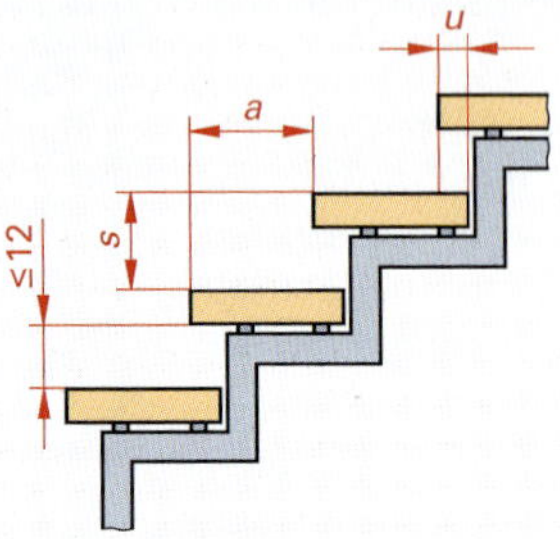

1 Steigung und Auftritt

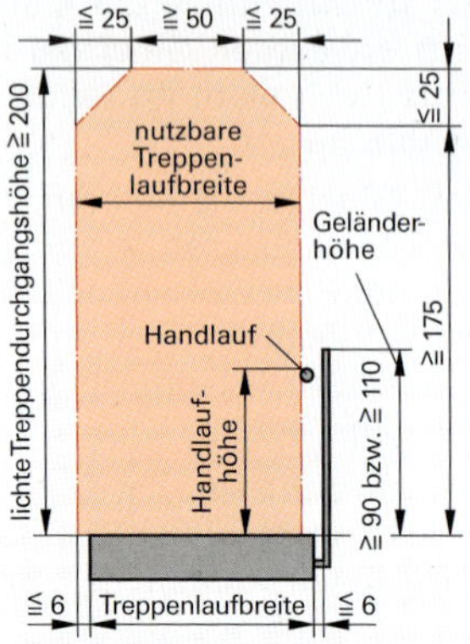

2 Treppenlichtraum

Tabelle 1: Grenzmaße (Fertigmaße im Endzustand in cm)

	Treppenart	nutzbare Treppen-laufbreite cm	Steigung *s* mm		Auftritt *a* mm	
		min.	min.	max.	min.	max.
Gebäude im Allgemeinen	Baurechtlich notwendige Treppe	100	140	190	260	370
	Baurechtlich nicht notwendige (zusätzliche) Treppe	50	140	210	210	370
Wohngebäude mit bis zu 2 Wohnungen	Baurechtlich notwendige Treppe	80	140	200	230	370
	Baurechtlich nicht notwendige (zusätzliche) Treppe	50	140	210	210	370

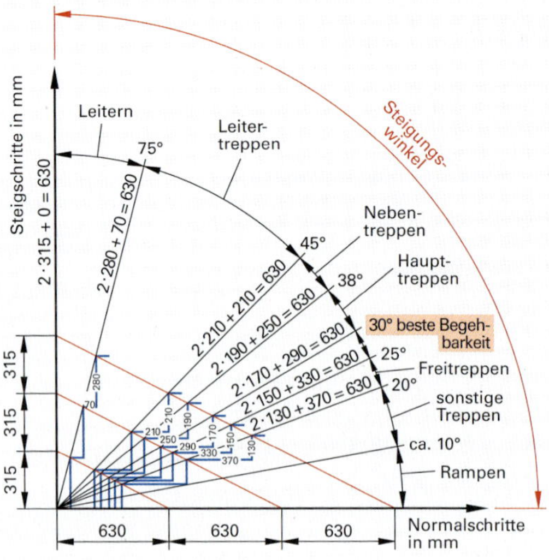

3 Steigungsverhältnisdiagramm

Die **Lauflinie** liegt innerhalb des Gehbereichs der Treppe und entspricht ihrer Laufrichtung (Bild 2). Als gedachte Linie beschreibt sie den üblichen Weg der Benutzer. Sie wird in der Zeichnung durch einen Pfeil dargestellt, der mit einem Kreis auf der Vorderkante der ersten Stufe beginnt und an der Vorderkante der letzten Stufe bzw. der Decke endet.

Der **Gehbereich** beträgt ungefähr 2/10 der nutzbaren Treppenlaufbreite und liegt im mittleren Bereich der Treppe. Krümmungsradien der Begrenzungslinien des Gehbereichs müssen mindestens 30 cm betragen. Jede Stufe muss 15 cm von der Innenwange entfernt mindestens 10 cm breit sein.

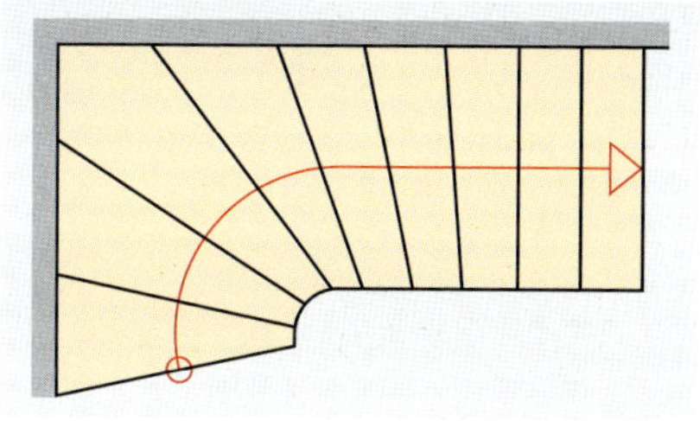

2 Lauflinie einer viertelgewendelten Treppe

Bild 1 zeigt ein Diagramm des Gehbereiches in Abhängigkeit von der nutzbaren Treppenlaufbreite am Beispiel einer Spindeltreppe. Der Gehbereich für eine halbgewendelte Treppe ist in Bild 3 dargestellt.

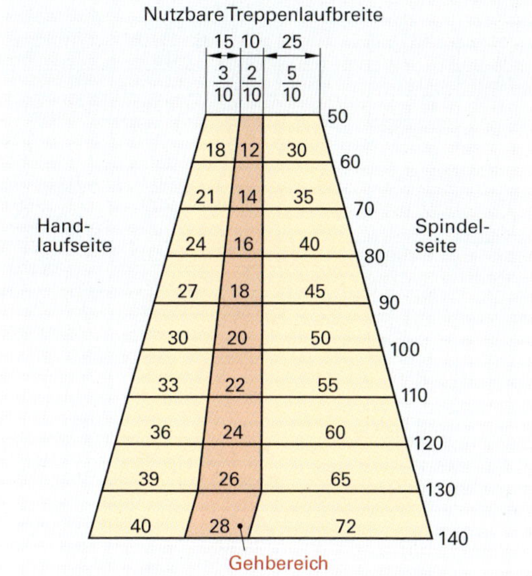

1 Diagramm des Gehbereiches für Spindeltreppen

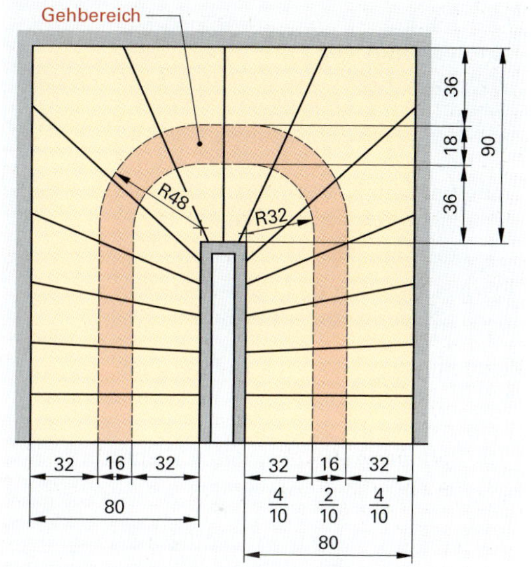

3 Gehbereich bei gewendeltem Lauf

22.6 Konstruktionsbeispiel

Für ein Wohnhaus soll eine **einläufige gerade eingesattelte Treppe** vom Untergeschoss zum Erdgeschoss mit einem maximalen Grundmaß von 4250 mm berechnet und hergestellt werden (Bild 4).

22.6.1 Geschosshöhenberechnung

Als lichte Geschosshöhe ist dem Bauplan das Maß 2550 mm zu entnehmen. Die Dicke der EG-Decke wird mit 200 mm angegeben. Da aber für das UG und das EG ab Oberkante Rohfußboden (OKRFB) bis Oberkante Fertigfußboden (OKFFB) jeweils andere Fußbodenaufbauhöhen zu erwarten sind, muss das **verbindliche Geschosshöhenmaß** beim Architekten oder Bauherrn erfragt werden.

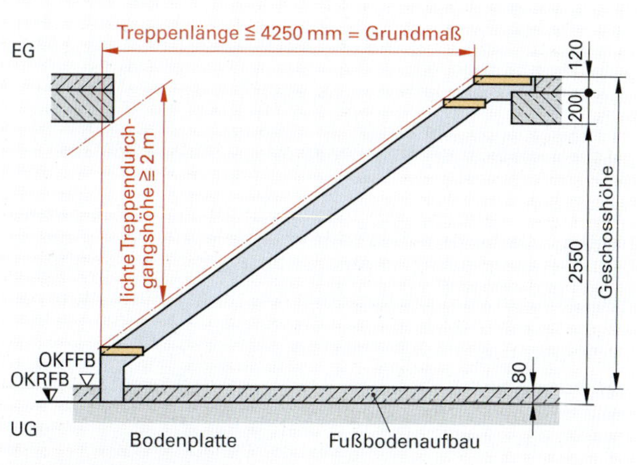

4 Geschossquerschnitt

Beispiel: Bei einem Fußbodenaufbau von 80 mm für das UG und 120 mm für das EG kann die **Geschosshöhe** wie folgt ermittelt werden:

  Lichte Geschosshöhe
+ Dicke der Decke
+ Fußbodenaufbau EG
− Fußbodenaufbau UG
= Geschosshöhe

Im vorliegenden Fall ergibt dies eine Höhe von:
(2550 + 200 + 120 − 80) mm
= 2790 mm

22.6.2 Steigungsberechnung

Für eine ideal begehbare Treppe ist ein **Steigungsmaß** von 170 mm zugrunde zu legen. Bei 2790 mm Geschosshöhe ergäbe dies 2790 mm : 170 mm = 16,41 Steigungen. Die Anzahl der Steigungen muss aber immer ganzzahlig sein, deshalb wird versuchsweise abgerundet auf 16.

s = 2790 mm : 16 = 174,375 mm

Daraus resultiert dann eine tatsächliche Steigung von 174,375 mm.

Wenn die Austrittstufe in die Geschossdecke integriert ist, gilt:

Merke

Die Zahl der Auftritte ist um 1 kleiner als die Zahl der Steigungen.

Bei einem maximal zur Verfügung stehenden Grundmaß von 4250 mm darf der Auftritt somit höchstens 4250 mm : 15 = 283,33 mm sein. Die Berechnung aus der Schrittmaßformel ergibt einen Auftritt von a = 630 mm − 2 · s = 281,25 mm. Die Treppe liegt mit 15 · 281,25 mm = 4218,75 mm also im zulässigen Längenbereich bei einem optimalen Schrittmaß von 630 mm.

Berechnung gerader Treppen (Maße in cm)
(Auszüge aus einer Gesamttabelle)

Geschosshöhe	Anzahl der Steigungen	Steigungshöhe	Anzahl der Auftritte	Auftrittsbreite	Grundmaß	Grundmaßbereich
272	14	19.43	13	24.14	314	288...342
	15	18.13	14	26.73	374	343...403
	16	17.00	15	29.00	435	404...465
273	14	19.50	13	24.00	312	286...341
	15	18.20	14	26.00	372	342...401
	16	17.06	15	28.88	433	402...463
274	14	19.57	13	23.86	310	284...339
	15	18.27	14	26.47	371	340...399
	16	17.13	15	28.75	431	400...461
279	15	18.60	14	25.80	361	333...390
	16	17.44	15	28.13	422	391...451
	17	16.41	16	30.18	483	452...515
280	15	18.67	14	25.67	359	331...388
	16	17.50	15	28.00	420	389...449
	17	16.47	16	30.06	481	450...513
281	15	18.73	14	25.53	357	329...386
	16	17.56	15	27.88	418	387...447
	17	16.53	16	29.94	479	448...511
290	15	19.33	14	24.33	341	313...369
	16	18.13	15	26.75	401	370...430
	17	17.06	16	28.88	462	431...494
291	15	19.40	14	24.40	339	311...368
	16	18.19	15	26.63	399	369...428
	17	17.12	16	28.76	460	429...492
292	15	19.47	14	24.07	337	309...366
	16	18.25	15	26.50	398	367...426
	17	17.18	16	28.65	458	427...490
293	15	19.53	14	23.93	335	307...364
	16	18.31	15	26.38	396	365...425
	17	17.24	16	28.53	456	426...488
300	16	18.75	15	25.50	383	353...411
	17	17.65	16	27.71	443	412...472
	18	16.67	17	29.67	504	473...538
301	16	18.81	15	25.38	381	351...410
	17	17.71	16	27.59	441	411...471
	18	16.72	17	29.56	502	472...536
302	16	18.88	15	25.25	379	349...408
	17	17.76	16	27.47	440	409...469
	18	16.78	17	29.44	501	470...535
305	16	19.06	15	24.88	373	343...402
	17	17.94	16	27.12	434	403...463
	18	16.94	17	29.11	495	464...529
306	16	19.13	15	24.75	371	341...400
	17	18.00	16	27.00	432	401...461
	18	17.00	17	29.00	493	462...527
307	16	19.19	15	24.63	369	339...398
	17	18.06	16	26.88	430	399...459
	18	17.06	17	28.89	491	460...525

Wesentlich schneller als eine Berechnung führt die **Ermittlung der Treppenmaße** mithilfe der oben stehenden Tabelle zum Ziel. Mit ihr können bei vorgegebener Geschosshöhe der Auftritt, die Steigungszahl und die Steigungshöhe sowie das Grundmaß bestimmt werden. Bei festgelegtem Grundmaßbereich können über die gewählte Anzahl der Steigungen die übrigen Maße abgelesen werden.

Ablesebeispiel:
Im vorliegenden Fall liegt das Grundmaß mit 4250 mm bei einer Geschosshöhe von 2790 mm fest.
Die dazugehörigen Tabellenwerte sind:
Anzahl der Steigungen 16 Steigungshöhe s = 17,44 cm Auftrittsmaß a = 28,13 cm

Der Vergleich des Ablesebeispiels mit der Berechnung ergibt nahezu identische Werte.

22.6.3 Konstruktion der Wangen

Als tragende Elemente der Treppe sind 2 Wangen aus einem Rechteckprofil 120 × 50 × 4 vorgesehen. Die Stufen werden als Wannenstufen ausgebildet, die später mit einem Bitumenestrich ausgefüllt und mit Teppich belegt werden. Zur Herstellung der Wannen wird 2,5 mm dickes Stahlblech beidseitig 40 mm abgekantet und mit seitlichen Wannenwänden versehen.

Für das obere Auflager wird das Profil ausgeklinkt und nach dem Ausrichten auf einen Flachstahl 8 × 60 geschweißt (Bild 1). Der Flachstahl dient zur Befestigung des Auflagers auf der Betondecke.

In derselben Weise wird auch bei der Herstellung des unteren Auflagers verfahren. Auch hier dient der Flachstahl als Befestigungselement (Bild 2). Besonders sorgsam muss die Ermittlung der Gesamthöhe bis zur Unterkante der ersten Stufe erfolgen. Dabei sind sowohl die Stufendicke als auch der Fußbodenaufbau incl. Wärme- und Trittschalldämmung, Estrich und Bodenbelag genauestens zu berücksichtigen.

Besondere Schwierigkeiten treten häufig beim Berechnen des Schnittwinkels für den senkrechten und den waagerechten Anschluss auf.

Gleichlange Schnittkanten werden nur bei gleichen Schnittwinkeln erzielt (Bild 3). Dabei kann der Steigungswinkel entweder der Steigungstabelle entnommen werden oder über das Steigungsdreieck mithilfe der Winkelfunktion

$$\tan \alpha = \frac{\text{Gegenkathete}}{\text{Ankathete}}$$ ermittelt werden (Bild 3)

$$\tan \alpha = \frac{\text{Steigung } s}{\text{Auftritt } a} = \frac{17{,}44 \text{ cm}}{28{,}13 \text{ cm}} = 0{,}62$$

$$\alpha = \arctan 0{,}62 = 31° \, 48'$$

In unserem Fall gilt:

für den senkrechten Anschluss:

$$\text{Schnittwinkel } \gamma = \frac{\text{Steigungswinkel } \alpha + 90°}{2} = 60{,}9° \text{ (Bild 4)}$$

für den waagerechten Anschluss:

$$\text{Schnittwinkel } \gamma = \frac{180° - \text{Steigungswinkel } \alpha}{2} = 74{,}1° \text{ (Bild 5)}$$

Zum Anreißen der Stufenunterkanten ist in diesem Fall außerdem die Hypotenuse des Steigungsdreieckes zu ermitteln. Dies kann über eine Winkelfunktion oder den Lehrsatz des Pythagoras erfolgen:

$$\text{Hypotenuse} = H = \sqrt{a^2 + s^2} = 33{,}09 \text{ cm}$$

Die Hypotenuse wird nun, beginnend an der Vorderkante der Schnittstelle der Wangen, entsprechend der Stufenzahl 16 mal auf der Wangenoberkante abgetragen. Mithilfe einer Schmiege wird dann von diesen Punkten aus jeweils ein waagerechter Riss gelegt, der die Stufenunterkanten markiert (Bild 6).

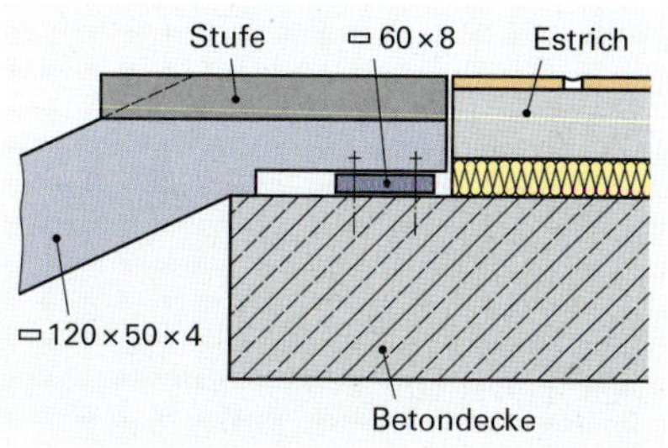

1 Oberes Treppenauflager

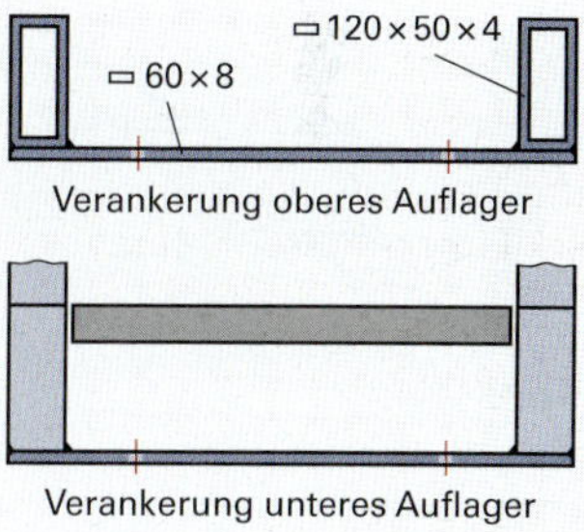

2 Obere und untere Treppenverankerung

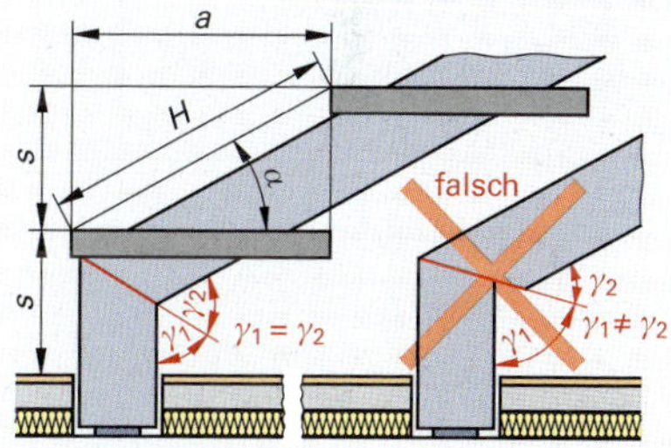

3 Ermittlung des Steigungswinkels

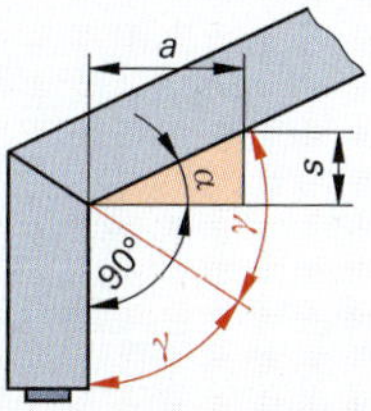

4 Schnittwinkelbestimmung, unten

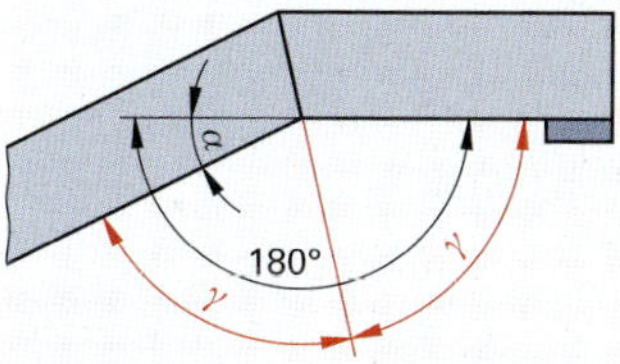

5 Schnittwinkelbestimmung, oben

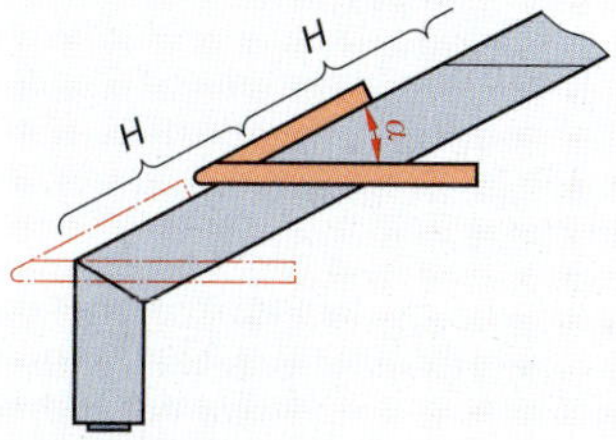

6 Stufenanriss

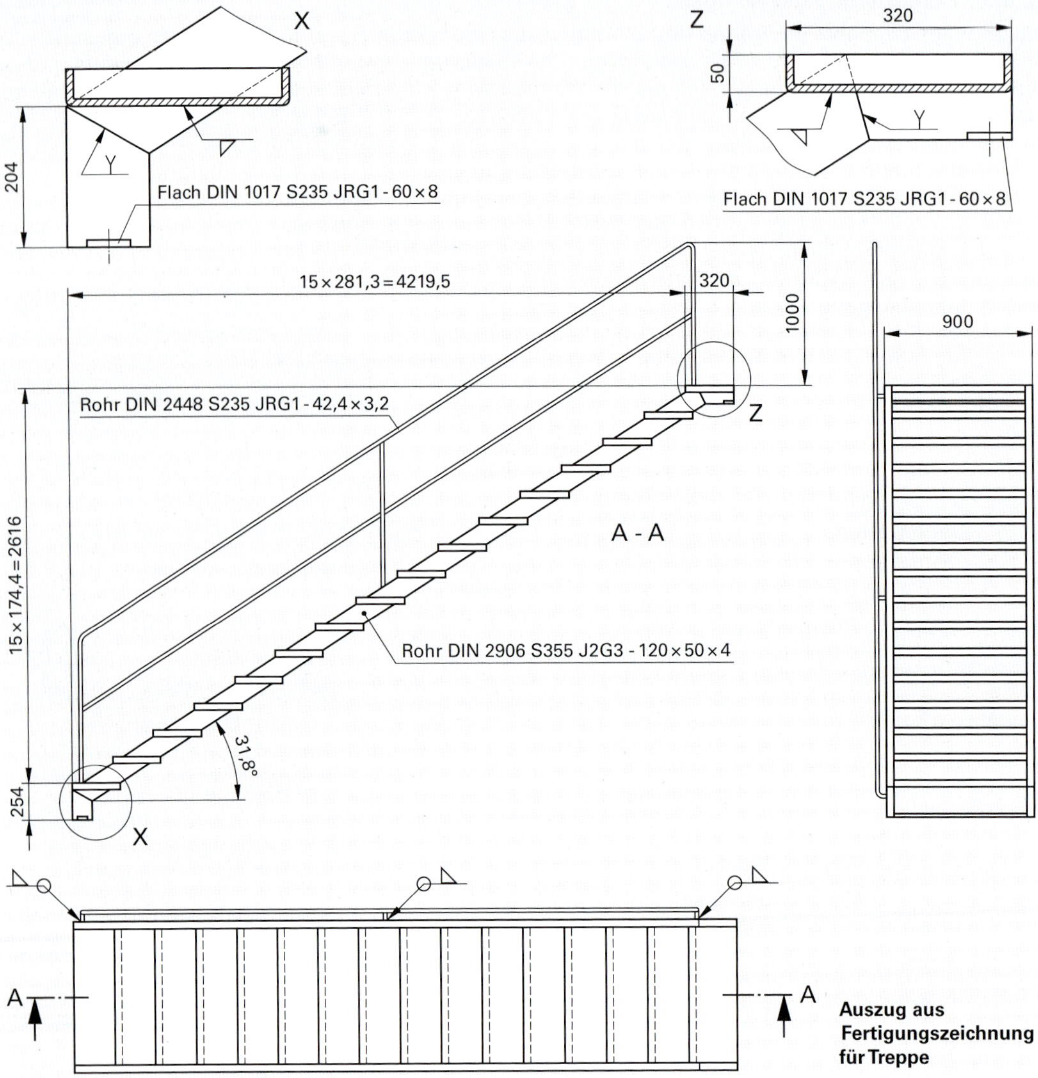

1 **Konstruktionszeichnung einer geraden Stahltreppe**

Überprüfen Sie Ihre Kenntnisse

1 Erklären Sie die Begriffe Laufbreite, Steigung und Auftritt.

2 Wie lautet die Schrittmaßregel?

3 Welchen Steigungswinkel sollte eine Treppe haben, damit sie bequem begehbar ist?

4 Wie groß muss nach DIN 18065 die lichte Durchgangshöhe mindestens sein?

5 Was versteht man unter den Begriffen Lauflinie und Gehbereich?

6 Für den nebenstehenden Ausschnitt aus einer Bauzeichnung sollen die Anzahl der Stufen sowie die Maße für den Auftritt *a* und die Steigung *s* ermittelt werden.

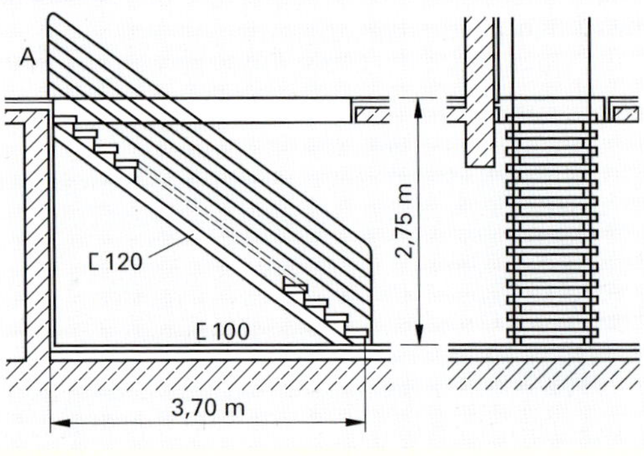

22.7 Stufenverziehung bei gewendelten Treppen

Ziel des gewendelten Treppenverlaufes ist es, möglichst raumsparend den vorgesehenen Höhenunterschied zu überwinden. Zu diesem Zweck werden die Treppenstufen verzogen.

Merke

Als **verzogene Treppenstufen** bezeichnet man diejenigen, deren Vorder- und Hinterkanten nicht parallel sind.

Der Schwung einer gewendelten Treppe ergibt sich aus dem Grundriss und den darin nach bestimmten Regeln verzogenen Stufen. Nur wenn diese Regeln eingehalten werden, ist gewährleistet, dass die Abmantelung der Freiwange (innere Wange) einen harmonischen Verlauf ergibt.

Bild 1 zeigt den Grundriss einer halbgewendelten Treppe, bei der der Anteil an verzogenen Stufen zu gering ist. Dies führt dazu, dass in der Abmantelung Knickstellen entstehen. Zwischen den Knickstellen ist die Treppensteigung zu groß (Bild 2). Durch das Verziehen mehrerer Stufen erhält die Abmantelung den gewünschten harmonischen Schwung.

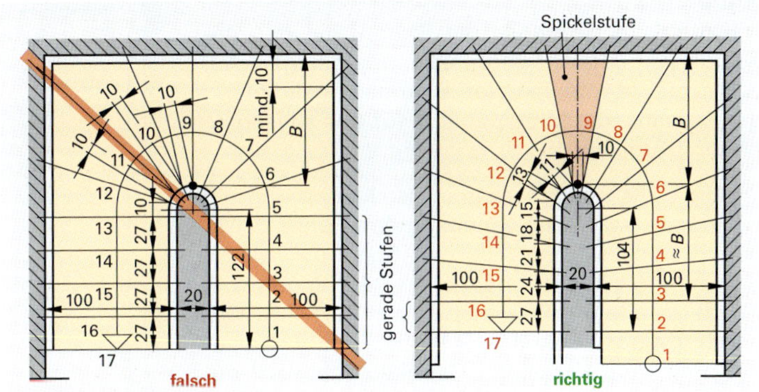

1 Halbgewendelte Treppe ohne und mit Spickelstufe

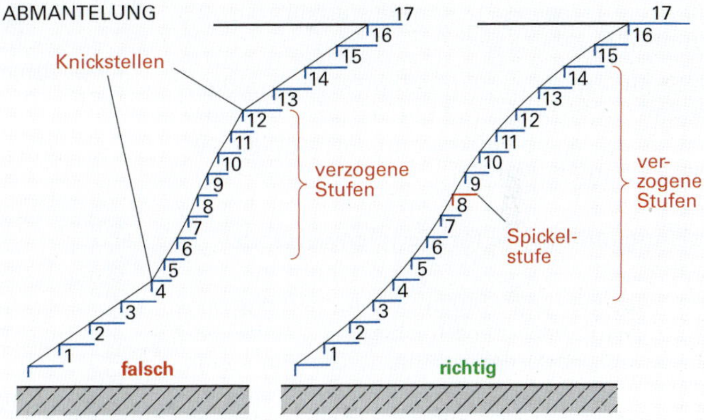

2 Abmantelung der Freiwange

Um bei den Eckstufen wandseitig etwa dieselben Breiten zu erhalten, empfiehlt es sich, bei gewendelten Treppen eine sogenannte **Spickelstufe** einzubauen.

Merke

Die Spickelstufe ist symmetrisch zur Treppenachse angeordnet und hat an der Freiwange die schmalste Auftrittsbreite.

Alle **Stufenverziehungsmethoden** verfolgen das gleiche Ziel: die Stufenbreiten an der Freiwangenseite sollen gleichmäßig schmäler und wieder breiter werden. Zu diesem Zweck muss, unabhängig von der Verziehungsmethode, nach der Festlegung des Grundrisses und dem Abtragen der errechneten Auftrittsbreite auf der Ganglinie der Beginn der gewendelten Stufen festgelegt werden. Als Richtmaß wird hierfür empfohlen, diejenige Stufe zu bestimmen, die der doppelten Treppenbreite, gemessen von der Stirnseite der Treppe, am nächsten kommt. Ab hier beginnt die Verziehung, die im Folgenden an zwei verschiedenen Methoden, jeweils für eine halb- und eine viertelgewendelte Treppe, dargestellt wird.

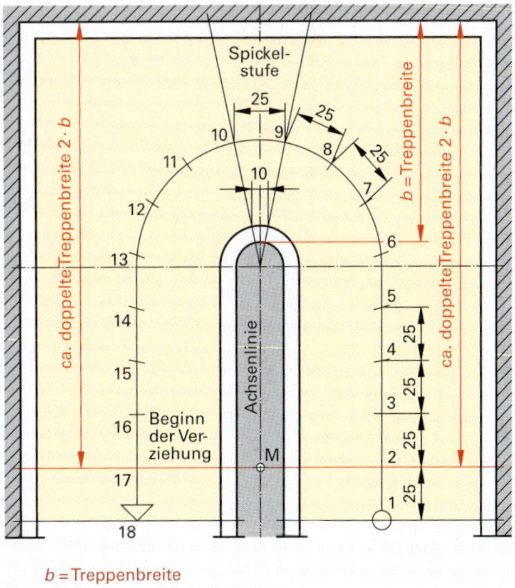

3 Treppengrundriss

Kreisbogenmethode für halbgewendelte Treppen

Nachdem im Grundriss die Stufen, die den gewendelten Bereich begrenzen, festgelegt sind, wird im Schnittpunkt der Begrenzungslinie mit der Achslinie der Mittelpunkt M für den Hilfskreisbogen festgelegt.

Dort, wo die Treppenachse in der Krümmung die Freiwange schneidet, entsteht der Punkt F. Mit dem Radius $\overline{MF}$ wird anschließend um M ein Halbkreis als Verziehungsbogen geschlagen. Die Mindestbreite der Spickelstufe von 100 mm wird durch Abtragen von jeweils 50 mm von F aus auf den Halbkreis festgelegt. Der Halbkreis wird anschließend in so viele gleiche Teile geteilt, wie der gewendelte Bereich Stufen umfasst. Durch waagerechte Projektion dieser Kreisbogenteilpunkte auf die Freiwangeninnenseite erhält man die schmalen Auftrittsbreiten.

Die Stufenkanten werden gefunden, indem diese Teilpunktprojektionen auf der Freiwange mit den zuvor festgelegten Punkten auf der Lauflinie verbunden werden (Bild 1).

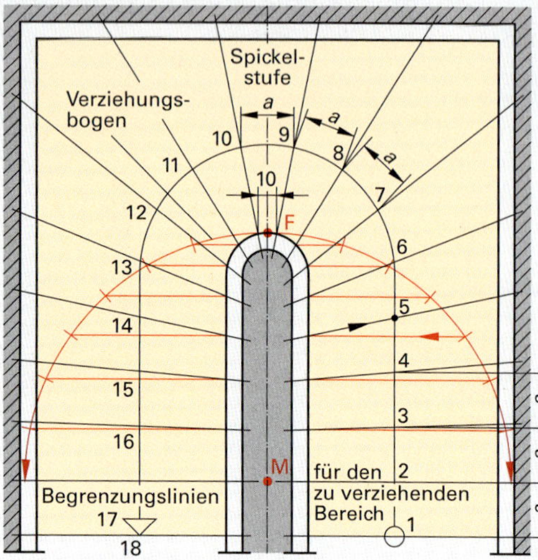

1 Kreisbogenmethode für eine halbgewendelte Treppe

Kreisbogenmethode für viertelgewendelte Treppen

Zum Verziehen der Stufen einer viertelgewendelten Treppe nach der Kreisbogenmethode sind 2 Viertelkreise erforderlich (Bild 2). Die Mittelpunkte M_1 und M_2 dieser Kreisbögen liegen jeweils auf der Verlängerung der Begrenzungslinie des gewendelten Bereiches im Abstand r von der Innenkante der Freiwange. Um M_1 und M_2 wird jeweils ein Viertelkreis mit R_1 und R_2 geschlagen.

Die darauf folgende Ermittlung der schmalen Auftrittsbreiten an der Freiwangeninnenseite erfolgt in ähnlicher Weise wie bei halbgewendelten Treppen.

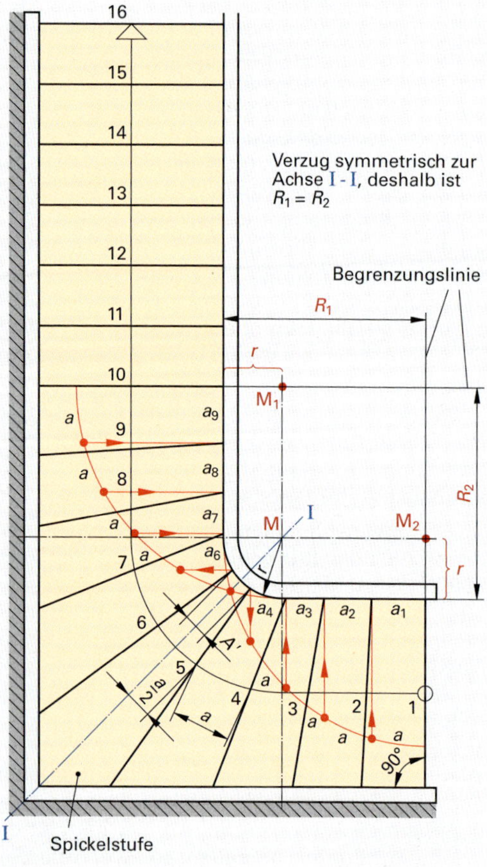

2 Kreisbogenmethode für eine viertelgewendelte Treppe

Winkelmethode für halbgewendelte Treppen

Die zu verziehende halbe Lauflänge l_1 und die halbe Summe der schmalen Auftritte an der Freiwange l_2 werden rechnerisch ermittelt. In einem gesonderten Aufriss (Bild 1, folgende Seite) wird ein rechter Winkel mit einem senkrechten und einem waagerechten Schenkel gezeichnet. Auf dem waagerechten Schenkel wird die Länge l_2 als Strecke $\overline{BD}$ abgetragen.

Unter einem Winkel von ca. 30° zur Waagerechten wird vom Scheitelpunkt B des Winkels eine Hilfsgerade angetragen. Auf dieser Hilfsgeraden werden von B aus entsprechend der Stufenanzahl die Auftrittsbreiten A, plus einmal A/2 abgetragen. Vom Endpunkt C dieser Geraden wird über D hinaus eine Gerade errichtet, die in Punkt E den senkrechten Schenkel des rechten Winkels schneidet.

Alle Stufenteilungen, die auf $\overline{BC}$ abgetragen sind, werden mit Punkt E verbunden. Die jeweiligen Schnittpunkte mit $\overline{BD}$ ergeben die schmalen Auftrittsbreiten. Diese werden auf die Freiwange übertragen und mit den Lauflinienpunkten verbunden.

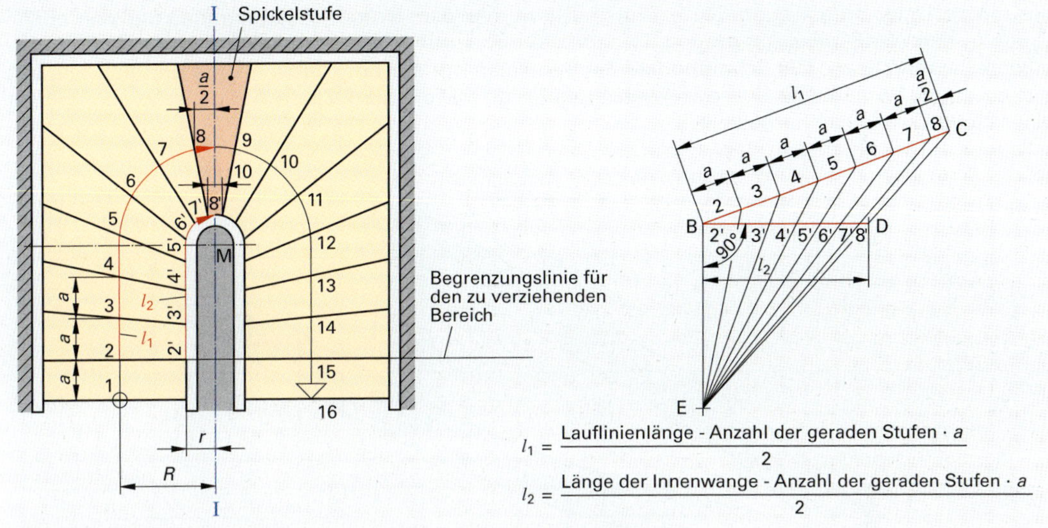

$$l_1 = \frac{\text{Lauflinienlänge - Anzahl der geraden Stufen} \cdot a}{2}$$

$$l_2 = \frac{\text{Länge der Innenwange - Anzahl der geraden Stufen} \cdot a}{2}$$

1 Stufenverziehung für halbgewendelte Treppen nach der Winkelmethode

Stufenverziehung einer viertelgewendelten Treppe nach der Winkelmethode

Der Stufenverzug einer viertelgewendelten Treppe nach der Winkelmethode erfolgt prinzipiell wie bei der halbgewendelten Treppe. Da der gewendelte Bereich auch hier in der Regel symmetrisch zur Achse verläuft, ist hier nur der Verzug eines achtel Wendels erforderlich.

Ausgehend von den berechneten Längen der Lauflinie und der Freiwangeninnenseite wird die Konstruktion der Auftritte in der gleichen Weise über das Abtragen der Auftrittsbreite auf einer Hilfsgeraden durchgeführt (Bild 2). Die so ermittelten schmalen Auftritte werden auf die Wange übertragen.

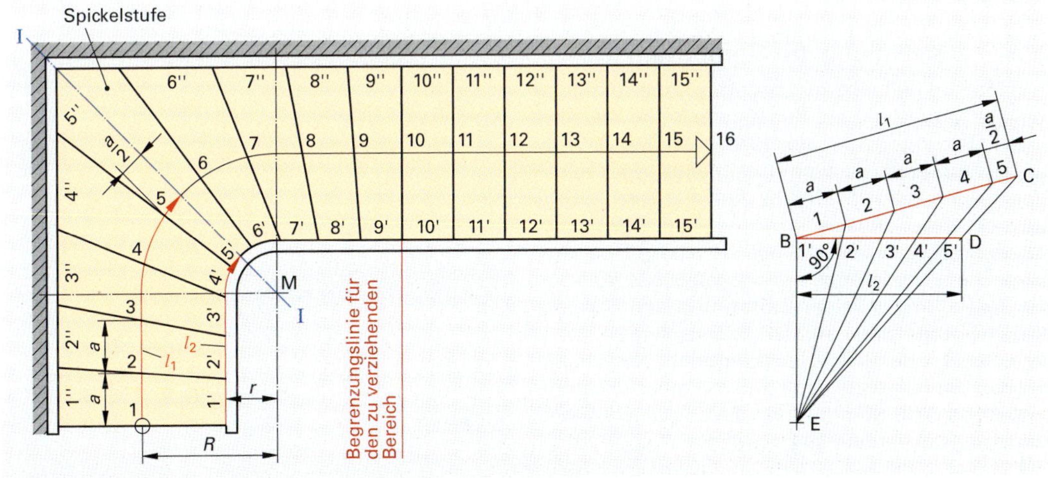

2 Stufenverziehung für viertelgewendelte Treppen nach der Winkelmethode

22.8 Anreißen von Wangen

Zur maßgenauen Herstellung der Wangen ist es meist erforderlich, dass diese im Originalmaß aufgerissen werden. Dies ist bei geraden Treppen unproblematisch, da alle Auftrittsmaße gleich sind.

Bei gewendelten Treppen weichen die Innen- und die Außenwange stark voneinander ab. Für beide gelten jedoch gleiche Steigungsmaße. Entsprechend der Stufenzahl werden die Steigungsmaße als horizontale Linien aufgetragen. Die Auftrittsmaße werden dem Grundriss entnommen und als vertikale Linien in den Wangenriss übertragen. Horizontale und vertikale Linien erhalten jeweils die Ziffer der entsprechenden Stufe. Die Schnittpunkte der vertikalen mit der horizontalen Linie der gleichen Ziffer markieren die Vorderkante der jeweiligen Stufe (Bild 1). Die Linie für den Wangenschwung wird mit einer biegsamen Leiste hergestellt.

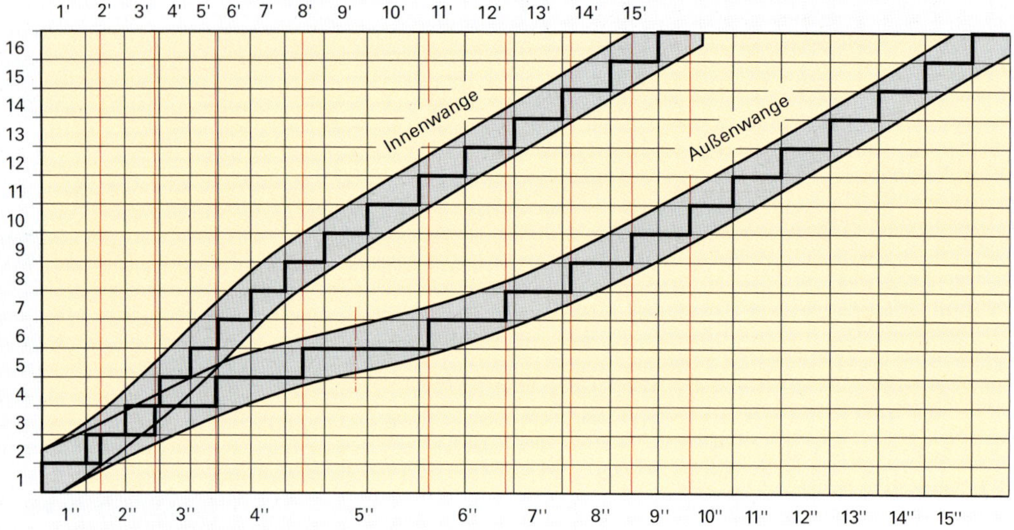

1 Wangenriss für eine viertelgewendelte Treppe

Überprüfen Sie Ihre Kenntnisse

1 Die Treppenöffnung im Rohbau eines öffentlichen Gebäudes ist 7,25 m lang und 1,2 m breit. Die Geschosshöhe OKFF bis OKFF beträgt 4 m. Ermitteln Sie für die gerade Treppe das Steigungsmaß, die Auftrittsbreite und die Anzahl der Stufen.

2 Konstruieren Sie eine halbgewendelte Treppe für eine Öffnung von 2,1 m × 2,1 m bei 2,75 m Geschosshöhe.

22.9 Berechnung mit Computern

Aufgabe des Metallbauers bzw. des Konstruktionsmechanikers ist es, auf der Baustelle die tatsächlichen Öffnungsmaße, die Geschosshöhe und die Laufrichtung festzustellen und in ein Aufmaßblatt einzutragen (Bild 2). Mithilfe einer speziell dafür entwickelten Software errechnet der Computer die benötigten Maße für jede denkbare Treppenform. Die für die Treppe ermittelten Maße können zur Herstellung z. B. der Stufen und der Wangen als CNC-Daten direkt an CNC-Brennschneid-, Wasserschneid- oder Fräseinrichtungen weitergeleitet werden. Im Folgenden soll anhand einer Treppenbausoftware für Stahltreppen die Vorgehensweise exemplarisch verdeutlicht werden.

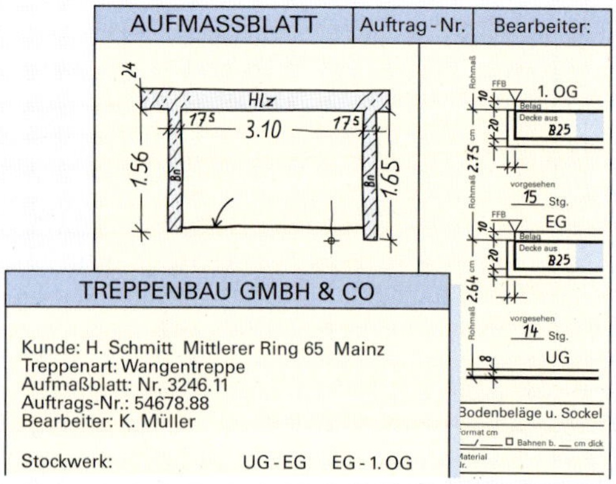

2 Aufmaßblatt (Beispiel)

1. Festlegung des Treppentypes und der Laufrichtung

Wichtigstes Merkmal einer Treppe ist ihre Grundrissform (s. S. 392). In einer Dialogbox werden die Treppengeometrie und die Konstruktionsart (hier: zweimal viertelgewendelt nach vorgegebenen Wandmaßen) festgelegt (Bild 1).

Neben der Laufrichtung (hier: Linkstreppe) können Angaben zur Position eventuell vorgesehener Podeste und zum Aus- und Antritt gemacht werden. Alle Angaben und Berechnungen unterliegen einer Überprüfung anhand der gültigen DIN.

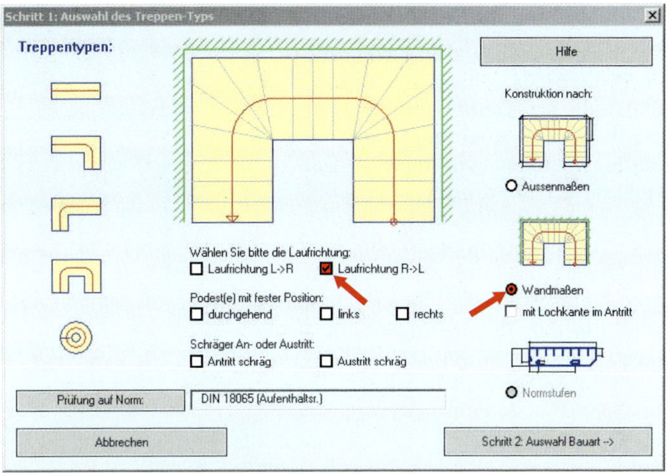

1 Treppentyp und Laufrichtung

2. Wahl der Bauart und der Profilform

In einem weiteren Dialog werden alle wesentlichen Angaben zur Bauart (s. S. 393) gemacht. Nach der Unterscheidung zwischen Holm- und Wangentreppen (hier: Wangentreppe) werden die gewünschten Maße der ausgewählten Bauart abgefragt (Bild 2).

Für die gewählten Holme bzw. Wangen werden in einer Tabelle mögliche Profile angeboten.

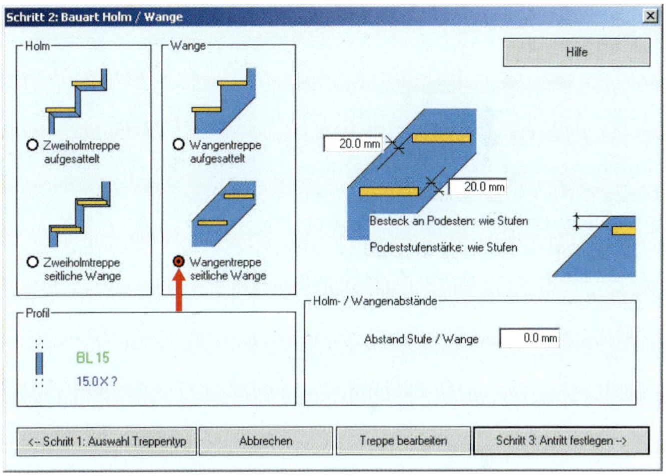

2 Bauart und Profilform

3. Konstruktion von Antritt und Austritt

Abhängig von der Bauart, der Position der Treppe und dem Fußbodenaufbau gibt es eine Vielzahl von Konstruktionsvarianten für die Antrittstufe (Bild 3) und die Austrittstufe. Alle möglichen Formen werden in den Dialogboxen für Antritt und Austritt angeboten und im Bedarfsfalle durch Maße ergänzt. Die Maße können in diesen Dialogboxen editiert, d. h. verändert werden.

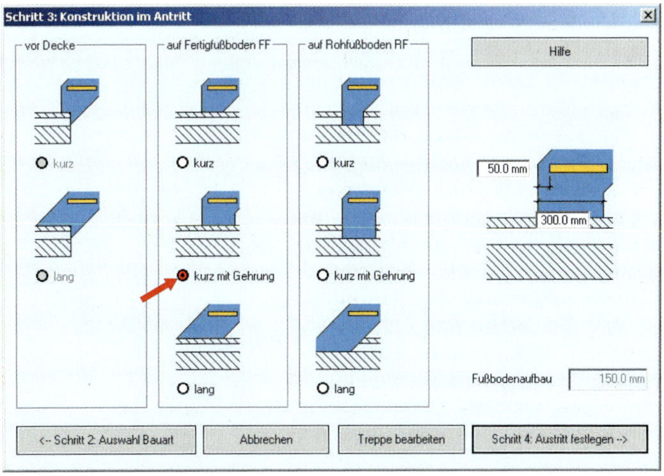

3 Antritt- und Austrittform

4. Eingabe der Treppenmaße

Nach der Eingabe aller Konstruktionsmerkmale gilt es, die auf der Baustelle ermittelten und im Aufmaßblatt (s. S. 404) festgehaltenen Maße in eine symbolische Darstellung zu übertragen. Auch hier können alle Maße editiert werden (Bild 1). Dies ermöglicht ein kontinuierliches Verändern, Anpassen und Optimieren der Treppe. Eine Überprüfung der Angaben nach Übereinstimmung mit der DIN verhindert eine Fehlkonstruktion.

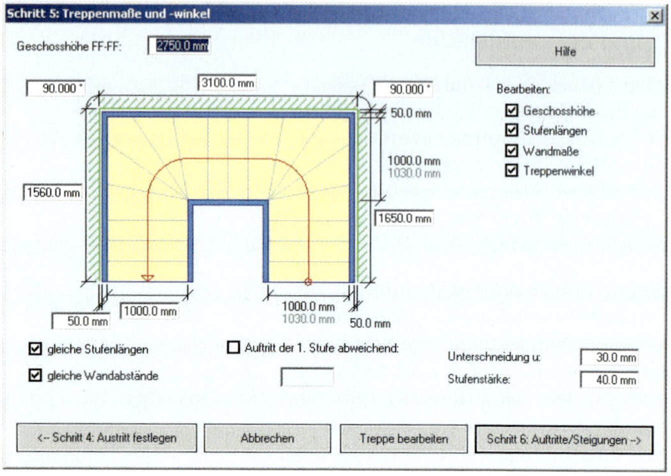

1 Treppenmaße

5. Ermittlung der Auftritte und Steigungen

Aus den eingegebenen Maßen und Konstruktionsangaben ermittelt die Treppenbausoftware mögliche Stufenanzahlen mit den dazugehörigen Auftritten und Steigungen unter Berücksichtigung der Schrittmaßformel und der DIN (Bild 2). Durch Eingrenzung der Filtermöglichkeiten lässt sich die Anzahl der Alternativen einschränken. Die Auswahl der gewünschten Kombination erfolgt durch Anklicken.

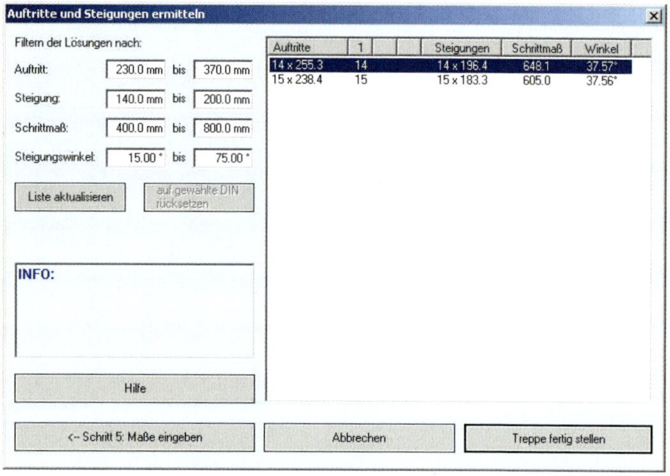

2 Festlegung von Auftritt und Steigung

6. Darstellung des Grundrisses der Treppe

Nachdem alle erforderlichen Angaben über den Treppentyp, die Bauart, die Laufrichtung, die Konstruktionsart von An- und Austrittstufen sowie die Maße der Treppe wie Länge und Breite, Steigung und Auftritt, Holm- oder Wangenabmessungen eingegeben sind, erstellt das Programm ein Modell der gewünschten Treppe. Von diesem können wahlweise der Grundriss (Bild 3), die Innen- und Außenwangen bzw. -holme aber auch sehr aussagekräftige 3D-Darstellungen abgerufen werden. Dabei können alle Elemente der Treppe jederzeit einer „manuellen Nachbearbeitung" unterzogen werden.

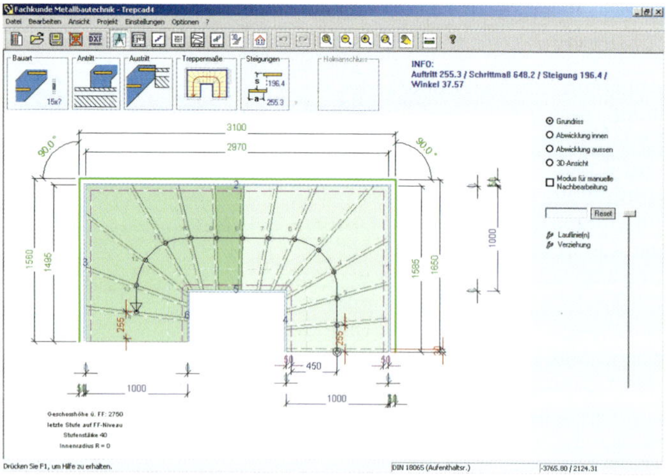

3 Treppengrundriss

7. Zeichnungen und Listen

Von der als rechnerinternes Datenmodell vorhandenen Treppe lassen sich alle für die Treppenherstellung erforderlichen Zeichnungen und Listen ableiten. So ist natürlich zunächst der Grundriss der Treppe mit allen erforderlichen Maßen als Zeichnung in variablen Maßstäben verfügbar (Bild 1). Ebenso können die Abwicklungen der Wangen als Zeichnungen ausgegeben werden (Bild 2). Die Ausgabe kann auf allen handelsüblichen Druckern und Plottern in unterschiedlichen Größen erfolgen.

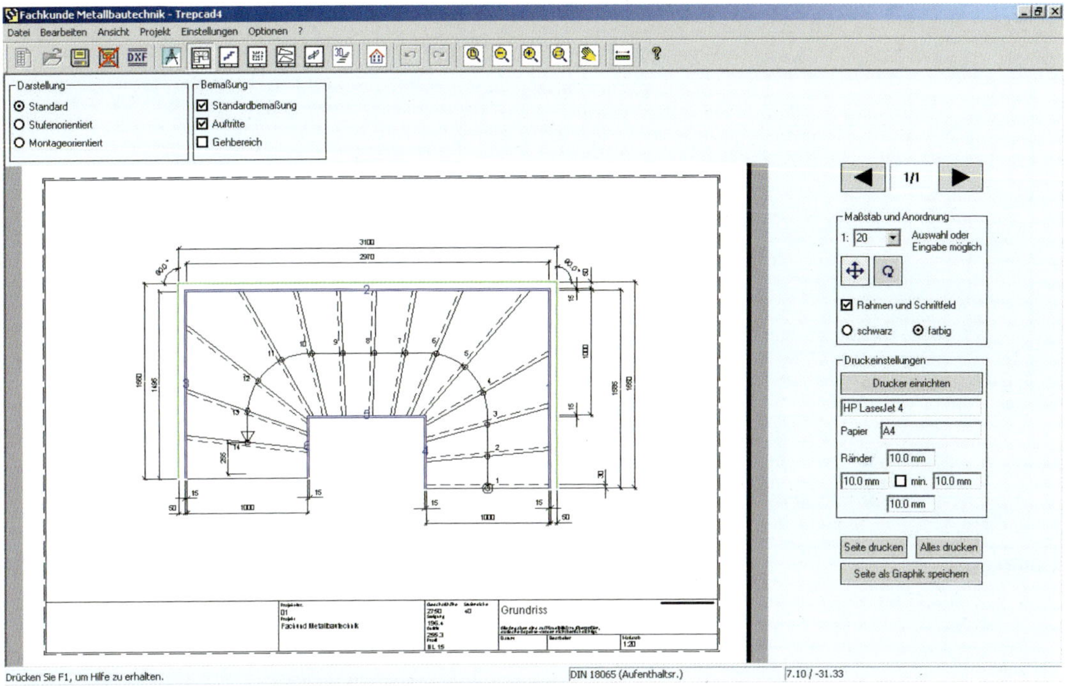

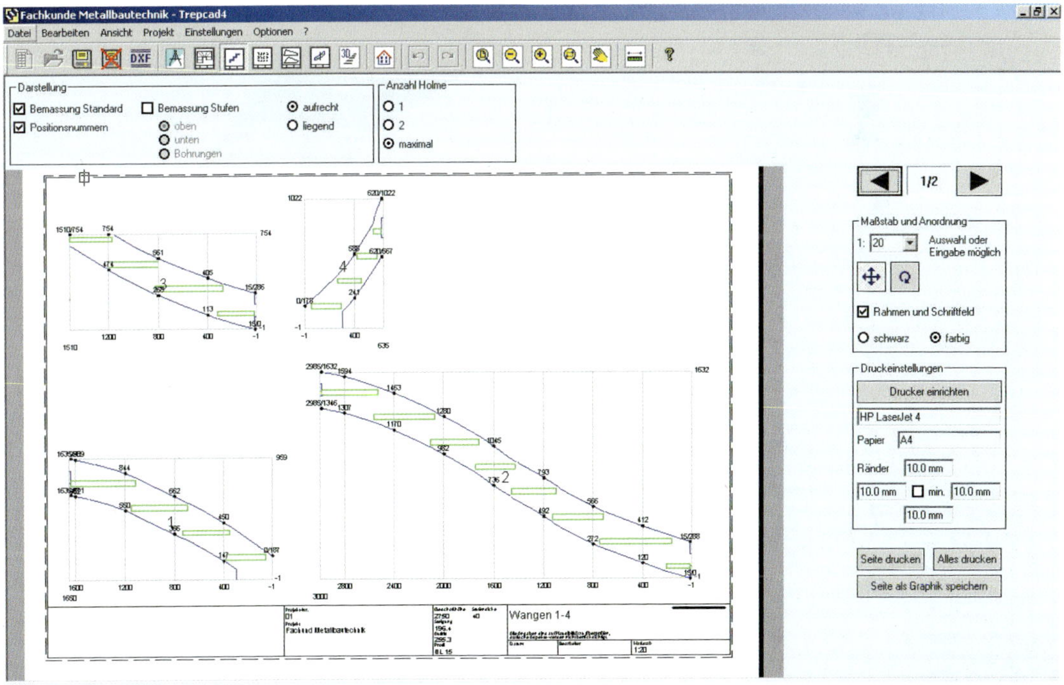

Neben der Stückliste (Bild 1) sind es vor allem die Fertigungszeichnungen der Stufen (Bild 2), die die Herstellung der Treppe wesentlich vereinfachen und beschleunigen können. Alle Daten können über eine Schnittstelle an alle gängigen CAD-Systeme aber auch an CNC-Bearbeitungszentren übertragen werden. Anschauliche 3D-Darstellungen der Treppe (Bild 3) unterstützen die Vorstellungskraft der Kunden.

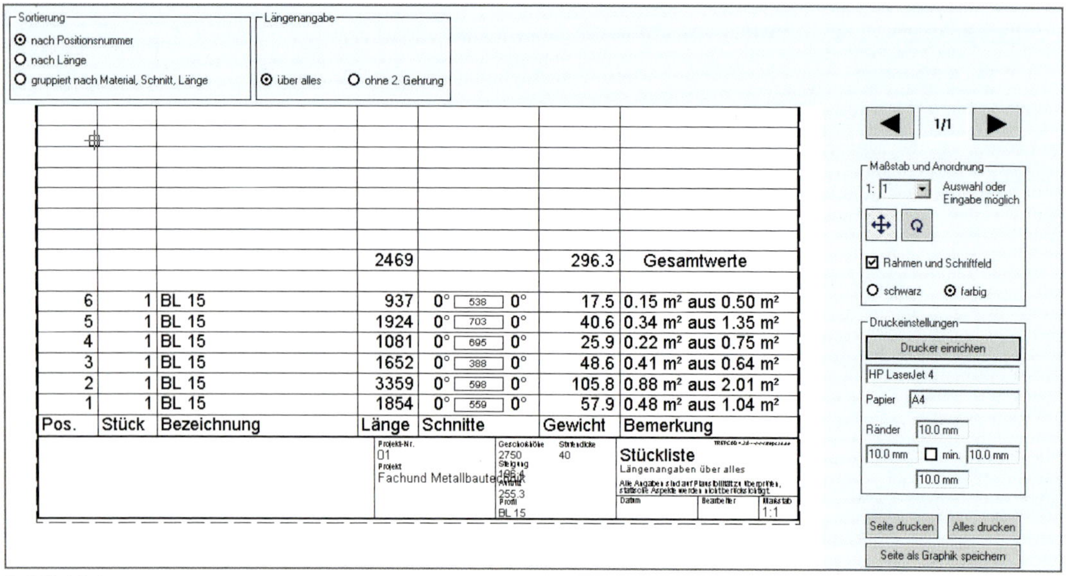

Pos.	Stück	Bezeichnung	Länge	Schnitte	Gewicht	Bemerkung
			2469		296.3	Gesamtwerte
6	1	BL 15	937	0° 538 0°	17.5	0.15 m² aus 0.50 m²
5	1	BL 15	1924	0° 703 0°	40.6	0.34 m² aus 1.35 m²
4	1	BL 15	1081	0° 695 0°	25.9	0.22 m² aus 0.75 m²
3	1	BL 15	1652	0° 388 0°	48.6	0.41 m² aus 0.64 m²
2	1	BL 15	3359	0° 598 0°	105.8	0.88 m² aus 2.01 m²
1	1	BL 15	1854	0° 559 0°	57.9	0.48 m² aus 1.04 m²

1 Stückliste

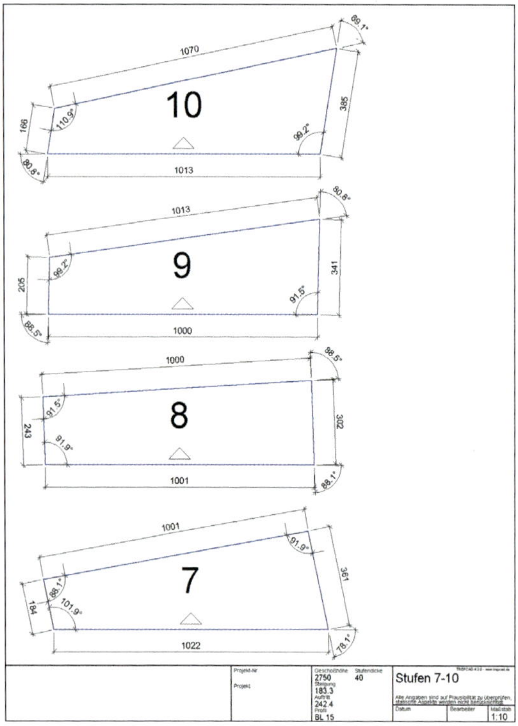

2 Treppenstufen

3 Fotorealistische Darstellung

23 Geländer

Geländer gehören zu den **Umwehrungen,** wie auch Absperrungen, Brüstungen (halbhohe Mauern) und Brüstungsgeländer. Umwehrungen dienen in der Regel als Absturzschutz und der Personenführung. Sie sorgen dadurch für mehr Sicherheit. Geschmackvoll gestaltete Geländer können zusätzlich der Blickfang eines Bauwerkes oder einer Anlage sein. Nach der Art der Herstellungstechnik lassen sie sich unterscheiden in Schlosserarbeiten, Schmiedearbeiten oder industriell gefertigte Systembauteile.

Sie werden nach ihrem Anwendungsort unterschieden in Treppengeländer, Balkongeländer, Brückengeländer, Terrassengeländer, Weggeländer, Brüstungsgeländer und Absperrgeländer (Bild 1).

Umwehrungen haben folgende Aufgaben:

- Schutz gegen Sturz und Absturz
- Abgrenzung begeh- und befahrbarer Flächen
- Dekoration von Bauwerken und Anlagen

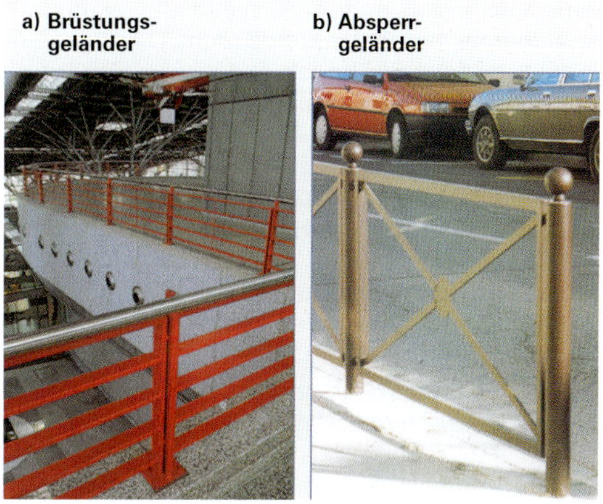

1 Umwehrungen

23.1 Aufbau des Geländers

Ein Geländer besteht aus **Pfosten, Handlauf, Geländerfeld und Befestigung** (Bild 2). Ändert sich der Richtungsverlauf eines Geländers gleichzeitig in waagerechter und in senkrechter Ebene, so entsteht im Bereich der Krümmung ein **Geländerkrümmling** (Bild 2 und Seite 413)

Die Pfosten tragen den Handlauf und das Geländerfeld. Die Geländerfeldausfachung, auch Geländerfüllung genannt, soll ein Abstürzen durch das Geländerfeld verhindern, Stößen widerstehen und dekorativ wirken. Für die Füllung des Geländerfeldes können z. B. senkrechte oder schräge Füllstäbe, Zierelemente aus Stahl, Lochbleche, Wellgitter, Edelstahlspanndrähte oder Glas verwendet werden.

Während absturzsichernde Glasausfachungen mit Einscheiben-Sicherheitsglas (ESG) nicht über Verkehrsflächen eingebaut werden dürfen, Drahtglas nur mit zusätzlicher Knieleiste, ist der Einbau von **Verbund-Sicherheitsglas** (VSG) generell möglich. Weil Glas brechen kann, ist für Glasfüllungen ein **Pendelschlagversuch** mit weichem Stoßkörper und eine Zustimmung der Baubehörde im Einzelfall erforderlich. Daneben werden für **Beplankungen** Holzbretter, beschichtete Pressspanbretter und Aluminiumverbundplatten eingesetzt.

Die Bauteile des Geländers müssen einen festen Rahmen bilden, der die Belastungskräfte aufnehmen kann (Bild 2). Die **Längskraft** F_L belastet das Geländer in Handlaufrichtung, z. B. beim Treppensteigen. Die **Vertikalkraft** F_V wirkt senkrecht von oben, z. B. beim Aufstützen. Die horizontale **Seitenkraft** F_H wirkt quer zum Geländer, z. B. beim Anlehnen. Als Vertikal-, Längs- und Seitenkraft sind bei Geländern in Wohngebäuden Streckenlasten von **500 N/m** und bei Geländern in Versammlungsstätten **1000 N/m** anzusetzen. Die Pfostenbefestigung muss diese Kräfte sicher und dauerhaft in das Gebäude einleiten.

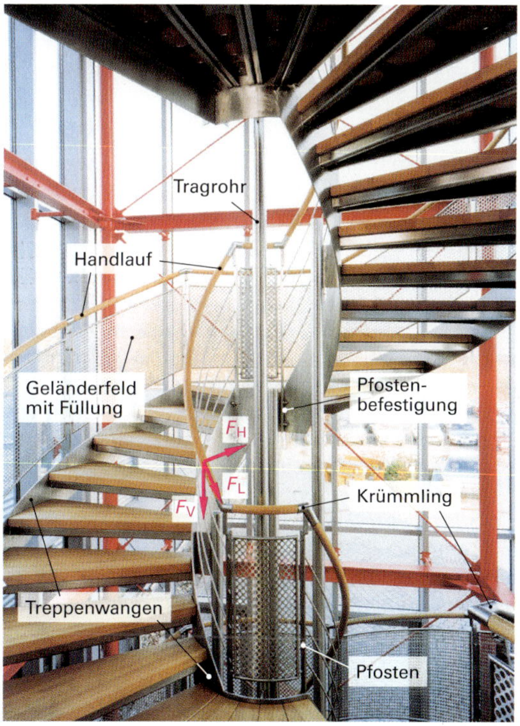

2 Benennungen und Kräfte an einem Treppengeländer

23.2 Geländer in und an Wohnhäusern

Für die tragenden Teile eines Metallgeländers können die Werkstoffe Baustahl, nichtrostender Stahl, Aluminium, Kupfer-Zink-Legierung (Messing, eventuell vergoldet) verwendet werden. Früher wurden auch Grauguss-Geländer hergestellt.

Alle Geländer müssen die geltenden Bau- und Sicherheitsvorschriften erfüllen. In der Regel fordern **Landesbauordnungen (LBO)** Geländer für Treppen ab 5 Stufen oder bei Brüstungen, wenn dort eine Absturzhöhe von 1 m oder mehr besteht.

Nach DIN 18065 müssen Geländer in Wohnhäusern mindestens **900 mm** hoch sein. Die Geländerhöhe wird vom Fußboden aus bis zur Oberkante des Geländers gemessen. Bei Treppen wird von der Vorderkante der Stufe bis zur Handlaufoberkante gemessen (Bild 1 a). Bei Absturzhöhen von mehr als 12 m sind **1100 mm Geländerhöhe** vorzusehen. Es muss eine **Handlaufhöhe** von 80 cm bis 115 cm eingehalten werden. Von einer Wand oder Säule muss der Handlauf mindestens **5 cm** Abstand haben, damit die Hand nicht verletzt wird (Bild 1b).

Bei **vorgesetzten Geländern** darf die Innenkante der Füllung nach DIN nur um höchstens 6 cm neben der Treppe oder dem Podest sitzen, um Fußverletzungen im Randbereich vorzubeugen. Die Unterkante muss so weit heruntergezogen werden, dass sie die Mitte des Auftritts schneidet (Bild 2a).

Bei **aufgesetzten Geländern** liegt das Geländer über dem Treppenlauf. Der **Untergurt** des Treppengeländers muss so tief unten montiert werden, dass nirgends ein Würfel von 15 cm Kantenlänge durchgeschoben werden kann (Bild 2 b).

Einen Sonderfall stellen **Brüstungsgeländer** dar, die auf einer breiten Mauer (Brüstung) stehen. Bei 20 cm breiter Brüstung darf die Handlaufoberkante nach LBO in 80 cm Höhe verlaufen (Bild 3).

Wenn mit der Anwesenheit von **unbeaufsichtigten Kindern** bis zu 6 Jahren gerechnet werden muss, darf der lichte Abstand von Geländerteilen in einer Richtung und der Abstand der Unterkante eines Geländers von einem Treppenpodest höchstens **12 cm** betragen (Bild 2). In der jeweiligen **Landesbauordnung,** die stets stärker wirkt als eine DIN-Norm, sind weitere Vorschriften zur Verkehrssicherheit der Geländer zu finden: Breite Öffnungen im Geländer dürfen auf den untersten 60 Zentimetern höchstens 2 cm hoch sein, darüber höchstens 12 cm (Bild 4). Durch diese Öffnungen können Kinder nicht durchfallen und ein Überklettern der Brüstung soll verhindert werden. Diese Schutzvorschriften für Kinder gelten nach DIN nicht für Wohngebäude mit bis zu zwei Wohnungen. Der Gesetzgeber nimmt an, dass dort die Eltern selbst für die Sicherheit ihrer Kinder sorgen.

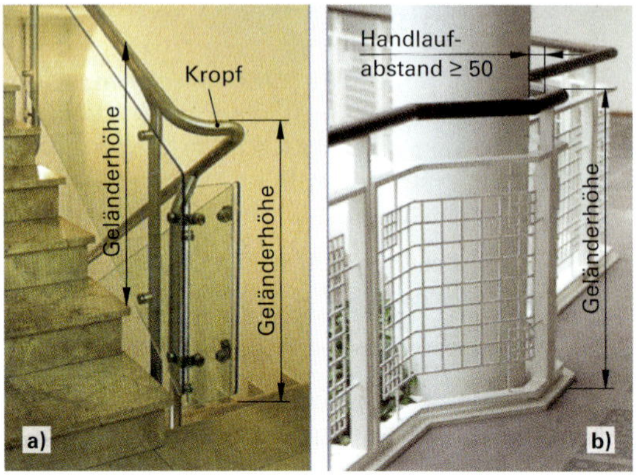

1 Maße an Geländern

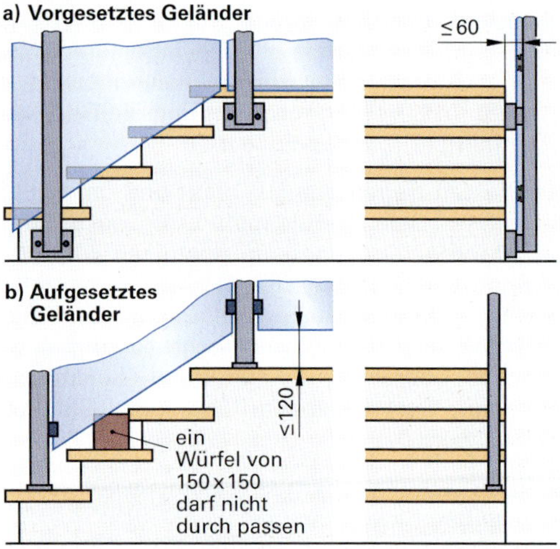

2 Anordnung der Geländer

3 Brüstungsgeländer

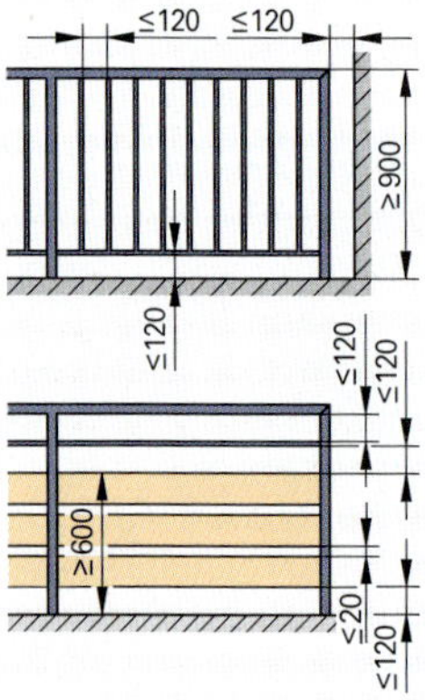

4 Schutz gegen Überklettern

Pfosten und Handläufe

Für **Pfosten** und Handläufe werden am häufigsten Rund- oder Vierkantrohre verwendet, aber es gibt auch Pfosten aus T- und L-Profilen, Flach- oder Vierkantstahl.
Für den Innenbereich können gerade und gewendelte Stahlgeländer auch mit Holzhandläufen versehen werden (Bild 1 und Seite 409 Bild 2). Sie sitzen auf einem hochkant stehenden Flacheisen.

Geschlosserte Geländer können aus Vollmaterial oder aus Rohren bestehen. Bei Verwendung im Freien sollten sie jedoch allseits geschlossen und nirgends durchbohrt werden, weil sie sonst rasch von innen her durchrosten. Besser ist die Verwendung von feuerverzinkten oder nichtrostenden Geländern.
Einige **Pfostenenden** zeigt Bild 2. Die unteren Pfostenenden können gerade, gebogen, abgewinkelt oder gekröpft sein.

Systemgeländer

Das sind Geländer, deren Verbindungen industriell vorgefertigt werden. Sie können aus Aluminium oder aus Stahl bestehen. Bild 3 a zeigt feuerverzinkte Temperguss-Verbinder mit seitlichen Gewindebohrungen. Die Rohre werden abgelängt, eingeschoben und mit gehärteten, verzinkten Innensechskantschrauben festgeklemmt. Sie sind geeignet für Rohr-ø 21,3 - 60,3 mm.

Geschmiedete Geländer

Sie werden im Schmiedefeuer kunstvoll aus Massivprofilen frei gestaltet. Die Verbindung der geschmiedeten Elemente erfolgt meist durch Hartlöten oder Nieten. Bild 3 b zeigt ein Stahl-Jugendstil-Geländer. Preisgünstige Schmiedegeländer werden aus industriell vorgefertigten Zierelementen geschweißt.

23.3 Industriegeländer

Für ortsfeste Zugänge zu maschinellen Anlagen regelt DIN EN ISO 14122-3 die sicherheitstechnischen Anforderungen und Festigkeit von Treppen, Treppenleitern und Geländern.

Geländer sind dort anzubringen, wo die mögliche Absturzhöhe 500 mm überschreitet oder wo ein Risiko des Einsinkens oder Einbrechens besteht. Für Spalte über 200 mm gilt dieselbe Regel (Bild 4). Die UVV fordert für alle Arbeitsstätten eine Geländerhöhe von ≥ 1 m, ab 12 m Absturzhöhe sind es ≥ 1,1 m. Dieser Wert gilt bei maschinellen Anlagen überall und das Geländer muss mindestens eine Knieleiste aufweisen. Falls lotrechte Füllstäbe verwendet werden, darf der freie waagerechte Abstand höchstens 180 mm betragen. Vorschrift ist in jedem Fall eine mindestens 100 mm breite Fußleiste, die maximal 10 mm von Bühnenkante und Laufebene entfernt sein darf.

Treppengeländer haben eine Handlaufhöhe von 900 mm bis 1000 mm, am Austrittspodest aber mindestens 1100 mm (Bild 4 unten). Für Treppen ist keine Fußleiste vorgeschrieben. Damit die Hände nicht an Hindernisse stoßen, ist ein Freiraum von 100 mm rings um den Handlauf vorzusehen. Die Befestigung des Handlaufs soll von unten erfolgen.
Die Sicherheitsanforderungen an das Geländer können durch Messungen, Sichtprüfungen, Berechnungen oder Belastungsversuche festgestellt werden. Die Minimalprüflast F_{min} beträgt 300 N/m × Pfostenabstand.

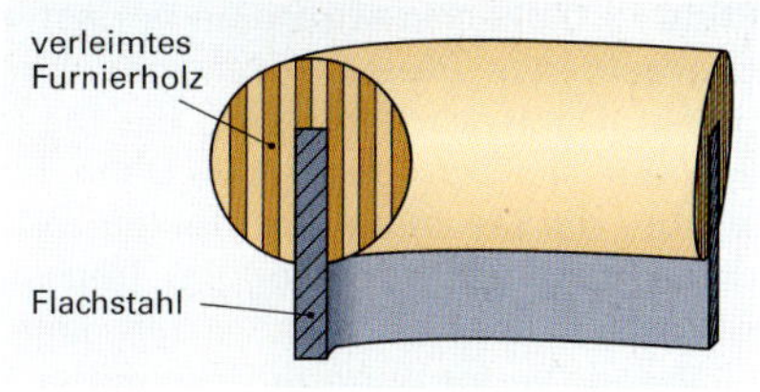

1 gebogener Holzhandlauf

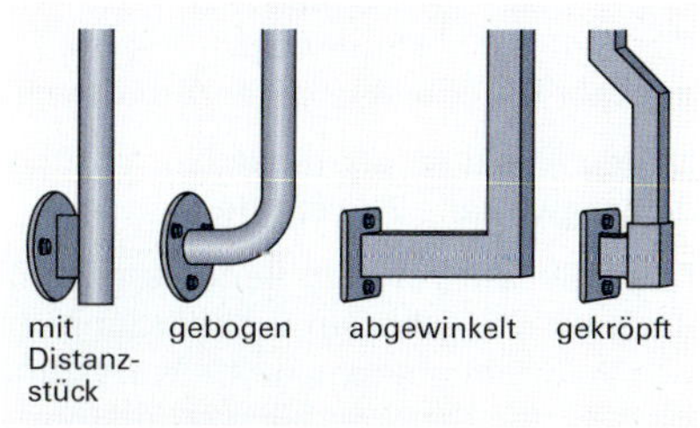

2 Pfostenenden

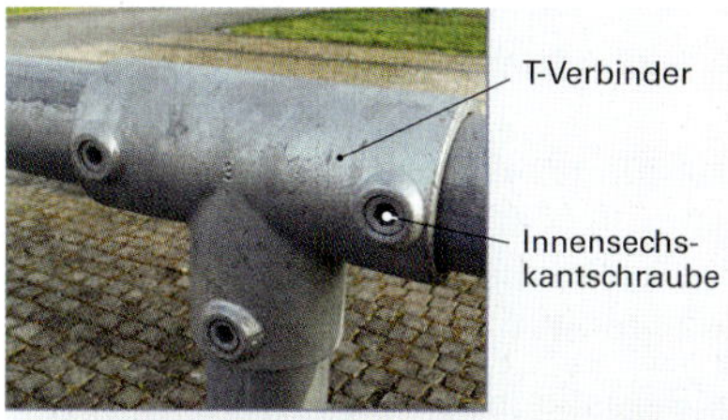

a) Systemgeländer Kee Klamp

b) Jugendstil-Geländer

3 System- und Schmiedegeländer

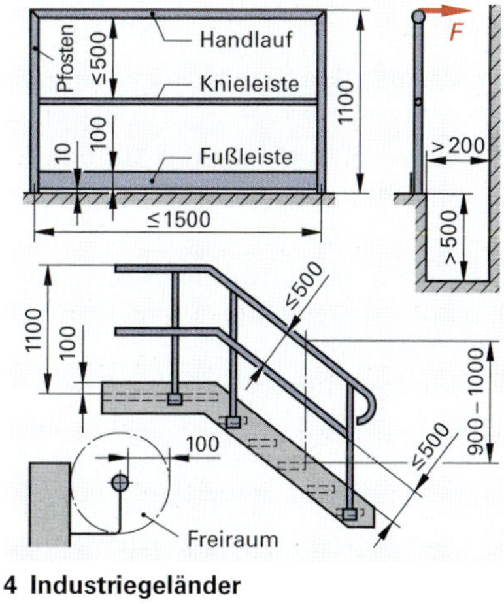

4 Industriegeländer

Prüfung: Zunächst wird eine Vorlast von 0,25 × F oberhalb des Pfostens für eine Minute aufgebracht. Dann wird entlastet, die Messuhren werden auf Null zurückgestellt. Dann folgt für eine Minute die Messung am Pfosten mit voller Last, dabei darf die Durchbiegung höchstens **30 mm** sein. Nach dem Entlasten darf **keine sichtbare bleibende Verformung** zurückbleiben. Eine gleiche Prüfung wird zwischen den Pfosten am Handlauf vorgenommen. Entsprechend dem Einsatzzweck des Geländers können auch höhere Prüflasten bei gleicher Durchbiegung vereinbart werden.

Neben Metallen gilt diese Norm auch für andere, neu entwickelte Werkstoffe.

Alle Teile, die von den Benutzern berührt werden, dürfen keine scharfen Ecken oder nicht entgratete Schweißnähte haben, damit Verletzungen und Behinderungen vermieden werden.

23.4 Befestigung der Geländer

Bei der **Befestigung** müssen im Außenbereich nichtrostende Dübel eingesetzt werden. Weil eindringendes Wasser bei Frost den Beton sprengen kann, sollen Klebeanker verwendet werden. Bei der Anordnung der Befestigung gibt es verschiedene Möglichkeiten:

- Befestigungen **von oben** (Bild 1 a): Die Fußplatte ist direkt auf die Betonplatte zu dübeln. Die Abdichtung des Fliesenbelages wird oft undicht.
  - Einbetonieren der Pfosten ist nur mit Vollmaterial sinnvoll. Bei Hohlprofilen mit Bohrungen zum Verzinken entsteht innen Tauwasser, das in die Betonplatte eindringt und diese zerstört.
- **Stirnseitige** Dübelbefestigung an der Betonplatte (Bild 1 b). Die charakteristischen Randabstände c_{cr} (siehe Beispiel) von etwa 12 cm dürfen nur dann verringert werden, wenn die Platte eine Randbewehrung besitzt. Weitere Möglichkeiten:
  - Stirnseitige Klemmbefestigung an vorhandenen Ankerschienen der Balkonplatte,
  - Stirnseitig mindestens 100 mm tief einlassen und mit Zementmörtel oder Schnellbinder befestigen.
- Befestigung **von unten** (Bild 1 c) an der Balkonplatte. Hier gibt es keine Probleme mit den Randabständen.
- **Freitragend** (Bild 1 d): Handlauf und Untergurt wird zwischen zwei Wänden oder Stützen befestigt, wenn nur ein relativ kurzes gerades Geländer eingesetzt werden muss.

Nebenstehendes Beispiel zeigt die Berechnung eines Pfostens auf Biegung und die Dübelzugkraft.

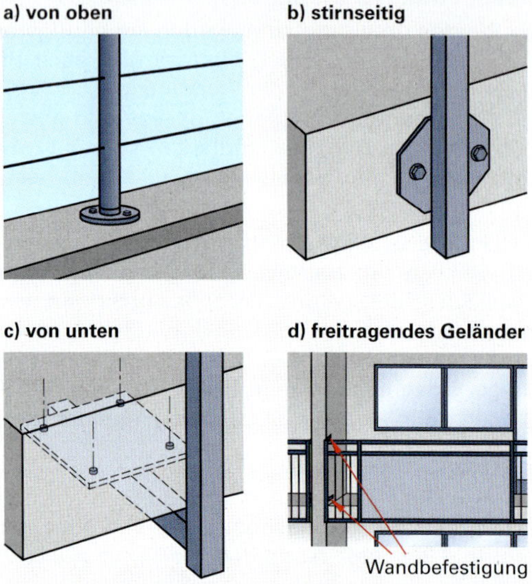

1 Pfosten-Befestigungen

Beispiel: Ein Geländerpfosten mit a = 1,5 m Pfostenabstand und 1 m Höhe hält ein Stabgitter. Der Balkon hat eine bewehrte Aufkantung. Es wird eine mittige Befestigung mit einer 200 mm hohen Stirnplatte bei einer horizontalen Strecklast von q = 500 N/m vorgesehen:

Lösung nach Eurocode 3:

$F_d = q \cdot a \cdot \gamma_F =$

$F_d = 500\ \text{N/m} \cdot 1{,}5\ \text{m} \cdot 1{,}5 =$

$F_d = 1125\ \text{N}$

Momentengleichgewicht :

$\Sigma \overset{\frown}{M} = \Sigma \overset{\frown}{M}$

$F_d \cdot H_{stat} = F_{1,d} \cdot 0{,}1\ \text{m}$

$F_{1,d} = \dfrac{F_{1,d} \cdot H_{stat}}{0{,}1\ \text{m}}$

$F_{1,d} = \dfrac{1125\ \text{N} \cdot 1{,}2\ \text{m}}{0{,}1\ \text{m}}$

$F_{1,d} = 13500\ \text{N}$

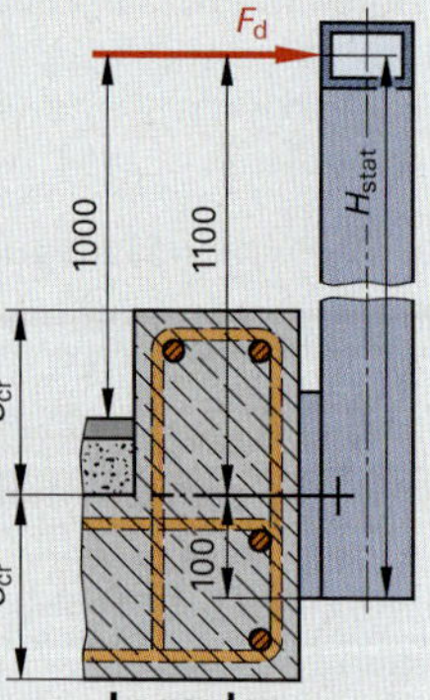

Lageplan

Kräftegleichgewicht: $\Sigma \overleftarrow{F} = \Sigma \overrightarrow{F}$

$F_{1,d} = F_d + F_{2,d}$

$F_{2,d} = F_{1,d} - F_d = 13500\ \text{N} - 1125\ \text{N} = 12375\ \text{N}$

$M_d = F_{2,d} \cdot 0{,}1\ \text{m} = 12375\ \text{N} \cdot 0{,}1\ \text{m} =$ **1237,5 Nm**

$\sigma_{R,d} = \dfrac{f_y}{\gamma_M} = \dfrac{235\ \text{Nmm}^2}{1{,}0} = 235\ \text{N/mm}^2$

$W_{d,erf} = \dfrac{M_d}{\sigma_{R,d}} = \dfrac{1237{,}5\ \text{Nm}}{235\ \text{N/mm}^2}$

$W_{d,erf} = 5{,}27\ \text{cm}^3$

Gewählt: Rechteck-Hohlprofil DIN EN 10219-2, 50 × 30 × 4 mit $W_y = 6{,}1\ \text{cm}^3$

Dübelzugkraft je Dübel:

$F_{Dü} = \dfrac{F_{1,d}}{2} = \dfrac{13500\ \text{N}}{2} = 6750\ \text{N}$

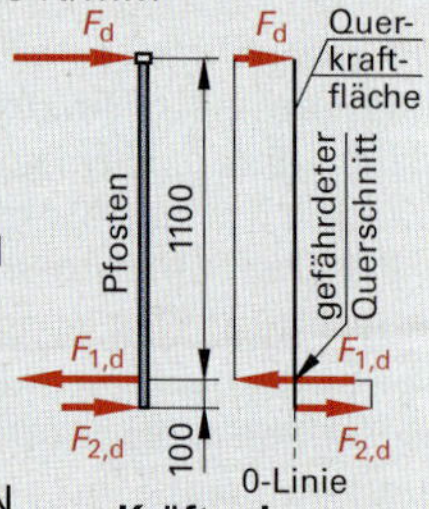

Kräfteplan

23.5 Biegen eines Treppengeländer-Krümmlings

Bei Halb- und Viertelpodesten werden die Handläufe meist **unterbrochen** und das Treppenauge wird durch ein Verbindungselement abgesichert (Bild 1a). Das erleichtert die Montage. Am besten passt das Element bei Bild 1b. Bei Bild 1c und 1d bildet sich ein Höhensprung, der durch einen **Geländerkrümmling** ausgeglichen werden kann. Dadurch entsteht ein **durchgehender** Handlauf, der einen besseren Halt auch bei verzogenen Treppen bietet.

Merke

Der **Krümmling (Kropf)** verbindet die Handläufe. Er muss in einem Schwung sowohl horizontal als auch vertikal gebogen werden.

Die einfachste Methode ist, den Handlauf auf der vorhandenen Treppe so zu biegen, dass das gebogene Profil als Krümmling gleichmäßig auf den Vorderkanten der Trittstufen aufliegt.

Der Krümmling kann auch in der Werkstatt nach einer Schablone gebogen werden (Bild 2). Auf der Schablone wird die Abwicklung des Handlaufes angerissen. Hierzu werden die Auftrittsbreiten der Stufen an der betreffenden Treppenseite und die Steigungen eingetragen. Die fortlaufende Verbindungslinie der Treppenstufenvorderkanten ergibt die Geländerlinie. Dann biegt man die Schablone um einen Kern, dessen Außendurchmesser dem Innendurchmesser der Geländerkrümmung entspricht. Mithilfe der Schablone werden dann die gleichmäßig vorgewärmten Profile zum Krümmling gebogen. Sind mehrere gleiche Krümmlinge zu fertigen, empfiehlt es sich, eine entsprechende Auflage auf die Schablone zu schweißen.

Überprüfen Sie Ihre Kenntnisse

1. Nennen Sie die drei Kräfte, die auf den Handlauf eines Geländers wirken und geben Sie an, welche ausschlaggebend ist für die Bemessung der Geländerpfosten und der Pfostenbefestigung!
2. Welche Kraft wirkt auf einen Geländerpfosten in einem Wohngebäude mit 1,3 m Pfostenabstand?
3. Erläutern Sie den Unterschied zwischen aufgesetzten und vorgesetzten Treppengeländern. Welche Maße sind jeweils einzuhalten?
4. Welcher Dübelwerkstoff ist für die Montage eines Geländers im Freien vorgeschrieben?
5. Welche besonderen Vorschriften sind für den Geländerbau zu beachten, wenn mit der Anwesenheit von Kindern gerechnet werden muss?
6. Bei welcher Anordnung der Pfostenbefestigung gibt es keine Randabstandsprobleme?

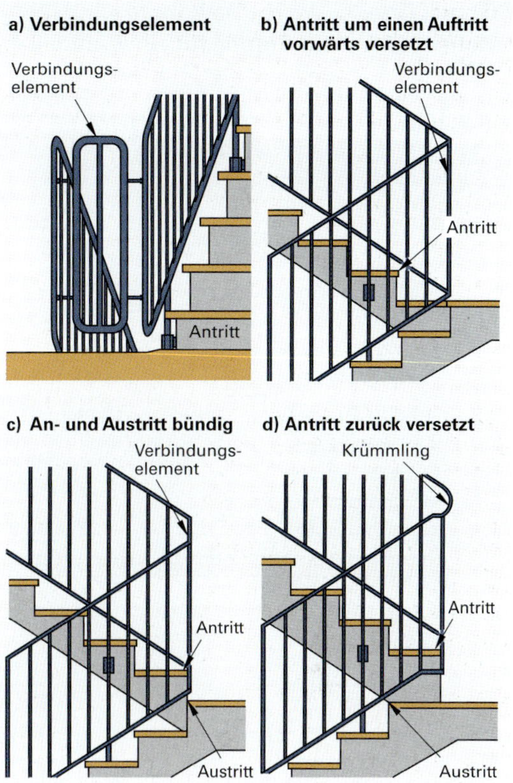

1 Verbindung der Handläufe am Podest

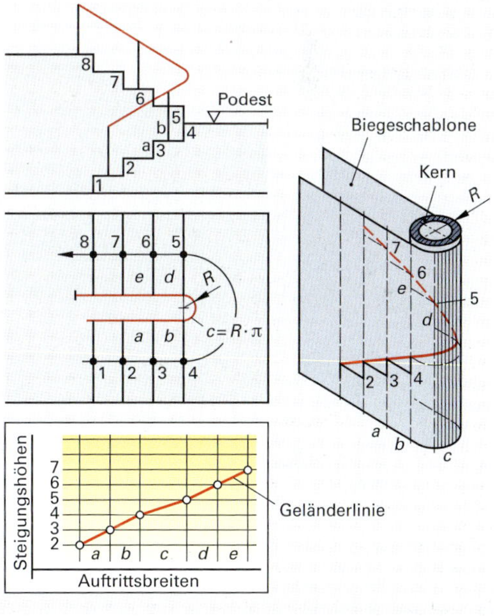

2 Herstellen einer Biegeschablone für Krümmling

Konstruktion einer Treppe für ein Einfamilienhaus

M1:50

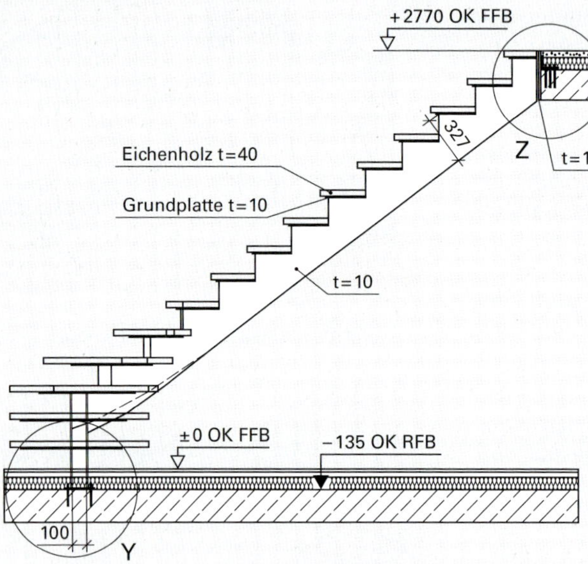

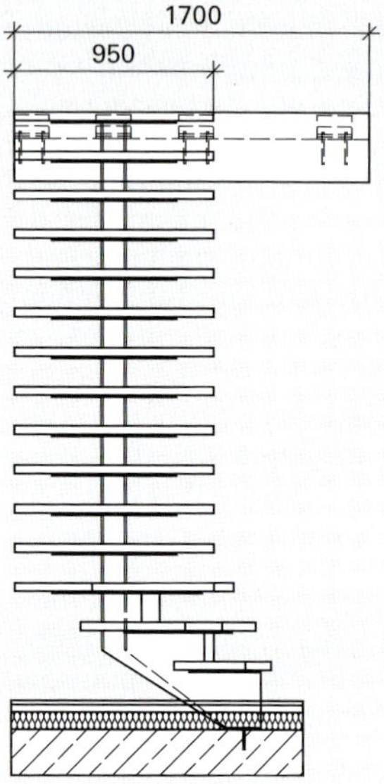

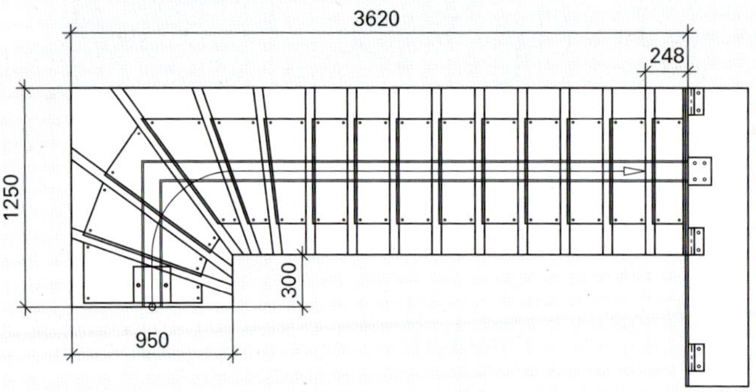

Y (1:10)

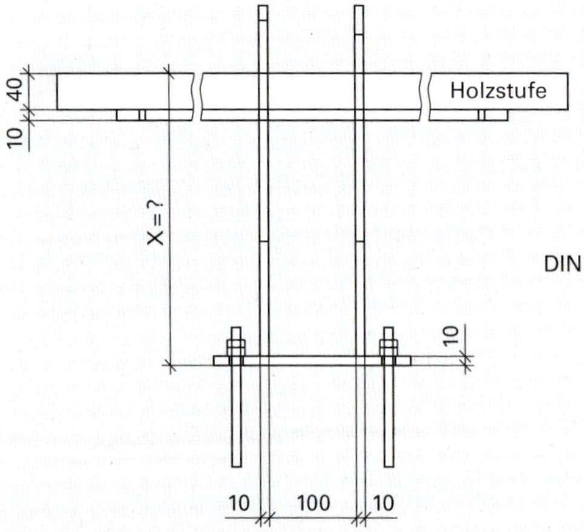

Z (1:10)

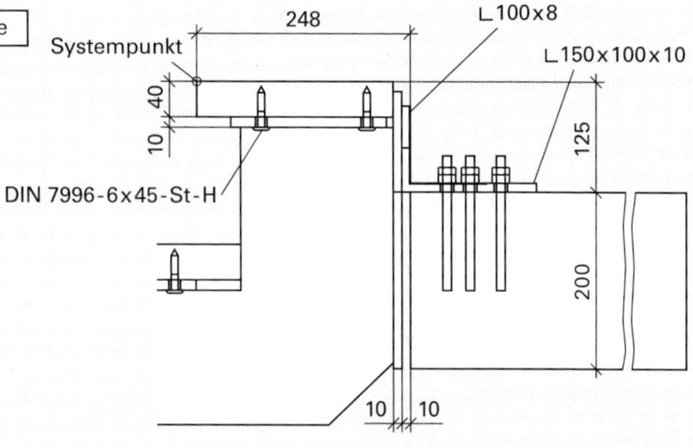

Arbeitsauftrag: Konstruktionen einer Treppe

Konstruktion einer Treppe

Für ein neues Einfamilienhaus soll eine Treppe geplant werden. Der Bauherr nimmt mit mehreren Treppenbauer-Handwerksbetrieben Kontakt auf. Er erklärt, dass er Treppenstufen aus Eichenholz und ein Geländer aus rostfreiem Edelstahl haben möchte. Die Handwerker nehmen am Bau die benötigten Maße auf. Einer der Meister erstellt die auf der vorhergehenden Seite dargestellte Zeichnung.

1. Welche drei Hauptmaße hat der Handwerker am Bau abgenommen, welche beiden Maße muss er je nach Baufortschritt eventuell erfragen?
2. Der Platz für die Treppe ist in den Einfamilienhäusern meist knapp bemessen, sodass oft steile Treppen entstehen. Wie groß darf die Treppensteigung *s* höchstens sein, wenn die Treppe zu einem Aufenthaltsraum führt?
3. Stellen Sie fest, wie groß die nutzbare Treppenlaufbreite und der Treppenauftritt mindestens sein müssen!
4. Was für eine Treppe schlägt der Treppenbauer vor?
5. Wie unterscheidet sich diese Treppe von der Treppe auf Seite 184 - 190?
6. Welche Länge hat die Lauflinie dieser Treppe, wenn man voraussetzt, dass sie, wie eingezeichnet, mittig verläuft und die Rundung ihren Mittelpunkt direkt auf der inneren Ecke hat? Die Lauflinie wird immer im Grundriss gemessen!
7. Wie viele Steigungen *n* ergeben sich, wenn man die Geschosshöhe zunächst durch eine angenommene Steigung von 170 mm teilt?
8. Die Anzahl *n* der Steigungen wird abgerundet. Welche Steigung *s* ergibt sich dann?
9. Wie viele Auftritte hat eine Treppe mit *n* Steigungen, wenn man die oberste auf Fertigfußbodenhöhe nicht mitzählt?
10. Wie groß ist dann der Auftritt und ist er nach Aufgabe 3 erlaubt?
11. Warum hat der Treppenbauer eine Steigung weniger gewählt?
12. Welche Maße für *s* und *a* erhält der Treppenbauer für die abgebildete Treppe?
13. Der soeben errechnete Auftritt liegt unter 260 mm. Welche Vorschrift gibt es für solche Treppen?
14. Diese Treppe hat keine Setzstufen. Welche Mindest-Unterschneidung ist für sie vorgeschrieben?
15. Der Treppenbauer hat $u = 50$ mm vorgesehen. Wird damit die Vorschrift von Frage 13 erfüllt?
16. Warum wird die Treppe nicht auf dem Fertigfußboden befestigt?
17. Stahl-Treppen neigen zum Schwingen. Warum erhalten die Auflager eine Gummi-Unterlage?
18. Warum wurde zwischen dem oberen Anschlussblech und der Decke ein Spalt von 10 mm gelassen?
19. Warum wurde die Treppe nicht an der Stirnseite der Decke, sondern an der Oberseite mit Anschlusswinkeln und Dübeln befestigt?
20. Zeichnen Sie das obere Anschlussblech mit den Winkeln, die je 160 mm lang sind. Halten Sie für die Bohrungen ø 12 die optimalen Rand-Abstände e_2 ein. Die Dübel haben Gewinde M10.
21. Welchen Steigungswinkel hat die Treppe? Er wird mit Steigung und Auftritt berechnet!
22. Die Lauflinie einer gewendelten Treppe darf um 10 % der Treppenbreite nach außen verschoben werden. Welchen Vorteil hätte das für diese Treppe?
23. Die Draufsicht auf die Treppe erhält man erst nach Verziehung der Stufen. Verziehen Sie die Treppe nach der Winkelmethode bei Innenradius $r = 100$ mm und 10-prozentiger Verschiebung der Lauflinie zur Außenwange!
24. Das nebenstehende Bild zeigt einen Blick von schräg unten auf die Holme am Antritt. Beschreiben Sie, wie man aus der Verziehung den Sägezahnschnitt der Innen- und der Außenwangen bestimmt. Wie groß ist X in Einzelheit Y?
25. Der Treppenbaumeister hat einen gebogenen Holm hergestellt. Zeichnen Sie die Abwicklung des unteren Teils bis zum Ende der Biegung.

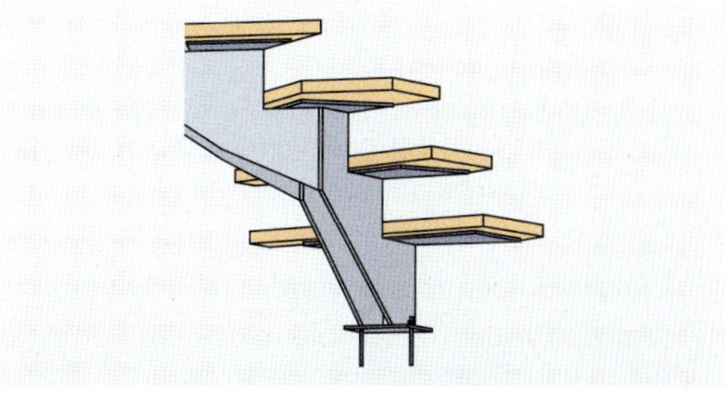

Konstruktion eines Treppengeländers

In Wohnhäusern ist mit der Anwesenheit von kleinen Kindern zu rechnen. Geländer sind deshalb so zu gestalten, dass keine Kinder durch Absturz zu Schaden kommen. Informieren Sie sich auch im Internet über die Maße bei Treppen und den Unfallschutz.

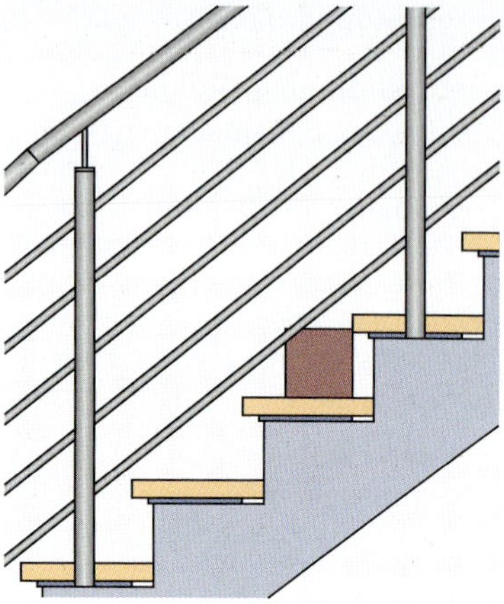

1 Sicherheit bei Treppen

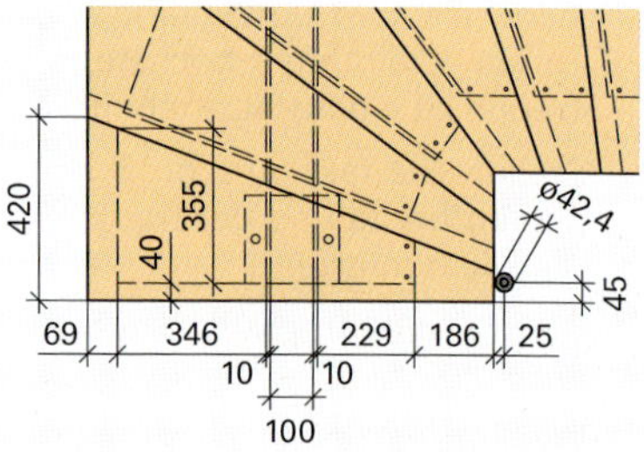

2 Antritt ohne Pfostenbefestigung

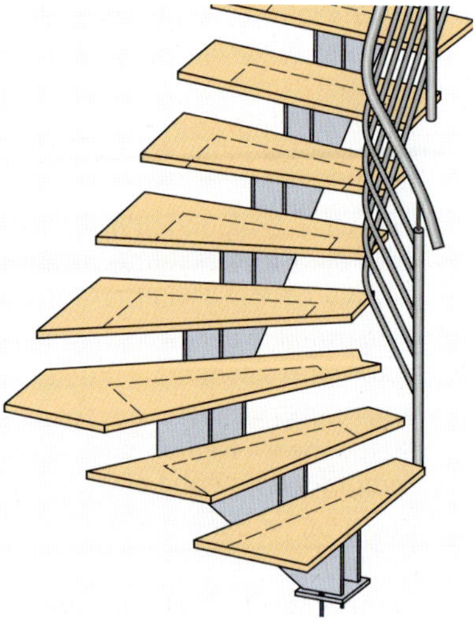

3 Lage des Geländers

1. Welches sind die häufigsten Unfallursachen bei Treppen und welche Vorsichtsmaßnahmen gibt es?
2. Welche Maße sind in einem Wohnhaus einzuhalten? Fertigen Sie eine Skizze nach Bild 1 und tragen Sie die richtigen Maße ein.
3. Wie groß ist der Würfel zum Prüfen des Geländers auf Bild 1?
4. Bei welchen Treppen sind beidseitig Handläufe vorgeschrieben?
5. Warum sind in Wohnhäusern senkrechte Geländerstäbe den waagerechten vorzuziehen?
6. Errechnen Sie, welche Lichte Weite sich zwischen 2 Pfosten ø 42,4 mit senkrechtem Rundeisenstab ø 12 ergibt, wenn der Pfostenabstand 750 mm beträgt!
7. Wie groß sind die Mittenabstände und wie groß ist der Abstand von Pfostenaußenkante bis Mitte des ersten Stabs?
8. Zeichnen Sie das Geländerfeld mit senkrechten Stäben für eine Treppe wie in Bild 1 mit $s = 185$ und $a = 250$ mm, 50 mm Untertritt, Geländerhöhe ist 900 mm. Die Einfassung soll aus Fl 40 × 12 sein.
9. Der Bauherr möchte eine stabile Befestigung des Geländers außerhalb der Holztreppenstufen. Die Geländerpfosten sind aus Stahlrohr ø 42,4 × 5 und sollen 25 mm neben den Eichenstufen sitzen. Konstruieren Sie mithilfe der Zeichnung Bild 2 ein entsprechenden Anschluss. Tragen Sie die Schweißnähte mit Sinnbildern ein!
10. Welchen Kräften auf den Geländerhandlauf muss in privaten Wohnhäusern das Geländer standhalten?
11. Mit welchen Kräften ist im öffentlichen Bereich zu rechnen?
12. Welche Rolle spielt bei der Berechnung der Kräfte der Pfostenabstand?
13. Welche Pfostenprofile werden im Tabellenbuch vorgeschlagen? Reicht der vorhandene Pfosten?
14. Berechnen Sie für den Pfostenabstand 750 mm und Höhe des Geländers bis zum geschweißten Anschluss mit Anschlusslasche:
    a) Charakteristische Handkraft F_k auf den Pfosten.
    b) Bemessungswert der Handkraft F_d mit Teilsicherheitsbeiwert $\gamma_F = 1{,}5$!
    c) Biegemoment M_d bei 1150 mm Hebelarm bis zur Einspannstelle!
    d) Suchen Sie in Ihrem Tabellenbuch die Schweißnahtdicke und -länge bzw. die Breite der Anschlusslasche aus.
15. Zeichnen Sie den Pfostenanschluss fertigungsgerecht bemaßt und benannt.
16. Welche Hilfsmittel verwendet der Fachmann, um den Handlauf herzustellen?
17. Welchen Vorteil bieten die rostfreien Rundstähle, an die der rostfreie Handlauf angeschweißt wird, wenn das Geländer ansonsten feuerverzinkt werden soll?

Lernfeld: Instandhalten von Systemen des Metall- und Stahlbaus

24 Qualitätsmanagement

In vielen Produktionshallen von Industrieunternehmen sind heute Schautafeln, Hinweise und Übersichten zum Thema „Qualität" für jeden sichtbar aufgehängt. Mitarbeiter sollen dadurch in ihrem Qualitätsbewusstsein bestärkt werden und den Kunden wird signalisiert, dass der Betrieb um bestmögliche Qualität bemüht ist. Das systematische Bemühen um Qualität ist jedoch nicht ein Ziel, das sich ausschließlich auf größere Unternehmen beschränkt. Die Einhaltung von Qualitätskriterien ist heute ebenso für jeden Handwerksbetrieb auch im Bereich des Metallbaues von existenzieller Bedeutung. In vielen Bereichen herrscht heute ein intensiver Verdrängungswettbewerb und ein massiver Konkurrenzkampf, sodass die Zufriedenheit der Kunden zur Überlebensversicherung auch der Handwerksbetriebe geworden ist. Ein wesentlicher Faktor der Kundenzufriedenheit ist in der Qualität der Bauteile und dem fachgerechten Einbau zu finden.

Der Qualitätsbegriff

Der Begriff „Qualität" taucht heute in verschiedenen Zusammenhängen auf. So sind u. a. die Beschaffenheit, der Wert und die Güte eines Produktes wie z. B. die Qualitäts- und Toleranzklassen von Schrauben, die Qualitätsbezeichnungen von Stählen und die umgangssprachliche Unterscheidung in 1A- und 1B-Qualität Ausdruck eines unterschiedlichen Gebrauchs des gleichen Begriffes.

In der Norm ist der Begriff Qualität folgendermaßen definiert:

> Qualität ist die Gesamtheit der Merkmale und Merkmalswerte eines Produktes oder einer Dienstleistung bezüglich ihrer Eignung, festgelegte und vorausgesetzte Erfordernisse zu erfüllen.

Diese sehr allgemeine Formulierung lässt sich verständlicher durch den einfacheren Satz ausdrücken:

Merke

Qualität ist, was den Kunden zufriedenstellt.

In der Tat steht neben anderen Aspekten bei allen Qualitätsüberlegungen die „Kundenzufriedenheit" an herausgehobener Stelle. Sie ist das eigentliche Ziel jeder Arbeit jedes Handwerks- und jedes Industriebetriebes. Betriebe, die sich am Markt behaupten wollen, müssen qualitätsfähig sein und nach dem Leitsatz handeln:

Der Kunde soll wiederkommen, nicht das Produkt.

Wiederkehrende Kunden sind gleichbedeutend mit mehr Aufträgen, zurückkommende Produkte sind in der Regel mit Reklamationen, Nacharbeit, Preisminderung, Rechtsstreit oder anderen Unannehmlichkeiten verbunden.

Qualität entsteht jedoch nicht von selbst, sie muss in einem vielschichtigen Prozess geplant, erzeugt und immer wieder geprüft werden (Bild 1). Neben der Qualität des Produktes sind vor allem die Qualität der Dienstleistung und die Betriebskultur sowie das Management der Firma von entscheidender Bedeutung für die Gesamt-Unternehmensqualität (Bild 2).

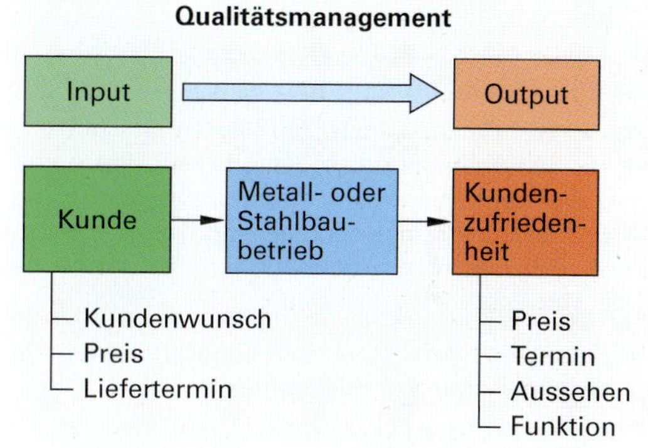

1 Qualitätsmanagement im Metallbau

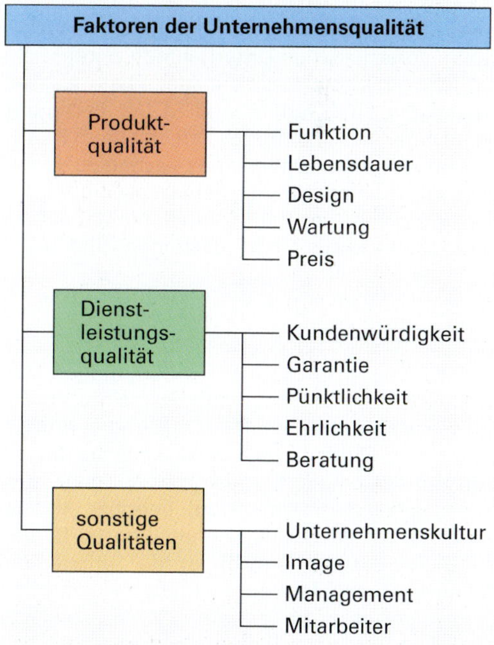

2 Qualität eines Unternehmens

24.1 Aufgaben des Qualitätsmanagements

Der Begriff „Management" bedeutet frei übersetzt „etwas zuwege bringen". Qualitätsmanagement kann also sinngemäß mit „Qualität zu Wege bringen, Qualität bewerkstelligen" definiert werden. Tatsächlich nutzt es nichts oder nur sehr wenig, wenn in einem Betrieb einzelne Maßnahmen im Sinne einer Erhöhung der Qualität getroffen werden. Erst die Summe von aufeinander abgestimmten Maßnahmen ermöglicht eine kontinuierliche Qualitätssteigerung.

Die erforderlichen Maßnahmen werden dabei über alle Abteilungs- und Bereichsgrenzen hinweg auf allen die Qualität betreffenden Gebieten getroffen (Bild 1):

Merke

Qualitätsplanung → Qualitätslenkung → Qualitätsprüfung → Qualitätsverbesserung

Aufgabe des Qualitätsmanagementes ist es, diese Maßnahmen zu koordinieren. Die Summe aller dieser Maßnahmen wird als **Qualitätsmanagementsystem** bezeichnet. Ein solches QM-System kann nur funktionieren, wenn alle Beteiligten, unabhängig von ihrer Aufgabe und Stellung im Betrieb, angefangen vom Auszubildenden im ersten Ausbildungsjahr bis zum Betriebsinhaber am gleichen Strang ziehen.

24.1.1 Qualitätsplanung

Der erste Baustein des Qualitätsmanagements ist die Qualitätsplanung. Sie umfasst alle planerischen Tätigkeiten vor Produktionsbeginn, in deren Verlauf die Qualität eines Produktes bestimmt wird. Dazu gehören insbesondere Vorgänge die sich mit:

- den Kundenwünschen und den daraus resultierenden Produkteigenschaften,
- der technischen Durchführbarkeit dieser Anforderungen und ihrer Prüfung
- den materiellen, personellen und finanziellen Ressourcen

eines Unternehmens beschäftigen. Untersuchungen in verschiedenen Unternehmen zeigten, dass die meisten Fehler schon in der Planungsphase entstanden sind, jedoch erst in der Fertigungsphase oder im schlimmsten Fall erst beim Kunden korrigiert werden. Dabei ist es wichtig zu wissen, dass die Kosten für die Fehlerbeseitigung von Phase zu Phase im Produktentstehungszyklus im Normalfall um den Faktor 10 steigen (Bild 2).

An einem Beispiel aus der Metallbaupraxis wird dies deutlich:

In der Planungsphase werden durch einen Übermittlungsfehler in einer Maßskizze eines zweiflügeligen Hallentores zwei Maße (Höhe und Breite) vertauscht. Wird dieser Fehler noch in der Planungsphase entdeckt, so kann er mit ganz geringem Aufwand (Nachmessen) behoben werden. Selbst in der Phase der Herstellung (z. B. beim Zuschnitt der Profilrohre) ist der entstehende Schaden durch falsch zugeschnittene Profile zwar teuer, aber noch zu verkraften. Wird dieser Fehler jedoch erst beim Einbau des Tores, also beim Kunden, bemerkt, ist damit ein enormer Aufwand

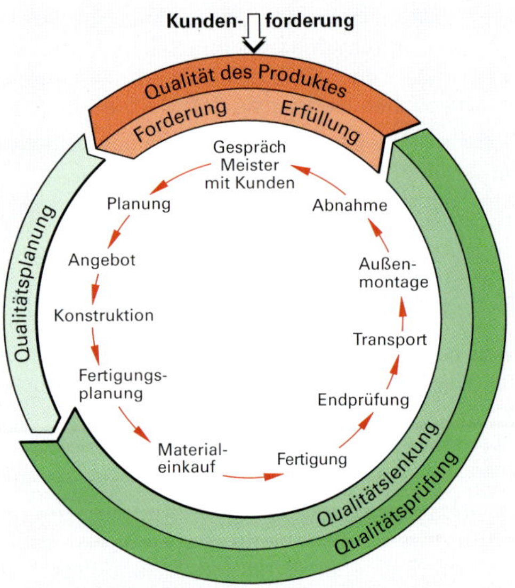

1 Qualitätskreis für ein Produkt

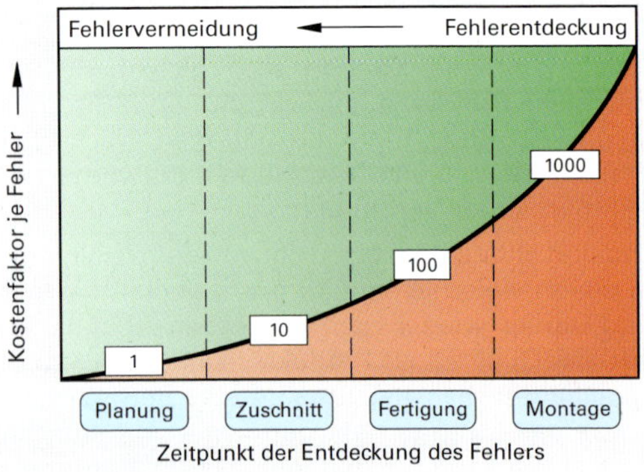

2 Zehnerregel der Fehlerkosten

(doppelter Transport, Demontage, neuer Zuschnitt evtl. sogar komplette Neuanfertigung) und damit eine Explosion der Kosten entstanden. Der Imageschaden für den Betrieb ist dabei in Zahlen gar nicht messbar.

24.1.2 Qualitätslenkung

Der Weg eines Produktes (z. B. Hallentor) vom Kundenwunsch (Sollwert) über den Fertigungsprozess bis zum abnahmereifen Endzustand lässt sich in einem Regelkreis darstellen (Bild 1). Während der Fertigung ist das Produkt vielfältigen Störeinflüssen ausgesetzt, die den Prozess und damit die Qualität negativ beeinflussen können. Man bezeichnet diese Störgrößen als die „7M":

Merke

Mensch – Maschine – Material – Milieu (Umwelt) – Methode – Messbarkeit – Management

Ziel der Qualitätslenkung muss es sein, den Einfluss dieser Störgrößen so weit wie möglich zu verringern. Für den Metallbaubetrieb kann dies z. B. die Bereitstellung von geeignetem Werkzeug, Maschinen, Messmitteln und Arbeitsräumen, aber auch die Qualifizierung der Mitarbeiter, z. B. Schweißlehrgänge u. a., sein.

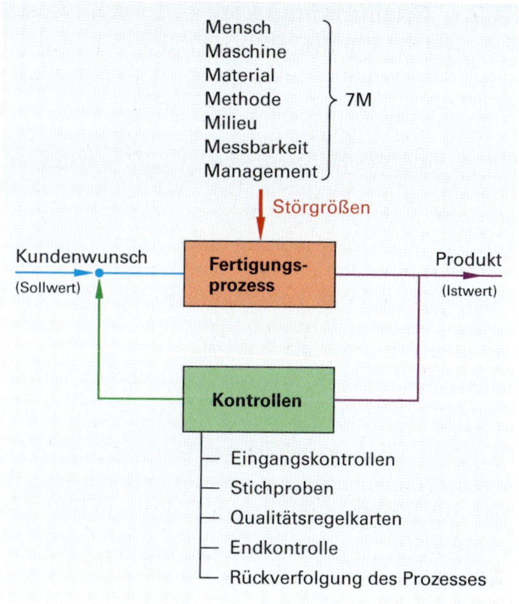

1 Qualitätsregelkreis

24.1.3 Qualitätsprüfung

In den Bereich der Qualitätsprüfung fallen in einem Betrieb alle Maßnahmen, mit denen festgestellt wird, ob ein Produkt den festgelegten Anforderungen genügt. In der industriellen Serienfertigung werden diese für jedes Teil und jede Baugruppe in exakten Prüfplänen festgelegt und dokumentiert. In der überwiegend durch Einzelfertigung oder Kleinserienproduktion gekennzeichneten Metallbaupraxis ist diese Vorgehensweise nicht zweckmäßig. Gleichwohl sollte auch hier schon in der Planungsphase eine Prüfplanung erfolgen. In der wird vor allem festgelegt, **was, wie, womit, wann** und **durch wen** geprüft wird. Die Prüfungen werden sowohl im laufenden Fertigungsprozess als auch nach Beendigung desselben durchgeführt.

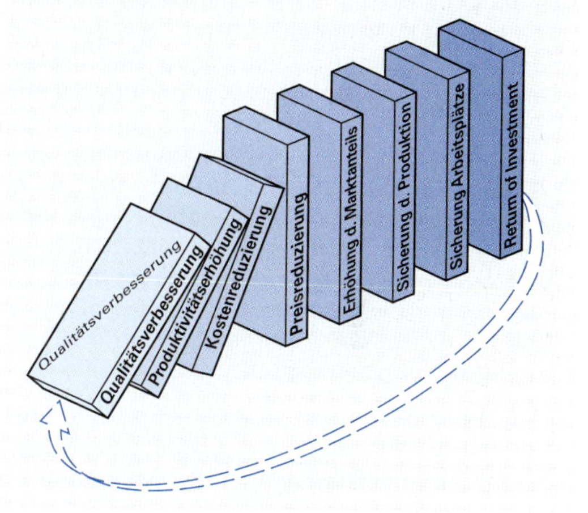

2 Kettenreaktion durch Qualitätsverbesserung

24.1.4 Qualitätsverbesserung

Ziel eines konsequenten Qualitätsmanagementes muss die kontinuierliche Verbesserung der Qualität sein. Dies gilt für alle Bereiche des Betriebes. Qualitätsverbesserung kann erreicht werden durch Maßnahmen, die die Mitarbeiter betreffen oder Maßnahmen, die das Produkt bzw. den Kundenservice betreffen. Während sich die Maßnahmen am Produkt meist durch konstruktive Verbesserungsvorschläge oder Verbesserung der Fertigungs- und Prüfverfahren erreichen lassen, spielen bei den beteiligten Mitarbeitern verschiedene Aspekte eine Rolle. In erster Linie sind hier die Motivation, die Kommunikations- und Teamfähigkeit aller Beteiligten und das Betriebsklima zu nennen. Hochmotivierte Mitarbeiter, die sich mit dem Betrieb identifizieren sind eher zu qualitativ hochwertiger Arbeit und Weiterbildung bereit, als solche, die ihre Arbeit ausschließlich als „Job" zum Geldverdienen auffassen.

Die so erreichte Qualitätsverbesserung kann in vielen Betrieben eine sehr fruchtbare Kettenreaktion auslösen (Bild 2).

24.2 Qualitätsmanagement nach DIN EN ISO 9000:2005

In der DIN EN ISO 9000-Reihe sind Organisations- und Managementmodelle entstanden, die beim Aufbau von Qualitätsmanagementsystemen behilflich sind. Die Normenreihe ist 1987 entstanden und sowohl als deutsche (DIN), europäische (EN) und internationale (ISO) Norm gültig. Sie sagt allerdings dem Unternehmen nicht, was Qualität ist, sie liefert nur den Rahmen. In der Folgezeit wurde diese Normenreihe kontinuierlich verändert und verbessert und steht seit Dezember 2005 in der aktuellsten Version als DIN EN ISO 9000:2005 zur Verfügung. Diese Norm ersetzt alle Vorgängernormen.

Die Normenreihe DIN EN ISO 9000-Familie setzt sich im Wesentlichen aus mehreren Teilen zusammen, die allgemeingültig aufgebaut sind (Bild 1):

- ISO 9000 beschreibt die Grundlagen für Qualitätsmanagementsysteme und legt die Terminologie (= Fachbegriffe) für Qualitätsmanagementsysteme fest.
- ISO 9001 legt die Anforderungen an ein Qualitätsmanagementsystem für den Fall fest, dass eine Organisation ihre Fähigkeiten darlegen muss, Produkte bereitzustellen, die den Kundenanforderungen entsprechen. Dies ist vor allem dann erforderlich, wenn der Betrieb eine **Zertifizierung** anstrebt. Durch die Zertifizierung macht der Betrieb allen Beteiligten, also auch Kunden und Zulieferern, sichtbar, dass er ein funktionierendes und von unabhängigen Stellen geprüftes (auditiertes) Qualitätsmanagementsystem besitzt (Bild 2). Dies ist heute vor allem für Zulieferbetriebe, die mit großen Firmen z. B. aus der Automobilindustrie zusammenarbeiten, unerlässlich.
- ISO 9004 stellt einen Leitfaden zur Verfügung, mit dessen Hilfe die Leistungsfähigkeit und Effizienz des Qualitätsmanagementsystems untersucht werden kann.

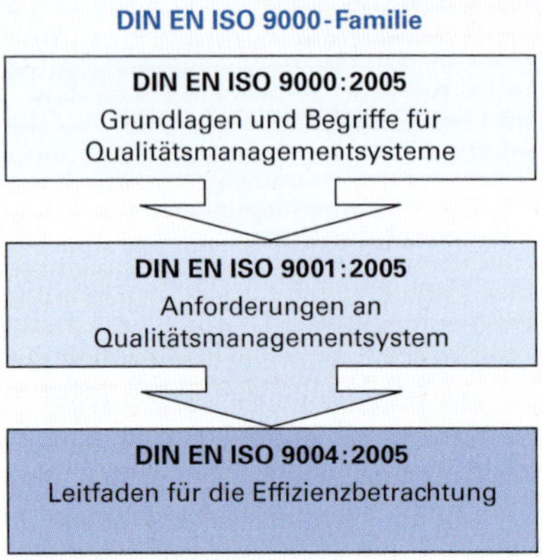

1 Teile der DIN EN ISO 9000 Reihe

TÜV CERT

ZERTIFIKAT

Die TÜV-Zertifizierungsgemeinschaft e.V.
- TÜV CERT -
bescheinigt hiermit, dass das Unternehmen

Mustermann GmbH
68000 Mannheim

für den Geltungsbereich

Werk:
Produktlinien

ein Qualitätssicherungssystem eingeführt hat und anwendet.

Durch ein Audit am 24.05.2007, Bericht Nr. QS-M-98/234 wurde der Nachweis erbracht, dass die Forderungen der

DIN ISO 9001

erfüllt sind.

Dieses Zertifikat ist gültig bis
30. Juni 2010
Zertifikat-Register-Nr.
70 100 234

Bonn, den 12. Juni 2007 — TÜV SÜDWEST — Mannheim, den 12. Juni 2007

TÜV CERT Präsidium — Zertifizierstelle

2 Beispiel eines Zertifikates

Mit der ISO 9001 steht darüber hinaus eine Anleitung für das Auditieren von Qualitäts- und Umweltmanagementsystemen zur Verfügung.

24.2.1 Die acht Grundsätze des Qualitätsmanagementsystems

Aufbauend auf den Erfahrungen erfolgreicher Unternehmen des Handwerks und der Industrie wurden acht Grundsätze des Qualitätsmanagements entwickelt. Diese sollen helfen, die Qualität im Betrieb zu verbessern und so die Wettbewerbsfähigkeit zu erhöhen.

Kundenorientierung

Alle Betriebe hängen in letzter Konsequenz von ihren Kunden ab. Gegenwärtige und möglichst auch zukünftige Kundenerwartungen zu erkennen und diese zu erfüllen oder gegebenenfalls zu übertreffen muss der oberste Grundsatz eines Wirtschaftsunternehmens sein. Alle Unternehmensziele müssen diesem Grundsatz untergeordnet werden.

(Unternehmens-)Führung

Die Führungskräfte (Meister, Abteilungsleiter, Betriebsleiter, Unternehmer, Betriebsinhaber) sorgen für die Übereinstimmung von Aufgaben und Zielen eines Unternehmens. Sie sollen vor allem das Umfeld schaffen, in dem die Mitarbeiter ihre Fähigkeiten entfalten und zum Zwecke der Zielerreichung für das Unternehmen einsetzen können. Wichtige Mittel dabei sind die Vorbildfunktion, die Berücksichtigung der Interessen der beteiligten Personengruppen sowie die Entwicklung von klaren Vorstellungen über die Zukunft des Unternehmens.

Einbeziehung der Mitarbeiter

Jedes Unternehmen und jeder Handwerksbetrieb ist nur so gut wie seine Mitarbeiter. Damit diese ihre Fähigkeiten möglichst optimal freisetzen und einbringen können, ist es nötig, die Mitarbeiter in die Gestaltung der Entscheidungsprozesse einzubeziehen. Dazu ist es erforderlich, dass die Mitarbeiter auf allen Ebenen zu Engagement und Problemlösungsverhalten ermutigt werden.

Prozessorientierter Ansatz

Als Prozess bezeichnet man in der betrieblichen Praxis eine Abfolge von Arbeitsschritten hin zu einem fertigen Produkt als Ergebnis des Prozesses. Ergebnisse werden effizienter erreicht, wenn die erforderlichen Prozessschritte definiert, die Ein- und Ausgaben festgelegt, geleitet und gelenkt werden. Dabei müssen mögliche Fehlerquellen erkannt und die Verantwortung dafür definiert werden. Verbesserungspotenziale können ausgeschöpft und die Prozessstabilität erhöht werden.

Systemorientierter Managementansatz

Jeder Betrieb besteht aus mehreren Abteilungen, die sich gegenseitig beeinflussen. Aus diesem Grund ist es wichtig, die Einzelprozesse im betrieblichen Ablauf zu erkennen und ihre Wechselwirkungen zu verstehen, zu leiten und zu lenken.

Ständige Verbesserung

Qualität und Kompetenz sind keine statischen Größen, sondern dynamische Prozesse. Dies gilt für den gesamten Betrieb als auch für alle seine Mitarbeiter. „Wer aufhört, besser zu werden, hat aufgehört, gut zu sein" – in diesem Satz steckt die Erkenntnis, dass nur das ständige Streben nach Verbesserung in allen Bereichen zu einer positiven Unternehmensentwicklung führt.

Sachbezogener Ansatz bei Entscheidungsfindungen

Wirksame Entscheidungen beruhen auf der sachlichen Analyse von Daten, Fakten und Informationen. Nur wenn diese ständig neu erhoben werden, können in Verbindung mit der erforderlichen unternehmerischen Kompetenz sachgerechte Entscheidungen getroffen, ihre Durchführung gelenkt und ihr Erfolg überprüft werden.

Lieferantenbeziehungen zum gegenseitigen Nutzen

Alle Betriebe sind auf gute Geschäftsbeziehungen zu ihren Lieferanten angewiesen. Nur dann kann ein reibungsloser Ablauf in der Produktion von Gütern und der Durchführung von Dienstleistungen garantiert werden. Dazu sind transparente Kommunikation und gegenseitige Wertschätzung sowie die Verständigung über gemeinsame Ziele unerlässlich.

Diese acht Grundsätze des Qualitätsmanagementes bilden die Grundlage für die Normen der ISO-9000-Familie.

24.3 Modell eines Qualitätsmanagementsystems

Bild 1 zeigt ein Modell eines gut funktionierenden Managementsystems. Eingebettet zwischen Kundenforderungen und Kundenzufriedenheit durchlaufen die innerbetrieblichen Prozesse festgelegte Strukturen und Abläufe.

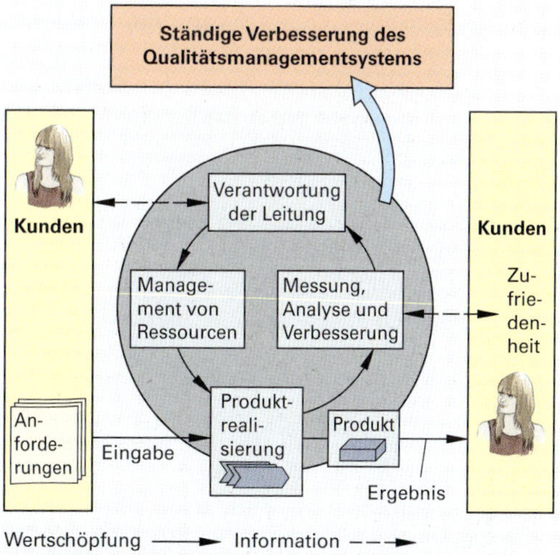

1 Modell eines prozessorientierten Qualitätsmanagementsystems nach ISO 9001:2005

24.3.1 Verantwortung der Leitung

An erster Stelle dieses Modells steht die Betriebsführung bzw. deren Vertreter als Verantwortlicher für alle Aufgaben der Leitung. Sie ist zuständig für

- die Kundenorientierung durch Erfassung der Kundenerwartungen und Forderungen
- die interne Umsetzung der Erwartungen und Forderungen
- das Erreichen des Kundenvertrauens
- Festlegung der Unternehmensziele, der Unternehmenspolitik und der Qualitätsziele (Tabelle 1)
- Festlegung der Verantwortung und Befugnisse
- Aufzeigen der Systemverfahren.

Tabelle 1: Qualitätsziele

Beispiele für Qualitätsziele
Langfristige Ziele: • Erweiterung der Produktionsfläche, • Beschaffung und Integration einer Messmaschine, • Einführung der KVP-Aktivitäten, • Gruppenarbeit.
Mittelfristige Ziele: • Optimieren des Werkzeugwesens, • Einführung von universellen Werkstückträgern, • Durchführung von internen Audits, jährlich in allen Bereichen, • Senkung der Nacharbeitskosten.
Kurzfristige Ziele: • Verbesserung des Reklamationsmanagements, • Einführung neuer Verpackungstechniken, • Erweiterung der Online-Störungsdiagnose, • Verwendung des Bar-Codes als Infoträger.

24.3.2 Management der Mittel

Die Organisation muss Mittel und Ressourcen zur Verfügung stellen, die für die Erstellung und Verbesserung des Qualitätsmanagementsystems erforderlich sind. Darunter sind sowohl personelle Maßnahmen als auch Maßnahmen zur Verbesserung der Infrastruktur wie z. B. Kommunikationswege, Arbeitsumgebung, Dokumentationsverfahren u. a. zu verstehen.

24.3.3 Produkt- und Dienstleistungsrealisierung

Die Produktionsrealisierung betrifft alle Prozesse zwischen dem Kunden als Besteller und dem Kunden als Empfänger der Ware. Schwerpunkte dieses Abschnittes können sein:

- Erfassung der Kundenanforderungen und Überprüfung auf Machbarkeit
- Regelung der Kommunikation mit Kunden
- Umsetzung und Realisierung der Kundenwünsche u. a.

24.3.4 Messung, Analyse und Verbesserung

Darunter sind die allgemeinen Forderungen an die Mess-, Analyse- und Verbesserungsprozesse zu verstehen. Als Maß für die Leistung eines Qualitätsmanagementsystemes gilt auch hier die Kundenzufriedenheit.

24.4 Qualität ist nicht nur Chefsache

Qualität muss in einem Betrieb an herausragender Stelle stehen. Metallbau- und Stahlbaubetriebe des Handwerks und der Industrie haben auch in der Vergangenheit schon gute Qualität geliefert. Neu ist nur die systematische Vorgehensweise auf allen Ebenen eines Betriebes. Qualität kann nur entstehen, wenn alle Mitarbeiterinnen und Mitarbeiter sich über die Bedeutung ihrer Arbeit im Klaren sind und diese, auch wenn sie noch so klein ist, exakt und gewissenhaft ausführen.

Überprüfen Sie Ihre Kenntnisse

1 Wie ist „Qualität" nach DIN definiert?

2 Aus welchen Teilen besteht die DIN EN ISO-Familie 9000-2005?

3 Welche Aufgabe hat ein QM-System?

4 Interpretieren Sie die Aussage „Der Kunde soll wiederkommen, nicht das Produkt" in Bezug auf Ihren Ausbildungsbetrieb.

5 Das nebenstehende Bild zeigt die Kostenentwicklung bei fehlerhafter Produktion oder Dienstleistung. Erklären Sie dieses Bild anhand der Fertigung eines Hoftores.

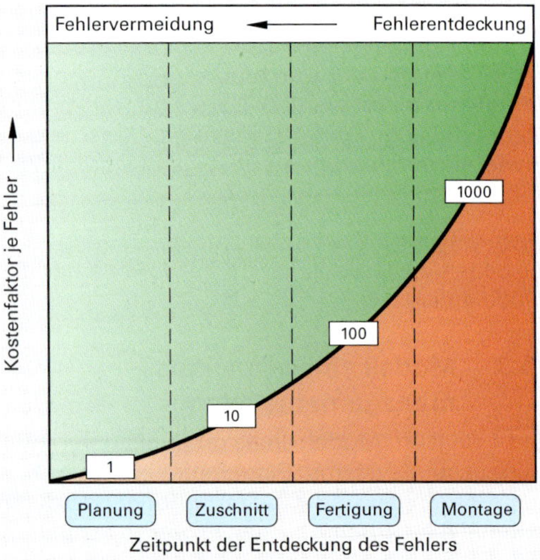

25 Instandhaltung

Zur Vorbereitung und Durchführung von Instandhaltungsmaßnahmen sind Kenntnisse aus der Technologie, Maschinenkunde, Konstruktion, Bautechnik, Werkstofftechnik, Elektrotechnik, Meteorologie und Betriebswirtschaft erforderlich. Diese Kenntnisse sind fächerübergreifend anzuwenden und miteinander zu verknüpfen. Fundiertes Wissen verbunden mit beruflicher Erfahrung bildet die fachliche Grundlage der Instandhaltung (Bild 1).

Atomkraftwerk Biblis

„Meißel als Brandursache

Ein Meißel, den ein Arbeiter bei einer Inspektion vergessen hat, hat den Brand im Atomkraftwerk Biblis A ausgelöst."

Frankfurt (Reuter)

Aus: Passauer Neue Presse, 8. März 1994

1 Verantwortung bei der Instandhaltung

25.1 Grundlegende Begriffe

Jede Metallbaukonstruktion und mechanische Anlage unterliegt während ihres Einsatzes verschiedensten Umwelteinflüssen, wie z. B. Feuchtigkeit und Temperaturschwankungen (Bild 2), aber auch mechanischen Belastungen und betriebsbedingten Abnutzungserscheinungen. Folgen dieser Beanspruchungen können Beeinträchtigungen der Optik, Störungen der Funktion und komplette Ausfälle einer Anlage sein. Zur Werterhaltung und Vermeidung von Störungen sowie zur Gewährleistung der Betriebssicherheit und des Arbeitsschutzes werden Maßnahmen der **Instandhaltung** in Form von **Inspektion, Wartung** und **Instandsetzung** durchgeführt.

2 Klimatische Beanspruchung

Merke

Unter **Instandhaltung** versteht man die Kombination aller technischen und organisatorischen Maßnahmen während des Lebenszyklusses einer Einheit zur Erhaltung des funktionsfähigen Zustandes oder der Rückführung in diesen, sodass sie die geforderte Funktion erfüllen kann (vgl. DIN EN 13306).

Zur Realisierung der Instandhaltung werden verschiedene **Strategien** genutzt.

Im Rahmen von **Präventiver Instandhaltung** (präventiv – lateinisch: vorbeugend, verhütend) wird die Instandhaltung nach einem festgelegten Zeitplan in entsprechenden Abständen oder nach einer festgelegten Zahl von Nutzungen durchgeführt.

Weitere Instandhaltungsarten und -strategien neben den im Text erläuterten sind die:

- Geplante Instandhaltung
- Vorausbestimmte Instandhaltung
- Zustandsorientierte Instandhaltung
- Ferngesteuerte Instandhaltung
- Aufgeschobene Instandhaltung
- Sofortige Instandhaltung
- Instandhaltung während des Betriebes
- Instandhaltung vor Ort
- Bediener-Instandhaltung

3 „Struktur der Instandhaltungsstrategien" nach DIN EN 13306

Bei der **Voraussagenden Instandhaltung** wird eine zustandsabhängige Instandhaltung durchgeführt, welche nach vorhergehender Untersuchung bei einer Verschlechterung des Systems vorgenommen wird.

Die **Korrektive Instandhaltung** (korrektiv – lateinisch: Mängel, Missstände ausbessern) wird ausgeführt, wenn ein Fehler aufgetreten ist.

In Abhängigkeit des aufgetretenen Fehlers wird nach aufgeschobener Instandhaltung und sofortiger Instandhaltung unterschieden. Hierbei ist die zu erwartende Folge des Fehlers entscheidend. Gegebenenfalls sind unannehmbare Folgen durch eine sofortige Instandhaltung zu vermeiden.

Formen der Instandhaltung:

Instandhaltung

- **Wartung/ Pflege**
- **Inspektion/ Überprüfung**
- **Instandsetzung**
- **Verbesserung/ Modernisierung**

Merke

Die **Wartung** umfasst alle Maßnahmen zur Bewahrung des SOLL-Zustandes. Das Ziel von Wartung und Pflege ist eine Verzögerung von Abnutzung und Verschleiß, sodass Fehlern vorgebeugt wird.

Gleichzeitig wird durch die Wartung die Zuverlässigkeit von Baugruppen erhöht und Ausfälle der Anlage werden vermieden (Bild 1). Die Wartung erfolgt in einem bestimmten zeitlichen Intervall, nach einer festgelegten Betriebsstundenzahl oder nach einer bestimmten Anzahl von verrichteten Arbeitsgängen. Wichtig für den Erfolg der Wartung zur Schadensverhütung ist die Planmäßigkeit und die technische Disziplin der Durchführung.

Im Mittelpunkt der Wartungsarbeit steht die **Versorgung mit Schmierstoffen**. Da sich Schmierstoffe mit der Zeit verbrauchen bzw. durch Altern oder Verschmutzung ihre Wirkung verlieren, sind sie in bestimmten Zeitabschnitten nachzufüllen oder auszutauschen. Hersteller von Maschinen stellen dazu Schmier- und Wartungspläne auf, welche die zeitlichen Abstände der Kontrolle der Schmierung, das Nachschmieren sowie das Wechseln des Schmierstoffes festlegen (Bild 2). Besondere betriebliche Verhältnisse oder klimatische Bedingungen können zu einer Korrektur des ursprünglichen Schmierplanes führen.

Ein weiterer Schwerpunkt der Wartung ist die **Reinigung**. Fertigungsbedingte Verschmutzungen wie Metallspäne, Zunder, Öl- und Fettschichten aber auch lockere Farbanstriche und Korrosionsprodukte werden von der Werkstückoberfläche entfernt. Die Verschmutzungen aus der Umwelt, wie z. B. Staub, führen zu einem erhöhten Verschleiß und begünstigen die Korrosion. Schmutz kann angehende Schäden, wie z. B. Risse, verdecken. Er legt sich außerdem auf Führungen und Spindeln und hemmt so die Bewegung. Schmutz dringt in die Lager ein, erhöht dort die Reibung und kann so weitere Schäden nachziehen. Auch setzt er Filter zu und macht diese unbrauchbar. Verschmutzungen können mechanisch oder durch chemische Hilfsmittel entfernt werden.

Eine **mechanische Reinigung** erfolgt durch Abwischen, Abkehren, Absaugen oder Ausblasen mittels Druckluft. Beim Ausblasen mit Druckluft ist folgendes zu beachten: Die Vorschriften des Arbeitsschutzes, wie z. B. das Tragen einer Schutz-

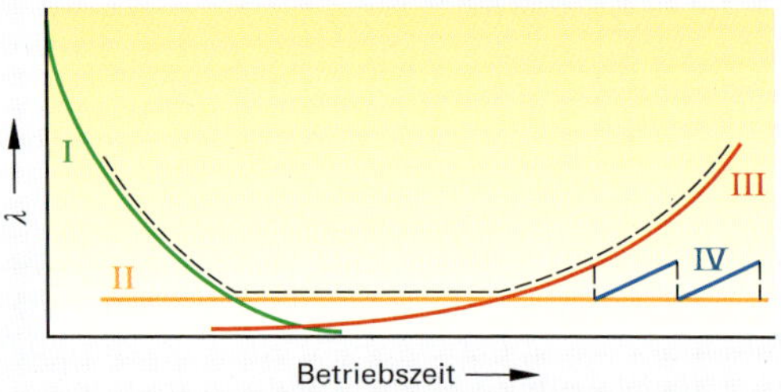

λ Ausfallrate während der Betriebszeit

Kurven innerhalb des Diagramms:

--- Linie – **"Badewannenkurve"** mit den Phasen: Frühausfälle (I), Zufallsausfälle (II) und Verschleißausfälle (III)

I Ausfallrate fällt über die Zeit
II Ausfallrate ist über die Zeit konstant
III Ausfallrate ist über die Zeit ansteigend
IV zeigt den Einfluss von Instandsetzung

1 Typische Ausfallkurven

Art der Wartung	Wartungsintervall					Ergebnis der Wartung	Wartung am/ durch
	täglich	wöchentlich	alle 500 Betriebsstd.	alle 2000 Betriebsstd.	jährlich		
Ölstandskontrolle	X						
Leckagen	X						
Verdichtertemperatur	X						
Kondensatablass		X					
Luftfilter		X					
Ölwechsel				X	X		
Prüfung des Sicherheitsventils					X		
Luftfilterwechsel			X		X		
...							

2 Struktur eines Wartungsplanes am Beispiel eines Kompressors

brille, sind unbedingt einzuhalten. Es darf keine feuchte Druckluft verwendet werden, denn diese kann Korrosion auslösen. Außerdem ist der Druckluftstrahl so zu lenken, dass die zu entfernende Verschmutzung vom Bauteil weg und nicht in Öffnungen oder Lager gedrückt wird.

Kann eine Verschmutzung mechanisch nicht entfernt werden, muss eine **chemische Reinigung** erfolgen (Bild 1). Dazu werden spezielle Industriereiniger, Lösungsmittel, wie z. B. Benzin oder Perchlorethylen (Per) oder auch alkalische Lösungen (u. a. Wasser) verwendet. Bei dem Umgang mit den Chemikalien sind die Herstellerhinweise zu befolgen und es ist der Arbeits- und Brandschutz besonders zu beachten. Es besteht vor allem die Gefahr der Entzündung von Benzingasen, z. B. an Schweißarbeitsplätzen oder durch ungeschützte elektrische Anlagen in der Nähe des Reinigungsortes.

Nach der Reinigung kann ggf. eine **Konservierung** durch das Ausbessern oder Aufbringen von Schutzschichten, z. B. Farbanstrichen, eines Ölfilms oder einer Wachsschicht, erfolgen.

Ein ebenfalls sehr wichtiger Schwerpunkt der Wartung ist das **Ein- und Nachstellen**, das Justieren von einstellbaren Bauteilen sowie das Nachziehen von Schraubverbindungen (Bild 2). Beim Justieren, z. B. von einem Torantrieb, werden einstellbare Teile so ausgerichtet, dass aufgetretene Abweichungen ausgeglichen werden und sich in den für die Funktion zulässigen Toleranzen befinden. Gleiches gilt für das Spannen von Ketten und Riemen, wodurch die nachlassende Elastizität, das sogenannte Längen, ausgeglichen wird (Bild 3). Ein **Nachziehen** von Schraubverbindungen ist dann erforderlich, wenn betriebsbedingte Erschütterungen und Vibrationen auftreten, die nicht durch die verwendeten Schraubensicherungen aufgenommen werden können. Auch Setzungserscheinungen, z. B. bei Aluminium als „weichem" Material, können ein Nachziehen erforderlich machen.

Die Erfahrung zeigt, dass der Anlass einer Wartung vielfältig sein kann. Idealerweise erfolgt eine regelmäßige Wartung, die im Rahmen eines Wartungsvertrages zwischen dem Betreiber der Anlage und der bauausführenden Metallbauunternehmung vereinbart wurde. Aber auch die angekündigte Inspektion der Berufsgenossenschaft, ein Betreiberwechsel bzw. Eigentümerwechsel kann Anlass für eine Wartung sein. Die Wartung eines Systems sollte nach Herstellerangaben erfolgen. Ein kürzeres Intervall kann erforderlich werden, wenn das System häufig benutzt wird oder extremen Umwelteinflüssen ausgesetzt ist. Übliche Wartungsintervalle sind dann monatlich, vierteljährlich, halbjährlich oder jährlich.

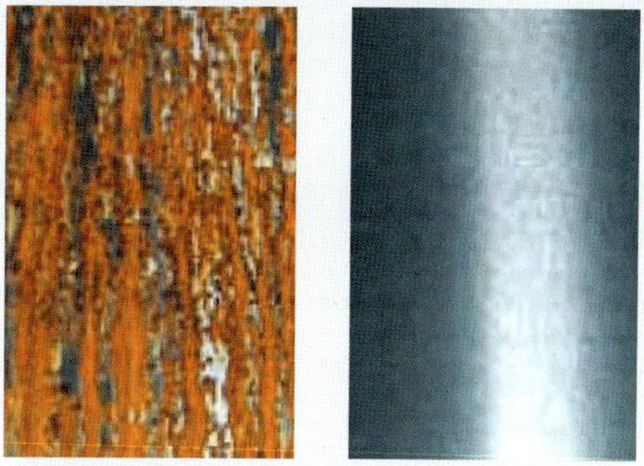
vor der Reinigung nach der Reinigung

1 Chemische Reinigung von Metalloberflächen

2 Einstellmechanismus zum Torausrichten

3 Riementrieb

Wird die Wartung eines Systems übernommen, welches nicht selbst gebaut bzw. errichtet wurde, so ist es Vorschrift, eine Gefahrenanalyse für dieses System durchzuführen.

Die Wartung von typischen Systemen des Metallbaus soll im Folgenden beispielhaft betrachtet werden.

1 Markise

Markisen für den privaten Bereich werden als fast wartungsfrei eingestuft (Bild 1). Der Antrieb und das Gestänge sind so ausgeführt, dass sie eigentlich die gesamte Lebensdauer zuverlässig funktionieren. Unabhängig davon muss die Leichtgängigkeit der Gelenke bzw. der Führungen kontrolliert werden. Die kritischen Beanspruchungen einer Markise erfolgen durch die großen auftretenden Temperaturschwankungen und die angreifenden Windlasten. Aus diesem Grund muss die sichere Befestigung der Markise am Gebäude kontrolliert und eventuell erneuert werden. Verfügt das Gebäude über eine außenliegende Wärmedämmung, auf welche die Markise montiert wurde, kann es zu starken Setzungen und damit zur Lockerung der Markise kommen (Bild 2). In diesem Fall ist zu entscheiden, ob ein erneutes Anziehen der Befestigung ausreicht oder Spezialdübel bzw. Gewindestangen zum Durchbolzen eingesetzt werden.

2 Spezialdübel zur Wandbefestigung einer Markise

Drehflügeltore als Hoftoranlage sind weitgehend wartungsfrei. Die bewegten Teile wie Scharniere und Spindeln sind nach Herstellerangaben gelegentlich abzuschmieren. Bei Verschmutzung der bewegten Teile wird mit der Reinigung der selben begonnen und anschließend geschmiert. Im Zuge einer Wartung werden vorhandene Zugfedern und Gummidämpfer auf ihre Wirksamkeit überprüft und ggf. getauscht. Außerdem wird die Stellung der Torflügel kontrolliert und es sind die Bänder ggf. nachzustellen. In diesem Zusammenhang ist auch zu prüfen, ob es zu einer Kippbewegung beim Schwenken des Torflügels kommt. Ursachen dafür können nicht fest eingesetzte Torpfosten oder ausgelaufene Scharniere und Bolzen sein. In diesem Fall ist die Befestigung zu erneuern bzw. sind die verschlissenen Bauteile zu tauschen. Bei kraftbetätigten Toren (DIN EN 12453) sind Angaben des Antriebherstellers zu beachten. In der Regel sind die Antriebe durch eine Dauerfettschmierung weitgehend wartungsfrei. Die Leichtgängigkeit der Toranlage ist nach Entriegelung des Antriebes (Notbetätigung wie beim Stromausfall) kontrollierbar. Nach erfolgter Entriegelung kann das Tor von Hand bedient werden. Die Witterung zum Zeitpunkt der Wartung kann die erforderlichen Maßnahmen stark beeinflussen. Die Wirkung von Eis und Reif in Bezug auf die Leichtgängigkeit ist gerade bei kraftbetriebenen Toren besonders zu beachten (Bild 3). Um bei handbetriebenen Toren die Leichtgängigkeit des Schlosses zu gewährleisten, sind die äußeren bewegten Teile der Schlossfalle im erforderlichen Umfang zu fetten.

Hinweise für kraftbetätigte Toranlagen:

- Je kleiner die Antriebskraft eingestellt ist, desto eher wird abgeschaltet.
- Aus Sicherheitsgründen und um Verletzungen vorzubeugen, sollte die Antriebskraft so gering wie möglich gewählt werden.
- In der kalten Jahreszeit kann durch den "zähen" Torlauf eine erhöhte Antriebskraft für einen reibungslosen Betrieb erforderlich sein.
- Die im Laufe der Nutzung auftretende Schwergängigkeit des Tores muss mechanisch beseitigt werden. Sie darf nicht durch Nachstellen der Antriebskraft ausgeglichen werden.
- Kraftmessprotokolle sind auch im Rahmen der Wartung zu erstellen.
- Über Antriebssteuerteile mit Datenschnittstelle können Betriebsprotokolle ausgelesen werden. Diese enthalten z. B. Angaben zur Anzahl der Hübe und eventuelle Kraftüberschreitungen.

3 Hinweise für kraftbetätigte Toranlagen

Rolltore werden in der Regel kraftbetätigt gebaut. Bei der Wartung muss der Panzer, die Antriebs- und Sicherheitseinrichtung berücksichtigt werden (Bild 1).

Typische Schwachstellen bei diesen Toren sind:

- verschlissene Schließkanten und damit beeinträchtigter Druckaufbau am Notausschalter
- ausgelaufene Führungsschienen
- beschädigte Lamellen und damit Störungen beim Bewegen des Panzers
- Ölverlust des Getriebes

1 Schadensbild an den Lamellen als Folge von mechanischer Fehlbelastung

Prüfliste kraftbetätigter Rolltore:

1. Panzer
1.1 Lamellen bzw. Gitter
1.2 Seitenarretierung, innen, links und rechts
1.3 Befestigung des Panzers an der Wickelwelle
1.4 Befestigung und Zustand der Konsolen
1.5 Führungsschienen, Einlauftrichter und Kunststoffeinlagen
1.6 Wickelwelle, Lagerung
1.7 Sturmhaken, Sturmrolle
1.8 Schlupftür, Verriegelung mit dem Antrieb
2. Antrieb
2.1 Befestigung des Antriebsaggregats und seiner Konsole
2.2 Dichtheit des Getriebegehäuses
2.3 Schmiermittelstand
2.4 Bremswirkung
2.5 Zustand der elektrischen Leitungen und Anschlüsse
3. Antriebskette
4. Kettenradschutz
5. Steuerung
5.1 Endschalter
5.2 Notendschalter
5.3 Motorschutzschalter
5.4 Drucktaster, Schlüsselschalter
6. Einrichtung zur Sicherung von Quetsch- und Scherstellen
6.1 Kontaktleisten an Schließkanten
7. Sicherung gegen Abrollen des Panzers
7.1 Fangvorrichtungen
7.1.1 Befestigungen
7.1.2 Sperrorgane (Klinken), sonstige bewegliche Teile
7.1.3 Reibbeläge
7.2 Federwelle

2 Prüfliste kraftbetätigter Rolltore

Merke

Im Rahmen der **Inspektion** bzw. **Überprüfung** wird der IST-Zustand der Anlage bzw. einer Betrachtungseinheit erfasst und beurteilt. Das Ziel ist das rechtzeitige Erkennen von Abnutzung und Verschleiß.

Außerdem werden bei einer Inspektion die Ursachen bestimmt, die zur Abweichung vom Sollzustand geführt haben. Das frühzeitige Erkennen dieser Veränderungen hat den Vorteil, dass die notwendigen Maßnahmen zur Instandsetzung geplant werden können.

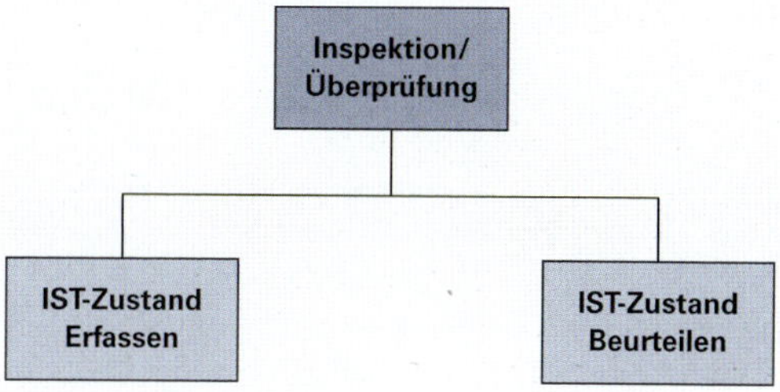

3 Aufgaben der Inspektion

Durch dieses Vorgehen können Störungen, z. B. ein Funktionsausfall, verhindert werden. Bei der Feststellung von schwerwiegenden Mängeln kann es aber auch zur sofortigen Stilllegung der Anlage kommen.

Der Umfang und der zeitliche Abstand der Inspektion sind meistens verbindlich geregelt, wobei sie auf verschiedene Arten erfolgen kann. Eine solche Überprüfung kann dann direkt oder indirekt durchgeführt werden.

Die **direkte Überprüfung** wird auch Sichtinspektion genannt (Bild 1). Diese Form der Inspektion wird ohne große Messgeräte durchgeführt. Sie beinhaltet aber auch das Ablesen von Kontrollinstrumenten und die Funktionsprüfung, z. B. von Schmiereinrichtungen, Bremsen, Rast- und Sperreinrichtungen. Eingeschlossen in die Funktionsprüfung sind die Beachtung außergewöhnlicher Geräusche und auffälliger Schwingungen, wie z. B. bei defekten Lagerungen oder die Wärmeentwicklung bzw. auftretende Verbrennungsgerüche (Bild 2).

Bei der **indirekten Überprüfung** von einem System wird nicht das System selbst sondern die Umgebung analysiert. Dazu kann z. B. der Zustand von Schmierstoffen genutzt werden oder das Auftreten von Lecköl.

Umfang einer Sichtinspektion:

- äußere Beschädigungen
- erkennbare Verschleißerscheinungen und Abnutzungsgrad
- Korrosionserscheinungen
- Sitz und Zustand von Schraub- und Nietverbindungen
- Zustand der Schweißnähte
- Dichtheit von Rohrleitungen und Behältern
- Zustand der elektrischen Anlagen
- Zustand von pneumatischen und hydraulischen Anlagen
- Zustand und Belastbarkeit von Hebezeugen
- Vollständigkeit und Funktion der Schutz- und Sicherheitseinrichtungen
- der Wartungs- und Pflegezustand

1 Umfang der Sichtinspektion

Die durch die subjektiven Beobachtungen und objektiven Messungen gewonnenen Ergebnisse über den IST-Zustand eines Systems, müssen im Anschluss fachkundig analysiert und bewertet werden.

Es sind Veränderungen bezogen auf den SOLL-Zustand des Systems zu erfassen und ggf. die erforderlichen Maßnahmen zur Wiederherstellung dieses Zustandes zu treffen. Geringfügige Mängel werden bei der Überprüfung sofort beseitigt. Umfangreichere Maßnahmen zur Behebung von Störungen werden im Rahmen von geplanten Instandsetzungen realisiert.

Technische Diagnostik

subjektive Diagnose
durch sinnliche Wahrnehmung

Wahrnehmung	Erkenntnis
Sehen	- Abnutzungserscheinungen - Formveränderungen - Lageveränderungen - Farbveränderungen durch unzulässige Erwärmung - Risse, Brüche - Undichtheiten
Hören	- ungewöhnliche Geräusche
Fühlen	- unzulässige Erwärmung
Berühren	- Vibration durch Unwucht
Riechen	- übermäßige Erwärmung - ausströmende Gase - üble Gerüche

objektive Diagnose
mittels Messgeräten zum Vergleich zwischen IST- und SOLL-Werten

Ermittlung	Messgerät
Betriebszustand	
Temperatur	- Thermometer (Anlege-, Infrarot-) - Thermografie
Drehzahl	- Stroboskop
Druck	- Monometer - Barometer - Druckmessdosen
Abnutzung	
direkte Messung	- Stahlmaß, Messschieber - Lehren - Ultraschallprüfgeräte
indirekte Messung	- Schwingungsmessgeräte
Untersuchung der Abnutzungsprodukte	- Ölanalyse

2 Überblick der Diagnosemethoden für eine technische Überprüfung

Nach erfolgter Sichtinspektion und Diagnose bildet die Beurteilung der gewonnenen Ergebnisse den Abschluss der Überprüfung. Dabei muss bewertet werden, ob Unregelmäßigkeiten aufgetreten sind, welchen Einfluss diese haben und welche Maßnahmen im Rahmen einer Instandsetzung zu ergreifen sind (Bild 1).

Die Durchführung von Inspektionen wird in der Regel mittels Checklisten protokolliert. Die Erfassung und die umfassende Beurteilung der festgestellten Mängel bildet die Grundlage für die nachfolgende Instandsetzung der Anlage!

Merke

Instandsetzung beinhaltet alle Maßnahmen zur Wiederherstellung des SOLL-Zustandes der Betrachtungseinheit. Das Ziel dieser Maßnahme ist der funktionsfähige Zustand.

Der Umfang einer Instandsetzung wird vom Abnutzungsgrad sowie vom Schädigungszustand bestimmt. Dabei ist entscheidend, ob die gesamte Anlage in ihrem momentanen Zustand noch einen Abnutzungsvorrat hat, d. h. die Funktionsfähigkeit ist noch für eine begrenzte Zeit vorhanden und danach ist die Verschleißgrenze erreicht. Oder ist der Zustand der Anlage bereits so verändert, dass es zu einem Funktionsausfall kam bzw. von der Anlage eine Gefährung für Menschen und Maschinen ausgeht. Im letzteren Fall muss die Anlage sofort außer Betrieb genommen werden! Der Umfang und der Zeitpunkt einer Instandsetzungsmaßnahme wird im Wesentlichen bestimmt durch:

- die Beanspruchung der Anlage (mechanisch, thermisch, klimatisch, ...),
- die mögliche Betriebsdauer bis zum Erreichen der Verschleißgrenze,
- Vorschriften von Systemlieferanten,
- gesetzlich vorgeschriebene Prüfungen.

Bewertung des IST-Zustandes:

- **SOLL-IST-Vergleich**
  Toleranzen / kritische Grenzen
- **Beurteilung der Abweichung**
  momentane Abweichung / Prognose über weiteren Verlauf bzw. weitere Entwicklung
- **Planung von Maßnahmen**
  Aufwand / Dringlichkeit

1 Bewertung des IST-Zustandes

Einige Instandsetzungsstrategien:

- **Zeitpunkt der Instandsetzung bezogen auf den Ausfall**
  vorbeugend — wiederherstellend
- **Anzahl gleichzeitig erfasster Elemente**
  ein Element — mehrere Elemente/komplexe Instandsetzung
- **Umfang bezogen auf die Anlage**
  Teilinstandsetzung — Grundinstandsetzung
- **Zuverlässigkeit des Systems**
  Minimalreparatur — Generalreparatur
- **Grad des technologischen Niveaus**
  handwerklich — industriell

2 Instandsetzungsstrategien

Dieser Vielzahl von Einflüssen auf die Ausführung einer Instandsetzung wird durch verschiedene Strategien Rechnung getreten (Bild 2).

Die Zielstellungen dieser Strategien unterscheiden sich, bei den konkreten Maßnahmen wird aber nur zwischen dem Austauschen und dem Ausbessern unterschieden.

Ein weiteres, hier nicht weiter betrachtetes Teilgebiet der Instandhaltung, ist die Verbesserung.

Merke

Verbesserungen sind alle Maßnahmen, die zur Erhöhung der Funktionssicherheit führen, ohne die geforderte Funktion zu ändern. Ziel dieser Maßnahme ist die Beseitigung von Schwachstellen bei einer Betrachtungseinheit, die häufig zu Ausfällen führen.

Der Erfolg von Wartung und Inspektion wird auch vom strukturierten Vorgehen bei der Ausführung bestimmt. Die Grundlage dafür bilden Ablaufpläne für die jeweiligen Maßnahmen (Bild 1 und 2).

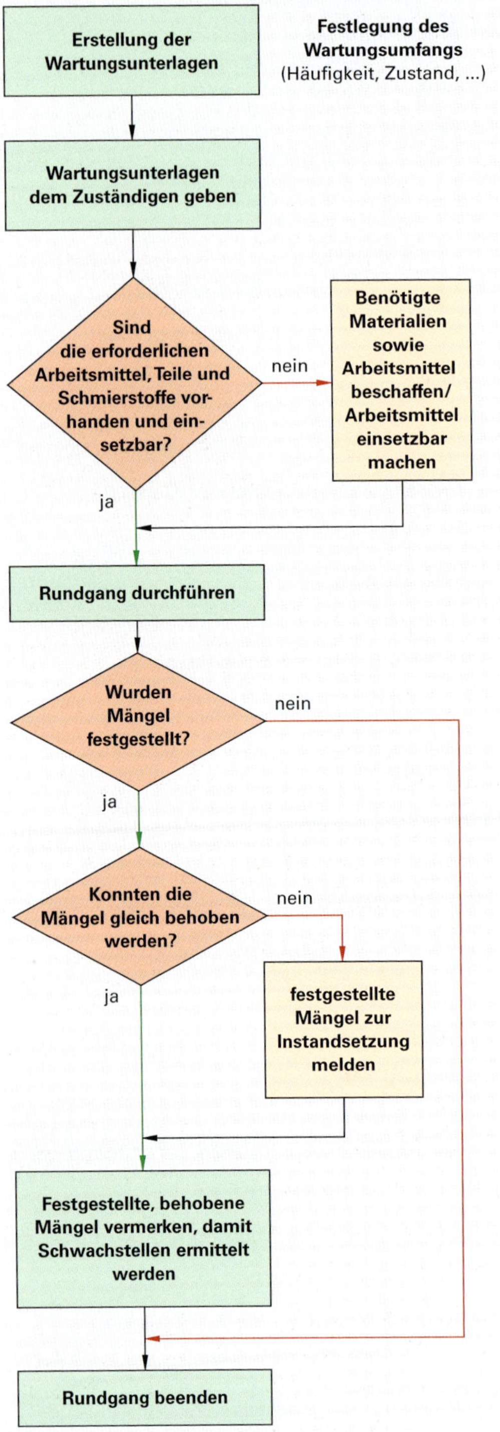

1 Ablauf einer Wartung

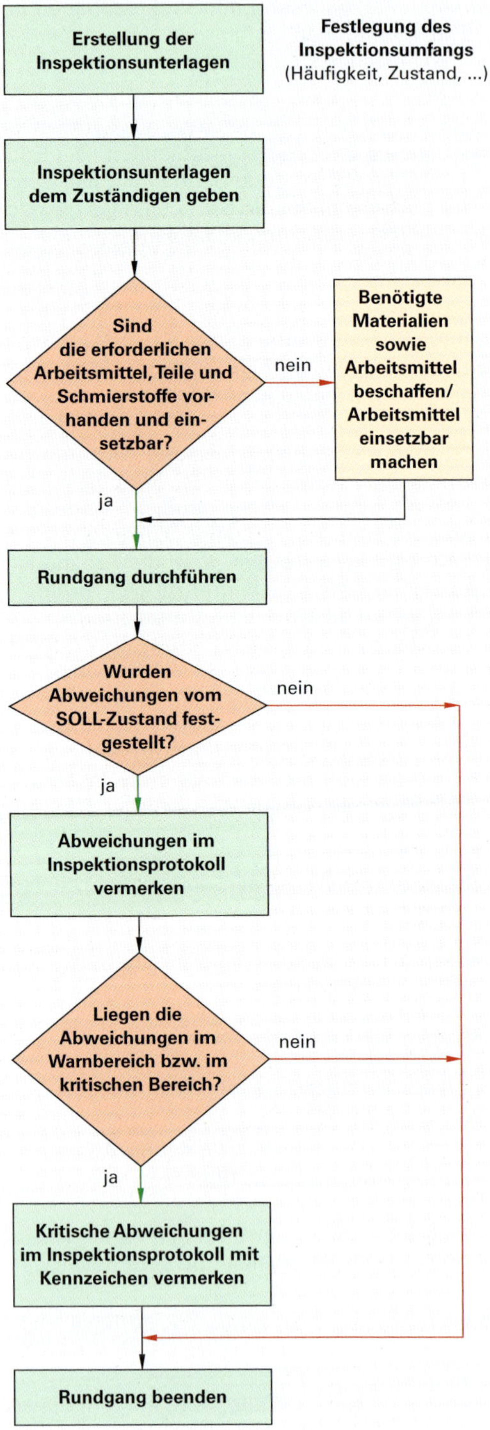

2 Ablauf einer Inspektion

25.2 Instandhalten von Systemen im Metall- und Stahlbau

Ziel der Instandhaltung sind zuverlässig funktionierende Systeme. Dabei müssen alle Elemente des Systems und dessen Subsysteme, wie zum Beispiel Baugruppen sowie deren Einzelteile, genau betrachtet werden.

25.2.1 Vorbeugende Instandhaltungsmaßnahmen

Vorbeugende Instandhaltung beginnt schon in der **Planungs- und Konstruktionsphase** einer Anlage. Zu diesem Zeitpunkt wird entschieden, welche Werkstoffe, Verbindungstechnologien und Systemelemente zum Einsatz kommen. Auch wird festgelegt, welchen Belastungen das System im späteren Betrieb standhalten muss und welche Produktqualität erreicht werden soll. Eine vorausschauende Konstruktion berücksichtigt darüber hinaus, dass während der Nutzungsphase des Produktes Instandhaltungsarbeiten durchgeführt werden müssen. Eine instandhaltungsorientierte Konstruktion hat folgende Vorteile:

- beanspruchungsgerecht, wodurch Ausfälle vermieden werden,
- funktionsgerecht, z. B. konstruktive Gestaltung und Zugänglichkeit von Baugruppen und dadurch eine einfachere Instandsetzung,
- abnutzungsgerecht und somit die Sicherung einer langen Lebensdauer der Bauteile,
- bedienungsgerecht, damit Schäden durch Bedienfehler vermieden werden,
- wartungsgerecht und somit eine einfache Ausführung der Wartungsarbeiten,
- inspektionsgerecht, was eine gute Zugänglichkeit von Inspektionsstellen bedeutet sowie ein erschwernisfreies Nachstellen von lageveränderlichen Bauteilen und Verschleißteilen,
- instandsetzungsgerecht, damit Bauteile und Baugruppen einfach und gefährdungsfrei gewechselt werden können.

Der Vorteil eines so konstruierten Systems wird während der Nutzungsdauer deutlich, da die Anzahl und der Umfang der erforderlichen Instandhaltungsmaßnahmen entsprechend gering sind. Dies wirkt sich natürlich auch auf die entstehenden Kosten positiv aus (Bild 2 und 3).

Wirtschaftliche Vorteile einer instandhaltungsgerechten Konstruktion:

- lange Lebensdauer der Bauteile, z. B.
  → geringe Kosten für Ersatzteile
- geringerer Wartungsaufwand, z. B.
  → geringere Personalkosten
- kurze Instandsetzungszeiten und somit kurze Ausfallzeiten des Systems, z. B.
  → geringe Personalkosten
  → keine Kosten durch Produktionsausfall
- planbare Instandsetzungszeiten, z. B.
  → keine Kosten durch plotzliche Systemausfälle
  → keine Beschädigungen angrenzender Systeme
  → Unfälle werden vermieden
  → keine Schadensersatzforderungen

1 Wirtschaftliche Aspekte der instandhaltungsorientierten Konstruktion

2 Torführung mit Mangel

3 Torführung ohne Mangel

Trotz dieser bekannten Konstruktionsvorgaben muss festgestellt werden, dass diese im konkreten Einzelfall in der Praxis nicht immer umgesetzt werden können. Gegenläufige Anforderungen zwingen zu Kompromissen. So erfordert z. B. eine zerstörungsfreie Demontage von Bauteilen lösbare Verbindungen. Die Montage von dünnen Blechen ist dagegen vorzugsweise mit Nietverbindungen zu realisieren. Aus konstruktiver Sicht und unter dem Aspekt des Korrosionsschutzes wäre aber eine Schweißverbindung günstiger. Auch die Anlagengröße sowie die Anzahl und Größe ihrer Einzelbaugruppen sind bei der Wahl der geeigneten Verbindungstechnologie zu beachten. Letztlich sind auch die Transportlogistik und die Montagemöglichkeiten bei dem Kunden zu berücksichtigen. In diesen Fällen muss auf der Grundlage von technologischen und funktionalen Argumenten abgewogen werden. Vorrang haben hier die Nutzungseigenschaften des jeweiligen Systems sowie der ganzen Anlage im späteren Betriebszustand (Bild 1, Tab. 1).

1 Konstruktion mittels Schraub- und Schweißverbindung

Tabelle 1: Vergleich von Verbindungen unter Aspekten der Instandhaltung

Aspekt der...	Schraubverbindung	Schweißverbindung	Nietverbindung
Demontage	zerstörungsfrei für Werkstück und Verbindungsmittel	Zerstörung der Verbindung und mögliche Beschädigungen am Werkstück	zerstörungsfrei für das Werkstück, aber Zerstörung des Verbindungselementes
Veränderungen am Werkstück beim Verbinden	keine	thermische Veränderung der Gefügestruktur beim Schweißvorgang	keine
Korrosion	in den Hohlräumen zwischen Schraube und dem Werkstück z. B. Spaltkorrosion	nur oberflächlich	in den Hohlräumen zwischen Niet und dem Werkstück z. B. Spaltkorrosion
Wartung	nur bedingt wartungsfreundlich: • da Aussagen nur über den äußeren Zustand möglich sind; • Schrauben müssen auf festen Sitz geprüft werden (ggf. nachziehen)	wartungsfreundlich, • glatte Oberfläche; • gute Sichtbarkeit der Bauteile; • Risse sind erkennbar; • leichte Reinigung; • guter Korrosionsschutz	nur bedingt wartungsfreundlich: • da Aussagen nur über den äußeren Zustand möglich sind
Inspektion	günstig, da gute Zugänglichkeit durch einfache Demontage ermöglicht wird	ungünstig, denn Zugänglichkeit wird nur durch Zerstörung der Verbindung erreicht	ungünstig, denn Zugänglichkeit wird nur durch Zerstörung der Verbindung erreicht
Instandsetzung	sehr instandsetzungsfreundlich: • einfache Demontage und Montage; • leichter Austausch von Bauteilen	sehr ungünstig: • Zerstörung der Verbindung und Gefahr der Beschädigung wichtiger Bauteile; • Verbindung nicht überall möglich durch Vorgaben des Brandschutzes	ungünstig: • Zerstörung der Verbindung; • begrenzte Montagemöglichkeiten; • zur Montage eventuell aufwändige Verbindungstechnologie nötig

Vorbeugende Instandhaltungsmaßnahmen finden statt, wenn das System seine Funktionsfähigkeit noch nicht verloren hat. Die Instandsetzung erfolgt aber zu einem Zeitpunkt, an dem absehbar ist, dass der momentane Zustand des Systems nur noch eine begrenzte Zeit die volle Funktionsfähigkeit garantiert.

Im Vergleich zu anderen Methoden, der schadensbedingten oder wiederherstellenden Instandsetzung, hat die vorbeugende Instandhaltung folgende Vorteile:

- das notwendige Material ist vorhanden (Verschleißteile, Schmierstoffe, ...),
- die erforderlichen Werkzeuge und Maschinen sind verfügbar,
- das benötigte Personal ist eingeplant,
- die Eintaktung und Abstimmung mit anderen Arbeitsprozessen der Unternehmung ist erfolgt,
- der Termin der Instandhaltung ist mit allen beteiligten Mitarbeitern und Lieferanten und eventuell auch den Kunden abgestimmt,
- die Kosten umfassen nur die geplante Instandhaltung und sind kalkulierbar (Bild 1).

Kostenarten der Instandhaltung:

- planmäßige Instandhaltungskosten (z. B. Kosten für Ersatzteile, Werkstatt, Fremdleistungen, ...)
- planmäßige Stillstandskosten (z. B. Gewinnminderung, ...)
- nicht planmäßige Stillstandskosten (z. B. Kostenerhöhung durch schadensbedingte Stillstände, ...)
- Schadenskosten (z. B. zusätzliche Instandhaltungskosten, ...)
- erhöhte Materialkosten (z. B. Kosten durch erhöhten Verbrauch an Material und Hilfsstoffen, ...)
- Kosten durch Leistungsminderung (z. B. Kostenerhöhung durch verminderte Leistung der Anlage und höheren Verbrauch an Energie, ...)
- Kosten durch Qualitätsminderung (z. B. Qualitätsminderung der Erzeugnisse der Anlage, ...)

1 Kostenarten der Instandhaltung

25.2.2 Instandhaltungsvorschriften

Die Instandhaltungsvorschriften werden in einer schriftlichen Unterlage, dem Betriebshandbuch erfasst. Dieses **Betriebshandbuch** umfasst alle Beschreibungen und Vorschriften zum Betreiben einer Anlage (Bild 2).

In Abhängigkeit von der Art, dem Kompliziertheitsgrad und den Betriebsbedingungen der Anlage sollten folgende **Teildokumente** enthalten sein:

- technische Beschreibungen (TB),
- Betriebsanleitung (BA),
- Pflege- und Wartungsanleitung/Instandhaltungsnachweis (PW) (Bild 3),
- Anleitung für die Montage, Inbetriebnahme, Einstellung und Probebetrieb am Einsatzort (MIEP),
- Lebenslaufakte (LA),
- Erzeugniskarte (EK),
- Etikett (ET),
- Verzeichnis der Ersatzteile, Werkzeuge und Zubehörteile (EWZ),
- Inhaltsverzeichnis des Betriebshandbuchs (IB).

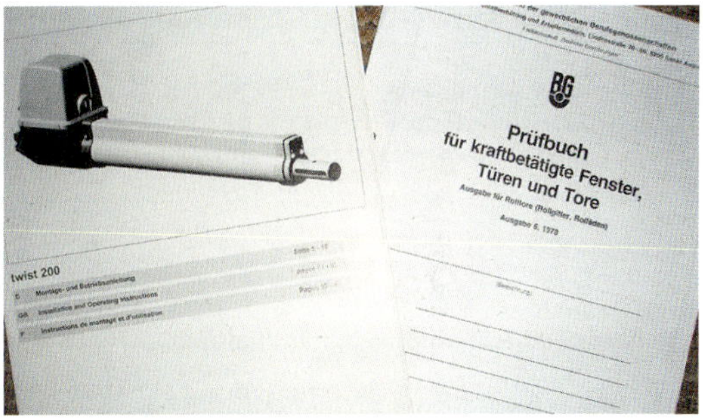

2 Dokumente der Instandhaltung

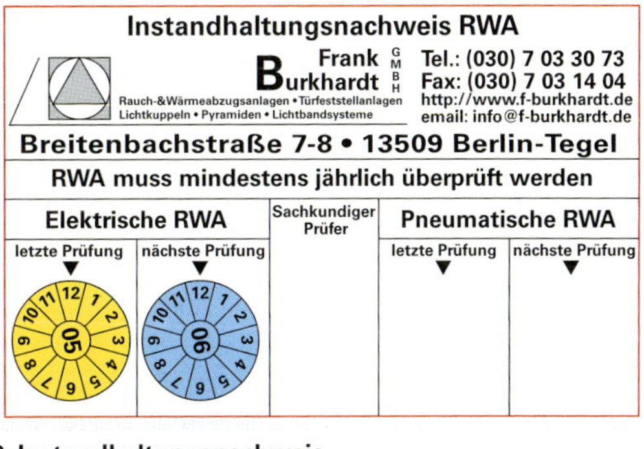

3 Instandhaltungsnachweis

Die Einhaltung der Instandhaltungsvorschriften sichert den störungsfreien Betrieb und die optimale Nutzungsdauer einer Anlage. Aus diesem Grund werden die Informationen benötigt. Eine Fehlhandlung während der Wartungs- und Instandsetzungsarbeit kann durch erworbenes Wissen aus dem Betriebshandbuch verhindert werden.

Gleichzeitig sind die Vorschriften der Instandhaltung auch die Schnittstelle zwischen Recht und Technik. Gerade bei den extremen Anforderungen, wie z. B. den Vorschriften aus den Gesetzen des Arbeits- und Umweltschutzes, können für den Instandhalter Konsequenzen bis in den persönlichen Bereich drohen (Bild 2).

Ausgewählte Bereiche, die durch die Instandhaltung beeinflusst werden:

- Arbeitssicherheit
- Werkstattsicherheit
- Anlagensicherheit
- Qualitätssicherung
- Umweltschutz
- Betrieblicher Katastrophenschutz

1 Elemente des Sicherheitskonzeptes einer Firma

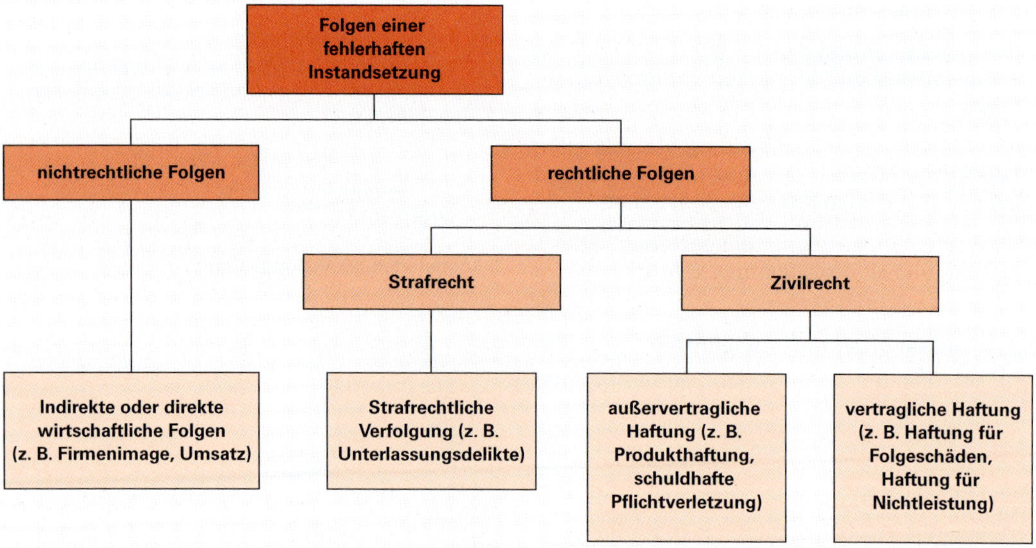

2 Folgen einer fehlerhaften Instandhaltung

25.2.3 Diagnostik, Fehleranalyse und Dokumentation

Im Kap. 25.2.1 wurden im Rahmen der Inspektion und Überprüfung schon Elemente der Diagnostik und Diagnose genannt (Bild 3). Ziel der technischen Diagnostik ist es, den Zustand oder die Gebrauchseigenschaften eines Systems zu ermitteln. Typisch ist für die technische Diagnose dabei, dass Verfahren und Methoden verwendet werden, die ohne Demontage durchgeführt werden können oder weitgehend eine demontagefreie Vorgehensweise ermöglichen.

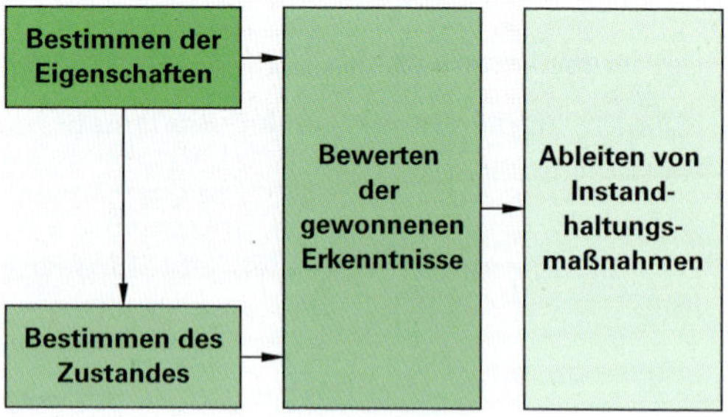

3 Diagnose in der Instandhaltung

Merke

Die technische Diagnostik beinhaltet die Gesamtheit aller technischen und technologischen Maßnahmen zum weitgehend demontagefreien Ermitteln des Zustandes und/oder von Gebrauchseigenschaften eines Betriebsmittels bzw. Systems.

Je nach Zeitpunkt werden folgende Diagnostikverfahren unterschieden:

- im Montage-(Remontage-)Prozess
- beim Stillstand des Systems
- während des Betriebes des Systems.

Bei der Diagnose eines technischen Systems ist es nötig, dessen Eigenschaften, wie z. B. die Funktionsfähigkeit, den Zustand der Systemelemente und ihr Zusammenwirken exakt zu kennen. Darüber hinaus müssen der Pflegezustand und ggf. der Schädigungszustand beachtet werden, denn nicht alle Mängel sind unmittelbar sichtbar. Auch das Nichtvorhandensein bestimmter Gebrauchseigenschaften des Systems muss beachtet werden, denn daraus können auch Fehlerursachen ermittelt und somit Konsequenzen für die notwendigen Instandsetzungsmaßnahmen abgeleitet werden.

Bei der **Funktionsdiagnose** wird die Funktions- und Arbeitsfähigkeit eines Systems durch Messen und Prüfen der wesentlichen Parameter vorgenommen. Danach wird beurteilt, ob die ermittelten Werte innerhalb der zulässigen Toleranzgrenzen liegen. Wenn die Werte außerhalb der Toleranzgrenzen liegen, müssen die Ursachen dieser unzulässigen Abweichung bestimmt werden. Es erfolgt eine **Fehlersuchdiagnose**. Durch sie werden die fehlerverursachenden Elemente oder Einflüsse ermittelt. Aus dem vorgefundenen Fehlerbild müssen alle notwendigen Rückschlüsse auf die Fehlerursachen, z. B. durch übermäßige Belastung oder fehlerhafte Wartung, gezogen werden.

Die Qualität der Fehlerdiagnose bestimmt die weiteren Schritte der Instandsetzung und entscheidet damit über den Erfolg der ganzen Instandhaltungsmaßnahme. Eine **systematische Fehlersuchdiagnose** ist gekennzeichnet durch:

- die präzise Dokumentation des Fehlers (z. B. Zeitpunkt des Auftretens, genaue Beschreibung des Fehlers, ...),
- die Analyse der vorhandenen Dokumente (z. B. Betriebshandbuch – Angaben der Lebenslaufakte, Wartungsvorgaben, ...),
- die Rücksprache mit dem Betreiber, dem Hersteller und/oder mit erfahrenen Kollegen im Sinne einer kollegialen Beratung,
- das strukturierte Vorgehen bei der Fehlersuche (Bilder 1 und 2),
- die Aufstellung eines Fehlerbaumes,
- eine eventuelle computergestützte Fehlerdiagnose (z. B. Einsatz von Fehlersuchprogrammen, Auslesen von Datenspeichern, ...).

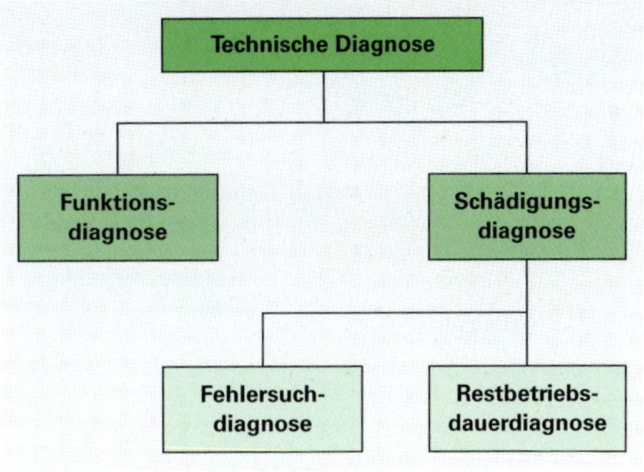

1 Struktur der Diagnosearten

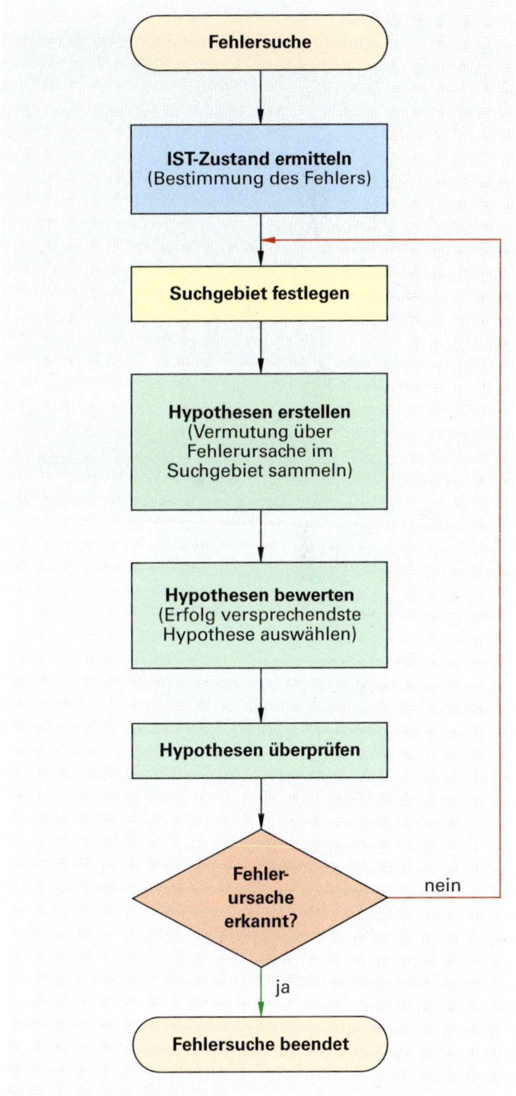

2 Strukturierte Fehlersuche

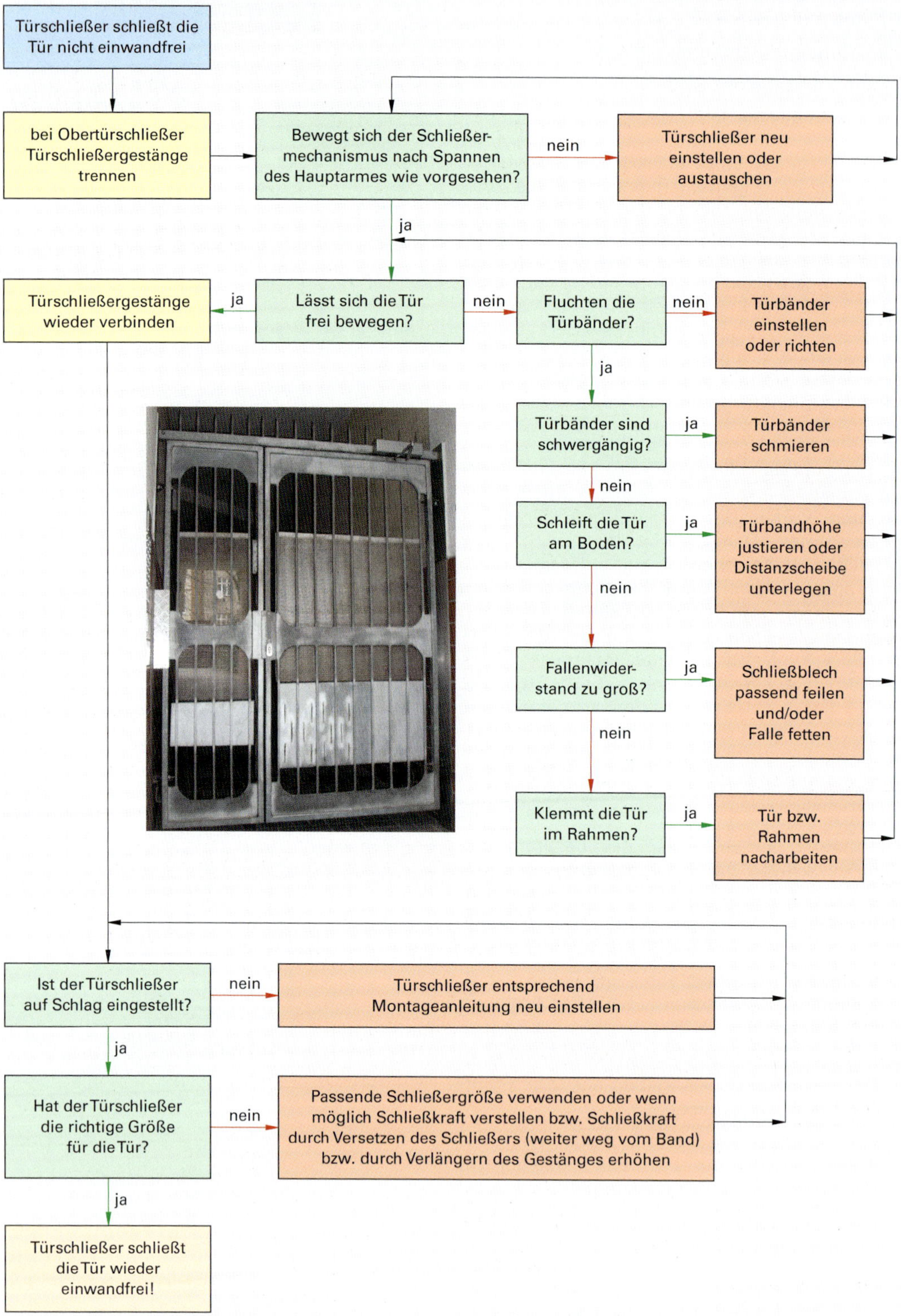

1 Fehlerdiagnose am Beispiel eines Türschließers (Torgang einer Außenanlage)

25.2.4 Instandhaltung von Arbeitsmitteln

So einfach die Handhabung von modernen Arbeitsmitteln auch ist, so sehr darf ihre Instandhaltung nicht vernachlässigt werden. Zum einen sind es die persönlichen Werkzeuge und zum anderen ist es der Maschinenpark der Werkstatt, der einer Instandhaltung bedarf. Ziel dieser Maßnahmen ist es immer, die Standzeit der Werkzeuge und Maschinen zu verlängern sowie die Arbeitssicherheit zu gewährleisten.

Grundvoraussetzung für die Gewährung der Arbeitssicherheit des Werkzeuges ist das Zeichen **„GS – geprüfte Sicherheit“**. Dieses Zeichen wird vom Bundesminister für Arbeit und Sozialordnung nur vergeben, wenn eine Baumusterprüfung bezüglich der Arbeitssicherheit erfolgreich durchgeführt wurde und die Einhaltung dieser Anforderungen überwacht wird. Zusätzlich vergibt der Fachverband der deutschen Werkzeugindustrie ein Zeichen, durch dessen Anbringung garantiert wird, dass die qualitätsbegründeten Fertigungsschritte des Werkzeuges auch wirklich „Made in Germany“ sind und somit den deutschen Normen entsprechen (Bild 1).

Unabhängig von der Qualität der Werkzeuge muss eine **vorbeugende Instandhaltung** erfolgen. Diese beginnt bei der Sichtprüfung bzw. der Inaugenscheinnahme vor dem Einsatz der Werkzeuge. Sie endet im Sinne der Instandhaltung durch Instandsetzung, zum Beispiel durch Nachschleifen (Bild 2).

Die Wartung der **persönlichen Werkzeuge** liegt in der eigenen Verantwortung (Bild 3). Dies bezieht sich nicht nur auf die Art des Einsatzes, z. B. das Arbeiten mit einem verschlissenen Schraubenbit und dem resultierenden Schaden an der Schraube bis hin zur Beeinträchtigung der Demontage. Die besondere Bedeutung dieser „Handwerkzeuge“ liegt im unmittelbaren Kontakt mit dem Menschen. Beim Ausfall des Handwerkzeuges, z. B. beim Arbeiten mit Feilen mit abgebrochenem Blatt oder beschädigtem bzw. fehlendem Heft, kann es zu einer direkten Schädigung des Betroffenen kommen. Die Vorgaben zum sicheren und fachgerechten Gebrauch der Handwerkzeuge und der zuverlässigen Instandhaltung werden aus diesen Gründen vom Fachmann besonders beachtet.

Die **Instandhaltung des Maschinenparks** in der Werkstatt obliegt grundsätzlich allen Nutzern. Bei jeder Arbeit an einer Maschine erfolgt durch aufmerksames Handeln eine einfache Form der Wartung und der Sichtinspektion. Die genaue Regelung der Verantwortlichkeit sichert darüber hinaus, dass nicht nur in ruhigen Zeiten Instandhaltung betrieben wird. Die Grundlage für die konkreten Maßnahmen bilden die Betriebshandbücher bzw. Bedingungsanleitungen für die vorhandenen Maschinen und Aggregate.

GS-Zeichen
Geprüfte Sicherheit

BG-Berufsgenossenschaft

Zeichen des Fachverbandes der deutschen Werkzeugindustrie

1 Kennzeichnungen auf Werkzeugen

Vorbeugende Instandhaltung von Werkzeugen:

- ausschließlich Werkzeuge mit GS-Zeichen einsetzen
- Werkzeuge nur ihrem Verwendungszweck entsprechend benutzen, z. B. keine unnötigen Beschädigungen
- ordentliche Aufbewahrung, z. B. korrosionsgeschützt
- Werkzeuge nur im einwandfreien Zustand einsetzen, z. B. pfleglicher Umgang

2 Vorbeugende Instandhaltung

Persönliche Werkzeuge:

- Hammer, eventuell verschiedene Arten
- Meißel, Körner, Locheisen, Durchschläge
- Schraubendreher
- Feilen, eventuell Schaber
- Schraubenschlüssel
- Zangen
- Scheren, Band- und Drahtschneider
- Sägen

3 Persönliche Werkzeuge

Instandhaltung in der Werkstatt am Beispiel der Universal-Säge

Die folgenden Ausführungen sind den Produktunterlagen des Herstellers entnommen.

Im Rahmen der Wartung sollte die Säge mindestens einmal pro Schicht geprüft und gereinigt werden. Schäden oder Mängel und Veränderungen im Betriebsverhalten sind sofort dem verantwortlichen Mitarbeiter der Firma zu melden.

Folgende Schmier- und Wartungsarbeiten sind im Rahmen der Funktions- und Sicherheitsüberprüfung auszuführen (Bild 2).

1 Universal-Säge

1. **Antriebskette Sägeantrieb**
   - Bei Bedarf schmieren.
   - Kettenspannung nach 50 Betriebsstunden prüfen und ggf. nachspannen, dann alle 200 Betriebsstunden prüfen.
2. **Spannstockspindel**
   - Bei Bedarf schmieren.
   - Schmierung alle 50 Betriebsstunden prüfen.
3. **Getriebe**
   - Erste Ölfüllung werksseitig eingefüllt!
   - Erster Ölwechsel nach 200 Betriebsstunden, dann nach je 1000 Betriebsstunden.
4. **Drehtisch**
   - Schmierung alle 500 Betriebsstunden prüfen.
   - Zum Schmieren Fettpresse verwenden, Nippel vor dem Schmieren säubern.
5. **Hydraulikanlage**
   - Erste Hydrauliköl-Füllung werksseitig eingefüllt!
   - Ölstand am Ölmessstab kontrollieren.
   - Ölwechsel nach 2000 Betriebsstunden oder bei Verschmutzung.
6. **Durchlauffilter**
   - Nach 2000 Betriebsstunden reinigen oder bei starker Verschmutzung wechseln.
7. **Sägeblatt - Kühlschmiereinrichtung**
   - Nur zugelassene Kühlschmiermittel verwenden. Gebrauchshinweise beachten!

2 Auszug aus der Schmier- und Wartungsanleitung der Universal-Säge

Für alle Reparaturen soll ein Kundendiensttechniker der Herstellerfirma angefordert werden oder die Maschine soll ins Werk eingeschickt werden.

Der Hersteller übernimmt keine Haftung und Garantie für Schäden und Betriebsstörungen als Folge der Nichtbeachtung dieser Betriebsanleitung. Für die Reparaturen dürfen nur einwandfreies und geeignetes Werkzeug, nur Originalersatzteile oder von der Firma ausdrücklich freigegebene Serienteile verwendet werden.

Überprüfen Sie Ihre Kenntnisse

1 Erläutern Sie den Begriff Instandhaltung an einem berufsbezogenen Beispiel!

2 Nennen Sie die vier Formen der Instandhaltung und erläutern Sie diese näher!

3 Beschreiben Sie die verschiedenen Abschnitte einer typischen Ausfallkurve („Badewannenkurve") in Bezug auf die Instandhaltung!

4 Finden Sie je drei konkrete Beispiele für die verschiedenen Wahrnehmungen bei der subjektiven Diagnose!

5 a) Zu welchem Zeitpunkt beginnt die vorbeugende Instandhaltung?

b) Welche verschiedenen Aspekte zwingen zu Kompromissen bei der vorbeugenden Instandhaltung?

6 Erläutern Sie die Bedeutung des Betriebshandbuches für den Instandhalter!

7 a) Nennen Sie das Ziel der Funktionsdiagnose!

b) Beschreiben Sie die verschiedenen Schritte der Funktionsdiagnose in ihrer Reihenfolge!

Arbeitsauftrag – Instandhaltung

1. Sie sollen die Wartung für eine zweiflügelige Feuerschutztür (Bild 1) übernehmen!
   a) Beschreiben Sie stichpunktartig die Aufgabe und das Funktionsprinzip dieser Tür!
   b) Erstellen Sie einen Wartungsplan für diese Tür! Nutzen Sie dazu das Schema der Tabelle (Tab. 1) und beachten besonders die aufgeführten Bauteile!
   c) Nennen Sie Rahmenbedingungen und Einflüsse auf das Wartungsintervall! Welches Wartungsintervall empfehlen Sie?
2. Wählen Sie eine Werkzeugmaschine aus Ihrem Ausbildungsbetrieb!
   a) Informieren Sie sich über die Angaben, die in dem Betriebshandbuch bezüglich der Instandhaltung gemacht werden.
   b) Erkunden Sie, wie in Ihrem Ausbildungsbetrieb die Wartung für diese Maschine geregelt ist.
   c) Analysieren Sie, wie für diese Maschine die vier Formen der Instandhaltung aussehen.
   d) Informieren Sie sich, wann die letzte Funktionsstörung dieser Maschine war und beschreiben Sie die aufgetretene Störung.
   e) Analysieren Sie mögliche Störungsursachen.
   f) Informieren Sie sich über die aufgetretenen Störungsfolgen in diesem Fall.
   g) Bewerten Sie die Störungsfolgen in Bezug auf die Instandhaltung und die durchgeführten Instandhaltungsmaßnahmen, die zur Beseitigung dieser Funktionsstörung ergriffen wurden.
   h) Informieren Sie sich über die jährlichen Instandhaltungskosten für diese Maschine und bewerten Sie diese unter Beachtung der durch die Störung verursachten Kosten!
3. Es wird zwischen verschiedenen Strategien in der Instandsetzung unterschieden (vgl. S. 429, Bild 2). Eine dieser Strategien orientiert sich an der Zuverlässigkeit des Systems und bezieht sich auf die Reparatur einer Maschine oder eines Produktes.
   a) Überlegen Sie sich die Vorteile einer Minimalreparatur im Vergleich zur Generalreparatur!
   b) Ermitteln Sie, unter welchen Bedingungen eine Generalreparatur sinnvoll ist?
   c) Welche planerischen Vorarbeiten müssen im Falle einer Generalreparatur erfolgen? Ordnen Sie diese Vorarbeiten der zeitlichen Reihenfolge nach!

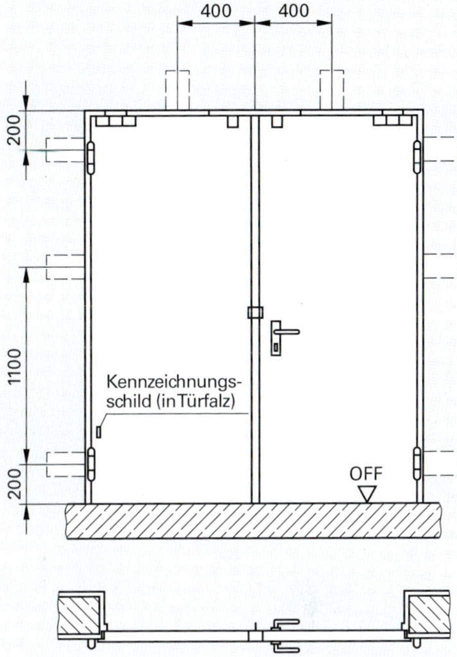

1 Schemazeichnung einer zweiflügeligen Feuerschutztür

Tabelle 1: Wartungs- und Instandhaltungsarbeiten an den Bauteilen

Bauteil	Wartungs- und Instandhaltungsarbeit
Bänder	...
Druckkugellager	...
Türschließer	...
Drückergarnitur	...
Schloss (Gangflügel)	...
Schnappriegel	...
Sicherungsbolzen	...
Schließfolgeregler	...

4. Ein Hoftor mit kraftbetätigten Drehflügeltüren (Bild 1) soll einer Wartung unterzogen werden.

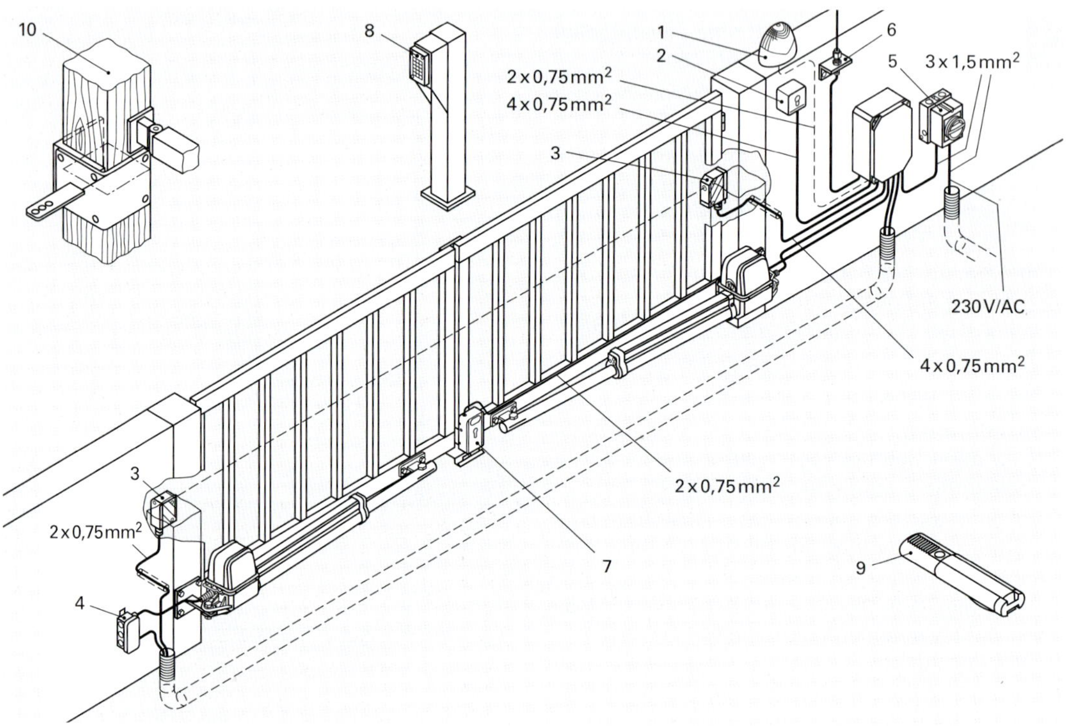

1 Hoftor mit kraftbetätigten Drehflügeltüren

5. Ein Hoftor mit kraftbetätigten Drehflügeltüren (Bild 1) soll einer Wartung unterzogen werden.
   a) Benennen Sie die wesentlichen Bauteile eines solchen Drehtores!
   b) Beschreiben Sie die Funktionsweise des Tores!
   c) Entwickeln Sie die Ablaufplanung für eine Wartung! Verwenden Sie für Ihre Planung die Struktur des Strukturgramms auf Seite 430, Bild 1!
   d) Erstellen Sie einen Wartungsplan für diese Toranlage. Verwenden Sie folgendes Muster:

Bauteil	Funktionsprüfung	mögliche Fehlerquellen	Wartungs- und Instandhaltungsarbeiten
Torbänder	...	...	...
Anschlag	...	...	...
...	...	...	...

   e) Erläutern Sie den Unterschied, der zwischen der Wartung und der Inspektion einer Toranlage besteht!

   Im Betrieb des Drehtores ist plötzlich folgender Fehler aufgetreten: Die Torflügel stoppen beim Schließen und bewegen sich in die Gegenrichtung!

   f) Entwickeln Sie für diese Störung eine strukturierte Fehlersuche. Orientieren Sie sich an den Abbildungen auf Seite 435, Bild 2 und Seite 436, Bild 1!
   g) Diskutieren Sie in Ihrer Lerngruppe, welche der entwickelten Fehlersuchstrategien die effektivste Vorgehensweise ist!
   h) Überlegen Sie sich, welche Maßnahmen getroffen werden können um diese Funktionsstörung künftig zu vermeiden!

Lernfeldübergreifendes Wissen

26 Werkstofftechnik

Das Arbeitsgebiet des Metallbauers und Konstruktionsmechanikers ist bestimmt durch die Verarbeitung und den fachgerechten Einsatz moderner Werkstoffe. Sowohl die zu fertigenden Bauteile und Gewerke als auch die Werkzeuge und Maschinen, mit denen der Metallbauer arbeitet, bestehen aus Werkstoffen. Kenntnisse über die Werkstoffe sind deshalb ein Schlüsselwissen für den Metallbauer.

26.1 Übersicht der Werkstoffe

Das Aussehen von modernen, energiesparenden Gebäuden wird heute teilweise von Werkstoffen geprägt, die vor wenigen Jahrzehnten noch unbekannt waren.
Am Eingangsbereich eines modernen Industrie-Verwaltungsgebäudes wird die Vielfalt der eingesetzten Werkstoffe deutlich (Bild 1):

- Der Baukörper des Gebäudes besteht aus **Stahlträgern** und **Stahlbeton**.
- Die Trägerüberdachung des Eingangsbereichs ist aus Profilen aus **unlegiertem Baustahl** gefertigt.
- Das Treppengeländer ist aus **nicht-rostenden Stahlrohren** geschweißt.
- Die freistehende Haussprechanlage (Klingelstehle) hat ein Gehäuse aus **Kunststoff**.
- Die Fassaden- und Fensterrahmen sowie der Rahmen der Eingangsschiebetür bestehen aus **Aluminium-Profilen**, die Rollos aus **Aluminiumlamellen**.
- Die Fensterscheiben sind aus **Glas**.
- Die Wandverkleidung ist **Marmor**.

1 **Eingangsbereich eines modernen Industrie-Verwaltungsgebäudes**

Die Grobeinteilung ordnet die Werkstoffe in **Metalle, Nichtmetalle** und **Verbundwerkstoffe** (Bild 2).

Bei den Eisenwerkstoffen sind die **Stähle** von herausragender Bedeutung für den Metallbau. Dies gilt ebenso für die **Aluminiumwerkstoffe** bei den Nichteisenmetallen (NE-Metallen) und die Kunststoffe bei den Nichtmetallen.

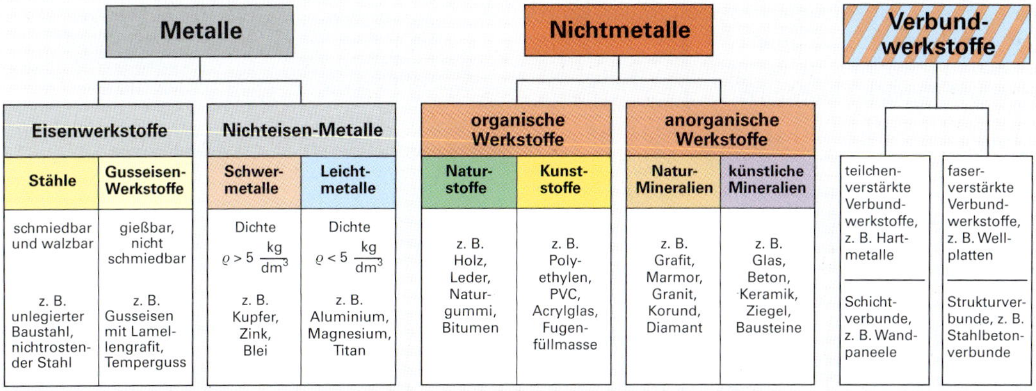

2 **Einteilung der Werkstoffe in Gruppen**

26.2 Auswahl der Werkstoffe nach ihren Eigenschaften

Ausgehend von den Vorstellungen des Auftraggebers und den technischen Anforderungen an das zu fertigende Bauteil, muss der Metallbauer die fachgerechte Auswahl des Werkstoffs für ein Bauteil treffen. Dazu muss er die Eigenschaften der Werkstoffe kennen.

Physikalische Eigenschaften

Sie beschreiben die grundlegenden Stoffeigenschaften eines Werkstoffs (Bild 1).

Die **Dichte** ϱ gibt die Masse eines Werkstoffs pro Volumeneinheit an. Sie entscheidet darüber, ob ein Werkstoff schwer oder leicht ist. Leichte Werkstoffe, wie z. B. Aluminium, eignen sich deshalb für Leichtbauteile, wie Fensterrahmen oder Leitern.

Die **Schmelztemperatur** ist z. B. entscheidend dafür, ob ein Werkstoff zum Bau von feuerhemmenden Türen geeignet ist.

Weitere physikalische Eigenschaften sind die Wärmedehnung, die Leitfähigkeit für Wärme und Elektrizität sowie die Magnetisierbarkeit.

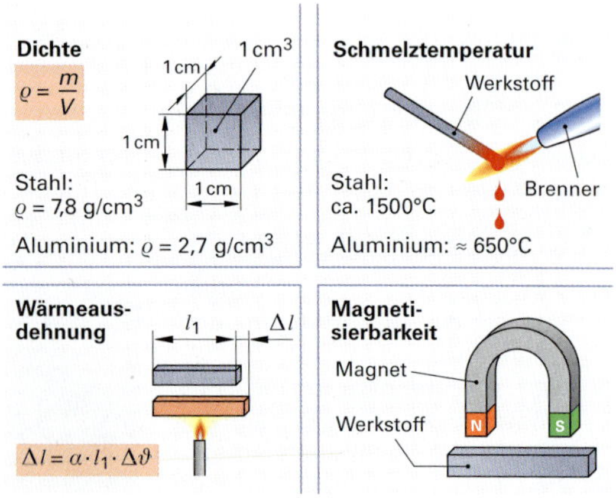

1 Physikalische Eigenschaften

Mechanisch-technische Eigenschaften

Sie beschreiben das Verhalten der Werkstoffe unter der Wirkung mechanischer Kräfte (Bild 2).

Besonders wichtig für die Eignung eines Werkstoffs für einen Verwendungszweck sind die mechanischen Kennwerte Zugfestigkeit, Streckgrenze, Härte und Bruchdehnung. Sie entscheiden darüber, ob ein Werkstoff die Belastungen tragen kann, die auf das Bauteil wirken.

Die Kennwerte werden in den Normblättern und Herstellerkatalogen angegeben und sind zum Teil auch aus den Werkstoff-Kurznamen ablesbar.

Die **Zugfestigkeit R_m** gibt die Zugkraft F_m pro Bauteilquerschnittsfläche S_0 an, die ein Werkstoff tragen kann, bevor er unter der Belastung bricht. Die Einheit der Zugfestigkeit ist N/mm².

$$R_m = \frac{F_m}{S_0}$$

Die **Streckgrenze R_e** ist die Zugkraft pro Bauteilquerschnittsfläche, die ein Werkstoff tragen kann, bevor er beginnt, sich unter der Belastung bleibend zu dehnen. Auch hier ist die Einheit N/mm².

$$R_e = \frac{F_e}{S_0}$$

Ein unlegierter Baustahl hat z. B. eine Zugfestigkeit von rund 400 N/mm² und eine Streckgrenze von ca. 240 N/mm². Gängige Aluminiumlegierungen haben Zugfestigkeiten von rund 250 N/mm² und eine Streckgrenze von ca. 200 N/mm². Diese Werkstoffe können für normal belastete Bauteile wie Geländer, Gitter usw. eingesetzt werden.

Hochfeste Stähle haben Zugfestigkeiten von bis zu 1200 N/mm² und Streckgrenzen bis 900 N/mm². Sie werden für hochbelastete Maschinenteile, wie Schrauben und Stahlseile verwendet.

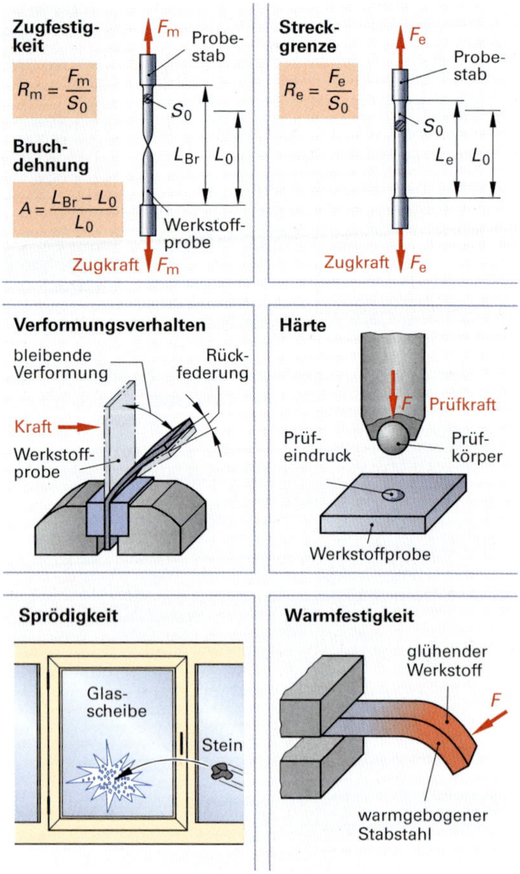

2 Mechanisch-technische Eigenschaften

Die **Bruchdehnung** ***A*** gibt die Dehnung in Prozent der Ausgangslänge an, um die sich ein Werkstoff dehnen lässt, bevor er bricht.

$$A = \frac{L_{Br} - L_0}{L_0} \cdot 100\,\%$$

Zähelastische Werkstoffe, wie z. B. Baustahl oder Aluminiumlegierungen, haben eine Bruchdehnung von 20 % bis 40 %. Bauteile aus diesen Werkstoffen können Verformungen sowie schlagartige Beanspruchungen ertragen (Bild 2, Seite 442).

Sprödharte Werkstoffe, wie z. B. Gusseisen oder Glas, haben eine Bruchdehnung von 0,5 % bis 3 %. Sie brechen, wenn sie Verformungen oder starken Schlägen ausgesetzt sind.

Die **Härte** gibt den Widerstand an, den ein Werkstoff dem Eindrücken eines Härteprüfkörpers entgegensetzt (Bild 2, Seite 442). Harte Werkstoffe sind z. B. die gehärteten Werkzeugstähle und die Hartmetalle. Aus ihnen werden Werkzeuge sowie Bauteile hergestellt, die Oberflächenverschleiß ausgesetzt sind, z. B. Führungsbahnen und Wälzkörper. Relativ weiche Werkstoffe sind unlegiertes Aluminium und Kupfer. Ihre Oberfläche darf nicht stark belastet werden, da sie ansonsten beschädigt wird.

Fertigungstechnische Eigenschaften

Sie geben Auskunft über die Eignung der Werkstoffe für ein Fertigungsverfahren (Bild 1).

Die **Schweißbarkeit** ist für den Metall- und Stahlbau eine wichtige Eigenschaft. Schweißbar sind die Baustähle und die nichtrostenden Stähle (Edelstahl Rostfrei) sowie Aluminiumlegierungen.

Die **Schmiedbarkeit** ist vor allem für den handwerklichen Metallbau bedeutend.

Härtbar müssen Werkstoffe sein, aus denen Werkzeuge gefertigt werden: die Werkzeugstähle.

Die **Spanbarkeit** ist wichtig für die Fertigung zu Maschinenteilen, wie z. B. Achsen oder Zahnrädern.

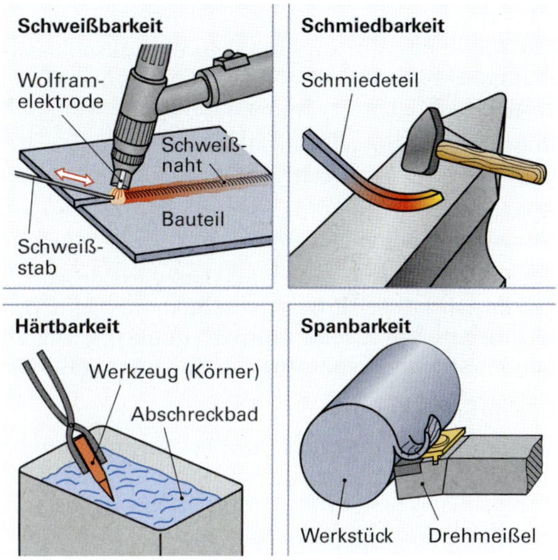

1 Fertigungstechnische Eigenschaften

Chemisch-technische Eigenschaften

Sie beschreiben die Reaktionen der Werkstoffe mit umgebenden Stoffen, wie z. B. aggressiver Industrieatmosphäre, Wasser und Feuer (Bild 2).

Korrosionsbeständig sind die nichtrostenden Stähle und anodisierte Aluminiumbauteile. Die Stahlbaustähle müssen durch Verzinken oder Beschichten gegen Korrosion geschützt werden.

Zunderbeständig sind spezielle Sonderstähle.

Brennbar sind die meisten Kunststoffe. Sie dürfen nicht in brandgefährdeten Bereichen eingesetzt werden.

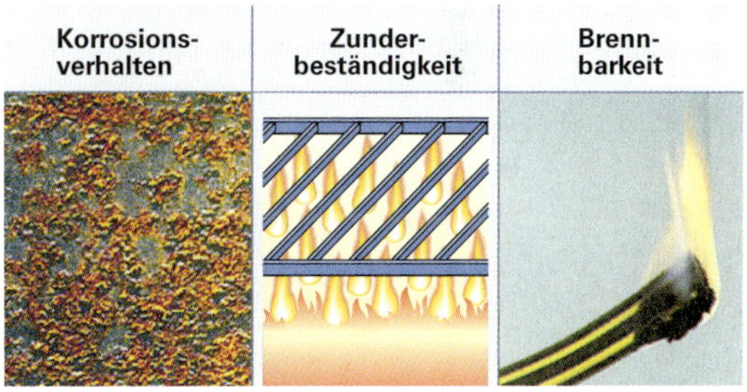

2 Chemisch-technische Eigenschaften

Aussehen, Kosten, Umwelt, Gesundheit

Bauteile aus Baustahl haben ein technisch-funktionales Aussehen. Bauteile aus nichtrostendem Stahl und Aluminium wirken dekorativ.

Unlegierte Baustähle sind preiswerte Werkstoffe. Nichtrostende Stähle und die gängigen Aluminiumlegierungen sind teurer, Kupfer ist sehr teuer.

Alle Stähle, Aluminium- und Kupferwerkstoffe sind recyclingfähig, Kunststoffe bislang überwiegend nicht (Bild 3).

Von den Werkstoffen im Metallbau sind nur wenige giftig: Cadmium, Blei. Ihre Verwendung sollte vermieden werden.

3 Umweltschutz, Gesundheitsgefährdung

26.3 Stähle und Gusseisen

26.3.1 Roheisengewinnung und Stahlherstellung

Die Eisen- und Stahlwerkstoffe sind die wichtigsten Werkstoffe der metalltechnischen Berufe. Ihre Erzeugung erfolgt in mehreren aufeinander folgenden Herstellungsschritten (Bild Seite 445):

Roheisengewinnung

Der überwiegende Teil des Roheisens wird im **Hochofenprozess** erschmolzen. Ausgangsstoffe sind Eisenerz, Koks und Zuschläge, die von oben lagenweise in den Hochofen gefüllt werden. Im unteren Teil des Hochofens verbrennt ein Teil des Kokses mit eingeblasener Heißluft zu Kohlenstoffdioxid CO_2 und Kohlenstoffoxid CO unter starker Wärmeentwicklung und heizt den Hochofen auf rund 1600 °C auf.

Das entstandene CO-Gas sowie der restliche Koks C reduzieren das Eisenerz (Fe_2O_3, Fe_3O_4) zu metallischem Eisen Fe.

$$Fe_2O_3 + 3\,CO \longrightarrow 2\,\mathbf{Fe} + 3\,CO_2$$

$$Fe_3O_4 + 4\,C \longrightarrow 3\,\mathbf{Fe} + 4\,CO$$

Das Eisen schmilzt und fließt in den geschlossenen Boden des Hochofens. Dort wird es in fahrbare Pfannenwagen abgelassen. Das entstandene Roheisen enthält rund 10 % Verunreinigungen und Eisenbegleiter: 3 % bis 5 % Kohlenstoff sowie wenige Prozent Mangan, Silicium, Phosphor und Schwefel.

Roheisen mit hohem Siliciumanteil (1,5 % bis 3 %) ist der Ausgangsstoff für Gusseisenwerkstoffe. Es wird **Gießerei-Roheisen** oder wegen seiner grauen Bruchfläche, Graues Roheisen genannt.

Roheisen mit hohem Mangangehalt (größer als 1 %) heißt **Stahl-Roheisen.** Wegen seiner silberhellen Bruchfläche wird es auch Weißes Roheisen genannt. Es wird zu Stahl weiterverarbeitet.

Ein geringer Anteil des Roheisens wird durch **Direktreduktions-Verfahren** hergestellt. Bei diesen Verfahren wird 1100 °C heißes Reduktionsgas (CO, H_2) in einem Schachtofen durch eine Schüttung aus walnussgroßen Eisenerzkörnern geblasen. Das heiße Gas reduziert das Erz zu festem Eisenschwamm (einem porigen Eisenrohstoff), der anschließend zu Stahl weiterverarbeitet wird.

Stahlherstellung

Das im Hochofenprozess gewonnene Roheisen bzw. der Eisenschwamm aus dem Direktreduktionsverfahren sowie Stahlschrott sind Ausgangsstoff der sich unmittelbar anschließenden Umwandlung des Roheisens in Stahl. Dazu gibt es mehrere Verfahren.

Beim gebräuchlichsten Stahlherstellungsverfahren, dem **Sauerstoffaufblasverfahren** wird reiner Sauerstoff mit einem Rohr von oben auf die im Konverter (Umwandler) befindliche Roheisenschmelze geblasen. Dabei reagieren die in der Eisenschmelze vorhandenen Eisenbegleiter (Kohlenstoff, Phosphor und Schwefel) heftig mit dem Sauerstoff und entweichen als gasförmige Stoffe aus der Schmelze bzw. werden in die auf der Schmelze schwimmende Schlacke aufgenommen. Diesen Vorgang nennt man „Frischen". Nach dem Blasen mit Sauerstoff enthält die Schmelze meist weniger als 0,2 % Kohlenstoff und nur noch geringe Reste an Phosphor und Schwefel. Aus dem Roheisen ist Stahl geworden. Für legierte Stähle werden abschließend Legierungselemente zugegeben.

Beim **Elektrostahlverfahren** werden Stahlschrott, Eisenschwamm, Legierungselemente, Schlackebildner und auch Roheisen in einem Elektrolichtbogenofen aufgeschmolzen. Durch die intensive Durchmischung der Schmelze reagieren die Eisenbegleiter mit Schlackebestandteilen und entweichen als gasförmige Verbindungen oder werden in der Schlacke gebunden. Aus Roheisen wird Stahl.

Stahlnachbehandlung

Das Legieren mit Silicium und Aluminium zum **Desoxidieren des Stahls** (Beruhigen) dient zum Binden des im Stahl gelösten Sauerstoffs und führt zu gleichmäßigem Stahlgefüge.

Für Stähle mit besonderen Qualitätsanforderungen muss die Stahlschmelze weiter behandelt werden: Die **Spülgasbehandlung** der Schmelze mit Argon-Gas beseitigt Verunreinigungen. Die Entschwefelung erfolgt durch Zugabe von schwefelbindenden Zusätzen (Kalkpulver), die in die Schlacke aufgenommen werden. Durch die **Vakuumentgasung** werden die während des Herstellungsprozesses im Stahl gelösten Gase (H_2, O_2, N_2) weitgehend entfernt und die Stähle werden dadurch alterungsbeständig. Das **Umschmelzen** im Elektroofen oder in der Umschmelzkokille ergibt durch die Schlackenreinigung eine weitere Reinigung des Stahls und ermöglicht das Erschmelzen hochlegierter, hochreiner Edelstähle.

Vergießen des Stahls. Nach der Stahlveredelung wird der flüssige Stahl im Strangguss zu Strängen, im Kokillenguss zu Blöcken sowie in der Gießerei zu Stahlformguss vergossen.

Übersicht: Roheisengewinnung, Stahlherstellung, Stahlnachbehandlung, Vergießen

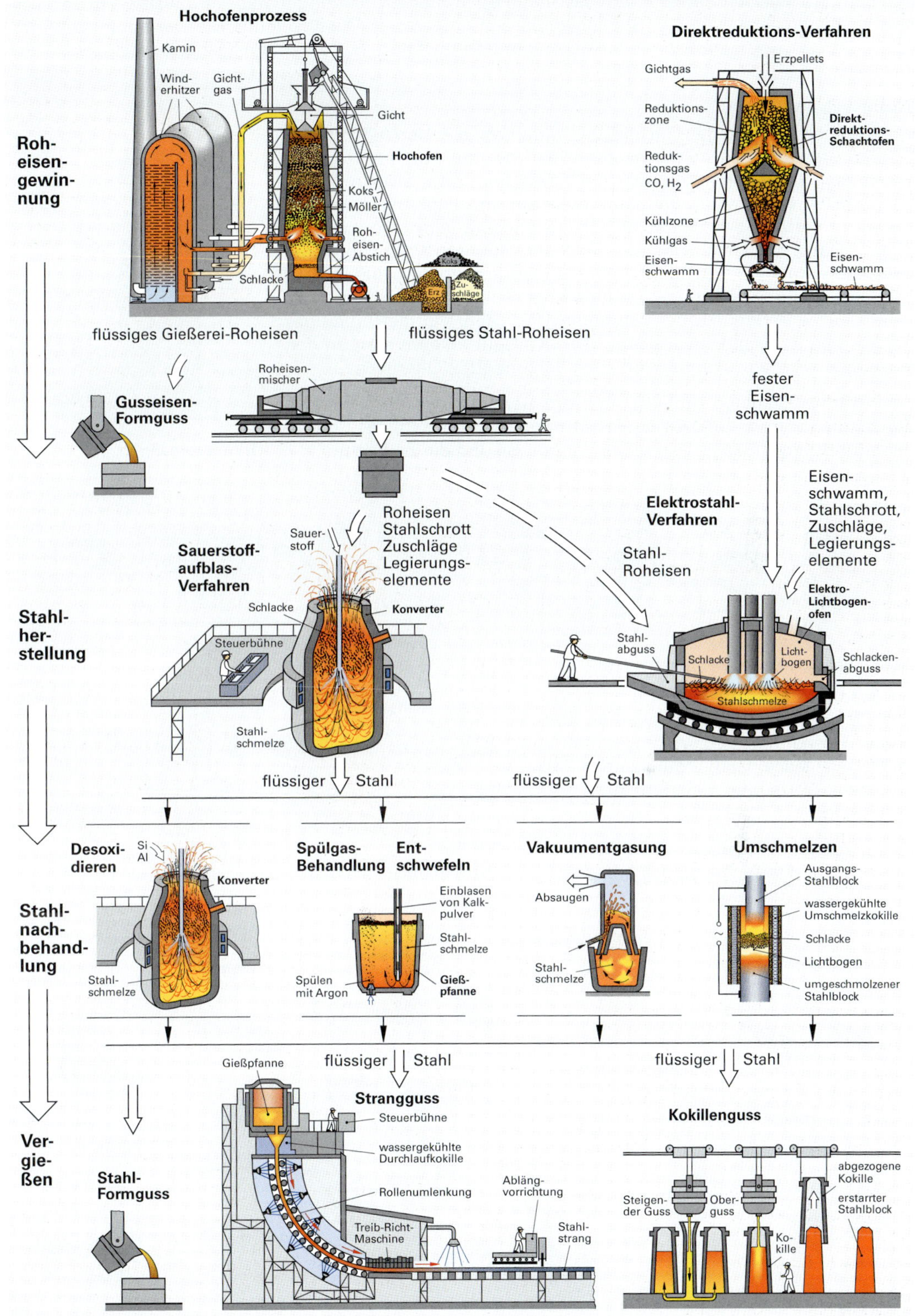

26.3.2 Verarbeitung zu Stahlerzeugnissen

Aus dem Stahlwerk kommen die Gussstränge zur Weiterverarbeitung in das Warmwalzwerk. Dort werden sie zu den verschiedenen Stahlerzeugnissen umgeformt. Die Kokillenblöcke werden im Umformwerk zu großformatigen Schmiedestücken umgeformt, wie z. B. Schwerlast-Kranhaken.

Warmwalzen

Warmwalzen ist das gebräuchlichste Verfahren zur Herstellung von Stahlerzeugnissen. Beim Warmwalzen wird der auf Rotglut erwärmte Stahlstrang im verengten Querschnitt zwischen zwei, sich in entgegengesetzter Richtung drehenden Walzen zusammengepresst und geknetet. Er verlässt den Walzspalt gelängt und mit verminderter Dicke (Bild 1). Dabei werden die Kristalle des Stahlgefüges in Walzrichtung gestreckt. Sie wandeln sich durch die hohe Walztemperatur (rund 800 °C) aber umgehend wieder in kornförmige Kristalle um; man sagt der Stahl „rekristallisiert". Dadurch hat warmgewalzter Stahl ein gleichmäßiges Gefüge und ist nicht kaltverfestigt. Warmwalzgut erkennt man an den gerundeten Erzeugniskanten und einer verzunderten Oberfläche.

Eine **Warmwalzanlage** umfasst mehrere Bereiche, die vom Walzgut durchlaufen werden (Bild 2): die Erwärmung im Stoßofen, das Entzundern der Stränge, das Walzen in der Walzstraße und die Zurichtung.

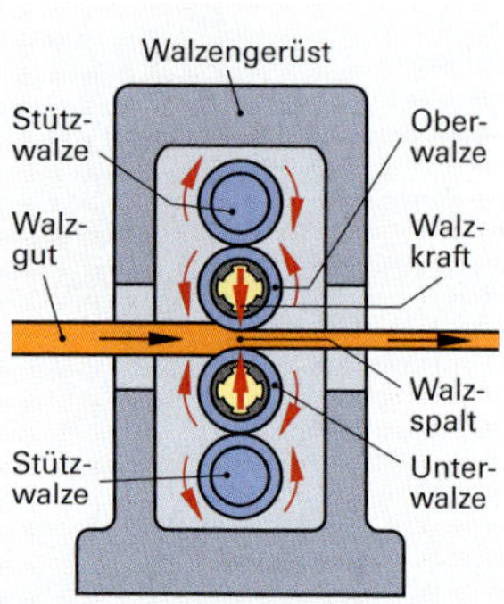

1 Walzvorgang

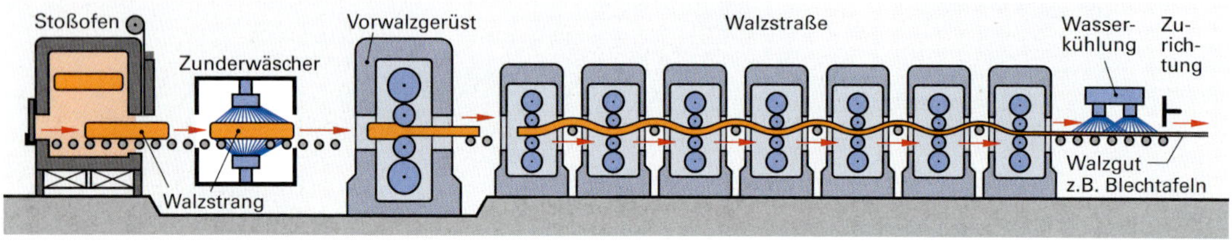

2 Warmwalzen in einer Warmwalzanlage

Bei jedem Walzschritt kann nur eine begrenzte Umformung des Werkstoffes stattfinden. Deshalb muss das Walzgut mehrere Walzen nacheinander durchlaufen, bis aus dem Walzstrang das Stahlerzeugnis geformt ist.

Langerzeugnisse werden auf Kaliberwalzen geformt, **Flacherzeugnisse** auf glatten Walzen (Bild 3 und Bild 4).

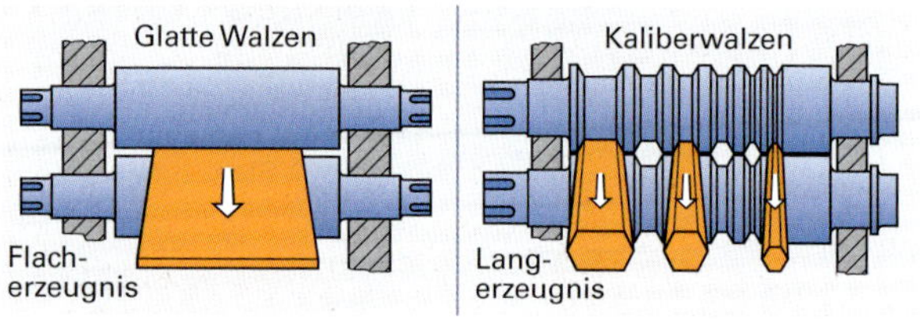

3 Walzenformen für Flach- und Langerzeugnisse

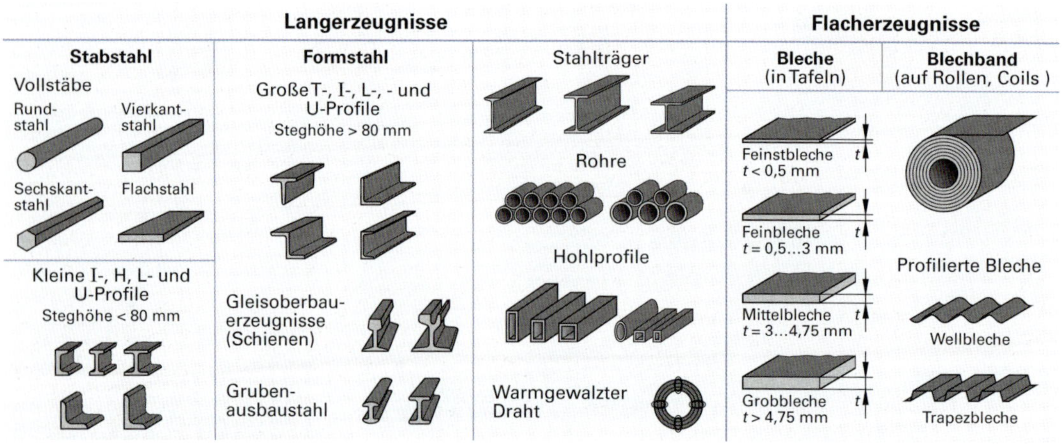

4 Walzerzeugnisse (Auswahl)

Strangpressen

Beim Strangpressen wird ein auf Weißglut erhitzter Stahlblock (1250 °C) von einem Stempel durch ein düsenartiges Formwerkzeug gepresst (Bild 1). Die Querschnittsöffnung des Werkzeugs hat die Form des herzustellenden Profils.

Durch Einlegen eines Dorns in das Formwerkzeug können auch Rohre und Hohlprofile stranggepresst werden (Bild 2). Die dickwandigen Strangpressprofile werden zu Tor- und Portalrahmen sowie zu Kühlrohren und Gerüststangen verarbeitet.

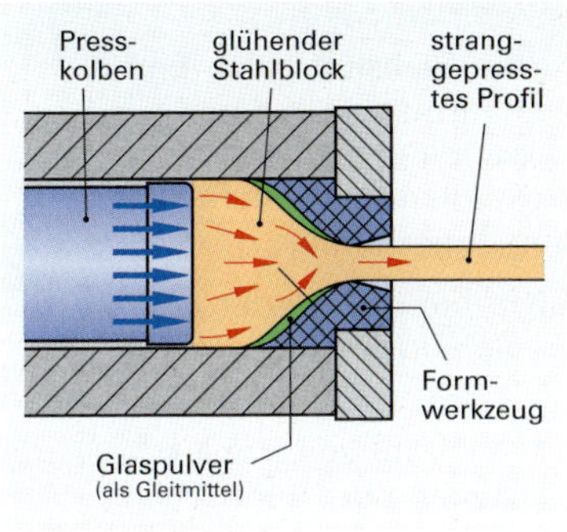

1 **Strangpressen**

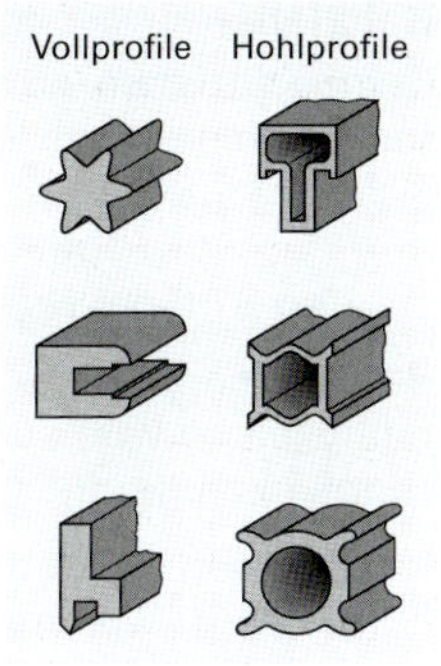

2 **Strangpressprofile**

Kaltumformen

Das Kaltumformen ist ein Bearbeitungsvorgang bei Raumtemperatur oder bis etwa 200 °C, bei dem aus warmgewalztem Vormaterial blanke und maßgenaue Stahlerzeugnisse gefertigt werden.

Vor dem Kaltumformen wird das Vormaterial durch Sandstrahlen, Beizen oder Schleifen blank gemacht. Durch das Kaltumformen erhält das Material seine Form mit einer blanken Oberfläche. Die Erzeugnisse haben hohe Maßgenauigkeit und besitzen infolge der Kaltverfestigung eine erhöhte Festigkeit.

Kaltwalzen

Haupteinsatzgebiet des Kaltwalzens ist die Herstellung von Flacherzeugnissen, wie Blech und Band aus unlegierten, aus weichen und aus nichtrostenden Stählen.

Ausgangsmaterial ist Warmband, das in mehreren hintereinander angeordneten Vielwalzengerüsten auf die gewünschte Dicke heruntergewalzt wird (Bild 3). Nach dem Kaltwalzen wird das Kaltband rekristallisationsgeglüht und erhält in einem Nachwalzgang (Dressieren) seine mechanischen Eigenschaften und Oberflächengüte.

Ein Teil des Kaltbandes wird mit einem Oberflächenschutz gegen Korrosion versehen. Am häufigsten ist das **Bandverzinken** (Bild 4). Daneben wird verzinnt (Weißblech), aluminiert und mit Kunststoff oder Lack beschichtet.

Auch Vollstäbe verschiedener Querschnitte sowie Drähte und Rohre werden zu Blankstahl kaltgewalzt.

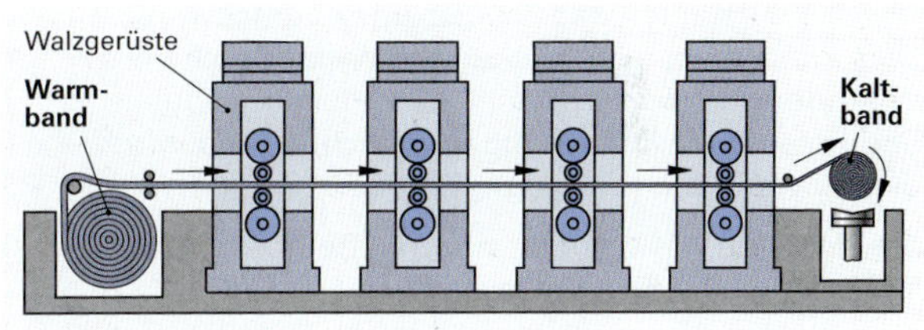

3 **Kaltwalzen von Blechband (Kaltband)**

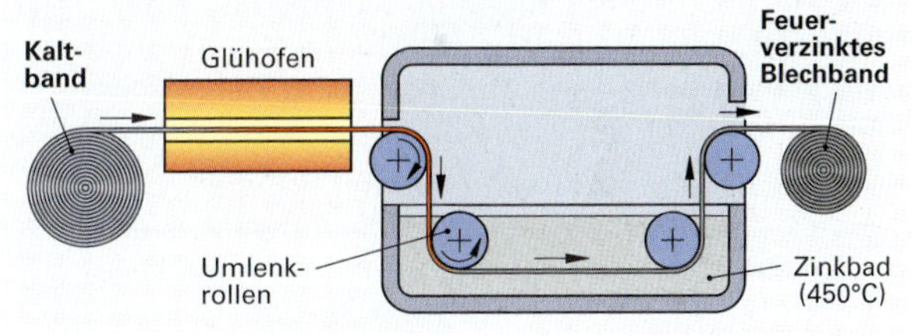

4 **Bandverzinken von Kaltband**

Profilwalzen

Das Profilwalzen, auch Rollumformen genannt, dient zur Fertigung von profilierten Blechen (Bild 5). Die Umformung erfolgt kontinuierlich in einer Anlage mit hintereinander angeordneten Profilrollen.

Es werden eine Vielzahl von Profilformen hergestellt (Bild 6). Sie werden im Bauwesen, im Metallbau und der Installationstechnik verwendet.

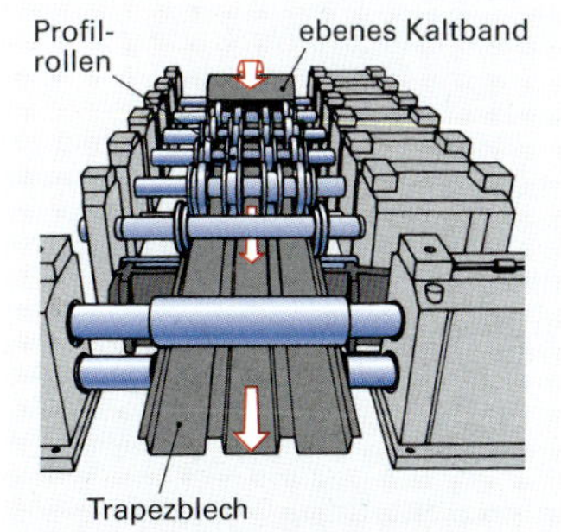

5 **Profilwalzen eines Trapezbleches**

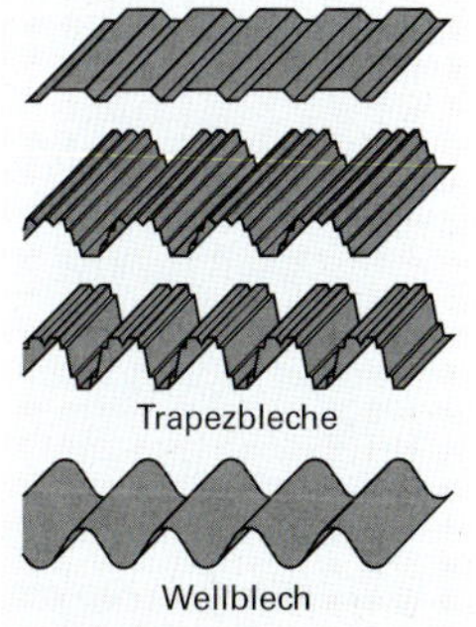

6 **Profilierte Bleche**

Kaltziehen

Beim Kaltziehen erhält der Werkstoff seine Endform durch Ziehen eines Vormaterials durch ein sich verengendes Formwerkzeug (Bild 1). Muss nur die Außenoberfläche glatt und maßhaltig sein, so wird der **Hohlzug** angewandt.

Bei Rahmenprofilen sowie bei geforderter Maßhaltigkeit sowohl außen als auch innen, wird mit **Stopfenzug** gezogen.

Kaltgezogen werden eine Vielzahl von Hohlprofilen, wie z. B. Quadrat-, Rechteck- oder Rundprofile sowie RP-Profile zum Fenster- und Türrahmenbau.

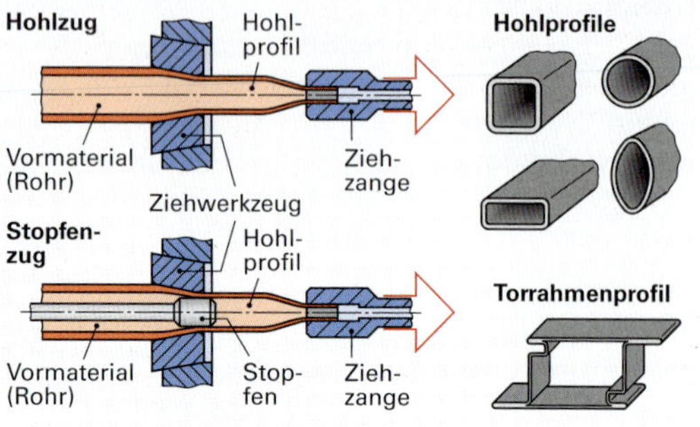

1 **Kaltziehen von Hohlprofilen**

Herstellung von Rohren und Hohlprofilen

Rohre mit kleinem bis mittlerem Durchmesser sowie **Quadrat- und Rechteck-Hohlprofile** fertigt man durch kontinuierliches Formwalzen von Bandstahl und anschließendem Verschweißen der Kanten (Bild 2).

Das Stahlband wird durch mehrere Formwalzen geführt, die es zu einem Schlitzrohr formen. Dann werden die Kanten des Schlitzrohres verschweißt. Dies kann durch elektrisches Widerstandsschweißen oder durch Vorerhitzen mit Induktionsspulen und Pressschweißen erfolgen. Abschließend wird die Schweißnaht normalgeglüht und geschliffen.

Die Hohlprofile werden anschließend in einer Walzstraße aus den Rohren geformt.

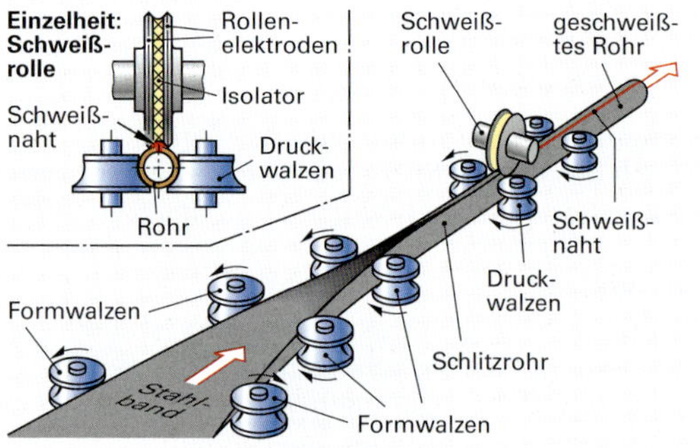

2 **Herstellung geschweißter Rohre**

Großrohre mit Durchmessern von 1 Meter und mehr werden durch Kaltwalzen von Blech oder Band und Verschweißen der Naht gefertigt.

Großrohre mit einer Längsnaht werden aus einer Blechtafel hergestellt, die zu einem Schlitzrohr rundgewalzt wird. Die Längsnaht wird dann von innen und außen verschweißt.

Rohre mit einer schraubenförmigen Schweißnaht werden durch schraubenförmiges Aufwalzen eines Blechbandes und anschließendem Verschweißen der Spiralnaht gefertigt (Bild 3). Das Aufwalzen und Schweißen erfolgt kontinuierlich.

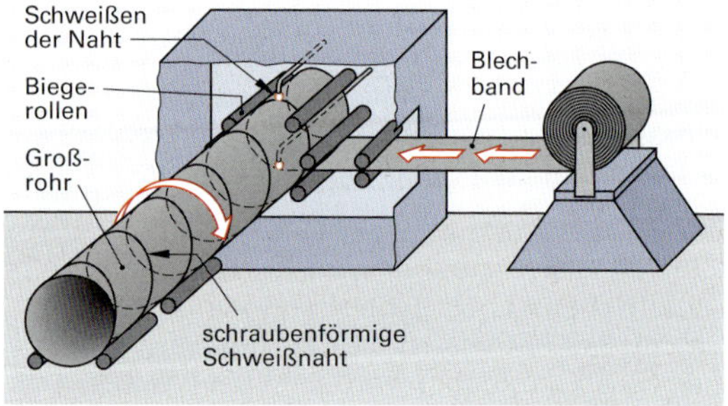

3 **Herstellung von Großrohren mit Schraubennaht**

Überprüfen Sie Ihre Kenntnisse

1 In welche Hauptgruppen teilt man die Werkstoffe ein?
2 Was gibt die Dichte an?
3 Mit welchen Formeln berechnet man die Zugfestigkeit R_m bzw. die Bruchdehnung A?
4 Nennen Sie die wichtigsten fertigungstechnischen Eigenschaften für den Metall- und Stahlbau.
5 Wie erfolgt die Umwandlung von Eisenerz in Eisen mit dem Hochofenprozess?
6 Beschreiben Sie das Sauerstoffaufblasverfahren zur Herstellung von Stahl.
7 Was versteht man unter Frischen?
8 Wie erfolgt die Formgebung zum Stahlerzeugnis beim Warmwalzen?
9 Wie verändert sich beim Warmwalzen das Gefüge des Stahls?
10 Warum besitzen kaltumgeformte Stahlerzeugnisse eine erhöhte Festigkeit?
11 Durch welches Umformverfahren werden profilierte Bleche hergestellt?
12 Beschreiben Sie die verschiedenen Herstellungsverfahren für Rohre?

26.3.3 Normung der Stahlerzeugnisse (Formnormung)

Die Formen der Stahlerzeugnisse wurden aus den Anforderungen der Praxis entwickelt. Ihre genauen Maße und ihre Größenabstufungen, die Maßtoleranzen sowie die verwendeten Werkstoffe, Oberflächenqualitäten und Behandlungszustände sind in DIN- bzw. DIN EN-Normen festgelegt. Sie können dem jeweiligen Normblatt entnommen werden.

Die gebräuchlichsten Stahlerzeugnisse sind in Tabellenbüchern und Stahlprofil-Handbüchern zusammengefasst. Die folgende Tabelle zeigt eine Auswahl wichtiger Stahlerzeugnisse.

Tabelle: Gebräuchliche Stahlerzeugnisse (Auswahl)

Schmale I-Träger Reihe I DIN 1025 T1 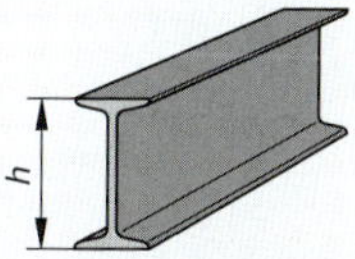 z.B. Schmaler I-Träger von 160 mm Höhe I-Profil DIN 1025 – I180	**Mittelbreite I-Träger** Reihe IPE DIN 1025-5 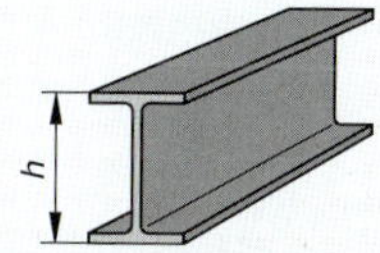 z.B. Mittelbreiter I-Träger von 200 mm Höhe IPE-Profil DIN 1025 – IPE200	**Mittelbreite I-Träger** Reihe IPB DIN 1025-2 ≙ HE-B 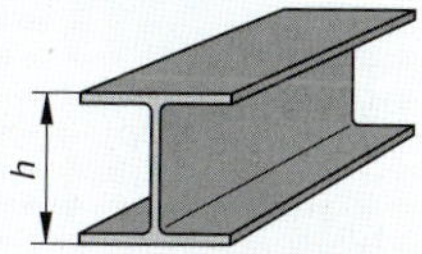 z.B. Breiter I-Träger von 280 mm Höhe IPB280 oder HEB 280	**Breite I-Träger,** verstärkte Ausführung Reihe IPBv DIN 1025-4 ≙ HE-M 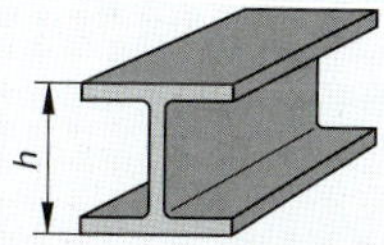 z.B. Breiter I-Träger, verstärkte Ausführung von 300 mm Höhe IPBv300 oder HEM 300
U-Stahl DIN 1026-1 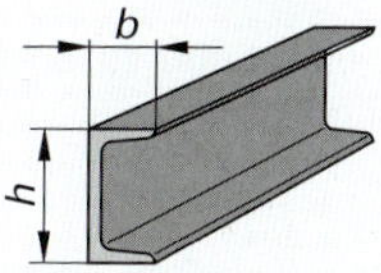 z.B. U-Stahl mit 60 mm Höhe U-Profil DIN 1026 – U 60	**L-Stahl** gleich-schenklig ungleich-schenklig DIN EN 10 056-1 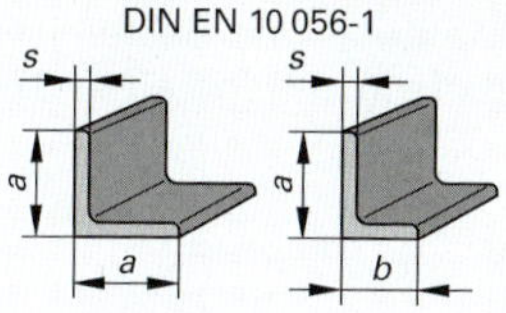 z.B. L-Profil EN 10 056 – L 40 x 4	**Z-Stahl** DIN 1027 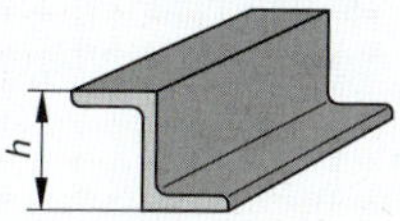 z.B. Z-Stahl mit 80 mm Höhe Z-Profil DIN 1027 – Z 80	**Hochstegiger T-Stahl** DIN EN 10 055 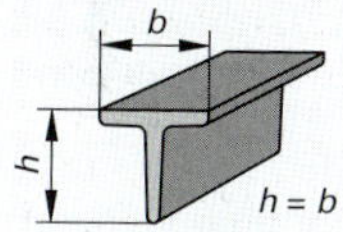 z.B. Hochstegiger T-Stahl von 100 mm Höhe T-Profil DIN EN 10 055 – T 100
Rundstahl DIN EN 10060 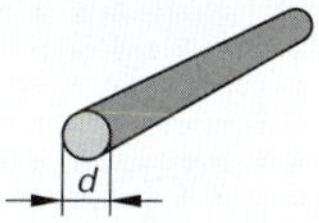 z.B. Rundstahl mit 30 mm Durchmesser, 1200 mm Länge Rundstab EN 10060-30x1200	**Vierkantstahl** DIN EN10059 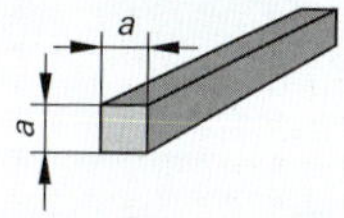 z.B. Vierkantstahl mit 50 mm Seitenlänge, 2100 mm Länge Vierkantstab EN 10059-50x2100	**Sechskantstahl** DIN EN 10061 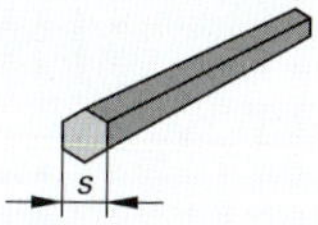 z.B. Sechskantstahl mit 10 mm Schlüsselweite Sechskantstab EN10061-10	**Flachstahl** DIN EN 10058 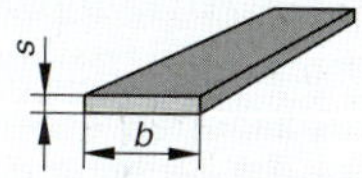 z.B. Flachstahl mit 20 mm Breite und 5 mm Dicke, 800 mm Länge Flachstab EN 10058-20x5x800
Nahtlose Rohre DIN EN 10220 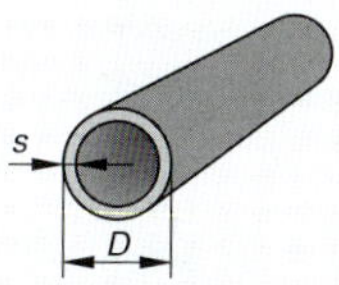 z.B. Nahtloses Rohr mit $D = 42{,}4$ mm, $s = 4$ mm Rohr DIN EN 10220-42,4x4	**Warmgefertigte Hohlprofile mit quadratischem Querschnitt** DIN EN 10210-2 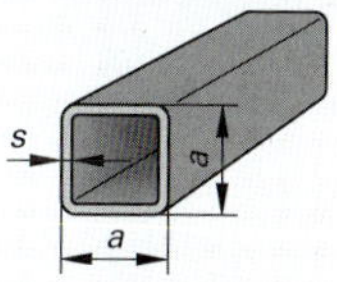 z.B. Hohlprofil mit $a = 60$ mm, $s = 3$ mm Hohlprofil DIN EN 10210-60x3	**Warmgefertigte Hohlprofile mit rechteckigem Querschnitt** DIN EN 10210-2 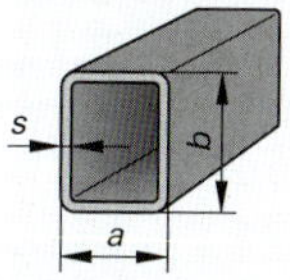 z.B. Hohlprofil $a = 60$ mm, $b = 40$ mm, $s = 2{,}9$ mm Hohlprofil DIN EN 10210-60x40x2,9	**Warmgewalztes Stahlblech** DIN EN 10 051 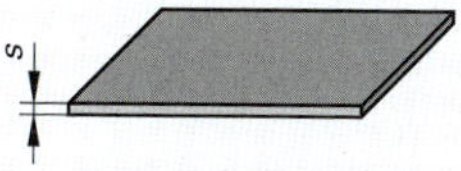 z.B. Blechtafel mit 3 mm Dicke, Breite 800 mm, Länge 2200 mm Blech EN 10 051-3x800x2200

Die Stahlerzeugnisse werden von den Stahlwerken oder stahlverarbeitenden Betrieben auf Lager gefertigt und können vom Besteller nach Bestellliste sofort bezogen werden.

Für die nicht genormten Stahlerzeugnisse gibt es Vereinbarungen der Hersteller über Form, Größenstufungen, Werkstoffe und Lieferzustände. Sie müssen einer Herstellerliste entnommen werden bzw. können beim Hersteller erfragt werden.

Kurzbezeichnung der Stahlerzeugnisse

Die Kurzbezeichnung ist im Normblatt des Stahlerzeugnisses angegeben. Sie setzt sich aus einem Erzeugnissymbol, der Normnummer und den Hauptabmessungen sowie der Werkstoffkurzbezeichnung (Seite 451 bis 453) zusammen.

Die nebenstehenden Beispiele erläutern die Kurzbezeichnung.

Die Bestellung von Material erfolgt mit dieser Kurzbezeichnung. Die gewünschte Menge des Materials wird entweder mit einer Längenangabe, einer Stückzahl oder einer Massenangabe bezeichnet.

Stahlbaufirmen verwenden auch eine **Datenaustauschbezeichnung.**

Erzeugnissymbol bzw. Kurzname	DIN-Nummer oder EN-Nummer	Haupt-abmessungen	Werkstoff-Kurzbezeichnung
Beispiel: Winkelstahl L-Profil	EN 100056	65x50x5-640	S235JR
Ungleichschenkliger Winkelstahl	gemäß DIN EN 10056	65 mm bzw. 50 mm Schenkelhöhe, 5 mm Schenkeldicke, 640 mm Länge	aus Stahl S235JR (USt 37-2)

Beispiel: Träger **IPB-Profil DIN 1025 – S355JR – IPB 280-2200**

IPB-Profil	DIN 1025	S355JR	IPB 280-2200
Breiter I-Träger	gemäß DIN 1025	Werkstoff S355JR (St 52-3N)	Steghöhe 280 mm Länge 2200 mm

Beispiel: Für ein Rechteckiges Hohlprofil nach DIN EN 10210, Hauptabmessungen 60 × 40 × 2,9 heißt die Datenaustauschbezeichnung RRO 60 × 40 × 2,9.
Auch in der Stückliste von Bauteilzeichnungen sind die Werkstoffe mit der Kurzbezeichnung oder der Datenaustauschbezeichnung beschrieben.
Nicht genormte Stahlerzeugnisse sind gemäß den Material- und Bestelllisten der Hersteller zu bestellen. In Zweifelsfällen oder bei Sonderwünschen sind diese anhand einer Skizze zu erläutern.

Weitere Stahl-Fertigerzeugnisse

Es gibt eine Vielzahl weiterer Stahl-Fertigerzeugnisse, die breite Anwendung im Metall- und Stahlbau gefunden haben (Bild 1).

Riffel-, Tränen- und Lochbleche dienen als Belag für Zwischendecken, Arbeitsbühnen und Treppen.

Wellbleche und Trapezbleche werden zu Dächern, Decken und Leichtbauwänden verarbeitet.

Abkantprofile, Hohlprofile und gelochte Profile werden im Stahl-Leichtbau verwendet.

Aus Rahmenhohlprofilen werden Fenster und Türen gefertigt.

Gitterroste werden z. B. zu Treppenstufen und Absätzen, Drahtgeflechte zu Geländern montiert.

Zierstäbe, Handläufe und dazu passende Bauelemente werden zu Geländern, Gittern und Raumteilern verschweißt.

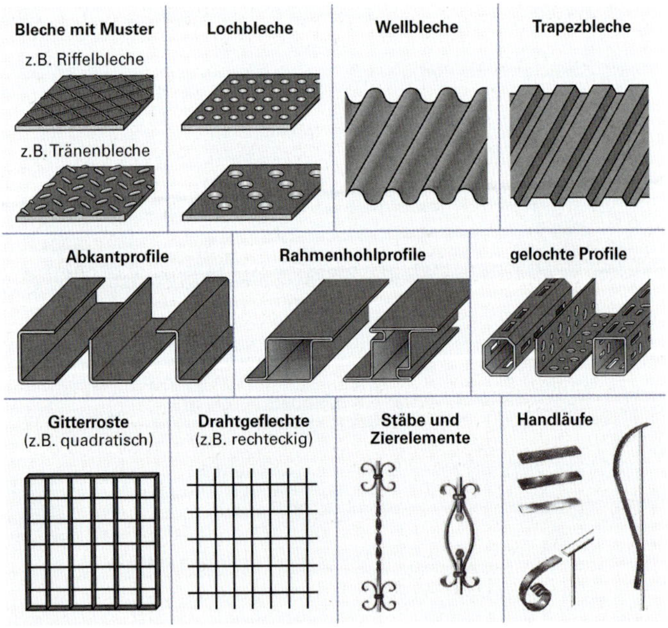

1 Stahl-Fertigerzeugnisse (Auswahl)

Überprüfen Sie Ihre Kenntnisse

1 Mit welcher Bezeichnung erfolgt die Bestellung eines genormten Stahlerzeugnisses?

2 Was bedeutet folgende Kurzbezeichnung: I-Profil DIN 1025 - S275JO – I 120?

3 Welche Kurzbezeichnung hat ein U-Stahl mit 65 mm Höhe aus S235JR nach DIN 1026?

4 Wozu werden Rahmenhohlprofile verwendet?

5 Was ist ein Riffelblech, was ein Abkantprofil?

Kurzbezeichnung der Stähle und Gusseisenwerkstoffe

Zur schnelleren und besseren Verständigung benutzt man für die Werkstoffe Kurznamen. Für die überwiegende Zahl der Stähle und Gusseisenwerkstoffe gibt es Kurznamen nach Europäischer Norm, kurz EN oder DIN EN genannt.
Für die noch nicht auf europäische Normen EN umgestellten Werkstoffe gelten weiterhin die bislang gültigen Kurznamen gemäß den gültigen DIN-Normen.
Außerdem gibt es eine Kennzeichnung der Werkstoffe durch Nummern nach DIN EN 10027-2.

26.3.4 Kurznamen für Stähle und Stahlguss

Das Bezeichnungssystem für Stähle und Stahlguss (DIN EN 10 027-1) unterscheidet zwei Gruppen von Kurznamen.

Gruppe 1	Nach ihrem Verwendungszweck und ihren mechanischen oder physikalischen Eigenschaften bezeichnete Stähle

Diese Kurznamen bestehen aus Hauptsymbolen sowie aus Zusatzsymbolen (siehe Beispiel rechts).

Die **Hauptsymbole** des Kurznamens bestehen aus einem Kennbuchstaben für die Stahlsorte, z. B. S, P, L, E und der Mindeststreckgrenze in N/mm^2 (siehe Tabelle unten, linke Spalte).

Stahlguss wird durch ein vorangestelltes G kenntlich gemacht.

Die **Zusatzsymbole** des Kurznamens sind in zwei Gruppen gegliedert. (Siehe Tabelle, unten)

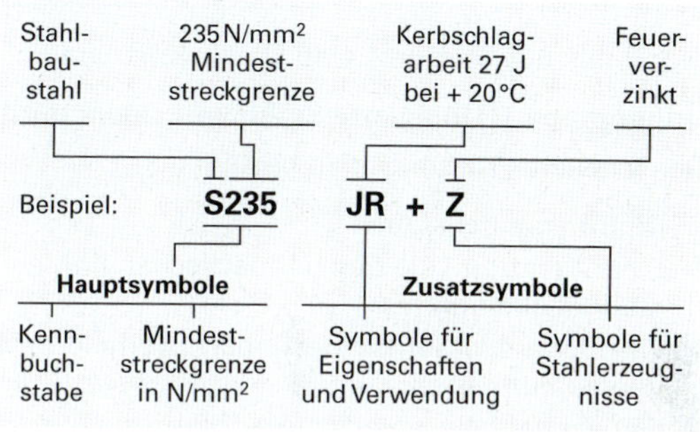

Die **Zusatzsymbolgruppe 1** enthält für die unlegierten Baustähle Symbole für die Kerbschlagarbeit bei einer bestimmten Prüftemperatur, z. B. JR bedeutet: Der Stahl hat eine Kerbschlagarbeit von 27 J bei + 20 °C. Für die Feinkornbaustähle werden Angaben zur Wärmebehandlung gemacht z. B. A, M, N oder Q. Weitere Unterscheidungsmerkmale werden durch den Buchstaben G und 1 oder 2 Ziffern gemacht.

Die **Zusatzsymbolgruppe 2** bezeichnet besondere Eigenschaften oder die Eignung für spezielle Verarbeitungsverfahren oder Verwendungszwecke sowie chemische Symbole für besondere Legierungselemente.

Für die Beschreibung von **Stahlerzeugnissen** werden nach einem Pluszeichen (+) weitere Symbole für Eigenschaften, für besondere Sorten oder für Beschichtungen angehängt.

Tabelle 1: Symbole für die Kurznamen der Stähle von Gruppe 1

Hauptsymbole		Zusatzsymbole				
Kenn-Buchstaben	**Mechanische Eigenschaften**	**Zusatzsymbolgruppe 1**				**Zusatzsymbolgruppe 2**
S Stähle für den Stahlbau E Maschinenbaustähle D Flacherzeugnisse zum Kaltumformen H Flacherzeugnisse aus höherfesten Stählen zum Kaltumformen P Stähle für Druckbehälter L Stähle für Leitungsrohre B Betonstähle G Stahlguss (wenn erforderlich)	Mindeststreckgrenze R_e in N/mm^2 für die geringste Erzeugnisdicke oder bei Flacherzeugnissen: Art des Walzens	Kerbschlagarbeit 27 J JR J0 J2 J3 J4 J5 J6	40 J KR K0 K2 K3 K4 K5 K6	60 J LR L0 L2 L3 L4 L5 L6	bei Prüftemp. in °C + 20 0 – 20 – 30 – 40 – 50 – 60	C Mit besonderer Kaltumformbarkeit D Schmelztauchüberzüge E Für Emaillierung F Zum Schmieden H Hohlprofile L Für tiefe Temperaturen M Thermomechanisch gewalzt N Normalgeglüht oder normalisierend gewalzt O Für Offshore P Spundwandstahl Q Vergütet S Für Schiffbau T Für Rohre W Wetterfest Cu Chemische Symbole für vorgeschriebene zusätzliche Elemente, z. B. Cu (falls erforderlich mit 0,1 % des Gehalts)
		A Ausscheidungshärtend M Thermomechanisch gewalzt N Normalgeglüht oder normalisierend gewalzt Q Vergütet G Andere Merkmale mit 1 oder 2 Ziffern Die Buchstaben A, M, N und Q gelten nur für Feinkornbaustähle				**Für Stahlerzeugnisse** +C Grobkornstahl +F Feinkornstahl +H mit besonderer Härtbarkeit +Z Feuerverzinkt +ZE Elektrolytisch verzinkt +A Weichgeglüht +N Normalgeglüht +QT Vergütet

Beispiele für Kurznamen von Stählen und Stahlguss-Werkstoffen der Gruppe 1

S235JR Stahlbaustahl (S) mit 235 N/mm² Mindeststreckgrenze, Kerbschlagarbeit = 27 J bei 20 °C (JR)

S355J2W Wetterfester (W) Stahlbaustahl (S) mit 355 N/mm² Mindeststreckgrenze, Kerbschlagarbeit = 27 J bei –20 °C (J2)

P275NL1 Druckbehälterstahl (P) mit 275 N/mm² Mindeststreckgrenze, normalgeglüht (N), für tiefe Temperaturen (L1), d. h. kaltzäher Stahl

GP40 Stahlguss (G) für den Druckbehälterbau (P) mit 240 N/mm² Mindeststreckgrenze

DC03+Z Flacherzeugnis (D), kaltgewalzt (C), Gruppe 03, Feuerverzinkt (+Z)

Hinweis: Die neuen Kurznamen werden ohne Zwischenräume geschrieben.

Gruppe 2	**Nach ihrer chemischen Zusammensetzung bezeichnete Stähle**

Die Stähle der Gruppe 2 sind für die Kurznamen in vier Untergruppen unterteilt.

Untergruppe 1: Unlegierte Stähle mit einem mittleren Mangangehalt < 1 % (außer Automatenstähle)

Der Kurzname dieser Stähle besteht aus:

- Dem Kennbuchstaben C
- Einer Kennzahl, die den hundertfachen Kohlenstoffgehalt angibt
- Ein Zusatzsymbol für besondere Gehalte und Verwendungen
- Gegebenenfalls ein oder zwei Ziffern zur Unterscheidung von Stahlsorten (nicht bei E und R).

(Siehe nebenstehendes Beispiel)

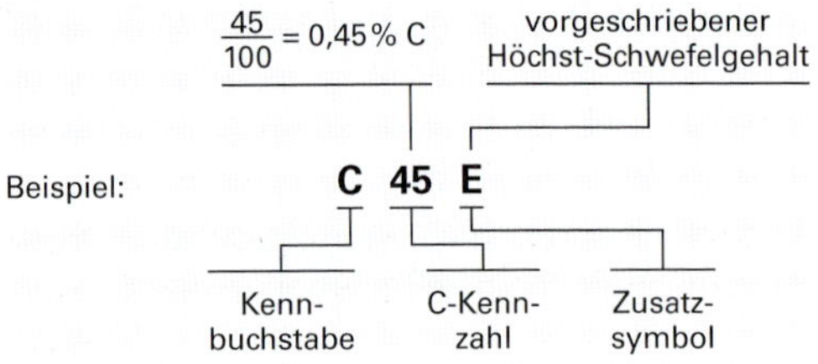

Untergruppe 2: Unlegierte Stähle mit einem mittleren Mangangehalt ≥ 1 %, **unlegierte Automatenstähle** sowie **legierte Stähle mit Gehalten der einzelnen Legierungselemente < 5 %** (außer Schnellarbeitsstähle).

Ihr Kurzname (siehe nebenstehendes Beispiel) besteht in der genannten Reihenfolge aus:

- der Kohlenstoffkennzahl (100-facher C-Gehalt)
- den chemischen Symbolen der wesentlichen Legierungselemente
- den Legierungselement-Kennzahlen in der selben Reihenfolge. Sie werden durch einen Bindestrich voneinander getrennt.

Der Kurzname wird ohne Zwischenräume geschrieben.

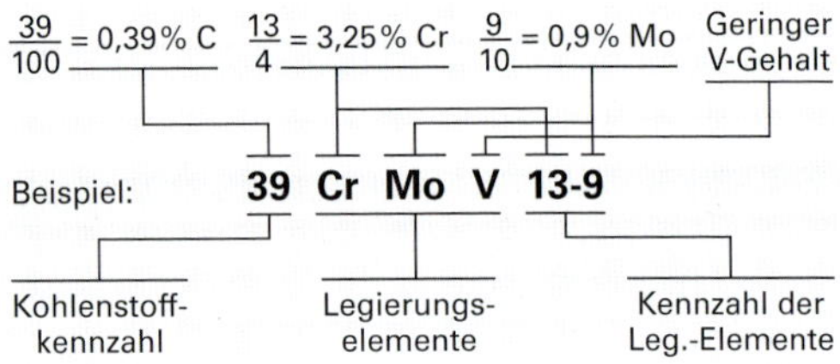

Den Gehalt der Legierungselemente kann man durch Dividieren der Legierungselement-Kennzahlen mit einem Faktor berechnen.

Es gibt drei Kennzahlfaktoren:

Kennzahlfaktor 4 gilt für	Chrom Cr	Cobalt Co	Mangan Mn	Nickel Ni	Silicium Si	Wolfram W		
Kennzahlfaktor 10 gilt für	Aluminium Al	Kupfer Cu	Molybdän Mo	Niob Nb	Blei Pb	Tantal Ta	Titan Ti	Vanadium V
Kennzahlfaktor 100 gilt für	Kohlenstoff C	Phosphor P	Schwefel S	Stickstoff N	Cer Ce			

Beispiel: **39CrMoV13-9** ist ein legierter Stahl mit 39 : 100 = 0,39 % C, 13 : 4 = 3,25 % Cr, 9 : 10 = 0,9 % Mo und geringem Vanadiumgehalt.

Untergruppe 3: Nichtrostende Stähle und andere legierte Stähle, wenn mindestens für ein Legierungselement der Gehalt größer als 5 % beträgt (außer Schnellarbeitsstählen).

Der Kurzname dieser Stähle besteht aus:

- dem Kennbuchstaben X
- der Kohlenstoff-Kennzahl (100-facher C-Gehalt)
- den chemischen Symbolen der wesentlichen Legierungselemente
- den Gehalten der Legierungselemente in derselben Reihenfolge. (Durch Bindestrich getrennt)

Beispiel: X15CrNiSi20-12 ist ein nichtrostender Stahl mit 0,15 % C, 20 % Cr, 12 % Ni und wenig Si.

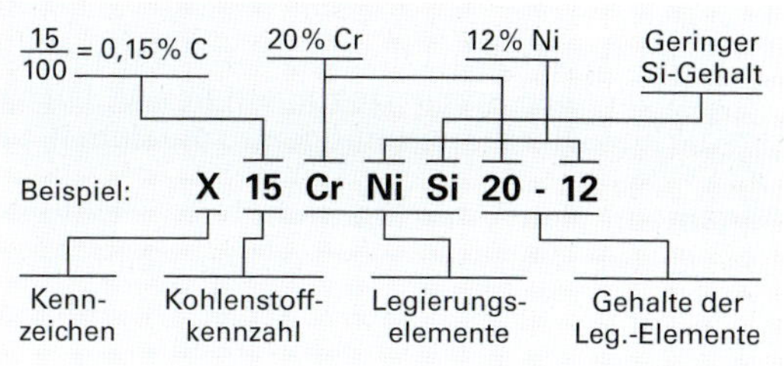

Untergruppe 4: Schnellarbeitsstähle

Der **Kurzname** der Schnellarbeitsstähle setzt sich in der nachstehenden Reihenfolge zusammen aus:

- den Kennbuchstaben HS
- Zahlen, die in der Reihenfolge – Wolfram (W), Molybdän (Mo), Vanadium (V), Cobalt (Co) – die Gehalte dieser Legierungselemente in Prozent angeben. Sie sind durch Bindestriche getrennt.

Beispiel: HS18-1-2-5 ist ein Schnellarbeitsstahl mit 18 % W, 1 % Mo, 2 % V und 5 % Co.

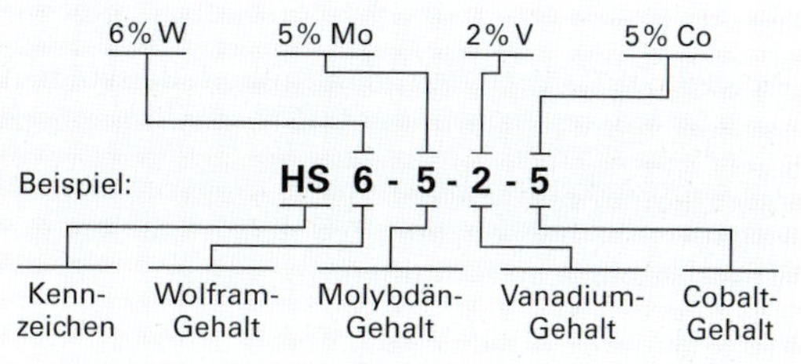

26.3.5 Kurznamen für Gusseisenwerkstoffe

Die ersten vier Zeichen der Gusseisen-Kurznamen sind **EN-GJ,** mit G für Guss und J für Eisen (Iron).

Dann folgt ein Kennbuchstabe für die Grafitstruktur, z. B. **L** für Lamellengrafit, **S** für Kugelgrafit, **M** für Temperkohle, **N** für grafitfrei usw.

Nach einem Bindestrich werden noch Kurzangaben entweder zu mechanischen Eigenschaften oder zur Zusammensetzung gemacht.

Bei **Gusseisenwerkstoffen,** die durch ihre **Festigkeit** klassifiziert sind, gibt die Zahl die Mindestzugfestigkeit in N/mm² an.

Falls eine zweite Zahl genannt ist, gibt diese die Bruchdehnung an.

Beispiel: EN-GJMW-350-4 ist ein weißer Temperguss mit 350 N/mm² Zugfestigkeit und 4 % Bruchdehnung.

Bei **Gusseisenwerkstoffen,** deren wichtigste Eigenschaft die **Härte** ist, wird der Härtewert im Kurzzeichen angegeben.

Beispiel: EN-GJL-HB235 ist ein Gusseisen mit einer Brinellhärte von 235.

Gusseisenwerkstoffe, die durch die **Zusammensetzung** gekennzeichnet sind, enthalten nach den Gusseisen-Kennbuchstaben einen Zusammensetzungs-Kurznamen wie bei den legierten Stählen.

Gusseisen-Kurzname mit Angabe der Zugfestigkeit

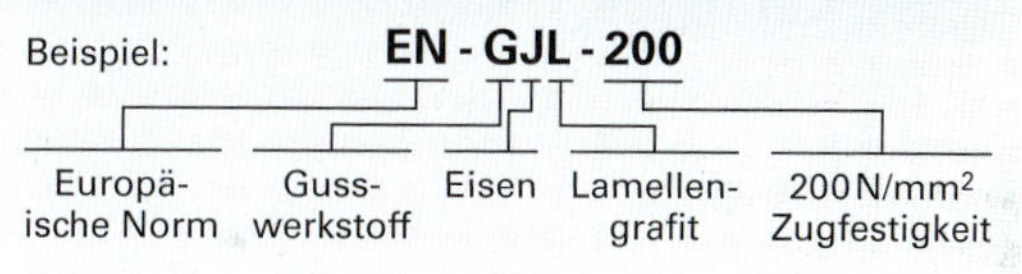

Gusseisen-Kurzname mit Angabe der Härte

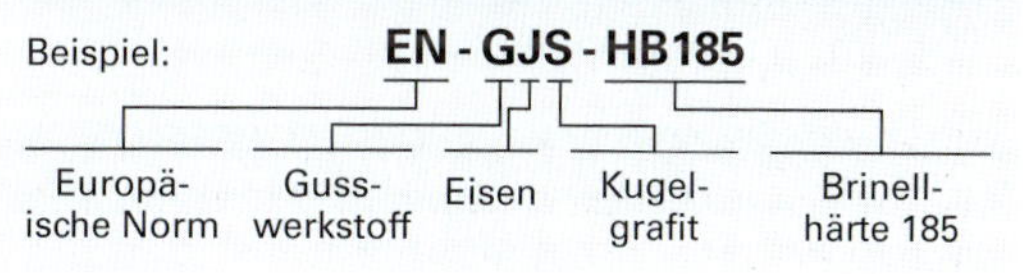

Gusseisen-Kurzname mit Angabe der Zusammensetzung

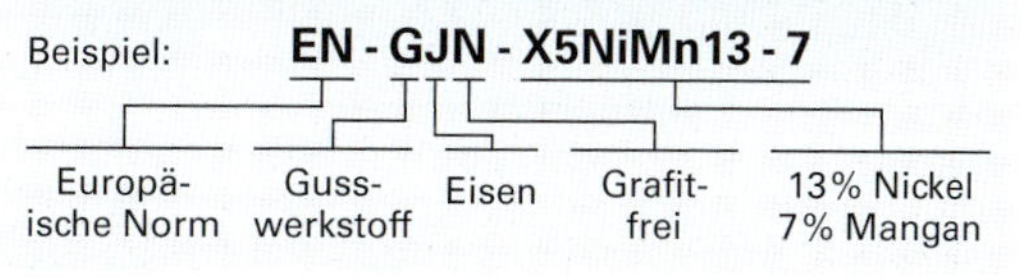

Beispiel: EN-GJL-X5NiMn13-7 ist legiertes Gusseisen mit 0,05 % C, 13 % Ni und 7 % Mn.

26.3.6 Alte Kurznamen der Stähle und Gusseisenwerkstoffe

In älteren Herstellerkatalogen und Büchern werden häufig noch die alten Bezeichnungen für Stähle und Gusseisenwerkstoffe nach DIN verwendet.

Für eine Übergangszeit bis zur vollständigen Umstellung auf DIN EN-Kurznamen wird das geduldet. Bei **Bestellungen** und in **Dokumenten** sind nur noch die neuen Bezeichnungen nach DIN EN zulässig. Um die alten Kurzbezeichnungen zu verstehen, werden die wichtigsten hier nochmal kurz erläutert.

Allgemeine Baustähle (heutiger Name: Unlegierte Baustähle)

Das alte **Kurzzeichen** besteht aus dem Kennzeichen St und einer Festigkeitskennzahl (siehe Beispiel rechts). Zusätzlich gibt eine angehängte Zahl (eine 2 oder 3) die Gütegruppe an.

Die Festigkeitskennzahl entspricht etwa 1/10 der Mindestzugfestigkeit in N/mm². Durch Multiplizieren der Festigkeits-Kennzahl mit dem Faktor 9,81 · N/mm² kann man die Mindestzugfestigkeit in N/mm² ermitteln.

Beispiel: St 37-2 ist ein allgemeiner Baustahl der Gütegruppe 2 mit 37 · 9,81 N/mm² = gerundet 360 N/mm² Mindestzugfestigkeit.

Zur Kennzeichnung besonderer Eigenschaften können noch Buchstaben vorangestellt werden, z. B. K bei Stählen zum Walzprofilieren oder **WT** bei wetterfesten Stählen.

Beispiele: KSt 360-3, WTSt 510-3.

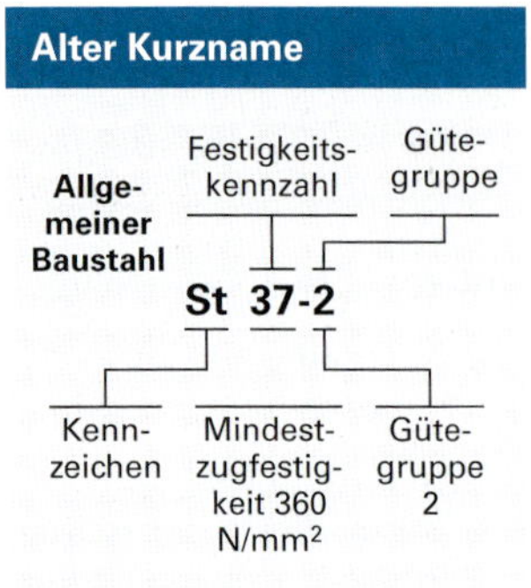

Schweißgeeignete Feinkornbaustähle

Die schweißgeeigneten Feinkornbaustähle hatten früher als Kurzzeichen die Buchstaben **StE** und die Mindeststreckgrenze in N/mm² (siehe rechts).

Beispiel: StE 255 Feinkornbaustahl mit 255 N/mm² Mindeststreckgrenze.

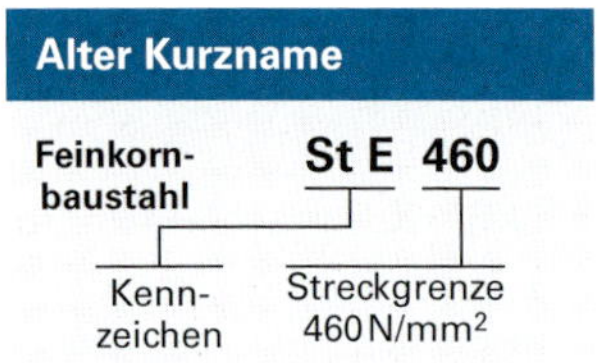

Gusseisenwerkstoffe

Das alte Kurzzeichen der Gusseisenwerkstoffe besteht aus einem Guss-Kennzeichen (z. B. GG) sowie Zahlen oder Buchstaben (siehe rechts stehendes Beispiel).

Bei den gebräuchlichsten Gussarten: Gusseisen mit Lamellengrafit **(GG-)**, Gusseisen mit Kugelgrafit **(GGG-)**, Temperguss **(GTW-, GTS-)** und unlegiertem Stahlguss **(GS-)** steht hinter dem Kennzeichen eine Festigkeits-Kennzahl. Multipliziert mit 9,81 N/mm² ergibt sie die Mindestzugfestigkeit des Gusswerkstoffes.

Beispiel: GG-30 ist ein Gusseisen mit Lamellengrafit mit 30 · 9,81 N/mm² ≈ 294 N/mm² Zugfestigkeit.

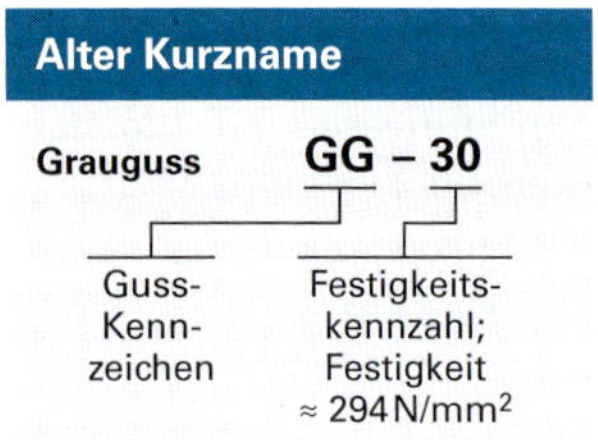

Kurznamen nach DIN EN und DIN im Vergleich

Neuer Kurzname nach DIN EN 10027-1	Alter Kurzname nach alter DIN	Erläuterung der DIN EN–Kurznamen
S235JR	R St 37-2	Stahlbaustahl mit einer Mindeststreckgrenze von 235 N/mm², Kerbschlagarbeit 27 J bei +20 °C
S355J0	St 52-3U	Stahlbaustahl mit einer Mindeststreckgrenze von 355 N/mm², Kerbschlagarbeit 27J bei 0 °C
S235J2W	WT St 37-3	Wetterfester Stahlbaustahl mit einer Mindeststreckgrenze von 235 N/mm², Kerbschlagarbeit 27 J bei – 20 °C
P265GH	H II	Druckbehälterstahl mit einer Mindeststreckgrenze von 265 N/mm², warmfest (GH)
EN-GJL-250	GG-25	Gusseisen mit Lamellengrafit (Grauguss), Mindestzugfestigkeit 250 N/mm²

26.3.7 Werkstoffnummern für Stähle, Gusseisenwerkstoffe und Stahlguss

Neben den genormten Kurznamen werden die Werkstoffe mit einer Werkstoffnummer bezeichnet. Diese Bezeichnungsart eignet sich besonders für die Bestellung, Bevorratung usw. mit elektronischer Datenverarbeitung (EDV): Aus den Werkstoffnummern ist die Zusammensetzung des Werkstoffs nicht direkt ersichtlich. Aus den ersten drei Ziffern ist nur eine Zuordnung zu einer Werkstoffgruppe möglich.

Werkstoffnummern für Stähle und Stahlguss

Die Werkstoffnummer für Stähle und Stahlguss besteht aus fünf Ziffern, die mit einem Punkt nach der ersten Ziffer unterteilt sind (siehe nebenstehendes Beispiel S275J0).

Die erste Ziffer gibt die **Werkstoff-Hauptgruppe** an: für Stahl und Stahlguss 1. Die nächsten zwei Ziffern sind die Gruppennummern und die weiteren zwei Ziffern sind Zählnummern. Bei Bedarf kann ein Zusatzsymbol angehängt werden.

Die **Gruppennummern** für die Stähle werden im Wesentlichen nach der Zusammensetzung und den Eigenschaften gebildet. Die unlegierten Stahlbaustähle haben z. B. die Stahlgruppennummern 00, 01, 90 und 91, sonstige Baustähle 02, 92, 03 bis 06 und 93 bis 96. Schnellarbeitsstähle haben die Stahlgruppennummern 32 und 33, die nichtrostenden Stähle die Stahlgruppennummern 40 bis 46.

Die **Zählnummern** sind einem ganz bestimmten Werkstoff zugeordnet.

Der Stahl S235JR (St 37-2) hat z. B. die Gruppennummer 00 und die Zählnummer 38 (siehe nebenstehendes Beispiel).

Stahlguss-Werkstoffe haben eine Werkstoffnummer aus fünf Ziffern mit Punkt wie die Stähle (siehe nebenstehendes Beispiel). Sie besteht aus der 1 für Stahlguss sowie nach dem Punkt der zweiziffrigen Gruppen- und Zählnummer.

Werkstoffnummern für Gusseisenwerkstoffe

Auch die Gusseisenwerkstoffe können mit einer Werkstoffnummer benannt werden. Sie ist ähnlich aufgebaut wie bei den Stählen.

Die erste Ziffer, die die Werkstoffgruppe kennzeichnet, ist für alle Gusseisenwerkstoffe die 5 (siehe nebenstehendes Beispiel).

Nach dem Punkt folgen eine Ziffer für die Grafitstruktur (2. Ziffer) und dann eine Ziffer für das Grundgefüge (3. Ziffer). Die 4. und 5. Ziffer sind Zählnummern für einen speziellen Werkstoff.

Beispiel: Stahl S275J0

1.0143

Werkstoff-Hauptgruppe	Stahlgruppennummer	Zählnummer

Beispiel: S275JR

1.0038

Werkstoff-Hauptgruppe: 1 Stahl	Stahlgruppennummer: 00 Grundstahl	Zählnummer: 38 für Stahl S235JR

Beispiel: Stahlguss GS-20Mn5

1.1120

1: Stahlguss	11: Stahlbau-Stahlguss	Zählnummer: 20 für GS-20Mn5

Beispiel: Werkstoffnummer für Gusseisenwerkstoff

5.3201

Ziffer 5 Gusseisen	Kugeliger Grafit	Ferrit/Perlit-Gefüge	Zählnummer 01 für EN-GJS-600-3

Überprüfen Sie Ihre Kenntnisse

1 Ein Stahl hat den Kurznamen S275J0. Was kann aus dem Kurznamen abgelesen werden?

2 Um welche Werkstoffe handelt es sich bei
a) 2C30 b) 34Cr4 c) X40Cr13 d) EN-GJL-100

3 Welche Zusammensetzung kann aus dem Kurznamen abgeleitet werden?
a) 45CrV7-7 b) X5CrNiMo17-12-2 c) HS6-5-2

4 Wie ist eine Werkstoffnummer für Stähle aufgebaut?

5 In einem älteren Herstellerkatalog ist der Stahl St 50-2 genannt. Um welche Stahlsorte handelt es sich und welche Eigenschaften sind aus dem Kurznamen ablesbar?

6 Welche Stahlsorte, welche Eigenschaften und welche Zusammensetzung kann man aus den folgenden Kurznamen ablesen?
a) 42CrMo4 b) C60 c) X5CrNi18-10
d) HS10-4-3-10 e) DC04 f) S355J2

26.3.8 Einteilung der Stähle und Gusseisenwerkstoffe

Als **Stähle** bezeichnet man Werkstoffe, deren Hauptbestandteil Eisen ist, die im Allgemeinen weniger als 2 % Kohlenstoff aufweisen und die zusätzlich andere Elemente enthalten.

Gusseisenwerkstoffe sind Eisen-Basiswerkstoffe mit einem Kohlenstoffgehalt von meist 3 % bis 4 %.

Einteilung der Stähle nach der Verwendung

Nach Ihrer Verwendung werden die Stähle und Gusseisenwerkstoffe in vier Gruppen eingeteilt:

Stahlbaustähle

Maschinenbaustähle

Werkzeugstähle

Gusseisenwerkstoffe

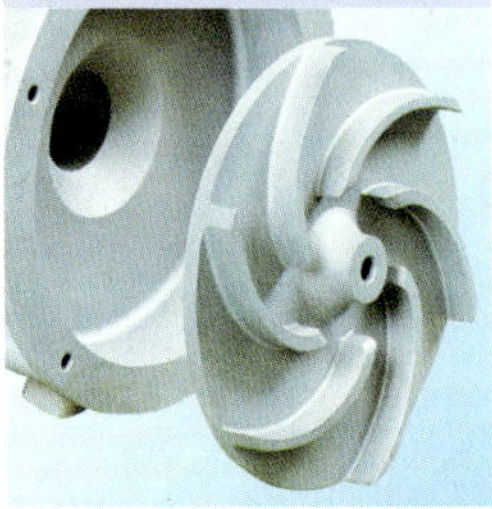

Die Stähle und Gusseisenwerkstoffe enthalten aus dem Herstellungsprozess Kohlenstoff (Seite 444). Er gilt nicht als Legierungselement, sondern wird als Eisenbegleiter bezeichnet. Der Kohlenstoffgehalt bestimmt jedoch wesentlich die Eigenschaften der Werkstoffe.

Als Faustregel gilt: Stahlbaustähle und Maschinenbaustähle enthalten 0,1 % bis 0,6 % Kohlenstoff, Werkzeugstähle 0,35 % bis 1,5 % Kohlenstoff und Gusseisen 3 % bis 4 % Kohlenstoff.

Einteilung der Stähle nach der chemischen Zusammensetzung

Nach der Zusammensetzung teilt man die Stähle in **unlegierte Stähle, nichtrostende Stähle** und **andere legierte Stähle** ein (Bild 1). Bezüglich der Reinheit unterscheidet man Qualitätsstähle und Edelstähle.

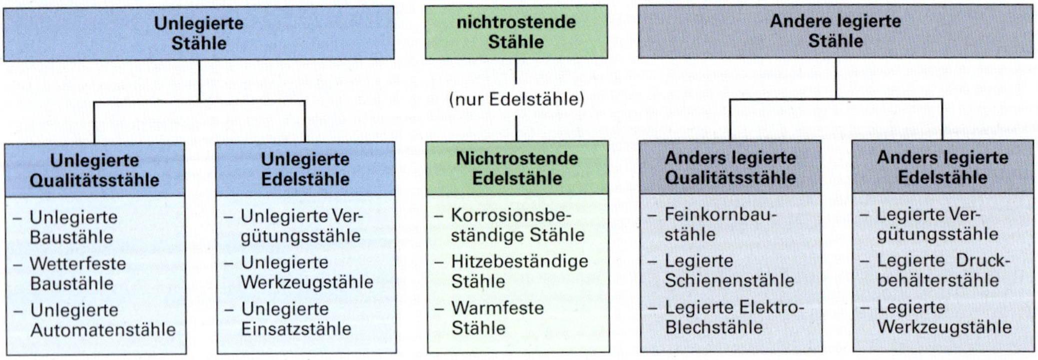

1 Einteilung der Stähle nach der Zusammensetzung

Unlegierte Stähle sind Stahlsorten, bei denen keiner der festgelegten Grenzwerte an Legierungselementen in Tabelle 1 erreicht wird.

Die nichtrostenden Stähle haben einen Chromgehalt von mindestens 10,5 % und höchstens 1,2 % Kohlenstoff. Zu ihnen gehören die **korrosionsbeständigen Stähle** sowie die hitzebeständigen und warmfesten Stähle.

Andere legierte Stähle sind Stahlsorten, die wenigstens einen der Grenzwerte überschreiten und keine nichtrostenden Stähle sind.

Hauptgüteklassen der Stähle. Nach ihrer Reinheit bzw. der Genauigkeit der Zusammensetzung ordnet man die Stähle den **Qualitätsstählen** oder den **Edelstählen** zu. Die Edelstähle zeichnen sich durch eine besonders hohe Reinheit aus und ergeben durch Wärmebehandlung gewährleistete Härte- und Festigkeitswerte.

Tabelle 1: Grenzwerte

Aluminium (Al)	0,30 %
Chrom (Cr)	0,30 %
Kupfer (Cu)	0,40 %
Mangan (Mn)	1,65 %
Nickel (Ni)	0,30 %
Blei (Pb)	0,40 %
Silicium (Si)	0,60 %
Cobalt (Co)	0,60 %
Wolfram (W)	0,30 %

26.3.9 Stähle für den Metallbau und Stahlbau

Aus diesen Stählen, häufig einfach als Baustähle bezeichnet, werden Stahlgerüste, Geländer, Stahltreppen, Stahltore, Stahlbauskeletthallen, Freileitungsmaste, Spundwände, Schienen, Karosserierahmen, Maschinengestelle usw. gefertigt (Bild 1).

Stahlbaustähle kommen als warm- oder kaltgewalzte Stahlerzeugnisse in Form von Trägern, Profilen, Rohren, Stangen, Blechen, Bändern und Drähten in den Handel (Seite 449) und werden nach dem Zuschnitt durch Schweißen oder Verschrauben zu den fertigen Bauteilen und Bauwerken gefügt.

Stahlbaustähle verwendet man im Metallbau, im Stahlbau und im Maschinenbau. Ihre Gebrauchsfestigkeit ist im Anlieferungszustand vorhanden. Sie sind nicht für eine Wärmebehandlung geeignet.

Unlegierte Baustähle

Unlegierte Baustähle sind preiswerte Stähle mit mittlerer Festigkeit und Streckgrenze für niedrige bis mittlere Belastung. Es sind beruhigte (FN) oder vollberuhigte (FF) Qualitätsstähle.

Sie werden überwiegend zu warmgewalzten Lang- und Flacherzeugnissen verarbeitet (Seite 446).

Diese Fertigerzeugnisse werden durch Umformen und Schweißen zu den Bauteilen gefertigt.

Die warmgewalzten Erzeugnisse aus unlegierten Baustählen sind nach DIN EN 10025-2 genormt (siehe nebenstehende Tabelle).

Ihr **Kurzname** besteht aus einem **S** (für Stahlbaustähle) oder einem **E** (für Maschinenbaustähle) und der Mindeststreckgrenze in N/mm². Zusätzlich können durch einen Anhang weitere Eigenschaften genannt sein (siehe Seite 451).

Der Stahl **S235JR** (alter Kurzname St 37-2) ist der gebräuchlichste unlegierte Baustahl für niedrig belastete Bauteile. Er wird überwiegend zu geschweißten Bauwerken und Bauteilen sowie zu gering belasteten Stahlkonstruktionen verarbeitet (Bild 1).

Für hochbelastete Bauteile, z. B. ausladende Stahlkonstruktionen oder tragende Karosserieteile, kommt bevorzugt der unlegierte Baustahl **S355J0** (alter Kurzname St 52-3U) zum Einsatz. Seine hohe Festigkeit und Streckgrenze erhält er durch einen erhöhten Mangangehalt (etwa 1,6 %) und einen Aluminiumzusatz. Sie bewirken ein feines Gefügekorn, das durch eine geregelte Temperaturführung beim Walzen eingestellt wird.

Tabelle 1: Warmgewalzte Erzeugnisse aus unlegierten Baustählen (DIN EN 10 025-2)

Kurzname nach DIN EN 10025-2	Früherer Kurzname nach DIN 17100	Werkstoffnummer	Kohlenstoffgehalt %	Streckgrenze[1] R_e N/mm²	Zugfestigkeit[2] R_m N/mm²	Bruchdehnung K %
Unlegierte Baustähle für den Stahlbau						
S185	St 33	1.0035	–	145...185	290...510	15...18
S235JR	St 37-2	1.0038	0,17	175...235	360...510	21...26
S235J2	–	1.0117	0,17	175...235	360...510	21...24
S275J0	St 44-3U	1.0143	0,18	205...275	410...560	18...23
S355J0	St 52-3U	1.0553	0,20	275...355	470...630	17...22
Unlegierte Baustähle für den Maschinenbau						
E295	St 50-2	1.0050	–	225...295	470...610	15...20
E335	St 60-2	1.0060	–	255...335	570...710	11...16
E360	St 70-2	1.0070	–	285...360	670...830	7...11

Kohlenstoffgehalt: – bedeutet nicht festgelegt

1) Für Erzeugnis-Nenndicken von 16 mm bis 250 mm

2) Für Nenndicken von 3 mm bis 100 mm

Die kleineren Erzeugnisdicken haben die höheren Festigkeitswerte.

1 Schiebetor aus unlegiertem Baustahl S235JR

Schweißeignung der unlegierten Baustähle

Die Schweißeignung der Stähle hängt vor allem von ihrem Kohlenstoffgehalt ab. Uneingeschränkt zum Schweißen geeignet sind die unlegierten Baustähle für den Stahlbau (Kennbuchstabe S) mit weniger als 0,22 % Kohlenstoff. Gut schweißbar sind z. B. die Baustähle S235J0 (St 37-3U) und S355J0 (St 52-3U). Die Festigkeit ihrer Schweißnähte entspricht annähernd der Festigkeit des Grundwerkstoffs.

Weniger zum Schweißen geeignete Stähle, wie z. B. S185 (St 33), ergeben Schweißnähte verminderter Festigkeit. Nur bedingt zum Schweißen geeignet sind die unlegierten Baustähle für den Maschinenbau E295 (St 50-2), E335 (St 60-2) oder E360 (St 70-2). Sie werden besser durch Nieten oder Schrauben gefügt.

Wetterfeste Baustähle

Die wetterfesten Baustähle nach DIN EN 10025-5 sind unlegierte Stähle und besitzen durch einen geringen Zusatz von Chrom, Kupfer und Nickel eine verbesserte Korrosionsbeständigkeit. Diese Stähle rosten zwar, ihre Korrosion ist jedoch wesentlich verlangsamt. Durch einen zusätzlichen Schutzanstrich können Bauteile aus wetterfesten Stählen über lange Jahre gegen Korrosion geschützt werden. Sie werden bevorzugt dann eingesetzt, wenn große Bauteile wegen ihrer Größe nicht durch Verzinken vor Korrosion geschützt werden können, wie z. B. Brücken, Türme, Freileitungsmaste, Stahlskelette (Bild 1).

Wetterfeste Stähle haben im Kurznamen ein W, z. B. **S235J2W** (früher WT St 37-3).

1 **Brücke aus wetterfestem Stahl S235J2W**

Schweißgeeignete Feinkornbaustähle

Für Bauteile mit hoher Beanspruchung und erforderlicher Schweißeignung, wie z. B. für Tragwerke (Bild 2), werden im Stahlbau die schweißgeeigneten Feinkornbaustähle nach DIN EN 10 025-3 und 10 025-4 eingesetzt (Tabelle).

Es gibt sie in der Ausführung normalgeglüht gewalzt (N) oder thermomechanisch gewalzt (M) sowie jeweils in einer Ausführung für tiefe Temperaturen bis – 50 °C (NL oder ML), wie z. B. S275NL.

Sie enthalten rund 0,20 % Kohlenstoff, 0,20 % Silicium, jeweils 0,03 % Phosphor und Schwefel, je nach Sorte 0,5 % bis 1,7 % Mangan, 0,3 % bis 0,8 % Nickel, 0,3 % Chrom, 0,55 % Kupfer sowie geringe Mengen an Vanadium (bis 0,20 %), Niob (bis 0,05 %) und Titan (0,03 %).

Der geringe Kohlenstoffgehalt von 0,20 % macht die Feinkornbaustähle gut schweißbar. Die Legierungselemente Mangan, Chrom, Nickel und Kupfer erhöhen die Festigkeit und Zähigkeit. Kupfer, Chrom und Nickel verbessern zudem die Korrosionsbeständigkeit.

Die Mikrolegierungselemente Vanadium, Niob und Titan bewirken die Kornverfeinerung sowie die feinverteilte Ausscheidung harter Metallcarbide. Die beiden Effekte haben die erhöhten Werte der Streckgrenze zur Folge.

Tabelle 1: Schweißgeeignete Feinkornbaustähle

Kurzname nach DIN EN 10025-3 und -4	Früherer Kurzname nach DIN 17102	Werkstoffnummer	Streckgrenze[1] R_e N/mm²	Zugfestigkeit[2] R_m N/mm²
S275N	StE 285	1.0490	265	370...510
S355M	StE 355TM	1.8823	345	450...610
S420N	StE 420	1.8902	400	520...680
S460M	StE 460TM	1.8827	440	530...720

N Normalgeglüht; M thermomechanisch gewalzt
[1] Nenndicken > 16 mm ≤ 40 mm
[2] Nenndicken ≤ 100 mm
Bruchdehnung: 24 % bis 17 %

2 **Stahlkonstruktion aus schweißgeeignetem Feinkornbaustahl S355M**

26.3.10 Korrosionsbeständige Stähle (Edelstahl Rostfrei)

Die korrosionsbeständigen Stähle werden wegen ihres dekorativen Aussehens und ihrer Korrosionsbeständigkeit für Bauteile von repräsentativen und modernen Gebäuden eingesetzt (Bild 1).

Sie werden als Formprofile, Hohlprofile, Stangen, Rohre und Bleche geliefert.

Man fertigt daraus Geländer, Treppen, Fenster- und Türrahmen, Eingangsbereiche, Brüstungen, Fassadenverkleidungen usw.

Im Handwerk werden die korrosionsbeständigen Stähle **Edelstahl Rostfrei** genannt und mit nebenstehendem Symbol gekennzeichnet.

EDELSTAHL® Rost frei

Herstellernamen für korrosionsbeständigen Stähle sind z. B. V2A, V4A, Nirosta.

Merke

Korrosionsbeständige Stähle sind hochlegierte Stähle mit mindestens 10,5 % Chrom und höchstens 1,2 % Kohlenstoff.

Nach ihrem inneren Aufbau, dem **Gefüge,** unterteilt man sie in ferritische, martensitische und austenitische Stähle (Seite 469).

Für den Metallbau und das Bauwesen sind die **austenitischen** korrosionsbeständigen Stähle von größter Bedeutung.

Es sind hochlegierte Edelstähle mit mindestens 17 % Chrom und 10 % Nickel, rund 1 % Silicium und 2 % Mangan sowie zum Teil Molybdän, Titan und Niob. Der Kohlenstoffgehalt beträgt nur 0,01 % bis 0,06 %.

Die gebräuchlichsten korrosionsbeständigen Stähle im Metallbau und Bauwesen zeigt die nebenstehende Tabelle.

Aus den Kurznamen der korrosionsbeständigen Stähle sind die Gehalte der Hauptlegierungsbestandteile ablesbar.

1 Eingangsbereich eines Geschäfts mit Bauelementen aus korrosionsbeständigem Stahl

Tabelle 1: Korrosionsbeständige Stähle nach DIN EN 10088-3

Kurzbezeichnung	Werkstoff-Nummer	0,2 %-Dehngrenze in N/mm^2	Zugfestigkeit in N/mm^2	Anwendungen
X6Cr17 (ferritisch)	1.4016	240	400 ... 630	Möbelgestelle, Regale; *außen:* ungeeignet
X5CrNi18-10 (austenitisch)	1.4301	190	500 ... 700	*innen:* Geländer *außen:* nur bedingt geeignet
X5CrNiMo17-12-2 (austenitisch)	1.4401	200	500 ... 700	Für außen und innen geeignet: Sanitäreinrichtungen, Brüstungen, Fenster, Kamineinzüge, Treppen, Fassaden
X6CrNiTi18-10 (austenitisch)	1.4541	205	510 ... 740	
X6CrNiMoTi17-12-2 (austenitisch)	1.4571	200	500 ... 700	
X1CrNiMoCu25-20-5 (austenitisch)	1.4529	300	650 ... 850	Bauteile in Schwimmbädern, Tiefgaragen, (Chlorid beständig)

Beispiel: X6CrNiMoTi17-12-2 enthält 6 : 100 = 0,06 % Kohlenstoff, 17 % Chrom, 12 % Ni, 2 % Molybdän und einen nicht benannten Titan-Gehalt.

Mechanische Eigenschaften

Die korrosionsbeständigen Stähle haben eine mittlere Festigkeit (400 N/mm^2 bis 700 N/mm^2). Sie sind zäh mit großer Bruchdehnung (35 % bis 50 %) und lassen sich in weiten Grenzen umformen.

Der korrosionsbeständige Stahl X1CrNiMoCuN25-20-7 ist gemäß bauaufsichtlicher Zulassung auch für tragende Bauteile, wie z. B. Stützen und Träger, zugelassen.

Sie besitzen ihre Gebrauchsfestigkeit im Anlieferungszustand und werden beim Verarbeiter nicht wärmebehandelt. Aufgrund des austenitischen Gefüges sind sie nicht magnetisierbar.

Korrosionsbeständigkeit

Die korrosionsbeständigen Stähle haben eine blanke, glatte und polierfähige Oberfläche. Bei Verwendung im Innenbereich sind sie ohne Korrosionsschutz beständig. Im Außenbereich sollten die Molybdänhaltigen Stähle, z. B. X5CrNiMo17-12-2, verwendet werden. Eine geschliffene, polierte und anschließend gebeizte Oberfläche verbessert die Korrosionsbeständigkeit der Bauteile erheblich (Seite 494).

Einsatzgebiete

Der korrosionsbeständige Stahl **X5CrNi18-10** ist für Innenanwendungen geeignet. Für außen ist er nur bedingt geeignet.

Die korrosionsbeständigen Stähle mit Molybdängehalt, wie z. B. **X5CrNiMo17-12-2**, sind in normal belasteten Gebieten im Außenbereich korrosionsbeständig und werden als Blech z. B. zu Dachabdeckungen verarbeitet (Bild 1).

Anfällig sind die normalen korrosionsbeständigen Stähle gegen Chlorid-Ionen (Cl^-), die z. B. in Meeresluft und Industrieatmosphäre sowie in der Luft und dem Wasser von Schwimmbädern und Kläranlagen enthalten sind. In dieser Umgebung werden die üblichen korrosionsbeständigen Stähle durch Lochfraß angegriffen.

Hier werden die korrosionsbeständigen Sonderstähle **X2CrNiMoN17-13-5** oder **X1NiCrMoCu25-20-5** eingesetzt.

1 Dachabdeckung aus korrosionsbeständigem Stahlblech X5CrNiMoTi17-12-2

Schweißeignung, Lötbarkeit

Die korrosionsbeständigen Stähle sind schweißbar (Bild 2). Das geeignete Schweißverfahren ist das Wolfram-Inertgas-Schweißen (WIG-Schweißen). Besonders gut zum Schweißen geeignet sind Stähle mit einem Titan- oder Niobgehalt.

Die zu verwendenden Schweißzusätze sind nach DIN EN 12072 festgelegt. Den Stahl X5CrNiMoTi17-12-2 schweißt man z. B. mit dem Schweißzusatz G 19 12 3 Nb.

Die Schweißnaht ist nach dem Erkalten zu bürsten oder zu schleifen und danach zu polieren. Die Anlauffarben sind mit Beizpaste abzubeizen.

Die korrosionsbeständigen Stähle können auch weichgelötet (z. B. mit Lötzinn S-Sn95Ag5) und mit niedrigschmelzenden Silberloten (z. B. Ag104) hartgelötet werden.

2 WIG-Schweißen eines Treppengeländers aus korrosionsbeständigem Stahl

Bearbeitung

Die korrosionsbeständigen Stähle werden meist als Bleche, Rohre, Profile oder profilierte Bleche geliefert (Bild 3). Sie können geschnitten, gestanzt, gesägt, gebohrt und umgeformt werden. Zu beachten ist die starke Rückfederung und die Kaltverfestigung durch das Umformen. Geeignete Umformverfahren sind das Abkanten, das Falzen, das Biegen und das Walzbiegen.

3 Walzprofile und Rohre aus korrosionsbeständigem Stahlblech

Beim Spanen ist wegen der geringen Wärmeleitfähigkeit der korrosionsbeständigen Stähle für reichlich Kühlung und Schmierung zu sorgen. Zur Bearbeitung korrosionsbeständiger Stähle sollten nur hierfür benutzte Werkzeuge eingesetzt werden. Ansonsten kommt es durch Fremd-Werkstoffspäne zu Korrosionselementen (Seite 494), auch Fremdrost genannt.

Überprüfen Sie Ihre Kenntnisse

1 Erläutern Sie die Unterschiede zwischen Qualitätsstählen und Edelstählen.

2 Nennen Sie zwei unlegierte Baustähle mit Kurznamen und ihre Haupteinsatzgebiete.

3 Welcher Bestandteil beeinflusst entscheidend die Schweißeignung der unlegierten Baustähle?

4 Wofür wird der Stahl S235JR eingesetzt?

5 Wodurch zeichnen sich wetterfeste Stähle bezüglich der Korrosionsbeständigkeit aus?

6 Wozu werden die schweißgeeigneten Feinkornbaustähle eingesetzt?

7 Welche Hauptbestandteile enthalten die korrosionsbeständigen Stähle?

8 Wie verbessert man die Korrosionsbeständigkeit eines Bauteils aus korrosionsbeständigem Stahl?

9 Warum darf man zur Bearbeitung von Bauteilen aus korrosionsbeständigen Stählen nur ausschließlich dafür verwendete Werkzeuge benutzen?

26.3.11 Stähle für Bleche und Bänder

Flacherzeugnisse aus Stahl können zu Stahlblechen in ebener Tafelform geschnitten sein oder als Stahlband auf einer Rolle (Coil genannt) aufgewickelt sein. Nach der Dicke unterscheidet man:

- **Feinstbleche:** unter 0,5 mm
- **Feinbleche:** 0,5 mm bis 3 mm
- **Mittelbleche:** 3 mm bis 4,75 mm
- **Grobbleche:** über 4,75 mm

Sie können aus unterschiedlichen Werkstoffen bestehen (Tabelle 1).

Bleche aus weichen Stählen

Bleche aus weichen Stählen zum Kaltumformen haben einen niedrigen Kohlenstoffgehalt (0,1 %). Sie lassen sich mit einfachen Werkzeugen auf der Baustelle umformen und sind gut schweißbar. Beispiel: DC01

Bleche aus unlegierten Baustählen

Sie besitzen mittlere Festigkeitswerte. Man fertigt aus ihnen Fein-, Mittel- und Grobbleche sowie eine Vielzahl von Profilblechen. Diese werden bevorzugt im Industriehallenbau, z. B. zu Dachverkleidungen, verarbeitet (Bild 1).

Bleche aus Druckbehälterstählen

Diese früher als Kesselbleche bezeichneten Stahlbleche dienen zur Herstellung von Druckbehältern sowie unter Druck stehenden und heiß gehenden Apparaten und Rohrleitungen.
Sie sind gut schweißbar und verformbar, sprödbruchsicher und besitzen erhöhte Warmfestigkeit.

Bleche aus korrosionsbeständigen Stählen (nichtrostenden Stählen)

Sie werden auch rostfreie Edelstahlbleche genannt und sind mit rund 18 % Chrom sowie ca. 10 % Nickel legiert. Sie sind korrosionsbeständig und werden zu dekorativen Bauteilen verarbeitet (Bild 1, Seite 459).

Bleche mit Korrosionsschutz

Die Flacherzeugnisse aus weichen und unlegierten Stählen werden auch mit Oberflächenschutz geliefert (Tabelle 2). Dadurch sind sie gegen Korrosion geschützt und brauchen nach der Verarbeitung nicht beschichtet werden.
Am häufigsten kommt beidseitig **bandverzinktes Blech** (Zink-Schichtdicken von 5 µm bis 20 µm) zum Einsatz (Tabelle 2 und Bild 2).
Es gibt auch lackierte Bleche und bandverzinkte folienbeschichtete Bleche.

Tabelle 1: Kaltgewalzte Flacherzeugnisse (Bleche und Bänder)

Kurzname nach DIN EN	Früherer Kurzname	Werkstoffnummer	Streckgrenze R_e N/mm²	Zugfestigkeit R_m N/mm²	Bruchdehnung A %
Aus weichen Stählen zum Kaltumformen (DIN EN 10130)					
DC01	St12	1.0330	280	270...410	28
DC03	RRSt13	1.0347	240	270...370	34
Aus unlegierten Baustählen (DIN 1623)					
S215G	St 37-2G	1.0037G	215	360...510	20
S325G	St 52-3G	1.0570G	325	410...530	23
Aus Druckbehälterstählen (DIN EN 10028-2)					
P235GH	H I	1.0345	235	360...480	25
P265GH	H II	1.0425	265	410...530	23
13CrMo4-5	13CrMo44	1.7335	300	450...600	19
Aus korrosionsbeständigen Stählen (DIN EN 10088-2)					
X5CrNi18-10		1.4301	250	600...950	~ 40
X6CrNiMoTi17-12-2		1.4971	240	540...690	~ 40

1 Trapezblech-Dachprofil (lackiert) aus unlegiertem Baustahl

2 Stanzteile aus bandverzinktem Blech aus unlegiertem Baublech

Tabelle 2: Flacherzeugnisse mit Oberflächenschutz

Kurzname nach DIN EN	Früherer Kurzname	Werkstoffnummer	Streckgrenze R_e N/mm²	Zugfestigkeit R_m N/mm²	Bruchdehnung A %
Bandverzinktes Blech aus weichen Stählen (DIN EN 10346)					
DX51D+Z	St 02 Z	1.0226+Z	–	500	22
DX54D+Z	St 06 Z	1.0306+Z	140...220	350	36
Bandverzinktes Stahlblech für das Bauwesen (DIN EN 10 346)					
S250GD+Z	St E 250 Z	1.0242+Z	250	330	19
S350GD+Z	St E 350 Z	1.0229+Z	350	420	16

26.3.12 Maschinenbaustähle

Aus Maschinenbaustählen werden die Bauteile von Maschinen, Arbeitsgeräten und Antrieben, wie Zahnräder, Wellen, Bolzen, Achsen, Lager, Schrauben, Federn, Hebel usw. gefertigt.

Vergütungsstähle

Merke

Vergütungsstähle sind unlegierte und niedrig legierte Stähle, die durch Vergüten ihre Gebrauchseigenschaften erhalten: hohe Streckgrenze und Festigkeit bei guter Zähigkeit.

Vergüten ist eine Wärmebehandlung aus Härten und anschließendem Anlassen (Seite 468).

Es gibt unlegierte und legierte Vergütungsstähle (Tabelle).

Unlegierte Vergütungsstähle haben einen Kohlenstoffgehalt von 0,22 % bis 0,60 %. Die legierten Vergütungsstähle enthalten zusätzlich Legierungsanteile an Chrom, Nickel, Molybdän, Mangan, Vanadium und Silicium, wobei ein Legierungselement 5 % nicht übersteigt.

Aus der Kurzbezeichnung der Vergütungsstähle kann ihre ungefähre Zusammensetzung abgeleitet werden (Seite 446).

Unlegierte Vergütungsstähle gibt es mit verbesserter Vergütbarkeit (E) oder verbesserter Spanbarkeit (R).

Beispiele: C35E ist ein unlegierter Vergütungsstahl (C) mit 35 : 100 = 0,35 % Kohlenstoff und gewährleisteten Vergütungs-Festigkeitswerten (E).
34CrMo4 ist ein legierter Vergütungsstahl mit 34 : 100 = 0,34 % Kohlenstoff, 4 : 4 = 1 % Chrom und nicht benanntem Molybdängehalt.

Aus unlegierten Vergütungsstählen werden Kleinteile, wie z. B. Schrauben, Bolzen sowie kleine Achsen und Wellen gefertigt. Aus legierten Vergütungsstählen werden größere Bauteile sowie Bauteile gefertigt, die hoher mechanischer Belastung mit Schlag und Stoß ausgesetzt sind: Zahnräder, Getriebewellen (Bild 1), Schmiedeteile, hochbelastbare HV-Schrauben.

Tabelle 1: Vergütungsstähle nach DIN EN 10083 (Auswahl)

Stahlsorte Kurzname	Streckgrenze1) R_e N/mm²	Zugfestigkeit[1] R_m N/mm²	Bruchdehnung[1] A %
Unlegierte Vergütungsstähle DIN EN 10083-2			
C35E, C35R	380	600 ... 750	19
C45E, C45R	430	650 ... 800	16
C60E, C60R	520	800 ... 950	13
Unlegierte Vergütungsstähle DIN EN 10083-3			
34Cr4	590	800 ... 950	14
34CrMo4	650	900 ... 1100	12
36CrNiMo4	800	1000 ...1200	11

[1] R_e, R_m, A im vergüteten Zustand
Erzeugnisdicke: ≤ 16 mm ≤ 40 mm

1 Getriebewellen und Zahnräder aus Vergütungsstahl

Automatenstähle

Merke

Automatenstähle sind unlegierte und niedriglegierte Stähle, aus denen auf Drehautomaten Massenteile, wie z. B. Schrauben, Buchsen, Ringe, Bolzen, Stifte, durch Spanen gefertigt werden (Bild 2).

Zur besseren Spanbarkeit enthalten sie einen erhöhten Schwefelgehalt (0,18 % bis 0,4 %) und zum Teil einen Bleizusatz (0,15 % bis 0,3 %). Diese Bestandteile bewirken beim Spanen einen Bröckelspan, der vom Werkstück abfällt, sodass das Spanwerkzeug immer frei bleibt.

Automatenstähle mit mehr als 0,2 % C sind vergütbar.

Beispiel: 10S20 ist ein Stahl mit 10 : 100 = 0,10 % Kohlenstoff und 20 : 100 = 0,20 % Schwefel.

Automatenstähle nach DIN EN 10087

10S20, 10SPb20, 15SMn13, 11SMn30, 11SMnPb30, 46S20, 35S20, 35SPb20, 46SPb20

2 Drehteile aus Automatenstahl

26.3.13 Werkzeugstähle

Aus Werkzeugstählen fertigt man Werkzeuge zum Bearbeiten von Werkstücken und Bauteilen. Sie haben einen relativ hohen Kohlenstoffgehalt von meist 0,45 % bis 1,15 % und erhalten ihre große Härte und Verschleißfestigkeit durch Härten (Seite 471).

Es gibt unlegierte und legierte Werkzeugstähle (DIN EN ISO 4957). Nach ihrem Verwendungszweck unterteilt man sie in Kaltarbeitsstähle, Warmarbeitsstähle und Schnellarbeitsstähle.

Kaltarbeitsstähle			
C45,	C60U,	C80U,	C105U

Kaltarbeitsstähle

Kaltarbeitsstähle sind für Verwendungszwecke geeignet, bei denen die Oberflächentemperatur des Werkzeugs im Einsatz unter 200 °C liegt.

Unlegierte Kaltarbeitsstähle werden zu Werkzeugen verarbeitet, die keiner besonders hohen Beanspruchung ausgesetzt sind (Bild 1).

Aus dem Stahl C45U fertigt man z. B. Hämmer und Zangen. Aus C80U werden Handmeißel und Reißnadeln, aus C105U Gewindeschneider hergestellt.

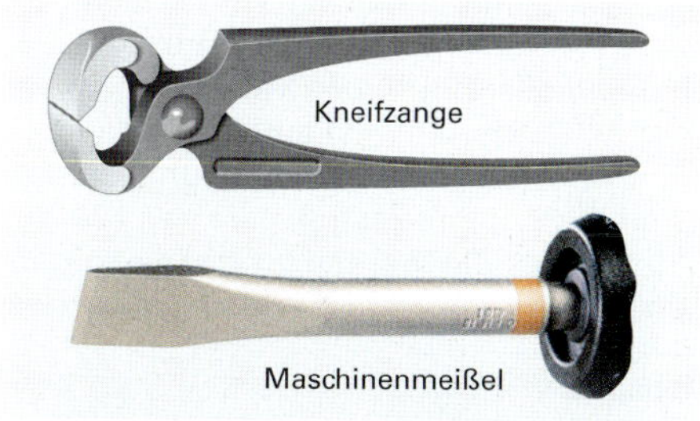

1 Werkzeuge aus Kaltarbeitsstahl

Die **legierten Kaltarbeitsstähle,** z. B. 100Cr6 (Silberstahl) oder 90MnCrV8, erhalten durch die Legierungselemente erhöhte Festigkeit, Zähigkeit und Verschleißwiderstand. Sie werden z. B. zu Schneidwerkzeugen, zu Gewindebohrern und Maschinenmeißeln verarbeitet.

Warmarbeitsstähle	
55NiCrMoV7,	X37CrMoV5-1
X40CrMoV5-1,	32CrMoV12-28

Warmarbeitsstähle

Warmarbeitsstähle sind legierte Werkzeugstähle für Verwendungszwecke, bei denen die Oberflächentemperatur des Werkzeugs im Einsatz bis 400 °C betragen kann.

Man fertigt daraus Pressstempel, Hammergesenke, Druckgussformen, Presswerkzeuge und Biegerollen (Bild 2).

Es können niedriglegierte Stähle, wie z. B. 55NiCrMoV7 oder hochlegierte Stähle, wie z. B. X40CrMoV5-1 sein.

2 Biegerollen einer Biegemaschine aus Warmarbeitsstahl

Schnellarbeitsstähle

Schnellarbeitsstähle sind hochlegierte Werkzeugstähle für Verwendungszwecke, bei denen die Oberflächentemperatur des Werkzeugs im Einsatz bis rund 600 °C betragen kann.

Schnellarbeitsstähle enthalten 0,8 % bis 1,5 % Kohlenstoff, rund 4 % Chrom sowie unterschiedliche Gehalte an Wolfram, Molybdän, Vanadium und Cobalt.

Im Kurznamen der Schnellarbeitsstähle sind nach dem Kennzeichen HS die Gehalte der vier Hauptlegierungselemente in der Reihenfolge Wolfram-Molybdän-Vanadium-Cobalt in Prozent angegeben.

Schnellarbeitsstähle	
HS6-5-2C,	HS6-5-2-5
HS10-4-3-10,	HS2-9-1-8

Beispiel: Der Schnellarbeitsstahl HS6-5-2-5 enthält 6 % W, 5 % Mo, 2 % V und 5 % Co.

Aus Schnellarbeitsstählen fertigt man Sägeblätter, Spiralbohrer, kleinschneidige Drehmeißel, Fräser, usw. (Bild 3).

Durch eine dünne Hartstoffbeschichtung, z. B. aus Titannitrid TiN (messingfarben), kann die Standzeit noch wesentlich erhöht werden.

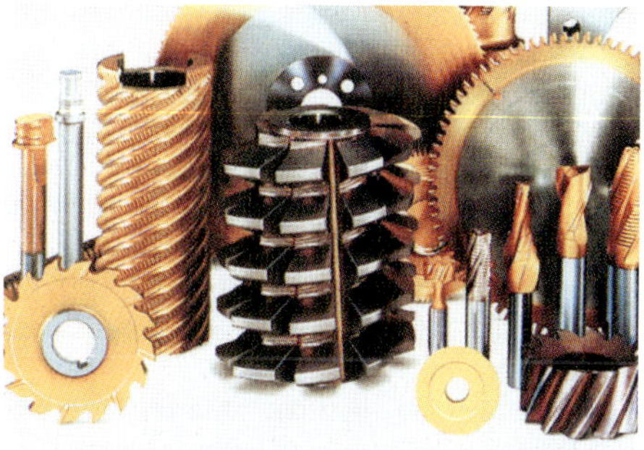

3 Werkzeuge aus Hartstoff-beschichtetem Schnellarbeitsstahl

26.3.14 Gusseisenwerkstoffe und Stahlguss

Bauteile mit komplizierter Form, wie z. B. Hebel, Flügelschrauben, Bartschlüssel, Rohrfittings, Zuggabeln, Rohrknoten und Maschinengehäuse, werden am wirtschaftlichsten durch Gießen hergestellt. Dazu sind Werkstoffe erforderlich, die sich gut vergießen lassen: Gusseisen und Stahl-Gusswerkstoffe. Die Eigenschaften der verschiedenen Gusseisenwerkstoffe werden im Wesentlichen von ihrem Kohlenstoffgehalt bestimmt sowie von der Form, in der sich der Kohlenstoff im Gefüge ausscheidet.
Die Kurzbezeichnung der Gusseisenwerkstoffe wird auf Seite 453 beschrieben.

Gusseisen mit Lamellengrafit (Grauguss)

Gusseisen mit Lamellengrafit ist Eisen mit 2,6 % bis 3,6 % Kohlenstoff, der als mikroskopisch feine Grafitlamellen im Grundwerkstoff auskristallisiert (Bild 1). Gusseisen mit Lamellengrafit ist hartspröde, aber druckfest und schwingungsdämpfend.
Es gibt Sorten mit Festigkeiten von 100 N/mm² bis 300 N/mm². Sie werden zu dickwandigen Motorgehäusen und Maschinengestellen vergossen.

Beispiel: Beispiel: EN-GJL-250
(alter Kurzname GG-25)

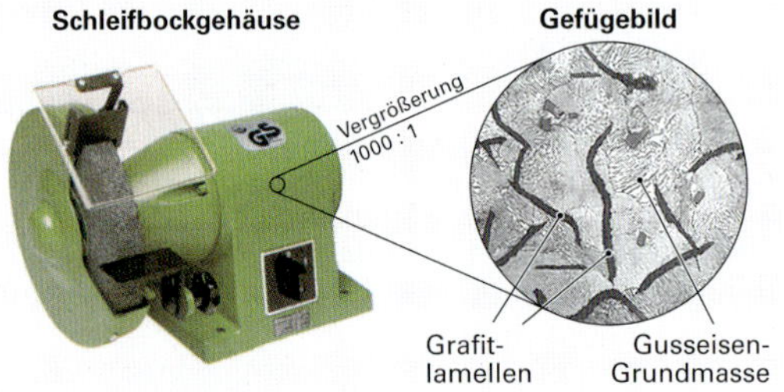

1 Schleifbockgehäuse aus Gusseisen mit Lamellengrafit

Gusseisen mit Kugelgrafit (Sphäroguss)

Gusseisen mit Kugelgrafit enthält einen geringen Magnesiumzusatz, der die rund 3 % Kohlenstoff im Gusseisen zu kugelförmigen Grafitkörnchen im Gefüge auskristallisieren lässt (Bild 2).
Gusseisen mit Kugelgrafit ist zäh, schlagfest und hat eine stahlähnliche Festigkeit. Es wird z. B. zu Zugstangengabeln, Verbindungsteilen, dünnwandigen Motorblöcken, Kurbelwellen verarbeitet.

Beispiel: EN-GJS-600-3 (alter Kurzname GGG-60)

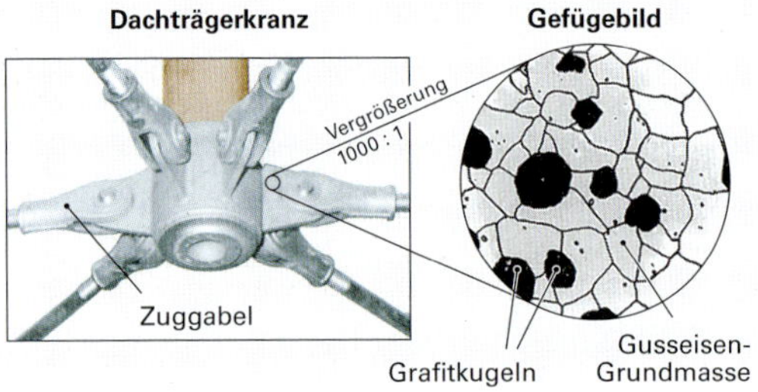

2 Zuggabeln aus Gusseisen mit Kugelgrafit

Temperguss

Temperguss ist durch Glühbehandlung (tempern) zäh gemachtes Gusseisen. Aus Temperguss werden kleine Gussteile, wie Hebel, Bartschlüssel, Werkzeugteile, Schwerlastdübelanker, Rohrfittings und Zugstangengabeln hergestellt (Bild 3).

Beispiel: EN-GJMB-450-6 (früher GTS-45-06)

Stahlguss für das Bauwesen

Stahlguss besitzt hohe Festigkeit und eine gute Schweißeignung. Je nach Verwendung in Innenräumen oder im Freien verwendet man niedriglegierten oder hochlegierten Stahlguss, z. B. GS-20Mn5 oder GS-18CrNiMo12-6. Anwendungen sind z. B. Dachträger oder Rohrknoten großer Hallen (Bild 4). Zum Korrosionsschutz können Bauteile aus Temperguss und Stahlguss feuerverzinkt werden.

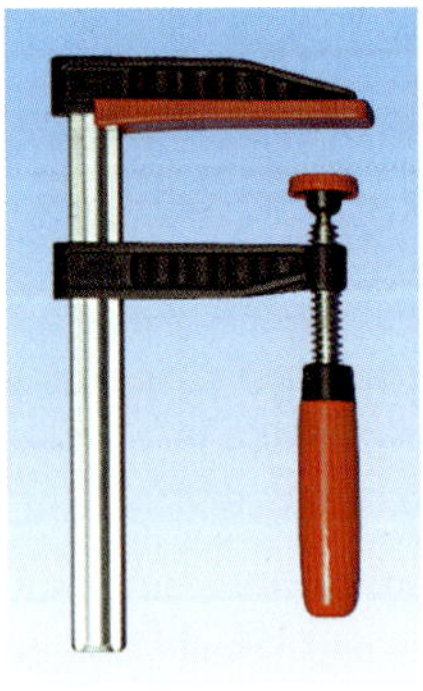

3 Schraubzwingenbügel aus Temperguss

4 Verzweigungsknoten der Dachstützen aus Stahlguss GS-20 Mn5

Überprüfen Sie Ihre Kenntnisse

1 Welche Bauteile werden aus Vergütungsstählen hergestellt?
2 Erläutern Sie die Bezeichnung Automatenstahl.
3 Wozu verwendet man bandverzinkte und lackierte Bleche?
4 Welche Eigenschaften haben Werkzeugstähle im Gebrauchszustand?
5 Bis zu welcher Oberflächentemperatur sind Werkzeuge aus Kaltarbeitsstahl einsetzbar?
6 Welche Gusseisenwerkstoffsorten gibt es?

26.4 Innerer Aufbau der Metalle

Bei oberflächlicher Betrachtung erscheinen die Metalle als einheitlicher Stoff ohne innere Struktur. Man sieht lediglich die typische Metalloberfläche (Bild 1, oben).

26.4.1 Gefüge und kristalline Struktur

Den komplizierten inneren Aufbau der Metalle erkennt man erst durch stufenweises Vergrößern, z. B. mit einem Elektronenmikroskop (2. und 3. Bild von oben).

Bei 1000-facher Vergrößerung sieht man, dass das Metall in **Körnern** gegliedert ist. Die Begrenzungsflächen der Körner heißen **Korngrenzen.** Das Bild, das sich bei etwa 1000-facher Vergrößerung bietet, nennt man das **Gefüge** des Werkstoffs.

Betrachtet man einen kleinen Ausschnitt eines Gefügekorns bei noch stärkerer Vergrößerung, z. B. 100 000-fach, so erkennt man einen stufenartigen Aufbau des Metalls aus lauter ähnlich geformten Würfeln, den **Kristallen** des Metalls (3. Bild von oben).

Könnte man die Ecke eines Kristallwürfels noch stärker auf das 10 000 000-fache vergrößern, so sähe man die atomare Feinstruktur: die kleinsten Bausteine der Metalle, die Metallatome[1)], umgeben von einer zusammenhängenden Elektronenwolke. Die Metallatome sind in regelmäßigen Abständen und Winkeln zueinander angeordnet, wodurch sich der würfelartige Feinbau ergibt. Einen solchen Aufbau aus regelmäßig angeordneten Atomen nennt man **kristalline Struktur.** Das Gegenteil, einen ungleichmäßigen Feinbau, wie er z. B. bei Glas vorliegt, nennt man eine **amorphe** Struktur.

Verbindet man zeichnerisch die Mittelpunkte der Metallatome, so ergeben die Verbindungslinien ein räumliches Gitter, das man **Raumgitter** oder **Kristallgitter** nennt. Es ist gekennzeichnet durch immer gleiche Gitterabstände und Gitterwinkel.

Die kleinste Einheit eines Kristallgitters bezeichnet man als **Elementarzelle.** Sie gibt die typische Anordnung der Metallatome einer Metallart an und wird zur Kennzeichnung der verschiedenen Kristallgittertypen benutzt (Seite 466, Bild 1).

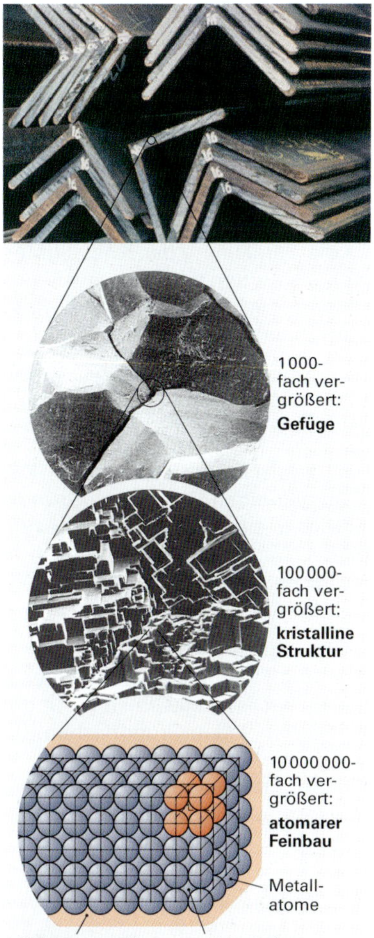

1 Innerer Aufbau der Metalle

26.4.2 Innerer Aufbau und Eigenschaften

Alle Metalle haben einen kristallinen Feinbau. Zusammen mit den Metallatomen und der Elektronenwolke, ist er die Ursache der typischen Eigenschaften der Metalle:

Die elektrischen Anziehungskräfte der Elektronenwolke wirken wie eine Art Klebstoff, der die Metallatome zusammenhält. Dies ist die Ursache der **hohen Festigkeit** der Metalle.

Die Elektronenwolke um die Metallatome lässt sich z. B. durch eine angelegte elektrische Spannung leicht verschieben. Metalle sind deshalb **gute Leiter** für den elektrischen Strom, ebenso wie für Wärme.

Die einzelnen Lagen der Metallatome lassen sich unter der Wirkung äußerer Kräfte entlang von Gleitebenen gegenseitig verschieben, bleiben aber in der zusammen haltenden Elektronenwolke. Bauteile aus Metall lassen sich deshalb verformen, ohne zu zerbrechen: Metalle sind **umformbar.**

Durch Erwärmung bzw. Abkühlung kann sich das Kristallgitter eines Metalls umformen und damit seine Eigenschaften ändern. Dies wird zum Verbessern der Werkstoffeigenschaften, z. B. beim Härten und Vergüten, genutzt: Viele Metalle sind deshalb **härtbar.**

Große Korngrenzen im Metallgefüge sind die Schwachstellen des Werkstoffs. Wird ein Bauteil mit äußeren Kräften belastet, so treten hier die ersten Anrisse auf. Feinkörnige Werkstoffe sind fester als **Werkstoffe** mit grobem Gefügekorn.

[1)] Hier wird vereinfachend von Metallatomen gesprochen. Wissenschaftlich exakt müssten sie Metallionen genannt werden.

26.4.3 Kristallgittertypen der Metalle

Die Atome eines Metalls können sich in unterschiedlicher Anordnung befinden und bilden dadurch verschiedenartige Kristallgitter (Bild 1).

Beim **kubisch-raumzentrierten Kristallgitter** ordnen sich die Atome so, dass ihre Mittelpunkte einen Würfel (Kubus) bilden. Zusätzlich befindet sich noch ein Atom in der Raummitte des Würfels. Da die Darstellung des Kristallgitters mit den Atomen als Kugeln unübersichtlich ist, stellt man sie meist nur schematisch als Strichmodell durch die Atommittelpunkte dar.

Ein kubisch-raumzentriertes Kristallgitter haben z. B. Chrom, Wolfram und Vanadium sowie Eisen bei Temperaturen unter 911 °C.

Das **kubisch-flächenzentrierte Kristallgitter** hat ebenfalls einen Würfel als Grundkörper und zusätzlich je ein Atom in der Mitte der Seitenflächen (Bild 1, Mitte). Diese Kristallform hat Aluminium, Kupfer und Nickel sowie Eisen bei Temperaturen über 911 °C.

Ein **hexagonales Kristallgitter** haben Magnesium, Zink und Titan. Bei diesem Gitter bilden die Atome ein sechseckiges Prisma mit drei Atomen zwischen den beiden Grundflächen (Bild 1, unten).

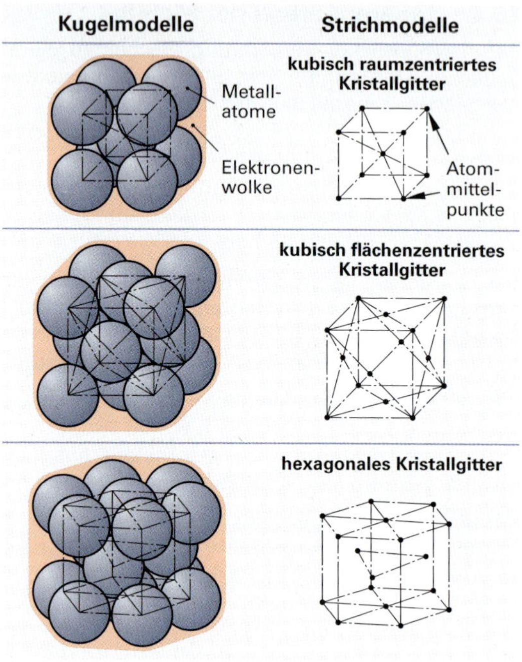

1 Kristallgittertypen der Metalle (es ist jeweils eine Elementarzelle dargestellt)

26.4.4 Entstehung des Metallgefüges

Das Gefüge eines Metall-Bauteils entsteht bei der Erstarrung der Metallschmelze zu einem festen Körper. Der Gefügebildungsvorgang spielt sich im atomaren Bereich ab (Bild 2).

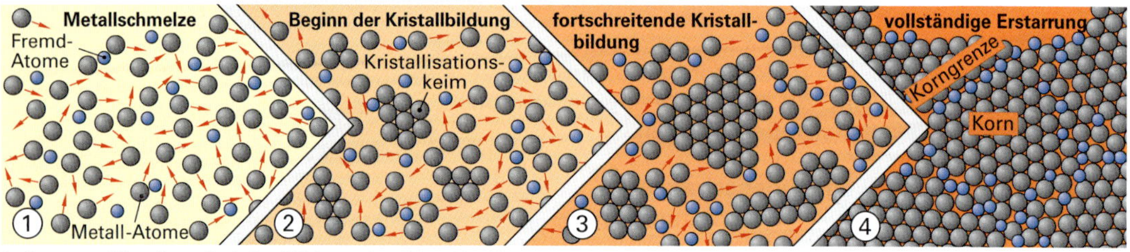

2 Atomare Vorgänge bei der Bildung des Metallgefüges aus einer Schmelze (schematisch)

In der Metallschmelze bewegen sich die Metallatome frei und regellos durcheinander (1). Kühlt sich die Schmelze auf die Erstarrungstemperatur ab, so beginnen sich an vielen Stellen in der Schmelze Metallatome nach dem Kristallgitterbauplan zusammenzulagern: Es entstehen erste Kristallisationskeime (2). An diese gliedern sich immer mehr Metallatome aus der Restschmelze an, sodass die Kristalle rasch wachsen (3). Wenn die Schmelze fast aufgebraucht ist, stoßen die wachsenden Kristalle an ihren Grenzen aneinander. Die dadurch unregelmäßig begrenzten Kristalle sind die **Gefügekörner** (4). Zwischen den Körnern verbleibt ein schmaler Übergangsbereich aus ungeordneten Metallatomen und Fremdatomen: die **Korngrenzen.**

Zur Sichtbarmachung des Gefüges trennt man eine kleine Probe des zu untersuchenden Metalls ab, schleift, poliert und ätzt die Schnittfläche. Dann betrachtet man sie unter einem Metallmikroskop. Das sich darbietende Bild wird **Schliffbild** genannt (Bild 3). Es zeigt einen zweidimensionalen Schnitt durch die Körner.

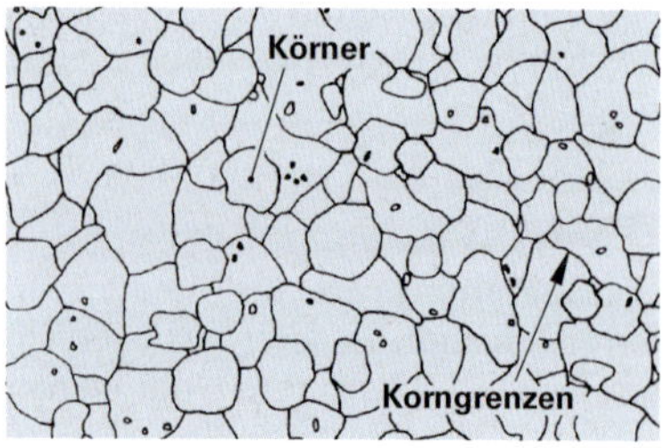

3 Metallgefüge im Schliffbild

26.4.5 Gefüge reiner Metalle und von Legierungen

Reine Metalle

Reine Metalle haben ein einheitliches (homogenes) Gefüge (Bild 1). Alle Körner bestehen aus derselben Metallatomsorte und haben denselben Bauplan nach einem Kristallgittertyp. Bei Eisen z. B. sind die Atome kubisch-raumzentriert angeordnet. Die einzelnen Körner unterscheiden sich in der Ausrichtung des Kristallgitters in verschiedene Richtungen.

Reinmetalle sind weich und haben eine relativ geringe Festigkeit, da sich das einheitliche Gefüge leicht verformen lässt.

Die meisten Metalle werden in der Technik nicht als Reinmetalle verwendet, sondern als Legierungen.

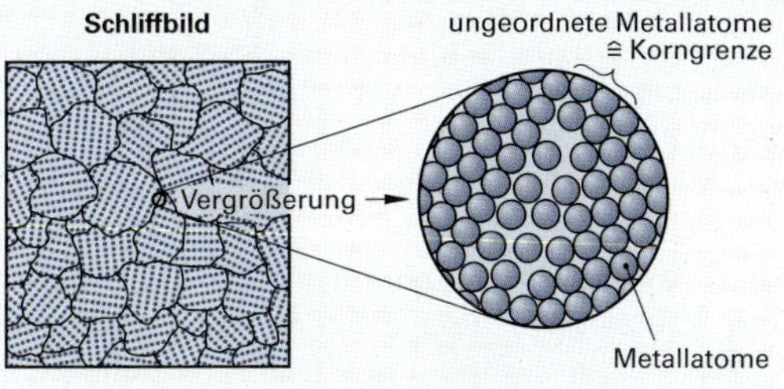

1 **Innerer Aufbau eines reinen Metalls**

Legierungen

Legierungen sind Gemische aus mehreren Metallen oder Gemische aus Metallen und Nichtmetallen. Die Herstellung der Legierungen erfolgt im flüssigen Zustand, in der Schmelze. Die Legierungselemente werden dem flüssigen Grundmetall zugegeben und lösen sich darin gleichmäßig auf. Beim Erstarren der Schmelze bilden sich je nach Grundmetall und Legierungselementen unterschiedliche Gefügearten aus.

In **Legierungen mit Mischkristallen** verteilen sich die Atome des Legierungselements gleichmäßig im Kristallgitter des Basismetalls (Bild 2). Es entstehen Mischkristalle. Im Schliffbild sehen Mischkristalle wie Kristalle eines reinen Metalls aus.

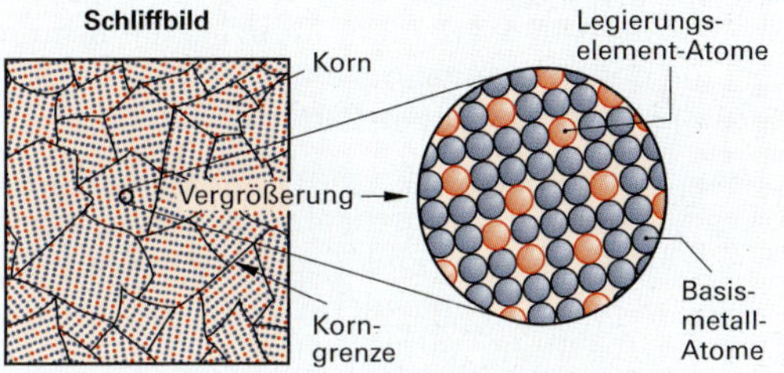

2 **Innerer Aufbau einer Mischkristall-Legierung**

Legierungen mit Mischkristallen sind fester und zäher als ihre reinen Basismetalle. Beispiel einer Mischkristall-Legierung: Die nichtrostenden Chrom-Nickel-Stähle.

Bei **Legierungen mit Kristallgemischen** lagern sich beim Erstarren der Schmelze die Atome des Legierungselementes sowie die des Basiselementes getrennt zu eigenen Kristallen zusammen (Bild 3). Es entsteht ein Kristallgemisch, das im Schliffbild durch unterschiedliche Farben der einzelnen Kristallarten sichtbar ist.

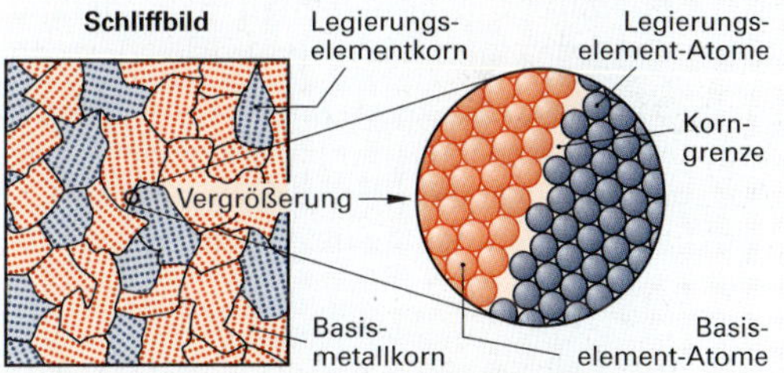

3 **Innerer Aufbau einer Kristallgemisch-Legierung**

Legierungen mit Kristallgemischen haben eine höhere Festigkeit als ihre Basismetalle; sie sind meist jedoch spröde. Beispiel einer Kristallgemisch-Legierung: Gusseisen (Eisen und Grafit).

Unlegierte Stähle

Die unlegierten Stähle stellen bezüglich des Gefüges eine Besonderheit unter den Legierungen mit Kristallgemischen dar. Sie bestehen aus Eisen (Gefügebestandteil **Ferrit**) und 0,2 % bis 0,5 % Kohlenstoff, der im Stahl chemisch gebunden als **Eisenkarbid Fe_3C** vorliegt. In der Metallkunde wird dieser Gefügebestandteil **Zementit** genannt. Der Zementit bildet keine eigenen Körner im Gefüge, sondern durchzieht die Eisenkörner mit dünnen Zementitstreifen (Bild 4). Dieser Stahlgefügebestandteil wird **Perlit** genannt.

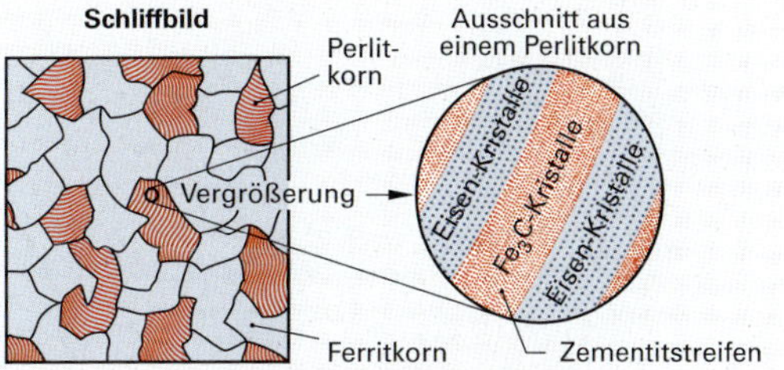

4 **Innerer Aufbau eines unlegierten Stahls**

26.4.6 Schmelz- und Erstarrungsverhalten

Reine Metalle

Erwärmt man ein reines Metall, so steigt seine Temperatur zunächst gleichmäßig an (Schmelz- und Erstarrungskurve in Bild 1). Bei Erreichen der **Schmelztemperatur** beginnt das Metall flüssig zu werden. Bis es ganz geschmolzen ist, dauert es eine bestimmte Zeit, während der die Temperatur in dem Kristall-Flüssigkeits-Gemisch gleich bleibt. Die Schmelzkurve hat während des Schmelzvorgangs ein waagrechtes Stück. Ist alles geschmolzen, so steigt bei Wärmezufuhr die Temperatur in der Schmelze wieder gleichmäßig an.

Beim Abkühlen der Schmelze wird die Schmelz- und Erstarrungskurve (Bild 1) in entgegengesetzter Richtung durchlaufen. Beim waagrechten Kurvenstück wird die Schmelze bei der **Erstarrungstemperatur** fest.

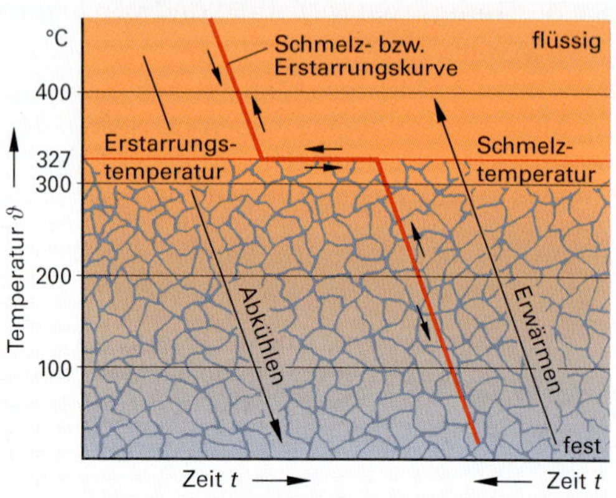

1 Schmelz- und Erstarrungskurve eines reinen Metalls (Beispiel: Blei)

Legierungen

Legierungen zeigen ein anderes Erstarrungs- und Schmelzverhalten als reine Metalle. Sie schmelzen und erstarren **nicht bei einer Temperatur,** sondern in einem **Temperaturbereich** (Bild 2).

Dieser Schmelz- bzw. Erstarrungsbereich ist abhängig von der Zusammensetzung der Legierung. Im linken Bildteil von Bild 3 sind die Erstarrungskurven von Blei/Zinn-Legierungen verschiedener Zusammensetzung aufgezeichnet.

Trägt man den Beginn und das Ende der Erstarrungsbereiche verschiedener Legierungen eines Legierungssystems in ein Diagramm mit der Temperatur als Abszisse und der Zusammensetzung als Ordinate ein, so erhält man das **Zustandsdiagramm** des Legierungssystems (Bild 3, rechts).

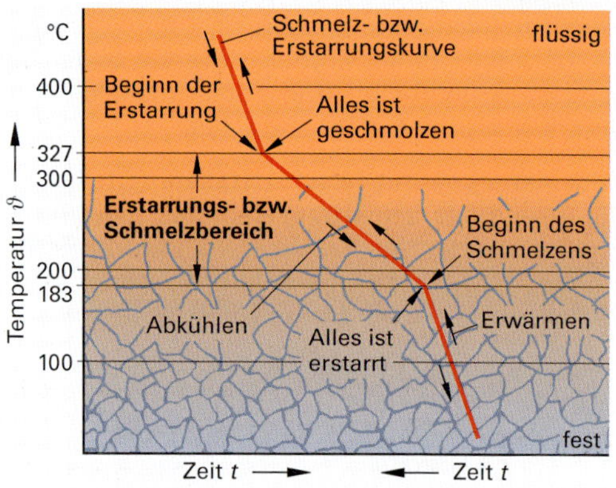

2 Schmelz- und Erstarrungskurve einer Weichlot-Legierung mit 80 % Blei und 20 % Zinn

Daraus kann man die Aggregatzustände und die Gefüge des Legierungssystems bei den verschiedenen Temperaturen und Zusammensetzungen ablesen. Das Legierungssystem der Weichlote Blei/Zinn hat z. B. einen Tiefpunkt der Schmelztemperatur bei 38 % Blei/62 % Zinn. Solch eine Legierung nennt man eine **eutektische Legierung.** Sie hat ein Schmelztemperaturminimum und besitzt ein gleichmäßiges Gefüge.

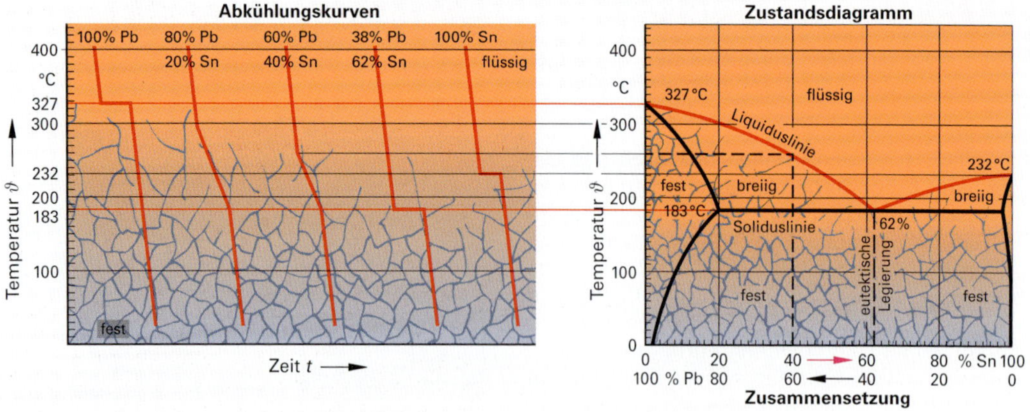

3 Abkühlungskurven und Zustandsdiagramm des Legierungssystems der Weichlote: Blei/Zinn

26.4.7 Eisen-Kohlenstoff-Zustandsdiagramm und Gefügearten der unlegierten Stähle

Unlegierte Stähle sind von ihrer Zusammensetzung her Legierungen des Eisens mit Kohlenstoff sowie geringfügigen anderen Bestandteilen. Je nach Kohlenstoffgehalt haben sie unterschiedliche Gefügearten (kleine Gefügebilder in Bild 1).

Eine Übersicht, welche Gefügeart bei einem bestimmten Kohlenstoffgehalt und einer bestimmten Temperatur vorliegt, gibt das **Eisen-Kohlenstoff-Zustandsdiagramm.** Den wichtigsten Bereich dieses Diagramms, die „Stahlecke" und die Gefügearten der unlegierten Stähle zeigt Bild 1.

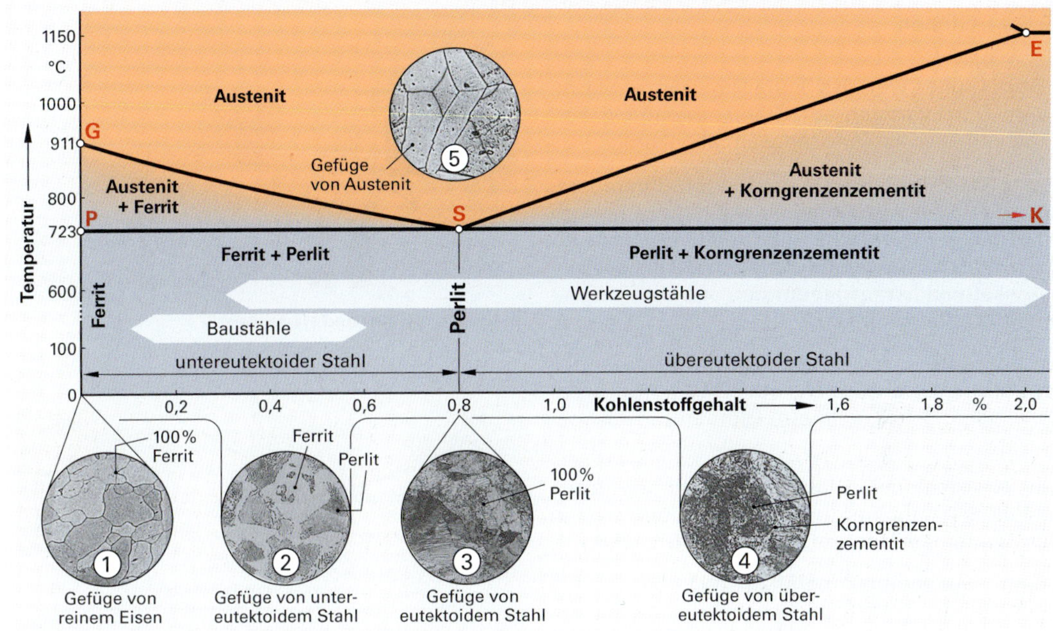

1 Stahlecke des Eisen-Kohlenstoff-Zustandsdiagramms mit den Gefügearten der Stähle

Reines Eisen. Eisen ohne Kohlenstoff (linker Rand des Fe-C-Zustandsdiagramms) bildet ein Gefüge, das aus vieleckigen Eisenkörnern besteht und **Ferrit** genannt wird (Gefüge ①). Es ist weich und zäh.

Zementit. Bei den Stählen liegt der Kohlenstoff als chemische Verbindung **Eisenkarbid** (Fe_3C) vor. In der Metallkunde nennt man diese Verbindung **Zementit.** Er ist hart und spröde. Zementit scheidet sich bei niedrigem Kohlenstoffgehalt im Perlit als Streifenzementit aus (Gefüge ② und ③). Bei höherem Kohlenstoffgehalt scheidet er sich zusätzlich an den Korngrenzen als Korngrenzenzementit ab (Gefüge ④).

Eutektoider Stahl. In Stahl mit 0,8 % Kohlenstoff (eutektoider Stahl) sind alle Ferritkörner mit Streifenzementit durchzogen. Dieses Gefüge heißt wegen seines perlmuttartigen Aussehens **Perlit** (Gefüge ③).

Untereutektoider Stahl mit weniger als 0,8 % Kohlenstoff besteht zum Teil aus Ferritkörnern und zum Teil aus Perlitkörnern (Gefüge ②). Man bezeichnet es als **Ferrit-Perlit**-Gefüge.

Übereutektoider Stahl mit mehr als 0,8 % Kohlenstoff enthält so viel Kohlenstoff, dass sich zusätzlich zum Streifenzementit in den Perlitkörnern noch Zementit an den Korngrenzen ablagert (Gefüge ④). Dieser Zementit heißt **Korngrenzenzementit** und das Gefüge **Perlit-Zementit.**

Je größer der Zementitanteil im Gefüge ist, desto härter aber auch desto spröder ist der Stahl.

Austenit. Bei Temperaturen oberhalb 723 °C lösen sich die Kohlenstoffatome des Zementits in der Eisen-Grundmasse auf und bilden Mischkristalle. Dieses Gefüge heißt **Austenit** oder **γ-Eisen** (Gefüge ⑤).

Überprüfen Sie Ihre Kenntnisse

1 Welchen Feinbau haben die Metalle im mikroskopischen und im atomaren Bereich?

2 Welche Kristallgittertypen haben die Metalle?

3 Was ist der Unterschied zwischen einem Mischkristall und einem Kristallgemisch?

4 Zwischen welchen beiden Temperaturen liegt der Erstarrungsbereich einer Zweistofflegierung?

5 Was kann aus dem Eisen-Kohlenstoff-Zustandsdiagramm abgelesen werden?

6 Welches Gefüge hat Stahl mit 0,8 % Kohlenstoff?

26.5 Wärmebehandlung der Stähle

Um die mechanischen Eigenschaften der Stähle, wie Härte, Festigkeit und Zähigkeit zu verbessern, werden sie Wärmebehandlungen unterzogen. Die Veränderung der Stoffeigenschaften wird durch Gefügeänderungen im Werkstoff hervorgerufen, die unter der Wirkung von Wärme erfolgen.

Man unterscheidet verschiedene **Wärmebehandlungsverfahren:**

Glühen **Härten** **Vergüten** **Randschichthärten** **Einsatzhärten**

26.5.1 Glühen

Merke

Beim Glühen wird das Bauteil langsam erwärmt, zum Durchwärmen auf Glühtemperatur gehalten und anschließend langsam abgekühlt.

Kleine Bauteile werden in einen auf Glühtemperatur vorgeheizten Glühofen eingelegt (Bild 1), nach Erreichen der Glühfarbe des Ofeninnenraums für die vorgeschriebene Glühdauer im Ofen gelassen, anschließend herausgenommen und zum langsamen Abkühlen abgesetzt .

Große Bauteile und Schweißnähte werden durch großflächiges Erwärmen mit Flächen-Gasbrennern oder Heizmatten auf Glühtemperatur gebracht.

Die verschiedenen Glühverfahren haben unterschiedliche Aufgaben und unterscheiden sich in der Glühtemperatur und Glühdauer (Bild 2).

Durch **Spannungsarmglühen** werden innere Spannungen in Werkstücken und Bauteilen abgebaut, die z. B. durch Schweißen, Biegen oder durch Schmieden entstanden sind.

Es wird langsam auf die Glühtemperatur von 550 °C bis 650 °C erwärmt, kurz auf Temperatur gehalten und langsam abgekühlt.

Besonders wichtig ist das Spannungsarmglühen bei hochbelasteten Schweißnähten von Tragwerken und Druckleitungen. Sie werden mit Flächen-Gasbrennern, elektrischen oder induktiven Glühmatten spannungsarm geglüht (Bild 3).

Um das aufwändige Spannungsarmglühen zu vermeiden, werden Bauteile aus Feinkornbaustählen vor dem Schweißen in der Schweißzone auf 100 °C bis 300 °C vorgewärmt. Dadurch wird das Entstehen starker Schweißspannungen vermieden.

Rekristallisationsglühen wird eingesetzt, wenn ein durch starke Kaltverformung versprödeter Stahl wieder plastisch verformbar gemacht werden soll. Das verzerrte Metallgefüge wird beim Rekristallisationsglühen (550 °C bis 700 °C) aufgelöst und es bildet sich ein neues Gefüge (Bild 4).

Auch das beim Schweißen entstandene Grobkorn entlang der Schweißnähte kann durch Rekristallisationsglühen beseitigt werden.

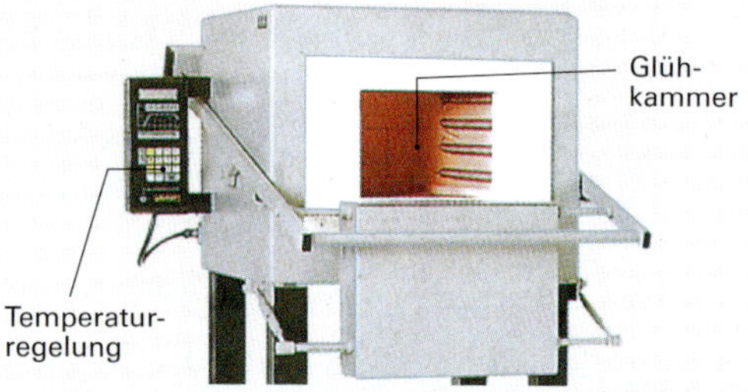

1 Kammer-Glüh- und Härteofen

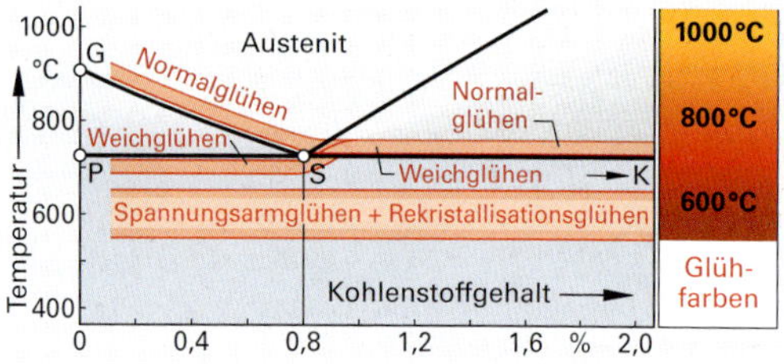

2 Glühtemperaturen für unlegierten Stähle

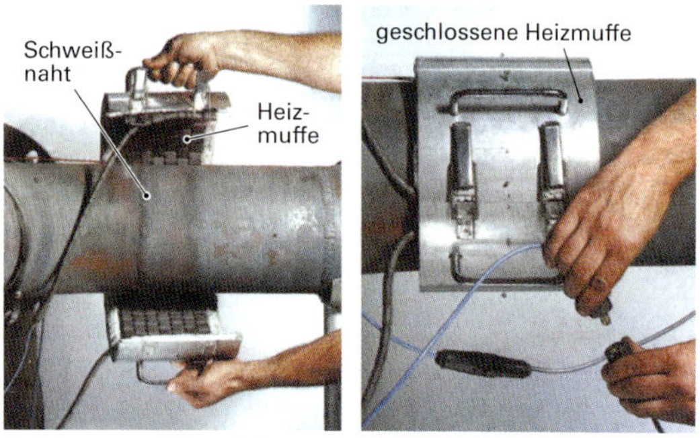

3 Spannungsarmglühen einer Schweißnaht

4 Gefügeveränderung beim Rekristallisationsglühen

Durch **Weichglühen** werden Stähle leichter spanbar gemacht. Dazu erwärmt man untereutektoiden Stahl auf 680 °C bis 720 °C, übereutektoiden Stahl auf 730 °C bis 750 °C und hält ihn dort mehrere Stunden. Dadurch wandelt sich im Gefüge der Streifenzementit in körnigen Zementit um (Bild 1). Die Werkzeugschneide kann leichter in den Werkstoff eindringen und ihn spanen.

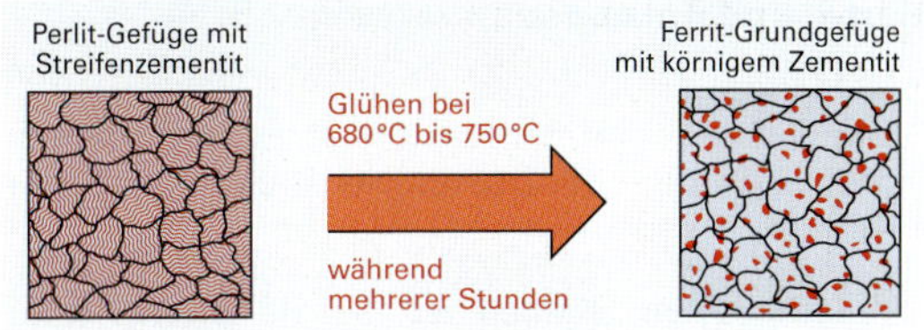

1 Gefügeänderung durch Weichglühen

Das **Normalglühen,** auch **Normalisieren** oder Rückfeinen genannt, wird z. B. bei der Herstellung geschweißter Stahlrohre angewandt (Seite 448). Sie haben im Schweißnahtbereich grobes Korn (Bild 2). Durch Normalglühen (knapp oberhalb der GSK-Linie in Bild 2, Seite 470) entsteht ein vollständig neues, feinkörniges Gefüge.

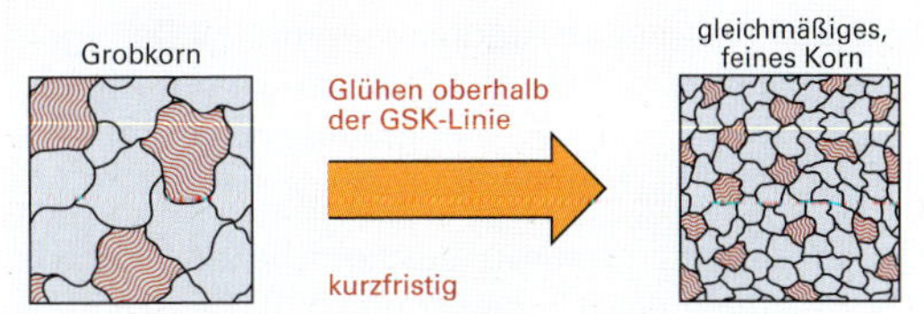

2 Gefügeveränderung durch Normalglühen

26.5.2 Härten

Durch Härten werden Werkzeuge und Bauteile hart und verschleißfest gemacht, z. B. Meißel, Bohrer, Reißnadeln, Laufringe, Zapfen, Federn (Bild 3).

Zum Härten geeignet sind unlegierte und legierte Stähle mit mehr als 0,45 % Kohlenstoff, insbesondere die Werkzeugstähle (Seite 463).

Genaue Härtearbeiten werden mit Zeit- und Temperatur-steuerbaren Härte- und Anlassöfen durchgeführt (Bild 1, Seite 470).

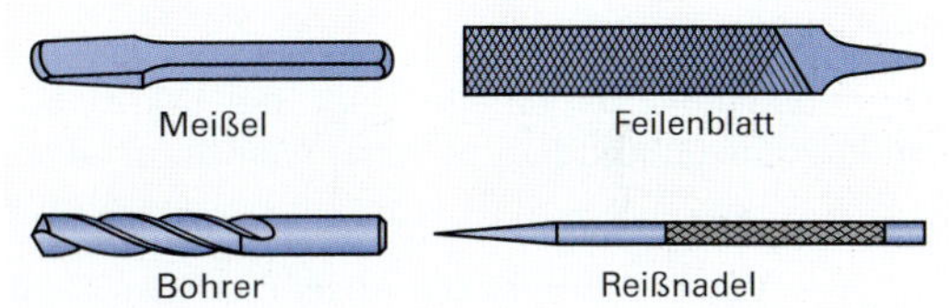

3 Gehärtete Werkzeuge

Merke

Das Härten erfolgt in vier Arbeitsgängen: Erwärmen, Halten auf Härtetemperatur, Abschrecken und Anlassen.

Das **Erwärmen** geschieht in einem vorgeheizten Härteofen (Bild 4, oberer Bildteil). Hat das zu härtende Bauteil die gleiche Glühfarbe wie der Ofeninnenraum erreicht, wird es noch 10 Minuten dort **gehalten.** Dann wird es aus dem Ofen genommen und sofort in einem Abschreckbad **abgeschreckt.** Dabei erfolgt die Härtung (Seite 473). Der Stahl ist dann glashart, aber spröde und bruchempfindlich.

Um die Versprödung zu beseitigen, wird das Bauteil sofort nach dem Abschrecken in einen Anlassofen mit 150 °C bis 300 °C (je nach Stahlsorte) gelegt, man nennt dies **Anlassen.** Danach lässt man es abkühlen oder schreckt ab.

Das Bauteil hat dann seine Gebrauchshärte, ist aber nicht mehr spröde.

Beim Härten muss das Bauteil die vorgeschriebenen Härte- und Anlasstemperaturen durchlaufen (Bild 4, unterer Bildteil).

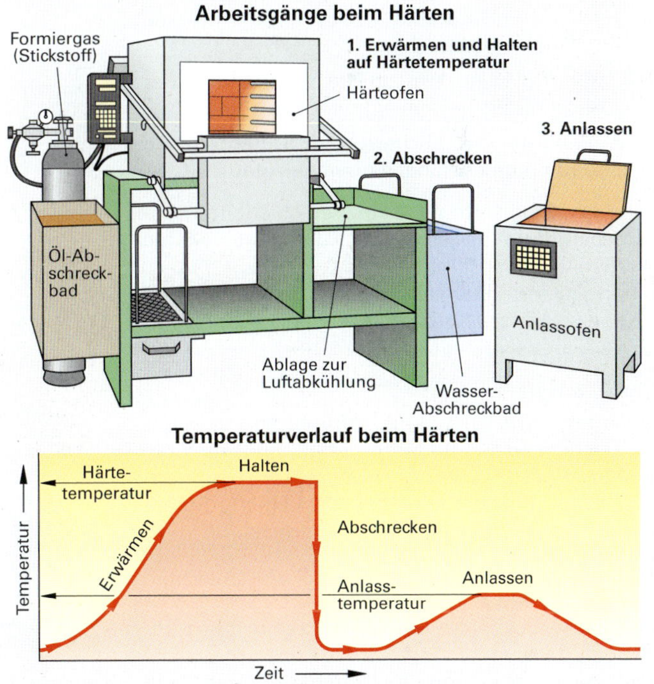

4 Arbeitsgänge und Temperaturverlauf beim Härten

Härte- und Anlasstemperaturen

Merke

Die Härte- und Anlasstemperaturen richten sich nach der Stahlzusammensetzung und der Stahlart.

Bei **unlegierten Stählen** ist die Härtetemperatur vom Kohlenstoffgehalt abhängig und kann als Temperaturbereich im Eisen-Kohlenstoff-Zustandsdiagramm eingezeichnet werden (Bild 1). Die Härtetemperatur soll etwa 30 °C bis 60 °C über der GSK-Linie im Fe-C-Zustandsdiagramm liegen (gelb gekennzeichneter Bereich). Dadurch ist gewährleistet, dass der Perlit des Stahlgefüges sich vollständig auflöst und in Austenit umgewandelt ist.

Die Anlasstemperaturen betragen je nach Stärke der aufzuhebenden Versprödung 100 °C bis 300 °C.

Legierte Stähle haben meist höhere Härte- und Anlasstemperaturen. Sie können aus Werkstoffblättern der Stahlhersteller oder Tabellenbüchern entnommen werden.

Die nebenstehende Tabelle zeigt die Wärmebehandlungsbedingungen typischer Werkzeugstähle.

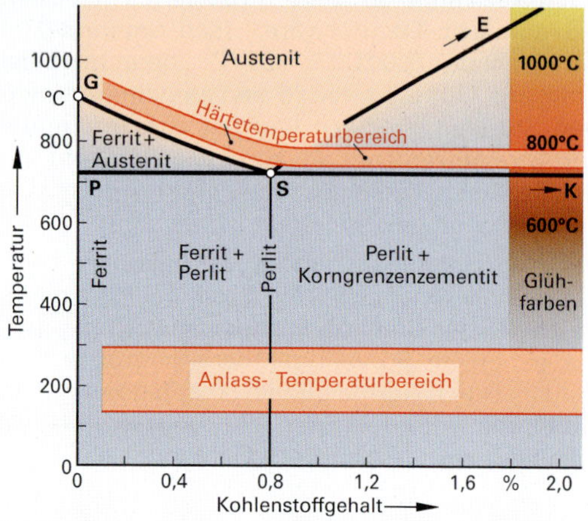

1 Temperaturen zum Härten und Anlassen unlegierter Stähle im Fe-C-Zustandsschaubild

Tabelle 1: Härtebedingungen einiger Werkzeugstähle

Stahlsorte	Härtetemperatur in °C	Abschreckmittel	Anlasstemperatur °C
C70U	790...820	Wasser	180
X210CrW12	950...980	Öl, Luft	180
HS6-5-2C	1190...1230	Öl, Luft	560

Richtiges Abschrecken

Durch das Eintauchen in die Abschreckflüssigkeit sollen die zu härtenden Werkstückbereiche rasch und gleichmäßig abgeschreckt werden. Beim Eintauchen müssen die Werkstücke leicht kreisend hin- und herbewegt werden (Bild 2).

- Schlanke Werkstücke, z. B. Bohrer oder Meißel, sind längs einzutauchen.
- Ungleichmäßige Werkstücke werden mit der großen Masse voraus eingetaucht.
- Werkstücke mit Löchern und Durchbrüchen sind mit dem Loch nach oben einzutauchen.

Je nach Stahlsorte wird in verschiedenen **Abschreckmitteln** abgeschreckt. Unlegierte Stähle werden in Wasser abgeschreckt (Wasserhärter), niedrig legierte Stähle in Öl oder Wasser/Öl-Emulsionen (Ölhärter), hoch legierte Stähle ebenfalls in Öl oder an bewegter Luft (Lufthärter).

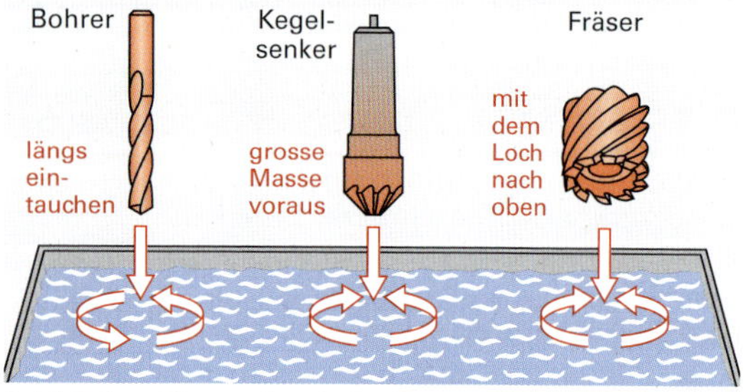

2 Richtiges Eintauchen beim Abschrecken

Einhärtetiefe

Unlegierte Werkzeugstähle härten nur in einer Randschicht von rund 5 mm. Man nennt dies die **Einhärtetiefe** (Bild 3). Der Werkzeugkern bleibt ungehärtet und damit zäh-elastisch. Legierte Stähle hingegen härten tiefer oder ganz durch.

Für viele Anwendungsfälle ist „nicht durchhärten" erwünscht, wie z. B. für Meißel oder Bohrer, die eine harte Schneide, aber einen zähen Kern benötigen. In anderen Anwendungsfällen muss das Werkstück vollständig durchgehärtet sein, wie z. B. bei Messern und Federn.

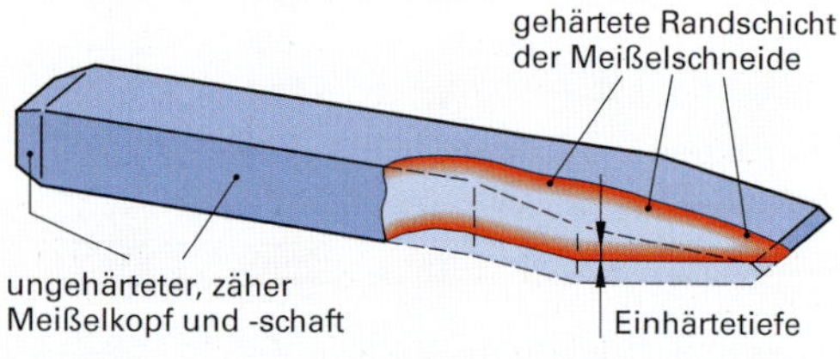

3 Schnitt durch einen gehärteten Meißel aus unlegiertem Werkzeugstahl C70U

Atomare Vorgänge beim Härten

Beim Erwärmen von Stahl über die Linie GSK im Fe-C-Zustandsdiagramm (Bild 1, Seite 472) wandelt sich das kubisch-raumzentrierte Ferritgitter in das kubisch-flächenzentrierte Austenitgitter um (Bild 1, linker Bildteil). Der freiwerdende Platz in der Kristallmitte wird von einem Kohlenstoffatom besetzt, das aus dem Gefügebestandteil Zementit (Fe_3C) stammt. Im Schliffbild ist diese Umwandlung als Austenitgefüge sichtbar.

Langsame Abkühlung. Kühlt man den austenitisierten Stahl langsam ab, so wird die Umwandlung rückgängig gemacht. Es entsteht wieder ein kubisch-raumzentriertes Kristallgitter. Als Gefüge bildet sich wieder Perlit (Bild 1, linker Bildteil).

Abschrecken. Wird der austenitisierte Stahl jedoch sehr rasch abgekühlt, dann klappt das kubisch-flächenzentrierte Austenitgitter bei Unterschreiten der Linie GSK schlagartig in das kubisch-raumzentrierte Ferritgitter um. Das Kohlenstoffatom wird im Gitter eingesperrt (Bild 1, rechter Bildteil). Dadurch wird das Kristallgitter stark verzerrt.

Es entsteht ein feinnadeliges Härtegefüge, das man **Martensit** nennt. Es ist sehr hart und spröde.

Martensit entsteht nur, wenn das Werkstück ausreichend schnell abgeschreckt wird (mit einer Mindestabkühlgeschwindigkeit) und wenn ein ausreichender Kohlenstoffgehalt des Stahls von mindesten 0,2 % vorhanden ist.

Einfache Härtearbeiten in der Werkstatt

Einfache Härtearbeiten, wie z. B. das Härten von Meißeln oder Hämmern, können auch mit den in einer Werkstatt vorhandenen Einrichtungen durchgeführt werden (Bild 2).

Das Erwärmen auf Härtetemperatur erfolgt entweder im Schmiedefeuer oder mit dem Schweißbrenner. Hierbei kommt es auf die Erfahrung des Metallbauers an, die erforderliche Härtetemperatur, z. B. eines Meißels aus C70U von rund 800 °C, mithilfe der Glühfarbe des erwärmten Werkzeugs zuverlässig zu erzielen (Bild 3).

Abgeschreckt wird im Löschtrog. Da nur die Meißelschneide gehärtet werden soll, wird die Meißelschneide mit leichten Rührbewegungen in das Wasser getaucht.

Angelassen wird mit der Restwärme vom Härten, man nennt dies Anlassen von innen. Dazu wird der an der Schneide abgeschreckte Meißel direkt nach dem Abschrecken aus dem Wasser gezogen. Vom noch heißen Meißelschaft fließt Wärme zur Meißelschneide und erwärmt sie. Das Erreichen der Anlasstemperatur (z. B. 200 °C) erkennt man an der Anlassfarbe eines aufgetragenen Anlassfarbstifts (Bild 3). Abschließend wird der ganze Meißel in Wasser abgekühlt.

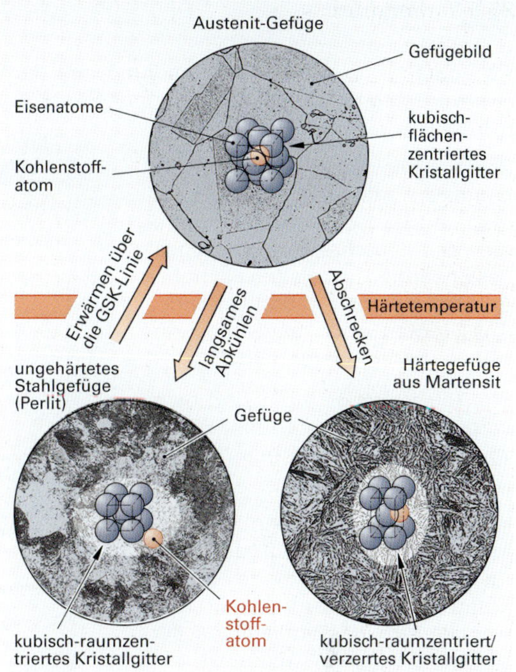

1 **Gefügeänderungen und Gittervorgänge beim Härten**

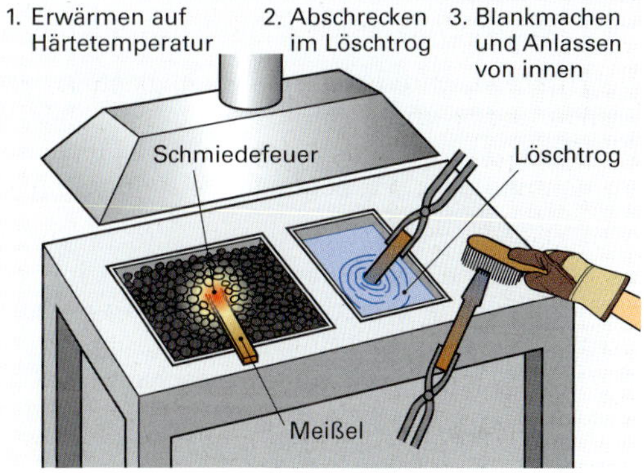

2 **Härten eines Meißels in der Werkstatt**

Temperatur	600°C	700°C	800°C	900°C	1000°C	1100°C
Glühfarben						
	200°C	230°C	250°C	270°C	290°C	320°C
Anlassfarben eines Anlassfarbstifts						

3 **Glüh- und Anlassfarben**

26.5.3 Vergüten

Merke

Vergüten ist eine Wärmebehandlung, mit der Werkstücke und Bauteile aus Vergütungsstählen die gewünschte Kombination von hoher Streckgrenze und Festigkeit sowie zusätzlich großer Zähigkeit erlangen.

Der Vergütevorgang besteht aus mehreren Arbeitsschritten: Erwärmen und Halten auf Härtetemperatur – dann Abschrecken – nochmaliges Erwärmen und Halten auf hoher Anlasstemperatur – abschließendes Abschrecken oder langsames Abkühlen (Bild 1, oberer Bildteil).

Die Anlasstemperaturen sind beim Vergüten mit 450 °C bis 650 °C wesentlich höher als beim Härten (100 °C bis 300 °C).

Während der einzelnen Behandlungsschritte durchläuft der Stahl mehrere Gefügezustände (Bild 1, unterer Bildteil): Beim Abschrecken wandelt sich das vorliegende Ferrit/Perlit-Gefüge in Martensit um. Durch das Anlassen bildet sich aus dem Martensitgefüge das kleinkörnige Vergütungsgefüge.

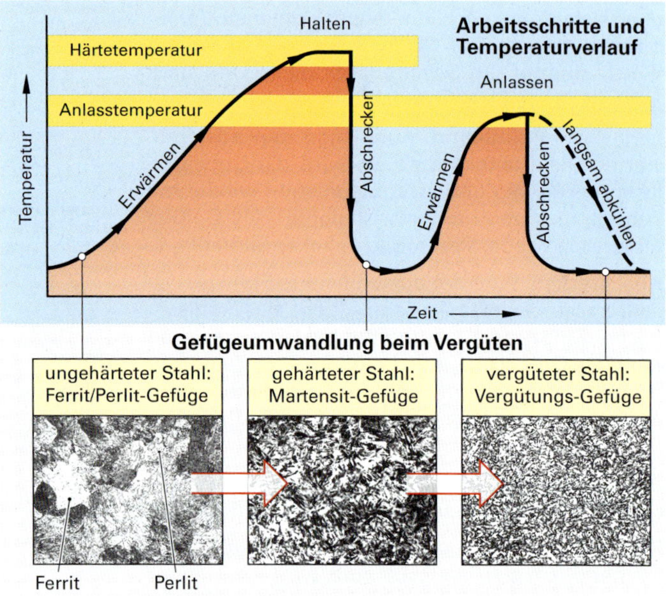

1 **Temperaturverlauf und Gefüge beim Vergüten des Stahls C45**

Auch die mechanischen Eigenschaften des Stahls verändern sich während der einzelnen Arbeitsschritte des Vergütens:

Nach dem Abschrecken ist der Stahl glashart, aber spröde und bruchempfindlich. Beim anschließenden Anlassen vermindert sich die Härte, gleichzeitig nehmen aber die Zugfestigkeit und Zähigkeit (Bruchdehnung) zu.

Je nach Höhe der Anlasstemperatur kann der Stahl auf das gewünschte Verhältnis von Streckgrenze, Festigkeit und Bruchdehnung angelassen werden. Es kann aus dem **Anlassschaubild** abgelesen werden (Bild 2).

Beispiel: Die Zugstange eines Windverbands aus dem Stahl 42CrMo4 soll auf 600 N/mm² Streckgrenze vergütet werden. Aus Bild 2 wird dafür eine Anlasstemperatur von 640 °C abgelesen. Die Bruchdehnung beträgt dann rund 40 %.

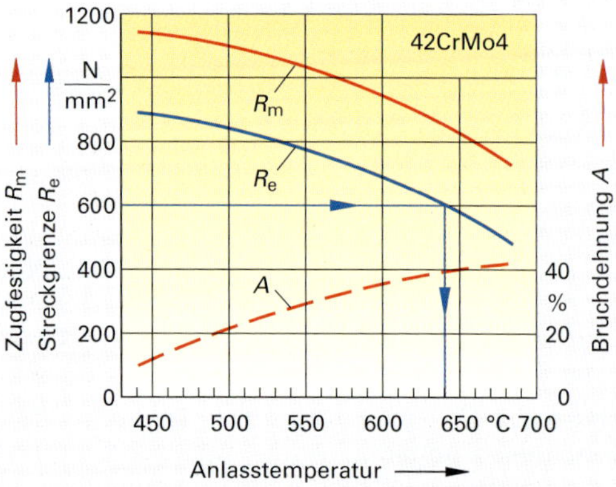

2 **Anlassschaubild des Vergütungsstahls 42CrMo4**

Vergütet werden mechanisch hochbelastete Bauteile wie Achsen, Wellen, Zahnräder, HV-Schrauben. Sie bestehen aus Vergütungsstählen (Seite 462).

26.5.4 Härten der Randzone

Das Härten der Randzone wird angewandt, wenn das Bauteil eine harte, verschleißfeste Randzone und gleichzeitig einen zähen, elastischen Kern benötigt. Dies ist bei Bauteilen erforderlich, die auf ihrer Oberfläche Verschleiß ausgesetzt sind und zusätzlich große Kräfte übertragen müssen, wie z. B. Seiltrommeln, Umlenkrollen, Laufräder, Gleitbahnen, Bolzen. Zum Härten der Randzone gibt es mehrere Verfahren.

Randschichthärten

Merke

Beim Randschichthärten wird eine dünne Randschicht des Bauteils durch stark gebündelte Wärmezufuhr schnell auf Härtetemperatur erwärmt (austenitisiert) und sofort abgeschreckt (Bild 1). Nur die dünne austenitisierte Randschicht wird gehärtet.

Die rasche Erwärmung der Randschicht erfolgt entweder mit starken Gasflammen (**Flammhärten** genannt) oder mit einer stromdurchflossenen Induktionsspule (**Induktionshärten** genannt).

Abgeschreckt wird mit einer Wasserbrause.

Merke

Vor dem Randschichthärten wird das Bauteil vergütet. Beim anschließenden Randschichthärten wird die Randschicht gehärtet, sodass das fertige Bauteil einen vergüteten Kern und eine gehärtete Randschicht besitzt.

Einsatzhärten

Merke

Beim **Einsatzhärten** wird die Randschicht eines Werkstücks aus kohlenstoffarmem Stahl in speziellen Einsatzverfahren mit Kohlenstoff angereichert (aufgekohlt) und anschließend gehärtet (Bild 2).

Zum Einsatzhärten werden Einsatzstähle mit 0,1 % bis 0,2 % Kohlenstoff verwendet. Sie sind wegen des niedrigen Kohlenstoffgehalts eigentlich nicht härtbar. Die Anreicherung der Randschicht mit Kohlenstoff, **Aufkohlen** genannt, erfolgt durch Einbringen der Werkstücke in kohlenstoffabgebende Einsatzmittel und Glühen bei 850 °C bis 930 °C während mehrerer Stunden. Dabei diffundiert der Kohlenstoff in die Randschicht des Werkstoffs, die damit härtbar wird.

Aufkohlen in festem Einsatzmittel **(Pulveraufkohlen)**, erfolgt durch Einpacken der Werkstücke in einen mit Kohlegranulat gefüllten Kasten und Einbringen in einen Glühofen. Zum Aufkohlen in flüssigem Einsatzmittel **(Salzbadaufkohlen)** werden die Werkstücke in eine kohlenstoffabgebende Salzschmelze getaucht und dort gehalten.

Beim **Gasaufkohlen** werden die zu härtenden Werkstücke in einen gasdichten Glühofen gebracht, der von kohlenstoffabgebendem Gas durchströmt wird.

Nach dem Aufkohlen werden die Werkstücke entweder direkt mit der Aufkohlungstemperatur abgeschreckt oder im Härteofen auf Härtetemperatur erwärmt und dann abgeschreckt. Dabei härtet nur die aufgekohlte Randschicht, der kohlenstoffarme Werkstückkern bleibt ungehärtet.

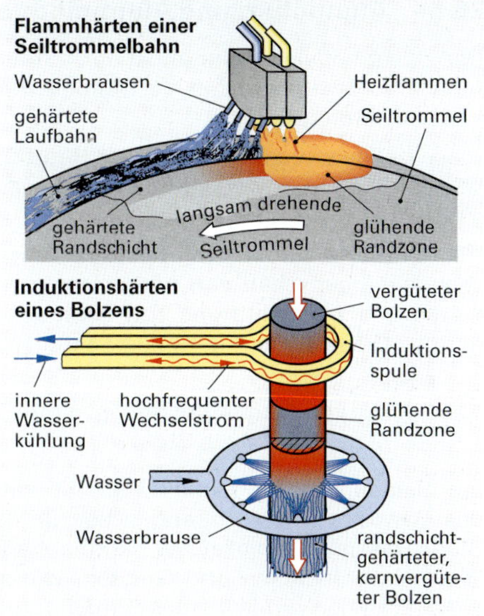

1 Verfahren zum Randschichthärten

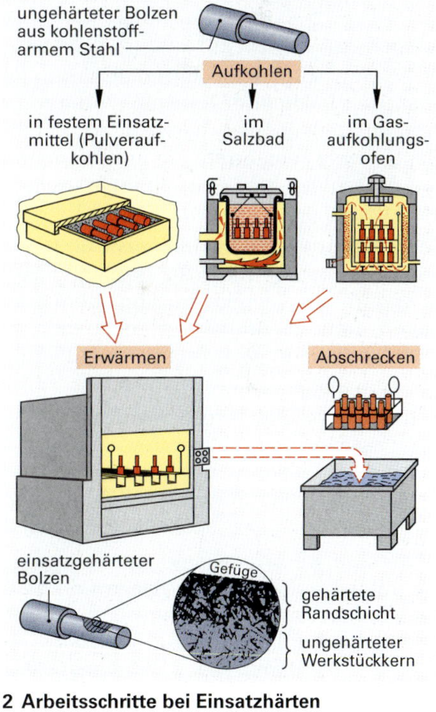

2 Arbeitsschritte bei Einsatzhärten

Überprüfen Sie Ihre Kenntnisse

1 Warum werden die Schweißnähte von hochbelasteten Bauteilen geglüht?
2 Welche Arbeitsschritte umfasst das Härten?
3 Wie hoch ist die Härtetemperatur von unlegierten Stählen (im Fe-C-Zustandsschaubild)?
4 Welches Gefüge entsteht durch Härten?
5 Wodurch unterscheiden sich Härten und Vergüten?
6 Was kann aus dem Anlassschaubild eines Vergütungsstahls abgelesen werden?
7 Beschreiben Sie das Einsatzhärten.

26.6 Aluminium und Aluminiumlegierungen

Das Leichtmetall Aluminium ist nach Stahl der im Metallbau am häufigsten verwendete Konstruktionswerkstoff (Bild 1).

Diese bedeutende Stellung in der Bautechnik haben die Aluminiumwerkstoffe vor allem aufgrund einiger besonderer Eigenschaften.

Aluminiumwerkstoffe sind leicht. Die hervorstechendste Eigenschaft von Aluminiumwerkstoffen ist die geringe Dichte und das daraus folgende, geringe Gewicht von Aluminiumbauteilen.

Merke

Die Dichte von Aluminium beträgt ca. 2,7 kg/dm^3, rund 1/3 der Dichte von Stahl.

Ein Bauteil aus Aluminium hat nur ein Drittel des Gewichts eines größengleichen Bauteils aus Stahl. Das bedingt die leichte Handhabbarkeit von Aluminium-Bauteilen und Geräten, wie z. B. Al-Fensterrahmen, Al-Leichtbaugerüsten oder von Maschinen mit Al-Gehäusen.

Aluminiumwerkstoffe sind mechanisch belastbar. Erzeugnisse aus den gängigen Aluminiumlegierungen haben Zugfestigkeiten von etwa 200 N/mm^2. Hochfeste Al-Legierungen besitzen bis 400 N/mm^2 Zugfestigkeit und erreichen damit die Festigkeit unlegierter Baustähle. Aus Aluminium-Legierungen können deshalb normal belastete Bauteile wie Fensterrahmen aber auch hochbelastete Maschinen- und Flugzeugteile sowie Tragkonstruktionen gefertigt werden (Bild 2).

Aluminiumwerkstoffe sind leicht umformbar und vielseitig bearbeitbar. Sie lassen sich walzen, strangpressen, biegen, drücken, schmieden sowie sägen, bohren, drehen, schleifen und polieren. Die Gusslegierungen lassen sich gut vergießen.

Die Verwendung von Aluminium für die Rahmen von Fenstern und Türen sowie für Profilsysteme von Fassaden und Dächern beruht neben der ausreichenden Festigkeit, der Korrosionsbeständigkeit und dem geringen Gewicht auch auf der ausgezeichneten Strangpressbarkeit zu Profilen (Bild 3).

Aluminiumwerkstoffe sind korrosionsbeständig. Sie bilden auf ihrer Oberfläche von selbst eine dünne, korrosionsschützende Oxidschicht. Durch anodische Oxidation (Seite 495) wird die Oxidschicht und damit die Korrosionsbeständigkeit wesentlich verstärkt. Anodisch oxidierte Bauteile aus Aluminium sind gegen normale atmosphärische Einflüsse beständig. Die Lebensdauer von Al-Fensterrahmen, Fassaden oder Dacheindeckungen (Bild 4) beträgt bei normalen Umweltbedingungen 30 bis 50 Jahre.

Aluminiumwerkstoffe sind recycelbar. Nach Gebrauch können die Al-Bauteile eingeschmolzen und wieder zu neuen Erzeugnissen verarbeitet werden.

1 Wintergarten aus Al-Profilen und Isolierglas

2 Hallenkonstruktion aus hochfesten Al-Profilen

3 Aluminium-Leichtbauprofile

4 Aluminium-Trapezblech für Dacheindeckung

26.6.1 Aluminium-Werkstoffe

Die Aluminiumwerkstoffe werden in unlegierte Al-Werkstoffe, sowie Al-Knetlegierungen und Al-Gusslegierungen unterteilt (Bild 1).

Im Metallbau verwendet man vor allem die Al-Knetlegierungen. Aus ihnen werden die handelsüblichen Aluminium-Profilsysteme hergestellt, die als Ausgangsmaterial für Fenster, Türen, Dächer und Fassaden dienen.

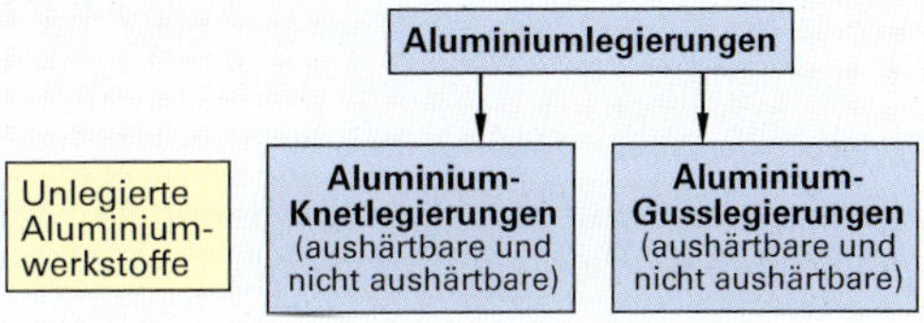

1 Einteilung der Aluminium-Werkstoffe

Kurzbezeichnung von Al-Werkstoffen

Die Aluminiumwerkstoffe werden mit einer Kurzbezeichnung nach Europäischer Norm EN benannt. Sie besteht aus der Abkürzung **EN**, den Buchstaben **AW** (bei Al-Knetlegierungen) oder **AC** (bei Al-Gusslegierungen) sowie der Werkstoffnummer und in Klammern einem Kurznamen mit chemischen Symbolen. Siehe nebenstehendes Beispiel.

Beispiel:

Vereinfachend kann auch eine Kurzbezeichnung mit nur der Werkstoffnummer, wie **EN AW-6060**, oder mit nur den chemischen Symbolen verwendet werden, wie **EN AW-Al MgSi**.
Bei der Bestellung von Fertigerzeugnissen wird zusätzlich der Werkstoffzustand (z. B. geglüht, kaltverfestigt) durch angehängte Buchstaben und Ziffern angegeben, z. B. **EN AW-6060[Al MgSi]-T4**.
Es gibt eine Vielzahl von Al-Legierungen. Im Folgenden sind eine typische Al-Legierungen beschrieben.

Nichtaushärtbare Aluminium-Knetlegierung

Die Aluminiumlegierung **EN AW-5745[Al Mg3]** ist der Standardwerkstoff für Walzfabrikate mittlerer Festigkeit (Zugfestigkeit R_m bis 250 N/mm^2). Die Legierung hat eine erhöhte Korrosionsbeständigkeit, vor allem gegen Meerwasser, und ist bestens zum Polieren und anodischen Oxidieren geeignet. Sie wird zu Tragwerken und Getränkebehältern sowie zu Schiffbauteilen verarbeitet.

Aushärtbare Aluminium-Knetlegierungen

Aushärtbare Aluminiumlegierungen erhalten durch eine Wärmebehandlung, die man **Aushärten** nennt, etwa den doppelten Betrag der Zugfestigkeit und Härte des ungehärteten Werkstoffs.

Das Aushärten erfolgt in drei Arbeitsgängen:

1. Lösungsglühen bei rund 500 °C
2. Abschrecken in Wasser oder Öl (die Legierung ist direkt nach dem Abschrecken noch nicht hart)
3. Kaltauslagern bei Raumtemperatur während 14 Tagen oder Warmauslagern bei rund 200 °C während etwa 24 Stunden. Dadurch erlangt die Al-Legierung ihre volle Aushärte-Festigkeit.

Die Aluminiumlegierung **EN AW-6060[Al MgSi]** ist der Standardwerkstoff für preiswerte, stranggepresste Al-Profile mit bis zu 250 N/mm^2 Zugfestigkeit. Das bei der Formgebung aus der Strangpresse austretende heiße Profil wird durch Anblasen mit Luft unmittelbar abgeschreckt und anschließend bei ca. 180 °C warm ausgelagert. Durch dieses kostensparende Aushärten direkt aus der Umformwärme sind die Al-Profile aus EN AW-6060 preisgünstig. Diese Al-Legierung ist der häufigste, im Bauwesen und Metallbau verwendete Aluminiumwerkstoff. Er lässt sich gut schweißen und anodisch oxidieren. Die Schweißstelle hat jedoch eine verminderte Festigkeit. Man fertigt daraus Rahmenprofile für Fenster und Rolläden, Beschläge, Leitern und kleinere Tragkonstruktionen.

Die Al-Legierung **EN AW-7020[Al Zn4,5Mg1]** ist ein spezieller Werkstoff für hochbelastete Schweißkonstruktionen im Leichtmetallbau. Nach dem Schweißen nimmt die weichgewordene Schweißzone durch selbsttätiges Aushärten ohne besondere Maßnahmen im Laufe von einigen Tagen wieder die hohe Ausgangsfestigkeit von 350 N/mm^2 an.

Aluminium-Gusswerkstoffe

Die Aluminium-Gusslegierung **EN AC-44200[Al Si12(a)]** ist der gebräuchlichste Al-Gusswerkstoff mit guter Vergießbarkeit und Korrosionsbeständigkeit. Er ist aushärtbar und wird z. B. zu Kreissägetischen und Handbohrmaschinengehäusen verarbeitet.

26.6.2 Handhabung und Bearbeitung von Aluminium-Bauteilen

Aluminium-Halbzeuge müssen **schonend gelagert** und **behandelt** werden. Bei liegender Lagerung müssen genügend Unterstützungspunkte aus Holz vorhanden sein, sodass Durchhängen und damit eine bleibende Verformung vermieden werden. Die Entnahme der Teile muss durch Herausheben erfolgen. Ziehen oder Schieben beschädigt die anodisch oxidierte Oberfläche.

Werkzeuge und Vorrichtungen mit denen Al-Bauteile bearbeitet werden, müssen vorher sorgfältig von anhaftenden Teilchen anderer Metalle gereinigt werden, da es sonst zu Fremdrost kommt.

Schraubstöcke, in denen Al-Bauteile eingespannt werden, sind mit Al-Schutzbacken zu versehen. Treibarbeiten sind auf einer Hartholzunterlage durchzuführen. Angerissen wird mit dem Bleistift.

Das **Biegen von Rohren und Strangpressprofilen** erfolgt mit denselben Techniken und Vorrichtungen wie bei den anderen Metallen (Seite 23 ff.). Es kann kalt- und warmgebogen werden (Bild 1). Auch vorgefertigte Bogenprofile sind im Handel.

Aluminiumwerkstoffe sind **gut spanend bearbeitbar.** Sie können gefeilt, gesägt, gebohrt, gedreht und gefräst werden. Es sind spezielle Werkzeuge zu verwenden und Herstellerrichtwerte zu beachten.

1 Biegen von Strangpressprofilen

Oberflächenbehandlung. Al-Bauteile, die durch Schweißen oder Spanen eine unebene Oberfläche haben, müssen geschliffen und poliert werden. Fertige Al-Bauteile werden anodisch oxidiert geliefert, manchmal auch zusätzlich farbbeschichtet (Seite 495). Zum Schutz gegen Beschädigung sowie gegen Korrosion durch Zement- und Mörtelspritzer sind die fertigen Bauteile, z. B. Fenster, mit einer Abziehfolie geschützt, die erst nach erfolgtem Einbau abzuziehen ist. Bei der Bearbeitung darf die Schutzschicht nicht beschädigt werden.

26.6.3 Fügen von Aluminium-Bauteilen

Spezialniete, wie Blindniete (Dornbruchniete), Durchziehniete und Schließringbolzen werden bei Al-Bauteilen häufig angewandt. Nieten mit Vollnieten hat nur im Flugzeugbau Bedeutung.

Schraubverbindungen werden eingesetzt, wenn die Verbindung lösbar sein soll. Verschraubt wird mit Schrauben aus nichtrostendem Stahl. Dadurch entsteht zwar ein Korrosionselement (Seite 487). Der unedlere Partner, der angelöst wird, ist das Al-Bauteil. Wegen der im Verhältnis zur Schraube sehr großen Aluminium-Oberfläche ist der Korrosionsangriff des Al-Bauteils unbedeutend.

Schraub- und Nietverbindungen verursachen keinen Festigkeitsabfall im Werkstoff, wie er beim Schweißen auftritt. Die erforderlichen Löcher schwächen jedoch den Bauteilquerschnitt.

Schweißen (Bild 2). Einwandfreie Schweißnähte hoher Festigkeit ergeben das **WIG-Schweißen** und das **MIG-Schweißen.** Gasschmelz- und Lichtbogenhandschweißen sind nicht geeignet.

Bei Bauteilen aus ausgehärteten Al-Legierungen erfolgt durch die Erwärmung in der Schweißzone ein Festigkeitsabfall auf den ungehärteten Werkstoff. Davon nicht betroffen sind die selbstaushärtenden Legierungen des Typs EN AW-7020[AlZn4,5Mg1], die nach dem Schweißen ihre ursprüngliche Festigkeit nach wenigen Tagen wieder erreichen (Seite 477).

2 Schweißen einer Al-Konstruktion

Überprüfen Sie Ihre Kenntnisse

1 Welche besonderen Eigenschaften haben Aluminiumwerkstoffe?

2 Was kann im Einzelnen aus dem Kurznamen EN AW-3103[Al Mn1] abgelesen werden?

3 Welches ist die gebräuchlichste Al-Legierung im Handwerk und Metallbau?

4 Mit welchen Verfahren werden Aluminiumbauteile geschweißt?

26.7 Kupfer und Kupferlegierungen

Kupfer und Kupferlegierungen sind im Metallbau und Bauwesen häufig verwendete Werkstoffe.

Kupfer ist ein Halbedelmetall mit einer metallisch glänzenden, roten Farbe an frischen Flächen (Bild 1). Im Laufe der Zeit bildet sich, je nach vorhandener Luftatmosphäre, eine rotbraune bis grüne Deckschicht (Patina). Sie schützt das Metall vor atmosphärischer Korrosion und gibt Kupfer sein typisches, dekoratives Aussehen (Bild 2).

Kupfer ist ein Schwermetall mit einer Dichte von 8,93 kg/dm^3 und einer Schmelztemperatur von 1083 °C.

Es ist ursprünglich ein weiches, gut umformbares Metall. Durch Kaltverformen kann seine Festigkeit und Härte wesentlich gesteigert werden. Die Festigkeit beträgt weichgeglüht rund 200 N/mm^2, kaltverformt bis 350 N/mm^2. Die Dehnbarkeit nimmt durch das Kaltverformen von rund 50 % auf bis zu 3 % ab.

Verwendung. Kupfer ist ein teures Metall. Es kommt deshalb nur zum Einsatz, wenn seine besonderen Eigenschaften erforderlich oder gewünscht sind. Im Metallbau sind dies die **Korrosionsbeständigkeit** und das dekorative Aussehen, das man bei Dachrinnen, Fallrohren und Fassadenverkleidungen einsetzt (Bild 2). Wegen seiner guten **elektrischen Leitfähigkeit** ist Kupfer zudem der Werkstoff für Stromleitungen.

Verarbeitung. Kupfer lässt sich im weichen Zustand leicht umformen. Weichlöten ist bei allen Kupfersorten möglich, sauerstofffreie Kupfersorten können geschweißt und hartgelötet werden.

26.7.1 Unlegierte Kupferwerkstoffe

Im Metallbau werden überwiegend die sauerstofffreien Kupfersorten eingesetzt (Tabelle). Sie verspröden nicht beim Schweißen und Hartlöten.

Sie werden im Metallbau zu Bauteilen und Verkleidungen sowie im Apparate- und Rohrleitungsbau zu Komponenten gefertigt.

Die **Kurzzeichen der unlegierten Kupferwerkstoffe** bestehen nach DIN EN 1976 aus dem Symbol **Cu**, drei Buchstaben für die Kupfersorte (z. B. DHP = **D**esoxidiertes d. h. sauerstofffreies Kupfer mit **h**ohem Rest-**P**hosphorgehalt) und einer R-Ziffer für die Festigkeit, (z. B. R220 = 220 N/mm^2 Mindestzugfestigkeit, siehe rechts). In alten Herstellerkatalogen sieht man noch das alte Kurzzeichen nach DIN.

Die **Kurzzeichen der Kupferlegierungen** besteht aus dem Symbol **Cu** und den Symbolen der Hauptlegierungselemente mit Prozentangaben ihrer Gehalte. Siehe Beispiel rechts. Kupfer-Gusslegierungen enthalten ein vorangestelltes G.

Daneben haben Kupferwerkstoffe eine **Werkstoffnummer.** Sie besteht aus Buchstaben CW (Knetlegierungen) oder CC (Gusslegierungen) und Ziffern.

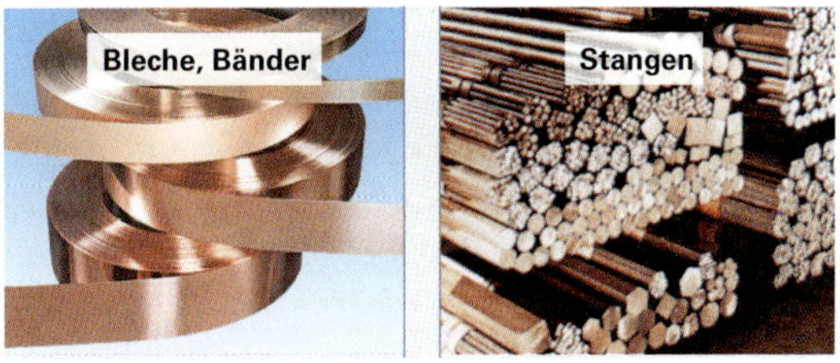

1 Halbzeuge aus unlegierten Kupferwerkstoffen

2 Dach- und Wandverkleidungen aus Kupferblech

Tabelle 1: Unlegierte Kupfersorten für den Metallbau und den Apparatebau

Kurzzeichen nach DIN EN1976	Kurzzeichen nach alter DIN 1787	Eigenschaften, Hauptanwendungen
Cu-DHP (CW024A)	SF-Cu (2.0090)	Schweiß- und hartlötbar, gut umformbar. Halbzeuge für den Metallbau und Rohrleitungsbau
Cu-DLP (CW023A)	SW-Cu (2.0076)	Schweiß- und hartlötbar, gut umformbar. Halbzeuge für den Apparatebau

Kurzzeichen eines unlegierten Kupferwerkstoffs

Beispiel: Sauerstofffreies Kupfer mit 200 N/mm^2 Mindestzugfestigkeit.

nach DIN EN 1976	altes Kurzzeichen	Werkstoff-Nr.
Cu-DHP-R220	**SF-CuF22**	**CW024A**

Kurzzeichen von Kupferlegierungen:

Beispiel: Kupfer-Knetlegierung mit 38 % Zink und 2 % Blei.

Cu-Zn38Pb2 **Werkstoff-Nr.:** **CW608N**

Beispiel: Kupfer-Gusslegierung mit 12 % Zinn

G-CuSn12-C **Werkstoff-Nr.:** **CC483K**

26.7.2 Kupfer-Legierungen

Durch Zulegieren von Zink, Zinn, Nickel und anderen Legierungselementen zum Basiswerkstoff Kupfer lassen sich Kupferlegierungen mit verbesserter Korrosionsbeständigkeit und erhöhten mechanischen Eigenschaften sowie zum Teil sehr dekorativem Aussehen herstellen.

Die Kupferlegierungen werden nach ihren Hauptbestandteilen benannt, z. B. Kupfer-Zink-Legierung oder kurz CuZn-Legierung. Außerdem gibt es historisch entstandene, umgangssprachliche Namen, wie z. B. Messing für CuZn-Legierungen oder Bronze für CuSn-Legierungen.

Der Kurzname der Kupferlegierungen wird aus den Symbolen der enthaltenen Elemente sowie deren Gehalten in Prozent gebildet (Seite 479 unten). Außerdem hat jeder Kupferwerkstoff eine Werkstoffnummer nach der Europäischen Norm DIN EN (siehe nebenstehende Tabelle).

Kupfer-Zink-Legierungen (Messing)

Kupferlegierungen mit 5 % bis 45 % Zink (Zn) sind Werkstoffe mit einer goldbraun bis hellgelben Farbe. In der Umgangssprache werden sie Messing genannt (Tabelle).

Ihre Korrosionsbeständigkeit ist ähnlich gut wie die von Kupfer, die elektrische Leitfähigkeit sowie das Wärmeleitvermögen sind vermindert. Die Verarbeitung, wie z. B. das Spanen und die Gießbarkeit sind gegenüber reinem Kupfer verbessert.

Zur Erzielung besonderer Eigenschaften können CuZn-Legierungen noch geringe Anteile anderer Legierungselemente enthalten, z. B. Blei (Pb) für gute Spanbarkeit, Aluminium (Al) und Silicium (Si) für gute Gleiteigenschaften und Mangan (Mn) für Witterungsbeständigkeit.

Je nach Zinkgehalt besitzen Kupfer-Zink-Legierungen in weichgeglühtem Zustand Zugfestigkeiten von 200 N/mm² bis 350 N/mm² (Bild 1).

Kupfer-Zink-Legierungen sind **nicht härtbar.**

Durch **Kaltverfestigung** (Recken) können die Zugfestigkeit und Härte stark erhöht werden. Die Erhöhung nimmt mit steigendem Zinkgehalt zu und kann bis 600 N/mm² erreichen (Bild 1).

Durch die Kaltverfestigung vermindert sich die Dehnbarkeit (Bruchdehnung) von 50 % auf 10 %.

Kupfer-Zink-Legierungen mit mehr als 40 % Zink sind zunehmend spröde und lassen sich nicht kaltverfestigen. Ursache hierfür ist der steigende Anteil von β-Messing im Gefüge (Bild 1). Nur CuZn-Legierungen mit überwiegend α-Messing-Gefüge lassen sich kaltverfestigen.

Bei der **Bestellung** von Halbzeugen aus CuZn-Legierungen ist der gewünschte Festigkeitszustand anzugeben. Er wird durch eine angehängte Kennzahl benannt.

Beispiel: CuZn30R340 ist ein CuZn-Halbzeug mit 30 % Zink, kaltverfestigt auf 340 N/mm² Zugfestigkeit.

Man unterscheidet Kupfer-Zink-Knetlegierungen und Kupfer-Zink-Gusslegierungen.

Tabelle 1: Kupfer-Zink-Legierungen (Messing)

Kurzzeichen	Werkstoff-Nr.	Besondere Eigenschaften Hauptanwendungen
CuZn10	CW501	gut kaltumformbar Bleche, Massendrehteile
CuZn40	CW509L	gut kalt- und warmumformbar Beschläge, Armaturen
CuZn36Pb3	CW603N	gut spanbar und umformbar Drehteile, Bauprofile, Handläufe

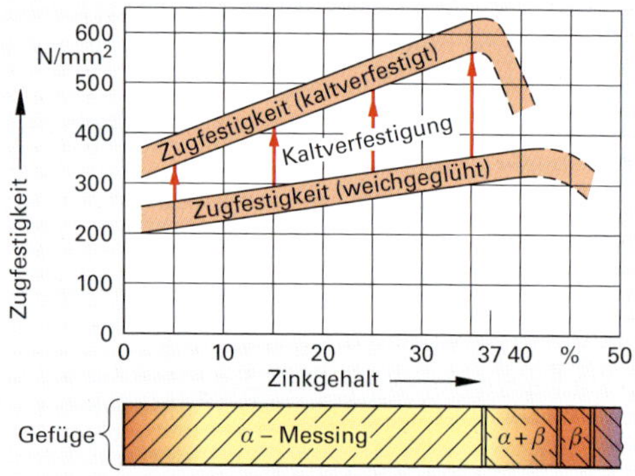

1 Zugfestigkeit von CuZn-Legierungen im weichgeglühten sowie kaltverfestigten Zustand

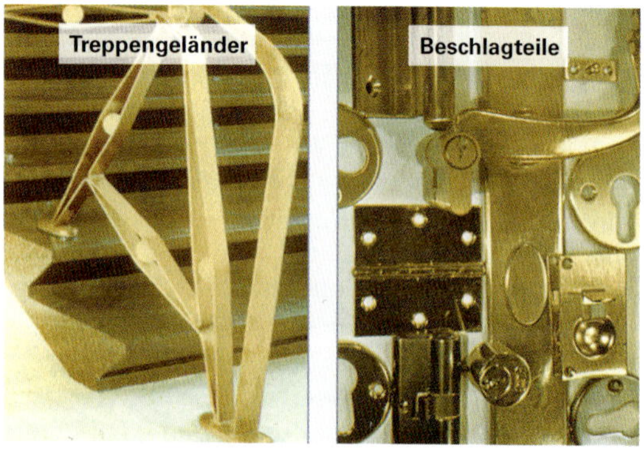

2 Bauteile aus CuZn-Legierungen im Innenausbau

Kupfer-Zink-Knetlegierungen sind als Bleche, Stangen und Hohlprofile im Handel. Aus ihnen werden durch Umformen oder Spanen die Bauteile gefertigt (Bild 1).

Kupfer-Zink-Knetlegierungen mit zusätzlichem Bleigehalt, wie z. B. CuZn39Pb3 sind besonders zum Spanen und zum Warmpressen geeignet. Man fertigt aus ihnen Befestigungskleinteile, Brennerdüsen sowie Armaturen für Gas-, Wasser- und Sanitärleitungen (Bild 1).
Die Verwendung als Schraubteile beruht auf ihrer Eigenschaft, im Gewinde nicht festzurosten.

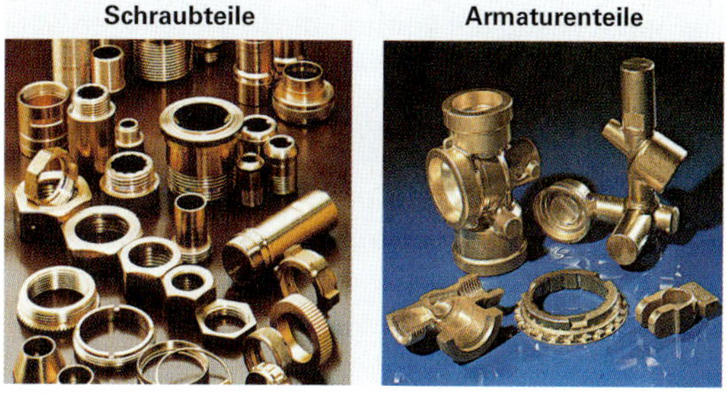

1 Kleinteile und Armaturen aus CuZn39Pb3

Kupfer-Zink-Gusslegierungen gibt es ebenfalls mit 5 % bis 45 % Zink, z. B. G-CuZn37Pb. Sie werden durch Druckgießen und anschließendem Spanen z. B. zu Armaturen und Rohrfittings verarbeitet.

Kupfer-Zinn-Legierungen (Zinnbronzen)

Kupfer-Zinn-Legierungen enthalten 4 % bis 12 % Zinn (Sn) (Tabelle). Zur Desoxidation sind rund 0,1 % bis 0,5 % Phosphor zugegeben. Außerdem sind geringe Zusätze anderer Elemente (Zn, Pb) möglich.

Der historische Name der Kupfer-Zinn-Legierungen ist Zinnbronze oder kurz Bronze.

Kupfer-Zinn-Legierungen besitzen einige besondere Eigenschaften, die der Grund für spezielle Anwendungen sind:

- Gute Witterungs- und Korrosionsbeständigkeit:
  → Handläufe von Freigeländern, Beschläge, Armaturen, Plastiken, Denkmale
- Gute Gleiteigenschaften und hohe Verschleißfestigkeit:
  → Gleitlagerbuchsen (Bild 2), Gleitschienen, Schlossteile und Schlüssel
- Kaltverfestigbar bis auf Federhärte:
  → Kleinfedern für Rückstellteile
- Gute elektrische Leitfähigkeit und Federhärte:
  → Federnde elektrische Kontakte (Bild 2).

Tabelle 1: Kupfer-Zink-Legierungen (Bronze)

Kurzzeichen	Werkstoff-Nr.	Besondere Eigenschaften Hauptanwendungen
CuSn4	CW450K	gute elektrische Leitfähigkeit, auf federhart kaltverfestigbar Federnde elektrische kontakte
CuSn8P	CW459K	gute Gleiteigenschaften und Verschleißfestigkeit Gleitlager, Buchen, Beschlagteile

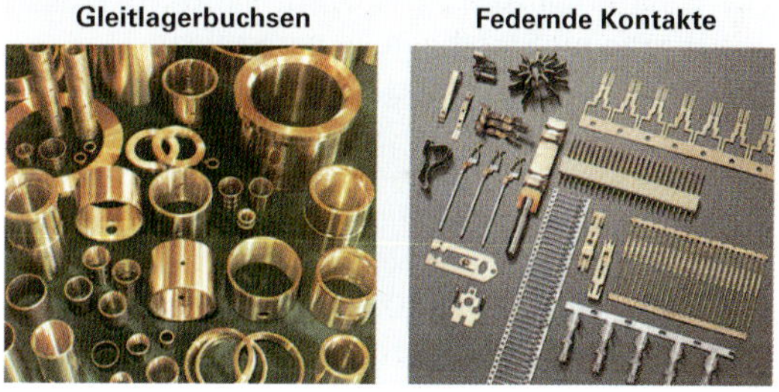

2 Bauteile aus Kupfer-Zinn-Legierungen

Kupfer-Nickel-Zink-Legierungen (Neusilber)

Die als **Neusilber** bezeichneten Kupfer-Nickel-Zink-Legierungen enthalten 47 % bis 64 % Kupfer, 10 % bis 25 % Nickel und 15 % bis 42 % Zink.

Beispiele: **CuNi12Zn24, CuNi25Zn15.**

Ihre besondere Eigenschaft ist das silberähnliche Aussehen, die gute Korrosionsbeständigkeit und ein gutes Gleitverhalten.

Bauteile aus diesen Legierungen sind im Metallbau und Bauwesen z. B. Sicherheitsschlösser und Schlüssel, Baubeschläge, Treppengeländer, Sanitärgegenstände, dekorative Eingangstüren (Bild 3).

Auch die sogenannten Silbermünzen bestehen aus CuNiZn-Legierung, z. B. der silberfarbige Teil der 1-Euro- und 2-Euro-Münzen.

3 Türrahmen und Zargen aus CuNiZn-Legierung

26.8 Weitere wichtige Metalle

Außer den Stählen sowie den Aluminium- und Kupferwerkstoffen haben nur wenige andere Metalle im Metallbau Bedeutung erlangt. Dies sind Werkstoffe auf Basis von Zink, Zinn und Blei. Wegen ihrer geringen Festigkeit können diese Metalle jedoch nicht als Konstruktionswerkstoffe eingesetzt werden.

Zink (Zn)

Zink ist ein relativ niedrig schmelzendes Metall (419 °C) mit einer Dichte von 7,1 kg/dm^3. Neue Zinkoberflächen haben einen leicht bläulich-metallischen Glanz. An der Luft überzieht es sich im Laufe der Zeit mit einer dünnen, mattgrauen Deckschicht aus Zinkcarbonat, die es gegen Korrosionsangriff durch Luft, Wasser und Witterungseinflüsse schützt.

Zink ist aufgrund seiner geringen Festigkeit von rund 150 N/mm^2 und der Dehnbarkeit von 35 % zwar formstabil aber leicht umformbar. Zudem lässt es sich gut weichlöten. Diese Eigenschaftskombination von Witterungsbeständigkeit und leichter Verarbeitbarkeit machen es in Blechform zu einem beliebten Verkleidungs- und Abschlussmaterial für Kamine, Dachgauben, Fassaden und Dächer (Bild 1).

1 Dacheindeckung aus Titanzinkblech

Dazu verwendet man **Titanzinkblech**, eine Zinklegierung mit 0,2 % Titan und 1 % Kupfer. Es wird in Dicken von 0,6 mm bis 0,8 mm angeboten. Bauteile aus Titanzinkblech haben im Freien eine Lebensdauer von mehreren Jahrzehnten. Titanzinkblech gibt es als Blechtafeln, Blechband und als vorgefertigte Regenrinnen mit Fallrohren.

Titanzinkblech ist preiswerter als Kupferblech und bietet wegen seiner anderen Farbe eine gestalterische Alternative.

Der größte Teil des Zinks wird als **Korrosionsschutzbeschichtung** für Stahlbauteile verbraucht.

Dünne Bleche und Bänder aus Stahl werden bereits vom Hersteller bandverzinkt, d. h. durch Tauchen in einer Zinkschmelze mit einer dünnen Zinkschicht überzogen (Seite 486). Profile, dicke Bleche, Rohre und Hohlprofile sowie fertige Stahlbauteile (Bild 2) werden nach dem Schweißen durch Tauchen feuerverzinkt (Seite 492).

Feuerverzinkte Bauteile erkennt man an der grauen Farbe.

2 Feuerverzinkte Stahlkonstruktion

Zinn (Sn)

Zinn ist mit einer Schmelztemperatur von 232 °C ein besonders niedrig schmelzendes Metall. Seine Dichte beträgt 7,3 kg/dm^3, es ist silberhell glänzend. Gegen Witterungseinflüsse sowie leicht saure und alkalische Stoffe (wie z. B. Lebensmittel) ist es beständig.

Im Metallbau wird Zinn wegen seiner geringen Festigkeit nicht als Konstruktionswerkstoff eingesetzt. Es hat seine Bedeutung in Kombination mit anderen Werkstoffen:

- Als Basis- oder Legierungselement für Weichlote (Bild 3). Weichlote sind Zinn-Blei-Legierungen mit einer sehr niedrigen Schmelztemperatur (180 °C bis 300 °C) und gutem Benetzungsverhalten auf allen Metallen (Seite 110). Ein typisches Weichlot ist z. B. S-Sn63Pb37.
- Als Legierungselement für Kupferlegierungen (Seite 475) und Aluminiumlegierungen (Seite 471).
- Als Beschichtung dünner Stahlbleche **(Weißblech)** z. B. für Konservendosen.

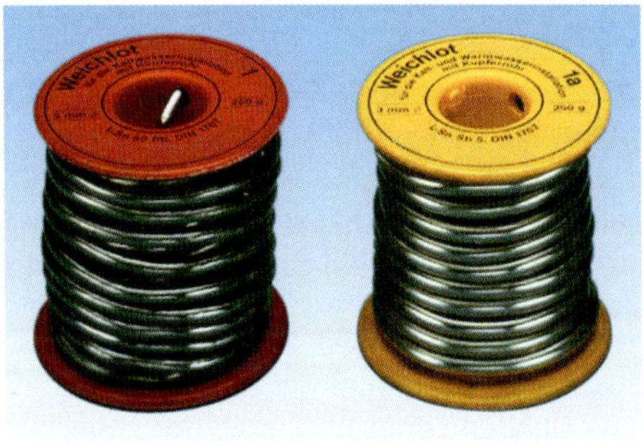

3 Weichlote aus Zinn-Blei-Legierungen

Blei (Pb)

Blei ist ein mattgrau aussehendes Metall. Es schmilzt bei 327 °C, seine Dichte beträgt 11,3 kg/dm³. Es ist so weich, dass es mit dem Fingernagel geritzt werden kann.

Wichtigster Bleiwerkstoff im Metallbau und Bauwesen ist Hartblei, eine Bleilegierung mit bis zu 13 % Antimon (Sb). Hartblei ist wesentlich fester und härter als unlegiertes Blei. Es wird als Blech für Einfassungen an Kaminen und Dacheinlegefenstern verwendet (Bild 1). Es kann mit der Hand in Form gedrückt werden. Blei ist korrosionsbeständig gegen Bewitterung, SO_2-haltige Kaminabgase und Rußablagerungen. Außerdem wird Blei mit Zinn zu Weichloten (Seite 482) sowie mit Antimon (Sb) und Zinn zu Lagermetallen (z. B. PbSb15Sn10) legiert. In Stählen und Aluminiumlegierungen verbessern geringe Bleigehalte die Spanbarkeit (Seite 462).

1 Kamineinfassung aus Hartblei-Blech

Blei und Bleiverbindungen sind giftig. Deshalb darf man keinen Bleistaub einatmen, bei Bleiarbeiten nicht essen oder trinken und muss sich nach der Arbeit mit Blei gründlich die Hände waschen.

Legierungs- und Beschichtungsmetalle

Die Legierungs- und Beschichtungsmetalle werden als reine Metalle oder als Basislegierungen im Metallbau **nicht** eingesetzt. Sie sind jedoch in vielen Werkstoffen als Legierungselement enthalten, z. B. in den nichtrostenden Stählen oder den Werkzeugstählen. Außerdem werden z. B. Chrom oder Nickel zum Korrosionsschutz als dünne Schichten auf Bauteilen aufgebracht.

Die gebräuchlichsten Legierungs- und Beschichtungsmetalle sind mit ihren Hauptanwendungen in der folgenden Übersicht aufgeführt.

Tabelle 1: Eigenschaften und Verwendung der Legierungs- und Beschichtungsmetalle

Metall Kurzzeichen	Dichte in kg/dm³	Schmelztemperatur in °C	Besondere Eigenschaften	Verwendung
Chrom Cr	7,1	1900	brillanter Metallglanz, korrosionsbeständig	Schutzüberzüge (Verchromen), Legierungselement für nichtrostende Stähle
Nickel Ni	8,9	1455	heller Metallglanz, korrosionsbeständig	Schutzüberzüge (Vernickeln), Legierungselement für korrosionsbeständige Stähle
Mangan Mn	7,3	1250	hart, spröde	Legierungsmetall für zähharte Stähle
Cobalt Co	8,8	1490	zäh, korrosionsbeständig	Legierungselement für Stähle Bindemetall der Hartmetalle
Vanadium V	6,0	1720	hart, spröde	Legierungselement für zähharte Stähle
Molybdän Mo	10,2	2600	korrosionsbeständig, zunderbeständig	Legierungselement für hitzebeständige Stähle und Heizleiterwerkstoffe
Wolfram W	19,3	3380	zähhart, korrosionsbeständig, höchste Schmelztemperatur	Elektroden für WIG- und MIG-Schweißgeräte, Glühfäden für Glühlampen, Legierungselement für Schnellarbeitsstähle

Überprüfen Sie Ihre Kenntnisse

1 Welche besonderen Eigenschaften hat Kupfer und welche Anwendungen ergeben sich daraus?

2 Welche Kupfersorte wird im Metallbau bevorzugt verwendet und was sind die Gründe dafür?

3 Welche Legierungen haben die umgangssprachlichen Namen Messing, Bronze, Neusilber?

4 Wie kann die Festigkeit von Kupferlegierungen gesteigert werden?

5 Was kann aus dem Kurznamen CuZn40R340 abgelesen werden?

6 Welche besonderen Eigenschaften haben die Kupfer-Zinn-Legierungen?

7 Welche Vorteile hat Titanzinkblech gegenüber Kupferblech?

8 Welche Anwendungen haben Zinn-Blei-Legierungen im Metallbau?

26.9 Sinterwerkstoffe

Sinterwerkstoffe werden in einem mehrstufigen Herstellungsverfahren durch Pressen von Metallpulver zu Presslingen und anschließendem Sintern zu Formteilen hergestellt.

Merke

Unter Sintern versteht man eine nach Temperatur und Zeit gesteuerte Wärmebehandlung, die zum Zusammenschweißen der Pulverteilchen zu einem kompakten Formteil führt.

26.9.1 Herstellung von Sinterteilen

Mischen. Im ersten Produktionsschritt werden die Metallpulver in der gewünschten Zusammensetzung des späteren Fertigteils gemischt (Bild 1). Im zweiten Schritt werden in einer Presse aus dem Metallpulver Presslinge mit der späteren Werkstückgestalt gefertigt. Die Presslinge durchlaufen anschließend einen mit Schutzgas gespülten Tunnelofen (Sinterofen). Dort werden sie auf eine Temperatur erwärmt, die etwa 25 % unterhalb der Schmelztemperatur des Sinterwerkstoffs liegt, z. B. bei Sinterstahl auf 1000 °C bis 1200 °C. Dabei verschweißen die Pulverteilchen und es entsteht das kompakte Sinter-Formteil.

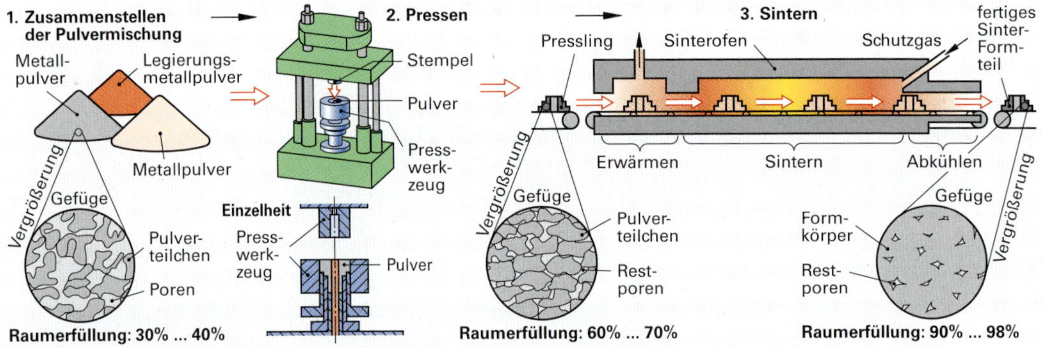

1 Schema der Fertigung von Sinterformteilen

Vorteile der Sintertechnik

- Die Fertigung kleiner Bauteile in großen Stückzahlen ist mit der Sintertechnik wirtschaftlicher als durch Gießen oder durch Spanen aus dem Halbzeug.
- Die Formteile haben nach dem Sintern ihre gebrauchsfertige Form, sie brauchen nicht oder wenig nachgearbeitet zu werden. Nur quer zur Pressrichtung liegende Löcher müssen gebohrt werden.
- Es können Formteile mit dichtem Werkstoffgefüge sowie mit Porenanteil hergestellt werden.

Einschränkungen der Sintertechnik

- Einzelstücke sind wegen der hohen Formwerkzeugkosten nicht wirtschaftlich zu fertigen.
- Es können nur relativ kleine Werkstücke hergestellt werden.

Klassifizierung der Sinterwerkstoffe

Die Klassifizierung der Sinterwerkstoffe erfolgt zum einen nach ihrem Werkstoff, z. B. Sinterstahl, Sintermessing usw. und zum anderen nach ihrem Porenanteil, bzw. ihrer Raumerfüllung.

26.9.2 Typische Anwendungen

Sinter-Formteile (Restporenanteil 1 % bis 10 %)
Eine Vielzahl kleiner Bauteile mit mechanischer Funktion und komplizierter Bauteilform, die in großer Stückzahl benötigt werden, fertigt man mit der Sintertechnik (Bild 2). Im Metallbaubereich sind dies Schlüssel, Schlossteile und Beschlagteile aus unlegiertem und korrosionsbeständigem Sinterstahl sowie aus Sinter-Kupfer-Nickel-Legierungen.

Darüber hinaus sind in fast allen Maschinen, Geräten und Hebezeugen Sinter-Formteile enthalten, wie z. B. Zahnräder, Hebel, Scheiben, Kraftübertragungsteile, Flansche, Dauermagnete usw.

2 Sinter-Formteile für den Metall- und Gerätebau

Gleitlager aus Sintermetall

Gleitlager aus Sintermetall (Bild 1) enthalten einen Porenanteil von 15 % bis 25 %, der mit einem Flüssigschmierstoff getränkt wird. Im Betriebszustand erwärmt sich das Gleitlager. Dadurch tritt flüssiger Schmierstoff aus den Poren aus und bildet einen Schmierfilm. Aufgrund dieses Selbstschmiereffektes sind Sintergleitlager wartungsfrei. Als Werkstoff für Sintergleitlager verwendet man entweder Sinter – Kupfer-Zinn-Legierungen oder Sinterstahl mit eingelagerten Grafitteilchen.

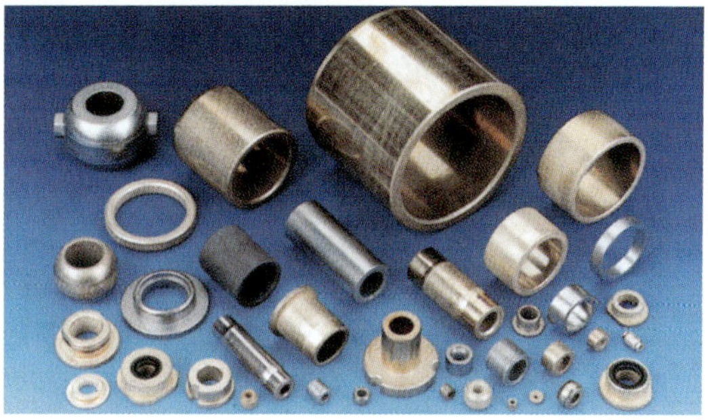

1 **Selbstschmierende Lager aus Sintermetall**

Hochporöse Sinterkörper

Die hochporösen Sinterkörper sind aus kugelförmigen Metallkügelchen gesintert und haben einen zusammenhängend-durchlässigen Porenraum von mehr als 27 %.

Als Werkstoffe werden korrosionsbeständige Chrom-Nickel-Stähle sowie Kupfer-Zinn- und Kupfer-Zink-Legierungen (Bronze, Messing) verwendet. Eingesetzt werden die hochporösen Sinterkörper z. B. als Metallfilter-Einsätze in Rohrleitungen zum Reinigen von Schweiß- und Brenngasen sowie von Druckluft, als Flammenrückschlagsicherungen in Druckminderern von Schweißflaschen und als Schalldämpfer in den Ausströmstutzen von Kompressoren (Bild 2).

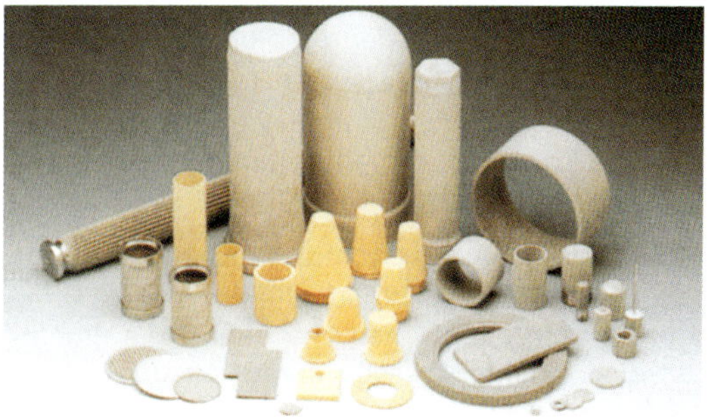

2 **Metallfilter aus hochporösen Sintermetallen**

26.9.3 Hartmetalle

Hartmetalle sind Sinterwerkstoffe, die aus einer Mischung von mikroskopisch kleinen, harten Carbidteilchen sowie einem zähelastischen Bindemetall, meist Cobalt, durch Formpressen und Sintern hergestellt werden.

Wichtigster Carbidbestandteil ist Wolframcarbid (chemisch **WC**), das 60 % bis 90 % des Hartmetalls ausmacht. Der restliche Carbidanteil besteht aus Titankarbid **TiC,** Tantalcarbid **TaC** und Niobcarbid **NbC.** Bindemetall ist das zähe Cobalt, das je nach Hartmetallsorte einen Anteil von 5 bis 25 % einnimmt.

Äußerlich sieht man den Hartmetallen ihren zusammengesetzten Aufbau nicht an, da die Einzelbestandteile im Größenbereich weniger µm verteilt sind (Bild 3). Sichtbar wird der Verbundaufbau im mikroskopischen Gefügebild.

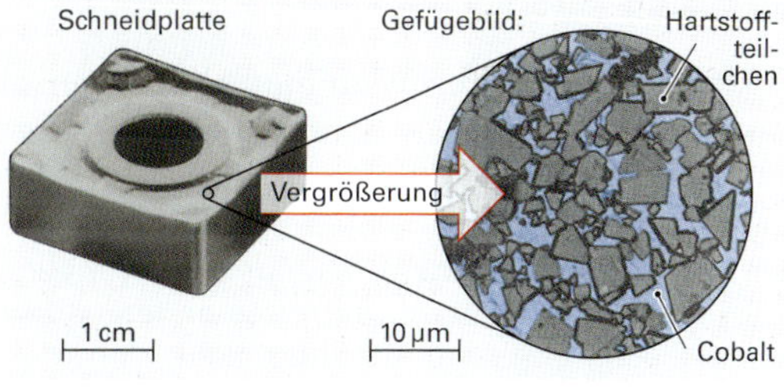

3 **Hartmetall-Schneidplatte und ihr Gefüge**

Eigenschaften und Verwendung. Hartmetalle besitzen eine doppelt so große Härte wie Schnellarbeitsstähle, ausreichende Zähigkeit, gute Verschleißfestigkeit und eine hohe Wärmebeständigkeit bis rund 900 °C. Verwendung finden sie als Schneidplatten zur Bestückung von Werkzeugen zum Spanen, zum Steinbohren und zum Sägen (Bild 4). Die Standzeiten hartmetallbestückter Spanwerkzeuge sind 50- bis 100-mal größer als die von Werkzeugstahl-Werkzeugen.

Durch eine Beschichtung der Hartmetall-Schneidplatten mit Hartstoffschichten (z. B. aus TiN) kann die Verschleißfestigkeit zusätzlich gesteigert werden. Diese Schneidplatten haben ein goldfarbenes Aussehen.

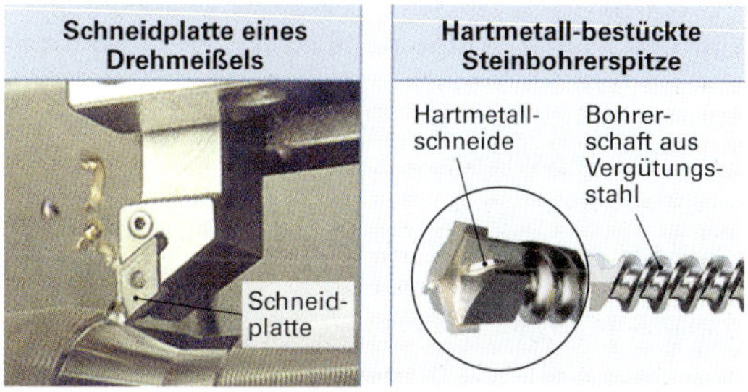

4 **Schneidplatten aus Hartmetall**

26.10 Korrosion und Korrosionsschutz

Metallische Werkstoffe verändern im Laufe der Zeit ihr Aussehen, insbesondere bei Verwendung im Freien und in aggressiver Umgebung (Bild 1). Die zuerst blanke Oberfläche wird stumpf und überzieht sich mit einer Schicht, z. B. bei Stahl mit braunem Rost. Diesen Vorgang nennt man Korrosion. Sie kann bis zur vollständigen Zerstörung des Bauteils fortschreiten.

Merke

Unter Korrosion versteht man die von der Oberfläche ausgehende chemische Zerstörung metallischer Werkstoffe.

1 Korrodiertes Stahlbauteil

26.10.1 Elektrochemische Korrosion

Die übliche Korrosion von Bauteilen aus Metall, z. B. das Rosten von Stahlbauteilen im Freien, beruht auf dem Vorhandensein von Feuchtigkeit auf den Metallflächen. Es genügt ein hauchdünner Feuchtigkeitsfilm, der mit bloßem Auge nicht sichtbar ist.

In der dünnen Wasserschicht laufen chemische Vorgänge mit elektrisch geladenen Stoffteilchen (Ionen) ab. Deshalb nennt man die Korrosion, die unter dem Einfluss von Feuchtigkeit abläuft, **elektrochemische Korrosion.**

Elektrochemische Korrosion feuchter Stahloberflächen

Sie wirkt z. B. an Stahlbauteilen im Freien. Die dabei ablaufenden Vorgänge kann man anschaulich an einem Wassertropfen auf einer Stahloberfläche darstellen (Bild 2). Im Zentrum des Tröpfchens löst sich Eisen als Fe^{2+}-Ionen auf. Sie reagieren mit immer im Wasser vorhandenen OH---Ionen und bilden nach einer Reaktionskette Rost FeOOH.

$$Fe \dashrightarrow Fe^{2+} \dashrightarrow Fe^{3+} \dashrightarrow Fe^{3+} + OH^- \dashrightarrow \text{Rost } FeOOH$$

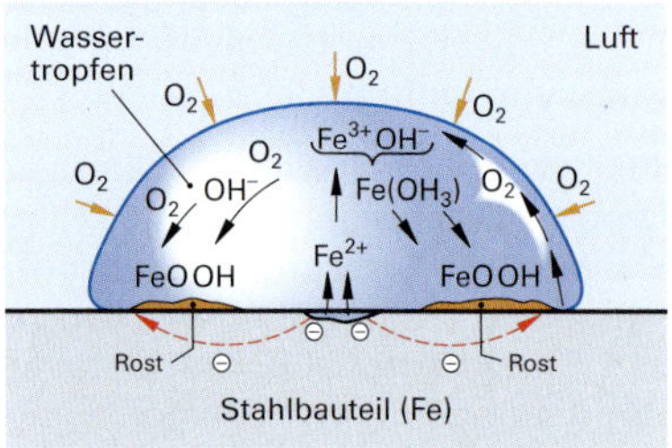

2 Elektrochemische Vorgänge auf feuchten Stahloberflächen

Dieser Vorgang findet auf einem korrodierenden Stahlbauteil an unzähligen Stellen statt und führt zuerst zu Rostflecken, die im weiteren Verlauf zu einer geschlossenen Rostschicht zusammenwachsen (Bild 3). Die gebildete Rostschicht ist krümelig-porös und saugt Wasser auf, so dass der Korrosionsvorgang unter der Rostschicht fortschreitet.

3 Korrodierte Stahloberfläche

Elektrochemische Korrosion durch Korrosionselementbildung

Ursache dieser auch als Kontaktkorrosion bezeichneten Korrosionsart ist die Bildung eines galvanischen Elements an einer Stelle eines Bauteils.

Ein **galvanisches Element** besteht aus zwei verschiedenen Metallstücken (Elektroden), die miteinander verbunden sind und in eine elektrisch leitende Flüssigkeit, den Elektrolyt, tauchen (Bild 4). In solch einer Anordnung löst sich das unedlere Metall auf. Dies ist bei der Metallkombination Zink/Eisen in Bild 4 das Metall Zink, das als Zn^{2+}-Ionen in Lösung geht.

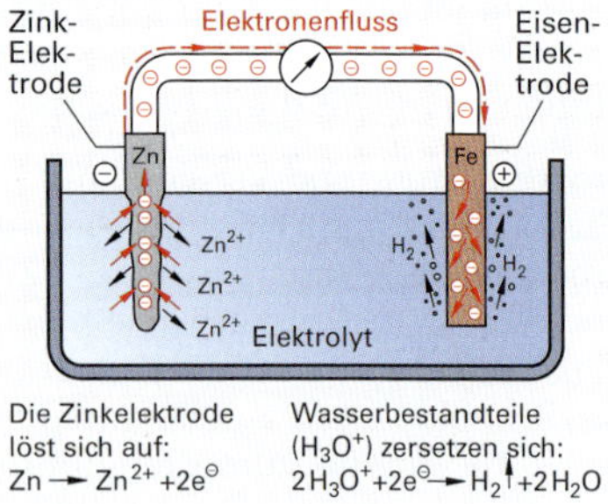

4 Galvanisches Element (Schema)

Welches Metall in einem galvanischen Element das unedlere ist und damit zerstört wird, kann aus der **Spannungsreihe der Metalle** abgelesen werden (Bild 5). Das weiter links stehende Metall einer Metallpaarung löst sich auf.

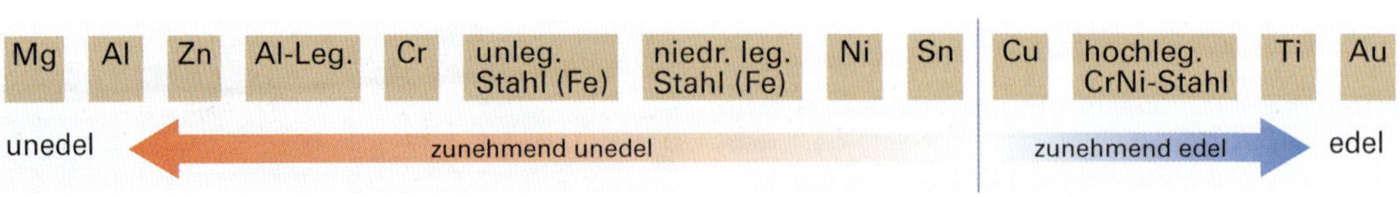

5 Spannungsreihe der Metalle und Werkstoffe

Beispiele für das Auflösen in galvanischen Elementen:
Galvanisches Element Zn/Unlegierter Stahl (Fe)
→ Zn geht in Lösung

Galvanisches Element Kupferlegierung/Unlegierter Stahl (Fe)
→ Unlegierter Stahl geht in Lösung

Die Bedingungen eines galvanischen Elements herrschen an zahlreichen Stellen bei Bauteilen und Maschinen. Man nennt diese Stellen **Korrosionselemente.** Sie liegen vor, wo zwei verschiedene Metalle sich berühren und etwas Flüssigkeit vorhanden ist. Dabei genügt als Flüssigkeit ein dünner Feuchtigkeitsfilm.

Typische **Korrosionselemente** an Bauteilen sind:

- **Schadstellen an Zinküberzügen auf Stahl** (Bild 1, oben)
  → Die Zinkschicht löst sich auf. Sie schützt das Stahlbauteil, solange noch Reste der Zinkschicht vorhanden sind.
- **Berührungsstellen** zweier Bauteile aus unterschiedlichem Werkstoff, z. B. Messingschrauben an Stahlbauteilen.
  → Die Stahlbauteile werden angelöst und damit beschädigt.

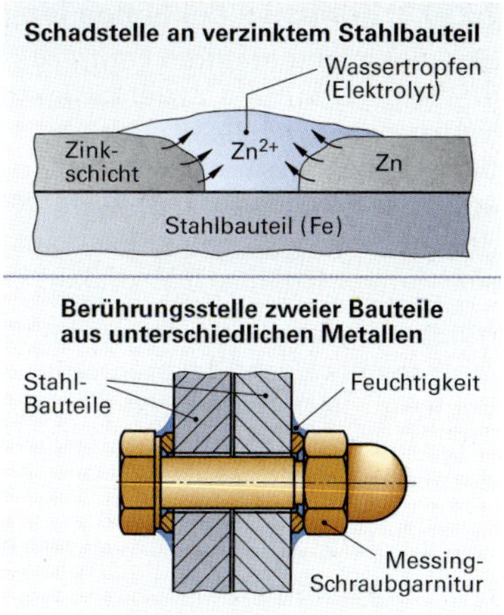

1 Korrosionselemente

26.10.2 Erscheinungsformen der Korrosion

Die Korrosion kann je nach Werkstoff, Korrosionsursache und der Art des angreifenden Stoffes unterschiedliche Erscheinungsformen zeigen (Bild 2).

Die **gleichmäßige Flächenkorrosion** ist durch einen Korrosionsangriff gekennzeichnet, der einen annähernd gleichmäßigen Flächenabtrag bewirkt. Er schreitet mit gleicher Geschwindigkeit voran. Die Lebensdauer des Bauteils ist vorausberechenbar.

Gleichmäßige Flächenkorrosion liegt z. B. bei nicht geschützten Stahlbauten aus unlegierten Stählen oder wetterfesten Stählen im Freien vor.

Bei der **Mulden- und Lochfraß-Korrosion** wird der Werkstoff nur an bestimmten Stellen angegriffen. Dort bilden sich Löcher und zum Teil auch tiefe Risse. Diese Korrosionsart tritt z. B. bei Kontakt von nichtrostenden Stählen mit salzhaltigem Wasser auf. Die im Salzwasser enthaltenen Chlorid-Ionen durchbrechen örtlich die Passivierungsschicht, so dass dort Korrosion auftritt.

Zur **Kontaktkorrosion** kommt es an Stellen, wo sich zwei Bauteile aus unterschiedlichem Werkstoff berühren. Das dort wirksame Korrosionselement führt zur örtlichen Auflösung des unedleren Metalles. Diese Korrosionsform ist sehr gefährlich, da sie bevorzugt an Verbindungsstellen wirksam ist.

Spaltkorrosion tritt in engen Spalten zwischen zwei Bauteilen auf, wenn der Spalt zumindest teilweise mit Feuchtigkeit gefüllt ist. Spaltkorrosion tritt zwischen zwei gefalzten Blechen, zwischen Passteilen (Passungsrost) oder im Gewindespalt (Festrosten) auf.

Bei der **kristallinen Korrosion** verläuft die Korrosion entlang haarfeiner Risse in den Werkstoff hinein. Sie kann bevorzugt entlang der Korngrenzen verlaufen (interkristallin) oder durch die Kristalle hindurch fortschreiten (transkristallin). Sie ist gefährlich, da sie äußerlich am Werkstoff nicht erkennbar ist.

Von **Spannungsriss- und Schwingungsriss-Korrosion** sind Bauteile betroffen, die Korrosionsangriff und starken Zugspannungen oder Schwingungsbelastungen ausgesetzt sind. Es kommt zu Korrosionsrissen quer durch die Gefügekörner.

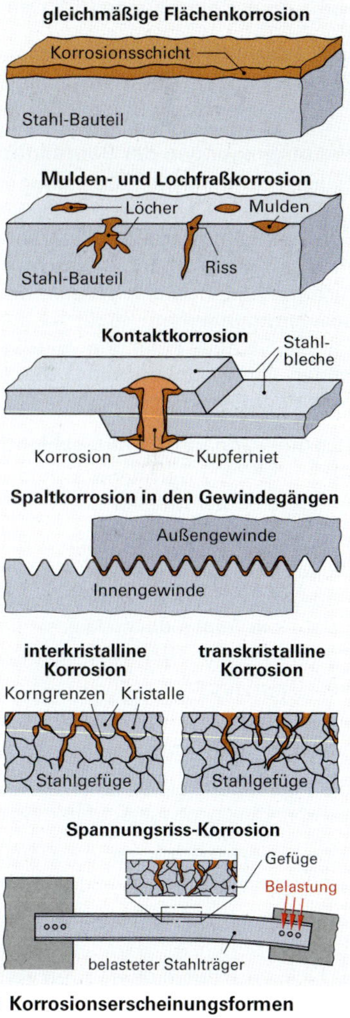

2 Korrosionserscheinungsformen

26.10.3 Korrosion bei hohen Temperaturen

Bei hohen Temperaturen kommt es zur chemischen Reaktion des Werkstoffs mit dem Sauerstoffanteil der Luft. Man nennt diese Korrosionsart deshalb auch chemische Korrosion oder **Hochtemperaturkorrosion.** Sie setzt erst bei Temperaturen ab etwa 600 °C ein und tritt z. B. beim Warmwalzen, Schweißen oder Schmieden von Stahlbauteilen auf (Bild 1). Auf dem Stahl bildet sich Zunder (chemisch Eisenoxid Fe_2O_3).

Durch möglichst kurze Verweilzeiten bei den hohen Temperaturen kann die Hochtemperaturkorrosion gering gehalten werden. Bauteile, die langdauernd auf hohen Temperaturen sind, wie z. B. Ofenroste oder Rohre in Heizungskesseln, sind aus verzunderungsbeständigem Stahl gefertigt.

1 Verzundertes Schmiedeteil

26.10.4 Einflussfaktoren auf die Korrosion eines Bauteils

Der umgebende Stoff

Der umgebende Stoff, auch korrodierendes Medium genannt, ist der Auslöser der Korrosion. Reine, trockene, warme Luft, wie sie in beheizten Gebäuden vorliegt, bewirkt keine Korrosion. Geringe bis mäßige Korrosion herrscht im Freien bei wenig verschmutzter Land- und Kleinstadtatmosphäre. Stark korrodierend wirken Großstadt- und Industrieatmosphäre (sie enthält $S0_2$) sowie Meeresatmosphäre (sie enthält Chloridionen Cl^-). Das gilt ebenso für Stahlbauteile, die im Wasser oder Erdreich stehen.

Der geeignete Werkstoff

Der Werkstoff ist dafür entscheidend, ob der umgebende Stoff, z. B. Luft oder Wasser, mit dem Werkstoff eine Reaktion eingeht, d. h. ob chemische oder elektrochemische Korrosion eintritt (Seite 489).

Verunreinigungen der Bauteiloberflächen mit Fremdmetallen

Teilchen fremder Metalle gelangen z. B. auf die Bauteile, wenn bei der Montage in der Nähe Schleif- oder Trennarbeiten mit Funkenflug durchgeführt werden, oder wenn Werkzeuge gemeinsam für die Bearbeitung von unlegierten Stählen und von nichtrostenden Stählen verwendet werden. Auch durch Ausschwemmungen mit Regenwasser können Fremdmetallteilchen auf die Bauteile gelangen (Bild 2). An den Fremdmetallteilchen bilden sich punktförmige Roststellen (Korrosionselemente). Man nennt sie **Fremdrost.**

2 Durch eine Unterlegscheibe aus unlegiertem Stahl verursachter Fremdrost auf verzinktem Bauteil

Passivierung und Schutzschichtbildung

Einige Metalle verhalten sich nicht so, wie es aus der Spannungsreihe der Metalle zu erwarten ist (Bild 5, Seite 486).

Aluminium, Zink und Chrom z. B. stehen in der Spannungsreihe weiter links als unlegierter Stahl, d. h. sie sind elektrochemisch unedler als Eisen. Es wäre zu erwarten, dass diese Metalle stärker korrodieren als unlegierte Stähle. Die Erfahrung zeigt jedoch, dass sie korrosionsbeständiger als unlegierte Stähle sind. Der Grund hierfür ist die Passivierung bzw. eine Schutzschichtbildung.

Unter **Passivierung** versteht man die Anlagerung einer nur wenige Atomlagen dicken Schicht aus Sauerstoffatomen an der Werkstoffoberfläche. Sie tritt z. B. bei Chromschutzschichten oder chromhaltigen Stählen auf und macht diese Werkstoffe sehr korrosionsbeständig (Seite 489 und 494).

Bei Aluminium bildet sich von selbst mit dem Sauerstoff der Luft eine dünne **Aluminiumoxidschicht** (Al_2O_3). Die Oxidhaut ist dünn und durchscheinend, so dass die Metalloberfläche ihren Metallglanz behält.

Zink bildet eine Schutzschicht aus, wenn es längere Zeit der Atmosphäre ausgesetzt ist. Mit dem Kohlendioxid (CO_2) der Luft entsteht eine korrosionsschützende, grauweiße Schicht aus **Zinkcarbonat.**

Auch gewalzte Profile aus unlegierten Stählen besitzen eine Schutzschicht, die **Walzhaut.** Sie entsteht bei den hohen Walztemperaturen durch Hochtemperaturkorrosion (siehe oben). Die gebildete Fe_2O_3-Schicht wird durch das Walzen verdichtet und fest und dicht auf das Walzprofil aufgewalzt. Die Walzhaut schützt die Profile vorübergehend während der Lagerung vor fortschreitender Korrosion.

Korrosionsschutzmaßnahmen

Die Korrosionsschutzmaßnahmen haben einen entscheidenden Einfluss auf die Korrosion eines Bauteils. Man unterscheidet den aktiven und passiven Korrosionsschutz.

Zum **aktiven Korrosionsschutz** gehören alle Maßnahmen, die der Korrosion vorbeugen. Dazu zählt z. B. die Auswahl des Werkstoffs mit dem für den geplanten Einsatz geeigneten Korrosionsverhalten (siehe unten) sowie die korrosionsschutzgerechte Auswahl und Anordnung (Konstruktion) der Bauteile und Gewerke (Seite 490).

Beim **passiven Korrosionsschutz** wird durch Beschichten mit Lacken oder Metallüberzügen, der die Korrosion verursachende Stoff (z. B. feuchte Luft oder Wasser) von der Metalloberfläche ferngehalten.

26.10.5 Auswahl der Werkstoffe nach dem Korrosionsverhalten

Das Wissen über das Korrosionsverhalten der Werkstoffe ist für den Metallverarbeiter von überragender Bedeutung. Nur wenn der geeignete Werkstoff für einen bestimmten Anwendungsfall ausgewählt wird oder wenn der richtige Korrosionsschutz aufgebracht wird, behält das Bauteil seine Funktionstüchtigkeit und Schönheit für eine lange Lebensdauer.

Unlegierte Baustähle (Seite 457) sind wenig korrosionsfest. Nur in beheizten Innenräumen mit weniger als 60 % Luftfeuchtigkeit sind unlegierte Baustähle korrosionsbeständig. Im Außenbereich korrodieren sie stark. Noch stärkere Korrosion als an sauberer Atmosphärenluft tritt auf, wenn unlegierte Baustähle verschmutzter Abluft, Industrie- und Meeresluft, Meerwasser oder dem Erdboden ausgesetzt sind.

Bei Außenanwendungen müssen unlegierte Baustähle mit einem geeigneten Korrosionsschutz versehen werden (Seiten 492 ff.).

Die **wetterfesten Stähle** und die **schweißgeeigneten Feinkornbaustähle** (Seite 458) sind niedrig legierte chrom-, nickel- und kupferhaltige Baustähle. Sie können mit Einschränkungen ohne Korrosionsschutz im Freien verwendet werden. Sie korrodieren zwar, die Korrosionsabtragrate ist etwa 4-mal geringer als bei unlegierten Baustählen, so dass die Bauteile über viele Jahre ihre Funktionstüchtigkeit behalten. Ihr korrodiertes Aussehen wirkt oft störend. Teilweise wird es jedoch als architektonisch gestaltendes Element eingesetzt.

Bauteile aus wetterfesten Stählen und aus schweißgeeigneten Feinkornbaustählen, die nicht verrostet aussehen sollen, müssen einen geeigneten Korrosionsschutz erhalten (Seite 492, 493).

Die **korrosionsbeständigen Stähle** zeigen ein deutlich verbessertes Korrosionsverhalten als unlegierte und niedrig legierte Stähle. Durch Chromgehalte von mindesten 12 % sowie Nickelgehalte von mindestens 8 % (z. B. **X5CrNi18-10**) erfolgt an der Oberfläche eine **Passivierung** des Stahls (Seite 488).

Korrosionsbeständige Stähle dieser Zusammensetzung sind im Innenbereich sowie in Reinluft-Gebieten im Freien einsetzbar, ohne dass sie korrodieren. Für Gebiete mit Industrie- und Meerluft sind nur Stähle mit zusätzlichem Moybdän- und Titangehalt korrosionsfest (z. B. **X6CrNiMoTi17-12-2**).

Von aggressiven Stoffen, wie Salzlösungen oder Säuren werden auch diese Stähle im Laufe der Zeit durch interkristalline Korrosion angegriffen. Durch unsachgemäße Bearbeitung kann die Korrosionsbeständigkeit der korrosionsbeständigen Stähle vermindert werden. Dies ist z. B. durch die Ausbildung von Korrosionselementen an Fremdpartikeln der Fall. Deshalb dürfen Werkzeuge, die zur Bearbeitung von korrosionsbeständigem Stahl dienen, nicht für andere Werkstoffe verwendet werden.

Aluminium und Aluminiumlegierungen sind von Natur aus korrosionsbeständig, da Aluminiumwerkstoffe eine korrosionsschützende Aluminiumoxidschicht bilden. Durch anodische Oxidation (Seite 489) wird die natürliche Oxidschicht verstärkt, wodurch die Korrosionsbeständigkeit verbessert wird. Gute Korrosionsbeständigkeit haben anodisierte Bauteile aus unlegiertem Aluminium und aus Aluminiumlegierungen mit Magnesium-, Mangan- und Siliciumgehalten. Diese Aluminiumwerkstoffe sind nach der anodischen Oxidation auch in Industrieluft und Meeratmosphäre im Freien einsetzbar. Wenig korrosionsbeständig sind kupferhaltige Al-Legierungen.

Kupfer ist für Freiluftanwendungen sehr korrosionsbeständig. Es bildet im Laufe von Jahren eine schützende Schicht, die Patina (Kupfercarbonat), die zudem durch ihre zuerst braune, im Laufe von Jahren grün werdende Farbe sehr dekorativ wirkt. Selbst in aggressiven Atmosphären ist der Korrosionsabtrag gering (ca. 5 µm pro Jahr). Die Kupfer-Zink-Legierungen (Messing) sowie die Kupfer-Zinn-Legierungen (Bronze) haben ein ähnlich gutes Korrosionsverhalten (Seite 480). Noch korrosionsbeständiger sind Kupfer-Nickel-Zink-Legierungen (Neusilber).

Zink ist an sich ein unedles Metall. Es bildet aber in der Atmosphäre eine natürliche Schutzschicht aus Zinkcarbonat. Sie bewirkt, dass Zink nur sehr langsam korrodiert. Der Korrosionsabtrag ist gleichmäßig und beträgt je nach Klima 0,25 µm bis 10 µm pro Jahr. Zinkblech (aus Titanzink) wird deshalb als Dachverkleidung eingesetzt und Zink wird als Schutzüberzug für Stahlbauteile verwendet (Seite 486).

Blei bildet an der Atmosphäre eine natürliche Schutzschicht aus Bleioxid. Der Korrosionsabtrag von Bleiblech beträgt 1 µm bis 4 µm pro Jahr. Eine Besonderheit ist seine Korrosionsbeständigkeit gegen schweflige Säure und Schwefelsäure. Kaminabschlüsse aus Bleiblech halten den Schwefelsäurebildenden Verbrennungsgasen der Hausheizungen stand (Seite 483).

Chrom und **Nickel** sind sehr korrosionsbeständige Werkstoffe. Sie werden zum Verchromen und Vernickeln verwendet. Verchromte und vernickelte Bauteile haben ein dekoratives Aussehen und können im Freien eingesetzt werden.

26.10.6 Korrosionsschutzgerechte Konstruktion

Durch korrosionsschutzgerechte Gestaltung der Bauteile sollen Korrosion verursachende oder fördernde Bedingungen vermieden werden. So kann z. B. verhindert werden, dass sich an bestimmten Stellen am Bauteil stehendes Wasser bildet oder dass sich feuchter Schmutz ansammelt.

Es muss auch ausgeschlossen werden, dass es an der Berührungsstelle zweier Teile eines Bauwerks aus unterschiedlichen Werkstoffen zur Korrosionselementbildung kommt.

Bei der korrosionsschutzgerechten Gestaltung sind einige Grundregeln zu beachten:

- Die Konstruktion sollte möglichst wenig gegliedert sein. Es sollten möglichst Profile mit geschlossenen Oberflächen, wie Rund-, Quadrat- oder Rechteckprofile gewählt werden (Bild 1 a).
- Die Profilflächen müssen von allen Seiten zugänglich sein, um Korrosionsschutzmaßnahmen, wie das Beschichten, durchführen zu können.
- Stellen, an denen sich Wasser oder Staub und Schmutz ansammeln können, sind zu vermeiden. Dazu sind die Profile so anzuordnen, dass sie nach unten offen sind. Geneigte Flächen sind zu wählen und Entwässerungslöcher sind vorzusehen (Bild 1 b).
- Offene Spalte und Schlitze an angrenzenden Bauteilen sind zu vermeiden. Falls erforderlich und möglich, sind sie mit durchlaufenden Schweißnähten zu schließen (Bild 1c).
- Schweißnähte, Falze und Biegekanten nicht an korrosionsgefährdeten Stellen anordnen.
- An Fenstern und Fassaden sind gute Wasserableitung und Belüftung sowie die Abdichtung der Fugen vorzusehen.
- Bauteile aus unterschiedlichen Werkstoffen sind durch isolierende Zwischenschichten zu trennen, um Korrosionselemente zu vermeiden (Bild 1 d).
- Bauteile, die nach dem Zusammenbau des Bauwerks nicht mehr zugänglich sind, wie z. B. Befestigungselemente, sind aus nichtrostendem Stahl zu wählen. Dadurch bleibt ihre Tragfähigkeit trotz Korrosionsangriff über die Lebensdauer des Bauwerks erhalten.

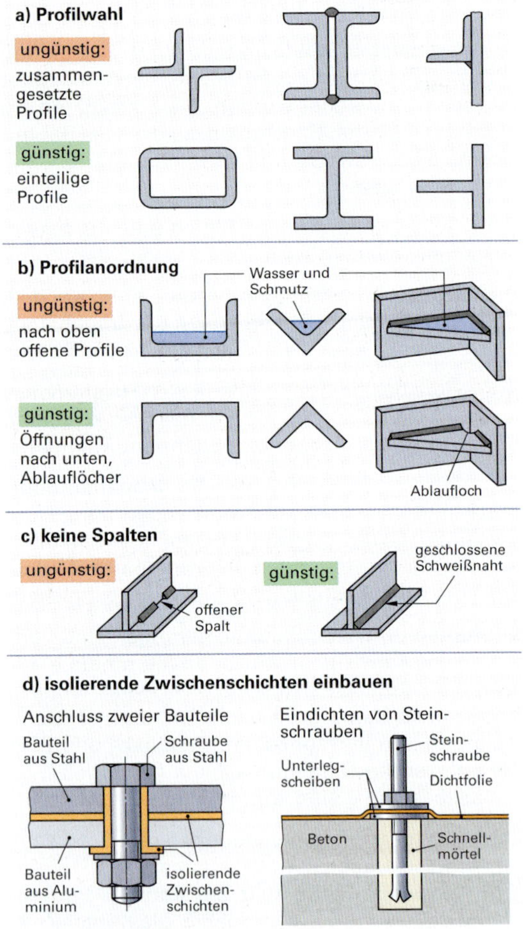

1 Gestaltungshinweise für die korrosionsschutzgerechte Konstruktion

26.10.7 Korrosionsschutz von Stahlbauten

Bauteile aus unlegierten Stählen müssen mit einem Korrosionsschutz versehen werden, da sie ansonsten in kurzer Zeit korrodieren. Als passive Korrosionsschutzmaßnahmen werden eingesetzt:

1. **Feuerverzinkungen,** gegebenenfalls mit zusätzlich ein oder zwei Beschichtungen.
2. **Korrosionsschutzbeschichtungen** (Anstriche, Pulverbeschichtungen) aus ein bis vier Schichten.
3. **Brünieren** und **Schwarzbrennen** (traditionelle Verfahren mit nur geringem Korrosionsschutz)

Die Lebensdauer eines Korrosionsschutzes hängt von einer Reihe von Faktoren ab:

- der sorgfältigen Vorbereitung der zu beschichtenden Stahloberfläche
- dem sachgemäßen Aufbringen des Korrosionsschutzes
- der richtigen Wahl der geeigneten Beschichtungsstoffe
- der beschichtungsgerechten Gestaltung der Stahlbauteile.

26.10.8 Vorbereiten der Stahloberfläche

Mit Schmutz, Öl oder Fett verunreinigte Bauteile werden durch Abwaschen oder Abspritzen mit Heißdampf oder Waschlösungen gereinigt.
Verrostete und verzunderte Stahlbauteile müssen entrostet werden. Das wirksamste Entrostungsverfahren ist das **Strahlen** mit Sand oder Stahlgussgries. Kleine und mittelgroße Bauteile werden in Durchlaufanlagen gestrahlt (Bild 1). Große Bauteile werden auf der Baustelle hinter Strahlschutzwänden von Hand gestrahlt. Dabei ist Schutzkleidung zu tragen und die Richtlinien der Berufsgenossenschaft sind zu beachten. Arbeitsaufwändiger ist das Entrosten mit rotierenden Drahtbürsten, Schleifmaschinen oder mit dem Handschaber. Sie werden für kleine Bauteile oder zum Ausbessern angewandt. Ebenfalls angewendet wird das Flammstrahlen.
Schweißnähte müssen nachgebessert werden: Schlackenreste und Schweißgutspritzer sind zu entfernen, stark zerklüftete Schweißnähte sind durch Schleifen einzuebnen. Ansonsten kommt es zum Abplatzen der Beschichtung (Bild 2).
Um entrostete Bauteile gegen den sofortigen Beginn erneuter Korrosion zu schützen, wird eine dünne **Fertigungsbeschichtung** (Shop Primer) aufgespritzt. Sie ist überschweißbar.

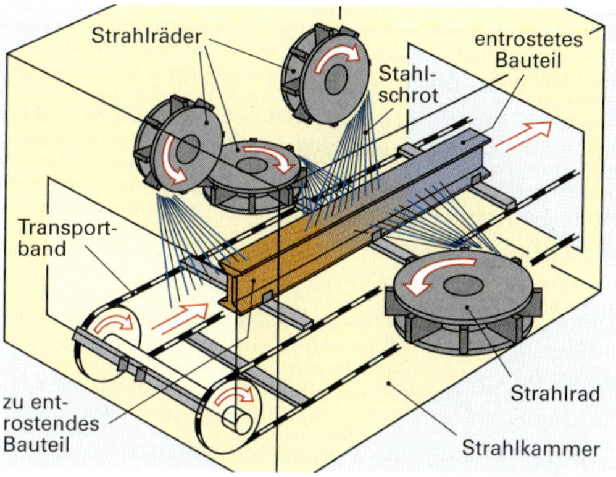

1 Durchlaufstrahlen von Stahlbauteilen

2 Rostbefall an der Beschichtung einer nicht sachgemäß vorbereiteten Schweißnaht

Kennzeichnen von Stahloberflächen

Zur Kennzeichnung von Stahloberflächen benutzt man genormte Bezeichnungen.
Der Ausgangszustand einer korrodierten Stahloberfläche wird mit einem **Rostgrad** von A bis D gekennzeichnet (Tabelle).
Die geforderte Güte der zu entrostenden Stahloberfläche wird mit **Oberflächenvorbereitungsgraden** 1, 2, 2½ oder 3 bezeichnet. Sie sind durch Beschreibungen und Vergleichsfotos festgelegt (Tabelle). Am häufigsten wird auf den Oberflächenvorbereitungsgrad 2½ entrostet.

Beispiel: Ein Stahlbauteil mit dem Rostgrad C wird durch Strahlen (Sa) auf den Oberflächenvorbereitungsgrad 2½ gebracht.
Seine Kennzeichnung: **C Sa 2½**.

Tabelle 1: Oberflächen von Stahl-Bauteilen

Ausgangszustand z. B. Rostgrad C	**Oberflächenvorbereitungsgrade durch Strahlen**	
	z. B. C Sa 2	z. B. C Sa 2½
Stahloberfläche völlig mit Rost bedeckt	Loser Rost ist nahezu entfernt	Rost ist fast ganz entfernt

26.10.9 Korrosionsschutz von Stahlbauteilen durch Feuerverzinken

Das Feuerverzinken (auch Schmelztauchveredeln genannt) ist das wirksamste sowie preiswerteste und deshalb gebräuchlichste Verfahren, um Stahlbauteile gegen Korrosion zu schützen. Es wird in Verzinkereien durchgeführt (Bild 1). Die Bauteile werden nach dem Entrosten und mehreren Bädern zum Entfetten, Beizen und Spülen in ein schmelzflüssiges Zinkbad von rund 450 °C getaucht und anschließend herausgehoben.

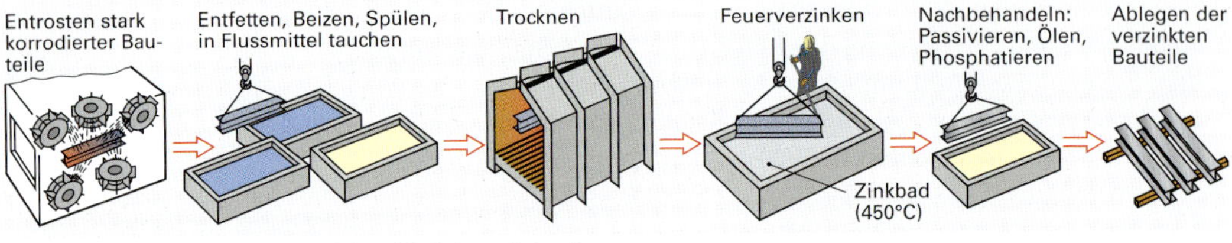

1 Arbeitsablauf beim Feuerverzinken (Stückverzinken)

Auf dem Stahlbauteil bleibt eine 50 µm bis 100 µm dicke Zinkschicht haften, die über eine Reaktionsschicht fest mit dem Stahl verwachsen ist (Bild 2). An den besonders korrosionsgefährdeten Bauteilkanten bildet sich von selbst eine dickere Schicht.

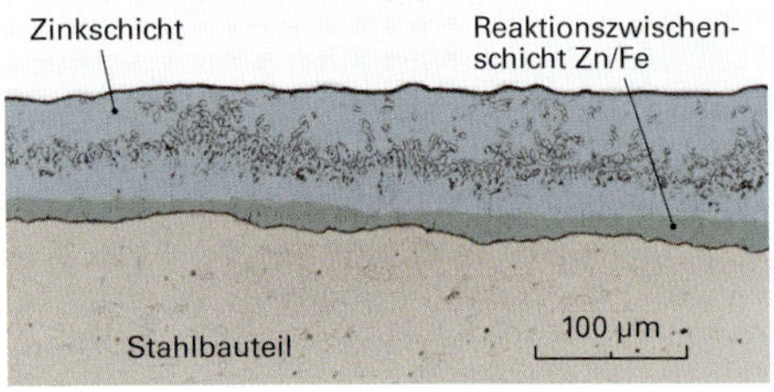

2 Schliffbild eines feuerverzinkten Bauteils

Abschließend werden die zerzinkten Bauteile durch Passivieren und/oder Ölen oberflächenresistent gemacht.

Die Verzinkung schützt die Stahloberfläche nicht nur als Überzug, der Luft und Wasser fernhält. Durch die Korrosionselementbildung mit dem unedleren Zink (Seite 486) ist das Stahlbauteil auch elektrochemisch geschützt.

Feuerverzinken ist ein effektiver Korrosionsschutz mit einer Lebensdauer von 20 bis 40 Jahren.

Zu verzinkende Stahlbauteile müssen verzinkungsgerecht gestaltet sein: Schlanke und flächige Bauteile sind zu bevorzugen, da sie leicht zu verzinken sind. Sie werden durch Schweißen oder Verschrauben mit verzinkten Schrauben zum Bauwerk gefügt (Bild 3). Übergroße und verwinkelte Bauteile können nicht verzinkt werden. Sie passen nicht in die Verzinkungswannen (maximal 15 m × 2,5 m × 2 m).

3 Feuerverzinkter Deckenanschluss

Bauteile aus Stahlhohlprofilen, die verzinkt werden sollen, müssen zu jedem Hohlraum mindestens zwei Löcher haben, durch die das flüssige Zink ein- und auslaufen und die Luft entweichen kann (Bild 4). Die Löcher werden durch Bohren oder Ausklinken geschaffen.

Verzinkte Stahlbauteile müssen so gestaltet und angeordnet sein, dass sich an keiner Stelle stehendes Wasser bildet. An diesen Stellen kommt es sonst zu weißen Zinkhydroxid-Ausblühungen, **Weißrost** genannt.

Tragende Bauteile müssen gemäß der DASt-Richtlinie 022 feuerverzinkt werden. Ansonsten besteht die Gefahr der Spannungsrissbildung.

Feuerverzinkte Stahlbauteile sollten möglichst nicht geschweißt werden. Ist Schweißen unvermeidbar, so muss die im Bereich der Schweißnaht zerstörte Zinkschicht durch Spritzverzinken, durch Ausbessern mit Verzinkungslot oder Zinkstaubfarbe wieder hergestellt werden.

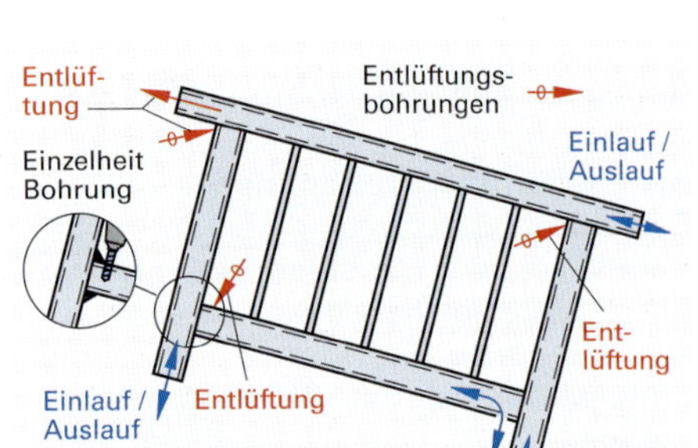

4 Verzinken eines Hohlrahmenbauteils

Einen besonders langlebigen Korrosionsschutz ergibt eine Feuerverzinkung mit einer zusätzlichen Lackbeschichtung, auch **Duplex-System** genannt. Vor dem Auftrag der Lackbeschichtung muss das verzinkte Bauteil oberflächenbehandelt werden (Beizen) und es müssen spezielle Beschichtungslacke verwendet werden. Nur dadurch wird eine gute Haftung der Beschichtung auf dem verzinkten Bauteil erreicht.

26.10.10 Korrosionsschutzbeschichtung von Stahlbauteilen

Die Korrosionsschutzbeschichtung (auch Anstrich oder Lackierung genannt) ist ein wichtiger Korrosionsschutz für Stahlbauteile. Sie wird angewandt, wenn eine Verzinkung nicht möglich ist (zu großes Bauteil) oder wenn das dekorative Aussehen beschichteter Bauteile gewünscht ist.

Eine Korrosionsschutzbeschichtung besteht aus ein oder zwei Grundbeschichtungen und ein oder zwei Deckbeschichtungen (Bild 1).

Die **Gesamtschichtdicke** soll bei freibewitterten Stahlbauten in Reinluftgebieten mindestens 150 µm betragen. Bei aggressiver Industrieluft sollten 250 µm Beschichtungsstoff aufgetragen werden.

Die **Beschichtungsstoffe** (Korrosionsschutzlacke) bestehen im Wesentlichen aus dem flüssigen Bindemittel und den pulverförmigen Pigmenten (Tabelle). Sie sind zu einer streich- oder spritzfähigen Masse angerührt. Die Alkyd- und Acrylharze sind für normale Bewitterung geeignet. Chlorkautschuk-, Poly-urethan- und Epoxidharze setzt man für aggressive Beanspruchungen ein. Aktive Pigmente in der Grundbeschichtung, wie z. B. Zinkstaub, wirken elektrochemisch schützend.

Für Stahlbauteile, die in Wasser oder Erdreich stehen, werden Bindemittel aus Harz und Steinkohlenteer oder Bitumen eingesetzt.

Das **Aufbringen der Beschichtungsstoffe** erfolgt am häufigsten durch Pinselauftrag oder durch Spritzlackieren, auch Hochdruckspritzen oder Airless-Spritzen genannt (Bild 2). Insbesondere die erste Grundbeschichtung sollte durch Pinselauftrag „in die Oberfläche hineingerieben werden", damit alle Unebenheiten und Risse mit Beschichtungsstoff gefüllt sind. Für die Deckbeschichtung kann das kostengünstigere Spritzlackieren angewandt werden. Auch Rollen und Tauchen ist für Deckbeschichtungen möglich.

Eine besonders gute Haftung der Beschichtung erzielt man durch vorangehendes Einstreichen der Stahloberfläche mit einer Phosphatlösung (Phosphatieren).

Die **Lebensdauer** (Standzeit) einer mehrschichtigen Korrosionsschutzbeschichtung beträgt bei normaler Land-, Stadt- und Industrieatmosphäre bis 25 Jahre. Bei aggressiver Industrie- und Meeresatmosphäre sind 5 bis 15 Jahre erreichbar.

Die Lebensdauer einer Beschichtung hängt von der Schichtdicke ab. Sie vermindert sich im Laufe der Zeit durch die Bewitterung. Durch Schichtdickenmessung kann die Restschichtdicke einer Altbeschichtung bestimmt werden (Bild 3). Beträgt die Restschichtdicke unter 120 µm, so muss eine Erneuerungsbeschichtung aufgebracht werden.

Eine bereichsweise Erneuerungsbeschichtung ist erforderlich, wenn Rostspuren sichtbar werden.

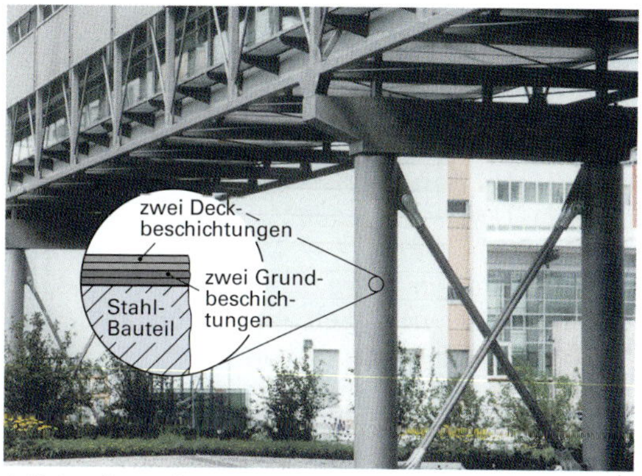

1 Korrosionsschutzbeschichtete Fußgängerbrücke

Tabelle: Bestandteile der Beschichtungsstoffe

Bindemittel für atmosphärische Belastungen	Pigmente für die Grundbeschichtungen	Bindemittel für Bauteile in Wasser und Erdreich
Alkydharze Acrylharze Polyurethanharze Chlorkautschukharze Epoxidharze	Zinkstaub Zinkphosphat Aluminiumpulver Titandioxid	Mischungen aus PUR- oder EP-Harzen sowie Steinkohlenteer oder Bitumen

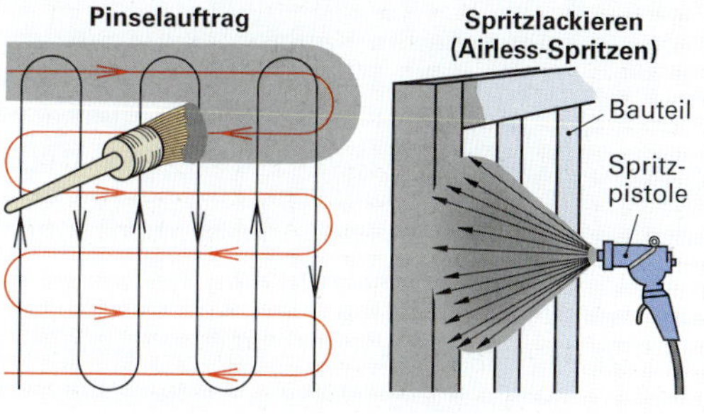

2 Auftragen der Beschichtungsstoffe

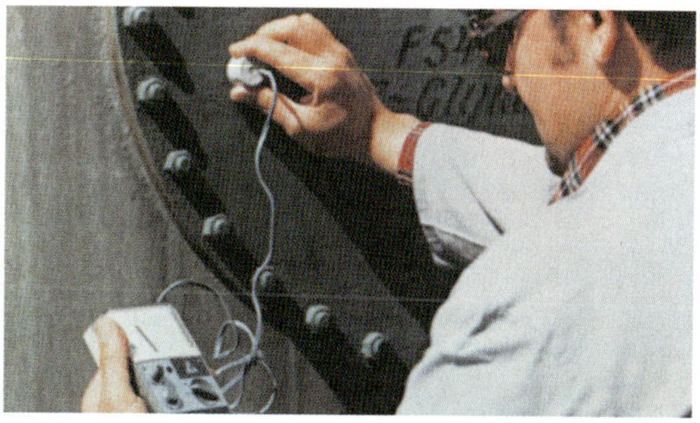

3 Schichtdickenessung einer Beschichtung

26.10.11 Katodischer Korrosionsschutz von Stahlbauteilen

Der katodische Korrosionsschutz wird zusätzlich zum Bitumen-Isolieranstrich bei erdverlegten Rohren und Tanks sowie bei Stahl-Wasserbauten und bei Schiffen eingesetzt. Er beruht auf der Schaltung des Bauteils als edlere Katode in einer galvanischen Element-Anordnung.

Katodischer Korrosionsschutz mit Opferanode

Das zu schützende Bauteil ist leitend mit Platten aus einem unedlen Metall (z. B. Magnesium) verbunden, die um das Bauteil im Erdreich angeordnet sind (Bild 1).
Mit der Bodenfeuchtigkeit als Elektrolyt bilden das Stahlbauteil und die Magnesiumplatten ein galvanisches Element, wobei das Stahlbauteil die edlere Katode und das Magnesium die unedlere Anode ist. Sie löst sich im Laufe der Zeit auf und heißt Opferanode. Das katodische Stahlbauteil als edlere Elektrode (Katode) bleibt unversehrt.

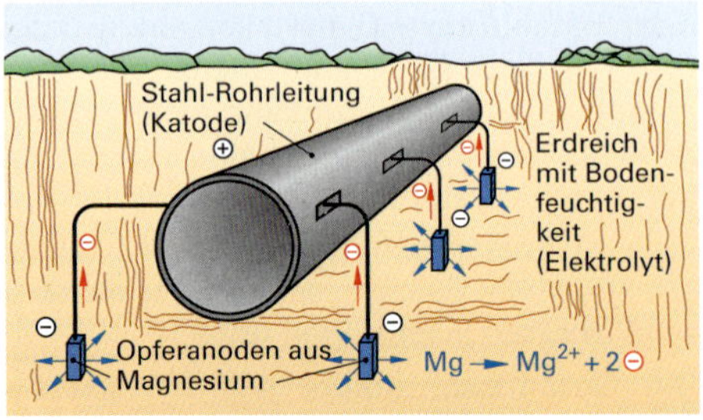

1 Korrosionsschutz mit Opferanoden

Katodischer Korrosionsschutz mit Fremdstromanoden

Das zu schützende Stahlbauteil, z. B. ein Tank, ist an den positiven Pol einer Batterie als Katode ⊕ geschaltet, während Grafitanoden ⊖ am negativen Pol der Batterie anliegen (Bild 2). Die angelegte Spannung (Schutzpotential) bewirkt, dass das Stahlbauteil immer die edlere Katode ist und damit geschützt ist.

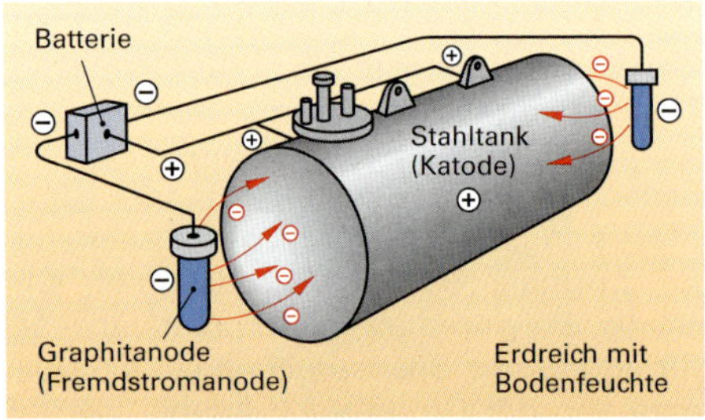

2 Korrosionsschutz mit Fremdstromanode

26.10.12 Korrosionsschutz bei korrosionsbeständigen Stählen

Korrosionsbeständige Stähle wie z. B. X5CrNiMo17-12-2, besitzen durch ihr Hauptlegierungselement Chrom eine Passivschicht (Seite 482). Sie darf nicht beschädigt werden oder muss ausgebessert werden, wenn sie beschädigt wurde.
Ist es z. B. durch die Bearbeitung bei einem Bauteil zu Kratzern oder scharfen Kanten gekommen, so müssen die Kanten durch Rundschleifen und die Kratzer durch Ausschleifen beseitigt werden (Bild 3). Hierbei ist nur mit leichtem Druck zu schleifen, da es sonst zum örtlichen Überhitzen und infolgedessen zu Anlauffarben kommt. Letzte Unebenheiten und Anlauffarben können durch Elektropolieren beseitigt werden.
Zur weiteren Erhöhung der Korrosionsbeständigkeit werden die Bauteile mit 20 %iger Salpetersäure abgewaschen oder darin getaucht. Dadurch bildet sich eine besonders stabile Passivschicht. Nach der Passivierung müssen die Säurereste sorgfältig mit Wasser abgespült werden.
Anlauffarben und Zunder, die durch Schweißen entstehen, müssen geschliffen werden, bis der Zunder und die Schweißnahtunebenheiten entfernt sind. Anschließend werden die geschliffenen und angelaufenen Flächen mit einer Salpetersäure-haltigen Flüssigkeit oder Beizpaste gebeizt (Bild 4). Sie entfernt noch anhaftende Anlauffarben und erzeugt eine neue Passivschicht. Abschließend ist sorgfältig abzuspülen.

3 Kantenschleifen eines Bleches aus korrosionsbeständigem Stahl

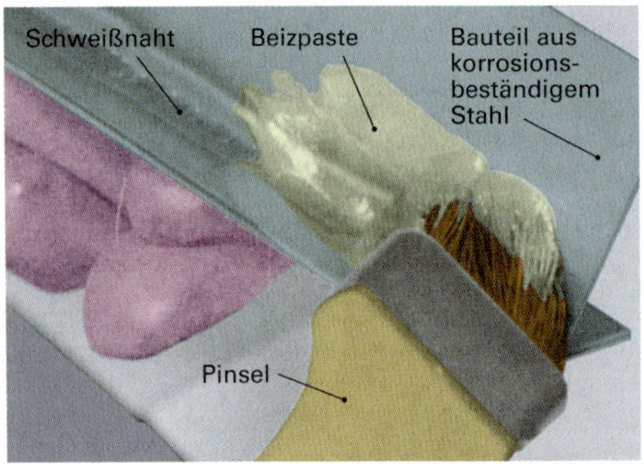

4 Beizen einer Schweißnaht mit Beizpaste

Achtung: Beim Arbeiten mit Salpetersäure sind ein Gesichtsschutz, Schutzhandschuhe und Schutzkleidung zu tragen.

26.10.13 Korrosionsschutz von Aluminium-Bauteilen

Aluminium bildet von Natur aus eine dünne, festhaftende Oxidschicht (Al_2O_3) auf seiner Oberfläche. Dieser natürliche Korrosionsschutz reicht bei der Verwendung im Freien nicht aus und wird deshalb verbessert.

Alle Aluminiumbauteile, die im Freien eingesetzt werden, wie z. B. Fenster- oder Fassadenprofile haben entweder durch anodische Oxidation eine verstärkte Korrosionsschutzschicht erhalten oder sind farbbeschichtet (Bild 1).

Die **anodische Oxidation** ist ein vielschrittiger Vorgang: Zuerst werden die Bauteile geschliffen, poliert und gebeizt. Dann werden sie in ein Anodisierbad aus Schwefelsäure oder Oxalsäure gehängt und an eine Gleichstromquelle als Anode " geschaltet (Bild 2). Es entsteht am Bauteil atomarer Sauerstoff, der mit dem Werkstoff reagiert und eine Aluminiumoxidschicht bildet: $2\,Al + 3\,O \rightarrow Al_2O_3$.

Es entsteht eine etwa 15 µm bis 30 µm dicke, korrosionsschützende Anodisierschicht. Sie wächst 1/3 aus der ursprünglichen Oberfläche heraus und 2/3 in das Metall hinein. Sie kann auch eingefärbt werden. Abschließend wird die Anodisierschicht durch Sieden in Wasser verdichtet.

Zum Schutz gegen Kratzer sowie gegen Zement- und Mörtelspritzer werden die anodisierten Al-Bauteile mit einer Abziehfolie beklebt, die erst nach dem Einbau abzuziehen ist.

Eine **Einbrennlackierung** von Aluminiumbauteilen wird zum Korrosionsschutz und zur farblichen Gestaltung von Bauwerken aufgebracht. Sie ist nicht abriebfest, aber gegen chemische Korrosionsangriffe sehr beständig.

1 Anodisierte Fassaden- und Dachelemente

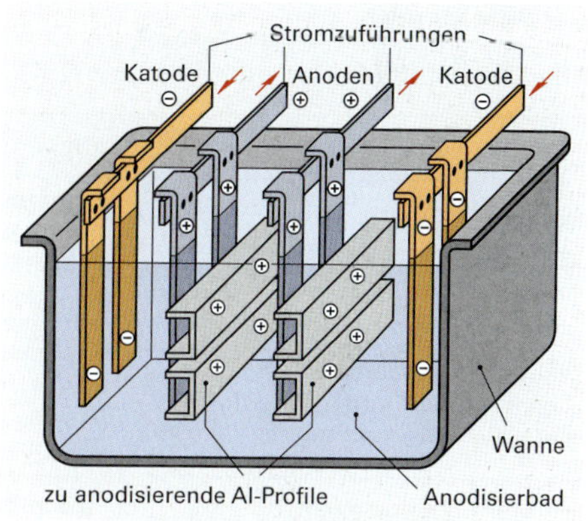

2 Anodisieren von Fensterprofilen

26.10.14 Korrosionsschutz bei Maschinen

Maschinen in der Werkstatt sind durch feuchte Luft von Korrosion bedroht. Verkleidungen und nicht bewegte Maschinenteile sind mit einer Lackierung geschützt. Bewegte Maschinenteile müssen metallblank bleiben, um ihre Funktion zu erfüllen. Der Korrosionsschutz dieser Teile erfolgt durch regelmäßiges Reinigen und Einfetten oder Ölen nach einem Wartungs- und Pflegeplan (Bild 3). Führungen, Gleitbahnen, Spindeln, Zahnräder und Wälzlager werden mit einem Korrosionsschutzfett eingerieben bzw. geschmiert. Gewinde, Schraubenverbindungen und lösbare Teile werden durch Ölen vor dem Festrosten geschützt.

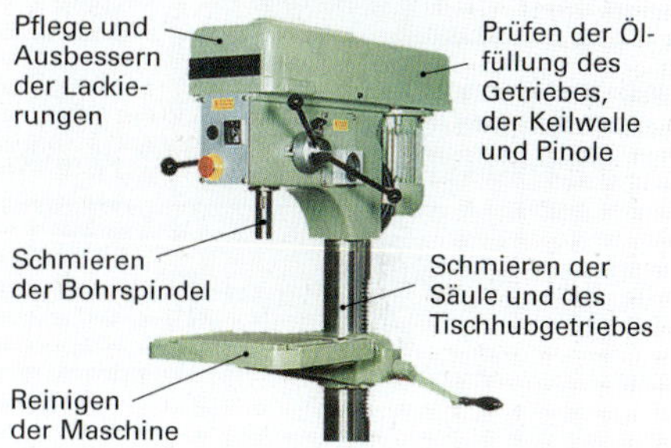

3 Korrosionsschutz bei einer Bohrmaschine

Überprüfen Sie Ihre Kenntnisse

1 Beschreiben Sie den Vorgang der Rostbildung bei der Korrosion feuchter Stahlbauteile.
2 Nennen Sie zwei Korrosionselemente und erklären Sie die dort ablaufenden Vorgänge?
3 Was sind die Ursachen von Lochfraßkorrosion bei nichtrostenden Stählen?
4 Was versteht man unter Kontaktkorrosion?
5 Nennen Sie zwei Faktoren, die die Korrosion eines Bauteils beeinflussen.
6 Welches Korrosionsverhalten hat Baustahl?
7 Was versteht man unter Passivierung?
8 Welche Stähle eignen sich ohne Korrosionsschutz für Anwendungen im Freien? Nennen Sie Beispiele.
9 Welches Korrosionsverhalten haben die Aluminiumwerkstoffe?
10 Wozu dienen die Oberflächenvorbereitungsgrade?
11 Wie wird das Feuerverzinken von Stahlbauteilen durchgeführt?
12 Wie wird ein fertig bearbeitetes Bauteil aus korrosionsbeständigem Stahl passiviert?
13 Aus welchen Arbeitsschritten besteht die anodische Oxidation von Aluminium-Bauteilen?

26.11 Kunststoffe (Plaste)

Die Kunststoffe, auch Plaste oder Plastik genannt, sind synthetisch hergestellte, organische Werkstoffe. Sie werden aus den Hauptrohstoffen Erdöl, Erdgas und Kohle sowie weiteren Ausgangsstoffen durch chemische Umwandlung, das heißt Synthese hergestellt. Sie heißen organische Werkstoffe, weil sie aus organischen Kohlenstoffverbindungen oder Siliciumverbindungen bestehen.

26.11.1 Eigenschaften und Verwendung

Kunststoffe haben in der Technik als Werkstoffe eine große Bedeutung erlangt. Sie haben in vielen Anwendungsbereichen die alten Werkstoffe verdrängt und sich neue Anwendungen erobert.

Ihre vielseitige Verwendbarkeit beruht auf den besonderen Eigenschaften der Kunststoffe sowie der Möglichkeit, Kunststoffe mit sehr unterschiedlichen Eigenschaften herzustellen. So gibt es Kunststoffe, die hart, fest und zurückfedernd sind sowie andere Kunststoffe, die weich und gummielastisch sind, aber auch solche, die plastisch verformbar oder gießbar sind. Außerdem sind die meisten Kunststoffe recht preiswert.

Alle Kunststoffe haben gemeinsame typische Eigenschaften, die ihre Verwendung beeinflussen:

Typische Eigenschaften	Daraus sich ergebende Anwenungsmöglichkeiten	
Niedrige Dichte meistens 0,9 bis 1,5 kg/dm³, wenige bis 2,2 kg/dm³	Transportbehälter: Eimer, Kanister, Flaschen; Leichtbauteile: Wellplatten, Folien, Verkleidungen	 Kanister, Werkzeugkasten, Folien
Variable mechanische Eigenschaften: von hart, fest bis weich und gummiartig	Feste Kunststoffe: Maschinenteile, Zahnräder, Beschläge, Profile; Weiche Kunststoffe: Schläuche, Schaumstoff, Dichtungen	 Zahnräder, Schläuche, Schaumstoff
Gut formbar und leicht verarbeitbar, schäumbar, einfärbbar	Kompliziert geformte Bauteile, wie Zahnräder, Beschläge, Kleinteile, Haushaltswaren, Sportartikel, Gehäuse	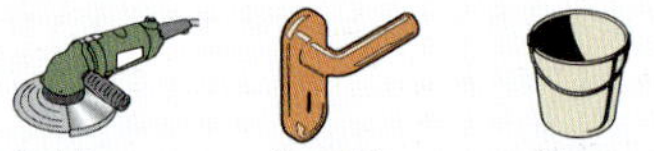 Gehäuse, Beschläge, Eimer
Wärmedämmend und kälteisolierend (besonders als Schaumstoff)	Wärmedämmmaterial, Kälteisolierungen, Auskleidungen, Verpackungsmaterial	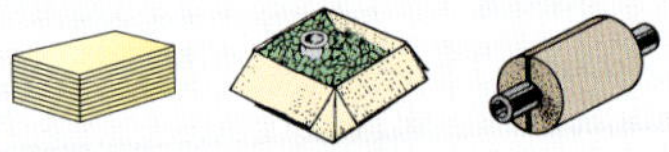 Dämmplatten, Packchips, Rohrisolierung
Elektrisch nichtleitend (isolierend)	Elektroteile, wie Stecker, Steckdosen, Isoliergriffe an Werkzeugen, Kabelummantelungen, Gehäuse	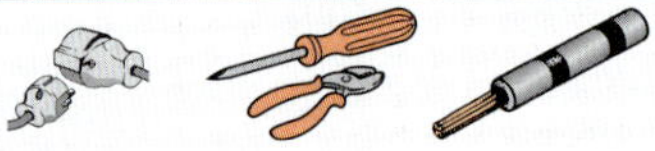 Isolierteile, Isoliergriffe, Ummantelung
Korrosions- und teilweise chemikalienbeständig	Behälter für Chemikalien, Kanister, Rohrleitungen, Korrosionsschutz-, anstriche, Bautenschutz-Imprägnierungen	 Behälter, Schutzhandschuhe, Beschichtung

Kunststoffe besitzen jedoch auch beschränkende Eigenschaften:

- Sie haben eine **geringe Wärmebeständigkeit** (meist nur bis 150 °C)
- Sie sind zum Teil **brennbar** und von Lösungsmitteln anlösbar
- Sie haben im Vergleich zu den Stählen eine geringe Festigkeit.

26.11.2 Herstellung und innerer Aufbau

Die Herstellung der Kunststoffe erfolgt in zwei Teilschritten (Bild 1):

1. Aus den Rohstoffen (z. B. Erdöl) werden reaktionsfähige Vorprodukte hergestellt. Diese Vorprodukte bestehen aus Molekülen, die aus wenigen Atomen zusammengesetzt sind (Kleinmoleküle).
2. Die Vorprodukte werden durch chemische Reaktionen zu Kunststoffen umgesetzt. Dabei verknüpfen sich Tausende von Kleinmolekülen zu **Makromolekülen** (Riesenmolekülen).

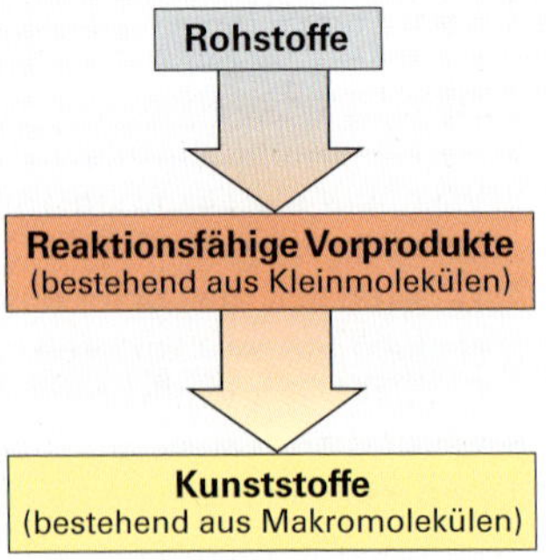

1 Kunststoff-Herstellung (Schema)

Die Zusammenlagerung der Kleinmoleküle zu Makromolekülen kann nach verschiedenen Reaktionsmechanismen ablaufen.

Bei der **Polymerisation** entstehen langgestreckte, fadenförmige Makromoleküle (Bild 1, links). Diese Kunststoffe nennt man **Polymerisate.**

Beispiel: Aus den Kleinmolekülen des Ethylens C_2H_4 werden durch Polymerisation die Makromoleküle des Polyethylens $-(CH_2)_n-$

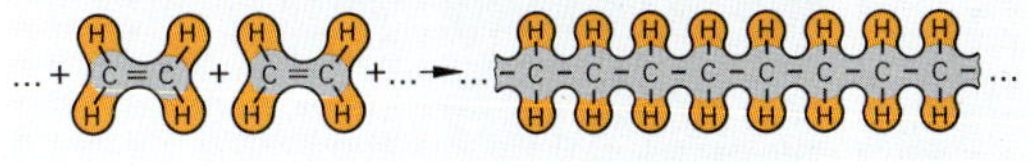

Durch **Polykondensation** und **Polyaddition** entstehen Makromoleküle, die miteinander an vielen Stellen zu einem räumlichen Netz verknüpft sind (Bild 1, rechts). Diese Kunststoffe nennt man **Polykondensate** bzw. **Polyaddukte.**
Polykondensate sind: Polyesterharz, Polyamidharz. Polyaddukte sind: Epoxidharz, Polyurethanharz.

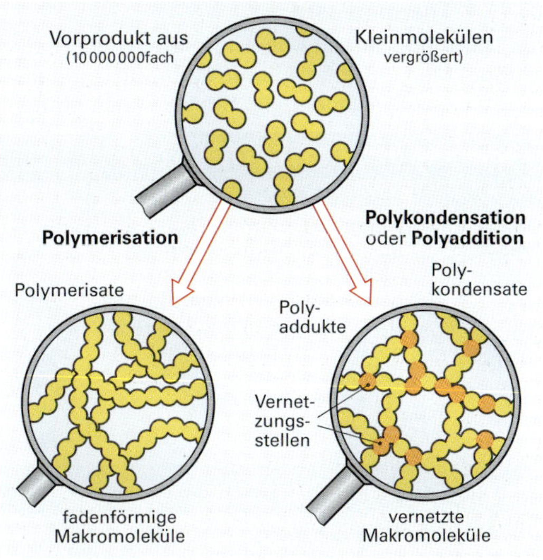

1 Chemische Syntheseverfahren für Kunststoffe

26.11.3 Technologische Einteilung

Nach ihrem inneren Aufbau und dem Verhalten bei Erwärmung unterteilt man die Kunststoffe in Gruppen: Thermoplaste, Duroplaste und Elastomere.
Thermoplaste bestehen aus nicht vernetzten, fadenförmigen Makromolekülen (Bild 2). Bei Raumtemperatur sind sie fest und hart. Bei Erwärmung auf über 100 °C werden sie weich und leicht umformbar, bei weiterer Erwärmung teigig und schließlich flüssig. Beim Abkühlen verläuft der Vorgang umgekehrt: sie werden wieder fest und hart.

Merke
Thermoplaste erweichen bei Erwärmung. Sie sind warm umformbar und schweißbar.

Duroplaste bestehen im Fertigzustand aus engmaschig vernetzten Makromolekülen (Bild 2). Sie sind bei Raumtemperatur fest und hart und ändern ihre mechanischen Eigenschaften durch Erwärmen nur geringfügig. Sie erweichen nicht. Bei zu starker Erwärmung zersetzen sie sich.

Merke
Duroplaste erweichen nicht. Sie sind nicht warm umformbar und nicht schweißbar.

Elastomere haben weitmaschig vernetzte Makromoleküle (Bild 2). Unter Krafteinwirkung können sie sich um mehrere hundert Prozent dehnen und nehmen nach Entlastung wieder ihre ursprüngliche Form an: sie sind **gummielastisch.** Durch Erwärmen werden die Elastomere weicher, aber nicht flüssig. Sie sind deshalb begrenzt warm umformbar, aber nicht schweißbar.

Merke
Elastomere sind begrenzt warm umformbar, aber nicht schweißbar.

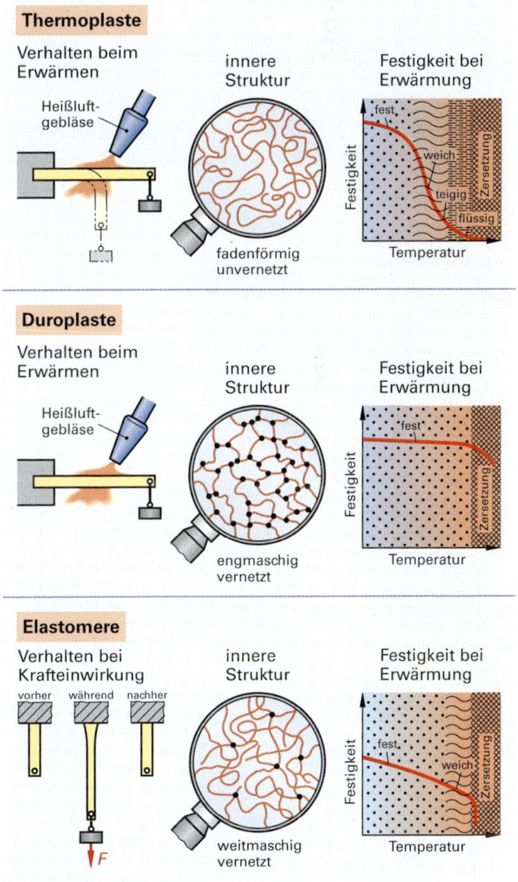

2 Innerer Aufbau der Kunststoffgruppen und ihr typisches Verhalten bei Erwärmung

26.11.4 Thermoplaste

Die Thermoplaste sind die umfangreichste und mengenmäßig am häufigsten verwendete Kunststoffgruppe. Man fertigt aus ihnen Gebrauchsgegenstände, Rohrleitungsteile, Bauteile von Maschinen und Geräten sowie Ausbauteile. Sie sind kostengünstig zu fertigen und leicht zu verarbeiten.

Polyethylen (PE) und Polypropylen (PP)

Handelsbezeichnungen:
Lupolen
Hostalen
Lucalen
Novolen

Eigenschaften:
Farblos bis milchig weiß; glatte, gleitfähige Oberfläche
Dichte: rund 0,92 kg/dm³
Beständig gegen Waschmittel, Öle, Fett, Säuren und Laugen, quillt durch Lösungsmittel.
Gebrauchstemperatur: bis 80 °C
Weich-PE: weich und lederzäh
Hart-PE: steif, zähhart

Typische Verwendungen

Fässer, Kanister

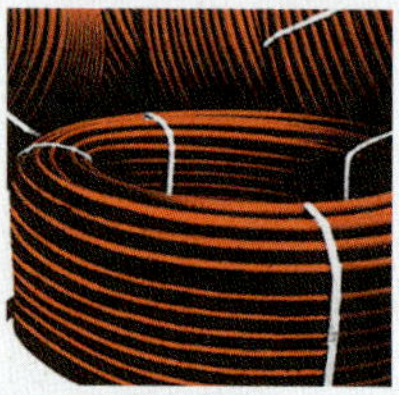
Schläuche

Weich-PE:
Dichtungsbahnen, Folien, Schläuche, flexible Rohre
Hart-PE:
Rohre, Behälter, Tanks, Wasserleitungen, Eimer, Kübel, Bierkästen, Fässer

Polyvinylchlorid (PVC)

Handelsbezeichnungen:
Vinoflex
Vinidur
Vinuran
Hostalit

Eigenschaften:
Farblos bis milchig weiß
Dichte: 1,35 kg/dm³
Beständig gegen Öle, Fette, Säuren und Laugen. Löst sich in Tri und Tetra.
Gebrauchstemperatur: bis 65 °C
Hart-PVC: hart, schwer zerbrechlich
Weich-PVC: weichgummiartig

Typische Verwendungen

Abwasserrohre

Fensterprofile

Hart-PVC:
Fensterrahmen, Abwasserrohre, Dachrinnen, Wellplatten, geschweißte Großgehäuse
Weich-PVC:
Dichtungsbahnen, Wasserschläuche

Polystyrol (PS) und Polystyrol-Copolymerisate (ABS, SAN)

Handelsbezeichnungen:
Polystyrol

Polystyrol-Copolymerisate
Styroflex, Styrolux, Lustran, ADS, Bayblend

Polystyrol-Hartschaum
Styropor, Styrodur

Reines Polystyrol ist spröde und hat deshalb nur begrenzte Anwendungsmöglichkeiten. Durch Beimischen von anderen Kunststoff-Vorprodukten zum Ausgangsstyrol kann vor allem die Sprödigkeit des reinen Polystyrols überwunden werden. Diese sogenannten Styrol-Copolymerisate nennt man auch **schlagfestes Polystyrol**. Je nach verwendeter Beimischung bezeichnet man sie als SAN-Styrol, SB-Styrol, ABS-Styrol.

Eigenschaften:
Farblos, durchsichtig, glasklar.
Hart, splittert beim Bruch.
Dichte: 1,05 g/cm³
Beständig gegen verdünnte Säuren, Laugen und Salzlösungen.
Unbeständig gegen Lösungsmittel
Zu einem steifen Hartschaum mit einer Dichte von 20 kg/m³ aufschäumbar

Typische Verwendungen

Arbeitshelm
(ABS-Copolymerisat)

Haussprechanlage
(ABS-Styrol)

Reines Polystyrol:
Schaugläser, Pkw-Rückleuchten
PS-Copolymerisate:
Gehäuse, Leuchtenabdeckungen, Schutzhelme
PS-Hartschaum:
Wärme- und Kälteisol., Verpackungen

Polyamide (PA)

Handelsbezeichnungen:
Durethan
Ultramid

Eigenschaften:
Milchig weiß, gleitfähige und verschleißfeste Oberfläche.
Je nach Sorte zäh bis hart.
Dichte: 1,14 kg/dm³
Hohe Festigkeit: bis 70 N/mm²
Beständig gegen schwache Säuren und Laugen, Lösungsmittel, Benzin, Öle.
Lässt sich zu reißfesten Fasern verspinnen

Typische Verwendungen

Schiebetorrollen

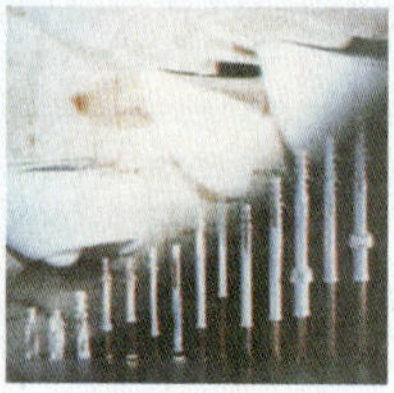
Dübelhüllen

Beschläge, Zahnräder, Lagerschalen, Gleitschienen, Kurvenscheiben, Führungsrollen, Handbohrmaschinengehäuse, Dübelhüllen
Polyamidfasern:
Seile, Hebebänder

Acrylglas (Polymethylmethacrylat PMMA), Polycarbonatglas (PC)		
Handelsbezeichnungen: Acrylglas: Plexiglas Polycarbonatglas: Makrolon Apec	**Eigenschaften:** Glasklar, lichtecht, optisch unverzerrte Scheiben. Hart und zäh, schwer zerbrechlich. Dichte: 1,18 kg/dm^3 Beständig gegen verdünnte Säuren und Laugen, Salzlösungen, Öl und Benzin, witterungsbeständig.	**Typische Verwendungen**  **Lichtkuppeln (PMMA)**  **Hohlkammerplatte (PC)** Sicherheitsverscheibungen von Geländerfüllungen und Sporthallen, Duschkabinen, Schutzbrillen, Splitterschutz, Stadion- und Hallendächer

Polytetrafluorethylen (PTFE)		
Handelsbezeichnungen: Teflon Fluon	**Eigenschaften:** Milchig weiß, gleitfähige Oberfläche, weich und zäh, abriebfest, äußerst chemikalienfest, temperaturbeständig von – 150 °C bis + 280 °C Dichte: 2,2 kg/dm^3 Relativ teuer	**Typische Verwendungen**  **Abwasserrohre**  **Fensterprofile** Buchsen für kleine Gleitlager, Laufrollen, Dichtringe, Gleitschichten für Vorschubführungen, Auskleidungen, Gleitmittel

26.11.5 Duroplaste

Die Duroplaste werden entweder als ausgehärtetes Fertigteil geliefert, z. B. Tanks, Bauteile und Gehäuse, oder sie kommen als flüssiges Vorprodukt zum Verarbeiter, z. B. als Reparaturharz, Lack oder Klebstoff. Die flüssigen Vorprodukte härten nach dem Aufbringen am Bauteil aus

Ungesättigte Polyesterharze (UP)		
Handelsbezeichnungen: Palatal	**Eigenschaften:** Farblos, glasklar, gute Haftfähigkeit, gut vergießbar Je nach Herstellung hartelastisch bis weich-elastisch Dichte: 1,2 g/cm^3 Beständig gegen viele Chemikalien und Lösungsmittel Zu Fasern verspinnbar	**Typische Verwendungen**  **Wellplatten** (UP mit Glasfasern) 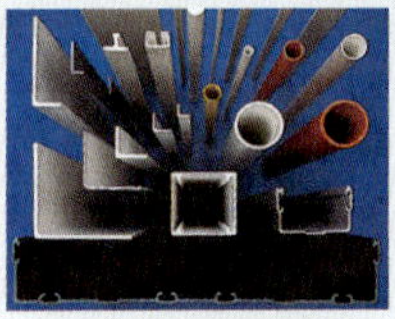 **Bauprofile** (UP mit Glasfasern) **In reiner Form:** Klebe-, Reparatur- und Lackharz **Bindeharz** für glasfaserverstärkte UP-Bauteile **Als Fasern:** Filtertücher, Schnüre

Polyurethanharze (PU)		
Handelsbezeichnungen: Baydur Bayflex Desmopan Elastopo	**Eigenschaften:** Farblos bis honiggelb. Je nach Vernetzungsgrad: hart und zähelastisch bis weich und gummielastisch. Gute Klebefähigkeit. Dichte: 1,26 kg/dm^3 Beständig gegen schwache Säuren, Laugen, Lösungsmittel. Verschäumbar	**Typische Verwendungen**   **In flüssiger Form:** Klebstoff, Lack, **Als Fertigteile:** Elastische Rollen **Als Schaumstoff:** Dämmplatten, Montageschaum

Epoxidharz (EP)		
Handelsbezeichnungen: Araldite Epikote	**Eigenschaften:** Farblos bis honiggelb, hartzäh, gute Festigkeit. Gute Haftfähigkeit, gut vergießbar. Äußerst chemikalienbeständig. Dichte: 1,2 kg/dm^3.	**Typische Verwendungen**  **Chemikalientanks** (EP mit Glasfasern)  **Zweikomponentenkleber** **In reiner Form:** Klebeharz, Gießharz, Lackharz **Verstärkt mit Fasern:** Tanks für aggressive Flüssigkeiten Bootskörper

26.11.6 Elastomere

Die Elastomere, auch Elaste, Gummi oder Kautschuk genannt, werden sowohl zu Fertigteilen geformt, z. B. zu Dichtungen oder Schläuchen, als auch im pastenförmigen Zustand, z. B. als Fugenfüllmasse verwendet. Die Fertigteile sind ausgehärtet, die Vorprodukte härten nach dem Ausbringen aus.

Styrol-Butadien-Kautschuk (SBR)

Eigenschaften:
Je nach Schwefelgehalt hart-elastisch bis weich gummielastisch. Relativ geringe Elastizität, abriebfest, preiswert.

Gummihammer

Typische Verwendungen:
Fahrzeugreifen
Gummihämmer
Puffer, Anschläge,
Gummifedern
Dichtringe
Manschetten
Schläuche

Chloropren-Kautschuk (CR)

Eigenschaften:
Ausgewogene Elastomereigenschaften, alterungsbeständig
Handelsnamen:
Neopren
Baypren

Elastischer Filterschlauch

Typische Verwendungen:
Faltenschläuche, Profildichtungen, Auskleidungen, Überzüge

Butyl-Kautschuk (IIR), Ethylen-Propylen-Terpolymer-Kautschuk (EPDM)

Eigenschaften:
Ausgewogene Elastomereigenschaften sowie geringe Durchlässigkeit für Luft, Gase und Wasserdampf mit besonders guter Witterungs- und Chemikalienbeständigkeit

Fensterrahmen-Profildichtung

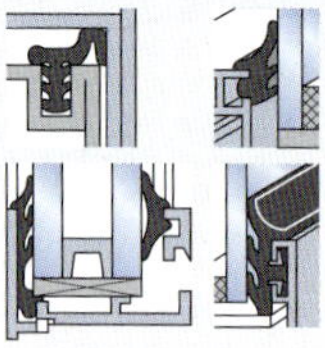

Profildichtungsquerschnitte

Typische Anwendungen:
Fensterrahmen- und andere Bauprofildichtungen
Fassadenabdichtungsfolien
Kabelummantelungen,
Dichtungen,
Membranen,
Schläuche

26.11.7 Sonderanwendungen von Kunststoffen im Metallbau

Eine Vielzahl von Werk- und Hilfsstoffen, die im Metallbau für Sonderanwendungen eingesetzt werden, bestehen ganz oder teilweise aus Kunststoffen bzw. Kunststoff-Vorprodukten.

Klebstoffe

Die modernen Klebstoffe sind spezielle Kunststoff-Aufbereitungen. **Kontaktklebstoffe** bestehen aus einem kautschukartigen Kunststoffanteil, wie z. B. SBR-Kautschuk, CR-Kautschuk oder PU-Kautschuk, die mit einem Lösungsmittel zu einer streichfähigen Masse verdünnt sind. Sie werden nach dem Auftragen und Abdünsten verklebt, z. B. zum Verkleben von Eckwinkeln bei Fenstern (Bild 1).

Zweikomponenten-Reaktionsklebstoffe gibt es auf der Basis duroplastischer Kunststoffe, wie z. B. Epoxidharzen, Polyurethanharzen und ungesättigten Polyesterharzen. Sie bestehen aus zwei Komponenten, die unmittelbar vor der Klebung zusammengemischt werden und innerhalb der Topfzeit verarbeitet werden müssen.

1 Verkleben von Fensterecken

Abdichtfolien

Abdichtfolien zur Abdichtung von Flachdächern, sollen das Eindringen von Wasser verhindern. Sie müssen absolut wasserdicht sein. Sie bestehen aus gewebeverstärkten Bitumenbahnen oder ca. 3 mm dicken Polyethylenbahnen.

Abdichtfolien, die das Bauwerk gegen Luftdurchzug abdichten, z. B. bei Dachräumen oder Fensteranschlüssen, sollen verhindern, dass mit der Zugluft Wärme verloren geht. Die Luftfeuchtigkeit soll jedoch aus dem Bauwerk entweichen können, damit es zu keinem Feuchtigkeitsstau mit Kondensat- und Schimmelbildung kommt. Hierzu sind spezielle, dampfdurchlässige Polyethylenfolien mit ca. 1 mm Dicke oder mehrlagige Folien geeignet (Bild 2).

2 Dachabdichtung mit dampfdurchlässiger Abdichtfolie

Fugendichtungsmassen

Dehnungs- und Montagefugen werden mit Fugendichtungsmassen geschlossen. Sie bestehen aus einer reinen oder mit Füllstoff vermischten Kunststoffmasse aus Silikonkautschuk (SIR), Polysulfidkautschuk (SR) oder Polyurethanschaum (PU). Sie werden in Handkartuschen geliefert und mit einer Düse in die Fuge gepresst (Bild 1). Vor dem Austritt aus der Kartusche wird der Dichtungsmasse in der Düse ein Härter oder Schäumer beigemischt. Er lässt die vorher pastenartige Fugenmasse zu einem gummiartigen oder schaumstoffartigen Dichtungsband erstarren.

1 Fugendichtungsmasse

Schaumstoffe

Schaumstoffe bestehen aus einem kleinzelligen Kunststoffgerüst mit 90 % oder mehr luftgefülltem Porenraum. Ihre Dichte beträgt nur 5 kg/m^3 bis 50 kg/m^3.

Formsteife Schaumstoffe fertigt man aus Polystyrol (Handelsname: Styropor, Styrodur®) oder aus duroplastischem Polyurethan (Handelsbezeichnung: Baymer®).

Weichelastische Schaumstoffe bestehen aus elastischem Polyurethan (Handelsbezeichnung: Bayfit®).

Haupteinsatzgebiet der Schaumstoffe ist die Wärmedämmung (Bild 2) und die Trittschalldämmung.

2 Schaumstoff-Formteile zur Wärmedämmung

Beschichtungsstoffe für Metallteile

Beschichtungsstoffe für Metallteile, in der Umgangssprache **Lacke** genannt, bestehen im Wesentlichen aus einem in Lösungsmittel verflüssigten Kunststoff und Farbpigmenten (Bild 3).

Am gebräuchlichsten sind Alkydharzlacke und Acrylharzlacke. Für Sonderzwecke werden auch Vinylchlorid- und Chlorkautschuk-Lacke sowie Polyurethanharz-, Epoxidharz- und Silikonharz-Lacke eingesetzt. Nach dem Lackauftrag verdunstet das Lösungsmittel, der zurückbleibende Kunststoff härtet aus und bildet eine zusammenhängende Schicht. Sie schützt das beschichtete Bauteil vor Korrosion (Seite 493).

3 Gebinde mit Lackfarbe

Bautenschutzanstriche

Mauerwerks- und Putzanstriche für innen und außen sind Kunststoff/Wasser-Dispersionen meist auf der Basis von Acrylharz oder Alkydharz. Sie werden auch Kunststoff-Latex genannt. Beigemischt können Farbpigmente und körnige Minerale sein. Die Anstriche bilden auf dem Mauerwerk eine regenabweisende aber wasserdampf-durchlässige (atmungsaktive) Schicht. Ein Silikonharzanteil verbessert die imprägnierende Wirkung.

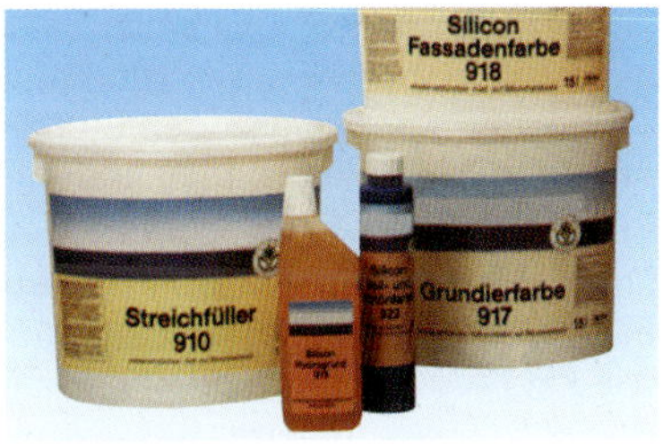

4 Mauer- und Putzanstriche

Schnellabbindender Mörtel und Beton

Bei der Befestigung von Stahlteilen in Mauerwerk und Beton werden schnellabbindender Mörtel und Beton eingesetzt (Bild 5). Sie bestehen aus der Mörtel- bzw. Betongrundmasse und einem Kunstharzzusatz. Er härtet nach dem Anrühren mit Wasser in wenigen Minuten aus, sodass die Bauteile nur kurz fixiert werden müssen, z. B. mit einer Schraubzwinge. Die beigemischten Kunstharze sind Methacrylatharze (MMA), ungesättigte Polyesterharze (UP), Epoxidharze (EP) bzw. Polyurethanharze (PU).

Auch die Verbundanker von Schwerlastdübeln (Seite 177 ff.) werden mit einem Kunstharzmörtel fixiert.

5 Montage mit Schnellmörtel

26.11.8 Weiterverarbeitung der Kunststoff-Erzeugnisse

Die Verarbeitungsmöglichkeiten sind vom Kunststofftyp sowie von der Temperatur abhängig. Bild 1 zeigt das Beispiel **Hart-PVC:**

1. bis 75° C: der Einsatz der Bauteile und die spanende Bearbeitung erfolgen im harten Zustand.
2. 120 °C bis 140° C: Umgeformt wird im **thermoelastischen** Zustand. Er tritt nur bei Thermoplasten auf, so dass nur sie umgeformt werden können.
3. 150 °C bis 180 °C: Das Urformen und Schweißen der Thermoplaste wird im **thermoplastischen** Zustand durchgeführt (Bild 1).

Trennen, spanende Bearbeitung. Dünne Kunststofftafeln können geschnitten werden, dickere Tafeln oder Profile trennt man durch Sägen. Nacharbeiten von Hand, wie Feilen, Raspeln oder Sägen ist mit besonders geformten Werkzeugen möglich. Für die maschinelle spanende Bearbeitung, wie Bohren, Drehen und Fräsen, eignen sich nur harte Kunststoffe. Es sind die Zerspanbedingungen nach Herstellerangaben einzuhalten.

Warmumformen von Thermoplast-Halbzeugen. Der Halbzeugabschnitt wird bis zum thermoplastischen Zustand erwärmt, dann in der Umformvorrichtung eingespannt und in die gewünschte Form gebracht (Bild 2). Danach lässt man das Bauteil abkühlen, bis es erhärtet ist.

Beim **Warmgasschweißen** wird die Schweißzone mit einem Heißluftstrom erwärmt und verflüssigt (Bild 3). Der ebenfalls verflüssigte Schweißzusatzstab verschmilzt mit den Schweißfugenkanten und füllt die Schweißfuge.

Beim **Heizelementschweißen** werden die Bauteile durch Andrücken an eine beheizte Platte an den Fügeflächen angeschmolzen (Bild 4). Dann wird das Heizelement herausgezogen und die oberflächlich flüssigen Fügeflächen aneinandergepresst.

Kleben. Gute Klebeverbindungen lassen sich bei **anlösbaren** Thermoplasten, wie **PVC, PMMA** und **PS** erzielen. Die *nicht anlösbaren* Thermoplaste, wie **PE, PA** und **PTFE** sind praktisch nicht klebbar.

Die Duroplaste und Elastomere lassen sich gut verkleben. Ausnahme: Die Silicone.

Es sind die Klebevorschriften der Hersteller zu beachten.

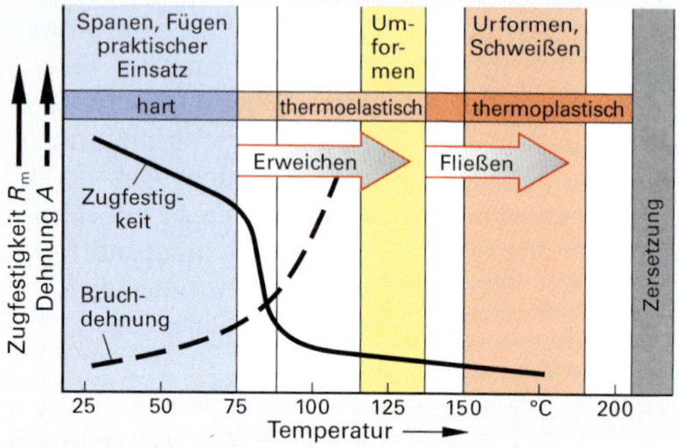

1 Verarbeitungsbereiche von Hart-PVC

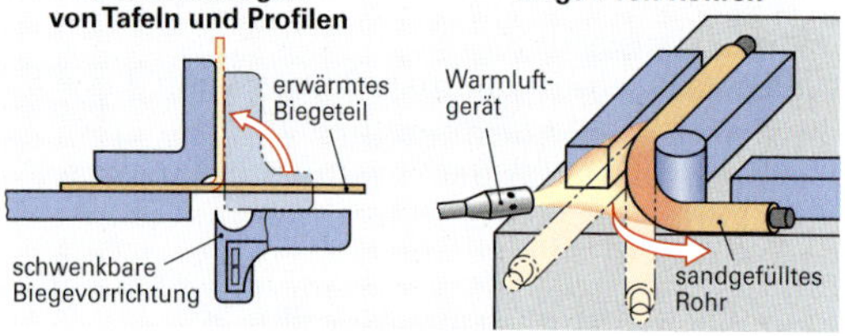

2 Biegeumformungen von Thermoplast-Halbzeug

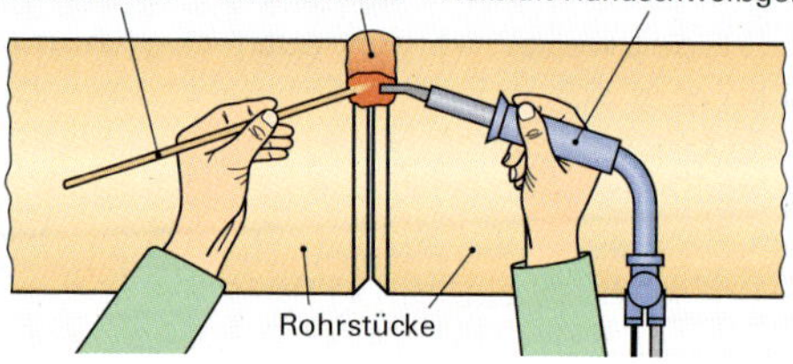

3 Warmgasschweißen von Rohren

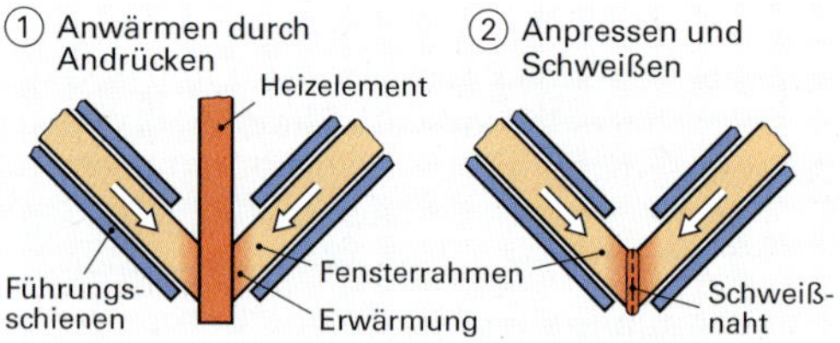

4 Heizelementschweißen von Fensterrahmen

Überprüfen Sie Ihre Kenntnisse

1 Welche typischen Eigenschaften haben die Kunststoffe?
2 In welche Gruppen unterteilt man die Kunststoffe?
3 Welche Kunststoffe können warm umgeformt und geschweißt werden?
4 Wozu wird Polyvinylchlorid (PVC) verwendet?
5 Nennen Sie drei Duroplaste.
6 Aus welchem Kunststoff bestehen Fenster-Profildichtungen?
7 Welche Arten von Abdichtfolien gibt es?

26.12 Verbundwerkstoffe

Als Verbundwerkstoffe bezeichnet man Werkstoffe, bei denen zwei oder mehr Einzelstoffe zu einem neuen Werkstoff zusammengefügt sind.

Dieses Werkstoff-Bauprinzip gibt es auch bei Naturstoffen z. B. bei Holz, das aus einem faserigen Anteil und einem Bindeanteil besteht. Auch der Mensch hat sich schon sehr früh die Vorteile der Verbundbauweise zu Nutze gemacht: Er erfand z. B. die strohverstärkten Lehmziegel.

Wichtige Verbundwerkstoffe der modernen Technik sind glasfaserverstärkte Kunststoffe, Stahlbeton, Hartmetalle (siehe Seite 485), Schleifkörper oder Sandwich-Bauteile.

In einem Verbundwerkstoff sind Stoffe mit passenden Eigenschaften so zusammengefügt, dass der entstehende Verbundwerkstoff die vorteilhaften Eigenschaften beider Einzelstoffe besitzt, während die nachteiligen Eigenschaften der Einzelstoffe überdeckt sind.

Man unterteilt die Verbundwerkstoffe nach der geometrischen Form der Ursprungsstoffe (Bild 1):

Faserverstärkte Verbundwerkstoffe bestehen aus Fasern, die in eine Grundmasse eingebettet sind.

Beispiel: Glasfaserverstärkte Kunststoffe.

Teilchenverstärkte Verbundwerkstoffe besitzen eine meist zähe Grundmasse, in die unregelmäßig geformte Körner eingelagert sind.

Beispiele: Hartmetalle, Kunststoff-Pressmassen.

Schicht- und Struktur-Verbunde sind lagenweise aus zwei oder mehr Schichten verschiedener Werkstoffe zusammengefügt.

Beispiele: Al-Bleche mit Kunststoff-Zwischenlage, Gipskarton-Hartschaumstoff-Platten.

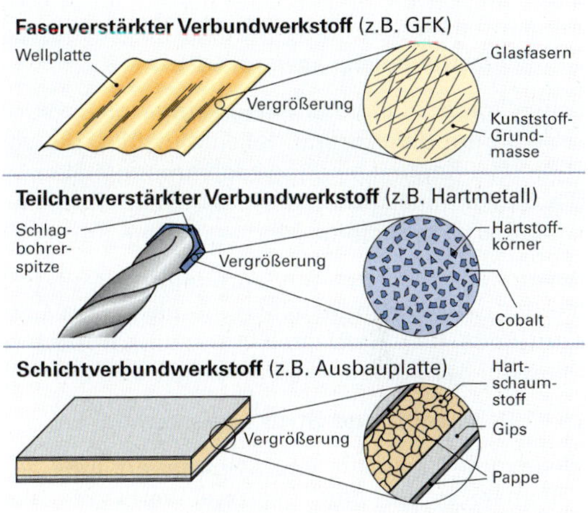

1 Verbundwerkstoffarten

26.12.1 Faserverstärkte Verbundwerkstoffe

Glasfaserverstärkte Kunststoffe, kurz **GFK** genannt, vereinen die hohe Zugfestigkeit und Steifigkeit der Glasfasern sowie die Zähigkeit und Formgebungsmöglichkeit der Kunststoffe in einem neuen Werkstoff. Dazu kommt die geringe Dichte der beiden Einzelwerkstoffe, die sich auf den Verbund überträgt.

Glasfaserverstärkter Kunststoff ist deshalb ein Leichtbauwerkstoff mit einer Dichte von rund 1,8 kg/dm^3 und einer beachtlichen Festigkeit. Er wird im Bauwesen zu Platten, Profilen, Rohren und Tanks verarbeitet (Bild 2). Außerdem fertigt man daraus Fahrzeug- und Flugzeug-Bauteile, Gehäuse und Windkraftrotoren.

2 Dacheindeckung mit Wellplatten aus glasfaserverstärktem Kunststoff (GFK)

Faserverstärkter Zement (Handelsname Eternit) wird zu Dachabdeckplatten, Fassadenplatten, Rohren, Behältern und Pflanzkübeln verarbeitet (Bild 3). Er besitzt hartholz- bis steinartige Festigkeit, beste Witterungs- und Verrottungsbeständigkeit sowie Natursteincharakter, z. B. schiefer- oder sandsteinartig. Als Verstärkungsfasern dienen Glasfasern und Kunststofffasern.

Alte Faserzement-Wellplatten können Asbestfasern enthalten.

Die Verwendung von asbestfaserverstärktem Zement ist wegen der gesundheitsschädlichen Wirkung des Asbestes verboten. Altes Material mit Asbestfasern ist auszubauen und als Sondermüll zu entsorgen. Dabei sind Schutzmasken zu tragen, damit kein Asbeststaub eingeatmet wird.

➔ **Asbestfaserverstärkten Zement nicht Trennschleifen!**

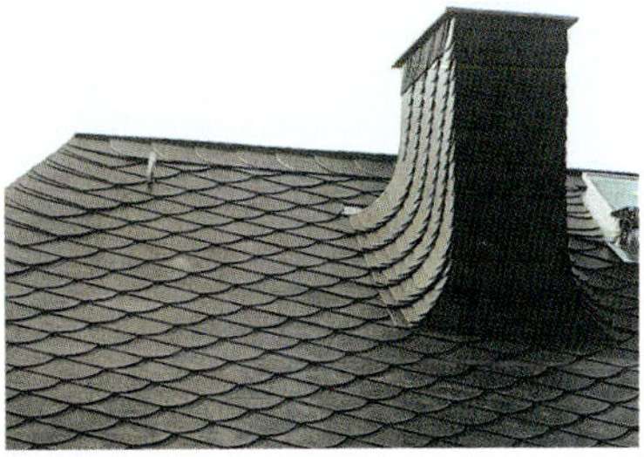

3 Dacheindeckung mit Schindeln aus faserverstärktem Zement

Stahlbeton ist ein bereits seit mehreren Jahrhunderten verwendeter, stahlverstärkter Verbundstoff (Bild 1). Die eingelegten Stahlstäbe (die Armierung) verleihen dem Bauteil hohe Zugfestigkeit. Die Beton-Grundmasse gibt dem Bauteil Druckfestigkeit, Steifigkeit und eine große Masse.

Voraussetzung für eine lange Lebensdauer von Stahlbeton-Bauteilen ist eine ausreichend dicke Betonüberdeckung der Stahlstäbe.

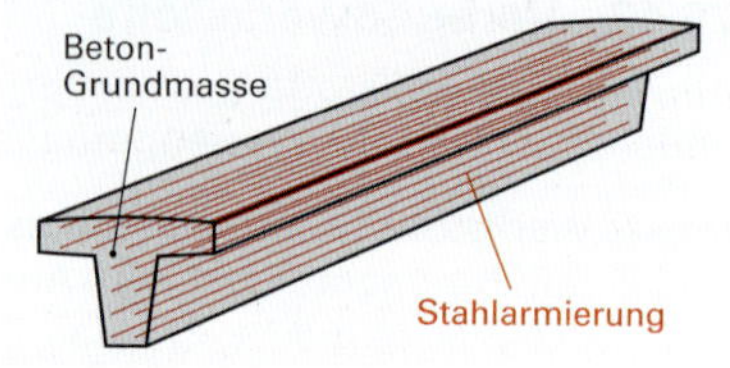

1 Brückenträger aus Stahlbeton

26.12.2 Teilchenverstärkte Verbundwerkstoffe

Kunststoff-Pressmassen bestehen aus einer duroplastischen Kunststoffmasse, in die feinkörnige Füllstoffteilchen (z. B. Gesteinsmehl, Holzmehl) eingearbeitet sind. Sie besitzen gegenüber den unverstärkten Duroplasten verbesserte Festigkeitseigenschaften. Man fertigt daraus Beschläge, Gehäuse, Hebel, Griffe, Elektrobauteile usw. (Bild 2).

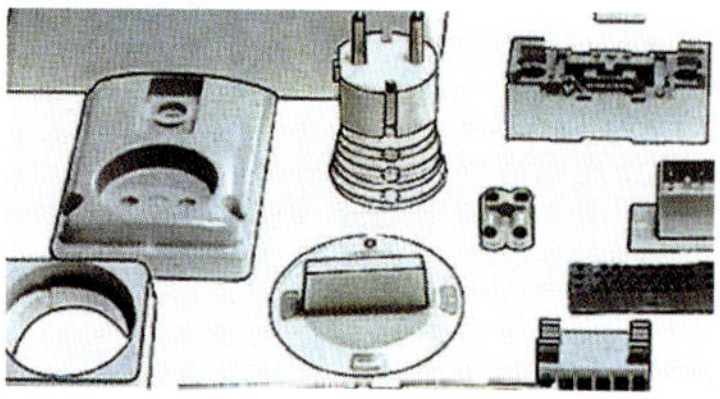
2 Teile aus Kunststoff-Pressmasse

Schleifkörper sind Verbundwerkstoffe aus scharfkantigen Hartstoffkörnern (Edelkorund, Siliciumcarbid), die von einer Kunststoff- oder Keramikbindung zusammengehalten werden (Bild 3). Die Schleifmittelkörner bewirken beim Schleifen die Spanabnahme, die Kunststoffbindung gibt dem Körper Zusammenhalt.

3 Schleifkörper aus Hartstoffkörnern

Hartmetalle bestehen aus sprödharten Wolframcarbidteilchen, die mit einer zähen Metall-Grundmasse aus Cobalt verbunden sind (Seite 485). Hartmetall-Werkzeuge besitzen annähernd die Härte der Karbide und sind gleichzeitig zäh.

26.12.3 Schicht- und Strukturverbunde

Mehrlagen-Werkstoffe und **Strukturverbunde** vereinen die vorteilhaften Eigenschaften mehrerer Werkstoffe in einem Bauteil:

Gipskarton-Hartschaumstoff-Verbundplatten haben gute Wärmedämmung und ergeben tapezierfähige Innenwandoberflächen.

Wärmedämmbahnen zur Dachisolierung aus Mineralwolle/Al-Folie/Kunststoff-Folie ergeben gleichzeitig gute Wärmedämmung sowie Wasserdampfdichtigkeit (Bild 4).

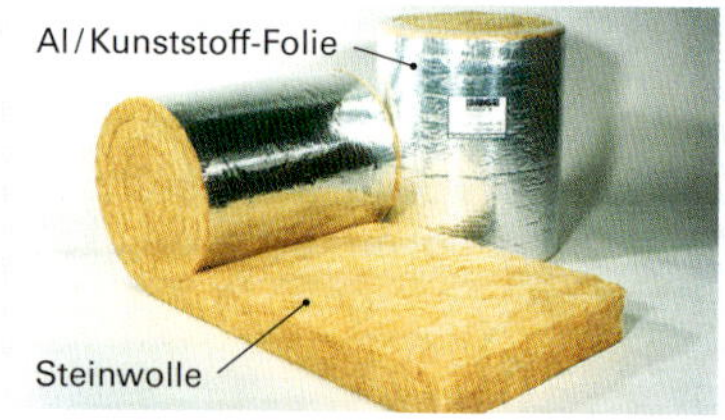

4 Wärmedämmbahn aus Steinwolle

Dachpappe ist ein Verbund-Baustoff aus mehreren Bitumengetränkten Papier- oder Filzlagen. Zum Schutz gegen Abrieb besitzt Dachpappe auf der Außenseite eine Sandschicht.

Wand- und Deckenpaneele für Industriehallen bestehen aus zwei Deckschalen aus Stahlblechen, zwischen die eine steife Platte aus Polyurethanhartschaum oder gepresster Mineralwolle eingeklebt ist (Bild 5). Diese Systembauteile sind leicht, formstabil und wärmedämmend. Handelsname: z. B. Hoesch-Isowand®.

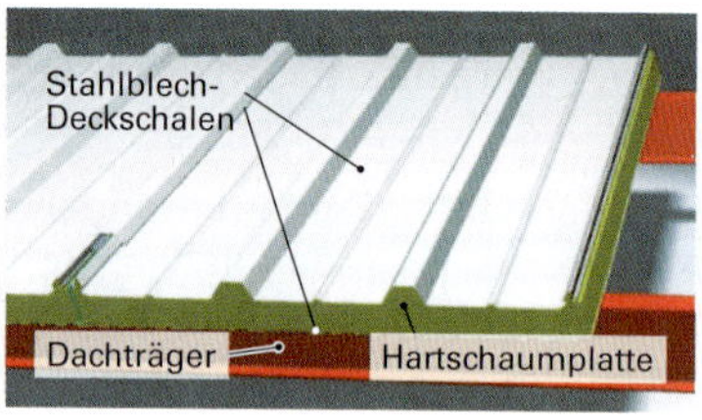

5 Deckenpaneele

Stahlträger-Stahlbeton-Verbunde bestehen z. B. aus Stahlträgern und Trapezprofilen, die mit Ortbeton und einer Stahlarmierung zur Fertigdecke vergossen werden (Bild 6). Die Stahlträger und Stahlmatten bringen die Zugfestigkeit in den Verbund ein. Die Trapezprofile dienen als Schalung und schaffen Kanäle zum Verlegen von Versorgungsleitungen. Der Beton gibt dem Bauwerk Masse, Zusammenhalt und Druckfestigkeit.

Auch die **Autoreifen** sind ein Verbundbauteil. Sie bestehen aus einer Gummimischung mit bis zu 20 % Rußpartikeln sowie eingelegtem Kunststoffgewebe und Stahldraht. Die Rußteilchen verbessern die Verschleißdauer des Gummis, das Gewebe und der Stahldraht die Festigkeit und Stabilität des Reifens

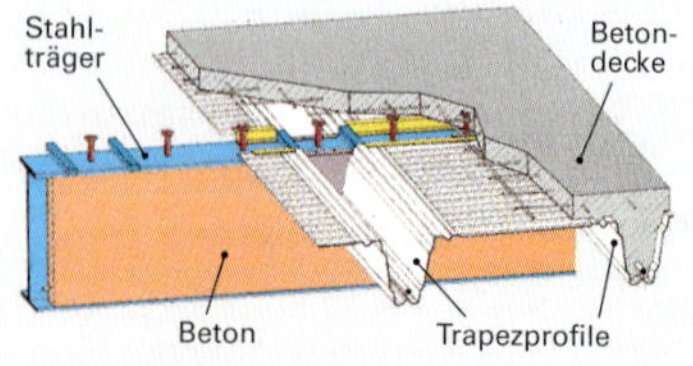

6 Stahl-Beton-Verbunddecke

26.13 Hilfsstoffe

Hilfsstoffe benötigt man zum reibungsfreien Betrieb von Maschinen, bei der Fertigung von Bauteilen und zur Vorbereitung der Bauteile für eine Behandlung oder den Gebrauch.

Schmierstoffe

Schmierstoffe haben die Aufgabe, die Reibung und den Verschleiß zwischen sich gegeneinander bewegenden Bauteilen zu vermindern. Eine Schmierstoffschicht schiebt sich zwischen die bewegten Teile. Sie sorgt für Leichtgängigkeit und verlängert die Lebensdauer der Bauteile und Maschinen.

Schmieröle werden zur Schmierung von Maschinenteilen und Lagern in geschlossenen Gehäusen eingesetzt, z. B. bei Getrieben von Werkzeugmaschinen (Bild 1).

Die wichtigste Eigenschaft der Schmieröle ist die **Viskosität** (Zähflüssigkeit). Sie wird mit einer Kennzahl angegeben, die bei niedriger Viskosität (wasserähnlich) klein und bei hoher Viskosität (honigartig) groß ist.

Die am häufigsten verwendeten Schmieröle sind **Mineralöle.** Zur Verbesserung der Alterungsbeständigkeit, des Rostschutzes und der Notlaufeigenschaften sind ihnen Zusätze (Additive) zugegeben.

Für jede Schmierstelle ist das vom Maschinenhersteller empfohlene Schmieröl zu verwenden. Es wird mit einem **Kennzeichen** benannt, das am Schmierstoffbehälter und den Schmierstellen angebracht ist (siehe rechtsstehende Beispiele).

Schmierfette sind pastenartige Gemische aus Schmieröl und Seife (Bild 2). Sie werden eingesetzt, wenn eine Schmierung lange Zeit vorhalten muss (Wartungsfreiheit) oder wenn die Bauteile nur gelegentlich bewegt werden, z. B. wie bei Scharnieren und Schlössern.

Das **Kennzeichen** der Schmierfette besteht aus einem Symbol (Dreieck oder Rhombus), in das Kennbuchstaben und die Konsistenzzahl eingetragen sind (siehe Beispiel).

Feste Schmierstoffe. Die wichtigsten festen Schmierstoffe sind Pulver aus **Grafit** (C), **Molybdändisulfid** (MoS_2) und **Polytetrafluorethylen** (PTFE). Sie bestehen aus plättchenförmigen, gleitfähigen Pulverteilchen, die im Schmierspalt aufeinander abgleiten. Feste Schmierstoffe setzt man für Bauteile ein, die nur gelegentlich gegeneinander bewegt werden, wie z. B. bei Zylinderschlössern oder HV-Muttern. Außerdem gibt man sie Schmierölen oder -fetten zu, um eine Notschmierung (Notlauf) zu garantieren.

Auch **Talkumpulver** (Speckstein, Steatit) wird als Schmierstoff verwendet. Es erzeugt Leichtgängigkeit zwischen Gummi und Metall, z. B. zwischen der Profildichtung und dem Al-Rahmen.

Kühlschmierstoffe

Die Kühlschmierstoffe werden beim Spanen in reichlichem Strom über die Spanstelle geleitet (Bild 3). Sie vermindern die Reibung zwischen Spanwerkzeug und Werkstück und tragen die beim Spanen entstehende Wärme mit sich fort.

Kühlschmieremulsionen sind Mischungen aus Mineralöl, Zusätzen und Wasser, die zu einer milchartigen Flüssigkeit verquirlt werden. Sie werden beim Bohren, Drehen und Sägen eingesetzt, wo es besonders auf die Kühlwirkung ankommt.

Schneidöle (meist Mineralöle) werden beim Gewindeschneiden oder Fräsen zur Verminderung der Reibung eingesetzt.

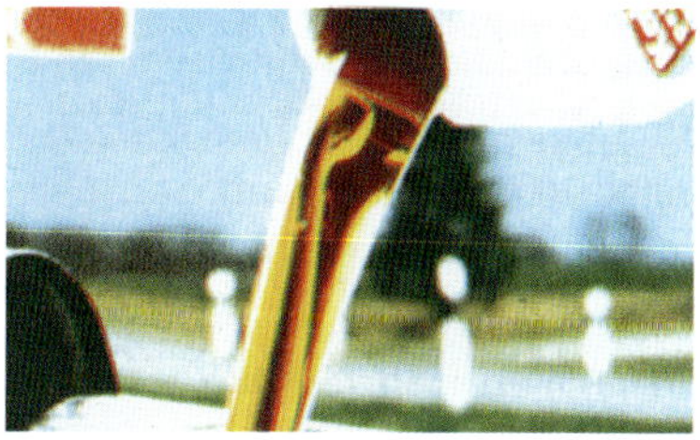

1 Getriebeöl

Schmieröl auf Mineralölbasis

N 150

Symbol: Quadrat
Beispiel:
Normalschmieröl (N),
Viskositätskennzahl 150

Syntheseöl

E 68

Symbol: Rechteck
Beispiel:
Esteröl (E),
Viskositätskennzahl 68

2 Schmierfett

Schmierfett auf Mineralölbasis

K 3 N

Symbol: Dreieck
Beispiel: Schmierfettart K,
Konsistenzzahl 3,
Temperaturbereich N

3 Kühlschmierstoff beim Bohren

Reinigungsmittel

Sie dienen zum Entfernen von Schmutz sowie zum Entfetten und Entölen von Bauteilen, z. B. vor dem Beschichten mit Korrosionsschutzbeschichtungen.

Reinigungsmittel auf Wasserbasis bestehen aus Wasser mit beigegebenen waschaktiven Substanzen (Tensiden). Sie werden per Handbürste und mit Druckstrahlern aufgebracht oder in Waschanlagen eingesetzt und ergeben für normal verunreinigte Bauteile meist eine ausreichende Reinigung.

Organische Reinigungsmittel (Lösemittel) dienen zum Beseitigen hartnäckiger Öl- und Fettreste sowie Verunreinigungen mit Beschichtungsstoffen (Lacken), Dichtungsschäumen oder Klebern auf Bauteilen, z. B. nach dem Einschäumen von Fensterrahmen oder nach der Korrosionsschutzbeschichtung.

Es gibt eine Vielzahl von chemischen Lösungsmittel-Substanzen: Terpentin, Terpentinersatz, Waschbenzine, Alkohole (Propanol), Glycole, Aceton, Ester und Nitro-Kohlenwasserstoffe. Es sind organische Lösungsmittel aber **keine** Chlorkohlenwasserstoffe (CKW).

Die handelsüblichen Lösungsmittel (auch Reiniger genannt) bestehen je nach Anwendung aus einem oder mehreren dieser Lösungsmittel (Bild 1).

Zum Entfernen von nicht abgebundenen Farb- oder Lackresten eignen sich Lösungsmittel auf Basis Terpentin, Terpentinersatz und Nitro-Kohlenwasserstoffen (Nitro-Reiniger). Sie werden auch zum Verdünnen von Beschichtungsstoffen und Lacken verwendet.

Nicht ausgehärteter Montageschaum und Klebstoffreste aus Polyurethan, Chlorkautschuk und Epoxidharz werden mit Lösungsmitteln auf Basis von Propanol und Glycol entfernt.

1 Reiniger (Lösungsmittel)

Zum Beseitigen von Farbstoff-, Schaumstoff- und Kleberresten unbekannter Zusammensetzung sowie zum Reinigen von Arbeitsgeräten verwendet man Lösungsmittelgemische der oben genannten Lösungsmittel. Sie werden **Universalreiniger** genannt.

Die Hersteller von Beschichtungsstoffen (Lacken), Schäumen und Klebern bieten die passenden Reiniger für ihre Produkte an. Aus Gewährleistungsgründen sollte man bevorzugt diese verwenden.

➔ **Organische Lösungsmittel sind leicht entzündbar, brennbar und gesundheitlich bedenklich. Bei der Arbeit mit ihnen nicht rauchen, kein offenes Feuer verwenden und gut lüften.**

Reinigungsmittel mit Chlorkohlenwasserstoffen (CKW), wie Trichlorethylen (Tri), Perchlorethylen (Per) und Tetrachlorethan (Tetra) sind stark gesundheitsschädlich (krebserregend) und dürfen nicht mehr verwendet werden.

Beizmittel

Beizmittel bestehen aus Säurelösungen und dienen zum Ätzen von Metalloberflächen.
Stahlbauteile werden z. B. vor dem Feuerverzinken kurz in eine verdünnte Salzsäurelösung getaucht (Seite 492), um für die Verzinkung eine metallblanke Oberfläche zu erhalten.
Bauteile aus korrosionsbeständigem Stahl werden nach dem Schleifen und Schweißen mit einer Salpetersäurelösung gebeizt, um eine neue Passivierungsschicht zu erzeugen (Seite 496).

Brünier- und Schwärzmittel

Das Brünieren und Schwärzen dient der Farbgebung und ergibt einen gewissen Korrosionsschutz.
Beim **Brünieren** wird das Stahlbauteil in eine wässrige Lösung aus Blutlaugensalz und Eisenchlorid gehängt, bis der gewünschte Braunton erreicht ist. Abschließend wird mit Wasser abgespült.
Zum **Schwärzen** wird das ofenwarme Schmiedestück in Leinöl getaucht und dann im Schmiedefeuer abgebrannt. Abschließend wird gebürstet und mit Korrosionsschutzöl eingerieben.

➔ **Beim Arbeiten mit Beiz-, Brünier- und Schwärzmitteln Schutzbrille und Schutzkleidung tragen.**

26.14 Glas und Glasbauteile

Glas ist bei modernen Verwaltungs- und Geschäftsbauten der optisch bestimmende Werkstoff (Bild 1).

Der überwiegende Teil der Außenfassade ist verglast.

Möglich ist dies durch die Eigenschaften modernen Glases:

- Witterungsbeständigkeit der Oberfläche des Glases
- Hohe Wärmedämmung beschichteter Isoliergläser
- Wahlweise Durchsichtigkeit oder Verspiegelung der Glasflächen.

1 Glasfassade eines modernen Gebäudes

Herstellung von Flachglas

Glas ist ein lichtdurchlässiges Schmelzprodukt aus glasbildenden, mineralischen Stoffen.

Ausgangsstoff für die Glasherstellung ist ein Gemisch aus rund 75 % Quarzsand (SiO_2), 15 % Soda (Na_2CO_3) und 15 % Kalk ($CaCO_3$).

Die industrielle Erschmelzung von Glas erfolgt in riesigen Schmelzwannenöfen von rund 50 m Länge (Bild 2, linker Bildteil). Das Ausgangsgemisch wird fortlaufend am einen Ofenende zugegeben. Es schmilzt in der Ofenwärme zur Glasmasse zusammen und fließt zähflüssig unter weiterem Erhitzen zum anderen Ofenende. Auf die Schmelze gerichtete Brennerflammen erhitzen die Glasmasse. Am Entnahmeende des Ofens tritt die Glasschmelze als zähflüssige Masse aus dem Ofen aus und gelangt zur Formgebungswalze.

Flach-Gussglas. Der aus dem Schmelzwannenofen austretende, zähflüssige Glasstrang wird zwischen zwei wassergekühlte Formwalzen geführt und dort auf die Dicke der späteren Glasplatte gewalzt (Bild 2, linker Bildteil). Die glühendrote Glastafel läuft dann in einen Kühltunnel, in dem sie langsam abkühlt. Das so hergestellte Flach-Gussglas ist lichtdurchlässig aber nicht klar und unverzerrt durchsichtig. Durch unterschiedliche Oberflächenstruktur der Formwalzen können verschiedenartige Flach-Gussglasarten hergestellt werden (Seite 508).

Fenster- und Spiegelglas muss klar durchsichtig und optisch unverzerrt sein. Diese Eigenschaften werden mit einem speziellen Flachglas-Herstellungsverfahren erreicht: dem **Float-Verfahren** (von englisch to float = fließen, treiben). Bei diesem Verfahren wird das aus der Formwalze austretende, glutrote Glasband auf ein flüssiges Zinn-Metallbad von rund 600 °C geführt (Bild 2).

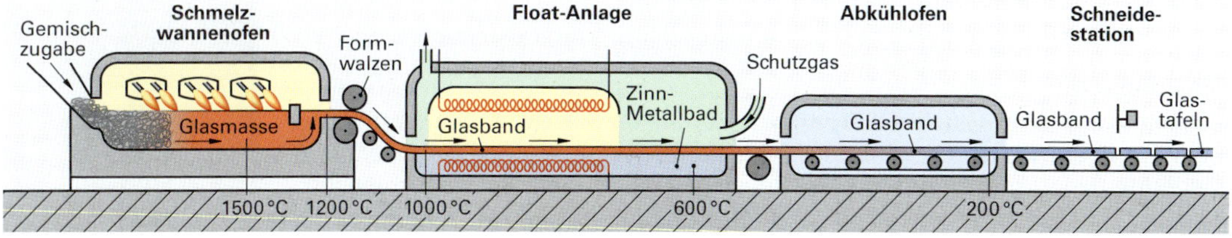

2 Herstellung von Fenster- und Spiegelglas nach dem Float-Verfahren (schematisch)

Dort breitet sich die dickflüssige Glasmasse schwimmend auf dem Zinnbad aus (ϱ_{Glas} = 2,5 kg/dm^3, ϱ_{Zinn} = 7,3 kg/dm^3) und bildet zwei völlig ebene, optisch unverzerrte Glasoberflächen aus. Auf seinem Weg über das etwa 60 m lange Zinnbad wird das Glasband langsam auf 400 °C gekühlt. Anschließend gelangt es in einen Abkühlofen und danach zum Zerschneiden.

Eigenschaften von Glas. Die wichtigste Eigenschaft des Glases, die Lichtdurchlässigkeit ist je nach Glassorte unterschiedlich (Bild 1). Die Dichte von Glas beträgt 2,5 kg/dm^3. Es ist ein guter Isolator für den elektrischen Strom und die Wärme. Bei Raumtemperatur ist es hart-spröde und zerbricht mit einem Splitterbruch. Die Erweichung beginnt bei etwa 700 °C, ab 1000 °C ist es leicht umformbar.

Flach-Gussglassorten

Flach-Gussglas wird eingesetzt, wo Lichtdurchlässigkeit erwünscht, klare Durchsicht aber unerwünscht oder überflüssig ist: für Fenster im Sanitärbereich, für Hauseingänge, Türen und Trennwände.

Rohglas ist ein Gussglas mit glatter oder nur wenig gemusterter Oberfläche.

Ornamentglas besitzt eine starke Oberflächenstrukturierung, die neben der dekorativen Wirkung Blendfreiheit und starke Lichtstreuung hervorruft.

Drahtglas enthält ein eingewalztes Drahtgewebe, das bei Bruch die Glassplitter zusammenhält, vor Verletzungen schützt und einbruchhemmend wirkt (Bild 1).

Antikglas wird durch Färben der Glasmasse, unvollständiges Entgasen der Glasschmelze und Einwalzen von Oberflächenfehlern auf „antik" getrimmt.

1 Drahtglas

Fenster- und Spiegelglas

Das nach dem Float-Verfahren hergestellte Flachglas hat völlig glatte, parallele Oberflächen. Es ist klar und unverzerrt durchsichtig. Es wird überwiegend als Fensterglas verwendet. Mit einer einseitigen Silberschicht versehen, wird es auch zu Spiegeln verarbeitet.

Fensterverglasungen mit *einer* Glasscheibe sind wegen der gestiegenen Anforderungen an den Wärmeschutz nicht mehr zugelassen.

Üblich sind heute vorgefertigte Mehrscheiben-Isoliergläser mit zwei oder drei Glasscheiben, Gasfüllung im Scheibenzwischenraum und hauchfeiner Beschichtung der Scheiben (Bild 2). Die Durchlässigkeit für Licht liegt bei 70 bis 80 %.

Näheres zu Glasbauteilen und Spezialgläsern in Kapitel 19 Fenster (ab Seite 343).

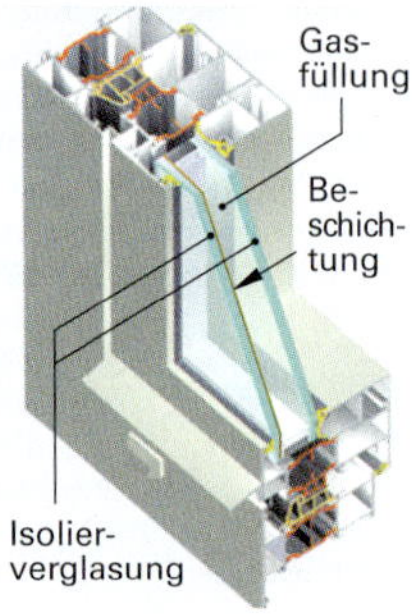

2 Zweischeiben-Isolierverglasung

Sicherheitsglas

Geländerverglasungen und die Glasscheiben von Wintergartendächern bestehen aus Sicherheitsglas. Einscheiben-Sicherheitsglas ist thermisch vorbehandeltes und dadurch gehärtetes Glas. Es bricht nur durch starke Schläge und zerfällt in kleine Krümel. Mehrscheiben-Sicherheitsglas (Verbundglas) besteht aus zwei Glasscheiben, die durch eine durchsichtige Kunststofffolie miteinander verklebt sind. Bei Bruch hält die Klebefolie die Glasbruchstücke zusammen. Eine Verbundglasscheibe kann auch mit einer weiteren Glasscheibe zu einem Isolierglas kombiniert sein.

3 Brandschutzglas

Brandschutzglas

Brandschutzglas hält der Feuerwirkung eine bestimmte Zeit stand, ohne zu zerbrechen und eine Öffnung für die Weiterverbreitung des Feuers freizugeben (Bild 3). Es besteht aus Mehrfachverbundglas aus z. B. 4 dünnen Glasscheiben, die mit 3 Lagen aus nicht schmelzender Spezialfolie verklebt sind. Im Brandfall verhindern die Folien ein Zerspringen der Scheiben und verzögern durch lagenweises Zerbrechen der Glasscheiben die Ausbreitung des Feuers.

Glasbausteine

Glasbausteine sind Glashohlkörper von 20 cm bis 30 cm Kantenlänge und 6 cm bis 10 cm Dicke. Sie werden mit Mörtel zu festsitzenden Einbaufenstern zusammengesetzt, die lichtdurchlässig sind (Bild 4). Sie bieten Sichtschutz, Schallschutz (Schalldämmmaß 40 Dezibel) und Brandschutz (bis 60 min).

4 Glasbausteine

Überprüfen Sie Ihre Kenntnisse

1 Was ist das Charakteristische im Aufbau der Verbundwerkstoffe?
2 Aus welchen Werkstoffen sind GFK gefertigt?
3 Woraus bestehen Schleifkörper?
4 Welche Funktion hat die Armierung in einem Bauteil aus Stahlbeton?
5 Was versteht man unter der Viskosität?
6 Woraus besteht ein Schmierfett?
7 Wann setzt man feste Schmierstoffe ein?
8 Wozu verwendet man Universalreiniger?
9 Nach welchem Verfahren wird Fensterglas hergestellt?
10 Warum dürfen in Wohnräumen keine Einscheibenverglasungen eingebaut sein?

26.15 Werkstoffprüfung

Die Werkstoffprüfung hat hauptsächlich zwei Aufgaben:

Die Ermittlung der Eigenschaften z. B. Festigkeit, Härte, Schmiedbarkeit	»	Sie ergeben Hinweise für die Belastbarkeit und die Einsatzmöglichkeiten der Werkstoffe.
Die Prüfung fertiger Bauteile auf Materialfehler wie Risse, Einschlüsse, Löcher	»	Fehler in Bauteilen werden erkannt und können beseitigt werden.

26.15.1 Technologische Prüfverfahren

Hauptzweck der technologischen Prüfverfahren ist die Eignungsprüfung und Gesamtbeurteilung eines Werkstoffs oder Halbzeugs für eine bestimmte Anwendung oder ein Fertigungsverfahren (Bild 1).

Mit dem **Ausbreitversuch** prüft man die Schmiedbarkeit von Stählen. Hierzu wird eine Flachprobe bei Rotglut mit der Finne eines Handhammers auf 1,5-fache Breite geschmiedet. Es darf kein Riss auftreten.

Die **Schweißnahtprüfung** dient zur Beurteilung von Schweißnähten. Eine geschweißte Probe wird mit Hammerschlägen bis zum Bruch der Schweißnaht gebogen. Beurteilt wird das Bruchgefüge und etwa vorhandene Schweißfehler.

Der **Technologische Biegeversuch** (Faltversuch) dient dazu, das Umformvermögen von Stabmaterial und Schweißnähten zu prüfen. Die Probe wird in einer Biegevorrichtung gebogen, bis ein Riss eintritt. Der Biegewinkel wird gemessen. Tritt kein Riss auf, wird die Probe anschließend gefaltet.

Der **Hin- und Her-Biegeversuch** prüft die Eignung zum mehrmaligen Biegen von Blechen und Bändern aus Stahl. Die Probe wird solange hin und her gebogen (Maßzahl), bis ein Riss auftritt.

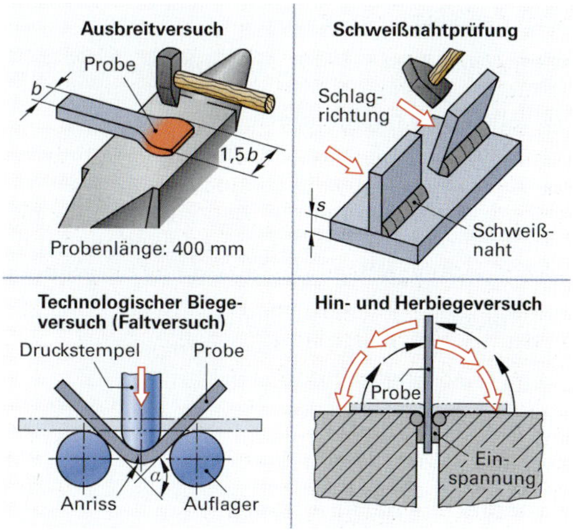

1 Technologische Prüfverfahren (Auswahl)

26.15.2 Kerbschlagbiegeversuch nach Charpy

Mit dem Kerbschlagbiegeversuch wird das Bruchverhalten beim Durchschlagen einer Werkstoffprobe untersucht. Man erhält daraus Hinweise auf die Zähigkeit eines Werkstoffs.

Versuchsdurchführung. Eine genormte Probe wird mit beiden Enden an die Widerlager eines Pendelschlagwerkes angelegt (Bild 1). Nach Ausklinken des Pendelhammers fällt er auf einer Kreisbahn herunter und trifft waagrecht auf die Probe, die er entweder durchschlägt oder verformt durch die Widerlager zieht. Der Pendelhammer wird dabei in seiner Bewegung abgebremst: bei zähen Werkstoffen stärker, da viel Schlagenergie zum Durchtrennen bzw. Verformen der Probe verbraucht wird, bei spröden Werkstoffen weniger stark, da die Probe glatt durchschlagen wird.

An einem Anzeigegerät kann die beim Versuch verbrauchte **Schlagarbeit** direkt abgelesen werden. Sie wird als Prüfergebnis in Joule (J) angegeben.

Beispiel einer Messung: KU = 74 J (Kerbschlagarbeit 74 J, Normalprobe mit U-Kerbe).

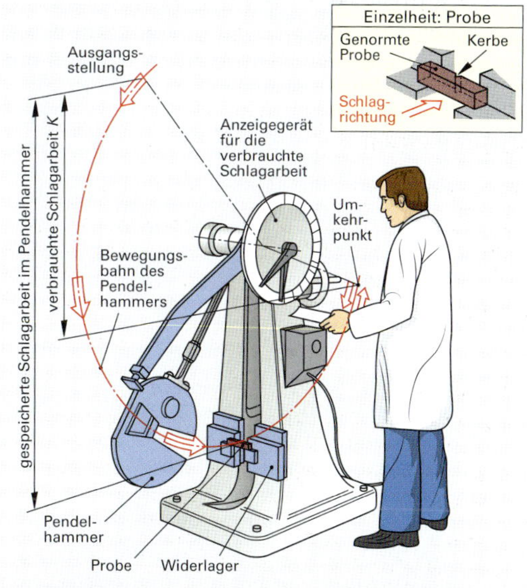

2 Kerbschlagbiegeversuch nach Charpy

26.15.3 Härteprüfungen

Merke

Die Härteprüfungen dienen zur Bestimmung der Härte der Werkstoffe. Unter Härte versteht man den Widerstand, den ein Werkstoff dem Eindringen eines Prüfkörpers entgegensetzt.

Härteprüfung nach Brinell

Eine Kugel aus Hartmetall wird 10 bis 15 Sekunden mit einer vorgewählten Prüfkraft F in die Probe eingedrückt und der Durchmesser des entstandenen Kugeleindrucks aus $d = (d_1 + d_2) : 2$ ermittelt (Bild 1).

Daraus wird der Härtewert mithilfe von Tabellen ermittelt. Moderne Maschinen zeigen den Härtewert auf einem Display an (Bild 4).

Der Härtewert nach Brinell wird mit einem *Kurzzeichen* angegeben. Es besteht aus dem Härtewert, den Kennbuchstaben HBW und den Prüfbedingungen (siehe Beispiel).

320 HBW 2,5/187,5/30

Härtewert – Härte nach Brinell – Prüfkugeldurchmesser in mm – Prüfkraft in N · 0,102 – Einwirkdauer in sec

Mit Brinell können weiche und mittelharte Werkstoffe geprüft werden.

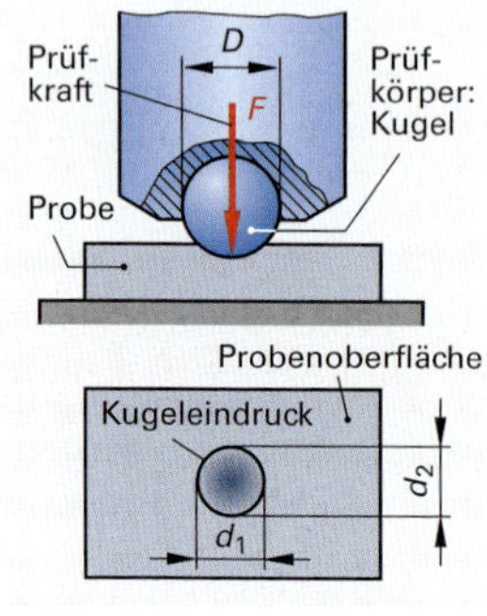

1 **Brinell-Härteprüfung**

Härteprüfung nach Vickers

Die Spitze einer flachen vierseitigen Pyramide aus Diamant (Spitzenwinkel 136°) wird 10 bis 15 Sekunden mit einer vorgewählten Kraft in die Probe eingedrückt und die Diagonalen des entstandenen Pyramideneindrucks gemessen (Bild 2). Der Härtewert wird mit dem errechneten Mittelwert d der Diagonalen $d = (d_1 + d_2) : 2$ berechnet und angezeigt.

Das *Kurzzeichen* der Vickershärte besteht aus dem Härtewert, den Kennbuchstaben HV sowie den Prüfbedingungen (siehe nebenstehendes Beispiel).

860 HV 50/30

Härtewert – Härte nach Vickers – Prüfkraft in N · 0,102 – Einwirkdauer in sec

Mit Vickers können weiche und harte Werkstoffe geprüft werden.

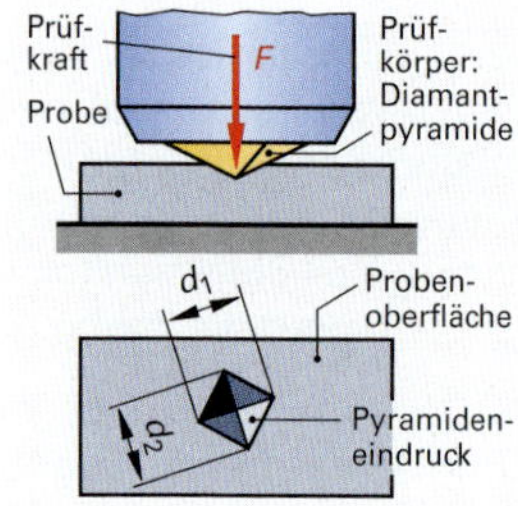

2 **Vickers-Härteprüfung**

Härteprüfung nach Rockwell

Ein flacher Diamantkegel oder eine Hartmetallkugel werden mit einer bestimmten Kraft in die Probe eingedrückt und danach die Kraft weggenommen (Bild 3). Der Prüfkörper ist dann um die „bleibende Eindringtiefe" eingedrungen. Sie wird mit einer im Prüfgerät eingebauten Messuhr (Bild 4) gemessen, daraus die Rockwellhärte ermittelt und digital angezeigt.
Für harte Werkstoffe verwendet man als Prüfkörper einen Diamantkegel mit einem Spitzenwinkel von 120° (HRC- und HRA-Verfahren). Für weiche Werkstoffe dient eine Hartmetallkugel (HRB- und HRF-Verfahren).

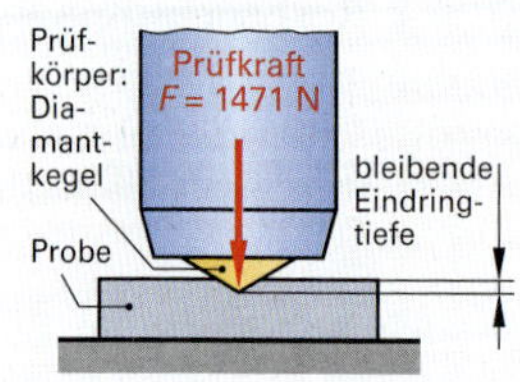

3 **Rockwell-Härteprüfung**

Das *Kurzzeichen* der Rockwellhärte besteht aus dem Härtewert und den Kennbuchstaben, z. B. HRC.

62 HRC

Härtewert – Härte nach Rockwell C

Härteprüfmaschinen

Die verschiedenen Härteprüfungen werden meist auf Universal-Härteprüfmaschinen durchgeführt (Bild 4). Sie bestehen aus einer höhenverstellbaren Probenauflage, der Prüfkörperhalterung und dem Kraftaufgabesystem. Auf einer Mattscheibe können die vergrößerten Prüfkörpereindrücke nach dem Brinell- und Vickers-Verfahren ausgemessen werden. Sie werden am Gerät eingegeben; die Härtewerte werden intern errechnet und digital angezeigt.

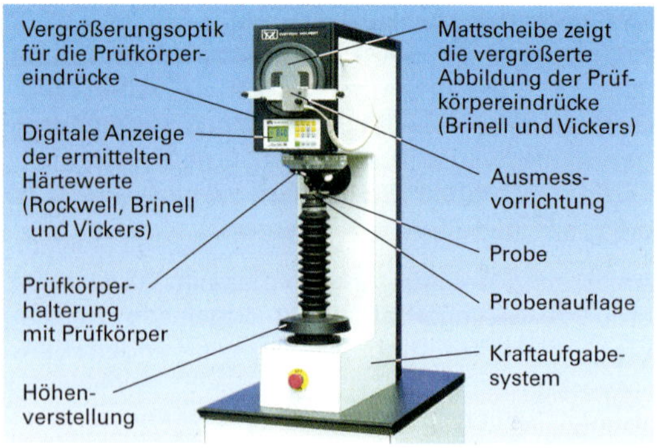

4 **Universal-Härteprüfmaschine**

26.15.4 Zugversuch

Merke

Der Zugversuch dient zur Bestimmung der mechanischen Kennwerte eines Werkstoffs bei Zugbeanspruchung.

Versuchsdurchführung: Eine genormte Zugprobe wird an den Enden in die Spannköpfe einer Prüfmaschine eingespannt (Bild 1). Dann wird die Maschine in Gang gesetzt: Das Joch mit dem oberen Spannkopf bewegt sich langsam und stetig nach oben, wodurch die Zugprobe mit einer wachsenden Zugkraft belastet wird. Unter ihrer Wirkung verlängert sich die Zugprobe zuerst ohne sichtbare Querschnittsänderung. Nach einer Weile schnürt sie sich an einer Stelle ein und zerreißt schließlich (Bild 2, oberer Bildteil). Während des Zugversuchs wird mit Messeinrichtungen die auf den Probestab wirkende Zugkraft F und seine Verlängerung ΔL fortlaufend gemessen.

Mit den Abmessungen der Zugprobe (L_0, S_0) wird in der Auswerteeinheit der Prüfmaschine nach der Formel $\sigma = F/S_0$ die Zugspannung σ und nach der Formel $\varepsilon = D_L/L_0$ die Dehnung ε berechnet.

Auf dem Monitor der Auswerteeinheit werden die Spannungswerte und die dazugehörenden Dehnungswerte fortlaufend in einem Schaubild dargestellt. Man erhält das **Spannungs-Dehnungs-Schaubild** (Bild 2, unterer Bildteil).

Werkstoff-Kennwerte. Bei ungehärtetem Stahl steigt die Spannung im Anfangsbereich proportional mit der Dehnung an. Dieser proportionale Zusammenhang zwischen Spannung σ und Dehnung ε wird **Hooke'sches Gesetz** genannt: $\boldsymbol{\sigma = E \cdot \varepsilon}$.

Der konstante Faktor $\boldsymbol{E}$ heißt **Elastizitätsmodul**. Er ist ein Maß für die Steifheit eines Werkstoffs.

Nach dem Punkt S schwankt die σ-ε-Kurve um einen Mittelwert. Die Zugprobe verlängert sich hier bei gleichbleibender Spannung, sie wird „gestreckt". Diese Spannung heißt **Streckgrenze** $\boldsymbol{R_e}$. Sie kann aus dem Schaubild abgelesen werden oder aus der Zugkraft beim Strecken F_e und dem Zugprobenquerschnitt S_0 berechnet werden.

$$R_e = \frac{F_e}{S_0}$$

Den Höchstwert der Spannung in der Spannungs-Dehnungs-Kurve bezeichnet man als **Zugfestigkeit** $\boldsymbol{R_m}$. Sie kann aus dem Schaubild abgelesen oder aus der maximalen Zugkraft F_m und dem Probenquerschnitt S_0 berechnet werden.

$$R_m = \frac{F_m}{S_0}$$

Die bleibende Dehnung, die die Probe nach dem Bruch aufweist, heißt **Bruchdehnung** $\boldsymbol{A}$. Sie wird aus der Verlängerung ΔL_{Br} berechnet.

$$A = \frac{\Delta L_{Br}}{L_0} \cdot 100\,\%$$

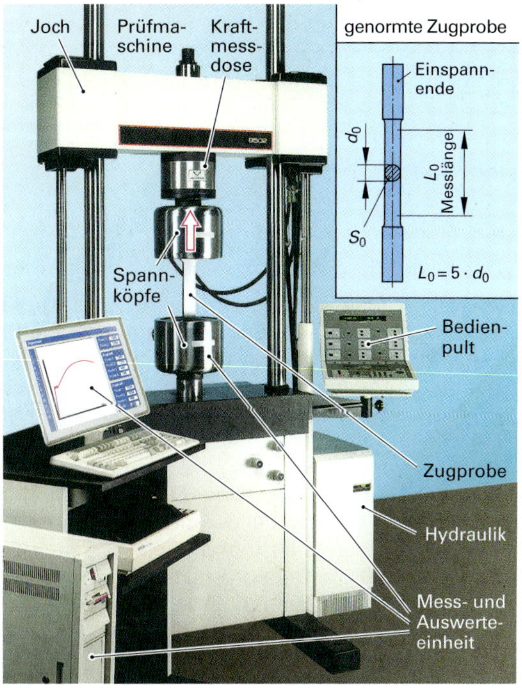

1 Zugversuch mit einer Universalprüfmaschine

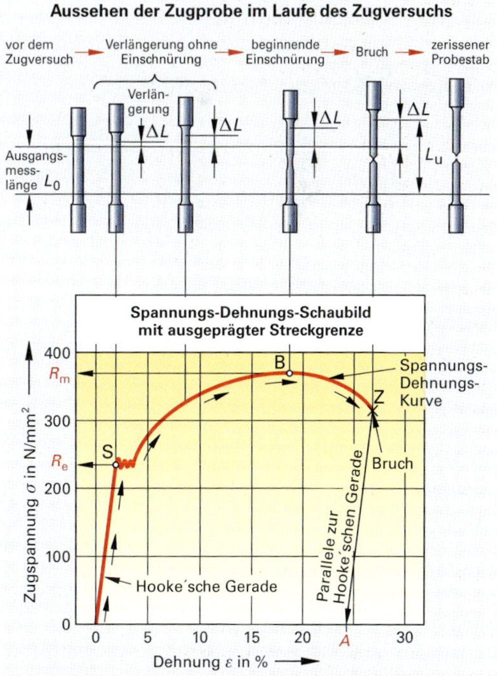

2 Zugversuch und Spannungs-Dehnungs-Schaubild des ungehärteten Stahls S235JR (St 37-2).

Beispiel: Eine Zugprobe aus Stahl mit einem Querschnitt $S_0 = 50{,}26\ mm^2$ beginnt sich bei einer Kraft von 17850 N zu strecken und zerreißt bei einer Kraft von 28150 N. Die bleibende Verlängerung der Probe mit einer Anfangsmesslänge von $L_0 = 40\ mm$ beträgt nach dem Bruch $\Delta L_{Br} = 8{,}8\ mm$.

Zu berechnen sind die Streckgrenze, die Zugfestigkeit und die Bruchdehnung des Stahls.

Streckgrenze: $\boldsymbol{R_e} = \frac{F_e}{S_0} = \frac{17850\ N}{50{,}26\ mm^2} = \mathbf{355\ \frac{N}{mm^2}}$; Zugfestigkeit: $\boldsymbol{R_m} = \frac{F_m}{S_0} = \frac{28150\ N}{50{,}26\ mm^2} = \mathbf{560\ \frac{N}{mm^2}}$

Bruchdehnung: $\boldsymbol{A} = \frac{\Delta L_{Br}}{L_0} \cdot 100\ \% = \frac{8{,}8\ mm}{40\ mm} \cdot 100\ \% = \mathbf{22\ \%}$

Gehärtete Stähle sowie Aluminium- und Kupfer-Werkstoffe haben ein **Spannungs-Dehnungs-Schaubild ohne ausgeprägte Streckgrenze** (Bild 1). Bei ihnen steigt die Spannungs-Dehnungs-Kurve von Beginn an stetig an und fällt nach einem Höchstwert wieder stetig ab, ohne einen Knick aufzuzeigen. Da bei diesen Werkstoffen eine Streckgrenze fehlt, hat man eine Ersatz-Streckgrenze, die **0,2 %-Dehngrenze $R_{p0,2}$** (kurz Dehngrenze) eingeführt. Dies ist die Spannung, bei der die Zugprobe nach Entlastung eine bleibende Dehnung von 0,2 % aufweist. Man bestimmt die 0,2 %-Dehngrenze durch eine Parallele zum Anfangsstück der Spannungs-Dehnungs-Kurve bei 0,2 % Dehnung. Der Schnittpunkt der Parallelen mit der Spannungs-Dehnungs-Kurve ergibt den $R_{p0,2}$-Wert (Bild 1).

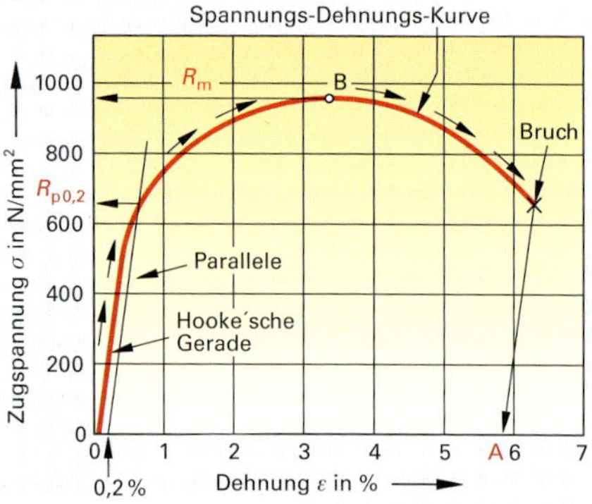

1 Spannungs-Dehnungs-Schaubild ohne ausgeprägte Streckgrenze (Stahl 34CrMo4)

Die Spannung im höchsten Punkt der Kurve ist auch bei diesen Werkstoffen die **Zugfestigkeit R_m**.

$$\boldsymbol{R_m = \frac{F_m}{S_0}}$$

26.15.5 Zerstörungsfreie Prüfverfahren

Bei diesen Prüfungen braucht keine Materialprobe genommen zu werden und das Bauteil wird nicht beschädigt. Die zerstörungsfreien Prüfverfahren haben die Aufgabe, Bauteile und Schweißnähte auf Fehlerfreiheit zu untersuchen und damit die Betriebs- und Bauteilsicherheit zu gewährleisten.

Prüfung mit Eindringverfahren

Mit diesen Prüfverfahren, die auch unter den Namen **Farbeindringverfahren** und **Kapillarverfahren** bekannt sind, können feinste Haarrisse, die bis an die Bauteiloberfläche reichen, aufgefunden werden. Das zu prüfende Bauteil wird mit einem dünnflüssigen Farbstoff (meist rot) besprüht oder bestrichen. Durch die Kapillarwirkung wird der Farbstoff in vorhandene Haarrisse gesaugt. Anschließend wird das Bauteil durch Abwischen oder Abwaschen gründlich vom Farbstoff gereinigt. Dann sprüht man eine saugfähige, weiße Schlämmkreideschicht (Entwickler) auf das Bauteil auf. Sie saugt die in die Haarrisse eingedrungenen Farbstoffreste heraus und färbt die Kreideschicht an diesen Stellen z. B. rot.

Prüfung mit Ultraschall

Die Ultraschallprüfung dient zur Prüfung von Bauteilen und Schweißnähten auf innen liegende Risse, Einschlüsse und Hohlräume. Sie beruht auf der physikalischen Tatsache, dass hochfrequente Schallwellen (Ultraschallwellen) Festkörper durchschallen können und an Fehlern im Bauteil zurückgeworfen werden. Das Ultraschall-Prüfgerät ist tragbar und besteht aus einem Schallkopf und einem Auswertegerät mit Bildschirm (Bild 2).

Zur Prüfung wird der Schallkopf auf das Bauteil gesetzt. An Werkstofffehlern und der Bauteilrückwand werden die Schallwellen reflektiert (Echo) und gelangen nach wenigen Mikrosekunden wieder zum Schallkopf, der einen Empfänger enthält. Dort werden sie in elektrische Signale umgewandelt und auf einem tragbaren Bildschirmgerät als Ausschläge sichtbar gemacht. Aus der Form und den Abständen der Ausschläge auf dem Monitor können die Art und die Lage der Werkstofffehler bestimmt werden.

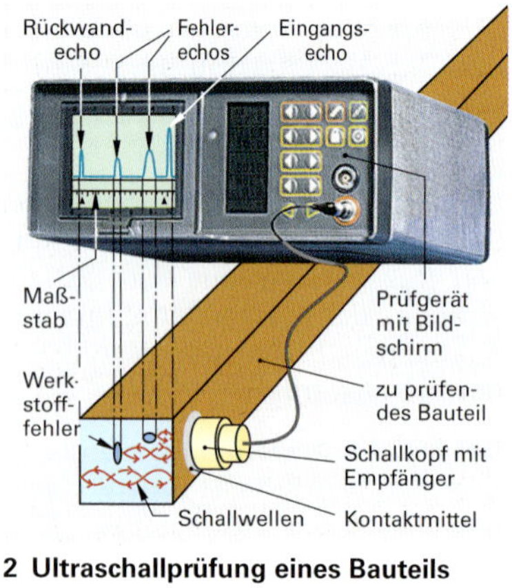

2 Ultraschallprüfung eines Bauteils

Die Kontrolle von Schweißnähten ist ein wichtiges Anwendungsgebiet der Ultraschallprüfung (Bild 1). Da die unebene Oberfläche der Schweißnähte eine Prüfung mit einem Normalschallkopf verfälschen würde, verwendet man Winkelschallköpfe. Sie strahlen die Ultraschallwellen unter einem Winkel in das Werkstück. An der Bauteilrückwand werden sie reflektiert und durchschallen die Schweißnaht von der Seite. Damit die gesamte Schweißnaht geprüft wird, führt man den Schallkopf unter leichten Schwenkbewegungen auf einer Zickzackbahn innerhalb eines Streifens parallel zur Schweißnaht. Auf diese Weise sind die verschiedenen Fehlerarten in der Schweißnaht erkennbar.

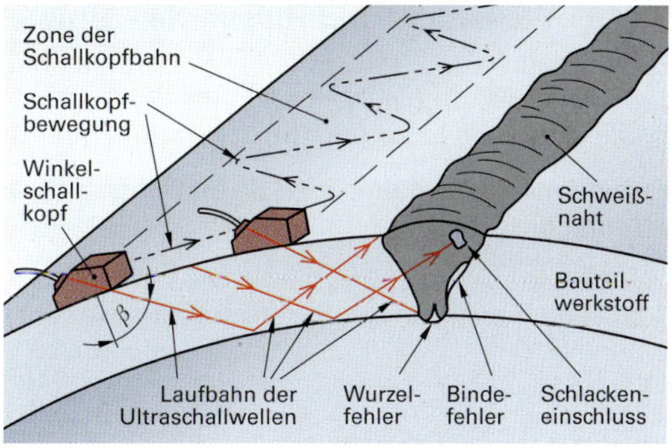

1 Ultraschallprüfung einer Schweißnaht

Durchstrahlungsprüfung mit Röntgen- und Gammastrahlen

Durchstrahlungsprüfungen werden hauptsächlich zur Kontrolle von Schweißnähten und Gussstücken eingesetzt. Die Prüfungen beruhen auf der Eigenschaft von Röntgen- und Gammastrahlen, Stahl durchdringen zu können: Röntgenstrahlen bis 80 mm Stahl, Gammastrahlen bis 200 mm Stahl.

Beim Durchgang durch das Bauteil werden die Strahlen je nach Materialdicke abgeschwächt und zeichnen auf einem Film, der hinter dem Bauteil angebracht ist, ein Durchstrahlungsbild des Bauteils. Fehler im Bauteil sind als Flecken sichtbar.

Bei der **Röntgenprüfung** bringt man das Bauteil in den Strahlengang einer Röntgenröhre (Bild 2).

Bei der **Prüfung mit Gammastrahlen** wird der Strahler (meist radioaktives Cobalt 60) so zur Prüfstelle angebracht, dass auf einem Filmband ein Durchstrahlungsbild entsteht (Bild 3).

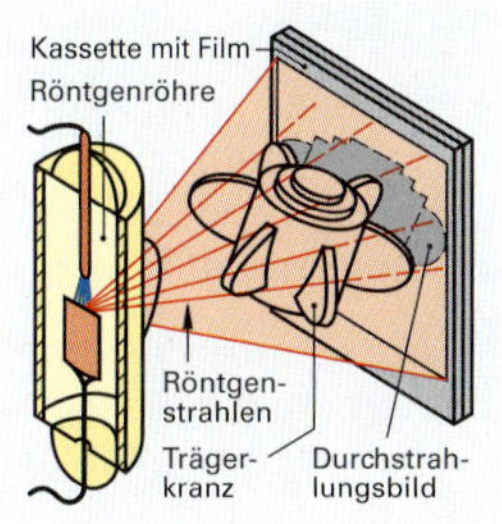

2 Röntgenprüfung eines Trägerkranzes

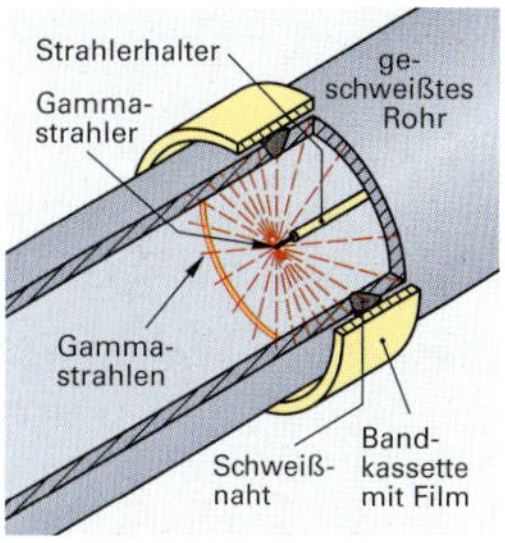

3 Gammastrahlenprüfung einer Schweißnaht

Vorsicht: Röntgen- und Gammastrahlen können schwere gesundheitliche Schäden hervorrufen.

26.15.6 Metallografische Untersuchungen

Metallografische Untersuchungen machen den Faserverlauf und das Gefüge der Werkstoffe sichtbar.

Zur metallografischen Prüfung wird ein Stück des zu prüfenden Werkstoffs abgetrennt und die Schnittfläche zuerst geschliffen, danach poliert und anschließend mit einer säurehaltigen Flüssigkeit geätzt. Man erhält Schliff-Gefügebilder (Bild 4).

Makrogefügebilder fertigt man z. B. an, um Schweißnähte auf Fehler zu prüfen (links). Das Schweißnahtgefüge ist ohne Vergrößerung sichtbar. Das **Mikrogefüge** des Werkstoffs mit den einzelnen Körnern, Korngrenzen und unterschiedlichen Bestandteilen ist nur bei Betrachtung unter dem Metallmikroskop sichtbar (rechts). Mikroskopische Untersuchungen dienen z. B. zur Kontrolle von Gefügeänderungen bei der Wärmebehandlung der Stähle.

Makrogefüge (ohne Vergrößerung) | **Mikrogefüge** (200fach vergrößert)

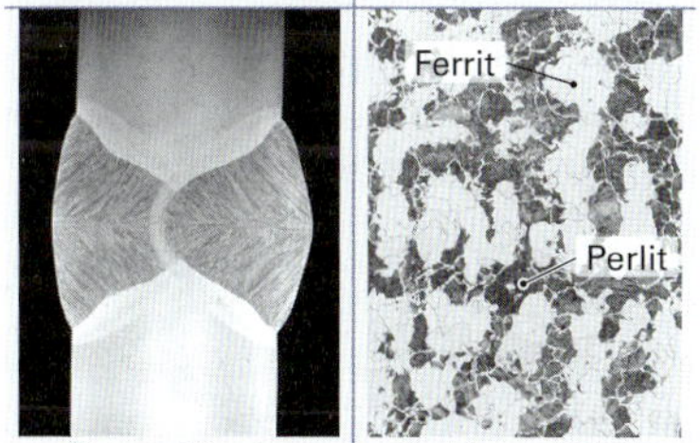

Schweißnaht | Stahlguss GS-52

4 Metallografische Untersuchungen

Überprüfen Sie Ihre Kenntnisse

1 Welche Aufgaben hat die Werkstoffprüfung?
2 Was wird mit der Funkenprobe geprüft?
3 Welche Werkstoffkennwerte liefert der Zugversuch?
4 Was gibt die Streckgrenze an und wie lautet ihre Berechnungsformel?
5 Wie wird der Ausbreitversuch durchgeführt?
6 Welches Härteprüfverfahren ist sowohl für weiche als auch für harte Werkstoffe geeignet?
7 Wie werden Schweißnähte mit Ultraschall geprüft?
8 Was zeigt ein Mikrogefüge-Schliffbild?

26.16 Werkstoffe und Hilfsstoffe – Umwelt- und Gesundheitsschutz

Die Auswahl eines Werkstoffs für ein Bauteil oder eines Hilfsstoffs für eine bestimmte Aufgabe erfolgt zuerst danach, ob der Werkstoff oder der Hilfsstoff seine Funktion aufgrund seiner physikalischen und stofftechnischen Eigenschaften (Seite 442) gut erfüllen kann.

Darüber hinaus sollten die Werk- und Hilfsstoffe auch daraufhin geprüft werden, ob sie umweltverträglich und gesundheitlich unbedenklich sind.

Merke

Es sollten nur Werk- und Hilfsstoffe verwendet werden, die nicht gesundheitsschädlich sind und die ohne Schädigung der Umwelt zu erzeugen, zu verarbeiten und zu entsorgen sind.

26.16.1 Umgang mit Werk- und Hilfsstoffen

Die Werk- und Hilfsstoffe werden in aufwändigen Herstellungsverfahren aus den in der Natur vorkommenden Rohstoffen erzeugt.

Die Werkstoffe Gusseisen, Stahl und Aluminium z. B. werden aus den Erzen durch Reduktion mit Kohle oder Strom gewonnen (Bild 1).

Die Kunststoffe oder die Schmier- und Kühlschmierstoffe z. B. werden durch mehrschrittige chemische Syntheseverfahren aus Erdöl und anderen chemischen Grundstoffen erzeugt (Bild 2).

Diese **Primärerzeugung** der Werk- und Hilfsstoffe aus den Rohstoffen ist mit einem hohen Energieaufwand und mit einer erheblichen Umweltbelastung verbunden (Bilder 1 und 3).

Dies gilt insbesondere für die Aluminium- und Kupferwerkstoffe.

Deutlich geringer ist der Energieverbrauch bei der Gewinnung der Metalle aus Metallschrott (Recyclingmaterial).

Für diese **Recyclinggewinnung,** z. B. von Aluminium und Kupfer, benötigt man nur etwa 1/8 des Energieverbrauchs der Primärerzeugung.

Umweltbelastung. Bei der Primärerzeugung der Metalle entstehen durch Abgase, Stäube, Schlamm und Schlacke erhebliche Umweltbelastungen. Durch aufwändige Abgasreinigungsanlagen muss die Konzentration der Abgase und Stäube in der Abluft von Werkstofferzeugungsanlagen auf ein erträgliches Maß gesenkt werden. Für die Entsorgung der Schlacken und Schlämme müssen Deponien geschaffen werden.

Merke

Der sparsame Verbrauch von Werk- und Hilfsstoffen sowie ihre Wiederverwertung nach dem Gebrauch (Recycling) sind ein wichtiger Beitrag zum Umweltschutz.

Die eingesparten Werk- und Hilfsstoffe entlasten die Umwelt, da der ansonsten erforderliche Energieverbrauch und die dabei entstehenden Umweltbelastungen entfallen.

1 Umweltbelastung bei der Eisengewinnung

2 Produktionsanlage für Kunststoffe

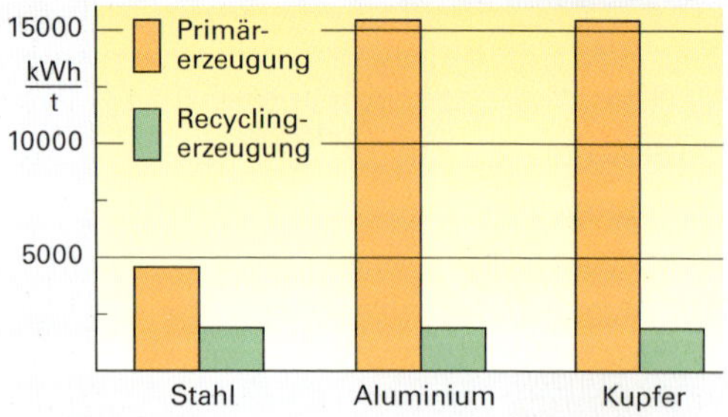

3 Energiebedarf je Tonne zur Erzeugung verschiedener Werkstoffe

26.16.2 Recycling und Entsorgung in Metallbaubetrieben

In Metallbaubetrieben gibt es für zahlreiche Bauteile sowie Werk- und Hilfsstoffe die Möglichkeit des Werkstoffrecycling. Ein Beispiel ist die **stoffliche Wiederverwertung von Fenster- und Türrahmen** sowie Fassadenelementen aus Aluminium (Bild 1).

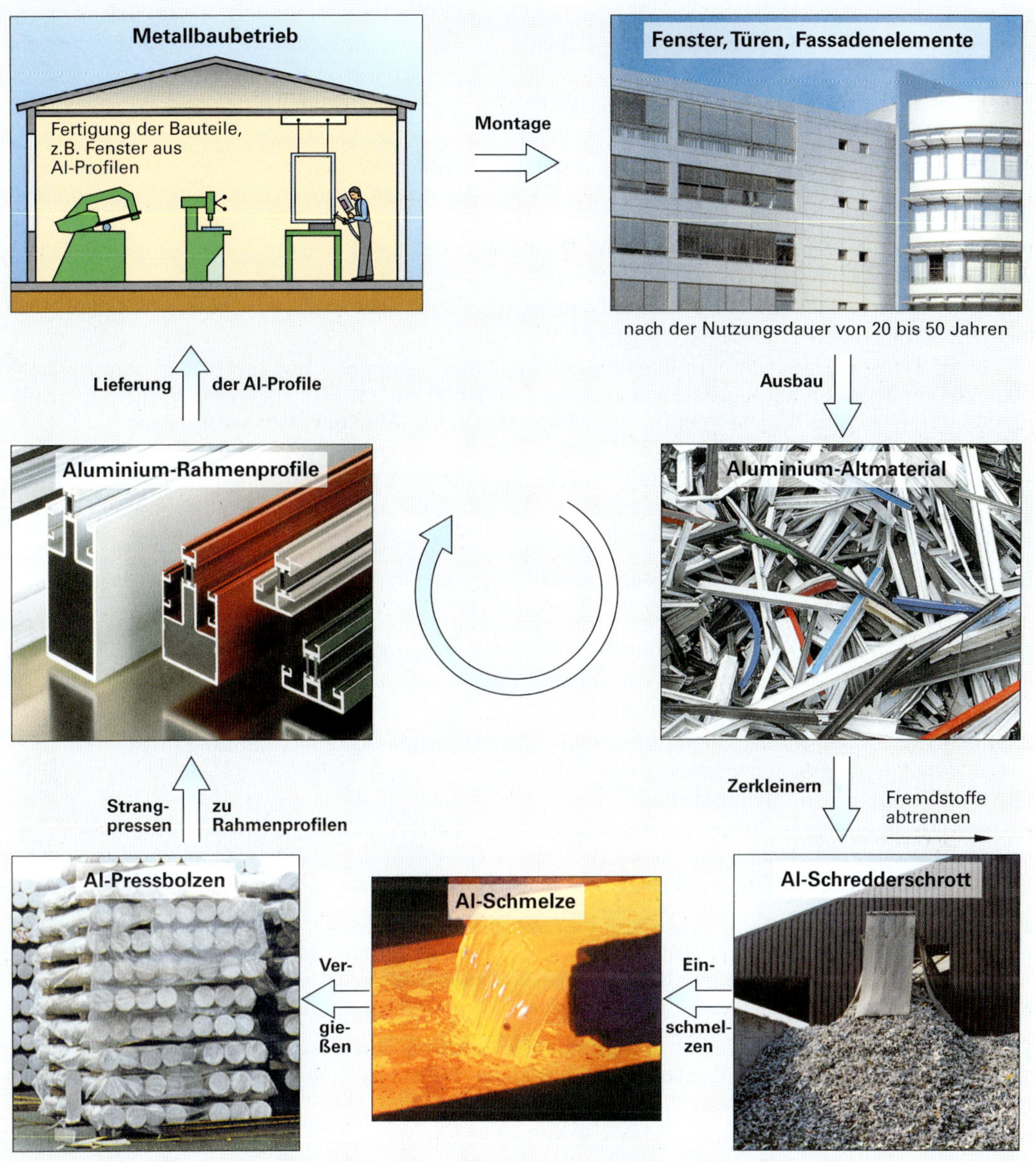

1 Werkstoffrecycling von Fenster- und Türrahmen sowie Fassadenelementen aus Aluminium

Nach der Nutzungsdauer der Bauteile sowie beim Umbau und der Sanierung von Gebäuden fallen die unbrauchbar gewordenen Rahmenprofile aus Aluminium an. Sie werden gesammelt, zerkleinert, eingeschmolzen, zu Pressbolzen vergossen und wieder zu Rahmenprofilen stranggepresst.

Es lässt sich ein Stoffkreislauf mit fast 100 % Rücklauf aufbauen, mit dem neue Bauteile hoher Qualität mit geringem Energieaufwand und niedriger Umweltbelastung aus Altmaterial gefertigt werden können.

Merke

Metallschrott ist das größte und preisgünstigste Rohstoffvorkommen unseres Landes.

Darüber hinaus gibt es weitere Bereiche für das Recycling von Werkstoffen in Metallbaubetrieben:

Metallbearbeitungs-Abfälle, wie z. B. Verschnitt, Späne und Ausschuss werden durch Sammeln und Verkauf an Schrotthändler dem Werkstoffkreislauf wieder zugeführt.

Bei entsprechenden Mengen ist es sinnvoll, die Abfälle getrennt nach Werkstoffgruppen zu sammeln:

Unlegierte Stähle	Korrisionsbeständige Stähle	Aluminiumwerkstoffe	Kupferwerkstoffe

Für die vorsortierten Schrottsorten lassen sich wesentlich höhere Verkaufspreise als für unsortierten Metallschrott erzielen.

Auch für viele Hilfsstoffe, die in Metallbaubetrieben verwendet werden, gibt es Recycling-Kreisläufe:
Verbrauchte Kühlschmierstoffe entstehen z. B. bei der spanenden Fertigung mit Bohr-, Fräs- und Drehmaschinen.
Verbrauchte Altöle, wie z. B. Schmieröle und ölgetränkte Putzlappen, fallen bei der Wartung und Pflege von Maschinen an.
Gebinde mit **Farbresten** und **verbrauchte Lösungs- und Beizmittel** bleiben bei Korrosionsschutzmaßnahmen übrig.

Alle diese Stoffe müssen getrennt in speziellen Behältern gesammelt und am besten dem Hersteller oder Lieferer zur Aufarbeitung oder Entsorgung übergeben werden. Für die meisten Altstoffe besteht für den Hersteller eine Rücknahmepflicht. Dadurch lassen sich Abgabekosten vermindern.

Merke

Verbrauchte Kühlschmierstoffe, Altöle und Lösungsmittel sind Sonderabfälle und dürfen nicht in die Kanalisation, in Gewässer und den Erdboden geschüttet werden. Sie müssen gesammelt und dann recycelt oder fachgerecht entsorgt werden.

Beim Gebrauch und Umgang mit den Werk- und Hilfsstoffen gilt folgende Reihenfolge der Maßnahmen:

1. **Vermeiden:** Durch intelligente Auswahl und Gebrauch der Werk- und Hilfsstoffe ist die Menge des Abfalls und der verbrauchten Stoffe so gering wie möglich zu halten.
2. **Recycling:** Abfälle, Schrott und verbrauchte Werk- und Hilfsstoffe sortenrein sammeln und der Wiederverwertung zuführen.
3. **Entsorgen:** Nicht wieder verwertbare Reststoffe der sachgerechten Entsorgung übergeben.

26.16.3 Vermeiden von Schadstoffen

Noch besser als eine Entsorgung ist die Vermeidung von Schadstoffen durch Umstellen auf umweltschonende Verfahren. Das schont nicht nur die Umwelt, es spart dem Betrieb auch die hohen Kosten für die Schadstoffentsorgung. Nachfolgend sind einige Möglichkeiten zum Vermeiden von Schadstoffen genannt:

Entfetten von Metallteilen. Vor der Oberflächenbehandlung, z. B. dem Lackieren oder Feuerverzinken, müssen die Metallteile entfettet werden. Dies geschieht trotz Verbot, noch teilweise mit sogenannten Kaltreinigern. Das sind **chlorierte Kohlenwasserstoffe** (kurz **CKW**), wie Trichlorethylen (Tri), Perchlorethylen (Per) und Tetrachlorkohlenstoff (Tetra). Sie sind stark umweltschädigend und gesundheitsschädlich.

Das Entfetten der Metallteile lässt sich auch mit **Waschlösungen in Waschmaschinen** durchführen. Die Waschlösungen bestehen aus Wasser mit waschaktiven Substanzen (Tensiden) und können wie Haushalts-Waschlaugen in die Abwasserleitung geführt werden.

Beschichten von Metallbauteilen. Viele Bauteile aus Metall müssen zum Schutz gegen Korrosion beschichtet werden (Seite 492). Hierzu verwendet man Beschichtungsstoffe (Lacke). Sie müssen auch unter Umweltschutz-Gesichtspunkten ausgewählt werden. Beim Lackieren mit lösungsmittelhaltigen Lacken wird die Umwelt durch verdunstendes Lacklösungsmittel belastet. Durch die Umstellung auf **lösungsmittelfreie Lacke** kann eine Belastung der Luft mit Lösungsmitteln vermieden werden.

Auch bei den Beschichtungsverfahren kann auf lösungsmittelfreie Methoden umgestellt werden.

Umweltschonende Beschichtungsverfahren sind z. B. das **elektrostatische Pulverbeschichten** oder das **Tauchen** des erwärmten Bauteils in aufgewirbelte Kunststoffpulver (Wirbelsintern). Hierbei bleibt Kunststoffpulver auf dem Bauteil haften und schmilzt durch anschließendes Erwärmen zur Beschichtung zusammen. Es entsteht keine Umweltbelastung durch verdunstendes Lösungsmittel.

26.16.4 Gesundheitsgefährdende Stoffe im Metallbau

Trotz aller Bemühungen gefährliche Stoffe zu ersetzen, muss in Metallbaubetrieben immer noch mit einigen gesundheitsgefährlichen Stoffen gearbeitet werden.
Um eine Gesundheitsgefährdung beim Arbeiten mit diesen Stoffen zu vermeiden, sind Vorkehrungen zu treffen und die Richtlinien der Berufsgenossenschaften zu beachten.
Man unterscheidet bei den gesundheitsgefährdenden Stoffen Sofortgifte und Langzeitgifte.

Sofortgifte

Sie führen unmittelbar nach der Aufnahme oder der Berührung zu Gesundheitsschädigungen.

Säuren und Laugen zum Metallbeizen: Hautkontakt mit diesen Stoffen führt zu Verätzungen, Einatmen der Dämpfe zu Reizungen der Atemwege. Schutzbrille, Schutzhandschuhe und Schutzkleidung sind zu tragen. Für Luftabsaugung oder ausreichende Belüftung am Arbeitsplatz ist zu sorgen.

Schweißereiabgase und Schweißereistäube: Sie enthalten giftige Gase, wie z. B. Kohlenstoffmonoxid CO und Schwermetallstäube mit Chrom, Nickel, Molybdän, Mangan, Zink.

Blei- und Cadmium-haltige Dämpfe: Sie entstehen beim Weichlöten und sind hochgiftig.

Beim Schweißen und Löten ist für gute Durchlüftung oder Luftabsaugung zu sorgen (Bild 1).

Härtesalze (Cyansalze): Sie werden als Härtesalzbäder verwendet und sind hochgiftig. Beim Arbeiten darf nicht gegessen oder getrunken werden. Der Arbeitsraum muss Absaugvorrichtungen besitzen.

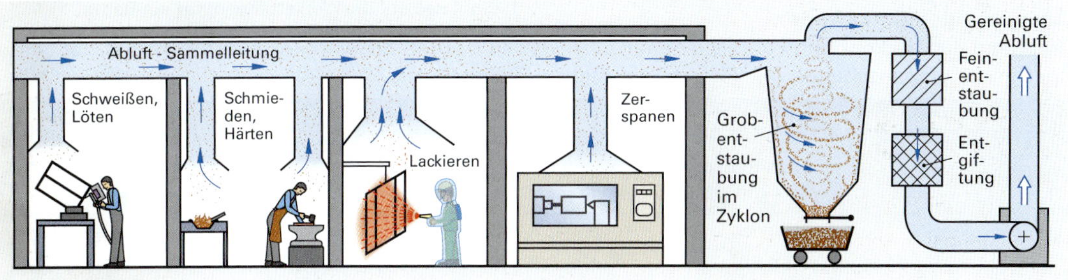

1 Abluftreinigung in Arbeitsbereichen mit giftigen und gesundheitsschädlichen Dämpfen und Stäuben

Langzeitgifte

Sie entwickeln ihre gesundheitsschädliche Wirkung erst nach langer Einwirkdauer, jedoch bereits in sehr geringen Konzentrationen. Deshalb gibt es für diese gesundheitsgefährdenden Stoffe höchstzulässige Konzentrationen in der Luft am Arbeitsplatz, die **AGW-Werte** (Arbeitsplatz-Grenzwerte).

Die **chlorierten Kohlenwasserstoffe** Tri, Per und Tetra sowie einige **organische Lösungsmittel** in Lacken, können Krebs auslösen. Der AGW-Wert von Tri und Per z. B. darf 50 ppm nicht überschreiten. ppm heißt englisch *part per million,* zu deutsch *Teilchen pro Million.* 50 ppm bedeutet, dass in der Luft am Arbeitsplatz nicht mehr als 50 Schadstoffteilchen pro 1 Million Luftteilchen vorhanden sein dürfen. Wo irgend möglich, sollte auf Chlorkohlenwasserstoffe (CKW) und Lösungsmittel ganz verzichtet werden.

CKW und Lösungsmittel sollten nicht auf die Haut gelangen und sie sollten nicht eingeatmet werden.

Nebel von Kühlschmieremulsionen entstehen bei der spanenden Fertigung mit schnelllaufenden Dreh- und Fräsmaschinen. Sie enthalten neben dem Ölanteil eine Reihe von Zusätzen (Additive), z. B. zur Vermeidung von Korrosion, Verharzung, Schaumbildung, Stabilisierung usw. Diese Nebel sind beim Einatmen gesundheitsschädlich. Durch Kapselung der Maschinen und Absaugvorrichtungen muss der entstehende Nebel abgesaugt werden (Bild 1).

Asbesthaltige Baustoffe und Fertigteile dürfen heute nicht mehr verwendet werden, da sie schwere gesundheitliche Schäden bewirken können. Beim Abbau alter asbesthaltiger Bauteile, z. B. von asbesthaltigen Wellplatten, muss ein Atemschutz getragen werden. Beim Arbeiten sollte möglichst kein Staub aufgewirbelt werden. Asbesthaltige Bauteile dürfen nicht mit dem Trennschleifer bearbeitet werden.

Überprüfen Sie Ihre Kenntnisse

1 Warum ist es sinnvoll, Al-Fensterrahmen nach der Nutzung zu recyceln?

2 Was sollte mit verbrauchten Kühlschmierstoffen und Altöl geschehen?

3 Worauf sollte bei der Auswahl eines Lackes geachtet werden?

4 Welche Gesundheitsvorkehrungen sind beim Schweißen und Löten zu treffen?

Zusammenfassende Aufgabe: **Auswahl der Werkstoffe für ein Treppengeländer**

Auftrag: Für eine Treppe in einem Kaufhaus soll das Treppengeländer geplant werden.

Der Metallbaubetrieb ist in die Planung mit einbezogen und bringt seine Metallbau-Erfahrungen und das Werkstoffwissen ein.

Aufgabe: Es sollen die verschiedenen Werkstoffe auf ihre Einsatzmöglichkeit geprüft werden und eine Empfehlung für die Ausführung in einer Werkstoffart gegeben werden.

Vorbedingungen: Durch den Auftraggeber ist die gestalterische Ausführung allgemein beschrieben.

Vorliegendes Beispiel: Das Treppengeländer soll einen freundlichen, leichten und dekorativen Eindruck machen aber nicht protzig wirken. Es soll robust, pflegeleicht und langlebig sein. Der Erstellungspreis sollte möglichst günstig sein (Bild 1).

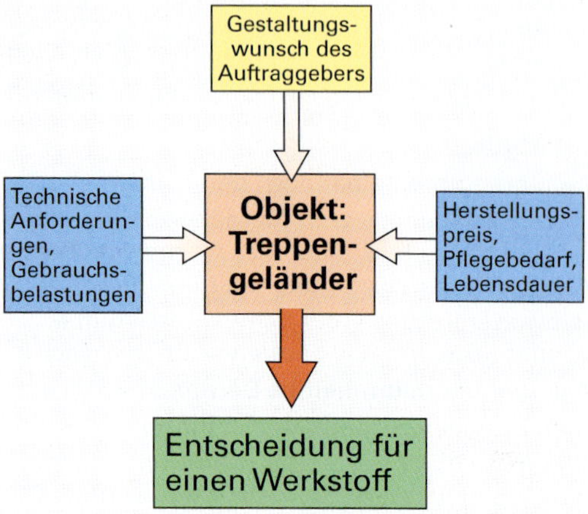

1 **Einflüsse auf die Werkstoffwahl für ein Bauteil**

Ausführungsmöglichkeiten

Treppengeländer können in verschiedenen Werkstoffen ausgeführt werden. Jeder Werkstoff hat seine spezifischen Eigenschaften mit Vor- und Nachteilen (Tabelle).

Tabelle 1: Eigenschaften der Werkstoffe für Treppengeländer (Auswahl)

Werkstoffe	Gestalterische Wirkung	Pflegeaufwand, Langlebigkeit	Preis	Besondere Eigenschaften
Holz	wohnlich, dekorativ	Regelmäßige Aufarbeitung alle ca. 3 Jahre erforderlich	günstig	brennbar
Unlegierter Stahl (lackiert oder brüniert)	massiv, rustikal	Regelmäßiger Neuanstrich ca. alle 3 Jahre erforderlich	günstig	Rostbildung möglich
Korrosions-beständiger Stahl	freundlich, leicht, dekorativ	ca. alle 2 Jahre gründliche Politur erforderlich	gehoben	besonders robust, pflegeleicht
Aluminium, (anodisch oxidiert)	hell, leicht, dekorativ	ca. alle 2 Jahre gründliche Politur erforderlich	gehoben	leichte Konstruktion, pflegeleicht

Empfehlung

Nach gründlicher Abwägung der Vor- und Nachteile der einzelnen Werkstoffe wird die Empfehlung gegeben, folgende Ausführung zu realisieren:

Treppengeländer aus Systembauteilen aus korrosionsbeständigem Stahl (Edelstahl Rostfrei), Füllung aus Polycarbonatglasplatten. Die Empfehlung kann dem Auftraggeber durch Beispiele des Systemteile-Herstellers verdeutlicht werden (Bild 2).

Begründung:

1. **Korrosionsbeständiger Stahl** ermöglicht durch seine Festigkeit eine feingliedrige, leichte Ausführung. Der Werkstoff wirkt freundlich, dekorativ und sachlich, er ist pflegeleicht und dauerblank.
2. Die Verwendung von **Systembauteilen** gewährleistet einen günstigen Herstellungspreis.
3. Die Füllung aus unzerbrechlichem **Polycarbonatglas** bringt Durchsichtigkeit, Eleganz, Sicherheit, Pflegeleichtigkeit und Langlebigkeit.

2 **Empfohlene Ausführung des Treppengeländers für ein Kaufhaus**

27 Kommunikation und Präsentation

27.1 Kommunikation

Die Kommunikation ist Grundlage des menschlichen Zusammenlebens und dient dem Austausch von Informationen zwischen Personen.

Merke

Als Kommunikation wird der Austausch von Informationen zwischen Personen bezeichnet.

Es gibt verschiedene Möglichkeiten, die Kommunikation zwischen Menschen zu beschreiben. Grundsätzlich unterscheiden lässt sich, auf welchen Ebenen eine Kommunikation abläuft **(Kommunikationsebenen)** und auf welche Art die Kommunikation erfolgt **(Kommunikationsarten)**.

Zur Beschreibung des Kommunikationsprozesses werden **Kommunikationsmodelle** eingesetzt. Darüber hinaus wird unterschieden, welche Strategien die beteiligten Personen im Rahmen einer Kommunikation einsetzen **(Kommunikationsstrategien)**, um eine ungestörte Kommunikation zu führen bzw. um Störungen in einer Kommunikation zu beheben.

27.1.1 Kommunikationsebenen

Die Kommunikation zwischen zwei Personen findet auf zwei Ebenen statt. Es werden Informationen zwischen den beiden Personen ausgetauscht und zugleich besteht eine Beziehung zwischen beiden Personen. Die erste Ebene wird die Inhaltsebene der Kommunikation genannt. Die zweite Ebene wird die Beziehungsebene der Kommunikation genannt (Bild 1).

Merke

Kommunikation findet auf zwei Ebenen statt, der Inhaltsebene und der Beziehungsebene.

Auf der **Inhaltsebene** der Kommunikation werden ausschließlich Informationen zwischen mindestens zwei Menschen ausgetauscht. Durch den Erhalt neuer Informationen, der Verknüpfung und dem Vergleich mit bereits bekannten Informationen kann der Mensch seine vorhandenen Informationen überprüfen und weiter ausbauen (Wissenserwerb).

1 Kommunikationsebenen

Auf der **Beziehungsebene** der Kommunikation werden Schlussfolgerungen aus den ausgetauschten Informationen gezogen. Die Beziehungsebene der Kommunikation dient dazu, zwischen Menschen emotionale Verbindungen zu bilden, diese Verbindungen zu sichern und zu verbessern.

27.1.2 Kommunikationsarten

In der menschlichen Kommunikation werden zwei Arten der Kommunikation unterschieden. Die Kommunikation kann mit Worten erfolgen. Hierbei spricht man von der **verbalen Kommunikation**.

Menschen können sich aber auch durch ihre Körpersprache ausdrücken, der sogenannten **nonverbalen** Kommunikation.

Merke

Die menschliche Kommunikation unterscheidet sich in verbale Kommunikation und nonverbale Kommunikation.

Überwiegender Teil der nonverbalen Kommunikation ist die Körpersprache.

Zur nonverbalen Kommunikation zählen

- die äußere Erscheinung (z. B. gepflegt, rasiert)
- die Kleidung (z. B. Sauberkeit, Stil)
- die Haltung (gerade oder gebückt, Körperspannung)
- die Art zu laufen
- die Gestik (z. B. Hände in der Hosentasche, verschränkte Arme vor der Brust)
- die Mimik (z. B. Grinsen, Träumen)
- die stimmlichen Aspekte der Sprache wie
  - die Betonung,
  - die Lautstärke,
  - die Stimmlage,
  - und die Sprechgeschwindigkeit.

Eine laute und feste Stimme signalisiert, Selbstvertrauen und Selbstbewusstsein. Eine leise und sanfte Stimme signalisiert Zurückhaltung, Vertrauenswürdigkeit, Verständnis.

Da unsere Körpersprache eine so große Wirkung hat, kommunizieren wir immer, auch dann, wenn wir nichts sagen. Dann spricht unser Körper für uns.

Beispiel: Während einer Fragestunde nach einer Produktpräsentation lässt der Referent zunehmend die Schultern hängen und weicht den Blicken der Teilnehmer aus. Alle Anwesenden fühlen, der Referent ist sich seiner Sache nicht sicher. Der Referent wird seine Zuhörer nicht mehr überzeugen können.

Merke

Man kann nicht nicht kommunizieren! (Watzlawick)[1].

In der Praxis werden verbale und nonverbale Kommunikationsarten zusammen eingesetzt, wie die Fotos im Bild 1 zeigen.

1 Kommunikationsebenen

[1] Paul Watzlawick, Psychologe, Soziologe und Philosoph entwickelte eine nach ihm benannte Kommunikationstherorie

In der Verständigung zwischen Menschen sind nicht die Worte das Wichtigste. Wichtiger als die verbale Kommunikation ist der Rest der Botschaft, die Körpersprache, die nonverbale Kommunikation. Nur ein geringer Anteil einer Botschaft ist dem Bereich der verbalen Kommunikation zuzuordnen, der überwiegende Teil der Botschaft entspricht der nonverbalen Kommunikation.

Beispiel: Ein Meister gibt seinem Auszubildenden ein Bauteil zurück und sagt: „Das war wirklich eine Spitzenleistung". Wenn man keine weiteren Informationen hat, kann man nicht sagen, ob diese Mitteilung ein aufrichtiges Lob darstellt und der Auszubildende eine sehr gute Arbeit abgeliefert hatte, oder ob die Bemerkung eine ironische Kritik darstellt und der Auszubildende eine sehr schlechte Arbeit abgegeben hatte.

Merke

Der überwiegende Teil der Kommunikation erfolgt durch die Körpersprache, nur ein geringer Anteil der Kommunikation durch das gesprochene Wort.

27.1.3 Kommunikationsmodelle

Wie bereits erwähnt, ist die menschliche Kommunikation sehr vielfältig und es gibt unzählige praktische Ausgestaltungsmöglichkeiten. Um die Vorgänge einer Kommunikation besser beschreiben zu können verwendet man Modelle. Ein sehr bekanntes Modell ist das Sender-Empfänger-Modell (Bild 1). Unter dem Sender versteht man die Person, welche eine Information formuliert und abgibt. Als Empfänger wird derjenige verstanden, der diese Information erhält. Im Sender-Empfänger-Modell wird die Information auch Nachricht genannt.

Merke

Zur Erklärung der Kommunikation werden Modelle verwendet. Das bekannteste Kommunikationsmodell ist das Sender-Empfänger-Modell.

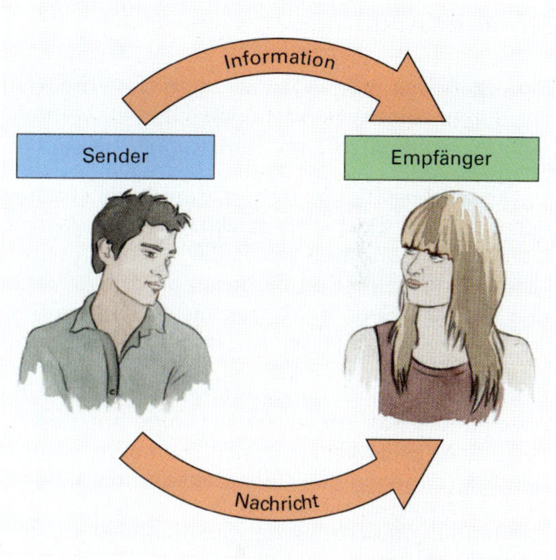

1 Kommunikationsmodelle

27.1.4 Probleme in der Kommunikation

Solange die Kommunikation störungsfrei verläuft, entstehen zwischen den Kommunizierenden keine Probleme. Allerdings ist die Kommunikation störungsanfällig. Dies ist ein häufiger Grund für Konflikte zwischen Menschen.

Die Worte des anderen richtig zu verstehen, ist in den meisten Fällen sehr einfach. Sehr viel schwieriger ist es, den gesamten Rest der Nachricht zu verstehen.

Bei diesem Vorgang ist von dem Empfänger und dem Sender neben Intelligenz auch Konzentration, Menschenkenntnis und Einfühlungsvermögen gefordert. Gerade weil dieser Vorgang so viele Sozialkompetenzen erfordert, kommt es hier immer wieder zu Missverständnissen. Ein solches Missverständnis liegt vor, wenn der Empfänger die Information anders versteht als der Sender. Für eine erfolgreiche Kommunikation sind der Sender und der Empfänger verantwortlich.

Beispiel: Markus ist nach einem langen Fortbildungstag erschöpft und kann dem Vortrag in der letzten Stunde kaum noch folgen. Er liegt im Stuhl, hat seine Körperspannung fast ganz verloren und muss gelegentlich gähnen. Der Referent fragt die Teilnehmer gegen Ende der Stunde: „Haben Sie noch Lust, ich könnte Ihnen hierzu noch einen interessanten Film zeigen, die Vortragszeit würden wir ein wenig überziehen?" Markus will höflich sein und sagt: „Na ja, es ist schon interessant ..." Der Referent versteht dies als klares „Ja" und zeigt den Film. Markus ist frustriert und sauer auf den Referenten, denn eigentlich würde er lieber im Zug nach Hause sitzen. Der Referent kann jetzt wahrscheinlich zeigen und reden was er will, Markus wird er nicht mehr gewinnen können.

Missverständnisse können vom Sender vermieden werden durch:

- Senden von klaren und eindeutigen Informationen.
- Vergewissern, dass der andere mich richtig verstanden hat (Rückkopplungen vornehmen, Nachfragen stellen, Missverständnisse klären).

Wenn ein Sender dem Empfänger etwas mitteilt, nützt es nichts, wenn sich der Empfänger darauf beruft, der Sender wäre für die Missverständnisse verantwortlich. Jedes Missverständnis belastet die Zusammenarbeit und hindert den Empfänger daran, seine Ziele zu erreichen. Daher sollte der Empfänger schon im eigenen Interesse daran interessiert sein, die Informationen richtig zu verstehen.

Missverständnisse können vom Empfänger vermieden werden durch:

- Die Bereitschaft, die Informationen des anderen richtig und vollständig zu verstehen.
- Konzentriertes Zuhören, Offenheit, Einfühlungsvermögen, Bereitschaft, durch Nachfragen Missverständnisse zu vermeiden.

Fehlende Konzentration ist ein häufiger Grund für Missverständnisse. Insbesondere nach körperlicher Ermüdung und/oder bei geringem Sauerstoffanteil in der Luft sinkt die Konzentrationsfähigkeit rapide ab.

Einfühlungsvermögen bedeutet, mich in mein Gegenüber hinein zu versetzen, um mir klar zu werden, was ihn in seinem Handeln antreibt. Nur wenn ich ihn gerade in seiner Rolle verstehe, kann ich richtig auf ihn reagieren und mit ihm kommunizieren.

Die Kommunikation zwischen Menschen ist schon unter normalen Bedingungen, die bereits dargestellt wurden, nicht ganz einfach. Jetzt gibt es aber noch Störungsfaktoren, die die Kommunikation weiter erschweren. Das Verständnis der Nachricht wird ganz wesentlich durch die emotionale Beziehung zwischen Sender und Empfänger geprägt. Wir versuchen beim Verstehen der Botschaft unsere Erfahrungen mit dem Sender (Vorgeschichte, unsere Einschätzung des anderen) zu berücksichtigen. Das, was wir hören, versuchen wir mit unseren Vorerfahrungen in Einklang zu bringen.

Eine negative Beziehungsebene, d. h. Spannungen, Vorbehalte und Feindseligkeiten, führt zu einem psychologischen Effekt, der zur Folge hat, dass Teile der Nachricht verschluckt werden. Hierdurch können zusätzliche Missverständnisse hervorgerufen werden. Dieser Effekt wird durch jede Kritik und jeden Angriff gegen den Gesprächspartner ausgelöst bzw. verstärkt.

Wird man von dem Sender positiv gesehen, erhöht das das Selbstwertgefühl des Empfängers. Jeder Angriff des Senders führt beim Empfänger zu einem negativen Gefühl. Dieses Gefühl erschwert die Kommunikation in hohem Maße. Eine solche Situation ist gefährlich, weil sie zu schlechten (emotionalen) Entscheidungen und Kurzschlussreaktionen führt.

Jede Wertschätzung unserer Person oder Anerkennung unserer Leistung erhöht unser Selbstwertgefühl und fördert so die Kommunikation.

Der Sender sollte daher den Empfänger durch Kritik nicht in eine kommunikationsfeindliche Situation bringen. Kritik lässt sich aber oft nicht vermeiden. Sollen Ziele in einer Gemeinschaft erreicht werden, müssen verschiedene Meinungen diskutiert werden. Hier sollte aber auf eine gute Beziehungsebene Wert gelegt werden und Missverständnisse in der Kommunikation besonders stark beobachtet werden.

Erfolgreich kommunizieren heißt sonst auch: Das Selbstwertgefühl des anderen achten, den anderen nicht unnötig kritisieren. Kritik stets in akzeptabler Form vorbringen und mit Lob und Anerkennung für den Gegenüber nicht sparen.

Wir kommunizieren ständig. In unserer Kommunikation können Probleme auftreten, die zum Teil schwerwiegende Konflikte hervorrufen. Um eine störungsfreie Kommunikation zwischen Gesprächspartnern zu ermöglichen, können Kommunikationsstrategien angewendet werden.

27.1.5 Kommunikationsstrategien

Es stehen verschiedene Kommunikationsstrategien zur Verfügung. Eine Gruppe dieser Strategien hat das Ziel, eine störungsfreie Kommunikation zu gewährleisten, also **Kommunikationskonflikte zu vermeiden**.

Die zweite Gruppe der Strategien verfolgt das Ziel, bereits entstandene **Kommunikationskonflikte zu beseitigen**. Im Folgenden wird stellvertretend für jede Gruppe ein erfolgreiches Beispiel einer Kommunikationsstrategie dargestellt.

27.1.5.1 Strategie zur Vermeidung von Konflikten „Aktives Zuhören"

Das Aktive Zuhören liegt im Verantwortungsbereich des Empfängers. Für eine erfolgreiche Kommunikation ist Zuhören wichtiger als das Sprechen. Richtig Zuhören heißt nicht, sich passiv verhalten und den Gesprächspartner reden lassen oder alles für richtig befinden. Richtiges Zuhören heißt: versuchen, sich in den Gesprächspartner einzufühlen, beim Gespräch mitzudenken, dem Gesprächspartner Aufmerksamkeit und Interesse entgegenzubringen. Zu den Techniken des Aktiven Zuhörens gehören die Folgenden:

1. Wiederholen: Eine Aussage des Senders wird mit eigenen Worten wiederholt.
   „Er hat zuerst losgebrüllt."
2. Spiegelung: Die Gefühle des Senders werden von dem Empfänger gespiegelt.
   „Sie hat das maßlos geärgert."
3. Nachfragen: Nicht Angesprochenes erfragen.
   „Nachdem Sie das gesagt haben, hat der Kollege nicht reagiert?"
4. Zusammenfassung: Das Gehörte wird mit wenigen Worten zusammengefasst.
   „Es war insgesamt eine verfahrene Situation."
5. Klären: Unklares wird geklärt.
   „Sie haben gesagt, Sie hätten sofort reagiert. War das noch am gleichen Tag?"
6. Weiterführen:
   „Dann hat der Kollege das Gespräch gesucht. Wie hat er sich dann verhalten?"
7. Abwägen:
   „War die aggressive Handlung schlimmer oder die Kränkung?"

Für das aktive Zuhören gilt darüber hinaus folgendes:

Für angenehme Rahmenbedingungen im Gespräch sorgen. Darauf achten, dass das Gespräch nicht gestört wird, genügend Zeit zur Verfügung stellen, den Gesprächspartner ausreden lassen, möglichst keine Wertungen zu den Ausführungen des Gesprächspartners geben, sich selbst nicht durch Vorwürfe und Kritik aus der Ruhe bringen lassen, Aufmerksamkeit und Interesse auch auf der nicht sprachlichen Ebene zeigen (durch Blickkontakt, Kopfnicken, eine offene und dem Gesprächspartner zugewandte Körperhaltung), vor allem Pausen aushalten, damit der Gesprächspartner Zeit hat, seine Gedanken offen zulegen. Dabei sollte man auf eigene Gefühle achten, versuchen, das Positive am Gesprächspartner zu erkennen und sich nicht zu sehr von negativen Dingen einnehmen lassen. Hinter seiner Rolle den Menschen erkennen, mit seinen Gefühlen und Bedürfnissen.

27.1.5.2 Strategie zur Beseitigung von bestehenden Konflikten „Metakommunikation"

Die Metakommunikation wird als Kommunikationsstrategie eingesetzt, wenn eine gestörte Kommunikation vorliegt.

Unter Metakommunikation wird die Kommunikation über die Kommunikation verstanden. Hierbei wird der Kommunikationsprozess betrachtet.

„Ich versuche Dir die ganze Zeit klar zu machen, warum ich mich über dein Verhalten heute früh so geärgert habe. Aber du unterbrichst mich ständig."

Bei der Metakommunikation wird der Umgang zwischen Sender und Empfänger beleuchtet. Das eigentliche Gespräch wird verlassen. Sender und Empfänger ziehen sich auf einen „Hügel", auf die Metaebene, zurück und betrachten von hier die durchgeführte Kommunikation (Bild 1).

Man lässt also den Inhalt und das Thema des Gesprächs außen vor und betrachtet den Dialog mit Abstand wie aus einer Vogelperspektive. Dies ermöglicht es, den gesamten Kommunikationsprozess mit seinen Gesprächspartnern und eventuell auch neutralen Mithörern zu analysieren.

Beispiel: „Was ist eigentlich gestern zwischen uns beiden passiert, als du das Telefonat so schnell beendet hast. Es wirkte so schroff auf mich. Irre ich mich? Hatte deine Stimmung etwas mit mir oder mit den Sorgen um deine Ausbildungsstelle zu tun?"

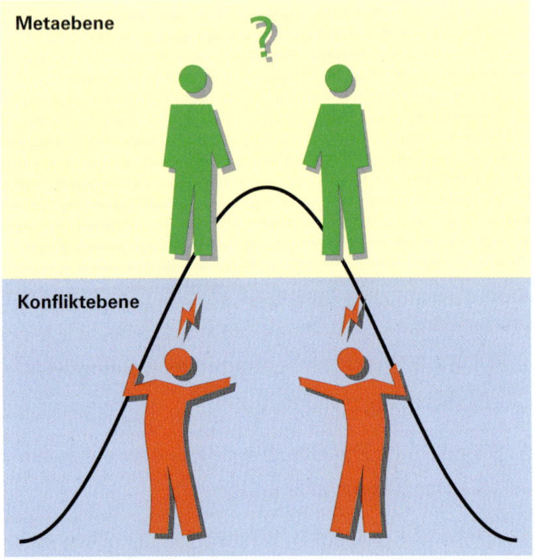

1 Metakommunikation

Viele Konflikte scheinen auf den ersten Blick unlösbar, da beide Konfliktparteien auf der Ebene des Konfliktes feststecken, auf ihrer Meinung bestehen und die ihres Gegenübers nicht zulassen. Diese starre Situation kann mithilfe der Metakommunikation aufgehoben werden. Beide Konfliktparteien versuchen zusammen durch Metakommunikation, unter Vorbehalt des eigentlichen Streitthemas, herauszufinden, warum das bisherige Gespräch so verlief. Man analysiert den Auslöser des Konfliktes und untersucht, wie welcher Abschnitt der Kommunikation auf den anderen gewirkt hat und entwickelt Regeln für die Fortsetzung der Kommunikation.

Tipps für die Metakommunikation

1. Beide Gesprächsparteien einigen sich darauf, dass sie ein reines Metagespräch führen wollen. Hierdurch verlassen beide Gesprächsparteien die inhaltliche Ebene.
2. Der Sinn des Metagesprächs wird zu Beginn des Gesprächs noch einmal herausgestellt.
3. Zwischen dem eigentlichen Konfliktgespräch und dem Metagespräch soll eine längere Pause liegen.
4. Ziel sollte es sein, klare einfache Regeln für die Fortsetzung der Kommunikation zu erarbeiten und zwischen den Konfliktparteien zu vereinbaren.
5. Das Konfliktgespräch sollte wie von einem neutralen Beobachter analysiert werden. Hierbei sollten nicht die Worte „du" oder „ich" verwendet werden, sondern man sollte sie mit den Worten „der eine von uns" und „der andere von uns" beschreiben.
6. In dem Metagespräch sollte herausgestellt werden, was in jedem Gesprächspartner während des Gespräches vorgegangen ist und welche Absichten sie verfolgten.
7. Jeder Gesprächspartner soll Verantwortung für alles, was in seinem Einflussbereich liegt, übernehmen.

Vorteile der Metakommunikation:

- Die Metakommunikation wird zeitnah nach Auftreten des Konfliktes eingesetzt und stellt somit eine Sofortlösung dar.
- Sie kann von jedem angewendet werden, vorausgesetzt man ist bereit, sich darauf einzulassen.

Nachteile der Metakommunikation

- Die Metakommunikation ist nicht mehr anwendbar, wenn die Konfliktparteien nicht mehr aus der Konfliktebene herauskommen können.
- Für rein thematische oder inhaltliche Konflikte, bei denen keine kommunikativen Probleme aufgetreten sind, ist die Metakommunikation nicht geeignet.

Die Metakommunikation ist damit eine Möglichkeit zur Konfliktlösung. Sie kann aber oft wegen inhaltlicher Meinungsunterschiede nicht den gesamten Konflikt lösen.

27.2 Präsentation

In der betrieblichen Praxis ist es heute sehr wichtig, neben den fachlichen Kenntnissen auch gute Kenntnisse über eine Präsentation zu haben. Es ist wichtig, sich selber, seine Leistungen und Produkte zu präsentieren. Als Präsentation wird bezeichnet, wenn eine oder mehrere Personen einem ausgewählten Personenkreis – der Zielgruppe – bestimmte Inhalte, Sachaussagen oder Produkte darstellen. In Unternehmen wird die Darstellung oft unterstützt durch den Einsatz multimedialer Medien am Bildschirm oder mithilfe eines Projektors (z. B. Beamer). An die Darstellung schließt sich oft eine Fragerunde oder Diskussion an.

Der Erfolg einer Präsentation hängt stark davon ab, wie die Präsentation durchgeführt wird. Eine erfolgreiche Präsentation beginnt jedoch schon weit vor der eigentlichen Durchführung. In den einzelnen Phasen einer Präsentation lassen sich unterschiedliche **Präsentationtechniken** einsetzen, deren Kenntnis und Anwendung helfen kann, dass eine Präsentation zu einem höchst möglichen Erfolg führt.

Merke

Eine Präsentation teilt sich in drei Phasen auf:
- die Vorbereitungsphase,
- die Durchführungsphase,
- die Nachbereitungsphase.

Die **Vorbereitungsphase** erfolgt in sechs Schritten (Bild 1) und beginnt mit der **Themenfestlegung.** Im zweiten Schritt erfolgt die **Zieldefiniton.** Dazu ist zunächst festzulegen, welche Ziele mit der Präsentation erreicht werden sollen:

- Informieren (Kollegen, Kunden), z. B. über die Reklamationen des letzten Monats,
- Überzeugen (Kunden, Vorgesetzten), z. B. über die Vorteile eines neuen Fertigungsverfahrens,
- Motivieren (Kollegen, Mitarbeiter), z. B. zur Mitwirkung an einer Neuentwicklung.

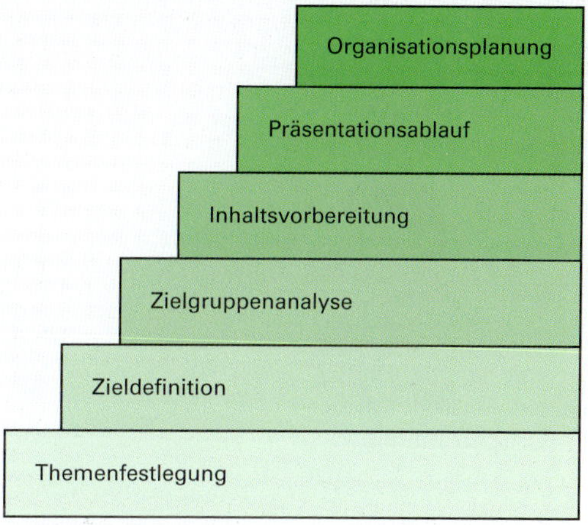

1 Vorbereitungsphase

Das Ziel der Präsentation wird oft mit dem Thema der Präsentation verwechselt. Hat man für eine Präsentation das Thema festgelegt, ist das Ziel der Präsentation noch längst nicht festgeschrieben und umgekehrt.

Um später die Inhalte der Präsentation festlegen zu können, muss das Ziel so klar wie möglich formuliert werden. Denn nur so kann sicher gestellt werden, dass man mit dem Thema der Präsentation nicht das Ziel verfehlt. Die weiteren Planungsschritte müssen sich diesem Ziel unterordnen. Es werden nur Informationen verwendet, die diesem Ziel dienen.

Im dritten Schritt erfolgt die **Zielgruppenanalyse**. Als Zielgruppe wird das Publikum einer Präsentation bezeichnet. Hierbei sind folgende Fragen zu beantworten:

- Wer sind die Teilnehmer der Präsentation?
- Welche Vorkenntnisse, Interessen, Erwartungen und Einstellungen haben die Teilnehmer?

Eine Zielgruppenanalyse hilft zu vermeiden, dass während der Präsentation eventuell bei den Teilnehmern eine Frustration und damit eine negative Stimmung erzeugt wird. Auch kann sich der Referent mit diesen Überlegungen auf die Erwartungen der Teilnehmer einstimmen.

Im 4. Schritt erfolgt die **Inhaltsvorbereitung**. In diesem Schritt wird erarbeitet, was präsentiert werden soll und welche Inhalte ausgewählt werden, um das Ziel zu erreichen. Die Inhaltsvorbereitung erfolgt in folgenden Teilschritten:

- Sammlung und Ordnung der Informationen
- Auswahl der relevanten Informationen und Zusammenfassung der wichtigsten Aussagen
- Grafische und textliche Aufbereitung der Aussagen

Der grafischen und textlichen Aufbereitung der in der Präsentation zu vermittelnden Inhalte und der dabei einzusetzenden Medien kommt eine große Bedeutung zu. Die am häufigsten verwendeten Medien sind: Pinnwand, Flip-Chart, Overhead-Projektor sowie der PC mit Projektor (Beamer). Für den Einsatz aller Medien gilt, dass es unbedingt zu einer guten Vorbereitung gehört, sich vorher mit den eingesetzten Medien vertraut zu machen. Vorteilhaft ist es, mit der persönlichen Ausrüstung zu arbeiten. In jedem Fall sollten die Medien vor Beginn der Veranstaltung getestet werden, eine mögliche Ersatztechnik (Ersatzlampe für den Projektor) sollte zur Verfügung stehen und für den schlimmsten Fall sollte ein Satz ausgedruckter Unterlagen in der Tasche liegen.

Im 5. Schritt ist der **Präsentationsablauf** festzulegen (Bild 1). Dieser besteht aus drei Teilen, die vorbereitet werden müssen: Eröffnung, Hauptteil und Schlussteil.

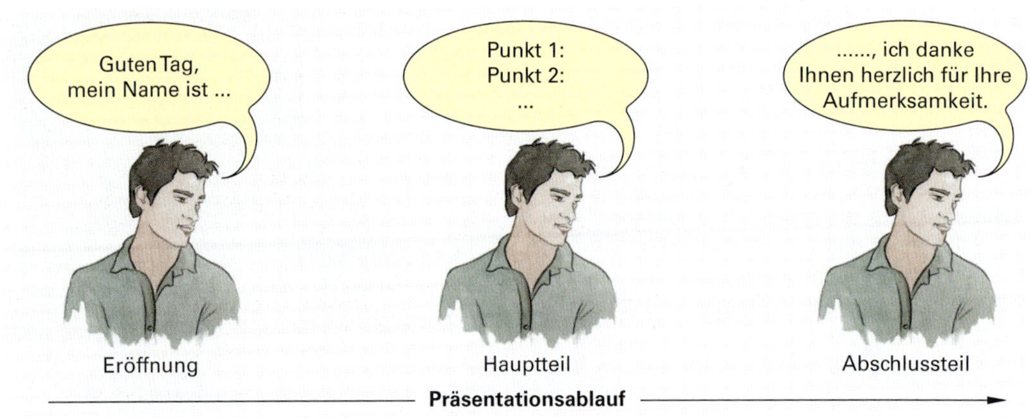

1 Präsentationsablauf

Eine Präsentation beginnt mit einer Begrüßung. Zur Vorbereitung gehört es in jedem Fall, sich über die passende Begrüßung Gedanken zu machen. Im Eröffnungsteil werden ebenfalls der Anlass, das Thema und das Ziel der Veranstaltung genannt. Auch der geplante Inhalt der Präsentation kann hier kurz erläutert werden. Im letzten Schritt der Eröffnungsphase müssen die Teilnehmer auf das Thema eingestimmt werden. Dies kann man erreichen, indem man Fragen stellt, persönliche Betroffenheit herstellt, persönlichen Nutzen aufzeigt oder auch provoziert.

Im Hauptteil der Präsentation wird dem Teilnehmerkreis das Thema systematisch vorgestellt. Dazu muss das vorzustellende Konzept in Haupt- und Unterpunkte gegliedert werden. Die Argumentation der Präsentation muss logisch aufgebaut und für die Teilnehmer nachvollziehbar sein. Wichtig ist es, die Aufmerksamkeit und Konzentrationsfähigkeit der Teilnehmer aufrechtzuerhalten. Dies kann unterstützt bzw. erreicht werden durch Fragen stellen, Abwechslung in den Medien bieten, Pausen einlegen, wirkungsvolle Visualisierung oder auch durch den Einsatz mehrerer Referenten. Am Ende des Hauptteils steht eine kurze Zusammenfassung mit den wesentlichen Inhalten.

Der Abschlussteil einer Präsentation ist ein wichtiger Bestandteil der Präsentation. Der Abschluss einer Präsentation bleibt im Gedächtnis der Zuhörer stark haften, daher ist er fest einzuplanen, damit er nicht misslingt. Normalerweise endet die Präsentation mit einem Dank für das Kommen der Teilnehmer und/ oder einem Gruß.

Im 6. Schritt erfolgt die **Organisationsplanung**. Eine schlecht organisierte Präsentation kann trotz guter inhaltlicher Planung zum Misserfolg der gesamten Präsentation führen.

Eine gute organisatorische Vorbereitung berücksichtigt daher den Ort/Raum, die Medien, den Zeitpunkt/Zeitraum/Pausen, Einladungen, Unterlagen für die Teilnehmer und die persönliche Vorbereitung.

Zunächst ist zu überlegen, wo die Präsentation stattfinden kann bzw. soll. Der Raum muss zum Zeitpunkt der Veranstaltung in einem sauberen und ordentlichen Zustand sein. Es ist zu prüfen, ob der Raum allen Anforderungen genügt, die für die Präsentation benötigt werden (Steckdosen, Verdunkelungsmöglichkeiten). Es ist auch zu prüfen, ob der Weg zum Raum beschildert werden muss. Auch muss in der Vorbereitung über eine geeignete Sitzordnung nachgedacht werden.

Die Definition des zeitlichen Rahmens gehört in jedem Fall zur Organisationsplanung. Zu welchem Zeitpunkt soll die Präsentation erfolgen? Es ist sinnvoll, einen Zeitpunkt zu wählen, zu dem die Teilnehmer nicht in einem Leistungs- und Konzentrationstief sein können (beispielsweise direkt nach dem Mittagessen). Weiterhin darf die Dauer der Präsentation eine bestimmte Zeitspanne nicht überschreiten. Dies führt bei den Teilnehmern zu einer inneren Ablehnung.

Die Teilnehmer sind zu der Präsentation einzuladen. Diese Einladung muss jedoch ausreichend früh erfolgen, sodass die Teilnehmer ihre Teilnahme einplanen können.

In der Regel ist es sinnvoll, für die Teilnehmer eine Unterlage zu erstellen, die man entweder vorher oder im Anschluss an die Präsentation an die Teilnehmer übergibt. In der Unterlage sind die wesentlichen Aussagen der Präsentation enthalten. Die Unterlage ist klar zu gliedern und unter Berücksichtigung der Zielsetzung und der Teilnehmer zu erstellen.

Merke

Zur persönlichen Vorbereitung zählen, sich mit den räumlichen Gegebenheiten vertraut zu machen, eingesetzte Medien zu testen, die Präsentation zu üben, die Worte der Eröffnung und des Schlussteils eventuell auswendig zu lernen, einen Spickzettel mit den Hauptgliederungspunkten und den Überleitungen zu erstellen und gegebenenfalls eine Generalprobe durchzuführen.

In der **Durchführungsphase** der Präsentation kommt es darauf an, die gute Vorbereitung so optimal wie möglich umzusetzen.

Merke

Der Erfolg der Präsentation hängt davon ab, ob der Referent die Teilnehmer inhaltlich/fachlich, vor allem **aber auch als Person überzeugen kann**.

Der Referent sollte für die Durchführung seiner Präsentation auf Folgendes achten:

Wertschätzung aller Anwesenden durch:

- gepflegte, dem Anlass und der Zielgruppe angemessene Kleidung
- pünktlicher Anfang, angekündigte Zeiten einhalten
- darauf achten, dass alle Teilnehmer die Folien oder Bilder einsehen können
- immer zu den Teilnehmern sprechen, nie zur Wand
- alle Beiträge der Teilnehmer ernst nehmen
- nichtssagende Aussagen vermeiden („jetzt bin ich am Ende")
- den Abschluss mit einem persönlichen Dank für die Teilnahme beenden.

Teilnehmerorientiertes Verhalten und Sprechen durch:

- Blickkontakt zu den Teilnehmern. Am Anfang wählt man am besten Blickkontakt zu jemandem, der einem vertraut ist

- freundliche Mimik zeigen
- laut und deutlich sprechen, angemessene Worte verwenden (keine unbekannten Fachbegriffe und Abkürzungen verwenden)
- Stimme und Gestik variieren, wenn Punkte hervorgehoben werden sollen, Aufmerksamkeit erzeugt werden muss
- abstrakte Inhalte anschaulich darstellen

Eine gute Präsentation endet nicht mit der Durchführung, sondern erst mit einer systematischen **Nachbearbeitungsphase**. Es gilt, aus der konkreten Präsentation zu lernen, um die eingesetzten Präsentationstechniken und das Präsentationsverhalten gegebenenfalls zu verbessern. Hierzu muss man die Präsentation noch einmal vor dem geistigen Auge ablaufen lassen und dabei überlegen, was ist in den einzelnen Phasen gut gelungen oder aber was beim nächsten Mal besser laufen muss.

Hierzu kann sich der Referent folgende Fragen stellen:

- Habe ich mein Ziel erreicht? Wenn nicht, woran hat es gelegen?
- Habe ich mit meiner inhaltlichen Aufbereitung meine Teilnehmer erreichen können?
- Hat sich mein geplanter Ablauf bewährt? Wenn nein, wie müsste er abgeändert werden? Ist meine Eröffnungsphase gelungen?
- Gab es im Hauptteil kritische Situationen?
- War mein Abschluss gelungen?
- War die Organisation gut?
- War der Einsatz der Medien in Ordnung?
- Wie war mein Kontakt zu den Teilnehmern?

Sollte die Nachbesprechung im Team stattfinden, so sollte vor der Nachbesprechung über das konstruktive Kritikverhalten (Feedback) gesprochen werden.

Merke

Feedback darf nicht verletzend sein, sondern muss konstruktiv (beschreibend, konkret, realistisch, unmittelbar und erwünscht) sein, um hilfreich sein zu können.

Zur Nachbearbeitungsphase gehört es gegebenenfalls auch, ein Protokoll über die gehaltene Präsentation anzufertigen. Aus der Fragerunde oder der Diskussion können sich offene Fragen ergeben, die nach der Präsentation bearbeitet werden müssen.

Überprüfen Sie Ihre Kenntnisse

1 Auf welchen Ebenen findet Kommunikation statt?
2 Welche beiden Kommunikationsarten lassen sich unterscheiden?
3 Stellen Sie in einem Rollenspiel Widersprüche zwischen den Kommunikationsarten heraus!
4 Nennen Sie ein bekanntes Kommunikationsmodell!
5 Welche Probleme können in einer Kommunikation auftreten?
6 Beschreiben Sie eine Kommunikationsstrategie!
7 In welche drei Phasen teilt sich eine Präsentation auf?
8 Welche sechs Schritte sind in der Vorbeitungsphase einer Präsentation durchzuführen?
9 Auf welche Aspekte sollte der Referent bei der Durchführung einer Präsentation achten?
10 Welche Fragen sollte sich der Referent in der Nachbereitungsphase stellen?

A

B

C

D

E

F

G

H

L

S

V

W

Z

Normen und Vorschriften

Für das Arbeitsgebiet der Metallbauer und Konstruktionsmechaniker existieren einige tausend Normen und Vorschriften. Sie regeln Eigenschaften und Lieferformen der Werkstoffe, die Fertigungsverfahren, Abmessungen und Anforderungen an viele Bauteile, Berechnungsmethoden sowie den Arbeitsschutz in Werkstätten und bei Montagearbeiten.

Die folgende Zusammenstellung soll einen Einblick in das umfangreiche Regelwerk geben. Dabei wurden für jedes Sachgebiet charakteristische Vorschriften ausgewählt. Die oft umfangreichen Titelzeilen der Normen wurden auf das Wesentliche vereinfacht. Bei Normen mit mehreren Teilen gibt Teil 1 im Allgemeinen eine Übersicht über alle Teile.

DIN 107	Bezeichnung mit links oder rechts im Bauwesen
DIN 202	Gewinde, Übersicht
DIN EN ISO 14175	Schweißzusätze – Gase und Mischgase; Schutzgase zum Lichtbogenschweißen und Schneiden
DIN EN ISO 14171	Schweißzusätze – Massivdrahtelektroden, Fülldrahtelektroden und Draht-Pulver-Kombinationen zum Unterpulverschweißen von unlegierten Stählen und Feinkornstählen
DIN EN ISO 17632	Schweißzusätze; Fülldrahtelektroden zum Metall-Lichtbogenschweißen mit und ohne Schutzgas von unlegierten Stählen und Feinkornstählen; Einteilung;
DIN EN ISO 14174	Schweißzusätze – Pulver zum Unterpulverschweißen und Elektroschlackeschweißen
DIN 1301	Teil 1: Einheiten; Einheitennamen, Einheitenzeichen Teil 2: Einheiten; Allgemein angewendete Teile und Vielfache
DIN 1304	Teil 1: Allgemeine Formelzeichen
DIN 1623	Teil 2: Flacherzeugnisse aus Stahl; kaltgewalztes Band und Blech; Technische Lieferbedingungen
DIN EN ISO 636	Schweißzusätze – Stäbe, Drähte und Schweißgut zum Wolfram-Inertgasschweißen von unlegierten Stählen und Feinkornstählen
DIN EN ISO 9453	Weichlote; Chemische Zusammensetzung und Lieferformen
DIN 1912	Teil 4: Zeichnerische Darstellung, Schweißen, Löten; Begriffe und Benennungen für Lötstöße und Lötnähte
DIN 4102	Brandverhalten von Baustoffen und Bauteilen – Teil 1: Baustoffe; Begriffe, Anforderungen und Prüfungen
DIN 4108	Teil 1: Wärmeschutz im Hochbau; Größen und Einheiten Teil 2: Mindestanforderungen an den Wärmeschutz
DIN 4109	Schallschutz im Hochbau; Anforderungen und Nachweise
DIN 4172	Maßordnung im Hochbau
DIN 4420	Teil 1: Arbeits- und Schutzgerüste; allgemeine Regeln, sicherheitstechnische Anforderungen
DIN 4422	Teil 1: Fahrbare Arbeitsbühnen (Fahrgerüste); Berechnung, Konstruktion, Ausführung, Gebrauchsanweisung
DIN-EN 14399-4	System HV-Garnituren aus Sechskantschrauben und -muttern
DIN 6935	Kaltbiegen von Flacherzeugnissen aus Stahl
DIN 7320	Biegeschienen für Schwenkbiegemaschinen
DIN 8580	Fertigungsverfahren; Einteilung, Übersicht
DIN 8582	Fertigungsverfahren Umformen; Einordnung, Unterteilung, alphabetische Übersicht
DIN 8586	Fertigungsverfahren Biegeumformen
DIN 8588	Fertigungsverfahren Zerteilen; Unterteilung, Begriffe
DIN 8589	Teil 0: Fertigungsverfahren Spanen; Einordnung, Unterteilung, Begriffe Teil 1: Fertigungsverfahren Spanen; Drehen; Einordnung, Unterteilung, Begriffe Teil 2. Fertigungsverfahren Spanen; Bohren, Senken, Reiben; Einordnung, Unterteilung, Begriffe Teil 3: Fertigungsverfahren Spanen; Fräsen; Einordnung, Unterteilung, Begriffe Teil 6: Fertigungsverfahren Spanen; Sägen; Einordnung, Unterteilung, Begriffe Teil 11: Fertigungsverfahren Spanen; Schleifen; Einordnung, Unterteilung, Begriffe
DIN 8593	Teil 0: Fertigungsverfahren Fügen; Einordnung, Unterteilung, Begriffe Teil 1: Fertigungsverfahren Fügen; Zusammensetzen; Einordnung, Unterteilung, Begriffe Teil 6: Fertigungsverfahren Fügen, Fügen durch Schweißen; Einordnung, Unterteilung Teil 7: Fertigungsverfahren Fügen, Fügen durch Löten; Einordnung, Unterteilung
DIN 17860	Bänder und Bleche aus Titan und Titanlegierungen; Technische Lieferbedingungen
DIN 18055	Fenster: Fugendurchlässigkeit, Schlagregendichtheit und mechanische Beanspruchung; Anforderungen und Prüfung
DIN 18065	Gebäudetreppen; Definitionen, Maßregeln, Hauptmaße
DIN 18093	Feuerschutzabschlüsse; Einbau von Feuerschutztüren in massive Wände aus Mauerwerk oder Beton
DIN 18095	Teil 1: Rauchschutztüren; Begriffe und Anforderungen
DIN 18100	Wandöffnungen für Türen
DIN 18101	Türen für den Wohnungsbau
DIN 18111	Teil 1: Türzargen; Stahlzargen für gefälzte Türen

DIN 18202 Toleranzen im Bauwesen; Begriffe, Grundsätze, Anwendung
DIN 18202 Toleranzen im Hochbau; Bauwerke
DIN 18203 Teil 2: Toleranzen im Hochbau; Vorgefertigte Teile aus Stahl
DIN 18250 Schlösser; Einsteckschlösser für Feuerschutzabschlüsse und Rauchschutztüren
DIN 18251 Schlösser; Einsteckschlösser
DIN 18252 Schließzylinder für Türschlösser; Begriffe, Benennungen
DIN 18255 Baubeschläge; Türdrücker, Türschilder und Türrosetten; Begriffe, Maße, Anforderungen
DIN 18257 Baubeschläge; Schutzbeschläge; Begriffe, Maße, Anforderungen, Prüfungen und Kennzeichnung
DIN 18272 Feuerschutzabschlüsse; Bänder für Feuerschutztüren; Federband und Konstruktionsband
DIN 18299 VOB/C Vergabe- und Vertragsordnung für Bauleistungen – Allgemeine technische Vertragsbedingungen (ATV)
DIN 18335 VOB/C Vergabe- und Vertragsordnung für Bauleistungen – Allgemeine technische Vertragsbedingungen (ATV); Stahlbauarbeiten
DIN 18357 VOB/C Vergabe- und Vertragsordnung für Bauleistungen – Allgemeine technische Ver-tragsbedingungen (ATV); Beschlagarbeiten
DIN 18360 VOB/C Vergabe- und Vertragsordnung für Bauleistungen – Allgemeine technische Vertragsbedingungen (ATV); Metallbauarbeiten
DIN 18516 Teil 1: Außenwandbekleidung, hinterlüftet; Anforderungen, Prüfgrundsätze
DIN 18545 Teil 1: Abdichten von Verglasungen mit Dichtstoffen; Anforderungen an Glasfalze
DIN EN 1993-1-8 Bemessung und Konstruktion von Stahlbauten
DIN EN 1090 Ausführung von Stahltragwerken und Aluminiumtragwerken
DIN 24537 Gitterroste
DIN 66025 Teil 1: Programmaufbau für numerisch gesteuerte Arbeitsmaschinen; Allgemeines
Teil 2: Industrielle Automation; Programmaufbau für numerisch gesteuerte Arbeitsmaschinen; Wegbedingungen und Zusatzfunktionen
DIN 32520 Grafische Symbole für Schweißtechnik;
Teil 1: Allgemeine Bildzeichen
DIN EN ISO 14341 Schweißzusätze; Drahtelektroden und Schweißgut zum Metall-Schutzgasschweißen
DIN EN ISO 2560 Schweißzusätze; Umhüllte Drahtelektroden zum Lichtbogenhandschweißen
DIN EN 515 Aluminium und Aluminiumlegierungen; Halbzeuge
DIN EN ISO 3834-1 Teil 1: Schweißtechnische Qualitätsanforderungen; Schmelzschweißen metallischer Werkstoffe
DIN EN ISO 13790 Energieeffizienz von Gebäuden
DIN EN 1011 Teil 2: Empfehlungen zum Schweißen metallischer Werkstoffe; Lichtbogen-Schweißen
DIN EN 1627 Einbruchshemmende Bauprodukte – Anforderung und Klassifizierung
DIN EN 10020 Begriffsbestimmungen für die Einteilung der Stähle
DIN EN 10025 Teil 1: Warmgewalzte Erzeugnisse aus Baustählen; Allgemeine technische Lieferbedingungen
DIN EN 10027 Bezeichnungssysteme für Stähle;
Teil 1: Kurznamen, Hauptsymbole
Teil 2: Nummernsystem
DIN EN 10079 Begriffsbestimmungen für Stahlerzeugnisse
DIN EN 10088 Nichtrostende Stähle; Verzeichnis der nicht-rostenden Stähle
DIN EN 10130 Kaltgewalzte Flacherzeugnisse aus weichen Stählen zum Kaltumformen
DIN EN 10346 Kontinuierlich schmelztauchveredelte Flacherzeugnisse aus Stahl
DIN EN 10149 Warmgewalzte Flacherzeugnisse aus Stählen zum Kaltumformen
DIN EN 10025-3 Warm gewalzte Erzeugnisse aus schweißgeeigneten Feinkornbaustählen
DIN EN 10025-5 Wetterfeste Baustähle
DIN EN 10210 Warmgefertigte Hohlprofile für den Stahlbau aus unlegierten Baustählen und aus Feinkornbaustählen
DIN EN 10266 Stahlrohre; Fittings und Hohlprofile für den Stahlbau
DIN EN 12433 Tore; Terminologie
Teil 1: Bauarten von Toren
Teil 2: Bauteile von Toren
DIN EN 13541 Glas im Bauwesen; Sicherheitssonderverglasung
DIN EN ISO 2553 Schweißen und verwandte Prozesse – Symbolische Darstellung in Zeichnungen – Schweißverbindungen
DIN EN 60745 Teil 2: Handgeführte motorgetriebene Elektrowerkzeuge – Sicherheit, Teil 2-20
DIN EN ISO 7345 Wärmeschutz – Physikalische Größen und Definitionen
DIN EN ISO 10077 Wärmetechnisches Verhalten von Fenstern, Türen und Abschlüssen;
Teil 1: Zur Berechnung des Wärmedurchgangskoeffizienten
DIN EN ISO 14683 Wärmebrücken im Hochbau Anhaltswerte, vereinfachte Verfahren
DIN EN 60335-2-95 Sicherheit elektrischer Geräte für den Hausgebrauch und ähnliche Zwecke;
DIN VDE 0701-0702 Prüfung nach Instandsetzung, Änderung elektrischer Geräte – Wiederholungsprüfung elektrischer Geräte – Allgemeine Anforderungen für die elektrische Sicherheit
EnEV Verordnung über energiesparenden Wärmeschutz und energiesparende Anlagentechnik bei Gebäuden – Energieeinsparverordnung von 2014

Informationsquellen/Anschriftenverzeichnis (Auswahl)

Normenorganisationen:

DIN Deutsches Institut für Normung e. V.
Burggrafenstraße 6
10787 Berlin
http://www.din.de

CEN European Committee for Standardization
36, rue de Stassart
B-1050 Brussels
http://www.cenorm.be

ISO Interantional Organization for Standardization
1, Rue de Varembé
CH-Genf 20
http://www.iso.ch

Verbände des Metallhandwerks und andere Institutionen:

Bundesverband Metall
Huttropstraße 58
45138 Essen
http://www.metallhandwerk.de

In vielen Bundesländern gibt es darüber hinaus eigene Landesfachverbände für das Metallhandwerk:

GDA – Gesamtverband der Aluminiumindustrie e.V.
Am Bonneshof 5
40474 Düsseldorf
http://www.aluinfo.de

Bundesverband des Glaserhandwerks
An der Glasfachschule 6
65589 Hadamar
http://www.glaserhandwerk.de

VFT – Verband für Fassadentechnik e.V.
Ziegelhüttenstraße 67
64832 Babenhausen
http://www.v-f-t.de

Industriefachverband Dichtstoffe e.V.
Marbacher Straße 114
40597 Düsseldorf
http://www.ivd-ev.de

VDI Verein Deutscher Ingenieure
VDI-Platz 1
40468 Düsseldorf
http://www.vdi.de

Zentralverband des Deutschen Handwerks
Mohrenstraße 20/21
10117 Berlin
http://www.zdh.de

Bundesverband Flachglas
Mülheimer Straße 1
53840 Troisdorf
http://www.bundesverband-flachglas.de

BVT – Verband Tore
An der Pönt 48
40885 Ratingen
http://www.bvt-tore.de

Bundesverband Wintergarten
Kohlisstraße 44
12623 Berlin
http://www.bundesverband-wintergarten.de

Bundesverband für Sicherheitstechnik e.V.
Feldstraße 28
66904 Brücken
http://www.bhe.de

Fachverband Schloss- und Beschlagindustrie e.V.
Offerstraße 12
42551 Velbert
http://www.fvsb.de

Wissenschaftliche Einrichtungen im Bereich Bautechnik:

BAM Bundesanstalt für Materialforschung und Prüfung
Unter den Eichen 87
12205 Berlin
http://www.bam.de

Deutsches Institut für Bautechnik
Kolonnenstraße 30 B
10829 Berlin
http://www.dibt.de

Fraunhofer-Institut für Bauphysik IBP
Nobelstraße 12
Stuttgart
http://www.ibp.fraunhofer.de

Institut für Fenstertechnik Rosenheim
Theodor-Gietl-Straße 7-9
83026 Rosenheim
http://www.ift-rosenheim.de

Stahlbau und Schweißen:

Deutscher Stahlbau-Verband DSTV
Sohnstraße 65
40237 Düsseldorf
http://www.deutscherstahlbau.de

DVS – Deutscher Verband für Schweißen und verwandte Verfahren e.V.
Aachener Straße 172
40223 Düsseldorf
http://www.die-verbindungs-spezialisten.de

Informationsstelle Edelstahl Rostfrei
Sohnstraße 65
40237 Düsseldorf
http://www.edelstahl-rostfrei.de

Stahl-Informations-Zentrum
Sohnstraße 65
40237 Düsseldorf
http://www.stahl-zentrum.de

IFBS Internationaler Verband für den Metallleichtbau
Max-Plank-Straße 4
40237 Düsseldorf
http://www.ifbs.de

Oberflächentechnik:

Institut Feuerverzinken GmbH
Graf-Recke-Straße 82
40239 Düsseldorf
http://www.feuerverzinken.com

Verband für die Veredelung von Aluminium e.V.
Laufertormauer 6
90403 Nürnberg
http://www.voa.de

ZVO Zentralverband Oberflächentechnik e. V.
Max-Volmer-Str. 1
40724 Hilden
http://www.zvo.org

Qualitäts- und Gütesicherung:

Deutsche Gesellschaft für Qualität e.V. DGQ
August-Schanz-Straße 21 A
60433 Frankfurt am Main
http://www.dgq.de

RAL Deutsches Institut für Gütesicherung und Kennzeichnung e.V.
Siegburger Straße 39
53757 Sankt Augustin
http://www.ral.de

Bildquellenverzeichnis

Die Autoren und der Verlag Europa-Lehrmittel danken den nachfolgend genannten Firmen, Institutionen und Buchautoren für die Überlassung von Bildmaterial und die Beratung bei speziellen Problemen.

Agero AG, Schattingen / Schweiz
Alulux Beckhoff GmbH & Co KG, Verl
ATEC GmbH, Sondermaschinen- u. Anlagenbau, Schutterwald
ATJ Jürgen Pauli, Windeck / Sieg
Atlas Copco GmbH, Winnenden
ASM Adolf Schreiber, Münsingen
ARBED Stahlwerke, Esch-sur-Alzette, Luxemburg
ATEC GmbH, Sondermaschinenbau, Schutterwald
BASF AG, Ludwigshafen
Bastian u. a.: Praxis Elektrotechnik, Europa-Lehrmittel, Haan
Becker-Antriebe GmbH, Sinn
Beratung Feuerverzinken (Institut Feuerverzinken GmbH), Düsseldorf
Biffar Türenwerke GmbH & Co. KG, Edenkoben
Bilfinger Berger AG, Mannheim
BKS-GmbH, Velbert
Bläsi: Bauphysik, Europa-Lehrmittel, Haan
Bornack Arbeitsschutz-Ausrüstungen, Heilbronn
Wilhelm BÖLLHOFF, Bielefeld
Brandt, Lehrbuch der Eisen-Constructionen, Berlin 1876 (Reprint)
Bundesanstalt für Materialprüfung, Berlin
Degussa AG, Frankfurt
DELWO Metallhandel GmbH, 66538 Neunkirchen
Determann, Architektur-Dokumentation, München
Deutscher Stahlbau-Verband, Düsseldorf
Deutsches Kupfer-Institut, Köln
Deutsches Museum, München
DOM Sicherheitstechnik, Brühl
Donges, Stahlbau GmbH, Darmstadt
Dorma GmbH und Co. KG, Ennepetal
Draht Müller GmbH u. Co. KG, Dülmen
ECKOLD GmbH & Co. KG, 37444 Andreasberg
ETH, Tenningen
EWA-Werk GmbH & Co. KG, Wien / Österreich
FAAC GmbH, Walz-Siezenheim / Österreich

S.&E. Fein GmbH, Gelsenkirchen
Flachglas AG, Gelsenkirchen
Frick, Armin Metallbau, Neustadt/Wstr.
August Friedberg GmbH, Gelsenkirchen
Josef Gartner GmbH, Gundelfingen
GEDORE, CH 8957 Spreitenbach, Schweiz
Gesipa Blindniettechnik, Dortmund
GF Georg Fischer GmbH, Albershausen
Glaser, Groß-Umstadt
Groh GmbH, Bad Dürkheim
Dr. Karl Habermann, München
Hahn + Kolb Werkzeuge GmbH, Stuttgart
Halfen GmbH, Langenfeld/Rheinland
Fritz Haller - Bauen & Forschen GmbH, Solothurn / Schweiz
Handtmann A-Punkt Automation GmbH, Baienfurt
Lorenz Hasenbach GmbH, Bad Camberg
Hazet-Werk H. Zerver, Remscheid
Hebezeug GmbH, Bergisch-Gladbach
Hebö Maschinenfabrik GmbH, 35285 Gemünden-Grüsen
Henkel Teroson GmbH, Düsseldorf
Herr: Technische Physik, Europa-Lehrmittel, Haan
Hilti Deutschland GmbH, Kaufering
Hörmann KG, Steinhagen
Hoesch Siegerlandwerke, Siegen
IISI International Iron and Steel Institute, Brüssel / Belgien
Indumasch, Siegen
Informationsstelle Edelstahl rostfrei, Düsseldorf
Informationszentrum Bauen mit Stahl, Düsseldorf
Institut für Schweißtechnik Dr. Möll GmbH, Darmstadt
Jansen, Oberried SG / Schweiz
Kaltenbach, Lörrach
Kasto Maschinenbau GmbH & Co. KG, Achern
Klaeger, Hermann, GmbH, Kernen
Knuth Werkzeugmaschinen GmbH & Co. KG, Wasbek
Köster & Co., Ennepetal
Köster & Co GmbH, Ennepetal
KVT-Fastening, Illerrieden
Ian Lamboth, Foster and Partners, London / UK
Längle Glas GmbH, Götzis / Österreich
Leica Geo-Systems AG, Herbrugg / Schweiz
Leinert Losberger Gruppe, Horgau
Lichtgitter GmbH, Stadtlohn
Loctite Europe Group, München
Lutz GmbH & Co., Engen, Mühlacker
Majer-Treppen, Großbottwar
MAKA Max Mayer Maschinenbau GmbH, Neu-Ulm
Mecklenburgische Lebensversicherung AG, Hannover
Media Service Online Unternehmensgruppe Fischer
Erwin Mehne, Heilbronn
Markilux, Emsdetten
Mero GmbH & Co. KG, Würzburg
Metallbau Hartung, Westerholt
MFL Prüf- und Messsysteme GmbH, Mannheim
Wilhelm Müssig GmbH, Gärtringen
Nestle u. a.: Fachkunde Bautechnik, Europa-Lehrmittel, Haan
Novus Dahle GmbH & Co. KG, 49808 Lingen
Gottlieb Nestle GmbH, Dornstetten
OKU Automatik, Otto Kurz GmbH & Co. KG, Winterbach
Otter Schutz GmbH, Mühlheim / Ruhr
Patzer-Verlag, Hannover
Peiner Umformtechnik GmbH, Peine
Pfeifer Seilbauwerke, Memmingen
Peter Prinzing GmbH, Lonsee-Urspring
Polysoude Deutschland, Dußlingen
Polysoude SAS, Nantes / Frankreich
PROFIL Verbindungstechnik, Friedrichsdorf
RAS Reinhardt Maschinenbau GmbH, 71065 Sindelfingen
RASI Maschinenbau GmbH, Illingen
Rehau AG + Co., Erlangen-Eltersdorf
Rheinzink GmbH & Co. KG, Datteln
RIBE-Verbindungstechnik, Schwabach
Volker Rihse, Stade
Udo Schneider Befestigungstechnik, Dortmund
Schüco International GmbH & Co. KG, Bielefeld
Sika Industries, Bad Urach
Heinz Soyer Bolzenschweißtechnik, Wörtsee
Staco Stapelmann GmbH, Hückehoven-Baal
Stadtler Treppen GmbH & Co. KG, Bad Saulgau
Stahlbau-Ebert, Hanau
Stahl-Informations-Zentrum, Düsseldorf
Stahlwerke Peine Salzgitter AG, Peine
Stierli-Bieger AG, CH-6210 Sursee, Schweiz
Otto Suhner GmbH, Bad Säckingen
August Thyssen AG, Düsseldorf
Thyssen Edelstahlwerke AG, Krefeld
Thyssen Krupp, Düsseldorf
Thyssen Krupp Stahlbau GmbH, Hannover
Gebr. Titgemeyer, Osnabrück
Triebenbacher, München
Tkotz u. a.: Fachkunde Elektrotechnik, Europa-Lehrmittel, Haan
TREPCAD GmbH, Kleve
Trumpf GmbH & Co., Ditzingen
TOX-Pressotechnik, Weingarten
Verlag Stahleisen GmbH, Düsseldorf
VVG Befestigungstechnik, Neumünster
Wilhelm Böllhoff GmbH & Co. KG, 33649 Bielefeld
Winkhaus Sicherheitssysteme, Münster
WITELS-ALBRECHT GmbH, 12277 Berlin
Wrought-Iron-Systems, 35288 Wohratal-Halsdorf
Zinkberatung e.V., Düsseldorf